KB272753

히틀러 I

히틀러 I

의지 1889~1936

이언 커쇼 | 이희재 옮김

교양인
GYOYANGIN

몇 해 전까지만 하더라도 내가 히틀러의 전기를 쓸 것이라고는 꿈에도 생각하지 못했다. 하나는 대단히 수준 높다고 내가 평가하는 이 독재자의 전기가 이미 여러 종 나왔기 때문이다. 학교에 다닐 때 나는 앨런 불럭의 걸작을 읽으면서 한없이 빨려들어 갔다. 그리고 1973년에는 요아힘 페스트의 새 전기가 나오자마자 허겁지겁 읽었고, 다들 그렇게 생각했겠지만 그 명료한 문체에 탄복을 금치 못했다. 1989년에 이 책을 한번 써보지 않겠느냐는 제안을 받고 결국은 수락하고 말았지만 불럭이나 페스트 같은 뛰어난 작가와 자꾸만 비교되는 것 같아서 처음에는 망설였다.

내가 주저했던 또 한 가지 이유는 명색이 글 쓰는 사람이지만 지금까지 전기를 한번 써봐야겠다는 생각을 단 한 번도 해본 적이 없었기 때문이었다. 어느 쪽인가 하면 나는 전기라는 장르를 좀 비판적으로 보는 편이었다. 중세사가로서 첫 발을 내딛어서인지는 몰라도 학자로서 살아오면서 나는 처음부터 상층부에서 일어나는 정치보다는 사회사에 훨씬 더 끌렸다. 하물며 개인에 초점을 맞추고 싶다는 생각은 더더욱 없었다. 이런 성향은 1970년대에 독일 역사학계의 대세로 자리 잡은 강한 반전기 조류를 접하면서 더욱 강해졌다. 그때 경로를 바꾸어 제3제국 연구에 착수했을 당시에 내가 관심을 두었던 것은 그 비정상적이었던 시대에 평범한 독일인이 어떻게 행동하고 어떤 태도로 살아갔는가 하는 것이있지 히틀러와 그 추종자들한테는 별로 관심이 없었다. 바이에른 지방의 일상사를 탐구하는 기념비적인 '바이에른 프로젝트'에 관여하면서 시작된 나의 초기 연구는 훌륭한 은사인 마르틴 브로스차트 교수가 베풀어 준 엄청난 자극에 힘입어 나치 치하의 여론과 반체제 활동을 추적하고 히틀러가 사람들에게 준 이미지를 분석하면서 그런 관심을 살려 나갔다. 히틀러의 이미지를 조사하는 과정에서 나는 1970년대에 독일을 뜨겁게 달구었던 히틀러에 관한 역사 연구 방법론 논쟁을 접할 수 있었다. 하지만 나는 독일인이 아니었고 내가 일차적으로 관심을 두었던 것은 히틀러의 이미지가 어떻게 받아들여졌고 히틀러가 왜 인기를 끌었는가 하는 것이었지, 히틀러가 어떤 사람이었고 무슨 행동을 했고 어떤 역할을 맡았는지 따위는 아니었으므로 논쟁에서 처음부터 끝까지 국외자로 머물러 있었다.

그러다가 비록 풋내기였지만 1979년 런던 부근의 컴벌랜드로지라는 고색창연한 저택에서 열린 중요한 학술대회에 참여하면서부터는 조금 생각이 달라졌다. 회의에는 제3제국을 연구하는 독일의 '거물급'들이 대거 참석했는데 일급 역사가들 사이에서도 나치 체제에서 히틀러가 맡았던 역할을 놓고 각자가 해석하는 방식이 얼마나 판이하게 다르고 인식의 골이 얼마나 깊게 파였는지가 적나라하게 드러났다. 학술대회를 치르고 나서 나는 독일 역사학계의 상이한 방법론들을 더 파고들었고 그 결실로서 이 나치 독재자의 전기적 사실에 집착하기보다는 그런 차원을 넘어서서 나치의 지배를 '구조적으로' 이해하려는 쪽에 공감하는 연구서를 펴낼 수 있었다.

그렇기 때문에 말하자면 '엉뚱한' 방향에서 출발해서 결국 히틀러의 전기를 쓰게 되었다는 것은 참으로 얄궂다면 얄궂은 운명이다. 하지만 나치 통치의 구조에 점점 끌려들고 그 체제('체제'라고 부를 수 있다면) 안에서 히틀러가 어떤 위치에 있었는가를 놓고 크게 엇갈린 해석이 병존하는 데 관심이 끌리면서 나도 어쩔 수 없이 그 후 벌어진 사건의 빼놓을 수 없는 주축이 되었고 거기에 영감을 준 히틀러라는 사람에 대해서 생각을 안 하려야 안 할 수가 없었다. 그런 과정에서 이 극과 극을 달리는 해석들을 '구조주의' 역사학자가 쓴 히틀러 전기를 통해 극복하고 통합할 수 있지 않을까 하는 생각이 자연스럽게 들었다. 그런 역사학자라면 복잡한 역사의 흐름에서 한 개인이 맡았던 역할을, 아무리 그 개인이 막강했다손 치더라도 처음부터 부풀리기보다는 본능적으로 얕잡아보는 비판적 시각에서 전기를 쓸 수 있을 것 같았다.

히틀러의 전기라는 형식을 통해서 나는 인류 역사를 통틀어서 정말로 의미심장한 몇 가지 흐름을 만들어내는 데 개인적 요소와 비개인적 요소가 어떻게 함께 힘을 썼는지를 알아보고 싶었다. 이 책을 쓰면서 내내 나의 뇌리에 남아 있던 것은 1933년부터 1945년까지 독일의 운명을 한 손에 쥐었던 남자의 특이한 성격에 대한 호기심이 아니라 어떻게 히틀러가 가능했을까 하는 의문이었다. 국가 고위직에 오를 법한 사람과는 거리가 멀어도 한참 멀게 생긴 사람이 어떻게 권력을 잡았는가도 궁금했지만, 그 권력을 어떤 식으로 절대 권력으로 확장했기에 나중에는 야전사령관들까지도 일개 상병 출신 지도자가 내리는 명령에 무조건 충성을 맹세할 수 있었던 것인지, 자타가 공인하는 재주라고는 대중의 원초적 정서를 자극하는 선동술밖에 없었던 독학자에게 사회 온갖 분야의 난다 긴다 하는 '전문가'들과 똑똑한 사람들이 너도나도 덮어놓고 복종하겠다고 나선 것인지가 참으로 궁금했다. 이 의문을 풀어주는 답을 처음부터 히틀러의 성격에서 드러난 이런저런 특성들에서 찾을 수 없다면 그 답은 어차피 독일 사회에서, 히틀러를 만들어낸 정치적 · 사회적 동기에서 찾을 수밖에 없다. 그런 동기를 찾아내고 그렇게 찾아낸 동기를 권력을 쟁취하고 나중에는 수많은 사람들의 운명을 좌우할 수 있을 정도로 그것을 확대하는 과정에서 히틀러 개인이 노력한 부분과 융합하려는 것이 이 연구의 목표다.

한편으로는 사회사를 그리면서 한편으로는 전기를 쓴다는 것은 모순으로 치닫기 십상이지만 내가 이 두 방식을 결합하는 길을 찾아내는 데 무엇보다도 큰 도움을 준 개념이 있었다면 그것은 막스 베버가 말한 '카리스마적 지도력'이었다. 베버의 이 개념은 카리스마라는 특이한 정치 지배의 형식을 사람들이 숭배하는 대상의 성격이 아니라 무엇보다도

'카리스마'를 지각하는 사람들을 가지고, 다시 말해서 사회에 주안점을 두고 설명한다.

히틀러의 전기를 새로 써보겠다는 시도는 비록 대담한 시도이기는 했지만 그래도 불럭의 전기는 말할 것도 없거니와 페스트 같은 사람의 중요한 전기가 나온 다음에도 제3제국의 온갖 측면을 주제로 그동안 쏟아져 나온 일급 연구서들을 읽으면서 더욱 기운을 얻었다(때로는 실망했고 심지어 환멸을 느끼기도 했다는 점도 아울러 밝힌다). 생각해보면 예전에 나온 이런 전기들은 가령 반유대주의 정책과 '최종 해법'의 유래를 희한하리만큼 잘 다루지 않았다. 그늘에 가려 있을 때가 많았던 히틀러가 '아우슈비츠로 가는 구불구불한 길'에 어떤 식으로 개입했는지를 꼬집어 말하기가 쉽지 않다는 점도 이유의 하나일 것이다. 하지만 이 분야의 연구에서 괄목할 만한 진전이 이루어졌기 때문에 이제는 균형을 바로잡을 필요가 있고 또 바로잡을 수가 있다.

이차 문헌도 많이 쏟아져 나왔지만 그동안 접할 수 없었던 히틀러에 관한 일차 문헌도 이제는 볼 수가 있는 만큼 새로운 전기가 나와야 할 여건은 무르익은 셈이다. 나치당을 재건한 1925년부터 총리로 임명된 1933년까지 히틀러의 연설과 글을 수록한 귀중한 자료집이 여러 권으로 나와 학자들에게 큰 도움을 주었다. 1924년까지의 연설과 글을 모은 기존의 뛰어난 자료집과 함께 이 자료집은 히틀러가 정권을 잡기까지 전 기간 동안 히틀러가 공개적인 자리에서 남긴 말과 글을 통해서 그의 생각이 어떻게 발전했는지를 가늠할 수 있게 해준다. 히틀러 전기 집필에 처음으로 사용되는 또 하나의 빼놓을 수 없는 자료는 나치의 선전장관 요제프 괴벨스가 남긴 일기다. 이 일기는 그동안 접근할 수 없었던 모스크바 국가문서고에서 유리판(옛날식 복사) 형태로 얼마 전에 온전한 모습으로 발견되었다. 나중에 출판할 생각이었고 나치 제국을 세운 기라성 같은 영웅들 속에서도 역사에 길이 남을 위대한 인물로 자기를 띄우고 미화하기 위해서 선전장관이 쓴 글인 만큼 괴벨스가 히틀러가 했다고 소개하는 말을 액면 그대로 받아들이면 곤란하겠지만 히틀러의 말이 워낙 생생하게, 또 자주 인용되다 보니 히틀러의 생각과 행동을 파악하는 중요한 자료로서 소홀히 다룰 수가 없다. 수십 년 동안 히틀러의 생각과 계획을 엿볼 수 있는 믿을 만한 길잡이로 애용되었고 불럭과 페스트도 자료로 삼았던 한 자료는 길 옆으로 처박았다. 나는 헤르만 라우슈닝의 《히틀러는 말한다》는 단 한 번도 인용하지 않았다. 이 책은 이제 신빙성을 워낙 의심받는 형편이라 아예 처음부터 무시하는 것이 상책이다. 다른 자료들, 특히 회상록, 심지어 마지막 몇 달 동안의 테이블 독백이라고 주장하면서도 독일어 원문이 한 번도 공개되지 않은 자료는 신중하게 다루어야 한다. 히틀러가 워낙 비밀주의를 고수했고 개인적으로 가깝게 지낸 사람이 별로 없었을 뿐더러 관료주의와는 거리가 먼 스타일이었고 찬사와 혐오라는 극단의 감정을 불러일으킨 인물이었고 히틀러의 측근들이 전후에 남긴 회고록과 소문에 가까운 일화는 자기 변명과 왜곡이 많다 보니까 제3제국의 정부 기관에서 토해낸 자료는 산더미처럼 쌓여 있지만 이 독일 독재자의 삶을 재구성할 수 있는 자료는 여러모로 많이 제한되어 있다. 가령 히틀러의 맞수였던 처칠이라든가 심지어 스탈린과 비교해도 자료가 훨씬 적다.

히틀러와 나치즘이 독일 사회에 잘 아물지 않는 상처를 남겼고 방식은 다르지만 나치에게 당한 수천만 명의 희생자에게도 당연히 치유되지 못할 상처를 남겼다는 것은 두말하면 잔소리다. 하지만 히틀러의 유산은 우리 모두의 것이다. 그 유산에는 어떻게 히틀러가 가능했는지를 이해하려고 지속적으로 노력해야 할 의무도 들어간다. 우리는 오직 역사를 통해서만 미래를 위해서 배울 수가 있다. 그리고 그 점에서 아돌프 히틀러가 지배했던 시대보다 역사에서 더 중요한 시기는 없다.

셰필드/맨체스터 1998년 4월
이언 커쇼

　책 한 권이 끝났을 때 가장 큰 즐거움이 있다면 그것은 직접적으로든 간접적으로든, 크든 작든 책을 쓰는 데 도움을 준 분들에게 공개적으로 감사를 드리는 것이다. 이렇게 책이 두꺼우면 마음의 빚을 진 분도 자연히 늘어나기 마련이다.

　무엇보다도 내가 한 문의와 질문에 대해서 전문가적 식견으로 도움을 준 여러 도서관과 기록보존소의 직원 여러분께 감사드린다. 그들은 나의 문서 열람을 허락해주었고 미발간 자료도 제공해주었다. 먼저 독일에서는 본에 있는 사회민주당 기록보존소, 바이에른 주립중앙기록보존소의 여러 부서, 바이에른 주립도서관, 베를린 문서관(그곳에서는 관장을 역임한 데이비드 마월 박사의 각별한 도움을 얻었다), 코블렌츠 연방기록보존소, 함부르크에 있는 국가사회주의역사연구소, 동독 시절 동베를린에 있던 전(前) 마르크스-레닌주의연구소 중앙당기록보존실, 올덴부르크에 있는 니더작센 주립기록보존소, 뮌헨 주립기록보존소, 동독 시절 포츠담에 있던 옛 중앙주립기록보존소, 영국에서는 BBC 기록보존실, 보스윅 연구소(특히 연구소 소장으로 있으면서 핼리팩스 문서의 열람을 허락해준 데이비드 스미스 교수), 런던과 벨파스트의 공문서관, 버밍엄 대학 도서관(체임벌린 문서의 열람을 허용해준 데 대해), 런던에 있는 훌륭한 위너 도서관(소장 데이비드 시서라니 교수와 사서, 직원 여러분께 특별히 감사드린다), 미국에서는 캘리포니아 스탠퍼드에 있는 후버연구소(거기서는 미리

엄 베크와 크리스토프 슐리히팅의 신세를 많이 졌다), 워싱턴에 있는 미국의
회도서관, 역시 워싱턴에 있는 국립기록보존소, 프린스턴 대학교 도서
관, 오스트리아에서는 린츠 시 기록보존소, 오버외스터라이히 주립기록
보존소(거기서는 게르하르트 마르크고트 박사의 도움을 많이 받았다), 빈 시
립기록보존소, 빈 주립기록보존소, 러시아에서는 모스크바에 있는 역사
문서수집원의 전신인 특별기록보존소 등이다.

내가 인용을 한 저작물을 낸 편집자와 출판사에도 감사드리고 이 책
에 사진을 싣도록 허락해주신 저작권 소유자 여러분께도 감사드린다.

나치 시대 연구에 뛰어든 적이 있는 사람이라면 누구나 공감하겠지만
특히 어디와도 비교할 수 없는 뮌헨의 현대사연구소 소장 호르스트 뮐
러 교수와 그곳에서 일하는 모든 분들께 특히 신세를 많이 졌다. 1970
년대 중반에 처음 그곳을 찾은 뒤로 나는 현대사연구소에서 언제나 환
대를 받았다. 20세기 독일사를 공부하는 사람이 대부분 그렇지만 나도
이 훌륭한 도서관과 귀중한 소장 문서, 연구원, 기록연구사, 사서의 전
문 지식에서 큰 도움을 받았다. 그중에서도 특히 오래 전부터 좋은 친구
로 지내는 노르베르트 프라이(최근에 보훔에 있는 루르 대학으로 자리를 옮
겼다), 엘케 프뢸리히, 헤르만 그라믈, 로타르 그루흐만(히틀러의 재판 기
록 개정판이 나오기 전에 내용의 일부를 내게 보여주었다), 클라우스 디트마
르 헨케(지금은 드레스덴에 있다), 헤르만 바이스(기록 자료와 관련하여 이
런저런 요구가 많았는데 흔쾌히 도와주었다), 한스 볼러에게 고마움을 전하
고 싶다. 기회가 있을 때마다 호의를 베풀어주었던 이 연구소의 게오르
크 마이징거 사업부장에게도 진심으로 감사드린다. 무엇보다도 내가 했
던 그 수많은 질문을 귀찮아하지 않고 척척 처리하면서 도움을 준 자료
관과 도서관 직원들에게도 감사드린다.

베를린에 있는 환상적인 지식연구소에서 1989년에서 1990년에 걸쳐
서 지낸 시간도 사색과 독서와 집필에 크나큰 도움이 되었다. 이 전기를
위한 예비 연구는 그때 시작했는데 다양한 분야에서 활동하는 전문가들
과 교류하면서 얻은 것이 많다. 볼프 레페니스 소장과 직원들, 나와 함
께 지냈던 모든 학자들, 특히 내 성가신 질문을 다 받아준 시서들에게

감사한다. 이 책의 상당 부분은 레버흄메 재단-영국 학술원 연구 장학
금과 셰필드 대학의 지원으로 1994년과 1995년에 걸쳐서 정해진 일과
에서 풀려난 동안 쓸 수 있었다. 알렉산더 폰 훔볼트 재단은 1976년과
1977년에 걸쳐서 처음 도움을 준 이래 1997년 여름 한 달 동안 자료 확
인을 위해 뮌헨에 체류하는 경비를 제공하면서 아낌없는 지원을 이어나
갔다. 아들 데이비드는 일 주일 동안 휴가를 얻어서 그동안 내 일을 거
들어주었다.

이 책이 나오기까지 영국, 독일, 미국의 출판사들도 (놀라운 인내심과)
크나큰 성원을 보내주었다. 영국의 펭귄 출판사에서는 라비 미르찬다니
(아주 오래 전에 이 책의 집필을 의뢰한 편집자다)와 사이먼 윈더(편집을 이
어받아서 뛰어난 실력으로 책이 만들어지는 과정을 모두 꼼꼼히 챙겼다)는 든
든한 기둥이었다. 그들의 격려는 나한테 큰 힘이 되었다. 참고문헌 작업
을 해준 토머스 웨버, 색인을 정리해준 다이애너 르코어, 그리고 무엇보
다도 교정을 꼼꼼히 봐준 애니 리에게 고마움을 전한다. 미국의 노턴 출
판사에서 본문의 여기저기를 고치거나 다듬자는 도널드 램의 치밀하고
건설적인 제안은 언제나 날카로웠다. 그의 통찰력은 참으로 대단했다.
독일의 DVA 출판사에서는 울리히 폴츠와 미하엘 네허가 편집자로서
귀중한 조언을 해주었고 외르크 W. 라데마허(독일어 번역의 주축)와 위
르겐 페터 크라우제가 크리스토포로 슈베거의 도움을 받아 빠른 시간
안에 영웅적이라고밖에 표현할 수 없는 훌륭한 번역을 해주었다. 같은
책을 페이퍼백으로 내준 독일의 DTV 출판사에서는 마르기트 케테를레
와 안드레아 뵈를레가 출간이 결정된 이후로 변함없이 유익한 조언을
해주면서 관심을 아끼지 않았다.

친구와 동료들도 토론이나 편지를 통해서, 격려를 통해서, 출간된 책
을 통해서 나치 시대에 대한 내 생각을 다듬는 데 엄청난 (때로는 나도 못
알아차렸을지 모르지만) 도움을 주었다. 내가 가장 진심을 담아 모두에게
드리는 집단적 감사의 말이 한 분 한 분에게 내가 입은 크나큰 은혜가
마치 대수롭지 않은 것처럼 보이게 만들지 않았기를 바라는 마음이다.
제럴드 플레밍, 브리기테 하만, 로널드 헤이먼, 로버트 말레트, 마이

어 미하엘리스, 스티그 호른스회흐-밀러, 프리츠 레들리히, 지타 세레니, 미하엘 빌트, 페터 비테에게도 그동안 신세 진 것에 진심으로 감사드린다. 그들은 문서 자료를 흔쾌히 제공했고 아직 발표하지 않은 자기들의 원고를 보여주었으며 몇 가지 해석상의 문제를 놓고 편지나 토론으로 나와의 대화에 응해주었다. 에버하르트 예켈은 고맙게도 한 번도 아니고 여러 번이나 히틀러에 대한 깊은 지식을 나에게 풀어보여주었다. 이 전기를 써보라고 처음 나한테 제안한 리처드 에번스에게도 감사하고 두 권으로 나눈 책의 부제를 떠올리는 데 영감을 준 니얼 퍼거슨한테도 감사한다. 체코어로 된 히틀러에 관한 논문을 번역해준 닐 버멀(셰필드 대학 러시아 슬라브학과)에게도 고마움을 전한다.

제러미 녹스에게 진 빚은 각별하다. 1970년대 초반에 내가 나치 치하의 독일을 한번 연구해봐야겠다고 마음 먹은 계기도 사실은 니더작센 지방에 대한 녹스의 뛰어난 지역사 연구서를 읽고 나서부터였다. 그때 이후로 녹스는 독일 현대사를 공부하는 일급 학자가 되었고 나한테도 좋은 친구가 되어주었다. 녹스가 오랜 세월 동안 모은 자료를 집대성하여 낸 《나치즘 1919-1945 : 기록집(Nazism 1919-1945 : A Documentary Reader, 4 vols., Exeter, 1983-1998)》은 범위에서도 그렇고 질에서도 그렇고 독일어로 된 어떤 자료집보다도 뛰어난 나치 체제에 관한 (훌륭한 주석을 덧붙인) 영어 일차 문헌 자료집이다. 이 책에서 인용하는 자료의 출전은 가능하면 독일어 원전을 찾아서 밝혔지만 그 가운데 상당수는 녹스의 자료집에서도 볼 수 있다. 제러미의 자료집 제2권에 영어로 처음 번역되어 실렸고 이 책 13장에서 인용되는 문서가 좋은 예다. "지도자께서 바라실 노선을 따라 나아가자."고 말하는 한 나치당원의 연설을 인용하는 이 약간 아리송한 문서를 보면서 나는 정신이 번쩍 들었다. 독재가 어떻게 작동하는지를 놀라우리만큼 명쾌하게 보여주는 사례였기 때문이다. 나는 여기서 얻은 착상을 히틀러에 관한 나의 연구에 두루 적용했다. 그렇지만 애당초 그 문서를 주목할 수 있었던 것은 두말하면 잔소리지만 어디까지나 녹스의 자료집 덕분이었다. 나는 또 원고 전체를 전문가의 식견으로 읽어준 데 대해서도 녹스에게 감사한다.

내 연구에 가장 깊은 영향을 준 사람은 두 사람의 독일인 학자였다. 이 자리를 빌려서 두 분께 각별히 감사드린다. 지금은 고인이 되셨지만 뮌헨 현대사연구소의 마르틴 브로스차트 소장과 함께 연구하는 특권을 누리면서 그분의 식견과 사고력에서 나는 엄청나게 많은 것을 배웠다. 1970년대 후반에 뮌헨에서 그분의 지도를 받으면서 공부하면서 나는 많이 자랐다. 또 한 사람의 독일인은 전에 보훔 대학에 있었으며 나와 오랜 교분을 맺으면서 학문적으로도 많은 대화를 나누어 온 한스 몸젠이다. 내가 히틀러 전기를 쓰기로 했다고 말하니까 몸젠은 대뜸 "나 같으면 안 한다"는 반응을 보였다. 전기적 측면에서 히틀러에 다가가보았자 별로 건질 것이 없을 것이라고 그분이 생각할 것 같아서 조심스럽다. 하지만 히틀러에 대한 해석이 서로 엇갈리는 지점에서도 나는 몸젠이 나의 접근법에 남긴 뚜렷한 흔적을 찾아낼 수 있을 것이라고 믿는다. 그분의 학문적 성취에 깊은 존경과 감사의 마음을 전한다.

본인들이 느끼는 것보다 내가 더 큰 신세를 진 친구들도 있다. 특히 지금은 고인이 된 윌리엄 카를 비롯해서 딕 기어리, 조 버긴, 존 브로일리, 조 해리슨, 밥 무어, 프랭크 오고먼, 마이크 로즈가 생각난다. 그리고 트라우데 슈페트도 빼놓을 수 없다.

셰필드 대학에서도 지원을 받았다. 특히 그동안 내가 자부심을 갖고 몸담아 온 역사학부의 동료 교수들은 크나큰 힘이 되어주었다. 비벌리 이튼은 책을 쓰는 동안은 물론이고 심지어 이 지난한 작업이 시작되기 전부터 많이 격려하고 도와주었다.

늘 하는 말이지만 마지막으로 이 연구를 할 수 있도록 해준 나의 가족에게 진심으로 감사한다. 내가 얼마나 고마워하는지는 베티, 데이비드, 스티븐만이 알 것이다.

히틀러 I – 의지 1889~1936

히틀러Ⅱ – 몰락 1936~1945

히틀러를 생각한다

"카리스마 통치는 오랫동안 무시되고 조롱받았지만 그것
은 뿌리가 깊을 뿐더러 제대로 된 심리적 조건과 사회적 조
건만 마련되면 강력한 힘을 받는다. 지도자의 카리스마에
서 나오는 권력은 허깨비가 아니다. 수많은 사람이 실제로
굳게 믿는 것이다."

— 프란츠 노이만, 1942

20세기는 히틀러의 시대였을까? 분명한 것은 아돌프 히틀러만큼 20세기에 뚜렷한 흔적을 남긴 개인은 없다는 사실이다. 무솔리니, 스탈린, 마오쩌둥 같은 독재자는 정복 전쟁에 나서서 여러 민족을 공포로 휘어잡고 이루 말할 수 없이 비인간적인 행위를 저지르면서 20세기의 성격에 지워지지 않는 자국을 남겼다. 하지만 아돌프 히틀러처럼 자국의 울타리를 넘어 온 세계로 뻗어나가면서 사람들의 의식에 불을 댕긴 사람은 아무도 없었다. '극단의 시대'[1]에는 이 세기의 긍정적 가치관을 상징하고 인류에 대한 믿음과 미래에 대한 희망을 몸으로 구현한 지도자도 있었다. 루스벨트, 처칠, 케네디, 그리고 가장 최근에 만델라 같은 사람은 그런 인물 중에서도 첫손에 꼽힐 만하다. 하지만 히틀러가 20세기에 남긴 흔적은 이런 정치 지도자 어느 누구보다도 깊다.

히틀러의 독재는 스탈린이나 마오쩌둥보다 훨씬 더 20세기에 걸맞은 틀을 보여준다. 히틀러의 독재는 극단적이고 강렬한 방식으로 무엇보다도 현대 국가의 전면적 자기 주장, 대중을 통제하고 동원하기 위한 사상 유례를 찾아볼 수 없는 언론 조작, 지독한 극우 민족주의, 인종 우월주의의 가공할 파괴력과 인종주의의 귀결, 엉뚱한 목적에 동원된 현대 과

학기술과 '사회 공학'을 드러냈다. 히틀러의 독재는 아직도 환하게 타오르는 경고의 화톳불을 피웠다. 그것은 문화 수준이 높은 현대의 선진 사회도 하루아침에 야만주의로 치달아 이념 전쟁을 벌이고 지금까지 이 세상에서 볼 수 없었고 거의 상상조차 하기 어려운 야만과 착취와 학살을 자행할 수 있다는 것을 여실히 보여주었다. 히틀러의 독재는 현대 문명의 붕괴에 다름 아니었다. 현대 사회 안에서 핵폭탄이 터진 것이다. 그것은 우리가 무슨 일을 저지를 수 있는가를 보여주었다.

중요한 물음은 여전히 대답을 기다리고 있다. 그 참극이 독일이었기 때문에 벌어졌다면 어떤 점에서 그런가? 시대가 그랬기 때문에 벌어졌다면 어떤 점에서 그런가? 유럽 전체가 앓았던 병의 일부분이라면 어떤 점에서 그런가? 히틀러 치하에서 벌어진 일은 현대 문명 자체의 산물이자 특성인가? 그런 참극의 가능성은 겉으로 보이지는 않아도 아직도 남아 있는가? 20세기가 저물어 가면서 일부 되살아나는 조짐마저 보이지는 않는가?

히틀러가 통치한 12년은 독일과 유럽과 세계를 영원히 바꾸어놓았다. 히틀러는 만약 그 사람이 없었더라면 역사의 경로가 달라졌을 것[2]이라고 단언할 수 있는 몇 안 되는 개인의 하나다. 히틀러의 직접적 유산이라고 할 수 있는 것은 냉전인데, 독일이 장벽으로 나뉘고 유럽이 철의 장막으로 갈리고 세계가 지구를 날려버릴 수 있는 무기를 가진 초강대국들의 대립으로 쪼개진 이 냉전이 겨우 십 년 전에야 끝났다. 후세에 남은 도덕적 상처는 더 깊은 유산인데 이것은 아직도 치유되지 않았다.

어떤 의미에서는 히틀러라는 이름이 지배했다고 말할 수 있는 20세기는 전쟁과 학살로 아로새겨져 있는데 전쟁과 학살이야말로 히틀러의 전매특허가 아닌가. 따라서 20세기가 저물어 가는 시점에서 히틀러를 가능하게 만들었고 히틀러라는 이름을 아직도 몸서리쳐지는 야만의 상징으로 못 박은 힘이 과연 무엇인지를 최대한 신중하게 최신의 연구 성과를 바탕으로 재평가하는 것은 꽤 의미 있는 작업이라고 생각한다. 히틀러 치하에서 벌어진 일은 문화와 과학기술이 발달하고 고도의 관료주의가 자리 잡은 현대 사회에서 일어났고 또 어쩌면 그런 사회에서만 일

1928년 무렵의 아돌프 히틀러. 히틀러는 만약 그 사람이 없었더라면 역사의 경로가 달라졌을 것이라고 단언할 수 있는 몇 안 되는 개인의 하나다.

어날 수 있었는지도 모른다. 히틀러가 국가 수반에 오른 지 겨우 몇 년 만에 유럽의 심장부에 자리 잡은 이 세련된 나라는 끔찍한 학살 전쟁의 길로 나아갔고 그 학살 전쟁은 독일과 유럽을 철의 장막과 물리적 파괴로 몰아넣었을 뿐 아니라 도덕적으로도 갈가리 찢어놓았다. 그 점은 아직도 설명이 필요하다. 민족 재생과 인종 정화라는 이념적 사명에 헌신하는 지도자, 지도자를 너무나 믿기에 지도자가 열망하는 목표를 향해 뚜벅뚜벅 나아가는 사회, 아무리 비인간적인 내용을 담았더라도 어떤 정책을 입안하고 추진할 수 있는 능력이 있고 또 그런 능력을 발휘하고 싶어서 몸이 단 숙련된 관료제가 복합적으로 작용했다는 데서 실마리를 찾아야 한다. 그렇지만 왜 그 사회가 히틀러가 나타나면서 기운을 얻었는가는 더 자세한 분석이 필요하다.

독일과 유럽이 불운을 겪은 것은 1933년부터 1945년까지 독일을 지배했고 총리직에 오르기 벌써 8년 전부터 그 무섭도록 비인간적인 철학을 대중 앞에서 공언했던 아돌프 히틀러라는 개인 탓이라면서 히틀러 앞에서 탐구를 딱 멈추면 편할 것이다. 그렇지만 아무리 나치 독재 체제에서 벌어진 모든 일에 대해서 총리로서 히틀러에게 마땅히 도덕적 책임을 물어야 한다 하더라도 개인에 초점을 맞춘 설명은 진실을 턱없이 단순화하는 잘못을 범한다. 마르크스는 "사람은 자기 손으로 역사를 만들지만 …… 주어진 조건 속에서 그렇게 한다."[3]고 말했지만 거기에 딱 들어맞는 사람이 히틀러가 아닐까 싶다. '주어진 조건'은, 아무리 막강한 권력을 지닌 개인도 마음대로 통제할 수 없는 몰개성적인 전개 과정은, 독일의 운명에 어떤 영향을 끼쳤는가? 얼마만큼을 우발성 내지는 심지어 역사적 우연의 탓으로 돌려야 하는가? 얼마만큼을 당시 독일을 다스렸던 비범한 남자의 행동과 동기 탓으로 돌려야 하는가? 이 모든 것을 캐물어야 한다. 이 책은 바로 이런 물음을 던진다. 간단히 답할 수 없는 문제다.

그렇다고 해서 히틀러의 전기를 통해서만 우리가 그 시대를 알 수 있느냐 하면 그런 것은 아니다.[4] 하지만 히틀러 전기는, 앞으로 이어지는 장에서 차차 드러나기를 바라지만 함정노 있고 가능성도 있다. 모든 전기에는 숙명처럼 보이는 위험 요소가 깃들어 있는데 그것은 바로 주인공에게 어느 정도는 공감해야 한다는 것이고 처음에는 공감으로 출발했던 것이 연민으로 발전하고 심지어 겉으로 드러나지는 않고 전면적이지는 않다 하더라도 숭배로 귀결되기 십상이라는 것이다. 그런 함정에 빠졌는지 빠지지 않았는지는 이 책에 담긴 내용이 증언할 것이다. 그런데 어떤 통찰을 얻어내는 데 더 큰 걸림돌로 작용하는 것은 일말의 연민보다는 철저한 반감일지도 모르겠다는 생각마저 든다.[5]

전기가 숙명처럼 떠안은 또 하나의 위험성은 복잡한 역사의 전개 과정을 지나치게 개인화하고 사건을 이루고 끝내는 데서 개인이 맡았던 역할을 지나치게 과장하며 개인의 활동이 일어났던 사회적·정치적 맥락을 무시하거나 가볍게 다룬다는 것이다.[6] 애당초 이 전기를 한번 써보자고 마음먹은 것도, 힘들긴 하지만 이런 함정에서 한번 벗어나보자는 생각이 있었기 때문이었다. 색다른 길로 히틀러에 다가서보자는 의욕을 부채질한 것도 그런 함정에 대한 경계심이었다.

그것은 참으로 위험한 시도가 아닐 수 없다. 말이 나왔으니 하는 말이지만 히틀러와 제3제국에 관한 문헌은 결코 모자라지 않고 그 수준도 대부분 높다. 15년 전쯤에 이쪽 분야의 연구를 총 정리한 훌륭한 집계가 나왔는데 그때 모두 1,500권이 넘는 연구서가 확인되었다.[7] 다양한 해석을 치우치지 않고 담아내기 위해 얼마 전에도 비슷한 시도가 있었는데, 여기서는 히틀러 연구 논문이 모두 12만 편에 이르는 것으로 밝혀졌다.[8] 사정이 이런데도 이 나치 지도자를 총체적으로 진지하게 학술적으로 다룬 전기는 겨우 한 손으로 꼽을 정도다. 그리고 히틀러를 보는 시각도 예상대로 천차만별이다.[9]

1920년대에 처음으로 조명을 받은 이후로 히틀러를 보는 시각은 사람마다 제각각이고 다양했다. 완전히 상반된 시각도 적지 않았다. 가령 히틀러는 "인종 철학으로 꾸몄지만 지배욕"에 눈이 멀었고 "복수심으로 가득 찬 파괴욕" 밖에는 없고 "자기의 권력을 연장해야겠다는 생각과 민족과 자기를 동일시하는 생각을 빼놓고는 머리가 텅 빈" "원칙하고는 담을 쌓은 기회주의자"에 불과하다는 시각이 있었다.[10] 그런가 하면 이와는 정반대로 미리 꾸미고 미리 정해놓은 이념 강령을 미친 듯이 몰아붙이는 사람으로 보는 시각도 있었다.[11] 독일 국민의 넋을 빼앗고 홀리면서 그릇된 길로 이끌어 혼란을 부채질하는 정치적 모사꾼으로 보는 시각도 있었고 독일의 운명을 담은 신비롭고 불가해한 인물로 '악령처럼' 그리려는 시도도 있었다. 히틀러의 총애를 받으며 건축가로 일하다가 나중에는 군수장관까지 지냈으며 제3제국의 대부분 기간 동안 독재자를 누구보다도 가까운 거리에서 보필한 알베르트 슈페어 같은 사람도 2차 세계대전이 끝난 직후 히틀러를 "마성을 지닌 사람"으로, "개인이 민족의 운명을 결정하는" "인류사에서 어쩌다가 나타나는, 설명하기 어려운 역사적 현상의 하나"로 묘사했다.[12] 이런 시각은 1933년부터 1945년까지 독일에서 벌어진 일을 신비화하면서 독일과 유럽이 재앙을 겪은 것이 마치 악마 같은 인물의 종잡을 수 없는 변덕에 기인하는 것처럼 호도하기 쉽다. 참극의 유래는 어디까지나 특이한 개인의 행동 영역 안에서만 설명된다. 복잡한 주변 상황의 전개는 히틀러의 의지를 표현하는 역할에 머무른다.

이와는 정반대되는 관점은 국가 이념의 일부분으로만 살아남을 수 있는 것이라서 그것을 뒷받침한 소련권이 무너지면서 덩달아 증발해버렸는데 바로 개인에게서 조금도 의미 있는 역할을 인정하지 않고 히틀러는 어디까지나 자본주의의 하수인 내지는 대기업과 대자본가의 사주를 받으면서 꼭두각시처럼 그들의 이익을 대변하는 앞잡이 노릇을 한 데 불과하다고 보는 시각이다.[13]

개중에는 히틀러를 이해하는 데 애당초 문제될 것이 없다고 보든가 아니면 문제를 걷어내기에 바쁜 해설 방식도 있다.[14] 히틀러를 비웃는 것도 한 방법이다. 히틀러를 그저 '미치광이' 또는 '정신 나간 떠버리'로 규정하면 더는 설명이고 자시고 할 필요가 없다. 물론 그래도 중요한 물음은 당연히 남는다. 복잡한 사회가 왜 미쳐도 단단히 미쳐서 '치료를 받아야 할' 사람의 말을 얼씨구나 하고 따르다가 나락으로 떨어졌을까 하는.[15]

이보다 훨씬 정교한 접근법도 있는데 여기서는 히틀러가 정말로 어느 정도나 '제3제국의 주군'이었는지, 또는 정반대로 '허약한 독재자' 노릇이라도 제대로 할 수 있었는지를 놓고 상반된 견해가 정면으로 충돌한다.[16] 히틀러는 정말로 유일무이하고 무제한적이고 총체적인 권력을 휘둘렀을까?[17] 아니면 히틀러 체제라는 것은 히틀러가 워낙 인기가 좋고 히틀러라면 죽고 못 사는 사람들이 많아서 히틀러를 히드라처럼 머리가 여럿 달린 다두(多頭) 체제 위에 슬쩍 올려놓았을 뿐이고, 히틀러가 꼭 필요한 얼굴 마담 노릇을 한 것은 사실이지만 본질적으로는 미리 짜놓은 프로그램이나 계획이나 구상 같은 것 없이 기회만 나타나면 어김없이 낚아채는 선동가 그 이상도 그 이하도 아니었던 것일까?[18]

히틀러에 대한 다양한 생각은 고루한 학문적 논쟁에만 머물러 있지는 않았다. 그것은 더 넓은 영역으로 파고들었고 더 광범위한 함의를 지닌다. 히틀러를 레닌이나 스탈린을 뒤집어놓은 판박이로, 그러니까 계급 학살을 자행하는 볼셰비키의 폭력에 질려서 인종 학살을 저지른 지도자로 묘사했을 때 거기에 깃든 의도는 뻔했다. 히틀러는 물론 악독했지만 스탈린보다는 덜 악독했다는 것이었다. 진짜 악당은 스탈린이었고 히틀러는 아류였을 뿐이라는 것이었다. 나치가 저지른 인종 학살의 원흉은 소련이 저지른 계급 학살이라는 것이었다.[19] 히틀러가 궁극적으로 책임을 져야 하는, 인류를 상대로 저지른 범죄 행위를 비추었던 조명이 독일 사회를 뒤바꿔놓기 위한 히틀러의 숙고를 비추는 것도 가볍게 넘길 대목이 아니었다. 이 히틀러는 사회에 활력을 불어넣고 노동자에게 더 좋은 집을 지어주고 산업을 현대화하고 복지 제도를 세우고 과거의 반동적 특권을 없애는 데 관심이 많았던 인물이었다. 비록 잔인한 방법을 썼을지언정 한마디로 더 좋고 더 앞서고 계급에 좌우되지 않는 독일 사회를 만들려고 애쓴 사람이었다. 이 히틀러는 아무리 유대인을 악마로 몰아세우고 세계를 휘어잡기 위해 승산이 희박한 무모한 싸움에 뛰어들었을지라도 "지금까지 알려진 것보다 훨씬 합리적으로 생각하고 행동했던 정치인"이었다.[20] 그런 관점에서 보자면 히틀러는 비록 악독하기는 했지만 독일 사회를 위해서는 선한 의도를 지녔던 사람, 아니면 적어도 긍정적으로 받아들일 수 있는 생각을 지녔던 사람이었다.[21]

이런 식으로 수정된 해석이 꼭 변명투로만 나간 것은 아니었다. 인류를 상대로 히틀러와 스탈린이 저지른 범죄를 비교한 의도는 설령 그런 접근법이 아무리 왜곡되었다 하더라도 1차 세계대전과 2차 세계대전 사이에 유럽에서 이념 갈등이 얼마나 극심했고 독일을 인종 학살로 몰아간 추동력이 무엇인가를 드러내보자는 것이었다. 히틀러를 사회혁명가로 그린다는 것은 곧 어느 정도는 오해에서 비롯된 것이었을지언정 독일 사회가 위기를 맞이했을 때 히틀러의 인기가 왜 그렇게 치솟았는가를 설명하려는 노력에 다름 아니다. 하지만 이런 접근법들은 모두 의도했건 의도하지 않았건, 히틀러가 아무리 인류를 상대로 천인공노할 만행을 저질렀다고는 하지만 그를 20세기가 낳은 위대한 지도자로, 만약에 전쟁이 일어나기 전에 죽었더라면 독일 민족의 영웅으로 떠받들어 졌을 사람으로 추어올리는 히틀러 복권의 씨앗을 담고 있다는 것은 어렵지 않게 눈치 챌 수 있다.[22]

보통 전기를 쓸 때 보면 '역사적 위대성'이라는 주제를 은연중에 끼워 넣을 때가 많다. 전통적으로 독일에서는 특히 그렇다.[23] 히틀러의 정치적 매력과 영향력은 엄청났지만 히틀러라는 사람 자체는 고상한 맛도 없고 위로 고양시키거나 풍요로운 맛도 없었기 때문에 역사적 위대성을 중시하는 전통에서는 이런 점이 당장 문제가 된다.[24] 이 문제를 비켜 가는 길의 하나는 히틀러에게 '그늘진 위대성'이라는 형식이 있었다고 말하는 것이다. 위대한 역사적 인물에서 엿볼 수 있는 고귀한 모습은 찾아볼 수 없을지 몰라도 히틀러가 역사에 가한 충격은 설령 그것이 아무리 파국을 초래했다 하더라도 어마어마하게 컸다는 것이다.[25] 하지만 '그늘진 위대성'이라는 말 자체에는 엄청난 노력을 하고 놀라운 업적을 쌓았지만 모두 물거품이 되었고 민족의 영광이 민족의 재앙으로 바뀌었다는 식으로 일종의 비극적 뉘앙스 같은 것이 배어 있다.

'위대성'이라는 주제는 (왜 그렇게 많은 독일인들이 히틀러에게서 '위대성'을 보았는지를 알아볼 필요는 있겠지만) 다루지 않는 것이 상책일 것 같다. 그것은 사태를 호도할 가능성이 높고 무익하고 뜬구름 잡는 소리고 다분히 변녕조로 흐를 수 있다는 점에서 일종의 눈속임이다. 왜 사태를 호도할 가능성이 높은가 하면 '위인'론이라는 것의 숙명이지만 그것이 역사적 과정을 극단적으로 개인화하기 때문이다. 왜 무익한가 하면 역사적 위대성이라는 관념 자체가 결국은 알맹이가 없기 때문이다. 그것은 도덕적 판단과 심지어 미학적 판단이라는 주관적 가치에 바탕을 두고 있기 때문에 구체성이 결여된 철학적·윤리적 개념일 뿐이다. 왜 뜬구름 잡는 소리인가 하면 히틀러의 '위대성'에 대해서 우리가 동의하든 동의하지 않든 그것은 제3제국의 끔찍한 역사에 대해서 그 자체로는 아무것도 설명하는 것이 없기 때문이다. 왜 변명조로 흐를 수 있는가 하면 그런 질문을 던지는 것만으로도 히틀러가 아무리 원한을 사고 아무리 잘못을 했다 하더라도 히틀러를 어느 정도 우러러보는 마음을 숨길 수가 없기 때문이며 히틀러에게서 위대성을 찾는다는 것은 결국 히틀러의 통치에 박수갈채를 보냈던 사람들, 히틀러의 통치를 떠받쳤던 기관들, 히틀러의 통치에 엄청난 지지를 보냈던 독일 국민들을 사실상 '위인'의 단순한 들러리 역할로 축소하는 효과를 저절로 가져오는 셈이기 때문이다.

'역사적 위대성'이라는 주제에 머무르기보다는 이것보다 훨씬 중요한 물음으로 관심을 돌릴 필요가 있다. 머리가 남달리 좋은 것도 아니고 사교성도 모자란 사람이, 가까운 주변인도 다가설 수 없을 정도로 폐쇄적이고 정치인으로 살아간 것을 빼면 빈 통이나 다를 바 없을 만큼 삭막한 삶을 살았고 참다운 우정도 못 누려본 것처럼 보이는 사람이, 높은 자리에 오를 만한 든든한 뒷배경도 없었고 총리 자리에 오르기 전까지는 공직자로 일했던 경험이 전무한 사람이 역사에 그렇게 엄청난 충격을 주고 온 세계가 감히 숨도 못 쉬게 만든 것을 도대체 어떻게 설명해야 한단 말인가?

어쩌면 이런 질문 자체에 문제가 작게라도 있는 것인지 모른다. 우선 히틀러는 똑똑하지 않은 사람이 분명히 아니었다. 기억력이 비상해서 머리 쓰는 것이 아주 날카로웠다. 흔히 주변의 아첨꾼들한테만 히틀러의 말발이 먹혀든 것처럼 생각하지만 냉정하고 비판적이고 노련한 정치인과 외교관도 사안을 신속하게 파악하는 히틀러의 비상한 두뇌에 혀를 내둘렀다. 히틀러의 말솜씨는 정적들도 인정할 정도로 발군이었다. 그리고 우리가 보기에는 성격상 결함이 있고 지적 수준도 낮아 보일지도 모르지만 그래도 남다른 정치적 수완과 추진력을 발휘하여 두각을 나타낸 20세기의 국가 지도자는 히틀러만이 아니다. 히틀러와 같은 시대를 살았던 사람들이 그런 덫에 빠져들었지만 히틀러의 능력을 턱없이 과소평가하는 덫에 걸려들지 않기 위해서도 이 점을 염두에 두어야 한다.

별 볼 일 없는 환경에서 자라 고위직에 오른 사람은 히틀러 말고도 꽤 있다. 근대에 들어와 처음으로 그런 식으로 입신양명한 주인공은 나폴레옹이다. 다만 (히틀러는 상병을 마지막으로 제대했지만) 나폴레옹은 군대 요직을 두루 거치면서 승진했고 군사 지휘관으로서도 탁월한 역량을 발휘했다는 점이 다르다. 나폴레옹은 히틀러보다 머리도 훨씬 더 뛰어났고 개인적으로 할 줄 아는 것도 훨씬 많았다. 20세기에 들어와서는 사회 정치 분야의 엘리트가 아닌 사람이 국가 권력의 정상으로 올라갈 수 있는 기회가 전보다 많아졌다. 그렇지만 아무리 그렇다 하더라도 미천한 집안에서 태어난 사람이 실제로 최고 권력자가 되는 경우는 드물었고 안정된 민주주의 국가보다는 정치적 격랑의 소용돌이에 휩싸인 혁명 지도자(스탈린, 마오쩌둥, 카스트로처럼) 가운데서 주로 그런 인물이 나타났다.

완전히 무명에서 시작해서 정상에 오른 것이 히틀러만은 아니었다 하더라도 히틀러의 문제는 여전히 남는다. 히틀러는 "미궁 안에 도사린 미스터리로 에워싸인 수수께끼"(아주 다른 맥락에서 윈스턴 처칠이 한 말이지만)[26]라는 소리가 빈말이 아닌 까닭은 히틀러의 사생활이 텅 비어 있었기 때문이다. 히틀러가 자주 듣던 말이지만 그는 정말로 '몰인간'을 방불케 했다.[27] 물론 이런 판단에는 시건방진 태도가 숨어 있었는지도 모른다. 가방 끈도 짧고 원만한 인격도 갖추지 못하고 촌스럽기만 한 벼락출세자, 세상사에 대해서 어설픈 의견밖에는 못 내놓는 국외자, 문화와는 담을 쌓았으면서도 문화의 심판관 역할을 자처하는 사람을 기회만 있으면 헐뜯으려는 심보가 있었는지도 모른다. 그렇지만 히틀러의 개인 생활에 구멍이 뻥 뚫려 있는 또 다른 이유는 히틀러가 뭐든 숨기려 했기 때문이기도 하다. 히틀러는 집안과 살아온 환경과 사생활에 대해서 입을 굳게 다물었다. 거리 두기와 비밀주의는 히틀러의 성격이었지만 그것은 정치 스타일에서도 드러났다. 히틀러가 일부러 조장하기도 했지만 그것은 ‘영웅적’ 지도자의 매력을 끌어올리는 요소로 작용하면서 히틀러를 더욱 신비스러운 인물로 만들었다. 그렇지만 백보를 양보하더라도 히틀러의 삶이 정치를 벗어나서는 없는 것이나 마찬가지였다는 점은 부인 못할 사실이다. 나폴레옹, 비스마르크, 처칠, 케네디 모두 공인으로서의 삶 말고도 알맹이 있는 삶을 살다 간 사람들이었다. 플루타르코스가 했다는 “운명은 엄청난 중요성을 지닌 행동을 통해 비천한 인물을 끌어올려 그가 얼마나 함량 미달인지를 드러낸다.”는 말은 스탈린에게 적용되었지만[28] 히틀러한테도 다시금 써먹고 싶은 유혹을 느낀다.

자신이 관여한 정치적 사건 말고는 사생활도 개인사도 없는 셈이나 마찬가지였던 ‘몰인간’의 전기는 당연히 한계에 부딪친다. 하지만 사생활이 공인의 삶을 좌우한다는 전제가 성립해야만 사생활의 부재가 단점이 된다. 그런 전제는 잘못이다. 히틀러에게는 ‘사생활’이 없었다. 물론 히틀러는 현실 도피의 차원에서 영화 관람을 즐겼고 매일같이 베르크호프 산장의 찻집으로 산책을 갔고 베를린의 공무에서 벗어나 전원 분위기가 물씬 풍기는 고산 지대에서 망중한을 보내기도 했다. 하지만 그것은 속이 텅 빈 반복 행위였다. 정치 행위의 울타리 바깥으로 한 걸음 물러나 공인의 모습을 더 깊은 차원에서 규정 짓는 공간으로 잠수하는 법이 없었다. 히틀러의 ‘사생활’이 히틀러가 공인으로서 썼던 가면의 일부가 되었다는 소리가 아니다. 그 반대였다. 히틀러의 사생활이 얼마나 철저하게 가려졌는지 독일 국민은 제3제국이 잿더미로 무너지고 나서야 에바 브라운의 존재를 알았다.[29] 히틀러는 도리어 공적 공간을 ‘사유화’했다. ‘공’과 ‘사’는 혼연일체가 되어 하나로 녹아들었다. 히틀러라는 존재는 그가 완벽하게 연기한 ‘지도자’의 역할 안으로 수렴되었다.

여기서 전기 작가의 임무가 더 선명해진다. 히틀러의 성격에 초점을 맞출 것이 아니라 히틀러가 휘두른 권력, 지도자가 휘두른 권력의 성격을 정면으로 다루어야 한다는 것이다.

그 권력은 부분적으로만 히틀러에게서 비롯되었다. 히틀러의 권력은 사실은 사회에 더 깊은 뿌리를 두었다. 그것은 히틀러를 추종한 사람들이 히틀러에게 쏟아 부은 사회적 기대와 욕망의 산물이었다. 그렇다고 해서 히틀러 자신의 행동이 갈수록 커져만 갔던 그의 권력에 비례하여 고비 고비마다 엄청나게 중요한 의미를 지녔다는 사실을 부인하는 것은 아니다. 하지만 히틀러가 휘둘렀던 권력의 파장은 '성격'의 구체적 특성으로 파악할 것이 아니라 과소평가, 실수, 우유부단, 그밖의 요인들이 복합적으로 작용한 덕분에 가능했던 지도자로서 히틀러의 역할 속에서 바라보아야 한다. 따라서 히틀러의 권력을 설명하려면 먼저 히틀러를 볼 것이 아니라 다른 사람들을 보아야 한다.

히틀러의 권력은 예외적인 것이었다. 히틀러는 (아주 형식적인 의미에서는 그렇게 볼 수도 있었지만) 그저 당 지도자라는 자리에 있었기 때문에, 높은 자리에 있었기 때문에 권력을 누린 것이 아니었다. 히틀러는 독일을 구해야 한다는 역사적 사명감에서 권력을 이끌어냈다. 다시 말해서 히틀러의 권력은 제도에서 나온 권력이 아니라 '카리스마'에서 나온 권력이었다. 그것이 제 구실을 하려면 다른 사람들이 히틀러 안에서 '영웅적' 특성을 볼 마음가짐을 갖추고 있어야 했다.[30] 그리고 사람들은 어쩌면 히틀러가 그런 특성이 자기한테 있다고 확신하게 된 것보다 먼저 그런 특성을 히틀러한테서 보았다.

나치 현상을 그 당시에 탁월하게 분석한 사람의 하나인 프란츠 노이만은 이렇게 갈파했다. "카리스마 통치는 오랫동안 무시되고 조롱받았지만 그것은 뿌리가 깊을 뿐더러 제대로 된 심리적 조건과 사회적 조건만 마련되면 강력한 힘을 받는다. 지도자의 카리스마에서 나오는 권력은 허깨비가 아니다. 수많은 사람이 실제로 굳게 믿는 것이다."[31] 히틀러 자신이 이런 권력을 키우고 휘두르는 데서 차지했던 몫을 얕잡아보아서는 안 된다. 사실과는 다른 가정을 조금만 해봐도 그 점을 깨달을 수 있다. 한번 이런 질문을 던져보자. 힘러와 나치 친위대(Schutzstaffel, SS) 밑에서 자라난 살벌한 경찰국가가 히틀러가 정부 수반이 아니었더라도 과연 만들어질 수 있었을까? 제아무리 권위주의적인 성향을 지니고 있었다 하더라도 만약 히틀러가 아니라 다른 지도자가 이끌었다면 과연 독일이 1930년대 말에 유럽에서 전면전을 벌였을까? 다른 국가 수반 밑에서도 과연 유대인 차별 정책(그런 정책은 십중팔구 등장했을 것이다)이 철저한 학살극으로 비화되었을까? 어느 질문에 대해서도 답은 '아니'라는 것이다. 아니면 적어도 그럴 가능성이 '대단히 희박하다'는 것이다. 외적 여건과 비개인적 결정 요인이 제아무리 압도적인 힘을 발휘했다손 치더라도 히틀러는 있어도 그만, 없어도 그만인 사람이 아니었다.

히틀러가 행사한 아주 개인화된 권력은 성직자, 지식인, 외교관, 귀빈처럼 날카롭고 똑똑한 사람들마저도 히틀러한테서 감명을 받게 만들었다. 그렇다고 해서 그들이 뮌헨의 맥주홀에서 목이 쉬어라 외쳐대던 군중들이 히틀러의 연설을 들으면서 느꼈던 그런 전율을 느꼈을 리는 없다. 그렇지만 총리라는 권위가 있고 환호하는 군중들의 성원이 있고 권력의 제복에 둘러싸여 있고 요란하게 선전된 위대한 지도력의 후광에 휩싸여 있으므로 아주 고지식하지도 않았고 어리숙하지도 않았던 사람들까지 히틀러한테서 감명을 받았다 하더라도 그리 놀랄 만한 일은 아니었다. 히틀러의 말이라면 죽고 못 살았던 나치 간부, 개인 수행원, 지역당 책임자 같은 히틀러의 부하들이 1945년 4월 말 히틀러의 몰락이 다가오자 배가 침몰하기 전에 달아나는 쥐들처럼 살 길을 찾아 뿔뿔이 흩어진 것도 결국 그들이 매달린 것이 권력이었기 때문이다. 수많은 여성(특히 히틀러보다 나이가 훨씬 어린 여성)이 우리 눈에는 성적 매력이라곤 전혀 없어 보이는 히틀러를 섹스 심볼로 여기고 심지어 히틀러 때문에 자살 소동까지 벌인 이유도 바로 권력이 풍기는 신비한 마력에 있었다.

히틀러의 역사는 따라서 권력의 역사일 수밖에 없다. 히틀러가 어떻게 권력을 거머쥐었는지, 그 권력의 성격은 무엇인지, 히틀러는 그 권력을 어떻게 행사했는지, 어떻게 해서 히틀러는 모든 제도적 장벽을 부수고 권력을 확장할 수 있었는지, 히틀러의 권력에 대한 저항은 왜 그리 미미했는지를 캐물을 수밖에 없다. 하지만 이것은 히틀러만이 아니라

뮌헨의 돌격대 본부에서 젊은 대원들과 이야기를 나누는 히틀러. 히틀러의 권력은 사실은 사회에 더 깊은 뿌리를 두었다. 그것은 히틀러를 추종한 사람들이 히틀러에게 쏟아 부은 사회적 기대와 욕망의 산물이었다.

독일 사회에 던져야 할 물음이기도 하다.

히틀러가 권력을 쟁취하고 행사하는 데 히틀러 자신의 성격이 기여한 몫이 있다면 그것을 낮추어 말할 필요는 없다. 외곬, 확고부동, 모든 장애물을 쓸어버리는 무자비함, 영특한 냉소주의, 전부 아니면 전무라는 식으로 큰 승부에 강한 도박사의 배포, 이런 요인 하나하나가 작용해서 히틀러의 권력을 빚어냈다. 이런 성격 특성들을 하나로 묶는 히틀러 내면의 강한 욕구가 있었는데 그것이 바로 끝없는 자기 우월감이었다. 권력은 히틀러의 최음제였다. 히틀러처럼 자아 도취에 빠진 사람에게 권력은 목표를 잃고 헤매던 젊은 시절에 목표를 제공했고, 화가로서 퇴짜를 맞고 사회적으로 파산 선고를 받아 빈의 싸구려 여인숙에서 지내고 1918년의 패전과 혁명으로 주변 세계가 와르르 무너진 인생 전반기의 쓰라린 좌절감을 보상해주었다. 권력은 히틀러를 너무나 강렬하게 빨아들였다. 프랑스에 아직 승리를 거두기 전이었던 1940년에 한 예리한 관찰자는 벌써 이렇게 통찰했다.

> 히틀러는 둘도 없는 자살 후보다. 자기의 '자아' 바깥으로는 아무런 연결고리가 없다. …… 그는 자기 말고는 아무것도 사랑하지 않고 어느 누구도 사랑하지 않는 특혜 받은 자리에 있다. …… 그래서 자기 권력을 수호하고 확대하기 위해서라면 물불을 가리지 않을 수 있다. …… 오직 권력만이 이 사람과 신속한 죽음을 가로막고 있다.[32]

개인화된 권력을 무한정 추구하려는 욕망은 만족을 모르는 영토 정복 야심으로 이어졌다. 승산이 지극히 낮았음에도 불구하고 유럽 대륙을 혼자서 집어삼키기 위해, 그리고 나중에는 세계 패권을 쥐기 위해 터무니없는 도박을 벌였다. 더 많은 권력을 손에 넣기 위한 무자비한 팽창 욕구는 움츠러들지도 않았고 식을 줄도 몰랐고 멎을 줄도 몰랐다. 그것은 이른바 '위대한 업적'이 계속 이어져야만 무너지지 않는 구조였다. 분수를 모르고 앞으로만 치닫는 과대망상은 결국 히틀러 체제를 자멸로 몰아가는 씨앗을 담고 있었다. 히틀러 안에 내재된 자살 충동과 기가 막히게 맞아떨어졌다.

히틀러에게 권력은 너무나 강렬한 매혹의 대상이었지만 그것은 내용과 의미가 결여된 그저 권력 자체를 위한 권력은 아니었다. 히틀러는 단순히 선동가만도 아니었고 음모가만도 아니었고 동원가만도 아니었다. 그는 셋 다였다. 그렇지만 그는 흔들리지 않는 신념으로 무장한 이론가이기도 했다. 히틀러는 인류의 역사는 곧 인종 투쟁의 역사라는 발상을 비롯해서 몇 가지 아주 단순한 관념을 (우리한테는 아무리 역겨워 보일지언정) 내적 일관성이 있도록 짜 맞춘 '세계관'을 밀어붙인 급진파 중에서도 가장 급진적인 인물이었다. 이런 '세계관' 덕분에 히틀러는 독일과 세계가 왜 중병에 걸렸는지 그리고 어떻게 하면 그 병을 고칠 수 있는지 그럴 듯하게 설명할 수 있었다. 히틀러는 1920년대 초반부터 벙커에서 죽던 마지막 날까지 그 '세계관'을 흔들림 없이 고수했다. 히틀러의 세계관은 중장기적인 정책들의 집합이 아니라 독일 민족을 구원하는 유토피아 이상에 가까운 것이었다. 하지만 그 안에는 나치 철학의 온갖 갈래가 들어가 앉아 있었다. 화려한 수사를 자랑하는 히틀러의 말은 얼마 안 가서 당의 어떤 강령에서도 절대적 권위를 누리게 되었다.

히틀러의 이념적 목표, 히틀러의 행동, 사건들이 흘러가는 방향에 끼친 히틀러의 개인적 영향에는 당연히 아주 진지한 관심을 기울여야 한다. 하지만 이런 것들만 가지고 다 설명이 되는가 하면 천만의 말씀이다. 우리는 독재자만이 아니라 독재 정권도 살펴야 하고[33] 통치 구조를 넘어 독재 정권의 초석이 되었고 독재 정권에 동력을 주었고 저변에서 호응해주었던 사회의 충동도 살펴야 한다. 나치 체제가 왜 '누적적 급진화'로 치달을 수밖에 없는 운명이었던가를 이해하려면 히틀러라는 독재자가 저지른 일뿐 아니라 히틀러가 하지도 않았고 부추기지도 않았지만 다른 사람들이 앞장서서 벌인 일도 함께 헤아려야 한다.[34]

히틀러의 새로운 전기는 그러므로 새로운 방식으로 접근해야 한다. 히틀러가 권력을 쟁취하고 행사하면서 엄청난 파장을 미칠 수 있도록 여건을 제공한 정치 구조와 사회 세력의 틀 안으로 독재자의 행동을 끌어들여서 파악하려고 애써야 한다. 독재자의 어마어마한 영향력을 설명하는 데 히틀러의 성격만이 아니라 (복잡하기 이를 데 없는) 독일 사회의 기대와 욕구도 같이 들여다보려는 시도는 히틀러의 권력 확장을, 히틀러가 군림했던 체제와 히틀러가 풀어놓은 세력을 통해서 탐구할 수 있는 길을 열어준다. 이런 접근법은 제3제국에서 살아가는 모든 사람 하나하나의 임무는 위에서 명령이 내려오기를 기다리지 말고 "지도자가 바라실 노선을 따라서 지도자 쪽으로 나아가며 일하는 것"이라는 1934년에 한 나치 간부가 지어낸 구호에 집약되어 있다.[35] (어떤 면에서는 이 구호야말로 이 연구의 중심 주제인지도 모른다. 13장의 제목도 여기서 따왔다.) 제3제국을 움직인 원동력의 하나가 바로 실천에 옮겨진 이 구호였던 것이다. 사람들은 히틀러가 느슨하게 짜놓은 이념 목표를 현실로 옮기면서 독재자의 야심찬 꿈을 이루기 위해 스스로 나서서 움직였다. 히틀러의 권위는 물론 결정적이었다. 그렇지만 히틀러가 승인한 그런 움직임은 다른 사람들로부터 나올 때가 많았다.

히틀러는 독일이 강요받은 폭군이 아니었다. 비록 자유 선거에서 다수의 지지를 받은 적은 한 번도 없었지만 전임자들과 마찬가지로 어디까지나 합법적으로 독일 총리가 되었고 1933부터 1940년까지는 모르긴 몰라도 세계에서 가장 인기 있는 국가 지도자로 활동했다. 이 점을 이해하려면 전기라는 개인적 접근법과 사회사(정치 지배의 구조까지 포함해서)라는 대조적 접근법처럼 서로 양립하기 어려운 방식을 모두 품어야 한다.[36] 히틀러가 일으킨 파장은 히틀러를 낳은 (그리고 히틀러의 손에 무너진) 시대를 통해서만 파악할 수 있다. 따라서 히틀러에 대한 설득력 있는 연구는 어느 정도는 나치 시대의 역사도 같이 다루어야 한다.[37] 그런 목적을 이루는 것이 가능하다고 할 때 전기라는 것은 거기에 도달하는 유일한 접근법은 아니지만 그래도 히틀러라는 사람한테 초점을 맞추는 것이 유의미한 까닭은 제3제국이 '광포하게 질주하는 데' 중심적이고 흔히 결정적인 역할을 한 사람이 누가 뭐래도 히틀러이기 때문이다.[38]

나치즘이라는 현상을 총체적으로 이해하려는 시도는 '히틀러 변수'를 제대로 인정해야만 성공할 수 있다.[39] 하지만 그런 해석은 히틀러의 이념 목표, 히틀러의 행동, 히틀러가 사건들에 영향을 끼치기 위해 불어넣은 개인적 입김 같은 것도 빠짐없이 고려해야 하지만 점점 개인화된 절대 권력으로 치닫는 체제의 성장을 방치하고 유도하고 조장하여 결국 끔찍한 결과를 초래한 사회 세력과 정치 구조 안에서 이런 히틀러 변수를 파악해야 한다.

문명의 뿌리를 뒤흔든 나치의 공격은 20세기를 규정하는 특징으로 자리 잡았다. 히틀러는 그 공격의 진원지였다. 그렇지만 히틀러는 그 공격의 주창자였지 일차 원인은 아니었다.

···1장

반항아

"어느 날 남편이 나중에 뭐가 되고 싶으냐고,
혹시 우체국에 들어올 생각은 없느냐고 물으니까
자기는 위대한 화가가 될 거라더군요."
_우어파어에 살았던 히틀러 가족의 이웃

"붙을 수 있다고 굳게 믿었는데
불합격 통지를 받으니 마른 하늘에
날벼락을 맞은 기분이었다."
_히틀러, 빈 미술아카데미 입학 시험에 낙방한 데 대해

히틀러 가계의 비밀

아돌프 히틀러가 누렸던 수많은 행운 중에서 맨 처음 행운은 히틀러가 태어나기 13년 전에 닥쳤다. 1876년 훗날 히틀러의 아버지가 되는 사내가 이름을 알로이스 시클그루버에서 알로이스 히틀러로 바꾼 것이다. 아버지한테 가장 고마운 점이 시클그루버라는 상스럽고 촌스러운 성을 내버린 것이었다는 아돌프의 술회는 빈말이 아닐 것이다.[1] 확실히 '하일 시클그루버'는 민족의 영웅을 경배하는 인사말로는 어색하기 짝이 없었으리라.

시클그루버 집안은 무뚝뚝하고 고집스럽고 뻣뻣한 사람들이 많기로 소문난 보헤미아와 국경을 맞댄 니더외스터라이히의 북서쪽 변방에 자리 잡았으며 구릉이 많고 그림처럼 아름다웠지만 가난했던 발트피어텔이라는, 이름 그대로 삼림 지대에서 대대로 작은 규모로 농사를 지으며 살아온 자작농이었다.[2] 히틀러의 아버지 알로이스는 그곳의 스트로네스라는 마을에서 1837년 6월 7일 가난한 자작농이었던 요한 시클그루버의 딸이었고 당시 마흔두 살이었던 마리아 안나 시클그루버의 사생아로 태어나 그날로 부근의 될러스하임이라는 동네에서 세례를 받았다. 세례명은 알로이스 시클그루버였다. 세례자 명부의 아기 생부를 적는 칸은 비어 있다.[3] 히틀러의 친가 쪽 성은 모르고 억측은 많았지만 아직도 밝혀지지 않았다.

5년 뒤인 1842년 마리아 안나는 25킬로미터쯤 떨어진 슈피탈이라는 곳의 제분소에서 중간 기술자로 일하던 요한 게오르크 히들러와 결혼했다. 방랑벽이 있어 여기저기 떠돌아다니던 히들러는 어떻게 어떻게 해서 스트로네스까지 흘러들어왔고 거기서 마리아 안나와 장인과 얼마 동안 한집에서 살았던 것이다.[4] 결혼은 5년을 갔다. 마리아는 1847년에 죽었고 하루 벌어 하루 먹고 살던 히들러도 아내가 죽고 10년 뒤에 뇌졸중으로 저 세상 사람이 되었다.

늦어도 어머니가 돌아가셨을 무렵이면, 그리고 어쩌면 그보다 더 일찍, 어린 알로이스를 형보다 열다섯 살 적었던 작은아버지 요한 네포무크 히들러가 거두어 슈피탈에 있던 크지도 작지도 않은 아담한 농장에서 데리고 살았다.[5] 네포무크가 어린 알로이스를 왜 자식처럼 끼고 살았는지 그 이유는 분명하지 않다. 소년은 떵떵거리지는 않았지만 어느 모로 보나 쪼들리지는 않았던 가정의 품에 안겼다. 초등학교를 다니고 나서 집에서 멀지 않은 구둣방에서 도제살이를 시작했지만 어느새 나이가 열세 살이 되자 시골 아이들이 보통 그랬던 것처럼 가죽일을 좀 더 배우러 수도 빈으로 갔다.

히틀러의 아버지는 집안에서 처음으로 신분 상승을 한 사람이다. 1855년에 나이 열여덟 살이 되었을 때 알로이스는 이미 오스트리아 재무부에 괜찮은 성적으로 채용되었다.[6] 배경도 없었고 가방 끈도 짧았던 젊은이가 그 다음에 달린 출세길은 인상적이었다. 교육을 받고 필요한 시험에 합격한 뒤 그는 1861년에 하위 감사직에 임용되었고 1864년에는 관세 공무원으로 자리를 옮겼으며 1870년에는 관세사로 승진했고 이듬해인 강 옆 브라우나우로 발령을 받아 1875년에 거기서 관세관 자리에 올랐다.[7]

성을 바꾼 것은 그 다음해였다. 알로이스가 사생아라서 사람들한테 손가락질을 받았기 때문에 성을 바꾼 것은 결코 아니었다. 가톨릭교회에서는 징계를 받긴 했지만 오스트리아 농촌에서는 사생아가 드물지 않았다.[8] 알로이스는 1876년 이후에도 자기가 사생아라는 사실을 숨기려 들지 않았다. 성을 바꾸자는 생각이 알로이스 본인한테서 나온 것인지 아니면 대를 이을 아들이 없어서 알로이스한테 자기와 같은 성으로 바꾼다는 조건으로 유산을 물려준 것으로 보이는 작은아버지(실질적인 양부) 네포무크한테서 나온 것인지는 분명하지 않다.[9] 1876년 6월 6일자로 세 사람의 증인이 서명한 바이트라의 한 공증인이 작성한 인증서에는 알로이스가 게오르크 히틀러의 아들이라고 적혀 있다. 이때 벌써 '히들러'가 아니라 히틀러로 나온다.[10] 그리고 다음날 될러스하임 교구의 사제가 출생기록부에서 '서출'을 '적출'로 바꾸고 '시클그루버'를 지운 다음 지금까지 비어 있던 생부 이름 기입란에 '게오르크 히틀러'라는 이름을 적어 넣으면서 알로이스는 태어난 지 39년 만에 사생아라는 꼬리표를 떼어버렸다.[11] 생부로 적힌 사람은 일찍이 1842년에 알로이스의 모친과 결혼을 했고 저 세상 사람이 된 지 19년이 지났으며 인증식에 참가한 세 명의 증인(그들은 모두 친척이었다)과 알로이스 본인의 말에 따르면 자기가 알로이스의 아버지라는 사실을 인정한 요한 게오르크 히들러였다.[12] 사제는 또 증인들이 알로이스의 부친이 세례명 기록부에 자기 이름을 적어 넣어 달라고 요청한 사실이 있다고 증언했다고 덧붙였다.[13]

이 개명은 그 당시에는 오스트리아 지방에 살던 한 농사꾼 집안의 역사에서만 의미를 지녔지만 끊임없는 억측을 불러일으켰다. 어디까지나 아돌프 히틀러의 할아버지가 누구인가 하는 문제와 맞물려 있기 때문이었다. 따져볼 만한 가치가 있는 가능성은 세 가지뿐이다. 이 가운데 앞의 두 가지는 히틀러 집안에 드러나지 않은 가벼운 추문이 있었는지 여부를 따지는 데 불과하며 나머지 하나는 역사적으로 조금은 중요할 수 있지만 드러난 증거로 볼 때 신빙성이 없다.

첫 번째는 수정된 세례 명부에 이름이 올랐고 제3제국 때 히틀러의 할아버지로 공인되었던 그 사람, 다시 말해서 요한 게오르크 히틀러가 알로이스의 아버지일 가능성이다. 그렇지만 정말로 아버지였다면 히틀러가 결혼할 당시만 하더라도 그렇고 살아 있는 동안에도 왜 자기 아들의 출생을 합법적인 것으로 만들려고 하지 않았을까? 결혼은 했지만 요한 게오르크와 마리아 안나는 여물통을 침대로 써야 할 만큼 가난했다는 설이 있지만 마리아 안나는 그 정도로 가난하지는 않았다는 사실이

마리아 안나 시클그루버 1795~1847
요한 게오르크 히들러 1792~1857
요한 네포무크 히들러(휘틀러) 1807~1888
에바 데커 1792~1873
요한나 히들러(휘틀러) 1830~1906
요한 밥티스트 푈츨 1828~1902
안나 글라슬(1)
프란치스카 마첼베르거(2)
알로이스 시클그루버 (1876년부터 '히틀러') 1837~1903
클라라 푈츨(3) 1860~1907
요한나 푈츨 1863~1911
알로이스 1882~1956
브리지트 다울링 1892~1969
레오 라우발 1879~1910
앙겔라 1883~1949
구스타프 1885~1887
이다 1886~1888
오토 1887(?)
★아돌프 1889~1945
에드문트 1894~1900
파울라 1896~1960
윌리엄 패트릭 1911~1987
앙겔라(겔리) 1908~1931

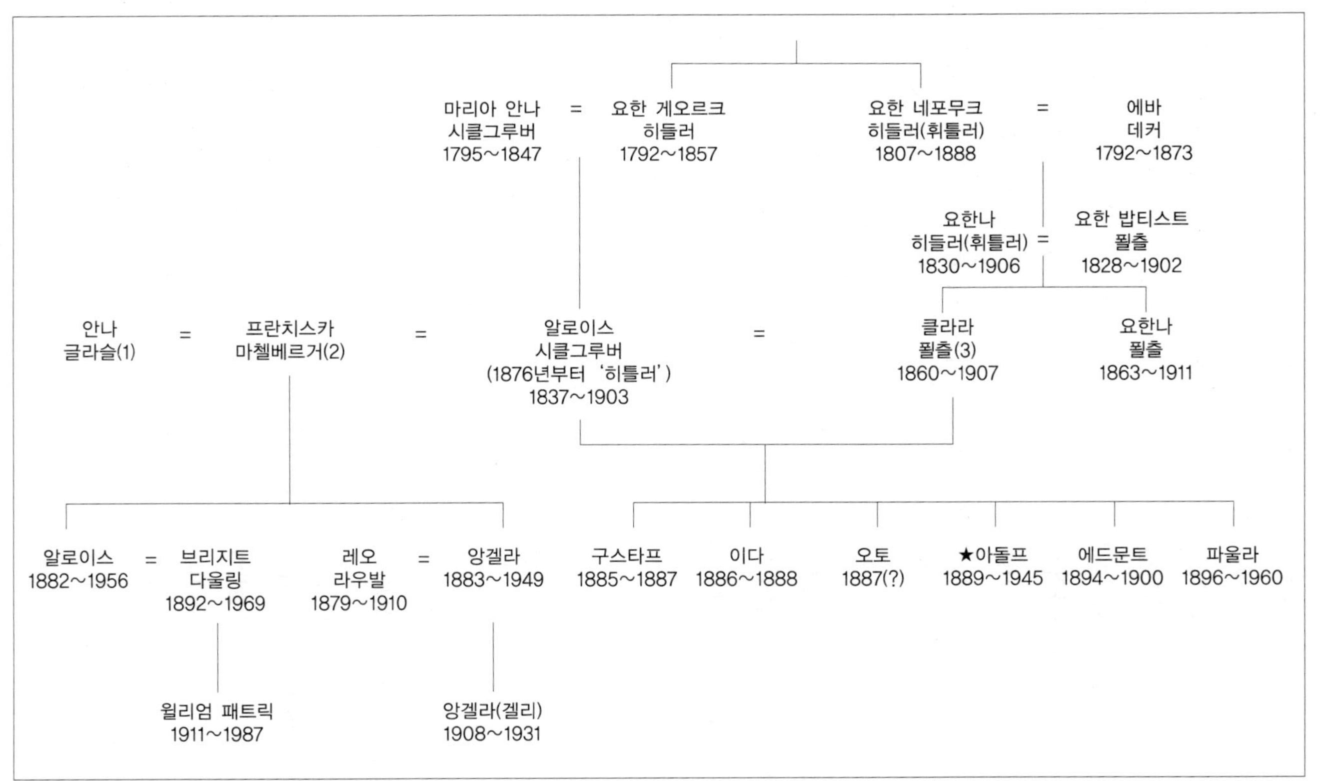

아돌프 히틀러의 가계도

밝혀졌다.[14] 그렇다면 네포무크가 '입양'을 한 것은 부모가 남기고 간 가난의 수렁에서 알로이스를 구해주기 위한 측은지심에서라는 일반적 설명도 설득력을 잃는다. 그렇다면 왜 마리아 안나는 세례식을 할 때는 아기 아버지의 이름을 밝히지 않았으면서 나중에는 자기 아들과 떨어져 사는 것도 감수했을까? 왜 알로이스는 아버지로 보이는 사람한테서 자라지 않고 작은아버지 밑에서 컸을까? 공증인과 교구 사제를 속이기 위해서 네포무크와 가깝거나 관련이 있는 세 명의 증인과 알로이스, 네포무크가 손발을 맞춰서 (아버지가 입회하지 않은 상태에서는 아버지임을 증명하는 법률적 증거가 있어야 하는데도) 얼렁뚱땅 넘어간 흔적이 다분한 그 친자 확인 의식을 왜 1876년까지 미루어야 했을까?[15] 네포무크가 알로이스에게 유산을 물려준 것과 관련이 있어 보이기는 한다. 그런데 그렇다고 해서 이름까지 바꿀 필요가 있었을까? 아무리 네포무크한테 딸밖에 없었다고는 하지만 당시 쉰 살도 넘는 부인과 살고 있던 알로이스를 통해서 대를 이어가는 데 집착을 보였다는 것은 개연성이 부족해 보인다. 적어도 동기로서는 불충분하다.

　이런 물음들에 대한 답은 시간의 안개 속에 묻혀버렸다. 그리고 어차피 역사적으로도 별로 중요하지 않다. 그런데 만약 요한 게오르크가 아버지라는 데 의문부호를 달아야 한다면 아버지가 될 수 있는 사람은 누가 있단 말인가? 강력한 후보는 누가 뭐래도 네포무크다. 그는 알로이스를 '입양'하고 보살피고 키웠다. 부인 에바 마리아가 세상을 뜬 지 3년이 지나서 이름을 바꾸라고 부추긴 것은 아마 네포무크였을 것이다. 알로이스가 유산을 물려받을 수 있는 자격을 만들어주기 위해서 그렇게 했을 것이다. 1888년 네포무크가 죽었을 때 유산 상속을 기대했던 후손들은 자기들이 물려받을 재산이 하나도 없다는 것을 알고 깜짝 놀랐다. 반면에 그때까지 이렇다 할 목돈을 굴리지 못했던 알로이스 히틀러는 겨우 여섯 달 뒤에 4천 굴드에서 5천 굴드 사이의 돈을 주고 슈피탈에서 그리 멀지 않은 곳에다 토지가 딸린 큰 집을 샀다.[16] 알로이스의 친아버지는 요한 게오르크가 아니라 네포무크이고 요한 게오르크는 마리아 안나와 결혼할 때 자기 동생의 아들인 알로이스를 친자식으로 받아들이기를 거부했으며 가족들은 이런 사실을 쉬쉬했고 네포무크의 부인이 살아 있는 동안에 개명은 꿈도 꿀 수 없었다는 설명은 그래서 설득력이 있어 보인다.[17]

하지만 증거는 없고, 부인이 죽고 나서도 네포무크는 만일 그가 친아버지였다면 그런 사실을 떳떳하게 인정하기를 꺼려했다. 《나의 투쟁》에서 히틀러가 자기 아버지는 '가난한 소농'(요한 게오르크는 제분소에서 일하던 기술자였으니까 엄연히 직업이 다르다)의 아들이었다고 언급한 대목을 의미심장하게 받아들이기도 한다.[18] 하지만 히틀러가 《나의 투쟁》에서 밝힌 자전적 내용은 세부로 들어가면 부정확하고 어설픈 대목이 많으므로 할아버지에 대해서 잠깐 스쳐 지나가면서 언급한 것에다 지나치게 의미를 부여하는 것은 올바르지 못하다. 알로이스가 1876년에 고른 '히틀러'라는 이름도 (요한 게오르크의) 히들러보다는 (네포무크의) '휘들러'를 의도적으로 본딴 것이라는 설도 제기되었다. 하지만 이 가설은 19세기 말 이전까지만 하더라도 유동적이고 가변적이었던 이름의 형식에서 너무 깊은 뜻을 찾아내려는 것일 수가 있다. '히들러', '휘들러', '히틀러'는 모두 '소농'이라는 뜻이며 19세기 초반과 중반까지는 공문서에서 섞여서 쓰였으며 발음으로도 거의 구별이 되지 않았다.[19] 네포무크도 세례를 받을 때는 '히들러'였지만 나중에 결혼을 할 때는 '휘들러'였다.[20] 신분 상승을 한 알로이스는 촌스러운 티가 덜 나는 '히틀러'가 마음에 들었을지 모른다. 하지만 '히틀러'라는 이름은 바이트라의 공증인이 그냥 아무 생각 없이 받아 적은 것을 다음날 될러스하임의 교구 사제가 그대로 베낀 것일 수도 있다.[21] 어떤 연유로 그런 이름을 갖게 되었든 아무튼 알로이스는 그 이름이 꽤 마음에 들었던 모양이다. 그 다음부터는 단 한 번도 이름을 잘못 쓴 적이 없었다. 1877년 1월 개명이 확정된 다음부터는 서명을 할 때마다 꼬박꼬박 '알로이스 히틀러'라고 썼다. 그의 아들도 '히틀러'라는 좀 더 개성 있는 이름을 아버지처럼 만족스러워했다.[22]

세 번째 가능성은 아돌프 히틀러의 할아버지가 유대인이라는 것이다. 1920년대 초반 뮌헨의 호사가들 사이에서 그런 소문이 퍼지더니 1930

년대에는 외국 언론의 선정적 보도로 더욱 부풀려졌다. '휘틀러'라는 이름이 유대인 이름이라는 설이 나돌더니 히틀러의 조상이 부쿠레슈티의 히틀러라는 성을 쓰는 유대인 집안으로 거슬러 올라간다는 사실이 '드러났고' 히틀러의 아버지는 유대인 은행가 로트실트 남작에게도 공대를 받았고 히틀러의 할머니는 빈에 있던 로트실트의 저택에서 얼마 동안 하녀로 일했다는 주장까지 나왔다.[23] 그렇지만 히틀러가 유대계라는 억측이 한때 진지하게 받아들여진 것은 2차 세계대전이 끝나고 나서 나치에서 알아주는 변호사였으며 폴란드 총독까지 역임한 한스 프랑크가 뉘른베르크의 감방에서 교수형을 언도받고 나서 구술한 회고록에 직접적으로 그와 관련된 내용이 있었기 때문이었다.

프랑크는 1930년이 저물어 갈 무렵 히틀러한테 부름을 받고 가보니 히틀러의 출신을 놓고 언론에서 떠도는 기사와 관련하여 히틀러의 몸에 유대인의 피가 흐르고 있다는 사실을 폭로하겠다고 위협하는 내용이 적힌 히틀러의 조카 윌리엄 패트릭 히틀러(아일랜드 여자와 한때 부부로 살았던 히틀러의 배다른 형제 알로이스의 아들)가 썼다는 편지를 히틀러가 보여주었다고 주장했다. 집안 내력을 조사해보라는 지시를 받고 프랑크는 마리아 안나 시클그루버가 그라츠의 프랑켄베르거라는 유대인 집안에서 요리사로 일하다가 아기를 낳은 사실을 알아냈다고 한다. 그뿐이 아니었다. 프랑켄베르거는 아기가 태어났을 때 열아홉 살이었던 아들을 대신하여 아기가 열네 살 생일을 맞이할 때까지 양육비 명목으로 꼬박 꼬박 얼마씩 보냈다는 것이었다. 마리아 안나 시클그루버와 프랑켄베르거 집안 사이에는 여러 해 동안 편지 왕래도 있었다고 했다. 프랑크에 따르면 히틀러는 아버지와 할머니한테 들어서 안다면서 자기 할아버지는 그라츠에 살았던 유대인이 아니었지만 할머니와 나중에 할머니의 남편 되는 사람이 하도 먹고 살기 힘드니까 아기 아버지인 것처럼 믿게 만들어서 양육비를 받아낸 것이라고 밝혔다.[24]

프랑크의 이야기는 1950년대에 널리 퍼졌다.[25] 하지만 그 이야기는 전혀 신빙성이 없다. 1830년대에 그라츠에는 프랑켄베르거라는 유대인 가정이 없었다. 그 당시에는 슈티리아를 통틀어서 유대인이 단 한 명도 없었다. 오스트리아에서는 1860년대까지만 하더라도 그쪽 지역에서 유대인이 사는 것을 허락하지 않았다. 프랑켄라이터라는 성(性)을 쓰는 집안은 있었지만 그들은 유대인이 아니었다. 마리아 안나가 그라츠에 살았다는 증거도 없을 뿐더러 푸줏간을 하는 레오폴트 프랑켄라이터라는 사람 집에서 일했다는 증거는 더더욱 없다. 마리아 안나와 프랑켄베르거나 프랑켄라이터가 주고받았다는 편지는 지금까지 단 한 통도 나오지 않았다. 레오폴트 프랑켄라이터가 13년 동안 꼬박꼬박 양육비를 댔다는 아기의 아버지라는 사람(프랑크의 이야기가 맞는데 다만 이름을 혼동했을 뿐이라고 가정하고), 곧 레오폴트 프랑켄라이터의 아들은 알로이스가 태어났을 때 겨우 열 살이었다. 더구나 프랑켄라이터 집안은 아주 어렵게 살았기 때문에 마리아 안나 시클그루버에게 돈을 보낸다는 것은 상상도 할 수 없었다.[26] 히틀러가 할머니한테서 그라츠 소문은 낭설이라는 이야기를 들었다는 것도 역시 설득력이 부족하다. 히틀러가 태어났을 때 할머니는 이미 40년 전에 세상을 뜬 분이었다. 그리고 히틀러가 1930년에 조카한테 협박 편지를 받았다는 것도 믿기 어렵다. 만약 그것이 사실이라면 유명한 삼촌을 우려먹으면서 눈엣가시로 여겨졌던 패트릭이 그 다음에도 몇 년 동안 독일에서 아무 탈 없이 눌러 살다가 1938년 12월에 아무런 제지도 받지 않고 독일 땅을 영원히 뜰 수 있었던 것은 억세게 운이 좋았다는 것으로밖에는 달리 설명이 안 된다.[27] 1939년 8월에 파리의 한 잡지에 실렸다는 패트릭의 '폭로'에는 그라츠 이야기는 털끝만큼도 없었다.[28] 1930년대와 1940년대에 나치의 비밀경찰 게슈타포가 히틀러의 집안 내력을 여러 번 조사했을 때도 이른바 '그라츠설'은 거론조차 되지 않았다.[29] 게슈타포가 새로 알아낸 내용은 없었다. 교수대에 오르기를 기다리는 동안 극심한 정신적 혼란 속에서 구술된 한스 프랑크의 술회는 부정확한 내용이 너무 많아서 곧이곧대로 받아들여서는 안 된다.[30] 히틀러의 할아버지가 유대인이었다는 이야기는 일고의 가치도 없는 주장이다. 히틀러의 할아버지가 누구였는지는 몰라도 아무튼 그는 그라츠 출신의 유대인은 아니었다.[31]

　따라서 아돌프 히틀러 아버지의 생부가 될 수 있는 사람은 요한 게오르크 히틀러와 요한 네포무크 히틀러(또는 휘틀러) 말고는 없다. 아돌프의 할아버지는 요한 게오르크라는 것이 변함없는 공식 입장이었지만 증거는 불충분하다. 어쩌면 아돌프도 잘 몰랐을 수 있지만 아돌프가 요한 게오르크 히틀러가 자기 할아버지라는 사실을 미심쩍게 생각했다고 딱히 믿어야 할 이유도 따지고 보면 없다.[32] 아무튼 아돌프와 관련하여 딱 하나 중요한 점은 만약 네포무크가 할아버지라면 히틀러 집안은 요한 게오르크가 할아버지일 때보다 근친혼의 성격이 더 짙어진다는 점이다. 네포무크는 아돌프 어머니의 할아버지이기도 했던 것이다.[33]

아돌프 히틀러의 어머니가 되는 클라라 푈츨은 네포무크의 장녀 요한나 휘틀러가 역시 슈피탈의 소농이었던 요한 밥티스트 푈츨과의 사이에서 낳은 열한 자식 중에서 요한나, 테레지아와 함께 살아남은 단 세 자식 가운데 하나였다. 클라라는 네포무크 할아버지 집에 붙어 있던 농가에서 자랐다. 클라라의 어머니 요한나와 클라라의 이모 발부르가는 네포무크의 집에서 알로이스 시클그루버와 함께 컸다고 해도 과언이 아니었다.[34] 1876년 이름을 바꾸고 핏줄도 밝힌 이후로 알로이스 히틀러와 클라라 푈츨은 육촌이 되었다. 1876년 방년 열여섯 살의 클라라 푈츨은 슈피탈의 시골집을 떠나 브라우나우로 와서 알로이스 히틀러의 집에 하녀로 들어갔다.[35]

이때쯤 알로이스는 브라우나우에서 관세를 징수하는 공무원으로 신망을 얻고 있었다. 하지만 공직 생활과는 달리 사생활에서는 썩 절제하는 모습을 보여주지 못했다. 알로이스는 모두 세 번 결혼을 하는데 처음에는 자기보다 나이가 훨씬 많은 여자한테 장가를 갔고 그 다음에는 딸만큼이나 어린 여자들을 아내로 맞아들였다. 혼전 관계와 나중에 한 두 번의 결혼에서 자식을 모두 아홉 낳는데 그 중 넷은 아기 때 죽었다. 지방의 세무 공무원 치고는 보통 사람보다 우여곡절이 많은 삶이었다.[36] 아직 총각 시절이었던 1860년대에 벌써 사생아를 두었다.[37] 1873년에는 당시 나이가 오십이었던 안나 글라슬과 결혼했다. 사랑으로 맺어진 사이 같지는 않다. 자기보다 나이가 열네 살이나 많은 여자와 결혼을 한 데는 십중팔구 물질적 동기가 작용했을 것이다. 안나는 재력이 꽤 있었고 공직자들도 많이 알았다.[38] 처음부터 그랬던 것은 아니지만 얼마 안 가서 안나는 앓아누웠다. 히틀러 일가가 세 들어 살았던 집에 하녀로 들어온 프란치스카 (파니) 마첼베르거와 알로이스는 1870년대 말부터 관계를 맺었고 이런 사실이 환자의 병에 좋은 영향을 끼쳤을 리 만무하다. 1880년이 되면 안나는 더 견디기 어려운 지경에 이르렀고 법적으로 별거를 허락받는다.[39]

이제 알로이스는 파니와 드러내놓고 동거에 들어갔다. 파니가 맨 처음 요구한 것은 자기보다 한 살 나이가 많았고 알로이스의 애정을 빼앗아 갈 수 있는 경쟁자로 보였던 클라라 푈츨을 히틀러 집에서 내보내라는 것이었다. 파니는 1882년 아들을 낳고 세례식 때는 아버지 성을 붙일 수가 없어서 이름을 알로이스 마첼베르거라고 적었지만 1883년 안나 히틀러가 죽자 기다렸다는 듯이 6주일 만에 결혼을 하고 아기의 성도 고쳤다. 둘째 아기 앙겔라는 결혼식을 하고 나서 두 달도 못 되어 태어났다. 하지만 1884년에 파니는 결핵에 걸렸고 그 해 8월 스물세 살이라는 꽃다운 나이로 세상을 떴다.[40]

투병 생활을 하는 동안 파니는 맑은 공기를 찾아 브라우나우를 벗어나 시골로 거처를 옮겼다. 어린 두 아이를 돌봐줄 사람이 있어야 했으므로 알로이스는 클라라 푈츨에게 곧바로 연락을 해서 브라우나우로 데리고 왔다. 파니가 묘지에 묻히기 무섭게 클라라는 임신을 했다. 공식적으로는 육촌 사이였기 때문에 알로이스와 클라라가 결혼을 하려면 교회의 특별한 허락이 떨어져야 했다. 1884년 말 꼬박 넉 달을 기다려서 클라라의 배가 영락없는 임신부처럼 불룩해졌을 때에야 허가서가 로마에서 왔다. 두 사람은 1885년 1월 7일 혼인식을 올렸다. 식은 아침 6시에 열렸다. 신랑은 식을 치르는 둥 마는 둥 하고 바로 세관으로 출근했다.[41]

알로이스가 세 번째 결혼에서 얻은 첫째 아이 구스타프는 1885년 5월에 태어났다. 이듬해 8월에는 둘째 아이 이다가 태어났고 바로 뒤이어서 오토가 나왔지만 오토는 며칠도 못 가서 죽었다. 비극은 여기에서 그치지 않았다. 얼마 뒤에는 구스타프와 이다가 디프테리아에 걸려 각

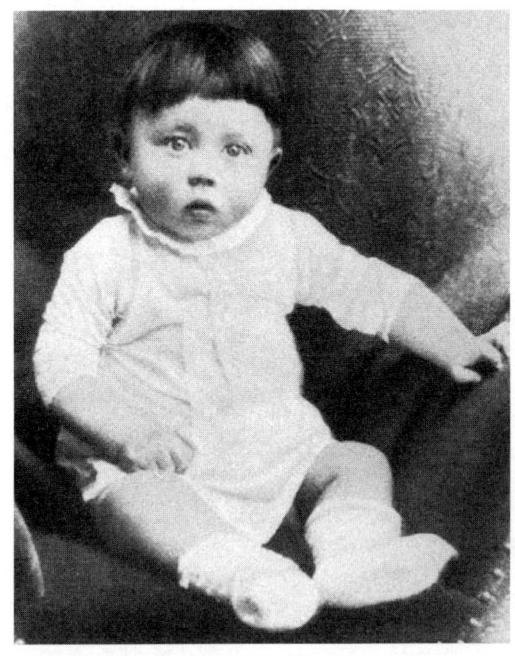

한 살 무렵의 아돌프 히틀러. 히틀러는 1889년 4월 20일 토요일 저녁 6시 반쯤 알로이스와 클라라의 넷째 아이로 태어났다.

각 1887년 12월과 1888년 1월에 불과 몇 주일 차이로 죽었다.[42] 1888년 여름이면 클라라는 또다시 임신했다. 1889년 4월 20일 우중충하고 을씨년스러운 부활절 토요일 저녁 6시 반쯤[43] 산모는 교외 219번지 '가스트호프 춤 포머'에 있던 자기 집에서 넷째 아기를 낳았다. 처음으로 살아남은 이 아이의 이름은 아돌프였다.[44]

《나의 투쟁》 첫머리에서 히틀러는, 나중에 나치의 상투어가 되지만, 독일과 오스트리아의 접경에 자리 잡은 인 강 옆 브라우나우에서 자기가 태어난 것이 얼마나 운명적인지를 강조하면서 두 나라를 합치는 것이야말로 자기 필생의 사명이라고 역설한다.[45] 그렇지만 1892년 아버지가 초등학교밖에 못 나온 공무원이 올라갈 수 있는 가장 높은 자리인 고등세관원으로 승진하는 바람에 세 살도 채 못 되어서 온 가족이 바이에른 지방의 파사우로 이사를 갔기 때문에 히틀러는 브라우나우에 대해서는 기억하는 것이 거의, 아니 전혀 없었다. 아버지는 한동안 독일 쪽에서 근무했다.[46] 그때부터 어린 히틀러는 아버지의 임지를 따라 이사를 자주 다닌다.

아돌프의 어린 시절을 기록한 자료는 아주 드물다. 《나의 투쟁》에 나오는 히틀러 자신의 설명은 자세히 들어가면 부정확하고 해석도 자기 미화로 흐른다. 가족과 지인의 입에서 전후에 나온 회상은 제3제국 때 지도자의 어린 시절을 미사여구로 뒤덮은 것만큼이나 모호할 때가 있어서 신중하게 다루어야 한다. 심리학자와 심리역사학자*에게는 인격이 만들어지는 시기가 참으로 중요하겠지만 막연한 억측이 아니면서 밀고 나갈 수 있는 것이 거의 없다는 사실을 직시해야 한다.[47]

물질적으로 보았을 때 히틀러 일가는 중산층으로 넉넉하게 살았다. 알로이스와 클라라 부부, 알로이스가 두 번째 결혼에서 얻은 두 아이 알로이스(1896년에는 집을 떠난다)와 앙겔라, 아돌프, 아돌프의 남동생 에드문트(1894년에 태어나서 1900년에 죽는다)와 여동생 파울라(1896년에 탄생)로 이루어진 가족에다 요리사 겸 하녀였던 로잘리아 시히틀까지 있었다. 이밖에도 아돌프의 이모, 그러니까 클라라의 여동생 요한나도 같이 살았다. 요한나는 허리가 굽었고 심술궂은 여자였지만 아돌프를 좋아했고 클라라의 집안 살림을 여러모로 거들었다. 1889년 유산을 물려받아 저택을 구입하면서 알로이스도 생활의 안정을 찾았다. 초등학교 교장보다 더 많은 돈을 주는 든든한 직장이었다.[48]

하지만 가정 생활은 화목하다고 말하기는 어려웠다.[49] 알로이스는 전형적인 지방 공무원이었다. 거드름을 피우고 자리에 연연하고 엄하고 농담을 몰랐고 인색했고 꼼꼼한 척 표를 냈고 맡은 일은 열심히 했다. 주민들 사이에서는 신망이 두터운 편이었다. 그렇지만 직장에서도 가정에서도 한번 성질이 나면 걷잡을 수 없이 폭발했다. 담배는 골초였고 퇴근을 하면 바로 집으로 가기보다는 맥주홀에서 떠들면서 몇 잔 들이키기를 좋아했다. 가족을 보살피는 데는 도통 관심이 없었고 집보다는 밖에서 지내기를 더 좋아하는 사람이었다.[50] 양봉에는 지극 정성이었다.

심리역사학 심리 치료의 성과와 사회과학 방법론을 결합하여 과거나 현재의 집단이나 국가의 사회정치적 행동이 어떤 감성적 동기에서 비롯되었는지를 이해하는 학문 분야. 에릭 에릭슨의 《청년 루터》는 인간의 성격이 역사에 어떤 영향을 끼치는지를 규명한 이 분야의 대표적 저작이다.

날마다 사무실 부근에 있는 벌통까지 걸어갔다가 돌아오면서 세관으로 출근을 하는 30분 동안의 산책은 어린 아이들로 시끌벅적한 집안에서 잠시나마 평화로운 한때를 즐기는 소중한 시간이었을 것이다. 벌을 칠 수 있는 마당을 갖고 싶다는 소망은 1889년 네포무크한테서 받은 유산으로 발트피어텔 지방의 슈피탈에 있는 생가 근처에다 부동산을 구입하면서 비로소 이루어졌다. 3년 뒤에는 이것을 팔았지만 부동산 두 건을 더 사들였다.[51] 집에서 알로이스는 권위적이었고 고압적이었고 군림하는 남편이었으며 서릿발 같고 차갑고 일방적이고 걸핏하면 화를 내는 아버지였다. 결혼하고 한참 뒤에도 클라라는 남편을 '아저씨'라고 부르던 버릇에서 벗어나지 못했다.[52] 남편이 죽은 다음에도 클라라는 남편의 파이프 걸이를 부엌에다 두고 남편 이야기를 할 때마다 마치 남편의 권위에 기대려는 것처럼 그쪽을 가리키곤 했다.[53]

아이들이 아버지한테서 받지 못한 사랑을 아낌없이 베풀어준 사람은 어머니였다. 클라라의 유대인 주치의였으며 자신도 나치 독일을 부득이 등질 수밖에 없었던 에두아르트 블로흐가 한참 뒤에 한 회고에 따르면 클라라 히틀러는 "소박하고 겸손하고 친절한 여자였다. 키가 컸고 갈색 기운이 감도는 머리를 깔끔하게 땋았으며 계란처럼 갸름한 얼굴에 잿빛이 섞인 푸른빛의 감수성이 풍부해 보이는 눈이 아름다웠다."[54] 클라라는 순종적이고 나서지 않고 조용한 성품이었으며 교회에 빠짐없이 나가는 독실한 신앙인이었고 살림밖에 몰랐고 무엇보다도 친자식과 의붓자식을 보살피는 데 전념한 여자였다. 1887년 말과 1888년 초에 걸쳐서 몇 주 간격으로 위로 세 아이를 잇달아 잃은 것도 모자라 1900년에는 다섯째인 여섯 살배기 에드문트까지 병으로 먼저 보낸 것은 엄마한테는 날벼락이었을 것이다.[55] 거기다가 걸핏하면 화를 내는 목석같고 고압적인 남편과 살아야 했으니 더욱 상심이 클 수밖에 없었다. 클라라가 늘 우울하고 지쳐 보였던 것도 무리는 아니었다. 그래서 그랬는지 살아남은 두 아이 아돌프와 파울라는 품에 끼고 살면서 한없는 애정과 사랑을 쏟아 부었다.[56] 아이들도 의붓자식까지 포함해서 어머니에게 사랑과 애정을 품었다. 특히 아돌프는 어머니를 끔찍하게 여겼다. "겉에서 보

클라라(왼쪽)와 알로이스 히틀러. 자수성가한 세무 공무원이었던 알로이스는 권위적이고 차갑고 걸핏하면 화를 내는 아버지였고, 독실한 신앙인이었던 클라라는 한없는 사랑을 베푼 어머니였다.

면 어머니에 대한 사랑이야말로 그 사람한테서 가장 놀라운 점이었다." 블로흐 박사는 나중에 이렇게 술회했다. "그 사람은 흔히 말하는 '마마 보이'는 아니었지만 그렇게 사이가 좋은 모자는 살아오면서 본 적이 없다."[57] 《나의 투쟁》에는 사람에게 애정을 보여주는 대목이 참 드문데 바로 그런 대목에서 히틀러는 "나는 아버지는 존경했지만 어머니는 사랑했다."고 썼다. 히틀러는 벙커에서 지냈던 마지막 순간까지도 어머니 사진을 품에 지니고 있었다.[58] 뮌헨, 베를린, 오버잘츠베르크(베르히테스가덴 부근에 그의 산장이 있던 곳)에 있는 히틀러의 방에는 어김없이 어머니 사진이 걸려 있었다.[59] 어머니야말로 히틀러가 일평생 진정으로 사랑했던 유일한 사람이었는지도 모른다.

아돌프는 엄하기 그지없는 아버지가 눈을 부라리면서 군림하는 집안에서 걱정 근심이 끊일 새가 없었던 어머니의 치맛자락 안에서 보호를 받으면서 어린 시절을 보냈던 셈이다. 아돌프의 여동생 파울라가 전쟁이 끝나고 나서 회상하는 어머니는 "아주 부드럽고 여린 분이었다. 너무나 모질었던 아버지와 조금은 다루기 어려웠을지도 모르는 까불거리는 아이들 사이에서 징검다리 역할을 했다. 부모님이 말다툼을 하거나 옥신각신하는 일이 있었다면 그건 열이면 열 아이들 때문이었다. 특히 아돌프 오빠는 아버지한테 얼마나 지독하게 대들었는지 단 하루도 매를 안 맞는 날이 없었다. …… 엄마는 정반대로 오빠를 보듬어주었고 아버지가 엄하게 굴어도 얻지 못한 것을 따뜻함으로 얻었다!"[60] 히틀러도 1940년대에 밤 늦게 난롯가에서, 아버지는 버럭 화를 내면서 손찌검을 했다고 자주 혼잣말처럼 뇌까리곤 했다. 아버지를 좋아하지는 않았지만 그래서 더 무서웠다고 히틀러는 말했다. 이 세상에 둘도 없는 마음씨 고운 가엾은 어머니는 아들이 매를 맞을까 봐 늘 안절부절못했고 어떤 때는 아들이 매를 맞는 동안 문 밖에서 기다리기도 했다.[61]

알로이스는 아내한테도 폭력을 휘둘렀을지 모른다.《나의 투쟁》에는 아이들이 술 취한 아버지한테 어머니가 얻어맞는 모습을 빤히 지켜보아야 하는 노동자 가정의 이야기가 나오는데 이것은 어린 시절에 히틀러가 집에서 본 장면과 무관하지 않을지도 모른다.[62] 이 모든 것이 아돌프의 성격에 어떤 흔적을 남겼는가는 속단하기 어렵다.[63] 하지만 그 영향이 자못 컸으리라는 것은 두말하면 잔소리다.

물밑에서는 틀림없이 훗날의 히틀러가 만들어지고 있었다. 섣불리 단정 짓기 어렵지만 히틀러가 나중에 어른이 되어서 순종하는 여자를 어여삐 여기면서도 얕잡아보고 군림하는 데 집착하고 (준엄하고 권위로 뭉친 아버지 같은 지도자상에 집착하고) 사람하고 깊이 사귀지 못하는 데 반비례하여 인류 앞에서는 더없이 냉혹해지고 무엇보다도 극단적 자기 도취의 이면에 그와 정반대로 바닥을 알 수 없는 자기 혐오가 깔려 있음을 반증하는 게 아닐까 싶은 생각이 들 정도로 강한 적개심을 드러낸 것은 틀림없이 어린 아돌프의 잠재의식 속에 가정 환경으로부터 받은 영향이 컸기 때문이었을 것이다. 하지만 추정은 어디까지나 짐작으로 남아 있어야 한다. 겉으로 드러난 아돌프의 어린 시절을 따라갈 수 있는 데까지 따라가봐도 훗날의 모습은 보이지 않는다. 어린 아이 안에서 '흉악한 독재자의 뒤틀린 모습'을 찾아내려는 시도는 무위로 돌아갔다.[64] 그 다음에 일어난 일을 만약 우리가 몰랐다고 가정한다면 히틀러의 가정 환

경은 그런 처지에 놓였던 아이에 대한 연민을 자아내기 십상이다.[65]

고아가 된 몽상가

어린 시절은 이런저런 변화로 집안 분위기가 뒤숭숭해진 가운데 끝났다. 1892년 알로이스가 승진하면서 가족은 파사우로 이사를 갔다. 클라라는 남편이 1894년 4월 린츠로 발령을 받아 갔을 때도 갓 태어난 에드문트까지 포함해서 아이들과 함께 파사우에서 계속 살았다. 잠깐잠깐 다녀가기는 했지만 그렇게 가족과 떨어져서 1년을 살았다. 엄마는 아기를 돌보느라 정신이 없었고 배다른 누나와 형은 학교에 다니느라 바빴기 때문에 아돌프는 집에서 한동안 하고 싶은 일은 무엇이든 할 수 있었다. 마음 내키는 대로 하지 못하면 욱하는 성미도 이 몇 달 사이에 처음으로 나타났다.[66] 한참 뒤에 아돌프는 자기는 어렸을 때부터 하고 싶은 대로 해 버릇했다고 말했다.[67] 그래 봐야 아돌프는 카우보이 놀이나 인디언 놀이나 그때그때 기분 내키는 대로 전쟁 놀이를 하면서 주로 시간을 보냈다.

1895년 2월 알로이스는 린츠에서 50킬로미터쯤 떨어진 람바흐 부근의 피슐람이라는 곳에 있던 하펠트라는 작은 마을에서 아담한 농장을 사들였다. 1895년 5월 1일부터 아돌프도 바로 피슐람에 있던 조그만 초등학교에 다니기 시작했다. 2년 동안 아돌프는 공부에서도 품행에서도 높은 점수를 받으면서 몰라보게 컸다.[68] 학교를 벗어나면 여전히 친구들과 밖에서 놀이를 하면서 보냈다. 하지만 40년 동안 오스트리아 국가 공무원으로 일했던 알로이스가 양봉에 전념하기 위해서 1896년 6월 퇴직을 하면서 집안에서는 갈수록 긴장이 높아졌다. 알로이스는 전보다 집에 있는 시간이 많아졌다. 농장은 혼자서 감당하기에는 벅찼고 경제적으로도 부담이 되었고 파울라까지 새로 태어나면서 아이들이 자꾸 거슬렸다. 이 무렵 장남이 집을 나가는 바람에 알로이스는 노발대발했고 아돌프는 아기인 에드문트 말고는 집안에서 유일한 남자아이였기 때문

에 아버지가 부리는 신경질에 그만큼 더 시달려야 했다.[69]

1897년 알로이스는 하펠트의 농장을 팔았고 가족은 시장이 있던 람바흐 읍내에서 잠시 세를 얻어서 살다가 1898년 초 람바흐에서 다시 이사를 갔다. 나중에 아돌프는 그때 벌써 '다루기 골치 아픈 녀석'이 되었다고 주장했지만 전학을 간 람바흐에서도 아돌프는 선생님들한테서 여전히 좋은 점수를 받았다.[70] 합창곡을 좋아하는 아버지가 등을 떠밀었겠지만 이 무렵 부근에 있던 수도원으로 노래를 배우러 다녔다. 나중에 아돌프는 교회의 웅장함에 푹 빠졌으며 수도원장이야말로 이 세상에서 가장 높고 훌륭한 분으로 우러러보았다고 술회했다.[71]

알로이스 히틀러는 한곳에 안주하지 못하는 성격이었다. 브라우나우에서도 오래는 살았지만 집은 여러 번 옮겼고 그 뒤로도 이제 좀 적응이 되나 싶으면 낯선 동네로 이사를 갔다. 1898년 11월 알로이스가 린츠 변두리의 레온딩이라는 마을에 토지가 딸린 집을 구입하면서 가족의 이사도 막을 내렸다. 이제 가족은 린츠에 뿌리를 내렸고 아돌프는 1945년 벙커에서 생을 마감하는 순간까지 줄곧 린츠를 고향으로 여겼다.[72] 린츠를 생각하면 아돌프는 근심 걱정 없었던 행복한 어린 시절을 떠올렸다.[73] 어머니와의 추억이 깃든 곳도 린츠였다. 오스트리아 제국에서도 가장 '독일'스러운 고장이 린츠였다. 린츠는 독일의 목가적인 지방 소읍을 상징하는 곳이었다. 그 이미지는 얼마 뒤에 접하면서 혐오하게 되는 빈 같은 도회지와 대비되면서 평생 아돌프의 마음에 아로새겨졌다. 1940년대에 아돌프는 린츠를 빈에 맞먹는 문화의 수도로 삼아서 도나우 강에서 가장 아름다운 도시로 만들겠다고 입버릇처럼 말했다. 아돌프는 린츠를 복원하는 데 거액을 쏟아 붓는다. 소련의 붉은군대가 코앞까지 밀고 왔을 때도 건축가 헤르만 기슬러가 만든 린츠 복원 모형을 놓고 요모조모 따졌다. 아돌프는 어린 시절의 추억이 깃든 린츠에서 여생을 보내다가 그곳에 묻힐 생각이었다.[74]

아돌프는 세 번째 초등학교를 다니게 되었다. 새로운 친구들과는 금세 잘 어울린 모양이어서 마을 소년들이 집 주변의 숲과 들판에서 하던 경찰과 도둑 놀이에서도 '꼬마 대장'[75]이 되었다.[76] 아돌프는 전쟁 놀이를 유난히 즐겼다.[77] 아돌프는 집에서 우연히 발견한 그림이 실린 프로이센-프랑스 전쟁 이야기책에 매료당했다.[78] 보어 전쟁*이 터지니까 마을 아이들은 너도나도 보어인을 열렬히 응원했고 전쟁 놀이의 주제도 보어 사람들의 용맹성으로 바뀌었다.[79] 이 무렵 아돌프는 카를 마이의 모험 소설에 푹 빠졌다. 미국 서부를 무대로 벌어지는 인디언 전쟁 이야기는 (마이는 미국에 한 번도 가본 적이 없는 작가였지만) 수많은 어린이의 마음을 사로잡았다. 이들 대부분은 어릴 때 카를 마이의 소설을 읽으면서 키웠던 공상과 모험심을 어른이 되면서 버렸지만 카를 마이에 대한 아돌프의 사랑은 어른이 되어서도 식지 않았다.[80] 총리가 되고 나서도 아돌프는 여전히 마이의 소설을 읽었고 장군들에게도 상상력이 부족하다고 질타하면서 한번 읽어보라고 권했다.[81]

아돌프는 훗날 "학교 공부는 어처구니없이 쉬워서 시간이 남아도는 바람에 방에 붙어 있을 때보다 밖으로 나가서 놀 때가 많았고" "적개심이 극에 달한 전투가" "숲과 들판에서 늘상 벌어지던" "행복한 시절"을 그리워했다. 그렇지만 이 무렵 아버지와의 갈등도 점점 커지고 있었다.[82]

1900년 근심 걱정 없던 시절은 끝이 났다. 아돌프의 앞날을 좌우할 중요한 결정을 내리고 아돌프가 어떤 상급 학교로 진학해야 할지를 정해야 할 시기였는데 1900년 2월 2일 아돌프의 남동생 에드문트가 홍역으로 목숨을 잃으면서 히틀러 집안은 다시 한 번 죽음의 악몽에 휘말려 들어갔다.[83] 장남 알로이스가 아버지의 가슴에 못을 박고 집을 뛰쳐나가는 바람에 이제 자식 중에서 기대를 걸 만한 아들이라곤 아돌프밖에 없었다. 아버지와 아들은 진로 문제를 놓고 알로이스가 살아 있는 동안 두고두고 갈등을 빚는다.

1900년 9월 17일 아돌프는 중등학교에 들어갔다. 아버지는 아들을

....

보어 전쟁(Boer War) 1899~1902년에 영국과 트란스발공화국이 벌인 전쟁. 네덜란드인의 자손인 보어인이 건설한 트란스발공화국을 병합하려는 영국이 침략하면서 전쟁이 시작되어 영국의 승리로 끝났다. 남아프리카 전쟁이라고도 한다.

1899년 린츠의 레온딩 초등학교에 다니던 무렵의 아돌프 히틀러(맨 윗줄 가운데).

김나지움, 곧 인문계 학교보다는 레알슐레, 곧 실업학교에 보내기로 마음먹었다. 실업학교는 전통 학과인 고전학이나 인문학을 덜 가르치는 대신 과학과 공학 같은 '현대' 과목을 강조했는데, 실업학교를 나와도 나중에 대학에 들어갈 수 있었다.[84] 아돌프에 따르면 아버지는 그림을 곧잘 그리는 아들의 재주를 눈여겨보았지만 어렵게 공부해봐야 승진하는 데는 별 도움도 안 되더라는 인문학 공부에 대한 경멸감 때문에 그런 결정을 내렸다고 한다.[85] 알로이스는 내심 아돌프를 공무원으로 만들 생각이었지만 실업학교 진학이 공무원 지망생이 보통 걷는 길은 아니었다. 하지만 알로이스는 이렇다 할 교육을 거의 받지 못했으면서도 오스트리아의 국가공무원으로 꽤 높은 자리까지 올라갔기 때문에 그 점은 별로 걱정하지 않았을 것이다.

중등학교로 넘어가면서 어린 아돌프는 고생이 많았다. 레온딩의 집에서 학교가 있던 린츠까지 매일같이 걸어다녀야 했다. 가는 데만 꼬박 한 시간이 걸렸으므로 친구들과 학교 밖에서 어울릴 시간이 없었다. 바닥이 좁은 레온딩의 동네 친구들 사이에서는 여전히 왕초 노릇을 했지만 새로 들어간 학교의 친구들은 아돌프를 무덤덤하게 대했다. 학교에는 가까운 친구가 없었고 아돌프도 굳이 친구를 만들려고 아등바등 애쓰지 않았다. 마을 선생님 한 분한테서 받았던 관심은 과목을 따로따로 가르치는 여러 교사들의 사무적인 대접으로 바뀌었다. 초등학교 공부는 힘 안 들이고 얼마든지 따라갈 수 있었지만 이제는 어림도 없었다.[86] 초등학교 때는 그렇게 좋았던 성적이 처음부터 흔들렸다. 그리고 아돌프의 행동에서도 미숙한 점이 뚜렷이 드러났다.[87]

중등학교 첫해였던 1900~1901년도에 아돌프는 수학과 자연사에서 '미흡'하다는 평가를 받아서 한 해를 꿇어야 했다. 학습 태도는 '들쭉날쭉'하다는 지적을 받았다. 유급을 하면서 집에서 아마 잔소리도 듣고 해서 성적은 조금 올랐지만 오래 가지를 못했고 아돌프의 학교 성적은 1905년 학교를 떠날 때까지 그저 그렇거나 형편없었다.

뮌헨 봉기가 실패로 돌아간 뒤 1923년 12월 12일 히틀러 변호인 앞으로 보낸 편지에서 전에 아돌프의 담임을 맡았던 에두아르트 휘머 박사는 아돌프가 린츠와 레온딩 사이를 통학하는 마르고 창백한 학생이었다면서 자기 재능을 최대한 발휘하지 못했고 성실하지 못했으며 교칙에 순응하지 못했다고 회상했다. 담임교사에 따르면 아돌프는 고집이 셌고 고자세였고 독선적이었고 성깔이 있었다. 선생님들이 꾸지람을 하면 오만불손한 태도를 감추지 않았다. 급우들 위에 군림했으며 카를 마이의 소설에 워낙 중독된 데다 레온딩에서 매일 통학하면서 쓸데없는 데 시간을 허비하는 버릇이 생겨서 치기 어린 장난을 저지르는 데 앞장서던 학생이었다.[88]

휘머의 말대로 히틀러가 정말로 급우들 사이에서 우두머리 노릇을 했는지는 의심스럽다. 다른 교사들과 급우들은 히틀러가 좋은 쪽으로든 안 좋은 쪽으로든 학교에서 딱히 튀지 않았다고 주장했다.[89]

그렇지만 학교와 교사들을 대하는 히틀러의 태도는 (단 한 명을 빼놓고는) 지독하게 부정적이었다. 히틀러는 기본적으로 학교에 반감을 품은 채 그곳을 떠났는데, 후에 학교와 선생들을 경멸하고 비웃었다.[90] 《나의 투쟁》에서는 역사를 가르치던 레오나르트 푀치 박사만 독일 역사에서 생생한 이야기와 영웅담으로 흥미를 유발하고 뜨거운 독일 민족주의와 오스트리아 합스부르크 체제에 대한 반감(린츠라는 도시 자체의 분위기도 그랬지만 히틀러가 다녔던 학교에서도 친독일 반합스부르크 감정이 팽배해 있었다)을 불러일으켰다는 점에서 칭찬을 받았다.[91]

아돌프가 린츠의 실업학교에서 부딪친 적응 문제는 아버지와의 사이가 날이 갈수록 벌어지고 소년의 미래 직업을 놓고 의견 충돌이 계속되면서 더욱 복잡해졌다. 히틀러는 《나의 투쟁》에서 아들을 공무원으로 만들려던 아버지에게 맞선 자신의 저항을 영웅적으로 묘사하면서 학교 성적이 시원치 않았던 것도 아버지가 원하는 쪽으로 끌려가지 않으려고 일부러 공부를 안 했기 때문이라고 주장했다.[92] 이 주장은 지나치게 단순한 해석이다. 그렇지만 린츠에서 학교를 다니면서 처음 몇 년 동안 아버지와 집에서 상당한 갈등을 겪은 것은 분명해 보인다. 1940년대에 와서까지도 히틀러는 공무원 쪽으로 아들의 관심을 돌려보려는 아버지의 손에 이끌려 열세 살 때 린츠 세관 사무실에 갔던 일을 떠올리면서 그때 공무원 생활이라는 것이 너무 끔찍하고 혐오스럽고 지긋지긋하다는 생각만 들었다고 술회했다.[93] 알로이스에게 공무원 생활의 미덕은 확고부동한 사실이었다. 하지만 아무리 그쪽으로 끌어들이려고 해도 아들은 콧방귀만 뀌었다. "나는 하품이 나왔다. 자유를 박탈당하고 내 시간도 내 마음대로 못 쓰고 사무실에 앉아 있어야 한다고 생각하니 속이 다 메슥거렸다." 아돌프는 《나의 투쟁》에서 그렇게 썼다.[94]

아돌프가 버티면 버틸수록 아버지도 더욱 권위적으로 나왔고 고집을 꺾지 않았다. 똑같이 고집불통이었던 아돌프는 나중에 뭐가 될 생각이냐고 물으면 화가가 되고 싶다고 대답했다고 주장했다. 오스트리아의 완고한 국가공무원이었던 알로이스로서는 도저히 생각할 수 없는 직업이었다. "내 눈에 흙이 들어가기 전에는 화가는 안 된다!" 히틀러의 아버지는 아들에게 그렇게 말했다고 한다.[95] 열두 살밖에 안 된 어린 아돌프가 기어이 화가가 되고야 말겠다고 그렇게 못을 박았을지는 의심스럽다. 하지만 공무원이 되고 싶지 않아서 아버지와 갈등이 있었던 것은 사실이고 아버지는 그림 말고는 관심이 없어 보이고 게으르고 목표 없

어린 시절의 히틀러. 진로를 놓고 아버지와 갈등이 빚어지면서 히틀러는 청소년 시절을 아주 고통스럽게 보냈다. 아버지가 대변하는 모든 것을 거부한 아들은 위대한 화가가 되기를 꿈꾸었다.

는 아들의 생활 태도가 못마땅했다.[96] 알로이스는 별 볼 일 없는 집안에서 태어났지만 어디까지나 성실과 근면과 노력으로 공직자로서 대접받고 존경받는 높은 자리까지 올라왔다. 그런데 아들은 더 좋은 여건에서 자라면서도 그림이나 몽상으로 빈둥거리고 학교에서도 농땡이나 피우고 확실한 장래 계획도 없고 아버지에게는 인생의 전부였던 공직 생활을 우습게 보았다. 그러니까 부자의 갈등은 단순히 공무원이 되기를 거부했기 때문에 생겨난 것만은 아니었다. 아들은 아버지가 대변하는 모든 것을 송두리째 거부했고 결국 그것은 아버지 자체를 거부한다는 뜻이었다.

아버지와 아들의 갈등에는 또 다른 배경이 있었다. 인구 6만이 거의 다 독일인이었던 지방 도시 린츠는 독일 민족주의의 바람이 거셌지만 정치적으로는 민족주의를 표현하는 방식에서 의견이 양분되어 있었다. 히틀러 아버지의 민족 정서는 오스트리아 국가 안에서 독일인의 이익을 고수하는 쪽을 열렬히 지지하는 것이었다(특히 1890년대 말에 체코인은 득을 보았고 독일인은 손해를 보았다는 위기의식이 높았다). 그렇지만 오스트리아 국가를 아예 무시하고 빌헬름 황제가 다스리는 독일의 미덕을 예찬하면서 1870년대부터 게오르크 리터 폰 쇠네러*가 일으킨 범독일 민족주의는 거들떠보지도 않았을 것이다. 반면에 아돌프는 독일 민족주의의 온상이었던 린츠의 학교에서 쇠네러 같은 사람이 부르짖는 범독일 민족주의의 상징과 구호에 이끌렸다. 린츠에서 보통 사람들이 얼마나 거기에 공감했는지는 모르지만 젊은이들은 뜨겁게 호응했다.[97] 아돌프는 어떤 식으로든 쇠네러 조직에는 적극적으로 뛰어들지 않았다. 그렇지만 논쟁적이고 자기 주장이 강한 아들은 범독일주의를 앞세워 아버지가 한평생을 몸 바쳐 일한 국가를 조롱하면서 아버지를 더욱 격분시켰다.[98]

아돌프는 《나의 투쟁》에서도 밝혔지만 청소년 시절을 '아주 고통스럽

....

쇠네러(Georg Ritter von Schönerer, 1842~1921) 오스트리아의 반유대주의 정치가이며, 독일 민족주의 운동가.

게' 보냈다.[99] 린츠로 학교를 옮기고 아버지와의 갈등이 불거지면서 아돌프의 성격 발달에서 중요한 단계가 시작되었다. 초등학교 시절의 행복하고 잘 놀던 아이는 게으르고 울분에 차고 반항적이고 뚱하고 고집세고 목적 없는 십대로 바뀌었다.

1903년 1월 3일 아버지가 비징거 식당에서 평소처럼 오전에 포도주 한 잔을 마시다가 쓰러져서 그대로 세상을 뜨자[100] 아돌프의 앞날을 둘러싼 갈등도 끝났다. 알로이스는 가족들이 아쉬운 소리 하지 않고 살아갈 수 있게 해놓고 갔다.[101] 과부가 된 클라라는 감정을 추스르는 데 애를 먹었을 테지만 이제는 유일한 '집안의 남자'가 된 아돌프가 아버지가 돌아가셨다고 슬퍼했을 것 같지는 않다.[102] 아버지가 사라지자 부모의 압력도 거의 사라졌다. 어머니는 아버지의 뜻을 따르도록 아돌프를 설득하려고 최선을 다했다. 그렇지만 아들과 갈등을 빚고 싶어하지는 않았고, 아들의 앞날을 생각하면 걱정스러웠지만 아돌프의 변덕 앞에서는 너무나 선선히 물러섰다.[103] 사실 학교 성적은 여전히 올라갈 줄 몰랐기 때문에 그것만으로도 아돌프가 공무원 자격을 딸 수 있으리라고 기대하기란 무리였다.

아버지가 돌아가신 해인 1902~1903학년도에 기록된 아돌프의 학교 성적표를 보면 수학에서 다시 낙제를 해서 재시험을 치러야만 한 학년 위로 올라갈 수 있었다. 학습 태도는 '들쭉날쭉'으로 기록되었고 프랑스어에서 '미흡'하다는 평가를 받은 1903~1904학년도에도 상황은 달라지지 않았다. 재시험은 통과했지만 린츠의 실업학교를 떠나야 한다는 단서가 붙어 있었다. 하는 수 없이 아돌프는 80킬로미터나 떨어진 스타이어의 실업학교로 옮겨 가야 했다. 집에서 다니기에는 너무 멀어서 하숙을 얻어야 했다.[104] 세월이 한참 흐른 뒤에도 히틀러는 다니기 싫은 학교로 밀려나서 몹시 괴로웠고 스타이어라면 지금도 질색이라고 털어놓았다.[105]

스타이어에서도 아돌프의 성적은 처음에는 오르지 않았다.[106] 1904~1905학년도의 첫 학기 성적표를 보면 체육과 미술에서 좋은 점수를 받았다. '품행'은 괜찮았고 학습 태도는 '들쭉날쭉'이었으며 종교, 역사,

지리(나중에 히틀러는 이 과목을 제일 잘했다고 말했다),[107] 화학에서는 보통 점수를 받았고 물리는 아주 조금 더 좋은 성적을 받았다. 하지만 선택 과목이었던 속기와 필수 과목이었던 독일어, 수학은 낙제였다.[108] 2학기에도 낙제 점수를 받았더라면 아마 한 해를 더 꿇어야 했으리라.[109] 1905년 9월 무렵이 되면 2학기 성적표로 보았을 때 아돌프는 눈에 띄게 좋아졌고 대부분의 과목에서 성적과 학습 태도 점수가 모두 올라갔다. 이번에는 수학도 독일어도 통과했다. 그래도 기하는 낙제점을 받아서 다시 재시험을 치러야만 실업학교 중학교 졸업장을 딸 수 있었다. 9월 16일 아돌프는 스타이어로 돌아가서 기하 재시험에 붙었다. 중학교 졸업장이 있으면 실업학교 고등학교 과정 아니면 전문학교에 지원할 수 있었다.[110] 그런데 5년 동안의 신통치 않은 학교 성적으로 미루어 아돌프가 과연 합격을 했을지는 의심스럽다.[111] 아무튼 아돌프는 이 무렵에는 학교에 더 다닐 마음이 없었다. 꾀병일 수도 있었고 그보다는 정말로 아픈 것을 부풀려서 말한 것일 수도 있었지만[112] 어머니한테 몸이 아파서 도저히 학교에 다닐 수가 없다고 우겨서 1905년 가을 그러니까 열여섯 살 먹던 해부터 앞날에 대한 뚜렷한 계획도 없이 홀가분하게 학교를 영원히 등졌다.[113]

학교를 그만두는 1905년 가을부터 어머니가 돌아가시는 1907년 말까지는 《나의 투쟁》에서 거의 훌쩍 건너뛴다. 이 대목이 모호한 것으로 보아 클라라는 남편이 죽고 나서 4년 뒤에 죽은 것이 아니라 2년 뒤에 죽었고 그동안 아돌프는 빈 미술아카데미에 들어가기 위해 이것저것 준비를 한 것으로 추정해볼 수도 있다. 또 어머니가 돌아가시는 바람에 고아가 되어 가난을 헤쳐 나가야 했다고 추정할 수도 있을지 모른다.[114] 실제는 그런 추정과는 사뭇 달랐다.

2년 동안 아돌프는 무위도식하면서 엎혀살았다. 1905년 6월에 가족이 이사를 간 린츠의 훔볼트 거리에 있던 쾌적한 아파트에서 독방을 썼다. 아들이라면 죽고 못 사는 어머니는 용돈부터 시작해서 온갖 뒷바라지는 다했다. 어머니, 요한나 이모, 여동생 파울라는 빨래, 청소, 요리 할 것 없이 아돌프가 하나도 아쉬운 것이 없도록 옆에서 보살폈다. 어머니는 심지어 그랜드 피아노까지 사주었다. 아돌프는 1906년 10월부터 1907년 1월까지 넉 달 동안 레슨을 받았다.[115] 낮에는 소묘, 그림, 독서, '시' 쓰기를 하면서 보냈고 저녁에는 연극이나 오페라를 보러 다녔다. 그리고 밤이나 낮이나 위대한 예술가가 되는 백일몽과 환상에 젖어서 살았다. 항상 밤늦게 잠자리에 들어서 아침에는 늦잠을 잤다. 뚜렷한 목표는 아직 보이지 않았다.[116] 게으른 생활 태도, 거창한 환상, 야무진 일 처리에 필요한 원칙의 결여 같은 훗날 히틀러한테서 엿볼 수 있는 특성이 린츠에서 2년을 지내는 동안 벌써 나타난다. 히틀러가 이 시절을 "나한테는 마치 꿈결처럼 황홀해 보였던 나날"로 기억하게 되는 것도 무리는 아니었다.[117]

린츠에서 1905년부터 1907년까지 유유자적하게 살아가던 아돌프의 모습은 당시 유일한 친구, 아버지가 가구점을 했고 역시 위대한 음악가의 꿈을 키워 가던 아우구스트 쿠비체크를 통해서 알 수 있다. 쿠비체크가 전후에 내놓은 회상록은 세부 사실에서도 그렇고 해석에서도 그렇고 조심스럽게 받아들여야 한다. 그 회상록은 원래 나치당이 부탁한 것이었는데 분량을 늘리고 윤색을 한 것이기 때문이다.[118] 추억을 돌아보는 자리에서도 옛날 친구에 대한 쿠비체크의 경외심은 그대로 남아 판단에 영향을 끼친다. 그렇지만 쿠비체크는 한술 더 떠서 히틀러가 《나의 투쟁》에서 밝힌 내용을 중심으로 상당 부분을 만들어내고 자기의 제한된 기억을 부풀리기 위해 거의 표절도 마다하지 않은 혐의가 짙다.[119] 그렇지만 이런 약점에도 불구하고 쿠비체크의 회상기는 한때 생각했던 것보다는 히틀러의 청소년 시절을 알려주는 믿을 만한 자료로 밝혀졌다. 쿠비체크가 관심이 많았던 음악과 연극과 관련된 일화는 특히 신빙성이 높다.[120] 여러모로 모자란 점은 있어도 그 회상록이 히틀러 성격의 중요한 특성을 반영하고 나중에 두드러지게 나타나는 기질의 싹을 드러낸다는 것은 의심할 나위가 없다.

아우구스트 쿠비체크 — '구스틀' — 는 아돌프보다 9개월 먼저 태어났다. 두 사람은 1905년 (쿠비체크는 1904년이라고 주장하지만 착각이다)[121] 가을 린츠의 오페라 극장에서 우연히 만났다. 아돌프는 몇 년 전부터 바

린츠와 빈에서 유일하게 가깝게 지내며 소년 시절을 함께 보낸 히틀러의 친구 아우구스트 쿠비체크. 예술을 향한 열정을 함께 나누었으며, 히틀러를 따라 빈으로 와 한 방에서 살기도 했다.

그녀의 열렬한 팬이었다.[122] 오페라를 좋아하고 특히 '바이로이트의 거장' 바그너를 숭배한다는 점에서 두 사람은 의기투합했다. 구스틀은 감동을 잘 받는 성격이었다. 히틀러로서는 감동시킬 수 있는 사람이 나타난 것이다. 구스틀이 유순하고 심약하고 순종적이었다면 아돌프는 우월하고 주도적이고 지배하는 쪽이었다. 구스틀은 무언가를 강하게 느끼는 경우가 아주 없거나 드물었지만 아돌프는 모든 것에 대해서 강렬한 감정을 품었다. "아돌프는 말을 해야 했고 이야기를 들어줄 사람이 필요했다."고 쿠비체크는 술회했다.[123] 가구 만드는 집에서 자랐기 때문에 히틀러보다 공부도 많이 못했던 구스틀은 학벌에서도 신분에서도 자기가 딸린다고 생각했고 아돌프의 말주변에 감탄을 금치 못했다. 공무원, 학교 교사, 지방 세제, 사회복지기금 복권, 오페라 공연, 린츠 공공건물의 문제점에 대해서 아돌프가 열변을 토하면 구스틀은 넋을 잃고 들었다.[124] 친구가 말하는 내용도 내용이지만 말하는 방식이 더 매력적이었다.[125] 그의 말로는 조용하고 몽상가 기질이 있던 구스틀은 주관이 뚜렷하고 자신만만하고 '모르는 것이 없는' 히틀러와 더없이 궁합이 잘 맞는다고 생각했다.

저녁에는 옷을 빼입고 연극이나 오페라를 보러 외출을 했다. 파리하
고 호리호리한 젊은 히틀러는 이제 막 거뭇거뭇 솟아나기 시작한 콧수
염을 자랑하면서 맵시 있는 검은 양복에 거무스름한 모자를 쓰고 상아
손잡이가 달린 검은 지팡이까지 맞춰서 한껏 멋을 부렸다.[126] 공연이
끝나면 아돌프는 연출을 신랄하게 비판하거나 또는 감동을 주체하지 못
하면서 어김없이 장광설을 펼쳤다. 음악은 쿠비체크가 재능도 있었고
더 많이 알았지만 '토론' 중에는 그저 가만히 듣는 편이었다.

히틀러의 바그너 숭배는 끝이 없었다.[127] 바그너 공연을 한 번 보고
나면 마치 신비 체험을 한 종교인처럼 깊은 신화적 환상으로 빠져들었
다.[128] 아돌프에게 바그너는 으뜸 가는 거장 예술가, 마땅히 본받아야
할 전범이었다.[129] 아련하고 더없이 신비롭고 영웅적인 독일의 과거를
불러내는 바그너의 강렬한 악극에 아돌프는 매료당했다. 억울하게 죄인
으로 몰린 순결한 처녀 엘자를 구하라는 아버지 파르치팔의 뜻에 따라
몬잘파트 성에서 온 신비로운 성배의 기사가 결국 엘자에게 배신당한다
는 장대한 게르만 영웅 모험 서사극 〈로엔그린〉을 아돌프는 바그너의
오페라 중에서 제일 처음 보았고 또 제일 좋아했다.[130]

아돌프와 구스틀은 음악 이야기도 했지만 미술과 건축 이야기를 더
많이 했다. 더 정확하게 말하자면 위대한 천재 화가가 된 아돌프가 대화
의 주제였다. 겉멋이 든 어린 히틀러는 생계를 위해서 일한다는 발상을
비웃었다.[131] 그는 위대한 화가가 되고야 말겠다는 포부로 감동 잘 받
는 쿠비체크를 사로잡았고 쿠비체크는 쿠비체크대로 뛰어난 음악가가
되겠다는 꿈에 부풀었다. 쿠비체크가 아버지의 일터에서 땀 흘려 일하
는 동안 아돌프는 그림을 그리거나 몽상을 하면서 시간을 때웠다. 그러
고는 일이 끝난 구스틀과 저녁에 만나서 린츠 거리를 쏘다니면서 도심
한복판에 있는 공공건물을 허물고 개조하고 바꿔야 한다고 열변을 토하
면서 자기가 그린 재건축 설계도를 수없이 보여주었다.[132]

아돌프의 공상 세계 안에는 몰래 짝사랑을 하는 소녀도 들어가 있었
다. 린츠의 양가 규수였던 슈테파니라는 아가씨가 어머니와 팔짱을 끼
고 시내를 산책하다가 따라다니는 젊은 장교한테서 인사를 받곤 하는

모습을 먼 발치에서 바라보았지만 히틀러에게 그 아가씨는 멀리서 흠모하기만 해야지 직접 대면해서는 안 되는 이상의 여자였다. 때가 되어 결혼을 할 때까지 위대한 예술가를 기다려줄 이상형의 배우자였다. 결혼한 다음에는 자기가 직접 설계한 저택에서 그 여자와 살리라고 아돌프는 꿈꾸었다.[133)

아돌프의 공상 세계를 엿볼 수 있는 또 하나의 예는 1906년인가 같이 복권을 샀을 때 아돌프가 세운 장래 계획이었다. 아돌프는 1등에 당첨될 것이라고 얼마나 확신했던지 앞으로 둘이서 살 집을 이렇게 저렇게 짓겠다고 시시콜콜히 설명했다. 아돌프와 구스틀은 예술가로 살아갈 것이고 살림은 예술가를 뒷바라지할 줄 아는 중년 여성에게 맡길 것이다. 슈테파니처럼 젊은 아가씨는 이런 장래 설계에는 등장하지 않았다. 두 사람은 또 바이로이트와 빈에도 가고 그밖에 문화적 가치가 있는 곳도 찾아갈 것이다. 얼마나 당첨을 확신했던지 푼돈을 주고 산 복권에서 한 푼도 따지 못하게 되었을 때 아돌프는 복권 제도를 운영하는 국가에 분통을 터뜨렸다.[134)

1906년 봄 아돌프는 어머니한테 돈을 타내서 난생 처음 빈으로 갔다. 말은 황실박물관에 있는 미술관을 보고 오겠다고 했지만 제국 수도의 문화 명소에 직접 가보고 싶은 마음이 들어서였을 것이다. 2주 아니면 조금 더 오래 히틀러는 관광객으로 빈의 수많은 명소를 누비고 다녔다. 어디서 묵었는지는 알려진 바가 없다.[135) 친구 구스틀에게 보낸 네 장의 우편엽서와 《나의 투쟁》을 보면 빈 건물의 웅장함과 도심을 둘러싼 링슈트라세 구역의 경관에 아돌프가 얼마나 매혹되었는지를 알 수 있다. 아돌프는 연극도 보러 다녔고 황실오페라극장에서는 구스타프 말러가 만든 바그너의 〈트리스탄과 이졸데〉, 〈방황하는 네덜란드인〉 공연을 보고 감탄했다. 린츠 같은 시골에서 본 공연과는 차원이 달랐다.[136) 집으로 돌아왔을 때는 아무것도 달라진 것이 없었다. 그렇지만 빈에서 지내는 동안 빈 미술아카데미에 들어가서 본격적으로 화가의 길을 걸어야겠다는 생각을 더욱 굳혔다.[137)

1907년 여름이 되면서 이 생각은 좀 더 구체화되었다. 아돌프는 어느

덧 열여덟 살이 되었지만 아직 단 한 번도 돈을 번 적이 없었고 장래 계획도 없이 그냥 백수로 살아가고 있었다. 친척들은 직업을 가질 나이가 되었다고 충고했지만 아돌프는 어머니를 설득하여 다시 빈으로 갈 수 있었다. 이번에는 미술아카데미에 들어갈 생각이었다.[138] 의구심은 들었을지 몰라도 어머니 생각에는 빈에 있는 미술아카데미에서 체계적으로 공부를 하겠다니까 린츠에서 빈둥거리는 것보다는 나아 보였을 것이다. 그리고 아들의 생활비도 걱정할 필요가 없었다. 아돌프가 '하니 이모'라고 부르던 요한나 이모가 조카가 미술 공부를 한다니까 924크로네를 꾸어준 것이다. 그 정도면 초짜 변호사나 교사의 1년 연봉에 해당하는 액수였다.[139]

그 즈음 어머니는 중병을 앓고 있었다. 유방암이었다. 1월에 벌써 수술은 받았고 봄과 초여름에도 유대인 주치의 블로흐 박사에게 자주 치료를 받았다.[140] 린츠 교외의 우어파어에 마련한 새 집으로 이사를 온 클라라 부인은 쌓이는 치료비도 걱정이었지만 요한나 이모가 돌보아주긴 했지만 아직 열한 살밖에 안 된 파울라와 아직도 장래가 불투명한 사랑하는 아들 아돌프 때문에 걱정이 이만저만 아니었을 것이다. 블로흐 박사의 눈에 키가 크고 혈색이 안 좋아 얼굴이 누렇게 떴고 '자기 안에서만 사는' 소년으로 비친 아돌프도 틀림없이 어머니 때문에 걱정이 많았을 것이다. 연초에 어머니가 병원에 20일 동안 있으면서 나온 입원비 100크로네도 아돌프가 냈다.[141] 남매를 불러다놓고 블로흐 박사가 암 때문에 어머니가 오래 못 사실 것 같다는 흉보를 전했을 때 아돌프는 울었다.[142] 어머니가 몸져 누운 동안 아돌프는 간호를 했고 어머니가 무서운 통증으로 고생할 때는 아돌프도 괴로워했다.[143] 환자를 보살피는 것과 관련된 결정은 모두 아돌프가 내려야 했던 것으로 보인다.[144] 어머니의 증세는 갈수록 악화되었지만 아돌프는 예정대로 빈으로 거처를 옮겼다. 빈 미술아카데미 입학 시험에 맞춰서 1907년 9월 초 수도 빈으로 갔다.

시험 볼 수 있는 자격도 지원자가 미리 제출한 작품을 심사해서 합격한 사람에게만 주었다. 나중에 아돌프는 '스케치를 잔뜩 짊어지고' 집을 나섰다고 썼다.[145] 아돌프는 시험 자격을 얻은 113명 안에 들었다. 이 1차 시험에서 33명이 미끄러졌다.[146] 10월 초 아돌프는 세 시간짜리 시험을 두 개나 보았다. 주어진 주제에 따라서 스케치를 해야 했다. 여기서 28명만 합격했다. 히틀러는 그 속에 없었다. "스케치가 미흡하다. 머리 부분이 약하다."는 것이 낙방 이유였다.[147]

자신감으로 똘똘 뭉쳐 있던 아돌프는 미술아카데미 입학 시험에서 떨어진다는 생각은 한 번도 해본 적이 없었던 것 같다. 《나의 투쟁》에서 히틀러는 이렇게 썼다. "시험에 합격하는 것은 식은 죽 먹기라고 믿었다. …… 붙을 수 있다고 굳게 믿었는데 불합격 통지를 받으니 마른 하늘에 날벼락을 맞은 기분이었다."[148] 이유를 물었을 때 학장은 자네가 그림에 소질이 없다는 것은 명백한 사실이라면서 건축에는 소질이 있는 것 같으니 차라리 그쪽으로 나가라고 대답했다. 히틀러는 면접을 마치고 나오면서 "얼마 살지는 않았지만 난생 처음으로 나 자신이 혼란스러워지는" 경험을 했다. 며칠 동안 곰곰이 생각하다가 학장의 판단이 옳다는 결론을 내리고 "언젠가는 건축가가 되기로" 마음먹었다고 히틀러는 썼다. 그렇지만 건축학을 전공하려면 자격 요건이 만만치 않았는데 학력이 모자라는 아돌프는 그것을 극복하려는 노력을 그때도 그 이후로도 전혀 하지 않았다.[149] 실제로 아돌프는 자신의 말과는 달리 그렇게 빨리 툭툭 털고 일어난 것 같지는 않다. 이듬해 다시 미술아카데미에 지원한 것으로 미루어볼 때 건축가가 되기로 전격적으로 결정했다는 아돌프의 설명은 조금 의심스럽다. 아무튼 미술아카데미에 들어가지 못했다는 것은 이만저만 자존심이 상하는 일이 아니었으므로 아돌프는 그것을 비밀에 부쳤다. 친구 구스틀한테도 어머니한테도, 떨어졌다는 말을 하지 않았다.[150]

그동안 클라라 히틀러는 죽어가고 있었다. 어머니 병세가 악화되었다는 소식을 듣고 10월 말에 빈에서 달려온 아돌프에게 블로흐 박사는 어머니의 상태가 절망적이라고 통보했다.[151] 깊이 상심한 아돌프는 자식 된 도리를 다했다. 여동생 파울라도 블로흐 박사도 훗날 죽어가는 어머니를 그렇게 '지칠 줄도 모르고' 정성껏 보살필 수가 없었다고 증언했다.[152] 그렇지만 블로흐 박사가 애를 썼는데도 가을에는 병세가 급속히 악화되었다. 1907년 12월 21일 그녀는 47세를 일기로 조용히 눈을 감았다.[153] 임종 장면을 많이 지켜보았지만 "아돌프 히틀러처럼 비통해하는 사람은 한 번도 본 적이 없었다."라고 블로흐 박사는 그 당시를 돌이켰다.[154] 어머니의 죽음은 "특히 나한테는" "치명타"였다고 히틀러는 《나의 투쟁》에 썼다.[155] 아돌프는 하늘이 무너지는 것만 같았고 외톨이가 된 느낌이었다.[156] 정말로 애틋함과 포근함을 느꼈던 단 한 사람을 잃어버린 것이다.

"가난과 각박한 현실"로 말미암아 "이제 빨리 단안을 내려야 했다. 어머니가 중병을 앓다 보니 아버지가 남겨놓은 얼마 안 되는 유산을 거의 다 써버렸다. 고아 연금을 받을 수 있었지만 그것만으로는 먹고 살기에도 모자랐으므로 어떤 식으로든 생활을 꾸려 나가야만 했다."고 나중에 히틀러는 주장했다.[157] 그는 어머니가 돌아가시고 나서 세 번째로 이번에는 몇 년 동안 지내러 빈으로 돌아왔을 때는 당차고 굳센 예전의 모습으로 돌아갔다고 했다. 이제는 뚜렷한 목표가 있었다. "나는 건축가가 되고 싶었다. 장애물은 그 앞에서 무릎을 꿇으라고 있는 것이 아니라 무너뜨리라고 있는 것이다." 히틀러는 아버지가 자신의 노력으로 가난을 딛고 정부 관리가 되었던 것을 거울로 삼아 난관을 극복하기로 마음먹었다고 주장했다.[158]

실제로는 어머니가 워낙 알뜰한 살림꾼이었던 데다가 요한나 이모도 이래저래 적지 않게 보태준 덕분에 치료비를 내고 장례식도 비교적 괜찮게 치르고 나서도 돈이 꽤 남아 있었다.[159] 아돌프도 아주 빈털터리는 아니었다. 빨리 먹고 살 길을 찾아야 했다는 것은 두말하면 잔소리였다. 배다른 누나인 앙겔라와 남편 레오 라우발이 거두어준 여동생 파울라와 함께 아돌프가 다달이 25크로네씩 받는 고아 연금만으로는 인플레가 기승을 부리는 오스트리아에서는 입에 풀칠하기도 어려웠다. 그리고 아버지한테서 물려받은 유산은 스물네 살이 되기 전까지는 이자만 받았지 원금은 건드릴 수가 없었다. 하지만 어머니가 남기고 간 재산은 장례식 비용을 치르고 나니 2천 크로네쯤 남았는데 미성년자인 두 고아가 나누어 가졌다. 여기에다가 고아 연금을 보태면 아돌프가 1년 동안은 일을 하지 않고도 빈에서 충분히 지낼 수 있는 돈이었다.[160] 뿐만 아니라 이모가 호의를 베풀어 빌려준 돈이 아직 남아 있었다. 아돌프가 경제적으로 쪼들리지 않았다고 지적하는 사람도 가끔 있었는데 분명히 그렇지는 않았다.[161] 하지만 상황을 종합해보았을 때 이 당시 아돌프는 빈의 웬만한 학생보다는 형편이 좋았다.[162]

게다가 《나의 투쟁》에서는 은근히 아닌 척했지만 아돌프는 그렇게 허겁지겁 린츠를 떠나지 않아도 괜찮았다. 거의 40년이 지나서 여동생은 어머니가 돌아가시고 며칠 뒤에 오빠가 빈으로 돌아갔다고 했지만 아돌프는 1908년 1월 중순에도, 2월 중순에도 아직 우어파어에 있었던 것으로 기록이 남아 있다.[163] 그럴 가능성은 희박하지만 중간 중간에 빈에서 잠깐씩 다녀갔다면 또 모를까, 아돌프는 어머니가 돌아가시고 나서 적어도 7주 동안은 우어파어에 있었던 것으로 보인다.[164] 집안 가계부를 보면 린츠와 완전히 갈라지는 것은 5월이었다.[165]

1908년 2월 빈으로 돌아간 것은 건축가가 되는 데 필요한 준비를 착실히 하려는 것이 아니라 어머니가 돌아가시기 전의 게으르고 방만하고 나태한 삶으로 되돌아가기 위해서였다. 이제는 쿠비체크의 부모까지 구워삶아서 아들이 가업을 잇지 않고 음악을 공부하러 빈으로 가는 것을, 내키지는 않았지만 허락하게 만들었다.[166]

1907년 말에 불과 넉 달 동안 아돌프는 미술아카데미에도 못 들어가고 어머니까지 돌아가시는 정말 어린 나이로는 감당하기 어려운 이중고를 겪었다. 별로 힘 안 들이고도 위대한 예술가의 명예를 누릴 수 있으리라던 꿈은 와르르 무너졌다. 마음으로 유일하게 기댈 수 있었던 사람까지 한꺼번에 잃어버렸다. 그래도 예술에 대한 환상은 그대로 남았다. 다른 대안, 가령 린츠에서 안정된 일자리를 찾아서 정착한다는 것은 생각만 해도 끔찍한 것이었다. 우어파어에서 이웃에 살았으며 동네 우체국장의 아내였던 사람은 나중에 이렇게 돌이켰다. "어느 날 남편이 나중에 뭐가 되고 싶으냐고, 혹시 우체국에 들어올 생각은 없느냐고 물으니까 자기는 위대한 화가가 될 거라더군요. 돈도 없고 연고도 없는데 가능하겠느냐고 하니까 "마카르트*와 루벤스도 가난한 환경을 딛고 일어섰어요." 하더군요."[167] 아돌프가 어떻게 그들을 흉내 냈을지는 아무도 모른다. 아돌프는 이듬해 미술아카데미에 다시 들어가는 데 모든 것을 걸었다. 가능성이 높지 않다는 것은 자기도 알았으리라. 하지만 가능성을 끌어올리려는 노력은 조금도 하지 않았다. 그러는 동안에도 빈 생활은 어떻게든 꾸려 나가야 했다.

상황과 전망은 크게 달라졌는데도 주관적 환상 세계 안에서 떠도는 아돌프의 생활은 전혀 달라지지 않았다. 그래도 린츠에서 토박이들끼리만 편안하게 살다가 정치적으로도 사회적으로도 다양한 사람들이 부대끼면서 사는 빈으로 온 것은 중요한 전환점이었다. 오스트리아 수도에서 살아본 경험은 젊은 히틀러에게 뚜렷한 흔적을 남겼고 그의 편견과 혐오가 만들어지는 데 결정적 영향력을 발휘했다.

마카르트(Hans Makart, 1840~1884) 왕궁에서 시종의 아들로 태어났으나 오스트리아의 유명한 역사화가가 되어 이름을 날렸다.

··· 2장

낙오자

"어디를 가더라도 이제는 유대인이 눈에 띄었고
유대인을 보면 볼수록 내 눈에는 그들이
나머지 인류와 판이하게 달라 보였다."

_히틀러, 《나의 투쟁》에서

"그 당시에 히틀러는 절대로
유대인 혐오자가 아니었다.
그렇게 된 것은 나중의 일이다."

_1909~1910년에 히틀러의 친구였던 라인홀트 하니슈

"내가 단련이 된 것은 그 시절 덕분이었다." 히틀러는 1908년 2월부터 오스트리아의 수도를 떠나 뮌헨으로 가서 독일에서 새로운 삶을 시작하는 1913년 5월까지 빈에서 보낸 기간을 이렇게 평가했다. '어머니의 사랑을 한몸에 받았던 아들'은 '푹신푹신하고 말랑말랑한 침대'를 잃었고 예전처럼 린츠에서 팔자 좋게 살아갈 수가 없었다. '편안한 생활의 공허함' 대신에 이제는 '궁핍과 가난의 세계'로 내던져졌고 합숙소의 '여사감'이 새어머니 노릇을 했다. 1924년 란츠베르크에 수감되어 있으면서 《나의 투쟁》을 구술하는 동안에도 빈은 히틀러에게 인생에서 '가장 슬픈 시기'의 '암울한 기억'만을 떠올렸다.

하지만 빈 생활은 스스로의 성격과 정치 철학을 다듬어 나가는 데 중요한 역할을 했다고 히틀러는 강조했다. "이 시기에 나는 그때까지 이름을 거의 들어보지 못한 두 가지 위협에 눈떴다. …… 마르크스주의와 유대인이었다." 빈에 처음 도착했을 때만 하더라도 사회적으로도 정치적으로도 순진했지만 빈에서 지내는 동안 자신이 추구할 정치 투쟁의 '단단한 기반'을 이루는 '세계관'을 얻게 되었다고 히틀러는 주장했다.[1] 이 시절의 이야기는 《나의 투쟁》에서 두 장에 걸쳐서 소개되는데[2] 박탈, 극빈, 사회의 밑바닥에서 살아가는 나날, 치열한 공부를 통해서 자기가 어떻게 정치 의식에 눈뜨고 '세계관'을 결정적으로 다듬을 수 있었는지를 실감나게 묘사한다. 히틀러는 빈을 떠나고 10년도 더 지나서 "빈은 내 인생에서 가장 혹독한 학교였지만 한편으로는 가장 투철한 학교였다."라고 썼다.[3]

　히틀러는 사람들 앞에서 말을 할 때도 늘 그랬지만 효과를 따지면서 글을 썼다. 비록 보기 좋게 실패하긴 했지만 정부를 뒤집어엎으려고 한 시도와 그에 이어진 재판을 히틀러는 자신의 존재를 알리는 절호의 기회로 활용했기 때문에 1924년 무렵에 히틀러는 극우 민족주의 진영에서는 유명 인사가 되어 있었다. 그렇지만 나치당은 그때까지도 금지되어 있었고 민족 운동은 절망적으로 분열되어 있었다. 《나의 투쟁》에서 히틀러는 자기가 아무도 넘볼 수 없는 민족 우파의 유일무이한 지도자인 것처럼 주장했다. 역경을 딛고 어디까지나 의지 하나만으로 독보적 성격과 '세계관'을 만들어낸 천재의 영웅적 이미지가 이런 주장의 바탕이었다. 그것은 다분히 신화에 가까웠다. 비스마르크나 처칠처럼 전통적으로 지배계급이었던 집안에서 나온 국가 지도자는 어린 시절에 신비스러운 구석이 별로 남아 있지 않다. 반면에 빈의 독신자 합숙소라는 블랙홀로 사라지면서 절정에 달하는 히틀러 초창기의 익명성과 나중에 거의 신처럼 떠받들어지는 수직 상승의 대비는 신화와 대항 신화를 이끌어냈다.

　히틀러의 저작에 나오는 자전적 대목은 정확한 사실에 입각해서 씌어진 것이 아니라 정치적 목적을 염두에 두고 씌어진 것이었다. 하지만 빈 시절의 히틀러를 정확하게 재구성하는 작업은 결코 쉽지 않다.[4]《나의 투쟁》에 나오는 기록 말고는 아우구스트 쿠비체크, 라인홀트 하니슈, 카를 호니슈(이름은 비슷하지만 하니슈와 혼동하면 안 된다), 그리고 어쩌다가 히틀러를 잠깐 알게 된 익명의 인물이 남긴 증언에 기댈 수밖에 없는 형편인데 이들의 증언은 정도는 다르지만 곧이들을 만한 것은 못 된다.[5] 이밖에 다섯 번째로 히틀러를 육안으로 보았다는 요제프 그라이너라는 사람의 증언도 있지만 사건들이 일어나고 나서 엄청난 세월이 흐른 다음에 나온 여타의 기록들처럼 이 당시 히틀러의 삶을 파헤치는 역사가들에 의해서 활용되었지만 사실은 전부는 아니더라도 태반이 날조한 것이고 문제점이 한두 가지가 아니라서 전거로 삼기에는 곤란하다.[6] 빈에서 히틀러가 구체적으로 어떻게 지냈는지는 상당히 중요한 면도 있지만 아직도 안개에 싸여 있다. 특히 히틀러의 '세계관'이 언제 어떻게 틀이 잡혔는가 하는 것은 스스로 밝히는 것과는 달리 그렇게 명쾌한 것과는 거리가 멀다. 그렇지만 아무리 모호한 구석이 많아도 빈 '수학 시절'이 히틀러의 인격 형성에 두고두고 자취를 남겼다는 것은 아무도 부인하지 못한다.

히틀러의 선배들, 쇠네러와 뤼거

히틀러가 5년 동안 살게 되는 도시는 굉장한 곳이었다. 빈은 시대의 변화와 19세기 세계의 사망을 예고하는 사회 · 문화 · 정치적 갈등이 유럽 어느 대도시보다도 첨예하게 드러났다.[7] 빈의 이런 분위기는 젊은 히틀러에게도 스며들었다.[8]

20세기 초반의 빈은 모순으로 점철된 도시였다. 수도는 제국의 위엄, 어지러운 풍요와 광채, 문화적 열기, 지적 활기를 뿜어냈다. 하지만 화려한 궁전, 위풍당당한 공공건물, 우아한 카페, 널찍한 공원과 훌륭한 대로의 이면에는, 그 허세와 눈부심의 이면에는 유럽에서도 가장 처절하고 궁핍한 현실이 있었다. 빈은 부르주아의 견실함과 체통, 자기 확신, 도덕적 엄정함, 세련된 예법, 적절한 행동을 내보였다. 하지만 그 껍질 안에서는 악과 매춘과 범죄가 준동했다. 빈은 문화적 수준과 지적 수준에서 파리와 베를린을 능가했고, 창의성과 현대성의 절정을 보여주었던 전위 예술에서도 가능성의 극한을 보여주었다. 하지만 문화인의 전통주의와 대중의 속물주의는 클림트와 분리파*, 슈니츨러*, 호프만스탈*, 말러, 쇤베르크, 오토 바그너*, 프로이트처럼 예술과 지성으로 빈에 길이 아로새

분리파(Sezession) 19세기 말, 독일과 오스트리아에서 일어난 미술 운동. 특정한 예술 이념 · 양식을 지향하지는 않았고, 명칭은 '분리한다'라는 뜻의 라틴어 'secedo'에서 유래했다. 여기서 '분리'는 관이 주도하는 전시회나 아카데미즘에서 벗어난다는 뜻이었다. 예술 경향과 국적을 초월해 전위 예술에도 폭넓게 문호를 개방했다.

슈니츨러(Arthur Schnitzler, 1862~1931) 20세기 전환기 빈 부르주아 계층의 삶을 해부한 심리극으로 널리 알려진 오스트리아의 극작가, 소설가.

겨질 업적을 남긴 사람들과 적대하면서, 새로운 예술에 거세게 저항했다. 프란츠 요제프 황제의 오랜 통치는 늙은 합스부르크 제국의 안정을 나타내는 듯했지만 사실 제국은 현대 민족주의와 인종주의에서 비롯된 갈등이 불거지는 바람에 좌불안석이었고 안정을 뒤흔드는 새로운 사회, 정치 세력과 힘겹게 싸우면서 조금씩 허물어지고 있었다. 공포와 불안이 피부로 느껴졌다. 독일인은 자기들의 문화, 생활방식, 삶의 잣대, 지위가 위협받고 있다고 느꼈다. 자유주의 성향의 부르주아는 대중 정치와 대중 민주주의라는 새로운 힘에 위협받으면서 미래를 암울하게 내다보았다. 영세 자영업자와 기술자는 백화점과 대형 할인판매점, 현대식 대량 생산을 원망했고 노동조합이 부상하는 것을 보면서 마르크스가 예언한 대로 자기들도 결국은 프롤레타리아로 미끄러져 떨어질 것만 같은 불안감에 떨었다. 해체와 몰락, 불안과 무기력의 정서, 낡은 질서가 무너져 내리는 느낌, 사회가 흔들린다는 위기감은 세 살 먹은 어린아이도 알아차릴 수 있었다.[9]

무력감에서 오는 분노와 공포를 인종 증오로, 특히 '다민족 국가 안에서도 가장 민족 의식이 강했던 유대인'에 대한 미움으로 바꾸기란 너무나 쉬웠다.[10] 무관의 제왕으로 군림했으며 히틀러의 존경을 한몸에 받았던 빈 시장 카를 뤼거에게 맞장구를 쳤으며 히틀러가 열심히 읽었던 빈의 저질 언론은 그런 쪽으로는 도가 텄다.[11] 웬만한 도시 중에서 19세기 후반에 들어가서 빈만큼 인구가 빠르게 불어난 도시는 베를린 말고는 없었다. 1860년부터 1900년까지 빈 인구는 두 배 반이나 늘었다. 파리나 런던보다 인구 증가율이 자그마치 4배였다.[12] 1900년 현재 빈에 거주하

호프만스탈(Hugo von Hofmannsthal, 1874~1929) 서정시와 희곡 분야에서 두각을 나타낸 오스트리아의 시인이자 극작가. 독일의 오페라 작곡가 리하르트 슈트라우스와 공동 작업으로 세계적인 명성을 떨쳤다.

바그너(Otto Wagner, 1841~1918) 빈 분리파 운동의 시조로 꼽히는 오스트리아의 건축가. 간소하고 실용적인 건축 양식을 주장했으며, 대표작으로 빈플라츠 광장 정거장, 헤이그 평화궁 등이 있다. 1894년 빈 미술아카데미 교수가 되어 많은 후진을 길러냈고 이론과 설계 면에서 근대 건축을 주도하였다.

던 167만 4,957명 중에서 빈에서 태어난 사람은 둘 가운데 한 명꼴도 안 되었다.[13] 상당수는 5천만 명이 넘는 제국의 동부 지역에서 쏟아져 들어온 독일인, 체코인, 슬로바키아인, 폴란드인, 우크라이나인, 슬로베니아인, 세르비아인, 크로아티아인, 이탈리아인, 루마니아인, 헝가리인이었다. 유대인 공동체도 소수이기는 했지만 꽤 규모가 컸다. 당시 빈에서 살던 유대인 수는 독일의 어느 도시보다도 많았다. 19세기 중반만 하더라도 빈에는 유대인이 겨우 6천 명밖에 안 살았다. 인구의 2퍼센트였다. 그런데 1910년이 되면 유대인 인구가 17만 5,318명으로 늘어나면서 인구의 8.6퍼센트를 차지했다.[14] 독일에서도 그랬지만 역사적으로 유대인은 인구 비율로 따졌을 때 법률가와 의사 같은 전문직, 교수, 언론인, 예술가, 사업가, 은행가로 활동하는 사람이 두드러지게 많았다.[15] 역시 독일에서도 그랬지만 유대인은 시민 사회와 독일 문화로 동화되려고 애썼다.[16] 하지만 독일과 달랐던 것은 동유럽의 크고 작은 도시에서 흔히 볼 수 있었던 가난한 유대인 계층이 있다는 사실이었다. 대부분은 폴란드 쪽의 갈리치아 지방에서 왔거나 러시아에서 탄압을 피해 도망 온 사람들의 후손이었다. 누구한테도 받아들여지지 못하고 주로 미움만 받았던 이 가난한 유대인 공동체 안에서 마르크스주의와 시온주의(그 주창자인 테오도어 헤르츨은 빈에서 컸다)가 어느 정도 먹혀들었다.[17] 그러다 보니 유대인은 자본주의를 신봉하는 착취자로도, 사회주의를 신봉하는 혁명가로도 손가락질하기 딱 좋았다. 가난한 유대인은 구시가지에, 특히 빈 북부의 구질구질한 동네에 살았다. 옛날에 유대인이 갇혀 살던 게토가 있던 레오폴트슈타트에는 가난에 찌든 인구의 3분의 1이 유대인이었고 이 유대인들은 카프탄이라고 해서 소매와 기장이 긴 전통 의상에 검은 모자를 쓰고 다니면서 조그만 장사나 행상을 했다. 인접한 브리기테나우는 히틀러가 빈에서 마지막으로 3년을 보낸 암울한 구역이었는데 주민의 17퍼센트가 유대인이었다.[18] 히틀러는 이런 환경을 접하면서 인종주의적 혐오감에 완전히 굴복했다. 수도에서 본 '인종의 뒤범벅'에 질린 나머지 히틀러는 나중에 이렇게 썼다. "나한테 그 거대한 도시는 인종 모독의 표본으로 보였다."[19]

합스부르크 왕조를 50년이 넘게 이끌었던 프란츠 요제프 황제는 변화하는 세상에서 불변성을 상징하는 인물이었다. 호프부르크 황궁이나 여름 별장이었던 쇤브룬 궁전에는 지난 몇 세기 동안의 찬란한 유산과 영화가 고스란히 간직되어 있었다. 카르파티아 산맥에서 아드리아해까지 뻗은 광대한 다민족 제국의 권력은 하나같이 명문의 후손으로서 황제가 손수 임명한 대신들의 손 안에 있었다. 하지만 겉은 멀쩡해 보였어도 건물은 허물어지고 있었다. 새로운 사회정치 세력의 압력은 제국의 토대를 무너뜨렸다.

제국은 점증하는 내부 모순에 시달렸다. 한 해 전에 프로이센과 오스트리아가 벌인 '독일 형제 전쟁'에서 오스트리아가 패하면서 이듬해인 1867년에 맺어진 복잡한 조약으로 오스트리아-헝가리 제국이라는 이중 제국이 만들어져서 헝가리 쪽의 마자르 민족주의 지도자들이 거의 자치를 누리게 되자 제국 곳곳에서 민족주의 감정이 들끓었다. 슬라브인은 마자르인이 여전히 우대를 받는 데 갈수록 불만이 커졌고 오스트리아 제국의 나머지 '절반' 지역에서도 전체 인구의 3분의 1밖에 안 되는 소수 독일인 집단이 지배하는 현실을 못마땅하게 여겼다.[20] 재산과 지위와 권력을 압도적으로 누리던 오스트리아의 독일인은 자기들의 기득권에 더욱 집착하는 방식으로 대응했다. 거국적 요구에 밀려 보헤미아와 모라비아 지역에서 체코어에 독일어와 똑같은 지위를 인정하면서 1897년의 바데니* 개혁안처럼 유화책을 보이기도 했지만 이 조치는 갈등을 더욱 악화시켰다.[21]

20세기로 접어들면서 이런 갈등은 부르주아 명망가 중심으로 이루어지던 자유주의 분파 정치를 밀어내고 대중 정치의 치열한 형식으로 표출되어 제국의 위태로운 균형과 황제와 왕이라는 개인을 통해서 시늉으

<hr>

바데니(Kasimir Felix, Graf von Badeni, 1846~1909) 폴란드 태생 오스트리아의 정치가. 오스트리아-헝가리 제국의 오스트리아 진영 총리(1895~1897)를 지냈다. 제국 내 슬라브 민족주의 진영을 회유하기 위해 1897년 4월 보헤미아와 모라비아 지역에서 체코어를 행정통치어로 격상하는 정책을 도입했으나, 쇠네러와 뤼거가 이끄는 게르만 민족주의자들의 격렬한 반대에 밀려 결국 1897년 11월 28일에 사임했다.

로만 유지되었던 제국의 단합을 위협하고 있었다. 의회가 누렸을지 모르는 일말의 권위(1907년 남자를 대상으로 보통선거제가 도입되면서 오스트리아에서 독일인은 강력한 민족 집단의 지위를 상실했다)[22]는 민족주의 감정을 광적으로 부추기는 세력의 독설과 공갈 앞에서 완전히 무너져 내렸다.[23] 의회는 혼란스러웠다. 민족 정치와 계급 정치가 거칠게 뒤섞이면서 우스꽝스러운 난장판으로 전락하기 일쑤였다. 체코어를 보헤미아에서 독일어와 동격으로 올려놓으려는 목적으로 1909년 2월에 제출된 법안은 결국 물거품이 되었고 야유와 종소리와 호각과 경적과 책상을 탕탕 두들기는 소음이 한꺼번에 터져 나오면서 정상적인 토론이 불가능해지고 급기야는 주먹다짐이 난무하고 여기저기서 자기네 국가를 불러대는 아수라장 속에서 의회는 휴회에 들어갔다.[24] 법안은 수많은 이해 집단과 파벌의 뒷거래에 의해서만 통과되었다. 의원들이 말다툼을 벌이면서 다국어로 욕설을 주고받는 볼썽사나운 모습과 심지어는 난투극까지 벌이는 모습을 지켜보는 사람은 누구나 환멸을 느낄 수밖에 없었다.[25] 범게르만주의를 신봉하던 젊은 아돌프 히틀러도 얼마나 신물이 났는지 15년도 더 지나서 빈 시절을 회고하는 글에서 의회제도에 대한 경멸감과 혐오감을 있는 대로 쏟아냈다.[26]

민족주의가 의회까지 공격적으로 치고 들어가는 데 가장 큰 역할을 한 사람은 게오르크 리터 폰 쇠네러였다. 1842년 빈의 유복한 집안에서 태어난 쇠네러는 히틀러의 선조들도 영세농으로 살아온, 보헤미아와 맞닿은 곳에 있던 가난한 고장 발트피어텔에서 관대하고 개혁적인 지주로 알려졌다. 쇠네러는 1866년 쾨니히그레츠 전투에서 오스트리아가 프로이센에 진 데서 깊은 인상을 받았다. 오스트리아가 독일연방에서 쫓겨난 것을 부끄러워하고 비스마르크에게 아부를 하더니 나중에 가서는 오스트리아와 독일제국의 재결합을 요구하는 시위를 주도했다. 쇠네러는 1870년대에 대기업과 자유방임주의 체제의 탐욕을 질타하며 독일의 소농과 급진 숙련공의 목소리를 대변하면서 유명해졌다.[27] 초창기의 '국가사회주의'까지도 끌어안은 쇠네러의 구상은 무엇보다도 사회 개혁, 반자유주의적 대중 민주주의, 만유대주의를 표방하는 급진적 독일 민족

빈의 민족주의 운동을 이끈 게오르크 리터 폰 쇠네러(왼쪽)과 카를 뤼거. 히틀러는 쇠네러에게서 반자유주의와 반사회주의 이념의 결집체인 반유대주의를 배웠고, 빈 시장이었던 뤼거한테서는 적개심을 이용한 대중 선동의 힘을 배웠다.

주의였다. 히틀러가 등장하기 전에 "오스트리아가 낳은 가장 굳세고 초지일관 반유대주의를 고수한"[28] 쇠네러의 반유대주의는 반자유주의, 반사회주의, 반가톨릭, 반합스부르크 이념의 결집체였다. 히틀러는 쇠네러의 신조를 민족주의 기운이 넘쳤던 린츠에서 받아들였다. 한 손을 쭉 뻗어 '하일(Heil)' 하고 인사를 하는 것도, '지도자(Führer)'라는 호칭(이것은 쇠네러가 스스로 부여한 호칭이었고 추종자들도 그렇게 불렀다)도, 조직이 조금이라도 민주적인 의사 결정으로 기울면 용납하지 못하는 태도도 모두 쇠네러가 남긴 유산을 히틀러가 나중에 나치당으로 가지고 간 것이다.[29]

히틀러가 빈에 왔을 무렵 나이 든 쇠네러에 대한 대중의 지지는 줄어들고 뿔뿔이 흩어졌다. 돌파구는 늘 헌신적인 엘리트가 여는 것이 역사의 이치라고 믿었던 쇠네러는 대중 정당을 만들어야겠다는 생각을 한 번도 해본 적이 없었다.[30] 쇠네러의 지지자는 주로 학생과 민족주의 성향의 중산층에서 나왔다.[31] 쇠네러의 구상은 히틀러도 나중에 긍정적으로 평가하지만, 독일과의 통합을 요구하고 빌헬름 황제와 독일제국,

'로마와 거리를 두는' 독일의 교회 정책, 합스부르크 다언어 국가에 대한 독일의 공격을 무한히 예찬하는 과정에서 쇠네러의 구상은 경직되고 과격해지고 비타협적으로 나아갔다. 맹렬한 반유대주의는 빼놓을 수 없는 요소였다.[32] 히틀러는 쇠네러의 정치 철학이 맞다고 생각했지만 나중에 가서는 백해무익한 의회주의에 참여하려는 모습을 보였다든지 가톨릭교회를 적으로 만드는 잘못을 범했다든지 무엇보다도 대중을 무시한다든지 하는 점을 비판했다.[33] 대중을 존중하는 것을 히틀러는 오스트리아 정치인 중에서 쇠네러 다음으로 존경했고 빈 시민들 사이에서 '민중을 지키는 호민관'으로 불렸던 카를 뤼거한테서 배웠다.

뤼거의 기독교사회당이 떠오르는 것을 보면서 히틀러는 깊은 인상을 받았다.[34] 처음에는 쇠네러의 지지자로 출발했지만 히틀러는 차츰 뤼거를 숭배했다. 그 중요한 이유는 정치를 펼쳐 나가는 방식 때문이었다. 쇠네러는 대중을 무시했지만 히틀러의 호의적 평가에 따르면 뤼거는 "생존의 기로에 선 저소득 서민층을 사로잡아" 지지를 얻어냈다.[35] 웅변술과 선동술의 귀재였던 뤼거는 가톨릭 신앙심에 호소하면서 이것을 국제 자본주의, 마르크스주의와 사회민주주의, 슬라브 민족주의 앞에서 위기감을 느끼던 독일어권 서민층의 경제적 자기 이익과 결합했다. 쇠네러도 그렇게 했지만 뿔뿔이 흩어진 표적들을 하나로 결집하는 데는 반유대주의만큼 좋은 수단이 없었다. 당시 경제 침체로 고생하던 숙련공 사이에서는 반유대주의 기운이 고조되고 있었다. 유대인 자본가와 동유럽에서 몰려든 뒷골목의 행상과 잡상인은 분노를 돌리기에 아주 좋은 대상이었다. 1880년대에 이미 뤼거는 유대인의 빈 이민을 제한하자는 쇠네러의 법안을 지지했다.[36] 그렇지만 쇠네러의 반유대주의와 달리 뤼거의 반유대주의는 이념적이라기보다는 차라리 기능적이고 실용적이었다. 뤼거는 "나는 유대인이 누구인지를 말할 뿐이다."라는 말을 한 것으로 알려져 있다.[37] 그것은 원칙적으로 인종주의라기보다는 자유주의와 자본주의를 공격하기 위한 정치·경제적 빌미에 가까웠다.[38]

그렇지만 악랄한 것은 악랄한 것이었다. 1890년의 한 연설에서 뤼거는 빈에서도 알아주는 반유대주의자의 말을 버젓이 인용하면서 '유대인 문제'는 모든 유대인을 커다란 배에 태워서 바다 한가운데에 가라앉히면 해결될 것이고 그것이 인류를 위하는 길이라고 말했다.[39] 1897년 프란츠 요제프 황제가 거부하던 입장에서 어쩔 수 없이 돌아서서 '준수한 카를'을 빈 시장으로 임명했을 때 노골적 반유대주의는 시민 대다수가 믿었던 가톨릭과 결합한 사회 개혁, 시정 쇄신, 대중 민주주의, 합스부르크 왕조에 대한 충성심으로 승화되었다.[40] 하지만 지독하기는 마찬가지였다. 정서적으로 그것은 나중에 히틀러가 뮌헨의 술집에서 퍼뜨리는 독과 별반 차이가 없었다. 1899년 우레와 같은 박수를 받으면서 한 연설에서 뤼거는 자본과 언론을 장악하여 대중을 상대로 '상상을 초월한 악랄한 테러'를 저지르는 것이 유대인이라고 말했다. 그러면서 자기가 하려는 일은 '유대인의 지배로부터 기독교인을 해방하는 것'이라고 주장했다.[41] 또 다른 자리에서는 유대인보다는 늑대, 표범, 호랑이가 차라리 인간적이라고 하면서 유대인을 '사람의 탈을 쓴 짐승'으로 몰아세웠다.[42] 유대인에 대한 적개심을 선동하는 시위를 누군가가 비판하자 뤼거는 반유대주의는 "마지막 유대인이 사라지면 없어진다."고 반박했다.[43] 유대인은 교수형을 시키든 총살형을 시키든 상관없다는 말을 한 것에 대해 누군가가 비난을 하자 뤼거는 말을 고쳤다. "참수형이 낫겠네!"[44]

히틀러가 도착했을 때 빈은 뤼거의 도시였다. 2년 뒤 뤼거가 죽었을 때 히틀러는 장례 행렬을 지켜보기 위해 거리로 쏟아져나온 수많은 사람들 속에 들어가 있었다.[45] 뤼거의 친합스부르크 정책, 가톨릭 정책에 히틀러는 호감을 못 느꼈다. 나중에 뤼거를 평가하면서 히틀러는 뤼거의 기독교사회당이 기댔던 반유대주의의 경박함과 인위성을 비판했다.[46] 히틀러가 빈 시장한테서 배운 것은 대중 장악력, '목적을 쟁취하기 위해' 운동을 조정해 나가는 능력, 폭넓은 지지자들의 '심리 정서'에 영향을 끼치는 능란한 선전술이었다.[47] 히틀러는 이것들을 잊지 않았다.

자유주의가 사망 선고를 받고 나서 민족주의와 기독교사회주의와 함께 빈의 대중 정치에서 새로운 제3의 세력으로 떠오른 것은 사회민주주의였다. 여기서도 히틀러의 빈 경험은 깊은 인상을 남겼다. 노동조합에 대한 공포심은 이때 처음 생겨났다.

　사회민주주의자들은 사회민주주의노동자당이 창당되고 3년이 지난 1891년 선거에서는 의석을 한 석도 못 얻었다.[48] 하지만 히틀러가 빈으로 이주한 1907년에는 처음으로 남성 유권자를 대상으로 치러진 오스트리아 의회 선거에서 전체 516석 중에서 87석을 차지했다.[49] 물론 판세를 장악한 것과는 거리가 멀었다. 하지만 뤼거의 아성이었던 빈에서 3분의 1이나 되는 표를 얻고 보헤미아에서 41퍼센트의 표를 얻은 것은 참으로 대단한 성과였다.[50] 부유한 프라하 유대인 집안 출신의 빅토르 아들러가 이끌던 당은 마르크스주의를 강령으로 받아들였지만 베른슈타인의 수정주의 노선과 비슷하게 마르크스주의 강령이 오스트리아-헝가리 다민족 국가라는 기존의 틀 안에서 점진적 과정을 거쳐서 무르익을 수 있다고 보았다.[51] 국제주의(사실은 독일 사회민주주의자와 체코 사회민주주의자 사이에 골이 조금씩 벌어지고 있었지만),[52] 개인과 민족 사이에서 두루 관철되는 평등주의, 보통·평등·직접 선거, 노동과 단체 결성의 기본권, 교회와 국가의 분리, 국민군은 사회민주당의 주요 정책이었다.[53] 쇠네러의 범게르만주의를 열렬히 지지했던 젊은 히틀러가 사회민주주의자를 얼마나 미워했을지 미루어 짐작할 수 있다. 하지만 사회민주당의 조직력과 행동력에서는 깊은 인상을 받았다.[54] 히틀러가 빈으로 오기 직전이었던 1905년 가을 사회민주당은 봉기를 일으켰고 프란츠 요제프는 그해 일어난 혁명으로 러시아 황제가 양보한 선례를 따라서 남성 보통선거제를 받아들이기로 합의했다.[55] 붉은 완장을 두른 25만 명에 육박하는 노동자들이 그해 11월 빈에서 가두 시위를 벌일 때 의회 건물을 통과하는 데만 모두 네 시간이 걸렸다.[56] 몇 해 뒤에 벌어진 장관도 히틀러의 마음에 두고두고 남는다. "어느 날 빈에서 네 명씩 한 줄로 서서 꼬리에 꼬리를 물고 끝없이 이어지는 노동자들의 기나긴 행렬"을 거의 두 시간 가까이 꼼짝 않고 서서 지켜보았다. "인간들이 용처럼 천천히 꿈틀거리며 움직이는 모습을 숨죽이고 바라보았다." 그것은 '무시무시한 군내'와도 같았다. 히틀러는 집으로 돌아가면서 '불안감을 억누르려고' 애썼다. 하지만 그는 훗날 사회민주당으로부터 협박과 불관용의 가치를, "거대한 대중의 영혼은 어설프거나 나약한 것에는 반응하지 않는다."는 것을 배웠다고 말했다.[57]

이런 교훈은 앞으로 히틀러가 1908년 초 빈으로 다시 돌아온 뒤에 떠올리게 될 것이었다. 당시만 하더라도, 아니 그 다음 몇 달 동안에도 아직 정치를 하겠다는 마음은 없었다.

바그너 숭배자

히틀러는 1908년 2월 열여덟 살의 나이로 린츠를 떠나 빈으로 갔다. 5월까지는 그래도 가족과 연락을 이어갔다.[58] 8월에는 아마 돈이 궁했기 때문이었겠지만 친척들이 사는 발트피어텔로 찾아갔다.[59] 하지만 어머니가 돌아가신 뒤로 히틀러는 가족한테서 멀어졌다. 집으로 보내는 편지도 얼마 안 가서 뚝 끊겼다.[60] 그나마 관심이 있었던 친척은 발트피어텔로 돌아간 요한나 이모뿐이었지만 요한나 이모한테서는 이미 저금한 돈을 얻어서 쓴 몸이었다.[61] 1911년에 이모마저 세상을 뜬 뒤로는 가족과의 연락은 뜸해졌고 아주 오랜 세월이 지나서야 다시 연락이 되었다.[62]

어머니가 돌아가시고 나서 보호자 역할을 맡은, 레온딩의 시장이었으며 우직한 농부였던 요제프 마이어호퍼는 빵가게에 이야기를 해놓았으니 거기서 일을 배우라고 다시 한 번 설득해보았다. 히틀러는 콧방귀만 뀌었다.[63] 요한나 이모도 아버지의 뒤를 이어서 공무원이 되라고 마지막으로 간청했지만 소용없었다.[64] 어머니를 여의고 나서 집안 문제가 일단락되고 라우발 부부가 누이 파울라를 보살펴주기로 이야기가 되자 히틀러는 1908년 1월 보호자를 찾아가서 빈으로 돌아갈 생각이라고 통보했다. 마이어호퍼는 만류해보았지만 소용이 없었다고 훗날 술회했다. 히틀러는 아버지만큼이나 황소고집이었다.[65] 빈으로 돌아가겠다는 결심을 굳힌 것은 실은 전해 여름이었다. 미술아카데미에서 공부를 하게 될 줄 알고 9월 말인가 10월 초에 빈의 베스트반호프 역 부근 슈툼퍼가세 31번지 3층에 작은 방을 구해놓은 상태였다. 주인은 차크레이스라는 체코 여자였다.[66] 히틀러는 이렇게 해서 1908년 2월 14일에서 17일 사이의 어느 날 어머니가 돌아가시기 전까지 살았던 이곳으로 다시 돌아왔다.

혼자 사는 생활은 오래 가지 않았다. 아들이 음악가의 꿈을 키우도록 빈에서 음악 공부를 하게 해 달라고 히틀러가 아우구스트 쿠비체크의 부모님을 설득한 일을 기억할 것이다. 쿠비체크의 아버지는 학교도 제대로 못 마친 주제에 헛바람만 잔뜩 들어서 제대로 된 일을 배울 생각도 하지 않는 녀석이 사는 곳으로 아들을 보내기가 영 꺼림칙했다.[67] 하지만 히틀러를 이길 수가 없었다. 2월 18일 히틀러는 친구에게 엽서를 보내서 될 수 있는 대로 빨리 오라고 다그쳤다. "온다는 소식을 목이 빠지게 기다리고 있다. 성대한 환영식을 차질 없이 준비할 수 있도록 연락 빨리 다오. 온 도시가 너만 기다린다." 그리고 이렇게 덧붙였다. "부탁이다. 빨리 와라."[68] 나흘 뒤 구스틀은 눈물을 글썽거리는 부모님께 작별 인사를 하고 친구가 있는 빈으로 갔다. 그날 저녁 히틀러는 역에서 여독에 지친 친구를 만나서 슈툼퍼가세의 자기 방으로 데리고 갔다. 그렇지만 평소의 기질을 발휘하여 첫날인데 어떻게 빈 구경을 안 할 수가 있느냐면서 고집을 부렸다. 어떻게 빈에 와서 황실오페라극장도 보지 않고 잠부터 잘 수 있느냐는 것이었다. 구스틀은 오페라극장, 성 슈테판 성당(안개 때문에 잘 보이지도 않았다), 도나우 강변에 있는 성 마리아 암 게스타데 교회를 보러 밖으로 끌려나갔다. 집으로 돌아온 것은 자정이 지나서였지만 히틀러는 빈의 장엄함에 대해서 더 장광설을 늘어놓았고 구스틀은 좀 더 버티다가 피로를 못 이기고 잠이 들었다.[69]

그 다음 몇 달 동안은 규모는 좀 커졌지만 두 사람이 린츠에서 살아가던 방식의 재탕이었다.[70] 구스틀의 방을 구하려는 노력은 얼마 안 가서 그만두고 차크레이스 부인을 설득하여 히틀러가 쓰던 작은 방을 주인이 쓰고 두 사람이 큰 방을 쓰기로 했다.[71] 히틀러와 친구는 이제 한방을 쓰게 되었다. 방세는 히틀러가 그동안 내던 돈의 갑절로 각각 10크로네씩 냈다.[72] 며칠 뒤 쿠비체크는 입학 시험에 붙어서 빈 음악원에 다닐 수 있게 되었다는 사실을 알았다. 그랜드 피아노 한 대를 빌려서 방에 들여놓으니 공간을 워낙 많이 차지해서 앞으로 갔다 뒤로 갔다 하는 버릇이 있는 히틀러는 겨우 세 걸음밖에 걸을 수가 없었다.[73] 피아노를 제외하고 그 방에는 생활하는 데 필요한 간단한 시설만 되어 있었다. 침대가 둘, 낮은 서랍장 하나, 옷장, 세면대, 책상 하나에 의자 둘이었다.[74]

쿠비체크는 음악 공부를 착실히 해 나갔다. 히틀러의 속은 잘 알 수가 없었다. 아침에는 늦잠을 잤고 쿠비체크가 점심을 먹으러 음악원에서 돌아오면 나가고 없었다. 화창한 오후에는 쉔브룬 궁전 경내를 돌아다녔고 책에 몰두했고 웅장한 건축 계획과 창작 계획을 공상했고 밤늦도록 열심히 뭔가를 그렸다. 미술아카데미에서 공부하면서도 어떻게 저렇게 시간이 남아도는지 참 궁금했는데 그 수수께끼는 꽤 시간이 지나서야 풀렸다. 쿠비체크가 하는 피아노 음계 연습을 히틀러가 짜증스러워하는 바람에 두 사람은 공부 시간을 놓고 언쟁을 벌였고 급기야는 히틀러가 "음악원인지 미술아카데미인지 싸그리 날려버려야 한다."고 소리를 지르면서 그런 기관을 운영하는 "둔하고 고루하고 경직된 공무원, 관료, 멍청한 벼슬아치 떨거지들"한테 욕을 퍼부었다. 그러고는 "그놈들이 나를 퇴짜 놓고 내동댕이치고 바람맞혔다."고 실토했다.[75] 친구가 그럼 앞으로 어떻게 할 작정이냐고 묻자 히틀러는 화를 냈다. "앞으로 뭐 할 거냐, 앞으로 뭐 할 거냐 …… 너까지 그러기냐, 앞으로 뭐 할 거냐고?"[76] 사실은 히틀러도 자기 인생이 어떻게 풀려 나가고 있는지 앞으로 무엇을 할지 아무런 생각이 없었다. 이리저리 떠돌아다닐 뿐이었다.

쿠비체크는 아픈 데를 건드렸다. 히틀러는 미술아카데미에 들어가지 못했다는 소리를 돈 때문에 가족한테 하지 않았다. 이야기를 했으면 아마 보호자는 고아 연금으로 히틀러에게 매달 지급되는 25크로네를 못 주겠다고 했을 것이다.[77] 그리고 일자리를 찾으라는 압력에 더 시달렸을 것이다. 하지만 친구는 왜 속였을까? 아주 붙기 어려운 입학 시험에서 떨어졌다는 것은 십대 청소년 입장에서는 이상한 일도 아니고 부끄러운 일도 아니다. 하지만 히틀러는 자기는 모든 분야에서 뛰어난 예술적 판단력이 있다고 친구한테 그렇게 자랑을 했는데 막상 음악원에서 순조롭게 공부를 하는 친구 앞에서 자기는 떨어졌다는 말을 차마 할 수가 없었을 것이다. 히틀러는 자존심이 크게 상했다. 그리고 울분을 겉으로 드러냈다. 쿠비체크에 따르면 히틀러는 사소한 일에도 버럭 화를 냈다고 한다.[78] 자신감이 없어지니까 아무 일도 아닌 것을 가지고 머리끝까지 화를 냈고 자기를 박해한다고 생각하는 사람은 누구나 거칠게 비난했다. "증오의 대상을 목에 사레가 들릴 정도로 장황하게 열거하면서 자기를 이해하지 못하는 세상 사람들한테, 자기를 알아주지 않고 자기를 괄시하고 속이는 모든 사람들한테 분노를 쏟아냈다."[79] 한번은 '진정한 예술성을 이해'하지 못하는 미술아카데미에 울분을 터뜨리면서 "오직 자기의 신세를 망쳐놓으려는 의도"로 놓인 덫이 있다는 소리를 히틀러가 한 적이 있는 것으로 똑똑히 기억한다고 쿠비체크는 주장했다.[80] 그러면서 "전체적으로 보았을 때 그 당시 빈에서 아돌프는 균형감각을 잃었다는 느낌이 든다."고 덧붙였다.[81] 세상이 알아주기를 갈망했지만 실패와 평범함, 자신의 별 볼 일 없음을 인정할 수 없었던 기형적으로 부풀어 오른 자아는 모든 대상, 모든 인간에게 공격적 언사를 퍼부었다.

히틀러는 미술아카데미에 들어갈 수 있다는 희망을 아직 버리지 않았다. 하지만 두 번째 도전에서도 고배를 마시지 않으려면 무언가 노력을 해야 하는데 그런 노력을 전혀 기울이지 않았다. 린츠로 떠나기 직전에 히틀러 가족이 살던 아파트 동의 주인이 황실오페라극장의 유명한 무대감독이었으며 빈 문화계의 저명 인사였던 알프레트 롤러 교수를 소개해주면서 다 이야기를 해놓았으니 빈에 가거든 찾아가서 인사를 드리라고 했다.[82] 히틀러는 그런 기회를 이용하지 않았다.[83] 이것만 놓고 보더라도 히틀러가 롤러의 도움으로 판홀처라는 조각가 밑에서 미술 지도를 받았다는 추정은 낭설임을 알 수 있다.[84] 체계적 준비와 부단한 노력은 훗날의 독재자에게도, 젊은 히틀러에게도 낯설기만 했다. 린츠에서 그랬던 것처럼 히틀러는 쿠비체크나 들어주는 거창한 계획을 짜면서 엉뚱한 데다 시간을 쏟아 부었다. 대개는 갑자기 불쑥 떠오른 아이디어와 기발한 착상이었지만 얼마 안 가서는 흐지부지되어버리는 공상적 계획이었다.[85]

한때는 희곡을 써볼까도 했다. 쿠비체크는 기독교가 전래될 무렵의 바이에른 알프스 지역을 무대로 히틀러가 다분히 바그너풍으로 휙휙 써내려 간 원고 몇 장을 보여주었을 때 깜짝 놀랐다.[86] 그 작품은 더는 진척되지 않았다. 하나같이 게르만 신화에서 주제를 가져와서 가장 현란한 바그너의 작품도 초라해 보일 만큼 장대한 규모로 구상된 다른 수많은 작품들도 그런 식으로 용두사미로 끝났다. 좀 더 현실 감각이 있었던 쿠비체크가 그런 대작에 드는 막대한 자금을 조달하는 것은 불가능하니까 좀 더 소박한 작품을 만들라고 충고하면 히틀러는 콧방귀를 뀌었다.[87]

바그너라는 본보기는 히틀러가 쓰려고 했던 오페라에서 더 분명하게 나타났다. 쿠비체크가 음악 강의에서 들었다면서 바그너가 쓴 작품 중에 〈대장장이 빌란트〉라는 악극을 위한 짧은 스케치도 있다고 지나가듯이 말하자 히틀러는 자기가 갖고 있던 신들과 영웅들에 관한 책에서 그 전설을 찾아내서 그날 밤으로 집필에 들어갔다. 다음날 히틀러는 피아노 앞에 앉아서 쿠비체크에게 빌란트 전설을 오페라로 만들 생각이라고 말했다. 자기가 곡을 쓸 테니 쿠비체크가 악보에 적어 달라는 것이었다. 쿠비체크는 아돌프의 짧은 음악적 식견에 대해서 조심스럽게 충고를 했지만 아돌프는 며칠 동안 식음을 전폐하고 작곡에 몰두했다. 그러다가 "점점 그 이야기가 줄어들더니 나중에는 입에서 쑥 들어갔다."[88]

또 다른 유토피아적 구상으로는 쿠비체크에 따르면 빈의 주택 문제를 해결한다든지 노동자를 위한 새로운 주택을 설계한다든지 술을 대체할 새로운 대중 음료를 만든다든지 시골에도 문화를 선보이는 순회 교향악단을 세운다든지 항상 빠지지 않는 주제지만 린츠를 문화적으로 복원하는 거창한 계획이 있었다.[89] 주택 문제를 연구하기 위해 아돌프가 사흘 밤을 빈 거리를 돌아다니다가 왔다는 일화에서 쿠비체크는 확실히 히틀러의 사회적 양심을 미화했고[90] 아돌프가 꿈꾼 '이상 국가'에서 이루어지는 사회 개혁과 문화 개혁을 언급한 대목에서는 히틀러의 긴 안목을 미화했다.[91] 그렇지만 히틀러는 모든 주제에 대해 강한 자기 의견이 있었고 너무나 비현실적인 생각에 돌발적으로 사로잡히곤 했고 생겨나기 무섭게 흩어져버리는 거창한 신기루에 빠져들곤 했다는 말은 사실로 보인다. 히틀러에게는 늘 기념비적이고 거대하고 장엄한 것을 만들어야 한다는 강박관념이 있었다. 오토 바그너 같은 현대 건축가의 전위적인 유겐트 양식(아르누보)을 히틀러는 거들떠보지도 않았다. 구스타프 클림트 같은 분리파 거두의 현대 미술에도 히틀러는 눈길도 주지 않았다.[92] 세기말 빈을 사로잡았던 이런 문화 혁명에 히틀러는 눈곱만큼도 관심을 기울이지 않았다.[93] 히틀러의 건축 취향과 미술 취향은 전통적이었고 반모더니즘적이었다. 그것은 19세기의 신고전주의와 사실주의에 단단히 뿌리 박고 있었다. 히틀러에게 건물은 어디까지나 표현이었다. 그가 부지런히 그렸던 스케치는 예외 없이 웅장한 건물을 담았다. 1850년대 말에 처음 건설된 신바로크 양식의 호프부르크 궁전, 고전주의 양식으로 지어진 의사당과 시청사, 위풍당당한 박물관들, 오페라극장, (특히 아돌프가 홀딱 반한) 부르크 황궁극장 같은 웅장한 건물로 이루어진 빈 중심부의 둥그런 링슈트라세 구역은 첫눈에 히틀러를 사로잡았다.[94] 아돌프는 권력과 위엄을 표현하는 건물이 개인에게 시각적으로 끼치는 영향에 매료된 채 링슈트라세의 건축사와 설계에 대해서 몇 시간 동안 쿠비체크 앞에서 떠들었다.[95]

고지식하고 감동을 잘 하는 쿠비체크는 히틀러가 도도하게 설교하면서 어떤 주제에 대해서, 특히 건축에 관한 해박한 지식을 자랑하면 여전히 벌린 입을 다물지 못했다. 히틀러는 늘 무언가를 연구하고 있었다고 한다.[96] 쿠비체크는 책이 없는 친구의 모습을 상상할 수 없었다면서 "책은 그 친구의 세계였다."고 말했다.[97] 히틀러는 주로 책으로 들어찬 상자 4개를 가지고 빈으로 왔다고 쿠비체크는 썼다.[98] 히틀러는 린츠에 있던 세 군데 도서관의 회원이었고 빈에서는 황실도서관을 자주 이용했다.[99] 슈툼퍼가세의 방에는 언제나 책이 수북이 쌓여 있었다.[100] 그럴지만 쿠비체크의 기억에 남은 것은 《신과 영웅의 전설 : 게르만 신화의 보고》라는 책뿐이다.[101] 2차 세계대전이 끝나고 나서 히틀러의 독서에 대해서 질문을 받았을 때 쿠비체크는 방에 두 권의 책이 여러 주 동안 있었고 여행 안내서도 한 권 있었다는 사실밖에 떠올리지 못했다.[102] 히틀러가 괴테, 실러, 단테, 헤르더, 입센, 쇼펜하우어, 니체 같은 기라성 같은 고전을 읽었다는 쿠비체크의 훗날 주장은 잘 새겨들어야 한다.[103] 《나의 투쟁》에서 언급되는 수많은 신문과는 별개로[104] 히틀러가 빈에서 무슨 책을 읽었는지는 몰라도 그것은 쿠비체크가 말하는 수준 높은 책들보다는 훨씬 격이 떨어지는 책이었을 가능성이 높다. 그렇다고 해서 자신도 나중에 그렇게 주장하지만 빈 시절에 책을 폭넓게 읽었다는 히틀러의 주장을 의심해야 할 이유가 딱히 있는 것도 아니다.[105] 실제로 제3제국이 무너지고 나서 히틀러의 누이 파울라는 오빠가 빈으로 간 1908년의 처음 몇 달 동안 당시만 하더라도 집과 연락이 끊기기 전이라서 이런저런 책을 읽어보라고 편지에서 추천해주기도 했고 《돈키호테》를 직접 부쳐주기까지 했다고 술회했다.[106] 하지만 그 무렵에 히틀러가 달려들었던 일이 다 그랬지만 히틀러의 독서는 체계가 없었다. 그리고 그 비상한 기억력에 담아 넣은 사실적 지식은 이미 갖고 있던 견해를 뒷받침하는 데 써먹었을 뿐이었다.

히틀러는 《나의 투쟁》에서 자신의 독서 습관을 이렇게 설명했다.

나는 굉장히 많이 '읽는' 사람들을 알지만 책을 그냥 책으로 받아들이고 글자를 그냥 글자로 받아들이는 이런 식의 책읽기를 '좋은 독서법'으로 보지 않는다. 그들에게 많은 '지식'이 있는 것은 사실이지만 그들의 두뇌는 자기들이 받아들인 재료를 조직하고 새기는 능력이 없다. 책 한 권 안에서 자기들한테 가치 있는 것을 무가치한 것으로부터 걸러내는 기술이 없다. …… 독서는 그 자체가 목적이 아니라 어디까지나 목적에 이르기 위한 수단이다. …… 바른 독서법을 아는 사람은 어떤 책이나 잡지, 팸플릿을 들여다보더라도 자기가 생각하는 목적에 부합하기 때문이든 전반적으로 알아 둘 만한 가치가 있기 때문이든 두고두고 기억해 둘 만한 내용을 본능적으로 족집게처럼 그 자

히틀러의 우상이었던 리하르트 바그너. 히틀러에게 바그너는 음악 이상이었다. 배신, 희생, 구원, 영웅적 죽음은 히틀러를 죽는 순간까지 사로잡은 바그너의 주제들이었다.

리에서 집어낸다. 이렇게 얻어낸 지식이 상상력을 통해서 이런저런 주제로 어떤 식으로든 만들어진 기존의 그림 안에서 제대로 조화를 이루면서 틀린 곳을 바로잡거나 빈 곳을 채우는 역할을 하면 그림이 더 정확하고 명쾌해진다. …… 아주 일찍부터 나는 올바르게 읽으려고 애썼는데 그 과정에서 고맙게도 내 기억력과 지능의 덕을 많이 보았다. 이렇게 보니까 나의 빈 시절은 아주 풍요롭고 값졌다.[107]

건축 말고도 히틀러가 푹 빠진 것은 린츠 시절부터 그랬지만 음악이었다. 특히 좋아한 음악가는 적어도 만년에는 베토벤, 브루크너(각별한 애정을 품었다), 리스트, 브람스였다. 요한 슈트라우스, 프란츠 레하르의 오페레타도 아주 좋아했다. 바그너는 물론 최고였다. 히틀러와 구스틀은 밤에는 주로 오페라를 관람했다.[108] 2크로네 하는 입석표를 사려면 몇 시간씩 줄을 서야 할 때가 많았다. 모차르트, 베토벤의 오페라와 베르디, 푸치니는 물론이요 도니체티, 로시니, 벨리니 같은 이탈리아 거장들의 오페라도 보았다. 하지만 히틀러에게는 오직 독일 음악만이 중요했다. 빈의 오페라극장을 꽉꽉 채운 관객들의 베르디와 푸치니 오페라에 대한 열정에 히틀러는 동감할 수가 없었다. 베르디의 오페라 〈리골레토〉에 나오는 아리아 '라 돈나 에 모빌레(여자의 마음)'를 거리의 악사가 손풍금으로 연주하는 것을 듣고 히틀러는 쿠비체크에게 말했다. "네가 좋아하는 베르디도 참 안됐다." 어떤 작곡가라도 저런 식으로 격이 떨어지는 연주자의 손으로 연주되는 걸 막을 수는 없다고 친구가 반박하자 히틀러는 이렇게 맞받았다. "〈로엔그린〉의 성배 이야기를 손풍금으로 연주하는 모습이 상상이 가니?"[109] 린츠에서도 그랬지만 아돌프의 바그너 숭배는 끝이 없었다. 이제 아돌프는 친구와 함께 유럽의 정상급 오페라 극장에서 바그너의 오페라를 모조리 볼 수 있었다.[110] 쿠비체크에 따르면 같이 생활한 얼마 안 되는 기간 동안 히틀러가 제일 좋아한 〈로엔그린〉을 두 사람은 10번이나 보았다.[111] "아돌프에게는 바그너의 2급 작품이 베르디의 1급 작품보다 100배는 뛰어났다." 쿠비체크는 생각이 달랐지만 히틀러한테는 안 통했다. 히틀러는 친구가 황실오페라극장으로 베르디 작품을 보러 갈 생각을 포기하고 그보다 격이 떨어지는 국민오페라관으로 바그너 공연을 보겠다고 따라나설 때까지 밀어붙였다. "바그너 공연이라면 아돌프는 절대로 물러서지 않았다."[112]

물론 세기말의 빈에서 바이로이트가 낳은 거장의 작품을 보러 우르르 극장으로 몰려든 바그너광은 히틀러 말고도 수두룩했다. 특히 젊은 세대에게 바그너는 "머리보다는 가슴이, 대중보다는 민족이, 늙고 굳은 것보다는 젊고 싱싱한 것의 저항이 옳다는 것을 입증한 사람"이었다.[113] 바그너 열풍은 이때 최고조에 이르렀다. 당시 누구보다도 인기 있는 작곡가로 단연 손꼽혔던 바그너의 오페라는 히틀러가 빈에서 지내는 동안 황실오페라극장에서만 자그만치 426차례나 공연되었다.[114] 쿠비체크를 포함해서 공연을 보러 온 관객의 다수는 독학에다 아마추어였고 독단적이었던 히틀러보다 바그너의 음악을 이해하고 해석하는 안목이 훨씬 높았다. 하지만 히틀러에게 바그너는 음악 이상이었다. 쿠비체크에 따르면 히틀러에게 "바그너를 듣는다는 것은 단순히 극장에 가는 것이 아니라 바그너의 음악이 자기 안에 만들어내는 그 특별한 상태, 그 황홀경, 신비스러운 꿈의 세계로 벗어나는 그 탈출의 기회를 뜻했다 ……."115) 히틀러도 한참 뒤에 이렇게 술회했다. "바그너를 들으면 꼭 지나간 세계의 리듬을 듣는 것만 같다."116) 그것은 게르만 신화의 세계, 위대한 드라마와 경이로운 장관의 세계, 신과 영웅의 세계, 거대한 투쟁과 구원의 세계, 승리의 세계, 죽음의 세계였다. 그것은 영웅이 리엔치, 탄호이저, 슈톨칭, 지크프리트처럼 낡은 질서에 반기를 든 아웃사이더로 나오는 세계, 또는 로엔그린과 파르치팔처럼 순결한 구원자로 나오는 세계였다.117) 배신, 희생, 구원, 영웅적 죽음은 1945년 자신의 체제가 무너져내리던 순간까지 히틀러를 사로잡은 바그너의 주제들이었다. 그것은 아웃사이더이자 혁명가였고 타협보다는 장렬한 패배를 선호하는 승부사였고 배척과 박해에 굴하지 않고 위대함에 이르는 온갖 난관을 이겨내면서 생존 논리에 급급한 부르주아 윤리에 고개를 숙이지 않고 기존 질서에 맞서는 도전자였던 천재 예술가의 장엄한 꿈이 만들어낸 세계였다.118) 슈툼퍼가세의 음침한 방에서 지내던 몽상가에다 중퇴자에다 실력을 인정받지 못하고 퇴짜를 맞은 예술의 천재가 바이로이트의 거장을 우상으로 받드는 것은 그리 놀랄 일이 아니었다.119) 보잘것없고 별 볼 일 없는 낙오자였던 히틀러는 바그너의 영웅처럼 살고 싶었다. 그는 새로운 바그너가 되고 싶었다. 철인왕, 천재, 발군의 예술가가 되고 싶었다. 미술아카데미에서 퇴짜를 맞고 나서 점점 정체성의 위기를 느끼던 히틀러에게120) 바그너는 자기도 그렇게 되기를 꿈꾸었지만 결코 흉내낼 수 없으리라는 것을 잘 알았던 예술의 거인, 미학의 승리와 예술의 우위를 온몸으로 구현한 사람이었다.121)

19살 독학자

젊은 히틀러와 쿠비체크의 기묘한 공존은 1908년 여름까지도 이어졌나. 그 몇 달 동안 친구를 제외하고 히틀러가 꾸준히 얼굴을 보았던 유일한 사람은 집주인 차크레이스 부인뿐이었다. 쿠비체크와 히틀러는 같이 아는 사람도 없었다. 히틀러는 구스틀과의 우정을 독점하려고 했다. 구스틀이 다른 친구와 사귀는 것을 용납하지 않았다.[122] 어느 날 구스틀이 자기가 음악을 가르치던 여학생을 방으로 데리고 오자 히틀러는 여자친구인 줄 알고 흥분을 감추지 못했다. 화음을 가르치려 했을 뿐이라고 쿠비체크가 해명을 했지만 히틀러는 여자가 공부는 무슨 공부냐면서 오히려 더 역정을 냈다.[123] 히틀러는 여자를 깔보는 사람이었다고 쿠비체크는 확신했다.[124] 오페라를 관람할 때 입석표는 남자만 살 수 있는 것을 히틀러는 다행스러워했다고 한다.[125] 린츠 시절에 멀리서 흠모했던 슈테파니 말고 히틀러는 린츠에서도 빈에서도 몇 년 동안 어떤 여자와도 사귄 적이 없다고 쿠비체크는 증언한다.[126] 빈에서 계속 지내는 동안에도 히틀러의 이런 모습은 달라지지 않았다. 독신자 합숙소에서 지내던 시절에도 여자 이야기는 전혀 없다. 동료들 사이에서 여자가 화제에 오르면 보나마나 자기가 전에 사귀던 애인 이야기, 같이 잤던 여자 이야기를 너도나도 했겠지만 히틀러가 할 수 있는 이야기라고는 자기의 '첫사랑'이었지만 "내가 이야기를 안 했기 때문에 본인은 까맣게 그걸 모르는" 슈테파니를 막연하게 암시하는 것뿐이었다. 라인홀트 하니슈가 받은 인상으로는 "히틀러는 여성을 존중하는 마음이 아주 약하지만 남녀 관계에 대해서는 굉장히 엄격하게 생각했다. 남자는 마음만 먹으면 아주 도덕적으로 살아갈 수 있다고 입버릇처럼 말했다."[127] 이것은 쇠네러의 범게르만주의가 퍼뜨린 도덕률과 일맥상통한다. 그 도덕률은 25세까지는 순결을 지키는 것이 건강에도 좋고 의지력을 키우는 데도 도움이 되고 육체적으로도 정신적으로도 큰일을 할 수 있는 발판이 된다고 가르쳤다. 올바른 식생활에 대해서도 조언을 했다. 육식과 음주는 성욕을 자극하기 때문에 피해야 했다. 그리고 독일 민족의 강인함과 순수함을 유지하려면 '열등한' 민족을 고객으로 거느린 매춘부와 어울리는 데서 오는 감염의 위험과 도덕적 타락도 피할 수 있어야 한다.[128] 히틀러의 금욕적 생활 방식과 점잔을 떠는 도덕관을 정당화하기에 충분한 이념이었다. 아무튼 쿠비체크와 갈라서고 나서도 분명한 것은 히틀러가

여자들에게는 '좋은 신랑감'이 못 되었다는 사실이었다.[129]

그러니까 스물네 살의 나이로 빈을 떠날 무렵 히틀러는 성 경험이 전혀 없었다고 거의 단언해도 좋다. 공식적으로는 엄격한 도덕률을 고수했지만 오히려 그래서 젊은 남자는 집창촌을 찾아가는 것을 자연스럽게 여겼고 성을 누릴 수 있는 길이 많았던 빈 같은 도시에서 그 나이가 되도록 동정을 지켰다는 것은 참으로 보기 드문 일이었다.[130] 어쩌면 히틀러는 여자를 두려워했는지도 모른다. 히틀러가 두려워한 것은 여자의 성(性)이었을 것이다. 하니슈에 따르면 히틀러는 아직 학교를 그만두기 전에 우유 배달부 처녀를 잠시 만났는데 여자가 적극적으로 나오니까 도망가다가 우유통을 뒤엎으면서 다시는 얼굴을 안 보게 되었다는 이야기를 해주었다고 한다.[131] 훗날 히틀러는 자기가 생각하는 이상형은 "귀엽고 깜찍하고 순진무구하고 부드럽고 상냥하고 맹한" 여자라고 밝혔다.[132] 여자는 "약골한테 군림하기보다는 강한 남자한테 고개를 숙일 것"[133]이라고 히틀러가 장담한 것은 자신의 성적 콤플렉스와 무관하지 않을 것이다.

쿠비체크는 히틀러가 성적으로 정상이었다고 단언했다(그렇지만 그의 설명만으로는 어떻게 그런 사실을 알 수 있는지 알기 어렵다).[134] 한참 뒤에 히틀러의 몸을 꼼꼼하게 진단한 의사들도 같은 의견이었다.[135] 생물학적으로는 아마 정상이었을 것이다.[136] 고환 한쪽이 없는 데서 비롯된 성적 비정상이 히틀러의 성격 장애의 근본 원인이라는 주장은 심리적 추정과 베를린에서 불에 탄 히틀러의 시신을 소련 쪽에서 부검하고 나서 내놓은 석연치 않은 증거에 기대고 있다.[137] 빈 시절에 유대인의 피가 절반 섞인 남자와 약혼을 한 모델을 강간하려는 충동을 거듭 느꼈다는 소리나 사창가를 드나들었다는 소리도 한 사람의 입에서만 나온 신빙성도 없고 근거도 없는 말이다.[138] 그렇지만 쿠비체크의 증언과 《나의 투쟁》에서 쓴 표현을 종합하면 적어도 히틀러가 성 의식의 성장에서 상당한 혼란과 억압을 느꼈다는 사실을 알 수 있다.

쇠네러의 원칙에서도 영향을 받았지만 히틀러가 성에 유독 예민한 반응을 보인 것은 히틀러가 살았던 당시에 빈의 중산층이 겉으로 내세웠던 도덕의 기준과 어느 정도는 들어맞았다. 이런 도덕률은 클림트의 외설적 그림과 슈니츨러의 문학에서 도전을 받았다.[139] 하지만 부르주아의 견고한 청교도주의는 악덕과 매춘이 들끓는 도시의 구린 모습을 가려주는 얇은 가리개의 역할을 톡톡히 하면서 영향력을 떨쳤다.[140] 여자는 발목조차 함부로 드러내면 안 되는 것을 체통으로 알던 시절에 쿠비체크의 방을 구하러 돌아다니다가 주인 여자가 실크로 된 실내복을 은근슬쩍 내려서 속옷을 훤히 드러냈을 때 히틀러가 얼마나 당황을 했으면 친구와 함께 허겁지겁 내뺐는지 이해가 갈 법도 하다.[141] 하지만 히틀러의 경계심은 도를 넘어섰다. 쿠비체크의 설명에 따르자면 그것은 성행위에 대한 깊은 혐오감 내지는 반감과 맞닿아 있었다.[142] 히틀러는 여자들과 접촉하는 것을 피했다. 오페라 같은 데 가면 하도 다른 사람들과 달라 보여서 젊은 여자들이 호기심 반 재미 반으로 추파를 던지기도 했지만 히틀러는 쌀쌀맞게 대했다.[143] 히틀러는 동성애라면 기겁을 했다.[144] 자위도 질색이었다.[145] 매음은 두려움의 대상이자 매혹의 대상이었다. 매음 하면 히틀러는 무서운 성병을 떠올렸다.[146] 한번은 저녁에 청소년의 성 문제를 다룬 프랑크 베데킨트*의 〈사춘기〉라는 연극을 보고 나서 히틀러는 자기 말로는 '죄악의 소굴'인 홍등가를 두 눈으로 직접 봐야겠다면서 느닷없이 쿠비체크를 끌고 슈피텔베르크가세로 갔다. 불이 밝혀진 창들이 이어졌고 그 안에서 벌거벗다시피 한 여자들이 자기 몸을 광고하면서 손님을 유혹하는 집창촌을 한 번도 아니고 두 번이나 친구와 함께 갔다. 아돌프의 관음증은 매춘의 해악에 대해서 쿠비체크에게 들려준 일장 연설을 통해 중산층의 자기 독선으로 가려졌다.[147] 훗날 《나의 투쟁》에서 히틀러는 빈에서 흔히 볼 수 있었던 반유대주의 정서에 편승하면서 유대인을 매춘과 연결했다.[148] 1908년에 벌써 히틀러의 마음속에 그런 연결 고리가 자리 잡았는지는 몰라도 쿠비체크는 그런 사실을 기억하지 못했다.

....

베데킨트(Frank Wedekind, 1864~1918) 표현주의 문학의 선구자로 간주되는 독일 극작가.

성이라면 질색을 하는 것처럼 보였지만 그러면서도 히틀러는 분명히 성에 매혹당했다.[149] 쿠비체크의 술회에 따르면 히틀러는 밤늦도록 성 문제를 놓고 토론을 하면서 자신의 거창한 표현을 빌리자면 '생명의 불꽃'을 지키려면 순결을 잃지 말아야 한다고 강조했다. 두 사람에게 식사를 대접한 사업가를 잠깐 만나본 다음에는 고지식한 친구에게 동성애에 대해서 일장 훈시를 했고 매춘과 도덕적 타락을 개탄했다.[150] 히틀러가 성 의식에서 불안한 모습을 보이고 물리적 접촉을 기피하고[151] 여자를 두려워하고 참다운 우정을 좀처럼 맺지 못하고 인간 관계가 삭막했던 것은 어린 시절의 복잡한 집안 사정과 무관하지 않을 것이다. 하지만 이 것을 설명하려고 해도 어쩔 수 없이 추측에 머무를 수밖에 없다.[152] 히틀러가 성도착자였다는 뒷날의 소문도 마찬가지로 근거가 의심스럽다. 성적 억압이 나중에는 추잡한 가학·피학 성욕으로 발전했다는 숱한 억측도 어디까지나 낭설과 뜬소문과 추정과 암시의 잡탕에 지나지 않으며 히틀러의 정적들은 그것을 그럴싸하게 포장하기 일쑤였다.[153] 설령 히틀러가 속으로는 정말로 추잡한 성도착자였다고 하더라도 복잡하고 세련된 독일이라는 나라가 1933년 이후로 어떻게 그렇게 단숨에 인류을 짓밟게 되었는지를 설명하는 데 그런 사실이 과연 얼마나 도움이 될지는 미심쩍다.

히틀러는 빈에서 보낸 세월을 어렵고 쪼들리고 굶주리고 찌들었던 시절로 묘사한다.[154] 1908년 슈툼퍼가세에서 몇 달 동안 히틀러가 어떻게 살았는지를 생각하면 이런 표현은 과장이 아닐 수 없다(그렇지만 1909년 가을과 겨울부터 이듬해 초까지 히틀러가 이런 말이 무색하지 않게 어렵게 산 것은 사실이다). "나한테 지급된 고아 연금만으로는 먹고 살기가 어려워서 어떻게든 살 길을 찾아나서야 했다."는 《나의 투쟁》에 나오는 구절은 더욱 오해를 낳을 수 있다.[155] 앞에서도 보았지만 이모한테 받은 돈과 어머니에게 물려받은 유산, 다달이 들어오는 고아 연금을 모두 더하면 젊은 교사의 봉급에 버금가는 수입이 되었으므로 적어도 1년 이상은 얼마든지 걱정 없이 살아갈 수 있었을 것이다.[156] 저녁에 오페라를 보러 쫙 빼입고 나갈 때는 궁상맞은 모습은 전혀 찾아볼 수가 없었다. 1908

년 2월 베스트반호프 역에서 쿠비체크가 친구와 재회했을 때 젊은 히틀러는 거무스름한 고급 외투에 거무스름한 모자를 쓰고 있었다. 린츠에서 쓰던 상아 손잡이가 달린 지팡이까지 들고 있으니까 "귀티마저 흘렀다."[157] 일로 말할 것 같으면 앞서도 살펴본 대로 히틀러는 1908년의 처음 몇 달 동안은 생계에 보탬이 되는 일은 아무것도 하지 않았다. 그렇다고 앞으로 일을 갖기 위해 제대로 된 직업 훈련을 받겠다고 나선 것도 아니었다.

쿠비체크와 함께 지내는 동안 그런 대로 들어오는 고정 수입이 있었지만 히틀러는 돈을 흥청망청 쓰는 법이 없었다. 남들이 부러워하는 삶과는 거리가 멀었다. 슈툼퍼가세가 있던 빈 제6구는 베스트반호프 역에서는 가까웠지만 주거 지역으로는 썩 매력 있는 곳은 아니었다. 음산하고 우중충한 거리와 지저분한 영세민 아파트 단지는 칙칙한 부지 일대를 에워싼 연기와 그을음에 덮여 있었다. 쿠비체크만 하더라도 빈에 도착한 다음날로 방을 구하러 다니다가 세입자를 들이겠다고 내놓은 방을 들여다보고 기겁을 한 적이 있었다.[158] 쿠비체크가 아돌프와 같이 쓴 방은 등유 냄새가 가실 날이 없고 눅눅한 벽에서 석회 부스러기가 떨어지고 침대와 가구는 벌레가 먹은 형편없는 방이었다.[159] 생활은 검소했다. 먹고 마시는 데는 돈을 아꼈다. 당시 아돌프는 채식주의자는 아니었지만 먹는 음식은 대개 빵과 버터, 달착지근한 밀가루 푸딩이었고 오후에는 케이크 한 조각으로 때우고 넘어갈 때가 많았다. 음식을 아예 안 먹을 때도 종종 있었다. 구스틀의 어머니가 두 주일에 한 번씩 음식 보따리를 보냈는데 그때가 잔칫날이었다.[160] 아돌프는 우유를 꼬박꼬박 마셨고 어쩌다가 과일 주스도 마셨지만 술은 한 방울도 입에 대지 않았다.[161] 담배도 피우지 않았다.[162] 유일한 사치는 오페라였다. 거의 하루도 빠지지 않고 오페라와 연주회를 보러 가서 얼마나 썼는지는 그저 어림짐작만 할 뿐이다. 그렇지만 입석도 2크로네였으니까[163] (히틀러는 음악보다는 사교 생활에 관심이 많은 젊은 장교는 20분의 1밖에 안 되는 10헬러만 내도 공연을 볼 수 있다는 사실에 격분했다.[164]) 여러 달 동안 쉼없이 드나들다 보면 웬만큼 모아놓은 돈이 있었더라도 나가는 돈을 무시하지 못했을 것이다.[165] 30년 뒤에 히틀러는 이렇게 술회했다. "빈에서 지낼 때 나는 너무 가난했기 때문에 정말 좋은 공연이 아니면 보지 않았다. 그러다 보니 그때 벌써 〈트리스탄과 이졸데〉를 삼사십 번이나 그것도 최상의 극단이 공연하는 것으로 보았다."[166] 1908년 여름께가 되면 물려받은 돈도 많이 축났을 것이다. 그렇지만 아직도 모아놓은 돈이 조금은 남아 있었을 것이고 쿠비체크가 보기에 아돌프의 유일한 수입이었던 고아 연금도 들어왔기 때문에[167] 1년은 더 버틸 수 있었을 것이다.[168]

친구와 함께 보냈던 빈 생활은 그 해 여름이 되면 쿠비체크도 모르는 사이에 끝나 가고 있었다. 1908년 7월 초 구스틀은 음악원 시험을 무사히 마쳤고 학기는 끝났다. 가을까지 부모님과 같이 지내려고 린츠로 돌아갔다. 차크레이스 부인한테는 방을 유지하는 조건으로 방세를 매달 부쳐주기로 했다. 아돌프는 방을 혼자서 쓰면 너무 적적하다면서 역까지 나와주었다.[169] 두 사람은 1938년 독일이 오스트리아를 합병할 때 비로소 다시 만난다.[170] 아돌프는 여름 동안 구스틀에게 엽서를 여러 통 보냈다. 별로 내키지는 않았지만 가족 옆에서 잠시 지내러 간 발트피어텔에서 보낸 엽서도 한 통 있었다.[171] 이때를 마지막으로 친척들과도 오랫동안 떨어져 지낸다.[172] 쿠비체크는 가을에 친구를 다시 못 보게 될 줄은 꿈에도 몰랐다. 하지만 11월에 베스트반호프 역으로 돌아왔을 때 히틀러는 어디에도 보이지 않았다. 늦여름 아니면 가을의 어느 즈음 슈툼퍼가세를 떠났다. 히틀러는 차크레이스 부인에게도 연락처를 남기지 않고 훌쩍 떠났다고 했다.[173] 11월 18일 히틀러는 베스트반호프 역에서 그리 멀지 않은 펠버슈트라세 22번지의 새 하숙집 16호실에 사는 '학생'으로 경찰에 신고했다. 그 방은 전에 살았던 방보다 좀 더 시원했다. 아마 월세도 그만큼 비쌌을 것이다.[174]

도대체 왜 히틀러는 쿠비체크에게 아무런 연락도 하지 않고 훌쩍 떠난 것일까? 가장 개연성이 높은 설명은 히틀러가 1908년 10월 미술아카데미에서 다시 퇴짜를 맞았다는 것이다. 이번에는 시험 볼 기회조차 얻지 못했다.[175] 다시 응시한다는 소리는 아마 쿠비체크에게도 하지 않았을 것이다. 히틀러는 모르긴 몰라도 재응시의 기회가 있다는 사실을 뻔히 알면서 한 해를 지냈을 것이고 이번에는 실패하지 않을 것이라고 굳게 믿었을 것이다. 화가가 되겠다는 꿈은 이제 물거품이 되었다. 실패에 실패를 거듭한 몸으로 친구의 얼굴을 다시 볼 수가 없었다.[176]

군데군데 오류도 많지만 쿠비체크의 회상은 훗날 당수와 독재자의 모습에서 찾아볼 수 있는 젊은 히틀러의 개성을 그런 대로 보여준다.[177] 게으른 생활 속에서도 환상에 유난히 집착하고 거기에 열과 성을 쏟던 모습, 잡다한 관심사, 현실 감각과 균형 감각 결여, 독학자 특유의 고집, 자기 본위, 포용성 부족, 화를 잘 내고 성질을 부리는 모습, 위대한 예술가의 앞길을 가로막는 것에는 무조건 악담을 퍼붓는 기질, 이 모든 것을 쿠비체크가 그린 열아홉 살 난 히틀러의 모습에서 찾아볼 수 있다. 빈에서 맛본 실패는 히틀러를 주변 세상과 차츰 불화를 빚는 욕구 불만과 분노에 찬 젊은이로 바꾸어놓았다. 그렇지만 그는 아직 1919년 이후로 명확히 나타나는 히틀러는 아니었다. 히틀러의 정치관은 《나의 투쟁》에 와서야 비로소 온전한 틀을 갖춘다.

쿠비체크는 정치보다는 문화와 예술 쪽에 더 흥미가 있었겠지만 아무튼 히틀러의 정치적 성장 과정을 자기 손으로 회상하는 글을 쓸 무렵에는 《나의 투쟁》을 벌써 읽었다. 군데군데 히틀러가 빈에서 경험했다고 토로한 '정치적 각성'을 강하게 연상시키는 대목도 있다. 그래서 쿠비체크의 회상은 믿음이 안 가고 신뢰성도 떨어진다. 특히 히틀러가 그 당시에 전쟁에 반대하는 반전주의자였다고 주장하는 대목에서는 더 그렇다.[178] 하지만 히틀러가 서서히 정치에 눈뜨게 되었다는 사실을 굳이 의심해야 할 이유도 없다. (쿠비체크와 함께 의회에 가보았을 때)[179] 의회에서 다국어가 통용되는 것을 보고 개탄한 것, 뜨거운 독일 민족주의, 다민족으로 이루어진 합스부르크 국가에 대한 강한 적개심, '빈 거리를 활보하는 다양한 인종'에 대한 혐오감,[180] '독일 문화의 유서 깊은 거점을 잠식하기 시작한 이민족들의 유입',[181] 이 모든 것은 린츠에서 처음 히틀러가 받아들였던 내용이 강조되고 내면에서 과격해진 것에 불과했다.[182] 《나의 투쟁》에는 이 내용이 고스란히 담겨 있다.[183] 빈에서 처음 몇 달을 보내면서 한 경험은 이런 생각을 굳혔고 더욱 예민하게 만들었

다. 그렇지만 히틀러 스스로 밝혔지만 유대인에 대한 생각이 가다듬어
지기까지는 빈에서도 2년이라는 세월이 걸렸다.[184] 히틀러의 '세계관'
이 빈에서 자기와 함께 지내는 동안 만들어졌다는 쿠비체크의 주장은
과장이다.[185] 히틀러의 포괄적인 '세계관'은 아직 만들어지지 않았다.
히틀러 세계관의 바탕이라 할 수 있는 유대인에 대한 병적 혐오감은 아
직 나타나지 않았다.

실패한 예술가

펠버슈트라세에서 지낸 아홉 달 동안 히틀러의 행적을 증언하는 사람
은 아무도 없다.[186] 마리 링케라는 젊은 여자가 나중에 히틀러가 살았
던 동에서 여러 번 이야기를 나눈 적이 있다면서 그 또래의 다른 젊은이
들과는 구별되는 차분한 언행에서 호감을 느꼈다고 술회했다.[187] 이것
말고는 이 무렵에 히틀러가 빈에서 어떻게 살아갔는지는 안개에 싸여
있다. 그런데도 히틀러가 반유대주의에 집착하게 된 것이 바로 이때부
터라는 설이 당연한 것처럼 받아들여질 때가 많았다.[188]

펠버슈트라세에서 히틀러가 살았던 곳 부근에는 담배와 신문을 파는
간이 매점이 있었다. 신문과 잡지는 카페에 비치된 것도 열심히 탐독했
지만 나머지는 모두 거기서 샀을 것이다. 저속한 싸구려 잡지는 수없이
나돌았지만 그중에서 히틀러가 정확히 어떤 잡지를 읽었는지는 잘 모른
다. 인종주의를 부추기는 〈오스타라〉라는 잡지는 아마 읽었을 것이
다.[189] 1905년부터 선을 보인 이 잡지는 한때 시토 수도회의 수사였으
며 아주 남다르고 비뚤어진 상상력을 지닌 외르크 란츠 폰 리벤팔스(그
의 실명은 아돌프 란츠라는 평범한 이름이었다)라는 기인이 만들었다.[190]
그는 나중에 린츠와 빈 사이의 낭만적인 도나우 강변에 자리 잡은 부르
크 베르펜슈타인이라는 허물어진 성에서 '새 성당기사단'이라는 수도회
를 스스로 세웠다(훗날 나치의 표장으로 쓰이는 하켄크로이츠를 비롯해서 이
수도회에는 알쏭달쏭한 상징과 기호가 수두룩했다).

란츠는 왕성한 집필 활동을 통해 궁극적으로는 세계를 지배할 아리아-게르만 인종의 우수성을 철석같이 믿는 광신도들 사이에서 스승처럼 떠받들어졌던 구이도 폰 리스트('폰von'은 '아리아 지배층'의 일원임을 나타내려고 덧붙였다)의 이념 노선을 그대로 따랐다. 하켄크로이츠(갈고리십자가)는 고대 힌두교에서 해를 가리켰는데 리스트는 이것을 '무적'이며 '천하 강자'인 게르만 영웅의 상징으로 받아들여서 널리 퍼뜨렸다.[191] 히틀러가 리스트의 생각을 잘 알았으리라는 것은 확실하다.[192] 쇠네러를 열렬히 추종했던 란츠는[193] 거의 불가능한 일을 도모하면서 리스트의 우스꽝스러운 생각을 한 걸음 더 밀고 나간 것이다.

란츠와 추종자들은 영웅적이며 창조적인 '백인' 인종이 인류와 그 문화를 더럽히고 무너뜨리는 짐승 같은 욕정과 천박한 본능으로 '백인' 여성을 호시탐탐 노리면서 약탈을 일삼는 거무스름한 '짐승 인간'과 선악의 투쟁을 벌이고 있다고 하나같이 굳게 믿었다. 〈오스타라〉에서 란츠는 현대 사회의 해악을 극복하고 '백인종'의 지배를 되살리려면 인종 투쟁을 통해 인종의 순수성을 지켜야 한다는 처방을 내놓았다. 그러자면 노예제도 받아들이고 강제 단종도 실시하고 열등한 인종을 박멸하고 세상을 오염시키는 사회주의, 민주주의, 여성주의를 박살내고 아리아 여성을 남편에게 완전히 복종시켜야 한다고 주장했다.[194] "만국의 파란 눈을 가진 백인이여, 단결하라"라는 신조와 다르지 않았다.[195] 사실 란츠 일파가 품었던 여성 혐오, 정신 나간 인종주의 같은 망상과 2차 세계대전 당시에 나치 친위대가 실천에 옮겼던 인종 선별 계획은 일맥 상통한다. 그렇지만 '히틀러에게 사상을 심어준 사람'[196]으로서 역사적으로 독보적인 인간이 바로 자기라는 란츠의 주장은 신빙성이 없다.

히틀러가 〈오스타라〉를 읽었고 거기서 어느 정도는 영향을 받았으리라고 흔히들 넘겨짚는다.[197] 《나의 투쟁》에서 히틀러는 반유대주의로 '전향'한 것에 대해서 쓰면서 날짜는 밝히지 않았지만 반유대주의에 대한 글을 읽기 시작했다고 술회했다.

푼돈을 주고 평생 처음으로 반유대주의 책자들을 샀다. 아쉽게도 하나같이 독자가 유대인 문제에 대해 어느 정도는 안다고 전제하고 들어갔다. 글을 읽으면서 자꾸만 의구심이 들었는데 그것은 주제를 다루는 방식이 워낙 따분하고 너무나 비과학적이었다는 사실과 무관하지 않았다.

한번 원상태로 돌아가면 몇 주는 갔다. 심지어는 몇 달을 간 적도 있었다.

하나부터 열까지 터무니가 없었고 너무나 얼토당토않은 비난이라서 나는 이러다가 못할 짓을 하는 게 아닌가 싶어서 다시 예전처럼 속만 끓이고 확실하게 아는 것이 없는 상태로 돌아갔다.[198]

히틀러는 여기서 어떤 책자를 읽었는지 구체적으로 밝히지는 않았지만 한 편이 아니라 여러 편을 읽었다는 사실을 문맥에서 알 수 있다. 〈오스타라〉 때문에 '유대인 문제'로 그렇게 깊은 관심을 쏟게 되었는지는 의심스럽다. 〈오스타라〉는 사실은 반유대주의보다는 인종론 쪽에 훨씬 큰 무게를 두었기 때문에 반유대주의의 역할은 부차적이었다.[199] 히틀러가 〈오스타라〉를 잘 알았다는 증거로 제시되는 것은 전후에 란츠가 한 인터뷰에서 1909년 히틀러가 펠버슈트라세에 살던 시절에 자기를 찾아와서 과월호를 구할 수 있는지 물었던 적이 있었다고 주장한 내용이다. 란츠에 따르면 히틀러의 몰골이 워낙 말이 아니라서 공짜로 과월호를 주고 차비나 하라고 2크로네까지 찔러 넣어주었다.[200] 뮌헨 한 바닥에서도 히틀러가 유명 인사가 되는 것은 그로부터 10년은 족히 지나서의 일인데 어떻게 그 젊은이가 히틀러인 줄 알았느냐는 질문을, 란츠는 그렇게 해후를 했다는 시점에서 40년이 지나서 가졌던 인터뷰에서 한 번도 받지 않았다.[201] 히틀러가 〈오스타라〉를 읽었다는 또 다른 증언은 히틀러의 빈 시절에 대한 '추억'을 일부 날조한 저술가 요제프 그라이너가 전후에 한 인터뷰에서 나왔다. 그라이너는 자기가 쓴 책에서는 〈오스타라〉를 거명하지 않다가 1950년대 중반에 그것에 대해 질문을 받고서야 히틀러가 1910년부터 1913년까지 독신자 합숙소에서 지내는 동안 〈오스타라〉 잡지를 수북이 쌓아놓았고 그릴이라는 전직 가톨릭 신부(그라이너가 쓴 책에는 전혀 등장하지 않았던)와 격론을 벌이면서 란츠의 인종론을 열심히 옹호했던 사실을 '기억해냈다.'[202] 세 번째 증인은 엘자 슈미트-팔크스라는 전직 나치 하위 당원인데 그녀는 동성애를 언급하는 대목에서 히틀러가 란츠를 거론했고 〈오스타라〉는 란츠의 책에 대한 판금 조치와 관련해서 들었다고만 밝혔다(란츠의 책이 판금되었다는 증거는 사실은 없다).[203]

히틀러는 십중팔구 〈오스타라〉를 빈의 가판대에서 팔리던 인종주의를 부추기는 싸구려 잡지들과 함께 읽었을 것이다. 그렇지만 장담은 못한다.[204] 그리고 설령 그것을 읽었다 하더라도 히틀러가 그 내용을 얼마나 믿었는지는 알 길이 없다. 1차 세계대전이 끝나고 얼마 안 지나서 히틀러가 처음으로 반유대주의에 대해서 한 발언이 남아 있는데 거기서는 란츠의 불투명한 인종론의 냄새를 전혀 맡을 수가 없다.[205] 나중에 히틀러는 극단적 게르만 숭배주의와 민족주의적 분파를 자주 비웃었다.[206] 엘자 슈미트-팔크스의 석연치 않은 증언을 일단 접어 두면 히틀러는 란츠의 실명을 거론한 것 같지는 않다. 나치 정권의 입장에서 보자면 오스트리아의 별난 엽기적 인종주의자는 칭찬은커녕 '음침한 이론으로 인종 사상을 오도하는' 세력으로 지탄을 받아야 마땅했다.[207]

1909년 8월 중순 모아놓은 돈이 거의 바닥이 나서 어쩔 수 없이 펠버슈트라세를 떠나 부근의 젝스하우저슈트라세 58번지에 있던 더 누추한 숙소로 잠시 옮겨 가야 했을 때 히틀러는 분명히 란츠 폰 리벤팔스의 추종자는 아니었다.[208] 쇠네러의 지지자로서 이미 반유대주의로 기운 것은 사실이었지만 아직은 인종론에 바탕을 둔 반유대주의 원리로 이 세상의 모든 악을 설명한 것도 아니었다.

히틀러는 젝스하우저슈트라세에 한 달도 채 안 있었다. 1909년 9월 16일 경찰에 신고서를 제출해야 한다는 규정도 어기고 연락처도 남기지 않고 히틀러는 훌쩍 떠났다. 아마 월세도 못 냈을 것이다.[209] 그 다음 몇 달 동안 히틀러는 가난이 무엇인지를 깨달았다. 1909년 가을을 나중에 회상하면서 '끝없는 시련의 나날'이었다고 쓴 것은 과장이 아니었다.[210] 모아놓은 돈도 다 사라졌다. 빈으로 매달 25크로네씩 고아 연금을 부쳐줄 수 있도록 보호자에게는 연락처를 남겼을 것이다. 하지만 그 돈으로는 목숨을 부지하기도 힘들었다.[211] 1909년의 차갑고 축축한 가을을 히틀러는 날씨가 견딜 만할 때까지는 노숙을 하면서 버텼고 정 견디기 힘들 때는 아마 싸구려 여인숙을 찾았을 것이다.[212] 얼마 뒤에 히틀러를 알게 되는 라인홀트 하니슈는 카이저슈트라세의 싸구려 식당 에서 히틀러가 잤다고 말했다.[213] 또 11월에는 히틀러가 시몬-뎅크-가 세 11번지에서 한동안 머물렀다는 말도 있었는데 그럴 가능성은 희박 하다. 하숙비를 꼬박꼬박 낼 만한 돈이 있었을 리도 만무하거니와 그 당 시에 히틀러는 중산층이 많이 사는 빈 남쪽 구역에서 주로 지냈는데 그 주소는 거기서 한참 떨어진 곳이었다. 히틀러가 거기서 살았다는 것을 보여주는 관공서의 기록도 남아 있지 않다.[214]

히틀러는 이제 밑바닥까지 내려갔다. 1909년 크리스마스를 몇 주인 가 남겨 두고 너무 걸어다녀서 부르튼 발로 이가 득시글거리는 남루한 옷을 질질 끌면서 깡마른 히틀러는 오갈 데 없는 사람들 대열에 끼어 쉔 브룬 궁전에서 그리 멀지 않은 마이들링에 막 들어선 노숙자를 위한 대 규모 숙소를 찾아갔다.[215] 프롤레타리아에 합류하는 것을 그렇게도 두 려워했던 프티부르주아의 사회적 몰락은 이렇게 해서 완료되었다.[216] 천재 화가를 꿈꾸던 스무 살 청년은 걸인과 주정뱅이 같은 밑바닥 인생 의 일원이 되었다.

히틀러가 라인홀트 하니슈를 만난 것은 이 무렵이었다. 하니슈의 증 언은 액면 그대로 받아들이기 어려울 때가 있긴 하지만 그래도 히틀러 가 그 다음에 빈에서 어떻게 살았는지를 알려면 거기에 기댈 수밖에 없 다.[217] '프리츠 발터'라는 가명으로 살아가던 하니슈는 원래 체코의 주 데텐란트 출신이며 자질구레한 경범죄를 여러 번 저지른 것으로 경찰에 기록이 남아 있는 인물이었다. 자기는 제도공이라고 했지만 실은 머슴 으로, 막노동꾼으로 품을 팔면서 독일 전역을 떠돌아다니다가 베를린에 서 빈까지 흘러 들어왔다.[218] 하니슈는 어느 가을날 늦은 저녁에 발은 부르트고 해어질 대로 해어진 파란 체크 무늬 양복을 입고 허기와 피로 에 지친 처량한 몰골로 숙소에 나타난 히틀러를 보고 빵을 나누어 먹으 면서 독일에 열광하던 청년에게 베를린 이야기를 들려주었다.[219] 그 숙 소는 단기 투숙자만 받았고 그것도 밤에만 재워주었다. 목욕이나 샤워

를 할 수 있었고 옷도 소독할 수 있었으며 수프와 빵, 침상이 제공되었
다. 하지만 투숙자들은 낮에는 밖으로 나가서 알아서 지내야 했다. 히틀
러는 아침이면 풀이 팍 죽은 처량한 모습으로 다른 부랑자 틈에 섞여서
수녀들이 퍼주는 수프를 얻어 먹으러 부근의 굼펜도르퍼슈트라세에 있
던 수녀원으로 갔다. 그러지 않으면 시에서 운영하는 난방실로 가서 몸
을 녹이거나 날품이라도 팔려고 했다. 하니슈를 따라가서 삽으로 눈을
치우는 일도 해보았지만 외투가 없었던 히틀러는 오래 버틸 수가 없었
다.[220] 베스트반호프 역에서 탑승객들의 가방을 날라주는 일도 해보았
지만 행색이 말이 아니었으므로 손님을 많이 끌지는 못했을 것이다.[221]
빈에서 사는 동안 히틀러가 그것 말고 다른 막일을 한 것 같지는 않다.
모아놓은 돈이 있는 동안 히틀러는 일은 안중에도 없었다.[222] 정말로
돈이 아쉬워서 일을 해야 할 때는 몸이 따라주지 않았다.[223] 히틀러의
'동업자'였던 하니슈도 그림을 팔아서 근근이 입에 풀칠을 해 나가면서
도 게으름에서 벗어나지 못하는 히틀러에게 나중에는 역정을 냈다.[224]
히틀러는《나의 투쟁》에서 공사판에서 막노동을 하면서 혹사를 당하다
가 노동 운동과 마르크스주의에 눈을 떴다고 밝혔지만 그것은 십중팔구
가짜다.[225] 하니슈는 당시에 히틀러의 입에서 그런 소리를 들은 적이
없었고 나중에도 그런 소리를 곧이듣지 않았다.[226] 그 전설은 그 무렵
빈에 팽배했던 반사회주의 선동에 기대어 살아남았을 가능성이 높
다.[227]

　하니슈는 시간이 흐르면서 막노동보다 더 나은 돈벌이를 생각해냈다.
히틀러가 살아온 이야기를 했더니 하니슈는 학자금 때문이라는 핑계를
대서라도 집에다 돈을 좀 부쳐 달라고 부탁하라고 히틀러를 들쑤셨다.
얼마 뒤에 50크로네라는 많다면 많은 돈이 들어왔다. 보나마나 요한나
이모가 보내주었을 것이다.[228] 이 돈으로 정부에서 운영하는 전당포에
서 외투를 사 입을 수 있었다.[229] 이 긴 외투에 기름 때가 묻은 중절모
를 쓰고 유목민이 신을 법한 두툼한 신발을 신고 머리는 덥수룩하게 기
르고 뺨에는 거무스름한 잔털이 난 히틀러의 외모는 같은 부랑자들 사
이에서도 눈에 확 띄었다. 사람들은 남아프리카에서 영국에 맞서 싸운

보어인 지도자와 비슷하게 생겼다고 해서 히틀러를 '옴 파울 크뤼거*'라고 불렀다(옴Öhm은 아저씨라는 뜻).[230] 이모가 보내준 돈이 있으니 이제는 숨을 좀 돌릴 수 있었다. 히틀러는 하니슈가 구상한 사업을 시작하는 데 필요한 재료를 살 수가 있었다. 히틀러가 그림을 그린다는 소리를 듣고 (히틀러는 하니슈한테 빈 미술아카데미에 다녔다고 말했다) 하니슈는 빈을 풍경화로 그리면 자기가 돌아다니면서 팔겠다면서 수익은 나눠 갖자고 했다. 하니슈의 두서없는 설명만 가지고는 두 사람의 동업이 염가 숙소 시절부터 시작되었는지 아니면 히틀러가 1910년 2월 9일 빈 북쪽에 있던 좀 더 쾌적한 독신자 합숙소로 옮겨 간 뒤에 시작되었는지는 확실히 알 수가 없다. 분명한 것은 이모가 보내준 돈으로 숙소를 옮기고 하니슈와 새로운 사업을 시작하면서 히틀러가 최악의 상황에서 벗어났다는 것이다.[231]

마이들링에 있던 싸구려 여인숙에 비하면 독신자 합숙소는 양반이었다. 500명에 이르는 투숙자는 밑바닥을 전전하는 부랑자가 아니라 비록 돌아갈 집은 없지만 잠시 일이 안 풀려서 어려움을 겪고 있거나 일자리를 찾고 있지 않으면 임시직이라도 일을 하고 있던 다양한 사람들로 이루어져 있었다. 어엿한 직장에 다니던 사람도 있었고 교편을 잡았던 사람, 퇴직해서 연금을 타던 공무원 출신도 있었다. 나라에서 운영하던 염가 숙소와는 달리 몇 년 먼저 세워진 독신자 합숙소는 개인들이 낸 기부금으로 운영되었는데 (돈을 희사한 사람 중에는 유대인 갑부도 있었다) 최소한의 사생활은 보장해주면서도 하룻밤 숙박료는 50헬러밖에 안 했다. 비록 낮에는 비워주어야 했지만 투숙객은 각자 코딱지만 한 독방이라도 쓸 수 있었고 오래 있었다고 나가라는 소리도 없었다. 알코올 성분이 없는 간단한 음료와 식사를 파는 매점도 있었고 주방에서는 각자 음식을 만들어 먹을 수도 있었다. 화장실과 개인 물품을 두는 사물함도 있었고

<hr>

크뤼거(Paulus Krüger, 1825~1904) 남아프리카공화국의 보어인 지도자. 1877년 트란스발공화국이 영국에 합병되자, 영국에 저항하는 운동을 일으켰으며, 1881년 영국군을 격파하여 독립을 되찾았다

히틀러가 빈에 머물 때 그린 페터스키르헤 교회 그림. 천재 화가를 꿈꾸던 스무 살 청년은 밑바닥
인생들이 모여 사는 독신자 합숙소에서 싸구려 그림을 그려 팔아 삶을 이어갔다.

지하실에는 목욕탕, 구둣방, 재봉실, 이발소, 세탁소, 청소 장비도 있었
다. 1층에는 도서실도 있었고 2층에는 라운지와 신문을 읽을 수 있는
열람실도 있었다. 낮에는 대부분 밖으로 나갔지만 15명에서 20명쯤 되
는 '인텔리'처럼 보이는 소시민 출신의 남자들은 '작업실' 내지는 '집필
실'로 알려진 작은 방에 모여서 광고 그림도 그리고 연설문 같은 것도
쓰면서 색다른 일에 몰두했다.[232] 하니슈와 히틀러도 그곳에서 일을 했
다.

하니슈의 역할은 히틀러가 주로 엽서만 하게 그린 그림을 술집을 돌
아다니면서 파는 것이었다. 하니슈는 또 값싼 그림을 쓰고 싶어하는 액
자 가게와 가구상에서도 시장을 찾아냈다. 하니슈가 주로 거래를 하던
단골 고객은 대부분 유대인이었다. 하니슈에 따르면 히틀러는 '기독교
상인'보다는 유대인이 사업 상대로도 좋고 고객으로도 더 신뢰할 만하
다고 생각했다.[233] 나중에 전개된 사태로 보더라도 그렇고 빈 시절이
반유대주의가 무르익는 데 중요했다고 스스로 밝힌 점으로 보더라도 그

렇고 더욱 놀라운 것은 (하니슈와는 별도로) 미술품을 만드는 사업을 하면서 히틀러가 가깝게 지냈던 상대였던 요제프 노이만도 유대인이었다는 사실이다.[234]

히틀러는 언제나 다른 그림을 베꼈다. 알맞은 주제를 찾아서 박물관이나 미술관을 돌아다니기도 했다. 히틀러는 게을렀기 때문에 하니슈의 채근을 받았다. 하니슈는 히틀러가 그림을 완성하기 무섭게 내다 팔았다. 히틀러는 보통 하루에 한 장꼴로 그림을 그렸는데 하니슈는 이것을 5크로네에 팔아서 히틀러와 나누어 가졌다. 이런 식으로 해서 두 사람은 그럭저럭 살아갈 수 있었다.[235]

독신자 합숙소 열람실에서는 정치가 자주 화제에 올랐다. 대화를 나누다 보면 분위기는 금세 달아올라 격앙되기 일쑤였다.[236] 사회민주당에 대한 히틀러의 강한 비판을 껄끄럽게 여기는 사람들도 있었다.[237] 히틀러는 쇠네러와 카를 헤르만 볼프('주데텐'을 거점으로 삼아 독일급진당을 창당하고 이끈 지도자)의 숭배자로 알려졌다.[238] 뤼거의 업적에 대해서도 찬사를 늘어놓았다.[239] 정치 이야기를 하지 않을 때는 사람들이 듣건 말건 동료들에게 바그너의 경이로운 음악과 고트프리트 젬퍼*가 설계한 빈의 웅장한 건물에 대해서 '강의'를 했다.[240]

정치가 되었건 예술이 되었건 열람실에서 '토론'을 하다 보면 히틀러는 일은 깜빡 잊어버리기 일쑤였다.[241] 여름이 되었을 무렵 히틀러가 자꾸만 주문을 소화하지 못하자 하니슈는 점점 짜증을 냈다.[242] 히틀러는 그림은 무작정 그릴 수 있는 것이 아니고 마음이 동해야 그릴 수 있는 것이라고 항변했다. 하니슈는 히틀러가 배가 고파야만 그림을 그린다고 원망했다.[243] 한번은 그림을 팔아서 뜻밖에 큰돈이 굴러 들어오자 히틀러는 6월에 노이만과 함께 독신자 합숙소에서 며칠 동안 종적을 감춘 적도 있었다. 하니슈에 따르면 히틀러와 노이만은 빈을 유람하며 박

젬퍼(Gottfried Semper, 1803~1879) 독일과 오스트리아에서 신르네상스 양식을 선보인 독일 건축가. 드레스덴의 오페라하우스를 비롯해 취리히 공과대학, 부르크 극장, 황실박물관 등 젬퍼가 설계한 건축물은 주로 빈에 있다.

물관을 돌아다니면서 시간을 보냈다.[244] 두 사람은 또 다른 사업 구상도 짰는데 비록 실현되지는 못했지만 그중에는 발트피어텔로 가서 요한나 이모한테서 돈을 더 타내자는 계획도 있었을 것이다.[245] 히틀러와 독신자 합숙소의 히틀러 친구들은 그 무렵 기적의 발모제 같은 기발한 사업을 벌여 돈을 벌자는 계획을 열심히 짰다.[246] 잠적을 한 이유야 어찌 되었든 닷새 만에 돈을 다 쓴 히틀러는 독신자 합숙소로 돌아와 하니슈와 동업을 재개했다. 그렇지만 두 사람 사이는 점점 껄끄러워졌고 쌓이고 쌓인 악감정은 어느 날 히틀러가 평소보다 크게 그린 의사당 그림을 놓고서 폭발했다. 히틀러는 독신자 합숙소에서 같이 어울리던 지크프리트 뢰프너라는 또 다른 유대인 상인을 통해서 그림을 판 돈 50크로네를 하니슈가 꿀꺽했고 수채화 한 점을 팔아서 번 9크로네도 삼켰다고 비난했다. 나중에는 경찰까지 개입해서 하니슈는 며칠 동안 형을 살았는데 죄목은 프리츠 발터라는 가명을 썼다는 것이었다. 히틀러는 그림 값으로 받아야 한다고 생각한 돈을 결국 받지 못했다.[247]

하니슈가 사라지면서 히틀러의 삶도 2년 가까이 안개 속으로 사라진다. 1912년 겨울 다시 모습을 드러냈을 때 히틀러는 여전히 독신자 합숙소에서 지내고 있었다. 이제는 터줏대감이 되어 집필실을 쓰는 '인텔리' 집단의 중심 인물로 떠올랐다.[248] 여전히 정처없이 떠돌아다니는 신세였지만 그래도 밑바닥까지 내려갔던 1909년 싸구려 여인숙 시절에 비하면 많이 좋아진 셈이었다.[249] 카를 교회 같은 '빈 구시가지'의 모습을 담은 그림을 팔아서 번 돈으로 그럭저럭 먹고 살 수는 있었다.[250] 절약에 절약을 해서 살았으므로 지출은 많지 않았다.[251] 독신자 합숙소에서 지내는 데 드는 생활비는 약소했다. 히틀러는 식비를 아꼈고 술도 안 마셨다. 담배도 어쩌다가 한 대 피울 뿐이었다. 유일한 사치는 이따금 일반 극장이나 오페라 극장의 입석 관람표를 구입하는 것이었다(공연을 보고 온 다음에는 집필실의 '인텔리'들에게 몇 시간씩 재미있게 이야기를 해주었다).[252] 이 당시 히틀러의 모습을 회상하는 사람들의 증언은 서로 어긋난다. 1912년 독신자 합숙소에서 같이 지냈던 한 사람은 당시 히틀러의 옷차림이 남루했고 지저분했으며 길다란 회색 외투는 소매가 해어졌고 쭈그러진 낡은 모자에 바지는 구멍투성이였고, 구두에는 종이를 우겨 넣어서 신고 다녔다고 회상했다. 머리는 여전히 어깨까지 내려오는 장발이었고 턱수염도 덥수룩하게 길렀다.[253] 정확한 날짜는 밝히지 않았지만 이것은 하니슈가 1909년과 1910년 사이에 지켜본 히틀러의 행색으로 기억하는 모습과도 맞아떨어진다.[254] 그렇지만 유대인 미술상 야코프 알텐베르크에 따르면 적어도 독신자 합숙소 생활 말년에는 수염도 깎았고 머리도 단정히 잘랐으며 낡고 해지긴 했지만 옷도 말쑥하게 입고 다녔다.[255] 1908년 같이 지내는 동안 히틀러가 유난히 청결을 강조했다는 쿠비체크의 회상으로 미루어볼 때, 그리고 훗날 병적일 정도로 깨끗한 것에 집착한 히틀러의 성향으로 미루어볼 때 독신자 합숙소의 말년에 대한 증언은 익명의 동료보다는 알텐베르크의 증언이 더 진실에 가까워 보인다.

하지만 외모야 어찌 되었건 합숙소에서 살아가는 사람의 처지로서는 감히 꿈도 꾸지 못할 거금이 하루아침에 굴러 들어와서 히틀러가 떵떵거리며 살아갔을 리 만무하다. 그런데도 오래 전부터 그것이 통설로 자리 잡았다. 제대로 된 증거도 없이 어디까지나 추측으로 1910년이 저물어 갈 무렵 히틀러가 요한나 이모가 평생에 걸쳐서 모은 자그만치 3,800크로네나 되는 거금을 받았다는 것이다.[256] 2차 세계대전이 끝나고 나서 조사를 했더니 그 돈은 1910년 12월 1일, 그러니까 아무런 유서도 없이 요한나가 세상을 뜨기 넉 달 전에 직접 자기 계좌에서 찾은 돈이었다.[257] 그 돈은 히틀러한테 간 것으로 추정되었다. 아직도 히틀러의 여동생을 돌보던 배다른 누이 앙겔라가 얼마 뒤인 1911년 두 남매가 여전히 똑같이 나눠 가졌던 고아 연금을 모두 받아야겠다고 주장했기 때문에 더욱 그런 쪽으로 심증이 굳었다. "화가 수업을 받기 위해서 이모 요한나 푈츨로부터 많은 돈을 받은" 아돌프는 이제는 자립할 수 있다는 사실을 시인했기 때문에 그때까지 보호자한테서 매달 받았던 25크로네를 포기할 수밖에 없었다.[258] 하지만 앞에서도 살펴보았지만 히틀러 집안의 가계부를 보면 '하니 이모'한테서 받은 자잘한 용돈은 접어두고라도 1907년인가 924크로네를 꾸었다는 (말이 꾼 돈이었지 사실은 그냥 준 돈이었다) 기록이 분명히 나온다. 이 돈으로 히틀러는 빈에서 첫 해는 그런 대로 넉넉하게 살 수 있었다.[259] 1910년 12월에 인출된 요한나 이모의 돈이 어떻게 되었는지는 모르지만 그 돈이 히틀러에게 갔다는 증거는 눈곱만큼도 없다. 게다가 다달이 받았던 25크로네의 고아 연금을 못 받게 되어서 수입에 구멍이 뻥 뚫렸다.[260]

독신자 합숙소에서 그림을 그려 내다 팔아서 생활은 어느 정도 안정을 찾았지만 히틀러는 아직도 마음을 못 잡은 것 같다. 그때만 하더라도 자기가 살아가는 "사회의 질서를 위협했다기보다는 그 질서에서 위협을 느꼈다."는 히틀러의 말은 일리가 있다.[261] 히틀러는 자기 그림을 '딜레탕트'의 그림이라고 생각했고 아직도 그림을 더 배워야 한다고 생각했다. 1910년에는 한때 미술아카데미에 다시 응시해볼까 하는 생각을 한 것도 같은데 결과적으로 아무런 성과가 없었고 낙방의 뼈아픈 상처와 분노는 가라앉지 않았다.[262]

한 번도 좋은 이야기를 들어본 적이 없었기 때문에 이름이 비슷한 하니슈와 거리를 두고 싶어하는 카를 호니슈는 1913년에 히틀러를 알았다. 나치당 중앙기록보존소의 요청으로 1930년대에 쓴 글이니까 히틀러를 어떻게든 밝게 그리려는 의도가 역력하지만 그래도 독신자 합숙소를 떠날 즈음의 히틀러에 대한 묘사는 신빙성이 있다. 호니슈에 따르면 히틀러는 몸집이 가냘팠고 잘 먹지를 못했고 뺨이 쑥 들어갔고 검은 머리가 얼굴을 덮었고 다 떨어진 옷을 입고 다녔다. 합숙소 밖으로 통 나가는 법이 없었으며 매일 집필실의 창가 한 귀퉁이에 앉아서 길다란 참나무 책상에서 스케치를 하고 그림을 그렸다. 그 자리는 히틀러의 고정석이 되었다. 새로 들어온 사람이 멋모르고 거기 앉을라치면 재빨리 누군가가 "그 자리는 히틀러 씨 자리"라고 귀띔했다.[263] 집필실을 고정적으로 드나드는 사람들 중에서도 히틀러는 약간 특이한 예술형이었다. 자기도 나중에 이렇게 썼다. "그 당시에 나를 알았던 사람들은 나를 별종으로 여겼다고 본다."[264] 하지만 그림 그리는 재주 말고 히틀러에게 또 다른 재능이 있다고 생각한 사람은 아무도 없었다. 히틀러를 함부로 대한 사람은 없었지만 히틀러는 호니슈가 보기에는 사람들한테서 거리

를 두는 것 같았고 "누군가가 너무 친밀하게 구는 것을 용납하지 않았
다." 말없이 독서와 사색에 푹 빠지곤 했다. 그러면서도 흥분을 잘 했
다. 특히 자주 열리던 정치 토론에서는 언제 핏대를 올릴지 몰랐다. 히
틀러의 확고부동한 정치적 신념은 모르는 사람이 없었다. 보통은 토론
이 벌어지더라도 그냥 가만히 앉아서 여기저기서 한두 마디 끼어들 뿐
그림만 그렸다. 하지만 나오는 이야기가 영 비위에 거슬린다 싶으면 자
리에서 벌떡 일어나서 붓이든 연필이든 책상에다 집어던지고 자기 생각
을 열정적으로 강렬하게 피력했고 그래도 사람들이 말귀를 못 알아듣는
다 싶으면 갑자기 하던 말을 끊고 손사래를 치면서 다시 그림으로 돌아
갔다. 히틀러를 특히 자극한 두 가지 주제는 예수회와 '빨갱이'였다. 히
틀러가 예수회와 공산주의자한테서 좋지 않은 인상을 받았다는 것은 잘
알려진 사실이다.[265] 하지만 유대인이 도마 위에 올랐을 때는 잠자코
있었다.

'예수회'를 비판했다는 것은 그 무렵에는 쇠네러의 운동도 사실상 유
명무실해졌지만 그럼에도 불구하고 쇠네러가 부르짖은 맹렬한 반가톨
릭주의의 불씨가 아직도 완전히 꺼지지 않고 남아 있었음을 뜻한다.[266]
사회민주주의자에 대한 증오도 그 즈음이면 뿌리를 내린 지 오래였다.
《나의 투쟁》에는 공사장에서 잠시 일을 할 때 사회민주당을 지지하는
노동자들한테서 사회민주주의 노선에 동조하지 않고 노조 가입도 거부
한다는 이유로 왕따를 당하고 수모를 당하면서 미움이 싹텄다는 식의
설명이 나오지만 이미 말한 대로 그것은 십중팔구 꾸며낸 이야기다.[267]
만약 히틀러가 풍찬노숙을 할 무렵이든 아니면 나중에 독신자 합숙소에
들어오고 나서든 사회민주주의에 대해서 이미 느꼈던 강한 반감을 노골
적으로 드러냈다는 이유로 물리적으로 위해를 당했다면 히틀러는 당연
히 자기를 따르는 동료들에게 그런 사실을 털어놓았을 것이다. 하지만
당시의 히틀러를 회상하는 사람 중에서 어느 누구도 그런 일을 언급하
지 않았다. 유일한 예외는 요제프 그라이너인데 이 사람의 말은 명백히
꾸며낸 이야기로 《나의 투쟁》을 가다듬고 꾸민 데 지나지 않는다.[268]
사실 히틀러가 사회민주주의자들의 국제주의를 역겨워한 이유는 히

틀러의 강렬한 범게르만 민족주의만으로도 충분히 설명이 된다. 히틀러
가 흡수한 '사회주의' 형태는 '사회민주주의의 야수성'과 '적색 테러'를
툭하면 비판하고 체코 노동자들을 한없이 몰아붙이면서 범게르만 '노
동 계급 운동'을 부르짖은 프란츠 슈타인의 급진 민족주의 노선이었
다.[269] 히틀러가 느꼈던 혐오감의 밑바닥에는 사회민주주의가 대변한
노동자 계급에 대한 사회문화적 우월감이 깔려 있었을 가능성이 높
다.[270] "당시 내가 가장 끔찍하게 여겼던 것이 무엇이었는지 잘 모르겠
다."고 히틀러는 나중에 '하층계급' 사람들과 접했던 시절을 되돌아보
면서 "내 동료들의 경제적 곤궁, 그들의 거친 도덕과 윤리, 그들의 낮은
지적 성숙도"를 열거했다.[271] 《나의 투쟁》에는 이렇게 절절한 대목도
나온다.

> 젊었을 때 내 주위에는 소시민층이 많았다. 그러니까 순수한 육체 노동자
> 와는 접할 기회가 드물었다. …… 소시민과 …… 육체 노동자의 골은 우리가
> 생각하는 것보다 깊다. 이런 적대감의 이유는 …… 이제 막 육체 노동자 단계
> 에서 벗어난 사회 집단이 예전의 업신여김을 받던 계급으로 떨어지는 것에
> 대한, 아니면 적어도 그런 계급과 동일시되는 것에 대해 두려움을 느끼기 때
> 문이다. 여기에다가 많은 경우에 이 하층계급이 보여준 문화적 빈곤과 무례
> 한 언동에 대한 불유쾌한 기억을 덧붙일 수 있을 것이다. 소시민의 사회적 위
> 치가 아무리 보잘것없다 하더라도 이 참을 수 없는 생활과 문화의 단계와 접
> 촉하는 것은 견디기 어려운 법이다.[272]

사회민주주의자들과 처음 만났을 때를 되돌아보는 히틀러의 회고담
에는 비장함이 서려 있지만 신분 의식이 시종일관 깔려 있는 것이 사실
이다. 특히 그 당시에 "내 옷차림은 아직도 그런 대로 단정했고 말씨에
는 교양미가 있었고 태도도 점잖았다."고 말하는 대목에서 그 점이 드
러난다.[273] 앞에서도 보았지만 쿠비체크와 같이 사는 동안 히틀러의 겉
모습과 생활은 프롤레타리아와는 거리가 멀었다.[274] 나중에 독신자 합
숙소에서 지낼 때도 집필실을 애용하는 '인텔리' 집단에서도 '예술가'

대접을 받았기 때문에 같은 합숙소에서 지내던 육체 노동자들과는 거리를 둘 수 있었다. 그렇게 신분을 의식하는 점을 감안하면 1909년과 1910년 사이에 프롤레타리아로 사회적 신분이 떨어질지 모른다는 우려가 잠시나마 쓰라린 현실로 다가왔을 때 히틀러가 얼마나 참담한 심정이었을까를 미루어 짐작할 수 있다. 하지만 이것을 계기로 히틀러는 노동 운동의 대의에 연대감을 표시하기는커녕 노동 운동에 대한 적개심만 키웠을 뿐이었다. 염가 숙소의 철학은 사회 이론과 정치 이론이 아니라 '생존, 투쟁 그리고 각자 도생'이었다.[275]

히틀러는 《나의 투쟁》에서 계속해서 '자력으로 인생에서 더 높은 지위로' 올라선 '신흥 계층'은 살아남아야 한다는 의식이 워낙 강하기 때문에 '뒤에 남은 사람들의 딱한 형편'은 안중에도 없고 '일말의 동정심도 못 느낀다'는 사실을 강조했다.[276] 빈에 있는 동안 히틀러가 왜 '사회 문제'에 관심이 있었다고 말했는지 그 전후 사정도 그제서야 자연스럽게 이해가 간다. 히틀러는 뿌리 깊은 우월감에 젖어 있었으므로 가난하고 곤궁한 사람들에게 연민을 느끼기는커녕 자기가 왜 사회적으로 몰락하고 강등되었는지를 설명할 수 있는 희생양을 찾기 위해 '사회 문제'에 관심을 기울였을 뿐이었다. '사회 문제'는 "나를 고통의 울타리 안으로 끌어들여" "'공부'를 하도록 이끈 것이 아니라 맨몸으로 겪도록 한 것 같았다."라고 히틀러는 썼다.[277]

마찬가지로 사회민주주의에 대한 히틀러의 생각도 개인적 경험을 통해서 여물었다. 히틀러에게는 사회민주주의에 대한 혐오감만 있었던 것이 아니라 두려움도 있었다. 앞에서도 보았지만 히틀러는 빈 시내에서 가두 시위를 벌이던 노동자들이 "용처럼 천천히 꿈틀거리며 움직이는 모습"을 불안한 눈길로 바라보았다.[278] 사회민주주의에서 히틀러가 느낀 위협은 '물리적 테러의 중요성을 이해'한 데서도 지속적으로 그 흔적을 남겼다.[279] 히틀러의 신분 의식과 사회민주주의를 직접 경험한 데서 우러나온 '직감'(사실은 오장육부에서 나온 혐오감이었지만)은 왕성하지만 편향된 독서를 통해 굳어 갔다. 히틀러가 제대로 된 이론서를 한 권이라도 읽었는지는 의심스럽다. 그가 이해한 마르크스주의라는 것도 〈노동

자 신문〉 같은 사회민주주의 계열 신문 아니면 민족주의 성향, 부르주
아 성향의 언론에 실린 기사에서 얻어들은 것이 태반이었을 것이다.[280]
물론 개인적으로 어렵고 쓰라린 체험을 했기 때문에 그만큼 과격해졌고
그러다 보니까 국제주의를 표방하는 사회주의를 도저히 해법으로 받아
들일 수 없다는 생각이 더욱 강하게 들기야 했을 것이다. 그렇지만 전반
적으로 보았을 때는 빈 생활이 끝나갈 무렵 사회민주주의에 대한 히틀
러의 혐오감이 아무리 굳어졌다 하더라도 당시 유행하던 쇠네러의 범게
르만 민족주의를 크게 넘어서는 수준은 되지 못했다. 히틀러가 《나의
투쟁》에서 쓴 대로 이 무렵 사회민주주의에 대한 증오심이 반유대주의
라는 인종 이론과 결합하여 확실한 '세계관'으로 발전했고 그 이후로 줄
곧 유지되었다는 주장은 근거가 부족하다.

반유대주의의 뿌리

그렇다면 히틀러는 왜 그리고 언제부터 1919년에 처음으로 쓴 정치
팸플릿부터 시작해서 1945년 베를린의 벙커에서 쓴 글에 이르기까지
그토록 집요하리만큼 병적인 반유대주의자가 되었을까? 히틀러의 광신
적 증오감은 수백만 명의 유대인을 학살한 데서 정점에 이른 정책을 낳
았으므로 이것은 당연히 중요한 물음이다. 하지만 답은 우리의 기대와
달리 썩 명쾌하지가 않다. 솔직히 말해서 우리는 히틀러가 왜 그렇게 미
친 듯이 반유대주의에 집착했는지도 모르고 언제부터 그렇게 되었는지
도 모른다.

히틀러가 《나의 투쟁》 군데군데에서 자기 입으로 인상적으로 설명해
놓은 부분은 익히 알려졌다. 이 설명에 따르면 히틀러는 린츠에서는 반
유대주의자가 아니었다. 빈에 처음 왔을 때만 하더라도 반유대주의 성
향의 언론에서 이질감을 느꼈다. 하지만 주류 언론이 합스부르크 황실
에 아첨하고 독일 황제를 악당으로 몰아가는 데 질려서 〈도이치 폴크스
블라트〉 같은 반유대주의 성향의 신문이 추구하던 '더 세련되고' '입맛

에도 더 맞는' 노선으로 점점 기울었다. '독일 역사상 가장 위대한 시장'
이었던 카를 뤼거를 흠모한 나머지 유대인에 대한 생각마저 바뀌었다.
히틀러의 말로는 그것은 "내 일생 일대의 전환"이었다. 2년도 못 가서
(또 다른 자리에서는 1년이라고 밝히기도 했다) 전환은 완료되었다.[281] 그
렇지만 히틀러는 '유대인 문제'에 눈뜬 계기가 되었던 일화가 하나 있었
다고 강조한다.

> 한번은 시내를 걷다가 검은 카프탄을 걸치고 검은 머리를 길게 땋아 내린
> 유령 같은 사람과 맞닥뜨렸다. 이게 유대인인가? 대뜸 그런 생각이 들었다.
> 왜냐하면 솔직히 린츠에서는 그런 식으로 하고 다니지 않았기 때문이다.
> 나는 조심스럽게 그 사람을 훔쳐보았다. 이목구비를 하나하나 살피면서 그
> 낯선 얼굴을 쳐다보면 쳐다볼수록 처음 들었던 생각은 이렇게 바뀌었다.
> 이게 독일인인가?[282]

이런 만남 이후로 히틀러는 반유대주의 소책자를 사기 시작했다고 털
어놓는다. 그는 이제 유대인은 "특별한 종교를 가진 독일인이 아니라
그 자체로 민족"이라는 사실을 깨닫게 되었다. "어디를 가더라도 이제
는 유대인이 눈에 띄었고 유대인을 보면 볼수록 내 눈에는 그들이 나머
지 인류와 판이하게 달라 보였다."[283]
히틀러의 설명에 따르자면 그때부터 혐오감이 걷잡을 수 없이 커졌
다.《나의 투쟁》의 이 대목에서 히틀러가 쓰는 언어는 불결과 오물과 질
병에 대한 소름 끼치는 두려움을 무심코 드러낸다. 이 모든 것을 히틀러
는 유대인에 갖다 붙였다.[284] 그는 또 새롭게 찾아낸 증오심을 음모론
에다 재빨리 연결했다. 이제는 자유주의 언론, 문화 생활, 매춘 등 자기
가 악이라고 생각한 모든 것을 유대인한테 덮어씌웠고 특히 사회민주주
의를 이끄는 주도 세력이 유대인이라고 굳게 믿었다. 이렇게 해서 "내
눈을 덮었던 콩깍지가 떨어져 나간 것이다."[285] 그가 구역질을 느낀 당
지도부, 의회의원, 노조 간부 같은 사회민주주의와 관련된 모든 것이 이
세 히틀러의 눈에는 유대인으로 보였다.[286] 이런 '깨달음'은 커다란 만

족감을 주었다고 히틀러는 썼다. 안 그래도 사회민주주의를 싫어하고
사회민주당의 반민족주의에 거부감을 품고 있었는데 이제 그것이 설 자
리를 얻었다. 사회민주당 지도부는 "거의 다 외국인의 손에 넘어갔다."
"그제서야 나는 우리 민족을 홀리는 세력이 누구인지 속속들이 알게 되
었다."[287] 히틀러는 마르크스주의와 유대주의를 연결하면서 그것을 "마
르크스주의의 유대적 교의"라고 불렀다.[288]

참으로 실감 나는 설명이다. 하지만 히틀러의 빈 시절을 조명하는 다
른 자료들은 이런 설명을 뒷받침하지 않는다. 아니, 정면으로 어긋나는
점도 몇 군데 있다. 《나의 투쟁》에서 언급되는 자전적 내용에 여러 가지
문제가 있는 것은 사실이지만 히틀러가 빈에서 지내는 동안 급진적이고
병적인 반유대주의로 돌아섰다는 사실에 대해서는 이렇다 할 반론이 제
기되지 않았다. 하지만 히틀러의 입에서 나온 말 말고 그런 주장을 뒷받
침하는 자료는 거의 없다. 해석은 결국 어디까지나 확률로서의 가능성
에 기댈 뿐이다.

쿠비체크는 히틀러가 린츠를 떠나기 전에 이미 반유대주의자였다고
주장했다. 자기 아버지는 '코즈모폴리턴의 사고 방식'을 가진 사람이라
서 반유대주의를 '후진적 문화'로 여겼을 것이라고 히틀러는 단언했지
만 쿠비체크는 히틀러의 부친 알로이스가 레온딩에서 어울렸던 술친구
들이 쇠네러를 지지했으므로 알로이스도 당연히 반유대주의자였을 것
이라고 주장했다. 그는 또 히틀러가 노골적인 반유대주의자 교사들을
실업학교에서 만났다는 사실도 지적했다. 한번은 유대교 회당 앞을 지
나가다가 히틀러가 "저건 린츠에 어울리지 않는다."라고 말한 적이 있
다는 사실도 덧붙였다. 쿠비체크의 생각으로는 빈이 히틀러의 반유대주
의를 더 급진적으로 만든 것은 사실이지만 빈이 히틀러를 반유대주의자
로 만든 것은 아니었다. 쿠비체크가 보기에 히틀러는 "이미 반유대주의
자로 드러난 상태에서" 빈으로 갔다.[289] 쿠비체크는 빈에서 두 사람이
같이 지내는 동안 히틀러의 유대인 혐오가 드러났던 한두 가지 일화를
자세히 설명한다.[290] 《나의 투쟁》에 나오는 헐렁한 옷을 둘렀던 사람은
갈리치아 출신의 유대인이었다는 것이다. 하지만 이 일화와 유대인 결

혼식을 구경하려고 히틀러를 따라 유대교 회당에 일부러 간 적이 있다는 주장은 명백히 꾸며낸 것으로 보인다.[291] 친구들과 빈에 함께 있던 1908년 몇 달 동안 히틀러가 반유대동맹에 가입했다는 쿠비체크의 진술은 누가 뭐래도 틀렸다. 오스트리아–헝가리 제국에 그런 단체가 생긴 것은 1918년 이후의 일이다.[292]

히틀러의 반유대주의가 처음 나타나던 무렵에 대한 쿠비체크의 진술은 대체로 신빙성이 떨어진다. 그가 한 말 중에서 가장 미덥지 못한 이야기라고 할 수 있다. 부분적으로는 《나의 투쟁》에서 끌어왔고 부분적으로는 당초 회상록 초고에는 없던 일화를 지어낸 것이었고 군데군데 명백하게 틀린 곳도 있었다. 쿠비체크는 2차 세계대전이 끝나고 나온 그 회상록에서 '유대인 문제'에 관하여 친구의 급진적 입장과 거리를 두려고 애썼다.[293] 린츠에 있을 때부터 히틀러가 유대인을 싫어했다는 사실을 강조하는 편이 쿠비체크에게는 유리했다. (막상 자기는 한 번도 만난 적이 없었던) 히틀러의 아버지가 보나마나 반유대주의자였을 것이라고 말했지만 사실과는 달라 보인다. 앞서 살펴보았지만 알로이스 히틀러의 비교적 온건한 범게르만주의는 오스트리아 황제에게 여전히 충성하고 유대인을 당원으로 받아들인 독일인민당의 노선을 충실히 따랐다는 점에서 쇠네러의 급진 운동과는 차이가 있었다.[294] 급진적인 독일 민족주의와 지독한 반유대주의를 추구하던 쇠네러 운동의 추종 세력은 린츠에도 물론 꽤 있었을 것이고 그중에는 히틀러를 가르친 교사들도 있었을 것이다. 그렇지만 히틀러가 다닌 학교에서는 체코인에 대한 반감에 비하면 반유대주의는 그리 대수롭지 않았던 것으로 보인다.[295] 히틀러가 나중에 알베르트 슈페어에게 자기는 '민족 문제'는 알았지만(여기서 말하는 것은 학교에 팽배했던 체코인에 대한 강한 적개심이었다) '유대인의 위험성'은 빈에 오고 나서야 비로소 알게 되었다고 말한 것은 그 점에서 딱히 꼬투리를 잡을 수가 없다.[296]

린츠에 있을 때 이미 쇠네러의 이념에 물든 어린 히틀러가 그 안에 녹아들어 있던 강한 인종적 반유대주의를 못 보고 넘어갔을 리는 만무하다.[297] 하지만 당시 린츠에 살던 쇠네러의 추종자들에게 반유대주의라는 것은 시끄러운 반체코 구호와 들썩거리는 독일 열풍이 빚어낸 소음에 묻혀 그리 두드러져 보이지 않았다. 그래서 히틀러는 거리낌 없이 운명하는 날까지 어머니의 병을 치료해준 유대인 의사 블로흐 박사에게 따뜻한 감사의 편지와 함께 자기가 그린 수채화 한 점을 선물로 보낼 수 있었다.[298] 훗날 나타나는 반유대주의의 맹렬한 적개심과는 전혀 딴판이었다. 린츠에서는 분명히 그런 감정에 휘둘리지 않았다.

히틀러가 1908년 여름 쿠비체크와 갈라설 무렵 뚜렷이 반유대주의로 기울었다는 증거는 없다. 히틀러 자신은 빈에 오고 나서 2년도 못 되어 반유대주의자가 되었다고 주장했다.[299] 그렇다면 쿠비체크와 갈라서고 나서 부랑자가 되어 주로 펠버슈트라세에서 보냈던 그해에 사람이 달라진 것일까? 란츠 폰 리벤팔스의 증언도 얼추 시기적으로 맞아떨어진다.[300] 하지만 란츠가 한 증언의 신빙성이 극히 의심스럽다는 것은 앞에서 말한 대로다. 히틀러가 1909년 가을 나락의 구렁텅이로 떨어졌으니 어떻게 보면 희생양을 당연히 찾았을 법하고 그것을 유대인한테서 찾아냈다고 생각할지도 모르겠다. 하지만 《나의 투쟁》에서도 히틀러가 밝히듯이 그때는 빈에서 보냈던 그 어느 시기보다도 그런 주제에 관한 글을 '읽어 들일' 여유가 부족했다.[301]

그뿐이 아니다. 그 다음 몇 달 동안 가깝게 지냈던 라인홀트 하니슈는 히틀러가 "그 당시에는 결코 유대인 혐오자가 아니었다. 그렇게 된 것은 나중의 일이다."라고 단언했다.[302] 하니슈는 이 점을 증명하기 위해 독신자 합숙소에서 히틀러가 어울렸던 유대인 친구와 동료를 강조한다. 로빈존이라는 한 외눈 열쇠장이는 히틀러가 경제적으로 쪼들렸을 때 심심찮게 몇 푼씩 쥐어주곤 했다. (독신자 합숙소에 1912년과 1913년 사이에 머물렀던 사람을 찾아보니 이 사람의 실명은 시몬 로빈존이었다.[303]) 앞에서 보았던 대로 요제프 노이만은 하니슈도 말했지만 히틀러의 '참된 친구'가 되었다. 노이만은 "히틀러를 정말로 좋아한다."고 말한 것으로 알려졌고 히틀러도 그를 '당연히 높이 샀다'. 엽서 외판원 지크프리트 뢰프너(하니슈가 뢰플러라고 잘못 말한)도 '히틀러와 가까운 그룹의 일원'이었는데 앞에서 말한 대로 1910년 하니슈와 한판 붙었을 때 히틀러 편을 들었다.[304) 히틀러는 그림을 유대인 화상들에게 팔고 싶어했고 야코프 알텐베르크라는 유대인 상인은 뒷날 히틀러와의 거래는 아주 우호적이었다고 말했다.[305) 하니슈의 증언은 1912년 봄 독신자 합숙소에서 지낸 적이 있는 한 익명인의 "히틀러는 유대인들과 굉장히 잘 지냈고 한번은 독일인보다 잘 뭉치는 똑똑한 민족이라는 말까지 했다."는 진술로도 뒷받침된다.[306)

독신자 합숙소에서 3년을 지내면서 틀림없이 히틀러는 반유대주의 성향의 신문, 간행물, 싸구려 책자를 접할 기회가 수없이 많았을 것이다. 하지만 빈에 오고 나서 2년도 못 되어 현실에 눈떴다는 히틀러의 주장이 시기적으로 들어맞지 않는다는 점은 접어 두고라도, 앞서 살펴본 대로 카를 호니슈는 히틀러가 '예수회'와 '빨갱이'한테는 악감정을 품었고 집필실에서 벌어진 토론에 수도 없이 끼어들어 거칠게 감정을 드러냈지만 유대인을 증오하는 말은 한마디도 하지 않았다는 사실을 강조한다. 히틀러도 물론 독신자 합숙소에서 유대인이 도마 위에 올랐을 때 토론에 낀 것은 사실이다. 그렇지만 하니슈가 본 히틀러의 입장은 결코 부정적이지 않았다. 하니슈는 히틀러가 핍박에 굴하지 않는 유대인의 저항 정신을 높이 사고 하이네의 시와 멘델스존, 오펜바흐의 음악을 칭찬하면서 유대인이야말로 다신교를 버리고 유일신을 받아들였다는 점에서 가장 먼저 깨인 민족이라고 평가하고 고리 대금의 책임은 유대인보다는 기독교인에게 더 많다고 지적하면서 유대인이 제의의 일환으로 살인을 한다는 반유대주의적 공격은 터무니없는 낭설이라고 일축하는 것을 보았다.[307) 독신자 합숙소에서 히틀러를 직접 보았다고 주장하는 사람 중에서는 유일하게 요제프 그라이너만이 이 무렵의 히틀러를 광신적 유대인 혐오자로 그린다.[308) 하지만 앞서 본 대로 그라이너의 증언은 쓸모가 없다.

그러므로 빈 시절에 히틀러가 반유대주의에 집착했다는 것을 입증하는 그 당시의 신뢰할 만한 증거 자료는 없다. 하니슈의 말을 믿는다면 오히려 히틀러는 그때만 하더라도 전혀 반유대주의자가 아니었다. 뿐만 아니라 1차 세계대전 때 히틀러와 가깝게 지냈던 동료들도 히틀러가 딱

히 반유대주의적 견해를 피력한 적은 없었던 것으로 기억한다고 밝혔
다.[309] 그렇다면 빈에 와서 반유대주의로 '회심'한 것을 《나의 투쟁》에
서 꾸며낸 것은 아닌가, 아니, 유대인에 대한 히틀러의 병적 증오심은
1918년 겨울에서 이듬해 초 사이에, 그러니까 1차 세계대전에서 독일
이 패배하고 나서 비로소 생긴 것은 아닌가 하는 의문이 든다.[310]

　　빈에서 반유대주의라는 이념에 눈떴다고 없는 사실을 꾸며서 주장했
다면 도대체 히틀러는 왜 그랬을까? 비슷한 질문이지만, 전쟁이 끝나고
나서 이루어진 '회심'을 그 이전에 마음이 바뀌었다는 이야기로 굳이 숨
겨야 할 이유가 무엇이었을까? 답은 히틀러가 1920년대 초반에, 특히
거사가 실패로 돌아가고 재판정에 선 다음에 쌓아 올리려고 애쓰던 이
미지에서 찾을 수 있다. 히틀러는 《나의 투쟁》에 그려진 자화상, 다시
말해서 맨주먹으로 처음부터 역경을 뚫고 일어섰고 '제도권' 강단에서
배척을 받았지만 어려움을 이기고 독학으로 (피눈물 나는 경험을 통해) 사
회와 정치에 남다른 통찰을 얻었고 어느 누구의 도움도 받지 않고 스무
살 나이로 어엿한 '세계관'을 갖게 된 영웅의 모습이 필요했다. 이 부동
의 '세계관' 덕분에 민족 운동의 지도자가, 아니 앞으로 독일을 이끌어
갈 '위대한 지도자'가 되겠다고 나설 수 있었다는 것이다.[311] 어쩌면 이
때쯤 히틀러는 빈에서 지내는 동안 그 모든 이념의 수수께끼 조각들이
마침내 제자리를 찾은 것이라고 자기 자신도 믿게 만들었는지 모른다.
아무튼 1920년대 초반에는 어느 누구도 이런 설명을 감히 부정할 수가
없었다. 전쟁이 끝나고 나서야, 다시 말해서 겨자 가스에 눈이 멀어 누
워 있던 파제발크의 병원에서 독일의 패전과 혁명 소식을 듣고서 비로
소 반유대주의자로 돌아섰다고 고백하는 것은 확실히 덜 영웅적으로 보
였을 것이고 히스테리의 냄새가 났을 것이다.

　　그렇지만 1919년부터 세상을 뜨는 순간까지 유대인을 그토록 미워했
다는 점을 감안할 때 다른 사람이라면 또 모를까 히틀러가 유럽에서도
반유대주의가 가장 기승을 부린 도시의 하나였던 빈에서 살아가면서 그
그악스러운 반유대주의 정서에 조금도 영향을 받지 않았다고 믿기는 어
렵다. 세기 전환기의 빈은 유대인과 비유대인의 성 관계는 비역질이므

로 처벌해야 마땅하며 부활절이 되면 제의의 일환으로 아이를 죽이지 못하도록 유대인을 감시해야 한다는 소리가 나올 만큼 반유대주의 인종론이 성행하던 도시였다.[312] 반유대주의 인종론자였던 쇠네러는 그 미움을 계속 부추긴 사람으로 유명하다. 앞서 보았지만 뤼거는 광범위한 반유대주의 정서를 이용하여 자신의 기독교사회당 기반을 다지고 빈을 자신의 아성으로 굳혔다. 히틀러는 두 사람 다 흠모했다. 다른 사람도 아니고 히틀러가 만약에 이들을 흠모하면서도 이들이 입만 열었다 하면 들먹였던 반유대주의에 아무런 영향을 받지 않았다면 그것처럼 이상한 일도 없을 것이다. 히틀러는 분명히 뤼거한테서 유대인에 대한 대중의 증오심을 부채질하는 데서 얻을 수 있는 이득이 무엇인지를 배웠다.[313] 히틀러가 즐겨 읽었고 제일 높은 점수를 준 노골적인 반유대주의 선동지 〈도이치 폴크스블라트〉는 5만 5천 부가량을 찍었는데 유대인을 타락과 부패의 주역으로 그리면서 성적 추문, 변태, 매춘을 걸핏하면 유대인에게 덮어씌웠다.[314] 검은 옷을 입은 유대인과 만났다는 이야기는 꾸며낸 것으로 보이지만 아무튼 빈에서 사는 동안 반유대주의를 부추기는 저질 언론을 통해서 유대인에 대한 뿌리 깊은 편견에 점점 노출되었고 거기서 영향을 받았다는 히틀러의 말은 어느 정도는 사실 같다.[315]

단 한 번의 계기로 히틀러가 유대인을 증오하게 되지는 않았을 것이다. 부모와의 관계를 감안하면 해소되지 않은 오이디푸스 콤플렉스와의 관련성도 생각해볼 수 있겠지만 이것은 어디까지나 어림짐작일 뿐이다.[316] 히틀러가 유대인과 매춘을 하나로 묶어서 생각하는 것을 보면서 성적 환상이나 집착, 변태 심리에서 열쇠를 찾으려는 시도도 있었다.[317] 그렇지만 이 설명 역시 어디까지나 하나의 가설에 머무를 뿐이다. 히틀러가 접한 성적 추문이라고 해야 〈도이치 폴크스블라트〉에서 주워 읽은 수준을 벗어나지 못했다. 또 다른 설명은 더 간단한 것이다. 빈의 반유대주의를 흡수할 무렵 히틀러는 사별, 실패, 낙방, 고립, 심화되는 궁핍을 겪고 있었다는 것이다. 좌절한 천재 예술가 내지 건축가라는 자화상과 낙오자로 살아가던 현실의 괴리를 어떻게든 설명할 필요가 있었다. 반유대주의를 신봉하던 빈의 황색 언론의 도움으로 히틀러가 그런 설명

을 찾아냈다고 추정할 수도 있다.[318]

　하지만 히틀러의 반유대주의가 정말로 빈에서 만들어진 것이라면 주변 사람들이 왜 계속해서 눈치를 채지 못한 것일까? 답은 꽤 진부한 것인지도 모른다. 반유대주의가 워낙 기승을 부리던 곳에서는 반유대주의 정서가 너무나 흔한 것이라서 별로 주목을 받지 못했으리라는 것이다. 그러므로 침묵은 결정적 증거가 되지 못한다. 그렇지만 히틀러가 유대인과 잘 지냈다는 하니슈와 익명인의 입에서 나온 증거도 있다. 이것은 빈에서 반유대주의로 돌아섰다는 히틀러의 요란한 설명과는 정면으로 어긋난다. 그렇지만 히틀러가 이때 벌써 유대인을 조금씩 인종적 시각으로 바라보고 있었음을 말해주는 하니슈의 증언도 있다. 유대인이 이 나라에서 이방인으로 남아 있는 이유가 뭐냐고 누군가가 묻자 "히틀러는 인종이 다르기 때문"이라고 대답했다. 하니슈에 따르면 히틀러는 "냄새도 다르다"고 했다. "유대인 자손은 아주 급진적이고 테러리스트 기질이 있다."는 말도 자주 했다고 한다. 노이만과 시온주의에 대해서 토론을 하다가 오스트리아를 떠나는 유대인의 돈은 "유대인 것이 아니라 오스트리아 것이니까" 당연히 압수해야 한다고도 했다.[319] 하니슈의 말을 믿는다면 히틀러는 독신자 합숙소에서 상당수의 유대인과 가깝게 지내면서도 한편으로는 반유대주의 인종론에 물든 생각을 내놓았다고 볼 수 있다. 앞으로 위대한 화가가 될 사람이 빈의 황색 언론이 쏟아내던 반유대주의 언사를 읽고 소화하던 바로 그 시기에 길거리에서 그림을 팔기 위해서 유대인에게 기대고 유대인과 가깝게 지내야 했다는 사실 때문에 히틀러의 원한이 안에서 더 응어리지고 깊어졌다고 말할 수 있을까?[320]

　인정받지 못한 천재의 하늘 높은 줄 몰랐던 자아가 이렇게 쪼그라든 현실은 자기 환멸을 낳았고 그런 자기 환멸은 누가 보아도 반유대주의자였던 하니슈의 입에서 "기독교도의 턱에서는 좀처럼 보기 드물게 수염이 쑥쑥 자라는 걸로 보아 몸에 유대인의 피가 흐르는가 보구먼."이라든가 "사막을 떠돌아다니던 유목민처럼 발 한 번 크네."라는 말을 들었을 때 부글부글 끓어오르는 인종 혐오로 바뀐 것이라고 말할 수 있을까?[321] 히틀러가 하니슈가 말하듯이 독신자 합숙소에서 주변의 유대인과 정말로 사이좋게 지냈는지는 의심을 해볼 만하다. 일평생 동안 히틀러는 참다운 우정을 쌓은 적이 드물었다. 정치인으로서 일평생 동안 수없이 많은 말을 쏟아냈지만 히틀러는 아주 가까운 사람한테도 자기의 속마음을 숨기는 데는 능숙한 사람이었다. 주변 사람을 부리는 데도 뛰어났다. 독신자 합숙소에서 유대인과 잘 지낸 것은 분명히 어느 정도는 처세술이었다. 로빈존은 돈을 꾸어주었다. 노이만도 자잘한 빚을 갚아주곤 했다.[322] 뢰프너는 상인들과 다리를 놓아주었다.[323] 속마음이야 어떻든 히틀러는 유대인 화상, 장사꾼과 어울리면서 그냥 실속을 챙겼다. 그들이 자기 그림을 팔아주는 한 유대인에 대한 추상적 혐오감쯤은 삼킬 수 있었다.[324]

빈에서 지내는 동안 히틀러가 반유대주의 인종론자가 아니었다는 주장은 주로 하니슈의 증언과 남아 있는 쥐꼬리만 한 자료 중에 이 시기 히틀러의 반유대주의적 사고를 입증하는 자료가 부족하다는 데서 힘을 얻고 있지만, 그렇다고 해서 이런저런 가능성을 따지면 그야말로 지금까지와는 다른 해석을 내려야 하는 것일까? 히틀러는 나중에 자신도 그렇게 주장하지만 정말로 빈에서 살면서 유대인을 미워하게 되었다고 보는 것이 더 타당해 보인다. 하지만 이때만 하더라도 깊은 생각에서 나온 '세계관'이라기보다는 자기 처지를 합리화하는 수준에 머물렀을 것이다. 그것은 개인적 증오심이었다. 자기를 한심한 처지로 몰아넣은 도시에서 자기에게 일어난 나쁜 일은 무조건 유대인 탓이라고 믿는 마음이었다. 하지만 이렇게 내면화된 증오심은 신랄한 반유대주의가 지극히 정상적이었던 주변 사람들에게는 표현되지 않았다. 그리고 역설적이긴 하지만 그래도 몇 푼이라도 벌어서 먹고 사는 데 유대인의 도움이 필요한 동안은 자기의 본심을 드러내지 않았고, 때에 따라서는, 하니슈도 밝혔지만 유대인 문화를 추어올리는 것으로 잘못 받아들여질 수 있는 마음에 없는 발언도 했을 것이다. 이런 식의 논증을 더 밀고 나가본다면, 히틀러는 나중에 가서야 노골적 증오심을 반유대주의가 한복판에 오는 완숙한 '세계관'으로 합리화했고 그것은 1920년대 초반에 굳었다. 반유대주의 이념은 1차 세계대전의 종식부터 1919년 뮌헨에서 정치에 눈을 뜰 때까지 히틀러의 인생에서 또 한 번의 중요한 변화가 일어나고 나서야 비로소 만들어진다.

막 내린 빈 시대

그것은 모두 나중에 일어날 일이었다. 독신자 합숙소에서 지낸 지도 어느덧 3년이 지난 1913년 봄에도 히틀러는 비록 옛날 같은 밑바닥 생활에서는 벗어났고 자기 앞가림만 하면 되는 홀가분한 처지이긴 했지만 앞으로 무슨 일을 하면서 살겠다는 뾰족한 계획도 없이 무위도식하면서 떠돌고 있었다. 그렇지만 미술 공부를 하겠다는 꿈은 여전히 포기하지 않은 듯한 인상을 주었고 독신자 합숙소 집필실의 고정 멤버들에게는 뮌헨으로 가서 미술아카데미에 들어갈 작정이라고 말했다.[325] 바이에른의 수도 뮌헨에 있는 '큰 미술관들' 이야기를 하면서 "뮌헨으로 바람처럼 날아가겠다."고 입버릇처럼 말했다.[326] 뮌헨으로 가는 것을 미루어야만 할 이유가 히틀러에게는 있었다. 아버지한테서 물려받은 자기 몫의 유산을 히틀러는 만 스물네 살이 되는 1913년 4월 20일에 가서야 받을 수 있었다. 그토록 싫어했던 도시를 히틀러가 떠나지 못한 가장 큰 이유는 뭐니뭐니해도 기다렸다가 이 돈을 받기 위해서였다고 어렵지 않게 짐작할 수 있다.[327] 1913년 5월 16일 린츠 지방법원은 원금 652크로네에다가 이자가 붙어서 819크로네 98헬러로 늘어난 돈을 받을 자격이 있으니 빈 멜덴만슈트라세에 사는 '화가' 아돌프 히틀러에게 우편으로 해당 금액을 보내라고 판결했다.[328] 기다리고 기다리던 돈이 손에 들어온 이상 뮌헨 행을 더 미룰 이유가 없었다.

빈을 뜰 때가 되었다고 판단한 이유는 또 있었다. 1909년 가을 히틀러는 만 21세가 되는 그 이듬해 봄부터 군 복무를 하려면 당국에 신고를 해야 했지만 그렇게 하지 않았다.[329] 설령 자격이 미달이라 하더라도 1911년과 1912년에는 자기가 그토록 혐오하던 나라를 위해서 군 복무를 할 수 있는 자격이 생겼을 것이다.[330] 당국을 3년 동안 피한 히틀러는 1913년 24세가 되면 국경을 넘어 독일로 가는 것이 안전하다고 아마 생각했을 것이다. 그것은 착각이었다. 오스트리아 정부는 그를 놓치지 않았다. 당국은 히틀러를 추적했고 징집을 회피한 사실로 이듬해 그는 곤욕을 치렀다.[331] 한때 히틀러는 빈을 떠난 시기를 1913년이 아니라 한사코 1912년이라고 적어 넣은 것으로 유명했는데 그렇게 한 것도 혹시 나중에라도 기관원들에게 꼬투리를 잡히지 않기 위해서였다.[332]

1913년 5월 24일 히틀러는 소지품이 모두 든 작고 까만 가방을 들고 늘 입고 다니던 남루한 양복 대신 좀 더 말쑥한 옷을 입고 자기보다 나이가 네 살 적고 독신자 합숙소에서 알게 된 지 석 달도 채 안 된 루돌프 호이슬러라는, 상점에서 일하다가 지금은 실업자가 된 젊은이와 함께 집필실 동료들의 배웅을 받으면서 합숙소 문을 나서서 뮌헨으로 떠났다.[333]

빈 시대는 끝났다. 빈 생활은 히틀러의 성격과 히틀러가 품은 '개인적 견해의 밑바탕'에 지워지지 않을 흔적을 남겼다.[334] 하지만 이런 '개인적 생각'은 아직은 성숙한 이념이나 '세계관'으로 굳지 않았다. 그 일이 일어나려면 빈보다 더 호된 학교를 겪어야 했다. 그것은 전쟁과 패전이었다. 전쟁과 패전이 낳은 그런 독특한 상황이 있었기 때문에 오스트리아의 낙오자는 낯선 땅에서, 자기가 선택한 나라의 사람들 사이에서 호소력이 발휘됐다.

···3장

전선의 연락병

"감격이 복받친 나머지 나는 털썩 무릎을 꿇고 앉아서
이런 시대에 살아갈 수 있는 행운을 베풀어준 하늘에 감사드렸다.
…… 내 인생에서 가장 찬란하고 가장 잊을 수 없는 시간이
바야흐로 시작된 것이다."

"그래서 그것은 모두가 허사였다. ……
못된 깡패 무리가 조국을 농락하라고 그 모든 일이 일어났단 말인가?
…… 그렇게 여러 날 밤을 보내면서 내 안에서는 미움이 쌓여 갔다.
이런 짓을 자초한 사람들에 대한 미움이 쌓여 갔다."

_히틀러가 《나의 투쟁》에서 밝힌 1차 세계대전이 터졌을 때와 끝났을 때의 심정

전쟁 전야

히틀러를 살린 것은 1차 세계대전이었다. 전쟁을 겪지 않았더라면, 패전의 굴욕과 혁명의 격변을 맛보지 않았더라면, 실패한 예술가, 사회 낙오자는 정치에 뛰어들어 선전가로서, 또 맥주홀에서 좌중을 휘어잡는 선동가로서 뛰어난 재능을 찾아내 그것을 업으로 삼는 일도 없었을 것이다. 전쟁과 패전, 혁명의 상처가 없었더라면, 이런 상처로 말미암아 독일 사회가 정치적으로 급진화되지 않았더라면, 선동가는 악에 받치고 증오에 찬 말을 들어줄 청중을 찾아내지 못했을 것이다. 패전의 후유증으로 히틀러의 길과 독일 민족의 길이 만날 수 있는 조건이 무르익었다. 전쟁이 없었더라면 비스마르크가 앉았던 총리 자리를 차지한다는 것은 생각도 못할 일이었다.

히틀러는 독일 국민성에 깃든 뿌리 깊은 결함의 논리적 귀결이자 권위주의 · 군사주의 · 인종주의 기질로 일그러진, 기형화된 역사의 극점이라고 보는 것이 한때는 당연시된 적도 있다(적어도 독일 밖에서는 그랬다). 과거를 그런 식으로 투박하게 오독하는 사람에게는 딱히 뭐라고 할 말도 없다. 이 설명보다 훨씬 더 진지하게 받아들여진 것은 근본적인 체제 개혁을 단행해야 한다는 압력이 결국 흐지부지되고 1848년 혁명 이후의 자유주의가 좌초하면서 무엇보다도 아직은 산업자본가가 아니었던 무관 중심의 지주계급이 대변한 권위주의 세력의 철옹성이 끄떡없이 살아남을 수 있었는데, 이들은 민주화 입력에 맞서 자기들의 권력 기반을 지키기 위해 별의별 파렴치한 수단을 동원할 만반의 준비가 되어 있었다는 견해였다. 이 견해에 따르면, 히틀러의 승리는 전쟁과 통일을 앞세워 정치 변혁을 일으키되 권력의 사회적 기반은 그대로 온존시키는 비스마르크의 '위로부터의 혁명'이라는 유산을 이어받은 것이었고, 또 그렇기 때문에 제2제국과 제3제국 사이에는 연속성이 있었다. 다시 말해서 민주주의자들 없이 민주주의를 실험했던 불운한 바이마르가 둘을 이어주었다고 보았다. 근대화로 걸어온 길이 '특수한' 사회, 제도, 구조, 권력 관계, 의식이 모두 전근대에 머물러 있어 근대 세계의 발빠른 공세와 마찰을 빚었고 근대의 경쟁력 있는 (위협적인) 경제·문화·정치 강국들과 갈등을 빚었던 '결함 있는 나라'[1] 안에다 히틀러를 두고 설명을 했다.[2]

이런 설명의 상당 부분은 그럴 듯하고 설득력이 있어 보이기까지 한다. 하지만 그것 자체만으로는 너무 깔끔하고 너무 자기 완결적이어서, 그러니까 너무 단순해서 선뜻 수긍이 안 간다. 그동안의 통념과는 달리 19세기 후반 독일의 사회·경제적 발전은 독일과 자주 비교되었던 영국, 프랑스와 비슷한 점이 훨씬 많았다. 독일의 문제는 크게 보면 고도로 발달하고 문화적으로도 앞선 현대 산업 국가가 직면한 문제였다. 물론 독일은 경제와 사회가 빠르게 변하는 과정에서 이런저런 갈등을 겪었다. 그중에는 심각한 갈등도 있었다. 독일에서 유독 강하게 불거진 갈등이 있었던 것은 사실이지만 독일에서만 찾아볼 수 있는 갈등은 드물었다.

그렇지만 독일 제국의 헌정 질서는 영국이나 프랑스와는 몇 가지 점에서 크게 다르다. 영국과 프랑스는 다양한 구조를 가졌으면서도 비교적 유연하게 굴러가는 의회 민주주의가 있어서 급격한 경제 변화로 생긴 정치·사회적 요구에 대처할 수 있는 잠재력에서 앞섰다. 독일에서는 제국 의회로 표현된 다당제의 성장이 의회 민주주의로 나아가지 못했다. (대부분이 귀족이었던) 대지주, 군대의 장교 집단, 국가 관료 기구의 상층부, 심지어는 의회를 구성한 대부분의 정당도 저마다 강한 이해 관계를 앞세웠고 그것은 의회 민주주의의 발전을 가로막았다. 독일 총리는 여전히 독일 황제가 임명했다. 정부는 의회 위에 군림했고 (적어도 이론적으로는) 정당 정치에서 독립해 있었다. 온갖 부문의 정책, 특히 외교와 국방 정책은 의회의 통제 밖이었다. 근본적 변화를 요구하는 압력이 높아지는 만큼 수세에 몰린 수구 기득권 세력도 권력을 내놓지 않으려고 기를 썼다. 기득권자 중에는 혁명이 일어나는 것이 두려운 나머지 사회주의의 위협을 격파하고 권력을 고수하기 위해 전쟁마저 불사하려는 사람들이 있었다.

　1차 세계대전이 터지기 직전에 독일이 봉착했던 아주 심각한 헌정상, 정치상의 문제가 구질서를 사수하려는 목적으로 전쟁이라는 일대 도박을 벌이지 않으면 안 될 만큼 정말로 극복하기 어려운 문제였는가 하는 것은 그동안의 통념과는 달리 별로 자명하지가 않다. 전쟁을 겪지 않고 입헌 군주제와 의회 민주주의로 서서히 이행할 수 있었을 가능성이 있다고 보는 것도 전혀 황당무계한 가정만은 아니다.[3] 그렇지만 도박을 아는 사람은 실현 가능성을 따졌을 때 그쪽에 그렇게 많은 돈을 걸지는 않을 것이다. 헌법이 그토록 경직되어 있고 권력을 거머쥔 집단들이 민주화에 그토록 악착같이 저항했던 나라가 어떻게 의회주의로 서서히 바뀔 수 있었을지를 상상하기는 쉽지 않다. 독일의 위정자들은 전쟁에서 지고 나서야 마지못해 의회주의를 받아들이지 않았던가. 권위주의가 몸에 밴 정치 체제는 스스로를 근본적으로 개혁하기에 불리한 여건에 놓여 있었다.[4]

　간단히 말해서 1914년부터 1918년까지 전쟁이라는 참화를 겪기 전의 독일은 다는 아니더라도 한때 사람들이 생각했던 것보다는 어떤 면에서는 '정상적'이었다. 제2제국이 제3제국이 되는 게 시간 문제였다고 말할 수만은 없다. 그렇다고는 해도 대부분의 유럽 국가에서 찾아볼 수 있던 특성에 독일이라는 민족국가 특유의 정치 문화와 사회 풍토에서 묻어난 맛이라고나 할까 빛깔이 배어 있었던 것은 사실이다. 히틀러라는 인물을 생각이라도 할 수 있는 여건이 만들어지기까지는 1차 세계대전이라는 재앙을 겪어야 했지만 빌헬름 시대에 생겨난 독일 특유의 정치 문화(또는 아무튼 1914년 이전까지는 결코 대세가 아니었던 정치 문화의 맥 같은 것)는 훗날 국가사회주의가 거두어들일 사상의 씨앗이 싹트고 빠르게 자라날 수 있는 토양이 되었다. 사태 전개의 진상은 여기서도 명쾌하기보다는 흐릿할 때가 많았다.[5] 극단적인 견해와 태도만을 골라낸 다음 마치 그것이 한 사회 전체를 대변하듯이 죽 나열하는 것은 잘못이리라. 하지만 히틀러에서 정점에 이르는 도도한 흐름을 독일사 안에서 읽어내려는 것도 진상을 왜곡하는 것이지만 히틀러가 마치 갑자기 하늘에서 뚝 떨어진 것처럼 말하는 것도, 독일이 걸어온 길의 어느 것도 나치즘의 재앙을 낳는 토대가 되지 않았다고 말하는 것도 진실을 오도하는 것이며 한 사람이 온 나라를 최면에 빠뜨려서 건강한 발전의 궤도에서 탈선시킨 것처럼 말하는 것은 위험하다.[6]

비록 왜곡되고 변질된 형태로 나아갈 때가 많았지만 나치즘이 1차 세계대전 이후에 득세할 수 있는 잠재력을 키워준 사상적 토양이 된 것은 무엇보다도 19세기 후반에 독일 민족주의가 전개된 양상이었다. 특히 1909년부터 1914년까지 급진 우익 세력은 헤쳐 모여를 통해 전쟁을 거쳐 전후 정치 판도에까지 이어질 징검다리를 만들면서 힘을 키웠다.[7] 독일 민족주의의 성격을 규명하는 데 빼놓아서는 안 될 특성은 1차 세계대전이 벌어지기 한참 전부터 있었던 생각이지만 통일이 불완전하다는 우려, 민족 내부의 분열과 갈등이 고질화되었고 심지어 더 심화되고 있다는 불안감이 팽배해 있었다는 점이었다. 전후에 그전과는 달라진 상황에서 히틀러가 가장 확실하게 이용할 수 있었던 것은 한 사회 안에서 다원주의는 부자연스럽고 건강하지 못하며 나약함의 징표이고 내부 분열과 반목은 민족 공동체의 대동 단결로 눌러서 몰아낼 수 있다는 믿음이었다. 민족의 단합으로 내부 불화를 잠재우고 분열을 극복하고 싶다는 것은 독일 제국의 민족주의자라면 강도는 저마다 다를지언정 누구나 품고 있던 열망이었다. 1871년 비스마르크가 헌법의 차원에서 어렵게 성사시켜 종교, 계급, 지역으로 갈가리 찢긴, 너무나도 분열된 사회에 억지로 덮어씌운 통일의 피상성은 특히 민족에 '속하지' 않은 사람들을 따로 세우는 배타적인 민족 의식을 만들어내는 방식을 통해서 의도적으로 '대중을 민족화'[8]하려는 움직임을 부추겼다. 하인리히 폰 트라이치케* 같은 쟁쟁한 역사가도 '제국의 적들'을 배제하는 민족주의의 핵을 이루는, 날이 선 공격적 민족 의식을 앞장서서 대변하면서 고등 교육을 받은 부르주아 사이에서 그런 생각이 뿌리를 내리는 데 엄청나게 기여한 수많은 지식인 가운데 하나로 이름을 날렸다.[9] "유대인은 우리의 재앙"이라는 것이 트라이치케 같은 지명도 있는 사람이 이름을 걸고 천명한 지배적 정서였다.[10]

폴란드인과 유대인, 가톨릭교도와 특히 사회민주주의자는 비스마르크 때부터 '국외자'로 낙인찍혔다. 그러나 차별과 억압은 반작용을 낳았다. 1870년대에 비스마르크가 독일의 가톨릭 교육, 가톨릭 기관, 가톨릭 성직자를 공격하면서 촉발된 문화 전쟁을 치르면서 가톨릭은 오히려 세력이 커졌다. 사회주의자 단체, 회합, 출판에 족쇄를 채운 12년 동안의 사회주의 공안법도 마르크스주의 강령을 따르는 사회민주당의 약진을 가져왔다. 1차 세계대전이 터지기 전에 있었던 1912년의 총선에서 사회민주당이 거뜬히 제1당으로 우뚝 서자 중간계급과 상류계급은 경악을 금치 못했고 심한 적개심에 휩싸였다. 이미 유럽에서 가장 규모가 큰 사회주의 운동으로 컸고 마르크스주의 강령에 따라 기존의 국가를 해체하려 했던 사회민주당은 마르크스주의 노선을 따르는 사회주의를 분쇄하려던 대단히 공격적인 성향의 강경 민족주의 세력으로부터 저항을 받았다.

독일이라는 국민국가가 수많은 군소 국가의 통일로 만들어졌다는 사실 때문에 국민 의식이 더욱 강조되었다. 잉글랜드나 프랑스의 경우는 이미 존재하던 단일 국가의 기구들에서 국민 의식이 나왔고 또 그런 기구들에다 국민 의식을 덧붙였다면 독일은 문화와 언어를 가지고 국민 의식을 정의했다. 그렇게 되니까 국민(nationhood)을 (늘 그랬던 것은 아니지만) 민족(ethnic)으로 정의하는 풍조가 생겼고 그런 풍조는 독일처럼 유럽의 여느 나라와 마찬가지로 민족주의가 제국주의로 녹아들어서

트라이치케(Heinrich von Treitschke, 1834~1896) 군국주의, 애국주의를 제창한 독일의 역사가이자 정치 평론가. 오스트리아를 배제하고 프로이센을 중심으로 한 독일의 통일(소독일주의)을 주장했다.

안에서는 막고 밖으로는 쳐들어가며 '태양 아래 누울 자리'로 식민지를 차지하려고 혈안이 되었던 나라에서는 이런저런 인종주의로 흐르기 십 상이었다.

　민족주의에는 신화가 있어야 한다. 독일도 강력한 신화가 있었는데 바로 '제국 신화'였다.[11] '독일 제국'이라는 새로운 민족국가의 이름에 서 많은 사람들은 붉은수염왕 프리드리히 1세*의 신성로마제국을 다시 세우려는 신화적 의지를 떠올렸다. 이 전설에 따르면 프리드리히 1세는 튀링겐에 있던 키프호이저 산 바로 밑의 성스러운 처소에서 자신이 세 운 중세의 제국이 부활하는 날이 올 때까지 잠들어 있다. 민족주의가 요 구하는 새로운 미학에 발맞추어 제국의 영속성을 담아내기 위해 퇴역 장병 단체가 앞장서서 거둔 돈으로 1896년 키프호이저 산에 황제 빌헬 름 1세의 거대한 기념상을 세웠다.[12] '제국 신화'는 민족 통일과 분열의 종식을 위대한 개인의 영웅적 쾌거로 연결짓고 지금까지의 독일사를 궁 극적으로 이루고야 말 민족 통일의 서곡으로 풀이했다. 학교 교과서는 멀리는 서기 9년에 3개 로마 군단을 격파한 게르만족의 전설적 지도자, 케루스키족의 헤르만으로 일컬어졌던 아르미니우스*까지 거슬러 올라 가는 민족 영웅들이 세운 위업을 예찬했다. 토이토부르거발트에 있는 거대한 아르미니우스 기념상과 라인 강변의 뤼데스하임 부근 니더발트 기념관에 있는 게르마니아 기념상은 '제국 신화'에 단단한 살을 붙였다. 1914년 플랑드르 전선으로 가는 길에 게르마니아 기념상을 처음 보고[13] 히틀러는 깊은 인상을 받았다. 독일 제국의 바탕이 당대의 정치 현실에 서 일단 역사로 넘어가고 제국 건설의 산파역을 하면서 논란을 몰고 다

....

프리드리히 1세(Friedrich 1, 1123~1190)　슈바벤 공작, 신성로마제국 황제(재위 1152~1190). 교황의 권위에 도전하고 서유럽에서 독일의 우위를 확립하려고 애썼 다. 14세기 이후 전설의 영웅으로서 낭만적으로 미화되었으며, 19세기에는 독일 통일 의 상징이 되었다.

아르미니우스(Arminius, B.C. 18~A.D. 19)　게르만의 케루스키족의 지도자. 로마 세 력을 물리쳤으나 동족의 내분으로 살해당했다. 로마 역사가 타키투스는 아르미니우 스를 게르만의 민족적 영웅으로 높이 평가하였다.

철혈 재상 비스마르크. 독일 제국의 건설자로 불리는 비스마르크는 1890년 빌헬름 2세와의 권력 투쟁에서 패배해 자리에서 물러났다. 그러나 퇴진 후 민족주의 세력에 의해 오히려 숭배의 구심점으로 떠올랐다.

넜던 비스마르크의 정치 역정이 새로 등극한 황제에 의해 끝장나자 이제는 비스마르크가 역대 정치인과 군인을 통틀어 가장 위대한 영웅으로 추앙받으면서 숭배의 구심점으로 떠올랐다. 학생 단체의 주도로 독일 방방곡곡에 세워진 수백 개의 '비스마르크 탑'은 이 국민 영웅을 국민(nation)과 국가(state)와 민족(people)을 상징하는 존재로 부각하였다.[14] 거기다가 처음에는 군주제와 함께 국민 단합의 구현체로 보였던 제국 의회가 비스마르크가 떠난 이후로는 정치인들과 정당들이 하찮은 일로 옥신각신하는 소굴로, 국론 분열의 징후로 보였기 때문에 비스마르크 같은 새로운 영웅이 나타나기를 갈망하는 마음도 그만큼 커졌다.

그런 역할을 애초 맡겠다고 나선 사람은 다름 아닌 황제 자신이었다.

19세기 말 독일 민족주의는 점점 전제 군주로 기우는 성향을 보였지만 새로 황제로 등극한 야심가 빌헬름 2세가 '위정자와 잠자는 황제 영웅이라는 두 이미지'[15]를 한몸에 구현한 존재처럼 떠오르면서 호엔촐레른 왕가 숭배 열기가 고조된 1890년 이후로는 일부러 그런 쪽으로 분위기를 더욱 몰아갔으며, 새 황제가 독일의 국위를 선양하고 내부 분열을 끝내리라는 기대감을 띄웠다. 점점 시끄러운 목소리를 내는 우익 민족주의 진영에서 요구한 것이 바로 그것이었다. 하지만 말과 현실의 괴리는 너무 컸다. 황제에게 느낀 실망과 환멸이 커지면서 비스마르크 열풍이 불었고 민족주의자들의 목소리가 점점 높아졌다. 그중에서도 강경파들은 열등한 민족을 정복하여 독일의 패권을 키우고 넓히라고 요구했다.

세기 전환기에 독일 민족주의가 자신만만한 모습을 보인 것은 사실은 두려움이 그만큼 컸기 때문이기도 하다. 프랑스와는 전통적으로 앙숙이었지만 영국과도 점점 대결 의식이 높아졌고 동쪽으로는 슬라브 지역에서도 위협을 느꼈다. 내부적으로도 사회민주주의가 점점 급속히 부상했고, 민족의 쇠락과 몰락을 우려하는 문화적 비관주의도 고개를 들었다.

안팎에 도사린 적들이 민족의 앞날을 위협한다는 공포심이 때로는 광기로 치달을 만큼 심각했던 풍토에서 극단적 반마르크스주의와 반유대주의, 사회다윈주의*, 우생학 같은 인종 이념이 점점 먹혀들어 간 것은 그리 놀라운 일이 아니다. 물론 이런 현상은 독일에만 국한된 일은 아니었다. 사회다윈주의는 영국에서도 영향력을 떨쳤다. 세기 전환기에 반유대주의 인종론의 온상으로 자리 잡은 대표적 지역은 오스트리아-헝가리 제국과 프랑스였고 물리적으로 유대인을 가장 못살게 군 나라는 러시아였다.[16] 그렇지만 독일 현실에서는 보수 세력의 상당수가 받아들인 다분히 대중에 영합하는 급진 우익의 인종 이념이 더욱 힘을 얻어 개인과 소수 집단에 상당한 위협을 가했다.[17] 국가를 개인보다 우선시

사회다윈주의(Social Darwinism) '사회진화론'이라고도 한다. 찰스 다윈의 진화론에 근거를 둔 사회 이론이며 19세기 말, 20세기 초에 유행했다. 동·식물계의 적자생존과 마찬가지로 인간 사회에서도 약자는 줄어들고 그들의 문화는 영향력을 잃는 반면에 강자는 더욱 강력해지고 약자에 대한 영향력이 커진다고 주장했다.

하고 질서와 권위를 강조하고 국제주의와 평등에 반대하는 것은 독일 민족주의 정서의 두드러진 특징으로 점차 자리를 잡았다.[18] 아울러 '인종 의식'에 대한 요구도 차츰 커졌고 동화를 원하는 사람이 압도적으로 많았던 얼마 안 되는 유대인 소수 집단에 대한 적대감도 커졌다.[19]

1890년대에 많이 읽힌 책에도 그렇게 나왔지만 유대인은 "우리한테는 독이라서 당연히 그에 상응하는 대접을 해야 할 것"이라고 주장했고 '페스트와 콜레라'처럼 흔히 볼 수 있는 병균에 비유하는 표현도 늘어났다.[20] 하지만 결코 그런 극단론이 대세는 아니었다. 독일 제국에서 살아가던 유대인의 대부분은 미래를 그런 대로 낙관할 수 있었고 반유대주의를 얼마 안 가면 사라지고 말 낡은 시대의 악습으로 흘려 넘길 수 있었다.[21] 하지만 그들은 현대의 반유대주의 인종론이 생물학적 구별을 유난히 강조한다는 점, 완강한 민족주의와 연결되었다는 점, 새로운 형태의 대중 정치 운동에 동원되고 이용될 수 있다는 점에서, 비록 더 잔인했을지는 몰라도 옛날의 유대인 탄압과는 달랐다는 사실을 간과했다. 그리고 1900년에 나온 뒤로 베스트셀러가 된 휴스턴 스튜어트 체임벌린*의 《19세기의 토대》와 1887년에 간행된 이후로 7년 만에 25쇄를 찍은 테오도어 프리치*의 '반유대주의 교과서' 《유대인 문제 편람》 같은 인종론 분야의 고전이 지닌 침투력을 얕보았다.[22] 순전히 반유대주의만을 들고 나온 정당은 관점이 너무 좁아서 제정 말기에는 퇴조했지만 그 무렵이면 정당, 단체, 압력 집단, 학생 조직, 이익 단체에서 반유대주의 인종론을 점차로 수용했고 이것은 다시 반마르크스주의, 제국주의, 군사주의, 급진 성향의 민족주의와 뒤섞였다.

우생학 운동은 영국에서 처음 생겼고 북유럽과 미국에서 추종자를 얻

체임벌린(Houston Stewart Chamberlain, 1855~1927) 독일을 숭배한 영국 출신의 정치철학자. 리하르트 바그너의 찬미자였으며 유럽 문화에서 아리아인의 인종적·문화적 우월성을 주장했다.

프리치(Theodor Fritsch, 1852~1933) 독일의 급진 반유대주의자. 19세기 말 모든 반유대주의 성향의 정치 조직들을 하나로 통합하려던 목표는 실패했으나, 프리치의 사상은 1차 세계대전 이후 히틀러와 나치 조직의 성장에 발판이 되었다.

었지만 독일에서는 새로운 차원의 지지를 끌어 모으면서 양질의 사회 집단은 출생률이 낮아지고 '열등'한 집단의 비율이 올라가면서 인종이 퇴화할 것이라는 편집증에 가까운 공포를 불러일으켰다. 뿐만 아니라 반사회분자, 장애인, '열등인', 특히 무절제한 성욕으로 인종의 퇴화를 더욱 부채질하는 것으로 여겨졌던 정신질환자 등 '쓸모없는 인생'처럼 사회에 짐만 되는 군입들을 먹여 살리는 데 들어가는 비용이 너무 많다고 불만스러워하는 목소리가 커졌다. 이런 분위기에서 '퇴보 집단'의 특정 범주를 골라서 불임 수술을 실시하자는 안을 지지하는 의사들이 늘어났다. 1889년에 한 의사는 이것을 벌써 "국가의 신성한 의무"라고까지 말했다.[23]

나라에 대한 자신감은 정복을 통해서 얻었고 문화적 우월감에 바탕을 둔 대국 의식에서 나왔다. 독일은 나날이 국력이 커지는 강국이고 강국은 제국이 필요하고 또 당연히 제국의 반열에 오를 만한 자격이 있다는 생각이었다. 독일은 아프리카에서 벌어진 제국주의 열강의 나눠먹기 쟁탈전에 뒤늦게 뛰어들었다. 1880년대에 독일이 손에 넣은 자투리 영토는 독일의 위세에는 어울리지 않았다. 특히 우익 진영에서는 인구 급증으로 독일이 "발을 디딜 자리가 없는 민족"이 되었다고 아우성이었다.[24] '세계 정치'라는 구호에 담긴 식민지 획득과 통상 제국의 요구는 대영제국주의와 프랑스 제국주의가 추구한 목표와 본질적으로 크게 다르지 않았다. '세계 정치'와 함께 '인간 이하'의 슬라브 민족을 내몰고 동유럽으로 영토를 넓히자는 생각이 고개를 들었다. 중요한 민족주의 압력 집단 몇 곳에서 특히 목소리를 높였고 독일보수당 당론에도 차츰 이런 생각이 스며들었다.[25] 다양한 갈래의 민족주의, 제국주의, 인종주의 이념을 퍼뜨리는 데 중요한 역할을 한 이 압력 집단들은 선전과 선동, 의회 밖에서 벌이는 저항에 새로운 가능성을 열어주었다.

1898년에 대규모 전함 건조를 위해 결성된 해군동맹은 가장 규모가 큰 압력 집단이었는데 1914년에 가면 회원과 준회원을 합해서 모두 1백만 명이 넘었다.[26] 그런 단체에서는 신문, 팸플릿, 심지어 영화도 찍어냈는데 이런 선전물의 규모가 엄청났다.[27] 민족주의 이념 전파의 주

역이 해군동맹이었다고 말할 수 있겠지만 동진협회와 특히 범게르만동
맹은 규모는 더 작았지만 더 급진적이고 더 인종주의적이었다. 동진협
회는 프로이센 국경 지방에 살던 폴란드인과 인종 투쟁을 벌이는 마당
에 법적 차별이라는 강경책도 불사해야 한다고 부르짖었다.[28]

덩치는 작았지만 간부 중에 교사와 학자의 비율이 높아서 규모에 걸
맞지 않게 영향력이 컸던 범게르만동맹은 가장 급진적인 이념을 내세웠
다. '종족 민족주의(völkisch nationalism)와 인종론적 제국주의를 표방
한 이 단체의 이념은 세상을 선과 악의 투쟁으로 해석하는 마니교적인
'세계관'에 푹 젖어 있었다. 나치 '세계관'을 앞질러 보여주는 발상이 담
겨 있었다. 규모는 작았지만 1917년에 결성되는 독일조국당을 중심으
로 1차 세계대전 이후의 급진 우익 진영으로 이어졌다.[29] 범게르만동맹
을 이끌던 하인리히 클라스는 1912년 다니엘 프리만이라는 가명으로
발표한 《내가 만일 황제라면》이라는 책에서 선거권 제한, 언론 검열, 사
회주의 단속법, 반유대주의 법안이 국가 회생의 발판이라고 주장했
다.[30] 특히 황제에 대한 깊은 실망감이 도처에 팽배한 상황에서 클라스
는 "위대한 일은 개개인의 힘을 하나로 응집할 때만 이루어낼 수 있고
그렇게 하려면 한 사람의 지도자에게 복종해야 한다는 사실을 알았기
때문에 …… 비독일적인 민주주의의 설교에 흔들리지 않는 모든 사람
들이 열망하는" "강하고 유능한 지도자"가 나와야 한다고 부르짖었
다.[31] 1차 세계대전이 터졌을 무렵 클라스의 책은 이미 5쇄를 찍었다.
아직 소수이기는 했지만 '새로운 우익'의 이념이 독일이 유럽의 전란에
휘말려들기 몇 년 전부터 비옥한 토양에 점점 뿌리를 내리는 조짐이었
다.[32] 전쟁 전 민족주의 우파 진영에서 이미 일어난 이런 변화는 전쟁
동안에 왜 우익이 급진화되었는지를 이해하고 전후 민족주의 정치가 왜
빠르게 확산되었는지를 이해하는 데 중요하다.[33]

1차 세계대전 전야의 독일은 분명히 몇 가지 과히 아름답지 못한 모
습을 지닌 나라였다. 그중에서도 황제가 군림하는 군주제 위에 어정쩡
하게 걸터앉아 있는 모습이 특히 어색했다.[34] 그렇지만 바로 이런 요인
때문에 결국 제3제국으로 흘러갈 수밖에 없었다고 말할 수 있는 그런

사태 전개는 딱히 없었다. 히틀러 치하에서 일어난 일은 제정 독일에서는 내다볼 수 없었다. 1차 세계대전과 그 뒤의 사태를 경험하지 않고서는 도저히 상상도 할 수 없는 일이었다.

뮌헨의 이방인

막 10년 전의 일을 되돌아보면서 히틀러는 전쟁이 터지기 전까지 뮌헨에서 보낸 15개월이 자기 인생에서 "가장 행복하고 가장 뿌듯한 나날"이었다고 말했다.[35] 열광적 독일 민족주의자는 '인종들의 바빌론'으로밖에는 보이지 않았던 빈과 여러모로 다른 '독일 도시'에 입성한 것을 기뻐했다.[36] 그는 왜 빈을 떠났는지 이유를 죽 들었다. 독일계 주민에게 불이익을 주는 합스부르크 제국의 친슬라브 정책에 대한 강한 반감, 빈의 독일 문화를 '잠식'하던 '이민족들의 유입'에 대한 점증하는 혐오감, 오스트리아-헝가리 제국은 시한부로 존속하고 있고 그 종말이 멀지 않았다는 확신, '어린 시절부터 흠모와 연정의 대상'이었던 독일로 자꾸만 가고 싶다는 욕망 같은 것이었다.[37] 마지막 감정은 다분히 낭만적이었지만 나머지 감정은 충분히 현실적으로 느낄 만한 정서였다. 합스부르크라는 나라를 위해서 싸우고 싶은 마음이 추호도 없었으리라는 것은 확실하다. "우선은 정치적인 이유로" 오스트리아를 떠났다고 히틀러가 말했을 때 속뜻은 바로 그것이었다.[38] 그렇지만 정치적 저항의 일환으로 떠난 듯한 뉘앙스를 풍기는 것은 솔직하지 못하고 진실을 감추려는 속셈이 배어 있다. 앞서 언급한 대로 히틀러가 국경을 건너 독일로 간 데는 명백하고 직접적인 이유가 있었다. 병역 기피를 했다는 이유로 린츠의 주무 관청에서 히틀러를 수배하고 나선 것이다.

히틀러가 "이 세상 그 어떤 도시보다도 …… 애착을 느꼈던"[39] 도시는 1차 세계대전이 터지기 몇 년 전까지는 파리, 빈, 베를린과 함께 유럽에서도 가장 활기찬 문화 수도의 하나였고 창조성과 예술적 혁신의 산실이었다. 예술과 보헤미안의 거리로 유명했던 뮌헨의 슈바빙으로 독일 전역은 물론이거니와 유럽에서도 많은 예술가와 화가와 작가가 모여들었다. 그들은 슈바빙의 카페, 술집, 카바레를 실험적인 '현대성'의 산실로 만들었다. 세기 전환기에 그런 분위기를 만끽하면서 그곳에서 살았던 저명한 화가 로비스 코린트는 "독일 어느 도시에서도 옛 것과 새 것이 뮌헨처럼 강하게 충돌한 곳은 없었다."라고 말했다.[40]

뮌헨의 현대 문화는 다채로운 가닥으로 나뉘었지만 그것들은 몰락과 회생이라는 주제, 메마르고 스러져 가는 질서의 제거, 낡은 풍습, 진부한 관행, 인습, 부르주아 관습에 대한 경멸, 새로운 표현과 미적 가치를 위한 모색, 이성에 앞선 감정의 환기, 젊음과 혈기의 예찬이라는 공통분모로 이어졌다. 시인 슈테판 게오르게*의 모임, 부르주아 윤리를 질타한 극작가이자 카바레 대본가 프랑크 베데킨트, 프라하의 위대한 서정 시인 라이너 마리아 릴케, 만 형제 작가 ― 대하소설《부덴브로크 가의 사람들》을 1901년에 발표하면서 유명해졌고 히틀러가 독일에 온 해 부르주아의 몰락을 섬세하게 그린《베네치아에서의 죽음》을 발표한 토마스 만과 정치적으로 더 급진적인 형 하인리히 만 ― 를 비롯하여 전쟁 전까지 뮌헨에는 기라성 같은 문인들이 많이 살았다. 이 시대에 '현대성'의 도전은 그림에서도 나타났다. 히틀러가 뮌헨에 살았을 즈음 바실리 칸딘스키, 프란츠 마르크, 파울 클레, 알렉세이 폰 야블렌스키*, 가브리엘레 뮌터*, 아우구스트 마케*가 주축을 이룬 청기사파*는 발랄하고 약동하는 새로운 표현주의 화풍으로 회화 구도에 혁명을 몰고 왔다. 그 이후로 시각 예술은 완전히 달라진다.

....

게오르게(Stefan George, 1868~1933) 19세기 말, 독일의 시 부흥에 크게 기여한 독일의 서정시인. 자연주의적 예술관에 반기를 들고 순수한 언어 예술에 대한 자각에 입각해 현대 독일시의 원천을 개척한 시인으로 평가받는다.

야블렌스키(Alexey von Jawlensky, 1864~1941) 러시아 귀족 출신으로 독일에서 활동한 표현주의 화가. 바실리 칸딘스키와 앙리 마티스에게 크게 영향을 받았으며, 뮌헨 신미술가협회, 청기사파, 청색 4인조 등에 참여하였다.

뮌터(Gabriele Münter, 1877~1962) 독일 표현주의 화가이자 청기사파의 중요한 여성 작가. 맑고 상징적인 색채와 대담하고 단순한 형태, 굵고 검은 윤곽선으로 내면의 정서를 풍경과 인물, 정물에 담아 형상화하였다.

낙오자이며 실패한 예술가이며 거리의 풍경을 그리는 화가였던 아돌프 히틀러가 뮌헨에 빨려든 것은 그곳이 '독일 예술의 본산'이기 때문이었지 정치적 이유 때문이 아니었다.[41] 몇 해 전에도 그랬던 것처럼 히틀러는 모더니즘 문화 혁명의 진앙으로 다시 한 번 진출했다. 그렇지만 빈에서 그랬던 것처럼 뮌헨에서도 아방가르드는 히틀러와는 인연이 없었다. 히틀러의 문화적 취향은 현대의 미술 형식에서 등을 돌리고 1차 세계대전이 일어나기 전까지 뮌헨을 유명하게 만들었던 모든 작가의 작품을 탐탁지 않게 여겼던 19세기의 미술 형식에 갇혀 있었다. 빈에서도 그랬지만 뮌헨에서도 히틀러를 감동시킨 것은 위풍당당한 구상 건물, 신고전주의 양식의 외벽, 넓은 대로, 관록 있는 대가들의 작품을 갖춘 대미술관, 위엄과 권위가 묻어 나오는 건축물이었다. 히틀러의 마음을 사로잡은 것은 예술 분야에서 혁신이 일어나던 도시가 아니라 바이에른 지방에 찬란한 건축 유산을 남긴 비텔스바흐 왕조의 도시였다.[42] 히틀러는 피나코테크 미술관을 예찬하면서 그 "너무도 놀라운 업적"은 오직 한 사람 덕분이라면서 "뮌헨이 루트비히 1세에게 진 빚은 상상을 초월한다."고 말했다.[43] 쾨니히스플라츠 광장(나중에 나치가 1923년의 폭동 때 죽은 '구국의 영웅들'을 위해 매년 기념식을 여는 곳도 바로 이 광장이다)에 있는 조각품 진열관과 그리스 신전 주랑문, 비텔스바흐 레지덴츠 왕궁, 웅장한 건물 외벽을 좌우로 거느린 확 트인 루트비히슈트라세는 감수성 예민한 히틀러의 마음을 그 당시에 휘저어놓은 또 다른 건축물이었다.[44] 뒷날 히틀러는 19세기에 지어진 뮌헨의 구상 건물과 프리드리히

<hr>

마케(August Macke, 1887~1914) 청기사파에 속한 독일의 화가. 입체파와 인상파, 미래파에서 영향을 받았으며, 동료 표현주의 화가들의 격정적인 화풍과 달리 서정적인 화풍을 지닌 작가였다. 1차 세계대전 중 전사했다.

청기사파(Der Blaue Reiter) 1911년 12월에 뮌헨에서 결성된 미술가 집단. 프란츠 마르크와 바실리 칸딘스키가 주축이 되어 만들어졌으며, 명칭은 칸딘스키의 그림에서 유래했다. 뚜렷한 예술 운동이나 유파라기보다 1911~1914년에 걸쳐 작품을 함께 전시했던 미술가들의 집단으로 볼 수 있다. 표현주의 성향을 띠었으며, 추상 미술 발전에 기여했다.

대제 시절에 지어진 베를린의 건물에서 공통점을 찾아냈다. 자금이 모자라서 둘 다 싸게 지은 건축물이었다.[45] 2차 세계대전이 끝난 다음 히틀러는 뮌헨을 대대적으로 뜯어고칠 작정이었다. 거기에 드는 막대한 비용은 점령한 유럽 나라들에서 조달할 셈이었다.[46]

히틀러는 언젠가 건축가로 이름을 날리겠다는 꿈을 안고 뮌헨으로 왔다고 썼다.[47] 뮌헨에 왔을 때 히틀러는 '건축 화가'로 자신을 소개했다.[48] 1914년 자기는 병역 기피를 한 것이 아니라고 항변하면서 린츠 병무청에 보낸 편지에서 히틀러는 건축 화가가 되는 데 들어가는 학자금을 벌기 위해 혼자서 그림을 팔아 생계를 꾸려 나갈 수밖에 없었다고 주장했다.[49] 1921년에 남긴 자전적 기록에는 '건축 디자이너와 건축 화가'로 뮌헨에 갔다고 썼다.[50] 3년 뒤인 1924년 2월에 받은 재판에서는 뮌헨에 왔을 때 이미 건축 디자이너 공부를 끝마쳤지만 더 높은 장인 단계로 올라가는 공부를 하고 싶었다고 말했다.[51] 여러 해가 지나서는 자기가 독일에 온 것은 실용성 있는 것을 배우기 위해서였다고 주장했다. 뮌헨에서 3년 동안 공부를 한 다음 뮌헨에서 알아주는 건축 회사 하일만운트리트만에 디자이너로 들어가서 중요한 건물을 설계하는 건축 공모전에 출품해서 자기의 가능성을 보여주려 했다는 것이다.[52] 이렇게 오락가락하고 서로 상충되는 설명 가운데 어느 것도 사실이 아니다. 뮌헨에서 사는 동안 히틀러가 버젓한 직업을 얻을 가능성이 갈수록 멀어져만 가는 한심한 처지에서 벗어나려고 무언가 노력을 했다는 증거는 하나도 없다. 히틀러는 빈에서와 마찬가지로 부평초처럼 목적 의식 없이 살아갔다.

1913년 5월 25일 뮌헨에 도착한 히틀러는 어느 화창한 일요일 봄날 뮌헨 북쪽에 있는 서민촌, 슈바빙 언저리이고 대규모 병영 단지가 가까이에 있었던 슐라이스하이머슈트라세 34번지의 4층에 사는 재단사 요제프 포프 가족이 작은 방을 하나 월세로 내놓았다는 광고를 보고 찾아갔다.[53] 같이 뮌헨으로 온 루돌프 호이슬러는 그 코딱지만 한 방을 1914년 2월 중순까지 같이 썼다. 아마 석유등을 켜놓고 늦게까지 책을 읽는 버릇이 있었던 히틀러 때문에 잠을 제대로 못 자는 데 짜증이 나시

짐을 싸들고 나갔던 모양이다. 호이슬러는 며칠 뒤에 돌아와서 히틀러 방에 붙은 방을 따로 얻어서 그곳에서 1914년 5월까지 살았다.[54] 집주인 포프 부인에 따르면 히틀러는 바로 방을 그림을 그리는 화실 분위기로 꾸몄다.[55] 빈에서처럼 이틀이나 사흘에 한 점꼴로 그림을 그렸다. 대개는 테아티너키르헤 교회, 아삼키르헤 교회, 호프브로이하우스 왕실 양조장, 알터호프 성, 뮌츠호프 조폐창, 알테스라트하우스 구청사, 젠들링거토르 문, 왕궁, 그리스 신전 주랑문처럼 뮌헨의 잘 알려진 관광 명소를 담은 그림 엽서를 베낀 그림이었다. 그림이 완성되면 바, 카페, 맥주홀로 팔러 갔다.[56] 정교하지만 별다른 감흥이 없이 그려졌고 영혼이 깃들지 않은 히틀러의 수채화는 나중에 그가 독일 총리가 되어서 그런 그림이 엄청나게 부풀려진 가격에 팔리는 세태를 보면서 스스로도 인정한 것처럼 지극히 범작이었다.[57] 그렇지만 맥주홀에서는 정말로 미술학도가 생활비를 벌려고 그려서 팔던 그림도 많았는데 그런 그림에 비해서 결코 수준이 떨어지는 것도 아니었다. 일단 그곳 사정을 알고 난 후에는 판로는 크게 걱정할 필요가 없었다. 히틀러는 그림을 그려 그럭저럭 먹고 살아갈 수 있었다. 빈에서 마지막 몇 년 동안 편하게 살았던 그런 수준으로는 살아갔다. 1914년 린츠 병무청에 덜미가 잡혔을 때 히틀러는 자기 수입은 들쭉날쭉하기는 하지만 대략 1년에 1,200마르크 정도는 된다고 시인했고 훨씬 나중에는 법정 사진사 하인리히 호프만에게 그때 돈으로 한 달에 80마르크면 생활이 되었다고 말했다.[58]

빈 시절과 마찬가지로 히틀러는 경우 바르게 처신했지만 사람들과 거리를 유지했고 속을 터놓지 않았으며 내성적이었고 (처음 몇 달 동안 방을 같이 쓴 호이슬러 말고는) 딱히 친구도 없어 보였다. 포프 부인은 히틀러와 같이 산 2년 동안 한 번도 히틀러를 찾아온 손님이 없었다고 회상했다.[59] 히틀러는 소박하고 검소하게 살았다. 낮에는 그림을 그리고 밤에는 책을 읽었다.[60] 히틀러의 설명에 따르면 뮌헨에서 사는 동안 가장 몰두한 것은 "당시의 시국 상황을 공부하는 것", 특히 외교 정책에 대한 공부였다.[61] 마르크스주의 이론서도 다시 한 번 훑어보고 마르크스주의와 유대인의 관계도 다시금 철저히 짚어보았다.[62] 루트비히슈트라세에서 그리 멀지 않은 왕립도서관과 국립도서관에서 히틀러가 책을 빌려 오는 것을 보았다는 주인집 여자의 증언을 의심할 만한 명백한 이유는 없다.[63] 그렇지만 히틀러의 말로 기록에 남아 있는 수백만 단어 안에는 그가 마르크스주의 이론서를 성찰해보았다거나 마르크스나 엥겔스, (히틀러가 오기 얼마 전까지 뮌헨에 있었던) 레닌 또는 (같은 시기에 빈에서 살았던) 트로츠키를 연구했다는 징후가 안 보인다. 뮌헨에서도 그랬고 빈에서도 그랬고 히틀러에게 독서란 깨닫거나 배우기 위한 것이 아니라 어디까지나 선입견을 다지는 수단이었다.

독서는 주로 카페에서 했다. 카페에 손님용으로 비치된 신문을 히틀러는 열심히 읽었다. 뮌헨의 카페, 술집, 맥주홀에는 온갖 인간 군상이 다 모여들었고 정치와 사회에서 신과 우주에 이르기까지 온갖 다양한 견해가 난무했다. 아말리엔슈트라세의 카페 슈테파니 같은 유명한 카페에서는 좌파 지식인(그중 일부는 몇 년 뒤 혁명 봉기에 가담한다), 슈바빙의 예술가와 작가가 정치와 사회를 신랄하게 비판하면서 앞으로 다가올 유토피아에 대해서 저마다 견해를 피력했다. 히틀러가 있던 무대는 썩 잘나가는 곳은 아니었다. 어느 맥주집에서나 흔히 볼 수 있는 '철학자', 세상을 뜯어고쳐야 한다며 탁자를 두드리는 카페 개혁가, 얼치기 만물박사가 드나드는 그런 곳이었다. 히틀러는 거기서 세상이 어떻게 돌아가는지를 주워들었고 또 아주 사소한 자극만으로도 주변에 있던 사람들에게 그 무렵 자기의 머리를 지배하던 생각을 삽시간에 전파할 수 있었다.[64] 히틀러가 뮌헨에서 정치 활동과 비슷한 행위를 조금이라도 했다면 그것은 카페와 맥주홀에서 벌인 '토론'이었다.《나의 투쟁》에서 히틀러는 "1913년과 1914년에 나는 지금은 국가사회주의 운동을 열렬히 지지하는 사람도 부분적으로 섞여 있던 이런저런 모임에서 독일 민족의 미래는 결국 마르크스주의를 박살내는 문제라는 소신을 처음으로 밝혔다."고 술회하는 대목이 나오는데 이것은 카페에서 벌이던 입씨름을 정치 예언자의 철학으로 부풀린 것이라고 말할 수 있다.[65]

카페에서 맥주홀에서 히틀러의 말에 사로잡힌 청중은 히틀러가 뮌헨에서 지낸 몇 달 동안 그나마 가장 인간적으로 가깝게 지냈던 사람들이

었다. 그들은 히틀러의 억눌린 선입견과 감정을 쏟아 부을 수 있는 일종
의 분출구였던 셈이다. 합스부르크 군주제를 경멸했고 못내 그리던 독
일에 발을 내딛은 오스트리아인으로서 히틀러는 《나의 투쟁》에서도 밝
혔지만 독일과 오스트리아의 동맹을 호의적으로 받아들이는 바이에른
여론에 신경이 거슬렸을 것이고 그것을 도저히 납득할 수도, 용납할 수
도 없었을 것이다.[66] 하지만 뮌헨 시절을 다루는 장에 나오는 외교 정
책에 관한 히틀러의 '성찰'은 1차 세계대전이 터지기 전에 그가 뮌헨에
머물렀을 때는 생각도 하지 않았던 것이 대부분이고 1924년에 그가 지
녔던 견해를 나타낸다. 뮌헨에서 보낸 몇 달은 훗날 자신이 운명적으로
떠맡을 책무를 위한 준비 기간이었던 셈이라고 자기 입으로는 밝혔지만
사실은 헛되고 쓸쓸한 허송세월의 나날이었다. 히틀러는 뮌헨에 반했지
만 뮌헨은 히틀러한테 반하지 않았다. 히틀러는 슈바빙의 아방가르드
카페 문화에도 들어가지 못했고 뮌헨의 '멋쟁이' 예술가 문인 집단에도
들어가지 못했다. 청백색을 좋아하는 바이에른의 향토 의식, 가톨릭이
정치를 주도하는 분위기, 혈색이 좋은 장터의 야채장수부터 〈짐플리치
시무스〉라는 잡지에서 황제를 조롱하는 풍자작가에 이르기까지 도처에
팽배한 반프로이센 정서에 히틀러는 잘 융화되지 못했다. 히틀러는 뮌
헨에서 자기 식의 보헤미안으로 살아갔다. 카페에 눌러앉아 신문 잡지
를 뒤적거리고 주변 사람들에게 그런 얼빠진 정치 행태에 젖어들어서는
안 된다고 열변을 토할 기회가 찾아오기를 기다렸다. 자기 자신의 앞날
에 대해서는 빈의 독신자 합숙소 시절에도 그랬지만 이렇다 할 생각이
없었다.

　히틀러는 하마터면 오스트리아의 감옥에 들어갈 뻔했다. 1913년 8월
에 이미 린츠 경찰서는 히틀러가 있는 곳을 찾기 시작했다. 히틀러가 병
역 신고를 하지 않았기 때문이다. 병역 기피를 하면 막대한 벌금을 내야
했다. 오스트리아를 떠난 것을 탈주로 보아서 징역을 살릴 수도 있었다.
린츠의 친척, 빈 경찰서, 멜덴만슈트라세의 독신자 합숙소를 거쳐 추적
망은 마침내 뮌헨까지 왔다. 뮌헨 경찰서는 히틀러가 슐라이스하이머슈
트라세 34번지의 포프 씨 집에 사는 것으로 1913년 5월 26일에 등록했

다고 린츠 경찰서에 통보했다.[67] 1914년 1월 18일 일요일 오후 포프 부인의 집 앞 계단에 뮌헨 경찰서의 형사 한 명이 이틀 안으로 린츠에 와서 병역 신고를 하지 않으면 벌금과 투옥을 각오하라는 내용의 소환장을 들고 나타났을 때 히틀러는 소스라치게 놀랐다. 형사는 오스트리아 당국에 넘길 생각으로 그 자리에서 히틀러를 체포했다.[68] 뮌헨 경찰서는 어떤 사정이 있었는지는 몰라도 며칠 동안 늑장을 피우다가 일요일에야 소환장을 들고 나타났기 때문에 히틀러가 화요일까지 린츠에 가려면 시간이 아주 촉박했다. 이런 정상 참작 요인도 있었지만 히틀러의 몰골이 워낙 말이 아니었던 데다가 여비도 없었으며 뉘우치는 빛도 역력했고 듣고 보니 형편도 딱한 것 같아서 뮌헨의 오스트리아 영사관은 히틀러의 처지를 조금은 가엾게 여겼다. 히틀러는 1월 19일 월요일에 전보를 보내서 소환 날짜를 린츠에서 다음번 소환이 있는 2월 5일로 미루어 달라고 요청했지만 린츠 지방법원은 이 요청을 받아들이지 않았다. 하지만 린츠에서 보낸 전보는 그날 아주 늦게야, 그러니까 공사관이 문을 닫은 뒤에야 뮌헨에 닿았다. 공사관은 다음날 아침 관료주의 특유의 늑장 행정으로 처리했고 결국 히틀러는 전보를 1월 21일 수요일 오전 9시에, 그러니까 린츠에 가 있었어야 할 날로부터 하루가 지나서 받았다. 행운은 이번에도 히틀러의 편이었다. 하지만 사태가 심상치 않다는 것을 모를 히틀러가 아니었다. 걱정이 되어서 이번에는 1909년 가을에 신고를 하지 않은 것은 자신의 불찰이었음을 인정하면서 하지만 그때는 너무나 힘든 시기였다, 나락으로 떨어져 있었다, 그리고 뒤늦게 1910년 2월에는 신고를 했다, 그리고 그 뒤로는 빈 경찰서에도 꼬박꼬박 거주자 등록을 했지만 아무런 연락을 받지 못했다고 항변하는 내용의 편지를 석 장 반이나 써서 보냈다.[69] 영사관 직원들은 흔들렸다. 그리고 히틀러가 "정상 참작의 여지가 있다"고 판단했다. 린츠 지방법원도 이번에는 지난번에 히틀러가 요청한 대로 2월 5일에, 그것도 린츠가 아니라 독일 잘츠부르크로 출두하는 것을 허락했다. 벌금도 없었고 수감도 없었다. 여비도 린츠 영사관에서 대주었다. 그리고 제 날짜에 잘츠부르크에 가서는 몸이 너무 약해서 군 복무를 할 수 없겠다는 판정을 받았다.[70] 히틀러는 스스로 초래한 어려움에서는 충격과 당혹을 느끼면서 그런 대로 잘 빠져나갔을지 모르지만 그 후유증은 적지 않았다. 히틀러는 훗날 이 사건을 물고 늘어지는 정적들에게 시달렸다.[71] 오스트리아를 합병하자마자 그 문서를 회수하려고 백방으로 뛰었지만 소용이 없었다. 게슈타포가 손을 쓰기 전에 이미 그 문서는 안전한 곳으로 옮겨진 것이다. 문서 내용은 1950년대에 출간되었다.[72]

히틀러는 다시 삼류 화가의 평범한 일상으로 돌아갔지만 그 생활도 오래 가지는 못했다. 먹구름이 유럽을 뒤덮고 있었다. 히틀러는 《나의 투쟁》에서는 보기 드문 서정적 필치로 "작열하는 열대의 폭염처럼 숨막히고 악몽처럼 가슴을 짓누르던" 분위기를 제대로 묘사했다. "만성이 된 불안감"과 "파국이 임박했다는 예감"은 행동에 대한 갈망으로, 폭풍이 몰고 올 청산과 혁신에 대한 갈망으로 바뀌었다는 것이다.[73] 1914년 6월 28일 일요일 오스트리아의 황태자 프란츠 페르디난트 대공과 그의 부인이 사라예보에서 암살당했다는 충격적인 소식을 듣자마자 히틀러는 독일 학생들이 그 일을 했을까 봐 떨었다. 프란츠 페르디난트가 친슬라브 정책을 지지했다는 점을 감안하면 그것은 터무니없는 가정이 아니었고 세르비아 민족주의자들에게 살해당하는 것보다는 더 개연성이 높은 결말이었다. 범인의 신원이 밝혀진 뒤 히틀러는 한편으로는 안도를 하면서도 한편으로는 "일단 구르기 시작한 돌은 막을 수가 없다"는, "결국 전쟁은 불가피하다"는 예감에 떨었다.[74] 아니나 다를까, 8월 초가 되면 유럽 나라들은 영국 총리 로이드 조지가 말한 대로 "펄펄 끓는 가마솥 안으로 미끄러져 들어갔다."[75] 유럽 대륙은 전쟁에 휘말렸다.

자원 입대

히틀러에게 전쟁은 하늘이 내린 선물이었다. 1907년 미술아카데미 시험에서 떨어진 뒤로 히틀러는 앞으로 위대한 예술가가 되는 일은 없으리라는 현실을 받아들이고 무위도식하면서 살았다. 어찌어찌 이름난 건축가가 되리라는 백일몽까지 사라진 것은 아니었지만 그런 야심을 이루기 위한 계획이나 현실적 희망 같은 것은 없었다. 낙방하고 7년이 지났지만 '빈의 이름없는 인생'[76]은 뮌헨으로 터전을 옮기고 나서도 자기를 퇴짜 놓은 세상만 부질없이 원망하면서 여전히 낙오자로, 별 볼 일 없는 존재로 살아갔다. 번듯한 직업을 가질 가능성은 전무했고 그런 일자리를 얻는 데 필요한 자격도 기대감도 없었고 오래 가는 친구를 사귈 능력도 없었고 자기 자신을 받아들이리라는, 아니 자기를 이 모양으로 만들었다고 원망한 사회를 받아들이리라는 희망도 품을 수가 없었다. 전쟁은 그런 히틀러에게 탈출구를 열어주었다. 스물다섯 살 먹은 젊은 이에게 전쟁은 태어나서 처음으로 삶의 이유, 몸 바칠 목표, 동지애, 생활의 규율, 일종의 고정직, 충일감, 그리고 무엇보다도 귀속감을 안겨주었다. 군대가 히틀러에게는 집으로 다가왔다. 1916년 부상을 당했을 때 히틀러가 상관에게 내뱉은 첫마디는 "많이 다친 건 아닙니다, 중위님. 중위님하고, 우리 연대하고 같이 있을 겁니다."[77]였다. 전쟁이 후반으로 접어들었을 때 히틀러가 진급 대상에 오르는 것을 달가워하지 않았던 것은 아마도 연대를 떠나야 할지도 모른다는 생각 때문이었을 것이다.[78] 사실 전쟁이 끝나갈 무렵 히틀러의 처지에서는 될 수 있는 대로 군대에 오래 남아 있어야 할 현실적 이유가 있었다. 이미 그는 군대에서 '경력'을 4년이나 쌓았고 돌아갈 직업도 없었고 딱히 하고 싶은 일도 없었다. 북부 오스트리아에서 어머니의 품 안에서 근심 걱정 모르고 뛰어놀았던 어린 시절을 제외하고는 태어나서 처음으로 히틀러는 전쟁에서 진실로 자기 자신과 편안하게 지낼 수 있었다. 나중에 히틀러는 이 전란기가 "내 인생에서 가장 찬란하고 가장 잊을 수 없는 시간"이었다고 말했다.[79] 더 나중에는 어떤 개인도 흉내 내지 못할 수준으로 독일과 유럽과 온 세계를 전란으로 몰고 간 2차 세계대전이 아직 한창 벌어지던 상황에서도 히틀러는 1차 세계대전의 경험을 끊임없이 그리고 언제나 흐뭇한 추억으로 회상했다. 군대 시절은 "아무런 걱정 없이 살았던" "유일한 때"였다고 히틀러는 한번은 지나가듯이 말했다. 의식주가 모두 해결되었다.[80] "군인이 되어서 너무나 좋았다."고 히틀러는 말했다.[81] 히틀러를 만든 것은 전쟁과 전쟁의 후폭풍이었다. 전쟁은 빈에 이어 두 번째로 히틀러의 성격을 결정적으로 빚어냈다.

유럽의 다른 나라들과 마찬가지로 독일도 프란츠 페르디난트의 암살과 함께 전쟁 열기에 휩싸였다. 대공이 살해되던 날 저녁만 하더라도 뮌헨에서 한 무리의 군중이 손님들이 듣고 싶어하던 다분히 선동적인 가사를 가진 독일의 비공식 애국가 〈라인 강 시수〉를 연주하지 않았다는 이유로 도심 한복판에 있던 유명한 카페 파리히를 박살냈다.[82] 몇 주 뒤에는 동일한 구역에서 두 여자가 프랑스어를 쓰는 데 격분하여 사람들이 폭행을 했다. 얼굴에서 피가 철철 흐르고 옷이 갈가리 찢긴 두 여자를 구한 것은 경찰이었다.[83] '1914년의 정서'는 일반적으로 생각하는 것보다는 표현 방식이 다채로웠고 비록 난폭하기는 했지만 대체로 공격 일변도로 나아갔다기보다는 방어적 측면이 더 강했다.[84] 하지만 거센 민족주의 열풍에 휩쓸리지 않은 사회 집단은 하나도 없었다. 국제주의를 신봉하던 사회민주주의자와 좌파 자유주의자도 민족주의 열풍을 비껴갈 수는 없었다. 물론 호전적 국수주의를 막아내기에는 역부족이었어도 그들의 방어적 민족주의는 전쟁 예찬론에 사로잡혔던 민족주의 진영의 공격성, 호전성과는 달라도 한참 달랐지만 말이다. 중산층 젊은이 사이에서는, 특히 학생 조직에서는, 전쟁열이 전쟁을 통해서 타락하고 생명력을 잃은 부르주아 질서의 굴레에서 드디어 해방되리라는 낙관론과 손을 잡았다. "우리는 이 세상의 유일한 치유책인 전쟁을 찬미하련다." 이탈리아의 미래파*가 그렇게 선언한 것이 겨우 몇 년 전의 일이었다.[85] 그런 정서는 1914년 7월과 8월에, 물론 다는 아니었지만 유럽 전역에 흩어져 살던 수많은 젊은이의 심금을 울렸다. 유럽 다른 나라의 지배층도 그랬지만 독일의 지도자들도 몇 년을 끌어온 지루한 갈등과 거듭되

미래파(Futurismo) 20세기 초 이탈리아를 중심으로 일어난 예술 운동. 1909년 이탈리아의 시인 필리포 마리네티가 프랑스의 〈피가로〉에 '미래파 선언'을 기고한 데서 비롯되었다. 역동성과 혁명성을 강조했고, 정치적으로는 전쟁을 공공연히 찬양하면서 초기 파시즘과 제휴했다.

1914년 8월 2일 오데온스플라츠 광장에서 선전 포고를 반기며 애국 시위를 벌이는 군중 속의 히틀러. 전쟁 열기에 휩싸인 분위기 속에서 히틀러는 독일군에 자원 입대하였다. 전쟁은 히틀러에게 탈출구를 열어주었다.

는 위기에서 벗어나기 위해서는 무력 충돌이 필요하고 또 바람직하다는 정서가 자리를 잡았다.[86] 후세인들에게 무엇보다도 낯설게 다가온 것은 특히 지식인 사이에서 두드러진 경향이었지만 전쟁을 구원과 부활로, 분열과 반목을 이기고 숭고한 민족의 결속을 다지는 계기로, 민족 공동체의 창조적 동력으로서 거의 종교 체험에 버금가는 것으로 받아들이던 풍조였다. 당시 한 유력지는 사회 정책을 논하면서 이렇게 요설을 퍼부었다.

지금 우리가 가슴 깊이 겪는 것은 민족의 부활이요 갱생이다. 독일은 일상의 애환에서 돌연 깨어나 강한 윤리적 책임감으로 똘똘 뭉쳐 가장 숭고한 희생을 치를 각오가 되어 있다. 이제 명실상부한 민족의 황제가 되어 황제는 이렇게 선언했다. "나는 이제 당파를 모른다. 내가 아는 것은 오직 독일인뿐이다." …… 독일 의회는 민족의 참다운 심부름꾼답게 한마음 한뜻으로 뭉쳐 "비가 오나 눈이 오나 아픔이 닥치고 죽음이 닥치더라도" 황제와 같은 길을 기겠노라고 다짐했다. 이 8월의 처음 며칠은 전무후무한 불멸의 영광된 나날이다. 지난 40년 동안의 평화기에 이런저런 정파, 신앙, 계급, 인종 사이에 불거진 온갖 불화와 반목은 뜨겁게 타오르는 민족애의 불길에 송두리째 삼켜졌다.[87]

많은 사람이 의무감에서 무거운 마음으로 싸움터로 나갈 준비를 했다.[88] 그런가 하면 빨리 나서고 싶어서 안절부절 못하는 사람도 있었다. 히틀러도 전쟁이 터진다는 생각에 들떠서 홍분을 감추지 못하던 뮌헨의 수많은 사람 가운데 하나였다. 그런 사람들이 많았지만 히틀러도 처음에는 잔뜩 희열을 느꼈다가 나중에는 깊은 원한에 사로잡혔다. 히틀러의 경우 개전과 함께 움직이기 시작한 감정의 추는 대부분의 사람들보다 더 격하게 흔들렸다. "감격이 복받친 나머지 나는 털썩 무릎을 꿇고 앉아서 이런 시대에 살아갈 수 있는 행운을 베풀어준 하늘에 감사드렸다."[89] 히틀러의 이런 발언이 사실이라는 것을 의심하기는 어렵다. 여러 해 뒤 (나중에 히틀러의 전속 사진사가 되는) 하인리히 호프만이 독일이 러시아에 선전 포고를 한 다음날인 1914년 8월 2일 뮌헨의 오데온스플라츠 광장 펠트헤른할레(장군관) 앞에서 애국 시위를 하던 수많은 군중의 모습을 찍은 사진을 알아보고 히틀러는 자기도 그날 〈라인 강 사수〉와 '세상에서 으뜸가는 독일'을 목이 터져라 부르면서 시가 행진을 벌이던 애국 시민 속에 있었다고 말했다. 호프만은 당장 사진 확대 작업에 들어가 사진 한복판에서 전쟁 열기에 고무되어 어쩔 줄 모르는 스물다섯 살 난 히틀러의 얼굴을 찾아냈다. 나중에 대량으로 찍혀 나온 이 사진 덕분에 지도자 신화도 잘 먹혀들었고 호프만도 큰돈을 벌었다.[90]

뮌헨을 비롯하여 유럽의 수많은 도시에서 개전 이후 처음 며칠 동안 군대에 나갈 뜻을 밝힌 수많은 군중의 열기에 고무되어 자기도 펠트헤른할레 앞에서 시가 행진이 있었던 다음날로 그러니까 8월 3일에 바이에른 국왕 루트비히 3세 앞으로 오스트리아인 자격으로 바이에른 군대에 들어갈 수 있게 해 달라는 탄원서를 개인적으로 보냈다는 히틀러의 진술은 의심할 이유가 없다. 히틀러에 따르면 감격스럽게도 탄원을 받아들이는 편지가 총리실에서 그 다음날 도착했다.[91] 히틀러의 이런 설명에 대부분의 전문가는 토를 달지 않지만 사실은 신빙성이 낮다. 그렇게 어수선한 시절에 히틀러의 탄원이 하룻밤 사이에 승인되었다는 것은 이만저만 효율적으로 굴러가는 관료주의가 아니면 도저히 상상하기 어려운 일이다. 뿐만 아니라 (오스트리아인을 포함하여) 외국인 지원병을 받아들이는 권한은 총리실이 아니라 오직 국방부에만 있었다.[92] 그러니까 히틀러가 바이에른 육군에 입대할 수 있었던 것은 효율적인 업무 덕분이 아니라 부주의한 업무 때문이었다.[93] 1924년 바이에른 당국은 면밀히 조사를 했지만 도대체 어떻게 해서 1914년에 당연히 오스트리아로 돌아갔어야 할 사람이 바이에른 군대에서 복무하게 되었는지를 정확히 밝힐 수가 없었다. 아마 히틀러는 8월 초에 홍수처럼 자원 입대를 한 사람들처럼 자기가 살던 곳에서 제일 가까운 곳에 가서 지원을 했을 것이고 당연히 어수선한 상황 속에서 법을 엄격하게 적용할 수 없었을 것이라고 보고서는 추정했다. 보고서는 또 "히틀러의 국적 문제는 전혀 제기되지 않았다."고 덧붙이면서 히틀러는 십중팔구 업무 착오로 바이에른 군대에 들어갔다고 결론지었다.[94]

1921년 히틀러도 짧은 회상기에서 쓴 적이 있지만 그는 1914년 8월 5일 바이에른 제1보병연대에 자원 입대한 것으로 보인다. 워낙 상황이 어수선해서 그랬겠지만 히틀러도 다른 사람들처럼 처음에는 당장 할 일이 없다는 이유로 되돌려보내졌다.[95] 8월 16일에는 뮌헨 제6모병소로 소환되어 신고를 하고 제2보병연대 제2예비대대로부터 군장을 지급받았다. 9월 초에는 새로 창설된 바이에른 제16예비보병연대(초대 사령관의 이름을 따서 '리스트 연대'라고 부르기도 했다)에 배속되었는데 주로 신병으로 이루어진 부대였다. 그리고 나서 동료 군인들과 함께 뮌헨에서 기본 군사 훈련을 받고 10월 20일까지 아우크스부르크 부근 레히펠트에서 본격 훈련을 받았다.[96] 훈련이 끝나던 날 히틀러는 포프 가족에게 근황을 간단히 알리면서 조만간 벨기에 전선으로 가게 될 것 같으며 내친 김에 잉글랜드까지 갔으면 좋겠다고 덧붙였다.[97] 그 다음날 아침 일찍 히틀러를 태운 군용 열차는 플랑드르의 격전지로 떠났다.[98]

10월 29일 플링드르의 릴에 도착해서 엿새 뒤에 히틀러의 대대는 매냉 도로에서 처음으로 총알 세례를 받았다. 전선에서 요제프 포프와 에른스트 헤프라는 뮌헨의 지인 앞으로 보낸 편지에서 히틀러는 전투가 시작된 지 사흘 만에 리스트 연대의 병력이 3,600명에서 611명으로 줄었다고 썼다.[99] 초반에 약 70퍼센트의 병력을 잃은 것이다. 그중에는 아군끼리 잘못 교전을 벌이다가 죽은 군인도 적지 않았다. 뷔르템베르크 연대와 작센 연대가 바이에른 부대를 잉글랜드 부대로 오인한 것이다.[100] 리스트 연대장도 쓰러졌다. 처음의 이상주의는 수많은 병사가 죽고 다치는 것을 보면서 "인생은 무시무시한 투쟁의 연속"이라는 깨달음으로 바뀌었다고 히틀러는 나중에 술회했다.[101]

1914년 11월 3일(실제로는 11월 1일부터) 히틀러는 상병으로 올라갔다. 전쟁이 벌어지는 동안 이것이 히틀러의 마지막 진급이었지만 적어도 하사관까지는 얼마든지 올라갈 수 있었을 것이다. 실제로 전쟁 말기에 당시 하사였으며 나중에 히틀러의 언론 보좌관으로 일하는 막스 아만은 히틀러를 진급 대상자 명단에 올렸고 연대 인사주임도 히틀러를 하사관으로 임명하는 것을 고려했다.[102] 연대장 부관이었으며 1930년대에 한때 히틀러의 부관 노릇도 하는 프리츠 비데만은 히틀러의 상관들은 히틀러에게 지도자로서 자질이 부족하다고 생각했다고 제3제국이 무너지고 나서 증언했다.[103] 그렇지만 아만도 비데만도 히틀러는 다른 부대로 전출되는 것이 싫어서 진급 대상자로 지명되는 것을 거부했다는 점을 분명히 했다.[104]

11월 9일 히틀러는 연락병으로 연대에 정식으로 배치되었다. 연락병은 여덟 명에서 열 명이 한 조를 이루었는데 도보 또는 자전거를 타고 3킬로미터 남짓 떨어진 전방 대대장과 중대장에게 연대 사령부의 지시를 전달하는 것이 주업무였다.[105] 놀랍게도 《나의 투쟁》에서 히틀러는 자기가 연락병이었다는 사실을 밝히지 않아서 전쟁을 마치 참호 속에서 겪은 듯한 인상을 준다.[106] 하지만 1930년대 초반에 히틀러의 정적들이 연락병으로 근무하는 데 따르는 위험성을 폄하하고 히틀러를 농땡이꾼에 겁쟁이라고 손가락질하면서 그의 군 생활을 헐뜯은 것은 번지수를 잘못 짚은 비난이다.[107] 전선이 비교적 잠잠할 때도 드물지 않았고 그럴 때는 참호보다 여건이 한결 나은 연대 본부에서 연락병이 느긋하게 시간을 보내는 경우도 물론 있었다. 히틀러가 1차 세계대전의 거의 절반을 보낸 북부 프랑스 프로멜 부근의 푸른장웨프에 있던 연대 본부에서 그림을 그리거나 (자기 말대로라면) 늘 옆에 끼고 살았다는 쇼펜하우어의 책을 읽을 만한 시간적 여유를 누릴 수 있었던 것은 바로 그런 여건 속에서였다.[108] 그렇지만 총알을 피해서 전선까지 본부의 지시를 전달하던 연락병은 엄연히 위험에 노출되어 있었다. 연락병으로 근무하다가 죽는 사람도 꽤 많았다.[109] 한 명이 죽더라도 나머지 한 명은 무사히 명령을 전달할 수 있도록 웬만하면 한 번에 연락병을 두 명 보냈다.[110] 프랑스 군대와 치열한 교전이 벌어진 11월 15일만 하더라도 여덟 명의 연락병 중에서 세 명이 죽었고 한 명은 부상당했다. 히틀러는 운이 좋았다. 물론 운이 따른 것은 그때 말고도 여러 번 있었지만, 프랑스 진영에서 날아온 폭탄이 히틀러가 막 나간 지 몇 분 뒤에 연대 사령부 전위를 강타하여 안에 있던 장병들이 하나같이 죽거나 다쳤고 몸이 성한 사람이 얼마 없었다.[111] 며칠 전 총알이 날아오는 상황에서 동료 군인 하나와 함께 자기의 목숨을 지켜준 데 대한 보답으로 히틀러를 철십자 훈장 수상 대상자로 올릴까 생각 중이던 필리프 엥겔하르트 중령도 중상을 입었다.[112] 12월 2일 히틀러는 실제로 이등 무공훈장에 해당하는 철십자 훈장을 받았다. 연대 안에 있던 60명의 연락병 중에서 훈장을 받은 병사는 히틀러를 포함하여 네 명밖에 없었다.[113] 히틀러의 말마따나 그때가 "내 인생에서 가장 행복한 날이었다."[114]

어느 모로 보나 히틀러는 그저 성실하고 본분에 충실한 군인에 머물렀던 것이 아니라 투쟁 정신이 투철한 군인이었다. 몸을 사리지도 않았다. 상사들은 히틀러를 높이 평가했다. 주로 연락병으로 이루어진 주변의 동료들은 히틀러를 얕보지 않았다. 히틀러가 답답하고 짜증스러울 때도 있었던 것은 사실이지만 히틀러를 퍽 좋아했던 것 같기도 하다.[115] 유머 감각이 없었기 때문에 히틀러는 악의 없는 장난의 표적으로는 안성맞춤이었다. "아가씨나 꼬드기러 갈까?" 하루는 전화 교환수가 슬쩍 던진 말에, "나 같으면 부끄러워서라도 죽어도 그린 짓은 못한다." 하고 히틀러가 끼어들자 사람들은 웃음보를 터뜨렸다. "역시 성인군자는 다르다니까." 누군가가 한마디 하자 히틀러는 이렇게 되받았다. "자네들은 독일인으로서 자존심도 없어?"[116] 워낙 기인이라서 다른 사람들 속에서 튀었지만 동료들과는 대체로 잘 지냈다. 그들은 대부분 훗날 나치당에 들어갔다. 그리고 옛날에 한솥밥을 먹고 지냈던 시절의 이야기를 꺼내면 지도자는 무시하지 않고 돈을 쥐어준다거나 말단 간부직에 앉힌다거나 하는 식으로 배려를 했다.[117] 히틀러와 잘 지냈던 것은 사실이지만 그래도 전우들은 '아디'(히틀러를 그들은 이렇게 불렀다)를 확실히 별종이라고 생각했다. 그들은 히틀러를 '예술가'라고 불렀다. 그리고 1915년 중반 이후로 히틀러가 (심지어 크리스마스에도) 단 한 통의 편지도 소포도 받지 못했고 술도 담배도 안 했고 매음굴에 가는 데는 관심도 없었고 참호 안의 대피호 한구석에 몇 시간이고 가만히 앉아서 골똘히 생각에 잠겨 있거나 책을 읽는 모습을 보면서 깜짝깜짝 놀랐다.[118] 전쟁 때 찍은 사진을 보면 야위고 핼쑥한 얼굴에 짙은 콧수염만 눈에 들어온다. 동료들이 웃을 때도 히틀러는 무표정하게 주변에 있을 때가 많았다.[119] 바이에른에서 남쪽으로 내려간 오버바이에른의 온천으로 유명한 도시 바트아이블링 부근 브루크뮐이라는 동네에서 석수로 일하다 온 발타자르 브란트마이어는 가장 가깝게 지낸 편이었는데 그는 1915년 5월 말쯤 히틀러를 처음 보았을 때의 느낌을 나중에 이렇게 전했다. 브란트마이어가 보기에 해골처럼 뼈만 앙상한 히틀러는 창백한 얼굴에 파묻힌 검은 눈, 제대로 수염을 손질하지 않아 꺼칠한 얼굴로 구석에 앉아서 신문에 얼굴을 파묻고 가끔씩 차를 한 모금씩 넘겼고 동료들끼리 주고받는 농담에 끼어드는 법은 거의 없었다.[120] 군인들 입에서 툭하면 나오는 엄살, 불평, 우스갯소리는 귓등으로도 듣지 않았고 누가 철모르고 태평스러운 소리나 할라치면 딱하다는 듯이 고개를 설레설레 저었으니 확실히 별종은 별종이었다.[121] "아가씨하고 연애 해본 적도 없어?" 한번은 히틀러한테 브란트마이어가 물었다. "이보게, 브란트마이어." 히틀러는 정색을 하면서 대답했다. "난 그런 짓을 할 만큼 시간이 남아돈 적이 없었고 앞으로도 그럴 일은 없을걸세."[122] 히틀러가 유일하게 애

히틀러(오른쪽). 1915년 4월 프랑스 푸르네에서 같은 연락병 에른스트 슈미트, 안톤 바흐만, 애견 '폭슬'과 함께 찍은 사진.

착을 느낀 대상은 적진에서 길을 잃고 넘어온 폭슬이라는 화이트테리어 개였다. 재주도 몇 가지 가르쳐주었고 폭슬이 졸졸 따라다니고 또 임무를 마치고 돌아오면 꼬리를 흔들면서 반겨주니까 그렇게 좋아할 수가 없었다. 전쟁 말기에 부대가 이동을 해야 하는데 폭슬이 눈에 안 띄자 히틀러는 낙심했다. "그 녀석을 낚아채 간 놈은 내 가슴에 못을 박았어." 세월이 한참 흐른 뒤에 히틀러는 그렇게 말했다.[123] 그렇지만 주변에서 수없이 죽어 나간 사람에 대해서는 그런 감정을 조금도 비치지 않았다. 사람들을 상대할 때 히틀러가 일평생 보여준 무미건조함과 차가움은 개한테 느낀 감정에서는 찾을 수가 없었다. 2차 세계대전 동안에는 블론디라는 셰퍼드가 지도자 숙소에서 히틀러에게 가장 가까운 친구 노릇을 한다.[124] 그렇지만 개와의 관계는, 사람과의 관계도 마찬가지였지만 철저히 자기가 군림하는 관계였다. "[폭슬이] 참 좋았던 것은 나한테 순종만 했기 때문이었다."라고 히틀러는 술회했다.[125]

전쟁 자체에 대해서 히틀러는 완전히 광적인 태도를 보였다. 독일의 이익을 냉정하게 밀어붙이는 데 방해가 되는 값싼 인도주의는 버려야 마땅했다. 1914년 크리스마스 때 독일군과 영국군이 중간 지점에서 만나 함께 악수를 하고 캐럴도 같이 부르면서 자연스럽게 우애를 과시한 것을 히틀러는 성토했다. "전쟁 중에 그런 짓을 한다는 것은 언어도단"이라고 분개했다.[126] 동료들은 진담이든 농담이든 패배주의적인 발언을 하면 히틀러가 화를 낸다는 것을 잘 알았다. 전쟁에서 질 거라는 말만 하면 히틀러는 불같이 화를 냈다. "우린 절대로 질 수가 없다."는 것이 꼭 끝에 가서 히틀러의 입에서 나오는 말이었다.[127] 1915년 2월 5일 뮌헨의 지인이었던 부동산 감정사 에른스트 헤프 앞으로 보낸 장문의 편지를 히틀러는 빈 시절 이후로 그를 지배해 온 선입견이 드러나는 전쟁관으로 마무리지었다.

저는 뮌헨 생각을 참 자주 합니다. 누구나 한마음으로 바라지요. 어떤 희생을 치르더라도 머지않아 깡패들한테 본때를 보이고 끝장을 내리라는 것, 살아서 조국을 다시 볼 수 있는 행운을 누리는 사람에게 외세를 씻어낸 조국은 더 순수해 보이리라는 것, 우리 모두가 하루하루 겪는 숱한 희생과 고통을 통해서, 국제 세계에 널린 적들을 상대로 하루하루 흘러넘치는 핏물을 통해서, 독일은 외적을 무찌르는 것은 물론 내부의 국제주의도 부수어버리라는 것. 영토를 다 얻는 것보다 그게 더 값지다는 생각이 듭니다. 오스트리아 문제는 저의 지론대로 될 겁니다.[128]

히틀러의 머릿속 깊숙이 박힌 이런 생각은 전쟁 내내 바뀌지 않았다. 그렇지만 교전과 전시 상황을 길게 묘사하고 나서 이렇게 정치적 견해를 드러낸 것은 이례적인 일이었다. 히틀러는 동료들한테 정치 이야기는 거의 꺼내지 않은 듯하다.[129] 그렇지 않아도 자기를 별종이라고 생각하는 동료들 앞에서 정치적 소신을 강하게 드러내기가 좀 거북했는지도 모를 일이다. "나는 그 당시에 군인이었으므로 정치 이야기는 하고 싶지 않았다."고 자기 입으로는 말했지만 가까운 동료들한테는 사회민주주의에 대한 자기 생각을 자주 밝혔다고 바로 모순되는 내용을 덧붙였다.[130] 막스 아만은 1947년 뉘른베르크에서 조사를 받으면서 히틀러는 전쟁이 벌어지는 동안 동료들 앞에서 정치 이야기로 장광설을 늘어놓은 적이 없다고 단언했다.[131] 히틀러는 또 유대인 이야기도 좀처럼 입 밖에 내지 않은 것으로 보인다. 히틀러와 같이 싸웠던 전우 중에서 여러 명이 히틀러는 기껏해야 당시 사람들이 유대인에 대해서 흔히 하던 말을 무심코 몇 번 입에 담았을 뿐이었지 1918년 이후로 표면화된 그런 극심한 적개심은 전혀 눈치챌 수 없었다고 1945년 이후에 증언했다.[132] 그런가 하면 발타자르 브란트마이어는 1932년에 처음 출간한 회상록에서 전쟁 때 "아돌프 히틀러가 모든 재난의 배후에는 유대인이 있다고 말했을 때 언뜻 이해가 안 갈 때가 여러 번 있었다."고 술회했다.[133] 브란트마이어에 따르면 히틀러는 전쟁이 막바지로 접어들수록 점점 정치로 기울었고 독일의 정국을 점점 불안하게 만드는 사회민주주의 선동가들에 대한 자기의 생각을 공공연하게 밝히기도 했다.[134] 그런 발언은 히틀러가 유명해진 다음에 나왔고 이런 식으로 미래 지도자의 선견지명을 예찬하는 모든 증언과 마찬가지로 신중하게 다루어야 한다. 그렇다고 해서 일고의 가치도 없는 증언으로 내버리기도 어렵다. 《나의 투쟁》에서 스스로 밝힌 것처럼 실제로 히틀러의 정치적 편견은 전쟁 후반부에, 그러니까 1916년 독일에서 첫 번째 휴가를 지내고 나서부터 날카로워졌을 가능성이 높아 보인다.[135]

1915년 3월부터 1916년 9월까지 리스트 연대는 프로멜 부근에서 참호전을 벌였는데 2킬로미터에 이르는 전선을 지키는 싸움은 그대로 교착 상태에 빠졌다. 1915년 5월과 1916년 7월에는 영국군과 한바탕 격전을 치르기도 했지만 1년 반 동안 전선은 겨우 몇 미터도 움직이지 않았다.[136] 1916년 9월 27일, 프로멜에서 다시 한 번 치열한 전투를 벌여 영국군의 공세를 막아낸 지 두 달 만에 연대는 플랑드르에서 남쪽으로 이동하여 10월 2일까지는 솜 선두에 두입되었다.[137] 히틀러는 연락병

대피호로 포탄이 날아드는 바람에 며칠도 못 가서 왼쪽 허벅지를 다쳤다. 사상자도 여러 명 나왔다.[138] 야전병원에서 치료를 받은 뒤 히틀러는 1916년 10월 9일부터 12월 1일까지 두 달 가까이를 베를린 부근 벨리츠에 있던 적십자병원에서 지냈다. 독일 땅은 2년 만에 밟았다. 뜨겁게 달아올랐던 1914년 8월과는 분위기가 딴판이라는 것을 히틀러는 금세 알아차렸다. 꾀병을 어떻게 부렸는지, 또 전방에서 확실히 빠져나오기 위해서 어떻게 일부러 가벼운 부상을 입었는지 병원에서 자랑스럽게 떠벌리는 사람들을 보면서 히틀러는 경악을 금치 못했다. 베를린에서 몸을 추스르는 동안에도 히틀러의 눈에 들어온 것은 똑같은 사기 저하와 팽배한 불만이었다. 베를린은 처음이었기 때문에 국립미술관에도 가보았다. 하지만 가장 충격으로 다가온 곳은 뮌헨이었다. 어제의 뮌헨은 도무지 찾을 길이 없었다. "어디를 가도 분노, 불만, 저주뿐이었다!" 사기는 땅에 떨어졌고 사람들은 풀이 죽었고 상황은 비참하기 이를 데 없었다.

바이에른 지방에서는 옛날부터 그랬지만 잘못은 모두 프로이센의 탓으로 돌렸다. 히틀러는 8년 뒤에 자신이 쓴 글에 따르자면 이것을 모두 유대인의 농간으로 여겼다. 히틀러는 관리직 중에 유대인이 많은 데도 놀랐다. 전방에서 싸우는 유대인은 드물었던 반면 "관리직은 거의가 유대인이었고 유대인은 거의가 관리직이었다."[139] (실제로 이것은 악의적 비방이었다. 전체 인구에서 상대적으로 차지하는 비율에 견주었을 때 독일 군대 안에서 유대인과 비유대인의 숫자는 이렇다 할 차이가 없었다. 그리고 적잖은 유대인이 군대에서 두각을 나타냈고 리스트 연대에도 무공을 세운 유대인이 있었다.[140]) 1916년에 이런 식으로 유대인에게 반감을 느꼈다고 말하는 것이 사실은 1918년이나 1919년에 가서야 비로소 생긴 감정을 앞으로 밀어다 붙인 것이라고 보는 사람도 있지만 꼭 그렇게 봐야 할 이유는 없다.[141] 브란트마이어와 베스텐키르히너처럼 전우로 싸웠던 동지 중에는 히틀러가 유대인을 나쁘게 말한 적이 있다고 증언하는 사람도 있지만 앞에서도 말한 대로 그 정도의 반유대주의는 사람들 속에서 별로 튀는 것이 아니었다.[142] 그리고 히틀러는 전쟁이 후반부로 넘어가면서 반

전투가 소강 상태에 빠졌을 때 서부 전선의 한 참호에서 시간을 보내는 독일 병사들.

유대주의 선입견이 갈수록 번지고 그악스러워지던 상황에서 뮌헨 길거리에서 흔히 접할 수 있었던 정서를 대변했을 것이다.[143]

히틀러는 하루빨리 전방으로, 그것도 자기 연대로 돌아가고 싶어했다.[144] 1917년 3월 5일 결국 비미에서 북쪽으로 몇 킬로미터 떨어진 새로운 주둔지로 합류했다.[145] 여름에는 다시 연대가 3년이 넘게 싸웠던 예페르 부근의 똑같은 진지로 돌아가 1917년 7월 중순부터 시작된 영국군의 플랑드르 총공세를 막아냈다.[146] 격전을 치르느라 만신창이가 된 연대는 8월 초에 알자스로 배치되면서 한숨을 돌릴 수 있었다. 9월 초 히틀러는 처음으로 정식 휴가를 받았다. 지난번에 너무나 실망이 컸던 뮌헨에는 가고 싶은 마음이 없었으므로 베를린으로 가서 동료의 부모 집에서 묵었다.[147] 연대의 전우들 앞으로 보낸 엽서에서 히틀러는 18일 동안의 휴가를 잘 즐겁게 보냈고 베를린이라는 도시와 그 안에 있는 박물관들이 참 좋았다고 썼다.[148] 10월 중순에는 알자스에서 샹파뉴로 막 주둔지를 옮긴 연대로 복귀했다. 1918년 4월 치열한 전투로 엄청난 인명 손실이 생겼고 7월의 마지막 두 주 동안은 마른에서 또다시 격전을 치렀다.[149] 그것이 독일군의 마지막 총공세였다. 8월 초가 되면 연합군의 완강한 반격으로 독일군은 이미 전열이 흐트러졌고 넉 달 동안의 무자비한 싸움으로 목숨을 잃은 독일 병사의 수는 80만 명에 육박했다. 총공세에도 불구하고 전황은 갈수록 불리해지고 물자가 바닥나고 사기가 곤두박질치자 독일군 지휘부는 패색이 짙어졌다는 것을 인정하지 않을 수 없었다.

1918년 8월 4일 히틀러는 상병으로서는 드물게 폰 투베우프 연대장에게서 철십자 일등 무공훈장을 받았다. 얄궂게도 히틀러를 포상 대상자로 지명한 사람은 유대인 장교였던 후고 구트만 소위였다.[150] 나중에 교과서란 교과서에는 전부 지도자가 프랑스 병사 15명을 혼자서 생포해서 일등 무공훈장을 받은 것으로 나온다.[151] 사실은 그렇게 멋있지 않았다. 1918년 7월 31일 리스트 연대의 프라이허 폰 고딘 부연대장의 추천장을 비롯해서 입수 가능한 증거를 검토하면 히틀러가 훈장을 받은 것은 전화 통신 설비가 망가진 상황에서 사령부에서 최전선까지 우박처럼 쏟아지는 포화를 뚫고 중요한 명령을 전달한 용기 때문이었다. 히틀러 말고 다른 동료 연락병 하나도 같이 훈장을 받았다. 구트만은 나중에 그 명령을 무사히 전달한 연락병에게는 일등 무공훈장을 주겠다고 약속했다고 술회했다. 그렇지만 엄청난 용기가 필요하긴 했어도 그것이 아주 보기 드문 행동은 아니었으므로 몇 주 동안 사단장을 밀어붙인 다음에야 비로소 훈장을 주어도 좋다는 허락이 떨어졌다.[152]

1918년 8월 중순 리스트 연대는 바폼 부근에서 영국군의 공세를 막아내는 아군을 지원하기 위해 캉브레로 이동했다. 다시 한 달 뒤에는 거의 4년 전 히틀러가 이등 무공훈장을 받았던 메신과 웨이트스하테 부근에서 작전을 펼쳤다. 이때 히틀러는 전투에서 빠졌다. 8월 말 통신 연락 교육을 받으러 일 주일 동안 뉘른베르크로 파견을 나갔고 9월 10일부터는 2차 휴가를 받아 다시 베를린에서 18일 동안 지냈다.[153] 부대로 복

귀한 직후 그러니까 9월 말께 코민 부근에서 영국군이 압박을 가해 왔
다. 이제는 가스탄이 공격 무기로 광범위하게 사용되었는데 보호 장비
는 원시적이었고 그나마도 태부족이었다. 리스트 연대도 다른 부대와
마찬가지로 타격이 컸다. 10월 13일에서 14일로 넘어가는 밤에 히틀러
는 예페르 부근으로 펼쳐진 남방 전선의 일부분이었던 베르비크의 남부
고원 지대에서 겨자탄을 맞고 쓰러졌다.[154] 공격이 계속되는 동안 대피
호에서 퇴각하던 히틀러와 동료들은 앞을 보지 못하게 되어 조금은 시
력이 살아 있던 동료 한 명의 인도를 받으면서 서로 꼭 붙어서 안전 지
역으로 빠져나갔다.[155] 플랑드르에서 응급 치료를 받고 히틀러는 1918
년 10월 21일 포메른 지방에 있는 항구 도시 슈체친 부근의 파제발크
육군병원으로 호송되었다.

히틀러의 전쟁은 그렇게 끝이 났다. 히틀러는 까맣게 몰랐지만 독일
육군 총사령관은 패배를 자인할 수밖에 없게 된 전쟁에서 슬슬 발을 빼
어 책임을 면하면서 평화 협상 교섭에 들어갈 준비를 하고 있었다.[156]
히틀러는 파제발크에서 시력이 되살아나기를 기다리다가 "통탄을 금할
수 없는 사건"이 일어났다는 비보를 접했다. 바로 독일이 전쟁에 지고
혁명이 일어났다는 소식이었다.[157]

제국의 붕괴

사실은 어느 누구도 반역하지 않았고 어느 누구도 등에다 칼을 박지
않았다. 그것은 어디까지나 우익이 날조한 이야기이고 나치가 핵심 선
전 수단으로 우려먹은 전설이다. 후방의 동요는 패전의 결과였지 원인
이 아니었다. 독일은 군사적으로 패배하여 한계 상황에 벌써 봉착했는
데 사람들이 패배를 받아들일 준비가 되어 있지 않았을 뿐이었다. 총사
령부에서는 1918년 10월 말까지도 승리를 자신하는 선전이 쏟아져나왔
다. 군대는 그때쯤 이미 지쳐 있었다. 넉 달 동안 독일군은 개전 이후 최
대의 타격을 입었다.[158] 뿐만 아니라 전염병도 돌았다. 3월부터 7월까

지 175만 명의 독일군 병사가 독감으로 쓰러졌고 같은 기간 동안 부상 병은 75만 명에 이르렀다. 의료 시설이 감당할 수 있는 수준을 넘어선 지 오래였다. 군기는 엉망이 되었고 탈영과 보신주의가 판을 쳤다(전쟁 말기에는 이렇게 군율을 어긴 군인의 수가 1백만에 육박한 것으로 알려졌 다).[159] 후방에서는 약이 오르고 악에 받친 사람이 늘어나면서 세상을 뒤집어엎어야 한다고 생각하는 사람이 갈수록 많아졌다. 혁명은 볼셰비 즘에 동조하는 세력과 애국심과는 담을 쌓은 불평분자가 날조한 것이 아니라 이루 말할 수 없는 환멸감과 갈수록 커지는 정국 불안에서 생겨 났다. 벌써 1915년부터 시작해서 늦어도 1916년부터는 심상치 않은 조 짐이 나타났고 적개심에 가득 찬 사람이 늘어났다. 애국심으로 똘똘 뭉 쳐서 전쟁에 뛰어든 것처럼 보였던 사회는 갈가리 찢겨 나갔고 전쟁의 악몽에서 헤어나지 못했다.

1300만 명이 넘는 독일인이, 그러니까 전체 인구의 5분의 1에 육박하 는 독일인이 전쟁 기간 동안 군인으로 복무했고 그중 1050만여 명이 전 선에서 싸웠다. 2백만 명이 전사했고 5백만 명이 부상당했다. 전사자의 3분의 1은 아내가 있었다. 가족이나 친구가 없는 전사자는 거의 없었 다.[160] 그런 상실은 마음에 지독한 생채기를 남겨놓기 마련이었다. 전 쟁 체험과 그런 체험의 충격은 실제로는 모두에게 똑같지는 않았지만 죽음, 부상, '후방'의 기아는 어디서나 볼 수 있었다. 최전방에서 싸우던 사람들 속에서 참호 생활에서 몸에 밴 운명론, 위험과 고통, 불안과 공 포, 산업화된 전쟁의 인공 황무지가 낳은 엄청난 인적·물적 손실, 남자 들끼리 참호 안에서 살아남는 과정에서 다져진 한배를 탔다는 '공동체' 의식은 어느 누구도 안 느낄 수가 없었다.

그렇지만 히틀러를 전쟁 예찬론자로 몰고 간 체험은 표현주의 극작가 이며 소설가인 에른스트 톨러를 반전론자와 좌익 혁명가로 변모시켰다. 히틀러에게는 패배가 배신이었지만 톨러에게는 전쟁 자체가 배신이었 다. "전쟁 자체가 나를 반전론자로 만들었다."고 톨러는 썼다. "내가 사 랑한 땅이 배신당하고 팔려나갔다는 느낌이 들었다. 배신자들을 뒤집어 엎어야 했다."[161] 전쟁 체험은 단합보다는 엄청난 분열을 낳았다. 그것

식품을 사기 위해 빵집 앞에 장사진을 친 사람들. 1차 세계대전 시기 독일 어디에서나 볼 수 있는 광경이었다. 전쟁 기간에 급속히 자라난 분열과 분노, 증오는 반유대주의 경향을 키웠다.

은 최전방과 후방 '보신주의자'의 갈등, 사병과 장교의 갈등, 전방과 후방의 갈등, 무엇보다도 병합론자, 제국주의자, 열렬한 주전파와 전쟁을 혐오하고 비난하고 저주하던 사람들 사이의 갈등이었다. 참호 속에서 다져졌다고 지식인들이 믿었던 '국민 공동체'는 알고 보니 신화에 가까웠다. 참호의 동지애, '최전방 세대'의 '운명 공동체' 의식은 어느 정도는 나중에 만들어진 신화적 표현이었다.[162] 혁명의 열기로 후끈 달아오른 조국의 어수선한 현실로 돌아갔을 때 군인들이 한 것은 '최전방 세대'끼리 하나로 뭉쳐 참호에서 맛본 '계급을 넘어선 공동체' 정신으로 예전의 모습을 알아볼 수 없을 만큼 하나부터 열까지 달라진 분열된 사회와 맞서는 것이 아니었다. 현실에 염증을 느낀 호전적 군중이 되어 자유군단에 들어가고 거기서 다시 나치 돌격대(Sturmabteilung, SA)에 합류할 만반의 준비가 되어 있던 것이 아니었다. 물론 나중에 히틀러가 그런 정서를 이용한 것은 사실이다. 하지만 전쟁에 반대하는 독일상이군인협회, 재향군인회, 전쟁유가족회에 들어간 사람의 숫자가 자유군단에 들어간 숫자의 삽설이었다.[163] 군인들은 진방에서 분열된 기억을 안고 제대했고 그것은 전후 독일 사회를 더욱 커다란 분열과 갈등으로 몰아넣었다.

전방에 나간 사랑하는 사람을 걱정하는 것 말고도 후방에 남은 사람들은 갈수록 어려워지고 때로는 견디기 힘든 형편을 이겨내느라 안간힘을 써야 했다. 공장에 끌려 나가고 전차를 몰고 농장을 꾸려 나가던 여자들은 식량 배급을 받느라 줄을 서는 데 점점 많은 시간을 보냈다. 대부분의 독일인은 전쟁 동안에 굶주림의 아픔을 톡톡히 맛보았다. 적어도 웬만한 도시와 중소 도시에서 살아가던 독일인은 그랬다. 굶어 죽은 사람은 없었지만 영양실조에 걸린 사람은 많았다. 75만 명이나 되는 사람이 영양실조로 죽었다. 식품비가 치솟으면서 식품의 질은 떨어졌고 공급도 줄어들고 그나마 원활하게 이루어지지 않아서 식량 부족 현상이 심각해졌다. 1916년 겨울에서 이듬해 초까지는 감자가 바닥나는 바람에 가축 먹이로나 주던 순무로 연명해야 했다. 이것이 그 악명 높은 '순무의 겨울'이었다. 1917년에는 배급량이 하루 1,000칼로리 수준까지 떨어졌다. 성인 노동자에게 필요한 최소 열량, 전쟁 전 평균 섭취 열량의 절반에도 못 미치는 수준이었다.[164) 부족한 것은 식량만이 아니었다. 가장 심각한 것은 석탄이 없다는 사실이었다. 석탄이 없으니까 난방을 할 수가 없었다. 큰 부자가 아니고서는 거의 모든 사람이 전쟁 동안 죽도록 고생을 했다.[165) 특권층을 제외하고는 지위와 직종을 막론하고 모두가 어려웠고 기가 죽었고 자기들을 전쟁으로 끌어들이고 일상 생활에 자꾸만 간섭하고 자잘한 규제를 수없이 만들어내면서도 전쟁에서는 이길 엄두도 내지 못하는 나라에 날이 갈수록 분노를 느꼈다. 식량 폭동과 파업은 이런 반감의 가장 노골적인 표현이었다. 전쟁이 후반부로 치달을수록 이런 반감은 정부에 점점 위협이 되었다. 자연히 사회 갈등은 깊어지고 원망의 목소리도 높아졌다. 도시인은 식량을 내놓지 않는다고 농민을 비난했다. 농민은 메뚜기처럼 시골을 덮쳐서 부족한 식량을 쓸어가는 도시의 관리를 욕했다. 마인 강 이남에 사는 독일인은 전쟁과 전쟁이 빚은 모든 해악을 죄다 프로이센 탓으로 돌렸다. 그런 비난 대열에 앞장선 것은 물론 바이에른 사람이었다. 그런가 하면 프로이센 사람은 바이에른 사람이 남들이 굶주리는 동안 전쟁을 나 몰라라 하면서 혼자만 호의호식한다고 손가락질했다. 한때 평화로운 시기도 잠시 있었지만 애국심과는 거리가 먼 노동자들에 대한 중산층의 해묵은 반감은 전쟁 말기에 파업과 시위, 반전 정서와 반황제 정서의 확산과 함께 다시 불붙었다. 자영업자와 사무원 같은 중하류층에서 특히 그런 정서가 팽배했다. 독일의 일부 지역에서는 가장 혁명성이 높았던 독립사회민주당 안에서도 이런 중산층의 비율이 육체 노동자보다도 높았다.[166]

사회 갈등이 깊어졌지만 공동의 공격 표적도 있었다. 전쟁으로 한몫 챙긴 사람들은 지탄의 대상이었다. 1920년에 히틀러도 뮌헨의 맥주홀에서 이런 주제를 건드려서 재미를 보았다. 모피 외투에 긴 모자를 쓰고 굵은 여송연을 입에 물고 리무진을 타고 다니는 이 '거물'들은 대부분의 사람들이 처한 딱한 처지는 아랑곳하지 않고 살아가는 특혜와 부패와 착취의 전형으로 보였다. 암시장을 주무르던 사람들에 대해서도 원성이 자자했다. 알량한 권력을 휘두르면서 일상 생활 구석구석까지 관료주의의 잣대로 간섭하던 말단 관리도 욕을 먹었다. 그렇지만 사람들은 말단 관료의 간섭과 무능력에만 분노한 것이 아니었다. 말단 관리는 눈에 띄게 권위가 떨어진 정부, 돌이킬 수 없는 해체와 붕괴의 길로 들어선 정부의 겉으로 드러난 얼굴일 뿐이었다.

적어도 희생양을 찾으려는 사람들에게 유대인은 증오와 공격의 표적이 되었고 전쟁이 중반을 넘어서면서부터 그런 경향은 점점 심해졌다. 이런 정서는 하나도 새삼스러운 것이 아니었다. 새로운 것이 있다면 과격한 반유대주의가 퍼져나가는 속도와 그것이 비옥한 땅에 자리를 잡는 정도가 빨라졌다는 점이었다. 유대인도 나머지 사회 성원과 마찬가지로 '1914년 분위기'에 휩쓸렸다. 드디어 독일인과 하나가 되었다고 그들은 생각했다. 1916년이 되면 머리로 느낀 일체감은 돌이킬 수 없이 깨졌다. 점점 맹렬하고 급진화하는 민족주의적 반유대주의의 새로운 조류가 영토 확장을 부르짖는 세력을 통해서 야단스럽게 퍼져나갔다. 이제 유대인은 독일로 밀려드는 인종적으로 열등한 이민자로, 독일의 고통을 틈타서 사욕을 채우는 모리배로, 전방에서는 일신의 안위를 챙기기에만

급급한 보신주의자로 공격을 받았다. 독일로 들어오는 동유럽 유대인의
수는 미미하기 짝이 없다는 사실, 군수 회사의 이사 중에 비유대인이 유
대인보다 네다섯 배는 많다는 사실, 전방에서 복무하는 비유대인과 유
대인의 비율은 인구 비례로 따졌을 때 거의 차이가 없다는 사실은 물론
이런 흑색 선전이 퍼져나가는 것을 막는 데는 힘을 못 썼다.[167] 1916년
말에 이루어진 전방과 후방에 있는 유대인 수에 대한 통계 조사, 그리고
뒤이어 독일 의회의 주도로 시행된 군수 산업과 유관 기관에 몸담은 유
대인의 실태에 대한 조사는 근거 없는 주장을 잠재우지 못했다.[168] 조
사 결과는 발표되지 않았지만 국방 분야의 조사를 촉발한 주장은 반박
되지 않았고 그 뒤로 유대인은 (적어도 프로이센군에서는) 장교가 되지 못
했다.[169] 클라스의 범게르만동맹과 새로 창당한 조국당은 1917년 7월
19일 독일 의회에서 통과된 반팽창주의 평화법안에 반대하는 전쟁 여
론을 부추기는 역풍을 주도하면서 유대인을 패배주의자로 낙인찍었다.
반유대주의 여론이 들끓었고 클라스는 1917년 10월 범게르만동맹 지도
부 앞에서 반유대주의는 "이미 엄청난 세를 얻었고" "유대인의 생존을
위한 투쟁도 바야흐로 시작되었다"고 보고했다.[170] 1917년 러시아에서
벌어진 사건들은 부글거리던 증오심을 더욱 들쑤시면서 세계 혁명을 선
동하는 국제 비밀 조직의 실세로서 유대인을 부각하는 중요한 빌미가
되었다. 그 뒤로 이것은 반유대주의 선동의 핵심 구호로 자리 잡았
다.[171] 패색이 짙어지면서 반유대주의는 더욱 기승을 부렸고 범게르만
주의는 이것을 더욱 부채질했다. 클라스는 "유대주의의 위험성에 경종
을 울리고 온갖 불의를 조장하는 피뢰침으로 유대인을 써먹는 데 상황
을 활용하는" 목적으로 1918년 9월에 범게르만동맹이 '유대인위원회'
를 만들었을 때 독일의 극작가 하인리히 폰 클라이스트가 1813년에 프
랑스군을 겨냥하여 퍼부었다는 독설을 인용했다. "그들을 죽여라. 세계
법정은 그대에게 이유를 캐묻지 않을지니!"[172]

인생을 바꾼 결심

전쟁의 마지막 2년 동안에 두드러지게 나타난 해체와 사기 저하의 분위기, 정치적 · 이념적으로 자꾸만 극단으로 치닫는 풍토는 전쟁을 그토록 열렬히 환영했고 독일의 목표를 광적으로 지지했으며 처음부터 패배주의에 물든 모든 발언을 거세게 질타했던 히틀러에게도 깊은 인상을 남길 수밖에 없었다. 히틀러는 전방에서 지켜보았던 별의별 작태에 환멸을 느꼈다.[173] 그렇지만 앞에서 본 것처럼 히틀러는 전쟁 막판의 2년 동안 세 번에 걸쳐서 모두 석 달이 조금 넘게 독일에서 휴가를 보내거나 부상에서 회복되는 동안 지켜보았던 전쟁 수행 방식에 반감을 품었다. 그런 반감은 히틀러에게는 새로운 것이었고 또 자못 충격이었다. 히틀러는 1916년 베를린의 달라진 분위기에 놀랐고 뮌헨에서는 더욱 질려 버렸다.[174] 전쟁이 질질 시간을 끌면서 히틀러는 혁명이라는 말만 들어도 분노했고 1918년 1월 말부터 베를린을 기점으로 하여 주요 공업 도시로 반짝 퍼져 나간, 영토 팽창을 포기하고 조속한 평화 협상 쪽으로 압박을 가하기 위해 군수 공장 노동자들이 파업을 벌인다는 소식에 분통을 터뜨렸다(그렇지만 군수품 공급에 이렇다 할 차질이 빚어진 것은 아니었다).[175] 브란트마이어는 한번은 히틀러가 내가 국방장관이라면 파업 지도부를 24시간 안에 벽에다 일렬로 나란히 세울 것이라고 흥분했던 적이 있다고 말했다. 브란트마이어에 따르면 히틀러는 사회민주당 지도자 프리드리히 에베르트의 잘못이 크다고 보았다.[176] 물론 이것은 브란트마이어가 《나의 투쟁》에서 히틀러가 쓴 내용을 그대로 다시 풀어서 한 말이라고 볼 수도 있다.[177] 그렇지만 히틀러가 후방의 정국 불안 원인을 '목을 매달면 딱 좋을' 사회민주당 지도부에서 그때 벌써 찾았다고 주장했을 때 그 말을 딱히 의심해야 할 명백한 이유는 없어 보인다.[178] 독일 국내만이 아니라 전방에서도 사기 저하와 내분의 조짐이 불거지면서 병사들은 날이 갈수록 정치에 물들었다. 히틀러는 1918년 8월과 9월에 '붕괴의 낌새'가 보이니까 병사들도 '후방의 독'에 물이 들어 정치 논쟁을 벌이기 일쑤였다고 말했다.[179] 히틀러기 독일 국내의 정세를 예의

주시하면서 정치 토론에 끼어들었다는 브란트마이어의 증언은 신빙성이 있어 보인다.[180]

전쟁 막바지의 2년, 그러니까 벨리츠에서 몸을 추스르던 1916년 10월부터 파제발크에서 입원 중이던 1918년 10월까지의 시기는 히틀러의 이념이 발전하는 데 중요한 출발점이 되었다고 볼 수 있다. 빈에서 묻어 온 선입견과 혐오감은 태어나서 처음으로 온몸을 바쳤던 대의이며 그때까지 믿어 온 모든 가치가 응집된 전쟁 노력이 물거품으로 끝나는 현실 앞에서 히틀러가 느꼈던 엄청난 분노로 적나라하게 드러났다. 하지만 그런 선입견과 혐오감은 아직은 정치 이념의 일부로 포장되지 않았다. 그것은 히틀러가 독일 제국군에서 '정치 교육'을 받는 1919년에 들어와서야 무르익는다.

파제발크에서 병원에 입원했던 것이 히틀러의 이념을 만들어내는 데 어떤 역할을 했는지, 미래의 지도자와 독재자를 빚어내는 데 어떤 작용을 했는지에 대해서는 그동안 많은 논의가 있었다. 하지만 사실 이것을 평가하기는 쉽지 않다. 히틀러의 말로는 그때의 입원 체험이 아주 중요했다고 한다. 잠시 앞을 못 보던 상태에서 차츰 회복되는 과정이기는 했지만 아직은 신문을 읽을 수가 없어서 히틀러는 혁명이 임박했다는 소리만 들었지 자세한 내용은 몰랐다. 수병들이 폭동을 일으켰다는 소식을 듣고서는 사태가 심상치 않구나 싶었지만 히틀러도 같이 입원해 있던 바이에른 출신의 환자들도 며칠 안으로 사태가 정리될 것으로 믿었다. 그렇지만 광범위한 혁명이 벌써 일어났구나 하는 "내 평생 가장 끔찍한 확신"이 들기까지는 그리 오랜 시간이 걸리지 않았다.[181] 11월 10일 한 목사가 환자들 앞에서 슬픈 목소리로 이제 군주제는 끝났고 독일은 공화국이 되었다고 알려주면서 전쟁에서 졌기 때문에 독일 국민은 전승국들의 자비를 기대할 수밖에 없는 입장이라고 덧붙였다.[182] 그때의 충격을 히틀러는 이렇게 글로 적었다.

더는 참을 수가 없었다. 단 1분도 더 앉아 있을 수가 없었다. 다시 앞이 캄캄해졌다. 휘청휘청 숙소로 겨우 돌아와서 침상에 몸을 던지고 후끈거리는 머리를 이불과 베개에다 파묻었다.

어머니의 무덤 앞에 섰던 그날 이후로 한 번도 운 적이 없었다. …… 그런데 눈물을 참을 수가 없었다. ……

결국 이렇게 끝나는구나. …… 날강도 같은 무리에게 조국을 넘기려고 그 고생을 했단 말인가? ……

이 굴욕스러운 사건을 좀 차분히 정리하려고 애를 쓰면 쓸수록 분노와 치욕이 북받쳐서 눈두덩이 지끈거렸다. 나라가 망했는데 그깟 눈 좀 아픈 게 대수인가?

지옥 같은 나날이 이어졌다. 밤은 더욱 힘들었다. 다 글러먹었다. …… 미움이 차츰 싹텄다. 이렇게 만든 장본인에 대한 미움이었다.

그렇게 며칠을 보내자니 나의 운명에 자연스럽게 눈떴다.

조금 전까지만 하더라도 그렇게 걱정스럽기만 했던 미래를 생각하는 내 모습에 나도 모르게 웃음이 나왔다. ……

히틀러는 이런 결론을 내렸다고 스스로 밝힌다. "유대인과 손을 잡기란 불가능하다. 냉정하게 나가는 수밖에 없다. 결국은 양자택일을 해야 한다." 그리고 인생을 송두리째 바꾸어놓는 결정을 한다. "나도 이 판에 아예 정치에 뛰어들기로 마음먹었다."[183]

히틀러는 파제발크 시절의 체험을 1920년대 초반에 여러 번 이야기했다. 《나의 투쟁》에서는 심지어 이것을 더 그럴 듯하게 윤색하기도 했다. 파제발크에서 앞을 못 보고 누워 지내는 동안 독일 국민을 해방시키고 독일을 다시 위대하게 만들 것이라는 비전이라고 할까 메시지라고 할까 영감 같은 것을 느꼈다고 히틀러는 여러 사람 앞에서 밝혔다.[184] 종교 체험 비슷한 것을 한 것처럼 보이게 하는 이 신빙성이 지극히 낮은 일화는 쿠데타 시도가 있기까지 2년 동안 많은 추종자 사이에서 이미 싹트던 지도자 신화의 핵심 요소로 히틀러가 부추긴 자기 신비화 전략의 일환이었다. 훗날 재판정에서 히틀러는 자기는 혁명이 일어났다는 소리를 파제발크에서 듣고 정치에 뛰어들어야겠다는 결심을 굳혔을 뿐이라면서, 보나마나 비웃음을 받았을 이 거룩한 체험담에서 한 걸음 물러나는 모습을 보였다.[185] 그보다 1년 반 앞서 1922년 12월에는 파제 발크에서 자기가 보인 반응을 이렇게 미화한 적도 있었다. "자신의 말로는 전방에서 겪은 것과 중상을 입고 후방 병원에서 듣고 본 모든 것을 종합적으로 숙고한 끝에 마르크스주의와 유대인은 독일 민족의 숙적이라는 결론에 이르렀다는 것이다. 독일 국민에게 닥친 모든 재난과 불행의 주모자는 유대인이라는 사실을 개인적 체험을 통해 그는 확신하기에 이르렀다."[186]

히틀러가 파제발크 시절의 체험을 화려하게 꾸민 것은 그가 망상에 젖어 있었기 때문이며 이념에 광적으로 집착하고 독일을 구하겠다는 '사명감'에 불타고 패배와 민족적 굴욕으로 가슴에 멍이 든 독일 민족에게 애착을 느낀 것도 결국 그런 망상 때문이었다고 보는 사람도 있다.[187] 겨자 가스를 맞고 아직도 앞을 제대로 보지 못하던 상태에서 들은 패전과 혁명이라는 청천벽력 같은 소식은 히틀러의 잠재의식 속에서 1907년 어머니도 유대인 의사 블로흐 박사의 손에 '독극물' 주사를 맞고 죽었다는 생각과 결합했다고 보는 사람도 있다. 그러지 않고서는 그 전까지 한 번도 나타나지 않았던 병적인 반유대주의가 갑자기 튀어나오고 유대인을 가스실로 보내 죽이겠다는 집요한 욕망을 설명할 도리가 없다는 것이다. 어머니가 죽은 것도 유대인 탓이라고 보았기 때문에 히틀러가 그렇게 나왔다는 것이다.[188] 2차 세계대전 동안의 유대인 대량 학살로 이어진 복잡한 사태 전개를 1918년에 한 개인이 받았다는 심리적 상처 하나로 환원하는 시도의 어설픔은 접어두고라도 이런 식의 해석은 어디까지나 억측에 머무르며 설득력도 떨어진다. 이런저런 가능성을 따져볼 때 히틀러의 이념적 성숙과 정치적 각성은 이것보다는 덜 극적인 과정을 거쳐서 이루어졌을 확률이 높다.

일시적이고 부분적인 시력 상실(거기서 차츰 회복하는 과정에 있었다)을 히틀러가 얼마나 걱정하고 충격을 받았는지는 모르지만 파제발크에서 이번에는 노이로제와 망상 때문에 재차 눈이 멀었을 가능성은 희박하다. 겨자 가스가 눈에 직접 해를 끼치는 것은 아니다. 실제로 시력 상실을 낳는 것은 아니고 심한 결막염과 퉁퉁 부은 눈 때문에 한동안 앞을 보는 데 애를 먹을 뿐이다. '이차 시력 상실'은 눈을 비비면 쉽게 일어날 수 있는데, 혁명이 일어났다는 소식을 듣고 히틀러가 말한 대로 울었다면 그런 일을 겪었을 수도 있을 것이다.[189]

하지만 설사 그렇다 하더라도 분명해 보이는 것은 히틀러가 혁명이 터졌다는 소식을 듣고 그저 분통이나 터뜨리고 만 것은 아니라는 사실이다. 자기가 믿었던 모든 것을 물거품으로 만든 도저히 용서할 수 없는 철저한 배신으로 혁명을 받아들였고 고통과 불안과 괴로움 속에서 자기의 세계가 왜 무너졌는지를 설명해주는 용의자를 찾고 있었다는 사실이다. 너무도 심란했던 그 며칠이 히틀러에게는 악몽이나 다를 바 없었다는 것은 두말하면 잔소리다. 이듬해부터 히틀러의 정치 활동을 규정하는 것은 1918년의 악몽이다. 자기가 믿었던 모든 가치를 배신한 패전과 혁명을 지워버리고 책임자를 몰아내는 데 히틀러는 온 힘을 쏟았다.[190]

그렇지만 반유대주의를 비롯한 히틀러의 뿌리 깊은 선입견이 빈에서 생겼고 1차 세계대전 막바지의 2년 동안 수미일관한 이념으로 다듬어지지는 않았다손 치더라도 다시 되살아났으리라는 우리의 짐작에 조금이라도 일리가 있다면 광적인 반유대주의로 하루아침에 극적으로 돌변하기로 한 것처럼 파제발크 체험을 신비화할 필요는 없다. 파제발크는 차라리 히틀러가 피눈물을 흘리면서 자기의 세상이 어떻게 산산조각났는지를 납득하려고 애쓰고 자기 나름대로 생각을 하나둘 모아 간 시기로 보는 편이 좋을 것이다. 뮌헨과 베를린 같은 도시에서 벌어지던 사태를 보면서 참담함을 금치 못했던 히틀러는 빈 시절부터 유대인과 사회민주당원에 대해서, 마르크스주의와 국제주의에 대해서, 반전주의와 민주주의에 대해서 자기가 품었던 믿음이 역시 옳았다고 생각했을 것이다. 하지만 그래도 히틀러의 이념은 아직은 설익은 단계에 머물러 있었다. 반유대주의와 반마르크스주의는 아직은 하나로 완전히 녹아들지 못했다. 이 무렵까지는 히틀러의 입에서 볼셰비즘에 대한 언급이 단 한마디라도 나왔다는 제대로 된 증거가 없다. 1920년 이전에 뮌헨에서 처음 한창 대중 연설을 하던 무렵에도 역시 그런 소리는 나오지 않았다. 볼셰비즘이 히틀러가 속으로 증오하던 인물들과 연결되고 히틀러의 '세계관'에서 한복판을 차지하는 것은 1919년 여름 제국군에서 훈련을 받으면서부터였다. '생존 공간'에 대한 집착은 그보다도 더 나중에, 그러니까 1924년 《나의 투쟁》을 쓸 무렵에야 핵심 주제로 떠올랐다.[191] 파제발크는 히틀러가 그동안 품었던 편견을 합리화하는 과정에서 중요한 발판이 되었다. 하지만 그보다 더 중요한 역할을 한 것은 1919년 제국군에서 보냈던 시간이었을 가능성이 높다.

히틀러의 파제발크 이야기에서 납득하기 어려운 마지막 사항은 그곳에서 정치에 뛰어들기로 마음을 굳혔다는 사실이다.[192] 1923년 11월 쿠데타를 시도하기 전까지 했던 어떤 연설에서도 히틀러는 1918년 가을에 정치판으로 뛰어들기로 마음먹었다고 말한 적이 없다.[193] 사실 히틀러는 파제발크에서 정치에 뛰어들기로 '결심'할 만한 입장에 있지 않았다. 전쟁이 끝났으므로 이제 다른 군인들처럼 히틀러도 제대를 앞두고 있었다.[194] 4년 동안은 군대가 집이었지만 이제 또다시 미래가 불확실해졌다.

휴전이 이루어지고 여드레가 지난 1918년 11월 19일 파제발크를 떠나 베를린을 거쳐 뮌헨으로 돌아왔을 때 히틀러의 뮌헨 계좌에는 겨우 15마르크 30페니히밖에 없었다.[195] 취직할 데도 없었고 그렇다고 해서 정치에 뛰어들려고 노력을 한 것도 아니었다. 사실 정치판에 들어가기도 쉬운 일이 아니었다. 가족도 없었고 '연줄'도 없었기 때문에 정당에서 아무리 하위직일지언정 뒤를 밀어줄 당직자 하나 아는 사람이 없었다. 설령 히틀러가 파제발크에서 정치에 뛰어들기로 '결심'을 했다 하더라도 그것은 공허한 각오였을 것이다. 악전고투를 하면서 4년을 보냈는데 군대에라도 남아야만, 건축가가 되겠다는 꿈에 1914년보다 조금도 가까이 다가서지 못했고 장래가 한마디로 암담하다는 현실에 직면해야 하는 괴로운 날을 피할 수 있다는 희망을 그나마 가질 수 있었다. 앞날은 캄캄해 보였다. 전쟁 전처럼 다시 삼류 화가로 살아가고 싶은 마음은 없었다. 그렇다고 달리 뾰족한 수가 있는 것도 아니었다. 군대는 히틀러에게 기회를 주었다. 히틀러는 거의 모든 동료들보다 제대를 더 미루다가 1920년 3월 31일까지 봉급을 받았다.[196]

　히틀러의 이념이 틀을 잡은 것은 1919년 군대에서였다. 무엇보다도 군대는 1919년이라는 특별한 상황에서 히틀러를 연설가로, 그 시대가 낳은 가장 뛰어난 대중 선동가로 변모시켰다. 마음먹고 선택한 길은 아니었지만 주어진 상황을 잘 활용하면서 히틀러는 정치에 발을 내딛었다. 의지보다는 기회주의와 약간의 행운이 더 크게 작용했다.

... **4장**

정치의 발견

"많은 사람 앞에서 말을 할 기회가 갑자기 생긴 것이다.
잘은 몰라도 순전히 느낌만으로 항상 그러지 않을까 싶었던 것이
이제는 사실로 판명되었다. 나도 '연설'을 할수 있었던 것이다."

_히틀러, 《나의 투쟁》

"특히 히틀러 씨는 타고난 웅변가라고나 할까요,
집회에서는 특유의 열광과 대중 장악력으로 청중의 시선을 빨아들이고
그 생각에 절대적으로 동의할 수밖에 없게 만드는 힘이 있었습니다."

_1919년 8월 레히펠트에서 히틀러의 연설을 들은 군인

"보통 솜씨가 아니네. 잘 써먹으면 괜찮겠는데."

_독일노동자당 당수 안톤 드렉슬러, 1919년 9월 히틀러의 연설을 처음 듣고서

1차 세계대전의 유산

독일이 상실한 영토
소련이 상실한 영토
1914년의 오스트리아-헝가리 제국
1차 세계대전 이후의 국경선
핀란드
헬싱키
레닌그라드
탈린
에스토니아
노르웨이
오슬로
스톡홀름
스웨덴
리가
라트비아
소 련
덴마크
코펜하겐
단치히 (국제연맹 자유시)
메멜
리투아니아
폴란드 회랑
동프로이센
빌뉴스
함부르크
베를린
바르샤바
독일
브레스트-리토프스트
쾰른
바이마르
폴란드
키예프
프라하
테셴
갈리치아
체코슬로바키아
로렌
알자스
뮌헨
빈
베사라비아
스위스
오스트리아
부다페스트
트란실-바니아 루마니아
로카르노
트렌티노
헝가리
트리에스테
피우메
부쿠레슈티
이탈리아
도브루자
베오그라드
유고슬라비아
불가리아
코르시카 (프랑스령)
로마
몬테네그로
소피아
알바니아

  1918년 11월 21일, 그러니까 파제발크 병원을 나선 지 이틀 뒤에 히
틀러는 다시 뮌헨으로 돌아와 있었다. 나이는 서른 살 가까이 먹었지만
변변한 졸업장이나 자격증이 없어 장래를 기약할 수 없었던 히틀러의
유일한 희망은 될 수 있는 대로 오래 군에 남는 것이었다. 군대는 1914
년 이후로 히틀러를 재워주고 먹여주었다. 다시 찾은 뮌헨은 거의 알아
볼 수가 없었다. 다시 돌아간 막사는 병사들이 평의회를 결성하여 자체
적으로 관리하고 있었다. 바이에른 혁명 정부는 그 지역의 국민평의회
라는 과도 기구의 형태로 사회민주당원과 그보다 더 급진 성향을 띤 독
립사회민주당원이 장악했다. 쿠르트 아이스너 주총리는 유대인 급진주
의자였다. 이듬해 봄이 되면 아이스너는 암살당하고 바이에른 정치는
혼란의 도가니로 빠져든다. 뮌헨은 4월 한 달 동안 소련의 소비에트를
본딴 평의회들에 의해 통치되었다. 특히 마지막 두 주일 동안은 모스크
바를 전범으로 삼은 공산주의자들이 장악했다. 제국군과 자유군단이 뮌
헨을 '해방'시키고 저지른 유혈 탄압에서 히틀러도 처음으로 반혁명 활
동에 참여했다. 이런 과정을 거치면서 히틀러는 정보원으로 발탁되었고
다시 제국군에서 상사로 모시던 장교가 히틀러의 '타고난 웅변' 솜씨를
'알아본' 덕분에[1] 현역 군인의 신분이었으면서도 정치에 뛰어들어 규모
가 작은 독일노동자당에서 대중 선동가로 활동했다.

  《나의 투쟁》에 그려진 전기적 사실에서 가장 눈길을 끄는 것은 바이
에른에서 혁명기를 보내면서 겪은 악몽을 히틀러가 빠르게 털어버렸다
는 점이다. 누가 뭐래도 히틀러는 영혼에 깊은 성처를 남긴 혼란성을 대

부분 코앞에서 지켜본 사람이었다. 아이스너가 암살되면서 나락으로 굴러떨어진 정치적 혼란이 '소비에트공화국'의 폭력적 궤멸로 절정에 이르는 동안 히틀러는 뮌헨에 주둔하면서 현장에서 사건들을 고스란히 목격했다. 그렇지만 11월 혁명이 일어나고부터 이듬해 4월 소비에트공화국이 무너지기까지 몇 달 동안을 히틀러는 이 두꺼운 자서전에서 겨우 한 페이지로 담아낸다. 병사들이 주축이 된 평의회가 연대를 장악하는 것을 보고 역겨움을 느낀 나머지 하루라도 빨리 그곳을 뜨기로 마음먹었다고 히틀러는 썼다. 틀림없이 자원을 했기 때문이었을 테지만 히틀러는 전쟁 중에 제일 가깝게 지냈던 동료 에른스트 슈미트(히틀러는 Schmidt를 Schmiedt라고 잘못 썼다)와 함께 오스트리아 국경에서 멀지 않은 바이에른 동부의 트라운슈타인에 배치되어서 죽 근무하다가 그곳에 있던 포로수용소가 없어지면서 1919년 3월 뮌헨으로 돌아왔다. "유대인이 한때 권력을 거머쥔" 소비에트공화국 시절에 히틀러는 무엇을 할까 골똘히 생각했지만 이름 없는 '존재'에 불과했으므로 "조금이라도 쓸모 있는 행동을 할 수 있는 최소한의 여력"도 없다는 사실을 거듭 깨달았다고 말했다. 요컨대 히틀러는 아무 일도 하지 않았다. 그러다가 나중에 가서 무언가 일을 벌이다가 중앙위원회로부터 제동이 걸렸다고 한다. 무슨 일이었는지 자세히 밝히지 않아서 더 그렇지만 왠지 처음부터 끝까지 꾸며낸 이야기가 아닐까 하는 의구심이 든다. 히틀러의 말로는 4월 27일 체포령이 떨어졌는데 자기를 잡아넣으려고 온 세 사람을 실탄이 든 총으로 위협하여 쫓아냈다고 한다.[2] 그러다가 뮌헨이 '해방'되고 나서 며칠 뒤에 부대 안에서 일어난 '혁명 활동'을 파악하는 조사반에 출두해서 "난생 처음 해본 그런대로 순수했던 정치 활동"에 대해서 증언했다.[3]

눈앞에서 벌어진 사건의 막중한 성격과 이 짧고 간단한 설명 사이에서 느껴지는 간극은 히틀러가 자기가 저지른 일을 얼버무리고 훗날의 민족주의 영웅이라는 이미지를 흐르게 할 수 있는 역할을 숨기려 했다는 의혹을 자연스럽게 불러일으켰다. 실제로 히틀러는 그런 의도를 지니고 있었던 것으로 보이며 또 그런 의도는 상당 부분 먹혀들어 갔다.

1919년 전반기에 뮌헨에서 히틀러가 무엇을 했고 주변에서 벌어지는 일에 히틀러가 어떤 반응을 보였는지는 히틀러의 개인사에서 아직도 어둠에 가려져 있는 것이 대부분이다. 그렇지만 극단적인 경우에는 아주 단편적이기는 하지만 한두 가지 놀라운 사실을 드러내는 증거가 있다.

소비에트 혁명

10월 말과 11월 초 빌헬름스하펜과 킬에서 일어난 폭동에서 시작되어 웬만한 중소도시와 대도시로 빠르게 퍼지더니 11월 9일에는 수도 베를린까지 번진 독일 혁명은 조직된 것이 아니라 자연 발생적으로 일어난 어지러운 사태였다. 그것은 우파에서 주장하는 것과는 달리 골수 좌파 혁명가들의 매국적 책동에서 비롯된 것이 아니라 앞에서 살펴본 대로 전쟁에 염증을 느낀 국민이 전쟁에 마침표를 찍고 굶주림과 가난을 끝내라고 점점 강하게 요구하면서 전쟁도 못 끝내고 배불리 먹여주지도 못하는 무능한 군주제를 무너뜨리기 위해 들고일어선 것이었다. 10월 3일 독일이 휴전 요청을 했을 때 패배를 받아들일 마음의 준비가 전혀 안 되어 있었던 독일 국민은 충격에 휩싸였고 평화 운동은 요원의 불길처럼 타올랐다. 10월 23일 미국의 우드로 윌슨 대통령은 독일의 휴전 요청에 대한 3차 담화에서 군부 지도자와 전제 군주는 평화 협상에 걸림돌이 된다는 뜻을 밝혔다.[4] 혁명 단체와 조직은 그때까지만 하더라도 세력이 미미했고 숫자도 얼마 안 되었지만 윌슨 대통령의 언질을 계기로 눈덩이처럼 부풀어 오른 근본적 변화를 바라는 대중의 여망을 이끌던 입장에 놓였다. 병사 평의회와 노동자 평의회가 만들어졌고 군주제는 무너졌다. 7백 년이 넘도록 바이에른을 다스려 온 비텔스바흐 왕조도 11월 7일 독일에서 맨 먼저 무너진 왕조가 되었다. 독일 제국을 이끌던 빌헬름 2세도 11월 9일 물러났다. 독일 제국의 깃발이 휘날리던 베를린의 궁전에 붉은 깃발이 내걸렸다.[5]

그러나 새로운 체제를 세우는 것은 낡은 체제를 무너뜨리는 것보다

1918년 10월 29일, 킬 항구에서 해군 수병 반란이 일어났다. 수병들은 출동 명령을 거부하고 반란을 일으켜 킬 항구를 수중에 넣었다. 반란은 곧 독일 전체로 퍼져 독일 제국이 무너지고, 공화국이 수립되었다.

어려웠다. 군중을 대변하는 거의 모든 대의원들은 민주주의를 원했다. 하지만 민주주의가 구체적으로 무엇이며 민주주의를 어떻게 이룰 수 있는가를 놓고는 의견이 갈렸다. 평의회 운동은 계획에 따라 움직였다기보다는 즉흥적으로 굴러갔다는 데 특징이 있었다.[6] 평의회의 압도적 다수는 의회 민주주의 쪽으로 가기를 원했다. 그러나 평의회의 힘을 다지고 확대해서 더 근본적인 해법을 찾고 싶어했던 소수파는 프리드리히 에베르트가 이끄는 다수파 사회민주주의 진영이 사회 변혁의 여망이 담긴 판도라의 상자가 한번 열리면 거기서 어떤 요구가 나올지 몰라서 두려워한 나머지 자기들을 지지하는 대중조차 믿지 못하고 더 많은 민주주의를 위해서 과감하게 나서기보다는 기득권 세력과 손을 잡는 모습을 보면서 자꾸만 극단적인 요구를 하는 쪽으로 기울었다. 산업 시설(특히 광산업)의 사회화, 군대의 민주화, 공무원 조직의 근본적 개혁 같은 요구에 부응하는 조치는 하나도 이루어지지 않았다.

반동 세력은 한동안은 갈피를 못 잡다가 다시 세력을 결집할 수 있는

1919년 1월 초 좌파 급진주의자들의 일으킨 '스파르타쿠스 봉기'를 이끌었던 로자 룩셈부르크의 장례식. 사회민주당 정부는 봉기를 진압하는 데 반혁명 세력의 본산인 자유군단을 투입하였고, 룩셈부르크와 카를 리프크네히트는 이들 손에 살해되었다.

여유를 얻었다. 혁명 진영은 처음부터 분열된 모습을 보였지만 이제는 걷잡을 수 없을 만큼 악화되었다. 베를린에서는 인민대표 평의회라는 명칭으로 운영되던 연립 정부에 참여했던 독립사회민주당 세력이 12월 말 연정에서 이탈했다. 1919년 1월 초 베를린에서 새로 창당된 독일공산당 지지자가 주축인 좌파 급진주의자들이 일으킨 이른바 '스파르타쿠스 봉기'는 규모도 작았을 뿐더러 조직이나 관리도 어설프기 짝이 없었지만 사회민주당 정부가 이 봉기를 진압하기 위해 군대와 반혁명 세력의 본산인 자유군단을 투입하면서 정부의 우경화 움직임은 운명의 순간을 맞이했다. 스파르타쿠스 봉기를 이끌었던 카를 리프크네히트와 로자 룩셈부르크가 1월 15일 살해당한 것은 독일 노동 운동 내부의 분열이 더는 봉합될 수 없는 수준으로 악화되었다는 것을 상징적으로 보여준 사건이었다. 그 뒤로 바이마르 공화국이 유지되는 동안 독일 노동자 세력은 국가사회주의의 점증하는 위협에 단 한 번도 함께 맞서지 못했다.

독일에서 제일 먼저 혁명이 일어난 곳은 바이에른이었다. 혁명이 일어난 상황과 그 전개 방식은 히틀러에게 깊은 인상을 남겼고, 나치가 묘사한 1918년 혁명의 이미지에 베를린에서 벌어진 사건들보다 더 잘 들어맞았다. 독립파가 주도했기 때문에 더욱 급진적이었던 이 혁명은 거의 무정부 상태로 기울었다가 한때 공산주의자가 주도하는 소비에트 방식 체제를 낳는가 싶더니 얼마 못 가서 소규모 내전을 방불케 하는 유혈참극으로 끝났다. 그 체제는 겨우 며칠 만에 무너졌지만 그 뒤에도 바이에른 사람들의 의식에 오래도록 영향을 끼쳤다. 혁명을 이끈 사람들 가운데 상당수는 유대인이었는데 그중에는 볼셰비즘에 동조했고 볼셰비키와 연줄이 있었던 동유럽 출신의 유대인도 있었다. 뿐만 아니라 바이에른 혁명을 주도했고 1917년 다수파 사회민주주의자 세력에서 떨어져 나온 이후로 독립사회민주당을 이끌면서 평화 운동을 벌이며 유명해진 유대인 언론인이자 좌익 사회주의자였던 쿠르트 아이스너는 동료 독립사회민주당원 몇 사람과 함께 1918년 '1월 파업' 때 산업 현장의 불안을 조성한 경력이 분명히 있었고 그런 활동 때문에 체포된 전력이 있었다. 그래서 독일의 '등에 칼을 꽂았다'라고 우익이 선동하기에 딱 좋은 사람이었다. 아이스너도 1914년 7월 오스트리아가 세르비아에 최후 통첩을 보낼 때 독일과 밀약이 있었다는 사실을 드러내는 바이에른 왕실의 공식 문서를 훗날 공개했다는 이유로 우익 진영과 측근들로부터 반역자로 몰렸다. 1919년 2월 암살당한 뒤에도 아이스너에 대한 우익의 적개심은 수그러들지 않았다.[7]

1918년 11월 7일 뮌헨의 테레지엔비제에서 열린 대규모 평화 시위에 참석한 노동자, 농민, 군인, 선원들이 아이스너의 연설을 듣고 "병영으로 몰려가자"는 구호를 외치면서 뮌헨의 중앙 사령부로 갔을 때 군대는 아무런 저항을 하지 않았다.[8] 병영에서 진정한 혁명의 열정은 별로 느낄 수 없었지만 그렇다고 혁명에 거부감을 나타낸 것도 아니었다. 군주제를 지지하지 않는 것만은 분명했다. 분위기가 그렇게 흘러간 중요한 이유는 그만큼 전쟁에 지쳤기 때문이었다. 현장을 찾았던 한 목격자는 "그 사람들이 원한 것은 전쟁을 계속 하는 것도 아니었고 혁명 재판을

열거나 으리으리한 저택에 불을 지르는 것도 아니었다."고 오랜 세월이
흐른 다음에 회상하면서 "그들은 그저 농장과 일터가 있는 고향으로 돌
아가고 싶었을 뿐이었다."고 말했다.[9] 군대의 지지가 없으니 군주제는
무너질 수밖에 없었다. 몸이 편찮았던 루트비히 3세는 가족을 데리고
야반도주했다. 20년도 더 지나서 히틀러는 '이런 왕실의 이해관계'를
대신 처리해준 것에 대해서만큼은 사회민주주의자들에게 감사한다고
말했다.[10]

아이스너가 주도적으로 만든 과도 정부는 급진적이며 상당히 이상주
의로 기울었던 독립사회민주주의 진영과 (혁명은 꿈도 안 꾸었던) '온건'
사회민주주의 진영이 동거했기 때문에 처음부터 아주 불안한 연정이었
다.[11] 과도 정부는 당면한 사회경제적 난제를 해결하기 어려운 입장에
놓여 있었다. 바이에른은 농업 지역이었으므로 농촌의 지지가 없으면
식량 조달 문제 하나도 제대로 해결하기 어려웠다. 그리고 농촌의 지원
을 얻으려면 과감한 농지 개혁은 포기할 수밖에 없었다. 상황은 갈수록
악화되었다. 정치적 혼란은 날이 갈수록 심해졌다. 1월 선거에서 독립
사회민주당은 참패를 면치 못했다. 정치에 염증을 느꼈으면서도 워낙
보수적인 성향이 강했던 바이에른 농촌 지방에서 급진 세력은 예상대로
급속도로 지지를 잃었다. 1919년 2월 21일 당시 뮌헨 대학생이었던 장
교 출신의 귀족 청년 그라프 안톤 폰 아르코-팔라이 손에 아이스너가
암살당한 사건은 상황이 더욱 혼란스러워져서 거의 무정부 상태로 치달
을 것이라는 것을 알리는 신호탄이었다.[12]

"한때는 시녀와 얼굴에 분을 찍어바른 시종이 상전의 비위를 맞추면
서 알랑거렸던" 비텔스바흐 궁전의 복도와 방에서 '붉은 근위대'가 활
보하는 가운데,[13] 바이에른 왕비가 침실로 썼던 방에서 독립사회민주
주의원과 무정부주의자가 주축을 이룬 혁명 세력은 모임을 갖고 바이에
른 '평의회공화국' 출범을 선포했다. 다수파 사회민주당 세력과 공산주
의자는 동참하기를 거부했다. 특히 공산주의자들은 이것을 '사이비 평
의회공화국'으로 규정했다.[14] 선거로 집권했다가 밤베르크로 피신한 정
부는 4월 13일 성부에 충성하는 군대를 동원해보았지만 평의회공화국

1919년 4월 22일 뮌헨 시내에서 '붉은군대' 행진을 벌이는 뮌헨 노이하우젠 구역 출신의 독일공산당 무장 당원들.

을 무너뜨리지는 못했다. 반혁명 공세가 실패로 돌아가는 바람에 강경 혁명파는 각오를 더욱 단단히 다졌고 바이에른 혁명을 더욱 끝까지 밀어붙였다. 바이에른에 소련식 체제를 도입하려던 2차 '실질' 소비에트(평의회)공화국에서 공산주의자가 전권을 장악한 것이다. "오늘 바이에른은 드디어 프롤레타리아 독재를 이루어냈다."고 1905년의 러시아 혁명에 참여한 경력을 지닌 공산주의자 오이겐 레비네가 이끈 새 집행위원회는 선언했다.[15] 하지만 소비에트공화국은 두 주일을 못 버티고 폭력과 유혈과 보복극으로 막을 내리면서 바이에른의 정치 문화에 해로운 유산을 남겼다.

열흘 동안의 총파업이 선언된 상황에서 뮌헨의 내로라하는 공장과 군부대에서 온 2만 명의 노동자와 군인으로 구성된 '붉은군대'가 선원으로서 킬 봉기에 가담한 경험이 있는 스물세 살 난 청년 루돌프 에글호퍼의 지휘봉 아래 모였다. 그렇지만 프로이센과 뷔르템베르크의 정규군, 거기다가 속속 뮌헨으로 모여든 바이에른 자유군단을 상대하기에는 역부족이었다. 4월 29일 에글호퍼가 '붉은군대의 독재'를 선언한 다음날

1919년 5월 초 뮌헨으로 입성하는 반혁명 자유군단. 치열한 전투 끝에 소비에트공화국이 무너지고 '적색 테러'의 공포는 사람들의 가슴에 강하게 각인되었다.

루이트폴트 김나지움에 인질로 잡혀 있던 극우 단체 툴레협회 회원이 여럿 포함된 여덟 명의 붉은군대의 포로(그중에는 여자도 한 명 끼어 있었다)가 생포된 두 명의 정부군 병사와 함께 가혹 행위를 당한 다음 사살되었다. 사살 명령은 '백군'이 뮌헨 외곽으로 진격하면서 저지른 만행에 대한 보복 차원에서 내려졌다. 인질을 죽였다는 소문은 삽시간에 퍼져 나갔다. 뮌헨은 공포에 떨었고 반혁명군은 뮌헨 공세에 더욱 박차를 가하면서 끔찍하고 잔인한 보복극을 자행했다. 뮌헨 중심가와 일부 노동자 거주 구역에서 벌어진 시가전은 유혈이 낭자했다. 화염병이 날아다니고 치열한 총격전이 벌어지고 중무장 차량이 동원되고 심지어는 비행기까지 나타나서 이 짧지만 무자비한 내전을 피로 물들였다. '백군'에게 당한 희생자 중에는 소비에트공화국과는 아무런 상관이 없었는데도 채석장으로 끌려 나가서 약식 처형을 당한 53명의 러시아군 포로, 혁명분자로 의심받고 살해당한 한 무리의 구급요원들, 페를라흐의 노동자 구역에서 살다가 정적의 제보로 붙들린 12명의 사회민주당 지지 시민, 스파르타쿠스 단원으로 오인받은 가톨릭 단체 성요셉협회 회원 21명이

포함되어 있었다. 뮌헨 거리는 여러 날 동안 공포에 휩싸였다. 사회주의 실험에 관여했던 사람은 하나같이 목숨을 잃을지도 모른다는 두려움에 떨었다. 5월 3일 뮌헨이 마침내 '해방'되었을 때 사망자 수는 최소한 606명이었고 그중 335명이 민간인이었다. 소비에트공화국의 지도자 중에서 우익의 반격에 붙들리지 않은 사람은 러시아 태생의 공산주의자 막스 레빈뿐이었다. 에글호퍼와 유대인 아나키스트이며 작가였던 구스타프 란다우어는 자유군단에 붙들려 살해당했고 레비네는 (베를린에서 하루 동안 총파업을 벌이면서 거세게 항의했지만) 반역죄로 처형당했다. 아나키스트였던 유대인 작가 에리히 뮈잠은 15년형을 선고받았고 역시 유대인 작가였던 에른스트 톨러는 5년형을 언도받았다. 가혹한 형벌을 모두 더하면 6천 년이나 되었다. 유죄가 확정된 사람 중에서 65명은 중노동형을 선고받았고 1,737명은 징역을 살았으며 407명은 한동안 억류되었다.[16]

1918년 11월과 1919년 5월 사이에 벌어진 사건이 바이에른 지방의 정치 의식에 끼친 영향은 아무리 과장해도 지나치지 않다. 특히 소비에트공화국이 큰 영향을 끼쳤다. 가장 유연한 모습을 보였을 때도 소비에트공화국은 자유가 위축되고 식량 공급이 뚝 떨어지고 언론에 재갈이 물리고 총파업이 일어나고 식량·석탄·옷가지를 징발하고 혼란과 무질서가 판을 친 시절로 뮌헨 시민들에게 기억되었다.[17] 하지만 더 오래 평범한 사람들의 기억에 남은 것은 소련 공산주의에 충성하면서 외국에서 온 불순 세력이 강요한 '공포 체제'[18]라는 인상이었다. 현실적으로 혁명파는 뮌헨의 군인과 노동자에게 제대로 된 지지를 조금 얻어냈을 뿐이지 아무것도 이루어낸 것이 없었다. 사유 재산을 몰수하겠다는 위협도, 새로운 정치사회 질서를 구축하겠다는 약속도 실천에 옮기지 못했다. 루이트폴트 김나지움에서 인질을 쏘아죽인 것은 뮌헨의 중산층을 경악시킨 개탄스러운 일이었지만 '해방'군이 저지른 만행에 비하면 약과였다. 그래도 우파의 살육 행위는 '질서 회복' 차원에서 비교적 덤덤하게 받아들여졌다.

새삼스러운 일은 아니지만, 이미지는 현실보다 더 그럴 듯하게 보였다. 그리고 바이에른은 물론이거니와 독일 전역에서 우익 진영이 대대적 선전으로 쌓아 올린 이미지는 볼셰비키와 유대인이라는 외부 세력이 국가를 찬탈하여 제도와 전통과 질서와 재산을 위협하고 혼란과 파괴를 주도하고 끔찍한 폭력 행위를 자행하고 무정부 상태를 초래하여 독일의 적들만 이롭게 했다는 것이었다. 뮌헨 중산층이 보던 〈뮌헨 뉴스〉 같은 주류 언론은 '볼셰비즘의 목표와 방법', '소련 밀정', '볼셰비키 정보원', '아시아 볼셰비즘의 관행', '외세의 사주'를 들먹였다. 그런가 하면 '범죄적 만행'과 '무고한 인질의 비인간적 학살'은 오로지 '공산주의 지도자들'의 잘못이었다. 그런 '범죄자들'에게 조금이라도 온정을 베푸는 것은 '인류와 정의에 어긋나는 죄악'에 다름 아니었다. 그와는 대조적으로 '적색 테러'에서 뮌헨을 '해방'시킨 군대는 '철저한 기강으로' '질서 의식'을 회복시켰다면서 찬사를 보냈다.[19]

러시아 혁명이 일어난 것이 겨우 18개월 전이었고 소련에서 벌어지는 내전의 참극에 관한 소식(볼셰비키는 결국 반혁명 세력에 승리를 거두었지만 양쪽 모두 수많은 사람이 목숨을 잃었고 필설로 형언할 수 없는 야만을 겪었다)이 이런저런 경로를 통해서 꾸준히 들어오던 상황에서 기본적으로 보수적 성향이 짙었던 농촌 지역과 이념 대립이 첨예했던 도시 지역에서 볼셰비즘에 대한 병적 공포심이 얼마나 많은 사람들의 마음을 파고들었을까 하는 것은 어렵지 않게 짐작할 수 있다. 소비에트공화국이 들어섰던 몇 주일 동안의 참극에서 실익을 본 것은 바이에른 농민과 중산층을 상대로 볼셰비즘에 대한 공포심과 증오심에 불을 지필 만한 연료를 확보할 수 있었던 급진 우익 세력이었다.[20] 특히 반혁명 극우 세력이 휘두른 폭력은 눈앞의 현실로 다가온 볼셰비키의 위협에 맞선 정당한 대응으로 받아들여졌고 정치 현실의 일부로 여겨졌다.

좌파 사회주의를 잠깐 맛보고 난 바이에른은 그 뒤로 여러 해 동안 보수 우파의 아성으로 돌아섰다. 독일 전역의 극우주의자가 바이에른으로 몰려들었다. 정치적 성향은 크게 달랐지만 '청백'의 바이에른 분리주의자, '흑백적'의 국가주의자, 그리고 민족주의자는 좌익 볼셰비키(그리고 더 넓게는 '마르크스주의자')를 혐오한다는 점에서는 한마음 한뜻이었다.[21] 바이에른 제국군*은 반동주의 세력, 반공화국 세력, 반혁명 세력의 보루가 되었다. 1920년 3월 카프 쿠데타를 일으켰다가 실패했을 때도 정변을 주도한 우익 지도자와 준군사조직들은 바이에른으로 피신했고 거기서 환대를 받았다. 이런 것이 바로 '아돌프 히틀러가 만들어진' 시대적 조건이었다.

특히 앞에서도 언급했지만 바이에른 혁명사는 나치의 선동에 딱 써먹기 좋은 쪽으로 흘러갔다. '등에 칼을 꽂는' 반역질이었다는 풍문도 그렇지만 뮌헨 소비에트공화국만 놓고 보면 유대인이 국제적으로 벌인 음모극이라는 설이 그럴듯하게 들릴 수가 있다. 바이에른이라고 해서 다른 곳보다 유난히 극우 세력이 기승을 부린 것은 아니었지만 낯선 풍토에서 접한 특이한 경험을 통해서 바이에른은 극우 체제에 더 큰 공감을 느끼는 정서를 지니게 되었다. 처음에 히틀러를 따랐던 지지자 가운데 상당수는 혁명이 일어나고 나서 바이에른에서 몇 달 동안 혼란을 경험한 사람들이었다. 히틀러 자신에게도 뮌헨에 들어선 소비에트공화국의 혁명기가 갖는 의미는 각별할 수밖에 없다. 히틀러는 정치인이 되기로 결심한 것이 아니라고 보는 설도 있다. 혁명을 통해서, 평의회의 통치를 통해서 정치가 히틀러한테로, 병영 안으로 들어왔다는 것이다.[22] 정말로 그런지 한번 따져볼 때가 되었다.

혁명 정부의 대의원

1918년 11월 21일 뮌헨으로 돌아왔을 때 히틀러는 제2보병연대 산하 제1예비대대 제7중대로 배속받았다. 거기서 며칠 뒤에 전우들도 여러 명 만날 수 있었다. 2주일 뒤 히틀러는 전우였던 에른스트 슈미트와 함께 (모두 140명이었던) 중대에서는 처음으로 트라운슈타인 포로수용소

제국군(Reichswehr) 1935년 히틀러가 징집령을 내리고 독일 군대명을 국방군(Wehrmacht)으로 바꾸기 전까지 독일군을 부르던 이름.

감시병으로 차출된 15명 안에 끼었다. 아마 슈미트가 나중에 설명한 대로 히틀러는 파견 근무 희망자를 뽑는다는 말에 스스로 자원했을 가능성이 높다.[23] 슈미트에 따르면 히틀러는 혁명에 대해서는 별다른 말을 하지 않았지만 "상당히 착잡해했던 것만큼은 분명해 보였다." 히틀러도 슈미트도 병사평의회에 통솔권이 넘어간 뒤로 뮌헨의 부대 문화가 달라진 데 반감을 느꼈다. 전과 같은 권위와 기강, 사기는 땅에 떨어졌다.[24] 만약 그것이 파견 근무를 자원한 이유였다면 히틀러와 슈미트는 트라운슈타인에 도착해서도 실망을 금치 못했을 것이다. 원래 1천 명을 수용할 수 있게 지어졌지만 정원을 훨씬 초과했던 그 수용소도 병사평의회에서 관리했는데 히틀러는 그것이 영 마음에 들지 않았다. 기강은 해이했다. 한 자료에 따르면 감시병 중에는 히틀러도 따지고 보면 그런 셈이었지만 군대를 "나랏돈으로 편하게 지내는 방편"으로 여기는 한심한 인간이 꽤 있었다.[25] 히틀러와 슈미트는 주로 트라운슈타인 위병소에서 근무하며 편하게 보냈다. 두 사람이 그곳에서 복무한 기간은 두 달이었는데 그동안 러시아인이 대부분이었던 포로들은 어디론가 호송되었다. 2월 초가 되자 수용소는 텅 비었고 부대도 해산되었다. 히틀러는 슈미트가 기억하기로는 1월 말에 뮌헨으로 돌아온 것으로 보인다.[26] 아무리 늦어도 2월 중순(히틀러는 3월이라고 말하지만 그럴 수는 없다)까지는 틀림없이 돌아갔을 것이다. 히틀러의 병적 기록을 보면 2월 12일자로 제2전역 중대로 배치되어 전역을 기다리고 있다고 나와 있기 때문이다.[27]

앞서도 말했지만 전반적으로 독일 군대의 해산은 굉장히 빠르고 효율적으로 이루어졌다.[28] 에른스트 슈미트를 비롯해서 히틀러와 가깝게 지냈던 전우들은 이미 전역을 한 지 오래였다.[29] 히틀러가 1920년 3월까지 제대를 미룰 수 있었던 것은 1919년 늦봄께부터 제국군을 위한 정치 활동에 관여했기 때문이었다. 히틀러가 정치에 발을 내딛은 것도 그때부터였다. 히틀러는 군대에 조금이라도 오래 남아 있기 위해서 아무리 사소한 기회도 놓치지 않았다.

2월 20일부터는 2주일 남짓 뮌헨 중앙역에서 경비병으로 근무했다. 히틀러의 소속 중대가 뮌헨을 경유하여 이동하는 수많은 군인들 사이에서 질서를 유지하는 책임을 맡았던 것이다. 이 기간 동안 역에서 과잉 경비로 말미암아 체포된 사람들에게 가혹 행위를 한 사례가 많다는 진정이 쏟아져서 당국이 수사를 벌이기도 했다. 히틀러가 가혹 행위에 관여했는지 여부는 알 길이 없지만 그곳에서 자행된 폭력과 만행을 보지 못하지는 않았을 것이다.[30] 전역 중대에 배치되어서 경비 근무를 서는 것 말고는 히틀러와 슈미트를 비롯하여 동료 군인들은 딱히 할 일이 없었다. 그들은 낡은 방독면을 테스트해서 하루에 3마르크를 벌 수 있었는데 그 돈이면 이따금 오페라를 보러 갈 수 있었다.[31] 보통 한 달에 40마르크는 벌었던 것으로 보인다. 군대에서 공짜로 재워주고 먹여주었으니까 그 돈이면 심신이 고달프지 않게 살아갈 수 있었다.[32] 하지만 제대 후의 앞날이 썩 밝아 보이지는 않았다.

소비에트공화국이 무너지고 나서 히틀러는 자기도 조사반에 들어간 적이 있다고 말했다. 그것이 히틀러가 처음 한 정치 활동이었던 셈이다. 그런데 혁명 기간 동안에 히틀러가 무슨 일을 했는지를 보여주는 최근의 증거를 보면 그런 주장과 맞아떨어지지 않는다. 그것은 히틀러가 왜 나중에 본인 입으로 "11월의 범죄자들"이라고 줄곧 부르는 사람들이 뮌헨을 다스린 몇 달 동안 자기가 한 행동에 대해서 입을 다물고 있었는지를 이해하는 단서가 된다.

1919년 4월 3일자로 전역 대대에서 하달된 지시는 히틀러를 중대 대의원으로 호명한다. 히틀러는 아마도 2월 15일 이후로 그 직책을 줄곧 맡았을 가능성이 유력하다. 대의원이 하는 일은 이를테면 사회주의 정부의 홍보 부처를 도와서 부대원들에게 '교육' 자료를 배포하는 것이었다.[33] 그러니까 히틀러가 정치에 발을 내딛으면서 처음 맡은 임무가 사회민주당과 독립사회민주당이 이끌던 혁명 정부의 일을 도운 것이라는 소리가 된다. 이 시기의 행적에 대해서 히틀러가 별로 말하고 싶어하지 않았던 것도 무리는 아니다.

실제로 히틀러는 뮌헨에서 '붉은 독재'가 기승을 부렸던 바로 그 시기에도 여전히 그런 일에 몸담았다는 더 당혹스러운 사실도 해명을 할 필요가 있었을 것이다. 4월 14일은 공산주의 소비에트공화국이 정식으로 출범한 다음날이었는데 이날 뮌헨 병사평의회는 뮌헨 방위군이 새로 들어선 정권을 확실히 지지한다는 의지를 분명히 밝히기 위해 모든 병영에서 새롭게 대의원을 뽑는 선거를 실시하기로 방침을 정했다. 그 이튿날 벌어진 선거에서 히틀러는 대대를 대표하는 부대의원으로 뽑혔다.[34) 그때 히틀러는 뮌헨의 '빨갱이 공화국'을 타도하는 데 거들고 나서기는 커녕 좌파 정권이 집권하는 동안 내내 소속 대대의 대의원으로 활동했다.

그렇지만 이런 증거를 과연 어떻게 해석해야 할 것인가는 또 다른 문제다. 뮌헨 방위군이 11월 이후로 혁명 정부를 군건히 지지했고 4월 이후에도 급진 성향의 소비에트공화국을 변함없이 밀어주었다는 데서 우리가 미루어 짐작할 수 있는 것은 병사들 사이에서 대의원으로 뽑히려면 히틀러가 나중에는 '폭도'라고 거세게 비난할지언정 적어도 그 몇 달 동안은 사회주의 정부의 입장을 대변하는 발언을 했으리라는 사실이다. 적어도 사회주의 정부를 강하게 비난하는 말을 할 수는 없었을 것으로 보인다. 혁명이 일어났을 때 히틀러가 처음에 다수파 사회민주당에 심정적으로 동조했다는 설은 이미 1920년대부터 나돌아서 1930년대까지도 수그러들지 않았고 또 소문을 공박하는 제대로 된 반론도 나온 적이 없었다. 그런 소문은 히틀러를 믿지 못할 사람으로 깎아내리려던 좌파 언론인들한테서 주로 나왔기 때문에 진지하게 받아들여지지 않은 것으로 추정된다. 그렇지만 1923년 3월 사회주의 성향의 〈뮌헨 포스트〉지에 실린 히틀러가 민주 공화국을 옹호하는 의식화 교육을 군대에서 거들었다는 내용의 기사는 1919년 2월부터 히틀러가 중대 대의원 자격으로 줄곧 활동했음을 강력히 시사하는, 앞에서 우리가 알아본 증거와 맞아떨어진다.[35) 1930년대 초반에도 좌파 언론에서는 비슷한 소문이 떠돌았다.[36) 에른스트 톨러는 소비에트공화국에 관여했다는 혐의로 같이 억류되었던 동료의 입에서, 혁명이 일어나고 처음 몇 달 동안 뮌헨 방위군 막사에서 히틀러를 만난 적이 있는데 그때 히틀러는 사회민주주의자를 자처하더라는 말을 들었다고 보도했다.[37) 콘라트 하이덴은 소비에트공화국 시절에 히틀러가 동료들과 열띤 토론을 벌이면서 공산당 정권

을 비난하면서 사회민주당 정권을 옹호했다고 말했다. 뒷받침하는 증거
는 없지만 심지어 히틀러가 사회민주당에 가입한다는 말을 했다는 보도
까지 있었다.[38] 1921년 당 내부에서 비난을 한몸에 받았던 헤르만 에서
를 변호하면서 히틀러는 "누구나 한번은 사회민주주의자였던 적이 있
었다."고 말하기도 했다.[39]

혁명이 일어난 격동기에 히틀러가 다수파 사회민주주의 진영을 지지
했을 수 있다는 것은 언뜻 보기와는 달리 꽤 개연성이 있는 이야기다.
정치 상황은 혼미하고 불투명하기 짝이 없었다. 나중에 히틀러의 측근
으로 발탁되는 인물을 비롯해서 적잖은 사람들이 의외로 당초 혁명이
일어났을 당시에는 좌파 진영에 속해 있었다. 나중에 나치 무장친위대
(Waffen-SS) 장군을 지내고 히틀러를 경호하는 '아돌프 히틀러 호위연
대'를 이끄는 제프 디트리히는 1918년 11월 병사평의회 의장으로 뽑혔
다. 오랜 세월 동안 히틀러의 차를 몰았던 율리우스 슈레크는 1919년 4
월 말 '붉은군대'에 몸담고 있었다.[40] 히틀러를 제일 먼저 추종했던 사
람의 하나이며 나치당 초대 선전부장을 맡았던 헤르만 에서는 한때 사
회민주주의 성향의 일간지에서 기자로 활동했다.[41] 독일이 국제 주식
시장이 추구하는 '이익의 노예'가 되었다는 주장으로 1919년 여름 히틀
러에게 깊은 인상을 심어준 고트프리트 페더는 1918년 11월 쿠르트 아
이스너가 이끄는 사회주의 정부에 자기의 입장을 밝히는 성명서를 보냈
다.[42] 1차 세계대전 동안 히틀러와 가장 가깝게 지냈던 동료의 한 사람
이며 나중에 히틀러를 열렬하게 지지하는 발타자르 브란트마이어는 처
음에는 군주제가 무너지고 공화국이 들어서니까 새로운 시대가 열리는
것 같아서 반가운 마음이 들었다고 술회했다. 기대가 컸던 만큼 나중에
느낀 실망도 컸다. 그는 "우리는 꼭두각시만 바꾸었을 뿐"이라고 '통
탄'하면서 민중은 여전히 노예로 부려졌고 굶주림을 면치 못했다고 지
적했다. "우리는 소비에트 체제를 세우려고 피를 흘린 것이 아니다.",
"조국에 감사하는 마음이 빠졌다."면서 쓸쓸하게 마무리지었다.[43] 브란
트마이어도 그렇지만 공격적 민족주의와 반유대주의는 과거에 군주 체
제를 겨누더니 이제는 새로 들어선 공화국을 겨냥하는 사회적 불만에서

생겨난 급진주의와 맞물리면서 이런 정서가 1차 세계대전 이후로 확산되었다. 이념의 혼선과 정치적 혼란, 기회주의 같은 것이 복합적으로 작용하면서 사람들은 이 진영 저 진영으로 이합집산을 거듭했다.

히틀러가 속으로는 사회민주주의에 동조했지만 소비에트공화국이 무너지고 나서 제국군에서 '교육'을 받다가 이념적으로 확 돌아서서 특유의 인종-민족주의적 세계관을 갖게 되었다는 설명은 더욱 믿기가 어렵다.[44] 혁명을 통해 군주제가 없어진 사실을 히틀러가 고무적으로 받아들인 것은 사실이다.[45] 그렇지만 정확히 언제부터 병적인 반유대주의자로 돌아섰는지를 알기는 어렵다고 하더라도 진작부터 범게르만주의에 동조했고 사회민주주의에 반감을 나타냈으며 호전적 군국주의와 공격적인 외국인 혐오증에 물들어 있었다는 점을 감안하면 1918년 이후로 사회민주당의 목표, 정책, 이념에 호응했을 가능성은 희박하다. 혁명이 일어난 몇 달 동안 히틀러가 다수파 사회민주주의자들 쪽으로 확실히 기울고 싶은 마음이 들었다면 그것은 소신 때문이 아니라 제대하지 않고 버틸 수 있을 때까지는 군대에 가급적 오래 남고 싶다는 순전히 기회주의적인 생각에서 그렇게 한 것으로 보인다.

히틀러가 기회주의자였다는 것을 암시하는 사실들이 혁명기부터 벌써 많이 나타난다. 파제발크에서 히틀러는 병원에 와서 선동과 혁명을 부르짖은 해군 병사들을 상사에게 보고하지 않았다(애국심이 있었다면 그렇게 했어야 할 입장이었다).[46] 병원에서 퇴원하고 나서도 정치에는 가급적 얽혀 들지 않으려고 애썼다. 동부 전선에서 전투를 계속하고 독일 국내에서(아니면 적어도 뮌헨에서만이라도) 급진 좌파를 진압하기 위해 여기저기서 자유군단이 만들어졌지만 히틀러는 거기에도 들어가지 않았다. 1919년 2월 트라운슈타인에서 뮌헨으로 돌아오고 나서도 소속 부대에서 명령이 떨어졌으니까 뮌헨에서 1만 명의 좌익 노동자와 군인이 벌인 시가 행진에 히틀러도 끼어들었을 가능성이 농후하다. 1919년 4월 무렵에는 뮌헨을 공산당원들이 주도하는 소비에트가 통치하고 있었으니까 뮌헨 방위군에 몸담은 입장에서 히틀러도 아마 다른 병사들처럼 혁명 지지자임을 나타내는 붉은 완장을 차고 나녔을 것이나.[47] 소비에트공화국을 무너뜨리고 뮌헨을 '해방'시킬 때 아무것도 안 하고 한발 뒤로 물러서 있었다는 사실 때문에 히틀러는 나중에 에른스트 룀(나치 돌격대를 이끌었다), 리터 폰 에프(1933년 이후로 바이에른 제국지사로 활동했다), 심지어 루돌프 헤스(히틀러의 개인 비서를 지내며 나중에 당 지도자 대리인이 된다)한테서도 별로 좋지 않은 소리를 들었다.[48]

아무리 기회주의적인 모습, 시류에 영합하는 모습을 보여주긴 했어도 히틀러가 혁명 좌파에 반감을 품었다는 사실은 뮌헨이 차츰 격랑으로 휘말려들던 몇 달 동안 병영에서 히틀러와 함께 지냈던 사람들의 뇌리에는 분명히 남은 듯하다. 히틀러가 나중에 알려진 대로 정말로 공산주의자보다 사회민주주의자를 옹호하는 발언을 했다면[49] 그것은 두 개의 악 중에서 덜 나쁜 쪽을 택한 것으로 받아들여졌을 것이다. 히틀러와 같은 부대에서 생활을 하면서 히틀러를 오래 지켜본 사람들은 히틀러가 시류에 영합하여 민족주의와 범게르만주의를 지지하는 속내를 드러내지 않았다고까지 생각했을 것이다. 이미 제대는 했지만 아직도 히틀러와 꾸준히 만났던 에른스트 슈미트 같은 사람은 뮌헨에서 벌어지는 일들을 보면서 히틀러가 "굉장히 분개"했다고 나중에 말했다.[50] 4월 16일에 있었던 선거에서 히틀러가 39표를 얻은 요한 블뤼믈에 이어서 19표를 얻어서 대대 평의회에 나가 중대를 대표할 두 번째 대의원으로 뽑힌 것도 그런 시각에서 히틀러를 바라본 동료들의 지지를 얻었기 때문이었을 것이다.[51] 부대 안에서도 그렇고 병사들이 뽑은 대의원들 사이에서도 갈등이 있었다는 것은 소비에트공화국이 들어선 동안 부대원들이 보인 행적을 조사한 뮌헨 심문에서 히틀러가 동료 대의원 두 명을 고발했다는 데서도 헤아릴 수 있다.[52] 늦어도 4월 말까지 히틀러는, 본심은 뮌헨을 공격하려는 '백'군과 조금도 구별이 안 되는 반혁명주의자로 주변에 알려져 있었을 것이다. 확인되지는 않은 사실이지만 히틀러가 자리에서 벌떡 일어나 "우리는 이곳에 굴러들어 온 유대인을 지키는 혁명군이 아니"라면서 코앞에 닥친 싸움에서 부대가 중립을 지켜야 한다고 역설했다는 이야기도 있다.[53] 무엇보다도 의미심장한 일은 평의회들의 지배가 막을 내린 지 한 주일도 안 되어서 누구의 지시인지는 모르지만 제2보병연대 예비대대원들이 소비에트공화국에 열심히 가담했는지 여부를 조사하는 3인 위원회의 일원으로 활동하라는 명령을 상부에서 받았다는 점이다.[54] 이것은 히틀러가 대대에서 '빨갱이' 통치에 강한 적개심을 품은 사람으로 여겨졌다는 사실을 방증한다. 새로운 임무를 부여받았기 때문에 어차피 히틀러는 1919년 5월까지는 제대를 할 수가 없었다.[55] 더욱 중요한 것은 이 일을 계기로 난생 처음 제국군 내부의 반혁명 정치 활동에 뛰어들 수 있었다는 사실이다. 패전 소식에 파제발크 병원에서 받았던 심리적 상처보다는, '11월의 범죄자들'로부터 독일을 구하겠다는 극적인 결정보다는, 앞으로 몇 달 동안 바로 이런 계기를 통해서 히틀러는 뮌헨에서 극우 정치의 소용돌이 안으로 빠져들어간다.

연설가 히틀러 탄생

1919년 5월 11일 소비에트공화국을 무너뜨리는 데 관여한 바이에른 군대를 모태로 하여 폰 묄 소장의 지시로 바이에른 제국군 제4집단사령부가 창설되었다.[56] 바이에른 정부가 8월 말까지 밤베르크에서 '망명' 중이었으므로 봄과 여름 내내 뮌헨은 사실상 군부 통치 아래 놓여 있었다. 바리케이드와 철조망, 검문소가 시내에 널려 있었다.[57] 정치 활동을 대대적으로 사찰하고 과도기 상태의 군에 팽배해 있던 '위험한' 태도를 선전과 의식화를 통해 바로잡는다는 두 가지 과제를 인식하면서 사령부는 소비에트공화국이 진압되고 나서 뮌헨에 곧바로 만들어진 '정보대'를 1919년 5월에 접수했다. 군대를 반볼셰비즘과 민족주의의 방향으로 올바르게 '교육'하는 것이 무엇보다도 시급한 과제가 되었으므로 '군대 내부에서 마땅한 인재'를 훈련시키려는 의도에서 '웅변술 강좌'가 만들어졌다. 이 과정을 이수한 사람들은 불순 사상을 논파할 수 있는 충분한 설득력이 있다고 판단될 경우 군에 상당 기간 동안 남아 선전요원으로 활용한다는 방침이었다.[58] 6월 초부터 시작된 일련의 '반볼셰비즘 강좌'를 주관한 사람은 5월 30일에 정보대 지휘권을 넘겨받은 카를 마이어 대위였다.[59] 히틀러의 정치 '경력'을 낳은 '산파'의 한 사람인 마이어는[60] 히틀러가 처음 정치로 뛰어드는 데 누구보다도 큰 역할을 했다고 자부할 수 있었을 것이다.

히틀러를 누구보다도 먼저 밀어준 마이어는 특이한 길을 걸은 사람이었다. 1920년 볼프강 카프가 일으킨 쿠데타에서도 바이에른의 주요 공조자로 활약하는 등 처음에는 반혁명 극우 노선으로 열심히 뛰다가 나중에는 히틀러를 강하게 비판하면서 사회민주당 계열의 민병 조직 제국군기단에서 적극적으로 활동했다. 1933년 프랑스로 피신했지만 나중에 나치에 붙들렸고 1945년 2월 부헨발트 수용소에서 죽었다. 1919년 마이어는 대위라는 지위를 훨씬 뛰어넘는 영향력을 뮌헨 방위군에서 휘둘렀다. 마이어는 상당한 자금을 운용하면서 첩보원 내지는 제보자로 이루어진 정보망을 구축하고 엄선한 장교와 사병이 정치적으로 이념적으로 '올바른' 사유를 할 수 있도록 훈련하는 일련의 '교육' 과정을 조직하고 '애국' 정당, 간행물, 조직에 돈을 댔다.[61] 히틀러를 처음 만난 것은 1919년 5월 '붉은군대'를 섬멸한 다음이었다. 소비에트공화국 시절에 대대 안에서 이루어진 파괴적 책동을 규명하는 조사위원회에 히틀러가 참여하고 있었기 때문에 마이어의 눈에 띄었을 것이다. 앞서 말한 대로 히틀러는 비록 사회주의 정부를 위해서이긴 했지만 이미 초봄부터 부대 안에서 선전 임무를 맡았다. 마이어가 생각하는 선전 활동을 수행하기에 히틀러는 더 없는 자격 요건을 갖춘 이상적 후보였다. 마이어는 처음 히틀러를 만났을 때 "그는 주인을 찾다가 지친 길 잃은 강아지처럼 보였다."고 한참 뒤에 술회했다. "자기를 인정해주는 사람을 위해서 운명을 바칠 각오가 되어 있었지만 …… 독일 민족과 독일의 운명에 대해서는 전혀 관심이 없었다."[62]

1919년 5월 말 아니면 6월 초에 정보대가 일찌감치 작성한 제보자 명단에는 '힛틀러(Hittler) 아돌프'라는 이름이 나온다. 며칠 안 가서 히틀러는 뮌헨 대학에서 1919년 6월 5일부터 12일까지 열린 반볼셰비즘 일차 '연수 과정'에 들어간다. 여기서 처음으로 명실상부한 일종의 정치 '교육'을 받았다. 스스로 인정했듯이 이것은 히틀러에게 중요한 경험이었다. 주변 사람들에게 자기가 영향을 끼칠 수 있다는 사실을 처음으로 깨달았다는 데도 각별한 의미가 있었다. 여기서 히틀러는 마이어가 부분적으로는 개인적 인맥으로 초빙한 뮌헨의 내로라하는 사람들한테서 '종교개혁 이후의 독일사', '전쟁의 정치사', '사회주의 이론과 실제', '독일의 경제 상황과 평화 조건', '국내 정책과 외교 정책의 연관성' 같은 강의를 들었다. 연사들 중에는 (원래는 강의 일정이 잡히지 않았지만) 마이어가 특별히 섭외한 고트프리트 페더도 있었다. 페더는 경제 전문가로서 범게르만주의 진영에서 이름을 날리던 사람이었다. 페더는 '이익의 노예 상태에서 벗어나자'는 취지로 강의를 했는데 이미 그전에 그런 주제로 '생산' 자본과 '약탈' 자본을 구별하는 '선언문'을 발표하여 민족주의 진영에서 찬사를 받은 적이 있었다. 페더의 강연은 히틀러에게 깊은 인상을 주었다. 페더는 결국 초창기 나치당에서 경제 '스승'의 역할을 맡는다.[63] 역사 강의는 마이어와 학교 때부터 알고 지내던 뮌헨 대학 역사학 교수 카를 알렉산더 폰 뮐러가 했다. 뮐러는 첫 강의를 마치고 텅 빈 강의실에 몇 사람이 둘러서 있는 것을 보았다. 한 사람이 아주 칼칼한 목소리로 그들에게 일장 연설을 하고 있었다. 두 번째 강의를 마치고 나서 뮐러 교수는 수강생 중에 타고난 웅변술을 가진 젊은이가 있다고 마이어에게 말하면서 그 젊은이가 앉아 있던 자리를 가리켰다. 마이어는 대번에 그가 누구인지 알아차렸다. '리스트 연대에서 온 히틀러'였다.[64]

히틀러는 한 참석자가 유대인을 옹호하는 바람에 화가 치밀어서 끼어든 것이라고 하면서 자기가 '교관'으로 임용된 것은 그 사건 때문이라고 생각했다. 그렇지만 히틀러는 교관이 아니라 제보자였다. 5월 말이나 6월 초부터는 죽 제보자로 활동했다.[65] 마이어가 그 사건을 계기로 히틀러에게 조금 더 관심을 기울인 것은 분명하다. 하지만 히틀러가 뮌헨 '연수 과정' 이수자 중에서 고른 26명의 강사 중 한 사람으로 뽑혀 아우크스부르크 부근 레히펠트에 있던 제국군 부대에서 다시 5일 동안의 연수를 받으러 간 것은 단발성 사건 때문이 아니라 마이어가 꾸준히 히틀러의 활동을 예의 주시해 왔기 때문이었다. 교육은 히틀러가 부대에 도착한 다음날, 그러니까 1919년 8월 20일부터 시작되었다. 전쟁에서 포로로 붙들려 있다가 돌아와 제대를 코앞에 둔 병사들이 대다수였던 그곳 부대원들의 정치 의식이 미덥지 못하다는 지적이 잇따르면서 마련된 교육이었다. 강사진의 임무는 볼셰비즘과 스파르타쿠스주의에 '물들었다'는 부대원들에게 민족 의식과 반볼셰비즘 의식을 불어넣는 것이었다.[66] 따지고 보면 그 교육은 강사들 자신이 뮌헨에서 보고 들은 내용을 그대로 이어가는 일이었다.

루돌프 바이슐라크 교육단장과 함께 히틀러는 '세계대전의 책임은 누구에게 있나?'라든가 '뮌헨 소비에트공화국 시절' 같은 주제로 바이슐라크가 한 강의에서 토론 분위기를 고조시키는 역할을 맡는다든지 하면서 혼자서 굉장히 많은 일을 했다. 그리고 자기도 '평화 조건과 재건', '외국 이민', '사회 구호와 정치경제 구호' 같은 주제로 강의를 했다.[67] 히틀러는 일에 온 정열을 쏟아 부었다. 자기의 모든 것을 바쳤다. 얼마 안 가서 히틀러는 청중의 마음을 울릴 수 있었다. 자기가 하는 말을 들으면서 병사들이 수동성과 냉소주의에서 벗어나는 것을 히틀러는 느꼈다. 히틀러는 희열을 맛보았다. 태어나서 처음 자기가 굉장히 잘할 수 있는 일을 발견한 것이다. 정말이지 우연찮게 자기의 어마어마한 재능을 알아차린 것이다. 본인 말마따나 '연설'을 할 수가 있었던 것이다.

나는 일을 시작하면서 열과 성을 모두 바쳤다. 많은 사람 앞에서 말을 할 기회가 갑자기 생긴 것이다. 잘은 몰라도 순전히 느낌만으로는 항상 그러지 않을까 싶었던 것이 이제는 사실로 판명되었다. 나도 '연설'을 할 수가 있었던 것이다. …… 나름대로 보람도 있었다고 생각한다. 나는 강의를 통해서 수백 명, 아니 수천 명의 동지를 다시 민족과 조국의 품으로 이끌었다. 말하자면 군인들에게 '나라를 일깨운' 셈이었다. ……[68]

교육에 참가한 사람들의 후기를 읽어보면 히틀러가 레히펠트에서 차지하던 위상이 과장이 아니었음을 알 수 있다. 히틀러는 단연 돋보이는 명강사였다. 비행선에서 복무했던 에발트 볼레에 따르면 바이슐라크의 강의는 "히틀러 씨의 (체험에서 우러나온) 열정적 강의만큼" 가슴을 파고 들지 않았다. 군너 한스 크노덴은 히틀러가 무엇보다도 "탁월하고 열정적인 연설가라는 사실을 과시하면서 눈부신 언변으로 청중의 마음을 사로잡았다."고 생각했다. 들것을 나르던 로렌츠 프랑크는 이렇게 썼다. "특히 히틀러 씨는 그 치열함도 그렇고 서민적 풍모도 그렇고 타고난 대중 연설가가 아니었나 싶은데 집회에서 청중으로 하여금 그 양반이 하는 말을 받아 적고 거기에 공감하지 않을 수 없게 만드는 힘이 있었다."[69]

레히펠트에서 히틀러가 대중을 선동할 때 즐겨 써먹은 무기는 반유대주의였다. 그렇지만 유대인을 거세게 공격한 것은 당시의 여론을 말하는 보도에서 드러나듯이 뮌헨 시민들 사이에 파다하게 퍼져 있던 정서를 대변한 데 불과했다. 뮌헨의 한 전철 안에서 누군가가 "〔유대인은〕싸그리 교수대로 보내도 싸다. 그놈들이 전쟁을 말아먹었다." 하면서 악의적인 발언을 했을 때 승객들은 하나같이 고개를 끄덕였다. 뮌헨에서 린다우까지 기차를 타고 가던 한 노동자는 5월 1일 군대가 유대인에게 발포를 했어야만 했다고 생각했다. 혁명이 일어난다더니 과연 혁명이 일어난 것처럼 앞으로 유대인도 대대적인 학살을 면치 못할 것이라고 사람들은 믿어 의심치 않았다. 1919년 8월과 9월에 신문에 보도된 여론의 동향을 보아도 가령 "지금 독일 노동자에게 가장 큰 위협은 유대인이다."라든가 "이 악질적이고 반역적인 해충으로부터 해방되어야만" 독일의 부활을 기약할 수 있다는 발언과 함께 유대인을 모조리 교수대로 보내라는 요구가 담겨 있었다. 수강생들이 보인 반응을 보면 히틀러의 연설이 얼마나 병사들에게 쉽게 다가섰는지를 알 수 있다.[70] 레히펠트 부대장 벤트 대위는 혹시라도 반유대주의를 선동한다는 비난을 들을까 봐 히틀러에게 반유대주의 강도를 조금 낮추라고 말해야 하지 않을까 하는 걱정까지 할 정도였다. 벤트 대위가 걱정을 한 것은 그전에 히틀러가 자본주의에 대한 강의를 하면서 거기서 '유대인 문제'를 '거론'했기 때문이었다.[71] 히틀러가 공식적으로 유대인에 대해서 말한 것은 그때가 처음이었다.

강사진 안에서도 그렇고 히틀러의 상사인 마이어 대위가 보기에도 그렇고 히틀러는 '유대인 문제'에 관한 한 '전문가' 대접을 받았음에 틀림없다. 1919년 9월 4일 연수를 받았던 울름의 아돌프 겜리히라는 사람이 특히 사회민주당 정부의 정책과 관련하여 '유대인 문제'에 대해 몇 가지 문의하는 편지를 보내왔을 때 마이어는 그 문제라면 당연히 히틀러가 잘 알 것이라 생각하고 히틀러에게 공을 넘겼다.[72] 1919년 9월 16일로 날짜가 박힌 유명한 회신에서 히틀러는 '유대인 문제'에 관한 자기의 생각을 처음 글로 표현했다. 히틀러는 반유대주의는 '사실'에 기반을 두어야지 감정에 치우쳐서는 안 된다면서 우선 짚고 넘어가야 할 것은 유대인은 종교 집단이 아니라 인종 집단이라는 사실이라고 강조했다. 감정적 반유대주의는 학살극을 낳겠지만 '이성'에 입각한 반유대주의는 유대인의 권리를 체계적으로 제거한다고 히틀러는 덧붙이면서 "반유대주의의 궁극적 목표는 누가 뭐래도 유대인을 제거하는 것이라야 한다."고 결론지었다.[73]

겜리히에게 보낸 회신은 히틀러가 그때 이후로 베를린 벙커에서 최후를 맞이할 때까지 변함없이 고수했던 세계관의 핵심 요소를 처음으로 드러낸다. 그 하나는 인종론에 바탕을 둔 반유대주의이고 다른 하나는 국내외의 유대인 세력에 단합된 민족주의로 맞서야 한다는 믿음이었다. 히틀러는 《나의 투쟁》에서도 고트프리트 페더에게 찬사를 늘어놓지만 이 편지에서도 페더의 논리를 한껏 써먹는다. 이것은 자본주의와 '이익의 노예'가 된 독일의 상황에 대한 페더의 분석이 히틀러가 오래 전부터 품었던 편견을 '학문적인' 논리로 합리화하고 정당화하는 데 긴요한 이념적 돌파구가 되었다는 사실을 웅변한다.[74]

당원 번호-555

레히펠트의 교육 과정이 끝나고 8월 25일 뮌헨으로 돌아오고 나서 루돌프 바이슐라크 교육단장은 교육에 참가한 강사들에게 지급해야 할

1919년 독일노동자당 창당 주역 안톤 드렉슬러. 철로 제작소에서 기사로 일하던 드렉슬러는 민족주의, 인종주의, 반자본주의적인 주제를 놓고 토론하는 노동자 동우회를 확대해 독일노동자당을 세웠다.

500마르크를 착복했다는 비난을 받았다. 강사들을 대표하여 교육단장을 고발한 것은 이제는 강사진의 명실상부한 대변인으로 떠오른 히틀러였다. 레히펠트에서 워낙 뛰어난 실력을 보여준 데다가 바이슐라크에게 치욕을 안겨주는 데까지 수훈을 세우면서 이즈음 마이어에게 히틀러는 믿음직한 오른팔로 자리를 잡았다.[75] 마이어 밑에서 일하는 제보자들이 하는 일 중에는 극우에서 극좌에 이르기까지 50개에 이르는 뮌헨의 각종 정당과 단체를 감시하는 임무도 있었다.[76] 1919년 9월 12일 히틀러는 그런 사찰 활동의 연장선에서 뮌헨 슈테르네커브로이 맥주홀에서 열린 독일노동자당 집회에 투입되었다. 적어도 두 명의 동료가 같이 갔는데 모두 레히펠트에서부터 같이 일했던 사람들이었다.[77] 연사로는 민족주의 성향의 시인이며 평론가인 디트리히 에카르트가 나설 예정이었지만 몸이 불편해서 고트프리트 페더가 '이익의 노예가 된 상태를 타개하는 방안'을 주제로 강연을 하기 위해 대신 연단에 섰다. 히틀러의 말로는 전에 그 강연을 들은 적이 있었으므로 당의 동태만 유심히 살폈다고 한다. 당시 뮌헨에서 우후죽순처럼 생겨나던 그렇고 그런 군소 정당과 다를 바 없는 '따분한 조직'이었다. 히틀러가 막 자리를 뜨려는데 강연이 모두 끝나고 벌어진 토론에서 그 자리에 초청을 받고 온 바우만 교수가 페더를 공격하면서 바이에른 분리주의를 옹호하는 발언을 했다. 그 소리에 히틀러는 불끈해서 바우만을 몰아붙였고 교수는 당혹스러워하면서 모자를 집어 들고 황망히 자리를 떴다. 그런데도 히틀러는 '물에 젖은 강아지처럼' 땀을 흘리면서 열변을 토했다.[78]

당 의장 안톤 드렉슬러는 혜성처럼 나타난 히틀러에게 너무 감동을 받은 나머지 모임이 끝나고 나서 《나의 정치적 각성》이라는 자기가 직접 쓴 책자를 건네면서 새로운 정치 운동에 참여할 마음이 있거든 2~3일 안으로 찾아와 달라고 당부했다. "보통 솜씨가 아니네. 잘 써먹으면 괜찮겠는데." 드렉슬러는 이런 말을 한 것으로 알려졌다.[79] 히틀러 본인의 설명으로는 잠이 안 와 새벽같이 눈이 떠져서 드렉슬러의 책을 읽었는데 뭔가 가슴이 찡하면서 12년 전 자기가 처음으로 '정치적 각성'을 했던 때가 기억났다고 한다. 집회에 참석하고 일 주일도 못 되어서 히틀러는 당원으로 받아들여졌으며 며칠 뒤에 이 문제를 놓고 당 회의에서 토론을 할 예정이니 참석해 달라는 우편엽서를 받았다.[80] 히틀러는 자기 손으로 당을 만들 마음이 있었으므로[81] 처음에는 별로 마음이 내키지 않았다고 썼다. 그렇지만 호기심을 누르지 못하고 결국 헤렌슈트라세의 불빛이 어둠침침한 알테스 로젠바트라는 허름한 맥주홀에서 조촐하게 열린 당 지도부 모임에 참석했다. 히틀러는 거기서 만난 사람들의 정치적 목표에 공감했다. 하지만 조직이 너무 좀스럽게 돌아가는 데는 경악을 금치 못하면서 "기본이 너무 안 되어 있는 모임"이라고 평가했다.[82] 며칠 동안 망설이다가 결국 당에 들어가기로 결심을 했다고 히틀러는 덧붙였다. 한번 해보기로 마음이 동한 것은 조직이 작은 만큼 "개인이 역량을 발휘할 수 있는 기회도 그만큼 클 것"이라는 판단이 들어서였다. 다른 식으로 말하자면 빠르게 두각을 나타내서 조직을 휘어잡을 수 있겠다는 생각이 들어서였다.[83]

9월 중순이 넘어서 히틀러는 독일노동자당에 가입했다. 당원 번호는 555번이었다. 히틀러는 일곱 번째로 가입했다고 늘 주장했지만 사실은 그렇지 않다.[84] 초대 당수의 자격으로 안톤 드렉슬러는 1940년 1월 히틀러 앞으로 쓴 편지에서 그 사실을 지적했지만 편지는 결국 보내지 않았다.

> 조직책을 맡아주십사는 저의 부탁으로 위원회에 일곱 번째로 들어오신 것이라면 모를까 일곱 번째로 당원이 된 것이 아니라는 사실은 누구보다도 지도자께서 잘 아실 것입니다. 몇 해 전의 일이지만 쉬슬러와 제가 서명을 한 당신의 독일노동자당 당원증은 원래 번호가 555번인데 이것이 지워지고 7번이라고 적힌 것을 보고 제가 담당자를 야단친 적이 있습니다.[85]

《나의 투쟁》에서 히틀러가 어린 시절과 젊은 시절에 대해서 말한 내용은 잘 새겨서 받아들여야 할 때가 많지만 독일노동자당에 들어간 이야기도 그의 말을 액면 그대로 받아들여서는 안 된다. 그런 예는 한두 가지가 아니지만 이것도 이미 지도자 신화에 걸맞게 의도적으로 다듬은 일화였다. 독일노동자당에 가입할 것인가 말 것인가를 놓고 히틀러가 며칠 밤낮을 두고 고민했다고 썼지만, 그 결정은 결국 히틀러가 내릴 수 있었던 것이 아니었다. 연구자들 사이에서 별로 주목을 받지 못했지만 히틀러의 제국군 상사 마이어 대위가 훗날 히틀러에게 독일노동자당의 당세 확장을 위해 당원으로 가입하라고 지시했다고 증언한 기록이 남아 있다. 마이어는 이어서 목적을 이루기 위해 처음에는 20금마르크에 해당하는 자금을 매주 지원했으며 정당에 가입한 군인은 원래 군복을 벗는 것이 관행이지만 히틀러는 군대에 남을 수 있도록 했다고 덧붙였다.[86] 1920년 3월 31일 정식으로 제대를 할 때까지 히틀러는 군인으로 월급도 받으면서 연사로서 수당도 꼬박꼬박 받았다. 독일노동자당을 이끌던 사람들은 다들 생업이 있었고 남는 시간을 쪼개어 정치 활동을 했지만 히틀러는 덕분에 이때부터 벌써 모든 시간을 정치 선동에 쏟아 부을 수 있었다.[87] 군대는 떠났지만 뮌헨의 맥주홀을 무대로 독일노동자

히틀러의 독일노동자당 당원증. 히틀러는 일곱 번째로 당원으로 가입했다고 늘 주장했지만 당원증에는 555번이란 번호가 찍혀 있다.

당을 간판으로 내걸고 한 연설이 상당한 호응을 얻은 터라 히틀러는 자신감에 차 있었다. 뮌헨 대학에서 반볼셰비즘 강의로 두각을 나타낸 데다 마이어 밑에서 제국군 선전원과 제보자로 일한 경험이 있었기 때문에 히틀러는 이제 위대한 건축가가 되겠다는 공상이나 시가지나 관광 명소를 그려서 생계를 이어가는 뜨내기 화가로 돌아가야 한다는 현실을 뒤로 하고 정치가라는 새로운 경력을 쌓을 수 있는 만반의 준비가 되어 있었다. 마이어 대위가 재능을 알아주지 않았으면 히틀러는 영원히 빛을 보지 못했을 것이다. 비록 맥주홀에 서기는 했지만 이제 히틀러는 어엿한 정치 선동가요 선전요원으로 활약했다. 히틀러가 유일하게 잘하는 일은 연설이었는데 이제 연설을 하면서 먹고살 수 있게 된 것이다.

파제발크의 별 볼 일 없는 환자에서 독일노동자당의 인기 연설가로 변신한 것은 독일을 구해야겠다는 '사명'을 갑자기 깨달았기 때문도 아니었고 인격이 남달라서도 아니었고 '의지의 뒷받침'이 있었기 때문도 아니었다. 상황과 기회주의, 행운의 도움이 있었고 한편으로는 마이어라는 든든한 배경, 그러니까 군대의 지원도 무시할 수 없었다. 히틀러가 정치로 다가간 것이 아니라 정치가 히틀러한테로, 뮌헨의 병영으로 다가왔다고 말하는 것이 사실은 옳다.[88] 히틀러가 한 것이라곤 소비에트 공화국이 무너진 다음 앞장서서 동료들을 고발했다는 것, 레히펠트 부대와 뮌헨의 맥주홀에서 무서운 호소력으로 사람들의 본능을 자극했다는 것, 그리고 예민한 시각을 잘 살려서 기회를 놓치지 않았다는 것이 전부였다. 이런 '자질'은 그 뒤에도 제 구실을 톡톡히 하면서 히틀러가 초창기 나치 운동에서 지지세를 넓히고 권력을 다지는 데 도움을 준다. 민주 공화국이라면 넌더리를 치면서 바이에른을 근거지로 삼아 권력에 도전하려던 우익 진영은 점점 이런 자질을 지닌 히틀러라는 인물에 호감을 품었다. 뮌헨의 실력자들은 민족주의를 전파하는 데 없어서는 안 될 '북 치는 사람'으로 히틀러를 인정하게 되었다. 1920년대 초반 히틀러는 그런 역할을 자랑스럽게 받아들였다.

맥주홀 선동가

"독일노동자당은 우리가 염원하는 강력한 공격진의 토대를 제공해야 합니다.
…… 저는 아주 유능한 젊은이들을 영입했습니다.
가령 히틀러 씨는 뛰어난 대중 연설로 지지 기반을 넓힌 원동력입니다.
1919년 여름에는 100명도 안 되었던 뮌헨 지구당 당원이 지금은 2천 명도 넘습니다."
_망명한 쿠데타 주모자 볼프강 카프에게 카를 마이어 대위가 1920년 9월 24일에 보낸 편지

"이 남자야말로 난국을 헤쳐 나갈 수 있는
유일한 지도자감이라는 사실을 정녕 모르겠단 말인가?
이 남자가 없어도 사람들이 공연장으로 빽빽이 몰려들 거라고 생각하는가?"
_1921년 8월 11일 루돌프 헤스가 나치당 내부의 히틀러 비판자들을 논박하면서

민족주의를 선동하는 재능을 제국군에서 '발굴'해주지 않았더라면 히틀러는 보나마나 사회의 변두리 인생으로 돌아가서 더 나은 앞날을 기약하기 어려운 퇴역 군인으로 고생스럽게 살아갔을 것이다. 나도 "연설할 수 있다"는 자각이 들지 않았더라면 감히 정치를 하면서 먹고 살아갈 생각을 못했을 것이다. 그렇지만 무엇보다도 전후 독일의 남다른 정치 상황이 아니었더라면, 그리고 특히 바이에른의 특이한 조건이 아니었더라면, 히틀러는 청중을 손에 얻지 못했을 것이요, '재능'을 썩히고 말았을 것이다. 신랄한 공격은 메아리 없는 공염불에 그치고 말았을 것이요, 권력의 심장부에 있던 사람들한테서도 히틀러가 나중에 받는 그런 도움을 기대하기 어려웠을 것이다.

출범한 지 얼마 안 되는 독일노동자당에 1919년 9월 처음 들어갔을 때만 하더라도 히틀러는 본인 말마따나 '무명인'이었고 별 볼 일 없는 사람이었다.[1] 그런데 3년도 못 가서 숭배자들한테 편지가 쏟아져 들어왔고 민족주의 진영에서 독일의 무솔리니라는 소리를 들었으며 심지어 나폴레옹에 비교되기도 했다.[2] 그리고 불과 4년도 안 되는 사이에 국가 권력을 무력으로 쟁취하려고 시도한 지도자로서 단순히 바이에른 지방에서만 이름을 날린 것이 아니라 전국적 지명도를 지닌 거물로 떠올랐다. 물론 쿠데타는 실패로 돌아갔고 히틀러는 정치인으로서는 '끝장'난 것처럼 보였다(실제로 당연히 끝장나는 것이 정상이었다). 하지만 히틀러는 이제 '무시할 수 없는' 사람이었다. 히틀러가 무명인에서 유명인으로 놀라운 속도로 급부상하는 데 디딤돌이 된 것이 이 뮌헨 시절이었다. 히틀러는 뮌헨에서 정치인으로서 수습기를 보냈다.

전국적으로 이름을 날리는 것은 고사하고 지방에서라도 그렇게 빨리 거물로 떠오르려면 무언가 남다른 자질이 있었기 때문이었다고 보는 것이 자연스러운 가정이다. 확실히 히틀러는 능력이 있었고 남다른 개성이 있었기 때문에 정치적으로 감히 무시 못할 실력자로 올라선 것이 사실이다. 그런 사실을 무시하거나 우습게 보는 것은 히틀러의 정적들이 저질렀던 실수를 그대로 되풀이하는 것이다. 그들은 히틀러를 과소평가한 나머지 남들의 이익을 대변하는 허수아비 같은 존재로 히틀러를 깔보았던 것이다. 하지만 아무리 히틀러의 남다른 개성이나 재능을 있는 그대로 인정한다 하더라도 그것만으로는 왜 벌써 1922년 무렵이면 민족주의 진영에서 히틀러에게 찬사를 늘어놓는 사람이 날이 갈수록 늘어났는지 제대로 설명이 안 된다. 한 사람의 지도력에 사람들이 그토록 열광한 것은 히틀러에게 특별한 점이 있어서이기도 했지만 그보다는 당시 독일 사회 일각에 그런 지도자가 나타나기를 갈구하는 기대감이 그만큼 컸기 때문이었다. 그 무렵 히틀러가 내세울 수 있었던 능력은 군중 앞에서 하는 연설 말고는 이렇다 할 것이 없었던 것이 사실이지만, 아무리 연설 솜씨가 탁월했다 하더라도 그런 연설 솜씨 하나만으로 히틀러가 단 몇 시간 동안이라도, 지나고 보면 순전히 통속극 내지는 희극을 감상했다는 느낌이 들지만, 독일 정부를 위협할 수 있는 자리로 올라설 수 있었다고 말하기는 어렵다. 그런 자리까지 오기 위해서는 뒤에서 밀어주는 강력한 후원자들이 있어야 했다.

패전, 혁명, 독일 국민을 뒤흔든 굴욕감 같은 상황 변화가 없었더라면 히틀러는 그냥 별 볼 일 없는 사람으로 남았을 것이다. 히틀러는 1919년 한 해 동안의 경험을 통해 자신의 주요한 능력이 무엇인지를 깨달았다. 그것은 어수선한 시대 상황에서, 연설법으로, 강한 표현력으로, 고정관념에 기댄 파괴력으로, 독일이 궁지에서 벗어나는 길이 있으며 자신이 제시하는 그 길이야말로 독일이 회생하는 유일무이한 방안이라는 확신을 전달함으로써 자기와 정치적으로 비슷한 생각을 지닌 청중을 휘어잡을 수 있는 능력이었다. 하지만 시대가 다르고 장소가 달랐더라면 그런 메시지는 잘 먹혀들지 않았을 것이고 얼토당토않게 들렸을 가능성마저 있었다. 실제로 히틀러를 잘 몰랐고 또 안다고 해야 툭하면 핏대나 올리는 바이에른의 선동가 정도로나 알았던 일반 독일 국민은 말할 나위도 없거니와 뮌헨 시민의 압도적 다수도 1920년대 초반에는 그런 데 솔깃하지 않았다. 그렇지만 시간과 장소가 딱 맞아떨어졌을 때 히틀러의 메시지는 뮌헨의 술집에 모인 떠들썩한 사람들의 억눌릴 대로 억눌린 노여움, 두려움, 좌절, 울분, 적개심을 정확히 건드렸다. 다분히 충동적이었던 히틀러의 연설이 먹혀들었던 것은 무엇보다도 연설자가 워낙 확신에 차 있었던 데다가 독일의 문제에 대해 내린 진단과 처방이 모두 단순 명쾌했기 때문이었다.

히틀러가 어느 것보다도 잘할 자신이 있었던 일은 자기 안에 깊숙이 박혀 있던 증오심을 퍼올려 다른 사람들의 증오심을 부채질하는 것이었다. 그렇지만 전에는 그렇게 해도 별로 먹혀들지 않았던 것이 이제 효과를 내는 것은 그만큼 패전으로 상황이 달라졌기 때문이었다. 빈의 독신자 합숙소, 뮌헨의 카페, 전방의 연대 본부에서는 잘해야 한낱 별종으로 받아들여졌던 개성이 이제는 히틀러의 값진 자산이 되었다. 바로 이 점이 변한 것은 히틀러가 아니라 히틀러가 활동하던 풍토와 정황이라는 사실을 암시한다. 그렇기 때문에 히틀러가 어떻게 해서 정계에서 두각을 나타낼 수 있었는지를 설명하려면 히틀러의 성향부터 볼 것이 아니라 히틀러를 밀고 떠받들고 사랑하게 된 사람들, 특히 히틀러를 막후에서 지원한 후원자들의 심리와 행동을 먼저 살펴야 한다. 히틀러를 '지배계급'의 꼭두각시에 불과한 사람으로 단정 짓는 실수를 저질러서는 안 되겠지만, 바이에른을 움직이던 영향력 있는 집단의 후원과 지원이 없었더라면 히틀러는 그냥 정치적으로 미미한 존재로 남았을 것이다. 이 시기의 히틀러는 자기 운명을 자기 손으로 개척한 사람과는 거리가 멀었다. 당권을 장악하기로 한 1921년의 결정, 쿠데타를 일으키기로 한 1923년의 결정 같은 중요한 결정은 주도면밀하게 이루어진 것이 아니라 체면을 잃지 않으려는 안간힘에서 나왔다. 체면 의식은 막판까지 히틀러의 중요한 행동 특성으로 남는다.

히틀러는 처음에 남다른 혹은 독특한 정치 사상을 지닌 논객이 아니라 선동가로서 두각을 나타냈다. 히틀러가 뮌헨의 맥주홀에서 퍼뜨린 생각은 새롭지도, 색다르지도, 남다르지도, 독창적이지도 않았다. 이런저런 민족주의 진영이나 정파에서 익히 알려진 내용이었고 또 전쟁 전에 이미 범게르만주의 진영에서 그 핵심을 상당한 수준까지 끌어올린 내용이었다. 히틀러는 남들이 흉내 내지 못하는 방식으로 공포심과 편견과 적개심을 끌어내고 부추겼다. 히틀러는 독창적이지 않은 생각을 독창적으로 선전했다. 다른 사람들도 똑같은 내용을 말할 수는 있었겠지만 별반 효과는 없었다. 중요한 것은 히틀러가 무엇을 말했느냐가 아니라 어떻게 말했는가 하는 점이었다. 발표하는 요령은 히틀러를 만들어 나가는 데 중요한 역할을 한다. 히틀러는 연설을 통해 인상을 남기는 법을 의식적으로 배웠다. 효율적으로 선전을 하고 희생양을 만들어서 선동 효과를 극대화하는 방법도 배웠다. 요컨대 자기에게 대중을 동원하는 능력이 있다는 사실을 깨달았다. 히틀러에게는 처음부터 대중 동원술이 정치적 목적을 달성하는 유일무이한 수단이었다. 다른 길은 없고 오직 자기 방법으로만 성공할 수 있다고 스스로를 믿게 만드는 능력은 다른 사람들에게도 확신을 줄 수 있는 밑바탕이 되었다. 맥주홀에 모인 사람들, 나중에 집회에 참가한 군중들이 보인 반응은 다른 자리에서는 기대할 수 없었던 확신과 자신감, 뿌듯함을 히틀러에게 안겨주었다. 하인리히 호프만에 따르면 1920년대 초 헤르만 에서의 결혼식에서 한마디 해 달라고 하니까 히틀러는 "군중 앞에서만 말이 나온다."면서 고사를 하고는 이렇게 해명을 했다. "가까운 사람들이 있는 조촐한 자리에서는 무슨 말을 해야 할지 모르겠습니다. 보나마나 실망만 안겨줄 텐데 그러기는 싫고요. 집안 모임도 그렇고 장례식도 그렇고 난 그런 자리에서는 젬병입니다."[3] 아닌 게 아니라 히틀러는 거창한 자리에서 중요한 연설을 할 때는 자신감에 넘쳐서 듣는 사람의 가슴을 쥐어짰지만 개인을 마주했을 때는 대조적으로 주뼛거리면서 어색해하는 모습을 자주 보였다. 무아지경에 빠진 군중만이 줄 수 있는 황홀경이 히틀러에게는 필요했다. 히틀러는 개인적으로 깊이 사귀는 사람이 없는 데서 오는 허전함을 박수갈채를 보내는 군중의 열띤 반응에서 느끼는 뿌듯함으로 채웠을 것이다. 전쟁에서 공을 세웠다는 자부심은 있었어도 30년을 살아오면서 부풀어 오른 자의식 말고는 뚜렷이 한 일이 없었지만 군중의 성원은 자기가 헛산 것은 아니었구나 하는 자긍심도 안겨주었다.

히틀러의 연설이 자랑하는 두 가지 핵심 무기는 단순과 반복이었다. 군중의 민족 의식을 일깨운다, 1918년의 엄청난 '배신'을 뒤엎는다, 독일 내부의 적을 소탕한다(특히 유대인을 제거한다), 밖에서 힘을 겨루어 세계 열강의 지위를 차지하기 위한 전제 조건으로 물질적·정신적 기반을 새롭게 다진다는 내용의 핵심 명제를 변함없이 내세웠다.[4] 독일을 구원과 부활의 길로 이끈다는 발상은 1919년 9월 겜리히에게 보낸 회신에서 이미 그 싹을 찾아볼 수 있다.[5] 그렇지만 굵직굵직한 가닥들은 아직 살이 붙어야 했다. 가령 동유럽에서 '생존 공간'을 확보해야 한다는 핵심 명제는 1920년대 중반에 가서야 정식으로 모습을 드러낸다. 따라서 히틀러의 생각이 무르익어 하나의 세계관으로 온전한 틀을 갖추는 것은 쿠데타를 일으켰다가 실패하고 난 그 다음 2년 동안이었다. 그 뒤로 히틀러의 세계관은 달라지지 않았다.

하지만 그것은 나중 이야기이고 우선은 히틀러가 어떻게 해서 뮌헨에 기반을 둔 보잘것없는 인종주의 정당의 선동가로 맥주홀을 돌면서 정치 '인생'을 처음 시작했고 어떤 상황에서 당권을 거머쥐게 되었는지를 알아보는 것이 순서다.

국가사회주의의 뿌리들

국가사회주의를 히틀러와 동일시하면서 국가사회주의는 곧 히틀러주의라고 흔히들 말하지만 그것은 지나친 단순화이고 오류이기 십상이다.[6] 물론 국가사회주의가 권력을 거머쥐고 휘두르는 데 히틀러가 절대적으로 기여했다는 것은 부인할 수 없다. 그러나 국가사회주의라는 현상 그 자체는 히틀러라는 이름이 등장하기 전부터 존재했으며 히틀러가

'빈에서 별 볼 일 없는 사람'으로 살아갔다 하더라도 국가사회주의는 살아남았을 것이다.[7] 나치 이데올로기는 지적 명제들의 수미일관한 체계라기보다는 편견, 적개심, 유토피아에 바탕을 둔 사회적 기대의 혼합물이라고 말할 수 있는데 이 나치 이데올로기를 만드는 밑바탕이 된 혼성 이념 가운데 상당수는 형태와 양상은 다를지언정 1차 세계대전이 일어나기 전부터 있었고 나중에 유럽 여러 나라의 파시즘 정당이 내세운 강령과 공약에도 모습을 나타낸다. 사회의 유기체적 결속을 강조하는 통합 민족주의, 반마르크스 성향의 '국가'사회주의, 사회다윈주의, 인종주의, 인종론적 반유대주의, 우생학, 엘리트주의가 적게 혹은 많게 뒤섞여서 비합리주의라는 자극성이 강한 술을 빚어냈고 19세기 말에 사회·경제·정치 분야에서 급격한 변화를 겪은 유럽 여러 나라의 지식층과 부르주아 사이에서는 이런 독주에 맛을 들인 문화 비관론자도 나타났다. 그런 주의 주장이 딱히 게르만 색채를 띠고 나타난 것은 아니었지만 앞장에서 살펴본 대로 그중에는 독일, 그리고 같은 독일어를 쓰는 오스트리아에서 유독 모습이 부각되고 두드러지게 강조된 내용도 있었다.

마르크스주의라는 국제사회주의와 대비되는 '국가'사회주의 또는 '독일'사회주의라는 발상은 1919년에는 독일에서도 결코 새로운 관념이 아니었지만 전쟁은 이런 관념에 더욱 힘을 실어주었다. 프리드리히 나우만이라는 자유주의 성향의 목사는 1890년대에 공장 노동자들을 계급 투쟁에서 끌어내어 새로운 국민국가의 기둥으로 국가에 통합하기 위해 '국가사회협회'를 세웠다. 그 시도는 1903년에 비참한 실패로 끝났고 '독일'사회주의라는 관념은 반유대주의와 민족 진영이 보인 극우 반자유주의 경향과 보기 좋게 결합하였다. 이런 관념은 상인, 숙련공, 소농, 하위 공무원 같은 중하류층에 잘 먹혀들었고 반유대주의, 극단적 민족주의, 강한 반자본주의(자본주의는 보통 '유대' 자본주의로 해석되었다)에 뿌리를 두었다.[8] 앞장에서 살펴보았지만 오스트리아에서도 쇠네러 운동처럼 비슷한 단체가 만들어졌다. 뿐만 아니라 체코 노동자와 독일 노동자가 충돌하면서 벌써 1904년에는 나중에 주데텐란트로 불리는 지역에 자리 잡은 트라우테나우라는 곳에서 종족 민족주의, 반마르크스주의, 반자본주의를 표방한 독일노동자당이 세워진 것도 이미 앞에서 확인했다.[9] 히틀러는 쿠데타를 일으키고 재판을 받으면서 20년 전에 이 오스트리아판 국가사회주의당이 창당된 사실을 알았다고 시인했지만 자기가 몸담은 운동과 그 당은 아무런 관련이 없다고 밝혔다.[10] 아닌 게 아니라, 오스트리아에서 사는 동안 히틀러가 이 단체에 관심을 보였다는 증거도, 심지어 그런 단체가 있다는 사실을 알았다는 증거도 없다. 명칭의 유사성은 1차 세계대전 이후에도 이어졌다. 트라우테나우를 근거지로 한 정당이 독일국가사회주의노동자당으로 변신한 것이다. 1920년대 초에 히틀러가 이끄는 독일노동자당과 이 당이 접촉을 했고 1923년이 되면 벌써 히틀러 당의 우위가 확립되었고 1926년에는 히틀러가 재창당된 국가사회주의독일노동자당의 오스트리아 지부와 독일 지부에서 모두 지도자로 추대되었다.[11]

종족 민족주의는 1차 세계대전 전까지만 하더라도 세력이 미미했지만 범게르만주의가 확산되면서, 테오도어 프리치, 휴스턴 스튜어트 체임벌린 같은 사람이 쓴 인종주의 책이 널리 읽히고, 수많은 학교와 청년 조직에서 배타적이고 공격적인 혈통 민족주의가 인기를 얻으면서 차츰 영향력을 키워 나갔다. 종족(völkisch) 이념의 중심에 놓인 것은 극단적 민족주의, 인종적 반유대주의였고 질서와 조화, 상명하복 체계를 바탕으로 아득히 먼 옛날부터 이어져 내려온 독일 특유의 사회 질서라는 신비로운 관념에 대한 믿음이었다.[12] 특히 중요한 것은 독일 문화를 낭만적으로 그리면서도(우월한 독일 문화가 열등하지만 강력한 슬라브 문화와 유대 문화의 위협을 받고 있다고 믿었다), 한편으로는 적자생존을 강조하는 사회다윈주의, 국가 생존을 위한 대비책으로 슬라브 지역으로 동진하여 영토를 넓혀야 한다는 제국주의적 팽창주의, 독일 제국과는 불구대천의 원수라 할 수 있는 유대 정신을 일소하여 민족을 정화하고 새로운 엘리트를 육성해야 한다는 신념과 그런 낭만주의를 결합했다는 점이다.

전쟁 마지막 2년 동안의 힘든 상황이 반유대주의를 빠르게 퍼뜨리고 반유대주의의 온상인 종족 민족주의를 확산시킨 양상은 앞에서 이미 알아본 대로다. 패전과 혁명 이후에 찾아온 엄청난 정치적 격변과 혼란은 극단적 민족주의를 더욱 부채질했다. 이런 민족 의식은 수없이 많은 정치 조직과 운동을 통해 표현되었다. 그렇지만 달라진 상황 속에서 무엇보다도 중요한 것은 극단으로 흐르던 종족 민족주의가 주류 민족주의 진영으로 녹아들면서 민주주의와 바이마르 공화국을 거부하는 이념을 선도하게 되었다는 것이다. 바이마르 체제를 부인하는 반민주주의 이념의 총체적 바탕은 술집에서 열변을 토하던 애국 '지사'와 '논객'의 거친 토론에서 만들어진 것이 아니라 빌헬름 슈타펠*, 막스 힐데베르트 뵘, 묄러 판 덴 브루크*, 오트마르 슈판*, 에드가르 융* 같은 신보수주의 성향의 작가, 평론가, 지식인의 머리에서 만들어졌다. 혈통과 인종의 순수성을 강조하고, 개개인을 넘어서는 민족 공동체를 이룩하고, 자본주의와 부르주아에 반기를 들고 자유주의도 거부하는 진정한 '국가' 사회주의를 만들어내고, 걸출한 능력과 지혜와 내실로 다져진 지도자에 대한 복종을 통해 공동체에 헌신하도록 개인들을 묶어내자는 것이 바로 그 이념의 핵심이었다.[13]

독일보수당의 후신이며 민족주의 진영의 주류 정파였던 독일국가인민당의 보수적 민족주의자들은 반자본주의와 반부르주아라는 발상을 달가워하지 않았다.[14] 신보수주의자들은 대부분 나치는 거칠고 투박하다고 생각했다. 그렇지만 패전, 혁명, 민주주의의 성립은 반혁명 사상이 똬리를 틀고 득세하면서 기존의 보수적 민족주의 형식과 맞물리고 동시

슈타펠(Wilhelm Stapel, 1882∼1954) 민족 사회주의를 신학적으로 정당화하려 했던 독일의 작가.

묄러 판 덴 브루크(Arthur Moeller van den Bruck, 1876∼1925) 독일의 미술사가이자 정치 평론가. 1923년에 발표한 저서 《제3제국》의 제목이 그대로 나치 독일의 이름이 되었다.

슈판(Othmar Spann, 1878∼1950) 조합주의(Coporatism) 이론을 체계적으로 설명한 오스트리아의 경제학자. 슈판은 독일 나치에 열광했으나, 나치 지도부는 그의 조합주의 이론이 반국가적이라고 판단해 1938년 오스트리아 침공 때 체포했다.

융(Edgar Julius Jung, 1894∼1934) 독일 보수 혁명 운동을 이끌었던 보수 세력의 지도자. 바이마르공화국의 의회 민주주의에 반대했을 뿐 아니라, 나치의 대중 운동과 폭력성에도 반대했다. 나치 무장친위대에 의해 살해당했다.

에 대중의 폭넓은 지지를 받는 새로운 종족 민족주의와도 맞물릴 수 있
는 풍토를 조성했다. 1919년 6월 28일에 체결된 베르사유 조약에서 전
승국들이 강요한 굴욕적 조건에 따라 독일이 영토를 강탈당했다는 소식
이 알려지면서 독일 국민은 '민족적 수치심'을 느꼈다. 특히 독일의 전
쟁 책임을 명문화한 '책임 조항'은 민족주의가 확실히 달아오를 수 있는
공고한 바탕을 만들어주었다. 이듬해 6월에 치러진 초대 독일 총선에서
새로운 민주주의를 표방하던 정당들은 참패를 면치 못했다. 바이마르
공화국이 벌써 "공화주의자 없는 공화국"이 되었다는 탄식이 나온 것도
무리는 아니었다. 물론 어느 정도는 과장이었지만 그 정도로 국민 대다
수(유력자를 포함하여)는 정부에 낮은 점수를 주었다.[15] 극단적 민족주의
가 정치의 변두리에서 중심 무대로 진출할 수 있는 가능성이 확보된 것
이다.

1919년과 1920년에 히틀러의 연설을 들으러 몰려들기 시작한 군중
은 세련된 이론이 듣고 싶어서 온 것이 아니었다. 그들에게는 분노와 원
한과 증오의 불길을 피울 수 있는 간단한 구호만 있으면 그것으로 충분
했다. 뮌헨의 맥주홀에서 사람들은 비록 거칠지언정 이미 많이 퍼져 있
던 이념을 들을 수 있었다. 히틀러는 《나의 투쟁》에서 민족 운동 이념과
국가사회주의 이념은 본질적으로 차이가 없다고 인정했다.[16] 히틀러는
이런 이념을 명료하게 체계적으로 다듬는 데는 별로 관심이 없었다. 물
론 고집스럽게 놓지 않았던 믿음은 있었다. 1919년 이후로 히틀러의 머
리를 지배한 몇 가지 생각은 1920년대 중반에는 틀을 갖춘 '세계관'으
로 다듬어져서 독일을 '구원'하겠다는 '사명감'의 원동력이 되었다. 그
렇지만 히틀러는 추상적 이념에는 조금도 관심이 없었다. 이념은 사람
들을 동원하는 수단으로서만 의미가 있었다.

히틀러가 독일노동자당에 가입했을 당시 독일노동자당은 독일에 있
던 73개에 이르는 민족주의 단체의 하나였다. 이 단체들은 대부분 1차
세계대전이 끝나고 나서 만들어진 것이었다.[17] 뮌헨에만 1920년에 적
어도 15개의 정치 조직이 있었다.[18] 독일노동자당도 마찬가지였지만
대부분은 보잘것없는 영세한 조직이었다. 예외라면 이런저런 군소 민족

결사체를 하나의 조직으로 결집하여 반유대주의 운동의 대중적 기반을 마련하기 위해 1919년 초 범게르만동맹이 주도적으로 세운 독일민족수호방어연합이었다.[19] 이 조직은 훗날 나치당*으로 이어지는 중요한 징검다리 구실을 한다. 독일민족수호방어연합의 본부는 독일전국사무원조합이라는 사무직 노조를 중심으로 이미 민족 이념이 상당히 퍼졌던 함부르크에 있었지만 중요한 지지 기반은 반유대주의 기운이 거세게 일었던 뮌헨이었다. 독일민족수호방어연합은 엄청난 양의 선전물을 쏟아냈다. 1920년 한 해에만 760만 부의 책자, 470만 장의 전단, 780만 장의 스티커를 배포했다.[20] 민족 투쟁을 상징하는 기호로 삼은 것이 바로 하켄크로이츠였다. 초기 회원 중에는 단명한 조국당(1917년 9월~1918년 12월)에서 흘러들어온 사람도 있었다. 1년도 못 가서 회원이 3만 명에서 10만 명으로 늘어났고 3년이라는 존속 기간 동안 이 숫자가 다시 두 배 이상으로 늘어 20만 명을 웃돌았다. 회원 중에는 '등에 칼을 꽂는 짓' 때문에 전쟁에서 졌다고 믿으면서 형편없는 처우에 분개한 퇴역 군인, 프롤레타리아의 위협으로 말미암아 신분이 불안정해졌다고 믿었던 장인, 범게르만주의에 이끌린 교사, 암울한 미래와 민족적 수모에 불만이 많았던 학생이 특히 눈에 많이 띄었다.[21] 이들 가운데 상당수는 나중에 국가사회주의독일노동자당에 들어간다.[22] 독일민족수호방어연합은 순전히 시위를 벌이기 위한 조직이었지 정당과는 아무런 관련이 없다 보니 뚜렷한 정책 목표가 없었다. 자연히 별로 실속이 없었다. 하지만 이 조직의 급성장은 민족 이념의 호소력이 갈수록 커진다는 사실, 잘만 '포장하면' 반유대주의가 엄청난 대중 동원력을 가질 수 있다는 사실을 보여주었다.

민족주의 진영 내부에서는 '유대' 자본주의의 공세와 맞물려서 독일 사회주의 내지 국가사회주의 사상이 전쟁 말기에 고조되었고 이런 의식은 드렉슬러가 이끄는 독일노동자당과 얼마 안 가서 이 당의 강력한 경

....

나치당(Nationalsozialistische Deutsche Arbeiterpartei)　국가사회주의독일노동자당의 약칭.

쟁자로 떠오르는 독일사회주의당 안에서도 확산되었다.[23] 독일사회주의당을 세운 사람은 1903년부터 민족 운동에 뛰어든 뒤셀도르프 출신의 알프레트 브루너라는 기술자였다. 당의 강령에 나타난 과감한 토지 개혁과 금융 개혁은 1920년의 나치당 강령과 비슷한 점이 많다. 1919년 말이 되면 독일사회주의당은 뒤셀도르프, 킬, 프랑크푸르트, 드레스덴, 뉘른베르크, 뮌헨에 제법 큰 지구당 조직을 만들었다. 1920년에는 베를린을 비롯하여 다른 지역에도 지부가 들어섰다. 그래서 1920년 중반에 이르면 모두 35개 지부와 2천 명의 당원을 거느리게 되었다. 그렇지만 이렇게 조직을 분산한 것은 뮌헨 한 곳을 집중적으로 공략한 나치당에 비해 좋지 않은 결과를 낳았다. 1920년과 1921년에 독일사회주의당과 나치당을 합당하려던 시도는 당 내 갈등을 증폭시켰고 결국 분란이 극에 달한 1921년 여름 히틀러는 당권을 거머쥐었다.

1차 세계대전 중에 이미 뮌헨은 범게르만동맹 진영에서 주도한 반정부 민족주의 시위의 거점이 되었다. 범게르만동맹이 선전 수단으로 요긴하게 활용한 것은 의학 도서를 내는 출판인으로 자리를 잡았고 뮌헨에서는 조국당의 유력 당원으로 활동했던 율리우스 F. 레만의 출판사였다.[24] 레만은 또 툴레협회의 회원이기도 했다. 툴레협회는 군소 반유대주의 단체와 조직을 통합하는 차원에서 전쟁 전인 1912년 라이프치히에서 결성된 게르만회를 모태로 삼아 1917년에서 1918년으로 해가 바뀌던 무렵에 뮌헨에서 발족한, 수백 명의 부호를 회원으로 거느린 민족 단체였는데, 프리메이슨 조직처럼 비밀스럽게 운영되었다.[25] 회원 명단에는 레만 말고도 '경제 전문가' 고트프리트 페더, 평론가 디트리히 에카르트, 언론인이며 독일노동자당을 공동으로 창당한 카를 하러, 그리고 한스 프랑크, 루돌프 헤스, 알프레트 로젠베르크 같은 청년 민족주의자가 올라가 있었는데 초창기에 나치당을 지지했던 뮌헨의 유력 인사가 대거 포진한 셈이었다. 툴레협회 회장은 언제나 옷을 잘 입고 다녔던 루돌프 프라이허 폰 제보텐도르프라는 부호였다. 모험을 즐기는 국제인으로서 기관차 운전수의 아들로 태어났지만 터키에서 석연치 않은 거래로 큰돈을 번 다음 부잣집 딸과 정략 결혼을 하고 나서 귀족처럼 살아가

던 그는 회의도 뮌헨의 최고급 호텔에서만 열었고 〈뮌헨 감시자〉(1919
년 8월 〈민족의 감시자〉로 이름이 바뀌었다가 1920년 12월 나치에 팔렸다)라
는 신문을 만들어 뮌헨의 민족 운동을 뒷받침했다.

전쟁이 막바지로 접어들면서 뮌헨의 노동자계급을 포섭해야 한다는
의식에 처음으로 눈뜬 단체도 툴레협회였다. 카를 하러는 그런 임무를
맡고 철로 제작소에서 기사로 일하던 안톤 드렉슬러와 접촉했다. 군 복
무에 부적합하다는 판정을 받은 뒤 드렉슬러는 1917년 한동안 조국당
에서 민족주의 감정과 인종주의 감정을 쏟아냈다. 그리고 1918년 3월
에는 뮌헨 노동자계급의 전쟁 지지 분위기를 고조하기 위해 '평화 애호
를 위한 노동자위원회'를 출범시켰다. 드렉슬러는 열렬한 민족주의자였
으면서 동시에 '투기꾼'과 '악덕 모리배'를 가혹하게 응징해야 한다고
부르짖은 반자본주의자였다. 우익지 〈뮌헨 아우크스부르크 신문〉 체육
기자였던 카를 하러는 드렉슬러와 몇 사람을 부추겨서 '정치를 생각하
는 노동자 동우회'를 만들었다. 동우회는 보통 세 명에서 일곱 명이 모
였는데 1918년 11월부터 약 1년 동안 정기적으로 만나서 유대인은 왜
독일의 적인가, 전쟁 책임과 패전 책임 같은 다분히 민족주의적이고 인
종주의적인 주제를 놓고 토론을 벌였다. 토론의 물꼬는 주로 하러가 텄
다.[26] 카를 하러는 반지하 조직에 가까운 노동자 '동우회'가 마음에 들
었지만 드렉슬러는 독일의 구원 방안을 겨우 몇 사람이 모여서 이야기
하는 것은 별다른 의미가 없다고 보고 정당을 세워야 한다고 생각했다.
그래서 12월에 '유대인을 배제한' '독일노동자당'을 만들자고 제안했
다.[27] 호응이 좋아서 1919년 1월 5일 뮌헨에서 주로 철로 제작소에서
알음알음으로 온 노동자들을 중심으로 독일노동자당이 세워졌다. 드렉
슬러는 뮌헨 지구당 위원장(사실 지구당은 뮌헨밖에 없었지만)으로 뽑혔고
하러는 '의장'이라는 명예직을 맡았다.[28] 이 신생 정당은 소비에트공화
국이 무너지고 나서 좀 더 유리한 여건이 조성된 다음에야 비로소 공개
집회를 열 수 있었다. 참석자는 얼마 되지 않았다. 5월 17일에는 10명
이 참석했고 디트리히 에카르트가 연설한 8월에는 38명이 왔다. 9월 12
일에는 41명이 모임에 참석했다. 히틀러가 처음 참석한 것은 바로 이

모임이었다.[29]

떠오르는 별

히틀러는 독일노동자당(나중에 국가사회주의독일노동자당으로 개칭)이 자리 잡기까지 자신이 맡았던 역할에 대해서 《나의 투쟁》에서 설명하지만 한쪽으로 치우치다 보니 사태를 정확하게 전달하기보다는 모호하게 만드는 쪽에 가깝다. 그렇지만 기억을 선별하고 사실을 왜곡해서 탈이지 하나부터 열까지 다 지어낸 이야기는 아니다. 히틀러가 자서전에서 자기가 개입한 사건을 설명하는 데는 일관된 목표가 엿보이는데 그것은 바로 자기의 역할은 끌어올리고 그 일에 관여한 다른 사람들의 역할은 헐뜯거나 깎아내리거나 아니면 아예 눈감고 넘어가는 것이다. 히틀러는 역경에도 굴하지 않고 의지력으로 앞길을 헤쳐 나간 영웅적 정치인으로 자기 인생을 그리려고 늘 애썼다. 그런 영웅담은 '당이 내세우는 전설'의 핵심이 되었고 히틀러는 만년에 가서도 중요한 연설의 첫머리에는 지치지도 않고 그 내용을 장황하게 다시 읊었다. 그것은 포부는 컸지만 뜻을 이루기에는 요원했던 작은 조직에 들어가서 오로지 혼자만의 힘으로 그 조직의 힘을 키워서 독일을 도탄에서 구해낸 정치 천재의 이야기였다.

히틀러는 자기가 들어간 조직이 한심했다고 썼다. 당이 처한 상황은 정말이지 암울했다. 위원회라고 열렸지만 사실상 거기에 모인 사람들이 당원의 전부였다. 의회제 운영 방식을 공격했지만 정작 자신들 문제는 '끝없는 논쟁'을 거쳐 다수결로 결정했다. 모임도 뮌헨 술집의 지저분한 골방에서 열었다. 사무실도 없었다. 당원 가입 양식도 없었고 인쇄물도 없었으며 하다못해 고무 인장 하나 없었다. 당 모임을 알리는 공문은 손으로 쓰든가 타자로 쳤다. 맨날 모여봐야 숫자도 얼마 안 되었고 그 얼굴이 그 얼굴이었다.[30] 나중에 공지문을 등사기로 찍어서 돌렸더니 참석자기 조금 늘었디. 돈을 모이서 〈뮌헨 감시지〉리는 일간지에 1919년

10월 16일 당 회의 소집을 알리는 광고도 냈다. 뮌헨 시내에서 동쪽으로 가다 보면 비너슈트라세라는 거리가 나오고 이곳에 뮌헨에서도 알아주는 큰 양조장에 딸린 큰 술집이 있었는데 호프브로이켈러라는 이 맥주홀에서 열린 모임에는 모두 111명이 참석했다(유명한 호프브로이하우스는 뮌헨 시내 한복판에 있는 술집이다). 그날의 초청 연사는 뮌헨 대학의 교수였지만 히틀러도 본인 말로는 (레히펠트 부대에서 강의한 경험을 빼놓고는) 난생 처음 공개된 자리에서 연설을 했다. 원래 배정된 연설 시간은 20분이었지만 하다 보니 30분을 했다. 히틀러는 청중을 감전시켰고 순식간에 300마르크의 기부금이 모였다. 히틀러는 또 동료 부대원을 당에 가입시켜 조직에 새로운 활력을 불어넣었다. 당을 이끌던 하러와 드렉슬러는 히틀러가 보기에는 신통치 않았다. 그들은 연설도 잘 못했고 군대에도 다녀오지 않았다. 히틀러와 당 지도부는 향후 전략을 놓고 의견이 갈렸다. 첫 성공에 고무된 나머지 히틀러는 더 규모가 큰 집회를 더 자주 열자고 밀어붙였다. 히틀러는 뜻을 관철했고 더 많은 청중을 모아놓고 열린 집회에서 히틀러의 연설은 더 뜨거운 반응을 불러일으켰다.[31] 몇 주도 채 지나지 않아서 그런 모임이 일곱 번이나 열렸고 참석자는 어느새 400명으로 불어났다. 히틀러는 이제 당 안에서 떠오르는 별이었다. 히틀러의 설명에 따르면 1920년 초에 처음으로 대규모 집회를 열자고 고집을 피웠다고 한다. 그러자 분명히 실패할 것이라며 아직은 시기상조라고 주장하는 사람들이 있어 또다시 지도부에서 갈등이 일었다. 초대 당 의장으로서 신중론자였던 하러는 히틀러와의 의견 충돌로 사임했고 드렉슬러가 후임을 맡았다. 이번에도 히틀러는 자기 뜻을 관철했다. 대중 집회는 뮌헨 시내의 호프브로이하우스에서 1920년 2월 24일에 열렸다. 아래층은 더 정신이 없고 소란스러웠지만 집회가 예정된 이층도 규모가 있는 맥주홀은 다 그랬지만 크고 시끄러운 홀이었다. 탁자마다 돌로 된 맥줏잔이 쌓였고 긴 의자는 바이에른의 전통 복장으로 짧은 가죽 바지를 입은 떡 벌어진 사람들의 체중에 짓눌려 신음했다. 그런가 하면 튼튼한 여종업원들은 탁자 사이를 부지런히 오가며 거품이 이는 맥주를 나르고 있었다. 이층 홀은 정치 집회장으로 빌려줄 때가 많

탁월한 연설가로서 뮌헨에 돌풍을 일으킬 무렵의 아돌프 히틀러. 일개 상병에 불과했던 히틀러는 단단한 정치 철학과 성공 전략으로 무장하고 앞으로 독일을 이끌 지도자는 자기라는 확신과 의지를 갖고 혜성처럼 나타났다.

았지만 평소 같으면 맥주에 취한 사람들이 바이에른 취주악단이 연주하는 술자리 노래에 맞추어 신나게 몸을 흔드는 곳이었다. 정치 집회에서도 폭음을 하고 고함을 지르고 때로는 주먹다짐까지 하는 경우가 다반사였다. 그때까지 신생 독일노동자당이 써 온 장소보다 훨씬 큰 공간이었으니 사실 위험 부담이 큰 것은 사실이었다. 사람들이 많이 오지 않으면 썰렁해 보이기 십상이었다.

집회를 알리는 붉은 벽보와 전단을 만드는 데 엄청난 노력을 쏟아 부었다. 집회에서 발표할 공약도 인쇄하여 배포했다. 홍보는 효과가 있었나. 그날 저녁 7시 15분에 히틀러가 나타났을 때 커다란 홀은 사람들로

미어터졌다. 이름을 안 밝힌 첫 번째 연사가 연설을 마치고 나서, 다리가 후들거려 사람들 앞에 나서지 못한 것으로 보이는 드렉슬러를 대신하여 자기가 진행을 맡으러 연단에 올라섰다고 히틀러는 술회했다. 히틀러를 지지하는 사람들과 야유를 퍼붓는 사람들이 부딪쳤지만 히틀러는 아랑곳하지 않고 연설을 이어갔다. 점점 커지는 박수 소리를 들으면서 히틀러는 강령을 발표했고 청중은 잔뜩 고무되어서 그 강령의 25개 조항에 너나 할 것 없이 우레와 같은 환호성을 보냈다.[32] 마침내 "새로운 확신, 새로운 신념, 새로운 의지로 단합한 사람들이 홀을 가득 메운 채 내 앞에 서 있었다."라고 히틀러는 《나의 투쟁》에서 그 장면을 그렸다. 독일의 영웅이 모험을 향해 첫발을 내딛은 것이다. "불꽃이 하나 피어올랐다. 그리고 언젠가는 그 불길에서 검이 나타나 독일의 영웅 지크프리트〔독일의 영웅 서사시 〈니벨룽겐의 노래〉에 나오는 주인공〕에게 자유를 되찾아주고 독일 민족에게 생명을 되찾아주리라. …… 홀은 서서히 비어 갔다. 운동은 제자리를 잡았다."[33]

히틀러의 묘사는 "뮌헨의 맥주홀에서 꾸밈 없는 야성의 소리로 사자후를 토하는 젊은 지크프리트의 모습을 절반은 서사시풍으로 장엄하게, 절반은 자연주의풍으로 실감나게 그려낸 영웅 전설"의 인상을 제대로 전해준다.[34] 히틀러가 앞으로 독일을 이끌어 갈 위대한 지도자이며 구원자라는 인식은 1924년 《나의 투쟁》 1권이 나오면서 싹트는데, 이 일화는 지도자가 처음에 혜성처럼 등장하는 모습을 영웅적으로 담아내기에는 안성맞춤이었다. 처음에 당을 이끌어 간 지도부는 나약하고 우유부단했지만 히틀러는 들어간 지 몇 달도 안 되어서 벌써 자기 확신과 그동안의 경험을 통해서 검증된 자신의 방식이 옳다는 신념으로 혼자 우뚝 섰다. 자기가 이렇게 위대한 사람이라는 것을 똑똑히 보여주겠다, 이것이 히틀러의 숨은 의도였으리라. 제아무리 큰소리들을 쳐도 민족 운동에서만큼은 나를 따라올 사람이 없다는 것, 이것이 히틀러가 하고 싶은 말이었다.

그 뒤로도 몇 번 더 성공적으로 행사를 치르면서 당의 기반을 착실히 다졌다는 이야기를 하고 나서 히틀러는 《나의 투쟁》 후반부에서 다시 초창기로 돌아가서 1921년 중반 당권을 잡은 시절의 이야기를 굉장히 짧으면서도 굉장히 모호하게 언급한다. 그 간결한 요약문의 핵심은 결국 자기를 몰아내려는 음모와 당 의장(드렉슬러)을 중심으로 당권을 장악하려는 '민족주의 광신자들의 시도'가 실패로 돌아간 뒤에 열린 당원 총회에서 만장일치로 당이 자신에게 당을 이끌어 가는 전권을 주었다는 것이었다. 히틀러는 1921년 8월 1일 당을 정비하여 의회제를 어설프게 흉내 낸 위원회와 민주주의적 구조로 비효율적으로 돌아가던 낡은 당 내 의사 결정 구조를 쓸어버리고 지도자의 원칙이 당 조직의 중심에 오는 새로운 체제를 만들었다. 이렇게 해서 히틀러의 절대적 우위가 당 내에서 확보되었다.[35]

《나의 투쟁》에서 기술한 내용은 결국 민족 운동에서, 그리고 나중에는 나라 전체에서 독재 권력을 행사하려는 야심의 실현인 것으로 보인다. 독재 권력에 대한 히틀러의 야심은 초기부터 하러, 드렉슬러와 갈등을 빚었고 처음부터 당 내 민주주의 방식을 거부했다는 데서도 여실히 드러난다. 보통 사람들의 나약함, 정도를 포착하지 못하는 그들의 무능력, 자기 길을 당당히 걸어가는 자신감, 궁극적으로 유일하게 승리를 보장할 수 있는 뛰어난 지도자를 따라야 하는 의무감, 이런 것들이 처음부터 중요한 화두로 떠올랐다. 따라서 지도자의 권력이 중요하다는 생각은 당에서 처음 활동을 할 때부터 이미 히틀러의 머릿속에 있었다. 뒤집어 말하면 자기가 정치적으로 탁월한 능력을 지닌 사람이라는 생각을 히틀러가 처음부터 하고 있었다는 뜻도 된다.

이렇게 놓고 보면 히틀러라는 인물은 참 알다가도 모를 사람이라는 생각이 더욱 깊이 든다. 빈에서 별 볼 일 없이 살았고 아직 부사관으로도 진급하지 못한 일개 상병이 단단한 정치 철학과 성공 전략으로 무장하고 앞으로 독일을 이끌어 갈 지도자는 자기라는 확신과 당을 이끌어가겠다는 불타는 의지를 가지고 혜성처럼 나타난 것이다. 참으로 갈피를 잡기 어렵고 유례가 없는 일이었지만, 히틀러가 한 자기 묘사의 바탕에 깔린 의지는 엄청난 호응을 받았다.[36] 하지만 비록 전부가 부정확한 것은 아니라 하더라도 거기에는 상당한 수정과 단서가 뒤따른다.

군중을 불러 모으는 사람

카를 하러와 결별하는 데는 오랜 시간이 걸리지 않았다. 그렇지만 히틀러가 처음부터 권력을 거머쥐려고 혈안이 되어서 하러와 갈라선 것은 아니었다. 당이 대중을 지향하면서 나아갈 것인가 아니면 소수 회원 중심의 민족 토론 모임으로 나아갈 것인가를 놓고 의견이 갈려서 헤어진 것만도 아니었다.[37] 수많은 민족 단체가 그 당시 비슷한 문제에 직면했다. 그리고 대중 집회를 열면서도 배타적인 '내부 동우회' 중심의 정기적 모임을 여는 데서 타협점을 찾았다. 하러는 후자 쪽으로 많이 기울어서 '노동자 동우회' 같은 모임을 주도적으로 이끌었다. 반면 당의 공식 기구인 '노동 위원회'에는 그냥 보통 당원 자격으로 참여했다. 하러는 점점 고립되었다. 히틀러에 못지않게 드렉슬러도 당론을 대중에게 알리는 것이 중요하다고 보았다. 훗날 드렉슬러는 호프브로이하우스의 큰 홀을 통째로 빌려서 대중 집회를 열자고 제안한 것은 히틀러가 아니라 자기였다고 주장했다. 히틀러는 처음에는 홀을 과연 채울 수 있을 것인지 걱정했다는 것이다.[38] 하러가 '노동자 동우회'를 통해서 당을 운영하는 한 좀 더 효과적인 선전 전략을 수립하는 문제는 뒷전으로 밀릴 수밖에 없었다. 따라서 당 위원회의 비중을 높일 필요가 있었다. 실제로 드렉슬러와 히틀러는 12월에 작성한 당규 초안에서 위원회에 전권을 주면서 "동우회든 지부든 상급 조직이나 측면 조직"은 위원회 위에 군림할 수 없다고 선을 그었다.[39] 히틀러의 도장이 뚜렷이 찍힌 당규 초안은 위원회를 구성하는 위원과 위원장은 총회에서 뽑아야 한다고 못 박았다. 당의 강령(이것도 히틀러와 드렉슬러는 이미 준비하고 있었다)을 철저히 지키면 위원들의 단합은 저절로 이루어진다고 당규 초안은 덧붙였다. 새로운 당규는 명백히 하러를 겨냥한 것이었다. 그러나 히틀러에게 초법적 당권을 주기 위한 발판으로 그런 규약을 만든 것은 아니었다. 그 당시만 하더라도 독재적 권력을 보장하는 방향으로 당규를 만들어야 한다는 관념이 히틀러에게는 없었다. 히틀러는 선출된 위원회가 중심에 오는 집단 지도 체제를 받아들일 준비가 되어 있었다. 그 다음 몇 달 동안 대중 집회를 열기로 한 결정은 위원들의 압도적 승인을 거쳐 위원회를 통해 이루어진 것으로 보이지만, 하러가 당을 떠나고 뛰어난 웅변술로 군중을 끌어모으는 히틀러의 능력이 입증된 마당에 반론이 있었다고 믿기는 어렵다. 1920년 초 야심찬 대중 집회를 여는 데 유일하게 반대한 사람은 하러뿐이었던 것 같다. 그리고 하러는 사임을 통해서 자신의 패배를 받아들였다. 개인적 알력도 작용했다. 하러는 히틀러를 연설가로서 대수롭지 않게 여겼다. 히틀러도 히틀러대로 하러를 경멸했다.[40]

당의 첫 번째 대중 집회는 원래 1920년 1월 뷔르거브로이켈러(뮌헨 중심가에서 남동쪽으로 1킬로미터 좀 못 미쳐 이자르 강 바로 너머에 있던 또 다른 큰 맥주홀의 이름이었다)에서 열려다가 당시 공공 집회를 단속하는 분위기 때문에 연기되었다.[41] 그래서 2월 24일 호프브로이하우스로 변경된 것이다. '노동자당'을 처음으로 천명하고 나선 정당이 처음으로 여는 대규모 집회에 찬물을 끼얹고 싶어서 혈안이 된 정적들의 조직적 훼방으로 집회가 엉망이 될지도 모른다는 우려는 이제 겨우 첫발을 내딛은 데 불과한 당의 상황을 고려한다면 기우였다고 볼 수 있을 것이다. 당시 뮌헨에서는 유대인을 규탄하는 대규모 집회가 공공연하게 열렸다. 한바탕 소동을 겪으리라는 각오는 해야 했다. 1919년 여름부터 뮌헨을 뜨겁게 달구기 시작한 반유대주의는 이미 절정으로 치달았다. 1920년 1월 7일 독일민족수호방어연합이 주최한 집회에는 모두 7천 명이 참석하여 떠들썩한 장면을 연출했다.[42] 현장에서 '토론'에도 잠깐 끼어든 히틀러 상병이 격앙된 반유대주의의 울림과 그런 한 편의 정치극이 뮌헨 시민의 여론에 불러일으킨 반향을 그냥 지나쳤을 리 만무하다.[43] 드렉슬러도 마찬가지였지만 히틀러도 소란을 우려한 것이 아니라 참석률이 저조할까 봐 걱정했다. 히틀러나 자기나 대중적 지명도가 워낙 없다는 사실을 알았던 드렉슬러가 비록 당원은 아니었지만 뮌헨의 민족주의 진영에서 이름이 널리 알려진 요하네스 딩펠더 박사를 찾아가 '지금 우리에게 필요한 일'이라는 주제로 그날의 주인공으로 강연을 해 달라고 부탁한 것도 그런 걱정 때문이었다. 행사를 알리는 홍보물에는 히틀러는 이름조차 거론되지 않았다. 또 그날 집회에서 당의 강령을 발표할 것이

라는 언질도 전혀 없었다.[44]

　당의 25개 강령은 시간이 흐르면서 '불변'이라고 선언은 했어도 실제로는 대체로 무시되었는데, 원래 드렉슬러와 히틀러가 몇 주 동안 머리에서 짜내서 다듬은 것이었다. 토론은 1919년 11월 중순부터 이미 시작되었다. 드렉슬러는 한 달 뒤에 초안을 보여주었고 2월 9일에는 그것을 다시 가다듬어서 호프브로이하우스 집회에 맞추어 최종 초안을 만들었다.[45] 그 내용은 독일사회주의당의 강령과 대동소이했다.[46] 대독일 추구, 영토와 식민지 확대, 유대인에 대한 차별과 유대인의 시민권 자격 박탈, 국제 자본주의의 '이익을 섬기는 노예 상태'에서 벗어나는 것, 전쟁에서 얻은 불로소득의 압수, 토지 개혁, 중산층 보호, 모리배 처벌, 언론 규제 같은 요구 사항은 대부분 민족 우익 진영에서 이미 주장하던 내용으로 새롭거나 독창적인 요소는 거의 없었다.[47] 바이에른에는 교회에 다니는 사람이 많았는데 그런 사람을 자극하지 않기 위해 종교의 중립성을 강조하는 조항도 집어넣었다. "나에게 좋은 일보다 여럿에게 좋은 일이 먼저"라는 표현은 시비를 걸기에는 좀 뭣한 진부한 어구였다. 국가가 '중앙에서 강력한 권력'을 쥐어야 하고 '중앙 의회'가 '절대적 권위'를 누려야 한다는 요구는 다원주의라기보다는 다분히 권위주의적인 정부를 밑바탕에 깔고 있긴 했지만 이 단계에서는 아직 히틀러가 자신을 1인 체제의 우두머리로 생각하지는 않았다는 것을 보여준다. 의외로 빠뜨리고 넘어간 대목도 있다. 마르크스주의도 볼셰비즘도 언급하지 않았다. 토지 개혁의 당위성만 간단히 짚고 넘어갔을 뿐 농업 문제도 두루뭉술하게 넘어갔다.

　이 강령이 누구의 머리에서 나왔는지 정확히 따지기는 쉽지 않다.[48] 조항 하나하나는 당의 유력 인사들에게 익숙했던 출처에서 나왔을 것이다. 국제 자본주의의 이익에 놀아나는 노예 상태에 대한 비판은 누가 뭐래도 고트프리트 페더의 단골 주제였다. 이익의 공유는 드렉슬러가 평소에 강조하던 생각이었다. 장황한 독일사회주의당의 강령과는 대조적으로 문구가 힘차게 작성된 데서 히틀러의 입김도 느껴진다.[49] 나중에 스스로 밝혔지만 히틀러가 강령을 다듬은 것은 틀림없다.[50] 그렇지만 주도적으로 강령을 쓴 사람은 드렉슬러였을 것이다. 드렉슬러 자신도 (비록 보내지는 않았지만) 1940년 1월 히틀러 앞으로 쓴 편지에서 그렇게 주장했다. "국가사회주의의 이 25개 조항은 부르크하우제너슈트라세 6번지의 노동자 식당에서 밤늦도록 고심하면서 내가 모두 기본 골격을 써놓은 것을 바탕으로 다른 사람 말고 아돌프 히틀러가 나와 함께 작성한 것이다."[51]

참석률이 저조할지 모른다는 걱정을 비웃듯이 2월 24일 히틀러가 의장 자격으로 집회를 시작했을 때 호프브로이하우스의 이층 행사장에는 2천 명이나 모였다(그중 5분의 1은 사회주의를 신봉하는 반대 세력이었다).[52] 딩펠더의 연설은 그저 그랬다. 표현도 그렇고 말투도 그렇고 히틀러와는 대조적인 연설이었다. '유대인'이라는 단어는 한 번도 나오지 않았다. 딩펠더는 독일이 이 지경이 된 것은 윤리와 종교가 쇠하고 이기적, 물질적 가치가 판을 치기 때문이라고 지적했다. 그가 '조국을 구하기 위한' 회생의 처방으로 내놓은 것은 '질서 의식과 노동, 의무와 희생 정신'이었다. 연설은 그런 대로 호응을 얻었고 훼방도 받지 않았다.[53]

히틀러가 연설을 시작하자 분위기가 갑자기 달아올랐다. 히틀러의 어조는 딩펠더보다 단호했고 공격적이었으며 현학적이지도 않았다. 히틀러의 말은 바로 와 닿았다. 거칠지만 흙 냄새가 나는 살아 있는 말이었다. 그것은 청중 대다수가 쓰고 알아듣는 말이었다. 히틀러의 문장은 짧고 힘찼다. 그리고 청중의 뜨거운 갈채를 받으리라 확신하고 가톨릭중앙당의 유력 정치인이며 재무장관이었던 마티아스 에르츠베르거(1918년 휴전안에 서명했고 이듬해 여름 체결된 베르사유 조약을 여론의 반발에도 불구하고 받아들여야 한다고 부르짖은 사람이었다)라든가 이지도어 바흐 같은 뮌헨의 자본가를 공격의 표적으로 삼았다. 유대인을 공격하는 언사가 튀어나올 때마다 청중은 함성을 질렀고 모리배를 날카롭게 질타할 때마다 "패라! 죽여라!" 하고 악을 썼다. 당의 강령을 읽어 나갈 즈음에는 조항 하나하나를 읽어 나갈 때마다 박수를 쳤다. 하지만 좌파 진영에서 온 사람들은 훼방을 놓았다. 좌파는 동요하는 빛이 역력했다. 현장을 지켜본 경찰 관계자는 "언제 주먹다짐으로 번질지 모르는 일촉즉발의 위기가 감돌았다."고 보고했다. 히틀러는 우레와 같은 박수갈채를 받으면서 당이 나아갈 방향을 이런 구호로 요약했다. "우리의 표어는 오로지 투쟁이다. 흔들림 없이 목표를 향해 나아갈 것이다." 연설 끝 부분에 히틀러가 유대인 사회에 2천 톤의 밀가루를 지원한다는 결정을 비판하자 좌파 진영에서 야유가 튀어나온 데 이어 함성이 쏟아졌고 사람들은 탁자와 의자 위로 올라가서 서로 고함을 질러댔다. 뒤이어 벌어진 '토론' 시간에 네 명이 짤막짤막하게 자기 의견을 말했는데 그중 두 명은 반대자였다. 마지막 연설자가 우파에서 독재를 하면 거기에 맞서 좌파도 독재를 할 것이라고 말하자 또다시 장내가 시끄러워졌고 모임을 마친다는 히틀러의 종료 집회 선언도 소란에 파묻혔다. 100명가량의 독립 사회민주주의자와 공산주의자는 호프브로이하우스에서 거리로 몰려나와 인터내셔널과 소비에트공화국 만세를 외치고 전쟁의 주역 힌덴부르크와 루덴도르프, 독일 민족주의자들에게 야유를 퍼부었다.[54] 히틀러는 나중에 "새로운 확신, 새로운 신념, 새로운 의지로 단합한 사람들"이 홀을 가득 메웠다고 썼지만 꼭 그렇지만도 않았던 것이다.[55]

집회가 있고 나서 며칠 동안 뮌헨 신문의 논조를 보아도 활력이 넘치는 새로운 당에 새로운 정치 영웅이 나타났음을 알리는 기념비적 사건이었다는 인상은 전혀 받을 수가 없었다. 언론의 반응은 좋게 말해서 덤덤했다. 그나마 집회를 짤막하게 다룬 신문도 딩펠더의 연설에 초점을 맞추었지 히틀러는 거론조차 하지 않았다.[56] 아직 당의 기관지는 아니었지만 당에 우호적이었던 〈민족의 감시자〉 같은 신문조차 반응이 미온적이었다. 나흘이 지나서야 별로 눈에 안 띄는 면에 그것도 딱 한 단으로 보도했다. 주 관심사는 딩펠더의 연설이었다. 히틀러의 활약은 이렇게 요약되었다. "히틀러 씨(독일노동자당)는 몇 가지 정치 쟁점을 날카롭게 제시하여 열광적 호응을 얻음과 동시에 그 자리에 있던 상당수의 반대자들을 격분시켰다. 히틀러 씨가 발표한 당 강령은 기본적으로 독일 사회주의당 강령과 비슷했다."[57]

첫 반응은 이렇게 미온적이었지만 히틀러가 이끈 집회가 정치적 화약고라는 사실은 날이 갈수록 분명해졌다. 정치판이 뜨거웠던 뮌헨에서도 국가사회주의독일노동자당(벌써 이렇게 당명이 바뀌었다)의 대규모 집회는 어딘가 색달랐다.[58] 히틀러는 사람들의 관심을 끌어모으는 데 총력을 기울였다. 그리고 그 점에서 빠르게 성공했다. 나중에 히틀러는 이렇게 썼다. "웃어도 좋고 욕해도 좋다. 우리를 어릿광대로 보거나 범죄자로 봐도 관계없다. 중요한 것은 우리를 거론하고 우리에게 자꾸만 관심을 기울인다는 사실이다."[59] 부르주아 정당의 집회가 얼마나 따분하고 맥빠지는지, 고명한 노신사가 마치 대학에서 강의를 하듯이 연설문을 읽어 나가는 것이 얼마나 사람을 졸리게 하는지 히틀러는 익히 알고 있었다. 그와는 대조적으로 나치 집회는 평화롭게 진행되지 않는다고 그는 자랑스럽게 썼다. 좌파의 대중 집회를 지켜보면서 히틀러는 모임을 일사불란하게 꾸려 나가는 방법, 적을 효과적으로 위협하는 방법, 분란을 일으키는 수법, 소란에 대처하는 방법을 배웠다. 국가사회주의독일노동자당의 집회는 대결을 부추겨서 당의 인지도를 끌어올리려는 의도에서 기획되었다. 좌파를 불러 모으기 위해 벽보도 시뻘겋게 칠했다.[60] 1920년 중반 히틀러는 당을 상징하는 문양도 손수 만들었다. 붉은 바탕에 하얀 원이 있고 그 안에 하켄크로이츠를 그려넣은 이 문양은 시각적 충격을 극대화하는 데 목적이 있었다.[61] 덕분에 얼마 안 지나서 집회장마다 사람들로 가득 메워졌다. 반대 진영에서도 많이들 참석하니까 분위기는 더욱 폭발적으로 달아올랐다.[62] 소란을 막기 위해서 1920년 중반에 조직된 '질서유지대'는 1921년 8월 '육체단련대'로 바뀌었고 결국 이것이 나중에 '돌격대'로 발전한다.[63]

국가사회주의독일노동자당으로 군중을 불러 모을 수 있는 사람은 오직 히틀러뿐이었다. 이 점에서는 《나의 투쟁》에 나오는 자기 중심적 설명이 구구절절 옳다. 1919년 9월 12일 욱하는 성질을 이기지 못하고 독일노동자당 집회 토론에 처음 끼어든 날로부터 1919년 10월 16일 호프브로이켈러 맥주홀에서 당 연설원으로 첫 '공연'을 하기까지는 한 달밖에 걸리지 않았다.[64] 앞에서도 보았지만 이 성공의 기억은 히틀러의 머리를 떠나지 않았다. 히틀러는 《나의 투쟁》에서 레히펠트 부대에서 강의를 하면서 깨달은 '자기 발견'에 대해서 이미 써놓고 이 연설에서 느긴 소감도 비슷한 표현으로 담아낸다. "지금까지 잘은 모르고 막연히 감으로만 느꼈던 것이 이제 사실로 입증되었다. 나도 연설할 수가 있었던 것이다!"[65] 이런 표현을 반복하는 데서도 알 수 있지만 히틀러는 처음으로 군인이 아닌 일반인 앞에서 연설을 하고 자기가 한 말에 청중이 달아오르는 모습을 보면서 자신감을 느꼈다.

일 대 일로 만났을 때 히틀러의 자기 중심적 언동은 참으로 견디기 힘들었다. 당시 히틀러와 아는 사이였고 히틀러가 제국군에서 첩보원으로 활동한 사실을 경멸했던 한 인사는 독일 예술가들에게 주어진 책무에 대한 히틀러의 장광설을 본의 아니게 괴로운 심정으로 듣고 있다가 결국 참지 못하고 이렇게 퍼부었다. "당신 머리에 누가 똥을 싸질러놓고 물 내리는 걸 까먹었구먼!"[66] 히틀러는 말을 잇지 못했다. 그렇지만 히틀러의 연설은 맥주홀에서는 청중을 감전시켰다.

폴란드 총독을 지낸 한스 프랑크는 전후 뉘른베르크 감방에서 교수형에 처해지기를 기다리는 동안, 1920년 겨우 열아홉 살(그렇지만 민족 운동에 이미 투신한 상태였다)의 나이로 히틀러의 연설을 처음 듣던 순간을 떠올렸다. 큰 홀은 입추의 여지가 없이 사람들로 꽉 찼다. 중산층 시민이 노동자, 군인, 학생과 어깨를 맞댔다. 나이를 불문하고 조국에 대한 근심이 사람들을 무겁게 짓눌렀다. 독일이 처한 곤경은 국론을 양분했지만 독일의 현실에 무관심하거나 초연한 사람은 아무도 없었다. 웬만한 정치 집회는 사람으로 미어터졌다. 하지만 젊고 이상주의적이며 열렬한 반마르크스주의자에 민족주의자였던 프랑크가 보기에 연사들이 하는 말은 하나같이 실망스러웠고 새겨들을 만한 내용이 없었다. 히틀러는 그들과는 달리 청년의 가슴에 불을 질렀다.

그 뒤로 사반세기 동안 한스 프랑크가 운명을 같이 하게 될 남자는 넥타이를 느슨하게 매고 파란 빛깔의 허름한 양복을 입고 있었다. 말소리는 또렷했고 열정이 담겨 있었지만 목소리가 날카롭지는 않았다. 번쩍이는 파란 눈을 깜박거리면서 이따금 오른손으로 머리를 쓸어 넘겼다. 프랑크가 대뜸 받은 느낌은 참으로 진지한 사람이구나 하는 것이었다. 표현 하나하나가 그저 입에 발린 수식어가 아니라 가슴에서 우러나온

나중에 폴란드 총독을 지낸 히틀러의 핵심 측근 한스 프랑크. 19살 때 히틀러의 연설을 처음 들은 프랑크는 청중의 언어로 말할 줄 알고 열정과 이상주의로 청중의 마음을 휘저을 줄 아는 히틀러의 능력에 매료되었다.

말이었다. "그렇게 멋있는 대중 연설가는 당시만 하더라도 전례가 없었다. 내가 보기에는 비교 자체가 불가능한 사람이었다." 프랑크는 이렇게 썼다.

나는 한 방 얻어맞은 것처럼 충격을 받았다. 그때까지 집회에서 들어온 연설과는 너무나 달랐다. 그의 연설은 아주 간단 명료했다. 베르사유 조약처럼 당시 사람들이 압도적으로 많은 관심을 기울였던 주제를 잡아서 온갖 질문을 던지는 것이었다. 이제 독일 사람은 어떻게 해야 하나? 현실의 참모습은 무엇인가? 유일한 활로는 무엇인가? 사이사이 우레와 같은 박수갈채를 받으면서 두 시간 반을 내리 연설했지만 더 길게 해도 얼마든지 들을 수 있을 것 같았다. 구구절절 가슴에서 우러나온 말이라 우리의 심금을 울렸다. …… 히틀러는 그 자리에 모인 사람들이 누구나 머리에 담고 있었던 생각을 드러내주었다. 고통을 겪으면서 대책을 간절히 바라던 사람들의 여망을 정확히 이해하면서 그것을 보편적 경험과 연결했다. 말하는 내용 자체는 딱히 독창적이라 할 것이 없었지만 …… 인민의 대변자 노릇을 했다. …… 그는 아무것도 숨기지 않았다. …… 독일이 직면한 공포도, 고통도, 절망도 남김없이 드러냈다. 그뿐이 아니었다. 망가진 민족에게 유일하게 남은 활로가 무엇인지를 역사에서 찾아 보여주었다. 그것은 용기, 믿음, 행동력, 근면성, 위대하고 찬란한 공동의 목표에 헌신하는 자세를 통해서 가장 깊은 나락에서 벗어나고야 말겠다는 비장한 새 출발의 다짐이었다. …… 그는 하느님의 가호를 빌기에 앞서 독일 군인과 노동자의 명예를 살리는 것을 필생의 소임으로 여기겠노라고 더없이 엄숙하고 비장하게 다짐했다. …… 연설이 끝나자 박수가 그칠 줄 몰랐다. …… 그날 저녁 이후로, 비록 당원은 아니었지만, 나는 독일의 운명을 휘어잡을 수 있는 사람이 있다면 그것은 오직 히틀러뿐이라고 확신했다.[67]

격정에 찬 이 발언은 비슷한 내용을 전달하면서도 청중의 언어로 말을 할 줄 알고 열정(아무리 그 열정이 지금 우리 눈에는 낯설어 보이더라도)과 진지한 이상주의로 청중의 마음을 휘저을 줄 알았던 히틀러의 타고난 능력을 웅변한다.

《나의 투쟁》에도 나오지만 1919년 11월 에버를브로이켈러 맥주홀에서 주 연설자로 처음 나서서 '브레스트-리토프스크*와 베르사유?'라는 단골 주제로 강연을 하고 1920년 2월 24일 호프브로이하우스에서 대규모 집회를 열 때까지 그 다음 몇 주에 걸쳐서 청중의 수는 급격히 늘었지만 그것은 전주곡에 불과했다. 히틀러는 갈수록 성공을 거두었고 명연설가로서 당 내 입지도 넓어졌다. 1920년 말까지 적게는 800명에서 많게는 2,500명이 모인 가운데 열린 35번이 넘는 집회에서 연설을 했다. 그보다 규모가 작은 당 내 모임에서 한 연설은 헤아릴 수 없이 많았다.[68] 1921년 2월 초 뮌헨에서 가장 많은 군중을 수용할 수 있는 크로

브레스트-리토프스크 1917년 케렌스키 정권을 무너뜨린 러시아 혁명 정부가 1918년 이곳에서 독일, 오스트리아 등과 불리한 내용의 휴전 조약을 맺었지만 나중에 베르사유 조약으로 무효화되었다.

네 서커스장에서 열린 최대 규모의 집회에는 무려 6천 명이 넘게 왔다.[69] 1921년 중엽까지는 주로 뮌헨에서 활동했다. 뮌헨은 선전과 조직 활동이 잘 돌아가서 집회의 성공율이 높았을 뿐 아니라 우익 정서가 워낙 강했던 곳이었기 때문이다. 그렇지만 10월 초 오스트리아를 2주 동안 방문해서 한 여러 번의 연설은 빼놓고라도 히틀러는 뮌헨 말고 처음으로 지구당이 만들어진 로젠하임에서 한 연설을 비롯하여 1920년에 뮌헨 밖에서 모두 10번의 연설을 했다. 1920년 1월 190명이었던 당원이 그해 말 2천 명으로 늘어난 데 이어 1921년 8월에는 3,300명으로 불어난 데는 히틀러의 지명도가 크게 작용했다.[70] 히틀러는 민족 운동에서 꼭 필요한 인재로 빠르게 입지를 굳혀 나갔다.

단 하나의 적

히틀러는 종이에다 주제를 대충 적어놓고 핵심 단어에는 밑줄을 쳐놓고 연설에 들어갔다.[71] 보통 한번 연설을 시작했다 하면 두 시간이 넘게 했다.[72] 호프브로이하우스 연회장의 길다란 벽면 한 곳에다 탁자를 놓고 그것을 연단으로 삼았다. 그래서 청중의 한복판에 설 수 있었다. 그렇게 색다른 수법을 쓰니까 연회장에는 히틀러의 말마따나 색다른 분위기가 감돌았다.[73] 연설 주제는 거의 바뀌지 않았다. 막강했던 독일의 찬란한 과거와 힘센 적들에게 조국을 팔아먹은 반역자와 겁쟁이들 때문에 지금은 약해져서 민족적 굴욕을 감내해야 하는 병든 몸을 대비하고, 이 적들과 그 배후에 있는 유대인의 농간으로 일어난 전쟁에서 패배하여 나라가 허물어진 이유를 밝히고, 반역자와 유대인이 일으킨 배신과 혁명을 고발하고,[74] 독일을 노예로 부리려는 '치욕의 평화' 협정 베르사유 조약에서 드러나듯이 독일을 박살내려는 영국과 프랑스의 흑심을 까발리고, 독일의 서민을 쥐어짜는 유대인 협잡꾼과 모리배를 질타하고, 경제적 빈곤과 사회적 분열과 정치적 갈등과 도덕적 타락에 빌붙어 돌아가는 위선적이고 부패한 정부와 정당 체계를 비판하고, 독일이 살아

나는 유일한 길은 당 강령에도 나와 있지만 내부의 적에 철퇴를 가하고 민족 의식과 단결력을 키워서 실력을 쌓고 궁극적으로 위대함을 되찾는 것이라고 역설했다.[75] 전통적으로 바이에른 사람은 프로이센 사람을 싫어한 데다가 뮌헨에 들어섰던 소비에트공화국을 경험하고 난 다음이라 히틀러가 베를린을 움직이는 '공산주의' 정부에 거듭 공세를 퍼부으면 아직은 숫자가 얼마 안 되었지만 집회에 참석한 뮌헨 시민들은 뜨거운 반응을 보였다.

히틀러는 기본적으로 분노, 원한, 증오 같은 부정적 감정에 호소했지만 사회악을 치료하는 수단으로 히틀러가 내놓은 처방 중에는 '긍정적' 요소도 있었다. 아무리 진부하게 들릴지언정 민족 단결을 통해 자유를 되찾자는 구호, '정신 노동자와 육체 노동자'가 합심하여 일하자는 호소,[76] '민족 공동체'가 추구해야 할 사회적 조화의 당위성, 착취자를 박살내어 '영세민'을 보호하자는 요구는 어김없이 박수갈채를 받았다는 데서도 알 수 있듯이 히틀러의 강연을 들으러 온 청중의 가슴을 파고들었다.[77] 히틀러의 격정과 열의는, 연설을 듣는 사람의 마음이 이미 그쪽으로 기울어져 있어서였겠지만, 다른 길은 없다는 것, 독일은 부활할 수 있고 또 부활할 것이라는 것, 평범한 독일인 하나하나가 투쟁과 희생과 의지로 독일의 회생을 위해 노력할 때 독일은 부활하리라는 메시지를 잘 전달했다.[78] 그러다 보니 흔히 보는 정치 집회라기보다는 종교 집단의 부흥회 같은 분위기가 물씬 풍겼다.[79]

히틀러가 말한 것은 민족주의 진영과 민족주의 진영에서 벌써 오래전부터 이야기하던 내용이었다. 여러 해 전부터 범게르만동맹에서 부르짖은 내용과도 다른 점이 별로 없었다. 히틀러는 위기로 점철된 공화국의 정치 현실에서 그날그날 벌어지는 일 중에서 쉬운 공격거리를 찾아내는 재주가 뛰어났지만 핵심이 되는 주제는 지겨울 정도로 반복을 거듭했다. 그런데 히틀러의 변함없는 이념으로 간주된 것 중에 이때만 하더라도 쏙 빠진 것도 있다. 가령 동유럽에 '생존 공간'을 확보해야 한다는 말은 단 한마디도 안 했다. 이때만 하더라도 외교상의 주적은 영국과 프랑스였다.[80] 1920년 8월에 휘갈겨 쓴 연설 메모에는 "동쪽으로 우호

관계를 확대하자."는 문구까지 보일 정도였다.[81] 히틀러는 독재를 예찬하지도 않았다. 그런 요구는 1920년 4월 27일 독일이 다시 일어서려면 '비범한 독재자'가 있어야 한다고 선언하면서 딱 한 번 했다.[82] 자기가 바로 그런 사람인 척 군 것도 아니었다.[83] 마찬가지로 놀라운 것은 마르크스주의를 공개석상에서 노골적으로 공격한 것도 1920년 7월 21일 로젠하임 연설이 처음이었다는 사실이다(물론 그전에도 볼셰비즘이 러시아를 어떻게 파국으로 이끌었는지 지적하면서 그 원흉으로 유대인을 수없이 지목한 것은 사실이다).[84] 게다가 휴스턴 스튜어트 체임벌린, 아돌프 바르문트, 그리고 특히 선동가 기질이 농후했던 테오도어 프리치 같은 사람의 잘 알려진 반유대주의 저작물에서 많은 내용을 끌어왔지만 1920년 한 해 동안 인종론을 다룬 연설은 딱 한 번밖에 하지 않았다.[85]

그렇다고 해서 히틀러가 유대인을 건드리지 않은 것은 아니었다. 오히려 그 반대였다. 모든 것을 유대인의 탓으로 돌리는 외곬에 가까운 병적 집착은 1919년 이전까지도 볼 수 없었지만 이제는 단 한 번도 빠지지 않고 히틀러가 하는 연설에서 어김없이 나타났다. 독일을 덮쳤거나 위협하는 모든 악의 배후에는 유대인이 있었다.[86] 연설을 할 때마다 히틀러는 상상을 초월하는 아주 악랄하고 야만적인 언어로 유대인을 때렸다.

진정한 사회주의는 반유대주의를 뜻한다고 히틀러는 못 박았다.[87] 유대인이라는 악을 제거하려면 독일인은 악마하고도 손을 잡겠다는 각오를 해야 한다는 것이었다.[88] 하지만 겜리히에게 보낸 회신에서도 알 수 있듯이 히틀러는 감정적인 반유대주의가 정답이라고 생각하지는 않았다.[89] 히틀러는 "유대인이 우리 민족을 좀먹지" 못하도록[90] 수용소에 가두어야 하고 협잡꾼은 목을 매달아야 한다고 주장하면서[91] 궁극적으로 유일한 해결책은, 겜리히에게 보낸 회신에서도 비슷한 이야기를 했지만 "유대인을 우리 민족 안에서 제거하는 것"이라고 보았다.[92] 동유럽에서 온 유대인에 대한 노골적 요구에서 명백히 드러났지만[93] 그것은 결국 독일에서 유대인을 물아내자는 소리였다. 그리고 듣는 사람들도 정확히 그런 쪽으로 이해했다. 그렇지만 1차 세계대전 이전의 반유대주의는 생물학적 비유를 동원하면서 굉장히 끔찍하고 잔인한 학살을 연상시키는 언어에 기대는 경우가 있었다.[94] "기생충과 병균 이야기는 통 안 하는 모양인데, 기생충과 병균은 키우면 안 된다. 서둘러 박멸하는 것이 상책이다." 이것은 히틀러가 한 말이 아니다. 저명한 동양학자이며 셈어 전문가인 파울 데 라가르데가 1887년에 유대인에게 합당한 대접이라고 자신이 생각한 바를 쓴 것이다.[95] 30년 뒤에 히틀러가 비슷한 용어를 썼을 때는 분위기가 유대인에게 굉장히 위협적인 쪽으로 바뀌어 있었다. 히틀러는 1920년 8월 이렇게 못 박았다. "먼저 인종주의라는 결핵균을 퍼뜨리는 중추 기관이 사람들을 물들이지 못하게 하고 나서 인종주의와 싸우든가 말든가 할 일이다. 유대인이라는 질병 유발인자가 우리 안에서 사라지지 않는 한 유대주의의 영향은 사라지지 않을 것이며 유대주의는 앞으로도 사람들을 계속 오염시킬 것이다."[96]

청중은 그런 말을 듣고 싶어했다. 어느 때보다도 그런 공격을 퍼부을 때 특히 환호와 갈채가 터져 나왔다.[97] 처음에는 느리게 말하면서 실명을 거론하면서 야유하고 공격하다가 점점 강도를 높여서 절정으로 치닫는 히틀러 특유의 연설 기법은 청중을 열광시켰다.[98] 1920년 8월 13일 호프브로이하우스 연회장에서 한 '우리는 왜 반유대주의자인가?'라는 연설은 그해에 유대인을 거론하거나 유대인에게 초점을 맞추어서 한 유일한 연설이었는데, 2천 명이 넘는 청중이 격앙해 환호성을 지르는 통에 두 시간 동안 무려 58번이나 연설이 끊겼다.[99] 몇 주일 뒤에 히틀러가 한 연설을 보도한 내용을 보면 청중의 대다수는 사무직 노동자, 중하류층, 형편이 괜찮아 보이는 노동자였고 여자도 4분의 1이나 되었다.[100]

히틀러가 유대인에게 퍼부은 독설은 처음에는 어김없이 반자본주의로 연결되었고 전쟁으로 한몫 잡은 '유대인' 모리배와 협잡꾼에 대한 공격으로 이어졌다. 독일 민족을 착취하면서 독일을 패전으로 몰아넣고 수많은 독일인이 전쟁터에서 목숨을 잃게 만든 장본인이 바로 유대인이라고 히틀러는 역설했다. 뒷날《나의 투쟁》에서는 "민족을 더럽힌 1만 2천 명에서 1만 5천 명의 히브리인에게 독가스 맛을 보여줬다면" 백만 명의 독일인이 전선에서 목숨을 잃는 일은 없었을 것이라는 끔찍한 발언까지 했다.[101] 바탕이 건강한 '산업 자본'과 정말로 사악한 '유대인 금융 자본'을 히틀러가 구별하는 대목에서는 고트프리트 페더의 영향이 느껴진다.[102]

이때만 하더라도 마르크스주의나 볼셰비즘은 거론하지 않았다. 일각에서는 히틀러의 반유대주의를 자극한 것이 반볼셰비즘이라고 말하지만 그렇지는 않다. 반유대주의가 반볼셰비즘보다 한참 먼저 나타났다.[103] 1919년 9월 겜리히에게 보낸 회신에서도 금융 자본의 탐욕스러운 본질이라는 맥락에서 '유대인 문제'는 설명했어도 볼셰비즘은 전혀 언급하지 않았다.[104] 히틀러는 1920년 4월과 6월에 잇따라 러시아가 유대인 손에 무너지고 있다고 말했다. 그러다가 7월 21일에 가서야 처음으로 마르크스주의, 볼셰비즘, 러시아의 소비에트 체제를 유대인 지배 음모라는 틀에서 파악했다. 히틀러는 독일에서 저변을 넓혀 나가던 사회민주주의도 유대인의 음모라는 틀에서 바라보았다.[105] 1920년 8월까지도 자기는 러시아 정세에 대해서는 별로 알지 못한다고 시인했다.[106] 하지만 발트해 지역을 돌아다니면서 러시아 혁명을 직접 경험한 알프레트 로젠베르크의 영향이 아마도 컸겠지만[107] 한편으로는 독일 언론에 차츰 보도되던 러시아 내전의 끔찍한 현실을 접하면서[108] 1920년 후반에는 볼셰비키가 장악한 소련에 집중적으로 관심을 기울인 것으로 보인다.[109] 당시 유대인이 세계 지배를 획책하고 있다는 내용의 《시온장로회 수칙》이라는 위서가 나돌아서 반유대주의 진영에서 널리 읽혔는데, 그 책도 히틀러가 러시아에 관심을 갖게 된 계기의 하나였을 것이다.[110] 이런 통념들은 히틀러의 '세계관' 안에서 반유대주의와 반마르크스주의를 하나로 묶는 촉매 역할을 했고, 이렇게 해서 한번 만들어진 고정관념은 그 뒤로 두 번 다시 없어지지 않는다.

후원자들

히틀러는 연설 솜씨로 뮌헨 정가에 알려졌지만 그를 아는 사람은 아직은 많지 않았다. 아무리 히틀러가 파란을 일으켰다고는 하지만 히틀러가 몸담은 당은 기존의 사회주의 정당이나 가톨릭 정당에 비하면 당세가 보잘것없었다. 또 히틀러를 '막후'에 버티고 있는 강력한 이권 추구 집단의 허수아비로 보는 것은 지나친 과장이겠지만 막강한 후원자들과 그들이 제공한 '연줄'이 없었다면 군중을 선동하는 히틀러의 재주는 그렇게까지 빛을 보지는 못했을 것이다.

정치 연설로 삶을 꾸려 가겠다는 뜻은 이미 밝혔지만 히틀러는 1920년 3월 31일까지는 군대에서 월급을 받았다. 처음으로 히틀러의 뒤를 봐준 마이어 대위는 히틀러에게 관심을 끊지 않았다. 얼마나 믿을 만한지는 모르겠지만 마이어 대위는 군중 집회를 여는 데 보태 쓰라고 일정액을 지원했다고 나중에 밝혔다.[111] 이때만 하더라도 히틀러는 당원이면서도 동시에 군인이었다. 1920년 1월과 2월에 히틀러는 마이어를 도와서 카를 알렉산더 폰 뮐러, 파울 요아힘젠 같은 저명한 뮌헨 대학의 교수들과 함께 '시민 교육 강좌'의 일환으로 제국군 군인들 앞에서 '베르사유 조약'과 '정당의 의미' 같은 주제로 강연을 했다.[112] 단명하긴 했지만 볼프강 카프가 우익 쿠데타를 일으켜서 정부가 수도 베를린을 부득이 비운 3월에는 마이어의 지시로 카프에게 바이에른 현황을 보고하기 위해 디트리히 에카르트와 함께 베를린으로 갔지만 한발 늦었다. 정부를 뒤집어엎으려는 우익의 첫 번째 시도는 이미 실패로 끝난 다음이었다. 그렇지만 마이어는 단념하지 않았다. 카프와도 계속 접촉을 했고 히틀러에게도 여전히 관심을 기울였다. 여섯 달 뒤에 카프에게 한 말이지만, 마이어는 국가사회주의독일노동자당(마이어는 이것을 자기가 만들었다고 생각했다)이 '급진 민족주의 조직'으로 발전하여 앞으로 성공할 쿠데타의 '전위대'가 되리라는 희망을 아직 버리지 않았다.[113] 마이어는 스웨덴에서 망명 중이던 카프에게 이렇게 편지를 썼다.

독일노동자당은 우리가 바라는 강력한 공격력의 토대가 되어야 합니다. 아직은 구상이 좀 어설프고 엉성하지요. 앞으로 보충해야지요. 그렇지만 한 가지는 분명합니다. 당의 깃발 아래 이미 상당수의 지지자를 확보했다는 사실이지요. 지난 7월 이후로 저는 운동을 강화하기 위해 노력하면서 …… 유능한 젊은이들을 끌어들였습니다. 가령 히틀러 씨는 발군의 연설 솜씨로 활력을 불어넣고 있습니다. 뮌헨 지구당은 당원이 2천 명도 넘습니다. 1919년 여름만 하더라도 100명 미만이었거든요.[114]

히틀러가 제국군을 떠나기 전이었던 1920년 초 마이어는 에른스트 룀 대위가 세운 급진 민족주의 성향의 장교 모임인 '철권회' 모임에 히틀러를 데리고 갔다. 히틀러는 전해 가을 마이어한테 룀을 소개받은 것으로 보인다.[115] 룀은 다양한 민족주의 정파에 관심이 많았고 특히 노동자를 민족주의 진영으로 끌어들이는 데 각별한 관심이 있었기 때문에 1919년 10월 16일 히틀러가 독일노동자당에 들어간 뒤 처음으로 연설을 한 독일노동자당 집회에도 참석했고 얼마 뒤 당에도 가입했다. 히틀러는 룀과 아주 가까워졌다. 마이어를 밀어내고 이제는 룀이 제국군에서 히틀러의 유력한 후원자가 되었다. 룀은 바이에른에서 자유군단과 '시민방위군'의 무장을 총괄했으며, 군대와 '민족 진영', 우익 조직에 심어놓은 인맥을 바탕으로 정치에 개입하는 민병 조직의 실력자로 급부상했다. 당시 룀은 당세가 미미한 국가사회주의독일노동자당보다는 우익 진영에 속한 동료 장교들과 함께 대원이 모두 25만 명을 웃도는 시민방위군에 훨씬 관심이 많았다. 그렇지만 국가사회주의독일노동자당과 광범위한 '민족 진영'을 잇는 고리 역할을 하면서 늘 자금난에 허덕이던 당에 활로를 열어주었다.[116] 히틀러가 몸담은 당에 룀이 부쩍 관심을 갖기 시작한 1921년부터 룀의 인맥은 당에서 절대적으로 중요해졌다.

이 무렵 또 한 명의 중요한 후원자는 '민족' 시인이며 평론가였던 디트리히 에카르트였다.[117] 히틀러보다 나이가 스무 살 이상 많았던 에카르트는 〈페르 귄트〉를 독일어로 번안한 작품으로 이름이 알려졌지만 시인과 비평가로서 그렇게 돋보이는 존재는 아니었다. 아마 그래서 더 반

민족 시인이며 평론가였던 디트리히 에카르트. 초창기에 히틀러의 중요한 후원자였던 그는 자신의 인맥을 활용해 히틀러를 사교계에 소개해주고, 당 재정에도 큰 도움을 주었다.

유대주의에 빠졌는지도 모를 일이다. 에카르트는 1918년 12월 〈서민 독일〉이라는 반유대주의 주간지를 내면서 정치 활동에 뛰어들었다. 원로 고트프리트 페더를 비롯하여 발트해 연안 출신의 알프레트 로젠베르크 같은 소장파가 이 잡지에 글을 실었다. 아직 히틀러가 가입하기 전이었던 1919년 여름 독일노동자당 집회에서 연설을 하기도 했던[118] 에카르트는 당에 뒤늦게 들어온 히틀러에게 각별한 관심을 기울였다. 히틀러도 민족 진영에서 명망이 높은 에카르트 같은 사람이 관심을 보이자 어깨가 으쓱해졌다. 초반에는 두 사람이 친밀하다고 말할 수 있을 정도로 잘 지냈다. 그렇지만 언제나 그랬듯이 히틀러에게 중요했던 것은 에카르트의 유용성이었다. 히틀러의 자부심이 커질수록 에카르트에 대한 의존도가 줄어들더니 두 사람 사이는 서먹해졌고 에카르트는 그런 상태에서 1923년 세상을 떴다.[119]

그렇지만 처음에 에카르트는 히틀러와 당에게 의심할 나위 없이 소중한 존재였다. 워낙 발이 넓었던 에카르트는 맥주홀 선동가를 뮌헨의 '사교계'로 끌어들여 권력과 금력을 쥔 뮌헨의 부르주아와 얼굴을 익힐 수 있는 길을 열어주었다. 에카르트는 재정 지원과 인맥을 통해서 늘 돈에 쪼들렸던 신생 정당을 결정적으로 먹여 살렸다. 당비만으로 살림을 꾸려 가기에는 턱없이 모자랐기 때문에 당은 외부 도움에 기댈 수밖에 없었다. 출판인 레만을 비롯해서 뮌헨의 사업가와 재계 인사들이 도움을 주었다. 제국군에서도 돈이 들어왔다. 마이어는 베르사유 조약(이 조약이 독일을 불구가 되도록 징벌하여 모독을 가했다고 본 것은 극우 진영만이 아니었다)을 공격하는 책자 3천 부를 찍는 데 드는 돈을 공금으로 지원해주었다. 이 당 홍보물은 1920년 6월 레만 출판사에서 나왔다.[120] 그렇지만 역시 대들보는 에카르트였다. 화학자로서 아우크스부르크에서 공장을 운영했으며 잡지 〈서민 독일〉도 후원하던 친구 고트프리트 그란델 박사에게서 자금을 끌어온 것도 에카르트였고 카프 쿠데타가 터졌을 때 히틀러와 함께 베를린으로 타고 갈 비행기 편을 마련한 것도 에카르트였다. 그란델은 나중에 〈민족의 감시자〉를 인수하여 1920년 12월부터 당 기관지로 만드는 데 필요한 자금을 조달할 때도 크게 기여했다.[121]

그렇지 않아도 여름부터 당 지도부는 대중에게 다가서기 위해 파산 위기에 처한 〈민족의 감시자〉를 인수하려고 마음먹고 있었다. 그러나 히틀러가 움직인 것은 신문을 인수하겠다는 경쟁자들이 나선 12월 중순부터였다. 헤르만 에서와 당 부의장 오스카르 쾨르너와 함께 히틀러는 12월 17일 새벽 2시에 드렉슬러의 집으로 쳐들어가서 〈민족의 감시자〉가 바이에른 분리주의자 진영으로 넘어갈 '위기'에 처했다고 열을 올렸다. 드렉슬러의 모친은 자다가 일어나서 커피를 타야 했다. 날이 밝는 대로 드렉슬러가 에카르트를 찾아가서 돈 많은 지인들을 통해서 신문 인수 자금을 확보하도록 설득하기로 부엌 식탁에서 결론이 났다. 히틀러는 히틀러대로 아우크스부르크의 그란델 박사에게 손을 벌리기로 했다. 여섯 시간 뒤 드렉슬러는 에카르트의 집 문을 두드렸고 에카르트는 꼭두새벽부터 찾아온 손님을 맞으러 자다가 일어났다. 두 사람은 그 길로 폰 에프 장군을 찾아갔다. 에카르트는 신문을 인수하는 것이 왜 중요한지를 역설했다. 결국 장군은 에카르트가 집과 부동산을 담보로 내놓는 조건으로 제국군 예산에서 6만 마르크를 내주기로 했다. 다른 데서도 3만 마르크가 더 들어왔지만 그래도 모자라는 돈 11만 3천 마르크는 일 주일에 35마르크를 버는 드렉슬러가 떠안기로 했다. 그날 오후 드렉슬러는 〈민족의 감시자〉의 법적 소유주가 되었다.[122] 에카르트와 제국군의 도움이 컸지만 드렉슬러도 결코 무시할 수 없는 도움을 준 덕분에 히틀러는 이제 자기 신문을 갖게 되었다. 당연히 히틀러는 에카르트에게 보기 민망할 정도로 고마움을 나타냈다.[123]

카페 정치 모임

1921년 무렵이 되면 뮌헨 시민에게 히틀러는 곧 국가사회주의독일노동자당이었다. 히틀러는 당의 목소리였고 대변자였고 상징이었다. 당 대표가 누구냐고 물으면 정치에 꽤 관심이 있다는 시민도 아마 틀린 답을 내놓았을 것이다. 그러나 히틀러는 당 대표에는 관심이 없었다. 이런 저런 이유로 드렉슬러가 대표를 맡아 달라고 제안했지만 히틀러는 거절했다.[124] 1921년 봄 드렉슬러는 페더에게 보낸 편지에서 "모름지기 혁명 운동을 제대로 하려면 우두머리가 독재를 해야 하는데, 나도 뒷전으로 밀려나고 싶지는 않지만 내 생각에는 히틀러가 그런 역할에 어울린다고 본다."고 썼다.[125] 하지만 당 대표가 되면 조직의 책임을 맡는 부담이 생긴다는 것이 히틀러의 생각이었다. 조직 관리는 체질에도 안 맞았지만 능력도 없었다. 권력을 잡는 과정에서도 그랬지만 독일이라는 나라를 통치하면서도 히틀러의 그런 모습은 달라지지 않았다. 조직은 다른 사람에게 맡기면 그만이었다. 히틀러가 잘하고 또 하고 싶었던 일은 선전, 다시 말해서 군중 동원이었다. 그것 말고는 책임을 맡고 싶지 않았다. 히틀러에게 선전은 가장 고차원의 정치 활동이었다. 히틀러는 처음에는 독일민족수호방어연합에서도 배웠지만 사회민주당에서도 배웠다. 대부분은 귀동냥으로 주워들은 정도였을 테지만 귀스타브 르 봉의 군중심리학 이론에서도 배웠던 것으로 보인다.[126] 그렇지만 히틀러는 무엇보다도 정치적 여건이 제대로 무르익고 위기의식이 제대로 퍼지고 대중이 조리 정연한 논리보다는 정치적 신념에 더 귀를 기울일 준비가 되어 있는 상황에서 입으로 하는 말이 얼마나 큰 파괴력을 갖는지를 직접 몸으로 체험한 데서 크게 배웠다. 히틀러는 '대중의 국민화'가 없으면 독일은 회생할 수가 없으며 대중의 국민화를 이루는 데는 선전이 핵심이라고 보았다. 그렇다고 해서 히틀러가 선전과 이념을 별개로 보았다는 것은 아니다. 히틀러에게 이 둘은 떼려야 뗄 수 없었고 서로를 보완했다. 사람들을 움직이지 못하는 관념은 쓸모가 없다고 히틀러는 생각했다. 자기가 하는 연설에 사람들이 열광하는 것을 보면서 자신감을 갖게 된 히틀러는 독일이 앓는 병을 자기가 정확하게 진단했다고 믿었고 오직 그것만이 독일을 되살리는 길이라고 확신했다. 그런 자기 확신은 맥주홀에서 연설을 듣는 청중은 물론이거니와 당 간부들에게도 전염되었다. 민족의 명운이 달린 문제를 널리 알리기 위해 '북 치는 사람' 노릇을 하는 것이야말로 자신의 소명이라고 히틀러는 생각했다. 바로 그런 이유 때문에 히틀러는 1921년 중반까지는 아무런 역할도 맡지 않으려 했고 당 대표가 되면 불가피하게 떠맡아야 할 조직 사업에 허덕이고 싶어하지 않았던 것이다.[127]

1921년 1월 말 파리에서 열린 회담에서 독일에 전쟁 책임을 물어 2260억 금마르크의 배상금을 물린다는 방침이 결정되자 독일 전역이 분노로 들끓었다. 이제 소요는 걷잡을 수 없었다.[128] 그런 어수선한 시국이었던 2월 3일 크로네 서커스장에서 사상 최대 규모의 당 집회가 열렸다. 평소와는 달리 미리 홍보할 시간 여유도 없이 단 하루를 앞두고 전격 결정된 집회였지만 히틀러는 그대로 밀어붙였다. 부랴부랴 커다란 공연장을 예약했고 두 대의 트럭이 시내를 돌면서 전단을 뿌려댔다.[129] 이것은 '마르크스주의자들'한테서 배운 방법인데 나치당이 이때 처음 써먹었다. 홍보 실패로 공연장이 절반도 못 차고 집회가 죽을 쑬 것이라는 불안감이 대회 직전까지도 팽배했지만 무려 6천 명이 넘는 시민이 히틀러의 연설을 들으러 몰려들었다. 히틀러는 '미래냐 파멸이냐'라는 주제로 연설을 하면서 연합국이 요구한 배상금으로 독일이 '노예 상태'

에 처한 현실을 개탄하면서 협상안을 받아들인 정부의 나약함을 규탄했다.[130] 그렇지만 사흘 뒤에 2만 명이 운집한 가운데 열린 대중 집회에서 '반유대주의의 선봉장으로 알려진 히틀러'는 세 번째 연사로 나섰지만 '당 정책 방향'에 대한 연설은 이렇다 할 반향을 불러일으키지 못했다.[131]

히틀러는 크로네 서커스장에서 성공을 거두고 나서 뮌헨에서 나치당의 선전 활동에 자기가 생기를 불어넣었다고 자평했다.[132] 실제로 나온 결과도 고무적이었다. 히틀러는 뮌헨을 비롯하여 모두 열세 곳에서(아직은 대부분 바이에른 지역을 벗어나지 못했다) 스물여덟 번의 굵직굵직한 집회에 참석해서 연설을 했다. 이것 말고도 그해 후반에는 새로 결성된 나치 돌격대 모임에서 모두 일곱 번이나 연설을 했고 토론회에도 여러 번 참석했다. 1921년 1월과 6월 사이에 〈민족의 감시자〉에 39번이나 기고를 했고 9월부터는 당 내부 소식지에도 많은 글을 썼다.[133] 물론 그것은 그만큼 히틀러가 오로지 선전 활동에만 전념할 수 있었던 덕분이었다. 당 지도부의 여타 당원들과는 달리 히틀러는 선전 말고는 다른 직책을 맡지 않았을 뿐더러 다른 일에는 관심도 없었다.

히틀러는 정치에 모든 것을 쏟아 부었다. 연설을 하든가 원고를 준비하지 않을 때는 무언가 읽었다. 히틀러는 주로 신문을 읽었다. 신문에서 히틀러는 바이마르 공화국의 정치인들에게 일격을 가할 수 있는 총알을 얻었다. 전문서와는 거리가 멀었지만 책도 있었다. 이자르 강변에 자리 잡은 히틀러의 썰렁하고 누추한 방 서가에는 역사, 지리, 게르만 신화, 클라우제비츠 같은 전쟁 관련 서적이 꽂혀 있었다.[134] 그렇지만 히틀러가 정확히 어떤 책을 읽었는지는 알 수가 없다. 히틀러는 시간을 오래 두고 체계적으로 독서를 하는 체질이 아니었다. 그렇지만 개인적으로 흠모하던 프리드리히 대제에 관한 책은 빼놓지 않고 읽었고 민족 진영에서 자신의 맞수라고 생각했던 오토 디켈이 《서구의 몰락》을 쓴 슈펭글러의 비관론을 뒤집어엎을 셈으로 1921년에 출간한 《서구의 부활》은 나오자마자 읽어서 허점을 잡아냈다고 주장했다.[135]

정치 활동을 하지 않을 때는 빈 시절부터 죽 그래온 것처럼 뮌헨의 카페를 여기저기 돌아다니면서 시간을 보냈다. 히틀러의 사진을 많이 찍은 하인리히 호프만에 따르면 히틀러는 헤크라는 카페를 특히 즐겨 찾았다고 한다. 뮌헨의 안정된 중산층 시민이 주로 오는 이 커피점은 실내가 좁고 길었는데 그 호젓한 귀퉁이에서 히틀러는 벽을 등지고 늘 앉는 자리에 앉아서 나치당으로 새로 들어온 사람들에게 알현식을 베풀었다.[136] 히틀러와 어울리면서 측근이 된 사람 중에는 젊은 학생이었던 루돌프 헤스, 발트에서 온 독일인 알프레트 로젠베르크(에카르트가 만드는 잡지에서 1919년부터 일하고 있었다), 막스 에르빈 폰 쇼이브너-리히터(부유한 러시아 망명객을 아주 많이 알았던 기술자)가 있었다.[137] 1922년 말 어머니가 미국인이어서 독일어와 영어에 모두 능통했고 하버드 대학을 나온 에른스트 한프슈탱글이 히틀러의 언론담당이 되었을 무렵 히틀러는 뮌헨에서 가장 큰 빅투알리엔 시장 부근에 있던 노이마이어라는 고풍스러운 카페에서 월요일마다 미리 자리를 예약하고 사람들과 저녁을 먹을 정도가 되었다.[138] 히틀러하고 늘 함께 다니는 사람은 출신 배경이 다양했지만 주로 중하류층이 많았고 그중에는 껄렁한 사람도 있었다. 히틀러처럼 개를 다루는 채찍을 들고 다녔고 공산주의자들과 툭하면 언쟁을 벌였던 전직 말 장수 크리스티안 베버도 그런 사람의 하나였다. 마이어 밑에서 공보관을 지냈던 헤르만 에서는 뛰어난 선동가였고 삼류 언론의 구미에 맞는 글을 써내는 소질이 탁월했는데 그 역시 껄렁했다. 히틀러와 군대에서 한솥밥을 먹었고 나중에 나치 언론 제국의 사령탑을 맡는 우악스러운 막스 아만도 늘 얼굴을 내밀었고 히틀러의 개인 경호를 맡은 울리히 그라프도 단골 참석자였다. 그런가 하면 당의 '논객'이었던 고트프리트 페더와 디트리히 에카르트도 자주 모습을 보였다. 나이 든 사람들이 군데군데 쌍쌍이 앉아 있던 의자와 식탁이 줄지어 들어찬 그 긴 실내에서 히틀러 일행은 들고 온 스낵을 먹으면서 맥주나 커피를 마시면서 정치 토론을 벌이지 않으면 예술과 건축에 관한 히틀러의 독백을 들었다.[139] 저녁 모임이 끝나면 베버, 아만, 그라프, 그리고 카프 쿠데타에 가담했으며 에르하르트 여단에서 제대한 클린츠 중위기 '영락없는 음모가의 차림새'로 검징색 긴 외투에 중절모를 쓰고 집

으로 돌아가는 히틀러를 경호대처럼 호위했다.[140]

　히틀러는 주류 정치인의 이미지와는 거리가 멀었다. 당연히 바이에른 정부도 히틀러를 우습게 보았다. 그렇지만 대놓고 무시할 수는 없었다. 당시 왕당파의 거두였던 바이에른 주의 총리 구스타프 리터 폰 카르는 카프 쿠데타가 일어난 뒤 1920년 3월 16일 총리직을 맡았는데 바이에른을 독일의 진정한 국민 정신을 대변하는 '질서 잡힌 공간'으로 만드는 데 필요한 선동가나 하면 딱 좋을 인물로 히틀러를 지목했다. 당시로서는 그런 평가가 꼭 잘못된 것만은 아니었다. 카르는 요제프 비르트 독일 총리가 추구하던 베르사유 조약 '준수 정책'에 맞서기 위해 바이에른에서 '국민군'을 규합하느라 애쓰고 있었다. 그리고 그 일에 히틀러를 이용할 수 있겠다고, '성질이 불같은 그 오스트리아인'을 휘어잡을 수 있을 것이라고 믿었다.[141] 1921년 5월 14일 카르는 나치당 대표단을 초청하여 히틀러와 시국을 논의했다. 새로 들어선 바이마르 민주주의 체제를 타도한다는 점에서 의기투합했던 두 사람의 첫 만남이었다. 지속적으로 인연을 맺은 것은 아니었지만 1923년의 실패로 끝난 봉기에서도 둘은 다시 손을 잡았다. 굴곡이 많았던 두 사람의 관계는 1934년 6월 말 카르가 히틀러가 나치당 내부의 사회주의 동조 세력을 숙청할 때 휘말려 들어 살해당한 '긴 칼의 밤' 사건으로 막을 내렸다. 아무리 속으로는 비웃었을지언정 카르가 1921년 5월 히틀러를 초대하여 회담을 했다는 것은 이제 히틀러가 바이에른 정계에서 하나의 변수로 인정받았음을 뜻했고 히틀러가 벌이던 운동이 진지하게 받아들여졌다는 증거였다.

　내성적인 이상주의자였고 뮌헨 대학교의 카를 하우스호퍼 교수 밑에서 아직 지정학을 공부하는 학생 신분이었지만 벌써 히틀러에게 푹 빠져 있던 루돌프 헤스도 대표단에 끼었다. 사흘 뒤 헤스는 히틀러가 시키지도 않았고 부추기지도 않았는데 카르에게 장문의 편지를 보내 히틀러가 지금까지 어떻게 살아왔는지를 설명하고 히틀러의 정치적 목표와 이상과 저력을 칭송했다. 히틀러는 "보기 드물게 점잖고 진지한 사람이며 마음씨도 비단결 같고 신앙심도 깊은 가톨릭 교인"이라면서 히틀러가 오직 바라는 것은 "조국의 안위"라고 썼다. 헤스는 히틀러는 당으로부

지도자 신화를 널리 퍼뜨리는 데 공헌을 한 루돌프 헤스. 뮌헨 대학에서 지정학을 공부하던 헤스는 열렬한 히틀러 사도가 되어 히틀러를 널리 알리는 역할을 했다.

터 단 한 푼도 돈을 받지 않았고 어쩌다가 다른 곳에서 하는 연설을 해 주고 받은 사례비로 생활을 해결한다면서 히틀러의 희생 정신을 찬미했다.[142]

그것은 전해 9월 히틀러가 〈민족의 감시자〉 지상에서 밝힌 공식 입장이기도 했지만 솔직함과는 거리가 멀다. 히틀러가 국가사회주의독일노동자당 말고 다른 민족주의 진영의 집회에서 연설을 한 것은 몇 번 되지 않았다.[143] 그런 데서 받은 사례비만으로 생활비를 충당하기에는 턱없이 모자랐을 것이다. 히틀러의 수입과 생활 방식은 좌파 진영에서 구설수에 올랐다. 심지어 민족 우파 진영에서도 히틀러가 운전기사가 모는 큰 차를 타고 뮌헨 시내를 돌아다녔다는 증언이 나오는가 하면 당 내의 히틀러 반대 세력은 히틀러의 씀씀이가 들쭉날쭉하고 마치 '뮌헨의 왕'이나 된 것처럼, 심지어는 담배를 꼬나문 여자들과 흥청거리면서 호사스럽게 살아간다면서 의혹을 제기했다.[144] 히틀러는 돈 문제에는 아주 예민하게 반응했다. 사회주의 계열의 〈뮌헨 포스트〉를 상대로 소송을 낸 히틀러는 1921년 9월 법정에서 자기는 뮌헨에서 모두 65번 연설을 했지만 당에서 연설비를 받지 않았다고 거듭 주장했다.[145] 그렇지만 당원들의 "후원으로 그럭저럭 살아가며" 당원들이 자주 식사를 제공한다는 것은 인정했다.[146] 히틀러의 뒤를 봐준 사람 중에는 최초의 '히틀러 여자'로 꼽히는 헤르미네 호프만 부인도 있었다. 교장의 나이 든 미망인이었던 그녀는 히틀러의 간식거리를 계속 대주었다. 뮌헨 교외에 있던 그녀의 집은 한동안 당사나 다를 바 없이 쓰였다.[147] 얼마 뒤에는 철도청 관리였으며 나치당 로젠하임 지부를 세웠다가 나중에 뮌헨으로 당적을 옮기는 테오도어 라우뵈크 부부가 히틀러를 챙겨주었고 중요한 손님이 오면 집에서 재워주었다.[148] 그렇지만 돈 많은 당원들이 너도나도 히틀러의 뒤를 봐주었다는 말은 히틀러가 형편없는 월세방에서 살았고 입고 다니는 옷도 초라했음을 볼 때 거짓말임이 분명하다. 1922년에서 1923년으로 접어들면서 당세가 확장되고 개인적 지명도가 올라가면서 비로소 히틀러는 뮌헨 상류 사회에서 부유한 새 후원자를 얻을 수 있었다.

당 독재권을 쥐다

그렇지만 당은 늘 돈에 쪼들렸다. 1921년 6월 마당발이었던 디트리히 에카르트와 함께 히틀러가 적자에 시달리던 〈민족의 감시자〉의 운영 자금을 구하러 베를린으로 갔을 때가 바로 히틀러의 당권 장악으로 인한 당 내 위기가 최고조에 달한 시점이었다.[149]

위기를 촉발한 배경에는 국가사회주의독일노동자당과 독일사회주의당을 하나로 합치려는 움직임이 있었다. 강조점은 조금 달랐지만 노선으로 보았을 때 두 당은 다른 점보다는 비슷한 점이 더 많았다. 독일사회주의당은 북부 독일이 거점이었던 반면, 아직 지역 정당에서 탈피하지 못한 나치당은 북부에 기반이 없었다. 그것 하나만으로도 당을 합칠 만한 충분한 명분이 있었다. 전해 8월 독일, 오스트리아, 체코슬로바키아, 폴란드의 국가사회주의 정당이 독일 잘츠부르크에서 회의를 열었는데 히틀러도 참석한 이 회의에서 당을 통합하는 방안이 논의되었다.[150] 그때부터 1921년 4월까지 독일사회주의당 지도부에서 잇따라 제안이 들어왔다. 히틀러는 못마땅했겠지만 당을 대표하여 나선 드렉슬러는 3월 말에 튀링겐의 차이츠에서 열린 회담에서 잠정 합당안과 당사를 베를린으로 옮긴다는 데 합의하기까지 했다.[151] 히틀러는 드렉슬러의 양보에 격분하여 탈당하겠다고 위협했고 "상상조차 하기 어려운 격앙된 분위기에서" 차이츠 합의를 뒤집는 데 성공했다.[152] 결국 4월 중순 뮌헨에서 열린 회담에서 히틀러가 분노를 폭발시키면서 분위기가 험악해졌고 합당 협상은 깨졌다. 독일사회주의당은 좀 잘 나가니까 안하무인이 된 히틀러라는 '광신적 야심가' 때문에 협상이 결렬되었다고 확신했다. 히틀러는 당의 정책을 구체화하는 작업보다는 선동과 동원에만 관심이 있었기 때문에 처음부터 합당에 단호히 반대했다. 정책의 유사성은 히틀러에게는 하나도 중요하지 않았다. 히틀러는 안정된 기반도 다져놓지 않고 덮어놓고 '여기저기에' 지구당만 만들면서 숫자에만 집착하고 의회제도의 정략을 기꺼이 받아들일 자세가 되어 있는 독일사회주의당에 반감을 품었다.[153] 하지만 진짜 이유는 다른 데 있었다. 합당이 이루어지면 작지만 탄탄한 나치당 안에서 히틀러의 입지가 흔들릴 가능성이 있었다. 자신의 입지가 흔들릴까 봐 그토록 두려워했다는 것은 그만큼 정치적 기반도 약했고 개인적 자신감도 약했다는 것을 웅변하는 것인지도 모른다.

히틀러는 합당을 저지하는 데는 성공했지만 그저 줄기차게 선동이나 일삼는 전략에만 기대서는 궁극적으로 성공을 거둘 수 없다고 생각하는 당 내 인사들의 만만치 않은 저항에 부딪친 것이 사실이었고, 실제로 석달 뒤에 이런 갈등으로 당은 위기에 봉착한다. 당 지도부의 원로들과 당권 장악을 노리는 히틀러 진영이 한판 붙은 것이라고 보는 시각이 많지만 단순히 그런 문제만은 아니었다. 정치 전략에서도 실제로 차이가 있었다. 히틀러의 방식에 의구심을 나타내면서 종래의 방식을 선호하는 당 내 인사들이 꽤 있었다. 고트프리트 페더만 하더라도 히틀러의 거친 선동 스타일을 비판하면서 드렉슬러에게 왜 히틀러를 싸고도느냐고 따졌다. 드렉슬러는 히틀러 같은 방식이 옳다면서 히틀러를 두둔했다.[154] 개인 감정도 변수로 작용했다. 히틀러는 당 내에 자기 말고는 내세울 만한 스타가 없다는 것을 알았기 때문에 거기에 따르는 특전을 드러내놓고 챙기려 했다. 그렇지만 7월 위기에서 드러났듯이 당 지도부에는 히틀러가 특별 대접을 받으면서 자기 마음에 안 든다는 이유 하나만으로 당의 진로에 관한 제안에 사사건건 제동을 거는 데 분개하는 사람들이 있었다.

누누이 말한 대로 히틀러의 그런 행동은 당권을 차지하려는 주도면밀한 계획에서 나온 것이 아니다. 벌써 몇 달 전에도 소수로 구성된 '실행위원회'에 들어오라는 제안을 거부했고 심지어 대표직도 마다했다. 1921년 봄만 하더라도 히틀러는 마음만 먹었으면 식은 죽 먹기였을 텐데도 당권을 장악하려는 시도를 전혀 하지 않았다. 히틀러의 반응은 자기 자리를 고수하려고 냉정히 따져서 나온 합리적 전략이 아니라 다분히 감정에 치우친 결정이었다. 그렇지만 그런 사나움은 그만큼 불안하고 흔들리고 어지러운 심경을 드러냈다. 남의 지적에 과민한 반응을 보이고 차분히 논쟁을 하기보다는 버럭 화부터 내기 일쑤고 무엇이든 제도화하려는 발상에는 기를 쓰고 반대하는 이런 불안한 성격은 죽는 날까지 사라지지 않았다. 당권을 쥐려는 뚜렷한 의도가 있었다면 마땅히 자신이 원하는 방향으로 일이 풀려 가도록 단호하고 확실하게 착착 단계를 밟아서 밀어붙였어야 할 텐데 그 당시 히틀러는 그런 모습을 보여주지 못했고 자기도 어쩌지 못하는 일에 대해서 즉물적으로 반응하기 일쑤였다.[155] 7월 위기의 원인도 사실은 똑같았다.

독일사회주의당과의 합당은 일단 저지했지만 히틀러가 베를린에 가 있는 동안 히틀러한테는 더 큰 위협이 닥쳤다. 1921년 3월 아우크스부르크에서 '독일노동공동체'라는 민족 단체를 결성한 오토 디켈 박사가 《서구의 부활》이라는 책을 내서 민족주의 진영에 파문을 일으켰다. 디켈의 신비주의로 기운 민족론은 히틀러의 취향이 아니었고 히틀러는 당연히 이 책을 비웃었다.[156] 그렇지만 민족을 소생시켜서 무계급 사회를 건설한다든가 '이익의 노예 상태'에서 벗어나기 위해 '유대인 지배'에 맞선다는 디켈의 생각은 나치당이나 독일사회주의당의 생각과 비슷하다는 사실을 부인하기 어려웠다. 디켈도 히틀러 못지않게 사명감에 불탔고 거기다가 대중을 휘어잡는 연설 솜씨도 일품이었다. 이 책이 나오자 〈민족의 감시자〉는 호평을 보냈고 디켈은 마침 히틀러가 베를린에 가고 없는 동안 뮌헨으로 초청을 받아서 히틀러가 자주 갔던 곳의 하나인 호프브로이하우스 연회장을 가득 메운 청중 앞에서 연설을 하여 좋은 반응을 얻었다. 다른 연설 일정도 잡혔다. 나치당 지도부는 '대중을 움직이는 탁월한 연설가'가 또 한 명 나타난 것을 반겼다.[157]

그동안 히틀러는 내내 베를린에 있었다. 7월 1일 독일사회주의당 대표 한 사람과 만나서 후속 협상을 하기로 했지만 히틀러는 나타나지 않았고 열흘이 더 지나서야 바이에른으로 돌아갔다. 히틀러는 이미 나치당 지도부 대표단과 독일노동공동체의 아우크스부르크, 뉘른베르크 지부 대표들과 디켈이 협상을 할 예정이라는 충격적 소식을 들었을 것이다. 히틀러는 나치당 대표단보다 한 발 먼저 회담장에 도착해서 분노를 터뜨리면서 합당은 있을 수 없는 일이라고 아우크스부르크와 뉘른베르크 대표단에게 으름장을 놓았다. 그러다가 막상 나치당 사람들이 나타나자 분통을 가라앉히고 뚱한 얼굴로 침묵을 지켰다. 디켈이 다양한 정파의 느슨한 연대를 주장하고 나치당의 강령을 개선했으면 좋겠다면서 세 시간 동안 이런저런 안을 내놓자 히틀러는 몹시 불쾌해하더니 도저히 참지 못하겠는지 회담장을 박차고 나갔다.[158]

자기가 화를 터뜨린다고 해서 동료들이 협상을 중단할 것이라고 생각했다면 그것은 히틀러의 착각이었다. 당원들은 히틀러의 행동에 당혹해했고 디켈의 제안에 감명을 받았다. 디트리히 에카르트도 히틀러가 잘못했다고 생각했다. 당 정책을 가다듬을 필요가 있는데 히틀러는 '단순한 사람'이라서 그 일의 적임자가 아니라는 것이 중론이었다. 대표단은 디켈의 제안을 들고 뮌헨으로 돌아가서 당 중앙위원회에 정식 안건으로 올리기로 했다.[159]

히틀러는 1921년 7월 11일 당을 박차고 나갔다. 사흘 뒤 당 중앙위원회 앞으로 보낸 편지에서 히틀러는 아우크스부르크 대표단이 당헌을 어기고 당원들의 여망을 거슬러서 나치당의 정신과 맞지 않는 생각을 지닌 사람에게 당을 넘겼다면서 자신의 행동을 정당화했다. "나는 그런 당의 당원으로 더 남고 싶지 않고 또 그럴 수도 없다."고 히틀러는 선언했다.[160] 히틀러는 1920년 12월 당 중앙위원회를 '영원히' 떠난다고 밝힌 바 있다.[161] 앞서 본 대로 1921년 3월 말에도 차이츠 합의가 나오자 그만두겠다고 위협했다. 오페라 여주인공처럼 까다롭게 구는 것이 히틀러는 몸에 배어 있었다. 그런 성격은 그 뒤로도 달라지지 않는다. 늘 그랬다. 히틀러는 전부 아니면 전무였다. 중간은 있을 수 없었고 타협점을 찾는다는 것도 상상할 수 없었다. 빠져나갈 구멍도 없이 언제나 판을 있는 대로 크게 벌여서 승부수를 던졌다. 그러다가 자기 뜻대로 일이 안 되면 화를 벌컥 내면서 그만두겠다고 윽박질렀다. 나중에 권력을 잡은 다음에도 가끔씩 일부러 화를 냈는데 그것은 일종의 협박 전술이었다. 그렇지만 답답하고 몰리는 심정이라서 화를 내는 것이었지 힘을 과시하느라고 화를 낸 것은 아니었다. 나중에도 위기 상황에서 히틀러는 번번이 그런 모습을 보여준다. 이번에도 마찬가지였다. 히틀러는 당의 주인공으로 대접받는 자기 위치를 이용하여 당 지도부를 굴복시키려는 주도면밀한 계략에 따라서 탈당을 불사한 것이 아니었다. 그냥 일이 자기 생각대로 안 되니까 분노를 표출했을 뿐이었다. 차이츠 합의 때는 나간다는 위협이 먹혀들었다. 이번에도 히틀러는 하나밖에 없는 카드를 또 내밀었다. 만약 질 경우에 당은 디켈이 구상하는 '서구동맹' 안으로 녹아들어 가고 히틀러는 아마 자기도 염두에 두고 있었겠지만 새로 당을 만들어서 처음부터 다시 출발하는 수밖에 없었다.[162] 아무리 선동가적 자질이 뛰어나도 자기밖에 모르는 말썽꾸러기가 사라지면 좋아할 사람들은 있었다. 그리고 디켈의 조직과 합치면 당세가 그만큼 확장되는 것이고 거기서 얻는 이점은 손실을 상쇄하고도 남았다.

하지만 하나밖에 없는 스타를 잃으면 나치당은 심각한, 아니 어쩌면 치명적인 타격을 입을 가능성이 있었다. 히틀러가 떠나면 당은 쪼개질지도 몰랐다. 결국 그 점을 고려하지 않을 수 없었다. 디트리히 에카르트가 나서서 중재를 했고 7월 13일 드렉슬러는 히틀러가 복당할 수 있는 조건을 모색했다. 당 지도부가 백기를 든 것이다. 모든 것은 당 내 분란이 원인이었다. 특별 당원 총회에서 추인을 받아야 했지만 히틀러는 '전권을 행사할 수 있는 당 의장직'을 줄 것, 당사는 영구불변하게 뮌헨에 둔다고 못 박을 것, 당 강령을 건드리지 말 것, 합당 논의를 일체 중지할 것을 조건으로 내걸었다.[163] 하나같이 앞으로 어느 누구도 히틀러의 당 내 입지를 흔들지 못하도록 보장하는 데 초점을 맞춘 요구 조건이었다. 하루 뒤 당 중앙위원회는 '박식하고' 당 기여도가 크고 '연설가로 출중한 기량'을 지닌 점을 감안하여 히틀러에게 '전권'을 줄 뜻이 있다고 밝혔다. 그러면서 전에는 드렉슬러의 제안을 거절했던 히틀러가 의장직을 받아들이는 것을 환영했다. 히틀러는 7월 26일 당원 번호 3680번으로 복당했다.[164]

그렇지만 갈등은 완전히 꺼지지 않았다. 7월 26일 히틀러와 드렉슬러는 당원 총회에서 화합하는 모습을 보였지만[165] 지도부 내의 히틀러 반대 세력은 히틀러의 심복이었던 헤르만 에서를 당에서 축출하고 히틀러를 규탄하는 현수막을 준비하는 한편 히틀러를 당을 파괴하려는 악랄한 세력의 앞잡이로 몰아붙이는 소책자를 3천 부 찍었다.[166] 하지만 히틀러는 타의 추종을 불허하는 탁월한 군중 동원력을 며칠 전에 이미 과시한 바 있었다. 7월 20일 크로네 서커스장을 꽉 채우는 데 성공한 히틀러는 이제 무서운 것이 없었고 거칠 것이 없었다.[167] 히틀러는 승승장구했다. 7월 29일에는 호프브로이하우스 연회장에서 열린 특별 당원 총회에서 당비를 내는 554명의 당원들로부터 우레와 같은 박수를 받으면서 자기와 에서를 변호하고 반대 세력을 비난했다. 자기는 당에 사무실 하나 내 달라고 한 적이 없다고 자랑하고 당 대표를 맡아 달라는 요청도 몇 번이나 거절했다면서 기염을 토했다. 하지만 이번에는 수락할 작정이라고 밝혔다. 히틀러가 서둘러서 만든 새로운 당헌은 당 방침과 관련하여 당 제1의장에게만 유일한 권한을 주는 세 가지 상황을 인정했다(의장보다 상위에 있는 것은 당원 총회뿐이었다). 당이 히틀러에게 독재권을 부여하는 데 반대한 당원은 딱 한 명뿐이었다. 히틀러는 딩 의장에 만장

일치로 추대되었다.[168]

　이번 당헌 개정은 다수결을 앞세워 당의 에너지를 흐트러뜨리려는 시도를 미연에 방지하기 위해 이루어졌다고 〈민족의 감시자〉는 보도했다.[169] 그것은 나치당이 새로운 스타일의 당으로, '지도자당'으로 탈바꿈하는 첫걸음이었다. 주도면밀한 계획을 세워서 그렇게 된 것이 아니라 자기 손을 벗어난 사태에 대해서 반응을 하다 보니까 얻은 결과였다. 루돌프 헤스가 〈민족의 감시자〉 지상에서 히틀러의 정적을 질타한 내용을 보면 벌써 히틀러 우상화의 조짐이 보이지만 한편으로는 히틀러가 처음에 왜 그렇게 흡인력이 있었는가를 알 수 있는 단서도 들어 있다. 헤스는 이렇게 물었다. "이 남자야말로 난국을 헤쳐 나갈 수 있는 유일한 지도자감이라는 사실을 정녕 모르겠단 말인가? 이 남자가 없어도 사람들이 공연장으로 빽빽이 몰려들 거라고 생각하는가?"[170]

···6장

북 치는 사람

"나는 북 치는 사람 아니면 불러 모으는 사람일 뿐입니다."

_히틀러가 1922년 아르투어 묄러 판 덴 브루크에게 한 말

"우리의 임무는 독재자를 주는 것입니다.
민족은 독재자를 맞이할 준비가 되어 있는 것입니다!"

_히틀러의 1923년 5월 4일 연설

"겸손은 아니고, 그 당시에 저는 북 치는 사람이 되고 싶었습니다.
그것이 핵심입니다. 나머지는 중요하지 않습니다."

_1924년 3월 27일 재판정에서 히틀러가 한 말

히틀러는 1921년 7월 당권을 차지했지만 아직은 맥주홀 선동가에 지나지 않았다. 뮌헨에서나 이름이 알려졌지 뮌헨을 벗어나면 무명이나 다를 바 없었다. 당권을 차지한 것도 민족 운동 진영 특유의 분파주의로 인한 내부 알력의 결과였다. 자연히 바깥 세계에 이름을 알릴 기회가 없었다. 나치당은 시끌벅적하게 뮌헨 정치인들에게 자신의 존재를 알렸다. 하지만 아직은 세력이 미미했다. '질서의 공간'이라는 자기 이미지에 집착하던 바이에른의 특이한 풍토가 아니었더라면, 독일 전역을 휩쓴 정치 불안과 경제 위기, 사회 양극화라는 배경이 없었더라면, 나치당은 아무리 생각해도 그냥 군소 정당으로 남았을 것이다. 아무튼 민족주의 정당들이 가장 덩치가 큰 프로이센을 포함하여 독일의 대부분 주에서 투쟁을 통해 상당한 거점을 마련하면서 나치당도 1923년 즈음이면 바이에른에서 바이마르 민주주의에 도전하는 민족주의 저항 세력의 주역으로 떠올랐다. 그리고 지역에서나 알아주던 맥주홀 선동가는 이제 어엿한 정당 지도자가 되어 1921년과 1923년 사이에 우익 민족주의 진영의 '북 치는 사람' 노릇을 했다. 무력으로 정권을 탈취하려고 그 유명한 '맥주홀 쿠데타'를 일으켰다가 쓴맛을 본 1923년 11월까지 히틀러는 그런 역할을 자기의 본분으로 알았다. 거기서 산전수전을 겪고 나서야 히틀러의 자기 인식은 결정적으로 달라진다.

히틀러는 1920년대 초반까지도 대중을 '민족 운동'으로 몰고 가는 '북 치는 사람' 노릇에 만족했다. 이때만 하더라도 히틀러는, 《나의 투쟁》에는 정반대로 썼지만, 자기를 장차 독일을 이끌어 나갈 지도사로,

국민이 그 위대함을 알아주는 날에는 큰 뜻을 펼 수 있는 메시아 정치인으로 여기지 않았다. 그보다는 먼 훗날이 될지도 모르지만 앞으로 나타날 위대한 지도자를 위해 길을 닦아놓는다고 생각했다. "나는 북 치는 사람 아니면 불러 모으는 사람일 뿐입니다."[1] 1922년 히틀러가 아르투어 묄러 판 덴 브루크에게 한 말이다. 히틀러는 1921년 5월 범게르만주의 계열의 〈도이치 차이퉁〉 주필과 대담을 한 자리에서 자기는 "혼란으로 빠져드는 조국을 구하는" 지도자나 정치인이 아니라 "대중을 모으는 요령을 아는 선동가"일 뿐이라고 말한 것으로 알려졌다. 또 이런 말도 덧붙였다고 한다. 히틀러는 "새 건물을 이렇게 설계하고 치장하겠다는 구상이 머릿속에 확실하게 있고 그 바탕에서 조용히 자신 있게 자기만의 색깔로 돌을 하나씩 쌓아 나가는 건축가가 아니다. 명령을 내려주고 뒤에서 받쳐주는 더 큰 인물이 필요하다."[2]

당시만 하더라도 히틀러는 '북 치는 사람'이 되는 것만으로도 족했다. 그것은 위대한 화가나 건축가가 되겠다는 꿈 대신에 히틀러가 새로 발견한 '천직'이었다. 주업무였고 또 유일한 관심사였다. 그것은 자기의 유일한 재능을 고스란히 드러낼 수 있는 길이자, 자기가 맡을 수 있는 가장 위대하고 중요한 역할이었다. 히틀러에게 정치는 선동이었기 때문이다. '가능성의 예술'이 아니라 대중을 맹목적인 구호로 끝없이 동원하는 것이었기 때문이다. 히틀러의 이런 정치관은 죽을 때까지 별로 달라지지 않는다.

돌격대 등장

히틀러가 적어도 바이에른 우익 민족주의 진영에서 거물급으로 떠오른 것은 대중을 사로잡는 뛰어난 연설 솜씨 때문만은 아니었다. 물론 그것은 히틀러의 중요한 자산이었다. 하지만 또 하나 중요한 사실은 초창기와는 달리 이제는 군대 뺨치게 상당한 수준의 군사조직을 거느리고 폭력이 난무하는 바이에른 정치의 격랑으로 뛰어든 당의 지도자가 되었다는 점이었다.

양차 세계대전 사이의 독일 정치 문화는 상당한 수준의 정치 폭력을 용인했다는 데 특징이 있다. 전쟁과 거의 내전에 가까운 내부 갈등으로 사회가 살벌해진 데다가 혁명이 일어나 사회가 어지럽고 뒤숭숭해지자 폭력을 용인하는 사회 분위기가 조성되었다. 폭력은, 참으로 역설이었지만, 질서와 정상을 되찾는 데 이바지하는 것으로 여겨졌다. 그런 정서는 국가사회주의를 부상시켰을 뿐 아니라 제3제국 시기에 만연한 폭력도 대수롭지 않게 여기는 풍토를 낳았다.[3] 과격한 정치 폭력은 주로 자유군단, 의용단, 시민방위군 같은 반혁명 준군사조직이 저질렀다. 1차 세계대전 이후 우후죽순처럼 세워진 이런 준군사조직은 주정부를 등에 업고 움직이는 경우가 많았다. 구스타프 노스케는 1919년 1월 스파르타쿠스 봉기를 잔인하게 진압하는 데 이런 비정규군을 동원했다. 앞에서 본 대로 민병대는 그로부터 넉 달 뒤 뮌헨의 소비에트공화국을 무너뜨리는 데 가담했다. 준군사조직은 좌우를 가리지 않고 생겨났지만 반혁명 우익 진영이 압도적으로 많았다. 이런 민간 군사조직이 바이에른 주정부의 묵인이나 때로는 적극적인 비호 아래 창궐한 데는 혁명을 경험한 바이에른의 특수한 여건도 작용했다.

시민방위군은 40만 명의 대원이 250만 정의 총으로 무장한 엄청난 병력이었는데, 소비에트공화국이 무너진 직후 바이에른에서 만들어졌다. 좌파가 부상하자 위협을 느낀 우파가 자위를 해야 한다는 강박관념에서 만든 시민방위군은 1919년 봄 반혁명 세력이 저지른 폭력에 대한 호응이 커지면서 자위를 위해서는 수단 방법을 가리지 않는다는 방침이었다.[4] 시민방위군은, 엇비슷한 시기에 만들어진 여타 조직들도 그랬지만, 바이에른 전통의 수호자를 자처하면서 이름 그대로 본질적으로 방어에 치중했다. 그렇지만 1920년 카프 쿠데타가 실패하면서 바이에른이라는 '질서의 공간'으로 몰려든 더 포악한 준군사조직은 환대를 받았다. 구스타프 리터 폰 카르가 이끌던 바이에른 주정부는 반사회주의, 반혁명 노선을 표방하면서 바이에른을 독일 전역에서 몰려든 우익 급진분자들의 낙원으로 만들었다. 그중에는 다른 주에서 검거령이 떨어진 시람도 많았다. 자유군단에 몸담은 동안 반사회주의 폭력을 사주하면서 소비에트공화국 분쇄에도 앞장섰고 카프 쿠데타도 주도했던 헤르만 에르하르트 대위 같은 사람도 뮌헨을 안전한 거점으로 삼아 '집정관 조직'이라는 자신의 테러 조직을 독일 전역으로 퍼뜨려 수많은 정치 암살을 저지르면서 새로 출범한 바이마르 정부를 피로 물들였다. 1919년부터 1922년까지 우익은 모두 354건의 암살을 저질렀다.[5] 중앙 정부에 정면으로 맞서는 카르의 노선은 전쟁 기간에 크게 느꼈던 베를린 중앙 정부에 대한 전통적 적개심에 불을 지피고 바이마르 헌법에서 바이에른의 주권이 약화된 데 대한 불만을 일깨우면서 '청백'의 바이에른 분리주의 세력과 '흑백적'의 민족주의 세력을 '적색'의 중앙 정부에 맞서 하나로 결집하는 결과를 낳았다. 신학자 에른스트 트뢸치는 1921년 9월 이런 말을 했다.

국가 정책이 사회주의의 강력한 영향 아래 놓여 있었고 또 앞으로도 그럴 것처럼 보이자 사회주의자가 틀어쥔 베를린과 유대인에 대한 적대감이 조성되었고 지역주의와 반유대주의가 반사회주의의 동력으로 작용했다. …… 거기다가 군주제를 강력히 옹호하는 세력, 불만을 품은 퇴역 군인들, 프로이센을 등진 사람들의 동조, 이상주의에 불타는 민족주의자들의 당연한 적개심도 한몫한다. 이 모든 것이 하나로 맞물리면서 바이에른은 제국을 사회주의로부터 지키는 사명을 부여받았고 바이에른은 질서의 공간으로서 회생의 출발점이 되어야 한다는 인식이 확산되었다.[6]

카르는 민병 조직의 무기를 몰수하라는 중앙 정부의 요구(연합국이 그런 압력을 넣었다)에 1년 동안 버텼지만 1921년 봄 즈음이면 더는 시민방위군의 와해를 막을 수가 없었다.[7] 그로 인해 중앙 정부에 반감을 품게 된 민병 조직은 더욱 과격해졌다. 그리고 해체된 시민방위군에서 실천성과 급진성에서 서로 경쟁을 하는 더 강력한 민족 단체들이 새롭게 출범하거나 기존의 조직 기반을 강화했다. 가장 규모도 컸고 시민방위군을 계승한다고 표방하고 나섰지만 실은 얼마 안 가서 지리멸렬 찢겨져 나갈 수많은 정파들의 결집체였던 '바이에른제국동맹'은 철저한 반마르크스주의와 반유대주의 성향을 띤 열렬한 왕당파와, 보수색을 띤 기독교도들이 "세계보다는 조국이 우선!"이라는 구호 아래 뭉쳐 바이에른을 거점으로 출범한 조직이었다.[8] 바이에른 지방에서도 오버팔츠 지역의 시민방위군 조직을 이끈 경력이 있고 레겐스부르크 시의 공중위생 감독관이었던 오토 피팅거 박사가 바이에른제국동맹을 이끌었다. 피팅거가 조직을 장악하는 데 어려움을 겪자 군소 급진 단체들이 공백을 메우면서 영향력을 확대했다. 그중 하나가 에프가 이끌었던 '오버란트자유군단'의 후신으로서 소비에트공화국을 무너뜨리는 데도 가담했고 1921년 오버슐레지엔에서 폴란드 주민과 전투를 벌일 때 두각을 나타냈던 '오버란트동맹'이었다. 또 '제국깃발'이라는 조직은 전에는 활동 기반이 주로 프랑켄에 국한되어 있었지만 에른스트 룀(뮌헨 지부 책임자)의 주도로 남부 바이에른까지 거점을 넓혔다. '뮌헨애국연합'은 바이에른 주도 뮌헨을 중심으로 과거 시민방위군 조직원들이 만든 단체였다. 그밖에도 다양한 조직과 하부 조직이 있었는데 그중에서도 가장 유명한 '비킹동맹'은 에르하르트 대위가 이끌었다.[9] 나치당의 자체 준군사조직 결성을 주도한 사람은 에른스트 룀과 에르하르트였다. 나치당의 준군사조직은 1921년부터 나치당에서 두드러진 비중을 차지하면서 바이에른의 정치 지형에서 중요한 변수로 떠올랐다.[10]

앞서 말한 대로 돌격대는 1920년 초, 그러니까 독일노동자당이 뮌헨 일원의 맥주홀에서 대규모 집회를 열기 시작하면서 결성되었다. 혹시 있을지 모르는 불상사에 대비하여 경비대(질서유지대)를 구성하여 '집회 보호' 임무를 맡기는 것이 정당들의 관행이었는데 돌격대도 이때 만들어졌다.[11] 1921년 8월 '질서유지대'는 나치당 '육체단련대'로 이름이 바뀐다. 1921년 7월 히틀러가 당권을 잡은 이후로 다시 조직 정비를 거쳐 중요한 역할을 맡게 되었는데, 새로운 당헌에 따르면 이 조직은 '청년 당원들의 육체 단련'을 맡았다.[12] 히틀러는 이 유사 군사조직이 당을 장악하는 데 요긴하다고 판단했다. 그렇지만 1921년 10월부터 돌격대로 불리게 되는[13] 이 조직은 흔히들 말하는 것처럼 히틀러가 창설한 것

에른스트 룀. 전형적인 '전방 세대'였던 룀은 사단 보급 장교로 근무하면서 조직 관리 능력을 키웠으며, 무기 조달 능력이 뛰어나 많은 준군사조직에 무기를 공급하여 '무기 왕'으로 불렸다.

도 아니었고 오직 히틀러의 의지만으로 생겨난 것도 아니었고 처음부터 히틀러 개인의 권력 수단으로 출범한 것도 아니었다.[14) 경비대 역할을 맡았던 조직을 준군사조직으로 바꾸어놓은 주역은 처음에는 에르하르트 대위였고 그 다음은 에른스트 룀이었다.

룀은 히틀러보다 더 전형적인 '전방 세대'였다. 하급 장교로서 병사들과 함께 뒹굴면서 위험하고 불안하고 궁핍한 참호 생활을 몸으로 경험했기 때문에 본부에서 펜대나 굴리는 고급 장교들, 군에 팽배한 관료주의, '무능한' 정치인들, 후방에서 무위도식하면서 게으름이나 피우고 자기 잇속이나 챙기는 사람들에게 느끼는 울분과 적개심이 병사들만큼이나 강했다. 반면에 '전방 공동체'는 참호에서 피어 나는 전우애, 지위보다는 행동으로 보여주는 지도력, 그리고 그런 상관을 무조건 따르는 부하들을 강조하면서 후방의 그런 부정적인 인간 군상과 대비했다. 룀이 갈구한 것은 그저 지시만 내리는 것이 아니라 실력이 있고 그런 실력을 행동으로 보여주는 새로운 '전사' 엘리트였다. 비록 왕당파이긴 했지만 룀은 전쟁 전의 부르주아 사회로 돌아갈 수는 없다고 보았다. 그가 이상으로 여긴 것은 투쟁 정신이 있는 사람들의 공동체였다. 자유군단이라든가 그 다음에 나타난 수많은 준군사조직이 모두 그랬지만 이런 이상은 남성 중심의 환상과 폭력 예찬과 맞물렸다.[15] 다른 군인들처럼 룀도 1914년 들뜬 마음으로 전쟁터에 나섰다가 몇 주 만에 포탄 파편에 코 일부가 날아가는 심한 부상을 당했으면서도 다시 중대를 지휘하러 전선으로 복귀했다. 하지만 베르됭에서 다시 중상을 입는 바람에 다시는 전방에서 싸울 수 없는 처지가 되었다. 룀이 그 다음에 배치된 곳은 바이에른 전쟁성이었다. 사단 보급 장교로 근무하면서 룀은 정치적 후각을 키울 수 있었고 조직을 관리하는 경험도 쌓았다. 패전과 혁명의 악몽은 그를 반혁명 활동으로 몰아넣었다. 룀은 에프가 이끄는 자유군단의 일원으로 소비에트공화국을 무너뜨리는 데도 앞장섰다. 잠시 독일국가인민당에 몸담았다가 1919년 가을 히틀러를 따라 독일노동자당에 합류했다. 본인도 그렇게 주장했지만 제국군 군인들을 당으로 끌어들인 주역은 룀이었던 것 같다.[16] 그렇지만 룀은 당이라든가 정치보다는 군사 활동 내지는 준군사 활동에 관심이 더 많았다. 나치당에만 전적으로 관심을 기울인 것은 돌격대가 무시 못할 준군사조직으로 떠오르고 나서였다.

그렇지만 다른 준군사조직들과 공조 체제를 구축하는 데 룀은 당에 꼭 필요한 사람이었다. 군사 지도자들을 많이 알았고 특히 무기 조달 능력이 뛰어났다. 에프 여단(자유군단의 후신으로 당시에는 제국군에 통합되어 있었다)에서 무기 공급을 맡았기 때문에 시민방위군도 룀을 통해서 무기를 구했다. 연합국의 감시가 있었으므로 드러내놓고 무장을 할 수는 없었지만 점령군에게 사찰을 받지는 않았으므로 연합국의 감시망을 따돌리기는 어렵지 않았다. 덕분에 룀은 1920년과 1921년 사이에 주로 총기류이긴 했지만 대량의 무기를 비축할 수 있었다. 시민방위군이 해체되고 무기를 압수한다는 공식 방침이 발표되자 룀을 통해서 무기를 조달하려는 무장조직이 더 늘어났다. '무기 왕'이라는 별명이 무색하지 않게 무기고를 배경으로 언제 누구에게 무기를 줄지 말지를 결정하는 막강한 권한을 한 손에 쥐고 있었으므로 룀은 무장조직 세계의 핵심 인물로 떠올랐다. 게다가 에프, 카르, 뮌헨 정치권까지 등에 업으니까 자신의 직위를 뛰어넘는 영향력을 우익 민족주의 정파에 두루 미칠 수 있었다.[17]

에르하르트의 해군 여단은 오버슐레지엔에서 싸우다가 고국으로 돌아온 병사들이 대부분이었는데 이들은 히틀러와 에르하르트가 1921년 8월에 맺은 합의에 따라 당 육체단련대로 들어왔다. 그런데 두 사람의 만남을 주선한 사람이 바로 룀이었을 가능성이 높다. 육체단련대를 이끌어 간 사람은 에르하르트 밑에서 일했던 클린츠 중위였다. 유대계이며 나중에 독일 외무장관을 지내는 발터 라테나우를 베르사유 조약 '준수 정책'의 장본인으로 지목하고 1922년 암살하는 데 클린츠도 가담했다는 설이 있다.[18] 클린츠는 전투요원을 양성하는 책임을 맡고 에르하르트에게 자금 지원을 받았다. 처음 몇 달 동안은 주로 권투 같은 운동, 행군, 훈련을 하는 정도였고 가끔씩 사격 연습도 했다. 1921년 11월 즈음이면 대원 수가 300명으로 늘어나는데 이들은 모두 뮌헨의 서민 출신이며 나이는 24세 미만이었다. 육체단련대는 군사 훈련과 정치 행동을 겸했다. 전선에서 싸우는 동안 '아군이 아니면 적군'이라는 대결 의식이 몸에 배어 있던 대원들은 사실상 내전과 다를 바 없는 후방의 상황을 목격하고 정치적으로 반대편에 선 세력과 한판 대결을 불사하겠다는 각오를 다졌다. 그들은 뜨거운 전우애와 지도자에 대한 무조건적 복종심으로 불탔다.[19] 육체단련대는 (당초 에르하르트 쪽 사람들을 주축으로 한) 준군사조직의 성격과 히틀러의 당 내 친위대라는 이중의 성격을 띠고 출범했으므로 처음부터 갈등의 씨앗을 품고 있었고 그 갈등은 1934년까지 이어졌다.[20] 룀과 에르하르트의 관심은 어디까지나 준군사조직에 있었다.[21] 1924년까지만 하더라도 돌격대는 조직 구성으로 보았을 때 상당한 독립성을 유지했지만 히틀러는 돌격대를 당 안으로 완전히 끌어들이려고 했다.[22] 1922년 하반기까지 돌격대는 눈에 보이지 않게 꾸준히 확장됐다. 돌격대가 급격히 커진 것은 그 즈음 바이에른과 독일의 정국이 위기 상황으로 돌변하면서 돌격대가 우익 민족주의 진영에서 무시할 수 없는 세력으로 급부상하면서부터였다.[23]

독일의 무솔리니

한편 당에서 누구도 넘볼 수 없는 권력 기반을 다진 히틀러는 예전처럼 선동을 중단 없이 계속하면서 바이에른 주와 중앙 정부의 갈등을 이용했다. 1921년 8월 26일 마티아스 에르츠베르거 재무장관이 살해당한 사건은 독일이 아직도 무정부 상태와 다를 바 없다는 것을 보여주었다. 거기다가 카르까지 프리드리히 에베르트 독일 대통령이 선포한 비상사태는 바이에른에는 적용되지 않는다면서 반발하는 바람에 사태는 더욱 꼬였다.[24] 경제적 궁핍도 불만을 가중시켰다. 돈 가치가 폭락하면서 물가는 폭등했다. 식료품 가격은 1921년에 들어와서는 종전 직후에 비해 거의 여덟 배로 뛰었다. 그리고 이듬해에는 무려 130배로 폭등했다. 1923년이 되자 살인적인 인플레로 돈은 유명무실해졌다.[25]

인기를 얻으려고 히틀러는 끊임없이 정적과 정부를 자극했다. 1921년 9월 중순에는 바이에른동맹을 이끌면서 분리주의 운동을 주도해서 히틀러가 눈엣가시로 여겼던 오토 발러슈테트가 연사로 나선다는 소식을 입수하고 집회가 열리는 뢰벤브로이켈러 맥주홀로 몰려가서 집회를 엉망으로 만들었다. 육체단련대에 소속된 험상궂은 청년들은 이른 저녁부터 단상 주변의 자리를 차지하고 있다가 히틀러가 사람들로 미어터진 집회장 안으로 들어서자 기다렸다는 듯이 "히틀러"를 연호하면서 단상으로 몰려가서 발러슈테트가 연설을 못하게 막았다. 난투극이 벌어지는 것을 막으려고 누군가가 불을 껐지만 그것은 불 난 데 기름을 부은 격이었다. 불이 다시 켜졌을 때는 발러슈테트와 당원 한 명이 물리적 공격을 받고 부상을 당한 뒤였고 그제시야 경찰이 나타났다.[26] 현상에 도착하고 나서도 경찰은 역부족을 절감하고 장내 질서를 회복하는 데 협조해 달라고 히틀러에게 부탁을 한 것으로 보인다. 히틀러는 기꺼이 경찰에 협조했다. 목적을 달성했기 때문이다. "오늘 발러슈테트의 연설은 없다."고 히틀러는 못 박았다.[27]

그렇지만 후유증은 남았다. 발러슈테트는 히틀러를 고소했고 히틀러는 1922년 1월 난동죄로 3개월 형을 선고받았다. 그중 2개월은 개전의 정을 보여야만 집행을 유예한다는 조건이었지만, 개전의 정을 보이지 않았는데도 흐지부지 2개월 감형이 이루어졌다. 그렇지만 아무리 든든한 친구들이 뒤를 봐주었어도 한 달은 감옥에서 살아야 했다. 1922년 6월 24일부터 7월 27일까지 히틀러는 뮌헨 슈타델하임 교도소에 수감되었다.[28]

이때만 잠깐 쉬었지 히틀러의 선동은 계속되었다. 경찰과는 툭하면 부딪쳤다. 1921년 한 해 동안 경찰은 나치당의 간행물, 현수막, 홍보물을 모두 30건이나 단속했다.[29] 발러슈테트 난동 사건으로 재판을 기다리는 동안에도 히틀러는 10월 16일 사회민주당 집회에서 나치당이 소란을 일으키고 집회를 엉망으로 만든 것과 관련하여 앞으로도 계속 그런 식으로 굴면 바이에른에서 추방당할 각오를 하는 것이 좋을 것이라는 경고를 경찰에게서 받았다.[30] 추방을 하겠다고 엄포만 놓는 것은 그 다음에도 여러 번 되풀이되었다. 히틀러는 소란을 일으킨 주범은 자기가 아니라면서 앞으로는 그런 불상사가 벌어지지 않도록 노력하겠다고 대꾸했다.[31] 그런데 그 말을 한 지 일 주일도 못 되어서 1921년 11월 4일 히틀러는 또 한 번 아수라장의 주인공이 되었다. 이번에는 자신이 연설을 하던 호프브로이하우스 집회에서 겪은 일이었다. 히틀러가 한창 연설을 하는데 여기저기서 맥줏잔이 날아들었다. 습관적으로 주먹다짐을 좋아하는 술꾼들과 사회주의자들이 탁자 밑에 몰래 모아놓은 맥주잔을 던져대면서 한바탕 난리가 벌어진 것이다. 나중에 히틀러는 《나의 투쟁》에서 중과부적이었음에도 꿀리지 않고 사회민주당 세력을 눌러버린 돌격대원들의 '화려한 반격'에 찬사를 보냈다.[32] 이렇게 자꾸만 적들과 물리적으로 충돌하는 것이 히틀러에게는 유리했다. 무엇보다도 홍보에 도움이 되었다.

  히틀러는 아직도 긍정적이든 부정적이든 언론의 관심이 충분치 않다
고 보았다.[33] 그렇지만 나치당과 히틀러의 그런 행위로 사람들 사이에
서는 지명도가 올라갔다. 바이에른 주의회에 나치당이 들어가는 것도
이제는 시간 문제였다. 1921년 9월 중앙 정부와 맞서서 고집을 부리다
가 카르가 주총리직에서 물러난 뒤 후임자로 나선 후고 그라프 레르헨
펠트-쾨퍼링은 가톨릭에다 귀족에다 외교관 집안 출신의 아주 보수적
인 인물로서 베를린의 중앙 정부에 유약하게 나가면서 민심을 많이 잃
었기 때문에 나치는 이 사람을 쉬운 상대로 보고 1922년 상반기 동안
내내 공격했다.[34] 생각이 제대로 박힌 독일 젊은이라면 책에 파묻혀서
철학 공부에 시간을 보낼 것이 아니라 "구국의 일념으로 돌격대에 들어
와야 한다."고 디트리히 에카르트는 선언했다. 백주 대로에서 정적을
공격하는 것이 이제는 다반사였다. 고무봉과 손에 끼고 휘두르는 주먹
쇠를 주로 무기로 썼지만 권총도 등장했고 때에 따라서는 사제 폭탄과
수류탄도 폭력 현장에서 사용되었다.[35] 히틀러는 중앙 정부와 바이에
른 주정부를 모두 거세게 몰아붙였다. 나치 시위대는 1922년 여름 뮌헨
에 온 에베르트 독일 대통령한테 휘파람을 불면서 야유하고 욕하고 그
것도 모자라 나중에는 침까지 뱉었다.[36] 히틀러는 레르헨펠트 주총리
도 능력이 있는 제대로 된 지도자를 희구하는 민중의 염원이라든가 현
실과는 담을 쌓고 살아간다는 점에서 똑같이 어리석은 족속이라고 경멸
을 퍼부었다.[37] 바이에른 정부의 눈 밖에 나서 독일 밖으로 쫓겨나면
앞날이 순탄치 않을 것이라고 열성 지지자들은 은근히 걱정했지만, 히
틀러는 남들이 후방에서 한가롭게 정국을 논하는 동안 자기는 조국을
위해서 싸운 군인이라는 사실을 강조하면서 추방 위협을 오히려 자기에
게 유리한 쪽으로 활용했다.[38]

  1922년 8월 16일 히틀러는 뮌헨 쾨니히스플라츠 광장에서 '바이에른
통일애국연합' 이름으로 열린 대규모 집회에서 민족주의 단체 지도자들
과 함께 연설을 했다. "반정부가 애국이다."라는 구호 아래 "공화국의
비호 아래 마수를 뻗어 오는 유대 볼셰비즘"[39]을 규탄하기 위해 열린 이

집회에서 나치 돌격대는 따로 깃발까지 들고서 준군사조직으로서 처음 대중 앞에 모습을 드러냈다.[40] 쿠데타로 레르헨펠트를 몰아내고 카르를 재추대해야 한다는 이야기가 솔솔 흘러나오고 있었다. 8월 25일로 잡힌 또 한 번의 레르헨펠트 규탄 집회에서 쿠데타 시도가 있을 것이라는 설도 나돌았다. 실제로 거사를 꾸미는 세력이 있었고 피팅거와 룀도 거기에 가담했지만 낌새를 알아차린 경찰은 집회 금지령을 내렸고 바이에른 전역에서 민족주의 단체의 무장 조직원들이 뮌헨으로 집결하지 못하도록 막았다. 그 바람에 집회가 열린 카롤리넨플라츠 광장에 모인 국가사회주의 지지자들의 수는 기대에 크게 못 미쳤다. 그래도 5천 명에 이르는 군중은 모임을 열기 위해 히틀러가 자주 연설을 했고 뮌헨에서 몇 손가락 안에 꼽힐 만큼 규모가 컸던 킨트켈러 맥주홀로 행진을 했다. 사람들은 들떴다. 조금 있으면 큰일이 벌어질 것이라는 기대에 부풀었다. 하지만 꿈은 이루어지지 않았다. 천 명쯤 되는 공산주의자들이 밖에 모여 있었다. 일촉즉발의 험악한 분위기였다. 경찰은 공산주의자들은 거칠게 다루었지만 나치당 지지자들에게는 히틀러더러 군중을 자제시켜 달라는 요청 말고는 이렇다 할 탄압을 가하지 않았다. 히틀러는 정부에 맞서 "각자 선동가가 되어 수많은 국민이 거리로 쏟아져 나오게 하는 것"이야말로 우리 한 사람 한 사람의 의무라고 역설했다.[41] 그렇지만 경찰의 요청을 받아들여 질서를 유지하자고 청중에게 말했고 청중은 조용히 해산했다.[42] 히틀러는 김빠진 집회가 되어버린 데 격분했다고 한다. 그리고 다음에는 혼자서라도 행동을 결행하겠다고 다짐했다.[43] 히틀러가 거사를 벌일지 모른다는 이야기는 당국의 귀에도 들어갔다. 인접한 뷔르템베르크 주에서 뮌헨으로 파견을 나온 한 관리는 8월 31일 바이에른 외무부에서 열린 토론회에 참석하고 나서 상부에 이런 보고를 올렸다. "국가사회주의자들의 지지세가 부쩍 늘어나서 뭐든지 할 수 있을 것 같은 기세입니다. ……지도자는 히틀러인데 아주 비상한 인물입니다. 물가 폭등을 구실로 내세워서 조만간 이곳에서 쿠데타를 일으키지 말란 법이 없습니다."[44]

1922년 히틀러는 10월 14일부터 15일까지 코부르크에서 열린 '독일의 날' 행사에 당을 이끌고 참석해서 엄청난 선전 효과를 거두었다. 오버프랑켄 행정구의 북쪽에 자리 잡은 도시로 튀링겐 주와 접해 있었고 바이에른 주로 편입된 지 겨우 2년밖에 안 된 코부르크는 나치당에게는 그야말로 처녀지였다. 히틀러는 독일민족수호방어연합의 조직위로부터 소규모 대표단을 이끌고 독일의 날 행사에 참석해 달라고 초대를 받았다. 히틀러는 이것을 절호의 기회로 보고 나치당의 자금을 모두 그러모아 따로 열차를 대절한다는 기발한 아이디어를 내 800명의 돌격대를 앞세우고 코부르크로 갔다. 히틀러가 탄 칸에는 아만, 에서, 에카르트, 크리스티안 베버, 그라프, 로젠베르크 같은 핵심 참모들이 같이 탔다. 토요일 오후 현지에 나치당원들이 도착하자 상당수의 민족주의자들이 벌써 기차역에서 구호를 외치면서 일행을 열렬히 환영했지만 그 옆에서는 이삼백 명의 사회주의 진영 노동자와 노조원들이 욕을 퍼부어댔다. 경찰은 깃발을 펄럭이고 악기를 연주하면서 행진하는 것을 불허한다고 통보했지만 히틀러는 그것을 무시하라고 지시했으므로 돌격대원들은 하켄크로이츠가 그려진 깃발을 흔들면서 시내로 걸어갔다. 연도에 늘어선 노동자들은 야유를 하고 침을 뱉었다. 그러자 나치당원들은 바로 대오에서 이탈해서 각목과 고무봉으로 도발자를 가격했다. 사회주의자들과 육박전이 벌어졌다. 10분 동안 난투극이 벌어졌지만 경찰의 비호를 받은 돌격대원들은 상대를 거뜬히 제압하고 코부르크 거리를 자기네 안마당처럼 활보했다. 치안 당국은 폭력을 유발한 것은 어디까지나 코부르크 노동자들이라고 못 박으면서도, 다른 민족주의 단체 같았으면 아무런 문제가 없었을 것이라고, "히틀러 일행이 코부르크에 오지 않았다면 독일의 날은 그야말로 평온하게 끝났을 것"이라고 시인하는 약간은 모순된 평가를 내렸다.[45] 히틀러에게 중요한 것은 선전에서 이기는 것이었다. 코부르크에서 열린 독일의 날 행사는 나치당의 공식 역사 기록에도 들어갔다. 나치당은 그날을 계기로 북부 바이에른에서 교두보를 확보한 것이다.

그것은 히틀러가 짧은 시간 동안에 그 지역에서 거둔 두 번째 성과였다. 10월 8일 독일노동공동체의 뉘른베르크 지부장을 맡고 있던 율리우스 슈트라이허가 자기가 만드는 신문 〈독일 인민의 의지〉와 상당수의 조직원을 이끌고 나치당으로 들어오겠다는 내용의 편지를 히틀러에게 보냈다.[46] 당적 변경은 코부르크 행진을 무사히 마치고 나서 10월 20일에 이루어졌다. 아우크스부르크에서 1885년에 태어난 슈트라이허는 아버지의 대를 이어 한때 초등학교에서 교편을 잡은 적도 있었다. 땅딸막하고 다부진 몸집에 머리는 깨끗이 밀고 다녔는데 성질이 보통이 아니었다. 히틀러처럼 군대에서 철십자 일등 무공훈장을 받았고 유대인이라면 치를 떠는 사람이었다. 나치당만큼이나 반유대주의적이었고 앞 장에서 본 대로 당 강령도 대동소이했던 독일사회주의당을 1차 세계대전 직후에 세운 창당 발기인의 한 사람이었다. 슈트라이허가 1923년에 창간한 〈돌격〉이라는 신문은 못되게 생긴 유대인이 순박한 독일 처녀를 꾀는 만화, 유대인이 종교 의식의 일환으로 사람을 죽이는 끔찍한 만화로 악명이 높았는데 히틀러가 개인적으로 이 신문을 호의적으로 평가했고 또 유대인은 이 신문에 그려진 모습보다 훨씬 악랄하다고 히틀러 스스로 말했음에도 불구하고 제3제국이 들어선 다음에 이 신문은 한동안 나오지 못했다.[47] 슈트라이허는 나중에 뉘른베르크에서 재판을 받고 교수형에 처해졌다.

다시 1922년으로 돌아가보면, 슈트라이허가 히틀러 밑으로 들어오면서 나치당은 바이에른 북부의 프랑켄 지방에서 그야말로 약진을 거듭했다.[48] 앙숙이었던 독일사회주의당은 이제 프랑켄 지방에서는 당세가 눈에 띄게 약해졌다. 나치당은 당원이 몇 배로 늘었다. 1921년 초까지만 하더라도 2천 명이었고 한 해 뒤에는 6천 명이었던 당원이 하룻밤 사이에 2만 명으로 늘었다.[49] 그뿐이 아니었다. 프랑켄에서도 시골일수록 독실한 신교도, 열렬한 민족주의자, 철저한 반유대주의자가 많았으므로 나치당은 거점 도시였던 뮌헨, 가톨릭 인구가 많은 남부 바이에른, 바이에른의 상징적 주도였으며 나중에 나치당의 항구적인 '전당대회 도시'로 지정되는 뉘른베르크에서보다 더 확고부동한 지지 기반을 그곳에서 다질 수 있었다. 히틀러가 《나의 투쟁》에서 슈트라이허에게 공개적으로 감사의 뜻을 나타낸 것도 무리는 아니었다.[50]

율리우스 슈트라이허. 초등학교 선생 출신인 그는 〈돌격〉이란 자신의 신문에서 극렬한 반유대주의를 선동하였다. 그는 상당수의 조직원을 이끌고 나치당으로 들어와 히틀러가 바이에른 북부 지방에서 약진하는 데 결정적인 도움을 주었다.

    그렇지만 자신의 안방이었던 뮌헨만 벗어나면 히틀러의 힘이 크게 줄어드는 것도 엄연한 사실이었다. 히틀러는 이듬해 나치당 뉘른베르크 지부를 집어삼킨 내부 갈등을 속수무책으로 지켜봐야만 했다. 1923년 초반 몇 달 동안 해군 장교 출신이며 슈트라이허보다 나이가 아홉 살 많고 말솜씨와 글솜씨가 모두 뛰어났고 당 기관지였던 〈독일 인민의 의지〉의 편집장으로서 뉘른베르크 지부를 장악하겠다는 야심이 있었던 발터 켈러바우어와 슈트라이허 사이에 벌어진 치열한 권력 다툼은 뮌헨 중앙당에서 임의로 판정을 내려도, 히틀러가 나서서 개입해도 해결되지 않았다. 그렇게 몇 달 동안 이전투구를 벌이더니 승부는 결국 슈트라이허 쪽으로 기울었다. 히틀러는 켈러바우어를 멀리할 이유가 없었기 때문에 한동안은 켈러바우어의 지원 요청을 허락했는데도 그런 결과가 나온 것이다.[51] 선전 하면 히틀러라는 데 당 내에서 이의를 제기할 사람은 아무도 없었다. 하지만 뮌헨을 벗어나면 히틀러의 말이 언제나 먹혀드는 것은 아니었다.

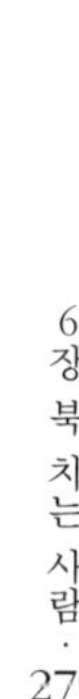

뮌헨에서 히틀러를 따르던 사람들이 지도자 숭배를 본격화하는 데 슬슬 관심을 기울이기 시작한 것도 사실은 이런 이유 때문이었다. 운명의 남자라는 비장한 분위기가 히틀러를 에워쌀 수 있었던 것은 독일 바깥에서 벌어진 사건 덕분이었다. 1922년 10월 28일 무솔리니는 검은 셔츠를 입은 파시스트 당원들을 거느리고 로마까지 행진을 벌여 권력을 손에 쥐었다. 적어도 세상에 퍼진 신화에 따르자면 그랬다. 그렇지만 실제로는 변변한 무기 하나도 없이 굶주린 채 동서남북에서 로마로 진군하던 파시스트들은 로마를 30킬로미터 정도 앞두고 미적거렸고 그중 일부는 장대비를 맞으며 집으로 돌아가기도 했다. '로마 진군'은 턱없는 과장이었다. 이탈리아 군대가 마음만 먹었다면 얼마든지 진압할 수 있는 오합지졸이었다. 10월 29일 비토리오 에마누엘레 3세는 무솔리니에게 조각권을 주었다. 이튿날 파시스트 지도자는 검은 상의에 검은 바지 차림으로 중산모를 쓰고 로마에 나타났다.[52]

'권력 쟁취'를 영웅적으로 미화하려고 꾸며낸 전설이었지만 무솔리니의 이른바 '로마 진군'은 나치당에 깊은 인상을 주었다. 수렁에 빠진 조국을 구원하러 힘차게 나아가는 민족 지도자의 영웅적 풍모는 괜찮은 모델이었다. 이탈리아의 지도자는 베껴 쓸 만한 이미지를 제공했다. 이탈리아에서 쿠데타가 벌어지고 일 주일도 안 된 1922년 11월 3일 헤르만 에서는 호프브로이하우스 연회장에서 수많은 청중을 모아놓고 "독일의 무솔리니는 바로 아돌프 히틀러"라고 선언했다.[53] 히틀러 추종자들이 지도자 숭배를 창조한 상징적 순간이었다.

개인 숭배

'영웅적' 지도자는 1차 세계대전이 일어나기 전부터 이미 우익 민족주의 진영의 정치 문화에서 자연스럽게 싹튼 관념이었다. 당리당략에 눈이 멀어 의회에서 이전투구를 벌이는 무능하고 한심한 정치인들과는 대조적으로 강한 군사력으로 제국의 위엄을 만방에 떨친 비스마르크를 열렬히 숭배하던 사람들은 기대를 저버린 황제의 모자란 지도력에 실망을 금치 못했지만 그럴수록 나라를 구할 지도자가 나타나기를 바라는 마음은 더욱 간절해졌다. 찬란한 (신화적) 과거의 가치를 일깨우는 '위대한 지도자'에게 복종하는 것이 민족을 되살리는 길이라고 사람들은 믿었다. 범게르만동맹 같은 민족주의 단체는 이런 생각을 퍼뜨리는 데 앞장섰고 교육 수준이 높은 신교도 중산층의 호응이 가장 높았다. 게르만 신화와 낭만적 이상은 부르주아 청년 운동을 중심으로 젊은 세대에도 그런 믿음을 확산시켰다. 그래도 1914년 이전까지만 하더라도 독일 정치 문화에서 그런 개인 숭배는 어디까지나 비주류에 머물러 있었다.

하지만 전쟁과 혁명은 영웅적 지도자의 이미지에 실체를 부여했다. 참호 속에서 싹튼 '운명 공동체' 의식을 이상화하고 안에서 곪아 들어가고 있는 민족의 생존을 위한 투쟁에서 발휘된 '진정한' 지도력의 '위대한 행동'과 영웅주의를 이상화하면서, 반혁명 우익 노선에 동조하는 사람들은 자꾸만 '위대한 지도자'의 출현을 고대했다. 마음에 그리는 지도자상도 저마다 달랐다. 앞에서 살아온 이력을 잠깐 알아보았지만 에른스트 룀처럼 '행동력'을 갖춘 무인을 지도자감으로 예찬하는 데 공감하는 사람이 많았다. 그런가 하면 혁명과 기분 나쁜 사회민주주의자들의 득세에 충격을 받은 신보수파 우익 진영은 정당제와 의회제를 경멸했으며 독일이 국제 사회에서 받은 수모를 되갚으려면 비스마르크 같은 위대한 '정치인'이 나와야 한다고 믿었다. 영웅적 지도자가 나타나야 한다고 가장 소리 높여 외친 사람은 작가들이었다. 작가 에른스트 윙거*는 '미래의 위대한 정치인'은 '기계화 시대'가 요구하는 '힘을 갖춘 현대인'이자 '걸출한 지성의 소유자'로서 당에 몸담고 있지만 '정파와 계파를 초월해서' 우뚝 솟아야 하며 타고난 본능과 의지로 모든 난관을 극복

윙거(Ernst Jünger, 1895~1998) 독일의 소설가. 1차 세계대전 때 독일군으로 참전했다가 서부전선에서 부상당해 귀환했다. 1920년에 발표한 〈강철 소나기〉를 비롯해 여러 작품에서 군국주의적 태도를 보이며 독일이 1차 세계대전으로 겪은 시련은 재탄생과 승리의 전주곡이라고 주장했다. 그러나 히틀러 집권 이후 나치즘에 비판적인 태도를 취했다. 윙거의 작품들은 전쟁 말기에 나치에 의해 판매 금지되었다.

하고 올바른 길을 선택해야 하는 인물이라고 주장했다.[54] 본에서 활동하던 작가 에른스트 베르트람은 1922년에 쓴 시에서 새로운 지도자는 라인 강의 '부활'을 주도하고 아시아의 위협을 막아낼 것이라고 주장했다.[55] 개신교 안에서는 영혼의 갱생과 도덕의 회복을 가져올 지도자가 나와야 한다고 믿는 사람들이 있었다. 군주제가 무너지면서 '하느님으로부터 부여받은' 권위가 하루아침에 사라지고 사회가 세속화하고 독일 개신교가 '신앙의 위기'를 맞이했다는 의식이 확산되면서 '진정한' 기독교의 가치관을 다시금 일깨울 수 있는 새로운 지도력이 나타나야 한다는 공감대가 이루어졌다. 이런 다양한 지도자상을 하나로 집약한 사람이 한때는 자유주의자였다가 민족지상주의자로 돌아선 뒤, 묄러 판 덴 브루크의 사상에 교감하던 함부르크의 신보수파 진영에 몸담고 있던 민족주의 논객 빌헬름 슈타펠이었다. 슈타펠은 "참다운 정치인"은 "통치자이자 전사이자 사제라야 한다."라고 주장했다.[56] 나라를 구원해야 한다는 세속적 믿음을 종교적 언어로 포장한 것이다.

초점은 조금씩 다를지 몰라도 보수 민족 우파는 '지도자 없는 민주주의'를 깎아내리면서 운명의 인간으로서 '진정한 지도자'를 내세운다는 점에서는 한목소리를 냈다. 그런 지도자는 선거를 통해서 집권하는 것도 아니고 기존의 법과 규율에 속박당하는 것도 아니었다. "단호하고 거칠 것이 없고 냉혹하지만" 그가 하는 행동에는 신의 의지가 구현되어 있다. "우리가 마땅히 지도자를 섬겨야 하는 까닭은 신이 우리에게 내려주신 지도자이기 때문"이라고 주장하는 사람도 있었다.[57] 헌신, 충성, 복종, 의무는 지도자를 따르는 사람들에게 당연히 요구되는 덕목이었다.

1차 세계대전 이후에 유럽에서 파시즘과 군국주의가 만연했다는 것은 '영웅적 지도자'상이 어디에나 퍼져 있었으며, 독일에만 국한된 현상이 아니었음을 뜻한다. 이탈리아에서도 지도자 숭배 열풍이 불었다는 것이 그 증거다. 그렇지만 독일의 지도자상에는 독일만의 빛깔이 배어 있었다. 같은 우익 민족주의라도 거기에는 독일 특유의 정치 문화 풍토가 반영되어 있었다. 사회에서 힘 있는 집단은 하나같이 정부를 혐오했

고, 그렇다고 대중의 폭넓은 지지를 받은 것도 아닌 바이마르 정부는 늘
위태로웠다. 그러다 보니 안정된 사회 같았으면 당연히 조롱을 받았을,
정신 나간 사람들이나 변방에서 외롭게 떠들어댔을 주장에 의외로 많은
사람들이 혹했다. 보수 진영의 평론가, 작가, 지식인이 유포한 주장은
더욱 단순화한 형태로 이런저런 준군사조직과 부르주아 청년 운동 단체
로 퍼져 나갔다. 이탈리아에서 무솔리니가 권력을 거머쥔 방식은 국가
사회주의자들이 부르짖은 민족 회생의 꿈을 실현할 수 있는 가능성을
보여주었다.

지도자 숭배는 아직은 당 이념과 조직의 중심에 오지 않은 것이 사실
이었다. 그렇지만 히틀러가 지도자로서 지닌 자질을 대중에게 심어주려
고 측근들이 노력하기 시작했다는 징후는 무솔리니가 로마에 입성한 이
후로 히틀러의 연설에서 벌써 역력히 나타난다.[58] 히틀러는 우익 민족
주의 진영의 숭배자들로부터 낯뜨거울 정도로 과도한 찬사를 받기 시작
했다. 히틀러를 엉뚱하게 나폴레옹에 비유하는 사람도 생겨났다. 지도
자 숭배 열풍이 나중에 빠르게 확산될 수 있었던 토대가 이때부터 벌써
잘 다져진 것이다.[59]

나치당 출범 초기만 하더라도 지도자를 숭배하는 분위기는 전혀 없었
다. 지도자(Führer)라는 말에도 특별한 뜻이 담기지 않았다. 정당이나
조직에는 어디나 한 명 이상의 지도자가 있다, 그뿐이었다. 히틀러만이
아니라 드렉슬러도 당에서 '지도자' 소리를 들었다. 두 사람이 같이 그
런 소리를 듣기도 했다.[60] 히틀러가 1921년 7월 당권을 잡으면서부터
는 '우리 지도자(unser Führer)'라는 표현이 애용되었지만[61] 그 뜻은
'나치당 의장'이라는 공식 직함과 다를 바 없이 쓰였다. '영웅적'이라는
뉘앙스는 조금도 없었다. 히틀러가 은근히 개인 숭배를 부추기려고 애
쓴 것도 아니었다. 하지만 무솔리니의 승리에서 히틀러는 깊은 인상을
받았다. 무솔리니는 역할 모델로 떠올랐다. 로마 진군이 있고 한 달도
안 지나서 히틀러는 무솔리니 이야기를 하면서 이렇게 주장했다고 한
다. "우리도 마찬가지일 것이다. 행동하려는 용기만 있으면 된다. 투쟁
이 없다면 승리도 없다!"[62]

히틀러가 자기를 보는 눈이 달라졌다는 것은 지지자들이 지도자를 다르게 보기 시작했다는 것을 뜻한다. 히틀러 지지자들은 히틀러 자신이 그렇게 생각하기도 전에 벌써 히틀러를 독일의 영웅으로 그렸다. 그렇다고 해서 1922년 가을부터 우상화 조짐을 보인 지지자들에게 그러지 말라고 히틀러가 막았다는 것은 아니다. 〈민족의 감시자〉가 히틀러는 특별한 지도자라고, 그야말로 독일이 꿈에도 그리던 지도자라고 처음으로 주장하고 나선 것은 1922년 12월에 들어와서였다. 뮌헨에서 시가 행진을 벌이던 히틀러 지지자들은 "수백만 명이 염원하던 그런 지도자를 찾아냈다."고 말했다.[63] 히틀러가 서른네 번째 생일을 맞이한 1923년 4월 20일 무렵이면, 태어난 곳은 바이에른이지만 베를린에서 군 생활을 할 때부터 강건한 프로이센 사람을 자처했고 (그 즈음에는) 준수했고 굉장히 자기 중심적이었으며 1차 세계대전에서 무공 훈장을 받은 전투기 조종사에서부터 나치 운동에 자금을 댄 거물 귀족까지 두루 엮을 만큼 발이 넓었고 권력욕이 강했으며 새로 돌격대의 우두머리로 올라선 서른 살의 헤르만 괴링은 히틀러를 "독일 해방 운동을 이끄는 경애하는 지도자"라고 불렀다. 누가 보아도 그것은 개인 숭배였다.[64] 정적들은 그것을 비웃었다.[65]

개인 숭배는 히틀러에게도 분명히 영향을 끼쳤다. 에카르트가 한프슈탱글에게 남긴 말로는, 1923년 5월 바이에른 지방에서도 오스트리아와 접한 알프스 고산 지대의 베르히테스가덴이라는 곳에서 휴가를 보내던 무렵 히틀러가 자신이 베를린 중앙 정부를 다루는 방식을 예수가 환전상을 사원에서 몰아낸 것에 비유하는 것을 들으면서 에카르트는 이 사람이 메시아 콤플렉스와 네로 사이를 걷는 과대망상에 빠졌구나 하는 느낌을 받았다고 한다.[66] 비슷한 정서는 다른 사람도 아니고 고트프리트 페더 같은 사람이 1923년 8월 10일 히틀러에게 보낸 편지에서도 감지된다. 이 편지에서 페더는 히틀러의 생활 방식, "시간을 아무렇게나 쓰는 버릇", 그리고 무엇보다도 당 위에 군림하는 히틀러의 태도를 강하게 비판했다. "우리는 당신에게 흔쾌히 상석을 내주었지만 독재로 흐르는 것까지 받아들이는 것은 아닙니다." 페더는 신랄하게 편지를 끝냈

나치당의 2인자 헤르만 괴링. 1차 세계대전에 공군 장교로 참전하였으며, 1922년 나치당에 입당하여 돌격대를 지휘하였다. 1923년에 벌써 그는 히틀러를 "독일 해방 운동을 이끄는 경애하는 지도자"라고 불렀다.

다.[67]

1923년에 히틀러가 한 연설은 히틀러의 자기 인식이 달라지고 있다는 점을 드러낸다. 예전과는 달리 이제 히틀러는 지도자라는 사실을 유난히 의식하면서 앞으로 독일의 지도자가 갖추어야 할 자질을 애써 강조하기 시작했다. 란츠베르크에서 수감 생활을 하기 전까지만 하더라도 히틀러는 자신이 그런 자질을 갖추었다고 드러내놓고 밝힌 적이 한 번도 없었다. 그렇지만 '북 치는 사람'과 '지도자'를 가르는 경계선이 흐릿해지는 조짐은 히틀러의 발언에서 수없이 나타났다.

1922년 11월 히틀러는 지도자에게 복종하는 것이야말로 가장 으뜸가는 책무라고 말했다. 뮌헨의 뷔르거브로이켈러 맥주홀에서 히틀러가 했다는 연설이 경찰 보고서에 나와 있는데 거기서 히틀러는 복수형을 쓰면서 선거로 뽑힌 '지도자들'은 결격 사유가 발견되면 거부당할 수도 있다고 주장했다.[68] 그리고 다시 며칠 뒤에는 지도자는 대중에게만 책임을 지면 된다면서 무슨무슨 위원회다 하는 것은 운동에 걸림돌이 될 뿐이라고 강조했다.[69] 그런 발언은 히틀러가 당권을 잡았을 때 한 말과 크게 다르지 않았다. 그렇지만 1923년 이전까지만 하더라도 히틀러는 독일은 독재가 필요하다는 말을 거의 하지 않았으며 어쩌다가 해도 두루뭉술하게 넘어갔지 한 사람이 나서서 독재를 해야 한다고 꼬집어 말하지는 않았다.[70] 하지만 1923년으로 접어들면서 무솔리니가 여봐란 듯이 성공을 하고 독일의 정세는 점점 위태로워지고 지지자들이 폭발적인 성원을 보내자 히틀러는 점차 '독일을 구할 수 있는 실력자'로 보였다.[71] 꼭 의회의 틀에 얽매이지 않고 나라의 이익을 위해서라면 때로는 다수의 뜻과 어긋나는 쪽으로 결단을 내릴 수 있는 지도자들이 나와야 한다고 히틀러는 주장했지만 이때까지도 지도자는 한 사람이 아니라 여러 사람이었다.[72] "국민이 바라는 것은 장관이 아니라 지도자"라고 히틀러는 힘주어 말했다.[73] 1923년 5월 4일 "독일이라는 나라를 무너뜨린" 장본인으로 의회제를 지목하면서[74] 히틀러는 자신의 역할을 처음으로 분명하게 내비쳤다. "독일의 무덤을 판" 제국 의회 의원들과 행태가 너무나 달랐던 '거인' 프리드리히 대제와 비스마르크를 언급하면서 히틀러는 이렇게 단언했다.

독일을 구하려면 민족의 의지와 민족의 결의를 실천에 옮기는 독재 권력이 있어야 한다. 그럼 대뜸 이렇게 물을 것이다. 지도자로 내세울 만한 인물이 있는가? 우리가 할 일은 그런 사람을 찾는 것이 아니다. 지도자는 하늘이 내리는 선물이다. 있으면 있고 없으면 없는 것이다. 우리가 할 일은 그런 인물이 나타났을 때 쓰라고 칼을 만들어 두는 것이다. 우리가 할 일은 독재자가 나타났을 때 그에게 힘이 될 민족을 바치는 것이다![75]

7월이 되면 히틀러는 다수결에 의한 의회의 결정이 아니라 오직 인물의 가치가 독일을 구한다고 말한다. 그러면서 "국가사회주의당의 지도자로서 나는 그런 책임을 받아들이는 것이 나의 사명이라고 생각한다."고 덧붙였다.[76] 히틀러가 독재 권력을 요구하자 청중은 박수갈채로 화답했다.[77] 히틀러는 아직은 스스로를 '북 치는 사람'으로 여겼지만[78]

모호한 구석도 있었다. 1923년 10월 2일 영국의 〈데일리 메일〉과 한 인터뷰에서 히틀러는 이렇게 말한 것으로 보도되었다. "만일 독일의 무솔리니가 독일에 주어진다면 …… 사람들은 무릎을 꿇고 무솔리니보다 더 그를 우러러 받들 것이다."[79] 추종자들은 이미 그렇게 여기고 있었지만 만일 히틀러가 '독일의 무솔리니'라는 자의식을 갖고 있었다면 그것은 곧 자기가 위대한 민족 지도자라는 생각을 하기 시작했다는 뜻이다.[80] 뉘른베르크에서 히틀러는 카르가 과연 따를 만한 가치가 있는 사람인지 반문하면서 이 바이에른 정치 지도자는 지도자감이 아니라고 못 박았다. 히틀러는 '위대함'을 오로지 개인의 영웅적 자질에서만 찾았다. 그런 자질을 갖추었다고 히틀러가 생각한 '세 사람의 위대한 독일인'은 마르틴 루터, 프리드리히 대제, 리하르트 바그너였다. 그들은 민족의 대의를 내세운 '개척자'였기에 모두 '민족의 영웅'이었다. 카르는 점잖고 유능한 행정가였다. 하지만 그것은 누구나 기본으로 갖추어야 할 덕목이었다.[81] 카르는 바이에른을 지키는 데만 연연했지 뮌헨을 발판으로 삼아 민족 해방 투쟁으로 판을 크게 벌일 역량이 없었다.[82] "자유의 투사는 모름지기 타고난 본능이 있어야 한다. 그에게는 오직 하나, 의지만 필요하다."[83] 영웅에게는 지도력이 있어야 하는데 카르에게는 그것이 없고 투사에게는 의지가 필요하다는 사실을 새삼 강조하는 데서 히틀러가 자신을 (영웅적인) 민족 지도자의 반열에 올려놓고 있음을 알아차릴 수 있다. 그래도 모호한 점은 아직 있었다. 히틀러는 자신은 "독일의 자유를 쟁취하는 위대한 운동의 길을 닦는" 사람, 곧 '개척자'라고 보았다.[84] 이것은 '북 치는 사람' 역할에 다름 아니다.[85] 하지만 다른 각도에서 보면 히틀러는 나라를 살린 과거의 위대한 영웅은 새로운 길을 뚫은 개척자라고 벌써 강조한 바 있다. 아무튼 이 무렵 히틀러는 "구국의 사명감이 내면에서 꿈틀거리는 것"을 느꼈고 다른 사람들도 히틀러가 하는 말에서 "나폴레옹이나 메시아 같은 파괴력"을 읽었다.[86]

지도자에 대해서 히틀러가 딱 부러지게 말하지 않은 것은 어쩌면 전략과도 무관하지 않을 것이다. 누가 최고지도자라야 하는가를 섣불리 드러냈다가 괜히 갈등만 키워서 우군을 잃어버리면 좋을 일이 없었다.

히틀러가 10월에 이미 밝힌 대로 지도자 문제는 "지도자가 쓸 수 있는 무기를 만들어놓은 다음"에 논의해도 늦지 않았다. 그때야말로 "올바른 지도자를 내려주십사고 하느님께 기도를 올리기" 알맞은 때라는 것이었다.[87] 이것은 히틀러가 정치를 순전히 선동, 선전, '투쟁'으로만 파악했기 때문에 나올 수 있는 이야기였다.[88] 히틀러는 그런 조직이 자신의 행동을 옭아매지 않는 한 조직을 어떻게 짜느냐 하는 문제 따위에는 별로 관심이 없었다. 히틀러의 중대 문제는 '정치 투쟁'을 누가 이끌어 가느냐였다. 그렇지만 그렇게 그 방면으로는 자기 확신에 차 있어서 죽어도 타협을 하지 않는 히틀러가 나중에 가서 누구의 견제도 받지 않는 '구국 운동'의 최고지도자 자리를 요구하지 않으리라고 상상하기는 어려웠다. 아무튼 위기로 얼룩진 1923년에 히틀러의 입에서 나온 지도자와 관련된 발언을 보면 그가 자기를 보는 눈이 달라지고 있었음을 알 수 있다. 히틀러는 아직도 자기는 '북 치는 사람'이라고 믿었고 그것이 가장 숭고한 사명이라고 보았다. 그렇지만 실패로 돌아간 쿠데타 이후에 열린 재판에서 분위기를 반전시키면서 자신이야말로 '영웅적 지도자'라고 확신하게 되기까지는 그리 오랜 시간이 걸리지 않았다.

대중 심리를 읽는 자

하지만 그것은 모두 나중 이야기다. 1923년 초만 하더라도 히틀러가 앞으로 독일의 '위대한 지도자'가 될 것이라고 진지하게 생각한 사람은 히틀러를 열렬히 추종하는 주변 사람들 말고는 없었다. 그렇지만 뮌헨 정치 무대에서 히틀러가 일약 명사로 떠오르고 한 신문의 보도에 따르자면[89] 히틀러가 자주 연설을 한 호프브로이하우스까지 뮌헨의 명소로 떠오르면서 보통은 히틀러와 전혀 세계가 달랐던 상류층 사람들까지도 히틀러를 유심히 지켜보기 시작했다.

새로 들어온 당원 중에 히틀러를 유력 인사들에게 소개하는 데 발벗고 나선 사람이 둘 있었다. 인맥이 두터운 사람이었던 쿠르트 뤼데케는 한때는 도박에 빠져 있었고 바람둥이였지만 다녀본 데가 많아서 '세상 물정에 훤했고' 승부사 기질이 있는 사업가였는데 "뜻이 맞는 지도자가 어디 없나 하고 찾던" 차에 1922년 8월 뮌헨에서 통일애국연합이 주최한 집회에서 히틀러가 연설을 하는 것을 처음으로 들었다.[90] 뤼데케는 넋을 잃고 들었다. 훗날 뤼데케는 이렇게 썼다.

나는 비판 감각이 마비되었다. 그 사람은 확신에서 우러나오는 강력한 힘으로 군중을 완전히 사로잡았다. 나도 예외는 아니었다. …… 독일인의 남성다움에 대한 호소는 곧 무기를 들라는 요구처럼 들렸다. 무기야말로 거룩한 진리가 담긴 복음서라고 그는 역설했다. 루터가 되살아난 것만 같았다. …… 종교에서 말하는 회심이라고밖에는 달리 표현할 수 없는 희열을 나는 그 순간에 맛보았다. …… 내가 누구인지, 누가 지도자인지, 무엇이 대의명분인지를 깨달았다.[91]

히틀러를 위해서 뤼데케는 인맥을 동원하여, 1914년 동부 프로이센으로 밀고 들어온 러시아 군대를 격파한 이후 전쟁 영웅으로 추앙받았으며 1차 세계대전의 마지막 2년 동안은 독일에서 독재자에 못지않은 권력을 행사했고 이제는 우익 급진 세력의 정신적 지주로 군림하던 루덴도르프 장군에게 다리를 놓아주었다. 루덴도르프 장군의 이름만 들이대면 거칠 것이 없었다. 뤼데케는 또 뮌헨 경찰청장을 역임했으며 이미 나치의 중요한 동조자이자 후원자였던 에른스트 푀너에게도 히틀러를 칭찬했다.[92] 뤼데케는 외국으로도 발을 뻗어 '로마 진군'에 나서기 직전에 무솔리니한테도 선을 댔고 (그때까지 무솔리니는 히틀러를 몰랐다) 1923년에는 굄뵈슈* 같은 헝가리의 우익 정치인들에게도 다리를 놓아

....

굄뵈슈(Gyula Gömbös, 1886~1936) 1932~1936년까지 헝가리 총리를 지낸 반유대주의자. 직업 장교 출신으로서 공산 정권이 헝가리를 지배하던 1919년 민족주의 반혁명 조직을 만들어 이끌었다. 1932년 10월 헝가리를 휩쓴 극우파 소요에 힘입어 총리가 되었으나, 헝가리를 독재 국가로 재편하려던 계획을 달성하지 못하고 임기 중 사망했다.

주었다.[93] 뤼데케의 외환 계좌와 그가 외국에서 조달한 막대한 기부금은 살인적 인플레가 기승을 부리던 1923년에 나치당에 큰 도움이 되었다.[94] 뤼데케는 또 중대 규모의 돌격대를 자기 돈으로 무장시키고 또 숙식까지 제공했다. 그렇지만 뤼데케가 지나치게 나치당을 미화하자 상류층 사람들은 염증을 느끼고 그를 따돌리기 시작했다. 당 내에서도 뤼데케에 대한 거부감과 불신이 만만치 않았고 그는 그것을 끝내 극복하지 못했다. 심지어 막스 아만한테 프랑스 간첩으로 몰리는 바람에 사기죄로 두 달 동안 감옥에서 살다 나오기도 했다.[95] 1923년 말 즈음이면 뤼데케는 당을 위해 일하다가 재산을 탕진하고 빈털터리가 되어 있었다.[96]

히틀러에게 더 큰 도움이 되었던 사람은 키가 190센티미터도 넘는 장신의 에른스트 한프슈탱글이었다. ‘푸치’라는 애칭으로 불렸던 한프슈탱글은, 어머니는 미국 남북전쟁에서 무공을 세운 뼈대 있는 집안의 후손이었고 아버지는 대대로 미술상을 한 중상류층 집안의 후손이었는데, 하버드 대학을 나와서 미술 전문 출판사를 하면서 뮌헨 상류층 사회에서 아주 두터운 인맥을 유지하던 젊은이였다. 뤼데케처럼 한프슈탱글도 연설을 통해서 처음 히틀러를 알게 되었다.[97] 한프슈탱글은 대중을 압도하는 히틀러의 파괴력에서 깊은 인상을 받았다. "말솜씨도 소름이 끼쳤지만 강한 지도자를 원하는 무언의 시대적 열망과 자신이 느끼는 사명을 하나로 묶으면서 모든 희망과 기대가 실현 가능한 것이라는 강한 암시를 대중의 의식에 심어주는 비범한 재능이 특별히 인상적이었다."[98] 나중에 한프슈탱글은 그렇게 썼다. 연설을 할 때는 청중을 휘어잡으면서도 사석에서는 어색할 정도로 예의를 차렸고 하사관 복장과 사무원 복장을 절반씩 섞어놓은 듯한 초라한 파란 양복 차림으로 다니는 히틀러의 소시민적, 하농민적 풍모에 한프슈탱글은 빠져들었다.[99] 그렇지만 히틀러를 얕잡아보는 면도 조금은 있었다. 특히 예술과 문화에 대한 히틀러의 설익은 상투적 판단은 마음에 들지 않았다. 그 방면의 전문가가 보기에 히틀러의 잡다한 지식은 한쪽으로 치우쳐 있었다.[100] 히틀러를 집으로 초대했을 때 한프슈탱글은 "나이프와 포크 사용이 투박한 것을 보고 태생을 짐작할 수 있었다.”고 (약간은 거들먹거리면서) 썼다.[101] 그렇지만 “대중 심리를 귀신처럼 짚어내는 이 거장”의 솜씨에는 반하지 않을 수가 없었다.[102] 고급 와인을 따라주었을 때 히틀러가 거기에 설탕을 뿌리는 것을 보고 한프슈탱글은 경악을 금치 못했다. 그렇지만 “그래도 후추를 뿌리는 것보다는 나았고 그렇게 어리숙한 행동이 튀어 나오는 것을 볼 때마다 꾸밈 없는 진정성에 대한 믿음은 더욱 깊어졌다.”고 덧붙였다.[103]

얼마 안 가서 히틀러는 한프슈탱글의 집을 단골로 드나들었다. 그리고 매력적인 안주인이 내오는 크림케이크를 열심히 먹고 예스런 빈 스타일로 예의를 차렸다.[104] 한프슈탱글 부인 헬레네는 히틀러가 보인 관심을 불쾌하게 받아들이지 않았다. “알잖아요, 그 사람은 남자가 아니라 중성이라는 거.” 아내는 남편에게 그렇게 말했다.[105] 한프슈탱글도 모르긴 몰라도 히틀러가 성불구자라서 대중 앞에서 하는 연설을 통해서 여자한테서 못 얻는 만족을 대리로 느끼는 것이라고 믿었다.[106] 히틀러는 한프슈탱글의 피아노 연주 실력에 놀랐다. 특히 바그너 연주는 일품이었다. 주인이 연주를 하면 히틀러는 양팔을 교향악단의 지휘자처럼 흔들며 휘파람을 따라서 불었다.[107] 히틀러는 한프슈탱글을 좋아했다. 부인은 더 좋아했다. 그렇지만 호불호의 기준은 얼마나 그 사람이 쓸모 있느냐에 달려 있었다. 한프슈탱글은 확실히 쓸모가 있는 사람이었다. 말하자면 ‘사교 비서’인 셈이었다.[108] 이 상류층 젊은이를 통해서 히틀러는 노이마이어 카페에서 월요일마다 모이던 서민 친구들과는 차원이 다른 유력 인사들과 만날 수 있었다.[109]

한프슈탱글은 범게르만 운동에 공감했고 반유대주의자로서 휴스턴 스튜어트 체임벌린의 책을 펴낸 출판인 후고 브루크만의 부인 엘자 브루크만에게도 히틀러를 소개해주었다. 호감을 주면서도 순진하고 고지식한 히틀러의 모습은 부인의 모성 본능을 일깨웠다.[110] 히틀러가 늘 갖고 다니던 개 채찍을 부인이 선물한 것이 적들로부터 히틀러를 지켜 주고 싶은 마음에서 우러나온 것인지는 알 길이 없다. (그런데 히틀러가 이미 갖고 있던 첫 번째 채찍도 헬레네 베히슈타인이라는 또 다른 여자가 선물

카페에서 히틀러 옆자리에 앉아 있는 에른스트 한프슈탱글. 명문가 출신인 한프슈탱글은 연설을 듣고 히틀러에 빠져들어 히틀러의 측근이 되었으며, 독일 상류층에 히틀러를 소개하는 데 큰 역할을 하였다.

로 준 것이었고, 하마 가죽으로 만든 묵직한 세 번째 채찍은 히틀러가 오버잘츠베르크에 갈 때마다 머물렀던 플라터호프 호텔의 여주인 뷔히너 여사가 선물로 준 것이었다.)[111] 뮌헨에서 이름 있는 사람들은 누구나 한 번쯤은 루마니아에서 공주로 태어난 이 브루크만 부인의 야회(夜會) 파티에 초대를 받았고, 히틀러도 덕분에 기업가, 장성, 귀족, 학자를 두루 알게 되었다.[112] 우비처럼 긴 트렌치코트 차림에 암흑가의 보스가 쓸 법한 중절모를 쓰고 한 손은 권총에 가 있고 또 한 손은 어김없이 채찍을 쥔 히틀러의 모습은 뮌헨에서도 최상류층만 모인 파티에서는 그야말로 엽기적이었다. 그렇지만 옷차림이 워낙 색다른 데다가 낮은 신분을 의식한 나머지 오히려 과도하리만큼 예의범절을 지키려는 모습에 사람들은 히틀러를 아주 좋아했다. 히틀러는 대인 관계가 부자연스러웠다. 그런 불안감을 감추느라고 입을 다물든가 아니면 혼잣말을 하는 경우가 종종 있었다. 그러면서도 군중을 휘어잡는 능력에 대한 자부심이 표정에서 묻어났다. 그렇게 상반된 모습을 드러내니까 문화계와 재계의 주류에 속

한 사람들 속에서 히틀러는 더욱 튀어 보였고 그 희소성 때문에 주가가 더 올라갔다.[113]

심약했지만 강인해지고 싶었던 사람, 공부는 하는 둥 마는 둥 했지만 만물박사이고 싶었던 사람, 보헤미안 기질이 있었지만 진짜 군인들을 감동시키기 위해 군인과 같이 되어야 했던 사람. 스스로를 믿지 못했고 자신의 가능성에 대해서도 자신을 하지 못했던 사람, 그래서 어딘가 잘나 보이는 사람이나 자기를 앞지를 것만 같은 사람에게는 한없이 열등감을 느꼈던 사람 …… 나중에 신사복을 입었을 때도 그는 결코 신사가 아니었다.

자유군단 지도자였으며 그 무렵 히틀러를 접할 기회가 많았던 게르하르트 로스바흐가 히틀러에 대해서 쓴 글이다.[114]

히틀러는 또 나치당에 오래 전부터 동조했던 출판인 레만의 집에도 가끔 초대를 받아서 갔다. 그런가 하면 피아노 제조업자 베히슈타인의 아내는 에카르트의 소개로 히틀러를 알게 된 뒤로 히틀러의 '어머니' 노릇을 한 또 한 명의 여자였다. 베히슈타인 부인이 빌려준 보석을 담보로 하여 히틀러는 1923년 9월 베를린의 한 커피 거래상한테서 6만 스위스 프랑을 빌릴 수 있었다. 베히슈타인 부부는 겨울은 보통 바이에른에서 보냈는데 자기들이 묵는 호텔의 특실 아니면 시골 별장으로 히틀러를 초대하곤 했다. 두 사람을 통해서 히틀러는 바이로이트에서 바그너 모임도 알게 되었다.[115] 1923년 10월 처음 바이로이트에 가서 자신이 흠모하던 영웅이 살던 집을 찾았을 때 히틀러는 감격에 겨워 어쩔 줄 몰랐다. 연주실과 서재에서 리하르트 바그너가 쓰던 물건을 "마치 대성당 안에서 성자가 남긴 성물을 관람하는 것처럼" 발뒤꿈치를 들고 조심스럽게 구경했다. 바그너의 아들 부부는 바이에른 지방의 전통 의상인 멜빵이 달린 반바지에 두꺼운 면양말, 빨간색과 파란색이 알록달록한 셔츠에 잘 어울리지 않는 짧은 파란색 상의를 걸치고 '평범한 차림새'로 나타난 이 낯선 손님에게 엇갈린 느낌을 받았다. 바그너의 아들 지크프리트의 영국인 아내 위니프리드는 '독일을 구원할 운명을 지닌 사람' 같

은 느낌을 받은 반면, 지크프리트는 히틀러를 '벼락출세한 사기꾼'으로 보았다.[116]

1922년 하반기부터 특히 1923년으로 넘어오면서 나치당은 급성장하면서 뮌헨에서 무시 못할 정치 세력으로 떠올랐다. 민족 단체와 교분도 두터워지고 인맥도 탄탄해지면서 자금 조달도 예전보다는 수월해졌다. 당의 돈줄은, 나중에 가서도 크게 달라지지 않지만, 당원들이 내는 입당비와 집회에서 거두는 기부금, 그리고 신문 구독료였다.[117] 집회에 참석하는 사람이 늘어날수록 새로운 입당자도 늘어났고 그만큼 당의 수입도 늘어나서 더 많은 집회를 열 수가 있었다. 선동은 더 많은 선동의 자금원이 되었다.[118]

그렇지만 나가는 돈이 워낙 많아서 여전히 적자를 메우기에 급급한 형편이었다. 물가가 하루가 다르게 폭등하던 상황에서 돈을 끌어모으기는 쉽지 않았다. 1922년 4월 히틀러는 자금 확보 차원에서 베를린으로 갔지만 들어온 돈은 기대에 못 미쳤다.[119] 당 살림은 그저 하루하루 연명하는 정도였다.[120] 히틀러는 헌금을 걷으러 당원과 지지자를 계속 찾아다녔다. 그렇지만 독일 돈 마르크로 들어오는 돈은 아무리 액수가 커도 화폐 가치가 하루가 다르게 뚝뚝 떨어지니 큰 도움이 못 되었다.[121] 같은 값이면 외국 돈이 더 나았다. 뢰데케와 한프슈탱글은 여기서도 지대한 공헌을 했다. 한프슈탱글은 무이자로 1천 달러를 끌어왔다. 1천 달러면 인플레로 몸살을 앓던 독일에서는 거금이었다. 이 돈으로 윤전기 두 대를 들여와서 〈민족의 감시자〉를 미국 신문처럼 판형을 크게 키워서 발행했다.[122] 나치당의 재정이 이렇다는 둥 저렇다는 둥 정적들은 언론을 통해서 입방아를 찧어댔지만 그중에는 턱없는 낭설도 있었다. 아무튼 1923년의 공식 집계 결과 기부금이 크게 늘어난 것으로 밝혀졌다.

자금 조달에 중요한 다리 역할을 한 사람은 막스 에르빈 폰 쇼이브너-리히터였다. 라트비아 수도 리가에서 태어나 외국어에 능통했던 리히터는 1차 세계대전 때 터키에서 외교관으로 근무했는데 나중에 라트비아로 돌아오다가 공산주의자들에게 붙들려 투옥되었다. 전쟁이 끝난 뒤에는 카프 쿠데타에 가담했다가 상당수의 반혁명 세력과 함께 뮌헨까지 와서 1920년 가을 나치당에 합류했다.[123] 리히터는 겉으로 드러나지는 않았지만 나치당 초창기에 중요한 역할을 맡았다. 러시아 황제의 후계자였던 키릴 대공의 아내 알렉산드라 공주 같은 러시아 망명 귀족들과 친분이 깊었던 그는 루덴도르프 장군에게 몰린 자금의 일부를 받아서 나치당으로 돌렸다. 그런가 하면 귀족 중에서도 게르트루트 폰 자이들리츠 부인의 경우 외국 주식과 외국 증권을 통해서 번 돈을 나치당에 희사했다.[124] 히틀러는 대대로 루르에서 철강업을 크게 한 프리츠 티센이 루덴도르프에게 기부한 10만 마르크라는 거금도 (액수는 그리 많지 않았을 테지만) 십중팔구 같이 받았을 것이다. 하지만 베를린에서 기관차와 기계를 만드는 공장을 운영하던 에른스트 폰 보르지크를 제외하고는 독일의 유력 기업인은 당시만 하더라도 나치당에 거의 관심이 없었다.[125] 경찰 보고서는 보르지크와 다임러 자동차가 나치당에 헌금을 하는 것으로 막연히 추정했다.[126] 히틀러의 간청으로 기부금을 낸 바이에른의 기업가와 사업가는 이밖에도 몇 명 더 있었다.[127]

　외국에서도 적잖은 기부금이 들어왔다. 공산주의에 대한 반감과 독일을 볼셰비즘에 맞서는 강력한 보루로 만들어야 한다는 기대감에서 외국에서도 나치당을 도왔다. 〈민족의 감시자〉는 체코 독지가의 도움으로 새 사무실을 얻었다.[128] 스위스에서 자금을 끌어오는 데는 베를린에서 화학자로 활동하면서 오래 전부터 나치를 후원해 온 에밀 간서 박사가 발벗고 나섰다. 그는 스위스의 우익 독지가들로부터 3만 3천 스위스프랑의 기부금을 받아냈다.[129] 1923년 여름 히틀러도 직접 취리히를 찾아가서 별도로 자금을 모았다.[130] 독일과는 앙숙이었던 프랑스에서도 우익 진영은 히틀러를 처음 후원했던 카를 마이어 대위를 통해서 9만 금마르크를 민족 단체에 지원했다. 아마 나치당도 그 돈의 일부를 받아서 썼을 것이다. 꼭 돈으로만 기부금을 낸 것은 아니었다. 룀 같은 사람은 자신의 비밀 무기고를 통해서 돌격대를 비롯하여 여러 무장조직에 장비와 무기가 원활하게 공급되도록 힘썼다.[131] 아무리 돈이 많았어도 룀이 무기를 대주지 않았더라면 무장 봉기는 감히 꿈도 못 꾸었을 것이다.

　1922년 11월이 되자, 히틀러가 거사를 꾸미고 있다는 소문이 벌써 나돌았다.[132] 1923년 1월에는 프랑스 군대가 루르 지방으로 밀고 들어온 일촉즉발의 위기를 맞아 뮌헨에서는 히틀러가 봉기할 것이라는 소문이 더욱 널리 퍼졌다.[133] 히틀러를 일약 유명인으로 만들게 될 위기 상황은 날이 갈수록 악화되었다. 덕분에 나치당은 급성장했다. 1923년 2월부터 11월까지 3만 5천 명이 새로 당에 가입해서 봉기 직전에는 5만 5천 명을 헤아리게 되었다. 당원의 출신 성분은 다양했다. 3분의 1은 노동자였고 10분의 1가량은 중상류층과 전문직 종사자였다. 그리고 절반 이상이 자영업자, 사무직 종사자, 중하류 농민층이었다.[134] 대부분은 정치와 경제가 위기로 치닫는 상황에 대한 저항과 분노와 안타까움의 표시로 당원이 된 사람들이었다. 돌격대로 지원한 수천 명의 심정도 비슷했다. 히틀러는 행동에 나서겠다는 약속으로 그들의 지지를 얻어냈다. 전쟁으로 희생이 컸지만 언젠가는 앙갚음을 할 것이다. 혁명을 뒤집어엎고야 말 것이다. 히틀러는 그렇게 약속했다.[135] 고조될 대로 고조된 사람들의 기대를 나 몰라라 하고 언제까지나 결행을 미룰 수는 없었다. '위험을 감수하는' 성향은 히틀러 특유의 한낱 개성이 아니었다. 그것은 히틀러의 통치 방식, 히틀러의 정치적 목표, 히틀러가 당을 이끌어가던 방식의 핵심이라고 해도 과언이 아니었다. 그러나 히틀러는 1923년에 터진 일련의 사건을 수습할 만한 역량이 없었다. 그가 드라마의 주인공이 된 것은 11월 8일 이후였다. 유력한 개인들과 조직들이 베를린 중앙 정부에 맞서서 봉기를 일으키려는 공동의 준비가 없었다면 히틀러는 재앙과도 같은 연기를 하러 무대에 올라설 기회조차 잡지 못했을 것이다. 히틀러가 맡은 역할과 히틀러가 한 행동, 그리고 그것이 불러일으킨 반응은 이런 각도에서 보아야 한다.

쿠데타 압박

히틀러의 줄기찬 반정부 선동 공세는 1923년 1월 독일의 국론을 통일시킨 한 사건으로 하마터면 끝장이 날 뻔했다. 프랑스 군대가 루르 지방을 점령한 것이다. 적어도 이번만큼은 독일 정부가 여론의 지지를 등에 업고 단호히 대처할 것처럼 보였다.

이에 앞서 독일 정부는 현금으로 지급하는 전쟁 배상금을 2년 동안 유예해 달라고 요청했지만 12월에 파리에서 열린 연합국 정상 회담에서 거절당했다. 독일은 목재 배상도 제대로 못하고 있었다. 전봇대로 쓸 20만 미터 분량의 나무를 공급해야 했지만 6만 5천 미터밖에 주지 못했다. 2400만 금마르크*에 해당하는 석탄도 미처 변상하지 못했다. 독일이 물어낸 14억 8천만 금마르크에 비하면 새 발의 피였다. 그러나 13만 5천 미터의 전봇대를 못 받았다는 이유로 프랑스와 벨기에 군대는 1월 11일 석탄 수급을 위해 루르 지방으로 쳐들어갔다. 독일은 계급과 정파를 넘어 온 국민이 분노에 휩싸였다. 사회민주주의자부터 독일민족주의자까지 망라하는 '거국통일전선'이 만들어졌다.[136] 1차 세계대전이 터지자 계급 갈등과 내부 분열을 잠시 접고 국론을 결집하기 위해 1914년에 맺어진 '시민 휴전'을 연상시키는 이 단결은 오래 지속될 가능성이 희박했다. 그렇지만 그만큼 독일 국민은 상황을 심각하게 받아들였다. 1월 13일 독일 정부는 루르 점령군을 상대로 '소극적 저항' 운동에 나서겠다고 선언했다. 다음날인 1월 14일은 거국적으로 애도의 날로 잡았다. 독일 민족주의자들이 먼저 자극을 했을 가능성이 높지만 3월 31일 에센의 크루프 공장에서 프랑스 군인들이 발포하여 노동자 13명이 죽고 41명이 부상당한 사건이 일어나자 그렇지 않아도 쌓였던 악감정이 벌집을 쑤셔놓은 것처럼 걷잡을 수 없이 달아올랐다.[137] '소극적 저항' 정책은 독일 국민의 폭넓은 지지를 받을 수밖에 없었다. 하지만 급진 민족주의자들은 이것만으로는 성에 차지 않았다. 해산된 자유군단은 다시 결집했고 제국군은 몰래 그것을 도왔다. 점령 지역에서는 노동자들이 태업을 했고 군대도 옆에서 거들었다.[138] 그렇지만 루르 점령군에 대한

금마르크(Goldmark) 연합국은 인플레이션으로 화폐의 가치가 떨어질 가능성에 대비하여 전쟁 배상금을 독일제국에서 예전에 쓰던 금마르크 통화를 기준으로 배상금을 환산했다.

거센 저항이 독일 국민의 뜨거운 지지를 얻는 것이 국가사회주의자들 입장에서는 껄끄러웠다. 한참 잘 나가던 판에 관심을 그쪽에 빼앗길 수 있었기 때문이다. 루르 점령군과 겨루고 있던 베를린 중앙 정부를 섣불리 공격했다가는 여론의 질책을 받기 딱 좋았다.[139] 그렇지만 히틀러는 겁 없이 프랑스 군대의 진주를 유리한 쪽으로 활용했다.[140] 늘 그랬듯이 히틀러는 공세로 나아갔다.

프랑스군이 루르 지방으로 진주한 바로 그날 히틀러는 크로네 서커스장을 가득 메운 청중 앞에서 연설을 했다. 연설 제목은 '11월의 범죄자들을 처단하라'였다. '11월의 범죄자'라는 말은 전에도 쓴 적이 있었다. 그것은 1918년에 혁명을 일으킨 사회민주주의자들을 가리키는 말이었다. 하지만 이때부터 히틀러는 걸핏하면 11월의 범죄자들을 규탄했다.[141] 그는 이것을 루르 점령과 연관시켰다. 진짜 적은 내부에 있다는 것이었다. "독일은 이 범죄자들에게 책임을 묻고 응분의 대가를 치르게 할 때 비로소 바로 설 수 있다."고 히틀러는 역설했다.[142] 공산주의, 민주주의, 의회주의, 국제주의, 그리고 이 모든 것의 배후에 있는 유대인이야말로 히틀러가 보기에는 프랑스가 독일을 마치 식민지처럼 농락해도 속수무책으로 당하고 있을 수밖에 없게끔 나라를 무력하게 만든 주범이었다.[143] 히틀러는 새로 선언된 '거국통일전선'에 경멸을 퍼부었다. 그는 점령에 대한 저항 행동에 연루된 자는 누구든 당 밖으로 쫓겨날 것이라고 경고했다.[144] 처음에는 지지자들도 당혹스러웠지만, 히틀러의 전략은 결국 먹혀들었다.

1월 27~29일 나치당은 뮌헨에서 처음으로 전당대회를 열 예정이었는데, 그 준비를 하면서 더욱 공세를 강화했다. 바이에른 주정부와도 충돌했다. 주정부는 쿠데타 설에 자극받아서 1월 26일 뮌헨에 비상사태를 선포했지만 워낙 허약해서 집회를 불허한다고 엄포만 놓았지 그것을 집행할 수 있는 공권력을 동원하지 못했다.[145] 히틀러는 집회를 금지한다는 당국의 방침을 알고 격분했다. 히틀러의 성격상 물러선다는 것은 있을 수 없었다. 집회는 예정대로 강행한다면서 폭력 사태가 빚어지고 유혈극이 벌어져도 책임 못 진다고 으름장을 놓았다. 발포를 할 경우 맨

1923년 1월 28일 뮌헨 마르스펠트에서 열린 첫 번째 국가사회주의독일노동자당 전당대회에서 연설하는 히틀러. 그날의 집회는 '독일 해방 운동을 이끌어 갈 지도자'에게 경의를 나타내는 의식의 형태로 꾸며졌다.

앞에 나설 마음이 있다고 다분히 감상적으로 비장한 각오를 밝혔다.[146] 아무래도 룀이 나서서 히틀러를 달래고 건설적인 방향으로 타협점을 찾을 필요가 있었다. 이번에도 제국군이 히틀러를 돕고 나섰다. 룀은 에프를 설득하여 바이에른에 주둔하고 있던 제국군 제7사단의 오토 헤르만 폰 로소프 장군이 히틀러 편에 서도록 만들었다. 룀은 로소프와 함께 히틀러를 청중 앞으로 데리고 나가라는 지시를 받았다. 히틀러는 집회를 평화롭게 진행하겠다고 약속하면서 "명예를 걸고" 쿠데타는 없을 것이라고 밝혔다. 그러고 나서 히틀러와 룀은 당시 오버바이에른 주총리를 지내던 카르한테 달려가서 도움을 청했다. 카르는 선선히 응했고 에두아르트 노르츠 경찰청장도 협조를 약속했다. 히틀러는 모두 12번의 대중 집회를 한 날 저녁에 허가받았다. 히틀러는 그날 저녁 꼬박 연설을 했다. 1월 28일에는 제복을 입은 6천 명의 돌격대원을 모아놓고 뮌헨 시내에서 가까운 커다란 연병장에서 돌격대원들의 투쟁 정신을 예찬하는 시범 공연이 벌어졌다.[147] 나치당이 고위층을 몰랐고 정부가 단호하게 나갔더라면 에른스트 룀도 시인하는 바이지만 히틀러의 권위는 상당히 손상되었을 것이다.[148] 그렇지만 바이에른 당국의 배려로 히틀러는 또 한 번 눈부신 성공을 거둘 수 있었다.

집회가 열리는 동안 히틀러는 운집한 지지자들 앞에서 성공을 확신하면서 자신감에 찬 모습을 다시 한 번 보여주었다. 그날의 집회는 '독일 해방 운동을 이끌어 갈 지도자'에게 경의를 나타내는 의식의 형태로 꾸며졌다.[149] 당 내부의 결속력을 최대한 끌어올리기 위해 의도적으로 고안된 지도자 숭배가 본격화한 것이다. 한 신문 보도에 따르면 1월 27일 저녁 하루 동안 12곳에서 연설을 하면서 히틀러가 호프브로이하우스 연회장으로 들어서자 사람들은 "마치 구세주가 나타난 것처럼" 열광했다.[150] 그날 저녁 히틀러가 경호원을 대동하고 일부러 늦게 뢰벤브로이 켈러 맥주홀에 나타났을 때도 청중은 영웅처럼 그를 맞이했다. 히틀러는 한 팔을 쭉 뻗어 화답했다. 이탈리아 파시스트들에게 배운 것으로 보이는 이 인사법(원조는 로마 제국이지만)은 늦어도 1926년이면 나치의 전통으로 굳건히 자리 잡는다.[151] 사석에서는 그렇게 수줍음이 많던 사람이 저렇게 달라지다니 도저히 히틀러 같지가 않았다고 카를 알렉산더 폰 뮐러는 말했다.[152]

히틀러는 오로지 선동에만 몰입했지만 룀의 방식은 좀 달랐다. 무력을 강조하는 룀의 투쟁 방식은 히틀러의 권위를 뒤흔들 가능성이 있었다.[153] 2월 초, 그러니까 피팅거와 결별하고 난 직후 룀은 돌격대, 오버란트동맹, 제국깃발, 비킹동맹, 니더바이에른투쟁연대를 주축으로 '애국투쟁연대노동공동체'를 결성했다.[154] 군사 지휘권은 바이에른 시민방위군과 에셔리히단〔게오르크 에셔리히가 결성한 우익 군사조직〕에서 참모장을 맡았던 퇴역 중령 헤르만 크리벨이 잡았다.[155] 이 무장조직들을 훈련시킨 것은 바이에른 제국군이었는데, 프랑스와 벨기에가 더 밀고 들어올 가능성에 대비해 시민방위군을 육성한 것은 아니었고 (그런 확전 가능성은 그 무렵에는 눈에 띄게 줄어들었다) 베를린 중앙 정부와의 결전에 대비하여 키우던 군사조직이었다.[156] 일단 제국군 산하로 들어가면 돌격대는 최대 규모의 준군사조직이라고 말할 수 없었고 다른 단체

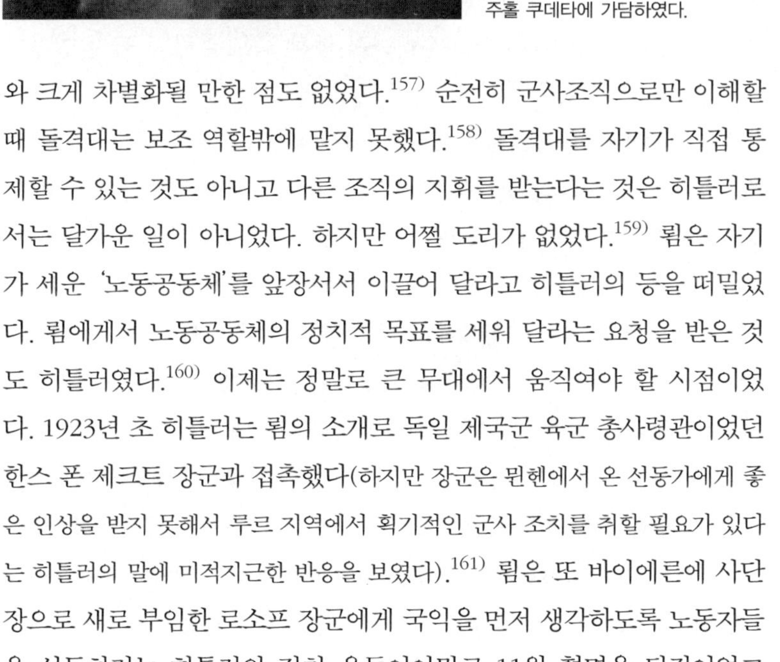

에리히 루덴도르프 장군. 1차 세계대전의 영웅이었던 루덴도르프는 패전 후 반역자들이 '등에다 칼을 꽂았다'는 주장을 하며 반혁명 극우 진영을 대표하는 인물로 떠올랐다. 1920년의 카프 쿠데타, 1923년 히틀러의 맥주홀 쿠데타에 가담하였다.

와 크게 차별화될 만한 점도 없었다.[157] 순전히 군사조직으로만 이해할 때 돌격대는 보조 역할밖에 맡지 못했다.[158] 돌격대를 자기가 직접 통제할 수 있는 것도 아니고 다른 조직의 지휘를 받는다는 것은 히틀러로서는 달가운 일이 아니었다. 하지만 어쩔 도리가 없었다.[159] 룀은 자기가 세운 '노동공동체'를 앞장서서 이끌어 달라고 히틀러의 등을 떠밀었다. 룀에게서 노동공동체의 정치적 목표를 세워 달라는 요청을 받은 것도 히틀러였다.[160] 이제는 정말로 큰 무대에서 움직여야 할 시점이었다. 1923년 초 히틀러는 룀의 소개로 독일 제국군 육군 총사령관이었던 한스 폰 제크트 장군과 접촉했다(하지만 장군은 뮌헨에서 온 선동가에게 좋은 인상을 받지 못해서 루르 지역에서 획기적인 군사 조치를 취할 필요가 있다는 히틀러의 말에 미적지근한 반응을 보였다).[161] 룀은 또 바이에른에 사단장으로 새로 부임한 로소프 장군에게 국익을 먼저 생각하도록 노동자들을 설득하려는 히틀러의 정치 운동이야말로 11월 혁명을 뒤집어엎고 '민족 투쟁 전선'을 구축할 수 있는 최선의 길이라고 역설했디.[162]

　루덴도르프 장군은 급진 우익 민족주의 진영의 상징적 지도자로 추앙받는 인물이었으므로 명시적으로 어떤 단체를 지휘한 것은 아니었지만 모든 민족주의 무장 단체와 선이 닿아 있었다. 1919년 2월 스웨덴으로 망명을 떠났다가 돌아온 왕년의 전쟁 영웅은 뮌헨에 둥지를 틀었다. 급진적인 종족 민족주의를 부르짖었고 새로 들어선 좌파 공화국을 혐오했으며 반역 세력이 '등에다 칼을 꽂았다'는 설을 누구보다도 크게 떠들다 보니 힘들이지 않고 어느새 범게르만동맹 안으로 빨려 들어가서 카프 쿠데타에도 조금은 관여를 했고 이제는 반혁명 극우 진영에 깊숙이 발을 담갔다. 극우 세력에게는 루덴도르프 같은 명망가가 더없이 값진 자산이었다. 뮌헨은 누가 뭐래도 민족주의 무장조직들의 근거지였던 만큼, 독일 군대의 병참을 총괄하면서 1916년부터 1918년까지 전쟁을 이끈 주역이었던 루덴도르프 장군은 육군 상병으로 제대한 아돌프 히틀러와 가깝게 지내면서 공조를 취할 수 있었다. 그렇지만 장군은 민중을 선동하는 데는 별로 재주가 없었으므로 퇴역 상병은 한때는 군 전체를 호령했던 장군을 밀어내고 놀라우리만큼 빠른 속도로 우익 급진 진영의 대변자로 떠올랐다.

　히틀러는 1921년 5월 루돌프 헤스에게 루덴도르프를 처음 소개받았다. 그 뒤로 장군과의 친분을 이용하여 중요한 사람들을 많이 만날 수 있었다.[163] 2월 26일 베를린에서 루덴도르프는 북부 독일에서 활동하는 준군사조직 지도자들을 모두 불러서 회의를 열었다. 이 자리에는 히틀러도 참석했고 노동공동체에서 룀의 대변인 역할을 맡았으며 제국깃발을 이끌던 하이스 대위도 참석했다. 루덴도르프는 프랑스에 반격을 가하는 것이 멀지 않다고 보고 제크트 장군과 쿠노 정부를 지지해 달라고 요구했다. 군중 앞에서는 강경한 입장을 천명해 온 히틀러였지만 이의를 제기하지 않았다. 준군사조직은 제국군의 통제 아래 훈련을 받는 것이 좋겠다는 제안을 거부한 것은 청년독일기사단이라는 단체 하나뿐이었다.[164] 그렇지만 히틀러는 3월에 어정쩡한 태도를 보이는 제크트 장군과 네 시간 동안 회담을 벌이고 나서는 실망을 금치 못했으며, 바이에른 제국군 총사령관 로소프를 만나러 가서는 로소프가 바이에른은 결국 제 갈 길을 가야 하며 제국에서 떨어져나와야 한다는 결론을 내리자 강하게 반발했다.[165] 그렇지만 1월에 로소프와 합의한 대로 돌격대의 군사 훈련은 제국군이 맡기로 했다. 돌격대는 다른 무장조직과 마찬가지로 프랑스와의 일전에 대비한 동원 훈련을 받기 위해 무기를 제국군에 넘겨주었다.[166]

프랑스가 루르를 점령한 상태에서 1923년 봄 우익 무장 단체는 우왕좌왕하면서 내분과 갈등에 시달렸다. 그렇지만 맥주홀 선동가였던 히틀러는 룀의 치밀한 전략에 힘입어서 무장 단체 지도부뿐만 아니라 군 고위 장성들과 자주 만나면서 바이에른이라는 일개 지방이 아니라 독일 전체에서 실력 있는 정치인으로 떠올랐다. 드디어 거물급 인사가 된 것이다. 그렇지만 자기보다 힘이 많고 나름대로 생각이 있는 사람들은 어떻게 하지를 못했다. 끊임없는 선동으로 지지를 키워 오긴 했지만 언제까지나 그렇게 끌고 갈 수는 없었다. 행동으로 보여줄 필요가 있었다. 히틀러가 '전부 아니면 전무'라는 식으로 조바심을 낸 것은 그저 기질의 문제만은 아니었다. 히틀러는 1923년 봄 돌격대가 군사 훈련을 받는 이유는 오직 하나, 프랑스를 "섬멸하는 데 목적이 있다."고 말했다.

결단을 내린 것은 그 점을 고려했기 때문이었다. 밤이나 낮이나 막사에서 전쟁 생각만 하는 사람들을 언제까지 말릴 수만은 없었다. "언제 터지는 건가요, 언제 싸우러 가서 놈들을 몰아내는 건가요?" 이렇게 물어 오는 사람들을 달래는 것도 하루 이틀이지 언제까지나 그럴 수는 없었다. 우리가 나중에 취한 조치는 그 점을 고려했기 때문이었다. 언젠가는 필연적으로 그런 물음이 제기될 수밖에 없는 이유도 거기에 있었다.[167]

그래서 어쩔 수 없이 1923년 노동절을 맞이하여 바이에른 정부와 다시 한 번 크게 충돌할 수밖에 없었다. 그리고 이번에는 히틀러가 체면을 많이 구겼다. 노동조합은 5월 1일 뮌헨 시가지에서 사회주의자들을 중심으로 평화 행진을 벌일 계획이었고 경찰도 이를 승인했지만, 우익 진영에서는 이것을 명백한 도발로 받아들였다. 뮌헨에서 노동절 하면 좌파의 사회주의를 상징하는 날만은 아니었다. 그날은 우파에게도 1919년 4월 소비에트 방식을 본따서 만든 소비에트공화국을 무너뜨리고 뮌헨을 해방시킨 자랑스러운 날이었다. 따라서 좌파와 우파가 충돌할 경우 심각한 불상사가 생길 수 있었다. 그리고 실제로 그런 충돌이 일어날 가능성이 아주 높았다. 벌써 분위기가 험악했다. 뮌헨의 어떤 구역에서 4월 26일 공산주의자들과 국가사회주의자들이 총격전을 벌여 4명이 다치는 사고가 발생했다.[168] 사회민주주의자들은 돌격대의 활동을 금지하는 법안을 바이에른 주의회에 제출했지만 4월 25일과 26일에 걸쳐 열린 회의에서 부결되었다. 급진 우익 세력은 몸이 근질거려서 한판 붙고 싶었다. 시민방위군 지도자를 지낸 게오르크 에셔리히가 지적한 대로 "뮌헨의 우익 급진 세력은 어떻게 해서든 '행동'을 하고 싶어서 몸이 달았다."[169]

히틀러도 나중에 말했지만 활동가들을 잔뜩 긴장만 시켜놓고 욕구를 발산할 기회도 주지 않고 무한정 발을 묶어 둘 수는 없는 법이다. 히틀러는 노동절을 맞아 전국에서 시위를 벌이고 '빨갱이'를 공격하자고 제안했다.[170] 심각한 충돌이 벌어질까 봐 겁이 난 뮌헨 경찰은 좌파에게 내주었던 시가 행진 허가를 취소하고 시내에서 가까운 확 트인 테레지엔비제 광장에서만 제한된 규모의 집회를 허용한다고 덧붙였다. 십중팔구는 우파가 퍼뜨렸을 가능성이 높지만 좌파가 봉기할 것이라는 소문이 나돈다는 것을 구실로 삼아서 우익 무장 단체는 '자위'책을 강구하겠다고 나섰다.[171] 그래서 제국군에게 맡겨 둔 무기를 되돌려 달라고 요구했다. 하지만 4월 30일 오후 준군사조직 지도자들과 만난 로소프는 우익 봉기의 가능성을 우려하면서 무기 반환 요청을 거부했다. 히틀러는 불끈해서 신뢰를 저버린 사람이라고 로소프를 비난했다.[172] 그렇지만 달리 뾰족한 수가 없었다. 히틀러의 자신감이 지나쳤던 것이다. 이번만큼은 주정부도 강경한 입장을 고수했다. 겨우겨우 사정을 해서 이튿날 아침 시 북쪽의 군부대가 있는 곳에서 2천 명의 준군사조직 단원이 모일 수 있었다(그중 1,300명은 국가사회주의자였다). 노동절 행진이 벌어지는 시내에서 멀찍이 떨어진 곳에다 집회 허가를 내준 것이다. 경찰은 우익 무장대가 차단선 밖으로 넘어오는 것을 막았다. 룀의 무기고에서 가져온 총을 하나씩 들고 훈련을 한답시고 했지만 좌파를 습격하려던 계획이 물거품이 되고 말았으니 맥이 빠질 수밖에 없었다. 꼭두새벽부터 총을 들고서 경찰과 대치하고 서 있던 우익단원들은 결국 오후 2시경 무기를 반환하고 해산했다. 그전에 자리를 뜬 사람도 부지기수였다. 시내에서는 한두 건 충돌이 있었던 모양이었다. 집회를 끝내고 집으로 돌아가던 노동자들이 경찰 때문에 뜻을 이루지 못하고 돌아가던 돌격대원들에게 얻어맞았다. 그러나 경찰은 개입하지 않았다.[173] 그래도 좌파와 우파가 정면 충돌했을 경우에 벌어졌을 유혈극에 비하면 이 정도는 아무것도 아니었다. 테레지엔비제 광장에서 2만 5천 명이 참석한 가운데 열린 노동절 행사는 별다른 사고 없이 정오 무렵에 끝났다.

집회에 참석했던 사람은 대부분 벌써 뮌헨 시내에서 서쪽으로 3~4킬로미터쯤 떨어진 곳에 있던 초대형 맥주홀 히르슈가르텐으로 자리를 옮겨 노동절을 자축하고 있었다. 그곳에 모인 사회주의자는 약 3만 명이었는데 모두 무사히 그곳까지 왔다.[174] 히틀러는 그날 저녁 크로네 서커스장에서 마음을 다잡고 가라앉은 분위기를 끌어올렸다. 오늘은 국가사회주의자들이 오버란트동맹, 군화동맹, 제국깃발, 비킹동맹 단원들과 하나가 된 특별한 날이라고 선언하자 박수갈채가 터져나왔다. 히틀러는 이어서 평소처럼 유대인, 사회주의자, 국제마르크스주의를 맹렬히 비난했다. 경찰 보고서에 따르면 유대인은 "인종의 결핵균"이다, 유대인이 "러시아에서 대량 학살을 당한 것은" 자업자득이라고 저주하면서 군중의 가장 저열한 반유대주의 본능을 자극하려고 했다.[175] 그런 식으로 분위기를 반전시키는 것이 히틀러의 수법이었다. 나치 열광자 외에 그 말에 넘어갈 사람은 별로 없었다. 노동절 사태로 히틀러와 그 지지자들이 망신을 당했다는 것이 중론이었다. 한 외교관은 히틀러의 전성 시대도 이제 기울어 간다고 평가했다.[176]

바이에른 주총리 오이겐 폰 크닐링은 4월에 벌써 "적은 왼쪽에 있지만 위험은 오른쪽에 있다."고 언급했다.[177] 이 말은 바이에른인민당이 이끌던 바이에른 정부가 위기 상황에서 중도 노선을 선택할 수밖에 없었던 절박한 처지를 드러낸다. 바이에른 정부는 우익 쿠데타의 위협도 막아내면서 한편으로는 하다못해 온건 성향의 다수파 사회민주당 세력에 대해서도 경계심을 품을 만큼 좌파에 대한 거부감이 워낙 컸기 때문에 크닐링의 말대로 입지가 약하고 불안할 수밖에 없었다. 노동절 사건은 히틀러를 누르려면 강하고 단호하게 나가야 한다는 사실을 정부에게 일깨워주고도 남음이 있었다. 그렇지만 바이에른 정부는 좌파 온건 세력과 손을 잡지 않기로 이미 오래 전에 방침을 정했다. 그래서 중앙 정부와는 사사건건 충돌했다. 그렇다고 해서 바이에른 군부를 장악한 것도 아니었다. 바이에른 군부는 독자적으로 움직였다. 사정이 이렇다 보니 사방에서 얻어맞았다. 바이에른 정부는 급진 우익 세력을 단속하겠다는 의지도, 또 그럴 만한 실력도 없었기 때문에 히틀러는 노동절 사건으로 잠시 주춤했던 기세를 금세 되살릴 수 있었다.[178]

노동절 사건으로 히틀러는 제국군의 지원 없이 혼자서는 아무것도 할 수 없다는 교훈을 얻었다. 1월에 전당대회를 못 여는 줄 알았다가 다시 열 수 있었던 것도 따지고 보면 로소프가 허락을 했기 때문이었다. 안 그랬으면 히틀러는 체면이 말이 아니었을 것이다. 그런데 5월 1일에는 로소프가 허락을 하지 않는 바람에 일을 망친 것이다. 비난의 화살을 유대인 쪽으로 돌릴 수 있었기에 망정이지 하마터면 지지자들이 돌아설 뻔했다. 하지만 1923년 하반기까지만 하더라도 바이에른 제국군은 바이에른 정치판에서 독자적으로 움직였다. 바이에른 정부도 사회주의와 베를린 중앙 정부라면 치를 떨었기 때문에 우익 급진 세력을 어떨 때는 싸고도는가 하면 어떨 때는 어떻게 다루어야 할지 갈피를 못 잡는 모습을 보였다. 그 말은 곧 노동절 사건으로 체면이 깎이기는 했지만 히틀러를 강하게 견제하려는 정치 세력이 당분간은 없다는 뜻이었다.[179] 노동절에 일어난 경미한 폭력 사태에 당국이 치안 방해죄를 적용했다면 히틀러는 길게는 2년 동안 감옥살이를 하면서 잊혀진 사람이 될 수도 있었다. 그러나 바이에른 주 법무장관 프란츠 귀르트너는 제국군이 프랑스와 일전을 앞두고 준군사조직을 무장시키고 훈련까지 시킨다는 내용을 폭로하겠다고 히틀러가 위협하자 정식 기소까지는 이르지 못하도록

1923년 뮌헨 크로네 서커스장에서 열린 국가사회주의독일노동자당 집회. 수많은 청중 한가운데서 히틀러가 반유대주의, 반사회주의를 주제로 연설하고 있다.

조사를 얼버무렸다. 그리고 사건은 조용히 덮였다.[180]

히틀러는 1923년 여름 내내 '11월의 범죄자들'을 맹렬히 규탄했다. 우익 단체들은 같은 진영이라도 경쟁 관계였지만 예나 지금이나 베를린 정부에 대한 반감에 있어서만큼은 의기투합했는데, 외부의 적만이 아니라 내부의 적도 응징해야 한다는 히틀러의 선동은 당연히 이들에게 잘 먹혀들었다.[181] 거대한 실내 서커스장을 청중으로 가득 채울 수 있는 사람은 아직도 히틀러밖에 없었다. 5월부터 8월 초까지 히틀러는 입추의 여지 없이 들어찬 청중들 앞에서 다섯 번 강연을 했고 바이에른에서 열 군데의 당원 집회에서 연설을 했다.[182] 나치당한테 야박하게 굴지 않았는데도 바이에른 정부와의 사이에서는 여전히 찬바람이 불었다. 일부 준군사조직 지도자들과는 달리 히틀러는 돌격대를 치안 보조대로 활용하는 데 반대했다. 그렇게 되면 바이에른 정부 앞에서 히틀러의 운신 폭이 좁아질 가능성이 컸기 때문이다.[183] 뮌헨에서 독일 체조인 대회가 열린 7월 14일 나치당원들이 대오를 이루어 크로네 서커스장을 빠져 나오다가 나치당 깃발을 흔들지 말라는 경찰의 요구를 무시하면서 돌격대와 경찰이 충돌했다.[184] 한편으로는 이렇게 경찰과 충돌을 벌이고 한편으로는 히틀러를 암살하려는 음모가 있다는 설을 흘리면서[185] 나치당 지도부는 나치당과 나치당 지도자한테로 여론의 관심을 묶어 둘 수 있었다. 그렇지만 행동을 결행하지 않고 언제까지나 선동만 할 수는 없다는 것을 히틀러는 잘 알았다. 외부인들도 비슷한 판단을 내렸다. 한 외교관은 1923년 8월 30일 뮌헨에서 다음과 같은 보고서를 작성했다. "그렇게 팔팔한 당원이 많고 그렇게 행동을 앞세우는 당은 자꾸 꾸물거리다간 지지자를 잃을 가능성이 높다."[186] 하지만 히틀러 혼자서 행동할 수는 없었다. 무엇보다도 제국군의 지지를 받아야 했다. 다른 준군사조직의 협력도 얻어낼 필요가 있었다. 히틀러는 의회 정치에는 능하지 못했다. 여름에도 돌격대원은 꾸준히 늘어났다.[187] 그러나 5월 1일에 망신을 당한 이후로 히틀러는 한동안 그늘에 가려졌고 5월 말에는 베르히테스가덴에 있는 한 작은 호텔에 디트리히 에카르트와 함께 칩거했다.[188] 통일애국연합 산하의 다양한 조직 구성원들은 '거국적 투쟁'을 상징하는 인물은 히틀러가 아니라 루덴도르프라고 보았다. 히틀러는 통일애국연합 안에서는 자기 조직을 대표해서 나온 대변인의 한 사람일 뿐이었다. 생각이 다를 때는 루덴도르프에게 고개를 숙여야 했다.[189]

1923년 9월 1일과 2일에 뉘른베르크에서 열린 독일의 날 행사에서도 전쟁 영웅 루덴도르프는 연단 중앙에 앉았다. 경찰 추산으로는 10만 명이 참석한 이 집회에서 민족주의 성향의 무장 단체와 재향군인 단체는 1870년에 독일이 세당 전투에서 프랑스를 무찌른 것을 기념하는 행사도 함께 열었다.[190] 가장 눈에 띄는 조직은 제국깃발과 나치당이었다.[191] 히틀러는 힘찬 연설로 지난 5월에 실추된 명예를 회복할 수 있었다. 두 시간 동안 이어진 퍼레이드에서 히틀러는 루덴도르프 장군, 바이

1923년 9월 2일 뉘른베르크에서 열린 '독일의 날' 행사에서 교회 의식을 거행하는 준군사조직. 10만 명이 참석한 이날 집회에서 나치당, 오버란트동맹, 제국깃발은 '독일투쟁동맹'을 새롭게 결성했고, 히틀러가 정치 지도자로 임명되었다.

에른의 루트비히 페르디난트 공, 통일애국연합의 군사 부문 책임자였던 크리벨 중령과 함께 연단에 서 있었다.[192]

이날 집회를 통해 나치당, 오버란트동맹, 제국깃발은 '독일투쟁동맹'을 새롭게 결성했다. 군사 분야는 크리벨이 총괄하기로 했고 자금 관리는 히틀러 사람이었던 쇼이브너-리히터가 맡기로 했다.[193] 3주 뒤에는 룀이 미리 손을 써 둔 덕분에 히틀러는 다른 무장 단체 지도자들의 동의를 얻어서 투쟁동맹의 '정치 지도자'로 임명되었다.[194]

이것이 구체적으로 무엇을 뜻하는지는 분명하지 않다. 그 방만한 조직에서 히틀러는 결코 독재자가 아니었다. 앞으로 독일을 이끌어 갈 독재자에 대해서 뚜렷한 개념이 잡혀 있었다면 그 자리는 마땅히 루덴도르프에게 돌아갔어야 했다.[195] 히틀러에게 '정치 지도자'라는 말은 민족주의를 일깨우는 선전과 선동을 통해서 준군사조직 활동을 혁명적 대중 운동 밑으로 종속시키는 것을 뜻했던 것 같다. 하지만 투쟁동맹의 지도자들에게는 룀과 크리벨 같은 '군인이 우선'이라는 생각이 여전히 중요했다.[196] 히틀러는 대중을 휘어잡는 데는 독보적 능력을 지니고 있었다. 하지만 그것 말고는, 권력을 이렇게 쟁취하겠다는 뚜렷한 복안 같은 것이 없었다. 그런 일을 하려면 더 냉철한 머리가 필요했다. 9월 24일 쇼이브너-리히터가 작성한 투쟁동맹 '행동 강령'은 국가 권력을 지탱하는 군대와 경찰을 먼저 장악하고 나서 그 다음에 바이에른에서 '민족 혁명'을 일으켜야지 그 반대가 되면 안 된다는 점을 분명히 밝혔다. 또 투쟁동맹 지도자들을 바이에른 내무부와 뮌헨 경찰청에 포진시켜 합법적으로 공권력을 접수할 필요가 있다고 결론지었다.[197] 히틀러도 같은 생각이었다. 바이에른 군대와 경찰이 적대 세력으로 남아 있는 한 쿠데타는 성공할 가능성이 희박했다.[198] 그렇지만 당분간은 지금까지 그래 온 것처럼 바이에른 정부에 대한 공격을 지속할 생각이었다. 투쟁동맹에서 차지한 자리가 자리인 만큼 비록 국가 권력을 장악하는 데 필요한 치밀한 전략이 없다손 치더라도 행동을 요구하는 압력은 누그러질 가능성이 없었다.

맥주홀 봉기

위기는 히틀러에게 산소였다. 살아남으려면 위기가 필요했다. 여름에서 가을로 넘어가면서 독일의 사정은 더욱 악화되었다. '소극적 저항' 전략의 후유증으로 통화가 곤두박질치자 히틀러의 선동은 더욱 호소력을 발휘했다. 히틀러가 투쟁동맹의 정치 지도자로 나섰을 무렵 독일의 피를 말리는 위기는 파국으로 치닫고 있었다.

8월 13일 한때는 열렬한 왕당파였고 영토 팽창을 부르짖다가 실용 노선의 공화파로 돌아선 독일인민당 당수 구스타프 슈트레제만이 쿠노의 후임으로 독일 총리 겸 외무장관을 맡게 되자 위태로운 바이마르 공화국의 소극적 저항 정책도 끝장난 것으로 보였다. 그것은 프랑스에게 항복을 한 것과 다를 바 없었다. 독일 화폐는 휴지 조각이 되었고 나라는 거덜이 났다. 물가는 하늘을 모르고 치솟았다. 1차 세계대전 직전까지만 하더라도 1달러에 4.2마르크였던 환율이 1923년 1월에는 1만 7972

마르크, 8월에는 462만 455마르크, 9월에는 9886만 마르크, 10월에는 2526억 28만 마르크, 그리고 11월 15일에는 도저히 믿기지 않지만 4조 2천억 마르크가 되었다. 9월 중순께는 버터 1킬로그램에 1억 6900만 마르크나 했다. 뮌헨에서 맥주홀 쿠데타가 있던 날 나치당원은 신문 〈민족의 감시자〉를 50억 마르크를 주고 사보았다.[199]

투기꾼과 모리배가 번성했다. 하지만 살인적 물가고 때문에 서민 경제는 파탄이 났고 그 심리적 타격은 이루 말할 수가 없었다. 일평생 모은 돈이 몇 시간 만에 날아갔다. 보험증서는 그것이 적혀 있는 종이만큼의 값어치도 없었다. 연금과 고정 수입으로 먹고 사는 사람은 유일한 젖줄인 돈의 가치가 폭락하는 것을 보면서 발만 동동 굴렀다. 노동자들은 처음에는 타격을 덜 받았다. 사회 불안을 막기 위해서 고용주와 노동조합이 임금을 물가에 연동시키기로 합의한 덕분이었다. 그렇지만 사람들의 불만이 커지면서 좌익은 좌익대로 우익은 우익대로 자꾸만 극단으로 흘렀다. 공산주의자가 주도한 파업은 그해 여름 온 나라를 흔들어놓았다. 사회민주주의자들의 슈트레제만 '대연정' 참여는 노동자 계급을 잠시 진정시키는 효과를 가져왔다. 노동자들은 갈수록 과격해지기는 했지만 그래도 대부분은 사회민주당의 노선을 믿고 따랐다. 그러나 그것이 특히 바이에른 지방의 민족주의자들을 자극했다. 좌파 진영은 자신의 실력과 잠재력을 과대평가했다. 튀링겐과 작센에서 정부에 합법적으로 들어간 공산주의자들은 혁명 봉기를 계획했다. 함부르크에서는 빨리 행동에 나서서 독일 혁명의 구심점이 되고 싶어서 안달이 난 공산당 지구당이 경찰서를 습격하면서 10월 23일부터 26일까지 실제로 봉기를 일으켰지만 유혈극으로 끝났다. 24명의 공산주의자와 17명의 경찰관이 희생되었다.[200] 중부 독일에서는 정부가 발빠르게 대응했다. 10월 말 무렵이면 정부가 극우 세력의 봉기 때와는 달리 기민하게 투입한 제국군이 공산주의자의 소요를 웬만큼 진압했다.[201] 튀링겐 정부는 굴복했고 공산주의자 각료들은 사임했다. 주정부가 준군사조직을 해산하지 못하겠다고 버틴 작센에서는 무력을 과시할 필요가 있었다. 작센의 한 도시에서 군대가 시위대에 발포를 하는 바람에 23명이 죽었고 31명이 다쳤다. 경찰은 다른 도시들에서도 거침없이 총을 쏘았다. 유권자의 지지를 받은 정부는 총구 앞에서 무너졌다.[202] 이른바 좌익 위협론은 정부의 강경 대응으로 어느새 기어들었다. '독일판 10월 혁명'을 일으키겠다던 독일 공산당의 계획은 실패로 돌아갔지만, 특히 바이에른 지방을 중심으로 한 극우 세력은 '빨갱이'가 나라를 말아먹는다며 베를린으로 쳐들어가야 한다고 여전히 목청을 높였다.

독일 정부가 9월 26일 소극적 저항을 끝내겠다고 하자 바이에른 지방 정부도 재빨리 대응에 나서서 비상사태를 선포하고 구스타프 리터 폰 카르를 병참총감으로 앉힌 뒤 거의 독재에 가까운 전권을 맡겼다. 크닐링은 승승장구하던 히틀러의 기세를 꺾기 위해 바이에른의 실력자 카르를 영입한 것이다.[203] 나치당은 카르가 전면에 나서면 나치당의 집권 가능성이 그만큼 줄어든다고 보았기 때문에 마음이 편치 않았다.[204] 독일 정부는 독일 전국에 비상사태를 선포하고 제국군의 비상조치권을 승인했다. 쿠데타 설이 다시 난무하는 가운데 카르는 먼저 나치당이 9월 27일 저녁에 열기로 한 14건의 집회를 금지했다. 히틀러는 격분했다.[205] 카르를 영입한 것은 자기를 따돌리려는 술책이라고 보았던 것이다. 바이에른 정부 수반은 국민혁명을 이끌어갈 만한 그릇이 못 된다는 히틀러의 확신은 더욱 강해졌다. 국민의 항쟁 의지에 찬물을 끼얹은 격이라고 독일 정부를 비난함과 동시에 히틀러는 카르에게도 포화를 터뜨렸다.[206]

카르가 취임하고 나서 처음 몇 주는 음모와 책략과 갈등의 연속이었다. 경찰 보고서에 따르면 사람들은 기대에 부풀었다. 독일 전체가 그랬지만 바이에른도 형편이 말이 아니었다. "실업과 굶주림이 집집마다 유령처럼 버티고 있다."고 8월 하순 슈바벤 지방에서 나온 한 보고서는 밝혔다.[207] 프랑켄 지방에서 올라온 보고서는 서민 생활의 어려움을 적나라하게 보여주었다. 500그램도 채 못 되는 검은 빵 하나가 무려 10억 마르크나 하는가 하면 실업률은 급증했고 공장은 주문이 없어서 파리만 날렸다. 먹을 것도 제대로 못 먹는 사람이 부지기수였고 공무원조차 제때에 봉급을 못 받았다.[208] 오버바이에른의 경우도 1918년 11월과

1919년 4월의 분위기와 전혀 딴판인 것으로 알려졌다.[209] 외국인, 투기꾼, 공직자를 증오하는 사람이 하루가 다르게 늘어났다.[210] 뮌헨 경찰도 9월 무렵에는 사태의 심각성을 알아차리고 해법을 찾아내려 했다. 그러나 정치 집회는 입장료도 비쌌고 맥줏값도 부담스러웠기 때문에 참석률이 저조했다. 맥주홀을 가득 채울 수 있는 것은 나치당뿐이었다.[211] 쿠데타 소문이 계속 나돌면서 무언가 해야 한다는 인식이 확산되었다.[212]

히틀러는 행동에 나서야 한다는 중압감을 느꼈다. 뮌헨 돌격대 연대장 빌헬름 브뤼크너는 히틀러에게 이렇게 말했다. "더는 사람들을 묶어둘 수 없는 날이 다가오고 있습니다. 이대로 가만히 있다간 하나둘 빠져나갈 것입니다."[213] 쇼이브너-리히터도 같은 생각이었다. "사람들을 결집하려면 무언가 판을 벌여야 합니다. 안 그러면 급진 좌파로 넘어갈 것입니다."[214] 히틀러도 11월 초 주 경찰청장 한스 리터 폰 자이서 대령과 거의 똑같은 문제로 설전을 벌이면서 "경제난이 가중되는 상황에서 하루바삐 행동에 나서지 않을 경우 우리를 지지하는 사람들은 공산당으로 넘어갈 것"이라고 강조했다.[215] 또 쿠데타가 실패로 돌아간 다음에 란츠베르크에서 심문을 받는 자리에서도 비슷한 생각을 털어놓았다.

투쟁동맹 사람들이 압력을 가했다. 더 버틸 수가 없다고 했다. 행동에 나선다는 말을 워낙 오래 전부터 들었고 또 그것 하나만 생각하면서 훈련을 견뎌 온 사람들이기 때문에 어떤 식으로든 손에 잡히는 결과를 보고 싶어했다. …… 사실은 돈도 없었다. 사람들의 불만이 쌓였다. 투쟁동맹이 와해될 위기에 있었다.[216]

히틀러는 하루라도 빨리 밀어붙여야 한다고 본능적으로 판단했다. 국가가 총체적 위기에 빠지면서 조성된 유리한 여건이 언제까지나 계속되리란 법이 없었기 때문이었다. 카르한테 선수를 빼앗기고 싶지 않은 마음도 있었다. 아무것도 하지 않을 경우 체면이 손상될 것이고 열정도 사그라질 위험성이 있었다. 노동절처럼 또 한 번 망신을 당할 수는 없었다.

　그렇지만 열쇠를 쥔 것은 히틀러가 아니었다. 바이에른을 사실상 다스리던 3인방(카르, 주 경찰청장 자이서, 제국군 사령관 로소프)에게는 투쟁동맹 지도부가 염두에 두고 있던 방향과는 세부적으로 크게 다른 그들만의 복안이 있었다. 10월 내내 3인방은 북부 독일에서 광범위한 교섭을 벌이면서, 카르를 포함시킬 것인지의 여부는 불투명했지만 루덴도르프와 히틀러는 확실히 배제하는 선에서 베를린을 거점으로 집단 지도 체제를 구성하여 독재 정권을 수립하는 방안을 모색했다. 반면 투쟁동맹은 베를린 정부를 무력으로 타도한 뒤 카르는 배제하고 루덴도르프와 히틀러 두 사람을 중심으로 뮌헨에 독재 정부를 세우려 했다. 로소프는 군부가 중심이 되어 베를린 정부를 무너뜨려야 한다고 생각했지만 투쟁동맹은 준군사조직이 앞장서고 제국군은 측면에서 지원하는 선에 머물러야 한다고 보았다. 투쟁동맹의 군사 지도자였던 크리벨 중령은 바이에른 정부가 통일애국연합에 무력 행사를 할 경우 투쟁동맹은 즉각 저항할 것이라고 경고했다. 히틀러는 로소프와 자이서를 끌어들이기 위해 전력을 기울였다. 10월 24일 네 시간 동안 줄다리기를 한 끝에 자이서는 어느 정도 돌아섰다. 그렇지만 투쟁동맹의 노선으로 완전히 넘어온 것은 아니었다. 그리고 바이에른의 치안을 총괄하던 로소프는 모호하고 불투명한 입장을 보였다.[217]

　10월 24일 준군사조직 지도자들을 모아놓고 로소프는 무솔리니의 로마 진군을 다분히 염두에 두고 베를린으로 진군하여 독재 정권을 거국적으로 수립해야 한다고 말했다.[218] 그렇지만 로소프와 자이서는 시간을 질질 끌었다. 투쟁동맹을 지지한다고 하면서도 이런저런 조건과 단서를 달면서 실제로는 확실한 입장을 표명하지 않았다.[219] 10월 말이 되면 3인방과 투쟁동맹의 줄다리기는 다시 원점으로 돌아갔다.[220] 그렇지만 분위기는 더욱 달아올랐다. 바이에른 정부는 히틀러가 거사를 일으킬 가능성이 아주 높다고 보았고 카르에게 실망한 지지자들이 히틀러 쪽으로 돌아서면서 히틀러가 뮌헨에서 권력을 장악하고 내친 김에 베를린까지 밀고 올라갈까 봐 두려워했다.[221] 바이에른 정부는 과민 반응을

1923년 11월 4일 뮌헨에서 돌격대를 비롯한 다른 준군사조직이 전쟁기념관 기공을 기념하여 벌이는 행진을 지켜보는 알프레트 로젠베르크, 히틀러, 프리드리히 베버(앞줄 왼쪽부터).

보이지는 않았다. 정부 고관과 고위 장성이 대거 참석하는 전몰 장병 기념식이 열리는 11월 4일에 투쟁동맹이 쿠데타를 일으킬 것이라는 소문이 나돌았다.[222] 그러나 실제로 그런 방안들이 진지하게 검토되었는지는 몰라도 아무튼 잇따라 취소되었다.[223]

11월 초에 자이서는 베를린으로 가서 3인방을 대표하여 주요 인사들과 접촉을 가졌다. 가장 중요한 인물은 제국군 총사령관 제크트 장군이었다. 제크트는 11월 3일 만남에서 합법적으로 선출된 독일 정부를 흔들 생각이 없다고 분명히 밝혔다.[224] 이렇게 되자 3인방의 계획은 허사가 되었다. 사흘 뒤에 투쟁동맹의 크리벨을 포함하여 통일애국연합 지도자들과 중요한 담판을 짓는 자리에서 카르는 통일애국연합이 독자적으로 움직여서는 안 될 것이라고 경고했다. 통일애국연합이라고 뭉뚱그려서 말하긴 했지만 그것은 투쟁동맹에게 보내는 경고였다. 베를린에 국민 정부를 수립하려는 노력은 공동의 보조를 맞추면서 미리 정해놓은 계획에 따라서 이루어져야 한다는 것이었다. 로소프도 만약에 성공 확률이 51퍼센트만 되어도 자기는 우익 독재 정권을 세우는 데 발벗고 나서겠지만 어설픈 쿠데타에는 동조할 마음이 없다고 거들었다. 자이서도 자기는 카르를 지지하며 쿠데타가 일어나면 무력으로 진압할 작정이라고 못 박았다.[225] 누가 보아도 3인방은 베를린에 맞설 마음이 없어 보였다.

로소프는 나중에 다른 제국군 지방 사령관들을 설득할 때까지 이삼 주 기다려 달라고 히틀러한테 말했다고 주장했다. 쿠데타를 해도 그때 가서 하자고 했다는 것이었다.[226] 그러나 히틀러는 꾸물거릴 시간이 없다고 생각했다. 계속 미적거리다간 주도권을 잃을 위험성이 있었다. 11월 6일 저녁 히틀러는 카르가 소집한 회의에도 불참하고 크리벨(투쟁동맹 군사 지도자), 프리드리히 베버 박사(오버란트동맹 대표)와 함께 11월 초부터 카르가 투쟁동맹에 보여 온 적대감을 해소하는 방안을 논의했다. 베버가 나서서 루덴도르프 장군에게 히틀러와 카르의 만남을 주선해 달라고 요청하기로 했다. 그러나 카르는 다음날 만나는 것도 거절했고 11월 8일 자기가 연설을 하기로 한 뷔르거브로이켈러 맥주홀에서 만나는 것도 거절했다.[227] 경찰과 군대의 도움 없이 쿠데타가 성공하지 못하리라는 것은 예나 지금이나 분명했다. 그렇지만 카르가 끝내 협조적으로 나오지 않더라도 언제까지나 결단을 미룰 수는 없다고 히틀러는 판단했다.

11월 6일 쇼이브너-리히터, 테오도어 폰 데어 포르드텐(바이에른 대법원 판사로서 나치가 쿠데타를 일으키기 전까지 드러나지 않았던 인물), 그리고 여러 참모들(누구였는지는 모른다)과 회의를 한 번 더 하고 히틀러는 거사를 일으키기로 마음을 굳혔다. 3인방도 결국 쿠데타를 지지할 수밖에 없으리라는 자신이 있어서라기보다는 그렇게 되기를 바라면서 결단을 내린 것이다.[228] 거사 결정은 다음날인 11월 7일 투쟁동맹 지도자 회의에서 추인받았다. 루덴도르프는 나중에 자기는 이날 회의에 참석하지 않았다고 밝혔지만, 이날 회의에 참석한 히틀러, 베버, 크리벨, 쇼이브너-리히터, 괴링 등의 투쟁동맹 지도부를 제외하고 쿠데타에 깊숙이 관여한 유일한 사람은 바로 루덴도르프였다.[229] 거사 계획을 아는 사람의 숫자는 최소한으로 줄여야 한다고 히틀러는 주장했다. 행동 계획이 짜여졌다. 우선 바이에른 주요 도시의 통신 시설을 접수하고 경찰서와 관공서를 장악해야 했다. 공산주의자, 사회주의자, 노동조합 지도자도 체포해야 했다.[230] 크리벨은 11월 10일 밤부터 다음날 새벽 사이를 거사일로 잡자고 주장했다. 고관들은 집으로 들이닥쳐 연행하고 3인방은 새로 구성되는 국민 정부에 강제로 끌어들이기로 했다.[231] 그렇지만 반론이 제기되었다. 정부 고관을 모두 체포하는 것이 현실적으로 쉽지 않다는 것이 이유였다. 거기서 히틀러가 내놓은 대안이 채택되었다. 다음날인 11월 8일에 11월 혁명 5주년을 맞아 카르가 뮌헨의 유력 인사들을 모두 모아놓고 뷔르거브로이켈러 맥주홀에서 좌파를 신랄하게 공격하는 연설을 한다고 하니 그때 현장을 덮치자는 것이었다. 갑자기 마련된 그 기념 행사는 투쟁동맹 지도부에게는 위협으로 받아들여졌다. 카르가 히틀러와 만나기를 거부한다니까 반감은 더욱 커졌다. 그 집회가 카르의 입지를 강화하고 투쟁동맹을 약화하리라는 것은 아무도 부인할 수 없었다. 카르가 바이에른은 군주정으로 돌아간다고 선언함으로써 민족주의 진영과의 결별을 기정사실화하리라고 투쟁동맹 지도부가 믿었는지 여부는 알 수 없다. 그들이 더 우려했던 것은 카르가 투쟁동맹을 끌어들이지 않고 독자적으로 베를린과 맞붙을지 모른다는 것이었다. 늦어도 2주일 안에는 베를린 진군을 벌여 국민 독재 정부를 수립할 것이라고 로소프가 10월 24일에 한 말을 히틀러는 똑똑히 기억했기 때문에 그런 걱정이 드는 것은 당연했다.[232] 아무튼 히틀러는 카르가 집회를 여는 이상 행동에 나설 수밖에 없다고 생각했다. 투쟁동맹이 국민 혁명을 이끌어 가고자 한다면 지금 당장 주도적으로 나설 수밖에 없었다.[233] 한참 뒤에 히틀러는 이렇게 설명했다. "적들은 11월 12일을 기해서 바이에른 혁명을 선언할 작정이었는데 …… 나는 그것을 나흘 앞당겼다."[234]

　11월 7일 밤 히틀러는 돌격대 지휘관들과 작전 계획을 짜고 자리를 뜨면서 경호원 울리히 그라프에게 "내일 8시에 벌어질 것."이라고 말했다.[235] 그리고 새벽 1시경 집으로 돌아왔다. 그로부터 11시간 뒤 히틀러는 긴 트렌치코트를 입고 한 손에는 채찍을 들고 로젠베르크의 사무실에서 들뜬 표정으로 괴링을 기다렸다. 로젠베르크와 같이 자리를 한 한프슈탱글과 다음 호 〈민족의 감시자〉에 무슨 기사를 실을지 의견도 나누었다. 히틀러는 "결단의 순간이 왔다."고 두 사람에게 밝히고 다른 사람들에게 말하지 말라고 하면서 오늘 밤 뷔르거브로이켈러 맥주홀에서 자기 옆을 뜨지 말라고 지시했다. 그러면서 권총을 챙겨 오라고 덧붙였다.[236] 헤스는 그날 아침 거사 계획을 들었다. 푀너도 자세한 설명을 들었다.[237] 히틀러의 측근 중에서도 호프만처럼 까맣게 모른 사람이 있었다.[238] 나치당을 창당했고 명예 의장으로 있던 드렉슬러는 11월 8일 밤 히틀러와 함께 연설을 하는 줄 알고 프라이징으로 가다가 우연히 아만과 에서를 만나서 집회가 취소되었으니 갈 필요가 없다는 소리를 들었다.[239]

3천 명이 맥주홀을 가득 메운 가운데 카르가 미리 준비한 원고를 읽으면서 반 시간쯤 연설을 하고 있는데, 8시 반경 입구 쪽이 소란스러워졌다. 카르는 연설을 중단했다. 철모를 쓴 사내들이 나타났다. 히틀러의 돌격대가 도착한 것이다. 기관총 한 대도 장내로 들어왔다.[240] 히틀러가 권총을 치켜든 무장 경호원 둘을 거느리고 안으로 뚜벅뚜벅 걸어가는 것을 사람들은 자리에서 일어나서 지켜보았다. 히틀러는 의자 위로 올라갔지만 장내가 시끄러워서 자기 목소리가 묻히자 권총을 꺼내더니 천장을 겨누고 쏘았다.[241] 그러고는 국민 혁명이 일어났으며 600명의 무장 요원이 건물을 에워싸고 있다고 밝혔다. 계속 소란스러우면 기관총을 설치할 것이라고 덧붙였다.[242] 그리고 마지막으로 바이에른 정부는 축출되었으며 과도 제국 정부가 수립되었다고 선언했다. 그때 시각이 8시 45분이었다. 히틀러는 카르, 로소프, 자이서에게 자기와 함께 옆방으로 가자고 요청했다. 사실은 요청이 아니라 명령이었다. 그러면서 신변 안전을 약속했다. 세 사람은 머뭇거리다가 순순히 응했다.[243] 장내는 크게 술렁거렸다. 그러나 괴링은 장내 질서를 회복했다. 그리고 이번 거사를 일으킨 것은 카르와 군대, 경찰과 등지려는 데 목적이 있는 것이 아니라고 설명했다. 사람들은 흥분을 가라앉히고 자리에 앉았다. "맥주 마저 드세요." 괴링은 덧붙였다.[244] 청중은 어느 정도 진정을 되찾았지만 그래도 대다수는 여기가 남미도 아닌데 어떻게 이런 작태를 벌일 수 있느냐고 비판했다.

옆방에서 히틀러는 권총을 휘두르면서 허락 없이는 아무도 이 방을

1923년 11월 9일 뮌헨 루트비히슈트라세의 국방부 앞에서 바리케이드를 지키는 무장한 돌격대원들
(한복판의 제국기를 든 사람이 하인리히 힘러, 그 오른쪽 앞에 털외투를 입은 사람이 에른스트 룀).
아래 사진은 같은 날 뮌헨 일원의 무장 반란군.

나가지 못한다고 으름장을 놓으면서 새로운 제국 정부가 수립되었으며 수반은 자기라고 밝혔다. 루덴도르프는 군대를 총괄하고 로소프는 국방 장관, 자이서는 경찰청장, 카르는 바이에른 주지사, 푀너는 바이에른 주 총리로서 독재 권력을 행사하게 될 것이라고 통보했다. 그러면서 억지로 밀어붙여서 미안하지만 결단을 내릴 수밖에 없었다, 3인방이 나설 수 있게 여건을 만들고 싶었다고 사과했다. 그리고 일이 잘 안 풀릴 경우 권총에 든 실탄 네 발 중 세 발은 세 사람을 쏘고 한 발은 자기를 쏠 것이라고 비장한 각오를 밝혔다.[245)]

히틀러가 10분 뒤에 연단으로 돌아가자 장내는 또다시 술렁거렸다. 괴링이 말한 대로 이번 거사는 경찰과 제국군을 겨냥한 것이 아니라 "어디까지나 베를린의 유대인 정부와 1918년 11월의 범죄자"를 처단하려고 일으킨 것이라고 강조했다. 중앙 정부와 지방 정부의 새로운 조각 내용을 알리면서 이번에는, 루덴도르프가 "독일 국민군의 지휘자이자 수반으로서 독재 권력을 행사할 것"이라고 밝혔다.[246)] 그러면서 장내를 가득 메운 군중에게 애초 예상했던 것보다 시간이 많이 걸리는 것 같다고 고충을 토로했다. "지금 카르, 로소프, 자이서 세 분이 결단을 앞두고 목하 고심 중입니다. 여러분께서 성원을 보내더라고 제가 그분들한테 말씀드려도 될까요?" 군중이 환호성으로 화답하자 히틀러는 특유의 비장한 어법으로 분위기를 고조시켰다. "이 자리에서 여러분께 선언합니다. 오늘 밤 독일 혁명이 시작되었습니다! 아니면 내일 새벽까지 우리는 모두 죽습니다!"[247)] 히틀러가 짧은 연설을 끝내자 분위기는 완전히 히틀러 쪽으로 돌아섰다. 현장에서 지켜본 카를 알렉산더 폰 뮐러에 따르면 그것은 그야말로 '명연설'이었다.[248)]

집회장 안으로 처음 밀고 들어온 지 한 시간쯤 지나서 히틀러와 루덴도르프(제국 육군 군복을 완벽하게 차려입고 어느새 모습을 나타냈다)는 바이에른 3인방을 앞세우고 연단으로 돌아왔다. 카르가 먼저 가면을 쓴 것처럼 무표정한 얼굴로 자신은 왕조를 보필하던 몸으로서 이제 바이에른을 위해 몸 바칠 생각이라고 조용히 말하여 장내가 떠나갈 듯한 박수갈채를 받았다.[249)] 히틀러는 어린아이처럼 좋아하는 기쁜 표정으로 앞으로 카르는 새로 출범할 제국 정부의 정책을 총괄할 것이라면서 카르의 손을 굳게 부여잡았다. 다음에는 루덴도르프가 아주 심각한 얼굴로 얼떨떨한 심경을 밝혔다. 겉모습만으로는 그 속마음을 알 수가 없었던 로소프와 셋 중에서 제일 동요가 심했던 자이서도 히틀러에게 등을 떠밀려서 한마디씩 했다. 푀너도 카르와 손잡고 일하겠다고 약속했다. 히틀러는 다시 한 번 연단에 선 모든 사람들과 악수를 나누었다.[250] 그날의 주인공은 누가 뭐래도 히틀러였다. 그날은 모두가 히틀러를 위해 모인 것 같았다.

그렇지만 그때부터 일이 틀어졌다. 뷔르거브로이켈러 집회에 맞추어 거사를 앞당겨야 한다고 히틀러가 우기는 바람에 겨우 하루를 앞두고 주먹구구식으로 계획을 짰는데 결국 탈이 나면서 그날 밤의 계획이 엉망이 되고 말았다. 히틀러가 준 명단을 헤스가 낭독하자 장내에 있던 정부 관리들은 순순히 임의 동행에 동의했다. 쿠데타가 성공했다는 소식은 에서와 룀의 지휘 아래 도시 맞은편의 뢰벤브로이켈러 맥주홀에 모여 있던 투쟁동맹 사람들 귀에도 들어갔다. 장내는 흥분의 도가니로 빠져들었다. 그렇지만 막상 밖으로 나가니 사태는 그리 호락호락하지 않았다. 룀은 제국군 본부를 어렵게 장악하긴 했지만 어처구니없게도 통신실을 방치하는 바람에 로소프가 인근의 크고 작은 도시들에다 시급히 증원군을 뮌헨으로 보내 달라고 요청을 할 수 있었다. 프리크와 푀너는 처음에는 경찰청을 장악하는 데 성공했다. 그렇지만 다른 곳에서는 상황이 급격히 악화되었다. 워낙 조직이 엉성했으므로 밤새 우왕좌왕하다가 쿠데타 세력은 병영과 관공서를 접수하는 데 실패하고 말았다.[251] 처음에는 잘 풀린다 싶더니 얼마 안 가서 사방에서 일이 꼬이고 말았다. 군대도 경찰도 쿠데타 세력에 합류하지 않았다.

히틀러도 히틀러대로 그날 처음으로 중요한 실수를 저질렀다. 공병부대를 장악하는 데 어려움을 겪고 있다는 소식을 듣고, 사실은 헛걸음이었는데도, 자기가 직접 가보겠다고 나선 것이다. 현장을 혼자서 지키던 루덴도르프는 주변에 있던 사람들의 말만 듣고 카르, 로소프, 자이서를 그냥 내보냈다. 세 사람은 히틀러의 강요로 마지못해 했던 약속을 하루

아침에 뒤집었다.[252]

그날 밤 뮌헨 시내의 한 호텔에서 묵었던 한 투숙객은 바이에른 혁명이 성공했다고 믿고 들뜰 대로 들뜬 청년들이 여기저기로 몰려다니는 모습을 지켜보았다.[253] 히틀러가 제국 총리에 취임했다고 선포하는 현수막이 내걸렸다. 히틀러에게 그런 호칭이 붙은 것은 그때가 처음이었다.[254] 그런데 히틀러는 희한하게도 '국민 독재'를 실시한다는 선언을 아직도 안 하고 있었다. 그만큼 일이 두서없이 산만하게 진행되었다는 뜻이었다.[255] 자정이 되기 조금 전에 히틀러는 프랑켄 지방의 나치당 사령탑이며 유대인을 괴롭히는 데 앞장섰던 율리우스 슈트라이허를 당 조직과 선전을 총괄하는 자리에 앉혔다. 일이 순조롭게 진행되면 자기가 너무 바빠질 것 같아서 그렇게 한 모양이었다.[256] 그렇지만 쿠데타 지도부는 아직 돌아가는 사태를 제대로 파악하지 못했는지 몰라도 벌써 자정이 되기도 전에 정부를 장악하려는 시도는 실패로 돌아갔다는 것이 확실해졌다.

밤이 깊어지면서 카르, 로소프, 자이서는 정부 당국은 쿠데타를 격퇴했다고 자신 있게 선언할 수 있는 위치로 올라섰다. 오전 2시 55분에 독일의 모든 라디오 방송국은 로소프한테서 이런 통보를 받았다.[257] 쿠데타 주모자들도 3인방만이 아니라 군대도, 경찰도 쿠데타에 반대하고 있다는 사실을 시간이 흐르면서 깨달았다.[258] 오전 5시, 히틀러는 자기는 죽을 때까지 싸울 것이라는 결의를 밝혔다. 히틀러도 그 즈음에는 쿠데타가 성공하리라는 확신을 잃었다는 뜻이었다.[259] 제국군 사령부에서 뷔르거브로이켈러 맥주홀로 돌아오는 길에 실제로 히틀러는 울리히 그라프에게 "사태가 아주 심각하게 돌아간다."고 말했다.[260] 나중에 히틀러는 루덴도르프가 카르, 로소프, 자이서를 풀어주었다는 소리를 그때 듣고 거사가 실패했다는 것을 직감했다고 말했다.[261] 맥주홀도 분위기가 푹 가라앉아 있었다. 퀴퀴한 담배 연기가 장막처럼 허공을 뒤덮은 가운데 사람들은 탁자 앞에 우두커니 모여 있거나 의자를 갖다 붙여서 그 위에 지친 듯 널브러져 있었다.[262] 그날 밤의 잔치를 위해 나치당이 준비한 엄청난 양의 빵과 맥주도 어느새 바닥이 나 있었다.[263] 그런데도 위에서는 아무런 지시도 내려오지 않았다. 사태가 어떻게 돌아가는지 아는 사람은 아무도 없었다.

쿠데타 지도자들도 상황을 제대로 파악하지 못하고 있었다. 그들이 갑론을박을 벌이는 동안 정부는 전열을 가다듬었다. 이제는 물러설 곳이 없었다. 히틀러도 돌아가는 사정을 모르기는 마찬가지였고 사태를 장악한 것과는 거리가 멀었다. 지푸라기라도 붙잡는 심정으로, 베르히테스가덴으로 쳐들어가 쿠데타 지도부에 적대감을 품은 것으로 알려진 루프레히트 공을 회유해볼까 하는 생각까지 했다.[264] 크리벨은 무장 항쟁을 주장하고 나섰다. 루덴도르프는 풍찬노숙을 해야 하는 상황까지 몰리고 싶지는 않다는 뜻을 밝혔다. 시내에 있던 반란군은 몇 시간이 넘도록 지도부로부터 아무런 연락을 못 받았다.[265] 매서운 바람이 휘몰아치는 가운데 날이 밝았고 사기가 떨어진 반란군은 맥주홀에서 하나둘 빠져나가기 시작했다.[266] 오전 8시경 히틀러는 반군에게 봉급을 지불하기 위해 돌격대원 몇 사람을 보내 인쇄소에서 5백억 마르크의 현금 다발을 탈취해 오라고 지시했다.[267] 급속히 와해된 이 쿠데타에서 구체적으로 행동다운 행동이 있었다면 이것이 유일했다.

히틀러와 루덴도르프는 아침이 되어서야 시내에서 시가 행진을 벌이면 좋겠다는 생각을 했다. 그 생각은 루덴도르프의 머리에서 나온 것으로 보인다.[268] 그렇지만 시위 목적이 막연하고 불확실했다.

뮌헨에서, 뉘른베르크에서, 바이로이트에서, 독일 방방곡곡에서 환희와 감격의 물결이 일어났을 것이다. 독일 육군 제1사단이 바이에른 땅을 떠나 처음으로 튀링겐 지역으로 발을 내딛는 순간 사람들은 북받치는 감정을 주체하지 못했을 것이다. 이제 독일의 고생은 끝났으며 독일이 일어서는 것이 빚을 갚는 유일한 길이라는 것을 사람들은 깨달았을 것이다.[269]

나중에 히틀러는 술회했다.[269] 시가 행진을 통해서 쿠데타에 대한 군중의 지지 열기를 끌어올리는 데 성공하면 군대도 시위 규모에 놀라고 전쟁 영웅 루덴도르프의 영향력을 무시할 수가 없어 결국 돌이설 것이라는 막연한 기대였다.[270] 군중이 모여들고 군대가 합류하면 여세를 몰아 베를린까지 치고 올라가자는 생각이었다.[271] 그런 턱없는 망상과 허세에라도 기댈 수밖에 없었을 만큼 상황은 참담했고 암울했고 절망스러웠다. 그들이 현실을 깨닫는 데는 시간이 그리 오래 걸리지 않았다.

정오 무렵 히틀러까지 무장을 한 가운데 2천 명의 시위대가 뷔르거브로이켈러 맥주홀을 나섰다. 권총을 한 자루씩 쥐고 시위대는 루트비히스브뤼케 다리에서 경찰의 저지선을 가볍게 뚫더니 이자르토어 성문을 지나 시내 한복판의 마리엔플라츠 광장까지 가서 거기서 다시 전쟁성까지 행진을 벌이기로 했다. 길가에서 구호를 외치고 손을 흔들어주는 사람들이 있어 기운을 얻기도 했다. 새로운 정부가 마침내 들어서는구나 하고 고무된 사람들도 있었다.[272] 그렇지만 쿠데타 지도부는 국민 혁명을 알리는 현수막이 찢겨나가거나 전열을 가다듬은 3인방이 발표한 포고문에 덮인 것을 외면하려야 외면할 수가 없었다. 그렇지 않아도 벌써부터 쿠데타를 조롱하는 사람이 있었다. "엄마가 큰 길에서 이렇게 위험한 놀이를 해도 된다고 그러든?" 뷔르거브로이켈러 맥주홀에서 그리 멀지 않은 곳에서 한스 프랑크가 대원들과 함께 기관총을 설치할 때 그렇게 빈정거리는 노동자가 있었다.[273] 행진에 나선 사람들은 승산이 희박하다는 사실을 깨달았다. 마치 장례 행렬에 끼어든 기분이었다고 말하는 사람도 있었다.[274]

레지덴츠슈트라세 끄트머리에서 오데온스플라츠 광장 쪽으로 올라가던 시위대는 간헐적으로 연도에서 터져나오는 격려의 구호를 들으면서 디트리히 에카르트가 작곡한 〈돌격의 노래〉를 부르며 가라앉은 분위기를 끌어올리던 중 이번에는 좀 더 규모가 큰 경찰의 저지선과 맞닥뜨렸다. "왔다. 하일 히틀러!" 한 구경꾼이 큰소리로 외쳤다.[275] 그 순간 발포가 시작되었다. 누가 먼저 총을 쐈는지는 확실히 밝혀지지 않았지만 정황으로 보아 시위대 쪽에서 먼저 쏘았을 가능성이 높다.[276] 그때부터 약 30초 동안 치열한 총격전이 벌어졌다. 총성이 멎었을 때 시위대 14명과 경찰 4명이 죽어 있었다.[277]

사망자 중에는 주모자 가운데 한 사람인 에르빈 폰 쇼이브너-리히터도 있었다. 그는 깃발을 든 대원들 바로 뒤에서 쿠데타 지도부의 일원으로 히틀러와 함께 어깨동무를 하고 가다가 총에 맞았다. 총알의 방향이 오른쪽으로 30센티미터만 틀어졌어도 역사는 다르게 흘러갔을 것이다. 히틀러는 반사적으로 몸을 틀었든가 아니면 쇼이브너-리히터와 몸이 엉키면서 쓰러졌든가[278] 아무튼 왼쪽 어깨가 탈골이 되었다.[279] 괴링도 다리에 총상을 입었다. 괴링을 비롯하여 쿠데타를 주모한 사람들은 대부분 오스트리아로 피신했다.[280] 슈트라이허, 프리크, 푀너, 아만, 룀은 얼마 안 가서 붙잡혔다. 총격전에서 무사히 살아남은 루덴도르프는 자진 출두했다가 부하의 증언으로 그냥 풀려났다.[281]

히틀러는 뮌헨 돌격대 의무단 단장이었던 발터 슐츠 박사의 응급 가료를 받고 근처에 세워져 있던 슐츠의 차를 타고 급히 현장을 빠져나왔다. 그리고 뮌헨 남쪽 우핑에 있던 한프슈탱글의 집에 도착했다. 그리고 11월 11일 그곳에서 경찰에 체포되었다. 한프슈탱글은 이미 오스트리아로 달아나고 없었다.[282] 거기서 히틀러는 '정치적 유서'를 작성하면서 당 의장직을 로젠베르크에게 넘기고 아만을 부의장에 앉혔다.[283] 한프슈탱글의 아내는 나중에 남편에게 히틀러가 집에 도착했을 때 몰골이 말이 아니더라고 전했다.[284] 그렇지만 히틀러가 자살하려다가 주변 사람들의 만류로 뜻을 이루지 못했다는 이야기는 근거가 없다.[285] 경찰이 들이닥쳤을 때 히틀러는 흰색 잠옷 바람으로 왼팔에 붕대를 하고 있었는데 기운은 없었지만 담담한 표정이었다. 경찰은 뮌헨에서 70킬로미터쯤 떨어진 그림처럼 아름다운 도시 란츠베르크의 오래된 요새로 히틀러를 데려가 가두었다. 히틀러가 새로운 거처로 들어섰을 때 39명의 교도관이 맞아주었다. 1919년 2월 바이에른 총리 쿠르트 아이스너를 암살한 혐의로 복역 중이던 그라프 아르코는 새로 온 거물급 수감자에게 널찍한 7호실을 내주고 다른 곳으로 옮겨 갔다.[286]

뮌헨을 비롯하여 바이에른의 여러 도시에서 봉기는 금세 잦아들었다. 뮌헨 시민의 대다수는 쿠데타에 동조했으므로 처음에는 '역적' 카르를 규탄하면서 여기저기서 산발적으로 시위가 일어났다.[287] 그러나 모험은 막을 내렸고 히틀러도 끝났다. 아니, 끝이 났어야 했다. 뮌헨에 미국

영사로 와 있던 로버트 머피는 히틀러는 형을 산 다음 독일 밖으로 추방될 것이라고 내다보았다.[288] 작가 슈테판 츠바이크는 훗날 이렇게 썼다. "1923년 이해에 하켄크로이츠와 돌격대는 자취를 감추었고 아돌프 히틀러라는 이름도 뇌리에서 거의 잊혀졌다. 그가 권력을 잡을 수 있을 것이라고 생각한 사람은 아무도 없었다."[289]

란츠베르크의 수인

심한 몸살을 앓을지라도 일단 고비를 넘기면 열은 금세 가라앉기 마련이다. 그 다음 몇 달 동안은 인플레를 막기 위해 새로 찍어낸 렌텐마르크 덕분에 화폐는 안정을 되찾았다. 도스 안(미국 은행가 찰스 G. 도스는 1924년 외국이 독일에 빌려주는 차관과 연계해 낮은 수준에서부터 시작하여 단계적으로 전쟁 배상금을 갚아 나가는 잠정적 틀을 강구하는 위원회를 이끌었다)으로 배상금 문제도 일단락 지어졌고, 1차 세계대전 직후의 어수선한 정국도 어느 정도 수습되고 1920년대 말에 새로운 경제 위기가 닥치긴 하지만 그전까지 정국은 안정을 되찾았다. 히틀러가 감옥에 갇히고 나치당은 불법 단체로 규정되고 민족 운동 진영이 사분오열되면서 극우 세력은 이제 위협으로 여겨지지 않았다.

급진 우익 진영의 지지자들이 떨어져나간 것은 결코 아니었다. 1924년 4월 6일의 주의회 선거에서 '민족블록'(이제는 분열된 민족 운동 진영에서 그래도 가장 큰 결집체였다)은 사회주의자와 공산주의자를 합친 것보다 더 많은 표를 얻어 뮌헨에서는 제1당으로 떠올랐다.[290] 5월 4일의 제국 의회 선거에서도 결과는 별로 다르지 않았다. 민족블록은 뮌헨에서는 28.5퍼센트의 득표율을 기록했고 오버바이에른과 슈바벤에서는 도합 17퍼센트를 얻었으며 프랑켄에서는 20.8퍼센트를 얻었다.[291] 하지만 거기에는 거품이 있었다. 독일이 되살아나고 우익이 내분을 겪으면서 유권자들은 민족 진영에서 등을 돌렸다. 1924년 12월 히틀러가 란츠베르크에서 풀려나기 2주일 전에 치러진 2차 제국 의회 선거에서 민족블록의 득표율은 프랑켄에서는 7.5퍼센트, 오버바이에른/슈바벤에서는 4.8퍼센트, 니더바이에른에서는 3퍼센트(7개월 전에는 10.2퍼센트였다)에 그쳤다.[292]

바이에른은 여전히 남다른 기질을 보여주기는 했지만, 1920년부터 1923년까지 바이에른이 급진 우익 세력의 안마당이었다는 것도 이제는 옛말이었다. 공권력과 충돌하는 과정에서 준군사조직은 이빨을 잃고 말았다. 군대의 지원을 못 받는 준군사조직은 종이호랑이에 지나지 않았다. 쿠데타의 후유증이 가시지 않은 상태에서 투쟁동맹은 해체되었고 통일애국연합도 무기를 압수당하고 군사 활동을 금지당해서 활동 영역이 크게 줄어들었다.[293] 바이에른 정부가 더욱 급진적이고 극단적인 민족주의 성향의 준군사조직을 억누르기 위해 우익 진영에 박아놓은 3인방은 쿠데타 과정에서 권위와 신뢰를 잃어버렸다.[294] 병참총감 카르가 물러나고 바이에른 가톨릭 진영의 유력 정치인으로서 바이에른인민당을 이끌던 하인리히 헬트 박사가 신임 주총리로 취임하면서 바이에른 정치는 다시 정상을 되찾았다.

그렇지만 히틀러를 정치인으로 발탁하고 바이에른 우익의 핵심 인물로 키워준 세력은 히틀러의 인생이 끝난 것처럼 보였는데도 여전히 히틀러를 살려내려고 애썼다. 히틀러 봉기는 단순히 히틀러 혼자서 일으킨 것이 아니었다. 지체 없이 행동에 나서야 한다고 히틀러가 밀어붙인 것이 사실이고 그것은 그의 무모한 기질을 말해주지만 한편으로는 히틀러의 강한 추진력에 미련을 품은 사람들이 많은 이유이기도 했다. 설익은 계획, 엉성한 임기응변, 꼼꼼하지 못한 일처리는 앞뒤를 모두 재보지도 않고 만약의 경우까지 생각해놓지 않고 덮어놓고 행동에 나서는 히틀러 특유의 성급함을 적나라하게 드러냈다. 하지만 몇 달 전부터 준군사조직 진영뿐 아니라 바이에른 정부와 군부 내에서도 베를린 정부와 한판 붙어야 한다는 공감대가 형성되어 있지 않았다면 히틀러의 거사가 그렇게 많은 호응을 얻을 수는 없었을 것이다. 바이에른의 지배층이 민주주의, 사회주의, 프로이센에 극도의 반감을 품은 나머지, 너무나 성향이 다른 정파들을 반혁명이라는 기치 아래 결집하는 데 앞장서지 않았더라면 히틀러의 무모한 도박은 결코 실행되지 못했을 것이다. 바이에른 제국군은 정부를 무너뜨리려는 준군사조직의 육성과 훈련에 심혈을 기울였다. 쿠데타를 주도한 핵심 인물 중에는 군인이 적지 않았다. 아무리 나중에 발뺌을 했을지언정 카르, 로소프, 자이서는 자기들과는 상관없는 일이라고 잡아뗄 수 없는 입장이었고, 루덴도르프 장군은 처음부터 끝까지 우익 봉기에서 정신적 지주 역할을 했다. 따라서 뮌헨에서 1924년 2월 26일부터 3월 27일까지 열렸고 나흘 뒤인 4월 1일에 언도가 내려진 쿠데타 주모자들에 대한 재판에서 세인의 관심이 온통 히틀러에게 쏠린 것도 무리는 아니었다.[295] 히틀러는 자신에게 던져진 역할을 즐거운 마음으로 연기했다.

나중에 재판정에서는 아주 당당한 모습을 보였지만 처음 기소를 당했을 때만 하더라도 그렇지는 않았다. 처음에는 묵비권을 행사하면서 단식을 하겠다고 버텼다. 당시 히틀러는 모든 것이 끝났다고 생각했다. 한참 뒤에 전해진 이야기지만 교도소에서 히틀러는 상담원에게 이런 말을 했다고 한다. "이젠 지쳤다. 끝났다. 총이 있으면 끝내고 싶다."[296] 나중에 드렉슬러도 히틀러가 자살하려는 것을 말린 적이 있다고 주장했다.[297]

그런데 재판이 시작되자 히틀러의 입장은 너무나 달라졌다. 히틀러는 재판을 자신을 알리는 선전 무대로 삼았다. 모든 것을 자기가 떠안으면서 바이마르 정권을 타도하려고 나선 것은 떳떳할 뿐 아니라 오히려 칭찬을 받을 만한 행동이라고 주장했다. 히틀러가 그렇게 할 수 있었던 것은 카르, 로소프, 자이서 세 사람이 어떻게 반역 행위를 했는지, 또 바이에른 제국군이 무슨 짓을 했는지 히틀러가 폭로하겠다고 위협한 탓도 있었다.

히틀러가 재판을 유리하게 활용하는 전략으로 나오리라는 것은 바이에른 당국도 어느 정도 예상하고 있었을 것이다. 그 전략은 체포된 지 이틀 만에, 나중에 2차 세계대전이 끝나고 바이에른의 주총리를 지내지만 당시만 하더라도 이미 실력 있는 검사였던 한스 에하르트의 심문을 받는 과정에서 벌써 드러났다. 처음에 히틀러는 쿠데타 건에 대해서는 침묵으로 일관하려고 했다. 묵비권을 행사하면 당신도 그렇고 당신 동료들도 그렇고 그만큼 오래 갇혀 있을 뿐이라고 에하르트가 말했지만, 히틀러는 그런 것은 전혀 개의치 않는다고 응수했다. "역사 앞에 자기의 행동과 사명을 어떻게 정당화하느냐가 문제였지 법원의 입장 따위는 아랑곳하지 않는다는 것이었다. 법원이 무슨 권리로 자기에게 심판을 내리느냐는 것이었다." 그러고는 은근히 협박을 했다. 비장의 카드는 법정에서 공개할 것이며 수많은 증인을 요청하겠지만, 미리 입을 맞추지 못하도록 재판을 받을 때 요청하겠다고 으름장을 놓았다.

에하르트는 공식 진술을 얻어내는 것은 일찌감치 포기하는 것이 낫겠다고 판단하고 타자수를 밖으로 내보냈다. 다섯 시간 동안 끈기 있게 질문을 던지고 기나긴 정치적 논변을 들어주는 이 영리한 검사 앞에서 히틀러는 여전히 조심하고 말을 아끼려고는 했지만 어느 정도는 속내를 털어놓았다. 히틀러는 글로는 잘 못 써도 일단 입을 열었다 하면 적확한 표현을 척척 찾아냈는데, 본인 말마따나 그것이 그의 강점이었다. 에하르트 앞에서 히틀러가 보인 태도는 나중에 재판정에서 그가 보일 행동의 전주곡이었다.

히틀러는 1918년 '11월의 범죄자'들을 아직도 처벌하지 않고 방치하는 헌법이 있는데 자기를 역적으로 보는 것은 어불성설이라고 반발했다. 만약 헌법이 법적 구속력을 지니려면 1920년 바이에른에서 호프만 정권을 무너뜨린 것도, 1923년 카르가 병참총감에 앉으면서 독재 권력을 틀어쥔 것도 반역죄로 다스려야 한다고 주장했다. 그러면서 헌법의 형식적 권리보다 위에 있는 것은 무능한 의회 앞에서 자신을 방어하는 민족의 자연권이라고 역설했다.

히틀러는 카르, 로소프, 자이서가 쿠데타 진행 과정에서 보인 석연치 않은 행보를 폭로하겠다는 강한 암시도 보였다. 3인방은 히틀러가 보기에 자신이 일으킨 반역에 흔쾌히 동조했다. 뷔르거브로이켈러 맥주홀에서 그들은 마지못해 협력하는 척한 것이 아니라 합의를 실천에 옮길 의사가 분명히 있었다는 것을 증명할 수 있다고 자신했다. 그들이 맥주홀에서 나간 다음에 돌아선 것은 회유 아니면 강요 때문이라는 것이었다.

아무래도 그럴 것 같아서 단단히 붙잡아 두라고 지시해놓았는데, 자기가 잠시 자리를 비운 사이에 부하의 말만 믿고 풀어주는 바람에 일을 그르치게 되었다는 것이었다. 자기 같으면 절대로 풀어주지 않았다는 것이었다. 맥주홀로 다시 돌아와서 진상을 파악하고, "아, 이제 틀렸구나" 싶었다고 히틀러는 말했다. 3인방은 11월 8일 저녁에 갑자기 자기와 손잡은 것이 아니었다. 벌써 몇 달 전부터 줄곧 이야기를 나누었기 때문에 금세 말이 통했다. 그들과 함께 '베를린 진군'을 세부적인 데까지 자세히 논의했다. 그리고 의기투합했다. 3인방과 자기가 지향하는 목표는 똑같았다. 쿠데타를 염두에 두고 바이에른 제국군이 준군사조직을 어떻게 지원하고 훈련했는지 "히틀러는 '비밀 동원'에 관한 문제를 송두리째 밝히려는 모양"이라고 에하르트는 썼다.[298]

그 점이 핵심이었다. 바이에른의 지배 세력은 잠재적 위협을 줄이려고 했다. 그러려면 무엇보다도 재판을 바이에른 관할 구역에서 치러야 했다. 엄격히 말해서 재판은 뮌헨이 아니라 라이프치히의 중앙 법원에서 받아야 했다. 히틀러도 처음에는 그래야 한다고 생각했다. 바이에른 법원은 3인방을 비호하리라고 보았기 때문이다. "라이프치히 같으면, 점잖게 증인으로 재판정에 들어갔다가 죄수로 나오는 사람이 꽤 되겠지만, 뮌헨에서는 그런 일을 기대하기는 어려울 것이다."[299] 히틀러는 에하르트에게 불만을 토로했다. 하지만 중앙 정부는 바이에른 지방 정부의 압력에 무릎을 꿇었다. 재판은 뮌헨에서 받게 되었다.[300] 그렇지만 히틀러가 애초 우려했던 것은 그야말로 기우에 지나지 않았다.

카르는 재판을 안 받는 것이 최선이지만 재판을 받더라도 요식 행위로 하고 피고는 잘못을 인정하되 어디까지나 애국심에서 한 일이니 정상 참작을 해 달라고 부탁하는 선에서 마무리되기를 원했다. 그렇지만 보나마나 쿠데타 주모자 중에는 여기에 반발하는 사람이 있을 테니 이 방법을 쓸 수는 없었다. 하지만 그런 쪽으로 한번 생각해보겠다는 반응만으로도 피고들은 관용을 약속받았을 가능성이 높았다.[301] 히틀러는 누가 뭐래도 결과에 자신이 있었다. 그에게는 여전히 비장의 수단이 있었던 것이다. 재판을 받는 동안 히틀러가 있던 법원 구치소로 면회를 온 한프슈탱글 앞에서도 히틀러는 조금도 걱정하는 빛을 보이지 않았다. "할 테면 해보라지. 난 슬쩍 흘리기만 하면 돼요. 특히 로소프에 대해서. 그럼 스캔들이 크게 터져요. 알 만한 사람은 다 압니다."[302] 주임 판사와 배석 판사들이 호의적으로 나왔다는 점 말고도 이렇게 믿는 구석이 있었기 때문에 히틀러는 자신만만하게 재판에 응했다.

루덴도르프, 푀너, 프리크, 베버(오버란트동맹의), 룀, 크리벨도 히틀러와 함께 재판을 받았다. 그렇지만 공소장은 "히틀러가 전부 다 주동했다."고 못 박았다.[303] 나이트하르트 주임 판사가 재판이 시작되기 전부터 벌써 루덴도르프는 아직도 독일에 남은 '유일한 인물'이니까 풀려날 것이라고 밝혔다는 소문이 있었다. 주임 판사는 첫 심문에서 루덴도르프가 불리한 진술을 하자 그 기록을 폐기하고 루덴도르프는 쿠데타 모의를 까맣게 모르고 있었다고 주장하는 진술로 바꿔치기했다.[304] 반면 히틀러는 법정에서 마음껏 말하도록 내버려 두었다. 재판을 지켜본한 기자는 그것을 "정치 카니발"이라고 묘사했다. 소비에트공화국 사건으로 끌려온 인사들은 매정하게 대하던 재판부가 우익 피고들은 깍듯하게 대하더라는 것이었다. 히틀러가 첫 발언을 마치자 "정말, 인물은 인물이네!" 하고 읊조리는 소리도 들었다고 기자는 썼다. 히틀러는 죄수복이 아니라 양복에 일등 철십자 무공훈장을 달고 나타났다. 루덴도르프는 교도소 밖에서 고급 리무진을 타고 나타났다.[305] 베버 박사는 수감되긴 했지만 일요일 오후마다 뮌헨 거리에서 산책을 할 수 있었다. 제국군과 경찰을 공격해도 주임 판사가 아무런 제동을 걸지 않자 나중에 중앙 정부도, 바이에른 주정부도 재판부를 거세게 비난했다. 나이트하르트 판사는 히틀러가 네 시간 동안 연설해도 그냥 놔 두는 '어처구니없는 상황'에 대해서 재판 과정에서 분명히 항의를 들었다. 그럴 때마다주임 판사는 피고의 말을 끊을 수 없었다고만 말했다. 히틀러는 또 카르, 로소프, 자이서 같은 증인들을 심문하는 자유도 마음껏 누리면서 자주 옆길로 빠져서 정치적으로 민감한 발언을 쏟아냈다.[306]

1924년 4월 1일에 재판부가 내린 선고에서 루덴도르프는 예상대로무죄로 풀려났지만 자신은 이것을 모욕으로 받아들였다. 히틀러는 베버, 크리벨, 푀너와 함께 반역죄로 겨우 5년형(그동안 4개월하고 2주일 동안 구금되어 있었으니까 그만큼은 또 빼야 했다)과 200금마르크의 벌금(벌금을 못 낼 경우 형을 20일 더 살면 되었다)을 선고받았다. 다른 사람들은 더 가벼운 형을 받았다.[307] 다른 판사들이 히틀러가 빨리 나갈 수 있도록 아주 가벼운 형을 받아야만 '유죄' 판결을 받아들이겠다고 압력을 넣었다는 후문을 들었다고 히틀러는 나중에 밝혔다.[308] 재판부는 '공화국 보호법' 조항에 따라 히틀러를 국외로 추방하라는 요구가 있었지만 받아들일 수 없었다면서 이렇게 해명했다. "히틀러는 독일계 오스트리아 국민이지만 스스로 독일인이라고 생각한다. 재판부의 소견으로는 공화국 보호법 2장 9절의 취지와 의도를 히틀러같이 독일인처럼 생각하고 느끼는 사람에게는 적용할 수 없다고 본다. 히틀러는 4년 반 동안 독일군으로 참전하여 부상을 당하는 등 몸을 해치면서도 뛰어난 투쟁 정신으로 무공을 세운 뒤 전역하여 뮌헨 제1군관구 사령부에 편입되었다."[309]

바이에른의 보수 우익 진영에서도 상식에서 벗어난 재판 방식과 형량에 놀라면서 심하다는 반응을 보였다.[310] 히틀러가 받은 형량은 법적으로 따졌을 때 문제의 소지가 많았다. 반란군이 죽인 4명은 판결문에서 언급도 안 되었다. 14조 6050억 마르크(2만 8천 금마르크에 해당하는 금액)에 이르는 공금을 탈취한 것도 슬쩍 넘어갔다. 사회민주당 기관지 〈뮌헨 포스트〉의 사무실을 부순 책임도, 상당수의 사회민주당 시 의원들을 인질로 잡아 둔 책임도 히틀러는 모면했다. 죽은 폰 데어 포르트텐의 호주머니에서 발견된 신헌법 문구도 거론하지 않았다.[311] 재판부는 또 1922년 1월 폭력 선동죄로 유죄 판결을 받고 히틀러가 아직도 법적으로는 보호 관찰을 받고 있다는 사실도 언급하지 않았다. 법적으로 히틀러는 더는 보호 관찰을 받을 자격이 없었다.[312]

2년 전 히틀러를 처음 재판한 판사와 지금 반역죄로 몰린 히틀러를 재판한 판사는 동일 인물이었다. 바로 민족주의에 내심 공감하던 게오르크 나이트하르트였다.[313]

히틀러는 형무소라기보다는 호텔에 가까울 만큼 쾌적한 여건에서 수감 생활을 하러 란츠베르크로 돌아왔다. 가구가 딸린 히틀러의 쾌적한

군사 반란 재판을 받은 피고들. (왼쪽부터) 하인츠 페르네트, 프리드리히 베버, 빌헬름 프리크, 헤르만 크리벨, 에리히 루덴도르프, 아돌프 히틀러, 빌헬름 브뤼크너, 에른스트 룀, 로베르트 바그너.

2층 방에서는 창으로 시골의 아름다운 경치가 한눈에 들어왔다. 히틀러는 멜빵 바지 차림으로 지지자들이 보내온 월계관을 뒤에 두고 편안한 등나무 의자에 앉아 느긋하게 신문을 읽든가 아니면 책상 위에 수북이 쌓인 편지를 훑어보았다. 교도관들도 깍듯하게 예우하면서 음으로 양으로 편의를 봐주려고 했다. "하일, 히틀러" 하면서 나치 식으로 몰래 인사를 하는 교도관도 있었다. 선물, 꽃, 지지 편지, 칭송문이 쏟아져 들어왔다. 방문객들도 감당하기 벅찰 만큼 몰려들었다. 결국 500명이 넘으면서부터는 면담자를 제한할 수밖에 없었다. 제발로 걸어 들어온 사람들까지 포함해서 40명에 이르는 동료 수감자들은 일반인과 똑같이 생활의 편익을 거의 다 누리고 살 수 있게 되자 히틀러한테 살랑거렸다.[314] 히틀러는 사흘 전 그러니까 4월 23일 자기의 35번째 생일을 축하하기 위해 전우들과 민족 운동 지지자들이 뷔르거브로이켈러 맥주홀에 모여 "독일 국민의 민족 정신을 일깨우고 해방의 불길을 댕긴 사람"을 위해 축배를 들었다는 기사를 읽었다.[315] 재판을 통해서 거물급으로 떠오른 히틀러는 자기를 지도자로 추앙하는 지지자들이 늘어나는 것을 보면서 자신의 정치 이념과 사명에 대해서, 짧은 형을 마치고 나가면 어떻게 정치를 재개할 것인지에 대해서 곰곰이 생각했다. 그리고 쿠데타 실패에서 교훈을 찾았다.

뷔르거브로이켈러에서 일어난 예기치 못한 사건과 이튿날 펠트헤른할레로 행진하던 중 맞은 대단원으로 히틀러는 정규군에 맞서서 무장 봉기로 권력을 잡으려는 시도는 백이면 백 실패한다는 사실을 깨달았다. 무장 봉기보다는 선전과 대중 동원이야말로 '민족 혁명'을 낳는 지름길이라는 자신의 지론이 옳다고 느꼈다. 그래서 히틀러는 위장된 모습으로 투쟁동맹을 다시 재건하여 일종의 인민 무장군을 만들려는 룀과는 거리를 두었다.[316] 서로의 노선이 워낙 다른 데다가 권력에 대한 야심까지 겹치면서 두 사람은 결국 1934년 유혈극을 벌인다. 그렇지만 무력에 의한 권력 장악 노선을 버리고 '합법 노선'으로 완전히 돌아섰다고 말하는 것은 너무 나간 것이다. 나중에 정치를 재개하기 위해서 히틀러가 앞으로는 법을 지키겠다고 밝힌 것은 사실이다. 그리고 선거 결과도 좋았기 때문에 그것이 정권을 잡는 최선의 방법으로 보인 것도 사실이다. 하지만 무장 봉기 노선을 완전히 포기하지는 않았다. 돌격대가 어정쩡한 상태로 남았던 데서도 알 수 있듯이 무장 봉기 노선은 합법 노선과 공존했다. 그렇지만 앞으로는 어떤 경우에도 제국군을 등져서는 안 된다는 것을 히틀러는 절감했다.

히틀러는 수업료를 치르면서 '정치적 도제 시기'로부터 마지막으로 중요한 교훈을 하나 더 얻었다. 북 치는 사람이 되는 것만으로는 충분치 않다는 것이었다. 그리고 더 큰 일을 하기 위해서는 자기가 투신한 운동 조직을 완전히 장악하면서 바깥에 너무 기대지 말고 좀 더 자유롭게 움직일 수 있어야 한다는 것이었다. 그러자면 우익 진영 정파들 사이의 암투에서 거리를 두어야 하고 어차피 통제할 자신도 없는 준군사조직에 대한 미련도 접어야 하며 자신의 정치적 성장을 돕고 자신을 편리하게 써먹다가 안 되겠다 싶으면 그냥 내버린 부르주아 정치인과 고위 장성도 경계할 필요가 있었다.[317]

'국민 혁명'이 일어난 다음 자신의 거취에 대해 히틀러는 재판 과정에서도 여전히 모호한 입장을 보였다. 자기는 "앞으로 독일을 이끌어 갈 군사 지도자", "앞으로 벌어질 한판 대결을 이끌어 갈 지도자"는 루덴도

란츠베르크에 수감된 히틀러는 호텔에 가까울 정도로 쾌적한 환경에서 지냈다.
느긋하게 신문을 읽는 히틀러의 뒤쪽으로 지지자들이 보내준 월계관이 보인다.

르프라고 생각한다고 히틀러는 주장했다. 그리고 자기는 "젊은 독일의
정치 지도자"라고 덧붙였다. 그러면서 아직 역할 분담이 세세하게 이루
어진 것은 아니라고 밝혔다.[318] 최후 진술에서 히틀러는 지도자 문제를
재론했지만 모호하고 불확실한 점은 여전히 있었다. 1923년 봄 토론을
벌이다가 히틀러는 그저 "군중을 깨우치고 일으켜 세우는 선전가"가 되
기를 바라는구나 하는 인상을 받았다고 로소프가 법정에서 진술한 것에
내해 히틀러는 "소인배는 생각하는 것도 좀스럽기 마련"이라고 몰아붙

였다. 그러면서 대인은 그깟 장관 자리 얻는 데는 관심이 없다고 말했다. 내가 바라는 것은 공산주의를 박멸하는 것이라고 히틀러는 강조했다. 그것이 그의 책무였다. "그때 내가 북 치는 사람 역할을 자임한 것은 겸손해서가 아니었다. 그때는 그게 가장 높은 자리였다. 나머지는 하잘것없었다."[319] 히틀러는 두 가지를 분명히 했다. 정치 투쟁은 자기가 이끌어야 한다는 것. 조직을 이끌어가는 것은 "젊은 독일이 합당하다고 여기는 영웅"의 몫이라는 것. 명시적으로 밝히지는 않았지만 히틀러가 암시한 영웅은 루덴도르프였다.[320] 그렇지만 쿠데타를 일으키기 2주일 전에 투쟁동맹 지도자들 앞에서는 루덴도르프에게는 앞으로 군대 개편을 주도하는 역할 이상의 것은 기대하지 않는 듯한 발언을 했다.[321] 쿠데타가 일어났을 때 내걸린 현수막에 히틀러의 직함이 제국 총리로 적힌 것은 히틀러가 정부는 자기가 이끌어 가면서 루덴도르프를 국가 원수로(또는 섭정으로) 모시고 독재 권력을 공유할 생각이었음을 드러낸다.[322]

재판을 받을 당시에 히틀러가 보여준 모호한 태도가 정말로 그런 것이었는지 아니면 그저 전략이었는지는 모르지만, 히틀러의 생각은 곧 분명해졌다. 란츠베르크에서 지내는 동안 자기 인식에 변화가 온 것이다. 그는 이제 '북 치는 사람'이 아니라, 지도자가 되어야 할 운명을 받은 사람이었다.

····7장

카리스마

"이 사람의 비밀은 독일 민족의 가장 밑바닥에 깔려 있던
심성을 살아 있는 모습으로 온전하게 드러냈다는 데 있다.
…… 그런 모습이 히틀러로 나타난 것이다.
히틀러는 민족의 열망을 온몸으로 구현한 인물이었다."
_게오르크 쇼트, 《히틀러를 아는 민족의 교본》, 1924

"이론가, 조직가, 지도자 노릇을 혼자서 다 하는 사람은
이 세상에서 참 보기 드물지만, 위대한 사람은 그렇게 1인 3역을 해야 한다."
_히틀러, 《나의 투쟁》

그 당시에는 모든 게 안개 속처럼 불투명해 보였지만, 히틀러라는 유령은 그해에 영원히 사라지는 줄로만 알았는데, 예상을 뒤엎고 히틀러는 민족주의 운동의 절대적 구심점으로 되살아났고 아무도 그 권위를 넘볼 수 없는 지도자로 우뚝 섰다. 지금 와서 생각하면 1924년은 잿더미 속에서 날아오르는 불사조처럼 히틀러가 파탄이 난 민족 운동의 폐허 속에서 더 강하고 응집력 있는 조직으로 거듭 태어난 나치당의 절대 지도자로 떠오른 분수령이 되는 해다. 히틀러가 수감 생활을 하는 동안 경쟁자들은 급진 우익 세력을 누가 이끌어 갈 것인가를 놓고 경합을 벌였지만 아무도 절대적 우위를 누리지 못했다. 히틀러 없이는 단합을 이룰 수가 없었다. 히틀러가 풀려나기 직전 1924년 12월에 치러진 독일 총선에서 드러난 것처럼 독일 우익은 독일 정치에서 중요한 하나의 변수 대접도 못 받을 만큼 유명무실해졌다.

그렇지만 분열된 민족 운동 진영의 일부 정파에서는 히틀러를 그해 봄의 재판 이후로 거의 신처럼 떠받들었다. 히틀러 예찬은 골수 강경 우익의 입에서만 터져 나온 감상적 발언이 아니라 민족 진영 전반으로 두루 퍼져 나갔다. 그렇지만 히틀러의 병적인 자기 중심벽에 줄곧 영향을 끼친 것은 그런 식의 감상적 발언이었다. 히틀러의 자기 중심벽은 쿠데타 실패로 잠깐 위축되었을 뿐 재판 과정에서도 드러났지만 여전히 건재했다. 란츠베르크로 쏟아져 들어오던 팬 레터, 히틀러의 말 한마디에 꼬리를 치는 추종자들, 교도관들의 아부, 쇄도하는 방문객들이 던지는 찬사는, 안 그래도 자부심이 턱없이 강하고, 벌써 역사에 남는 위인이 되고 싶어하고, 당신이야말로 역사에 길이 남을 위인이라는 칭송을 듣기 싫어하지 않는 사람에게 영향을 안 끼칠 수가 없었다.

이 무렵 히틀러를 숭배하고 추종하는 사람들 사이에서 히틀러의 위대함을 널리 알리는 책으로 단연 돋보인 것은 1924년 게오르크 쇼트가 출판한 《히틀러를 아는 민족의 교본》이었다. 쇼트가 히틀러를 얼마나 미화했는지는 '예언자', '천재', '신앙인', '겸손한 사람', '애국자', '의지의 인간', '정치 지도자', '교육자', '선각자', '해방자' 같은 목차만 보아도 알 수 있다. 문학적 비유와 종교적 비유로 가득 찬 이 두꺼운 책에서 히틀러는 신에 버금가는 존재로 그려졌다. "신으로부터 받은 선물인데도 사람이 여간해서는 자기 안에서 끌어내지 못하는 말이 있다. 그런데 히틀러는 바로 그런 말을 털어놓는다. …… '나는 젊은 독일을 이끌어 갈 정치 지도자'라고." 쇼트는 히틀러라는 인간을 다분히 종교적인 신비함이 느껴지게 그렸다. "이 사람의 비밀은 독일 민족의 가장 밑바닥에 깔려 있던 심성을 살아 있는 모습으로 온전하게 드러냈다는 데 있다. …… 그런 모습이 히틀러로 나타난 것이다. 히틀러는 민족의 열망을 온몸으로 구현한 인물이다."[1]

자신이 이끌던 운동이 지리멸렬 갈라진 상황에서 운동의 구심점으로서 주가가 더욱 올라간 히틀러는 정치에 직접 관여하지는 못했지만 교도소에서 남아도는 시간을 이용하여 《나의 투쟁》을 쓰면서 자신의 정치 이념을 약간은 수정하고 '합리화'했다. 자서전 첫 권을 쓰는 과정에서 히틀러의 '세계관'은 제대로 틀이 다져졌다. 무한한 나르시시즘적인 자기 확신은 더욱 강해졌다. 자서전을 쓰는 동안 자신에게 메시아에 가까운 자질과 소명이 있다는 부동의 확신을 얻게 되었고 1918년의 범죄자들이 저지른 소행을 응징하고 독일의 힘과 실력을 되찾아 '독일 민족을 위한 독일 국가'로 부활시킬 사람으로 독일 국민이 염원하던 '위대한 지도자'가 바로 자기라는 생각도 더욱 굳었다.[2] 출옥할 무렵에는 지지자들도 그렇게 여겼지만 히틀러도 자신은 이제 '북 치는 사람'이 아니라 '지도자'라고 확신했다.

누가 운동을 이끌 것인가

히틀러가 투옥된 13개월 동안 민족 진영이 '지도자가 없는 상태'에서 갈팡질팡했다는 사실만큼 히틀러의 필요성을 사람들에게 절감시킨 것도 없었다. 1924년 6월부터 히틀러가 정치에 전혀 개입하지 않고 무대에서 사라져서 《나의 투쟁》 집필에만 전념하자 민족 운동은 정파들 사이의 내분과 갈등으로 변질되었다. 바이에른 사법부의 호의로 히틀러는 자신이 거사를 주도한 우익의 영웅이라는 것을 재판정에서 만천하에 알릴 수 있었다. 서로 힘 겨루기를 하는 개인이나 조직은 너도나도 히틀러를 내세우고 히틀러의 권위에 편승할 필요성을 느꼈다. 그래도 히틀러가 없으니 운동이 영 살아나지 않았다.[3] 게다가 히틀러는 일관성 없이 모순된 주장을 자주 했고 앞으로 운동을 어떻게 발전시키겠다는 복안도 확실하지 않았다. 지도자가 되겠다는 히틀러의 주장은 가볍게 무시하거나 웃어넘길 수 없었다. 그렇지만 히틀러가 권력을 독차지해야 한다고 철석같이 믿은 것은 민족 운동 진영에서도 소수에 불과했다. 그리고 히틀러가 운동을 발전시키는 데 직접적으로 영향을 끼칠 수 있는 상황이 아니다 보니 툭하면 서로 싸우고 전략, 전술, 이념의 차이로 분열을 거듭하던 민족 우익 진영 안에서 히틀러의 열렬한 지지자들은 소수파로 몰렸다. 1924년 12월 히틀러는 풀려났지만 그 달에 치러진 독일 총선은 민족 우파에 대한 지지도가 얼마나 급감했는지를 보여주었다. 우파는 이제 정치 지형도에서 극단적인 가장자리에 포진한 지리멸렬한 민족주의 정파와 인종주의 정파의 모임으로 전락했다.

1923년 11월 11일 체포당하기 직전에 히틀러는 〈민족의 감시자〉 편집장이었던 알프레트 로젠베르크를 불법 단체로 규정된 나치당 대표에 앉히고 에서, 슈트라이허, 아만에게는 로젠베르크를 보필하라고 지시했다.[4] (헤스, 쇼이브너-리히터, 히틀러까지도 그랬지만) 나치 지도부에는 독일 밖에서 온 사람이 적잖이 들어가 있었다. 로젠베르크도 그랬다. 그는 에스토니아 레발(지금은 탈린)의 유복한 부르주아 집안에서 태어났는데, 내성적인 성격으로 당내 철학자를 자처하던 사람으로서 독신직이면서

당 내 이념가를 자처했던 알프레트 로젠베르크. 쿠데타가 실패하고 히틀러는 체포당하기 직전 나치당 대표에 〈민족의 감시자〉 편집장이었던 로젠베르크를 임명했다.

도 둔하고 거만하고 냉정해서 나치당 지도부 중에서는 아마 인기와 카리스마 없기로 둘째가라면 서러울 사람이었다. 당내 고위 인사들은 로젠베르크를 죽어라 싫어한다는 점에서만 마음이 통했다.[5] 워낙 통솔력이 없었던 터라 누가 보아도 지도자감은 아니었기에 막상 히틀러가 지명을 하니까 다른 사람들뿐 아니라 자신도 깜짝 놀랐다.[6] 지도력이 없었기 때문에 오히려 히틀러한테 낙점을 받은 것이 아닐까 하는 설도 그 나름대로 일리가 있다.[7] 로젠베르크보다 히틀러에게 덜 위협적인 사람도 따지고 보면 없었다. 그렇지만 쿠데타가 실패해서 충격을 받은 상황에서 과연 히틀러가 책략을 써서 냉정하게 계산을 할 수 있었을지, 앞으로 일이 어떻게 전개될지를 훤히 내다보고 자기가 없는 동안에도 자기가 벌인 운동이 제대로 펼쳐지기를 원했고 또 그렇게 되리라 예상하고 그런 결정을 내렸을지는 의심스럽다.[8] 아마 낙심한 히틀러가 깊이 생각하고 내린 결정이 아니라 경황이 없어 다급한 상황에서 충성심만큼은 믿을 수 있었던 가신에게 당무를 맡긴다는 심정으로 로젠베르크를 지명했다고 보는 것이 더 설득력이 있다. 사실 히틀러 주변에서 아직도 믿고 일을 맡길 수 있는 지도자는 몇 사람 남지 않았다.[9] 쇼이브너-리히터는 죽었고 다른 사람들은 쿠데타 실패 이후의 어수선한 상황에서 뿔뿔이 흩어지거나 체포당했다. 당시에는 히틀러도 몰랐던 사실이었지만, 히틀러가 로젠베르크를 보필하라고 지시한 세 명의 심복도 한동안은 활동을 못했다. 에서는 오스트리아로 잠적했고 아만은 투옥당했으며 슈트라이허는 뉘른베르크 문제에 정신이 팔려 있었다. 로젠베르크는 황급히 고른 차악의 선택이었다.

이유야 어찌 되었건 로젠베르크는 자기의 말이 먹혀들지 않는다는 것을 이내 깨달았다. 히틀러를 내세워도 소용이 없었다. 역시 이제는 불법 단체로 찍힌 돌격대를 임시로 이끌던 발터 부흐 소령만 하더라도 히틀러에 대한 충성심은 변함이 없지만 앞으로는 당의 지휘를 받지 않고 당의 정치 분쟁에는 끼어들지 않겠다고 선언했다.[10] 히틀러는 돌격대가 당에 종속되어야 한다고 했으므로 그 선언은 히틀러의 지시에 대한 항명이었다.[11] 로젠베르크는 또 당 조직이 허울뿐이라는 사실도 깨달았다. 쿠데타를 일으키기 전까지 당을 워낙 급조했기 때문에 막상 불법 단체로 낙인 찍히니 어떻게 해야 할지 몰랐다. 남부 바이에른 지방에서 가까운 단체끼리 연대를 모색하는 것도 불가능했다. 로젠베르크는 '아돌프 히틀러'의 철자를 뒤섞어서 '롤프 아이트할트'('맹세를 지킨다')라는 암호를 만들어서 인편으로 보내는 편지마다 적어넣었다.[12] 하이킹 클럽 같은 위장 조직도 만들었다. 지역당 조직에는 히틀러의 사진이 박힌 우편엽서를 보내서 많이 팔아 달라고 요구했다. "우리 지도자를 상징하는" 엽서를 팔아야만 "아돌프 히틀러라는 이름이 독일 국민들 속에 계속 살아남을 수 있다."는 것이었다.[13] 폐간당한 〈민족의 감시자〉의 뒤를 이어 창간한 신문들은 나치 추종자들의 지지 열기를 살려 나가려고 애썼다. 히틀러도 교도소 밖으로 몰래 글과 그림을 보내 한 지하 신문에 실었다.[14] 처음에는 활동에 어려움을 겪었지만 알고 보니 괜히 첩보원처럼 비밀주의를 고수할 필요가 없었다. 당국은 금지당한 나치당의 뒤를 이을 조직이 만들어지는 것은 얼마든지 용인할 눈치였다.[15]

1924년 1월 1일 로젠베르크는 활동을 금지당한 나치당의 후신으로 대독일민족공동체를 만들었다.[16] 여름 즈음이면 로젠베르크는 밀려나고 대독일민족공동체는 (오스트리아 망명에서 5월에 돌아온) 에서와 율리우스 슈트라이허가 장악한다.[17] 그렇지만 두 사람은 워낙 성격이 거친데다 사람을 다루는 요령이 부족해서 결국 히틀러 추종자들의 반감만 샀다. 히틀러 추종자들이라고 해서 무조건 대독일민족공동체에 들어온 것은 아니었다. 가령 란즈후트에서 약방을 했으며 쿠데타가 실패로 돌아간 뒤 히틀러의 뒤를 이어 실력자로 떠오르는 그레고어 슈트라서는 중앙당은 베를린에 있었지만 메클렌부르크가 거점이었던 보수 성향의 독일국가인민당에 한때 몸담았던 알브레히트 그레페가 이끄는 또 다른 민족주의 단체 독일민족자유당에 합류했다.

그레페와 함께 독일국가인민당을 박차고 나온 라인홀트 불레와 빌헬름 헤닝은 모두 제국 의회 의원으로서 군부와 재계에 두터운 인맥을 확보하고 있었는데, 독일국가인민당보다 더 급진적인 민족주의 노선을 추구하겠다면서 1922년 가을 말 베를린에서 독일민족자유당을 결성했다. 히틀러도 1923년 3월 남부 독일은 나치당이 맡는다는 조건으로 북부 독일에 대한 독일민족자유당의 권리를 인정해주는 데 잠정 합의하지 않을 수 없었다. 1923년 10월 24일에는 3월의 합의를 재확인하면서 두 당의 공조를 더욱 굳건히 한다는 내용으로 헤르만 에서도 새로운 합의에 서명했다. 나중에 로젠베르크 등은 에서가 히틀러 모르게 한 일이었지만 히틀러가 에서의 얼굴을 봐서 받아들였다고 주장했다. 하지만 히틀러가 3월에 합의한 바 있고 또 에서가 히틀러의 허락을 받지 않고 마음대로 결정을 내렸을 가능성은 희박하기 때문에 그런 주장은 설득력이 떨어진다.[18]

두 당의 합의는 쿠데타가 일어나기 전까지는 아무런 갈등을 빚지 않았다. 실제로 그레페는 11월 9일 펠트헤른할레로 가는 가두 행진에 참여하기도 했다. 하지만 히틀러가 수감되자 얼마 안 가서 갈등이 불거졌다. 독일민족자유당은 나치당보다 운신의 폭이 컸다. 엉망이 되어버린 나치당과는 달리 독일민족자유당은 별다른 타격을 받지 않고 그레페를 비롯한 지도부도 여전히 당 조직을 장악하고 있었다. 히틀러의 지지자

들에게 잘 보이려고 겉으로는 히틀러의 거사에 찬사를 보냈지만 사실은
이참에 주도권을 잡으려고 혈안이 되어 있었다. 민족 운동 진영이 의회
에 진출해야 한다는 노선도 갈등의 불씨가 되었다. 불법 단체로 규정된
나치당은 소외감을 느꼈고 북부 독일에서도 골수 나치 지지자들은 강하
게 반발했다. 이들의 대변인 격이었던 괴팅겐 지구당 위원장 루돌프 하
제는 점점 로젠베르크를 비판하면서 북부 독일 나치당이 그레페에게 장
악당하는 것을 막는 데 앞장섰다. 로젠베르크가 두 당이 합당하여 공동
지도부를 결성한다는 합의문 초안을 1월 말에 잘츠부르크에서 열린 비
밀 회의에서 거부했는데도 2월 24일 루덴도르프가 우기는 바람에 통과
되자 로젠베르크의 권위는 더욱 실추되었다. 히틀러는 합당을 허락했다
(물론 6개월 동안만 공조한다는 단서는 있었지만). 여기서도 지도자가 투옥
된 상태에서 불법 단체로 찍힌 당을 운영하려고 발버둥치던 사람들이
얼마나 갈피를 못 잡고 흔들렸는지를 알 수 있다. 이 사건이 있고 나서
쿠데타 공판이 시작되기 하루 전 루덴도르프는 그레페를 북부 독일에서
자신의 대변자로 추천한다고 공개 선언했다. 그렇게 해서 독일민족자유
당에 권위를 실어주면서 한편으로는 민족주의 운동에서 자기가 주도권
을 잡으려고 했다.[19]

　떨떠름하기는 해도 의회를 언젠가 박살내기 위해서라도 일단은 의회
에 들어가고 보아야 하지 않겠느냐고 생각하던 민족 단체들은 1924년 2
월부터 잇따라 치러지는 지방선거와 5월 4일에 치러지는 1차 총선거를
앞두고 공조를 취하기로 했다. 히틀러는 이런 전략에 반대했다. 루돌프
헤스는 1년 뒤에 히틀러의 입장을 이렇게 대변했다. "히틀러 씨는 선거
에 참여하는 것을 처음부터 반대했고 루덴도르프 장군을 비롯하여 많은
분들에게 그 점을 누누이 밝혔다. 아직 우리의 운동 역량이 무르익지 않
았으므로 반의회주의라는 원칙에 충실해야지 돈을 엉뚱한 데다 낭비해
서는 안 된다는 것이 그분의 소신이었다."[20] 히틀러가 반대해도 소용없
었다. 선거에 참여한다는 방침은 달라지지 않았다. 결과도 그런 대로 좋
았다. 그레페의 아성인 메클렌부르크-슈베린에서 2월에 치러진 지방선
거에서 독일민족자유당은 64석 가운데 13석을 얻었다. 그리고 4월 6일

에 치러진 바이에른 주의회 선거에서 민족블록이라는 이름으로 단일 후
보를 낸 민족 진영은 17퍼센트의 득표율을 올렸다.[21]

그런 결과가 나왔는데도 히틀러는 앞으로 있을 총선거에서 민족블록
이 나서는 데 반대한다는 의견을 굳이 숨기지 않았다. 그러면서도 민족
블록이 선거 운동에 히틀러를 내세우는 것은 막지 않았다. 그리고 선거
가 끝난 직후에는 쿠르트 뤼데케에게 정책을 수정해야겠다면서 "악취
가 진동하더라도 제국 의회에 들어가서 가톨릭 세력과 공산당 세력과
맞붙을 준비를 해야 할 것 같다."는 뜻을 밝혔다.[22] 1년쯤 뒤에 루돌프
헤스가 당원이 보내온 편지에 히틀러를 대신해서 쓴 회신에 히틀러의
입장이 잘 나타나 있다.

> 히틀러 씨는 의회 진출에 찬성하지 않았지만 일단 의회에 들어간 이상은
> 이것도 의회제를 포함하여 기존 체제에 맞서 싸우는 다양한 투쟁 수단의 하
> 나로 받아들여야 한다는 생각이다. 그러나 의회에 진출한 민족 진영 의원이
> 고생만 죽어라 하고 별로 얻은 것도 없이 매달리는 그런 '능동적 협력'은 참
> 여가 아니다. 우리가 생각하는 참여는 극렬한 반대와 저항이요, 의회 안에서
> 기존 체제를 끊임없이 비판하는 것이다. 의회라고 해도 좋고 의회제라고 해
> 도 좋고 그것이 얼마나 모순인지를 의회에서 비판하는 것이다.[23]

독일 총선 결과를 지켜보면서 히틀러는 의회에 진출하는 것도 뚜렷한
목표 아래 잘만 써먹으면 효과가 괜찮겠다는 생각을 하게 되었다. 민족
운동 진영은 히틀러 재판을 통해 언론을 많이 탄 덕도 보아서 6.5퍼센
트의 득표율로 제국 의회에서 모두 32석을 얻었다.[24] 그레페의 안마당
이었던 메클렌부르크(20.8퍼센트)와 바이에른(16퍼센트)에서는 특히 선
전했다.[25] 같은 민족 운동 진영이었지만 나치당 출신 의원은 모두 10명
이었고 독일민족자유당은 22명을 당선시켰다는 데서도 히틀러의 직계
조직이 그 무렵에는 약세를 면치 못했다는 것을 알 수 있다.[26]

루덴도르프는 5월에 란츠베르크로 히틀러를 두 번 만나러 갔다. 첫
번째 면담에서는, 뮌헨에서 줄곧 살았지만 북부 독일에 탄탄한 지지 기

반이 있던 루덴도르프가 나치당과 독일민족자유당이 제국 의회에서 하나로 뭉치는 데 히틀러의 동의를 요청하더니, 두 번째 면담에서는 아예 두 당을 완전히 합당하는 데 동의해 달라고 매달렸다. 히틀러는 어정쩡한 태도를 보였다. 원칙적으로는 찬성하지만 그레페와 논의할 필요가 있는 조건을 달았다. 나중에 알려진 사실이지만 그 조건 가운데 하나는 중앙당을 뮌헨에 두어야 한다는 것이었다.[27]

두 당 출신 의원들은 5월 24일 제국 의회에서 한자리에 모여 국가사회주의자유당이라는 이름으로 의회에서 공동 보조를 취하기로 결의했지만, 그때까지도 그레페와의 만남은 이루어지지 않았다. 루덴도르프는 보도자료에서 히틀러가 단일 통일 정당 창당을 지지했다고 선언하여 히틀러를 난처하게 만들었다. 나치당이 자기만의 색깔을 가져야 한다는 것이 히틀러의 소신이었지만 민족블록이 선거에서 선전을 한 마당에 비타협적인 입장을 고수할 경우 지지자들이 실망할 수 있다는 데 히틀러의 고민이 있었다. 더욱이 독일민족자유당이 선거에서 더 큰 지지를 얻은 것은 엄연한 사실이었고 루덴도르프도 이제는 민족 운동 진영을 이끌어 가는 지도자로 많은 사람들에게 받아들여졌다.[28]

사람들이 듣고 싶어하는 이야기를 히틀러가 부쩍 많이 했다는 것은 그만큼 히틀러의 입지가 약했다는 소리인데, 5월 말 하제가 이끄는 북부 독일 나치 지구당 대표단 4인이 란츠베르크로 찾아왔을 때도 히틀러는 비슷한 모습을 보여주었다. 히틀러는 2월 24일 독일민족자유당과 했다는 합의가 자기에게 기정사실로 통보되었다는 것, 자기는 선거 참여에 반대했지만 막을 수가 없었다는 것, 독일민족자유당과의 제휴는 의회 안에서 우익끼리 대동 단결하는 선을 넘어서는 수준은 아니라는 것을 강조했다.[29] 루덴도르프는 6월 11일에 발표한 성명에서 히틀러가 합당의 필요성을 수긍했다고 역설하면서 히틀러의 해명에 찬물을 끼얹고 히틀러 발언의 진실성에 의구심을 표했다.[30] 그렇지만 하제 등이 히틀러를 만나고 돌아간 뒤 발트 지역 출신이며 민족 운동에 동참했고 뤼네부르크에서 변호사로 활동하던 아달베르트 폴크 박사가 1924년 6월 3일 함부르크에서 북부 독일의 히틀러 추종자들을 규합하여 의회와는 무관하게 몇 사람의 지도자가 이사회처럼 공동으로 이끌어 가는 '지도회의'를 만들었다.[31] 지도회의는 독일민족자유당과의 합당은 결국 의회제로 빨려 들어가 여느 정당과 다를 바 없이 되는 것이라며 강하게 반발했다. 결국 지도회의는 히틀러가 다시 활동을 할 때까지 그의 원칙을 고수하는 데 목표를 두고 출범한, 중앙의 통제를 받는 끈끈한 조직이었다.[32]

그렇지만 북부 독일의 일부 나치당원들은 히틀러가 뚜렷한 방침을 내리지 않자 당연히 갈피를 못 잡고 혼란스러워했다. 6월 14일자 편지에서 하제는 히틀러가 두 당의 합당에 반대했는지 확인하고 싶어했다. 히틀러는 이틀 뒤에 보낸 답신에서 원칙적으로 합당에 반대하는 것은 아니지만 조건을 달았다고 밝혔다. 상당수의 나치당원들이 독일민족자유당의 일부 인사에게 반감을 품고 있는 것도, 그래서 합당에 반대한다는 것도 잘 안다고 히틀러는 말했다. 하지만 현실적으로 그 문제에 개입할 수 있는 상황도 아니고 책임을 질 만한 입장도 아니라고 밝혔다. 그래서 출옥하기 전까지는 정치에서 손을 떼기로 마음먹었다고 했다. 따라서 앞으로는 어떤 정파의 입장을 지지하는 데 자기 이름을 내걸지 말아 달라고, 정치적 내용이 담긴 편지는 보내지 말아 달라고 요청했다.[33] 일주일 뒤 괴팅겐 출신의 청년 당원으로서 히틀러와 함께 란츠베르크에 갇혔고 히틀러의 잔심부름을 도맡아 하면서 북부 독일 나치당원들과 히틀러 사이에서 다리 노릇을 했던 헤르만 포브케는 히틀러도 북부 독일의 국가사회주의자들이 독일민족자유당에 반대하는 것을 지지한다면서 하제를 달래려고 했다. "결국 H〔히틀러〕는 궤도에서 이탈한 일이 너무 많아서 밖으로 나가면 완전히 새출발하겠다는 겁니다. 그리고 그 경우 며칠 안으로 조직을 확실히 장악할 수 있을 것으로 낙관하고 있습니다." 포브케는 이렇게 정리를 했다. 하지만 북부 독일 나치당원들의 '고통스러운 절규'에 무심한 히틀러에게 자기도 좀 실망했다고 포브케도 고백하지 않을 수 없었다.[34]

히틀러는 정치에서 물러나겠다는 결심을 7월 7일 언론에 공표했다. 그리고 지지자들에게 앞으로는 교도소로 찾아오지 말아 달라고 부탁했다. 그렇지만 한 달 뒤에도 똑같은 부탁을 해야만 했다. 언론에서는 교도소 안에 갇힌 몸으로는 현실에서 벌어지는 사태에 책임을 지기가 어렵다는 점, 피로가 누적되었다는 점, 자서전 집필에 전념해야 한다는 점 등을 이유로 꼽았다.[35] 반대파 신문에서는 여기에다 또 한 가지 이유를 추가했다. 10월 1일로 예정된 특사를 앞두고 히틀러가 몸조심을 한다는 것이었다.[36] 히틀러가 언론에 성명을 발표한 것은 6월 11일 루덴도르프가 그렇게 신중하고 조심스러웠던 히틀러의 처신을 무시하고 두 당의 합당을 히틀러가 공개적으로 지지했다고 발표한 것에 당혹과 분노를 금치 못했기 때문이었다.[37] 6월 23일 포브케는 하제에게 정치에서 손을 떼기로 한 것은 "그 발표에 화가 났기 때문이었다."라고 말했다.[38] 그렇지만 가장 큰 이유는 히틀러가 하제에게 밝힌 대로 교도소 안에 갇힌 몸으로는 바깥 현실을 휘어잡을 수 없다는 자각이었다. 루덴도르프의 발표는 그런 무력감을 다시금 확인해주었을 뿐이었다. 히틀러는 이미 불거진 균열을 더욱 악화시켜 혼란을 가중시키고 결과적으로 단합의 상징으로서 자신의 주가를 더욱 끌어올리려는 냉혹하고 영악한 책략이 있어서 물러난 것이 아니었다.[39] 그것은 결과이지 원인이 아니었다. 1924년 6월 당시에 그런 결과를 정확히 내다볼 수는 없었다. 히틀러는 강해서가 아니라 약해서 그렇게 반응한 것이었다. 분열이 깊어질수록 히틀러는 입장을 정하라는 압력을 사방에서 받았다. 히틀러의 불분명한 태도는 지지자들을 실망시켰다. 하지만 히틀러가 명확한 태도를 보였어도 어차피 누군가는 실망했을 것이다. 결정을 하지 않기로 결정한 것은 다분히 히틀러다운 행동이었다. 뤼데케는 이렇게 평가했다. "히틀러는 자신의 선택을 합리화하는 버릇이 있다. 죄수로 발이 묶인 상태에서 자신의 개인적 권위를 조금이나마 양도하기보다는 차라리 전부 버리는 도박을 히틀러는 벌였다."[40]

　히틀러가 노골적으로 반대의 뜻을 밝혔는데도 룀이 자꾸만 '전선단'이라는 전국 규모의 준군사조직을 만들려 하고 현실적으로 그것을 막지 못하는 자신의 무능력에도 점점 좌절감을 느꼈다. 룀은 돌격대를 비롯하여 과거 투쟁동맹에서 같이 활동하다가 불법 조직으로 규정된 다른 준군사조직들을 루덴도르프 밑으로 흡수하고 통합할 작정이었다. 그 경우 필연적으로 돌격대에 대한 통제력을 잃을 수밖에 없다는 것이 히틀러의 우려였다. 또 지난번의 실패를 거울 삼아 앞으로는 무력 단체에 기대지 않으려는 것이 히틀러의 생각이었는데 거기에 차질이 빚어지는 것도 걱정스러웠다. 그러나 무엇보다도 히틀러가 신경 썼던 것은 다시 준군사조직에 관여하는 것처럼 비칠 경우 조기에 풀려날 가능성이 희박해지고 오스트리아로 추방될지도 모르기 때문이었다. 룀은 쿠데타 가담 죄목으로 15개월 형을 선고받았다가 모범적인 행동을 하는 조건으로 4월 1일에 먼저 풀려났는데, 도무지 히틀러의 말을 안 들었다. 히틀러는 6월 17일 룀을 마지막으로 만난 자리에서 이제 자기는 국가사회주의 운동을 이끌어 가는 지도자가 아니니 전선단 이야기는 듣고 싶지 않다고 말했다. 그러나 룀은 아랑곳하지 않고 루덴도르프를 방패로 삼아 자기 계획을 밀어붙였다.[41]

히틀러가 모든 정치 활동에서 손을 떼겠다고 성명을 발표하자 루덴도르프와 그레페는 발빠르게 움직여서 이틀 뒤에 다시 "뮌헨의 영웅이 풀려나서 제3의 지도자로 가세할 때까지" 둘이서 민족 운동을 이끌어가겠다고 언론에 발표했다. 히틀러가 자기 대신 지도부를 맡아 달라고 요청했다는 것이었다. 때맞추어 로젠베르크도 사임했고 그레고어 슈트라서는 히틀러가 투옥된 동안 루덴도르프, 그레페와 함께 국가사회주의자유당의 제국지도부로 영입되었다. 그리고 8월 중순 바이마르에서 열릴 전당대회에서 민족 운동이 대동단결할 것이라고 밝혔다.[42] 북부 독일의 나치당원들은 경악했다. 지도회의는 포브케에게 해명을 요구했다. 그리고 히틀러는 감옥에 있는 동안만 당권을 포기했다, 어느 누구에게도 권력을 양도하지 않았다, 나중에 승인하기는 했지만 슈트라서를 지도부로 영입한 것은 나와는 무관한 일이다라는 답변을 들었다.[43] 지도회의를 이끌던 폴크는 7월 18일 "우리의 강령은 아돌프 히틀러라는 단 두 단어로 되어 있다."면서 합당에 대한 북부 국가사회주의자들의 입장을 다시 한 번 분명히 밝혔다.[44] 하지만 7월 20일 바이마르에서 (다음달 똑같은 곳에서 분명히 이루어질 것으로 예상되던) 합당 문제와 원내 전략 문제를

1924년 란츠베르크 감옥에서 찍은 히틀러 사진. 수감 생활은 히틀러의 정치 이념이 체계를 갖추는 데 큰 전환점이 되었다.

논의하기 위해 독일 전국에서 80명의 나치당 대의원들이 루덴도르프까지 모셔놓고 회의를 열었지만 신랄한 언쟁과 비방으로 감정의 골만 더욱 깊게 팼다.[45]

폴크는 회의를 아주 비판적으로 평가한 보고서를 작성하여 히틀러 앞으로 보냈다.[46] 포브케를 통해서 전달된 히틀러의 회신은 북부 집단을 약간 고무시켰다. 히틀러는 당신들이 "바른 길"을 가고 있다고 말했다. 그러면서 군사 부문에만 전념해야 할 루덴도르프가 엉뚱한 데 신경을 쓴다면서 비판했다. 에서와 슈트라이허에게도 못마땅한 심정을 드러냈다. 그렇지만 여러 정파 사이에서 중립을 지킨다는 원칙에는 변함이 없었다. 그리고 합당 문제는 이미 끝난 것이라면서 갈등을 심각하게 받아들이지 않았다. 북부 독일 국가사회주의자들의 '절망적 투쟁' 앞에서도 무덤덤한 반응을 보였다. 히틀러는 감옥에서 나가면 운동을 재건할 것이며 그것은 바이에른에서 시작될 수밖에 없다고 강조했다.[47] 폴크는 마음이 개운치 않았다. 히틀러의 반응은 히틀러가 북부 독일의 나치당이 처한 현실에 얼마나 무지한가를 드러낸다고 그는 생각했다. 폴크가 히틀러를 비판하기 시작하는 것은 그때부터였다. "지도자들이 자기들만이 더 잘 판단할 수 있다고 생각하면 우리는 앞으로 더 나아갈 수가 없다."고 폴크는 지적했다.[48]

8월 15일부터 17일까지 바이마르에서 열린 회의는 나치당과 독일민족자유당 조직을 합친다면서 떠들썩하게 선전했지만 실제로는 국가사회주의자유운동이라는 새로운 이름으로 아주 피상적인 연합을 하는 데 그쳤다. "우리의 지도자 아돌프 히틀러"가 보내온 축하 전문이 낭독되자 장내에 환호성이 울려퍼지면서 회의 분위기는 절정으로 치달았다. 박수를 유도한 것은 루덴도르프 자신이었지만 루덴도르프는 졸지에 조연급으로 밀려났다. 히틀러의 지도력이 뒷받침되지 않으면 통합이 불가능하다는 것을 보여준 회의였다. 그러나 히틀러가 지닌 지도력, 또는 히틀러가 요구했던 지도력은 3인 체제를 염두에 두고 있었던 루덴도르프, 그레페의 구상과는 양립할 수 없다는 사실이 점점 분명해졌다.[49]

전투 태세를 갖춘 북부의 강경파는 히틀러가 축하 전문을 보냈다는 사실에 걱정이 되어 다시 한 번 명확한 지침을 요구했다. 그러나 히틀러의 회신은 그들을 또 한 번 실망시켰다. 포브케는 히틀러는 두 당의 완전한 합당을 받아들인 것도 아니고 운동이 의회제에 포섭된 것도 아니라면서 북부 지도부를 달래려고 애썼다. 히틀러는 다만 타협이 필요하고 의회 활동도 필요하다는 현실을 수용했을 뿐이라는 것이었다. 히틀러는 다시 한 번 앞으로는 정견을 밝히고 싶지 않다는 뜻을 포브케를 통해서 밝혔다. 그리고 앞으로 풀려나면 (10월 1일에 나갈 것으로 철석같이 믿었다) 바이에른의 조직부터 재건할 것이라면서 회신을 마무리 지었다. 그리고 그때까지 버텨 달라면서 북부 지도회의의 노고를 치하했지만 북부 나치 지도자들은 감동을 받지 않았다.[50]

여름이 끝나 갈 무렵이면 나치당과 민족주의 운동 전반의 분열은 합당과 단결을 부르짖는 목소리가 무성했음에도 불구하고 수습되기는커녕 오히려 악화일로를 걸었다. 슈트라이허와 에서의 무례하고 오만불손한 행동거지는 대독일민족공동체 안에서도 적잖은 반발을 낳았고 민족블록(바이에른 지역을 맡았던 그레고어 슈트라서도 국가사회주의자유운동 제국지도부의 일원이었다)과 심각한 갈등을 빚었으며 북부의 국가사회주의자들을 완전히 소외시켰다. 그러자 북부 지도회의는 앙갚음으로 제국지도부를 인정하지 않았으며 제국지도부도 지도회의의 권위를 받아들이지 않았다.[51] 당 내 암투에서 입지가 강화된 것은 오직 히틀러뿐이었다.

여름이 가고 가을도 지나고 겨울이 다가왔지만 민족 운동 내부의 갈등은 깊어지기만 했다. 히틀러는 9월 중순 북부의 충성파들에게 출소하는 대로 심기일전하여 모든 지도자들을 모아놓고 회의를 열 것이라고 다짐했다. 문제는 오직 하나, 누가 운동을 이끌 것인가였다. 아니, 좀 더 정확히 말하자면 유일한 지도자 히틀러를 누가 따를 것인가였다. 포브케는 편지에서 이렇게 밝혔다. "H(히틀러)는 제국지도부를 인정하지 않을 뿐더러 그런 군사조직을 건설하는 데 끼어들지도 않을 것입니다." 따라서 히틀러가 루덴도르프와 그레페가 주도하는 단체에 들어갈 가능성은 없었다. 그렇지만 공개적으로 그런 뜻을 밝히지는 않았으므로 북부 지지자들이 느끼는 좌절과 불만은 갈수록 커졌다. 지지자들이 학수

고대했던 10월 1일의 히틀러 특사가 불발되자 일은 더욱 꼬였다. 국가사회주의자유운동의 눈으로 보자면 히틀러가 통일 조직에 공개적으로 발을 담그기를 한사코 거부하는 상황에서, 히틀러 없이는 단합이 불가능했다.[52] 바이에른에서는 에서와 슈트라이허를 둘러싼 민족주의 진영의 내분이 표면화되었다. 10월 26일 민족블록은 다가오는 선거에서 공조를 취하기 위해 국가사회주의자유운동에 동참하기로 결정했다. 민족블록 대변인 그레고어 슈트라서는 대독일민족공동체도 동참하기를 바란다고 말하면서도 그 지도자 에서와 슈트라이허는 대놓고 비난했다. 에서는 에서대로 대독일민족공동체 지부들 앞으로 보낸 서한에서 민족블록 지도자들을 신랄하게 공격하고 민족블록을 두둔하던 루덴도르프도 덤으로 비판하면서 "국가사회주의 운동을 위해서 오랜 세월 헌신하면서 이 자리에 올라선 사람을 배제할 수 있는 권리를 지닌 유일한 사람은 오직 아돌프 히틀러뿐"이라는 말로 뮌헨에 기반을 둔 히틀러 지지자의 입장을 재확인했다.[53] 그러나 에서가 허세를 부리고 슈트라이허가 무모하게 행동하고 튀링겐의 아르투어 딘터 같은 국가사회주의자가 아무리 그런 행동을 지지해도 대독일민족공동체는 분명히 내리막길을 걸었다.[54]

12월 7일에 치러진 독일 총선은 이 내분으로 날을 지새우는 민족 운동 조직이 독일 전체의 정치 지형도에서는 얼마나 작은 존재인지를 여실히 보여주었다. 국가사회주의자유운동은 3퍼센트밖에 얻지 못했다. 5월 선거에서 민족 진영이 얻은 표에서 100만 표를 잃었다. 제국 의회의 의석도 32석에서 14석으로 줄었고 그중 국가사회주의자 의원은 4명에 불과했다. 참혹한 결과였지만 히틀러는 속으로 쾌재를 불렀다.[55] 히틀러가 없는 동안 민족 운동이 지리멸렬해졌으므로 히틀러가 지도자로 나서야 한다는 당위성도 그만큼 뚜렷해졌기 때문이었다. 선거 결과는 또 바이에른 정부로 하여금 극우 세력의 위협은 이제 지나간 일이 되었다고 방심하게 만드는 부수적 효과도 낳았다. 10월 이후로 히틀러의 추종자들은 히틀러를 풀어 달라고 목소리를 높였지만, 이제는 히틀러를 정말 풀어주어도 별로 걱정할 필요가 없을 것 같았다.[56]

민족 운동의 지주

형을 언도받고 나서 6개월이 지났으므로 히틀러도 지지자들도 10월 1일의 조기 사면을 잔뜩 기대했지만, 그러려면 수감 생활이 모범적이었다는 평가를 받아야 했고 또 석방되고 나서도 다시는 그런 일을 벌이지 않으리라는 인식을 당국에 심어주어야 했다.[57] 9월 15일자 보고서에서 여느 교도관들처럼 히틀러를 깍듯이 예우했던 오토 라이볼트 란츠베르크 교도소장은 입에 침이 마르도록 히틀러를 칭찬했다.

히틀러는 자기 자신은 물론이거니와 동료 수감자들 앞에서도 질서와 원칙은 이렇게 지켜야 한다는 것을 몸소 보여줍니다. 불평을 모르고 겸손하며 서글서글한 사람입니다. 까다롭지 않고 온화하며 합리적이고 진지하고 상소리를 입에 담지 않으며 수감자가 지켜야 할 규칙을 따르려고 애씁니다. 허영심과는 거리가 멀고 음식 타박도 없으며 담배도 술도 안 합니다. 동료들과 격의 없이 지내면서도 같은 수감자들한테서 확실히 예우를 받을 줄 압니다. ……여자한테 혹하지도 않습니다. 찾아온 여자 손님을 만나기는 하지만 아주 정중하게 대하고 심각한 정치 이야기는 입에 담지도 않습니다. 언제 보아도 공손하며 소내 근무자들을 함부로 대하는 법이 없습니다. 처음에는 방문객이 많았지만 주지하듯이 그 다음부터는 될 수 있으면 정치권 인사들과는 안 만나려 노력했고 편지만 몇 통 썼는데 그나마 사례를 표하는 내용이 대부분이었습니다. 보통은 책을 집필하면서 시간을 보내는데, 몇 주 뒤에 나온다는 그 책은 자서전인데 유대인, 공산주의, 독일 혁명, 볼셰비즘, 국가사회주의 운동, 1923년 11월 8일 사건의 배경에 대한 내용이 들어간다고 합니다. ……10개월 동안 구치소와 형무소에서 지내면서 확실히 전보다 성숙해졌고 차분해졌습니다. 1923년 11월 자신에게 공권력을 행사한 사람들을 협박한다든가 복수를 저지른다든가 하는 허튼짓은 하지 않을 것입니다. 정부를 규탄하는 선동을 일삼지도 않을 것이고 민족주의 성향의 정당들과도 으르렁거리지 않을 것입니다. 탄탄한 내부 질서와 탄탄한 정부가 없으면 국가가 존립할 수 없다는 소신을 누누이 피력하고 있습니다.[58]

이렇게 칭찬을 늘어놓았지만 뮌헨 경찰도, 검찰청도 히틀러를 조기 석방해서는 안 된다는 확고한 원칙을 고수했다.

1924년 9월 23일 뮌헨 부경찰청장 프리드리히 테너가 작성한 보고서는 강한 어조로 사면에 반대했다. 테너는 1924년 5월 8일자 경찰 감시단 보고서 평가를 상기시켰다. 그 보고서는 히틀러의 기질과 목표를 추구하는 열의로 보아서 히틀러는 석방된 다음에도 자신의 목표를 포기하지 않을 것이므로 대내외적으로 계속 국가 안보에 위협 요인으로 남을 수 있다고 보았다. 그 뒤의 사태는 보고서가 예견한 대로였다. 부경찰청장은 재판정에서 히틀러, 크리벨, 베버가 풀려난 다음에도 똑같은 활동을 할 것이라고 주장했던 점을 환기시켰다. 그리고 9월 16일 전선단 사무실에서 발견된 문서만 보더라도 이 사람들이 해체된 준군사조직을 재결성하는 데 관여했음을 알 수 있다고 지적했다.[59] 이런 상황에서 사면을 한다는 것은 있을 수 없는 일이지만 재판부가 모든 예상을 뒤엎고 사면령을 내릴 경우에는 "모든 민족 운동의 정신적 지주"인 히틀러를 국외로 추방하여 바이에른 정부에 미칠 화근을 없애버려야 한다고 강조했다. 보고서는 또 히틀러가 풀려난 다음에 예상되는 사태를 이렇게 내다보았다. "지금도 히틀러는 민족 운동 진영에서 독보적인 존재이지만 히틀러는 민족 운동에 찬동하는 모든 사람에게 미치는 영향력이 워낙 커서 꺼져 가던 민족 운동의 불씨를 되살리는 것은 물론 그동안 떨어져 나갔던 수많은 지지 세력을 다시 나치당으로 결집할 것이다." 집회, 시위, 대중 선동, "악착같은 대정부 투쟁"이 되살아날 것이라고 보고서는 결론지었다.[60]

뮌헨 제1사법구 담당 검사이며 히틀러 재판에서 주임 검사로 활동한 루트비히 슈텡글라인도 9월 23일자 편지에서 수감 중에도 히틀러의 마음은 거의 달라지지 않았으며 밖으로 나가면 보나마나 전에 했던 일을 다시 할 테니까 치안에 큰 위협이 된다고 경고했다. 재판이 얼마나 큰 물의를 빚었는지를 재론하면서 쿠데타를 전후하여 히틀러가 한 짓이 얼마나 큰 범죄인가를 다시금 강조했다. 쿠데타는 바이에른 정부와 독일 제국을 위험에 빠뜨렸을 뿐 아니라 수많은 사람의 목숨을 앗아갔고 은

행권을 강탈했으며 경찰과 무장 충돌도 불사할 셈이었다. 검사는 또 히틀러는 1922년에 치안을 어지럽힌 혐의로 유죄를 선고받고 1개월 실형을 살고 2개월은 집행유예를 받고 1926년 3월 1일까지 보호 관찰 대상으로 있다는 사실(재판정에서 미처 거론되지 않았지만)을 지적했다. 검사는 집행유예를 철회해야 한다고 주장했다. 불법으로 규정된 무장조직을 재결성하는 데 히틀러가 관여했다는 사실로 미루어볼 때 히틀러와 크리벨, 베버가 풀려났을 때 무슨 짓을 할지 뻔하다고 검사는 우려를 나타냈다. 또 방문객을 통해 편지를 밖으로 몰래 내보내는 것은 그들이 교도소 안에서 부당한 특권을 누리고 있으며 그들이 결코 모범적인 죄수가 아니라는 사실을 말해준다고 강조했다. 따라서 조기 석방을 해야 할 만한 이유가 없기 때문에 사면 요청을 기각할 것을 권한다고 밝혔다.[61]

법원은 검사의 권고를 무시하고 9월 25일 사면 요청을 승인했다. 당사자들의 성격과 행동을 결행한 동기로 보았을 때 비교적 가벼운 형만으로도 처벌이 충분하다는 것이 법원의 시각이었다. 편지를 몰래 내보내기는 했지만 적힌 내용이 대수롭지 않았으므로 법원은 크게 문제 삼지 않았고 복역 생활이 나무랄 데 없다는 교도소장의 증언에 무게를 더두었다.[62] 히틀러와 크리벨이 전선단과 내통했다는 확실한 증거도 아직은 없다고 법원은 판단했다. 이 점에서는 법원이 히틀러와 전선단은 관련이 없다고 발표한 룀 등의 공식 성명에 영향을 받은 것으로 보인다.[63] 1922년 형을 선고받은 이후로 히틀러에게 적용된 집행유예를 철회해 달라는 검사의 요청도 법원은 받아들일 이유가 없다고 보았다.[64]

그렇지만 슈텡글라인 검사는 여기에 굴하지 않고 주말 동안 작업을 해서 히틀러, 크리벨, 베버의 사면 취하를 요청하는 항소장을 바이에른 대법원에 보냈다. 사건이 이관된 것은 9월 29일 월요일이었다. 항소장에서 검사는 불량한 행형 태도(적어도 아홉 통의 편지를 밖으로 내보낸 것), 전선단을 통해서 불법 단체에 계속 관여한 혐의가 짙다는 사실, 출소하면 치안을 위태롭게 할 가능성이 높다는 점을 거듭 강조했다.[65] 검사가 항소를 한 이상 히틀러와 지지자들이 기대한 것과는 달리 10월 1일에 히틀러가 풀려날 가능성은 없었다.[66]

그렇지만 사건이 계류된 이상 법원은 조만간에 판결을 내려야 했고 그럴 경우 히틀러의 조기 석방을 막으려는 시도는 무위로 돌아갈 가능성이 높았다. 당장은 사면이 이루어지지 않는다 하더라도 히틀러 지지자들의 가중되는 압력을 감안할 때 머지않아 히틀러는 풀려날 수밖에 없었다.[67] 그럴 가능성을 염두에 두고 바이에른 정부 당국자는 10월 초 히틀러를 오스트리아로 추방하는 방안을 타진하려고 빈으로 갔다. 히틀러가 풀려나오는 대로 국외 추방을 하자는 것이었다.[68] 전에, 그러니까 1924년 3월 26일 바이에른 정부가 문의를 했을 때 오버외스터라이히 주 당국은 히틀러는 4월 20일 현재 오스트리아 시민이라면서 파사우 국경 검문소에서 히틀러를 인계받을 용의가 있다는 입장을 보였다.[69] 뮌헨 경찰청의 5월 8일 보고서는 히틀러를 추방하는 것이 바이에른의 치안에 도움이 될 것으로 전망했다.[70] 하지만 그때 이후로 9월 말까지 아무런 후속 조치를 취하지 않았다. 아마 사안이 시급하지 않다고 판단한 모양이었다. 그러다가 9월이 되어서야 사안의 심각성을 깨닫고 바이에른 정부는 이 문제를 논의했지만 히틀러의 추방을 놓고 내각의 견해가 엇갈렸다.[71] 이미 그때쯤 파사우 국경 검문소는 히틀러를 받아들이지 말라는 훈령을 빈에서 받아놓고 있었다.[72] 그런 지시를 내려보낸 사람은 바로 오스트리아 연방 총리였던 이그나츠 자이펠이었다.[73] 바이에른 정부는 오스트리아 정부가 히틀러를 받아들이도록 합법적 테두리 안에서 온갖 압력을 넣어보았지만 소용이 없었다. 자이펠은 히틀러가 독일 군대에 들어가면서 오스트리아 시민권을 상실했다면서 입장을 바꾸지 않았다. 법률적으로는 맞을지 몰라도 그런 논리는 설득력이 부족했다. 하지만 그것만으로도 충분했다.[74] 히틀러는 추방당할까 봐 두려워했지만 그 문제는 그 상태로 흐지부지되었다.[75] 교도소에서 나온 다음 히틀러는 1925년 3월 오스트리아 시민권을 포기하기로 마음먹었다. 정식으로 신청서를 작성하라는 통보를 받고 히틀러는 독일 군대에서 복무했고 독일 국민이 되고 싶다면서 오스트리아 시민권 포기 요청서를 보냈다. 1925년 4월 25일 이제나저제나 소식이 오기를 기다리던 히틀러는 오스트리아 국적을 상실했다는 낭보를 받았다.[76] 국외 추방의 공포

1925년 12월 20일 출소 직후에 란츠베르크암레흐 시로 들어가는 문 앞에서 포즈를 취한 히틀러. 하도 추워서 호프만이 서둘러 찍었다.

에서 벗어나기 위해서 히틀러가 들인 돈은 7.50오스트리아실링이라는 당시로서는 거금이었다.[77] 히틀러는 그로부터 7년 만에 독일 국적을 취득했다. 그동안은 무국적자로 지냈다.

10월 6일 바이에른 대법원은 최종 판결을 내리면서 법원의 손을 들어주어 히틀러에게 사면령을 내렸다. 대법원은 히틀러, 크리벨, 베버가 불법 준군사조직에 가담했다는 혐의는 신빙성이 부족하다고 지적했다. 확실한 가담 증거가 없는 한 사면을 거부할 명분이 없다고 본 것이다. 대법원의 판결이 나오면서 히틀러의 석방을 결정한 9월 19일 법원의 판결에 힘이 실렸다. 하지만 주 검찰도 그대로 물러서지는 않았다. 검찰은 최후의 수단으로 12월 5일 치밀한 재항소를 준비했다. 법원의 유죄 판결을 이끌어내기에는 증거 자료가 부족할지 몰라도 히틀러와 크리벨이 아무리 항변하더라도 두 사람은 당초 저질렀던 죄목의 연장선에 있다고 보아야 할 행위를 저지른 혐의가 다분히 있고 출소 후에도 안 좋은 일을 벌일 가능성이 높다고 주장했다. 바이에른 대법원은 12월 12일 히틀러와 크리벨의 복역 태도에 대해서 9월 15일의 일차 보고서에 이어 또다시 보고서를 보내 달라고 요청했다. 라이볼트 교도소장은 이틀 만에 회신을 보내면서 히틀러는 인격으로 보나 행동으로 보나 다른 재소자들에게 참으로 귀감이 되었다고 칭찬을 늘어놓았다. 그러면서 "히틀러는 모범적으로 복역한 만큼 사면을 받아 마땅하다."고 결론을 내렸다.[78] 히틀러의 모범적 수감 생활을 입증하는 또 하나의 문서를 바탕으로 바이에른 대법원은 12월 19일 검찰의 항소를 최종 기각하고 사면령을 확정 지었다. 물론 10월 이후로 민족 진영은 히틀러를 풀어 달라고 아우성이었다.[79] 히틀러의 출옥이 12월 선거에 영향을 끼칠 수 없다는 것과 국가사회주의가 급격히 퇴조하고 있다는 현실적 판단도 유리하게 작용했다. 하지만 뮌헨 경찰과 검찰청의 사면 반대 주장에 상당한 설득력이 있었음에도 사법부가 히틀러를 굳이 조기 석방한 것은 정치적 동기가 아니고서는 잘 설명이 되지 않는다.

히틀러의 사면을 막으려고 전력을 기울였던 슈텡글라인 검사는 법원의 판결문을 전보로 란츠베르크 감옥으로 보냈다.[80] 교도소장은 떨리는 목소리로 낭보를 히틀러에게 알렸다. 히틀러는 교도소 밖에서 집회를 벌이지 않겠다고 약속하고 뮌헨에서 출판사를 하면서 당 출판물을 관장하던 아돌프 뮐러를 인계인으로 지정했다. 뮐러는 다음날 아침 다임러벤츠 승용차를 몰고 사진가 하인리히 호프만과 함께 란츠베르크로 갔다.[81] 12월 20일 오후 12시 15분 히틀러는 풀려났다. 검찰 자료에 따르면 히틀러는 정확히 3년 333일 21시간 50분 먼저 나왔다.[82] 히틀러가 남은 형을 모두 살았더라면 역사는 달라졌을 것이다.

히틀러에게 호감을 품었던 교도관들은 모두 한자리에 모여서 히틀러에게 가슴 뭉클한 작별 인사를 했다. 히틀러는 유서 깊은 성문에서 잠깐 사진을 찍고 추위를 피해 서둘러 차에 올랐다. 그리고 두 시간 뒤에 뮌헨의 자기 집으로 돌아갔다. 화환과 친구들이 히틀러를 맞아주었다. 애견 볼프가 달려드는 바람에 하마터면 히틀러는 넘어질 뻔했다.[83] 히틀러는 나중에 자유의 몸이 된 첫날 밤을 어떻게 보내야 할지 난감했다고 술회했다.[84] 처음에 히틀러는 정치에 관여하지 않겠다는 입장을 고수했다. 민족 진영의 내분을 감안할 때 몇 달 동안은 사태를 관망할 필요가 있었다. 그보다 더 중요한 것은 정치 재개를 위한 조건을 바이에른 당국과 협상하고 나치당을 다시 합법화하는 것이었다. 자유의 몸이 된 이상 당의 새출발을 위해 진지한 모색을 할 수 있었다.

《나의 투쟁》

"란츠베르크는 나라에서 학비를 대준 대학"이었다고 히틀러는 한스 프랑크에게 말했다. 히틀러는 니체, 휴스턴 스튜어트 체임벌린, 랑케*, 트라이치케, 마르크스, 비스마르크의 《회상록》, 독일군과 연합군 군인과 정치인의 회고록 등 닥치는 대로 책을 읽었다.[85] 방문객을 만나고 받은 편지에 답장을 쓰는 시간 말고는 교도소 안에서는 그야말로 남아도는 것이 시간이었고 또 그 무렵에는 정치에서 손을 뗀다고 발표한 다음이라 방문객도 편지도 눈에 띄게 줄어들어서 독서와 사색을 하기에는 딱 좋았다.[86] 그러나 히틀러의 독서와 사색은 학구적인 것과는 거리가 멀었다. 물론 책을 많이 읽기는 했다. 앞 장에서도 나왔지만 히틀러는 《나의 투쟁》에서 독서는 어디까지나 방편이었다고 분명히 밝혔다.[87] 지식을 얻거나 깨달음을 위해 책을 읽은 것이 아니라 자신의 선입견을 재확인하기 위해서 책을 읽었다. 원하는 답을 얻으려고 책을 읽은 것이다. 나치당의 법률 전문가로서 후에 폴란드 총독을 지내는 한스 프랑크에게 말한 것처럼 히틀러는 교도소에서 책을 읽으면서 "자기 생각이 옳다는 것을 깨달았다."[88]

오랜 세월이 흐른 뒤 뉘른베르크의 감방에 들어가 앉아서 프랑크는 1924년은 히틀러의 인생에서 가장 중요한 전환점이 되는 해였다고 평가했다.[89] 그것은 과장이었다. 란츠베르크 생활은 전환점이었다기보다

랑케(Leopold von Ranke, 1795~1886) '근대 역사학의 아버지'로 불리는 독일의 역사학자. 원사료(原史料)에 충실하면서 사실을 객관적으로 기술하는 데 중점을 두었다. 그가 주장한 객관주의는 역사학을 철학, 정책에서 해방시켜 역사학의 독자적인 연구 시야를 개척했다고 평가받는다.

는 히틀러가 1919년부터 발전시켜 왔고 쿠데타가 일어났던 해를 전후해서 약간 수정된 세계관을 내면에서 굳히고 다지는 기간이었다. 자기가 없는 동안 나치 운동이 와해되었으므로 어지러운 정치 현실에서 벗어나 혼자만의 시간이 생기니까 과거에 저지른 실책을 싫어도 곱씹어보지 않을 수가 없었다. 그리고 몇 달 뒤에는 풀려날 가능성이 높았으므로 아무래도 자기 자신에 대해서, 또 좌초된 운동을 재건하는 방법에 대해서 생각을 많이 하게 되었다. 란츠베르크에서 히틀러는 권력 쟁취 방안을 약간 수정했다. 그 과정에서 자기를 보는 눈도 달라졌다. 히틀러는 이제 자기의 역할을 지금까지와는 다르게 보았다. 재판에서 승리를 거두면서 히틀러는 1922년 말부터 추종자들도 조금씩 기대한 모습이었지만 자신을 독일의 구세주로 보기 시작했다. 쿠데타 실패로 히틀러의 자기 확신이 깨졌느냐 하면 천만의 말씀이었다. 히틀러의 자기 확신은 오히려 하늘 높은 줄 모르고 치솟았다. 자신이 독일을 구원할 '사명'을 숙명처럼 떠안고 걸어가는 사람이라는 신비적인 믿음은 그때부터 생겨났다.

아울러 히틀러의 세계관도 새로운 측면에서 중요한 변화가 생겼다. 늦어도 1922년 말부터 차츰 틀을 잡아 가던 앞으로의 외교 정책에 대한 구상들이 소련은 짓밟고 쟁취해야 할 '생존 공간'의 모색이라는 화두를 중심으로 다듬어진 것이다. 히틀러의 세계관은 극단적인 반유대주의와 하나가 되어 '유대 볼셰비즘'의 타도를 겨눈 '생존 공간'을 위한 전쟁이라는 발상으로 마무리되었고 히틀러는 그 다음부터 기회가 있을 때마다 그 점을 강조했다. 그 뒤로 전술이 조금씩 달라졌을지는 몰라도 기본 바탕은 그대로 유지되었다. 란츠베르크에 와서 히틀러의 생각이 하루아침에 달라진 것은 아니었다.[90] 이미 싹이 텄거나 쿠데타가 일어나기 전까지 틀이 잡혔던 단순한 고정관념 몇 가지에 살을 조금 붙였을 뿐이었다.[91]

쿠데타를 일으키기 전에 이미 히틀러의 세계관이 달라졌다는 것은 《나의 투쟁》에서도 확실히 드러난다. 히틀러의 책은 새로운 내용이 없었다. 하지만 그때까지 히틀러가 내놓은 세계관 중에서 가장 분명하고 광범위한 진술이었다. 히틀러는 란츠베르크에 들어가지 않았으면 적어도 1933년 이후로 수백만 권이 팔리는 책은 아마 쓰지 못했을 것이라고 시인했다.[92] 이 책의 집필 동기는 확실하지 않다. 한쪽에 치우쳐 있어서 액면 그대로 받아들이기 어려운 증언을 할 때가 많지만 오토 슈트라서의 말에 따르자면 형인 그레고어가 란츠베르크에 잠시 머물렀던 동안 히틀러에게 "2층에서 지내는 남자"의 끝없는 독백을 들어야 하는 고역으로부터 동료 수감자들이 해방되도록 '회상록'을 써보라는 "다분히 마키아벨리의 삶을 연상시키는" 제안을 했다고 한다. 히틀러는 괜찮겠다 싶어서 바로 집필에 들어갔고 1층에서 복역하던 죄수들은 다시 카드놀이를 하고 먹고 마시는 일상 생활로 마음 편히 돌아갈 수 있었다.[93] 아니, 그럴 수 있을 것이라고 생각했다. 슈트라서의 증언이 맞다면, 안타깝게도 그들은 다시 불려 나와서 히틀러가 쓴 내용을 매일매일 큰소리로 낭독하는 것을 꼼짝없이 앉아서 듣노라니 그야말로 죽을 맛이었을 것이다.[94] 오토 슈트라서의 흥미진진한 설명보다는 다소 무미건조하지만 더 현실적으로 와 닿는 것은, 재판을 통해 유명인이 되었으니 이번 기회에 자서전을 써서 돈을 한번 벌어보라고 막스 아만이 제안했다는 설이다.[95] 아만은 거사를 일으키게 된 배경이 많이 다루어질 것으로 기대했다.[96] 그런데 실망스럽게도, 군데군데 자기가 살아온 이야기를 피상적이고 자기 도취적인 설명을 곁들여 끼워 넣기는 했지만 그것은 히틀러가 수많은 연설을 통해 이야기해 왔기 때문에 뻔히 아는 내용이었다.[97]

하제가 이끄는 북부 독일 나치당 대표단이 1924년 5월 26일과 27일 이틀 동안 면회를 왔을 때 히틀러는 이미 1권에 해당하는 내용을 쓰고 있었다. 당시 히틀러가 생각한 제목은 '거짓, 무지, 비겁에 맞선 4년 반의 투쟁'이라는 투박한 제목이었다.[98] '나의 투쟁'이라는 간결한 제목은 막스 아만의 머리에서 나온 것으로 보인다.[99] 히틀러는 처음에는 운전기사 겸 비서 노릇을 하던 에밀 모리스에게 받아 적게 하다가 7월부터는 루돌프 헤스의 도움으로 책을 썼다(두 사람 다 쿠데타에 가담한 혐의로 히틀러와 같이 복역 중이었다).[100] 1925년 7월 18일에 나온 1권은 지전적 내용이 대부분이었지만 앞서 말한 대로 부정확하고 왜곡된 부분이 많았다. 1권은 1920년 2월 24일 히틀러가 호프브로이하우스 집회에서 당 강령을 당당히 발표하는 대목에서 끝난다. 감옥에서 나오자마자 집필에 들어가서 1926년 12월 11일 책으로 나온 2권은 민족 운동의 본질, 이념, 선전, 조직, 외교 정책에 이르기까지 광범위한 주제에 대한 히틀러의 생각을 담았다.

책으로 나온 《나의 투쟁》은 산만하기 짝이 없는 악문이었지만 그나마 편집 과정에서 여러 사람이 손을 보았기 때문에 처음에 히틀러가 넘겨준 원고에 비하면 훨씬 나아졌다. 오토 슈트라서는 초고를 읽어보고 나서 "진부함과 초등학생 같은 유치한 추억과 주관에 치우친 판단과 사사로운 증오심의 잡탕이라 할 만하다."는 평가를 내렸다.[101] 아만, 당의 인쇄물을 맡은 뮐러, 헤스, 한프슈탱글(집안에서 하는 출판사에 《나의 투쟁》 출간을 부탁했지만 형이 일언지하에 거절했다)까지 모두 나서서 원고를 고치고 다듬었다.[102] 〈민족의 감시자〉에서 음악 비평가로 활동하던 슈톨칭-체르니는 한때 히에로니무스 수도회에 몸담은 적이 있었고 나치 운동에 공감하던 바이에른의 지방 신문 〈미스바허 안차이거〉 편집장을 역임한 베르나르트 슈템플레 신부와 함께 원고를 전부 뜯어고쳐서 여전히 읽기 어려운 곳이 많긴 했지만 그래도 원문보다는 문학성이 꽤 배어든 누구도 흉내 낼 수 없는 히틀러 특유의 문체를 만들어낸 주역이었다.[103] 그런 다음에도 한참 손을 본 다음에야 인쇄에 들어갔다.[104] 한스 프랑크에 따르면 히틀러 스스로도 그 책이 악문이며 〈민족의 감시자〉 머릿기사에 오를 만한 글들을 모아놓은 데 불과하다면서 함량 미달임을 시인했다.[105]

막스 아만이 운영하던 당 산하의 프란츠 에허 출판사에서 나온 《나의 투쟁》은 히틀러가 정권을 잡기 전까지만 하더라도 당초 기대와는 달리 베스트셀러와는 거리가 멀었다. 난삽한 내용, 따분한 문체, 12제국마르크라는 상대적으로 비싼 가격 때문에 이 책을 사볼 만한 독자들은 외면했다.[106] 1929년까지 1권은 2만 3천 부가량 팔렸고, 2권은 1만 3천 부가 팔렸다. 1930년 나치당이 총선에서 약진하면서 판매량이 쑥 늘더니

《나의 투쟁》 초판본. 1945년까지 《나의 투쟁》은 독일에서만 1천만 권이 팔렸다.

1932년까지 8만 권이 나갔다. 1933년부터는 그야말로 날개 돋친 듯이 팔렸다. 그해에만 150만 권이 팔렸다. 1936년에는 점자판도 나와서 앞을 못 보는 사람도 책을 읽을 수 있었다. 그리고 1936년부터는 두 권을 하나로 합본한 보급판을 신혼부부에게 선물로 주었다. 1945년까지 《나의 투쟁》은 독일에서만 1천만 권이 팔렸다. 외국에서도 열여섯 나라 말로 번역되어 수백만 권이 팔려나갔다.[107] 실제로 얼마나 많은 사람이 책을 읽었는지는 분명하지 않다.[108] 히틀러는 그 점은 개의치 않았다. 1920년대 초반부터 히틀러는 공식 문서에 자신을 '작가'로 밝혔는데 1933년에는 독일 총리직에 올라서도 (전임자들과의 차별성을 부각하려는 의도에서) 봉급을 받지 않겠다고 선언할 만큼 여유가 생겼다. 《나의 투쟁》으로 많은 돈을 번 것이다.[109]

《나의 투쟁》에는 정책 이야기는 안 나온다. 하지만 비록 왜곡된 관념이었지만 거기에는 히틀러의 정치적 신조, 세계관, 사명감, 전망, 장기적 목표 같은 것을 갖추고 있었다. 무엇보다도 지도자 신화의 토대가 거기서 만들어졌다. 《나의 투쟁》에서 히틀러는 자신을 도탄에 빠진 독일을 다시 위대하게 만들 불세출의 지도자로 그렸다.

《나의 투쟁》을 읽으면 히틀러가 1920년대 중반에 무슨 생각을 했는지 간파할 수 있다.[110] 그 무렵 히틀러는 역사와 세상의 모든 악을 완벽하게 규명하고 그 극복 방안까지 알려주는 철학을 개발했다. 거칠게 요약하자면 그것은 우월한 아리아인이 기생충 같은 열등한 유대인에게 시달리고 피해를 입는, 선과 악의 인종 투쟁으로 역사를 보았다.[111] "인종 문제는 세계사는 물론 인간의 문화를 이해하는 열쇠가 된다."고 히틀러는 주장했다.[112] 인종 투쟁의 진수를 보여주는 것이 바로 소련에서 벌어지는 볼셰비즘을 앞세운 유대인의 학정이다. "피에 굶주린 유대인들이 끔찍한 고문까지 자행하면서 한줌의 유대인 지식계급과 주식시장 날강도의 기득권을 위해 3천만 명이 넘는 민중을 죽이거나 굶어죽도록 방치했다."[113] 따라서 나치 운동의 사명은 오직 하나, '유대 볼셰비즘'을 타도하는 것이었다. 그러더니 단숨에 논리가 비약해서 그래야만 독일 민족이 지배자로 군림하는 데 필요한 생존 공간을 확보할 수 있다면서 노골적인 제국주의 침탈을 정당화했다.[114] 히틀러는 이 생각을 평생의 신조로 삼았다. 세월이 흘러도 바탕은 달라지지 않았다. 메시아를 방불케 하는 하나의 '이념'에 대한 비타협적 몰입, 단순하고 수미일관하고 포괄적이며 흔들리지 않는 신념 체계는 히틀러에게 의지력과 운명에 대한 주인 의식을 심어주었고 히틀러와 접한 사람들은 누구나 거기서 깊은 인상을 받았다. 히틀러는 넘치는 자기 확신을 강하게 표현할 줄 알았고 주변 사람들은 자연히 거기서 권위를 느꼈다. 모든 것은 흑백으로, 승리가 아니면 완전한 파멸로 그려졌다. 다른 길은 있을 수 없었다. 그리고 모든 이데올로그와 신념을 지닌 정치인이 그렇듯이 히틀러의 세계관은 자신감이 더 큰 자신감을 불러일으키는 구조로 되어 있었으므로 상대가 아무리 '합리적' 주장으로 덤벼들어도 비웃거나 깔아뭉개면 그만이었다. 국가 수반이 되고 나서 히틀러의 세계관은 제3제국의 모든 정책 입안가들에게 '행동의 지침'이 되었다.[115]

히틀러의 자서전은 단기적 정치 공약 같은 처방은 아니다. 그렇지만 그 당시 너무나 많은 사람들이 《나의 투쟁》을 비웃고 히틀러가 거기서 제시한 생각을 심각하게 받아들이지 않은 것은 잘못이었다. 아무리 유치하고 혐오스럽더라도 거기에 담긴 것은 명확하게 수립되고 엄격하게 뒷받침된 정치 원칙이었다.[116] 히틀러는 자기가 쓴 내용을 고칠 만한 이유를 찾아내지 못했다.[117] (물론 어처구니없는 전제에서 출발하긴 했지만) 내적으로는 수미일관한 틀을 갖추고 있었기 때문에 이념이라고 (또는 히틀러 식으로 말하자면 '세계관'이라고) 부를 수 있었다.[118] 히틀러가 《나의 투쟁》에서 밝힌 세계관은 정치 입문 이후부터 《두 번째 책》을 쓴 1928년 사이 펼쳐진 히틀러의 이념들을 맥락 속에서 한층 명료하게 파악하게 해준다.

히틀러가 무엇보다도 집착한 것은 '유대인 제거'였지만 《나의 투쟁》에 나온 것은 그가 1919년과 1920년 사이에 벌써 다 했던 생각이었지 새로운 내용은 없었다. 《나의 투쟁》이 표현은 좀 극단적이었을지 몰라도 여러 해 전부터 줄곧 주장해 온 내용이었다. 대량 학살을 은근히 띠우는 어법도 민족 운동 진영의 논객들과 연사들이 이미 1차 세계대전 전부터 주장한 내용과 크게 다르지 않았다.[119] 세균을 박멸하듯이 유대인을 다루어야 한다는 주장만 하더라도 그렇다. 이미 1920년 8월에 히틀러는 "유대인이라는 질병 유발인자"를 제거하여 "종족의 결핵균"을 퇴치해야 한다고 말했다.[120] 4년 뒤에 히틀러가 《나의 투쟁》에서 "우리 국민의 국가 의식을 고취하려면 나라의 기상을 살리기 위해 노력하는 것도 중요하지만 국제주의를 퍼뜨리는 독충을 박멸하는 것도 중요하다."고 말했을 때 누구를 겨냥한 것인지는 의심할 나위가 없었다.[121] 5장에서 이미 언급하기는 했지만 히틀러는 《나의 투쟁》에서 독충을 박멸해야 한다는 끔찍한 주장을 또 한 번 했다. 만약 1차 세계대전 초에 "민족을 더럽힌 히브리인 1만 2천 명에서 1만 5천 명이 독가스 맛을 제대로 봤다면" 백만 명의 독일인이 전선에서 목숨을 잃어도 헛되지 않았을 것이라는 끔찍한 발언까지 했다.[122] 이런 끔찍한 발언을 계기로 그때부터 '최종 해법'으로 내달은 것은 아니었다. 그 길은 곧은 길이 아니라 꼬불꼬불한 길이었다.[123] 그렇지만 아무리 히틀러가 구체적 방안을 따지지 않고 한 말이라 하더라도 거기에 깃든 대량 학살의 욕망은 부인할 수 없었다. 아주 확실하게 드러나지는 않았더라도 유대인 소탕, 전쟁, 민족의 구원은 히틀러의 머릿속에서는 따로 떨어진 문제가 아니었다.

5장에서 살펴보았지만 히틀러의 반유대주의는 처음에는 반자본주의적 색깔을 띠다가 1920년 중반이 되면 유대인을 소련의 공산주의자들과 연결하는 쪽으로 바뀐다. 자본주의의 배후에 유대인이 있다는 주장을 버리고 공산주의의 배후에 유대인이 있다는 쪽으로 말을 바꿔 탄 것은 아니었다. 증오에 사로잡힌 히틀러의 머리에서 둘은 공존했다. 그렇게 지독한 증오는 공포심이 없다면 생겨날 수가 없었다. 국제 금융 자본과 소련 공산주의를 모두 조종할 수 있는 막강한 집단을 상상했을 때 느껴지는 적대감이었다. 국가사회주의도 감당하기 벅찰 만큼 강력한 '유대인의 세계 음모'가 있다는 고정관념이었다.

일단 볼셰비즘과 유대인을 연결 짓고 나자 히틀러는 지배권을 둘러싸고 인종과 인종의 본격적인 한판 대결이 거침없이 무자비하게 펼쳐질 것이라고 내다보았다. 1922년 6월 히틀러는 관념론과 유물론이라는 상반되는 두 이념이 죽기 살기로 싸울 것으로 예상했다. 독일 민족의 사명은 볼셰비즘을 박살내어 "우리의 철천지원수인 유대인"도 아울러 타도하는 것이다.[124] 그해 10월 히틀러는 도저히 공존할 수 없는 두 '세계관'이 생사를 건 싸움을 하리라고 썼다. 이 한판 승부에서 지면 독일도 끝장난다. 승자가 되느냐 패자가 되느냐 둘 중 하나밖에 없다. 그것은 곧 절멸 전쟁을 의미했다. "마르크스주의의 승리는 반대 세력의 완전한 절멸을 뜻한다. 독일이 볼셰비즘에 점령당하면 …… 서구 기독교 문화 전체가 사라진다." 따라서 국가사회주의의 목표는 한마디로 "마르크스주의 세계관을 말살하고 절멸하는 것"이다.[125]

이제 히틀러의 머리에서 마르크스주의와 유대인은 동의어였다. 1924년 3월 27일 재판 말미에 히틀러는 재판부 앞에서 자기는 마르크스주의를 타도하고 싶을 뿐이라고 밝혔다.[126] 다음달에는 나치 운동의 유일한 적은 온 인류의 공적이라 할 수 있는 마르크스주의라고 강조했다.[127] 유대인은 입에 올리지 않았다. 일부 신문은 강조점이 달라진 데 주목하면서 히틀러가 '유대인 문제'에서 입장을 바꾸었다고 보도했다. 나치 추종자 중에도 곤혹스러워하는 사람이 있었다. 7월 말 한 나치당원이 란츠베르크로 히틀러를 찾아가서 유대인에 대한 생각이 달라졌느냐고 물었다. 히틀러는 특유의 답변을 내놓았다. 유대인에 맞서는 투쟁에 대한 입장에 변화가 생긴 것은 사실이라고 히틀러는 밝혔다. 《나의 투쟁》을 쓰다가 보니 지금까지 내가 너무 온건했구나 하는 자각이 들었다. 앞으로는 대의를 달성하기 위해 가장 무시무시한 수단을 강구할 것이다. "유대인은 세계의 전염병"이므로 유대인 문제는 독일인만의 문제가 아니라 모든 민족이 실존적으로 당면한 문제다.[128] 그러면서 유대인이 국제적으로 행사하는 힘을 모조리 없애자는 것이 바로 달라진 입장이라고 기염을 토했다.

유대인 문제는 외교 정책과도 맞물려 있었다. 1920년 중반께 반유대주의와 반볼셰비즘이 '유대 볼셰비즘'이라는 이미지로 통일되면서 히틀러의 외교관도 어쩔 수 없이 영향을 받았다. 하지만 히틀러의 입장이 달라진 데는 이념의 영향도 있었지만 세력 균형을 도모하려는 의도도 있었다. 초창기만 하더라도 히틀러는 프랑스를 제1적국으로 삼고 영국에 대해서도 적대감을 드러내고, 식민지를 되찾고 1914년의 독일 국경선을 회복하는 것을 외교의 기본 정책으로 삼았다는 점에서 범게르만주의의 틀에서 벗어나지 않았다.[129] 조바심만 앞선 민족주의자들과 크게 다르지 않았다. 조약을 개정해야 한다는 목소리는 히틀러가 훨씬 더 과격하게 냈지만 아무튼 독일 국민의 폭넓은 지지를 받은 조약 개정론에서도 같은 입장이었다. 베르사유 조약을 뒤엎고 프랑스를 쳐부수어야 한다는 히틀러의 주장은 1920년대 초반 당시에는 비현실적으로 들렸을지 모르지만 아무튼 그것은 범게르만 진영과 민족주의 우파 진영에서도 공감하는 바였다. 1920년이면 파시즘 이야기를 듣기도 전이었지만 그때 벌써 히틀러는 이탈리아와 동맹을 맺는 것이 좋겠다고 생각했다. 원래는 오스트리아 땅이었고 독일어 사용 인구가 압도적으로 많았지만 1919년 이탈리아로 할양되었고 '이탈리아화'가 추진되고 있던 남부 티롤 문제도 양국 관계의 걸림돌은 될 수 없다고 히틀러는 그때 벌써 생각했다.[130] 1922년 말에는 히틀러가 부러워하던 방대한 제국을 거느린 영국과도 동맹을 맺을 생각을 했다. 루르 점령을 놓고 영국과 프랑스가 갈등을 보인 1923년에는 그런 생각이 더욱 굳어졌다.[131]

반면에 히틀러는 벌써 1920년 7월부터 러시아는 유대인이 장악하고 있다고 보았으니까 소련과의 동맹은 생각하기가 어려웠다. 그래도 상당수의 민족주의 우파들처럼 히틀러도 민족주의 성향의 러시아인(이쪽으로는 독일의 영향력이 컸다)과 유대인의 볼셰비즘에 물든 러시아를 구분할 필요가 있다고 생각했다.[132] 히틀러의 러시아관은 초창기 나치당에서 동방 문제 전문가로 손꼽혔던 로젠베르크의 생각과 무관하지 않은 것으로 보인다. 발트 출신인 로젠베르크는 볼셰비키에 강한 적개심을 품고 있었다. 또 처음에 당의 동방 정책에 대해서 활발히 글을 썼고 러시아 망명자들과 끈끈한 유대를 맺었던 쇼이브너-리히터의 입김도 무시할 수 없을 것이다. 이미 1919년 초부터 유대인과 볼셰비즘을 한통속으로 보는 글을 써 온 디트리히 에카르트도 일정한 영향을 끼쳤을 것이다.[133]

쿠데타를 일으키기 전부터 이미 러시아는 히틀러가 구상한 외교 정책에서 중요한 변수로 슬그머니 떠올랐다. 1919년 12월에 벌써 히틀러는 독일은 소련과는 달리 인구에 비해 땅이 너무 부족하다면서 ‘영토 문제’를 은근히 거론했다.[134] 1921년 5월 31일에는 신생 소비에트 러시아와 휴전을 하면서 맺은 1918년의 브레스트-리토프스크 조약으로 독일이 소련으로부터 땅을 받아 독일인의 생존 공간이 커졌던 선례를 긍정적으로 평가하는 연설을 했다.[135] 1921년 10월 21일에는 소련과 손을 잡고 영국을 압박하면 “동쪽으로 진출할 수 있는 무한한 기회가 생긴다.”는 다소 모호한 발언을 했다.[136] 이것은 히틀러가 다소 불확실하기는 하지만 범게르만동맹의 동방 팽창 정책에 공감하고 있었다는 것을 암시한다. 소련의 비볼셰비키 세력도 활동 공간을 확보하려면 동쪽 방면, 그러니까 아시아로 눈길을 돌리지 않을 수 없을 테니까 그들에게 길을 터주면 소련의 서쪽 변경 지역은 독일이 차지할 수 있다는 계산이었다. 다시 말해서 1차 세계대전이 끝나면서 무효가 된 브레스트-리토프스크 조약을 되살리고 소련은 서쪽에서 잃은 땅을 동쪽에서 만회한다는

논리였다.[137)

1922년 초가 되면 입장이 조금 달라졌다. 이제 히틀러는 소련과 손을 잡는다는 생각을 버렸다. 소련이 동쪽만 노릴 것 같지가 않아서였다. 볼셰비즘은 보나마나 독일로 밀고 들어올 가능성이 높았다.[138) 상황 인식에 변화가 온 것이다. 이제는 볼셰비즘을 무너뜨려야만 독일이 살 수 있었다. 그리고 소련으로 밀고 들어가야만 독일이 영토를 얻을 수 있었다. 1922년 연말에는 팽창주의 신봉자였던 루덴도르프와 접촉을 하면서 더욱 힘을 얻었겠지만 달라진 대러시아 정책이 웬만큼 정리되었다.[139) 1922년 12월 히틀러는 〈뮌헨 뉴스〉의 공동 사주로서 나치당에 호감을 품었던 에두아르트 샤러에게 나중에 《나의 투쟁》에서 더욱 가다듬을 대외 동맹의 기본 윤곽을 설명했다. 히틀러는 1차 세계대전을 불러일으킨 영국과의 식민지 쟁탈전은 피해야 한다면서 이렇게 말했다.

독일은 영국의 식민지 이권은 건드리지 말고 어디까지나 유럽 대륙으로 눈길을 돌려야 합니다. 영국과 손잡고 소련을 무너뜨리는 방안도 생각해봄 직합니다. 소련은 독일 정착민들에게 충분한 땅을 줄 것이고 독일 기업에도 무한한 활동 공간을 열어줄 것입니다. 그렇게 되면 우리가 프랑스와 붙어도 영국은 개입하지 않을 것입니다.[140)

샤러에게 한 말로 미루어볼 때 히틀러가 교도소에서 지내는 동안 생존 공간을 확보하기 위해 소련과 전쟁도 불사한다는 완전히 새로운 외교 정책을 개발했을 가능성은 희박하다. 《나의 투쟁》에서 소련을 짓밟고서라도 독일이 영토를 충분히 확보해야 한다고 쓴 내용은 1941년 4월에 발표된 글에도 이미 나와 있다.[141) 세계를 바라보는 시각이 교도소 안에서 확 달라진 것이 아니었다.[142) 번득이는 직관이나 새로운 통찰 또는 기발한 착상이 하룻밤 사이에 떠오른 것이 아니라, 전부터 해온 생각이 여문 것이라고 말할 수 있다.

생존 공간 논리를 떠받치는 제국주의적, 지정학적 사유는 사실은 제국주의를 지향하는 민족 우익 진영에서는 널리 퍼져 있었다. 앞장에서도 살펴보았지만 생존 공간론은 1890년대 이후로 독일 제국주의 이념 안에서 두드러진 흐름이었다. 하인리히 클라스가 이끄는 범게르만동맹도 강력히 부르짖었고, 동맹의 발기인이자 크루프 제철의 이사였고 언론 재벌이었던 알프레트 후겐베르크가 장악한 언론도 열심히 지원했다.[143] 생존 공간은 중세의 튜턴 기사단*이 슬라브 땅을 식민지로 삼았던 원정을 연상시키면서 정복 전쟁을 정당화했고 동유럽 각지에 흩어져 살아가는 독일 민족이 하나로 뭉쳐야 한다는 의식을 고취했다. 1918년까지 프로이센이 다스렸던 폴란드의 일부 농촌 지역처럼 대부분의 독일인은 작은 공동체를 이루어 살아갔다. 하지만 가령 발트해와 접한 단치히라든가 나중에 주데텐란트로 불리는 체코슬로바키아 지역에는 독일인이 많이 살았고 민족 의식도 높았다. 범게르만동맹을 신봉하던 사람들에게 생존 공간론은 역사적으로 의미가 있는 동유럽 정복이면서 넘쳐나는 인구를 가진 독일이 막강한 정치 권력을 가진 현대의 강력한 제국주의 국가로 발돋움하는 야심을 숨기는 망토였다.[144] 1926년에 나온 한

튜턴 기사단(Teutonic Order) '독일기사단'이라고도 한다. 1190년경 십자군이 팔레스타인의 아크레를 포위했을 때 부상병 구호를 위해 세운 자선 단체에서 유래했다. 독일인 기사들이 중심이었던 이 기사단은 이후 다른 종교 기사단(템플 기사단, 성 요한 기사단)과 함께 성지를 지키는 종교 기사단으로 변모하였다. 이들은 의료 외에 이교도와 전투를 하는 임무까지 맡았다. 하얀 바탕에 검은 십자가 모양이 그려진 기사단 문장은 나치 독일에서 군사적 상징으로 쓰였다.

그림(Hans Grimm, 1875~1959) 범게르만주의에 입각한 작품을 통해 독일에서 히틀러의 국수주의적이고 팽창주의적인 정책이 받아들여질 수 있도록 여론을 조성하는 데 일조한 작가로 평가받는다. 소설 《영토 없는 민족》으로 유명하다.

하우스호퍼(Karl Haushofer, 1869~1946) 나치의 '생존 공간' 개념에 크게 영향을 끼친 지정학자. 2차 세계대전 내내 세계 열강을 지향하는 독일을 정당화하기 위해 노력했다. 베를린 대학 지정학과 교수였던 아들 알브레히트 하우스호퍼(1903~1945)가 1944년 7월 히틀러 암살 미수 사건에 가담하였다는 혐의로 처형되었다. 독일이 패전한 뒤 전범 혐의로 수사를 받게 되자 자살했다.

라첼(Friedrich Ratzel, 1844~1904) 지리학과 민족지학의 발전에 크게 이바지한 독일의 지리학자. 《인문 지리학》, 《정치 지리학》 등 많은 저술을 통하여 인문 지리학의 방법론이 발전하는 데 공헌했다.

독일의 언론 재벌이었으며, 독일국가인민당을 이끌었던 알프레트 후겐베르크. 그가 소유한 신문은 히틀러의 선전에 많은 도움을 주었으며, 히틀러와 동맹을 결성한 후에는 물질적으로도 크나큰 도움을 주었다.

스 그림*의 《영토 없는 민족》은 날개 돋친 듯이 팔리면서 생존 공간론을 퍼뜨리는 데 앞장섰다.[145]

제국주의적 지정학적 관점에서 생존 공간론을 옹호하는 글을 히틀러도 안 보았을 리는 없다. 그중에서도 특히 하우스호퍼*의 책은 직접 읽었든 골격만 접했든 아무튼 내용을 잘 알았을 것이고 이것이 히틀러의 생존 공간론 논리에 큰 영향을 주었을 가능성이 높다.[146] 히틀러는 루돌프 헤스를 통해서 늦어도 1922년이면 지정학론으로 낙양의 지가를 올리던 카를 하우스호퍼를 알았다.[147] 뮌헨 대학 교수였던 하우스호퍼의 저작이 히틀러에게 끼친 영향은 나중에 저자가 밝힌 것 이상으로 컸다고 보아야 한다.[148] 그전까지는 몰랐다 하더라도 히틀러는 교도소에 있는 동안은 틀림없이 하우스호퍼의 책을 읽을 시간이 있었을 것이고 또 다른 지정학 논객 프리드리히 라첼*의 책도 읽었을 것이다. 정말로 읽었는지 안 읽었는지는 증명할 길이 없지만, 그들이 대강 무슨 소리를 했는지는 하우스호퍼 밑에서 공부를 한 루돌프 헤스를 통해서 알았을 것이다.[149]

아무튼 1922년 샤러와 대화를 나눌 즈음에는 러시아와 생존 공간에 대하여 히틀러의 기본 입장은 정리되어 있었다. 1924년 봄까지는 그것이 확실한 틀을 갖추었고, 감옥에서 책을 읽고 《나의 투쟁》을 쓰면서 더욱 생각을 다듬을 수 있었다. 뿐만 아니라 유대인을 제거하고 소련과 전쟁을 벌이는 것은 결국 생존 공간을 확보한다는 점에서 따로 떨어진 문제가 아니라는 확신도 굳었다.[150]

1924년 4월에 쓴 글에서는 아직 양쪽 모두 가능성을 열어 두고 있었지만 《나의 투쟁》 1권에서는 벌써 영국을 등에 업고 소련을 압박하는 영토 정책으로 나갈 것인지 아니면 소련을 등에 업고 제해권을 바탕으로 영국을 압박하는 세계 무역 정책으로 나갈 것인지 방침이 확실히 정해졌다.[151] 1925년에 주로 씌어지고 이듬해 말에 나온 2권에서는 주적은 단기적으로는 여전히 프랑스였다. 그렇지만 장기적으로는 소련을 제물로 삼아 생존 공간을 확보해야 한다는 원칙을 분명히 밝혔다.

땅을 넓히지 않으면 큰 나라는 결국 망할 수밖에 없다면, 땅을 차지하는 것은 권리가 아니라 의무가 된다. …… 독일은 세계 열강이 되지 않으면 사라질 수밖에 없다. 그리고 세계 열강이 되려면 지금 독일이 필요로 하는 자리에 어울리는 덩치가 필요하고 또 그래야만 독일 국민이 살 수 있다.

그래서 우리 국가사회주의자는 전쟁 전의 대외 정책에 마침표를 찍고자 한다. 600년 전에 멈추었던 자리에서 시작한다. 남쪽으로 서쪽으로 자꾸 뻗어 나가려는 움직임을 중단하고 동쪽에 펼쳐진 대륙으로 눈길을 돌린다. 전쟁 전의 식민 정책과 통상 정책과 마침내 결별하고 미래의 영토 정책으로 전환한다.

유럽에서 땅이라고 할 것 같으면 먼저 떠오르는 것이 러시아와 주변의 속국들이다. …… 여러 세기 동안 러시아는 상층 지도부의 핵을 구성한 독일인한테서 자양분을 얻었지만 이제는 거의 소멸되고 절멸되었고 유대인이 그 자리를 차지했다. …… 유대인은 유기체를 이루는 성분이 아니라 부패를 낳는 곰팡이다. 동방의 거대한 제국이 바야흐로 무너지려 한다. 러시아에서 유대인의 지배를 끝장내면 러시아라는 나라도 끝장난다. ……[152]

독일인을 그런 미래에 대비시키는 것이 국가사회주의의 목표였다. "우리는 민족 이론의 저력을 확실히 보여줄 파국의 증인이 되는 운명을 타고난 사람들"이라고 히틀러는 주장했다.

히틀러의 세계관을 이루는 두 성분, 그러니까 유대인을 소탕하는 것과 생존 공간을 확보하는 것이 이제는 하나가 되었다. 소련과 전쟁을 벌여서 '유대 볼셰비즘'을 박살내면 독일도 새로운 '생존 공간'을 얻어서 일어설 수 있다는 것이었다. 거칠고 단순하고 야만적인 논리였지만 19세기 말의 제국주의, 인종주의, 반유대주의를 20세기의 동유럽에 대입한 이 잔혹한 교리는 그것을 들이켜고 싶어서 안달이 난 사람들에게는 마약이나 다를 바 없었다.

히틀러는 그때부터 생존 공간을 입버릇처럼 들먹였고 글과 연설에서 생존 공간은 핵심 주제로 자리 잡았다. 1928년에 씌어졌고 히틀러 생전에는 출판되지 않았던 《두 번째 책》에서도 외교 정책은 더 확실하게 다듬어지긴 했지만 기본 골격은 달라지지 않았다.[153] 유대 볼셰비즘의 소탕과 생존 공간의 확보는 내내 히틀러 이념의 핵심으로 자리 잡는다. 이제 남은 것은 이런 세계관을 완성하는 요소, 다시 말해서 이런 목표를 실현할 수 있는 천재 지도자였다. 감옥에서 히틀러는 그 답을 찾았다.

이론가, 조직가, 지도자

세월이 한참 흐른 뒤에 히틀러는 "어느 것에도 흔들리지 않는 자기 확신과 낙천주의, 신념"은 란츠베르크 교도소에서 터득한 것이 많다고 말했다.[154] 히틀러의 자기 인식은 감옥에서 달라졌다. 재판정에서도 히틀러는 나라를 위해 '북 치는 사람' 노릇을 한 데 자부심을 나타냈다. 다른 일은 중요하지 않다고 히틀러는 큰소리쳤다.[155] 그러나 란츠베르크에서 변화가 생겼다. 그리고 그 변화는 쿠데타를 일으키기 전부터 꽤 오랫동안 진행되어 오던 것이었다.

히틀러는 교도소에 들어간 직후부터 자기의 앞날과 출옥하고 나서 당을 어떻게 끌고 갈 것인가에 대해서 고민했다. 여섯 달 뒤면 나가는 줄로 알았으니까 당장 코앞에 닥친 문제였다. 히틀러에겐 이제 물러설 곳이 없었다. '직업'으로 삼았던 정치가 이제는 '사명'으로 다가왔으니 앞으로 나아가는 수밖에 없었다. 무명으로 돌아가는 것은 그러고 싶어도 그럴 수가 없었다. 남들처럼 소시민으로 살아가는 것은 불가능했다. 재판을 받는 동안 독일 우익의 기대주로 찬사를 한몸에 받고 나서 슬그머니 물러섰다간 정적들의 비웃음거리가 되기 딱 좋았다. 실패한 쿠데타를 자꾸 곱씹다 보니까 그것은 나중에 나치 신화에서 중요한 자리를 차지하는, 순교자들이 거둔 승리의 드라마로 둔갑했고, 자기의 손발을 묶었던 지도자들의 실책과 나약함과 우유부단이 실패의 원인이라는 생각만 자꾸 들었다.[156] 지도부가 히틀러와 민족 운동을 배신했다는 것이 히틀러의 결론이었다. 하지만 그것이 다는 아니었다. 재판에서 승리했다는 사실, 우익 신문에서 끝없이 퍼부은 찬사와 교도소로 수없이 날아든 격려 편지, 자기가 없어지니까 민족 우파 진영이 비실거리면서 사분오열되었다는 사실, 루덴도르프와 여타 지도자들의 깊어지는 갈등, 이 모든 것이 히틀러로 하여금 주인공 의식과 남다른 역사적 사명감을 갖도록 만들었다. 1923년부터 고개를 든 이런 생각은 감옥이라는 색다른 분위기에서 확실히 뿌리를 내렸다. 동조자, 특히 헤스 같은 열렬한 추종자에 둘러싸여서 히틀러는 자기야말로 앞으로 독일을 이끌어 갈 '위대한 지도자'라고 확신하게 되었다.

　재판에서 분위기를 반전시키고 박수갈채를 받기 전까지만 하더라도 그것은 상상도 할 수 없었던 역할이었다. 이제 히틀러는 자신을 '영웅적' 지도자로 여겼지만 그것은 스스로 그렇게 생각하기 전에 추종자들이 만들어낸 감투였다. 하지만 그런 역할은 그동안 워낙 별 볼 일 없이 살아서 오히려 바그너와 같은 영웅으로 뜨고 싶다는 소망이 더 간절했던 남자의 기질과 맞아떨어졌다.[157] 한 나라를 구원하는 영웅으로까지 자기를 끌어올릴 만큼 남다른 자존심이 있다는 것은 곧 극심한 자기 혐오가 있었기 때문이었는지도 모르지만 아무튼 그것은 심리학자들이 해결할 문제다. 하지만 근본 원인이 어디에 있든 히틀러처럼 자아 도취가 심한 사람은 다른 사람들이 너도나도 영웅으로 떠받드는 데다가 스스로 자신의 허물이나 잘못을 통 찾아내지 못하는 사람이다 보니 영웅적 지도자라는 자기 이미지가 걷잡을 수 없이 커져버렸다. 쪼개진 민족 운동 진영을 제외하고 독일의 주류 정치권에 몸담은 어느 누구도 히틀러의 자기 인식에 생겨난 변화를 알아차리지 못했거나 알았더라도 그것을 진지하게 받아들이지 않았다. 그 당시에 그것은 아무런 파장도 못 일으켰다. 하지만 히틀러가 민족 운동에서 지분을 요구하고 자신의 정당성을 변호하는 데는 그런 변화가 아주 중요한 역할을 했다.[158]

《나의 투쟁》에서 히틀러는 자신을 '정치가'와 '이론가'의 자질을 두루 갖춘 보기 드문 인재로 그렸다. 운동을 이끌어 가는 '이론가'는 구체적 현실에 발을 담그기보다는 위대한 종교 지도자처럼 '영원한 진리'에만 신경을 쓴다. 반면에 '정치가'는 이론가가 개발한 이념을 현실로 구체화하는 데서 그 능력을 발휘한다. "역사를 길게 보면 정치가와 이론가를 겸비한 사람은 아주 드물게 나타난다." 그런 사람은 소시민이라면 누구나 떠들어대는 눈앞의 요구에 연연하지 않고 "극소수만이 알아보는 목표"를 길게 보면서 간다. 히틀러가 그런 위대한 인물로 꼽은 사람은 루터, 프리드리히 대제, 바그너였다.[159] 위대한 이론가이면서 동시에 위대한 정치가였던 사람은 히틀러가 보기에는 정말로 드물었다. 정치가는 선동해야 할 때도 많다. "이끈다는 것은 대중을 움직인다는 뜻이기 때문이다." 히틀러는 이렇게 결론지었다. "이론가, 조직가, 지도자의 자질을 한몸에 갖춘 사람은 이 세상에서 정말 찾아보기 힘들다. 이런 능력을 두루 갖춘 사람이 위인이다."[160] 물론 그것은 히틀러 자신을 가리키는 말이었다.

히틀러가 추구한 이념은 단기적으로 해결될 목표는 아니었다. 그것은 미래를 길게 내다보고 그 안에서 자기가 떠맡을 일을 가리키는 비전이요, 사명이었다. 유대인을 제거하고 동쪽에서 생존 공간을 확보하여 민족을 구원한다는 목표는 단기적이고 구체적인 정책 지침과는 거리가 멀었다. 하지만 영웅적 지도자라는 관념에 담기자 그것은 힘찬 세계관이 되었다. 이 세계관은 히틀러에게 마르지 않는 활력을 주었다. 히틀러는 자신의 사명에 대해 거듭 이야기했다. 그는 자신의 사명에 와 닿은 '섭리'의 손길을 느꼈다. 그는 유대인과 맞서는 싸움을 신이 내린 소명으로 여겼다.[161] 히틀러는 자기가 십자군이라고 생각했다. 소련 침공은 십자군 전쟁의 완결판이었다. 히틀러의 의식을 지배한 몇 가지 생각의 이념적 원동력을 과소 평가하는 것은 잘못이다. 히틀러는 그저 단순히 '원칙 없는 기회주의자'나 선동가가 아니었다.[162] 선전가의 대가이면서 동시에 이데올로그였다. 둘은 모순이 아니었다.

히틀러의 상상을 초월하는 자기 확신은 다는 아니더라도 감옥에 같이 있던 사람들까지 물들였다. 히틀러라는 인물이 얼마나 소중한가를 란츠베르크 교도소에 와서야 절감했다고 루돌프 헤스는 썼다.[163] 헤스는 출소하자마자 히틀러의 영웅적 이미지를 당원들에게 퍼뜨리는 데 앞장섰다. 북부 나치당원들과 히틀러 사이에서 연락책을 맡았고 20명이 넘는 히틀러의 경호원들과 함께 감옥에 같이 수감되었던 헤르만 포브케는 괴팅겐의 국가사회주의 지도자 루돌프 하제에게 보낸 편지에서 히틀러에게 받은 인상을 이렇게 썼다.

> 히틀러는 국가사회주의 신조에서 조금도 물러설 분이 아니라고 저는 확신합니다. …… 물러서는 것처럼 보일 때가 있다면 그것은 더 중요한 목표를 위해서입니다. 이론가이면서 동시에 정치가이거든요. 목표를 알 뿐 아니라 그것을 이루어내는 방법도 알고 있습니다. 괴팅겐에 있을 때만 하더라도 히틀러의 정치 감각을 반신반의했는데 여기 있으면서 확실히 믿게 되었습니다.[164]

절름발이가 된 운동을 다시 일으키기 위해 감옥을 나섰을 때 지도자로서 히틀러의 위상은 민족 운동 진영에서 쑥 올라갔고 히틀러 스스로 자기 역할에 대한 생각이 달라져서 지도자는 자기가 되어야 한다고 생각했다. 그렇지만 예언자 같은 소리를 한다고 해서 히틀러의 현실 감각이 사라진 것은 아니었다. 목표를 달성하는 구체적 방법을 생각하지 않은 것은 사실이다. 히틀러는 아직은 시기상조라고 생각했고 먼 훗날을 기약해야 한다고 믿었다.[165] 히틀러의 세계관에는 절대로 흔들리지 않는 기본 원칙이 있었지만 그 수가 몇 안 되었기 때문에 단기적인 전술적 변화를 얼마든지 받아들일 수 있었다. 뿐만 아니라 이런저런 나치 지도자들이 내세우는 이념을 조목조목 따져보면 모순된 내용도 적지 않았지만 그런 모순도 얼마든지 끌어안을 수 있었다. 추종자들은 이념에 집착했을지 모르지만 정작 히틀러는 기본 원칙에서만 벗어나지 않으면 얼마든지 융통성을 보여주었다. 나치 이념이 산만한 데다가 나치 선전 특유의 냉소주의도 작용해서 당시의 정적들도 그렇고 나중의 평론가들도 그렇고 나치 이념의 역동성을 과소 평가할 때가 많았다.[166] 그들은 이념을 권력욕과 독재를 가리는 망토라고 보았다.[167] 하지만 이것은 다소 투박하기는 할지언정 히틀러가 기본적으로 고수했던 몇 가지 이념의 뿌리를 잘못 해석하는 것이다. 그런 선입견에서 벗어나지 못하면 1933년 나치가 집권한 이후 그런 기본 이념들이 어떻게 채택되었는지도 제대로 이해하지 못할 수밖에 없다. 히틀러에게 중요한 것은 물론 권력을 잡는 길이었다. 권력을 잡기 위해서라면 웬만한 원칙은 포기할 용의가 있었다. 하지만 중요하다고 생각하는 몇 가지 원칙은 절대로 바꾸지 않았다. 그것은 히틀러가 생각한 권력의 빼놓을 수 없는 요소들이었다. 기회주의로 보이는 처신도 사실은 히틀러가 생각한 권력관의 본질과 선이 닿아 있었다.

감옥에서 나온 뒤로 히틀러의 자기 확신은 더욱 강해져서 이제는 자기야말로 국가사회주의 이념의 유일무이한 대변자라고 믿었고 자기만이 독일을 구원의 길로 인도할 수 있다고 믿었다. 다른 사람들도 그렇게 믿도록 만드는 것이 히틀러의 숙제였다.

...8장

지도자 원칙

"주군과 가신! 지도자와 동지들의 끈끈한 유대야말로
······ 독일의 유서 깊은 전통인데 그것은 바로 나치당 구조의 핵이기도 하다."
_그레고어 슈트라서, 1927년

"앞으로는 군소리 없이 아돌프 히틀러 씨 밑으로 들어가렵니다.
왜냐? 그 양반은 지도력을 보여줬거든요.
단합된 국가사회주의라는 이념을 바탕으로 어디까지나 자기 생각과 의지만 가지고
당을 만들어내서 탈없이 이끌고 가니까요. 히틀러와 당은 하나이며
성공하려면 무조건 그런 단합이 필요합니다."
_한때는 히틀러를 비판했던 에른스트 그라프 추 레벤틀로프, 1927년

나치당이 재출범한 1925년 2월부터 세계 경제가 위기를 맞이하여 정치와 경제가 혼란으로 빠져들기 시작하는 1929년까지 나치 운동은 독일 정치의 언저리에 머물러 있었다. 히틀러는 자기가 감옥에 들어간 동안 사분오열된 당을 처음부터 다시 세워야 했지만 1927년까지 독일의 대부분 지역에서 (더구나 가장 큰 프로이센 지방에서는 1928년까지) 연설을 할 수 없는 입장이었으니 허허벌판에 내던져진 셈이었다. 1927년에 작성된 독일 내무부 비밀 보고서는 나치당은 "전진을 멈추었으며 …… 대다수 국민과 정치 현실에 이렇다 할 영향을 끼치지 못하고 인원도 얼마 안 되는 급진 혁명 분파 집단"이 되었다고 냉정하게 평가했다.[1]

통화가 안정을 되찾은 이후 4년 동안 경제가 눈에 띄게 회복되면서 1923년 이전까지 나치가 기댔던 버팀목이 사라졌다. 바이마르 공화국은 정상적으로 굴러가는 것처럼 보였다. '황금기'가 열린 것이다. 슈트레제만 총리를 주축으로 독일은 1925년 로카르노 조약을 맺어 베르사유 조약에서 규정한 서부 국경선을 받아들였고 이듬해에는 국제연맹에도 들어가 국제 무대에 복귀했다. 국내에서는 민족주의 진영의 반대를 무릅쓰고 미국 재무장관 도스가 주도한 도스 안이 받아들여져서 독일의 배상금 부담액이 크게 줄어들었다. 5년 뒤인 1929년 총 배상액을 명확히 확정한 영 안이 다시 수용되면서 독일은 다시 한 번 시끄러워지지만 그때까지는 잠잠했다.

정부는 불안정했지만 바이마르 공화국은 자리를 잡은 듯이 보였다. 1925년과 1927년 사이에 정부가 네 번이나 바뀌었지만 연정은 안정을 유지했다.[2] 경제도 1926년에 잠깐 불황을 맞기는 했지만 산업 생산이 처음으로 전쟁 전의 수준을 따라잡았다. 실질임금도 똑같이 회복세를 보였다. 복지도 크게 향상되었다. 보건 수준은 전쟁 전의 수준을 크게 웃돌았다. 공공 주택도 엄청나게 지어져서 1920년대 말까지 해마다 30만 채를 새로 지었다. 노사 분규도 감소했고 범죄도 줄어들었다. 대량 소비 사회가 시작되는 조짐이 보였다. 라디오, 전화, 자가용을 가진 사람이 늘어났다.[3] 사람들은 점점 커다란 백화점에서 쇼핑을 했다. 유럽의 웬만한 나라는 그렇게 달라졌고 독일도 예외가 아니었다. 독일의 경우 한참 뒤처지기는 했지만 모두 미국처럼 되어 갔다.

바이마르 문화도 전성기를 맞이했다. 객관적 묘사를 중시하는 신즉물주의*가 유행했고 뛰어난 전위 예술이 곳곳에서 나타났다. 바우하우스의 모더니즘 건축, 파울 클레, 바실리 칸딘스키 같은 화가의 표현주의 그림, 오토 딕스의 판화와 게오르게 그로스의 풍자만화에 나타난 통렬한 사회 비판, 아르놀트 쇤베르크와 파울 힌데미트가 시도한 대담한 음악 형식, 베르톨트 브레히트의 주옥 같은 희곡이 모두 1920년대의 독일 문화를 빛나는 수준으로 끌어올렸다.[4] 대중문화도 융성했다. 경기장으로 모여드는 관중이 늘어났다. 권투, 축구, 자동차 경주가 특히 인기를 끌었다.[5] 극장과 댄스홀도 도시마다 우후죽순으로 들어섰다. 새로운 춤이 쏟아져나왔다. 대도시 젊은이들은 가곡보다는 재즈에 홀렸다.[6] 시골은 도시보다는 천천히 변했다. 1928년 2월 오버바이에른 주총리 이름으로 작성된 보고서는 "화재가 몇 건 발생한 것 말고는 치안을 어지럽히는 특기할 만한 사건은 없었다."는 졸린 문장으로 시작했다.[7] 5년 전만 하더라도 그 보고서는 히틀러가 주도하던 우익 활동으로 도배되어 있었다. 1923년에는 폭풍이 휘몰아친 것 같았다. 하지만 이제는 폭풍이

신즉물주의(新卽物主義, Neue Sachlichkeit) 1920년대 독일에서 일어난 미술 운동. 당시 유행하던 표현주의나 추상주의와 달리 사실주의 양식을 지향했고, 1차 세계대전 이후 독일 사회에 퍼진 냉소주의를 작품에 반영했다. 게오르게 그로스, 오토 딕스, 막스 베크만 등이 대표적인 작가이다. 나치의 등장과 함께 이 운동은 사실상 막을 내렸다.

가라앉고 세상이 워낙 조용해서 나치당의 앞날은 암울해 보였다.

1924년 말 즈음이면 민족 우익 세력에 대한 독일 국민의 지지율은 3 퍼센트로 떨어졌다. 1928년 총선에서는 더 떨어져서 처음으로 총선에 자기 이름을 내걸고 나온 나치당은 2.6퍼센트의 표를 얻는 데 그쳤다. 유권자의 97퍼센트 이상이 히틀러를 원하지 않았다. 요즘의 독일 헌법 같으면 나치당은 의회에서 단 한 석도 얻을 수가 없었다. 바이마르 헌법 체제에서도 나치당은 전체 491석 중에서 12석밖에 차지하지 못했다.[8] 영 안의 채택을 둘러싸고 시국이 불안해진 데 힘입어 나치당은 1929년 지방 선거에서는 농촌 지역을 중심으로 그런 대로 선전했다. 그렇지만 그해 말 대공황이 일어나서 독일이 직격탄을 맞지 않았더라면 나치당은 그냥 깨져서 망각에 묻히고 전후에 반짝했다가 사라진 단체로만 기억되 었을 것이다. 히틀러도 한때는 선동가로 이름을 날렸지만 무리하게 쿠 데타를 일으켰다가 결국 재기하는 데 실패한 정치인으로 남았을 것이 다.

독일 경제가 회복하고 앞으로 성장 가능성이 높아 보이는 한 바이마 르 공화국은 아무리 정치 기반이 불안정해도 무너지지 않았다. 바이마 르 공화국이 건재하고 또 고위 장성, 대지주, 다수의 자본가, 고위 공직 자처럼 권력을 거머쥔 반민주 세력이 공화국 정부와 어느 정도 거리를 두면서도 등을 돌리지는 않는 한 히틀러와 나치당은 정권을 잡기는커녕 중앙 정치 무대에 발을 들여놓기도 어려웠다. 그렇지만 1924년부터 1929년까지 허허벌판에서 지냈던 경험이 나중에 히틀러와 나치당이 승 승장구하는 데 밑거름이 되었다는 사실을 간과해서도 안 된다. 이 기간 동안 히틀러는 독보적인 극우 지도자로 올라섰다. 그 과정에서 나치당 은 독특한 성격의 '지도자당'으로 탈바꿈했고 그 특징은 계속 유지되어 나중에 독일 국가 전체로 스며든다. 이제 히틀러는 그냥 당 의장도 아니 었고 여러 지도자 중의 한 사람도 아니었다. 히틀러는 '유일무이한 지 도자'였다. 처음에는 어려움도 겪었지만 1925년과 1929년 사이에 조직 을 완전히 장악했다.

처음에는 허술한 데도 있었지만 1929년 무렵이면 당은 전국적 조직망을 갖춘다. 주먹구구식으로 운영되던 쿠데타 이전의 당 조직과 비교하면 장족의 발전을 한 셈이었다. 그래서 그해 심각한 경제난이 독일에 닥쳤을 때도 탄탄한 조직력을 바탕으로 위기를 기회로 삼을 수 있었다. 열성적인 간부도 늘어났다. 선거에서는 바닥을 기었을지 몰라도 1928년 10월을 기준으로 당원이 10만 명을 넘어섰으니까 쿠데타를 일으키기 전의 거의 갑절이었다.[9] 유권자의 표는 못 얻었을지 몰라도 열성 당원이 상대적으로 많았다.[10] 우익 진영의 분파주의로 인한 갈등도 잠복해 있다가 심심하면 수면 밖으로 고개를 내밀었지만 나치당의 확실한 우위는 1929년까지는 대체로 굳어졌다. 그때쯤이면 같은 극우 진영의 경쟁자들은 사라지거나 유명무실해지거나 나치당으로 흡수되었다.

상황이 이렇게 달라진 것은 히틀러의 위상이 그만큼 높아졌기 때문이었다. 쿠데타 이전까지만 하더라도 히틀러는 여러 우익 지도자 가운데 한 사람일 뿐이었고 1923년까지는 무력 활동을 중시했으므로 아무래도 나치당 말고도 준군사조직에 많이 기대야 했다. 일부 추종자들을 중심으로 히틀러를 숭배하며 떠받드는 조짐이 보이긴 했지만 아직은 강조점과 입장이 저마다 다른 국가사회주의의 무수히 많은 갈래 중에서 하나를 대변하는 중요한 인물일 뿐이었다. 1929년이 되면 히틀러에게는 절대적 권위가 실리고 국가사회주의 운동과 히틀러를 따로 떼어놓고 생각할 수가 없었다. 옛날 같으면 상상도 할 수 없었던 히틀러 숭배 의식이 열성 당원들을 중심으로 퍼져서 이제 히틀러는 당보다 한참 위에 있었다. 일부 고위 간부들도 히틀러 숭배를 부추기든가 아니면 적어도 묵인했다. 세인의 관심을 끌고 지지도를 끌어올리는 데는 제격이었기 때문이다. 아니, 더 중요한 것은 분파주의로 찢겨질 뻔했던 당을 결속하는 유일한 인물이 히틀러였기 때문이다. 이제 지지파도 반대파도 국가사회주의는 곧 히틀러라고 생각했다. 1930년 지지도가 수직 상승하면서 히틀러 열풍이 순식간에 번지고 제3제국에서 히틀러가 거의 신처럼 추앙받은 것은 따지고 보면 이런 교두보가 확보되어 있었던 덕택이었다.

그렇지만 이 기간 동안 히틀러가 나치당을 바꾸는 데 엄청난 기여를 한 것처럼 과장해서는 안 된다. 나치당은 일단 상황이 유리하게 바뀌었을 때 바로 권력을 쟁취할 수 있을 만큼 실력을 쌓아 올렸지만 정말로 놀라운 것은 나치당이 그렇게 변신하는 데 히틀러가 별로 기여를 하지 못했다는 것이다.

나라를 구하고 되살리는 길이라고 히틀러가 생각한 방법은 처음 정치에 발을 들여놓았을 때와 달라진 게 없었다. 대중을 동원해서 정부를 뒤집어엎고 안에 있는 적을 소탕한 다음 밖에서 전쟁을 벌인다는 것이었다.[11] 히틀러의 이념적 비전은 적어도 이 단계에서는 그가 늘 지녀 온 고정관념과 혐오감에 명분을 주고 지지자들에게도 그럴듯한 정치적 비전을 제시해준다는 점에서 중요했다. 히틀러의 유일한 처방전은, 언제나처럼 쉴새없는 선전과 선동으로 사람들의 민족 의식을 고취해서 때가 오기를 기다리면 된다는 것이었다. 히틀러의 말에 솔깃한 사람들은 틀림없이 그런 때가 온다고 히틀러가 워낙 확신에 차서 말하니 더 감동했다. 히틀러는 메시아나 예언자의 분위기를 풍겼다. 그렇지만 개인 숭배가 확산된 것은 지지자들이 나섰기 때문이었다. 히틀러도 물론 지나치게 촌스러운 숭배는 만류했지만 아예 개인 숭배를 못하게 막지는 않았다. 당 조직을 혁신한 주역도 사실은 그레고어 슈트라서였다. 히틀러가 우익 진영에서 얼마나 없어서는 안 될 인물인지는 그가 감옥에 들어가 있는 동안 증명되었다. 히틀러 말고 어떤 지도자도 우익 세력을 하나로 규합하지 못했다. 어느 누구도 히틀러만큼 사람들을 끌어모으지 못했다. 그 점을 제외하면, 히틀러가 이 기간 동안 나치당의 내실을 다지는 데 기여한 점은 아무리 불리한 여건에서도 누가 자신의 권위를 흔드는 것을 결코 용납하지 않았던 비타협적 자세와 오로지 권력만을 추구하면서 어떤 이념적 모순도 뛰어넘는 무소불위의 일인 중심 체제를 만든 것 말고는 딱히 없었다.

(바닥권에 있다가) 1929년 선거에서는 좀 나아지기는 했지만 히틀러도, 어느 간부도 나치당이 앞으로 그렇게 빠른 속도로 약진할 줄은 꿈에도 몰랐다. 1925년에 재출발한 나치당은 스스로 개척한 것은 아니지만 한번 돌파구가 열리자 새로운 상황을 유리하게 활용할 수 있는 위치에 놓였다.

히틀러는 1924년 크리스마스 이브를 뮌헨에 신축한 한프슈탱글의 호화 별장에서 보냈다. 감옥에서 지내는 동안 살이 붙어서 약간 둔한 느낌을 주었다. 파란 양복 목깃과 어깨에는 비듬이 내려앉았다. 네 살 난 에곤 한프슈탱글은 '돌프 아저씨'를 다시 보니까 신이 났다.[12] 집으로 들어선 지 2분도 안 되어 히틀러는 한프슈탱글에게 우아한 블뤼트너 그랜드피아노로 연주되는 이졸데의 〈사랑의 죽음〉을 들려 달라고 했다. 바그너 음악을 들으면 히틀러의 기분이 달라지는 것을 한프슈탱글은 자주 보았다. 불안과 긴장은 눈 녹듯이 사라졌다. 히틀러는 느긋해졌고 표정도 밝아졌다. 집이 좋다고 찬사를 퍼붓다가 갑자기 말을 끊고는 어깨 너머를 훔쳐보았다. 그러면서 감옥에서 구멍으로 누군가 감시한다는 생각을 늘 했는데 그 버릇이 아직 남아 있다고 설명했다. 한프슈탱글은 그것이 감상적인 연기라는 것을 알아차리고 딱한 생각이 들었다. 전에 면회를 갔을 때 히틀러는 느긋하고 편안하게 지냈고 히틀러의 방에 감시 구멍 따위는 없었던 것이다. 히틀러는 식욕이 왕성했다. 칠면조도 해치웠고 좋아하는 달짝지근한 패스트리도 맛있게 먹었다. 그렇지만 와인은 통 입에 대지 않았다. 히틀러는 출옥한 뒤로 살을 빼려고 고기와 술을 안 먹었다고 했다.[13] 고기와 술은 몸에 안 좋다고 얼마나 속으로 되뇌고 또 되뇌었던지 한프슈탱글에 따르면 "나중에는 특유의 집착으로 그것을 철칙으로 삼고 채식과 알코올 성분이 없는 음료만 입에 대더라."는 것이었다.[14] 식사를 마치고 히틀러는 뚜벅뚜벅 방 안을 걸어다니면서 솜 전투에서 들었던 이런저런 대포 소리 흉내도 내 가며 전쟁 이야기를 들려주었다. 밤이 이슥해서 오래 전부터 친분이 있는 빌헬름 풍크라는 화가가 불쑥 찾아왔다. 풍크는 당 재건에 대한 생각을 털어놓았다. 히틀러는 새롭지는 않았지만 의미심장한 이야기를 했다. "이름도 없고 내세울 만한 지위나 연고도 없이 밑바닥부터 올라온" 사람이 보기에 "국민이 '이름 없는 한 사람'을 하나의 정치 노선과 동일시하기에 이른 것은 그만큼 열심히 뛰었기 때문이지 강령의 문제는 아니"라는 것이었

바이에른 주 법무장관이었던 프란츠 귀르트너. 1925년 초 나치당 합법화 등 여러 조치를 취해 히틀러를 도왔으며 그 덕분에 히틀러가 집권한 후 법무장관에 임명되었다.

다. 히틀러는 이제 자신의 입지가 굳었다고 보았고 쿠데타가 운동에 기여했다고 믿었다. "이제는 나를 아는 사람이 많아졌으니까 튼튼한 기반 위에서 새로 출발할 수 있겠지요."[15]

히틀러는 나치당을 다시 합법화하는 것이 급선무라고 보았다. 그래서 뮌헨 경찰청장을 역임한 옛 동지 푀너를 맨 먼저 찾아갔다. 1925년 1월 4일에는 지인이 다리를 놓아준 덕분에 하인리히 헬트 바이에른 주총리와 면담이 잡혔다. 푀너가 나서서 바이에른 주 법무장관 귀르트너를 설득한 것이 주효하여 루돌프 헤스를 비롯한 나머지 나치당원들도 란츠베르크에서 풀려났다.[16] 나중에 집권하고 나서 히틀러는 귀르트너를 법무장관에 임명한다.

헬트와는 모두 세 번 만나는데, 히틀러가 출소하고 2주일 만에 한 1월 4일의 첫 면담은 잘 풀렸다. 둘만의 단독 회담이었다. 히틀러는 겸손하게 굴었다. 절이라도 하겠다는 각오였다. 정부의 권위를 무조건 존중할 것이며 정부를 지원하여 공산주의와 싸우겠다고 다짐했다. 가톨릭교회를 공격하던 루덴도르프와도 거리를 두었다. 루덴도르프는 성직자들을 거세게 비난하는 바람에 바이에른의 루프레히트 왕자와 충돌했는데 (명예훼손으로 고소당해서 루덴도르프가 패소했다) 가톨릭 신도가 많은 바이에른에서는 점수를 깎아먹기 딱 좋은 행보였다.[17] 겉으로는 민족 운동의 대선배를 예우하는 척했지만 바이에른 총리와의 회담에서 루덴도르프와 거리를 둘 수도 있다는 뜻을 히틀러가 내비친 것은 영리한 선택이기도 했지만 실제로 히틀러와 장군 사이가 점점 틀어지고 있다는 것을 뜻했다. 두 사람은 결국 1927년에 완전히 갈라선다.

히틀러는 다시는 쿠데타를 일으키지 않겠다는 약속도 했다. 하기야 하고 싶어도 할 수 있는 상황이 아니었다.[18] 헬트는 세상이 달라졌다고 단호하게 말했다. 그러면서 옛날과 같은 상황으로 돌아가는 것을 다시는 묵과하지 않겠다고 했다. 또 헌정 질서를 존중하는 정부는 '어제의 혁명가들'을 동등한 상대로 인정할 수 없다고 밝혔다.[19] 그러나 히틀러도 얻은 것이 있었다. 귀르트너가 애를 쓴 덕분에 2월 16일자로 나치당과 〈민족의 감시자〉가 다시 합법적으로 활동할 수 있는 길이 열린 것이다.[20] 그 무렵이면 히틀러와 국가사회주의자유운동에 있던 경쟁자들의 관계도 정리되었다.

1월 17일 베를린에서 열린 회의는 민족 운동의 단합으로 나아가는 중요한 첫걸음이었다. 독일민족자유당 창당 주역의 하나인 라인홀트 불레는 특히 강한 목소리를 내던 북부 독일 대표단을 상대로 히틀러의 권위를 무너뜨리려고 했다. 불레는 히틀러가 수감 생활에 지쳐서 그런지 가톨릭교회의 국제적 압력에 굴복했다고 비난했다. 그러면서 이것이 유대인보다 더 위험한 문제라고 주장했다. 개신교도가 많았던 북부 독일의 민족 운동 지도자들에게는 이 주장이 어느 정도 먹혔다. 불레는 또 히틀러의 지도력이 약해질수록 바이에른 분리주의도 기승을 부릴 것이라고 내다보았다. 그렇게 되면 독일은 남북으로 갈린다. 불레는 청중을 의식하면서 자기가 프로이센 쪽이라는 사실을 강조했다. 시대는 지혜로운 정치인을 요구하지만 히틀러는 그런 인물이 아니라는 것이 불레의 결론이었다. 역시 독일민족자유당을 함께 세운 헤닝은 더 노골적이었다. 히틀러는 "북 치는 사람이었을지는 몰라도 정치가는 아니"라는 것이었다.

히틀러가 아무것도 한 일이 없으면서 민족 운동 진영에서 '교황'처럼 군림하려고 든다고 거세게 몰아붙이면서 히틀러가 초심을 잃어버렸다고 비난하는 사람도 있었다. 그레페도 맞장구를 쳤다. 그러면서 자기는 히틀러에 대해서 왈가왈부하지 않겠다, 드러난 사실만 보면 된다고 말했다. 지난 1월 슈트라이허, 에서 일파와 결별하지 않을 경우 독일민족자유당은 제 갈 길을 가겠다고 최후 통첩을 보냈는데도 히틀러가 묵묵부답이었을 때부터 벌써 신뢰에 금이 갔다는 것이었다. 장내는 벌집을 쑤셔놓은 듯 소동이 벌어졌다. 회의에 참석한 국가사회주의자들은 격분했다. 회의는 상호 비방전으로 끝나고 민족 운동 진영의 단합은 물거품이 되었다.[21]

회의에 참석한 국가사회주의자들의 심경은 훗날 나치 치하에서 포메른 지역 관구장(Gauleiter)을 지내는 발터 폰 코르스반트-쿤초프의 발언에서 읽을 수 있다. "사람들이 가장 신뢰하는 한 명의 지도자는 뒷전으로 밀려나고 여기저기서 제멋대로 떠들어대는 인간들이 더 설친다. 지금 나는 이제껏 한 번도 개인적으로 본 적이 없는 히틀러에게 신의 은총이 함께할 것을, 그리고 신의 인도로 그가 이 혼돈을 헤치고 올바른 길을 찾아나설 수 있으리라 믿는다."[22] 민족 운동 진영이 뭉칠 줄은 모르고 모래알처럼 뿔뿔이 흩어지는 실망스러운 모습을 한 해 동안 지켜보았기에 이런 지적에 공감하는 사람이 늘어났다.

하지만 모두가 그렇게 생각한 것은 아니었다. 루덴도르프가 지도자로 나서야 한다고 떠들고 다니는 사람도 아직 있었다.[23] 히틀러가 국가사회주의자유운동 뮌헨 지부 대표단의 면담 요청을 단 몇 분도 받아들이지 않고 정중한 질의서도 안 읽고 다른 편지들과 함께 쓰레기통에 처박았다는 소식을 듣고 일각에서는 반히틀러 감정이 고조되기도 했다.[24]

히틀러는 바이에른에서 나치 활동을 합법화하는 데만 관심이 있었고 머지않아 그것이 가능하다고 보았다. 그래서 당국을 자극하지 않으려고 애썼다. 그렇지만 북부 독일의 국가사회주의자들에게는 그레페의 독일민족자유당과 손잡을 마음이 추호도 없으며, 활동이 합법화되는 대로 독일 전역에서 나치당의 재창당을 추진하겠다고 분명히 밝혔다. 히틀러는 자기는 손발이 묶이지 않았다고 주장했다. 누구하고도 정치 결탁을 하지 않았고 헬트한테도 쿠데타를 일으키지 않겠다는 약속 하나만 했을 뿐이다. 루덴도르프와의 관계에 대해서는 쿠데타 이전의 투쟁동맹 시기에 밝힌 대로 장군은 군사 지도자이고 자기는 정치 지도자라고 생각한다는 원칙을 언급했다. 루덴도르프와의 신뢰에 금이 갔다면 그것은 자기 이름을 '의회의 수렁'으로 끌고 들어가 먹칠을 한 사람들 때문이라고 덧붙였다. 그러면서 재창당 이후로는 '진정한 국가사회주의자'가 당을 주도해야 한다는 소신을 피력했다. 투옥 생활로 지친 것이 아니라 어느 때보다도 유연해졌다. 하지만 공산주의에 맞서 싸워야 한다는 기본 원칙은 한결같았다.[25] "독일 노동자를 국민으로 만들어야 한다." 지탄을 받고 있던 대독일민족공동체의 세 지도자 슈트라이허, 에서, 딘터에 대해서는 원칙적 입장만 밝혔다. 업적으로 사람을 평가해야 한다는 것이었다. 슈트라이허는 뉘른베르크에서만 6만 명의 지지자를 만들어냈다. 국가사회주의자유운동 제국지도부가 나머지 바이에른 지역에서 동원한 숫자보다 많았다. 개인 감정에 쏠려 이들을 비난할 수는 없다는 것이었다.[26]

2월 중순이 되자 상황이 히틀러에게 유리하게 흘러갔다. 2월 12일 루덴도르프는 국가사회주의자유운동 제국지도부를 해체했다.[27] 그리고 얼마 안 있어, 당국의 나치당 합법화 방침 발표를 코앞에 두고 히틀러는 나치당을 재창당한다고 선언했다. 히틀러에게 충성을 다짐하는 맹세가 쏟아져 들어왔다. 2월 22일 베스트팔렌, 라인란트, 하노버, 포메른 지역에서 국가사회주의자유운동의 관구장으로 활동했던 사람들과 100여 명에 이르는 북부 독일 대표단이 베스트팔렌의 함에 모여 "지도자 아돌프 히틀러에 대한 흔들림 없는 지지와 충성"을 새롭게 다짐했다.[28] 그리고 재창당된 나치당은 전처럼 바이에른에서만 활동하지는 않을 것이라고 밝혔다.[29]

2월 26일 〈민족의 감시자〉가 쿠데타 이후 처음으로 시중에 깔렸다. 히틀러는 '우리 운동의 쇄신에 대하여'라는 논설에서 민족 운동의 분열상을 꼬집기보다는 지난 잘못을 밑거름 삼아 미래로 나아가자고 역설했다. 종교 갈등을 부채질하는 것은 있을 수 없는 일이었다. 그것은 가톨릭 인구가 많은 바이에른에서 점수를 따면서 히틀러가 가톨릭 세력에 양보했다는 민족 진영의 비난을 일축하는 일석이조의 효과가 있었다.[30] 히틀러는 외적 여건이 지도력을 제약한다는 것은 언어도단이며 운동의 목표는 바뀌지 않았다면서 단결을 요구했다. 같은 신문에 실린 '옛 당원들에게'도 논조는 같았다. 재입당한 당원에게는 과거를 묻지 않을 것이고 과거의 분열을 답습하지 않기 위해 노력할 뿐이라고 했다. 히틀러는 단결, 충성, 복종을 요구했다.[31] 오직 히틀러만이 평화를 가져올 수 있다는 것이었다.[32] 신문은 또 1921년 7월의 당헌을 바탕으로 새로 출범한 나치당의 당규를 실었다. 거기서도 지도력과 단결이 강조되었다. "유대인과 공산주의라는 …… 독일 민족의 가장 악랄한 적수"와 맞서 싸우려면 무슨 일이 있어도 분열은 피해야 한다는 것이었다.[33] 돌격대는 1923년 2월 바이에른의 무장조직으로 편입되기 전의 모습으로, 그러니까 당을 측면에서 지원하고 청년 행동대원을 키우는 조직으로 돌아가야 했다. (몇 주 뒤에 에른스트 룀과 갈라선 것도 그 때문이었다. 룀은 돌격대를 지금처럼 준군사조직으로 두어야 한다는 데 히틀러가 동의하지 않자 정치에서 손을 떼고 볼리비아로 떠났다.)[34] 재창당한 당에 들어가려면 새로 당원으로 가입해야 했다. 갱신이나 연장은 불가능했다. 새롭게 출발한다는 뜻도 있었지만 당 조직을 뮌헨에서 통제하겠다는 뜻도 숨어 있었다.[35] 히틀러는 뮌헨이라는 거점을 확실히 손에 쥐어야 했다. 뤼데케가 튀링겐은 독일의 한복판에 있어 전략적으로도 의미가 있고 루터와도 관련이 깊고 바이마르의 문화 전통을 고스란히 이어받았으며 주류 가톨릭 세력이 강하게 저항하는 바이에른과는 달리 신교도가 많을 뿐더러 무엇보다도 민족 운동의 지지세가 강하니까 그리로 중앙당을 옮기자고 제안하자 히틀러는 일리가 있다면서도 바로 이렇게 덧붙였다. "그렇지만 난 뮌헨을 못 떠납니다. 여기가 편해요. 어딘가 다르거든. 뮌헨에는 누구도 아니고 오직 나한테만 열성을 바치는 사람들이 많아요. 그게 중요합니다."[36]

　　1925년 2월 27일 밤 8시 히틀러는 16개월 만에 뮌헨 정치 무대로 복귀하여 뷔르거브로이켈러 맥주홀에서 연설을 했다. 원래는 24일로 날짜가 잡혔는데 그날은 화요일로 사육제가 끼어서[37] 금요일로 미루었다. 전처럼 연설을 알리는 붉은 현수막이 뮌헨 곳곳에 내걸렸다. 사람들은 오후 일찍부터 자리를 잡기 시작했다. 연설을 세 시간 남겨 두고 커다란 행사장이 꽉 찼다. 3천 명이 안에서 복작거렸고 2천 명은 자리가 없어서 그냥 돌아갔다. 주변 지역을 차단하느라 경찰이 통제선을 쳤다.[38] 잘 알려진 얼굴이 많이 안 보였다. 로젠베르크도 그중 한 사람이었다. 히틀러가 교도소에서 나온 뒤로 몇 주 동안 자기를 가까이 부르지 않는다고 분개하면서[39] 로젠베르크는 뤼데케한테 이렇게 말했다. "나까지 그런 코미디에 끼어들 생각은 없습니다. …… 히틀러가 요구하는 형제애가 어떤 건지 잘 알거든요."[40] 루덴도르프, 슈트라서, 에서도 빠졌다.[41] 히틀러는 드렉슬러가 회의를 진행하는 것이 좋겠다고 생각했지만 드렉슬러는 헤르만 에서를 출당해야 한다고 주장했다.[42] 히틀러는 조건이 붙은 요구는 받아들이지 않았다. 더구나 히틀러가 보기에 "에서는 그를 비난하는 사람들을 모두 합친 것보다 정치 감각이 뛰어났다."[43] 그래서 사회는 히틀러가 뮌헨의 추종자 중에서 가장 신뢰했던 사업가 막스 아만이 맡았다.

　히틀러는 두 시간 가까이 연설했다.[44] 처음 4분의 3은 1918년 이후 독일이 처한 비참한 현실, 그 배후에 자리 잡은 유대인, 부르주아 정당의 취약함, 마르크스주의의 목적(마르크스주의는 더 숭고한 진리를 간직하되 똑같이 잔인한 처단을 통해서만 물리칠 수 있다고 히틀러는 역설했다)처럼 늘상 하는 이야기를 했다. 분열과 불화를 막으려면 모든 정열을 하나에 쏟아 붓고 오직 하나의 적만 물고 늘어져야 한다고 노골적으로 말했다. "자고로 위대한 지도자는 대중의 관심을 오직 하나의 적에 묶어 둘 줄 아는 사람"이라고 히틀러는 선언했다. 유대인이 그 적이라는 것은 문맥으로 보아 분명했다. 그러다가 마지막 4분의 1을 남겨두고 그날의 주제로 들어갔다. 민족 운동을 아직도 달구는 갈등에서 어느 한쪽 편을 들어줄 생각이 없다고 히틀러는 분명히 못 박았다. 차이점보다는 공통점이 더 많기 때문이라는 것이었다. 박수갈채가 쏟아졌다. 그러면서 지도자로서 자신은 과거의 잘잘못을 따지기보다는 분열이 아니라 통합에 앞장설 의무가 있다고 강조했다. 히틀러의 연설은 절정으로 치달았다. 분열은 끝장났다, 동참할 마음이 있는 사람은 차이를 땅에 묻어야 한다, 당의 이익을 '챙겨야' 할 사람들이 9개월 동안이나 허송세월했다고 히틀러는 비판했다. 박수를 받으면서 히틀러는 이렇게 덧붙였다. "여러분, 앞으로는 제가 어떻게 하면 우리 운동의 관심사를 잘 대변할 수 있을까만 생각하게 해주십시오!" 히틀러는 무조건적 지지를 요구했다. "내가 개인적으로 책임을 맡는 한은 어떤 제약도 용인할 수 없습니다. 그리고 지금 이 순간 나는 우리의 운동에서 일어나는 모든 일을 전적으로 책임지겠습니다." 그리고 1년 뒤에 신임을 다시 묻겠다고 밝혔다.[45] 사람들은 장내가 떠나갈 듯 환호했고 만세를 외쳤다. 모두 일어서서 〈독일이여 우뚝 솟아라〉를 불렀다.[46]

그렇게 집회는 끝났다. 한 편의 드라마가 따로 없었다. 그날 집회의 상징적 의미를 모두가 알아차렸다. 대독일민족공동체의 헤르만 에서, 율리우스 슈트라이허, 아르투어 딘터와 '의회 진출'을 강조하는 민족블록의 루돌프 부트만, 고트프리트 페더, 빌헬름 프리크처럼 여러 해 동안 앙숙으로 지냈던 사람들이 모두 단상으로 올라와 서로 악수하고 용서하고 지도자에게 끝까지 충성하겠다고 다짐했다. 사람들은 이 감동적인 장면을 지켜보려고 의자와 탁자 위로 올라가기도 했고 앞으로 밀고 나오기도 했다.[47] 마치 중세의 가신이 주군에게 충성을 맹세하는 장면과도 같았다. 설령 위선의 요소가 배어 있었다 하더라도 오직 히틀러가 지도자로 있을 때만 단합이 이루어진다는 사실을 온 세상이 알게 되었다. 당의 '동질성'을 회복했다고 히틀러가 주장할 만도 했다.[48] 분열의 씨앗을 품고 굴러가는 운동에서 유일하게 통합의 구심점 노릇을 하는 것은 히틀러와 히틀러의 지도력뿐이라는 사실은 세월이 갈수록 더욱 분명해졌다. 히틀러가 최고지도자로서 당 위에서 호령할 수 있었던 것은 이런 사실을 많은 사람이 인정했기 때문이었다.

그렇지만 민족 우익에 대한 히틀러의 발언은 히틀러를 열렬히 지지하지 않는 사람들에게는 실망을 안겨주었다. 아직도 사람들 사이에서 민족 운동의 지도자로 추앙받는 루덴도르프한테서 히틀러가 노골적으로 거리를 두려는 듯한 인상을 받았기 때문이다. 히틀러는 장군을 국가사회주의 운동에 "가장 헌신했고 가장 욕심이 없는 벗"으로 두루뭉술하게 지칭했을 뿐 연설에서는 루덴도르프를 아예 거론하지도 않았다. 연설이 끝나고 루덴도르프 만세를 외치는 소리가 간간이 터져 나왔을 때에야 비로소 자기도 "마음은 같다"라고 밝혔지만 그것은 장군의 이름을 구체적으로 거명하지 않은 막연한 외교적 언사일 뿐이었다.[49] 루덴도르프 지지자들은 히틀러의 장군 모독이 다분히 계산적이라고 느꼈다. 루덴도르프의 입지는 여전히 불투명했다.[50] 그렇지만 이번에도 하늘이 히틀러를 살렸다.

나치당이 재창당을 선언한 다음날 바이마르 공화국 초대 대통령이었던 사회민주당의 프리드리히 에베르트가 맹장염 수술의 후유증으로 54세를 일기로 서거한 것이다. 우익 세력은 1918년 1월 군수 공장에서 일어난 파업에 에베르트가 참여한 사실을 전부터 악착같이 물고 늘어졌다. 영토 팽창보다는 평화와 민주화를 요구하면서 베를린의 군수 공장에서 시작된 파업에 독일 전역에서 1백만 명의 노동자가 동참하면서 한동안 군수 물자 생산에 차질을 불러일으킬 만큼 파괴력이 컸고 사회민주당 지도부도 이 봉기에 가담했다. 민족의 등에 칼을 꽂은 범죄 행위라는 비난에 맞서기 위해 에베르트는 무려 170건의 명예훼손 소송을 걸어야 했다.[51] 민족주의 진영은 물론이거니와 보수적 가톨릭 진영에서도 에베르트와 사회주의에 대한 반감이 어찌나 심했던지, 한때 1918년 혁명을 '반역죄'로 규정하여 파문을 일으켰던 파울하버 추기경은 자기 교구에서 대통령의 죽음을 애도하여 치는 타종 의식을 허락하지 않았다.[52] 나치당은 에베르트의 후임 대통령을 뽑는 선거에서 이렇다 할 영향을 끼칠 수 없었고 히틀러도 그 점을 인정했다. 그는 당 모임에서 누가 제국 대통령이 되느냐는 중요하지 않다고 말했다. 누가 되든 "실제로는 힘을 통 못 쓰는 껍데기"일 수밖에 없다는 것이었다.[53] 히틀러는 일부 참모들의 반대를 무릅쓰고 루덴도르프를 국가사회주의 세력의 대통령 후보로 밀었고 결국 장군의 응락을 받아냈다.[54] 명색이 후보였지

1919년부터 1925년까지 바이마르 공화국 초대 대통령을 지낸 사회민주당의 프리드리히 에베르트. 1차 세계대전이 끝나기 직전 혁명에 승리해 민족의 등에 칼을 꽂은 반역자라는 비난에 시달렸으며, 베르사유 조약을 받아들여 국민들을 실망시켰다.

만 승산이 없다는 것은 히틀러가 누구보다도 잘 알았다.[55] 이제는 사석에서 노골적으로 흉을 볼 만큼 싫어하던 정적을 왜 히틀러가 후보로 추대했는지도 의문이지만 그보다 더 이해가 안 가는 것은 왜 루덴도르프가 수락했는가 하는 점이다.[56] 히틀러는 전국적 지명도를 지닌 장군님 같은 분이 나서야만 우익 보수 진영에서 내놓은 후보 카를 야레스를 막을 수 있다는 논리를 폈고 루덴도르프는 히틀러의 아부에 넘어간 것으로 보인다. "히틀러는 바이에른에는 지지자가 많을지 몰라도 북부 독일이나 베를린 동쪽으로는 기반이 거의 없다는 걸 너무나 잘 알거든." 장군은 수심에 찬 아내에게 말했다. 아내는 안 좋은 결과를 내다보았지만 루덴도르프는 자신에 차 있었다. "특히 동부 프로이센과 슐레지엔은 나하고 끈끈한 인연이 있는 곳이지. 전쟁 이후로 나한테 고마워하는 사람이 많아요." 루덴도르프는 이미 마음을 굳혔다. 그렇지만 프로이센과 슐레지엔의 유권자는 루덴도르프를 철저히 외면했다.[57] 루덴도르프는 민족 진영의 동지들에게도 은근히 기대를 걸었을 것이다. 하지만 독일 민족자유운동이 우익 표를 분산시키지 않기 위해 야레스를 지지하기로 방침을 정했을 때 장군의 운명은 결정되었다.[58] 히틀러의 일부 측근들은 위험한 전략이라고 보았지만 사실은 전혀 위험하지 않았고 루덴도르프만 상처를 입었다. 그것이 의도된 전략이었다는 것을 일부 나치 간부도 굳이 숨기지 않았다.[59]

3월 29일의 선거는 루덴도르프에게는 재앙이었다. 전체 유권자의 1.1퍼센트인 28만 6천 표밖에 얻지 못했다. 민족 우익 진영이 참패한 1924년 독일 총선에서 얻은 표보다 무려 60만 표가 적었다.[60] 그렇지만 히틀러는 낙담하지 않았다. "괜찮아." 히틀러는 헤르만 에서에게 말했다. "이제 그 양반은 확실히 끝장났잖아."[61] 4월 26일 결선 투표의 승자는 또 다른 전쟁 영웅 힌덴부르크 원수였다. 바이마르 민주주의는 이제 수구파가 장악했다. 바이에른인민당이 우익 수구 후보를 지지하지 않고 독일공산당이 에른스트 텔만을 고집하지 않고 같이 중도당 후보 빌헬름 마르크스를 밀기만 했어도 힌덴부르크는 이기지 못했을 것이다. 그 대가는 1933년에 비싸게 치른다.

루덴도르프는 패배를 딛고 일어서지 못했다. 민족 우익 진영에서 히틀러의 가장 큰 경쟁자였지만 이제는 힘을 쓰지 못했다. 루덴도르프는 1926년에 마틸데 폰 켐니츠라는 여자와 결혼을 하는데, 이미 1924년부터 이 여자에게 조금씩 휘둘려서 프리메이슨, 유대인, 마르크스주의자에다 예수회까지 얽힌 음모론과 피해망상에 시달리고 있었다. 루덴도르프의 기행은 갈수록 심해져서 나중에는 합리적 판단과는 거리가 멀었던 급진 우익 진영에서조차 따돌림을 받았다. 1925년에는 마틸데와 함께 타넨베르크동맹이라는 기이한 조직을 만들어서 어처구니없는 피해망상을 방대한 문헌으로 찍어냈지만 나치 논객들조차 그것을 외면했다. 루덴도르프는 이제 히틀러에게 쓸모가 없었다. 오히려 걸림돌만 되었다. 1927년 무렵이면 히틀러는 옛 동지를 노골적으로 공격하면서 루덴도르프야말로 프리메이슨 단원이라고 몰아붙였다(루덴도르프는 묵묵부답이었다).[62]

민족 운동 진영은 1924년만 하더라도 나치당과 그 후신 조직들보다 활동가가 많았고 전국적으로 지지 기반도 넓었지만 이제는 허약해지고 분열되었을 뿐 아니라 우두머리까지 잃어버렸다.[63] 처음에는, 특히 남부 독일에서는, 민족 단체와 손을 끊고 자기 밑으로 들어오라는 히틀러의 요구를 거절하는 지역당 책임자들 때문에 애를 먹었다. 하지만 시간이 흐르면서 그들도 차츰 히틀러한테 넘어왔다.[64] 대세를 알았던 것이다. 히틀러 없이는 자기들도 미래가 없다고 생각한 것이다. 히틀러는 히틀러대로 몇 달 동안 바이에른 지역당을 직접 찾아다니면서 성의를 보였다. 3월 9일부로 히틀러는 바이에른 정부의 방침에 따라 공공 집회에서 연설을 할 수가 없었지만 (몇 달 뒤에는 프로이센을 비롯하여 다른 주들로 금족령이 확대되었다) 그만큼 당원들만의 오붓한 모임에서 말할 수 있는 시간은 더 많아졌다.[65] 그런 모임에서는 당원들과 일일이 악수를 나누기 마련이었고 자연히 히틀러와 지역 당원들의 유대감도 깊어졌다. 이렇게 해서 히틀러는 바이에른에서 단단한 지지 기반을 닦을 수 있었다. 그렇지만 북부는 아직도 길이 멀었다.

"이 남자는 누구인가?"

3월 11일, 연설 금지령이 떨어진 지 이틀 만에 히틀러는 그레고어 슈트라서에게 북부 독일에 당 조직을 만들라는 지시를 내렸다.[66] 슈트라서는 약방을 했고 거구에 솔직담백한 성격인 바이에른 토박이로서 쿠데타가 일어나기 전까지 니더바이에른 지방에서 돌격대를 이끌었는데 당뇨병을 앓으면서도 몸싸움에서는 절대로 밀리지 않았지만 저녁에는 그리스어로 《호메로스》를 읽으며 조용한 시간을 보내는 사람이었다. 슈트라서는 나치 지도부에서는 아마 가장 능력이 뛰어난 인물이었을 것이다. 특히 그는 최고의 조직가였다. 북부 독일에서 나치가 급속히 당 조직을 세울 수 있었던 것도 다 슈트라서가 국가사회주의자유운동 제국지도부 시절에 인연을 맺은 사람들이 음으로 양으로 도와준 덕분이었다.[67] 북부 조직은 대부분 백지 상태에서 만들어졌다. 쿠데타가 일어날 당시만 하더라도 북부 독일에서는 지구당이 71개에 불과했지만 1925년 말에는 262개로 늘었다.[68] 히틀러가 1925년 여름을 산에서 자서전 다음 권을 쓰면서 가끔 바이로이트 축제만 구경하러 다닐 뿐 바이에른 이외의 당 조직에는 거의 신경을 끊고 지내는 동안 슈트라서는 북부 독일에서 당 조직을 세우느라 동분서주했다.

슈트라서가 '국가사회주의'에 끌린 것은 전선의 참호 속에서였다. 히틀러가 정권을 잡기 위한 방편으로 노동자계급에 접근한 쪽이었다면 슈트라서는 다분히 이상주의적으로 노동자계급에 다가섰다. 반유대주의 의식이 강하기는 했지만 뮌헨의 히틀러 가신들처럼 집착에 가까울 만큼 유대인 박해에 열을 올리지는 않았다. 1924년 한바탕 시끄럽게 붙은 이후로는 바이에른 나치당을 주도하는 에서와 슈트라이허를 노골적으로 혐오했다. 표현 방식은 차이가 났지만 기본적으로 슈트라서와 히틀러가 지향하는 목표는 같았다. 히틀러 개인 숭배와는 끝까지 거리를 두었지만 히틀러가 운동에 꼭 필요한 인물이라고 믿었기 때문에 끝까지 히틀러에게 충성을 바쳤다.[69]

슈트라서의 생각과 접근 방식은 당의 심장부였던 바이에른에서 멀리 떨어진 북부 독일의 현실과 잘 맞아떨어졌다. 그곳에서는 1924년 당이 지도자 없이 표류하는 동안 바이에른 3인방인 에서, 슈트라이허, 아만이 당을 좌지우지하려 했다고 보았기 때문에 세 사람에 대한 혐오감이 아직도 강했다. 1924년에 지도회의와 국가사회주의자유운동을 묶어준 유일한 공통분모도 바로 세 사람에 대한 적개심이었다. 북부 독일의 나치 지역당과 뮌헨 중앙당은 1925년 내내 이 문제로 갈등했다.[70] 뮌헨에서는 필리프 불러가 앞장서서 당원 조직을 중앙에서 통제하는 방식으로 운동을 완전히 장악하려고 했지만 북부 독일 지구당들은 이것을 거부했다.[71] 나치당의 깊어 가는 위기를 히틀러가 수수방관하는 것도 이들에게는 불만이었다. 그들은 에서 일파가 활개 치는 것도, 히틀러가 대독일 민족공동체 출신 지도자들한테 지나치게 휘둘리는 것도 다 히틀러의 소극성에서 비롯되었다고 보았다. 히틀러가 그런 사람들을 두둔하는 것이 이만저만 못마땅하지 않았다.[72] 재창당 이후로 약속과는 달리 북부 독일에 히틀러가 별반 관심을 보이지 않은 것도 이들의 불만이었다. 또 선

국가사회주의당 최고의 조직가였던 그레고어 슈트라서. 백지 상태에서 북부 독일에 당 조직을 건설한 그는 사회주의 이념을 지향했으며, 히틀러에 비해 온건 노선을 취했다. 권력 장악 방법을 놓고 히틀러와 갈등을 빚어 결국 긴 칼의 밤 사건으로 살해되었다.

거 참여를 둘러싼 의견 대립도 계속되었다. 북부 독일에서도 특히 괴팅겐 지구당은 전례로 보아 결국 운동은 없어지고 당만 남을 것이라면서 의회 진출에 결사 반대했다.[73] 국가사회주의 '이념'을 놓고서도 정책과 강조점에서 차이가 났다. 슈트라서 같은 북부 독일 지도자는 '사회주의' 쪽으로 더 기울었다. 그래서 대규모 공장 지대에서는 노동자들의 호응도 컸다. 바이에른과는 사회 기반이 다르니까 호응받는 정책도 다를 수밖에 없었다.

그것은 단순히 선동을 어떻게 하느냐 하는 차원에 그치는 문제가 아니었다. 북부 독일의 지도적 나치 활동가 가운데 엘버펠트 지구의 요제프 괴벨스 같은 몇몇 사람은 '국가 볼셰비즘'이라는 이념에 끌렸다.[74] 명석한 두뇌에 신랄한 재치가 돋보였고 나치 지도부에서 가장 지적이었던 이 미래의 나치 선전장관은 1924년 말 나치당에 들어왔다. 라인란트의 작은 공업 도시의 평범한 가톨릭 집안에서 자랐지만 오른발이 기형이라서 어릴 때부터 비웃음과 놀림을 받았고 불구자라는 의식에서 헤어나지 못했다. 일찍부터 작가가 되겠다는 포부가 있었지만 별로 알아주는 사람이 없어서 좌절감은 더욱 깊어졌다. "왜 하늘은 남들한테 주는 것을 나한테는 안 주는 걸까?" 괴벨스는 나중에 벙커에서 생을 마감할 때까지 20년 동안 갖고 다니는 일기장에다 1925년 3월 그렇게 적었다. 그리고 십자가에 못 박힌 예수가 한 말을 자조적으로 덧붙였다. "주여, 왜 저를 버리시나이까?"[75] 열등감이 깊었던 만큼 야심도 컸고 약골과 '지식인'을 우습게 보았던 운동 조직에서 머리로 무언가 보여주어야 했다. 그만큼 이념 광신주의에 빠지기 쉬웠다.

1925년 9월 중순 포메른 관구장이었고 대학 교수였으며 작은 인쇄소를 하던 테오도어 팔렌과 벌인 논쟁에서 괴벨스의 이념적 성향이 드러났다. 괴벨스는 무능한 팔렌에게 적개심을 품었다. 1927년 팔렌이 관구장 자리에서 쫓겨난 것도 그 때문이었다.[76]

민족주의자와 사회주의자! 어느 것이 먼저고 어느 것이 나중인가? 우리 서방에서는 두말하면 잔소리다. 먼저 사회주의로 구원을 얻고 나서 여세를 몰아 민족을 해방시키는 것이다. 팔렌 교수는 생각이 다르다. 먼저 노동자를 민족주의자로 만들어야 한단다. 대체 어떻게 한다는 말인가?

괴벨스는 히틀러의 입장을 잘못 알고 있었다. "히틀러는 이 견해 사이에 있다. 하지만 우리 쪽으로 완전히 넘어오는 길이다."[77] 괴벨스 같은 북부 독일 지도자들은 스스로 혁명가라는 의식이 강했고 부르주아보다는 공산주의자와 통하는 점이 많았다. 소련에 대해서도 호감을 품었다. 당 차원에서 노조를 끌어들이는 방안도 논의되었다.[78]

끝으로 히틀러와 당 강령을 대하는 태도도 달랐다. 북부 독일 나치당원들은 히틀러가 수감된 동안 히틀러를 열렬히 지지했다. 그러다가 히틀러가 국가사회주의자유운동과 의회 진출 문제에서 분명치 않은 자세를 보이자 실망했다. 아달베르트 폴크와 루돌프 하제 같은 지도자는 히틀러를 중심으로 개인 숭배가 고조되는 것을 보고 그것이 당에 미칠 위해를 알아차렸기 때문에 질색을 했다. 북부 독일의 나치 지도자들은 하나같이 히틀러의 위상을 인정했고 지도자로서의 권위도 받아들였다. 쿠데타를 주도한 '뮌헨의 영웅'으로 대접했고 법정에서 보여준 기개도 높이 평가했다. 히틀러의 인격을 불신하는 사람은 없었고 잘못이 있다면 슈트라이허나 에서 같은 주변 사람들 때문이라고 보았다.[79] 하지만 히틀러를 개인적으로 알지 못했고 만난 적도 없는 북부 지도자가 많았다.[80] 그러니까 바이에른, 그중에서도 특히 뮌헨의 당원들처럼 히틀러와 끈끈한 관계를 맺지는 않았다. 히틀러는 물론 지도자로서 존중했다. 하지만 히틀러도 '이념'을 존중해야 한다고 그들은 믿었다. 더욱이 1920년에 만들어진 당 강령은 부실해서 개정이 불가피하다고 보았다.[81]

1925년 늦여름 무렵이면 북부 독일 지도자들은 당 강령과 지향점, 국가사회주의의 의미에 대해서는 저마다 생각이 달랐을지 몰라도 당이 위기에 처했다는 데 대해서는 인식을 같이했다. 나치당의 위기는 당원이 줄어들고 당이 정체되었다는 데서 드러났다. 그들은 당을 그 지경으로 몰아간 주범은 뮌헨 중앙당이라고 믿었다.[82] 히틀러는 자서전을 쓰는 데만 골몰했지 다른 데는 관심이 없다고 보았다. 그러다 보니 자꾸 에서만 두둔한다고 그들은 생각했다. 히틀러는 에서와 그의 일파가 결정적일 정도로 유용하다고 두둔했지만 그것은 나라 전체에서 그들의 유용성이 얼마나 별 볼 일 없는 것인지를 모르기 때문에 하는 소리였다.

그레고어 슈트라서가 1925년 9월 북부 지도자들을 소집한 것은 에서의 독재에 맞서기 위해서였다. 그런데 정작 슈트라서는 모친이 위독해서 회의에 참석하지 못했다.[83] 그래서 논의는 원래 의도했던 방향으로만 흐르지는 않았지만 북부와 서부의 나치당 지도자가 대부분 모였다. 사실은 뮌헨 중앙당의 위험한 흐름을 견제할 목적으로 항구적 모임을 만들 생각이었지만 슈트라서가 오지 않는 바람에 무산되었다. 의견 대립은 금세 드러났다. 에서 문제가 도마 위에 올랐지만 '친위 혁명'은 무조건 반대한다는 목소리가 있었다. 선거에 참여하지 않는다는 방침을 만장일치로 통과시켜 히틀러에게 결과를 통보했기 때문에 의견 통일이 잘 이루어진 것처럼 보이지만 다른 문제들에서는 심각한 의견 대립이 있었다. 결국 주로 연설원들을 교환하기 위해 슈트라서의 주도 아래 북

부 지구당들의 느슨한 논의 기구를 만든다는 선에서 합의를 보고 회의를 끝냈다.[84]

나치당 산하의 북부와 서부 관구가 주축이 된 '실무협의체'와 괴벨스가 책임을 맡고 간행한 이 단체의 홍보지 〈국가사회주의통신〉은 히틀러에 맞설 마음이 추호도 없었다.[85] 실무협의체 규약에서도 히틀러가 지도자라는 사실을 분명히 밝혔고 회원들은 "지도자 아돌프 히틀러를 중심으로 국가사회주의 이념을 동지 의식을 갖고" 실천에 옮기는 데 힘써야 한다고 못 박았다.[86] 히틀러도 실무협의체에서 내는 홍보지를 나치 당원들에게 읽어보라고 권했다. 협의체 회원들은 히틀러의 측근을 거부한 것이지 히틀러를 거부한 것이 아니었다. 그리고 측근도 무조건 배척한 것이 아니었다. 에서, 슈트라이허와 관계를 회복하려는 시도까지 이루어졌다.[87] 떨어져 나가려는 속셈은 없었던 것이다.

이렇게 딴 살림을 차리려는 의도가 없었고 또 내부적으로 의견 대립이 있었는데도 실무협의체는 히틀러의 권위를 위협했다. 에서 일파와 충돌한 것이라든가 총선 참여를 둘러싸고 갈등을 빚은 것은 어떻게 보면 사소한 문제였다. 이보다 훨씬 중요한 것은 그레고어 슈트라서와 괴벨스가 협의체를 통해서 당 강령을 수정했으면 좋겠다고 마음먹었다는 사실이었다. 슈트라서는 1920년에 제정된 강령을 바꾸고 싶어했다.[88] 11월 슈트라서는 우선 협의체를 중심으로 개정 강령 초안을 만들었다. 초안은 독일 민족을 망라한 게르만 국가를 중유럽 관세동맹의 심장부에 박아놓고 그것을 주축으로 유럽 국가연합을 건설하는 데 주안점을 두었다. 그 강령은 대내적으로 조합국가(corporate state)를 제안했다. 경제 분야에서는 자영농을 육성하고 사유재산을 보호하되 생산수단에 대한 공적 통제를 받아들인다.[89]

초안은 모호했고 앞뒤가 안 맞아서 의견 대립을 낳을 수밖에 없었다. 1926년 1월 24일 실무협의체는 하노버에서 이 문제를 논의하려고 모였다.[90] 회의는 슈트라서가 꾸려 가던 위원회에서 내놓은 다양한 제언들을 검토하기로 결의했다.[91] 결의안은 그렇게 미적지근하게 나왔지만 사실은 신랄한 논쟁이 벌어졌다. 특히 1919년 여름 제국군에서 이념 교육을 맡으면서 히틀러를 감화시켰던 나치당 경제 전문가 고트프리트 페더에게 무례하기 짝이 없는 비판이 쏟아졌다. 실무협의체는 강령 초안을 페더에게도, 히틀러에게도 보내지 않았다. 전승국이 추구하는 '이익의 노예' 상태에서 벗어나야 한다고 늘 이야기하던 내용이 들어간 것 말고는 당 강령을 만들 때 페더는 별로 힘을 쓰지 못했지만 아무튼 당 강령의 '아버지'를 자처했던 페더는 개정안을 구해서 읽어보고 격분했다. 그리고 하노버에 불쑥 나타나서 개정안에 대한 반감을 숨기지 않았다.[92] 페더는 모욕을 받았다고 생각하고 화가 나서 회의에서 오간 이야기를 적었다. 뮌헨에 알리려는 것이 분명했다.[93] 독일 제국을 이루는 약 30개의 지역을 각각 책임 맡은 나치당의 관구장 중에는 히틀러 없이는 당이 굴러가지 않는다는 사실을 인정하면서도 히틀러의 지도력을 대놓고 비판하는 사람들이 있었다.[94] 회의는 또 이에 앞서 독일 영주들의 땅을 무상 몰수할 것인지 여부를 결정하기 위해 6월로 예정된 국민투표를 만장일치로 지지한다고 결의했다. 그것은 좌파가 요구하던 정책이었으며 당시 뜨거운 논란을 부른 문제였다.[95]

히틀러는 그때까지 실무협의체에 관심이 없었지만 행동에 나서야 한다고 페더가 부추겼다. 히틀러도 위험을 감지했다. 그래서 1926년 2월 14일 오버프랑켄 지방의 밤베르크로 60명의 당 지도자들을 불렀다.[96] 안건은 없었다. 히틀러는 그저 중요한 문제 몇 가지를 논의하고 싶다고 했다. 밤베르크 지구당은 규모도 컸지만 히틀러와 슈트라이허가 1925년 내내 공을 들였기 때문에 충성파가 많았다. 북부 지도자 중에는 거물급 인사도 제법 있었지만 숫자로도 밀렸을 뿐 아니라 도시 전체가 히틀러에게 보내는 열광적 지지에 압도당할 수밖에 없었다.[97] 밤베르크로 가면서 페더는 다시 한 번 히틀러에게 권위를 흔드는 세력을 용납해서는 안 된다고 강조했다.[98]

히틀러는 두 시간 동안 말을 했다.[99] 주로 외교 정책과 향후 동맹 관계를 이야기했다. 히틀러의 입장은 실무협의체와는 정반대였다. 동맹이 능사는 아니지만 그것은 예나 지금이나 "엄연한 정치 현실"이라고 말했다. 영국과 이탈리아가 독일의 앙숙인 프랑스와 거리를 두는 것이 가장 바람직한 사태 전개다. 소련과의 동맹은 고려하지 않는다. 소련과 동맹을 맺으면 "독일은 바로 볼셰비즘 열기에 휩싸이고" 그것은 "민족의 자살 행위"이기 때문이다. 독일의 미래는 중세에 동유럽을 식민지로 삼았던 것처럼 해외가 아니라 유럽 안에서 영토를 확보해야만 보장된다. 영주가 보유한 토지의 무상 몰수에 대해서도 히틀러는 실무협의체의 안을 받아들이지 않았다. "지금은 영주는 없고 오직 독일인만 있을 뿐"이라고 히틀러는 쐐기를 박았다. "우리는 법이라는 토대 위에 서 있습니다. 우리는 유대인의 착취 체제가 법을 빌미로 삼아 우리 민족을 모조리 약탈하도록 내버려 둘 수는 없습니다." 빗대어서 말하기는 했지만 북부 지도자들의 요구를 노골적으로 거부한 것이었다. 마지막으로 히틀러는 종교 문제는 국가사회주의 운동에서 무시하고 넘어가야 한다는 소신을 거듭 밝혔다.[100]

괴벨스는 경악했다.

억장이 무너져내렸다. 히틀러가 이런 사람이었나? 반동이었나? 참으로 어설프고 어정쩡하다. 소련 문제는 완전히 번지수를 잘못 찾았다. 이탈리아와 영국과 동맹을 맺는 것이 자연스럽다니. 기가 막혀서! 우리의 임무는 볼셰비즘을 박살내는 것이라고? 볼셰비즘은 유대인이 만든 것이라고? 우리가 소련을 차지해야 한다고? 1억 8천만을? 영주의 땅을 몰수하는 것도 안 된다고? 법은 법이라고? 영주들은 좋겠네. 사유재산을 흔들지 말라고?[101] 미치겠네! 당 강령은 아무 문제 없으니까 군소리하지 마라. 페더도 *끄덕끄덕*. 레이도 *끄덕끄덕*.[102] 슈트라이허도 *끄덕끄덕*. 에서도 *끄덕끄덕*. 저런 작자들한테 둘러싸인 당신 모습을 보니 내가 돌아버리겠소!!! 토론은 하는 둥 마는 둥. 슈트라서가 발언. 머뭇거리면서, 떨면서, 엉거주춤한 자세로. 사람 좋고 정직한 슈트라서. 이런 돼지들하고는 애당초 게임이 안 되었던 거야. …… 내 평생 이렇게 실망스러웠던 적이 또 있을까. 이제는 히틀러도 전적으로 신뢰할 수가 없다. 괴롭다. 이렇게 허전할 수가 있나.[103]

실무협의체의 위협은 이제 사라졌다. 히틀러는 권위를 되찾았다. 처음에는 반발하는 조짐도 보였지만 협의체의 운명은 밤베르크에서 끝났다. 그레고어 슈트라서는 그동안 배포한 개정 강령 초안을 모두 회수하겠다고 히틀러에게 약속했고 실무협의체 회원들에게도 복귀를 요청하는 편지를 보냈다.[104] 이렇게 해서 협의체는 유명무실한 기구가 되었다. 1926년 7월 1일 히틀러는 "나치당은 거대한 실무협의체이므로 개별 관구들이 소규모 협의체를 만드는 것은 정당화될 수 없다"는 내용의 훈령에 서명했다.[105] 그 무렵이면 슈트라서의 북서부 관구장 실무협의체도 간판을 내렸다. 이렇게 해서 히틀러는 마지막 걸림돌을 제거하고 당권을 확실히 장악할 수 있었다.

히틀러는 승리를 거두었지만 관용을 베푸는 지략을 보였다. 실무협의체에서 손잡고 일했던 괴벨스, 카를 카우프만(20대 중반의 열성 활동가로서 나중에 함부르크 관구장을 지내며 프랑스가 점령한 루르 지방에서 파업을 주도하느라 고생했다), 프란츠 페퍼 폰 잘로몬(베스트팔렌 관구장으로서 장교로 제대했다가 자유군단에 들어가서 카프 쿠데타에도 가담했고 루르 지방에서 프랑스에 대항한 투쟁에 앞장섰다)이 3월에 루르 지방에서 관구를 확대한다고 할 때도 아무 말 하지 않았다.[106] 교통사고를 당하여 가료 중이던 슈트라서를 집으로 불쑥 찾아가기도 했다. 슈트라서와 이야기를 나눈 뒤 나치당 제국지도부에서 에서를 제명했다.[107] 9월에는 슈트라서를 나치당 선전지도자로 임명하여 제국지도부에 끌어들였고 잘로몬에게는 돌격대를 맡겼다.[108] 무엇보다도 중요한 것은 감격을 잘 하는 괴벨스에게 히틀러가 공개적으로 구애를 하여 마음을 사로잡았다는 사실이었다.

바울로의 다마스쿠스 회심을 방불케 하는 괴벨스의 갑작스러운 전향을 끌어내는 것은 별로 어렵지 않았다.[109] 처음부터 히틀러는 괴벨스의 우상이었다. "이 남자는 누구인가? 절반은 서민이고 절반은 신이다! 그리스도를 닮았나? 아니, 〔세례〕 요한에 가깝나?" 1925년 10월 《나의 투쟁》 1권을 다 읽고 나서 괴벨스는 일기장에다 썼다.[110] "왕의 자질을 모두 갖춘 사람이다. 민중을 대변하는 호민관의 피가 흐르는 사람이다. 미래의 독재자다." 그리고 몇 주 뒤에는 이렇게 덧붙였다. "이 사람이 너무 좋다."[111] 실무협의체 회원들이 대부분 그랬지만 괴벨스도 히틀러를 에서 그 무리에서 떼어내고 싶었을 뿐 다른 불만은 없었다.[112] 밤베르크에서 상처를 받기는 했다. 하지만 히틀러에 대한 믿음에 손상이 갔을지언정 기대를 완전히 접은 것은 아니었다. 히틀러가 신호만 보내면 신뢰는 금방 회복될 수 있었다. 신호는 바로 왔다.

3월 중순 괴벨스는 뉘른베르크에서 슈트라이허와 많은 대화를 나누고 화해했다.[113] 그리고 4월 8일 뮌헨에서 강연을 해 달라는 초청장을 히틀러한테서 받았다.[114] 뮌헨에 도착하니 히틀러가 보낸 차가 역에서 대기하고 있다가 호텔까지 태워다주었다. "정말 대접이 극진하다." 괴벨스는 일기장에다 썼다.[115] 다음날에는 히틀러의 차를 타고 뮌헨 교외의 호수를 둘러보았다. 저녁 때 뷔르거브로이켈러 맥주홀에서 연설을 하면서 괴벨스는 사회주의 노선에서 크게 물러선 모습을 보여주었고 히틀러는 눈물을 글썽이면서 괴벨스를 껴안았다. 그러나 북부 독일의 동료들, 카우프만과 페퍼는 달가워하지 않았다. 그때까지 부르짖어 온 반(反)뮌헨 노선에서 하루아침에 돌아선 데 실망을 감추지 못하면서 괴벨스의 연설을 '쓰레기'라고 혹평했다.[116] 다음날 아침 괴벨스는 당사로 갔다. 카우프만, 페퍼와 함께 히틀러의 방으로 불려 간 것이다. 세 사람은 실무협의체 활동과 루르 지방의 관구 확대 건에 대해서 지적을 받았다. 그러나 히틀러는 뒤끝이 없는 사람이었다. "나중에는 단결하게 된다." 괴벨스는 그렇게 썼다. "히틀러는 대단한 사람이다. 우리와 따뜻하게 악수를 나눴다." 오후에 히틀러는 밤베르크에서 말했던 내용을 세 시간 동안 다시 반복했다. 전에는 실망이 컸는데 지금은 '굉장하다'는 생각이 들었다. "나는 그를 사랑한다. …… 하나부터 열까지 다 생각했다니." 괴벨스의 찬탄은 이어졌다. "이 사람은 두루 살필 줄 안다. 이렇게 번득이는 지성을 지닌 사람이면 내가 지도자로 모실 만하다. 이 위대한 인간에게, 그 탁월한 정치 감각에 머리를 숙이지 않을 수 없다."[117] 괴벨스는 완전히 돌아섰다. 며칠 뒤 이번에는 슈투트가르트에서 히틀러를 만났다. "나를 유난히 아껴주는 것 같다. 아돌프 히틀러, 당신의 위대하면서도 소박한 모습이 너무 좋습니다. 천재는 당신을 두고 하는 말입니다."[118] 그해가 저물어 갈 무렵 히틀러는 괴벨스를 베를린 관구장

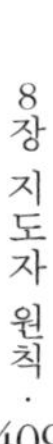

히틀러의 입으로 불렸던 요제프 괴벨스. 명석한 두뇌에 탁월한 연설 능력을 지녔던 괴벨스는 1924년 말에 나치당에 들어왔다. 히틀러를 만나고부터 1945년 벙커에서 숨을 거둘 때까지 히틀러를 '아버지처럼' 모시면서 변치 않고 충성했다.

에 앉혔다. 당이 수도로 진출할 경우 그 자리는 요직이었다.[119] 괴벨스는 이제 히틀러의 사람이었다. 벙커에서 숨을 거두는 그날까지 괴벨스는 히틀러를 '아버지처럼' 모시면서 변치 않고 충성을 바쳤다.[120]

밤베르크 회의는 하나의 이정표였다. 실무협의체는 히틀러의 지도력에 반발한 것도 아니었고 저항한 것도 아니었다. 하지만 슈트라서의 초안이 작성된 이상 충돌은 불가피했다. 당은 강령을 받들어야 하는가? 지도자를 받들어야 하는가? 밤베르크 회의는 국가사회주의는 이런 것이라고 규정했다. 1924년의 민족 운동 진영처럼 노선을 놓고 분열하는 것은 국가사회주의가 아니다. 1920년에 만들어진 25개 강령은 그러므로 충분하다. "그냥 이대로 간다. 신약 성서도 모순투성이였지만 그것이 기독교의 확산을 가로막지는 못했다."[121] 히틀러는 그렇게 말한 것으로 보도되었다. 중요한 것은 상징적 의미이지 실현 가능성이 아니다. 정책을 구체화했을 경우 보나마나 당의 내분은 끊일 날이 없었을 것이고, 지도자 자신도 논란과 수정의 여지가 충분한 강령의 추상적인 교의들에 얽매였을 것이다. 이제 운동을 완전히 압도한 지도자로서 히틀러는 누구도 넘볼 수 없는 신성불가침한 권력을 누리게 되었다.

밤베르크에서는 또 중요한 이념 문제, 다시 말해서 소련을 압박한다는 외교 정책을 재확인했다. 북부 지도자들의 소련 유화 노선은 퇴짜를 맞았다. 이념과 지도자는 하나가 되었다. 그러나 이념은 아득히 멀리 설정된 목표, 앞날의 사명이었다. 이념을 실현하려면 권력을 쟁취하는 수밖에 없다. 권력을 쟁취하려면 최대한 유연하게 나가야 한다. 궤도에서 이탈한 이념 논쟁이나 조직 갈등은 앞으로 용납해서는 안 된다. 불굴의 의지력으로 대중을 조직해내야 한다. 그러자면 지도자는 자유롭게 운신할 수 있어야 하고 지지자는 절대 복종해야 한다. 따라서 밤베르크 이후로 당 위에 우뚝 서서 국가사회주의 이념을 한몸에 구현한 지도자에게 복종하는 새로운 형태의 정치 조직이 나타난 셈이었다.[122]

657명의 당원이 참석한 가운데 5월 22일 전체 회의가 열릴 무렵이면[123] 히틀러의 위상은 확고부동해졌다. 히틀러는 회의를 해봐야 별것 없지만 공당으로서 법적 요건을 충족시키기 위해 여는 것이라고 솔직하게 말했다. 중요한 것은 앞으로 바이마르에서 열릴 전당대회에서 새롭게 단합된 모습을 온 세상에 알리는 것이었다.[124] 재창당 이후의 활동 내용을 보고하고 나서 히틀러는 만장일치로 당 의장으로 재선출되었다.[125] 당의 행정 요직은 여전히 히틀러의 측근들이 장악했다.[126] 당헌도 몇 군데 손을 보았다. 1920년 이후로 다섯 번 수정된 당헌은 이번 것이 최종본이었다. 히틀러는 당헌에 따라 당 조직을 확실히 장악했다. 의장 다음으로 중요한 관구장들도 모두 히틀러가 임명했다. 나치당이 지도자당이 되었다는 것은 당헌을 보면 알 수 있었다.[127] 실무협의체와 강령 문제를 놓고 충돌한 적이 있었지만 1920년의 25개 강령은 도로 추

인을 받았다. 당헌은 "이 강령은 못 바꾼다."고 쐐기를 박았다.[128]

몇 주 뒤인 1926년 7월 3일과 4일 바이마르에서 열린 전당대회는 지도자를 중심으로 단합한 모습을 과시하는 데 초점을 맞추었다. 히틀러는 이때는 연설을 할 수 있었다. "활력을 한껏 드러내"면서 "나치당이 되찾은 건강한 내면을 …… 절도 있는 힘을 통해 밖으로 보여주는" 데 주안점을 두었다. 1924년의 실패를 되풀이해서는 안 된다. 반목은 무슨 일이 있어도 피해야 한다. 중요한 내용은 모두 소관 위원회에 넘기기로 했다. 토론은 최소한으로 줄여야 했다. 결정된 내용에 대한 책임은 각 위원장이 지며 히틀러는 여기에 거부권을 행사할 수 있었다.[129] 이런 사항이 결정되었다. 나머지는 연설과 의례와 행진으로 이어졌다. 모두 7, 8천 명이 참석했는데 이중에 돌격대가 3,600명이었고 친위대는 116명이었다.[130] 히틀러의 개인 경호단이었던 아돌프 히틀러 공격단을 모태로 1925년 4월에 만들어진 친위대가 처음 사람들 앞에 선을 보인 것도 이때였다.[131] 1923년 11월 9일 뮌헨 봉기 때 펠트헤른할레로 향하는 행진을 이끌었던 '피의 깃발'도 이때 처음 히틀러가 새로 출범한 엘리트 조직을 치하하는 뜻으로 친위대에 직접 건넸다. 모든 돌격대원은 히틀러에게 충성 서약을 했다.[132] 히틀러의 연설이 끝나자 당원들은 환호했다.[133] "참으로 불가사의하다. 복음서의 한 장면 같다. …… 이런 사람을 우리에게 준 운명에 감사한다." 괴벨스는 그렇게 썼다.[134]

나치당은 아직도 쿠데타 당시보다 당세가 훨씬 약했다.[135] 독일 정치에서 차지하는 비중은 무시해도 좋을 정도였다. 외부인의 시각에서 냉정하게 보면 집권 가능성은 희박했다. 그러나 내부적으로는 한 고비를 넘겼다. 비록 덩치는 작았지만 쿠데타를 일으키기 전보다는 조직이 잘 갖춰져 있었고 전국적으로도 골고루 분포되어 있었다. 나치당이 옹골차고 단합된 모습을 보이자 민족 운동에 몸담은 인사들도 차츰 나치당으로 모여들었다.[136] 나치당은 지도자당이라는 새로운 정치 조직을 보여주었다. 히틀러는 운동을 휘어잡을 수 있는 기반을 닦았다. 당분간은 독일 정치의 주류로 나서지 못했지만 당권만큼은 확실히 장악했다.

정치 배우

요 근래 몇 년간 히틀러와 정기적으로 꾸준히 만나는 사람은 드물었다. 한가족이나 다를 바 없는 경호원, 운전기사, 비서처럼 늘 같이 다니는 사람들도 있긴 있었다. 심부름꾼 노릇을 했던 율리우스 샤우프와 비서였던 루돌프 헤스는 쿠데타에 가담했다가 히틀러와 함께 감옥에 들어갔다 나왔다. 이 가신들은 히틀러를 경호하고 호위하면서 날이 갈수록 늘어나는 접견 희망자들을 중간에서 막아주었다. 히틀러는 얼굴을 보기가 어려웠다.[137] 뮌헨 중앙당의 고위 간부도 며칠씩 기다렸다가 히틀러의 결제를 받기 일쑤였다.[138] 공식석상에도 히틀러는 통 얼굴을 드러내지 않았다. 연설을 앞두고는 방에만 틀어박혀 있었다. 청중이 꽉 들어찼다는 연락이 오면 그제야 밖으로 나왔다. 연설이 끝나고 나면 집이나 숙소로 바로 돌아갔다. 사전 약속이 있을 때는 기자들과도 몇 마디 이야기를 나누었지만 그밖에 히틀러가 만나주는 사람은 거의 없었다.[139]

사명감이 워낙 강했고 자신이 위대한 인물이라는 의식도 강했던 데다가 자신을 영웅으로 보는 지지자들의 기대에도 부응하고 아랫사람들끼리 벌이는 암투에서 거리를 두면서 초연함을 유지하려면 아무래도 혼자 지내는 시간이 많아야 했을 것이다.[140] 그밖에도 히틀러가 나치당의 고위급 간부들하고도 일부러 거리를 두었던 것은 특별히 면담 기회를 얻은 사람들에게, 또 웅장하게 연출된 대중 집회장에 모인 사람들에게 경외심을 불러일으키려는 의도가 있었을 것이다. 그렇게 하면 신비감도 함께 올라가기 마련이었다. 히틀러를 어느 정도 안다는 사람도 히틀러라는 사람의 성격을 파악하고 분석하는 데 애를 먹었다.[141] 사람을 끌어당기는 신비의 안개 속에서 히틀러는 회심의 미소를 지었다.

히틀러는 누가 뭐래도 일급 배우였다. 청중이 빽빽이 들어찬 집회장에 일부러 늦게 나타나는 것이나 철저하게 계산된 연설, 다채로운 어휘 선택, 화려한 손짓과 몸짓까지 이 모두가 관객의 반응을 염두에 둔 행동이었다.[142] 갈고 닦은 연기력은 타고난 말솜씨를 더욱 돋보이게 만들었다. 처음에는 잠시 뜸을 들이면서 긴장을 고조시키다가, 낮은 소리로,

감옥에서 나온 후 히틀러는 급진적인 선동가로서 자신의 이미지를 부드럽게 만들기 위해 신경을 썼다. 1925년에 전속 사진사 하인리히 호프만이 찍은 이 사진 역시 그러한 의도에서 연출된 것이었는데, 히틀러는 특별히 양복을 입고 바로크풍의 의자에 앉아 사냥개와 함께 사진을 찍었다.

머뭇거리듯이 입을 열었다. 히틀러의 연설은 감미롭지는 않았지만 변화와 리듬이 있었고 생동감과 박진감이 넘쳤다. 문장을 스타카토처럼 딱딱 끊다가는 적당한 대목에서 속도를 줄이면서 핵심을 강조했다. 연설이 점점 달아오르면 손동작도 활발해졌고 적에 대한 신랄한 야유도 터져 나왔다. 이 모두가 감동을 극대화하려고 고안한 연출이었다. 1926년 바이마르에서, 1927년과 1929년에 뉘른베르크에서 열린 전당대회를 준비하면서 아주 세부적인 데까지 신경을 쓰면서까지 히틀러는 청중에게 깊은 인상과 감동을 주는 데 집착했다. 옷도 그때그때 모임의 성격에 맞게 입었다. 열성 지지자들이 모여드는 대규모 당 행사나 집회장에서는 하켄크로이츠 무늬가 팔뚝에 새겨진 연고동색 제복에 오른쪽 어깨에서 비스듬하게 가로지르면서 내려오는 가죽띠를 매고 무릎까지 올라오는 가죽 군화를 신었다. 일반 청중을 상대할 때는 전투적이라는 인상을 지우고 점잖은 느낌을 주기 위해 검은 양복에 흰 셔츠를 입고 단정하게 넥타이를 매고 나타났다.

그러나 연기력은 다른 데서도 발휘되었다. 히틀러를 아주 가까이는 아니지만 그런 대로 자주 본 사람들은 히틀러가 하는 행동 대부분이 연기라고 굳게 믿었다. 히틀러는 어떤 연기도 거뜬히 해냈다. "정겨운 대화를 나누고 여자들의 손에 입을 맞추는가 하면, 아이들에게는 초콜릿을 나누어주는 마음씨 좋은 아저씨였고, 굳은 못이 박힌 농부와 노동자의 손을 부여잡고 악수를 할 줄도 아는 소탈한 서민이었다."[143] 사석에서 혹평하고 비웃었던 사람이라도 공석에서는 그렇게 친근하게 대할 수가 없었다. 연기와 위장에 능했다고 해서 히틀러가 단지 냉소적인 사기꾼이었다거나 자기 세계관의 핵심 교의를 믿지 않았다는 뜻은 아니다. 히틀러가 전하는 메시지에 호감을 품고 모여든 사람들은 히틀러의 확고부동한 믿음과 사람을 압도하는 친화력을 보면서 더욱 강한 신념을 품게 되었다. 그렇지만 한때 함부르크 관구장을 지냈던 알베르트 크렙스는 히틀러는 "내적인 공감이나 진실성이라고는 조금도 없는" 냉정한 계산으로 의도적으로 짜낸 조작을 통해서 대중을 움직일 수 있었다고 예리하게 지적했다.[144] "가면과 위장의 수법을 잊어서는 안 된다. 그것 때문에 히틀러의 본질을 꿰뚫어보기가 어렵다."[145]

교육 수준이 높고 지적인 교양층을 비롯하여 수많은 사람이 참으로 보기 드문 성격을 지닌 이 사람에게 거부할 수 없이 매혹당한 것은 누가 뭐래도 자기 역할을 해내는 그의 능력 때문이었다.[146] 많은 사람이 증언한 사실이지만 히틀러는 특히 여자에게 매력적으로 다가왔고 농담도 곧잘 했고 함께 있으면 즐거운 사람이었다. 그렇지만 히틀러가 하는 행동의 대부분은 어떤 효과를 노리고 연출한 쇼였다. 불같이 화를 내고 폭발하는 것도 실제로는 의도적인 것이었다. 히틀러는 기회가 생기면 평당원과 만나서 굳게 악수를 나누고 '남자답게' 눈을 마주보았는데 초라한 평당원에게는 죽어도 잊지 못할 감격스러운 순간이었다. 그렇지만 그 행동은 개인 숭배 열풍을 강화해 운동의 기반을 다지고 지도자와 추종자 사이를 더욱 끈끈하게 만드는 데 필요한 연기일 뿐이었다. 실제로 히틀러는 추종자들에게 거의 관심을 보이지 않았다.[147] 앞장서서 히틀러를 따르던 사람도 1928년 히틀러가 "인간을 경멸한다"고 비판했다.[148] 히틀러의 성격에서 자기 중심주의는 실로 엄청난 비중을 차지했다. '자애로운 아버지'라는 선전의 이미지가 내면의 공허를 감추었다. 그는 쓸모가 있는 사람에게만 관심을 기울였다.

"카페에서 쏟아내는 독설, 안절부절 못하는 성격, 당권을 위협하는 사람들에 대한 적개심, 조직적이지 못한 업무 처리, 발작에 가까운 분노의 표출"의 원인을 한프슈탱글은 모두 성 문제에서 찾았다.[149] 이 분석은 어디까지나 짐작일 뿐이다. 그러나 히틀러의 여자 관계는 확실히 묘했다. 그 속사정은 아무도 모른다. 그렇지만 히틀러는 여기서도 연기를 할 때가 많았다. 한번은 한프슈탱글이 잠시 방을 비운 사이에 한프슈탱글의 아내 헬레네 앞에 털썩 무릎을 꿇더니 나는 당신의 종이라면서 당신을 늦게 만난 것이 슬프다고 했다. 아내한테서 그 이야기를 듣고 한프슈탱글은 히틀러는 가끔 고뇌하는 방랑 시인 노릇을 해야만 직성이 풀린다고 했다.[150]

히틀러의 모습은 옛날과 거의 달라지지 않았다. 연단에서만 벗어나면 눈길을 끄는 외모가 아니었다.[151] 얼굴 표정은 전보다 딱딱해졌다.[152]

그렇지만 감옥에서 불어난 체중은 연설을 시작하면서 금세 빠졌다.[153] 한번 중요한 연설을 하면서 땀을 빼면 2~3킬로그램은 거뜬히 빠졌다. 그래서 보좌관들은 연단 옆에다 생수병을 20통씩 갖다놓았다.[154] 히틀러의 의상 감각은 유행과는 거리가 멀었다. 아직도 평범한 파란 셔츠를 즐겨 입었다.[155] 중절모, 연한 빛깔의 레인코트, 가죽 각반 차림에 승마 채찍을 들고 경호원들을 거느린 채 검은 6인승 메르세데스 무개 승용차에 타고 나타나면 별난 조직 폭력배처럼 보였다.[156] 편하게 있을 때는 바이에른 남자들이 즐겨 입는 멜빵 바지를 입었다.[157] 그렇지만 감옥에 있는 동안에도 넥타이는 꼭 맸다.[158] 여름에 아무리 날이 더워도 여간해서는 맨몸을 드러내지 않았다. 무솔리니는 열심히 운동하는 모습을 자랑스럽게 과시했지만 히틀러는 정장을 선호했다.[159] 워낙 고상한 체했고 또 정장 차림을 예의라고 생각하기도 했겠지만 가장 중요한 이유는 이미지 때문이었다. 사람을 당혹스럽게 만들거나 비웃음을 살 수 있는 차림으로는 절대로 나서지 않으려고 했다.

쿠데타 전에도 그랬지만 히틀러는 브루크만 부부를 통해서 사회적으로 중요한 지위에 있는 사람들과 친분을 맺었다. 그들은 거친 구호와 선동에 더 비판적이고 순종적이지 않았으므로 맥주홀에서 이야기할 때와는 다른 방식으로 다가서야 했다.[160] 그렇지만 핵심은 똑같았다. 히틀러는 대화를 주도해야만 마음이 놓이는 사람이었다. 설익은 지식을 감추고 싶을 때는 독백을 했다. 물론 히틀러는 머리가 비상했고 독설과 재치도 뛰어났다. 또 대개는 부정적으로 흘렀지만 사람을 판단하는 눈도 빨랐다. 히틀러의 남다른 재질에 어느 정도 호감을 품었던 사람들은 좌중을 압도하는 장악력, (비록 한쪽으로 치우칠 때가 많았지만) 세부 사실에 강한 비상한 기억력, 이견을 용납하지 않는 확고한 신념에서 깊은 인상을 받았다. 그렇지만 나름대로 아는 것이 있고 비판적 거리를 유지하던 사람은 히틀러의 어설픈 논리를 간파할 수 있었다.[161] 히틀러의 오만함은 상상을 초월했다. "나한테 뭘 더 배우라는 거야?" 한프슈탱글이 외국어도 공부하고 외국도 좀 다녀보라고 말하니까 히틀러는 그렇게 응수했다.[162]

바이마르 전당대회를 치르고 난 1926년 7월 중순 무렵 히틀러는 수행원을 거느리고 오버잘츠베르크로 휴가를 떠났다.[163] 교황권에 맞섰던 신성로마제국 황제 프리드리히 1세가 풍찬노숙을 했다는 전설이 있는 봉우리를 비롯하여 험준한 고봉으로 둘러싸인 오스트리아와의 국경 지역에 있는 호젓한 명승지였다. 1922년 겨울 '헤어 볼프'라는 가명으로 처음 디트리히 에카르트를 찾아간 히틀러는 그 숨막힐 듯 아름다운 풍광에 반하고 말았다. 히틀러가 투숙한 모리츠 호텔을 운영하던 뷔히너 부부는 일찍부터 나치 운동을 지지했고 히틀러도 두 사람을 좋아했다. 히틀러는 뮌헨에서는 감히 꿈도 꾸지 못할 한가로운 시간을 그곳에서 보냈다. 조용히 쉬고 싶다는 생각이 들 때마다 그곳으로 은둔해서 《나의 투쟁》 2권을 구술했다고 히틀러는 나중에 술회했다.[164] 히틀러는 틈만 나면 오버잘츠베르크를 찾았다. 거기서 북부 독일 출신 기업가의 미망인 명의로 된 별장 바셴펠트 하우스에 세를 얻을 수 있었다. 당원이었던 그 부인은 히틀러에게 집세를 싸게 받았다. 히틀러는 얼마 안 가서 그 집을 살 수 있었다. 부인이 경제적으로 쪼들린 덕이었다.[165] 이렇게 해서 여름 별장을 손에 넣었다. 그 '마법의 산'에서 히틀러는 세상을 굽어보았고 세계를 지배하는 자신의 모습을 볼 수 있었다.[166] 제3제국 시절에는 엄청난 돈을 들여서 바셴펠트 하우스를 현대의 독재자에게 어울리는 거대한 궁전으로 개조했다. 이 별장은 '베르크호프'로 불렸다. 지도자를 만나서 국정을 처리하려면 장관들도 해마다 부근에 와서 머무르지 않을 수 없었으니 제2의 정부 청사라고 해도 과언이 아니었다.[167] 1928년 당시는 아직 세를 얻어서 살고 있었는데 그때 히틀러는 놀랍게도 별로 가깝게 지내지 않았던 이복누이 앙겔라 라우발에게 빈으로 전화를 걸어서 자기 대신 집을 관리해 달라고 부탁했다. 누이는 그러마고 딸을 데리고 이사를 왔다. 이름이 엄마와 똑같았지만 가까운 사람들은 겔리라고 불렀던 밝고 예쁜 스무 살의 그 딸은[168] 3년 뒤 뮌헨에 있던 히틀러의 집에서 죽었다.

1926년 뷔히너 부부는 모리츠 호텔을 팔고 떠났다. 히틀러는 드레셀이라는 작센 출신의 새 주인이 마음에 늘지 않아서 후원자였던 베히슈

타인 부부의 권유로 마리네하임 호텔로 옮겼지만 그곳의 답답한 공기가
싫어서 아예 좀 더 밑으로 내려와서 도이치 하우스라는 호텔에 묵었다.
1926년 여름을 그곳에서 가까운 수행원들과 보내면서 《나의 투쟁》 2권
을 마무리 지었다.[169] 루돌프 헤스, 에밀 모리스(히틀러의 운전기사), 하
인리히 호프만도 같이 있었고 그레고어 슈트라서, 북하노버 관구장 베
른하르트 루스트(뒤에 교육부 장관에 오른다)도 함께 휴가를 보냈다. 부근
의 베르히테스가덴으로 먼저 휴가를 온 괴벨스도 같이 드라이브를 즐기
고 호수에서 뱃놀이도 했다. '사회 문제'에 대한, '인종 문제'에 대한, 정
치 혁명의 의미에 대한, 국가를 장악하는 방안에 대한, 미래의 건축에
대한, 새로운 독일 헌법의 본질에 대한 주군의 독백은 여전히 경청해야
했다. 괴벨스는 감격에 몸을 떨었다. "이 사람은 천재다. 거룩한 운명에
걸맞은 창조자다. …… 깊은 고뇌 속에서 별이 솟아오른다! 나는 완전
히 이 사람한테 사로잡혔다. 일말의 의심마저 던져버렸다."[170]

　1926년 초가을 도이치 하우스에 머무르면서 히틀러는 마리아 라이터
를 알게 되었다. 친구들은 그녀를 미미라고 불렀고 히틀러는 미니, 미미
라인, 미치, 미처를 등 앙증맞은 이름은 다 갖다 불렀다. 심지어 '우리
아가'라고 부르기도 했다. 히틀러는 서른일곱, 마리아는 열여섯이었다.
아버지를 닮아서 히틀러도 자기보다 나이가 훨씬 어려서 자기가 군림할
수 있고 순종적이라서 귀찮게 굴지 않는 여자를 좋아했다. 나중에 히틀
러가 가장 깊게 사귀는 두 여자 겔리 라우발(히틀러보다 열아홉 살 어렸
다)과 에바 브라운(스물세 살 어렸다)도 그 조건에 딱 부합하는 여자였지
만 나중에 겔리가 반항을 하면서 떠나려고 하자 히틀러는 놓아주지 않
는다. 하지만 그것은 한참 뒤의 일이다.

　히틀러를 만나기 두 주일쯤 전에 미미는 암으로 어머니를 잃었다. 어
머니가 몸져눕자 사회민주당 베르히테스가덴 지구당 발기인이었던 아
버지가 가톨릭 수녀들이 운영하던 기숙학교에 있던 미미를 집으로 데리
고 와서 집에서 운영하던 도이치 하우스 1층 옷가게를 거들게 했다. 어
느 날 근처 공원 벤치에 앉아서 여동생 아니와 셰퍼드 마르코와 함께 놀
때 히틀러가 말을 걸어왔다. 미미는 이미 그 유명한 아돌프 히틀러가 호

텔에 묵고 있다는 사실을 진작에 들어서 알고 있었다. 히틀러는 장난을 걸어왔다. 두 자매는 히틀러가 연설을 하는 모임에도 초대받아 가보았다.[171] 히틀러는 미미에게 자기를 자기가 가장 좋아하는 별칭인 '볼프'라 부르라고 했다. 미미는 정중한 모리스가 모는 메르세데스 승용차를 타고 여기저기 구경도 다녔다. 히틀러는 순진하고 발랄하고 자기가 하는 말을 귀담아듣는 금발의 처녀에게 틀림없이 마음을 빼앗겼다. 그래서 미미를 띄워주면서 그녀의 애정을 만끽했다. 어머니가 돌아가신 직후라 마음이 허전하기도 했겠지만 그렇게 힘 있고 유명한 사람이 자기한테 매달린다고 생각하니 미미도 뿌듯했을 것이다. 미미에게 히틀러는 한없이 높아 보였다. 무릎까지 올라오는 군화와 채찍 등 옷차림도 그렇게 멋져 보일 수가 없었다. 히틀러는 프린츠란 이름을 가진 자기 개가 미미의 개한테 시비를 걸면 채찍을 휘둘러서 기강을 바로잡았다. 미미는 히틀러를 우러러보았다. 아니, 홀딱 반했다고 해도 과언이 아니었다. 2차 세계대전이 끝나고 나서도 한참 뒤에 미미가 술회한 바로는 히틀러는 호젓한 숲속 공터로 가서 그녀를 나무 앞에 세워놓고 멀리서 다가오면서 '숲의 요정'이라고 외치더니 미친 듯이 입을 맞추었다고 한다. 그리고 영원히 사랑한다고 털어놓았다. 그러고 나서 얼마 뒤 히틀러는 현실로 돌아갔다. 정치로, 집회로, 연설로, 뮌헨의 정신없는 생활로 돌아갔다. 크리스마스 선물로 히틀러는 《나의 투쟁》 가죽 장정본을 주었고 미미는 직접 수놓은 소파 쿠션 두 개를 선물했다. 그것만으로는 모자랐다. 미미는 결혼을 꿈꾸었다. 하지만 히틀러는 추호도 그럴 생각이 없었다. 미미의 말로는 그 이듬해 절망한 나머지 목을 매 자살하려고 했지만 사촌오빠한테 들키는 바람에 미수로 그쳤다고 한다. 그리고 1931년에는 뮌헨에 있는 히틀러 집으로 여러 번 놀러가서 자고 오기도 했는데 히틀러는 그녀를 잠시도 놓아주지 않았고 그녀는 기꺼이 히틀러가 무엇이든 하고 싶은 대로 하도록 두었다고 말했다. 그러나 바로 그 무렵 히틀러는 겔리 라우발이라는 여자한테 온통 마음을 주고 있었다. 겔리가 히틀러의 집에서 살던 1931년 초에 미미가 놀러갔는지 아니면 겔리가 시제로 발견되어 뮌헨이 떠들썩했던 1931년 밑에 갔는지는 몰라도 히틀러가 미미하고 자기 집에서 같이 잠을 잤다는 주장은 여간해서는 믿기가 어렵다. 이것 하나만 놓고 보더라도 미미가 나중에 한 이야기는 실연을 한 여자의 공상이 덧붙여진 기억이 대부분이라는 것을 알 수 있다. 미미는 결혼을 세 번이나 하면서도 히틀러에 대한 짝사랑을 버리지 못하고 레온딩에 있는 히틀러 어머니의 무덤을 자주 찾아갔다.[172]

연서도 여러 통 보냈다. 히틀러도 애정이 담긴 편지(그것은 정말 히틀러가 쓴 편지로 밝혀졌다)를 보냈지만 아버지처럼 따뜻이 품어주는 그런 내용의 편지였다. 1927년 2월 8일 '우리 아가에게'로 시작되는 답장은 아마도 쿠션으로 짐작되는 선물을 보내준 데 뒤늦게 고마움을 나타낸다.

> 미미의 따뜻한 우정이 담긴 선물을 받으니 정말 기쁘다. 우리 집에서 가장 마음에 드는 물건이야. 그걸 볼 때마다 미미의 발그레한 볼과 눈동자가 떠오르는구나. …… 미미가 말한 고민, 나도 많이 공감한다. 하지만 그렇다고 해서 축 처지지 말고 내 말 똑똑히 들어요. 자식이 머리가 굵어지면 생각도 예전 같지가 않고 아버지는 자식을 이해하지 못할 때도 있지만 아버지는 항상 자식 잘 되기만을 바란다는 걸 잊어서는 안 돼. 미미가 보내주는 사랑 때문에 나도 행복하지만 미미도 아버지 하시는 말씀을 새겨들어요. 늘 우리 복덩어리 생각만 하는 볼프 아저씨가 따뜻한 안부를 전한다.[173]

미미는 독일의 위대한 지도자가 1926년 늦여름 자기를 사랑하게 되었다고 믿었다. 히틀러에게 미미는 연인으로 삼고는 싶지만 어디까지나 아이였고 한때 마음을 주었던 아가씨일 뿐이었다.

오버잘츠베르크에서 《나의 투쟁》 2권 종반부를 구술하는 동안 히틀러는 동유럽에서 영토를 확보하는 내용을 중심으로 외교 정책을 더욱 가다듬었다. 1920년 중반에 히틀러는 연설과 글에서 그런 생각을 줄기차게 밝힌다. 그렇지만 히틀러는 청중에 맞추어 연설 내용을 바꾸기도 했다. 몇 달 전에 한 중요한 연설만 하더라도 그랬다. 1926년 2월 28일 히틀러는 후원금을 얻고 당의 든든한 후원 세력을 확보한다는 기대를 품고 함부르크의 유서 깊은 민족주의 모임의 초청을 받아들여 아틀란틱 호텔에서 연설을 했다. 청중은 여느 때와 달랐다. 아무나 들어갈 수 없는 그 모임의 회원은 400명에서 450명 정도였는데 하나같이 함부르크에서 내로라하는 상층 부르주아인 고위 장성, 고급 관리, 변호사, 기업가가 대부분이었다.[174] 히틀러의 말투도 뮌헨의 맥주홀에서와는 달라졌다. 두 시간 동안 연설을 하면서 유대인은 단 한 번도 거론하지 않았다. 크로네 서커스장의 군중을 흥분으로 몰아넣었던 거친 반유대주의 주장을 해봐야 도리어 역효과만 날 것임을 히틀러는 너무나 잘 알았다.

히틀러는 독일이 회생하려면 마르크스주의를 뿌리 뽑아야 한다고만 강조했다. 히틀러가 말한 마르크스주의는 1924년 12월 총선에서 득표율이 9퍼센트에 그쳤고 1923년보다도 당원 수가 크게 줄어든 독일공산당만을 의미하는 게 아니었다.[175] 10년 전 혁명을 통해 집권했고 뒤이어 벌어진 내전에서 온갖 악행을 저지른 것으로 우익 언론에 크게 보도된 소련 공산주의에도 해당하는 말이었다. 그뿐이 아니었다. 자기가 대변하는 다양한 민족주의 진영을 제외한 온갖 부류의 사회주의도 모두 마르크스주의로 묶었다. 특히 사회민주당과 노동조합을 공격하는 데 그 말을 썼다. 그런데 당시에도 독일에서 제1당이었던 사회민주당은 마르크스의 이론에 뿌리를 두고는 있었지만 일부 사회민주당원의 반발을 살 만큼 실제로는 너무나 멀어졌고 1918년 이후로 자유민주주의 체제를 세우는 데 한몫했고 또 그것을 지지하고 있었다. 그러니까 적어도 사회민주당 진영에서는 마르크스의 위협을 걱정할 필요가 없었다. 하지만 히틀러는 혁명을 일으키고 공화정을 세운 사람들을 '11월의 범죄자들'로 오래 전부터 낙인을 찍어 비난했다. 따라서 마르크스주의는 바이마르 민주주의를 헐뜯는 편리한 호칭이기도 했다. 마르크스주의는 다용도로 쓰였던 것이다. 마르크스주의라면 치를 떨었던 함부르크의 부유한 청중에게는 히틀러가 좌파를 공격하는 소리가 달콤한 음악처럼 들렸다.

히틀러는 간단한 도식으로 정리했다. 마르크스주의를 뿌리 뽑지 않을 경우 독일은 다시 일어서지 못할 것이다. 국가사회주의 운동은 오로지 "마르크스주의를 괴멸하고 절멸시키는 것"이 목표다.[176] 데리에는 데리로 맞서야 한다. 부르주아는 볼셰비즘의 위협을 분쇄할 힘이 없다. 마르크스주의자들 못지않게 무자비한 대중 운동을 벌여야 한다. 대중을 사로잡으려면 두 가지 전제가 필요하다. 첫째는 대중의 사회적 관심사를 헤아려야 한다. 가면을 쓴 마르스크주의가 아니냐는 의심을 할까 봐 히틀러는 서둘러 청중을 이렇게 안심시켰다. 사회 법안은 "독립된 경제를 보장하는 틀 안에서 개인의 복지를 끌어올려야 한다." 그러면서 "우리는 모두 노동자"라고 히틀러는 덧붙였다. "목표는 임금 인상이 아니라 생산을 늘리는 것이다. 그것이 개개인에게도 득이 된다." 청중이 그런 말에 동의하지 않을 리 없었다. 또 하나의 전제는 대중에게 "불변의 프로그램과 흔들리지 않는 정치적 신념"을 제시해야 한다는 것이었다. 부르주아 정당의 흔해빠진 강령, 공약, 철학으로는 대중을 사로잡을 수 없다. 여기서 히틀러가 대중을 얼마나 경멸하는지가 드러났다. "일반 대중은 여자처럼 하나만 알고 둘은 모른다. 이것이 아니면 저것이라고만 생각한다." 대중은 오직 하나의 생각만 받들기를 원하며 필요한 수단이 모두 갖춰졌을 때는 "완력을 사용하는 것도 마다하지 않는다."면서 히틀러는 이번에는 남성적 비유를 동원한다.[177] 대중은 자신의 힘을 실감하고 싶은 것이다.[178] 가령 베를린에 운집한 20만 명의 군중 속에서 개인은 자신을 '작은 벌레' 이상으로는 못 느끼며 이상을 위해 투쟁할 각오가 되어 있는 사람들밖에 눈에 안 보이기 때문에 집단 분위기에 휩쓸리기 마련이다.[179] "일반 대중은 맹목적이고 아둔하며 무슨 일을 하는지도 모르고 움직인다."라고 히틀러는 주장했다.[180] 대중은 "원초적으로 사고한다." '이해'는 군중에게는 "단단한 발판이 못 된다." "단단한 발판은 감정이요 증오다."[181] 독일의 문제를 해결하는 방법으로 불관용, 무력, 증오를 히틀러가 설교하면 할수록 청중의 호응도 높아졌다. 이런 말을 하는 동안 자꾸만 박수와 환호가 터져 나와서 히틀러의 연설도 수시로 끊겼다. 마지막에는 모두 일어나서 오랫동안 박수를 쳤고 만세를 외쳤다.[182]

　　냉정한 조작과 군중 세뇌, 폭력도 마다하지 않는 반마르크스주의 노선으로 민족을 부활시킨다, 이것이 바로 히틀러가 함부르크의 상층 부

1926년 7월 3, 4일 바이마르에서 열린 전당대회. 히틀러가 연한 색 레인코트를 입고 차 안에 서서 돌격대의 사열을 받고 있다. 돌격대가 든 깃발에는 '마르크스주의에 죽음을'이라는 구호가 적혀 있다. 히틀러 바로 오른쪽 아래가 빌헬름 프리크, 그 바로 밑에 카메라 쪽으로 얼굴을 돌린 사람이 율리우스 슈트라이허다.

르주아에게 던진 메시지였다. 민족주의와 반마르크스주의를 표방한 세력은 나치 말고도 많았다. 그리고 민족주의와 반마르크스주의는 사실 이념이라고 보기도 어려웠다. 히틀러가 함부르크 청중에게 깊은 인상을 주었다면 그것은 어떤 이념이 아니라 집요한 의지, 인정사정 두지 않는 무자비함, 군중을 동원한 민족주의 운동의 파괴력이었다. 청중의 뜨거운 반응으로 보았을 때 '마르크스주의자'에 대한 선별적 테러는 독일에서 가장 자유주의적이라는 도시의 엘리트 집단으로부터 이렇다 할 저항을 받지 않으리라고 미루어 짐작할 수 있었다.

그러나 일단 자기 진영으로 돌아오자 달라진 것은 하나도 없었다. 함부르크에서 연설을 했을 때와는 말투가 판이하게 달랐다. 당원들끼리한 회의에서도 그렇고 1927년 초부터 연설 금지 조치가 풀리면서 뮌헨의 맥주홀과 크로네 서커스장에서 다시 한 연설에서도 예전처럼 노골적으로 유대인을 심하게 공격했다. 입만 열었다 하면 유대인을 냉혹하게 비난했다. 유대인은 한편으로는 금융 자본의 막후 실세였고 또 한편으로는 불온한 마르크스주의 사상을 사람들에게 주입하는 세력이라는 논리였다.[183] 그렇지만 유대인에 대한 노골적 공격은 빈도에서나 범위에서 1925년과 1926년보다는 조금은 수그러든 감이 있었다. 반유대주의는 이제 자동적으로 되풀이되는 의식이 되었다. 강조점은 반마르크스주의로 옮겨졌다.[184] 하지만 생각을 표현하는 방식만 조금 달라졌을 뿐이지 의미는 그대로였다. 유대인에 대한 병적 증오심은 변함이 없었다. 1927년 2월 〈민족의 감시자〉에 기고한 글에서 히틀러는 "유대인은 엄연히 인류의 공적이며 유대인이 무기로 삼는 마르크스주의는 인류를 위협하는 전염병"이라고 거듭 주장했다.[185]

1926년과 1928년 사이에 '[생존] 공간 문제'와 '영토 정책'은 점점 히틀러의 머리를 지배했다.[186] 소련을 제물로 삼아서 동방 영토 확장 정책을 밀어붙여야 한다는 생각을 벌써 1922년부터 했지만 공식적인 자리에서는 1926년 말에 가서야 연설에서든 글에서든 언급하기 시작했다. 1925년 12월 16일에는 독일의 경제 문제를 해결하는 최선의 방안은 영토 획득이며 중세에도 '칼'로 동유럽을 식민지로 삼은 적이 있음을 넌지시 내비쳤다.[187] 1926년 2월에도 밤베르크에서 한 연설에서 동유럽에서 식민지 정책을 추구할 필요가 있다고 역설했다.[188] 같은 해 7월 4일에 바이마르에서 열린 전당대회에서도 이것을 연설의 핵심 주제로 삼았다.[189] 동유럽을 식민지로 삼는 문제로 끝나는 《나의 투쟁》의 마무리 작업과 완성도 히틀러의 관심이 그쪽에 집중하는 데 일조했을 것이다.[190] 1927년 봄부터 대중 앞에서 다시 연설을 할 수 있게 되면서 생존 공간의 문제를 언급하는 빈도가 부쩍 늘어났고 이 문제는 여름부터는 비중 있는 연설에서는 빠지지 않고 꼬박꼬박 거론되었다. 연설만 했다 하면 똑같은 말이 들어갔고 1928년 여름에 구술한 《두 번째 책》도 그런 내용으로 채워졌다. 그밖의 경제 문제는 정부를 비난하기 위해서만 거론했다. 독일 인구에 비해 공간이 모자란 문제는 오직 힘을 얻어야만 극복할 수 있었다. 히틀러는 중세의 '동방 식민화'를 예찬했다. 유일한 활로는 '칼을 통한' 정복이었다. 소련이라고 노골적으로 못 박은 경우는 드물었지만 누구나 들으면 알아차릴 수 있었다.

역사를 인종주의로 해석하는 사회다윈주의가 히틀러의 주장을 정당화하는 데 쓰였다. "정치는 한 민족의 생존 투쟁 그 이상도 그 이하도 아니다." "약자는 무너지고 강자는 살아남는다, 이것이야말로 철칙이다."[191] 히틀러는 이렇게 외쳤다. 한 민족의 운명을 결정짓는 세 가지 가치가 있다. 그것은 한 핏줄임을 의식하는 '종족 의식', '개성 의식', '투쟁 의식' 내지는 '자기 보존 욕구'였다. '아리아인'이 지닌 이런 가치가 '유대 마르크스주의'가 내세우는 민주주의, 평화주의, 국제주의라는 세 가지 '악덕'에 위협당하고 있다고 히틀러는 주장했다.

개성과 지도력이라는 주제는 1923년 이전까지는 통 거론되지 않았지만 1920년대 중반 이후로는 히틀러의 말과 글에서 핵심 가닥으로 자리 잡았다. 민족은 피라미드를 이루며 그 꼭대기에는 '위대한 천재'가 있다고 히틀러는 역설했다.[192] 지도자가 없는 동안 민족 운동이 방향 감각을 잃어버렸으므로 단합의 구심점으로서 지도자를 강조하는 것은 어떻게 보면 당연한 일이었다. 1925년 2월 27일의 재창당 연설에서 "다른 길로 나아가는 사람들을 다시 불러 모으는 것"이 지도자로서 자기의 책무라고 말했다.[193] 지도자가 하는 일은 결국 모자이크를 짜맞추는 것이다.[194] 지도자는 '이념'의 '구심점'이며 '수호자'다.[195] 따라서 지도자에게 무조건 복종하고 충성을 바쳐야 한다고 히틀러는 거듭 강조했다.[196] 이렇게 해서 지도자 숭배는 운동을 통합하는 장치로 확고히 자리를 잡았다. 1926년 중반이면 히틀러의 입지는 완전히 굳었다. 히틀러는 독일의 투쟁과 부활에 '인격의 가치'와 '개인의 위대성'이 얼마나 중요한지 틈만 나면 역설했다. 그렇지만 자기를 그런 영웅으로 언급하는 일은 삼갔다. 굳이 그럴 필요가 없었다. 가만히 있어도 히틀러 숭배로 회심하는 사람이 나날이 늘어났고 주도면밀한 선전도 착착 이루어지고 있었다. 히틀러에게 지도자 신화는 선전의 무기이자 신념을 낳는 핵심 교리였다. 비스마르크, 프리드리히 대제, 루터 이야기를 반복해서 들려주고 거기다가 무솔리니까지 넌지시 곁들이는 것으로 히틀러 자신의 '위대함'을 은연중에 분명하게 드러낼 수 있었다. 이를테면 그 무렵에 한 연설에서 (이름을 거명하지는 않았지만) 비스마르크에 대해서 이런 식으로 말했다. "국민 관념을 사람들에게 심어줄 필요가 있었습니다." "거인이 그 임무를 맡아야 했습니다." 쏟아지는 박수갈채는 청중이 히틀러를 비스마르크로 이해했다는 사실을 말해주었다.[197]

괴벨스는 히틀러의 '사회 문제' 해설을 들으면서 여러 번 전율을 느꼈다. 괴벨스는 히틀러의 이념이 "항상 참신하고 주목하지 않을 수 없다"고 묘사했다.[198] 실제로 히틀러의 '사회 이념'은 단순하고 산만했고 작위적이었다. 함부르크에서 부르주아 청중에게 한 말에서 크게 벗어나지 않았다. 그러니까 노동자에게 민족주의를 설파하고, 마르크스주의를 괴멸하고, 종족적 순수성과 투쟁 개념을 바탕으로 '민족 공동체'를 만들어서 민족주의와 사회주의의 분열을 넘어서자는 것이었다. 민족주의와 사회주의가 손을 잡으면 민족주의를 추구하는 부르주아 계급과 마르크스주의적인 프롤레타리아 계급(둘 다 자신들의 정치적 목표를 이루지 못했다)의 적대감을 없앨 수 있다. 적대감이 사라지고 그 대신 민족주의와 사회주의가 조화를 이룬 '투쟁의 공동체'가 만들어질 것이고 거기서는 '머리'와 '주먹'이 화해를 하고 마르크스주의의 영향에서 벗어나 민족의 미래를 만들어 나가기 위한 새로운 투쟁 정신이 싹틀 것이다. 이런 생각은 참신하지도 않았고 독창적이지도 않았다. 결국은 사회주의의 현대적 형식을 받아들인 것이 아니라 19세기를 풍미한 가장 거칠고 야만적인 제국주의와 사회다윈주의 사상에 기댄 것일 뿐이었다.[199] '민족 공동체'에서 그렇게 많이 이야기하는 사회 복지는 그 자체에 뜻이 있는 것이 아니라 다른 나라들과의 투쟁에 대비하기 위해서였다.

히틀러는 일상의 문제에는 관심이 없다고 거듭 밝혔다. 그가 줄기차게 내놓은 것은 사명감을 가지고 전력을 다해 추구해야 할 늘 똑같은 장기적 목표였다. 정치 투쟁을 통해서 궁극적으로 권력을 장악하고 적을 파괴하고 국력을 쌓는 것이 그런 목표를 이루기 위한 초석이었다. 그렇지만 어떻게 그 목표를 이룰 것인지는 밝히지 않았다. 히틀러도 구체적 복안이 없었다. 소신 있는 정치인 특유의 해낼 수 있다는 광신적 확신이 있을 뿐이었다. 중요한 것은 구체적 명확함이 아니었다. 정복을 통해서 생존 공간을 획득한다는 것은 결국 먼 훗날 언젠가는 소련으로 쳐들어간다는 소리였다. 그렇지만 그 이상은 내용이 없었다. 이 목표에 대한 히틀러 자신의 확고한 믿음은 의심할 나위가 없다. 하지만 1922년에 맺은 라팔로 조약으로 소련과 독일이 외교 관계를 다시 정상화하고 1925년 로카르노 조약으로 서유럽 열강과의 관계를 호전시킨 데 이어 국제 연맹에까지 가입한 1920년대 중반의 상황에서 생존 공간 확보 주장은 히틀러의 추종자들한테도 백일몽이나 한낱 구호에 불과한 것으로 보일 수밖에 없었을 것이다.

'유대인 문제'에서도 장광설에다 온갖 독설을 다 쏟아 부었지만 구체적 정책은 없었다. '유대인 제거'는 가만히 생각해보면 "유대인 무리를 …… 쇠빗자루로 …… 우리의 조국에서 쓸어"버리자고 말한 데서도 드러나듯이 결국 유대인을 독일 밖으로 추방하겠다는 말이었다.[200] 하지만 이런 목표도 뚜렷하지가 않았다. 나치당 강령 제정 8주년을 맞아 1928년 2월 24일 뮌헨의 호프브로이하우스에서 열린 집회에서 히틀러는 "유대인에게 이 땅의 주인이 누구인지 똑똑히 보여주겠다"면서 "얌전하게 굴면 안 건드렸지만 안 그러면 그땐 끝장"이라고 기염을 토하여 뜨거운 박수를 받았다.[201]

'유대인 문제', '생존 공간 문제', '사회 문제'에서 히틀러가 제안한 것은 먼 훗날에나 이루어질 유토피아였지 그리로 가는 길을 알려준 것은 아니었다. 하지만 내적 일관성, 단순함, 비전의 스케일에서 어떤 나치 지도자도, 어떤 민족 진영 정치인도 히틀러를 따라오지 못했다. 이데올로그와 선동가의 자질을 두루 갖춘 히틀러는 '사명'과 '신념'과 '이념'으로 소신을 줄기차게 밝히면서도 그것을 '흑백'의 단순 명쾌한 논리로 환원해 사람들을 단숨에 빨아들이는 재주가 있었다.

히틀러의 치명적인 세계관을 이루는 굵은 가닥들의 연관성은 1928년 여름 오버잘츠베르크에서 지내는 동안 막스 아만에게 서둘러 받아적게 한 《두 번째 책》(외교 정책에 대한 새로운 견해를 담고 있었으나, 결국 간행되지 않았다)에 가장 잘 나타나 있다.[202] 당시 남부 티롤 문제를 두고 논란이 벌어졌으므로 히틀러는 빨리 그 책을 내야 한다고 생각했다. 무솔리니가 독일어 인구가 많은 티롤 지방을 이탈리아화하는 정책을 밀어붙여 오스트리아와 독일의 민족주의 진영에 반이탈리아 감정이 불붙고 있었다. 바이에른은 특히 심했다. 히틀러는 이탈리아와 동맹에서 얻는 이익을 위해서라면 남부 티롤에 대한 영유권을 포기할 의사가 있었으므로 독일 민족주의자들의 반발을 샀고 사회주의자들은 히틀러가 무솔리니한테서 뇌물을 받았다고 비난했다.[203] 히틀러는 《나의 투쟁》에서도 남부 티롤 문제를 다루었는데 1926년 2월에는 《나의 투쟁》 하권에 실릴 관련 내용을 아예 따로 소책자로 펴낸 적도 있었다.[204] 1928년 그 문제가 불거지면서 히틀러는 입장을 상세히 밝혀야 했다.[205] 히틀러가 《두 번째 책》을 내려다가 그만둔 것은 재정 부담을 많이 고려했을 것이다. 그렇지 않아도 《나의 투쟁》 하권의 판매가 저조한데 새로 책을 내면 《나의 투쟁》이 더욱 안 팔릴 것이라고 아만이 충고한 것이다.[206] 그렇지만 그것 말고도, 남부 티롤 문제가 한 고비를 넘긴 데다가 새롭게 영 안이 논란을 불러일으키면서 히틀러는 원고를 다시 손볼 시간이나 열의가 없었다. 뿐만 아니라 공연히 민감한 문제를 건드려서 책으로 냈다가 나중에 정치적 부담을 안게 될지도 모른다는 생각도 했을 것이다.[207]

남부 티롤 문제를 계기로 쓰기는 했지만 《두 번째 책》은 《나의 투쟁》보다 훨씬 광범위한 주제를 다루었다. 외교 정책은 물론이거니와 종족의 시각에서 역사를 바라보고 이것을 '영토 문제'와 연결하는 특유의 시각이 있었고 말미에 가서는 '유대인 지배'의 위협을 분쇄해야 한다는 내용도 있었다.[208] 하지만 새로운 내용은 없었다.[209] 앞서 말한 대로 히틀러의 세계관은 1922년 말에는 이미 맹아를 드러냈고 1926년 《나의 투쟁》 하권을 마무리 지을 무렵에는 완성되어 있었다. 남부 티롤 문제도 그렇고 경제 강국으로 부상하던 미국에 대한 관심도 그렇고 《두 번째 책》에 담긴 내용은 히틀러가 1927년부터 연설과 글을 통해 계속 제시해온 것이었다. 연설에서 말한 내용과 《두 번째 책》에 적힌 내용이 거의 일치하는 경우도 적지 않았다.

《두 번째 책》을 구술하기 한참 전부터 히틀러는 이데올로그로서 틀이 잡혀 있었다.[210] 역사는 종족 투쟁으로 보는 것이 옳다는 신념과 독일은 앞으로 생존 공간을 확보하면서 아울러 유대 세력을 뿌리 뽑아야 할 사명이 있다는 신념은 히틀러를 움직인 중요한 원동력이었다. 그렇지만 국가사회주의 지지자가 늘어난 원인을 이런 데서만 찾는다면 그것은 과장일 수 있다. 나치당이 대중 정당으로 성장한 것은 히틀러의 개인화된 '세계관'이 지닌 마력과는 직접적 관련이 없다. 거기에는 더 복잡한 사연이 있다.

'지도자의 뜻을 따라'

1927년 1월 말 작센 주가 독일에서는 처음으로 히틀러의 입에서 재갈을 풀어주었다. 3월 5일에는 바이에른 정부도 히틀러가 다시 연설을 할 수 있게 해 달라는 압력에 굴복했다. 그렇지만 첫 번째 공식 연설은 뮌헨에서 할 수 없다는 단서를 달았다.[211] 그래서 히틀러는 3월 6일 2년 만에 처음 바이에른에서 하는 연설을 뮌헨에서 한참 떨어진 니더바이에른의 필스비부르크라는 벽지에서 했다. 강연장을 3분의 2쯤 채운 청중은 천 명이 넘었지만 상당수가 행사가 성황리에 끝나도록 외부에서 동원된 나치당원과 돌격대 대원이었다.[212]

그렇지만 사흘 뒤에는 뮌헨에서 연단에 설 수 있었다. 1923년 이후 처음으로 크로네 서커스장에 섰다. 극적인 성공을 위해서 만반의 준비를 갖추었다. 팡파레가 울려퍼지는 가운데 돌격대원을 앞세우고 수행원을 거느리고 히틀러가 연단에 섰을 때 7천 명을 수용할 수 있는 서커스장은 이미 청중으로 꽉 차 있었다. 대부분의 청중은 서민이었지만 모피외투를 두른 상류층도 사이사이 눈에 띄었다. 청년이 많았고 그중 상당수는 모자가 달린 방한복 차림이었다. 히틀러가 입장하자 청중들은 의자와 벤치 위로 올라가서 만세를 외치면서 발을 쿵쿵 굴렀다. 촘촘히 늘어선 200명의 돌격대원이 깃발을 들고 히틀러 앞으로 지나가면서 파시즘식 경례를 했다. 히틀러도 손을 쭉 뻗어 화답했다. 사람들은 평소처럼 열광했다. 히틀러의 연설은 새로운 내용이 없었지만 한마디 한마디가 청중에게는 '복음'이었다. 경찰 정보원은 박한 점수를 주었다. 조잡한 비유와 천박한 암시가 부지기수고 같은 말을 반복하고 길게 늘어지고 표현도 따분하고 논리도 엉성하다는 것이었다. 배우처럼 과장된 히틀러의 몸짓도 마음에 들지 않았다. 1923년에도 이런 식으로 연설을 했다면 어떻게 사람을 그렇게 과대평가할 수 있는지 이해가 안 간다고 썼다. 그가 보기에 사람들이 박수를 친 것은 히틀러의 말 때문이 아니라 히틀러라는 사람 자체를 향한 환호였다.[213]

히틀러의 연설이 따분할 수밖에 없었던 것은 지나치리만큼 몸을 사린 탓도 있었다. 혹시라도 당국과 마찰을 빚을 수 있는 말은 한마디도 하지 않으려고 히틀러는 노력했다. 〈민족의 감시자〉에 실린 연설 기사는 이례적으로 짧았다.[214] 연설을 받아 적은 속기사가 원고를 잃어버렸기 때문이었다.[215]

그 달 말 크로네 서커스장에서 또 한 번 집회를 가졌지만 청중이 절반에서 4분의 3밖에 차지 않았다.[216] 1주일 뒤인 4월 6일에는 7,500명은 족히 들어갈 만한 강당을 5분의 1밖에 채우지 못했다.[217] 뮌헨에서도 히틀러의 마력은 더 통하지 않았다. 뮌헨 밖으로 나가면 사람들은 히틀러가 복귀했는지도 몰랐다. "한때 나치당의 아성이었던 잉골슈타트에서는 히틀러를 지지했던 사람들조차 대부분 히틀러가 다시 연설 활동을 재개했다는 사실을 모르고 있었다."고 신문에 보도되었다.[218] 바이에른의 여타 지역에서도 선전은 열심히 했지만 나치당에 대한 관심은 시들한 것으로 알려졌다. 당 집회의 출석률도 저조했다. 1928년 1월 뮌헨 경찰 보고서에 따르면 "히틀러가 거듭 주장하는 국가사회주의 운동의 약진은 특히 바이에른에서는 사실이 아니다. 농촌에서도 그렇고 뮌헨에서도 그렇고 운동에 대한 관심이 뚝 떨어졌다. 1926년에는 지구당 집회에 보통 3, 4백 명이 왔는데 지금은 많아야 60~80명이다."[219] 1927년 8월 뉘른베르크에서 처음으로 열린 전당대회도 그렇게 떠들썩하게 선전을 했는데도 관심도와 지지도가 기대에 훨씬 못 미쳤다.[220]

독일의 나머지 주들도 작센과 바이에른을 따라서 히틀러의 재갈을 풀어주었다. 가장 덩치가 큰 프로이센 주와 안할트 주만 1928년 가을까지 금지 조치를 풀지 않았다.[221] 다들 나치의 위협이 사라졌다고 판단했고 그런 판단은 정확해 보였다. 히틀러는 더는 위협으로 다가오지 않았다.

1927년 8월 21일 뉘른베르크에서 열린 전당대회. (왼쪽부터) 율리우스 슈트라이허, 게오르크 할러만, 프란츠 폰 페퍼, 루돌프 헤스, 아돌프 히틀러, 울리히 그라프.

독일에서 민주주의가 드디어 안정기로 접어드는 조짐이 보이면서 1920년대 중반이 되면 나치당은 겉으로는 앞으로 나아가지 못하는 것처럼 보였지만 안으로는 중요한 발전이 있었다. 1929년 가을 독일을 강타하는 새로운 경제 위기를 나치당이 어느 누구보다도 잘 이용할 수 있었던 것은 결국 이런 변화 덕분이었다.

나치당은 이념과 조직에서 모두 히틀러 숭배에 초점을 맞추는 '지도자 운동'을 의식적으로 표방하고 나섰다. 되돌아보면, 1924년 지도자 없이 민족 운동 진영이 내분을 겪던 시기에 히틀러가 사실은 심약해서 그랬던 것이지만 어느 한쪽 편을 들지 않고 끝까지 중립을 지킨 것이 크게 도움이 되었다. 앞서 보았지만 밤베르크에서 당 강령을 바꾸려던 사람들이 패배한 것은 '이념'의 대변자는 히틀러 한 사람으로 족하다고 보았던 충성파들의 승리를 뜻했다. 이들에게 히틀러를 떠난 강령은 아무런 의미가 없었다. 그리고 1924년에 여실히 드러난 것처럼 히틀러 없이는 단합도 없었고 운동도 불가능했다.

히틀러와 비판적 거리를 유지했던 그레고어 슈트라서 같은 사람도 이런 점 때문에 당을 결속하려면 지도자 숭배가 불가피하다는 논리를 받아들였다. 지도자 개인에게 쏟는 단결의 의사 표시는 팔을 쭉 뻗고 "하일 히틀러", 곧 히틀러 만세라고 외치는 독일식 인사법이었다. 이 파시즘식 인사법은 1923년부터 차츰 쓰이기 시작하더니 1926년부터는 보편화되었다.[222] 슈트라서는 1927년 1월 "하일 히틀러"는 지도자에게 개인적으로 의지하는 마음을 상징할 뿐 아니라, 그 자체가 충성의 맹세라고 썼다. "해방과 명예 회복의 원칙 아래 찬란한 승리의 날이 오리라 확신하면서 국가사회주의 운동에 바치는 내면적 헌신"과 "새로운 자유의 투사들을 이끄는 눈부신 선봉장의 역할을 하는 지도자에게 바치는 깊은 개인적 사랑"을 하나로 묶었다는 점이 바로 국가사회주의 운동의 마력이었다. "주군과 가신!" 슈트라서는 주장했다.

지도자와 동지들의 끈끈한 유대야말로 귀족적이면서도 민주적인 독일의 유서 깊은 전통인데 그것은 바로 나치당 구조의 본질이기도 하다. …… 벗들이여, 오른팔을 높이 들어 나와 함께 자랑스럽게 외치자, 혼신을 다해 싸우겠다고, 죽을 때까지 충성을 바치겠다고. "하일, 히틀러!"[223]

오래 전부터 히틀러에게 순종하고 아첨해 온 '히틀러 신도' 루돌프 헤스에게 지도자 숭배는 단순히 운동에 도움을 주는 기능적 가치가 아니라 깊은 믿음의 문제, 아니 정신적으로 꼭 필요한 요소였다.[224] 나중에 외무부에서 리벤트로프의 오른팔 노릇을 하는 발터 헤벨에게 보낸 편지에서 헤스는 히틀러가 란츠베르크에서 이미 강조한 "아래로는 무조건적 권위, 위로는 무조건적 책임"이라는 '지도자의 원칙'을 상기시켰다. 그리고 그것을 '게르만 민주주의'라고 불렀다.[225] 그러면서 원칙 아래 하나로 뭉치는 강한 이미지를 주어야 한다고 역설하면서[226] '위대한 민중 지도자'를 '위대한 종교 창시자'에 빗댔다. 그런 지도자가 할 일은 학자처럼 장점과 단점을 저울질하고 다른 판단을 내릴 수 있는 자유를 허용하는 것이 아니었다.

그는 사람들에게 자명한 진리를 전달해야 합니다. 그래야만 마땅히 가야만 하는 길로 이끌 수 있습니다. 그러면 설사 난관에 부딪친다 하더라도 사람들은 지도자를 따를 것입니다. 지도자의 사명과 민족의 사명은 이것이며 …… 그것이 절대적으로 옳다는 확신을 먼저 심어주어야 하는 것입니다.[227]

히틀러 숭배는 당 지도부가 의도적으로 조성했다. 1926년에 낸 책자에서, 이미 앞에서 본 대로 그 무렵에는 히틀러한테 푹 빠져 있던 괴벨스는 독일 낭만주의와 나치가 등장하기 전의 청년 운동 이념을 연상시키는 신비주의에 경도된 언어로 자신의 지도자를 "회의와 절망의 세계에서 깨달음과 믿음의 기적"을 낳으면서 "우리 앞에 나타난 찬란한 유성"으로, 절망의 나락에서 신념을 안겨주고 "신비한 갈망을 채워준" 인물로 그렸다.[228] 비록 선전에 불과했다 하더라도 이런 정서는 지위 고하를 막론하고 당원들의 심금을 울렸다. 한 퇴역 군인은 1924년 히틀러가 재판정에서 하는 말을 듣고서 지도자를 숭배하게 되었다고 밝혔다. "그때부터 나는 히틀러 말고는 아무도 눈에 들어오지 않았다. 히틀러의 행동에 감명을 받아서 어떤 대가도 없이 전폭적 신뢰를 보내게 되었다."[229] 한 당원은 히틀러가 1926년 본에서 하는 연설을 듣고 이런 느낌을 받았다. 그는 "모든 선량한 독일인을 울컥하게 만들었다. 히틀러의 입을 통해서 독일의 혼이 독일인의 기백에게 말을 걸었다. 그날부터 나는 히틀러를 단 한순간도 의심하지 않았다. 민족에 대한 무한한 신뢰와 민족을 해방시키려는 열정을 읽을 수 있었다."[230] 러시아에서 온 한 망명 귀족은 1926년 메클렌부르크에서 처음 히틀러의 연설을 들었다. 연설 내용은 딱히 기억에 남지 않았다. 하지만 연설이 끝나 갈 무렵 그는 감정이 북받쳐서 눈물을 흘렸다. "지순한 열정에서 나오는 해방의 포효가 참을 수 없는 긴장을 폭발시키는 가운데 강당은 박수갈채로 떠나갈 듯했다."[231]

초기 나치 운동에 공감한 사람 중에는 권위와 투쟁 정신을 갈구하는 사람이 많았다. 현실에 절망과 환멸을 느끼고 과거의 빛나는 신화에 집착하면서 영웅이 나타나기를 꿈꾸는 낭만주의자와 신보수주의자는 민족의 명예를 회복해줄 '위대한 지도자'의 출현에 모든 희망을 걸었다.

그런 사람들이 잠재의식 속에서 바란 것이 왕인지, 군사 지도자인지, 정치인인지, 신부인지, 아니면 그저 아버지 같은 사람이었는지는 모르지만, 그들의 소박한 바람은 '권위'였고 국민의 단합이었다. 바이마르 공화국의 정치와 사회에 팽배한 분열상은 그런 소망을 더욱 절실하게 만들었고 우익 민족 세력이 그런 기대감을 이용하는 것은 식은 죽 먹기였다. 1차 세계대전과 2차 세계대전 사이의 유럽에서는 민주주의에 대한 적개심이 커지면서 '강한 지도자'를 희구하는 마음도 커졌다. 다원주의 정치가 가장 큰 위기에 봉착한 독일과 이탈리아에서 강한 지도자를 열망하는 목소리가 가장 거셌던 것도 그리 놀랄 일은 아니었다.

지도자 숭배의 확립은 나치 운동이 발전하는 데 결정적 역할을 했다. 1924년에 적나라하게 드러났지만 히틀러 숭배가 없었더라면 당은 분파주의로 갈라졌을 것이다. 개인 숭배가 있었기 때문에 히틀러를 중심으로 뭉치면서 갈등을 그런 대로 봉합할 수 있었다. 당 지도부 안에서는 감정보다는 단합이 우선이라는 생각이 지배적이었다. 히틀러에 대한 비판이 일고 루덴도르프가 하노버 지구당에서 불거진 논쟁에서 '더 위대한 지도자'로 떠오를 무렵 하노버 지역의 부관구장이었으며 당의 중요한 대변인 노릇을 하던 카를 딩클라게는 이렇게 썼다. "하노버 관구는 변함없이 히틀러에게 충성한다. 루덴도르프, 히틀러 두 사람 중에서 누가 더 위대하다고 생각하는지는 중요하지 않다. 그것은 각자가 판단할 일이다."[232] 그해 6월 베를린 지구당에서 심각한 내분이 빚어졌을 때도 충성 카드는 다시 한 번 효력을 발휘했다. 이때 갈등을 빚은 것은 괴벨스가 베를린에서 새로 만든 일간지 〈공격〉과 경영 적자에 시달리던 그레고어 슈트라서의 〈베를린 노동자신문〉이었다. 한때는 동지였던 두 사람이 나중에는 서로를 비방하기에 이르렀고 나치의 적들은 이런 갈등을 호재로 삼았다. 불화는 겨울까지 이어지다가 히틀러가 당사자들을 청중이 꽉 들어찬 호프브로이하우스 맥주홀로 불러서 "숭고하고 거룩한 사명에 대한 공동의 신념, 그리고 히틀러라는 공동의 지도자와 공동의 이념에 대한 충성심으로 묶인" 단결 의식을 공개적으로 천명하게 하면서 비로소 해소되었다. 당원들은 "이념의 권위와 지도자의 권위"는 "아돌

프 히틀러라는 한 사람"으로 귀속되었다는 이야기를 들었다.[233]

나치 운동에서 가장 다루기 까다로운 세력이 돌격대였다. 1934년까지 내내 그랬다. 하지만 여기서도 히틀러는 지도자 개인에게 충성을 바치도록 요구함으로써 뇌관을 제거했다. 1927년 5월 히틀러는 돌격대 최고지도자 프란츠 페퍼 폰 잘로몬에게 반감이 높았던 돌격대 대원들을 모아놓고 뮌헨에서 가슴 뭉클한 연설을 했다. 연설이 끝난 뒤에는 흔히 쓰던 방법대로 연단에서 내려와서 돌격대원 한 사람 한 사람과 악수를 나누면서 새로운 충성심을 이끌어냈다.[234]

나치당은 전략, 파벌 싸움, 해묵은 개인 감정을 둘러싸고 서로 부딪칠 때가 많았다. 대개 이념의 차원보다는 사사로운 감정이나 전략의 차원에서 갈등과 적대감이 끝없이 불거지다 보니까 미처 히틀러까지는 공격의 화살이 미치지 못했다. 히틀러는 되도록 끼어들지 않았다. 아니, 대립과 경쟁을 지켜보면서 히틀러는 사회다원주의 신봉자답게 부하 중에서 누가 더 힘이 센지를 파악했다.[235] 히틀러는 또 이념 노선을 두고 미묘한 갈등이 불거지더라도 그것 때문에 대중 동원을 통해 권력을 쟁취하는 데 매진해야 할 운동이 파벌 다툼으로 변질될 부작용이 우려되지 않는 한 중재에 나설 생각도 하지 않았다. 지도자 숭배가 모든 당사자에게 받아들여진 것은 이런 문제를 해결할 수 있는 유일한 방안이었기 때문이다. 단합을 이루기 위해서는 자의든 타의든 히틀러에게 개개인이 충성을 바쳐야 했다. 개중에는 히틀러의 사명과 위대성을 정말로 확신하는 나치 지도자도 있었지만 그렇지 않은 경우에도 나름대로 운동에 대한 야심이 있었기 때문에 최고지도자를 예우할 줄 알았다. 이렇게 해서 히틀러는 아무도 넘볼 수 없는 절대 권력을 누리게 되었다. 그리고 나중에 독일 유권자 전체로 지도자 숭배를 퍼뜨릴 수 있는 발판이 당 내에 마련되었다. 지도자 숭배는 당을 떠받치는 필수적 요소가 되었다. 당의 에너지를 백해무익한 파벌 싸움에 허비하지 않으려면 '이념'을 히틀러라는 한 사람에게 종속시키지 않을 수 없었다. 노선 싸움을 피하고 권력 쟁취라는 오직 한 가지 목표에만 전념할 줄 알았기 때문에 히틀러는 때로는 어려움도 겪었지만 당을 결속할 수 있었다. 그 과정에서 지도자 숭배는 차츰 자생력을 키워 갔다. 그렇지만 도가 지나칠 경우에는 정적들에게 트집 잡히기 십상이었으므로 가끔은 히틀러가 나서서 완화시켰다.[236]

히틀러의 절대적 지위는 이제 과거의 앙숙들에게도 영향을 끼쳤다. 1927년 2월 독일민족자유당의 핵심 당원이었지만 급진 사회주의 성향으로 말미암아 그레페, 불레 같은 보수 성향의 지도부와 자꾸만 갈등을 빚던 그라프 레벤틀로프가 나치당에 합류했다. 아울러 브란덴부르크와 뷔르템베르크를 각각 대표했던 빌헬름 쿠베와 크리스티안 메르겐탈러도 레벤틀로프를 따라 나치당에 들어왔다. 또 다른 현역 의원이었던 프란츠 스퇴어도 독일민족자유당에서 나치당으로 당적을 옮겼다. 히틀러와 괴벨스는 슈투트가르트까지 일부러 가서 메르겐탈러의 입당식을 성대하게 치러주었다. 한때는 히틀러와 서로 칼을 겨누는 사이였던 레벤틀로프가 나치 입당의 변을 이렇게 밝혔다는 것은 자못 의미심장하다.

지분을 요구한다든지 하지 않고 나는 망설임 없이 국가사회주의독일노동자당으로 넘어왔습니다. 앞으로는 군소리 없이 아돌프 히틀러 씨 밑으로 들어가렵니다. 왜냐? 그가 지도력을 보여줬거든요. 단합된 국가사회주의라는 이념을 바탕으로 어디까지나 자기 생각과 의지만 가지고 당을 만들어내서 탈 없이 이끌고 가니까요. 히틀러와 당은 하나이며 성공을 하려면 무조건 그런 단합이 필요합니다. 지난 2년의 세월은 국가사회주의독일노동자당이 올바른 길로 들어섰고 불굴의 사회 혁명 정신으로 바르게 전진하고 있다는 사실을 보여주었습니다.[237]

이것은 결국 지도자 문제에서 문제를 제기하지 않을 것이며 당의 이념과 조직을 히틀러 한 사람으로 수렴하는 데 동의한다는 뜻이었다.

그러나 이 과정은 1927년 말까지도 완결되지 않았다. 그래도 1927년 8월 뉘른베르크 전당대회에서 히틀러는 한 해 전 바이마르에서 열린 전당대회에서보다 더욱 확실히 입지를 굳혔다. 이제는 페더와 로젠베르크처럼 이념을 중시하는 사람들이 당 강령을 놓고 왈가왈부해도 느긋하게 지켜볼 수 있는 여유가 생겼다. 몇 주일 뒤에는 튀링겐 관구장에서 물러나고 다시 1년 뒤에는 당에서 아예 축출되는 아르투어 딘터 같은 사람도 발언할 기회를 얻었고 당 기관지 〈민족의 감시자〉에서 호의적으로 평가받았다. 뉘른베르크 전당대회에서도 토론은 있었지만 그것은 어디까지나 반자유주의, 반마르크스주의, 정서적인 반자본주의, '국가'사회주의, 그리고 특히 반유대주의라는 나치의 행동 강령에서 벗어나지 않는 범위 안에서 이루어졌다. 당의 이런 기본 방향성에 찬물을 끼얹지 않고 히틀러의 지도력에 반기를 들지 않는 한, 이론가들은 얼마든지 자기 생각을 밝힐 수 있었다.[238]

히틀러의 위력은 딘터와의 관계에서 확실히 드러났다. 딘터는 한때는 히틀러를 열렬히 추종했지만 국가사회주의가 혈통과 종족의 순화를 통해서 종교 개혁 차원으로 발전해야 한다고 주장하면서 자꾸만 종교에 집착하는 모습을 보이자 특히 자기 관구였던 튀링겐 지역의 나치당 조직에서 인기가 떨어졌다. 그래서 히틀러도 1927년 9월 딘터를 관구장 자리에서 밀어낼 수밖에 없었다. 히틀러 못지않게 집착이 강했던 딘터는 반발했다. 종교적으로 중립을 지킨다는 히틀러의 원칙이 딘터같이 지명도 높은 사람이 들고 일어서자 위기에 봉착했다.[239] 하지만 딘터가 히틀러가 가톨릭교회의 도구로 이용되었다고 비난하면서 지도자를 보필하는 자문위원회를 만들어야 한다고 주장한 것은 도를 넘어선 행동이었다. 딘터의 제안은 1928년 9월에 열린 당원 총회에서 야유가 쏟아지는 가운데 여지없이 퇴짜를 맞았다. 이때도 딘터를 몰아내는 데 앞장서지 않았던 것은 과연 히틀러다운 모습이었다. 여론의 역풍을 맞을 수 있다는 사실을 너무나 잘 알았기 때문이었다. 하지만 딘터는 히틀러의 특권적 지위를 받아들이지 않으면서 공개적으로 히틀러와 나치당 강령을 비판했다. 그러므로 1928년 10월 초의 출당 조치는 불가피한 면이 있었다.[240] 놀랍게도 그레고어 슈트라서는 히틀러의 결정을 지지한다는 내용의 성명서를 발표하면서 18명이나 되는 관구장의 서명을 받아냈다. "이런 상황에서는 아돌프 히틀러와 그를 지지하는 노동자들 사이에서 원칙의 문제를 둘러싸고 〔종교적 주제와 운동의 정치적 강령을 뒤섞는다든지 하는 식으로] 생겨나는 사소한 의견 차이도 결코 용인될 수 없다는 것을 대중과 적대 세력과 특히 당원 동지들한테 똑똑히 밝혀야 한다."고 슈트라서는 관구장들 앞으로 보낸 편지에서 썼다.[241] 그에 앞서 7월에 히틀러가 딘터에게 보낸 편지도 그 점을 분명히 짚고 넘어갔다.

국가사회주의 운동의 지도자로서, 그리고 언젠가는 역사를 만들어 나가는 사람들의 일원이 되고야 말리라는 철두철미한 신념을 지닌 한 사람으로서, 나는 사람들이 [종교] 혁신의 영역에서 장담하는 것과 똑같은 수준의 무오류성을 운동 영역에서 [정치인으로서] 감히 주장하는 바입니다.

히틀러는 권력을 쟁취하여 적어도 인종 문제에서 독일의 운명을 바꿔 놓을 수 있을 때까지 앞으로 걸릴 시간을 길어야 20년으로 보았다.[242] 지도자 숭배가 자리를 잡으면서 히틀러가 실질적으로 기여한 것만큼이나 히틀러의 이미지도 당세를 조금이라도 키워 나가는 데 도움이 되었다.[243] 물론 지역당 행사에서는 히틀러의 연설이 여전히 중요했다. 군중 집회에서 처음에는 시큰둥한 반응을 보이는 청중을 휘어잡는 히틀러의 연설 솜씨도 여전했다.[244] 그렇지만 대공황이 터지기 전까지 나치당이 그나마 거두었던 약간의 성공을 오로지 히틀러 덕분으로 돌릴 수는 없다. 선동가로서 히틀러는 쿠데타를 일으키기 전보다는 눈에 띄게 활동이 줄어들었다. 1925년과 1926년에는 연설 금지 처분을 받은 것이 가장 큰 걸림돌이었다. 1925년에는 연설을 겨우 31번, 1926년에는 32번밖에 하지 않았고 그나마 주로 당 내 모임에서 그것도 주로 바이에른 지역에서 했다. 1927년에는 연설이 56회로 늘어났고 그 가운데 절반 이상을 바이에른에서 했다. 1928년에는 66회의 연설을 총선을 앞두고 처음 다섯 달 동안 집중적으로 몰아서 했다. 그중 3분의 2가 바이에른에서 한 연설이었다. 1929년에는 나치당이 지방 선거에서 교두보를 확보하기 시작했지만 연설은 29번밖에 하지 않았고 바이에른에서는 겨우 8번만 했다.[245]

이 당시에 히틀러가 연단에 많이 서지 못한 것은 자금난에 시달리던 당의 재정 문제를 해결하기 위해 여기저기 유력 인사들을 찾아다니면서 아쉬운 소리를 해야 했기 때문이었다.[246] 그렇지만 당이 정치적으로 워낙 침체되어 있다 보니 노력에 비해 소득이 적었다. (나치당 '사회혁명파'의 따가운 눈총을 무릅쓰고) 1926년과 1927년에 기업인과 경제인 앞에서 틈나는 대로 연설을 했고 반응도 괜찮았지만 앞날이 불투명한 당에 관심을 기울이는 기업인은 거의 없었다.[247] 베히슈타인 부부와 브루크만 부부는 여전히 아낌없이 뒤를 밀어주었다.[248] 하지만 독일의 이름난 기업인 중에서 히틀러에게 공감하여 나치당에 가입하고 10만 마르크라는 거금을 쾌척한 사람은 브루크만 부인을 통해서 알게 된 연로한 에밀 키르도르프가 유일했다. 자금난에서 벗어나려면 10만 마르크로는 어림도 없었다.[249] 나치당은 어차피 평당원이 내는 당비에 크게 기댈 수밖에 없는 형편이었고 그런 사정은 그 뒤로도 별로 달라지지 않았다. 그러니까 당원 숫자가 제자리걸음을 하거나 아주 조금씩밖에 늘지 않았다는 것은 결국 심각한 자금난에서 헤어나지 못했다는 뜻이었다.[250]

전에도 그랬지만 히틀러는 행정이나 조직에는 통 관심이 없었다. 당 간부들은 히틀러가 오랫동안 자리를 비워서 중요한 문제를 같이 논의하지 못하는 어려움이 있어도 이제는 그러려니 했다.[251] 히틀러는 재정 문제는 사업 담당인 막스 아만과 경리 담당인 프란츠 크사버 슈바르츠에게 일임했다.[252] 당 사무국에서는 내성적이었지만 누구보다도 야심이 컸고 못 말리는 충성파였고 훗날 '안락사 계획'을 세우는 데 중추적 역할을 맡게 되는 필리프 불러가 막후에서 많이 거들어주었다.[253] 특히 그레고어 슈트라서가 많이 뛰었다. 1926년 9월부터 1927년 말까지 선전 지도자로 있으면서 선전 활동을 효율화하는 데 앞장선 데 이어 1928년 1월부터는 조직 지도자로 일하면서 파벌 싸움과 엉성한 조직으로 굴러가던 나치당에 내실 있는 전국 조직망을 가동해 1929년 경제 위기가 닥치자 바로 위기를 기회로 삼을 수 있게끔 발판을 다져놓은 주역이 바로 슈트라서였다.[254] 슈트라서에게 조직 구성이라는 중책을 맡긴 것은 물론 히틀러였지만 이 방면으로는 히틀러가 별로 한 일이 없었다.

히틀러의 주특기는 예나 지금이나 선전이었지 조직이 아니었다. 군중

하인리히 힘러. 능률적인 행정가였고 무자비한 권력 추구자였으며 이념적 광신자였던 힘러는 친위대 수장으로서 국가 테러망을 조직하여 경찰국가 체제를 세웠으며, 유대인 대학살의 최고 설계자가 되었다.

을 동원하는 문제에서는 그의 '감'이 언제나 들어맞았다. 히틀러는 평소의 기질대로 당 선전국장 그레고어 슈트라서에게 폭넓은 재량권을 주었다. 슈트라서는 특히 도시 프롤레타리아를 끌어들이는 데 심혈을 기울였다. 그러나 이런 전략이 별다른 성과를 못 얻었고 자칫 잘못하면 서민층의 이반을 낳을 수 있다는 평가가 벌써 1927년 가을이 되면 당 밖에서도 나왔다.[255] 슐레스비히-홀슈타인, 튀링겐, 메클렌부르크, 포메른 등지에서 농촌 정세가 불안해지면서 나치당에게도 기회가 찾아올 수 있다는 보고가 들어왔다.[256] 히틀러는 사태를 잘 파악하고 있었다. 1927년 11월 27일 바이마르의 엘레판트 호텔에서 열린 관구장 회의에서 히틀러는 전략을 바꾼다고 선언했다. 오는 총선에서 '마르크스주의' 진영으로부터는 많은 표를 빼앗을 수 없으리라는 진단이었다. 백화점 앞에서 위기를 느끼는 영세 상인, 반유대주의 성향이 강한 사무직 근로자를 집중 공략하는 것이 더 낫다는 판단이었다.[257] 1927년 12월 히틀러는 니더작센과 슐레스비히-홀슈타인에서 처음으로 수천 명의 농민들 앞에서 연설을 했다.[258] 이듬해 초부터는 직접 당 선전지도자로 나섰다. 그러나 실무는 하인리히 힘러가 알아서 처리했다. 힘러는 훗날 나치 친위대 수장에 오르지만 이때만 하더라도 20대 청년이었다. 농업학교를 나와서 비료회사에도 잠시 근무했고 닭을 키워본 경험도 있는 힘러는 공부를 많이 한 지적인 젊은이였다. 머리를 단정하게 깎고 짧은 콧수염에 동그란 안경을 쓴 힘러는 몸집도 아담한 편이라서 지방 도시의 은행원 아니면 학식 있는 학교 선생님처럼 보였다. 그렇지만 겉모습은 유약해 보였을지 몰라도 나중에 차차 드러나지만 힘러처럼 냉정하고 무자비한 사람, 그처럼 이념적 광신주의에 빠진 사람도 보기 드물었다. '국제 공산주의자', 유대인, 예수회, 프리메이슨이 독일을 겨냥하여 음모를 꾸미고 있다는 생각을 벌써부터 하고 있던 이 젊은 이상주의적 민족주의자가 1923년 여름 나치당에 들어온 것은 11년 뒤에 자기가 살해를 주도하는 에른스트 룀에게 깊은 영향을 받았기 때문이었다. 그해 11월 8일 거사를 일으키던 날 밤 힘러는 대열의 맨 앞에서 깃발을 높이 쳐들고 바이에른 국방부로 쳐들어갔다. 힘러는 나치당이 재창당한 이후로 줄곧 열성적으로 활동했는데 처음에는 그레고어 슈트라서의 비서로 있다가 1926년부터는 오버바이에른-슈바벤 지역의 부관구장 겸 제국선전부지도자로 일했다. 힘러는 1927년부터는 친위대 제국부지도자를 맡았다가 2년 뒤에 친위대 제국지도자*로 임명되었으니까 사실 선전 활동에는 잠시 관여했지만, 그래도 그 짧은 기간 동안 참신하고 돋보이는 업적을 남겼다. 나중에 나치의 전매 특허가 되었지만 특정한 지역을 대상으로 단기간에 집중 홍보를 하는 파상 공세 기법도 힘러의 아이디어였다.[259]

히틀러는 평소와는 다르게 문안 작성에도 직접 개입하는가 하면 선전 핵심 전략도 손을 보았다.[260] 1928년 4월에는 절대로 바꿀 수 없다던 1920년의 당 강령 17조도 '수정' 해석했다. 사유재산의 원칙을 인정하는 나치당의 입장에서 '보상 없는 몰수'라는 것은 공공의 이익과는 거리

친위대 제국지도자(Reichsführer-SS) 1925년부터 1945년까지 존재했던 친위대의 최고 계급. 하인리히 힘러 친위대장이 1929~1945년까지 이 직위에 있었다. 국방군으로 치면 원수(Generalfeldmarschall)에 해당하는 높은 직위였다.

가 먼 토지, 이를테면 유대인 투기 자본이 소유한 땅을 압수하는 데 필요한 법적 수단일 뿐이라는 것이었다.[261]

선전 기법도 달라졌지만, 별로 효과를 보지 못한 도시 유권자 공략보다는 농촌 유권자를 공략하는 쪽으로 진행된 선거 전략의 변화가 더욱 획기적인 변화였다.[262] 마르크스주의 세력으로부터 노동자를 빼앗아 온다는 전략에 치중했던 애초의 '강령' 입장에서 더욱 멀어져서 이제는 대중을 '무차별' 동원하는 전략으로 돌아섰다. 지금까지 당 선전 활동에서 체계적으로 공략하지 못했던 다양한 사회 집단을 포용하기 위한 궤도 수정이었다. 처음 이런 제안을 내놓은 것은 앞에서도 말했지만 비 도시 지역의 가능성에 주목한 관구장들이었다. 히틀러가 여기에 호응을 하고 나선 것은 다분히 기회주의적인 시각에서 대중 동원에 접근하는 히틀러의 성향과도 무관하지 않았다. 일부 당원들은 '사회 혁명'의 당위성에 입각한 일종의 반자본주의 정서에 젖어 있었지만 어떤 사회 집단이 나치 이념을 받아들이든 히틀러는 상관없었다. 중요한 것은 한 명이라도 더 많이 나치당으로 돌아서게 만드는 것이었다. 히틀러의 목표는 권력 쟁취였다. 권력을 잡기 위해서라면 무기란 무기는 다 써먹어야 했다. 하지만 그 과정에서 나치당은 이해가 서로 부딪치는 집단들의 느슨한 연합체로 성격이 바뀌었다. 뚜렷한 강령이 없어야만, 또 당장이 아니라 먼 훗날의 유토피아를 지향하면서 지도자 한 사람만을 바라보아야만 당은 그런 대로 단합을 유지해 나갈 수 있었다.

"양떼를 덮치는 늑대처럼"

1920년대 중반 바이마르 공화국이 황금기를 맞이했을 때 독일 국민은 히틀러는 안중에도 없었다. 독일 국민의 압도적 다수는 히틀러의 당 안에서 무슨 일이 벌어지는지 관심도 흥미도 없었다. 전에는 뮌헨에서 소란을 피우더니 지금은 정치판 언저리에서 자극적 발언이나 일삼는 사람에게 시선을 줄 사람은 거의 없었다. 히틀러를 기억하는 사람도 못마땅하게 여기든가 한심하게 여기든가 아니면 둘 다였다. 자유주의 성향의 독일 유력 일간지 〈프랑크푸르터 차이퉁〉이 국가사회주의의 추세에 대해서 경멸에 찬 눈빛으로 가끔씩 실은 논평이 바로 그랬다. "히틀러는 아무런 식견이나 책임 의식은 없지만 관점은 있다. 그것은 악마의 관점이다." 1928년 1월 26일자 기사는 그렇게 나갔다.

복잡한 현실을 제쳐놓고 원시적 투쟁심을 앞세우면서 날뛰는 시대 착오적 습벽에 젖어 있다. …… 히틀러는 위험한 멍청이다. …… 오스트리아 산촌의 말단 세무 공무원 아들이 어떻게 미치광이가 되었을까 생각해보면 이것 하나는 분명하다. 그는 전쟁 이데올로기를 곧이곧대로 받아들여서 〔야만인이 쳐들어오던 로마 제국 말엽의〕 민족 대이동기를 살아가는 사람처럼 무식하게 해석한다는 것이다.[263]

1928년 5월 20일의 독일 총선 결과를 보면 히틀러와 나치당은 이제 끝장났다고 여러 해 전부터 떠들어 온 평론가들의 말이 들어맞은 것처럼 보였다.[264] 유권자들은 나치당에 심드렁한 반응을 보였다. 그만큼 정국이 안정을 되찾았다는 뜻이었다.[265] 이런저런 특수 이익 집단을 대변하는 정당이 난립하다 보니 총선에 후보를 낸 당이 모두 33개나 되었다. 히틀러는 나중에 이것을 예로 들면서 다원제 민주주의의 생리를 꼬집는다.[266] 총선의 승리자는 누가 뭐래도 좌파였다. 사회민주당과 공산당이 모두 약진했다. 가장 큰 타격을 받은 것은 독일국가인민당이었다. 군소 정당과 사분오열된 분파 집단은 모두 합쳐서 1924년 12월에 얻었던 표의 2배(13.9퍼센트)를 얻었다.[267] 나치당은 2.6퍼센트의 초라한 득표율로 겨우 12석밖에 얻지 못했다. 1924년 민족블록이 얻었던 표에 비하면 참패였다.[268] 특히 도시에서 얻은 득표율은 비참했다. 괴벨스의 호언장담에도 불구하고 수도 베를린의 '빨갱이' 선거구에서 나치는 겨우 1.57퍼센트의 표를 얻었다. 노동자가 많이 사는 베를린 한복판의 베딩 선거구에서 나치당은 1,742표밖에 못 얻었지만 좌파는 무려 16만 3,429표를 얻었다. 그렇지만 고무적 조짐도 보였다. 기대를 걸었던 농촌 지역에서 괜찮은 성적을 거두었다. 전통적으로 나치당이 강세를 보였던 프랑켄 심장부와 오버바이에른 다음으로 가장 득표율이 높았던 곳은 농촌 경제가 좀처럼 침체에서 탈피하지 못했던 북부 독일이었다.[269] 가령 베저-엠스에서는 반유대주의의 선봉장으로서 한때 독일민족자유운동을 이끌다가 성직을 박차고 나와 나치당에 합류한 루트비히 뮌히마이어 목사의 요란한 선거 운동에 힘입어 나치당이 전국 평균 득표율의 2배를 얻었다.[270] 지지율이 높지 않았던 동부 지역에서도 독일국가인민당 지지표가 돌아선 덕분에 기대를 걸어볼 만했다.[271] 그리고 아무튼 12명이 독일 의회에 진출했으니까 아무리 정적을 신랄하게 공격해도 면책 특권을 누릴 수 있었다. 또 사실은 이것보다 더 중요한 점이었지만, 활동비가 나오고 기차도 공짜로 이용할 수 있으니까 당의 재정적 부담도 적잖이 줄어들게 되었다는 것도 고무적인 사실이었다.[272] 새로 의원이 된 사람은 그레고어 슈트라서, 프리크, 페더, 괴벨스, 한때 자유군단을 이끌었고 바이에른인민당에서 넘어와서 화제를 모았던 리터 폰 에프, 쿠데타 이후 뜸하다가 다시 지도부로 합류한 헤르만 괴링 등이었다. 괴벨스는 "우리는 양떼를 덮치는 늑대들처럼 의회로 몰려갈 것"이라고 기관지 〈공격〉에서 썼다.[273]

당은 아니나다를까 풀이 죽었고 실망을 금치 못했다. 그러나 대중의 반응은 자연스러운 반발이었다.[274] 교훈을 얻어야 했다. 그레고어 슈트라서를 비롯하여 당 지도부는 공장 노동자를 공략하는 전략에서 재미를 못 보았다고 판단했다. 도시보다는 농촌이 잠재력이 컸다.[275] 당 선전과 조직이 변화해야만 했다. 총선 이후 당 자금난으로 1928년 전당대회를 못 열고 그 대신 8월 31일부터 9월 2일까지 뮌헨에서 치른 지도자 회의에서[276] 히틀러도 그 점을 분명히 짚으면서 그레고어 슈트라서의 안에 따라 당 관구 조직을 대대적으로 개편한다고 밝혔다.[277] 슈트라서는 당 조직을 챙기면서 농촌에 좀 더 역량을 쏟아 붓는 한편 하부 조직을 다채롭게 꾸렸는데 그것은 중산층의 관심을 끌어모으는 데 아주 중요한 역할을 했다.[278]

총선 참패에 대해서는 역시 히틀러다운 반응이 나왔다. 선거가 있던

1928년 8월 31일 뮌헨에서 국가사회주의독일노동자당 지도부를 모아놓고 연설하는 히틀러. (왼쪽부터) 알프레트 로젠베르크, 발터 부흐, 프란츠 크사버 슈바르츠, 히틀러, 그레고어 슈트라서, 하인리히 힘러. 문을 등지고 손에 깍지를 낀 사람이 율리우스 슈트라이허, 그 왼쪽이 로베르트 라이.

날 저녁 청중이 빽빽이 들어찬 뷔르거브로이켈러 맥주홀에서 히틀러는 최근에 복귀한 룀과 에프를 좌우에 거느리고 먼저 경쟁 당들이 참패한 것에 박수를 보냈다. 총선에서 히틀러가 이끌어낸 첫 번째 결론은 이제 민족 운동 진영을 대표하는 조직은 나치당뿐이라는 점이었다. 뮌헨에서 나치당은 1924년보다 7천 표를 더 얻었다고 히틀러는 강조했다. 뮌헨을 제외한 나머지 도시에서 초라한 성적을 거둔 것은 거론하지 않았다. 두 번째 결론은 바이에른인민당과 독일국가인민당 같은 우익이 3년 동안 집권하면서 어정쩡한 모습을 보여주는 바람에 유권자들이 좌익 정당으로 대거 돌아섰다는 것이었다. 히틀러는 1924년 총선에서 좌파가 뮌헨에서 고전을 면치 못했던 것과 비교했다. 마지막으로 히틀러가 이끌어낸 결론은 이것이었다. "선거에서 승부를 겨루었지만 투쟁은 계속된다! …… 우리에게는 휴식도 없고 중단도 없다. 오로지 전진뿐이다. ……"[279] 그래놓고 히틀러는 며칠 뒤 몸도 추스르고 《두 번째 책》도 구술할 겸 산으로 휴가를 떠났다.[280] 총선 결과가 부진하게 나오자 일가에서는 나치당이 다시 폭력에 의한 정권 탈취로 돌아서는 것이냐는 관측이 나오기도 했지만 히틀러는 합법적으로 권력을 쟁취하겠다는 입장을 언론에 다시 한 번 밝혔다.[281] 그리고 7월 초까지 대중 앞에 모습을 드러내지 않았다.[282]

선거 결과는 히틀러의 시대가 끝났다는 평가에 힘을 실어주었다.[283] 프로이센 정부도 안심하고 9월 말 히틀러의 족쇄를 풀어주면서 대중 집회에서 하는 연설을 허용했다.[284] 11월 16일 히틀러는 베를린 스포츠궁에서 처음으로 연단에 섰다. 팡파르가 울려퍼지는 가운데 깃발을 든 돌격대원을 앞세우고 히틀러가 나타났을 무렵 거대한 강당은 사람들로 꽉 차 있었다. 보통 정치 집회와는 분위기가 사뭇 달랐다. '언젠가는 족쇄를 부숴버리기 위한 투쟁'에 대한 히틀러의 연설은 우레와 같은 박수갈채에 번번이 끊기기 일쑤였다.[285] 연설 내용은 새로울 것이 없었다. 중요한 것은 내용이 아니라 포장이었다. 늘 그렇듯이 히틀러는 감정에 호소했다. 혁명, 평화주의, 국제주의, 민주주의는 동네북이었다. 경제가 살아나려면 먼저 나라가 자유를 되찾아야 한다고 히틀러는 부르짖었다. 그리고 '자유의 전제는 힘'이었다. 그래서 영웅적 지도자가 필요했다. 히틀러는 유대인 문제를 노골적으로 언급하지는 않았지만 곧바로 '종족 훼손'이라는 단골 주제로 들어갔다. 문화, 윤리, 혈통의 잡종화가 개인의 의식을 좀먹고 있다는 것이었다.

하지만 정신과 혈통의 잡종화에 저항하는 민족은 살아날 수 있습니다. 독일 민족은 남다른 가치관이 있기에 7천만 흑인과 같은 수준에 놓을 수 없습니다 …… 흑인 음악이 득세한다지만 베토벤 교향곡을 껄렁한 음악과 동렬에 놓는다는 게 가당키나 한 노릇입니까. …… 이런 굳센 믿음이 있으면 잡종화에 스스로 맞설 수 있는 힘도 생길 것입니다. 나치당이 지향하는 목표가 바로 그것입니다. 나치당은 민족주의와 사회주의의 낡은 의미를 벗어 던지려고 합니다. 민족주의라는 것은 동포의 편에 서는 것이 아니고 무엇이겠습니까. 사회주의는 어느 땅에 있건 동포의 권리를 옹호하는 것이 아니고 무엇이겠습니까.[286]

이렇게 모호하기 짝이 없는 정의를 앞세워서 히틀러는 모든 사회 계층을 끌어들이려고 했다. 계급 갈등은 국민 단합을 통해서만 극복할 수 있다는 논리였다. 나치당은 계급을 초월한다는 것이었다. 나치당은 "민족주의만으로도 사회주의만으로도 흐르지 않고 부르주아만도 프롤레타리아만도 옹호하지 않는다." 나치당은 "계급 의식과 허세에 얽매이지 않고 민족 공동체를 세우기 위한 투쟁 대열에 동참하는 정직한 사람"을 빠짐없이 대변한다. "국민을 위해서 땀흘려 일하지 않는 사람은 우리 당에 하나도 없으므로 우리는 자부심을 가지고 노동자당이라고 말할 수 있는 것"이라고 히틀러는 주장했다. 나치당은 "국제주의에 맞서 싸우는 큰 걸음"을 내딛었다. 나치당은 민주주의의 '오류'와 '득표'에 기대지 않고 '지도자의 권위'에 기댄다.[287] 이것이 바로 마르크스주의를 넘어서고 독일을 종살이에서 해방시키는 영토 획득의 길이다. 히틀러는 그렇게 입을 못 열게 했는데도 '독일에서 가장 큰 강당'이 가득 메워지지 않았느냐면서 당국의 조치를 비웃고 마지막으로 독일의 투쟁에 신의 가호가 내리기를 기원하는 것으로 연설을 마무리 지었다. 군중은 열광했다. 비판 의식을 지녔던 사람들은 히틀러가 마구 쏟아놓은 어설픈 지식, 곡해, 지나친 단순화, 막연하기 짝이 없고 부흥회를 연상시키는 명예 회복의 약속에 넘어가지 않았다.[288] 그러나 스포츠궁을 가득 메운 1만 6천 명의 청중은 고상한 이야기를 들으러 그 자리에 모인 것이 아니었다. 그들은 듣고 싶어하던 이야기를 들었다.

히틀러가 스포츠궁에서 연설하던 무렵 독일 경제는 벌써 먹구름에 덮이기 시작했다. 농업 부문의 위기가 깊어지면서 부채와 파산이 급증했고 어쩔 수 없이 땅을 팔아야 하는 농민이 속출하면서 농촌 사회의 불만이 가중되었다. 독일 최대의 공업 단지인 루르 지방에서는 기업가들이 정부의 중재안을 받아들이지 않고 철강 공장을 모조리 폐쇄하는 바람에 23만 명의 노동자가 벌써 몇 주째 일을 못했고 봉급도 못 받았다.[289] 그러는 사이에 실업률이 급등하여 1929년 1월에는 실업자가 3백만 명에 육박했다. 1년 새 백만 명이 늘어난 것이다. 정국도 불안했다.[290] 사회민주당 출신의 헤르만 밀러 총리가 주도한 대연정은 처음부터 삐걱거렸다. 총선 전까지 사회민주당은 전투순양함 건조에 반대하는 입장이었지만 결국 건조 결정이 내려지면서 연정에 내분이 생겼고 사회민주당은 체면을 구겼다. 루르 철강 산업의 노사 분쟁이 장기화하면서 정부 안에서도 대립이 생겼고 좌파와 우파 모두 정부를 공격했다. 보수 우익 세력은 처음으로 바이마르 정부에서 이루어진 사회 복지망을 되돌리려는 시도를 조직적으로 했다. 사회 정책을 둘러싸고 갈등이 깊어지면서 결국 뮐러 정부는 실각했다. 그해 말 전쟁 배상금 문제가 다시 불거지더니 1929년에 들어가서는 이 문제로 더 시끄러워졌다.

요제프 슘페터 같은 똑똑한 경제학자도 1928년 가을까지도 "독일 내정은 차차 안정을 되찾고 있다."고 일말의 의혹도 없는 낙관적 분석을 내놓았다.[291] 하지만 이와는 대조적으로 구스타프 슈트레제만 독일 외무장관은 1928년 11월 독일은 지난 몇 년 동안 미국에서 단기 자금을 조달해서 버텨 왔는데 만약 미국이 자금을 회수할 경우 독일은 심각한 상황에 직면할 것이라고 경고했다.[292]

'바이마르 황금기'라고 흔히들 말했지만 사실은 그렇게 '황금기'는 아니었다. 독일은 전과 다름없이 골이 깊게 파인 사회로 남아 있었다. 잠시 안정을 찾나 싶은 시기도 있었지만 계급 갈등과 종교 갈등을 누그러뜨리기에는 역부족이었다.[293] 사회적 불만은 여전히 심각했다. 실업률도 1926년에 벌써 2백만 명에 이를 정도로 상당히 높은 수준이다 보니 노동자들은 날이 갈수록 과격해졌는데, 그중 상당수가 젊은이였다.[294] 자영업자와 소농은 백화점과 소비조합 앞에서 위기감과 박탈감을 느꼈다. 대량 생산 체제로 그동안 누리던 지위와 벌이가 흔들린다고 느꼈던 숙련기술자도 그렇고 육체 노동자와 거리를 두려고 했던 사무직 노동자도 그렇고 바이마르 공화국이 잘 나가던 시절에도 그들은 민주주의를 달가워하지 않았다. 농민은 농민대로 농산물 가격이 폭락하니까 못 살겠다고 아우성이었다.

갈등은 문화계에서도 터져나왔다. 바이마르의 전위 예술에는 호감을 느낀 사람보다 반감을 품은 사람이 더 많았다. 문화적 보수주의는 속물주의와 통할 때가 많았고 독일도 예외는 아니었다. 대중 문화도 도마에 올랐다. '아스팔트 문화'에 대한 괴벨스의 공격은 나중에 골수 나치당원은 물론이거니와 1920년대의 '미국화'한 대도시 대중 문화에서 소외감을 느꼈던 수구 세력에게도 공감을 얻었다.

분열된 사회 풍토와 문화 대립은 몹시 불안한 정치 판도에서도 드러났다. 1928년의 선거에서 민주 세력이 승리를 거두었다는 것은 대단히 피상적인 관찰이었다. 공산당의 약진은 민주주의에서 좌익으로 무게가 기울었다는 뜻이었다. 자유주의 성향의 중도, 중도 우익 정당은 1919년 이후로 지지도가 뚝 떨어졌다. 중도 정당이 맥을 못추고 분열했다는 것은 그만큼 유권자가 민주주의에 환멸을 느꼈고 나치가 치고 나오기 전부터 벌써 오른쪽으로 기울었다는 뜻이었다.[295] 우익 진영을 볼 것 같으면 독일국가인민당의 지지도가 떨어졌다고 해서 민주 세력이 좋아할 일이 아니었다. 한때 이 당을 지지했던 사람들은 더욱 오른쪽으로 기울어서 잡다한 이해관계를 대변하는 군소 정당으로 넘어갔다가 나중에 나치당으로 몰려들었다.[296] 무엇보다도 바이마르 민주주의는 황금기에도 민주 체제에 저항하는 이 강력한 반대 세력을 누를 수 있을 만한 강력한 지지세를 얻지 못했다. 허약한 지지 기반은 고질적 문제였다. 경제 위기가 다시 도래하면서 그것은 심각한 위협이 되었다.

슈트레제만도 지적했지만 황금의 20년대라는 말은 그럴싸했지만 실상은 훨씬 불안했다. 독일 경제는 미국의 단기 자금에 기대어 굴러갔다. 독일 경제의 생산성과 투자는 지지부진했고 임금이 올라가면서 수익성은 외려 떨어졌다. 국가 재정 부담은 갈수록 커졌고 미국 월가에서 대공황이 시작되기 2년 전부터 벌써 전 세계를 강타한 농산물 가격 폭락으로 그렇지 않아도 보조금에 기대어 굴러가던 농촌 경제는 더 깊은 수렁으로 빠져들었다.[297]

1928년 겨울 이후로 사태가 더욱 악화되니까 나치당은 지지율이 올라가기 시작했다. 1928년 말 현재 배포된 당원증의 숫자는 10만 8,717장이었다.[298] 그때까지 나치와는 인연이 없었던 사회 집단도 나치당에 관심을 보였다. 1928년 11월 히틀러는 뮌헨 대학에서 2,500명의 학생으로부터 뜨거운 환영을 받았다.[299] 히틀러가 연단에 오르기 직전 나치

학생동맹 지도자로 막 임명된 발두어 폰 시라흐가 마이크를 잡았다. 훗날 히틀러유겐트를 맡는 시라흐는 독일의 문화 수도인 바이마르에서 교양 있는 부르주아 집안에서 태어났다. 아버지는 왕립극장의 연출가로서 명성이 자자했다. 나치 간부로는 보기 드물게 시라흐는 영어를 잘했다. 어머니가 미국인이었는데 독일어를 잘 못해서 자식한테 영어로만 말을 했던 것이다. 시라흐는 그 바람에 여섯 살이 되도록 독일어를 한마디도 못했다고 한다. 1차 세계대전이 끝나면서 시라흐 집안은 풍비박산 났다. 아버지는 직장을 잃었고 형 카를은 베르사유 조약으로 장교로서 앞날이 막힌 데 절망한 나머지 이 모두가 독일의 불운 탓이라면서 자살을 선택했다. 찬란한 과거를 뒤로 하고 이제는 뜨거운 종족 민족주의와 반유대주의에 감염되어 있던 바이마르에서 발두어는 나중에 튀링겐 부관구장을 맡는 한스 제베루스 치글러의 영향을 받아 청년 준군사조직에 들어가서 루덴도르프를 숭배하다가 1925년 3월 제국 대통령 선거에서 히틀러의 연설을 처음으로 들었다. 발두어는 감격에 몸을 떨면서 집으로 달려가서 바로 히틀러에 대한 시를 써서 발표했다. 덕분에 히틀러가 친필로 서명을 한 사진을 받기도 했다. 발두어는 《나의 투쟁》 1권을 하루 저녁에 다 읽고 5월 초 나치당에 들어갔다. 히틀러의 충복으로서 막 출범한 나치당의 청년 조직과 학생동맹에서 지도자 숭배 열기가 불붙도록 애썼다. 노력한 보람이 있어서 나치당은 대학 학생회 선거에서 약진을 거듭했다. 1928년 말이 되면 에어랑겐에서는 32퍼센트가 늘었고 그라이프스발트와 뷔르츠부르크에서는 20퍼센트나 늘었다. 덕분에 히틀러의 신임을 두둑이 얻어 1933년에는 히틀러유겐트를 총괄하는 자리에 올랐다.[300]

학생회 선거 결과에서 히틀러는 나치당의 지지도가 갈수록 높아지고 있다는 고무적 조짐을 읽었다. 그러나 나치는 특히 농촌 지역에서 과격한 농민들 사이에서 급속히 세력을 키워 갔다. 슐레스비히-홀슈타인에서 관공서에 화염병이 날아든 사건은 격앙된 농촌 분위기를 말해주었다. 급진파는 1929년 1월 농민회를 만들어 어설픈 폭력 저항을 시도하다가 나중에 나치당으로 빠르게 흡수되었다. 두 달 뒤 한 마을에서 나치

나치 청년 조직인 나치학생동맹을 이끈 발두어 폰 시라흐. 1933년에는 히틀러유겐트를 총괄하는 자리에 올라서 1945년까지 조직을 이끌었다.

집회가 벌어진 뒤 돌격대와 공산당 지지자 사이에서 충돌이 벌어져 돌격대원 둘이 죽고 여러 명이 다치는 사고가 일어났다. 지역 주민들의 반응은 나치가 실망한 농민들 속으로 파고들 수 있는 가능성을 여실히 보여주었다. 나치의 지지도는 급상승했다. 농촌 아낙네는 나치 배지를 작업복에 달고 다녔다. 경찰 보고서에 따르면 그들은 나치당이 무엇을 추구하는지는 전혀 몰랐지만 무능한 정부 당국이 납세자의 돈을 흥청망청 쓰고 있다고 굳게 믿었다. 그리고 "국가사회주의자만이 이런 도탄에서 구해줄 수 있다."고 확신했다. 농민들은 의회 진출을 통해 나치가 집권하려면 시간이 너무 오래 걸린다고 말했다. 내전이 필요하다는 소리가 나왔다. 원한이 너무 깊다 보니까 여차하면 폭력도 불사하겠다는 의식이 팽배했다. 히틀러는 불상사를 선전에 이용할 셈으로 죽은 돌격대원의 장례식에 참석했고 부상자도 위문했다. 지역 주민들은 거기서 깊은 인상을 받았다. 히틀러를 비롯한 나치 지도자들은 '민중의 해방자'로 칭송을 받았다.[301]

경제와 정치 양면에서 '위기를 앞둔 위기'가 심화되면서 히틀러는 선전 공세에 박차를 가했다.[302] 1929년 상반기에 히틀러는 당 기관지에 열 편의 글을 썼고 청중의 뜨거운 호응을 받으면서 대규모 집회에서 모두 16번이나 연설을 했다. 지방 선거를 앞두고 작센에서도 네 차례의 연설을 했다. 이런 연설에서는 유대인을 노골적으로 공격하지 않았다.[303] 바이마르 체제에서 파탄이 난 국내외 경제, 국제 금융의 착취와 보통 사람들의 고통, 민주적 통치가 낳은 경제 실책, 정당제가 조장하고 확산시킨 사회 분열, 그리고 무엇보다도 독일이 하루빨리 부국강병을 이루어 영토를 팽창하고 미래에 대비해야 한다고 역설했다. "세계 시장에 진출하려면 결국 군사력이 뒷받침되어야 한다."고 히틀러는 단언했다.[304] 몰락하지 않으려면 힘을 키우는 길밖에 없다. "사회 체제를 몽땅 뜯어고쳐야 한다. 그리고 사람들로 하여금 지도자를 다시 믿게 만들어야 한다."[305]

히틀러의 연설은 선거를 앞두고 작센 지방에서 집중적으로 언론의 조명을 받기 위한 주도면밀한 선전 전략의 하나였다. 전략은 힘러가 짰지만 히틀러도 깊이 관여했다.[306] 당원 수가 늘어나고 당 조직과 구조가 개선되면서 언론의 주목도 그만큼 많이 받았다. 언론의 조명 덕에 당도 아주 활기차게 역동적으로 굴러가는 것처럼 보였다. 일선 조직이 활발하게 움직이고 지역 유지들이 하나둘 동참하면서 나치는 쭉쭉 뻗어나갔다.[307] 히틀러는 아껴 가면서 써야 했다. 무리한 일정으로 혹사시켜서는 안 된다는 이유도 있었지만 연설 효과를 극대화하려는 속셈도 있었다.[308] 히틀러가 한 번 연설을 해주면 지구당으로서는 천군만마를 얻은 것이나 마찬가지였다. 히틀러를 전혀 몰랐던 곳에서도 나치당은 1929년 이후로 상황이 바뀌면서 교두보를 확보해 나갔다.[309]

작센 선거에서 나치당은 5퍼센트를 얻었다.[310] 다음달의 메클렌부르크 지방 선거에서는 4퍼센트를 득표했다. 전해 총선에서 얻은 표의 갑절이었다. 좌우가 팽팽히 균형을 이룬 메클렌부르크 주의회에서 나치당의 두 의석은 결정적으로 중요했다.[311] 6월 말에는 독일에서는 처음으로 북부 바이에른의 코부르크라는 도시에서 나치당 후보가 시장에 당선되었다.[312] 10월의 바덴 주 선거에서는 나치당이 7퍼센트의 득표율을 올렸다.[313] 월가의 주식 폭락으로 대공황이 닥치기 전인데도 그랬다.

나치당은 또 전쟁 배상금이라는 호재를 만났다. 배상금 지불 조건을 명확하게 규정한 일정표가 미국의 은행가이며 제너럴일렉트릭 대표였던 오언 영의 주도로 전문가들의 의견 수렴을 거쳐 작성되었고 6월 7일에 마침내 조인되었다. 그전의 도스 안과 비교했을 때 이 영 안은 독일에게 비교적 유리한 조건이었다. 처음 3년 동안은 갚아야 하는 돈도 적었고 총액으로 따져도 도스 안보다 17퍼센트나 줄어들었다.[314] 그렇지만 배상금을 모두 갚는 데는 무려 59년이 걸렸다. 연합국이 반대급부로 제시한 조건은 베르사유 조약에 규정된 시기보다 빨리 라인란트에서 철수한다는 것이었다. 그래서 슈트레제만은 영 안을 받아들이려고 했다.[315] 우익 진영은 분노했다. 한때 크루프 제철 경영진에 몸담은 적이 있었고 독일국가인민당을 이끌면서 언론 재벌에다 영화사까지 거느렸던 알프레트 후겐베르크는 영 안을 거부하도록 정부에 압력을 넣기 위해 '독일 국민 청원을 위한 제국위원회'를 7월에 만들었다. 그러면서 히틀러에게도 동참을 권했다.[316] 철모단*의 프란츠 젤테와 테오도어 뒤스터베르크, 범게르만동맹의 하인리히 클라스, 그리고 프리츠 티센 같은 대기업인도 위원회에 들어갔다.[317] 오토 슈트라서처럼 나치당에서 좌파 성향을 띠었던 사람들은 히틀러가 이렇게 자본가라든가 수구 세력과 어울리는 것을 달가워하지 않았다.[318] 그러나 기회주의적이었던 히틀러는 이것이 당의 지명도를 높일 수 있는 호기라고 판단했다. 영 안과 '전쟁 책임론'을 거부하는 내용을 담아서 위원회가 9월에 작성한 '독일 민족의 노예화에 반대하는 법' 초안은 국민투표 발의 가능 선을 아슬아슬하게 넘었다. 그러나 1929년 12월 22일에 치러진 국민투표에서 이 법에 찬성표를 던진 것은 580만 명뿐이었다. 유권자의 겨우 13.8퍼센트였다.[319] 운동은 실패로 돌아갔지만 히틀러에게는 실패가 아니었다. 후

....

철모단(Stahlhelm) 1918년 12월에 조직된 우익 준군사단체. 퇴역 군인들이 중심인 조직이었으나 후에 비종군자도 받아들여 1920년대 중반에는 단원이 40만에 달하였다. 1935년 해산하였다.

겐베르크가 소유한 언론에 히틀러와 나치당은 크게 보도되었다.[320] 히틀러는 유력 인사들과 동급으로 대접받았고 자금을 조달하고 영향력을 행사하는 데 필요한 인맥도 구축할 수 있었다.

히틀러가 새로 사귄 친구들은 1929년 8월 1일부터 4일까지 뉘른베르크에서 열린 나치당 전당대회에 내빈으로 참석하기도 했다. 우익 단체 철모단의 부단장 테오도어 뒤스터베르크, 통일애국연합의 폰 데어 골츠 백작이 자리를 빛내주었다.[321] 대기업을 운영하면서 당을 재정적으로 돕던 에밀 키르도르프도 초청에 응했다. 바그너 집안을 대표하여 위니프리드 바그너도 대회에 참석했다.[322] 35량의 특별열차가 2만 5천 명의 돌격대원과 친위대원, 1,300명의 히틀러유겐트 단원을 뉘른베르크로 실어 날랐다. 경찰이 헤아린 대회 참석 인원은 3만에서 4만이었다. 2년 전에 열린 전당대회보다 크게 늘어난 규모였다. 13만 명으로 불어난 당원 수에 걸맞게 자신감도 커졌고 그만큼 미래를 낙관하는 분위기가 지배적이라는 뜻이었다.[323] 2년 전에 비해 히틀러의 장악력도 더욱 커졌다. 실무위원회는 위에서 결정한 정책을 무조건 추인하는 고무 도장 노릇을 했다. 히틀러는 정책에 관심이 없었고 예나 지금이나 오로지 전당대회를 선전하는 데에만 골몰했다.[324]

히틀러는 재창당 이후 지난 4년 동안 나치 운동이 괄목할 만큼 발전한 데 뿌듯함을 느낄 만했다. 쿠데타를 일으켰을 때보다 당원 수가 3배로 늘었고 여전히 빠르게 늘어나고 있었다. 나치당은 독일 전역으로 퍼졌다. 거점이 전혀 없던 곳에도 뿌리를 내렸다. 조직도 전보다 훨씬 탄탄하게 다져졌다. 반대 세력도 전보다 크게 줄어들었다. 같은 민족 운동 진영의 경쟁 세력은 나치당으로 통합되든가 유명무실해졌다. 히틀러는 완전히 주도권을 확립했다. 히틀러의 좌우명은 여전히 똑같았다. 똑같은 구호를 반복해서 외치고 선동 기회는 반드시 이용하고 외부 상황이 유리해지기를 기다린다는 것이었다. 그렇지만 아무리 1925년 이후로 당세가 급성장하고 아무리 지방 선거에서 선전을 하고 지명도가 올라갔어도 냉정히 따졌을 때 나치당이 집권할 가능성은 거의 없었다. 히틀러가 정권을 잡으려면 대규모의 포괄적인 위기가 일어나야 했다.

　사태가 그렇게 빨리 나치당에게 유리한 쪽으로 급변하리라고는 히틀러도 미처 예상하지 못했다. 10월 3일, 흔들리는 뮐러 정부를 끌고 가는 데 구심점 노릇을 했던 구스타프 슈트레제만이 뇌졸중으로 쓰러져 죽었다. 3주 뒤인 1929년 10월 24일에는 뉴욕 월가에서 세계 최대의 주식 시장이 붕괴했다. 히틀러에게 필요했던 위기가 바야흐로 독일을 집어삼킬 태세였다.

...9장

권력 의지

"나도 경제난이 닥치면서 재산을 모조리 잃었다.
그래서 1930년 초 국가사회주의독일노동자당에 들어갔다."
_히틀러 운동에 막 동참한 비숙련 노동자

"얼마나 많은 사람이 그를 은인으로, 구원자로,
크나큰 시련에서 벗어나게 해줄 구세주로 여기는지 모른다.
프로이센 영주도, 학자도, 성직자도, 농민도, 노동자도,
실업자도 히틀러만 바라보았다."
_1932년 4월 함부르크에서 히틀러의 연설을 들은 교사 루이제 졸미츠

나라가 거덜이 나니까 경제도 딱 멈추었다. 문을 닫은 공장이 헤아릴 수 없이 많았다. 독일 노동자는 굶주림이 일상이었다. 여기다가 유대인이 인위적으로 물자 품귀 현상을 부추기면서 노동자들은 먹을 것을 구하느라 농민들에게 사정하면서 다녔다. …… 정부가 국민의 어려움을 헤아리는 시책을 내놓지 못했기 때문에 정직한 노동자도 식량을 얻기 위해서 도둑질을 할 수밖에 없었다. …… 강도질이 하도 많이 늘어나니까 경찰은 시민의 재산을 보호하기에도 허덕였다. 공산주의자를 제외하고는 모든 시민이 옛날을 그리워했다. 나도 경제난이 닥치면서 재산을 모조리 잃었다. 그래서 1930년 초 국가사회주의당에 들어갔다.[1]

나치당에 들어간 사람의 이야기다. 또 다른 증언을 들어보자.

한편으로는 좌파 정부의 정책, 특히 고물가와 세금으로 생계 수단을 잃어버린 데다가 설상가상으로 우리처럼 전선에서 싸우던 군인은 죽어라 고생만 하던 어리숙한 병사들의 쥐꼬리 같은 봉급을 수단과 방법을 가리지 않고 갈취하는 깡패 집단에게 꼼짝없이 당할 수밖에 없었으니, 이런저런 애국 집단, 특히 히틀러 같은 사람이 벌이던 운동에 솔깃하지 않을 수가 없었다. 애국심과 사회 개혁을 염원하는 마음에 이끌려 많은 퇴역 군인과 이상주의자가 국가사회주의당의 깃발 아래 모였다.[2]

이 두 사람은 독일에 경제 위기가 닥치면서 나치당에 이끌려 들어갔다. 삼십대 초반의 비숙련 노동자였던 앞사람도, 비슷한 또래이며 1926년에 하던 빵가게를 (유대인 채권자의 빚 독촉에 시달려서) 헐값에 팔아 넘기고 행상으로 근근이 먹고 살던 뒷사람도 나치 지지자의 전형에 꼭 들어맞는 사람이었다.[3] 1930년 독일 경제에 먹구름이 끼면서 히틀러 주변으로 모여들기 시작한 수많은 사람 중에는 남자와 청년이 압도적으로 많았는데 그들이 무슨 생각으로 나치당에 이끌렸는지를 이 짤막한 진술에서 알아차릴 수 있다. 어느 경우에나 개인적으로 맺힌 것이 많고 자긍심을 잃어버린 사람은 모든 것이 '빨갱이' 정부의 정책 때문이라는 설명에 혹했고 유대인을 희생양으로 삼을 태세를 갖추고 있었다. 배신감과 피해의식이 너무나 컸다. 그냥 정권이 바뀌어야 한다고 생각한 정도가 아니었다. 1930년에 이런저런 동기로 나치당에 들어온 사람들은 공통적으로 바이마르 공화국이라는 '체제' 자체에 극도의 거부감을 지니고 있었다. 히틀러가 잘 간파한 대로 가장 두드러진 감정은 증오심이었다. 히틀러는 줄기차게 증오심을 파고들었다. 사람들이 히틀러에게 모인 것도 그래서였다. 그렇지만 이상주의에 끌린 면도 있었다. 빗나가기는 했지만 분명히 이상주의였다. 그것은 기존의 모든 사회 분열을 뛰어넘는 새로운 사회, '민족 공동체'를 세우자는 소망이었다. 나치당에 가입한 사람들은 신분과 특권이 당연시되는 지난날의 계급 중심적이고 권위주의적인 사회, 다수가 소수의 부자를 위해서 희생해야 하는 사회로 돌아갈 수는 없다고 생각했다. 새로운 사회는 공정해야 했지만 그렇다고 해서 마르크스주의에서 떠들어대는 사회적 평등주의로 개인의 재능과 기호, 능력, 주체성, 창조성을 무시하면 안 된다고 생각했다. 신분이 아니라 업적으로 인정을 받고, 권력과 재력을 가진 사람들이 별 볼 일 없는 평범한 사람들 위에 군림할 수 없고, 근본적인 사회 혁신으로 땀 흘린 사람이 정당한 보상을 받고, 힘없는 사람이 대자본에 착취당하지 않고 노동조합에 위협당하지 않고, 마르크스주의가 부르짖는 국제주의가 독일 국민에 대한 충성심에 압도당하는 그런 사회를 원했다. 그 이상주의는 차별 의식을 받아들였다. 민족 공동체에 동참하지 않는 '게으름뱅이', '식객', '기생자', 그리고 특히 유대인처럼 독일인이 될 수 없는 집단은 용서 없이 탄압했다. 그러나 진정한 국민은 '시민(Bürger)' 대신 '국민동지(Volksgenossen)'라는 말까지 새로 지어내면서 대접을 했다. 진정한 공동체 의식으로 굴러가는 이 새로운 사회에서 개인의 권리는 전체의 공공 이익 다음에 오는 가치였고 권리보다는 의무가 강조되었다. 독일은 오직 그런 조건에서만 다시 강해지고 자부심을 되찾고 적들이 베르사유 조약으로 강요한 질곡에서 벗어날 수 있었다. 분열을 조장하는 가증스러운 민주주의 체제를 완전히 허물어뜨려야만 민족 공동체를 이룩할 수 있었다.

이런 거칠지만 강력한 이상을 품고 나치당에 들어온 수많은 사람들에게 민족주의와 사회주의는 상충되는 것이 아니었다. 둘은 함께 갔고, 강력하고 단합된 신생 국가라는 동일한 유토피아의 일부분이었다. 1930년에 경제 위기가 깊어지면서 나치당에 표를 던졌거나 나치당에 들어온 사람 중에는 히틀러를 한 번도 본 적이 없는 사람이 많았다. 처음으로 관심을 기울이게 된 사람도 적지 않았다. 그들은 이미 나치당 쪽으로 기운 사람들이었다. 나치당은 우익 진영 안에서 다른 경쟁 단체들과 이념적으로 차별화하려고 하지 않았다. 민족주의와 반(反)마르크스주의는 농도는 다를지언정 좌파를 제외하고는 모든 정파가 공유한 정서였다. 반유대주의는 나치당의 전유물이 아니었다. 히틀러의 운동이 남달라 보였다면 그것은 말보다 행동을 앞세우고 역동적이고 활력에 넘치는 젊은 조직으로 보였기 때문이었다. 많은 사람이 보기에 나치당은 현재와 완전히 결별했으면서도 그 옛날 튜턴 기사단의 진정한 가치를 간직한 앞날의 '새로운 독일'을 상징했다. 그들은 독일을 착취하는 세력과 한판 승부를 벌이고 싶었던 꿈과 독일의 부활을 염원하는 마음을 히틀러에다 실었다. "진정한 독일인이라면 누구나 독일의 구원자를 진실로 소망하고 진정으로 위대한 지도자를 신뢰를 가득 담고 우러러본다."고 이 무렵 새로 나치당에 들어온 또 다른 사람도 고백했다.[4]

경제 위기가 정권을 무너뜨리는 일은 흔히 있지만, 정치 체제 자체가 무너지는 일은 드물다. 1930년대 초반 대공황으로 극심한 경제 위기가 닥쳤을 때도 민주주의가 이미 굳게 확립되고 패전으로 민주주의의 기반이 잠식당하지 않는 나라에서는 민주주의가 살아남았다. 미국과 영국에서도 대량 실업과 경제 침체로 엄청난 고통과 희생이 따랐지만 민주주의 체제는 심각한 도전을 받지 않았다. 민주주의는 건재했다. 아니, 더 강해졌는지도 몰랐다. 민주주의의 기반이 훨씬 취약한 프랑스에서도 약간 상처는 입었지만 민주주의는 살아남았다. 그러나 독일에서는 위기가 닥치자마자 국가의 골격을 이루는 체제 자체가 흔들렸다. 히틀러와 나치당은 바이마르 공화국이 맞은 체제 위기의 수혜자였지만 위기의 원인을 제공한 것은 아니었다. 바이마르 공화국은 이른바 '황금기'라 불릴 때에도 독일 국민의 마음을 사로잡지 못했다. 재계, 군부, 대지주, 국정을 맡은 고위 관리, 학계, 상당수의 지식인과 여론 주도층은 바이마르 공화국을 적극적으로 지지한 것이 아니라 그저 묵인했을 따름이었다. 권력을 쥔 엘리트 가운데 상당수는 거추장스러운 민주주의를 내동댕이칠 기회가 오기만 기다렸다. 그렇게 염원하던 위기가 찾아오자 그들은 본색을 드러냈고 대중도 바이마르 공화국에서 너도나도 돌아서기 시작했다. 영국과 미국에서는 엘리트가 헌법과 깊이 결부되어 있고 장구한 전통을 지닌 민주주의 체제를 지지했다. 그렇게 하는 것이 자신들에게 유리했기 때문이었다. 민주주의의 뿌리가 훨씬 얕은 독일에서 엘리트는 자신들에게 갈수록 불리하게 작용하는 것만 같았던 민주주의 체제를 권위주의 체제로 바꾸고 싶어했다. (당시만 하더라도 아직은 그것이 꼭 나치 통치를 뜻하는 것은 아니었다.) 영국과 미국에서는 대중은 아무리 살기가 고달프고 불만이 많아도 기존의 안정된 정당들 말고는 딱히 다른 대안이 없었다. 그리고 아주 드문 예외를 제외하고는 대중부터가 다른 대안을 찾지 않았다. 독일에서는 중도파와 우파 계열의 정당들이 파편화되었기 때문에 나치가 치고 들어갈 수 있는 '정치 공간'이 열려 있었다.[5] 그래서 독일의 경우 경제 위기는 처음부터 근본적인 체제 위기를 몰고 왔다. 전선이 펼쳐진 곳은 처음부터 국가였다. 바로 히틀러가 바라던 바였다.

대공황

나치 지도부가 1929년 10월 미국 주식 시장의 붕괴가 어떤 파장을 몰고 올 것인지를 금세 알아차린 것은 아니었다. 당 기관지 〈민족의 감시자〉는 월가를 강타한 '검은 금요일'의 주가 폭락을 아예 보도조차 하지 않았다.[6] 그러나 독일은 곧 충격에 휘말렸다. 미국에서 단기 자금을 많이 빌려 썼기 때문에 직격탄을 맞을 수밖에 없었다. 산업 생산, 물가, 임금은 뚝뚝 떨어져서 1932년에는 바닥까지 내려갔다.[7] 그렇지 않아도 1928년과 1929년의 농업 위기로 급진화되었던 독일 농민은 이제는 더욱 과격해졌다. 1930년 1월 현재 공식 집계된 실업자 수는 321만 8천 명으로 전체 노동 인구의 14퍼센트였다. 그러나 임시직을 감안하면 실제 실업자는 450만 명은 족히 넘었다.[8]

민주주의에 배신당했다고 생각한 보통 사람들은 '체제'를 쓸어버려야 한다면서 좌우에서 모두 들고일어났다. 지방 선거에서 나치가 선전한 것은 그만큼 유권자들의 불만이 커졌다는 뜻이었다. 영 안 국민투표 서명 운동을 하는 과정에서 나치당은 후겐베르크의 언론 덕분에 지명도가 크게 올라갔다. 덕분에 "지금까지 독일에서는 꿈도 꿀 수 없었던 선전 효과를 얻었다."고 히틀러는 자평했다.[9] 사람들은 이제 나치당을 가장 급진적인 주장을 하는 우익 단체로 인식했다. 바이마르 정부에 참여한 적이 없었으므로 나치당은 저항 운동 그 자체를 상징했다. 1929년 10월 27일에 치러진 바덴 주 선거에서 나치당은 7퍼센트를 득표했다. 2주일 뒤의 뤼베크 시 선거에서는 8.1퍼센트를 얻었다. 11월 17일에 치러진 베를린 지방 선거에서도 50퍼센트가 넘는 표를 얻은 두 좌익 정당, 공산당과 사회민주당에 비하면 적었지만 그래도 1928년에 얻은 표의 4배 가까이 되는 5.8퍼센트를 득표했다. 특히 12월 8일의 튀링겐 주 선거에서는 처음으로 10퍼센트의 벽을 넘어 11.3퍼센트의 득표율을 기록했다. 나치당은 주로 독일국가인민당, 독일인민당, 지주연맹의 표를 갉아먹었다. 대공황으로 장난감과 크리스마스 장식용품을 만들던 공예업자들이 크게 타격을 받은 소도시와 마을이 모여 있던 튀링겐 주와 바이에른 주의 경계선에 자리 잡은 튀링거발트 지역에서는 지지율이 5배로 늘었다. 나치당은 이 지역에서 (총 53석 가운데) 6석을 얻는 선전에 힘입어 튀링겐 주의 반마르크스주의 연정에서 주도권을 행사할 수 있었다.[10] 나치당은 갈수록 신뢰도가 추락하고 있는 제도권에 들어가 인기가 떨어지는 위험성을 감수하고라도 정권에 참여하면서 상황에 적극적으로 대응할 것인가? 히틀러는 그렇게 해야 한다고 판단했다. 나치당이 정권에 들어가기를 거부하면 다시 선거를 치러야 하고 그때는 유권자가 등을 돌릴지도 모르기 때문이었다.[11] 그 다음에 벌어진 사태는 이 무렵 나치당이 독일 전체의 정권 쟁취까지 포석을 깔고 움직였음을 시사한다.[12]

히틀러는 튀링겐 주정부에서 가장 중요하다고 본 두 자리를 요구했다. 하나는 공무원과 경찰을 감독하는 내무장관직이었고 또 하나는 초중등학교와 대학교는 물론 문화 정책을 관장하는 교육장관직이었다. "이 두 자리를 손에 거머쥐고 초지일관 강하게 밀어붙일 수 있는 사람은 엄청난 일을 해낼 수 있다."고 히틀러는 썼다.[13] 히틀러는 이 두 자리의 후보자로 모두 빌헬름 프리크를 밀었는데 독일인민당은 뮌헨 봉기(맥주홀 쿠데타)로 반역죄를 저지른 사람과 같이 일할 수 없다며 거부했다. 그러자 히틀러는 사흘 안에 프리크를 받아들이지 않으면 연정에서 탈퇴하여 선거를 다시 치르겠다는 최후 통첩을 보냈다. 히틀러는 튀링겐 출신의 기업인들을 동원하여 대기업과 관련이 깊었던 독일인민당에 압력을 넣었고 결국 요구를 관철했다. 프리크는 공무원, 경찰, 교사 중에서 좌파와 민주주의 성향을 지닌 사람을 솎아내고 국가사회주의 이념에 맞는 교육 정책을 수립하는 임무를 맡았다. 그 첫걸음으로 인종 이론 '전문가'인 한스 귄터 박사를 예나 대학의 인종문제·인종학 교수직에 앉혔다.[14]

나치 첫 정권 참여 실험이 썩 성공적이었다고 말할 수는 없었다. 인종 이념을 토대로 교육 정책과 문화 정책을 뜯어고치려던 프리크의 시도는 반발에 부딪쳤고 경찰과 공무원 조직을 나치화하려는 시도도 중앙 정부의 간섭으로 말미암아 관철되지 못했다. 1년도 못 가서 프리크는 나치와 함께 연정에 참여한 정당들의 불신임 투표로 자리에서 물러나고 말았다.[15] 나치당을 연정에 참여시켰다가 그 무능함을 백일하에 드러내어 지지도를 떨어뜨린다는 전략은 운명의 1933년에 바로 써먹는 전략이지만 튀링겐의 경우를 볼 것 같으면 결코 황당무계한 전략은 아니었다.

1930년 2월 2일 한 외국 지지자에게 튀링겐 주정부에 참여하기까지의 과정을 설명하면서 히틀러는 당 지지도가 급등했다고 밝혔다.[16] 편지를 썼을 당시 나치당의 공식 당원 수는 20만 명이었다(실제로는 그 수치를 약간 밑돌았다). 나치당은 그때까지 전혀 지지 기반이 없었던 곳에서도 교두보를 마련하기 시작했다.

니더작센의 노르트하임이라는 소도시의 경우, 유권자의 투표 성향은 계급에 따라 갈렸어도 경제적으로 결코 낙후된 지역도 아니었고 상당히 안정된 도시였다. 이곳에서 나치는 1929년 이전까지만 하더라도 바닥권을 맴돌았다. 1928년 선거에서 사회민주당은 45퍼센트 가까이 표를 얻었는데 나치당은 겨우 2.3퍼센트밖에 표를 얻지 못했다.[17] 그러나 현장에서 부지런히 뛴 덕분에 이듬해에는 당이 활력을 얻었다. 지역 활동가들은 1930년 초반부터 전단을 뿌리고 다녔다. 노르트하임은 대공황의 타격을 비교적 적게 받은 곳이었지만 그곳에 살던 중산층과 인근에 거주하던 농민들은 세금 문제, 부채 문제, 갈수록 심화되는 경쟁으로 중압감을 느끼고 있었다. 그들은 이 모든 것이 마르크스주의자들에게 휘둘리는 정부 탓이라고 보았다. 엄선한 연설원을 최대한 활용하는 나치의 전략이 조금씩 먹혀들었다. 집회에 오는 청중의 수는 아직 적었지만 나치는 활기차고 추진력 있고 젊은 당이라는 이미지를 심어주었다. "나치당은 항상 부산하다는 느낌을 준다. 거리를 걷다 보면 담벼락에는 하켄크로이츠 그림이 그려져 있고 또 나치를 알리는 벽보가 붙어 있다. 어딘가 꺼림칙하기도 했지만 넘치는 힘에 자꾸만 나도 모르게 끌렸다." 한 가정주부는 그렇게 말했다.[18] 나치가 당세를 넓히는 데는 이미지가 크게 작용했다. 노르트하임에서 나치당은 극렬한 반마르크스주의 노선, 다시 말해서 반사회민주주의 노선을 고수하면서 민족주의와 군국주의를 부르짖는 징딩으로 널리 일려졌다. 나치당은 '이념'으로는 내세울 것이 없었다. 그보다 중요한 것은 이미지였다. 그것이 엇비슷한 구호와 이념을 내세운 여타 우익 정당들과 나치당의 차이였다. 민족주의적이고 종교적인 상징을 교묘히 이용하는 것이 중산층의 지지를 얻는 데 유리했다. 또 지역에서 존경받는 인물을 영입한 것도 도움이 되었다. 노르트하임에서 큰 서점을 운영했고 개신교의 기둥 역할을 했던 사람이 나치당에 들어오자 사람들 생각이 달라졌다. "그분이 들어갈 정도면 괜찮은 데로구나." 이렇게들 생각한 것이다.[19] 반유대주의는 생각보다는 흡인력이 강하지 않았다. 반유대주의를 표방했다고 해서 주민들이 나치당에 거부감을 보인 것도 아니었지만 그렇다고 해서 반유대주의에 호감을 품고 나치당을 찾은 것도 아니었다.[20] 나치당에 어느 정도 매력을 느끼기 시작했을 무렵에도 주민들 가운데 히틀러의 얼굴을 직접 본 사람은 드물었다. 역시 중요한 것은 이미지였다. 무수히 많은 선전 집회를 통해 히틀러가 대변한 것으로 알려진 내용이었다.

노르트하임에서 일어난 일이 독일 방방곡곡에서, 도시와 마을을 가리지 않고 일어났다. 전해 가을부터 전쟁 배상금을 장기간 동안 무는 것을 반대하는 청년 운동을 활발히 벌여 온 나치당은 하루에 보통 100번의 집회를 열었다.[21] 총선이 코앞으로 다가온 여름께는 집회를 더 자주 열었다. 연설원은 엄선을 해서 잘 훈련시켰기 때문에 대체로 자질이 뛰어났다. 중앙에서 정한 원칙에 맞게 나치당의 기본 선동 원칙을 충실히 따르면서도 현지에서 먹혀들 수 있는 주제를 파고드는 융통성을 발휘했다. 국가사회주의당은 신문의 1면으로 점점 밀고 들어갔고 술집에서도 화제의 중심으로 떠올랐다. 지역 공동체에는 이런저런 모임과 친목 단체가 많았는데 그런 데도 파고들어 갔다.[22] 슐레스비히-홀슈타인처럼 비교적 동질성이 높은 마을이 많은 지역에서는 농업 위기로 말미암아 그렇지 않아도 바이마르 체제에 대한 불만이 팽배했는데 지역에서 신망이 높은 농민 지도자 한두 사람만 움직여도 지역 주민이 대거 나치당으로 돌아섰다.[23] 다른 비(非)마르크스주의 계열 정당들은 사람을 모으지 못하면서 제대로 활동도 못 하고 점점 더 신용을 잃고 무력해지거나, 아니면 가톨릭 중앙당처럼 가톨릭이라는 특정 집단의 지지밖에 얻지 못했

다. 우익 정당들이 하나같이 혼란에 빠지자 민족주의를 내세우면서 상
승세에 있던 활기찬 나치당은 좌파에 맞서 싸울 수 있는 대안 세력으로
기대를 모았고 민족 공동체 수립을 통해서 사회의 여러 이해 집단을 대
변할 수 있는 유일한 정치 집단으로 떠올랐다. 당원 숫자가 많아지니까
갈수록 늘어나는 나치 집회에서 입장료를 내거나 기부금을 내는 당원도
늘어나 재정적으로 여유가 생겨서 선전도 더욱 활발하게 벌일 수 있었
다.[24] 줄기찬 선전 활동은 벌써 1930년 초반부터 효력을 발휘하기 시작
했다. 9월 총선에서 나치당이 약진을 할 수 있었던 데는 이런 밑바탕이
있었다.

당이 급성장하자 히틀러는 고무되어서 1930년 2월 초에 지인에게 쓴
편지에서 나치당은 앞으로 2년 반에서 3년 안에는 집권이 가능할 것으
로 내다보았다.[25] 그것은 특유의 허장성세였지만 히틀러는 상황이 자
기에게 유리해진다고 보았다. 그렇지만 기어이 승리를 하고야 말 것이
라는 확신은 어디까지나 '감'이었지 냉철한 계산을 통해서 얻은 결론은
아니었다. 나치의 선동 전략이 바이마르 공화국을 공격하는 부정 일변
도로 흘렀다는 사실을 나치 지도부도 잘 알았다.[26] 그레고어 슈트라서
는 당 강령이 구체적이지 못하고 너무 이념적이라고 생각했다. 당 강령
을 만든 사람들은 정권을 잡으면 강령을 어떻게 실천에 옮길지 아무 생
각이 없다고 슈트라서는 주장했다. 당은 미래에 대한 뚜렷한 복안 없이
그저 투쟁 일변도로 나갔다.[27] 미래를 위한 정책을 짜는 작업이 당 내
에서 이제 막 시작되었지만 아직 막연하고 어설펐다.[28] 히틀러는 그런
쪽에는 통 관심이 없었고 그저 선전과 동원에만 골몰했다. 권력을 어떻
게 쟁취하느냐에만 신경을 썼지 권력을 어떻게 유지할 것인지는 관심
밖이었다.[29] 설득력 있는 전략을 개발할 생각은 전혀 하지 않았다.

지방 선거에서 표를 얻는 것은 무척 중요했지만 거기서 선전을 했다
고 해서 저절로 권력이 굴러 들어오는 것은 아니었다. 독일 총선은
1932년에나 가야 있었다. 튀링겐에서 좋은 성적을 얻은 덕분에 나치당
은 주정부에 집권당의 일부로 참여하는 새로운 경험을 할 수 있었다. 그
러나 정부에 들어가는 것만이 능사가 아니고 오히려 지지율만 떨어지기

십상이라는 사실이 곧 밝혀졌다. 아무리 공황이 심각했고 국가사회주의당이 지방 선거에서 꾸준히 득표를 늘려갔더라도 권력으로 가는 길은 첩첩산중이었다. 중앙 정부가 어처구니없는 실책을 저지른다면 모를까 돌파구를 찾기가 쉽지 않은 상황이었다. 경제 위기를 빌미로 민주주의를 죽이고 권위주의 정부를 세우려는 속셈으로 독일의 권력을 거머쥔 엘리트 집단이 민주주의를 내팽개치는 오류를 범해야만 나치당에게 기회가 올 수 있었다. 1930년 3월에 정확하게 바로 그런 일이 생겼다.

의회 해산

사회민주당의 헤르만 뮐러 총리가 물러나고 가톨릭 중앙당의 하인리히 브뤼닝이 정권을 넘겨 받으면서 바이마르 공화국은 자멸로 나아가는 첫 발을 내딛었다. 민주 국가의 자기 파괴만 없었어도, 민주주의를 수호해야 할 사람들이 오히려 민주주의를 허물어뜨리지 못해 안달을 부리지만 않았어도, 제아무리 선동하는 능력이 뛰어났다 하더라도 히틀러는 권력 근처에도 가지 못했을 것이다.

뮐러 정부는 1930년 3월 27일 실업 보험의 고용주 납입 부담률을 봉급의 3.5퍼센트에서 4퍼센트로 올리는 문제로 말미암아 좌초하고 말았다.[30] 이 문제는 그렇지 않아도 삐걱거리면서 연정을 이끌어 온 사회민주당과 독일인민당의 관계를 1929년 가을부터 더욱 냉랭하게 만들었다. 의지만 있었더라면 얼마든지 타협점을 찾을 수 있었을 것이다. 하지만 독일의 경제적 어려움이 가중되자 독일인민당은 다른 부르주아 정당들에 발맞추어 급격히 우경화했다. 슈트레제만이 없어지니까 실용과 상식을 지키던 구심점이 사라져버렸다. 대기업과 친분이 두터웠던 독일인민당은 날이 갈수록 실업자가 늘어나는 상황에서 기업이 떠맡아야 할 사회적 부담이 가중될까 봐 바이마르 공화국의 복지 정책에 공격을 퍼부었다. 독일인민당을 비롯한 우익 부르주아 진영의 시각에서는 그것이 곧 바이마르 체제에 대한 공격이었다. 사회민주당은 사회민주당대로 점

파울 폰 힌덴부르크 대통령. 1차 세계대전의 전쟁 영웅이었으며, 1925년 국민투표를 통해 바이마르 공화국 2대 대통령에 올랐다. 공화 체제를 거의 신뢰하지 않았던 그는 권위주의 체제로 독일을 이끌어 결국 히틀러 집권의 산파 역할을 했다.

점 비타협적으로 나갔다. 사회민주당은 뮐러가 실업 보험 문제에서 한 발짝도 양보하지 못하도록 압력을 넣었다.[31]

연정을 꾸려 나가던 두 당이 교착 상태에 빠졌어도 정권이 무너지는 것은 막을 수 있었다. 마음만 먹었다면 힌덴부르크 대통령은 뮐러가 실업 보험료 문제를 수습할 수 있도록 대통령령으로 도울 수 있었다. 실제로 1923년 위기가 닥쳤을 때도 에베르트가 슈트레제만을 그런 식으로 밀어주었다. 힌덴부르크도 뮐러의 후임자들에게는 그런 식으로 자기 권한을 행사했고 결과적으로 내각을 허수아비로 만들었다. 하지만 1930

년 초반에는 뮐러에게 헌법 제48조에 보장된 대통령령을 발동하지 않았다.[32] 이러지도 저러지도 못하는 상황에서 뮐러는 3월 27일 결국 사임할 수밖에 없었다. 바이마르 공화국의 종말은 그렇게 시작되었다.

뮐러를 중도 하차시키려는 움직임은 오래 전부터 있었다. 힌덴부르크 대통령은 독일국가인민당 당수를 역임한 그라프 베스타르프에게 1929년 3월에 벌써 사회민주당 없이 국정을 꾸려 나갈 필요가 있다고 말했다. 이어서 8월에는 그뢰너 국방장관의 총애를 받았으며 국방부 안에 새로 만들어진 정무국(Ministerant) 국장으로 있던 쿠르트 폰 슐라이허 소장이 벌써 힌덴부르크의 의중을 간파하고는, 가톨릭 중앙당 내에서도 오른쪽에 서서 당의 재정 정책을 총괄하는 자리를 맡고 있던, 신중하고 성실했지만 목석처럼 무미건조하고 덤덤한 편이었던 하인리히 브뤼닝에게 힌덴부르크 대통령이 헌법 48조를 앞세워서 의회를 조기 해산하고 긴급령을 토대로 통치할 가능성이 있다는 사실을 귀띔했다.[33] 그해 12월 가톨릭 중앙당의 원내 사령탑을 맡은 브뤼닝은 힌덴부르크가 영안이 통과되는 대로 뮐러를 내몰 작정임을 알아차렸다. 브뤼닝이 총리로 내정되었고 필요하다면 대통령이 바이마르 공화국 헌법 48조를 발동하여 도울 생각이었다. 1월에는 독일국가인민당이 브뤼닝 내각을 받아들일 의사가 있는지 의중을 떠보기도 했다. 2월이나 3월에는 재정 개혁 문제로 정부가 위기에 봉착하리라는 설이 파다했다. 대통령은 어떻게 해서든 사회민주당을 행정부에서 밀어내고 싶었고 "의회에 기대지 않으며 반마르크스 노선을 걷는" 정부를 수립할 수 있는 절호의 기회를 놓칠 수 없다고 생각했다.[34]

1930년 3월 30일 브뤼닝은 총리에 임명되었다. 그러나 곧 어려움에 봉착했다. 아무리 긴급령이 있다고는 하지만 바이마르 헌법에 따르면 의회를 아예 무시할 수는 없었다. 헌법 48조에 따른 대통령 긴급령이 의회의 동의를 얻지 못할 경우, 대통령은 의회를 해산할 수 있지만 60일 안에 선거를 새로 치러야 했다. 긴급령을 토대로 공공 지출을 줄이려던 브뤼닝의 방침은 6월에 들어 심각한 어려움에 직면했다. 공공 지출 축소와 세금 인상을 골자로 하는 긴축 정책으로 국가 재정을 다각도로 개혁하려고 했지만 7월 16일 의회는 이 개혁안을 부결시켰다. 브뤼닝은 의회에서 다수의 지지를 얻기 위해 다방면으로 노력을 기울여야 했지만 그렇게 하지 않았다. 그리고 다시 긴급령에 기대어 법안을 입법화하려고 했다. 의회에서 부결된 법안을 법으로 만들려는 시도는 유례가 없었고 그 적법성도 의심스러웠다. 사회민주당이 발의하고 나치당도 지지하는 가운데 의회가 대통령령 철회를 요구하는 동의안을 통과시키자 1930년 7월 18일 브뤼닝은 대통령에게 의회 해산을 요청했고 대통령은 그 요청을 받아들였다.[35] 피곤한 협상을 통해 의회에서 다수의 지지를 얻어내기보다는 간단하게 의회를 해산하는 방법을 쓰고픈 유혹이 너무나 강했던 것이다. 선거일은 9월 14일로 잡혔다. 그것은 독일 민주주의의 재앙이었지만 히틀러에게는 굴러 들어온 복이었다.

의회 해산은 참으로 무책임한 결정이었다. 브뤼닝도 나치당이 상당한 표를 얻으리라는 예상은 하고 있었다.[36] 몇 주 전 작센 지방 선거에서도 14.4퍼센트를 얻은 나치당이었다.[37] 하지만 대통령령으로 운영되는 권위주의 체제로 의회제를 누르고 말겠다는 욕심이 앞선 나머지 독일 국민의 분노와 좌절을 과소 평가했고 기존 체제에 대한 국민의 소외감과 반감이 얼마나 심각한 수준인지 미처 깨닫지 못했다. 나치당은 자신들의 행운을 믿을 수 없을 정도였다. 새로 선전 책임을 맡은 요제프 괴벨스의 진두 지휘로 나치당은 코앞으로 닥친 선거를 여름 내내 열심히 준비했다.[38]

이념이냐, 지도자냐

그러는 동안에도 당 내부에서는 갈등이 벌어졌지만 그것은 지난 5년 동안 히틀러가 어느 정도까지 나치당을 장악했는지, 나치당이 얼마나 지도자당이 되었는지를 여실히 드러냈다. 당 지도부에서 불거진 갈등은 결국 지도자와 '이념'을 분리하느냐 마느냐의 문제로 귀결되었다.

그레고어 슈트라서의 동생이었던 오토 슈트라서는 베를린에서 감프

(Kampf, 투쟁) 출판사를 직접 운영하면서 자신이 염원하는 국가사회주의 이념을 담은 출판물을 냈다.[39] 오토 슈트라서가 생각한 국가사회주의는 급진적이면서도 신비주의가 물씬 풍기는 민족주의, 철저한 반자본주의, 사회 개혁 노선, 반서구주의를 뒤죽박죽 섞어놓은 것이었다. 부르주아 사회를 거부하다 보니 자연히 볼셰비즘의 급진 반자본주의에 호감을 품었다. 캄프 출판사에서 책을 내는 이론가들도 오토와 비슷한 국가 혁명 이념에 물들어 있었다. 히틀러는 급진적인 생각이라도 당에 피해를 주지 않고 자기의 지위를 위협하지 않으면 그냥 두었다. 심지어 오토 슈트라서가 신당을 창당한다고 떠들고 다닐 때도 못 들은 척했다. 하지만 1930년 초반으로 넘어오면서 오토 슈트라서는 독자적인 색깔을 더욱 뚜렷하게 드러냈다. 그 전해에 히틀러가 부르주아 우익 정당과 밀착 관계를 보여서 반감으로 더 그랬을 것이다. 기업인들의 압력을 받고 히틀러가 당의 이름을 걸고 개입하지 말라고 자제를 당부했는데도 1930년 4월 작센 지방에서 금속 노동자들이 벌인 파업을 캄프 출판사가 줄곧 지지하면서 한판 승부가 불가피했다.[40]

이 무렵 몇 주 전부터 괴벨스도 자기가 내던 일간지 〈공격〉과 경쟁 관계에 있는 신문을 내던 슈트라서 형제에 대한 불만을 히틀러에게 털어놓았다.[41] 히틀러는 괴벨스를 도와주겠다고 약속했다. "히틀러도 슈트라서 형제가 눈에 거슬리는 모양이었고 그런 식으로 말로만 떠드는 사회주의에는 질렸다고 했다."[42] 하지만 히틀러는 가만히 있었다.[43] 히틀러의 그런 소극성과 수수방관이 괴벨스는 답답하고 짜증스러웠다. 1월에도 하숙비를 안 낸다는 집주인의 하소연을 듣고 달려온 공산주의자들의 총에 맞아 죽은 베를린의 돌격대 지도자 호르스트 베셀의 장례식에 히틀러가 참석하지 않는다고 괴벨스는 화를 냈다. 베셀을 정적들에게 무자비하게 살해된 순교자로 미화한 괴벨스는 슈트라서 형제를 방치할 경우 베를린 관구장에서 물러나겠다고 위협했다.[44] 그렇지만 히틀러의 기질상 개입하지 않으리라는 것을 괴벨스도 잘 알았다.[45] "뮌헨도, 지도자도 나의 기대를 저버렸다." 3월 중순에 괴벨스는 쓰라린 심사를 밝혔다. "이제는 아무것도 믿을 수가 없다. 이유야 어찌 되었건 히틀러는 지금까지 다섯 번이나 약속을 어겼다. 괴롭지만 사실이고 나는 나름대로 결론을 내렸다. 히틀러는 자기한테만 파묻혀 있을 뿐 도무지 결정을 안 내린다. 앞에서 이끌어 가는 것이 아니라 그냥 내버려 둔다."[46]

4월 초 히틀러가 후겐베르크와 갈라서고 영 안에 반대하는 의회 위원회에도 참여하지 않는다는 방침을 정한 것이 히틀러의 함구령에도 불구하고 슈트라서가 내는 신문에 보도되자 히틀러도 지켜보고만 있을 수가 없었다. "히틀러는 화가 머리 끝까지 났다."[47] 괴벨스는 그렇게 썼다. "학자처럼 점잖을 떨어봐야 자꾸 피해만 보니까 이제는 성질도 좀 부리려는 모양이다."[48] 4월 27일 고위 간부를 모두 모아놓고 두 시간 동안 연설을 하면서 히틀러는 슈트라서가 하는 출판사와 '살롱 볼셰비키'를 공격했다.[49] 그리고 회의 말미에 가서는 베를린 관구장으로 있던 괴벨스를 당 선전 지도자로 임명했다. "다행히 히틀러가 다시 앞으로 나섰다." 괴벨스는 승리감에 차서 그렇게 썼다.[50] 그렇지만 히틀러는 아직도 정면 대결은 꺼렸다.

다시 한 번 미온적 대응에 그치더니 5월 21일에는 베를린으로 가서 오토 슈트라서를 호텔로 불러 오래 이야기를 나누었다. 히틀러는 그 자리에서도 될 수 있으면 부딪치지 않으려고 했다. 원래는 심각한 자금난을 겪던 캄프 출판사를 사들여 문제를 해결할 생각이었다.[51] 심지어 오토 슈트라서에게 언론 특보를 맡으라는 제안까지 했다.[52] 그러나 오토 슈트라서는 고집을 꺾지 않았다. 히틀러는 비위를 맞추다가 안 되니까 나중에는 협박까지 했다. 당장 결정을 내리라면서, 안 그러면 이삼 일 안으로 출판사 문을 닫게 만들겠다고 최후 통첩을 했다.[53] 슈트라서는 끄떡도 하지 않고 문제를 이념 논쟁으로 끌고 갔다. 나중에 슈트라서가 쓴 회고록은 현재 남아 있는 유일한 기록이지만 진실성이 높고 히틀러도 그 점을 부정하지 않았는데, 이 회고록에 따르면 당시 핵심 논점은 지도자의 위상과 사회주의였다.[54] "지도자라면 모름지기 이념을 지향해야 한다. 사실은 이념 하나에만 매달려도 벅차다. 이념은 영원하지만 지도자는 죽기 마련이고 잘못을 저지를 수 있다." 슈트라서는 그렇게 주장했다. "그건 당치 않은 소리다. 우리가 가는 길은 그런 역거운 민주주의와는 거리가 멀다. 우리에게는 지도자가 이념이므로 당원 한 사람한 사람은 지도자를 따라야 한다." 히틀러가 받아쳤다.[55] 슈트라서는 히틀러가 우익 부르주아와 공생하는 합법 노선을 고집하면서 '사회 혁명'의 숨통을 조였다고 몰아붙였다. 히틀러는 슈트라서가 말하는 사회주의야말로 "영락없는 마르크스주의"라고 맞받았다. 노동자계급 대다수가 원하는 것은 빵과 서커스이며 어차피 이념 같은 것은 이해하지도 못한다는 것이었다. "현실적으로 가능한 혁명은 경제 혁명도 아니고 사회 혁명도 아니고 정치 혁명도 아니다. 인종 혁명만이 가능하다." 히틀러는 그렇게 단언했다.[56] 대기업에 대해서도 자기는 사회주의로 나간다든가 노동자에게 경영권을 준다든가 할 마음은 눈곱만큼도 없다고 밝혔다. 국익을 위해서는 생산에 차질이 빚어지지 말아야 하며 그래야만 강국을 만들 수 있다는 것이었다.[57]

회담은 결렬되었다. 히틀러는 심기가 편치 않았다. "조직력이라고는 전무하고 공산주의 사상이 뼛속까지 밴 유대인 지식인"이라고 히틀러는 오토 슈트라서를 혹평했다. "히틀러는 분노가 끓어 올랐다." 괴벨스는 당연한 말을 했다.[58] 몇 주 뒤 그레고어 슈트라서는 이런 언쟁이 있고 나서부터 동생은 더는 당에 있을 수가 없다고 적었다.[59] 하지만 히틀러는 여전히 대응하지 않았다. 괴벨스한테는 작센 선거를 치르고 나서 오토 슈트라서를 처리하겠다고 약속했지만[60] 6월이 다 가도록 아무런 조치도 취하지 않았다. 괴벨스뿐 아니라 괴링, 발터 부흐까지 나서서 압박하고, 베를린에서 두 사람이 나눈 이야기를 5월에 오토 슈트라서가 언론에 공표하는 바람에 더는 빼도 박도 못하게 된 시점에 가서야 히틀러는 비로소 움직였다.[61] 작센 선거가 있기 전날 밤 히틀러는 슈트라서 일파를 숙청하겠다고 괴벨스에게 약속했다.[62] 그렇지만 사흘 뒤인 6월 25일 히틀러와 전화 통화를 하고 나서 괴벨스는 이런 인상을 받았다. "나더러는 피라미를 몰아내라고 하면서 본인은 대어에 손도 안 댄다. 히틀러는 늘 그런 식이다. 큰소리를 칠 때는 언제고 나중에 가서는 슬그머니 물러선다. …… 약속을 하고 지키지를 않는다."[63] 6월 28일이 되면 괴벨스의 불만은 더 커졌다. 히틀러는 "결정을 해놓고는 뒷걸음질친다. 그래서 모두가 수포로 돌아간다. 결정을 해야 하니까 부담스러워서 아마 월요일에도 〔베를린으로〕 오지 않을 거다. 항상 그렇다. 우유부단하다! 자꾸 미루기만 한다!"[64] 아니나 다를까 괴벨스가 예상한 대로 히틀러는 7월 3일 베를린 관구 집회에서 연설을 하기로 해놓고 작센에서 연정 협상을 한다는 이유로 약속을 취소했다.[65] 히틀러가 직접 쓴 슈트라서 일파를 공격하는 내용의 편지를 발터 부흐가 대독한다는 전갈을 괴링이 보내왔지만 괴벨스는 화를 삭이지 못했다.[66] 그런데 막상 편지를 읽어보니까 단호한 어조가 마음에 들었다. 히틀러는 베를린 지구당에서 괴벨스가 벌이던 '무자비한 숙청'에 힘을 실어주었다.[67] 슈트라서와 25명의 지지자는 이미 출당 조치를 예견하고 7월 4일 "사회주의자는 나치당을 떠난다."라고 선언했다.[68] 반란자들이 알아서 떠난 것이다. "결국 운동과 히틀러와 나에게만 충성을 바치는 것으로 모든 일이 매듭지어졌다."[69] 괴벨스는 그렇게 결론지으면서 "베를린은 평온을 되찾았고 …… 날은 청명하다."라고 덧붙였다.[70] "먹물들이 저항해봐야 찻잔 속의 태풍이지 별 건가. 오토 슈트라서는 볼장 다 봤다."[71] 그렇지만 히틀러가 괴벨스의 신뢰를 완전히 되찾은 것은 아니었다. "히틀러가 하는 행동의 밑바닥에는 불안이 깔려 있다." 1930년 7월 16일 괴벨스는 일기에다 그렇게 적었다. "그는 이제 홀가분하게 결정을 내리지 못한다."[72]

이틀 뒤에는 그것도 한가한 고민이 되었다. 브뤼닝은 의회 해산을 선언했다. 괴벨스는 곧바로 선거 준비에 돌입했다. 뮌헨에 새로 구입한 큼직한 '갈색집'을 선거 본부로 삼고 괴벨스는 뮌헨에 아예 따로 집을 얻어서 상주했다. 홍보 예산도 두둑하게 책정했다.[73] "히틀러는 내 말을 다 들어준다. 고무적이다."[74] 괴벨스는 초여름에 느꼈던 실망감은 어느새 까맣게 잊고 다시 히틀러의 오른팔로 돌아갔다.

오토 슈트라서 파문에 대해 괴벨스가 하는 말은 일방적이기는 하지만 그래도 히틀러의 우유부단함을 자꾸만 강조한다는 점에서 자못 흥미롭다. 히틀러가 자꾸만 늑장을 부린 데에는 작센 선거가 코앞으로 닥친 상황에서 슈트라서가 무리수를 둘 때까지 기다렸다가 역공을 펼친다는 전략이 크게 작용했다. 작센에는 슈트라서의 지지 기반이 어느 정두 있었으므로 선거가 끝날 때까지 기다렸다가 역습을 가할 생각이었다.[75] 히틀러가 도저히 안 되겠다고 판단한 것은 슈트라서가 히틀러와 나눈 대화를 제멋대로 공표하면서 둘 사이는 이제 끝장났다고 보면서부터였다. 그렇지만 괴벨스가 지적한 히틀러의 성격은 나치의 지도자들도 이미 눈치챘다. 히틀러는 힘든 결정을 자꾸만 뒤로 미루고 위기 상황에서 우물쭈물하는 습벽이 있었다. 외부인은 알아차릴 수가 없었지만 이런 기질은 제3제국이 고비에 처했을 때마다 수없이 드러났다. 약점이라면 참 희한한 약점이었다. 히틀러를 우습게 보거나 무시하는 사람도 없었을 뿐더러 중요한 결정은 히틀러만이 내릴 수 있었기 때문이다. 히틀러는 일단 결정을 내렸다 하면 그 다음부터는 피도 눈물도 없었다. 처음에는 미적거리다가 나중에는 거침없이 밀어붙이는 모습을 히틀러는 당 지도자로서, 그리고 나중에는 독재자로서 일관되게 보여주었다.

슈트라서 파문은 히틀러의 위상이 얼마나 확고해졌는지를 보여주었다. 오토 슈트라서는 사실 신망이 높은 당원은 아니었다. 그리고 영향력도 생각만큼 크지 않았다. 나치당을 벗어나면 별로 힘을 못 썼다. 슈트라서의 노선을 이어가겠노라고 나서는 지도자도 없었다. 이렇다 할 반항도 없었다. 반란은 금세 흐지부지되었다.[76] 그레고어 슈트라서도 동생과 갈라섰다.[77] 당을 상대로 분란을 일으키는 것은 '정신 나간 짓'이라면서 오토와 확실하게 거리를 두었다.[78] 오토는 '혁명국가사회주의연합'을 만들었다. 이 조직은 나중에 '흑색전선'으로 바뀌지만 우익 진영의 작은 비주류 조직으로 머물렀다.[79] 오토 슈트라서 일파가 나가고 나자, 당 내 이념 갈등도 종식되었다. 지도자와 이념은 이제 하나로 통합되었다.

민족 공동체

1930년 여름은 선거 운동으로 후끈 달아올랐다. 히틀러가 굵직한 지침은 내렸지만 선거 운동을 진두 지휘한 것은 괴벨스였다. 지구당에서

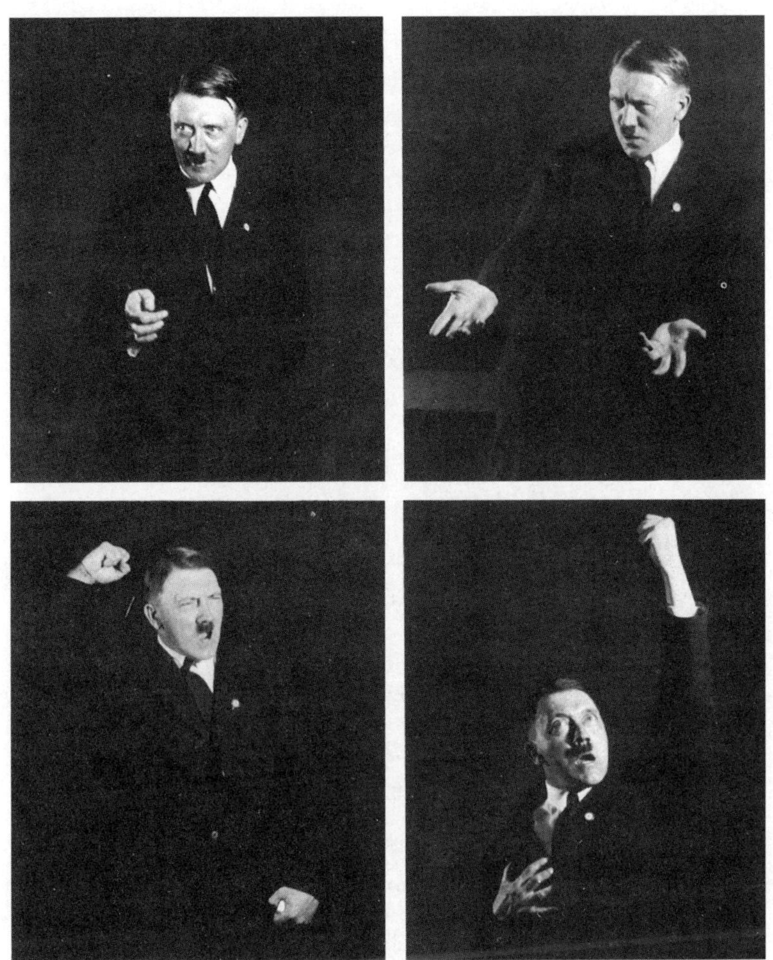

1920년대부터 히틀러는 연설로 대중을 사로잡았다. 타고난 연설가였던 히틀러는 청중에게 강력한
충격을 줄 만한 제스처를 찾기 위해 사전에 자신의 제스처를 사진으로 찍어 연구했다.

는 다채로운 선거 기법을 받아들였다. 농민, 공무원, 노동자 등 다양한 이익 집단을 공략하는 데 저마다 장기가 있는 연설원을 백 명도 넘게 모아서 그 명단을 전국 지구당에 돌렸다. 그들은 독일 정치가 '특수한 이익들의 무더기'로 무너져버렸다는 사실을 공격하는 데 주력했다.[80]

2년 전까지만 하더라도 신문은 나치당에 별로 신경을 쓰지 않았다. 그런데 이제는 갈색 제복을 입은 나치당원들이 제1면을 장식했다.[81] 나치당은 무시 못할 세력으로 컸다. 간간이 거리에서 폭력을 휘두르면서 시끄럽게 구니까 자연히 정치판에서 주목을 했다. 반대 세력이 공격을 하면 할수록 나치당만 더 키워주는 꼴이었다. 사회주의자, 공산주의자, 가톨릭 중앙당의 아성으로 나치당이 고전을 면치 못하던 루르 지역에서는 도르트문트의 한 신문이 나치당에게 공격의 화살을 늦추지 않았다. 그렇지만 이 신문도 나치당의 활기찬 선전 활동은 인정하지 않을 수 없었다. "이 조직의 활동성과 적극성만큼은 누가 뭐래도 인정하지 않을 수 없으며 그것이 국가사회주의자들을 고무하고 있다." 신문은 그렇게 평가했다. "지난 몇 년 동안 나치당은 독일의 벽촌까지 찾아 들어가면서 하루에 적어도 백 번이 넘게 집회를 벌이고 대중에게 구호를 심어주었다."[82] 국가사회주의당의 선동에 대한 열성과 추진력은 참으로 놀라웠다. 선거 기간 동안 프랑켄 중부와 남부에서만 1천 회가 넘는 집회를 열었다.[83] 당국은 "재정을 통제하지 못하는 의회의 무능력"에 실망하고 "정치판을 근본적으로 뒤흔드는 대안 세력"에 이끌리는 유권자들을 파고드는 나치당이 약진할 것으로 내다보았다.[84] 선거를 앞두고 마지막 4주 동안 독일 전역에서 모두 3만 4천 회의 집회가 계획되어 있었다.[85] 이 정도 규모의 선거 운동은 다른 당은 흉내조차 낼 수 없었다.

선거일까지 6주 동안 히틀러도 본격 연설을 스무 번이나 했다.[86] 사람들도 많이 왔다. 9월 10일 베를린 스포츠궁에서 열린 집회에서는 모두 1만 6천 명이 히틀러의 연설을 들으러 왔다.[87] 이틀 뒤 브레슬라우에는 모두 2만 명에서 2만 5천 명은 족히 되는 군중이 강연장을 가득 메웠고 미처 안으로 들어가지 못한 5천 명은 밖에서 확성기로 연설을 들어야 했다.[88] 1920년대 초반까지 히틀러는 연설만 했다 하면 유대인을 심하게 공격했다. 1920년대 후반에는 중심 화두가 '생존 공간'이었다. 1930년 선거 운동 기간에 히틀러는 유대인은 거의 입에 올리지 않았다. 1920년대 초반의 그 거친 공격이 싹 사라졌다. 시장을 놓고서 치열한 경쟁이 벌어지는 국제 현실을 배경으로 '생존 공간'의 문제가 많이 거론되었다. 하지만 이 문제도 몇 년 전처럼 연설 내용의 대부분을 차지하지는 않았다. 이제 주제는 의회 민주주의와 정당 정치 제도 아래에서 독일이 상충되는 이해관계를 지닌 이익 집단들로 자꾸만 분열되는 현실에서 오직 나치당만이 계급, 신분, 직업을 초월하여 국민을 새롭게 단결시킬 수 있다는 내용이었다. 바이마르 공화국의 정당은 특수한 이익 집단만을 대변할 뿐이라면서 히틀러는 국가사회주의 운동만이 국민 전체를 대변할 수 있다고 단언했다.[89] 거듭되는 연설을 통해 히틀러는 줄기차게 이런 메시지를 보냈다. 전처럼 '11월의 범죄자' 집단이라고 노골적으로 욕하지는 않았지만 세금 감면 공약도 못 지키고 재정 부실을 초래하고 실업도 해결하지 못하는 바이마르 정부를 조롱했다. 히틀러는 모든 당을 비난했다. 이 당이나 저 당이나 독일을 망쳐놓은 정당 체제의 일부분이라는 점에서는 같았다. 베르사유 조약부터 시작하여 도스 안에 규정된 배상 조건을 거쳐 영 안이 최종 타결되기까지 모든 과정에서 책임이 없다고 말할 수 있는 정당은 하나도 없었다. 구심점 있는 지도자가 없다 보니까 너 나 할 것 없이 온 사회가 고통을 겪었다. 민주주의, 평화주의, 국제주의는 무기력과 나약함을 조장했고 강건한 민족을 허약하게 만들었다. 이제는 썩은 살을 도려낼 때였다.[90]

그러나 히틀러의 연설은 부정 일변도로만 흐르지는 않았다. 실력 양성과 단합으로 외세의 압력에서 벗어나는 비전과 유토피아, 이상을 제시했다. 히틀러가 던진 것은 정책 대안도 아니었고 특수한 공약도 아니었다. 그가 보여준 것은 원대한 구상이었다. "새로 들어서는 정부는 물론이거니와 계급, 직업, 신분을 초월하여 새롭게 태어나는 독일 국민이 하나가 되어 지켜 나가야 할 원대한 구상이었다." 히틀러는 "모든 차이를 넘어서는 민족 공동체는 국민의 통일된 힘을 살려내든가 아니면 몰락의 길로 이끌든가 둘 중의 하나"라면서 특유의 극단적 대비를 통해 마치 앞날을 훤히 내다보는 듯한 발언을 했다.[91] '원대한 이상'만이 사회 분열을 극복할 수 있다고 히틀러는 강조했다.[92] 그리고 국민 전체를, 민족 전체를 어떤 개별 집단보다도 위에 두는 국가사회주의야말로 그런 원대한 이상을 제공한다고 역설했다. 낡은 제국이 무너진 자리에 인종 원리에 바탕을 둔 제국, 업적과 실력, 의지, 투쟁 정신이 뛰어난 최고의 인재를 발탁하여 개개인의 창의성을 살려주는 그런 제국을 다시 세워서 독일의 국력을 되살리고 독일을 강한 나라로 만들어야 한다고 부르짖었다.[93] 국가사회주의만이 그 일을 해낼 수 있었다. 나치당은 다른 정당처럼 일상의 자잘한 정책에 연연하지 않는다. 다른 당이 밟았던 길을 따라가지 않는다. "우리가 약속하는 것은" 히틀러는 9월 10일 스포츠궁에 운집한 청중의 환호를 받으면서 힘주어 말했다. "한 사람 한 사람을 더 잘먹고 잘살게 해주겠다는 것이 아니라 나라의 힘을 키우겠다는 것입니다. 그렇게 해야만 이 민족 전체가 해방될 수 있기 때문입니다."[94] 그것은 기존의 정치 공약과는 달랐다. 그것은 정치판에서 벌이는 십자군 전쟁이었다. 정권을 하나 바꾸는 문제가 아니라 민족 구원의 메시지였다. 사회적 빈곤, 불안, 분열, 경제 불황이 갈수록 심각해지는 상황에서, 의회 정치를 이끌어 가는 옹졸한 정치인들의 한계와 무능력이 드러나는 상황에서, 히틀러의 호소는 그대로 먹혀들었다.

"이런 생각은 이념도 없고 원칙도 없어서 도무지 실천에 옮길 수가 없다."고 선거를 얼마 앞두고 평화주의자로서 민주주의의 수호를 앞장서서 외쳤던 카를 폰 오시에츠키는 자신이 편집하던 〈세계 무대〉라는 급진 성향의 잡지에서 단정 지었다.

국가사회주의자치고 자기 당에서 말하는 '사회주의'는 이것이라고 속 시원히 풀이하는 사람을 못 봤다. …… 그러니까 아돌프 히틀러가 독일 민족을 구원하리라는 이상한 주장만 해댄다. 그나마 국가사회주의의 이론이라고 내세울 만한 것이 있다면 지도자감이 중요하다는 믿음뿐이다. 이게 신비주의가 아니고 뭔가. 신비주의로 사람들의 눈을 한동안 덮을 수야 있겠지만 어찌 배까지 채워주겠는가.[95]

　나치 이념에 대한 통찰력이 돋보이는 지적인 분석이 아닐 수 없다. 하지만 정치적 판단력은 거기에 못 미쳤다. 오시에츠키는 사회의 단합과 단결을 통해서 민족을 구원하겠다는 히틀러의 메시지가 지닌 호소력과 동원력, 파괴력을 과소평가하면서 국가사회주의에 섣불리 사망 선고를 내린 사람들 속에 합류했던 것이다.

　1차 세계대전에 참전한 경험이 있을 만큼 나이가 들지도 않았지만 그래도 위기와 갈등과 나라의 몰락을 알아차리지 못할 만큼 어리지도 않았고 이상주의에 불탔던 젊은 세대는 누구보다도 이런 메시지에 솔깃했다. 이들은 1900년과 1910년 사이에 중산층 가정에서 태어난 젊은이가 많았다. 전쟁 전의 군주제 전통과는 완전히 결별한 그들은 사회주의와 공산주의는 단호히 거부했지만 바이마르 시대의 정치 · 경제 · 사회 이념 갈등에서도 소외감을 느꼈으므로 무언가 새로운 것을 갈구했다.[96] '민족(Volk)'과 '공동체(Gemeinschaft)'라는 다분히 감정을 자극하는 관념으로 이루어진 '민족 공동체'라는 지향점은 계급 갈등을 극복할 수 있으리라는 점에서 상당히 고무적으로 다가왔다.[97] 민족 공동체는 거기서 배제되는 사람들을 통해서 정의되어야 한다는 사실, 사회 조화는 민족의 순수성과 동질성을 통해서 이루어져야 한다는 사실은 명시적으로 드러내지는 않았어도 당연한 전제로 받아들여졌다. 조만간 드러나게 되지만 제3제국이 들어섰을 때 조화로운 민족 공동체를 만드는 것보다는 배제되어야 할 집단을 차별하는 정책을 만들어내기가 더 쉬웠다.

　여론 조사 자료가 없어서 나치당의 지지도가 올라간 요인이 무엇이었는지 정확히 말하기는 어렵다. 하지만 대표성은 좀 부족할지 몰라도 맥락을 어느 정도 짚을 수 있는 자료가 있다. 1934년에 581명의 당원을 상대로 나치당이 수집한 신상 자료가 있다. 그들은 히틀러가 정권을 잡기 전에 당에 들어온 사람이 대부분이었고 상당수는 1930년 이전에 당원이 된 사람들이었다.[98] 3분의 1은 민족 공동체를 통한 사회적 연대가 가장 중요한 이념적 요소라고 답변했다. 또 3분의 1은 설욕을 주장하는 보복주의와 민족주의, 초애국주의, 독일적 낭만주의에 이끌렸다고 했다. 반유대주의에 호감을 품고 당원이 되었다고 응답한 사람은 8분의 1

밖에 안 되었다(그렇지만 3분의 2는 유대인에 대한 반감을 어느 정도는 품고 있었다). 5분의 1은 히틀러 숭배에 자극을 받아 당에 들어왔다. 가장 증오하는 대상으로는 당원 3분의 2가 마르크스주의를 꼽았고 응답자의 절반 이상은 기존의 체제에서 벗어난 새로운 국가를 염원했다.[99] 이 수치는 어디까지나 참고 사항으로 받아들여야겠지만 히틀러와 나치당이 남다른 원칙을 앞세웠기 때문에 지지도가 올라간 것이 아니라는 점을 다시금 보여준다.[100] 나치당에 이념이 있다면 그것은 범게르만주의와 신보수주의를 주축으로 삼고 거기다가 잡다한 혐오감, 원한, 편견을 보태서 짜깁기한 것이었다. 어느 것 하나 다른 정당이나 우익 단체에서 부르짖지 않은 것이 없었다. 그렇지만 나치당처럼 일사불란하고 역동적으로 십자군처럼 민족을 위한 성전에 나선다는 인상을 강하게 심어준 정당은 없었다. 그리고 히틀러는 1920년대에 벌써 적나라하게 드러났고 점증하는 위기에 시원하게 대처하지 못하는 민주주의의 위기를 지켜보면서 사람들이 터뜨린 분노를 누구보다도 잘 이용했다. 이것 말고도, 당시에는 나치당의 지적 토대가 워낙 허술하다는 선입견 때문에 많은 사람이 비웃으면서 간과하고 넘어갔지만, 사실은 우익 진영에서 새로 태어날 독일 사회에 대해 밝은 이상을 제시한 것은 히틀러와 나치당밖에 없었다. 무엇보다도 그 점이 많은 사람을 움직였다.

　나치당은 분파주의를 넘어선다고 주장했지만 그동안 구축해놓은 세부 조직 덕분에 아닌 게 아니라 위기가 깊어질수록 다른 어느 당보다도 중산층의 다양한 이해를 구석구석 잘 대변할 수 있는 유리한 입장에 놓였다. '피와 땅'을 강조하는 인종주의 이론가 발터 다레가 1930년 8월에 세운 '농업기구'에서부터 노동자, 공무원, 변호사, 의사, 약사, 교사, 대학 교수, 학생, 여성, 청년, 자영업자, 심지어는 석탄 판매상 등 다양한 특수 이익 집단을 대변하기 위해 만들어진 하부 조직들에 이르기까지 나치당은 1930년 이후로 사회의 온갖 부문과 소통할 수 있는 장치를 만들었고 이들에게 민족의 이익을 먼저 살려나가는 것이 궁극적으로 그들 자신에게도 이익이 된다고 설득했다.[101] 그런 점에서 나치당은 점차 '이해관계를 초월한 당'으로 자기 역할을 만들어 갔다. '민족 공동체'라는 구호와 지도자 숭배는 독일의 부활을 상징했고 다시 일어선 독일에서 다양한 이해관계는 하나의 새로운 이상으로 결집되어야 했다. 경제 상황과 정치 상황이 악화될수록 사람들은 거대하고 강력한 민족주의 정당에 이끌렸지 특수한 이익을 대변하는 허약한 군소 정당에는 매력을 못 느꼈다. 나치당에 표를 던지는 것이 상식처럼 다가왔다. 이런 식으로 나치당은 농촌 지역에서도 바이에른농민동맹 같은 군소 정당의 지지자를 빼앗았고 독일국가인민당 같은 관록 있는 정당의 지지 기반을 잠식했다.[102] 1930년 여름만 하더라도 이런 과정은 시작에 불과했다. 그러나 1930년 9월 14일 나치당이 승리를 거두면서 여기에는 급격한 가속도가 붙었다.

태풍의 핵

그날 독일 정치에는 지진이 일어났다. 독일 의회 정치사상 가장 놀라운 결과였다. 1928년 총선에서 겨우 2.6퍼센트를 얻었던 나치당이 이번에는 18.3퍼센트의 득표율로 107석을 얻어 제2당으로 우뚝 섰다. 650만 명의 독일 국민이 히틀러의 당을 지지했다. 2년 전의 무려 8배였다.[103] 나치당 전성 시대가 열린 것이다.

당 지도부도 낙승은 예상하고 있었다. 지방 선거에서 잇따라 좋은 성적을 거두었기 때문이다. 6월에 치른 작센 지방 선거에서도 14.4퍼센트를 얻었으니 말이다.[104] 괴벨스는 의회 해산이 점쳐지던 4월에 한 40석은 얻을 수 있을 것으로 내다보았다.[105] 9월에 선거일을 일 주일 앞두고는 '압승'을 거둘 것이라고 했다.[106] 히틀러는 나중에 100석은 가능할 것으로 보았다고 말했다.[107] 그렇지만 괴벨스도 고백했지만 당에서는 선거 결과에 모두 경악했다. 107석을 예상한 사람은 아무도 없었다.[108] 히틀러는 기쁨에 겨워 정신을 잃을 지경이었다.[109]

정치 지형도는 하루아침에 급변했다. 나치당처럼 공산당도 13.1퍼센트로 지지도가 올라갔다. 사회민주당의 경우 여전히 제1당이긴 했지만 지지율이 떨어졌고 가톨릭 중앙당도 약간 내려갔다. 그러나 가장 크게 실패한 것은 중도 우익 부르주아 정당이었다. 1924년에 20.5퍼센트를 얻었던 독일국가인민당은 7.0퍼센트로 떨어졌고 독일인민당은 10.1퍼센트에서 4.7퍼센트로 떨어졌다.[110] 그 덕은 고스란히 나치당이 보았다. 독일국가인민당을 찍었던 유권자 중에서 3분의 1이 나치당으로 돌아섰고 자유주의 정당을 찍었던 유권자의 4분의 1도 나치당으로 지지 정당을 바꾼 것으로 밝혀졌다. 그밖에도 나머지 정당에서 나치당이 빼앗은 표가 제법 되었다. 나치당은 사회민주당, 공산당, 가톨릭 중앙당, 바이에른인민당에서도 조금씩 표를 긁어모았다. 그렇지만 노동자계급은 여전히 좌파 정당을 압도적으로 지지했고 가톨릭 표도 여간해서는 나치당으로 돌아서지 않았다.[111] 투표율이 75.6퍼센트에서 82퍼센트로 올라간 것도 기대한 만큼은 아니었지만 나치당에게 유리하게 작용했다.[112]

나치당은 독일 북부와 동부의 신교도가 많이 사는 농촌 지역에서 특히 좋은 성적을 거두었다. 독실한 신교도가 많이 사는 프랑켄의 농촌 지역을 제외하고 나치당은 가톨릭 인구가 많은 바이에른 선거구에서 처음으로 전국 평균에 못 미치는 득표율을 기록했다. 가톨릭 인구가 많은 지역에서는 사정이 엇비슷했다. 브레슬라우, 켐니츠-츠비카우처럼 예외도 있었지만 나치당은 대도시와 공장 지역에서 전보다는 표를 많이 얻었지만 역시 전국 평균에는 못 미치는 결과를 얻었다. 그러나 슐레스비히-홀슈타인에서는 1928년 4퍼센트에서 무려 27퍼센트로 껑충 뛰었다. 동프로이센, 포메른, 하노버, 메클렌부르크에서도 나치당은 20퍼센트 이상을 얻었다.[113] 나치는 적어도 4분의 3이 넘는 표를 신교도(아니면 비가톨릭 성향의) 유권자한테서 얻었다.[114] 여자보다는 남자가 훨씬 많이 지지했다(그러나 1933년에는 이 결과가 바뀐다).[115] 나치가 얻은 표의 5분의 2는 중산층에서 나왔다. 그리고 4분의 1은 노동자 표였다(그러나 실업자는 나치당보다는 텔만이 이끌던 공산당에 끌렸다).[116] 전부터 나치당은 중산층이 지지하는 정당이라고 보는 사람이 많았고 또 실제로 그랬지만 이제는 중산층만 지지하는 당이 아니었다.[117] 모든 사회 계층으로부터 똑같은 비율은 아닐지라도 모두의 지지를 받는 정당이 되었다. 바이마르 공화국에서 그렇게 고른 지지를 받는 정당은 나치당 말고는 없었다.

당원의 계급 분포에서도 비슷한 결과가 나왔다.[118] 9월 총선에서 승리하면서 나치당은 당원이 폭발적으로 늘었다. 고른 비율은 아니었지만 저소득층에서 고소득층까지 너도나도 나치당에 들어왔다. 당원은 남자가 압도적으로 많았고 그중에서도 청년이 많았다. 나치당처럼 젊은이가 많은 당은 공산당 말고는 없었다. 득표율에서도 나타났지만 당원 중에 개신교를 믿는 중산층의 비율이 유독 높았다. 그렇지만 노동자계급도 적지 않았다. 특히 당보다도 돌격대라든가 히틀러유겐트에는 노동자 출신이 많았다.[119] 나치당이 약진하면서 지역에서 존경받는 유지 중에 당원으로 들어오려는 사람이 늘어났다.[120] 교사, 공무원, 심지어 목사까지 당원으로 들어오면서 지방에서는 나치당의 사회적 지위가 덩달아 올라갔다. 프랑켄 지역만 하더라도 1930년 즈음이면 이미 나치당은 '공무원 당'으로 비쳤다.[121] 나치는 지방 소도시와 농촌 마을의 끈끈한 인맥 속으로 뚫고 들어가기 시작했다.[122]

정치인이 자신이 대변해야 할 보통 사람들의 말을 이해하지 못하고 교감하기를 포기하는 순간이 있는데 바로 그때 정치 체제는 위기를 맞이한다. 바이마르 체제에 몸담은 정치인들은 1930년에 그런 순간을 훌쩍 넘어서 있었다. 히틀러는 지지도가 낮은 정부에 참여하여 이미지에 먹칠을 하지도 않았고 바이마르 공화국을 줄기차게 공격했다는 점에서 누구보다도 유리했다. 히틀러가 하는 말에 독일 국민은 날이 갈수록 공감했다. 그것은 썩어빠진 체제를 향해 쏟아내는 울분의 말이자 민족의 회생과 부활을 약속하는 말이었다. 확고한 이념이 있거나 사회 의식이 있거나 종파에 귀속감을 느끼는 사람을 제외하고 평범한 사람들은 그런 말에 점점 중독되었다.

당시의 정치 체제를 뒤집어엎으려는 유권자의 의지도 작용했지만 무엇보다도 경제난에 대한 불만이 폭발했다는 점에서 〈프랑크푸르터 차이퉁〉이 "울분의 선거"라고 부르기도 한 그 선거는 센세이션을 일으켰다.[123] 국가사회주의자들이 유혈극을 벌여서라도 권력을 쟁취하려고 나설지 모른다고 우려하는 사람들이 나타났다.[124] 오토 슈트라서와 가까웠던 헤르베르트 블랑크는 베를린의 주요 신문사 편집국은 "짐을 쌀 것만 같은 뒤숭숭한 분위기"이며 주가가 곤두박질친다고 전했다.[125] 히스테리는 금세 가라앉았다. 그러나 민주주의가 한 방 얻어맞은 것은 사실이었다. 어디까지나 들러리였고 정치 협상에서는 고려 대상도 아니었던 나치당이 어느새 태풍의 핵으로 떠올랐다. 선거 전에는 나치당 하면 대뜸 정신병원을 떠올리는 사람이 많았다고 블랑크는 씁쓸하게 말했다. 그러나 이제는 아니었다.[126] 브뤼닝은 사회민주당이 그를 차악으로 보고 '포용'을 베푼 덕분에 겨우 의회를 상대할 수 있었다.[127] 사회민주당은 마음은 무거웠지만 깊은 책임감을 느끼며 포용 정책으로 들어갔다. 사회민주당을 대표하는 논객이었던 루돌프 힐퍼딩의 말마따나 그렇게 오른쪽으로 확 기운 정부를 지지하는 것은 그런 희생을 감수하고라도 "반의회주의자가 다수를 차지한 의회에서 어떻게 해서든 민주주의를 지켜내려는" 고육지책이 아니고서는 이해할 수가 없었다.[128] 히틀러에 대해서 사람들은 중립적이거나 초연한 태도를 보이는 경우가 드물었다. 하지만 히틀러를 좋아하든 싫어하든 이제 히틀러는 모든 사람의 입에 오르내렸다. 그는 고려해야 할 중요한 변수가 되었다. 더는 무시할 수가 없었다.

그렇지만 아직도 히틀러를 턱없이 얕잡아보는 사람도 있었다. 아나키스트 혁명가로서 뮌헨 소비에트공화국에 참여했던 작가 에리히 뮈잠은 히틀러의 승리는 노동자계급에게는 "그야말로 축복"이라고 보았다. 나치당에 장관 자리 몇 개만 던져주면 반동적인 나치당의 본색이 드러날 것이고 노동자들이 사회민주당에 느꼈던 실망감은 비교가 안 될 정도로 심한 배신감을 느끼리라는 것이었다. 그러면서 "독일에서 제대로 된 파시즘 운동을 이끌어 가는" 독일국가인민당의 지도자 후겐베르크야말로 요주의 인물이라고 오판을 했다.[129] 역시 좌파 혁명 작가로서 명망이 높았던 에른스트 톨러는 좌파 진영에서는 보기 드물게 상황이 심상치 않다며 촉각을 곤두세웠다. 〈세계 무대〉에 '히틀러 총리'라는 제목으로 기고한 글에서 톨러는 그것이 현실화되는 날이 "얼마 남지 않았다"고 경고했다.[130] 부르주아 작가 중에서는 토마스 만이 10월 17일 베를린에서 한 강연에서 나치 추종자들의 항의로 중간중간 끊기기는 했지만 나치가 압승을 거둔 이후 독일이 처한 위험을 심도 있게 분석했다.[131] 그렇지만 토마스 만은 19세기의 인문주의적이고 이상주의적인 가치관이 무너지고 야만적이고 거칠고 투박하고 유치한 대중 사회의 천박한 감상주의가 판을 치는 현실에 깊은 회의를 느낀 문화 비관주의자였기 때문에 나치의 부상도 너무 단순하게 평가했다. 만은 국가사회주의를 "구세군 같은 분위기, 군중 히스테리, 품평회 진열대에나 어울릴 법한 종소리, 할렐루야, 다들 입에서 게거품을 물 때까지 탁발 고행승의 염불처럼 단조롭게 흘러나오는 구호처럼 엽기적인 정치 놀음"에 불과한 것으로 보았다.[132]

선거가 끝나자 독일만이 아니라 온 세계가 히틀러를 주목했다. 외국 언론은 히틀러와 인터뷰를 하자고 아우성이었다.[133] 히틀러가 누구보다도 반갑게 맞이한 것은 영국의 보수 일간지 〈데일리 메일〉이었다. 이 신문의 사주 로더미어 경은 독일 총선 결과는 "독일이라는 나라의 부활"을 알리는 신호탄이라고 공개적으로 환영하면서 국가사회주의당의 집권이 볼셰비즘을 저지하는 방패막이 역할을 할 것이라고 내다보았다.[134] 인터뷰를 한 기자 로세이 레이놀즈도 히틀러에게 넘어갔다.

히틀러는 아주 소박하면서도 아주 진지하게 말한다. 정치 지도자들이 인상적으로 보이려고 곧잘 써먹는 술수 같은 것은 눈곱만큼도 없다. 아직도 많은 사람들이 이 사람의 힘을 말주변과 군중을 휘어잡는 재주라고 생각하지만 이야기를 나누다 보니 그게 아니었다. 이 사람의 힘은 신념에서 나왔다. 체구가 건장한 것도 아니다. 오히려 왜소한 편이다. 어제는 낮에 재판정에서 두 시간 동안 꼬박 서서 증언을 하느라 진이 빠진 상태에서 저녁에 또 회의에 들어갔다고 한다. 피곤함이 묻어난다. 얼굴이 백지장처럼 하얗다. 하지만 일단 입을 열었다 하면 그깟 피로는 거뜬히 이겨낼 것만 같은 투지가 타오른다. 말은 아주 빠르게 하는데 목소리에 긴장이 스며 있어 한마디 한마디에 실린 굳

은 신념이 피부에 와 닿는다.[135]

　히틀러가 재판정에서 진을 뺀 것은 사실은 또다시 쿠데타를 일으키려는 것이 아닌가 하는 의혹을 잠재우고 어디까지나 합법적으로 정권을 쥐겠다는 의지를 부각하기 위해 연출된 또 하나의 선전 활동이었다. 히틀러는 1930년 내내, 특히 선거 운동을 하면서 적법한 절차로 정권을 잡을 것이라고 누누이 강조했다.[136] 총선에서 승리를 거둔 직후 울름 주둔 연대에 소속되었고 나치에 호감을 품고 있던 제국군 청년 장교 세명이 헌법 변경을 노리는 활동에 군인이 가담해서는 안 된다는 규정을 어기고 나치당과 손을 잡고 군사 쿠데타를 일으키려는 반역죄를 모의하고 있다는 혐의로 재판에 회부되자 히틀러는 이때다 싶어서 세계 언론의 이목이 쏠린 가운데 나치당은 법을 준수할 것이라고 강조했다. 한스 루딘, 리하르트 셰링거, 한스 프리드리히 벤트 세 장교의 공판은 9월 23일부터 시작되었다. 첫날 벤트가 선임한 변호사 한스 프랑크의 요청대로 재판부는 히틀러를 증인으로 채택했다. 이틀 뒤 총선에서 당당히 제2당으로 떠오른 나치당의 지도자는 법원 건물에 모여든 지지자들의 성원을 받으면서 증인석으로 들어가 붉은 법복을 입은 독일 최고 법원 판사들 앞에 섰다.[137]

　히틀러는 다시 한 번 재판정을 선전 도구로 이용하는 기회를 얻었다. 제국군에 피해를 입히는 일은 절대로 하지 않을 것이라면서 히틀러가 열변을 토하자 판사는 증언이 선전으로 변질될까 염려스러워 주의를 주기도 했다. 그렇지만 히틀러는 귀담아듣지 않았다. 그러면서 나치당은 합법적 수단으로 권력을 잡을 것이며 "위대한 독일 국민의 군대"로 거듭 태어난 제국군은 "독일의 미래를 짊어질 것"이라고 강조했다.[138] 불법적인 방법으로 목표를 이룰 생각은 추호도 없다고 다시금 밝혔다. 오토 슈트라서를 쫓아낸 것을 예로 들면서 "'혁명'을 입에 달고 다니는" 세력과 자기들을 한통속으로 보지 말아 달라고 항변했다. 그렇지만 따끔한 경고도 잊지 않았다. "합법적인 투쟁을 통해서 우리가 승리를 거두는 날 국가의 심판이 있을 것이고 '11월의 범죄자'들은 목이 성하지 않을 것입니다."[139] 그러자 방청석에서는 환호와 갈채가 쏟아졌다. 재판장이 여기는 극장이나 정치 집회를 하는 곳이 아니라면서 바로 주의를 주었다.[140] 히틀러는 두세 번만 더 총선을 치르면 나치당은 다수당으로 올라설 수 있다고 내다보았다. "국가사회주의는 그때 비로소 우뚝 서서 우리가 원하는 대로 나라를 이끌어 갈 것입니다."[141] 제3제국을 어떻게 세울 작정이냐는 물음에 히틀러는 이렇게 답했다.

국가사회주의당은 이 나라에서 헌법이 규정한 수단으로 목표를 이룰 것입니다. 헌법은 방법만 제시할 뿐이지 목표를 보여주지는 않습니다. 헌법이 제시하는 길을 따라 우리는 선거에서 확실한 우위를 차지하기 위해 착실히 노력할 것이며 지금 그 성과가 나타나고 있습니다. 그렇게 해서 이상에 맞는 나라를 만들어 나갈 것입니다.

히틀러는 어디까지나 헌법을 지키면서 목적을 이룰 것이라고 다시금 강조했다.[142] 그리고 마지막으로 양심에 비추어 부끄럽지 않은 증언을 했다고 선서했다.[143] 괴벨스는 피고의 한 사람이었던 셰링거에게 히틀러의 선서는 '기막힌 수'라고 말했다. "이제 우리는 완전히 합법성을 얻었다." 괴벨스는 잔뜩 고무되어서 그렇게 말했다고 한다.[144] 나치의 선전 사령탑은 '끝내주는' 언론 보도에도 벌린 입을 다물지 못했다.[145] 히틀러가 새로 임명한 외국 언론담당관 한프슈탱글은 재판이 외국 언론에도 많이 보도되도록 신경을 썼다. 또 미국의 언론 재벌 허스트가 보유한 매체에도 나치 운동의 목표를 설명한 히틀러의 글 세 편을 편당 1천 마르크라는 두둑한 고료를 받고 넘기는 수완을 발휘했다. 히틀러는 이런 돈이 자신이 베를린에 왔을 때 정부 청사와도 가깝고 당사도 지척에 있는 카이저호프 같은 일류 호텔에 묵을 수 있게 해준다고 말했다.[146]

재판은 결국 세 명의 제국군 장교가 18개월의 구금형을 선고받고 그중 두 명은 군에서 면직당하는 것으로 끝났지만, 히틀러가 라이프치히 제국군 법정에서 한 말은 사실 새로울 것이 없었다. 그렇지 않아도 히틀러는 합법적 경로를 통해 집권할 것이라고 몇 달 전부터 누누이 강조했다. 그러나 언론이 재판을 크게 보도해주니까 그런 입장이 온 세상에 알려졌다. 나중에 한스 프랑크도 말했지만 이렇게 합법성을 준수하겠다고 밝힌 후 사람들이 히틀러에게 품었던 의구심도 많이 가셨다.[147] 히틀러가 급진 좌파와 갈라선 듯한 느낌을 주자 '번듯한' 사람들도 나치당으로 돌아섰다.[148]

선거가 끝나고 나서 나치당을 연정에 끌어들이라고 브뤼닝에게 충고한 사람들도 있었다. 그러면 아무래도 책임감이 뒤따르기 마련이고 나치당도 국민의 눈을 의식해야 하니까 선동을 자제할 것이라는 논리였다. 브뤼닝은 그런 제안을 일축했지만 그렇다고 해서 나치당이 합법성을 고수할 경우 어느 시점에 가서 손을 내밀 가능성을 아주 배제한 것은 아니었다.[149] 총선이 끝난 직후 히틀러가 요구한 면담 요청은 거절했지만 브뤼닝은 10월 초에는 주요 정당 지도자들과 돌아가면서 만났고 히틀러와도 만났다. 브뤼닝은 히틀러에게 반대를 위한 반대를 일삼지 말고 경제 회생에 반드시 필요한 1억 2천5백만 달러라는 거액의 차관을 들여오기 위한 협상이 벌어지는 민감한 시기인만큼 배상금 지급 무조건 거부 같은 과격한 주장은 삼가 달라고 부탁할 생각이었다. 언론의 눈을 피해 10월 5일에 트레비라누스 장관의 집에서 만난 두 사람은 생각의 차이를 좀처럼 좁히지 못했다. 브뤼닝이 궁극적으로는 배상금을 백지화하는 것이 목표지만 일단은 살아남기 위해 신중한 외교 정책을 펼치고 있다고 이해를 구하자 히틀러는 한 시간 동안의 독백으로 응답했다. 브뤼닝이 던진 주제는 간단히 무시했다. 분명히, 총리가 자세히 설명한 금융 전략을 히틀러는 이해하지 못했다. 처음에는 하도 머뭇거리는 바람에 브뤼닝과 트레비라누스가 조금 미안한 마음이 들어서 분위기를 띄워주었더니 히틀러는 금세 살아났다. 비밀 회동이었음에도 불구하고 미리 밖에 대기시켜놓은 것이 분명한 돌격대가 척척 행군을 하는 소리가 들리자 히틀러는 더욱 힘이 솟는 것 같았다. 그 자리에는 브뤼닝과 트레비라누스 이외에 프리크와 그레고어 슈트라서도 같이 있었는데 히틀러는 마치 군중 집회에서 연설을 하는 것처럼 네 사람 앞에서 일방적으로 이야기했다. 브뤼닝은 히틀러의 입에서 '절멸'이라는 말이 자주 튀어나오

1931년 8월 로마에서 무솔리니를 만난 하인리히 브뤼닝 총리(왼쪽). 히틀러를 만난 브뤼닝은 "권력이 먼저이고 정치는 그 다음"이 히틀러의 기본 철학이라는 인상을 받았다고 말했다.

는 것을 보고 경악했다. 히틀러는 공산당, 사회민주당, '수구 세력', 독일의 철천지원수인 프랑스, 볼셰비즘의 산실인 소련을 절멸시키겠다며 기염을 토했다. "권력이 먼저이고 정치는 그 다음"이라는 것이 히틀러의 기본 철학이라는 인상을 받았다고 나중에 브뤼닝은 술회했다.[150]

만남은 파문을 낳았다. 정부의 외교 전략을 절대로 발설하지 않겠다고 브뤼닝에게 약속해놓고도 히틀러는 그 자리에서 나온 이야기를 받아적게 했고 국외 언론담당관 한프슈탱글은 이것을 독일 주재 미국 대사에게 흘렸다.[151]

브뤼닝은 히틀러를 무지막지하고 가만 내버려두면 큰일을 저지를 미치광이라고 보았을 것이다. 두 사람은 웃는 얼굴로 헤어졌지만 히틀러는 브뤼닝에게 강한 반감을 품었고 그런 증오심은 당 전체로 퍼졌다. 알베르트 크렙스에 따르면 히틀러가 브뤼닝을 싫어하게 된 것은 대화를 나누면서 심한 열등감을 느낀 데 주원인이 있었다.[152]

히틀러는 지금은 브뤼닝 총리라는 증오하는 인물로 상징되는 체제를 고삐 풀린 망아지처럼 사정없이 흔들었다. 어쨌든 괴벨스처럼 히틀러도 선동하고 뒤흔드는 것을 좋아했다.[153] "이제부터는 '승리'라는 구호를 쓰지 말라." 히틀러는 총선에서 이기고 나서 지지자들에게 말했다. "그보다는 '투쟁!'이라는 말을 집어넣어라."[154] 실제로도 할 수 있는 일은 그것밖에 없었다. 그 당시에 벌써 지적한 사람도 있지만 나치당의 좌우명은 이것이었다. "'이긴 다음에는 더욱 고삐를 바짝 죄어라' …… 총선에서 승리를 거두고 나서도 그들은 7만 번의 집회를 열었다. 그야말로 '파상공세'였다. …… 나치의 공격을 비껴간 도시와 마을은 없었다."[155] 선거에서 이겨서 이렇게 요란한 홍보전을 이어갈 수 있었다. 나치당의 주가가 올라가면서 당원도 크게 늘어났고 돈이 들어오면서 당의 살림도 피었다. 재정적으로 여유가 생기니까 더 많은 인원을 투입해서 선전 활동을 더욱 강화할 수 있었다.[156] 선순환이었다. 그러나 당의 지지 기반도 조금 달라졌다. 새로 당에 들어온 사람들은 전처럼 광신적이지 않았다. 신념을 위해서 모든 것을 희생할 각오가 되어 있는 사람들이 아니었다. 그들은 나치당의 성공 때문에 모여들었고 그만큼 그들의 지지는 가변적이었다.[157] 입당하기가 무섭게 탈당한 사람도 많았다. 정신을 못 차릴 정도로 이동이 잦았다.[158] 그들을 구체적 정책으로 묶어놓을 수는 없었다. 워낙 배경들이 다양했으므로 그랬다가는 반드시 불만을 품은 사람들이 나타날 수밖에 없었다. 자연히 민족 공동체, 민족의 부활, 민족의 '힘과 영광과 번영'이라는 공통 분모를 가진 구호로 엮을 수밖에 없었다.[159] 아무튼 집권은 이제 신기루만은 아니었고 실현 가능한 현실이었다. 하나의 목표로 질주해야 했다. 덩치만 컸지 뿌리가 약하고 조직도 부실했던 저항 운동은 유토피아의 정치학에 의해 이해관계가 다른 집단들이 모여 만들어진 느슨한 혼합물이었기 때문에 나치당이 2, 3년이라는 빠른 시간 안에 집권을 해야만 유지될 수 있었다. 그것이 히틀러에게는 점점 중압감을 안겨주었다. 히틀러는 지금까지 해 왔던 것처럼 선동에 더욱 주력하는 것 말고는 달리 뾰족히 할 수 있는 일이 없었다.

분열된 천재, 비어 있는 내면

공인의 가면에 가려진 개인의 얼굴을 들추어내기는 쉽지 않다. 1919년 이후로 정치는 점점 히틀러를 압도했다. 집회에 참석했다가 황홀경에 빠진 군중만이 아니라 히틀러를 자주 보는 측근들도 빨려들 만큼 정치인 히틀러는 매력적이고 뛰어났지만 일단 정치를 벗어나면 그렇게 사람이 공허해 보일 수가 없었다. 히틀러를 개인적으로 잘 알던 사람들도 그 무렵 히틀러한테서 의문을 느꼈다. "내가 알기로는 히틀러라는 인물의 균형 잡힌 이미지는 없다." 한프슈탱글은 오랜 세월이 흐른 다음 그렇게 술회했다.

> 모두 아돌프 히틀러라고 불리는 수많은 이미지와 모습이 있을 뿐이다. 그것들은 실제로 히틀러의 이미지이고 모습이었다. 한자리에 전부 모아놓고 보면 아귀가 잘 안 맞아서 그렇지. 사람이 그렇게 좋다가도 한순간에 자기 의견만 내세우는 소름 끼치는 아집의 심연을 드러냈다. 어떨 때는 근사한 아이디어를 내놓다가도 어떨 때는 유치하기 이를 데 없는 진부함을 보여주었다. 히틀러는 순전히 자기의 의지와 힘만으로 수백만의 대중에게 이길 수 있다는 확신을 심어줄 수 있었다. 그런가 하면 총리 자리에 오른 다음에도 변덕스러운 보헤미안 기질을 버리지 못해서 주변 사람들을 낭패로 몰아넣었다.[160]

1930년 8월까지 돌격대 최고지도자 자리에 있다가 밀려난 프란츠 페퍼 폰 잘로몬이 보기에 히틀러는 병사와 예술가의 기질을 겸비한 사람이었다. "집시의 피가 흐르는 공수부대원"이라는 페퍼의 표현은 나치의 인종주의를 생각할 때 지극히 이례적이 아닐 수 없다. 페퍼는 히틀러에게는 '초자연적 능력'이라고밖에 표현할 수 없는 정치 감각이 있다고 생각했다. 그렇지만 근본으로 들어가면 히틀러는 잘해야 자유군단 지도자밖에는 못 되고 일단 나치가 집권한 다음에는 정치인으로서 어려움을 겪을 것이라고 내다보았다.[161] 페퍼는 히틀러가 천 년에 한 번 나올까말까 한 천재라고 보았다. 하지만 인간 히틀러는 약점이 많은 사람이었다. 페퍼는 히틀러를 높이 사면서도 비판의 날을 세우는 양면적 모습을 보여주었다. 페퍼가 이해한 히틀러는 안에 도사린 '천재성'과 그것을 억누르는 장애 요소의 갈등으로 인격이 분열된 사람이었다. 가정 환경과 교육 탓이었겠지만 히틀러는 그런 갈등에서 헤어나오지 못했다고 페퍼는 보았다.[162] 그레고어 슈트라서의 경우는 맹목적인 지도자 숭배와는 내내 비판적 거리를 유지했지만 그럼에도 불구하고 오토 바게너의 말에 따르면 히틀러의 천재성을 인정할 줄 알았다.[163] "마음에 안 드는 구석은 있어도," 니더바이에른 관구장을 지낸 오토 에르버스도블러는 나중에 그레고어 슈트라서가 한 말을 이렇게 전했다. "그 사람은 굵직한 정치적 사안을 정확하게 파악하고 아무리 힘들어 보이는 상황에서도 때를 놓치지 않고 제대로 대응할 줄 아는 예언자적 능력이 있다."[164] 그러나 슈트라서가 기꺼이 인정한 히틀러의 재능은 생각을 체계적으로 조직하는 능력이라기보다는 본능 같은 것이었다.[165]

1929년부터 돌격대 참모장*을 맡은 오토 바게너는 히틀러에게 홀딱 반한 사람이었다. 나중에 영국에서 포로로 지내면서 회고록을 쓸 때도 그 '비범한 인물'[166]에 대한 외경심은 사라지지 않았다. 그러나 그런 바게너에게도 히틀러는 알다가도 모를 사람이었다. 어느 날 돌격대와 친위대의 관계 설정 문제를 놓고 페퍼와 입씨름을 벌이다가 히틀러가 당사 전체가 쩌렁쩌렁 울릴 만큼 버럭 소리를 지르면서 불같이 화를 내는 것을 보고 바게너는 히틀러에게 '아시아적인 파괴 의지 같은 것'(전쟁이 끝나고 한참 뒤에도 바게너가 나치의 인종주의적 편견에서 벗어나지 못했음을

<hr>

돌격대 참모장(Stabschef-SA) 돌격대 수장인 최고지도자를 보좌하는 자리였지만 1930년 8월 돌격대 최고지도자였던 페퍼 폰 잘로몬이 돌격대 항명의 책임을 지고 물러난 뒤 히틀러가 직접 돌격대 최고지도자를 맡은 후부터는 실질적으로 참모장이 돌격대를 이끌었다.

드러내는 표현이다)이 있는 게 아닌가 하는 생각이 들었다. 그때 받은 인상을 요약하면서 바게너는 그것은 "천재성이 아니라 증오심이었고 거인의 카리스마가 아니라 열등감이 빚어낸 노여움이었고 게르만 영웅주의가 아니라 원한에 사로잡힌 흉노족의 복수심"이었다면서 세월이 한참 흐른 뒤에도 나치 특유의 인종주의적 용어로 히틀러가 흉노족의 후예일지 모른다는 암시를 던졌다.[167] 무조건적 존경심과 숨막히는 공포를 동시에 느껴야 하는 혼란 속에서 바게너는 히틀러의 성격에서 '이질성'과 '악마성'을 읽어내기에 이르렀다. 히틀러는 바게너에게 풀기 어려운 수수께끼였다.[168]

페퍼와 바게너처럼 나치당에서 주도적 역할을 한 사람에게도 히틀러는 서먹서먹한 사람이었다. 히틀러는 1929년 그때까지 살던 누추한 아파트를 떠나 뮌헨에서 상류층이 모여 살던 프린츠레겐텐플라츠 광장의 고급 아파트로 이사를 갔다.[169] 맥주홀 선동가가 보수 성향의 기득권자들과 어울리는 정치인으로 하루아침에 팔자가 바뀐 것이다. 히틀러는 손님을 집으로 데려가거나 초대하는 경우가 거의 없었다. 어쩌다가 손님이 있어도 분위기는 늘 딱딱하고 굳어 있었다.[170] 강박증이 심한 사람은 같은 강박증을 가지고 있는 사람이 아니면, 또 그렇게 불안정한 사람을 존경하거나 그런 사람에게 의존하는 사람이 아니면, 같이 있기가 편하지 않다. 히틀러는 전부터 그랬지만 오후 같은 때는 카페에 앉아서 벌써 몇 번이나 했는지 모르는 나치당이 처음 세워지던 당시의 이야기라든가 '지겹도록 반복한' 전쟁 이야기를 혼자서 이야기했고 부하와 추종자는 아첨하면서 혹은 두 귀를 쫑긋거리면서 혹은 하품을 참으면서 지도자의 이야기를 들었다.[171]

아주 가까운 몇 사람을 제외하고는 히틀러는 '자네'라든가 '너'라고 부르지 않고 거리를 지켰다. 나치 간부는 보통은 성만으로 불렀다. '지도자님(Mein Führer)'은 1933년 이후에야 널리 쓰이지 그 당시에는 아직 히틀러를 가리키는 일반적 호칭이 아니었다. 측근들은 히틀러를 '대장(der Chef)'이라고 불렀다. 한프슈탱글이나 전속 사진사 하인리히 호프만은 그냥 '히틀러 씨(Herr Hitler)'라고 불렀다.[172] 사람들과 허물없이 지내다 보면 히틀러가 지도자로서 누리는 지위를 우습게 보는 사람이 생겨날 수 있었으므로 그걸 막기 위해서라도 어느 정도 거리는 둘 필요가 있었다. 히틀러를 감싸고 도는 신비로운 분위기는 지켜 나가야 했다. 거리를 두다 보니 히틀러는 사람들도 잘 안 믿었다. 중요한 문제는 주변의 몇 사람하고만 상의해서 결정했고 그 가깝다는 사람도 늘 바뀌었다. 그런 식으로 히틀러는 공식 기구의 자문에 얽매이지 않을 수 있었고 가신들 사이의 의견 대립을 중재하느라 골치를 썩일 필요도 없었다. 확고한 세계관이 있는 데다 위엄이 뒷받침되니까 처음에는 시큰둥하던 사람도 그레고어 슈트라서 말마따나 히틀러하고 같이 있으면 분위기에 압도당하지 않을 수가 없었다.[173] 그럴수록 히틀러는 자신감이 커졌고 자기는 무조건 옳다는 확신도 더욱 강해졌다.[174] 히틀러는 난처한 질문을 던지거나 반론을 내놓는 사람은 불편하게 여겼다. 슈트라서가 말하는 히틀러의 '직관'은 행간을 읽어보면 독단적 이념과 유연한 전략, 기회주의 같은 것이었는데, 이런 것은 논리적으로 반박할 수 있는 성질의 것이 아니었으므로 히틀러는 누가 다른 목소리를 내기만 하면 잘 알지도 못하면서 잘난 척하지 말라고 찬물을 끼얹기 일쑤였다. 히틀러는 누가 비판을 하는지 눈여겨보았다. 그리고 히틀러한테 미운털이 박히면 얼마 안 가서 밀려났다.[175]

아주 중요한 문제도 여간해서는 상의하는 법이 없었지만 상의한다고 하더라도 부관이라든가 운전기사라든가 율리우스 샤우프(수행 비서), 하인리히 호프만(전속 사진사), 제프 디트리히(훗날 친위대 경호부대 우두머리에 오른다) 같은 충성파처럼 가깝게 지내는 몇몇 사람하고만 했다.[176] 이런 지도자는 불신과 허영에서 헤어나기 어렵다는 것이 그레고어 슈트라서의 판단이었다. 슈트라서는 페퍼를 해임한 데서도 알 수 있지만 듣고 싶은 이야기만 들으려 하고 안 좋은 이야기를 하면 발끈하는 것이 문제라고 지적했다. 히틀러한테는 딴 세상에서 사는 듯한 느낌을 받을 때가 있다고 슈트라서는 말했다. 사람을 잘 모르다 보니 사람을 제대로 알아보지도 못했다. 히틀러는 다른 사람과 아무런 인연을 맺지 않고 사는 사람이라는 것이 슈트라서의 판단이었다. "그 사람은 담배도 안 피우고 술도 안 마신다. 먹는 것이라고는 푸성귀뿐이다. 여자도 안 건드린다! 그런 사람이 무슨 재주로 남들과 어울리겠는가?"[177]

히틀러는 덩치가 엄청나게 커진 나치 운동을 조직하고 꾸려 나가는 데는 손 하나 까딱하지 않은 셈이었다. 히틀러의 '집무 스타일'(그것을 집무라고 불러야 하는지는 잘 모르겠지만)은 나치당이 민족 진영 안에서도 별 볼 일 없는 피라미 정당이었을 때와 조금도 달라지지 않았다. 히틀러는 짜임새 있게 일을 하지 못했고 또 그런 쪽에는 관심도 없었다.[178] 언제나 뒤죽박죽이었고 어설펐다. 그 두서없고 무원칙하고 나태한 생활은 린츠에서 기분 내키는 대로 살고 빈에서 학교를 그만두고 어영부영 살던 시절 이후로 조금도 달라지지 않았는데, 그런 생활을 마음껏 즐길 수 있는 역할을 용케 찾아낸 것이다. 멋없이 커다랗기만 한 새 집을 히틀러는 유난히 자랑스럽게 생각했는데 그 '갈색집'에는 큼지막한 '집무실'이 있었다. 프리드리히 대제의 초상화와 1914년 플랑드르에서 처음 전투에 나선 리스트 연대의 무공을 담은 그림이 벽에 걸려 있었다. 유별나게 큰 가구 옆에는 무솔리니 흉상이 있었다. 흡연은 금지였다.[179] 그 방을 히틀러의 '집무실'이라고 부르는 것은 사실은 좀 어폐가 있었다. 히틀러는 그 방을 거의 쓰지 않았다. 같은 집에서 따로 방을 썼던 한프슈탱글은 그 방에서 히틀러를 본 적이 거의 없었다. 프리드리히 대제의 큼지막한 그림만 걸어놨지 히틀러는 국사에 전념하던 프로이센 군주의 부지런함을 본받으려는 생각은 통 하지 않았다. 정해놓은 집무 시간도 딱히 없었다. 약속은 어기기 일쑤였다. 한프슈탱글은 기자와 만나기로 해놓고 히틀러가 나타나지 않는 바람에 지도자를 찾아 뮌헨을 뒤지고 다닌 적이 한두 번이 아니었다. 그렇지만 오후 4시만 되면 단골 카페에서 지지자들에게 둘러싸여 있는 히틀러를 어김없이 찾아낼 수 있었다.[180] 당직자들도 죽을 맛이었다. 아무리 중요한 용건이 있어도 도대체 언제 히틀러를 만날 수 있는지 알 수가 없었다. 자택으로 들어서는 히틀러를 서류 뭉치를 들고 쫓아가서 겨우 찾아냈다 싶으면 어디선가 전화가 따르릉 걸려오기 일쑤였고 그러면 히틀러는 미안하다면서 어디론가 훌쩍 떠났다가 다음날이 되어서야 돌아왔다. 중요한 문건을 전달하는 데 겨우 성공해도 히틀러는 자세히 보지도 않고 되돌려보냈다. 히틀러는 어떤 문제 하나가 관심을 끌었다 하면 방안을 왔다 갔다 하면서 한 시간도 넘게 혼잣말을 하면서 거드름을 피우곤 했다.[181] 검토해야 할 내용을 앞에 두고는 딴전만 피우다가 갑자기 엉뚱한 화제로 빠져들기 일쑤였다. "히틀러의 관심사는 매번 달라졌지만 아무튼 좀 관심 있는 내용이다 싶으면 혼자서 이야기를 독차지했고 토론은 물 건너가버렸다." 1930년에 페퍼는 바게너에게 이렇게 하소연했다고 한다.[182] 자기가 잘 모르는 내용이거나 선뜻 결정하기가 망설여지는 문제라도 히틀러는 여간해서는 토론을 벌이는 법이 없었다.[183]

이런 특이한 통치 방식은 확실히 히틀러의 성격과 무관하다고 볼 수 없었다. 자신만만하고 거칠 것이 없는가 하면 불안해하고 머뭇거렸다. 결정을 내리기 부담스러워하는 면이 있었는가 하면 누구도 따라오지 못할 만큼 대범하게 단안을 내렸다. 그리고 한번 결정을 내렸다 하면 절대 물러서지 않았다. 참으로 알다가도 모를 사람이었다. 자신만만하게 행동하는 것이 속으로는 그만큼 많이 불안하기 때문이고 자꾸만 군림하려고 드는 것이 사실은 열등감에서 비롯되는 것이라고 말할 수 있다면, 히틀러의 드러나지 않은 성격 장애는 굉장히 심각하다는 소리가 된다.[184] 그렇지만 성격 장애로 원인을 돌리는 것은 설명이라기보다는 결국은 같은 이야기를 되풀이하는 셈이다. 히틀러의 특이한 통치 방식은 단순히 성격 문제만도 아니었고 그렇다고 해서 투쟁을 통해서 승자가 나타날 때까지 꾹 참고 기다리는 사회다원주의 본능에 남달리 충실해서도 아니었다. 그것은 지도자라는 지위를 지켜야 한다는 강박관념의 결과이기도 했다. 지도자의 역할을 연출하고 실행하는 것은 잠시도 그만둘 수 없는 일이었다. 유명한 악수와 단호한 눈초리는 모두 지도자다운 처신의 일부분이었다. 히틀러는 악수를 유난히 오래 했고 또 악수를 하면서 상대방의 눈에서 시선을 떼지 않는 버릇이 있었는데 나치당의 고위 간부라는 사람들도 한번 그런 식으로 히틀러를 대면하고 나면 그 진지하고 헌신적인 자세와 굳은 동지애에 감동을 받지 않을 수 없었다.[185] 그런 일을 겪으면 히틀러가 너무 커 보여서 그것이 얼마나 유치한 연극 놀음인

지도 깨닫지 못했다. 오류를 모르는 지도자의 이미지가 부각될수록 실수도 하고 잘못된 판단도 내릴 수 있는 '인간' 히틀러의 모습은 눈에 들어오지 않았다. 히틀러 개인은 전지전능한 지도자의 '역할' 속으로 빨려 들어갔다.

가면은 여간해서는 벗겨지지 않았다. 알베르트 크렙스는 1932년 초 코미디의 한 장면을 연상시키는 일화를 소개한다. 함부르크의 으리으리한 일급 호텔 복도에서 크렙스는 히틀러가 다 죽어가는 소리로 "내 수프, 내 수프" 하고 외치는 것을 들었다. 얼마 뒤에 보니 히틀러는 둥근 탁자 앞에 앉아 고개를 푹 숙이고 야채 수프를 게걸스럽게 퍼먹고 있었다. 민족의 영웅답지 않은 모습이었다. 히틀러는 지쳐 보였고 울적해 보였다. 어젯밤 크렙스가 올린 연설문 원고도 본 체 만 체했다. 그리고 채식에 대해서 어떻게 생각하느냐고 엉뚱한 질문을 해서 크렙스를 당혹스럽게 만들었다. 평소의 모습을 되찾은 히틀러는 대답을 기다리지 않고 채식에 대해서 혼자서 주욱 말했다. 크렙스가 보기에 그것은 심술이 발동해서 사람을 기죽이려는 것이었지 설득하려는 자세가 아니었다. 그때까지 "사람이 아니라 불세출의 정치 지도자"처럼 굴던 사람이 그깟 먹을 것 하나 가지고 당장 죽을병에라도 걸린 사람처럼 징징거리던 모습을 크렙스는 도저히 잊을 수가 없었다. 히틀러가 갑자기 자기를 충복으로 여겨서 그런 모습을 보여주었을 리는 만무했다. 그것은 지도자의 '불안한 내면'을 드러내는 것이라고 크렙스는 받아들였다. 그칠 줄 모르는 권력욕과 폭력에 기대는 버릇에 가려져 있던 평소의 인간적 약점이 엉겁결에 드러난 것이라고 크렙스는 해석했다. 크렙스에 따르면 채식을 하지 않으면 식은땀을 흘린다든가 신경이 곤두선다든가 근육이 경직된다든가 위경련이 일어난다든가 하는 불안 증세가 나타나기 때문에 어쩔 수 없이 채식을 할 수밖에 없다고 히틀러가 말했다는 것이다.[186] 히틀러는 위경련을 암의 초기 증세로 받아들이면서 앞으로 '큰일'을 해야 하는데 시간이 얼마 없다면서 "빨리 정권을 잡아야 하는데, 잡아야 하는데 ……" 하면서 초조한 모습을 보였다고 한다. 그러고는 다시 정신을 차렸다. 잠시 우울증에 빠졌나는 것을 거동에서 읽을 수 있었다. 갑자기

수행원들을 부르더니 지시를 내리고 전화 통화 약속을 잡고 회의도 소집했다. "히틀러는 사람에서 다시 '지도자'로 돌변했다."[187] 다시 가면을 쓴 것이다.

히틀러 같은 지도자 스타일이 먹혀든 것은 아랫사람들이 당 내에서 히틀러가 차지하는 위상을 눈곱만큼도 의심 없이 받아들였고 천재 정치인이라면 그 정도의 튀는 행동은 이해해줘야 한다고 믿었기 때문이었다. "히틀러의 이념이 현실화할 수 있도록 번역해주는 사람들이 꼭 있어야 했다." 페퍼는 그렇게 말했다고 한다.[188] 중요한 정치적 결정을 하기 위해 이런저런 지시를 잇따라 내리는 것은 히틀러답지 않은 일이었다. 히틀러는 될수록 결정을 피하려고 했다. 그 대신 특유의 산만하고 독선적인 어법으로 자기 생각을 시시콜콜 반복해서 늘어놓았다. 그것이 정책 수립의 길잡이 내지는 방향타 역할을 했다. 다들 히틀러의 말을 어떻게 해석해야 할지, 히틀러가 원대한 목표를 향해 어떻게 나아가기를 원하는지 파악하느라 머리를 굴려야 했다. 히틀러는 틈만 나면 이런 말을 했다고 한다. "모두가 이런 방향으로 움직인다면, 길게 내다보면서 합심해서 흔들림 없이 나아간다면, 기어이 목표를 이룰 수 있을 것이다. 사람이니까 안타깝지만 실수는 할 수 있다. 하지만 공동의 목표를 늘 길잡이로 삼는다면 그 문제는 극복할 수 있을 것이다."[189] 히틀러에게는 이렇게 다분히 적자생존을 선호하는 사회다윈주의적 본능이 있었다. 그래서 당 안에서, 그리고 나중에 정권을 잡은 다음에는 정부 안에서, 히틀러의 의중을 '정확하게' 파악하기 위해 치열한 눈치 싸움이 벌어졌다. 이미 이념적 정통성에서는 누구도 넘볼 수 없는 권위를 구축한 히틀러는 어김없이 치열한 투쟁을 거쳐서 꼭대기까지 올라온 사람들을 편들었다. 이겼다는 것은 곧 '올바른 원칙'을 지켰다는 증거였다. 히틀러만이 이런 결정을 내릴 수 있었으므로 그의 입지는 더욱 단단해졌다.

당 지도자로서 히틀러가 준 인상은 여간해서는 만나기가 어렵다는 것, 그러면서도 불쑥불쑥 간섭을 한다는 것, 예측하기 어렵다는 것, 정해진 집무 시간이 없다는 것, 행정에는 무관심하다는 것, 세부에는 관심이 없고 혼자서 장광설을 늘어놓기 좋아한다는 것이었다. 나치당은 일단은 정권을 잡는 데 전력을 기울이는 '지도자당'이었으므로 그런 스타일로도 그런 대로 꾸려 나갈 수는 있었다. 그러나 1933년 이후 독일의 국가 수반으로 올라선 다음에도 히틀러의 통치 스타일은 달라지지 않았다. 그리고 그것은 정교한 국가 기구를 떠맡은 관료 체제와 양립하기 어려웠으므로 정부는 갈수록 난맥상을 드러냈다.

충성과 반역

1931년 초 한동안 모습이 안 보이더니 흉터가 난 낯익은 얼굴이 돌아왔다. 근신하는 뜻에서 볼리비아 군대에 군사 고문으로 가 있던 에른스트 룀이 히틀러의 부름을 받아 복귀한 것이다. 룀은 1월 5일부터 돌격대 참모장을 맡았다.[190]

1930년에 당 지도부가 헤쳐 나가야 했던 위기는 오토 슈트라서의 항명 사태만은 아니었다. 더욱 심각한 위기가 돌격대에서 터져나왔다. 부글부글 끓어오르던 돌격대의 불만은 선거 운동이 한창이던 1930년 여름 드디어 폭발했다. 그것은 나치당 조직과 돌격대 조직 사이의 해묵은 구조적 반목이 수면 위로 드러난 것이었지 새삼스러운 갈등은 아니었다. 갈등의 뿌리는 쿠데타 이전으로 거슬러 올라간다. 당에서는 돌격대가 준군사조직이 아니라 어디까지나 나치당의 '응원군'이라고 1925년부터 누누이 강조했지만 돌격대원들 사이에서는 돌격대는 다른 단체라는 생각이 워낙 뿌리 깊었다. '당의 투사'를 자처하던 그들은 관구 지부를 이끌어가는 '민간인'들을 경멸했다.[191] 돌격대는 당의 하부 조직이라는 사실을 누누이 상기시켰지만 돌격대원들은 선뜻 수긍하지 않았다. 가장 어려울 때 먼저 뛰어든 사람들이 자기들이고 공산주의자, 사회민주주의자와 시가전을 벌이면서 가장 많은 사상자를 낸 것도 자기들이라는 자부심이 있었다.

1930년 돌격대 지도자 세 사람을 나치당 후보로 의회에 보낼 것인지를 두고 벌어진 논란이 발단이었다. 하지만 그 일은 도화선이었을지는 몰라도 근본 원인은 아니었다. 돌격대는 재정 자립도가 낮아 관구 행정 조직에 기대야 했는데 이것을 당장 개선해 달라는 요구와 맞물려 있었다. 독일 동부 지역의 돌격대를 이끄는 지도자였고 무력이 아니라 합법적 수단으로 더디게 권력을 쟁취하는 전략에 부하들과 마찬가지로 격분한 발터 슈테네스가 8월에 담판을 지으러 뮌헨으로 갔다가 히틀러를 만나지도 못하고 돌아오자 베를린의 돌격대원들은 보직을 사퇴하고 당을 위한 선전 활동과 경비 업무에 나서지 않겠다고 버텼다. 8월 30일 괴벨스가 스포츠궁에서 대규모 집회를 열 생각이었는데 돌격대원들이 현장에서 경비를 맡지 않고 슈테네스의 지시로 엉뚱한 곳에 자기들끼리 모여서 행군을 하자 사태는 심각해졌다. 얼마 뒤 베를린의 돌격대 간부들은 모임을 가졌는데 모임이 끝나자 돌격대원들은 친위대(친위대는 엄격히 말하면 돌격대의 산하 조직이었다)의 저지를 뚫고 당사로 난입하여 기물을 때려부수면서 난동을 부렸다.[192] 베를린 관구장 괴벨스는 아연실색했다. 곧장 히틀러가 베를린으로 달려왔다. 괴벨스는 히틀러가 한시바삐 상황을 수습해주기를 원했다. 그러지 않으면 반란이 독일 전역으로 확산되어 돌이킬 수 없는 일이 벌어질 수 있었다.[193] 히틀러는 먼저 불만을 품은 돌격대원과 대화를 나누었다. 그러고 나서 심야에 슈테네스와 두 차례 만났지만 아무 소득이 없었다. 다음날 히틀러는 2천 명의 베를린 돌격대원을 부랴부랴 불러놓고 그 앞에서 호소했다. 돌격대 최고지도자였던 페퍼는 사흘 전에 물러난 상태였다. 그 자리에서 앞으로 자기가 돌격대와 친위대의 사령탑을 직접 맡겠다고 히틀러가 선언하자 사람들은 환호했다. 히틀러는 돌격대가 애쓴 덕분에 나치당이 성장했다고 돌격대의 공로를 치하했다. 그러고는 거의 이성을 잃은 듯 흥분한 목소리로 충성을 호소하며 연설을 마쳤다. 1925년 재창당을 선언하는 자리에서도 분위기를 띄우려고 비슷한 연출을 하면서 모든 돌격대원을 대표하여 80세의 니츠만 장군이 노구를 이끌고 무대로 걸어나와 히틀러에게 충성을 다짐했다. 충성에는 보답도 따랐다. 당비로 들어오는 돈이 늘어난 만큼 돌격대에 대한 재정 지원도 늘리겠다는 히틀러의 약속을 슈테네스가 큰 소리로 낭독했다.[194] 일단 위기는 넘긴 것이다.

남독일 지역에서 돌격대의 상급집단지도자라는 직책을 맡고 있던 아우구스트 슈나이트후버는 1930년 9월 19일에 작성한 메모에서 돌격대원들이 자꾸만 들썩거리는 데는 히틀러도 책임이 있다고 밝혔다. 돌격대는 총선 승리의 주역인데도 제대로 인정을 받지 못했다는 것이었다. 베를린에서 벌어진 사태는 히틀러와 돌격대원들의 소통이 부족했다는 것을 드러냈다고 슈나이트후버는 강조했다. 대원들이 섭섭함을 느낀 게 하루 이틀의 일이 아니라는 것이었다. 히틀러가 돌격대의 공로를 알아주어야 한다는 인식이 팽배했다. "지도자는 애석하게도 경고를 흘려들었다."[195]

돌격대를 하루하루 꾸려 나가는 역할은 자유군단에서 같이 일했던 페퍼가 그 전해(1929년)에 참모장으로 영입했던 사업가 오토 바게너가 임시로 맡았다. 재계에 발이 넓었던 바게너의 설득으로 한 담배 회사가 돌격대원들을 겨냥하여 '돌격'이라는 담배를 선보였다. 회사는 수익의 일부를 돌격대에 후원금으로 내놓기로 했다. 돌격대원들은 신이 나서 이 담배만 열심히 사서 피웠다. 그렇게 해서 수익금의 일부가 돌격대로 들어갔는데 페퍼가 떠나고 나서는 당 재정부가 기금 관리를 당이 직접 맡겠다고 나섰다.[196] 1930년 10월 바게너는 '정권을 잡기 위한 투쟁'에서 돌격대가 '특수한 임무'를 맡고 있으며 정권을 잡은 다음에도 돌격대를 '독일 육군의 주력'으로 삼을 생각이라는 히틀러의 뜻을 대원들에게 하달했다.[197] 그렇지만 당의 간섭에서 벗어나 독립성을 더 많이 확보해야 한다는 돌격대 지도부의 주장은 잦아들지 않았다. 갈등의 불씨는 여전히 남아 있었다.

룀은 바로 그런 상황에서 돌격대로 돌아온 것이다. 히틀러는 1930년 11월 30일 뮌헨에서 돌격대 지도자들을 불러놓고 룀을 돌격대의 실질적인 수장인 참모장으로 임명한다고 밝혔다. 쿠데타가 일어나기 전부터 룀은 높은 자리에 있었고 또 최근까지 어떤 암투에도 휘말린 적이 없었기 때문에 아무도 이의를 제기할 수가 없었다. 하지만 얼마 안 가서 어떻게 동성애자가 돌격대를 이끌 수 있느냐면서 룀을 문제 삼는 사람들이 나타났다. 히틀러는 두고볼 수가 없어서 '순전히 사생활 문제'를 기지고 사람을 공격하는 것은 옳지 않다면서 돌격대는 '윤리 기관'이 아니라 '사투를 벌이는 조직'이라고 입장 정리를 해주었다.[198]

사실 쟁점이 되었던 것은 룀의 도덕성이 아니었다. 전해 여름 히틀러가 서둘러 갈등을 덮긴 했지만 그것은 미봉책이었다. 갈등은 그대로 남았다. 돌격대의 정확한 역할이 무엇인지도, 어느 정도의 자율성을 주겠다는 것인지도 딱 부러지게 말하지 않았다. 나치 운동의 성격과 돌격대의 등장 방식을 보았을 때 구조적 문제가 뻔히 있었지만 그 문제는 건드리지 않았다. 그러자 무력을 앞세우는 세력이 돌격대 안에서 다시 목소리를 내기 시작했다. 의회에 진출할 수 있는 길을 열어 달라는 요구가 보기 좋게 거절당했으니 슈테네스가 반의회주의 노선으로 돌아선 것도 무리는 아니었다. 그렇지만 베를린의 나치당 기관지인 〈공격〉 지면에다 무력으로 정권을 잡아야 한다는 내용의 글까지 쓰자 나치 지도부는 심기가 편치 않았다. 자꾸만 그런 식으로 잡음이 새어 나오면 전해 9월 히틀러가 세 명의 제국군 장교가 재판을 받는 자리에서 합법적으로 정권을 잡겠다고 천하에 공표한 것이 불신을 살 수밖에 없었다.[199] 히틀러는 어쩔 수 없이 2월에 〈민족의 감시자〉에 기고한 글에서 돌격대와 친위대가 느끼는 불만은 충분히 이해하지만 국가사회주의자들이 무력으로 거사를 꾸미고 있다는 것은 '거짓말'이며 자꾸만 그런 식으로 도발을 하면 결국 정부에다 나치당을 탄압할 빌미만 제공하는 꼴이 되어버린다고 비판했다.[200] 3월 7일 뮌헨에서 돌격대원들을 모아놓고 히틀러는 이렇게 말했다.

비합법적 수단으로 싸우지 못하는 것은 겁쟁이이기 때문이라고 욕하더군요. 나는 그런 싸움이 무서운 게 아닙니다. 돌격대가 총격전으로 내몰리는 상황이 무서울 뿐입니다. 돌격대는 더 중요한 일을 해야 합니다. 제3제국을 세워야 합니다. 헌법을 지키면서도 목표를 이룰 수 있습니다. 헌법은 정권을 잡을 권리를 보장합니다. 어떤 수단을 쓰느냐에 유념해야 합니다.[201]

3월 28일 긴급령으로 브뤼닝 정부는 급진 정치 세력을 응징할 수 있

독일 동부 지역 돌격대 지도자 발터 슈테네스. 슈테네스는 1931년 히틀러의 합법 노선에 불만을 품고 무력을 앞세워 정권을 잡아야 한다고 주장하며 반란을 일으켰다.

는 광범위한 권한을 지니게 되었으므로 정당 활동 금지령이 떨어질지 모른다는 강박관념은 더욱 심해졌다.[202] 괴벨스도 일기에서 당, 특히 돌격대에 족쇄가 채워질 가능성이 있다고 적었다.[203] 히틀러는 모든 당원, 돌격대원, 친위대원에게 긴급령을 절대로 어기지 말라고 신신당부했다.[204] 하지만 슈테네스는 호락호락 물러서지 않았다. "당이 최대의 위기를 맞고 있다." 괴벨스는 그렇게 적었다.[205]

서둘러 대책을 마련해야 했다. 괴벨스는 히틀러가 소집한 회의에 참석하러 다른 고위 간부들과 함께 바이마르로 갔다. 그리고 슈테네스가 동부 지역 돌격대 지도자에서 해임되었다는 소식을 들었다. 그런데 그 사실이 알려지기 무섭게 이번에는 베를린에서 전화가 걸려왔다. 돌격대원들이 당사와 당 기관지 〈공격〉 사무실을 점거했다는 소식이었다. 히틀러는 측근들 앞에서는 애써 태연한 척했지만 사실은 충격이 컸다. 베를린 돌격대 지도부는 4월 2일에 히틀러의 "독일인답지 못한 무분별한 당 독재와 무책임한 민중 선동"을 정면으로 공격했다.[206] 히틀러는 여기에 맞서 수단과 방법을 가리지 말고 베를린 당사에서 '불순분자'를 소탕하라면서 괴벨스에게 전권을 위임했다. "임무 수행에 필요한 일이라면 무슨 일을 해도 밀어줄 것"이라고 히틀러는 밝혔다.[207]

히틀러와 괴벨스는 모든 관구로부터 충성 서약을 끌어내기 위해 노력했다. 슈테네스는 슈테네스대로 점점 과격한 목소리를 내면서 베를린, 슐레스비히-홀슈타인, 슐레지엔, 포메른 지역 돌격대의 지지를 얻어냈다. 그러나 반짝했을 뿐이었다. 대규모 반란은 일어나지 않았다. 괴벨스가 신문을 통해서 그렇게 죽어라고 공격한 것이 경찰이었는데 이번에는 경찰의 도움으로 나치당이 당사와 신문사를 다시 장악할 수 있었으니 아이러니도 그런 아이러니가 없었다.[208] 4월 4일 히틀러는 〈민족의 감시자〉에다 장문의 글을 써서 슈테네스의 논리를 조목조목 반박하고 돌격대원들에게 나치당을 지지해 달라고 호소했다.[209] "발기인이며 지도자로서" 지금까지 운동을 키워 오는 과정에서 자신이 각별히 노력했다는 사실을 강조했다.[210] 그러면서 자신을 비롯하여 많은 사람들이 얼마나 큰 희생을 했는데 슈테네스는 도대체 한 일이 무엇이냐고 반문했다. 지난번 오토 슈트라서도 그 문제로 말썽을 피웠지만 이번에 슈테네스도 '이념'과 '사람'을 분리해야 한다고 주장하면서 자꾸만 지도자와 돌격대원들 사이를 이간질하려 한다는 것이었다. 히틀러는 운동을 자꾸만 "국가를 상대로 벌이는 전면전"으로 몰고 가려는 세력은 "멍청이 아니면 범죄자"라고 불렀다.[211] 1923년에 거사를 일으킨 사람으로서 또 그런 짓을 하는 것은 '얼빠진 짓'이라는 것이었다. 히틀러는 "국가사회주의의 근간을 뒤흔드는 음해 세력을 소탕할 것"이라고 다짐하면서 돌격대원들은 "일개 경사 출신인 슈테네스를 선택할 것인지 아니면 국가사회주의 운동을 처음 일으켰고 돌격대의 최고지도자인 아돌프 히틀러를 선택할 것인지" 결정을 내리라고 촉구했다.[212]

히틀러가 글을 쓰기도 전에 이미 저항 세력은 무너져 내렸다. 슈테네스의 지지 기반이 사라진 것이다. 독일 북부와 동부 지역에서 500명의 돌격대원이 숙청당했고[213] 나머지는 제자리로 돌아갔다. 괴링에게 슈테네스의 텃밭에서 조직을 재건하라는 특명을 내렸다.[214] 베를린은 괴링의 관할 구역에서 빠졌다. 베를린을 거점으로 삼고 있던 괴벨스가 이 기회를 틈타서 괴링이 밀고 들어오려는 낌새를 눈치챈 것이다. "괴링의 소행은 잊을 수가 없다." 괴벨스는 그렇게 썼다. "사람에 대해서 환멸을 느낀다. 쓰레기도 그런 쓰레기가 없다."[215] 히틀러가 모든 베를린의 돌격대원은 자신의 '벗' 괴벨스의 지시를 따르라고 공개적으로 체면을 세워주었을 때 비로소 괴벨스도 마음이 누그러졌다.[216]

위기는 넘겼다. 돌격대는 다시 제자리로 돌아갔다. 권력을 쟁취할 때까지 쉽지는 않았지만 돌격대를 그런 식으로 묶어 둘 수가 있었다. 그렇게 억눌린 불만은 1933년 초에 다시 한 번 터져 나온다. 의욕은 넘쳤지만 조직 운영 경험이 별로 없는 상태에서 룀은 혼자서 돌격대를 관장해야 했다. 돌격대는 1931년 1월까지만 하더라도 대원이 8만 8천 명이었는데 12월에는 26만 명으로 거의 3배로 늘어났다.[217] 이렇게 폭발적으로 성장하는 조직은 좀 더 치밀한 관리가 필요했다. 돌격대의 이미지도 조금씩 달라졌다. 대도시만 벗어나도 덮어놓고 돌격대를 시가전을 벌이는 투사나 '정치 깡패'로만 보지 않는 사람도 많았다.[218] 농촌 지역에서는 '공산주의자'를 위협으로 느끼는 사람이 도시보다 많았다. 자연히 돌격대의 위상도 달랐다. 농부의 아들은 물론이거니와 뼈대 있는 집안에서 태어난 젊은이도 나치 운동의 성공에 이끌리거나 친구들의 권유를 받고 이제는 사냥을 하거나 놀러 다니지 않고 나치당에 가입하는 경우가 늘어났다. 물론 당에 들어와서 기껏 하는 일이라야 집회에 참석하고 가두 행진을 벌이는 정도에 지나지 않았다. 어떤 지역에서는 '독실한' 돌격대원들이 일요일마다 제복 차림으로 교회에 가기도 했다.[219] 그런 조직에 들어가는 것은 결코 부끄러운 일이 아니었다.

그렇지만 룀 밑에서 돌격대는 준군사조직의 성격을 띠었던 예전의 모습으로 많이 돌아갔다. 그것도 1920년대 초반보다 더 강력한 세력이 되었다. 슈테네스 사태가 벌어졌을 때 룀은 흔들리지 않고 히틀러에게 충성을 바쳤다. 하지만 룀이 '군인 우위'를 강조한 것도 그렇고 1931년에 기세가 꺾이기는 했지만 돌격대를 대중적 기반을 지닌 무장 단체로 탈바꿈시키려는 야심을 품은 것도 그렇고, 나중에 갈등의 씨앗이 되었다. 그리고 일련의 과정을 거쳐 결국 1934년 6월 파국으로 치닫는다.

히틀러의 여자들

1931년 히틀러는 정치뿐 아니라 사생활에서도 위기를 맞았다. 1929년 히틀러가 프린츠레겐텐플라츠의 널찍한 새 집으로 이사를 가면서 오버잘츠베르크에서 엄마와 같이 지내던 히틀러의 조카 겔리 라우발도 거처를 그리로 옮겼다. 그 뒤 2년 동안 겔리는 히틀러와 함께 공식석상에 자주 나타났다. 겔리는 히틀러를 "알프 아저씨"라고 불렀는데, 두 사람 사이가 심상치 않다는 소문이 어느새 나돌았다. 1931년 9월 19일 스물세 살의 나이로 겔리는 히틀러의 집에서 시체로 발견되었다. 히틀러의 권총에 들어 있던 탄알이 몸에 박혀 있었다.

히틀러의 여자 관계는 어떤 면에서는 비정상적이었다. 히틀러는 여자를 데리고 다니기 좋아했다. 특히 젊고 예쁜 여자를 좋아했다. 여자한테 알랑거리기도 하고 때로는 시시덕거리기도 했다. 마음에 드는 여자는 "우리 귀여운 공주님" 아니면 "사랑스러운 마님"이라고 불렀다.[220] 확인되지 않은 사실이지만 헬레네 한프슈탱글의 증언이나 전속 사진사의 딸로서 (1931년 10월 30일 나치당 제국청년지도자로 임명되는) 발두어 폰 시라흐와 나중에 결혼하는 헨리에타 호프만의 증언에 따르면 히틀러는 노골적으로 추근거리기도 했다고 한다.[221] 히틀러는 초창기 운전기사의 여동생이었던 에니 하우크에서 바그너 집안의 며느리였던 위니프리드 바그너에 이르기까지 신분도 천차만별인 여자들의 연인으로 여러 번 이름이 오르내렸다.[222] 그런 소문은 대개는 악의적으로 부풀려졌거나 흑색선전으로 날조된 것이었지만, 설령 아주 근거가 없는 소문은 아니었다손 치더라도 히틀러의 여자 관계는 지극히 피상적이었다. 깊은 감정이 오고 간 적은 없었다. 히틀러에게 여자는 그저 하나의 도구였고 '남자들의 세계'를 꾸미는 장식물이었다. 빈 독신자 합숙소 시절에도 그랬지만 전선에서 싸울 때도, 제대할 때까지 뮌헨의 부대 막사에서 지낼 때도, 1920년대 초반 여기저기 카페에서 추종자들과 어울리면서 시간을 보낼 때도, 히틀러 주변에는 남자들이 압도적으로 많았다. 하인리히 호프만의 회상에 따르면 "가까운 사람들하고 어울리는 자리에 어쩌다

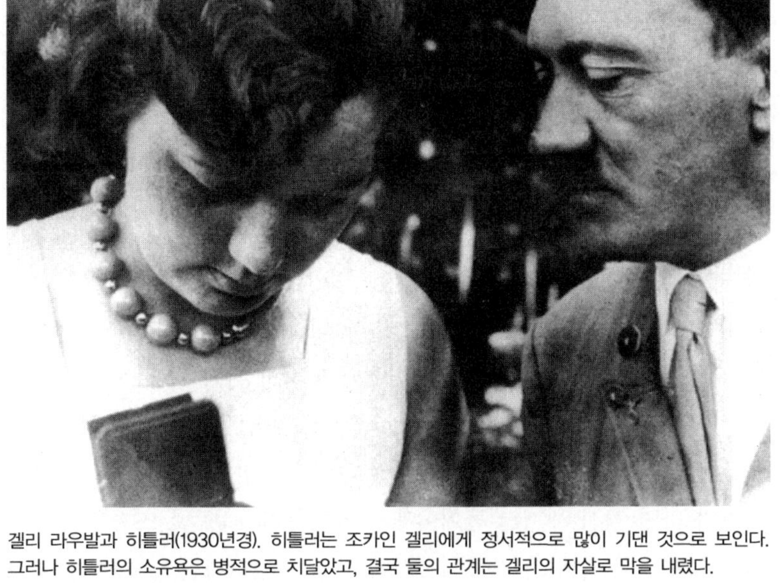

겔리 라우발과 히틀러(1930년경). 히틀러는 조카인 겔리에게 정서적으로 많이 기댄 것으로 보인다. 그러나 히틀러의 소유욕은 병적으로 치달았고, 결국 둘의 관계는 겔리의 자살로 막을 내렸다.

가 여자를 앉힐 때도 있었다. 하지만 그때도 여자는 모임의 주인공이 될 수는 없었다. 다소곳이 앉아서 남자들 이야기를 듣고만 있어야 했다. …… 한두 마디 이야기를 거들어도 뭐라 그러지는 않았지만 자기 주장을 내세우거나 히틀러의 말에 반박하는 것은 용납되지 않았다."[223]

린츠에서 슈테파니라는 소녀를 멀리서 지켜보면서 남몰래 짝사랑을 할 때부터 그랬지만 히틀러는 대개는 거리를 유지했다. 중요한 것은 아끼는 여자가 있다는 사실 자체였지 그 여자에게 느끼는 연정이 아니었다. 한때 자주 만났던 미미 라이터와의 관계도 그런 틀에서 벗어나지 않았다. 미미를 히틀러가 예뻐한 것은 사실이었지만 열여섯 살 소녀가 그렇게 마음을 빼앗겨 애정을 바쳤는데도 히틀러는 꿈쩍도 하지 않았다. 1929년 가을에 사진사 호프만의 사무실에서 처음 만난 에바 브라운만 하더라도 그렇게 오래 사귀었지만 역시 예외가 아니었다. 호프만의 술회에 따르면 "히틀러에게 에바는 귀여운 장난감이었다. 에바의 미모가 출중한 것도 아니었고 맹해 보였음에도 불구하고, 아니, 오히려 그랬기 때문에, 히틀러는 그 옆에서 편하게 쉴 수 있었다. …… 그렇지만 목소리나 표정이나 거동에서 히틀러가 에바를 남달리 생각한다는 것을 내비친 적은 단 한 번도 없었다."[224]

그런데 겔리는 좀 달랐다. 두 사람이 정확히 어떤 사이였는지는 알 길이 없고 이런저런 설명은 하나같이 짐작이나 소문에 근거를 둔 것이지만, 확실한 것은 히틀러가 아마 태어나서 유일하게 (어머니를 제외하고는) 한 여자에게 정서적으로 기댔다는 사실이다. 히틀러가 겔리와 육체 관계를 맺었는지 여부에 대해서는 아무도 자신 있게 말하지 못한다.[225] 일각에서는 히틀러의 집안에 근친상간의 피가 흐르고 있고 히틀러도 그런 집안 내력에 따라 근친상간을 범했다고 암시한다.[226] 하지만 히틀러가 성적으로 빗나간 행동을 했다고 요란하게 떠벌린 장본인이 히틀러를 못 잡아먹어서 안달이었던 오토 슈트라서라는 점을 감안해야 한다.[227] 그런가 하면 역시 새겨서 들어야겠지만 히틀러가 쓴 낯 뜨거운 편지와 직접 그린 야한 그림을 폭로하겠다는 사람이 나타나서 당 재정을 맡고 있던 슈바르츠가 서둘러 사들여야 했다는 소문도 나돌았다.[228] 하지만 육체 관계를 맺었건 맺지 않았건 히틀러가 겔리에게 한 행동을 보면 실천으로 옮기지는 않았다 하더라도 성적으로 강하게 끌렸다는 사실을 부인하기 어렵다. 그것은 극단적인 질투와 소유욕으로 드러났고 결국 그런 관계는 지속되기 어려웠다.

겔리는 펑퍼짐한 얼굴에다 머리는 흑갈색의 곱슬머리라서 결코 빼어난 미인이라고 말할 수는 없었지만 활발하고 외향적이고 애교가 넘치는 처녀라고 누구나 한목소리로 말했다. 히틀러가 자주 가던 카페 헤크도 겔리만 나타나면 생기가 감돌았다. 히틀러도 겔리만큼은 좌중의 시선을 한몸에 받아도 잠자코 있었다. 극장, 연주회, 오페라, 영화관, 식당, 야외 드라이브, 산책, 심지어 옷을 사러 갈 때도 꼬박꼬박 겔리를 데리고 다녔다.[229] 입만 열었다 하면 겔리 칭찬이었고 겔리를 자랑스럽게 여겼다. 원래 겔리는 대학에 다니겠다는 생각으로 뮌헨에 왔다. 그러나 공부는 거의 하지 않았다. 히틀러는 노래 공부를 하라고 교습비까지 대주었다. 하지만 겔리가 오페라 여주인공이 될 가능성은 전무했다. 겔리는 공부라면 질색이었다.[230] 그냥 재미있게 사는 게 좋았다. 변덕스럽고 바람기가 있었던 겔리는 따라다니는 남자도 많았고 자신도 그것을 즐겼다. 히틀러는 겔리가 자기 경호원이자 운전기사였던 에밀 모리스와 눈이 맞았다는 것을 알고 노발대발했다. 모리스는 히틀러 손에 죽을까 봐 불안에 떨었다.[231] 얼마 안 가서 히틀러는 모리스를 내보냈고 겔리는 열정을 좀 가라앉히라고 브루크만 부인에게 보냈다.[232] 물론 부인은 겔리를 감시했다. 히틀러의 질투심과 소유욕은 병적으로 치달았다. 히틀러가 못 따라갈 때는 꼭 사람을 붙였고 일찍 귀가해야 했다.[233] 겔리는 일거수일투족을 감시당했고 통제당했다. 감옥이 따로 없었다. 겔리는 몹시 괴로워했다. "아저씨는 괴물이에요." 그런 말을 하고 다녔다고 한다. "얼마나 사람을 힘들게 하는지 몰라요."[234]

1931년 9월 중순 겔리는 더 견딜 수가 없었다. 빈으로 돌아가기로 마음먹었다. 빈에 애인이 생겼다는 소문이 뒤에 돌았고 심지어 그가 유대인 화가였고 겔리가 그 사람 아기를 가졌다는 소문도 있었다.[235] 겔리의 어머니 앙겔라 라우발은 2차 세계대전이 끝나고 나서 미군 심문관들에게 겔리가 린츠 출신의 바이올린 연주자와 결혼을 하고 싶어했는데 자기와 배다른 오빠 아돌프가 말렸다고 했다.[236] 진위야 어찌 되었든 겔리가 아저씨의 손아귀에서 빠져나오려고 발버둥쳤다는 사실은 분명하다. 히틀러가 겔리에게 손찌검을 했는지 여부도 역시 확인할 길이 없다. 시신의 코가 부러져 있었다는 설도 있었고 얻어맞아서 곳곳에 멍이 들었다는 설도 있었다.[237] 그러나 증거가 너무 희박해서 받아들이기가 어려울 뿐더러 하나같이 히틀러의 정적들이 주장한 내용이었다.[238] 시체를 검진한 경찰측 의사와 시체를 수습한 두 여자는 얼굴에서 멍이나 핏자국을 찾아내지 못했다.[239] 그렇지만 히틀러가 조카에게 엄청난 심리적 압박감을 주었던 것은 분명하다. 사회주의 성향의 〈뮌헨 포스트〉 지는 9월 18일 금요일 히틀러가 말싸움을 하다가 겔리가 빈으로 가지 못하게 막았다고 보도했고 히틀러는 이것을 강력히 부인했다.[240] 그날 히틀러는 수행원들과 함께 뉘른베르크로 떠났다.[241] 다음날 아침 히틀러가 이미 호텔을 나섰을 때 겔리가 히틀러의 아파트에서 총에 맞은 시체로 발견되었다는 흉보가 날아들었다. 히틀러는 그 길로 뮌헨으로 돌

아왔다. 얼마나 서둘렀는지 중간에 속도 위반으로 경찰 단속에 걸렸을 정도였다.[242]

히틀러의 정적들은 신이 났다.[243] 신문들은 추측성 기사를 남발했다. 심한 몸싸움을 했고 손찌검이 있었다는 내용, 성추행을 암시하는 내용, 심지어는 히틀러가 추문을 두려워하여 겔리를 직접 죽였거나 사람을 시켜서 죽였을 것이라는 내용까지 나왔다.[244] 조카가 죽었을 때 히틀러는 뮌헨에 없었다. 청부 살인을 한 것이라면 왜 굳이 자기 집에서 죽였는지 그 점이 잘 납득이 안 되었다.[245] 아무튼 엄청난 파문이었다. 겔리가 히틀러의 권총을 가지고 놀다가 오발 사고로 죽은 것이라는 당의 공식 해명은 아무도 안 믿었다.[246] 진실은 속 시원히 밝혀지지 않았다. 그러나 아저씨의 소름 끼치는 소유욕과 어쩌면 폭력적인 소유욕에서 벗어나기 위해서, 그리고 항변의 뜻으로 자살을 결행했으리라는 설이 그나마 설득력이 가장 높아 보인다.

흉보를 듣고 히틀러는 거의 실성한 사람처럼 굴었고 한동안 심한 우울증에서 헤어나지 못했다. 가까운 사람들에게 한 번도 그런 모습을 보여준 적이 없는 히틀러였다. 거의 무너지기 일보 직전이었다. 정치고 뭐고 다 그만두겠다고 했다. 저러다가 자살을 하는 게 아닌가 걱정하는 사람도 있었다. 한스 프랑크의 증언에 따르면 히틀러는 개인적 아픔도 아픔이었지만 파문이 커지면서 언론의 집중 포화를 받는 데서 더 큰 충격을 받았다고 한다. 히틀러는 자신의 책을 내주던 출판인 아돌프 뮐러의 테게른제 호숫가에 있는 집에서 두문불출했다. 프랑크는 언론의 공격을 차단하기 위해서 법적 수단을 강구했다. 히틀러는 장례식이 끝나고 며칠 뒤 겔리가 묻힌 빈의 중앙 묘지에 다녀온 다음부터 우울증에서 말끔히 벗어났다.[247] 고비를 넘긴 것이다.

며칠 뒤 함부르크에서 한 연설에서 히틀러는 어느 때보다도 뜨거운 박수를 받았다.[248] 집회에 참석했던 한 사람의 말을 빌리자면 히틀러는 '상당히 긴장'한 것 같았지만 말을 잘했다.[249] 다시 본업으로 돌아온 것이다. 엄청난 군중을 모아놓고 하는 히틀러의 연설을 들으면서 사람들은 까무라치려고 했고 그런 광적인 반응을 보면서 히틀러는 마음을 줄 사람을 잃어버린 허전함을 채울 수 있었다.

히틀러를 가까이에서 지켜본 사람은 겔리가 있었더라면 히틀러를 제어할 수 있었을 것이라고 굳게 믿기도 하지만[250] 이것은 대단히 의심스러운 이론이다. 내용이야 어찌 되었건 히틀러가 어느 누구에게도 느끼지 못했던 강한 애착을 겔리한테서 느낀 것은 부인할 수 없는 사실이다. 겔리가 죽고 나서 고향 집과 히틀러 아파트의 겔리가 쓰던 방을 마치 성소처럼 꾸며놓은 것부터가 히틀러의 집착과 지긋지긋한 감상벽을 보여준다.[251] 확실히 히틀러 개인에게 겔리는 누구와도 바꿀 수 없는 존재였다(얼마 안 가서 히틀러 앞에 에바 브라운이 나타나긴 하지만). 하지만 그것은 어디까지나 히틀러가 이기적으로 매달린 것이었다. 겔리는 자기 인생을 살아갈 수가 없었다. 히틀러는 극단적으로 겔리한테 기대면서 겔리도 자기한테만 기대며 살아가기를 요구했다. 그것은 파국으로 치달을 수밖에 없는 인간 관계였다. 겔리의 죽음은 한동안 물의를 빚었지만 정치적 파장은 전혀 없었다. 히틀러가 권력에 집착한 것은 개인적 야심에서만 비롯된 것이 아니었으므로 겔리가 살아 있었어도 히틀러는 여전히 정권을 잡는 데 모든 것을 걸었을 것이다. 겔리는 죽었지만 보복을 하고 파괴를 하겠다는 히틀러의 생각은 조금도 달라지지 않았다. 겔리 라우발이 살았다 하더라도 역사는 조금도 달라지지 않았을 것이다.

의심하는 자본가들

겔리가 죽고 나서 일 주일도 채 못 되어 지지 기반이 썩 단단하지 않았던 함부르크 지방선거에서 나치당은 26.2퍼센트의 득표율을 올렸다. 사회민주당에는 간발의 차이로 뒤졌지만 공산당은 눌렀다.[252] 그에 앞서 5월에는 농촌 지역인 올덴부르크에서 37.2퍼센트라는 높은 득표율을 얻으면서 나치당은 사상 처음으로 주의회에서 제1당이 되었다.[253] 11월 15일 그해 마지막으로 열린 주의회 선거에서는 나치당이 헤센에서 역시 37.1퍼센트로 공산당과 사회민주당을 합친 것보다도 높은 지지

를 받으면서 그전까지는 단 한 석도 못 건졌던 헤센 의회에서 무려 27
석을 얻었다.[254] 압승은 일시적인 사건으로 그칠 기세가 아니었다. 사
면초가에 몰린 브뤼닝 정부는 긴급령에 기대어 간신히 국정을 이끌어
나갔지만 독일이 배상금을 물 형편이 안 된다는 사실을 외국에 보여주
는 데 정책 운용의 초점을 맞추다 보니 생산량은 곤두박질치고 실업률
은 수직 상승하면서 경제는 날이 갈수록 어려워졌고 먹고 살기가 힘들
어진 유권자들은 바이마르 공화국을 저주하면서 돌아섰다. 7월에는 금
융 위기가 닥치면서 독일 굴지의 두 은행 다름슈타트 은행과 드레스덴
은행이 파산했다. 민주주의가 끝까지 살아남아 회생하기를 염원하는 유
권자는 갈수록 줄어들었다. 하지만 바이마르 공화국이 무너지고 나서
어떤 종류의 권위주의 정부가 들어설지 아직은 불투명했다. 일반 국민
과 마찬가지로 독일의 파워 엘리트 집단도 아직은 일치된 생각이 없었
다.

　나치가 높은 지지를 받자 우익 진영에서도 나치를 무시하고 넘어갈
수가 없었다. 7월에 독일국가인민당 당수 후겐베르크와 대규모 재향 군
인회인 철모단을 이끌던 프란츠 젤테는 영 안에 반대하기 위해 히틀러
와 맺었던 공조를 되살려서 '거국 저항' 운동을 벌이기로 했다. 힌덴부
르크 대통령이 나치당은 상스러울 뿐 아니라 위험천만한 사회주의자들
이라고 비판하자 후겐베르크는 그들이 공산주의나 사회주의로 기울지
않도록 자기가 단단히 교육을 시키겠다면서 설득했다. 히틀러의 노선은
늘 그랬던 것처럼 지극히 실용적이었다. 후겐베르크와 제휴하자 홍보
활동과 인맥 확보에서 크게 유리했다. 그러면서도 적당히 거리를 두었
다. 거국 저항 세력은 요란한 홍보와 함께 10월 11일 하르츠부르크 온
천에서 연 집회에서 '하르츠부르크 전선'을 결성하고 새로 총선을 실시
할 것과 대통령 긴급령의 유보를 요구하는 선언문을 발표했다. 이 자리
에서 히틀러는 돌격대의 행진을 먼저 보아야 한다고 우겨서 철모단 대
원들을 25분 동안 기다리게 해놓고는 여봐란듯이 먼저 자리를 떴다. 히
틀러는 또 다른 지도자들과 같이 점심을 먹는 것도 거부했다. 그러면서
"수천 명의 지지자들이 제대로 먹지도 못하고 사열을 하느라 고생하는

독일 중앙은행 총재 햘마르 샤흐트(오른쪽)와 히틀러(1934년 5월). 독일 재계의 거물이었던 샤흐트는 히틀러의 집권을 위해 재계의 지지를 끌어 모으는 역할을 했다.

데" 나만 배불리 먹을 수는 없었다면서 자신의 처신에 쏟아지는 비난을 잠재우고 지지자들과 어려움을 함께할 줄 아는 지도자라는 인상을 더욱 굳혔다.[255] 다시 일 주일 뒤에는 브라운슈바이크에서 나치당의 위력을 드러내기 위해서 무려 10만 4천 명의 돌격대원과 친위대원이 참여한 분열(分列) 행진 시범 행사장에서 사열을 받았다. 이것은 나치 역사상 가장 규모가 큰 행사였다.[256]

하르츠부르크 행사에는 독일 중앙은행 총재를 역임했으며 정치적 야심이 컸던 햘마르 샤흐트가 참석하여 이채를 띠었다. 거물급은 아니었지만 재계에서도 몇 사람이 참석했다.[257] 프리메이슨 단원이었으며 비이마르 공화국을 지지하는 독일민주당 창당 주역이었던 샤흐트는 나치즘과는 한배에 탈 수 없을 것처럼 보이던 사람이었다. 그러나 영 안의 이행 방식에 반발하여 1930년 3월 중앙은행 총재에서 물러난 뒤로 우익 쪽으로 급격히 기울었다.[258] 샤흐트와 가깝게 지냈던 괴링은 1931년 1월 5일 히틀러와 샤흐트의 만남을 주선했다. 이 자리에는 대기업 쪽에서 나치에 호감을 품고 있던 연합철강 감독이사장 프리츠 티센도 있었다.[259] 히틀러는 일행의 식사가 끝난 뒤에야 제복 차림으로 나타났다. 여느 때처럼 히틀러가 일방적으로 대화를 주도했다. 샤흐트는 히틀러가 그날 대화의 95퍼센트 이상을 차지한 것으로 기억했다.[260] 그렇지만 똑똑했고 사람을 보는 눈이 예리했던 샤흐트는 히틀러에게 깊은 인상을 받았다.

논지를 풀어 나가는 실력이 참으로 뛰어났다. 말하는 것을 들으면 하나하나가 돌이킬 수 없는 진실처럼 보였다. 그의 생각은 이치에 안 맞는 것이 아니었고 선동으로 치닫는 것도 아니었다. 절도를 지키며 말하는 것이 아무래도 우리가 보수 집단을 대변하는 자격으로 왔다는 사실을 감안하여 충격을 주지 않으려는 뜻이 엿보였다. …… 그 사람한테 무엇보다도 깊은 인상을 받은 것은 자기의 생각이 옳다는 절대적 확신이 있었고 또 그것을 행동에 옮기려는 의지가 확고부동하다는 것이었다. 첫 만남이었지만 만약 우리가 경제 위기를 극복하지 못하여 급진주의가 득세할 경우 히틀러의 선동력은 독일 국민을 단숨에 휘어잡을 것 같았다. 히틀러는 자기가 하는 말에 도취해 있었다. 청중을 사로잡는 힘이 뛰어나고 물불을 안 가리는 광신도였다. 목소리는 거칠고 때로는 탁하게 갈라져 나올 때도 있었지만 타고난 선동가였다.[261]

샤흐트는 현실 정치에 참여하면 나치당의 급진성도 누그러질 것이라는 논리로 나치당을 연정으로 끌어들이자고 브뤼닝을 열심히 설득하고 있었다. 티센은 나치당의 강령에 들어 있던 조합주의적 발상에 호감을 품고 마찬가지로 브뤼닝 총리에게 나치당을 끌어들이자고 설득했다.[262] 그러나 샤흐트도 티센도 재계 지도자를 대표하는 자격으로 참석한 것은 아니었다.

1920년대만 하더라도 대기업은 집권 전망도 없고 이렇다 할 영향력도 없는 주변 정당이었던 나치당에 당연히 관심을 보이지 않았다. 그러나 1930년 선거 결과를 지켜보면서 대기업도 히틀러 당을 눈여겨보지 않을 수 없었다. 잇따른 만남에서 히틀러는 내로라하는 기업인들에게 자신의 목표를 밝혔다. 1930년 9월 말에는 총리를 역임했으며 당시 함부르크와 미국을 왕복하는 여객선 대표를 맡고 있던 빌헬름 쿠노한테까지 나치가 지향하는 가치를 설명했다. 쿠노는 1932년 힌덴부르크 대통령 임기가 끝나면 나치를 등에 업고 대통령에 출마할 것이라는 소문이 나돌고 있었다.[263] 히틀러가 자본주의 기업을 옹호하는 '온건한' 경제 정책을 내놓고 심지어 나치가 집권해도 유대인을 모질게 탄압하는 일은 없을 것이라고 말하자 쿠노는 좋은 인상을 받았다.[264] 히틀러는 또 쿠노의 주선으로 함부르크 민족클럽에서도 강연을 했고 루르 지방에서 대규모 탄광을 운영했고 오래 전부터 나치에 동조했던 에밀 키르도르프의 뮐하임 인근 자택에서 루르 공업 지대의 자본가들 앞에서 연설을 했다.[265] 또 1931년 초에는 〈베를린 증권신문〉이라는 경제지의 주필을 지낸 발터 프랑크의 주선으로 투숙 중이던 카이저호프 호텔 특실에서 재계 지도자들과 여러 번 만났는데 이 자리에서는 좌익 쿠데타가 일어날 경우 막대한 자금을 지원해주겠다는 약속을 받아냈다고 한다.[266] 히틀러도 그렇고 재계에 발이 넓었던 괴링도 그렇고 기업가들의 불안을 누그러뜨리려고 어지간히 노력했지만 재계에서는 나치당을 반자본주의 정서를 지닌 사회주의 정당이라고 보는 인식이 강했다. 많은 기업인들은 히틀러를 '온건파'로 보기는 했지만[267] 아무리 히틀러한테 호감을 품었어도 히틀러가 '사회주의자'라는 선입견까지 털어내지는 못했다. 1930년 가을 베를린 철강 노동자들이 벌인 파업을 나치당이 지지하는가 하면 이듬해 벌어진 네 차례의 파업에 나치가 주축을 이룬 노동조합 '국가사회주의 공장세포조직'이 가담하고 일부 당 대변인들의 입에서 반자본주의적 표현이 튀어나오자 '위험한' 세력이라는 선입견은 더욱 강해졌다.[268]

브뤼닝 정부에 대한 실망감은 갈수록 커졌지만 '재계 실력자들'은 히틀러 운동을 나쁘지는 않은데 과연 잘 될까 하는 심정으로 지켜보고 있었다. 티센 같은 예외적 인물도 있었지만 나치당에 점점 이끌린 것은 대체로 중소 기업을 꾸려 나가는 사업주들이었다.[269] 나중에 히틀러 밑에서 언론을 총괄하는 자리에 오르는 오토 디트리히는 1931년 후반기에 히틀러가 나치당에 대한 재계 인사들의 저항감을 없애려고 독일 전역을 자신의 메르세데스로 훑고 다녔다고 회고록에서 썼지만, 그것은 히틀러가 독일 국민 모두의 심금을 울려 집권했다는 신화를 퍼뜨리기 위한 작업의 일환으로 부풀린 이야기다.[270] 나치 운동이 대기업의 자금 지원으로 탄생했고 유지되었다는 좌파의 시각도 근거가 희박하기는 마찬가지다. 일단 나치가 약진을 한 이상 조금이라도 통찰력이 있는 기업 총수나 경영자라면 정치적 보험을 들어 두는 차원에서 나치당도 어느 정도는 지원하지 않을 수 없었을 뿐이다. 그러나 대부분의 기업은 나치의 적수인 보수 우익을 밀었다.[271] 재계 지도자들은 민주주의의 벗이 아니었지만 그렇다고 해서 나치가 나라를 이끌어 가기를 바라지도 않았다.

해가 바뀌어도 사정은 달라지지 않았다. 선거 운동으로 날을 지샜던 1932년 바이마르 공화국은 일대 위기를 맞았다. 1월 27일 히틀러는 뒤셀도르프 파크 호텔 대강당에서 650명의 뒤셀도르프 기업인들을 모아 놓고 연설을 했지만 나중에 나치가 주장한 것과는 달리 재계의 불신은 사라지지 않았다.[272] 히틀러의 연설에 대한 반응은 복합적이었다. 그러나 경제 문제에 구체적으로 답하지 않고 이미 우려먹을 대로 우려먹은 상투적 답변으로만 도망가면서 새로운 모습을 보여주지 못하는 데 실망하는 기업인이 많았다.[273] 재계와 잘 지내려는 지도자에게 불만을 품은 노동자들이 많은 듯한 징후도 보였다. 히틀러는 당 내에서 터져나오는 강한 반자본주의 정서까지 입막음할 수는 없었고 재계는 그 점을 우려했다.[274] 1932년 봄에 이루어진 대통령 선거 운동에서 웬만한 기업인은 히틀러가 아니라 힌덴부르크를 확실히 밀었다. 여름과 가을의 의회 선거 유세선거전에서 재계는 베스트팔렌의 귀족 집안 출신이며 자를란트의 한 재벌 집안 딸과 결혼하여 기업인, 대지주, 고위 장성을 중심으로 두툼한 인맥을 쌓고 있던 프란츠 폰 파펜 내각을 압도적으로 지지했다. 파펜은 좀 가벼워 보였고 정치인치고는 어설프다는 느낌을 주었지만 그래도 뿌리 깊은 보수성과 반동성을 상징하는 인물로 '종래의' 권위주의로 돌아가고 싶어했던 독일 상류층의 정서를 대변했다.[275] 파펜이 주류였다면 히틀러는 이방인이었고 여러모로 지명도가 떨어졌다. 재계의 호감을 산 것은 히틀러가 아니라 파펜이었다. 1932년 가을 웬만한 정치적 음모의 핵심이었고 정부를 만들고 깨부수는 주역이었던 쿠르트 폰 슐라이허 장군의 손에 파펜이 밀려난 다음에야 비로소 파펜 총리가 보인 노동조합에 대한 열린 자세와 경제 정책을 우려하던 재계 지도자들의 심경에도 중대한 변화가 일어나기 시작했다.[276]

정권을 잡기 전까지 나치당의 주요한 자금줄은 당원들이 내는 당비와 행사장에서 거두는 입장료였다.[277] 대기업에서 들어오는 후원금도 있었지만 그것은 대부분 당이 아니라 개별 지도자들의 주머니로 들어갔다. 사치를 즐기고 씀씀이가 헤퍼서 돈이 많이 필요했던 괴링은 특히 그런 데서 톡톡히 도움을 받았다. 그중에서도 티센이 돈을 아낌없이 보태주었다. 괴링은 베를린의 고급 아파트에서 로마 시대의 귀족이나 입었을 법한 헐렁한 토가 차림에 끝이 뾰족한 슬리퍼를 신고 마치 하렘의 술탄처럼 손님을 맞이했기 때문에 돈 쓸 데가 없어서 고민할 필요는 없었다.[278] 재계에서 히틀러의 대리인으로 통하던 발터 풍크도 인맥을 활용하여 목돈을 챙겼다. 그레고어 슈트라서도 예외는 아니었다.[279] 지위고하를 막론하고 부패가 만연했다.

그러니 히틀러에게도 당연히 후원금이 흘러 들어갔을 것이라고 봐야 할 것이다. 괴링은 루르의 기업가들한테서 들어온 돈의 일부를 히틀러에게 전달했다고 말한 사실이 있는 것으로 알려졌다.[280] 히틀러는 정치에 입문하고 나서 일찍부터 독지가들한테서 재정적 도움을 두둑이 받았다.[281] 1930년대 초가 되자 워낙 지명도가 높아져서 여기저기서 돈을 기부하는 사람이 늘어났고 개인 후원자에게 전처럼 크게 의지하지 않아도 괜찮았다. 히틀러의 수입원은 대체로 어둠 속에 가려 있었다. 그것은 일급 비밀이었고 당 자금과는 별도로 관리되었다. 당 재정을 맡았던 슈바르츠도 히틀러의 개인 자금에 대해서는 전혀 감을 못 잡았다. 그러나 과세 대상인 수입만 하더라도 총선 승리로 《나의 투쟁》이 불티나게 팔리면서 1930년에는 4만 8,472마르크로 3배로 늘어났다. 벌써 이것 하나만으로도 풍크가 베를린의 한 일간지 주필로 일하면서 받은 돈보다도 많았다. 이미지 문제를 고려하여, 당에서는 봉급을 안 받고 당을 위해서 연설을 하고도 사례비를 받지 않았다는 사실을 거듭 강조했지만 집회 규모에 따라 후하게 책정된 '비용'의 형태로 알게 모르게 사례비를 받았다. 그런가 하면 당 기관지 〈민족의 감시자〉에, 그리고 1928년부터 1931년 사이에는 〈일루스트리어터 베오바흐터〉에 글을 써서 받는 원고료도 무시 못했다. 여기다가 히틀러를 인터뷰하려는 외국 언론사가 늘어나니까 수입원이 하나 더 늘어난 셈이었다. 당으로부터 음으로 양으로 들어오는 돈이 있고 작가로서 받는 인세가 있고 독지가들로부터도 끊이지 않고 후원금이 들어왔기 때문에 히틀러의 수입은 호사스런 생활을 유지하고도 남을 정도였다. 먹는 것과 입는 것에는 별로 신경을 안 썼고 그래서 대중에게 늘 소탈한 사람이라는 인상을 남겼지만, 기사가 모는 메르세데스를 탔고 호화 호텔과 최고급 식당만 드나들었으며 개인 경호원과 수행원도 두었다.[282]

선전과 약진

시름시름 병을 앓던 바이마르 민주주의는 1932년을 거치면서 회생 불능의 상태로 빠져들었다. 몰락의 서곡은 봄에 치러진 대통령 선거였다.

힌덴부르크 대통령의 7년 임기는 1932년 5월 5일에 끝났다. 경제 불황과 정치 혼란이 깊어지는 상황에서는 굳이 대통령 선거에 나설 이유가 없었다. 그렇지만 여러 당이 후보 단일화에 합의할 가능성은 전무했다. 그래서 따로 선거를 할 것이 아니라 당초 파펜이 내놓은 안이었지만 전해 가을부터 84세의 노구의 전쟁 영웅 파울 폰 힌덴부르크를 의회가

1932년 4월 뮌헨 거리에서 대통령 선거 후보자들을 알리는 홍보원들. 이 선거에서 히틀러는 힌덴부르크에게 패했지만, 투표자의 37퍼센트인 1천3백만 표를 얻었다.

다시 대통령으로 추대하는 방안이 추진되고 있었다. 하지만 그러자면 헌법을 개정해야 하므로 의회에서 3분의 2 이상이 찬성해야 했다. 나치 당과 독일국가인민당의 지지 없이는 불가능했다.[283] 1932년 1월 독일 국방장관이면서 내무장관 대행으로 있던 빌헬름 그뢰너와 힌덴부르크 밑에서 비서실장으로 있던 오토 마이스너가 히틀러를 베를린으로 불러서 그런 제안을 내놓았다. 히틀러는 즉답은 피했지만 나치 지도부는 그것이 브뤼닝의 입지만 굳혀줄 것이라고 직감했다. 브뤼닝 총리의 책략은 나치 지도부를 궁지로 몰아넣었다. "권력을 놓고 대결이 시작되었다." 괴벨스는 그렇게 썼다.[284]

일 주일 뒤 히틀러는 브뤼닝 총리에게 나치당은 "헌법, 외교 관계, 내정, 윤리의 견지에서" 제안을 받아들일 수 없다고 통보했다.[285] 브뤼닝과는 가시 돋친 설전을 주고받아야 했다.[286] 합법성 여부를 두고 히틀러가 느낀 양심의 가책이 과연 진심이었는지는 뒤이은 그의 제안으로 분명히 밝혀졌다. 히틀러는 만일 힌덴부르크가 브뤼닝을 해임하고 총선거와 프로이센 지방선거를 실시하는 데 합의할 경우 새로 구성된 의회에서 힌덴부르크의 연임을 승인할 의향이 있다고 밝혔다. 물론 그 새로 구성된 의회는 히틀러 자신이 충분히 통제할 수 있을 터였다.[287]

힌덴부르크의 거절은 비록 예상했던 결과였지만 히틀러를 궁지에 빠뜨렸다. 대통령 선거가 치러질 경우 히틀러는 발뺌할 수 없는 처지였다. 나치당 당수가 대통령 선거에 안 나간다는 것은 상상도 못할 일이었다. 그럴 경우 수백만의 지지자들은 실망을 금치 못할 것이다. 도전도 못하고 움츠리는 지도자라면서 등을 돌릴 가능성이 있었다. 그뿐인가, 상병 출신과 육군 원수 출신이 맞붙었을 때, 애송이 정치 지망생과 당파를 초월한 민족의 구심점으로 존경받는 전쟁 영웅이 맞붙었을 때, 히틀러가 이길 가능성은 희박했다. 히틀러는 한 달 동안 갈피를 못 잡고 우왕좌왕하다가 결국 대통령 선거에 나가기로 마음먹었다. 괴벨스는 히틀러가 우유부단한 모습을 보이자 절망했다. 당원들도 사기가 떨어졌고 히틀러는 웅장한 베를린 재건 계획에만 정신이 팔려 있었다.[288] 결국 2월 22일 저녁 괴벨스는 스포츠궁에서 열린 대규모 집회에서 상부의 허락을 받고 히틀러의 대통령 선거 출마를 발표했다. "감개가 무량합니다." 선전 책임자 괴벨스의 입에서 나온 반응이었다. 10분 동안 박수갈채가 끊이지 않았다. 지난 몇 주 동안 괴벨스는 히틀러의 지도력에 비판의 날을 세웠는데 이제 그런 감정이 눈 녹듯이 사라졌다. "그는 정말 지도자감이다." 그렇게 스스로를 다잡았다. 그리고 며칠 뒤에는 지도자가 "상황을 다시 장악했다."고 덧붙였다.[289]

해결하고 넘어가야 할 몇 가지 문제도 있었다. 히틀러는 아직 독일 시민권이 없었다. 1929년 바이에른에서, 그리고 이듬해에는 튀링겐에서 시민권을 얻으려다가 뜻을 이루지 못했다. 여기저기 손을 써서 히틀러를 브라운슈바이크 주의 문화측량실 참사관으로 베를린에 파견 나온 공무원인 것처럼 부랴부랴 일을 꾸몄다. 결국 공무원 신분으로 히틀러는 독일 시민권을 얻을 수 있었다. 1932년 2월 26일 히틀러는 자기가 기어이 허물어뜨리려던 독일 정부의 공무원으로서 선서를 했다.[290]

정국의 중심이 얼마나 오른쪽으로 기울었는가 하는 것은 대통령 선거

1930년경 바이마르 민주주의 위기가 고조되던 상황에서 '붉은전선' 집회에 참석한 독일공산당 지도자 에른스트 텔만. 1932년 대통령 선거에서는 겨우 10퍼센트 득표율을 얻는 데 그쳤다.

후보를 지지하는 세력들의 어처구니없는 이합집산을 보더라도 알 수 있다. 힌덴부르크는 7년 전만 하더라도 맞붙어 싸웠던 사회주의 세력과 가톨릭 세력에 기대야 했다. 그런가 하면 골수 개신교도와 초보수 군부 세력과도 어색하고 떨떠름한 제휴를 맺었다. 후겐베르크가 이끄는 부르주아 우익 진영은 힌덴부르크를 지지하지 않았다. 그렇다고 해서 히틀러를 지지한 것도 아니었다. 대동단결을 부르짖었던 '하르츠부르크 전선'이 얼마나 허약한가를 드러낸 셈이었다. 그렇지만 부르주아 우파가 지명한 철모단 부단장이었던 테오도어 뒤스터베르크가 워낙 안 알려진 사람이라서 승산이 희박했다.[291] 좌파에서 공산당은 에른스트 텔만 당수를 후보로 지명했지만 이 사람은 공산당원 말고는 지지를 얻을 가능성이 없었다. 그러니까 경쟁력이 있는 후보는 처음부터 힌덴부르크와 히틀러 두 사람뿐이었다. 나치의 선거 구호는 명쾌했다. 히틀러를 찍으면 변화가 오지만 힌덴부르크를 찍으면 그냥 이대로 간다는 것이었다. "노인은······ 비켜 달라."고 히틀러는 2월 27일 베를린 스포츠궁에서 2

만 5천 명의 청중이 모인 가운데 외쳤다.[292]

나치는 선전 활동에 최대한의 역량을 쏟아 부었다. 그해에는 선거가 모두 다섯 번 치러졌는데 대통령 선거가 그 첫 번째였다. 나치는 독일 전역에서 현란하고 화려하게 꾸민 집회, 행진, 대회를 동시다발적으로 열면서 파상 공세를 퍼부었다. 한때는 흔들렸지만 출마하기로 마음을 굳힌 히틀러도 독일 방방곡곡을 누비고 다니면서 평소처럼 연설에 온 정열을 쏟아 부었다. 열하루 동안 모두 열두 곳 도시를 돌면서 수많은 군중 앞에서 연설을 했다. 브레슬라우에는 네 시간 늦게 도착했고 슈투트가르트에서는 예정보다 두 시간이 늦었다. 그런데도 군중은 기다렸다. 〈민족의 감시자〉는 약간 과장이 섞이긴 했지만 히틀러의 연설을 들은 사람이 50만 명 가까이 된다고 보도했다.[293]

자연히 기대감도 높아졌다. "어디를 가나 이길 수 있다는 자신에 차 있다." 괴벨스는 선거 당일인 3월 13일 그렇게 쓰고 나서 조심스럽게 덧붙였다. "그래도 어렵지 않겠나 하는 생각도 든다." 개표 결과가 나왔을 때 괴벨스도 나치당원들과 함께 실망을 금치 못했다.[294] 히틀러가 얻은 30퍼센트의 득표율은 얼추 예상한 수준이었지만 작년에 나치당이 올덴부르크와 헤센 주에서 얻은 득표율보다는 낮았다. 텔만은 13퍼센트로 예상을 크게 밑돌았고 뒤스터베르크도 겨우 7퍼센트밖에 얻지 못했다. 사회민주당 지지자들은 비록 대통령은 마음에 안 들었지만 울며 겨자 먹기로 힌덴베르크를 밀어주었다. 힌덴베르크는 3천8백만 표 중에서 49퍼센트의 표를 얻었다.[295] 과반수에서 불과 17만 표 적은 득표였지만 아무튼 결선 투표를 벌여야 했다.

나치는 새로운 선전술을 동원했다. 히틀러는 미국에서 하는 것처럼 비행기 한 대를 빌려서 '독일을 굽어 살피는 지도자'라는 구호를 매달고서 첫 번째 '독일 비행'에 나섰다. 부활절 동안에는 정쟁을 멈추기로 합의했기 때문에 선거 운동을 할 수 있는 기간이 확 줄어들어 일 주일도 채 못 되었지만 도시와 도시를 비행기로 이동하면서 히틀러는 스무 군데도 넘는 곳에서 수많은 군중을 모아놓고 연설을 할 수 있었다. 히틀러의 연설을 들은 청중은 100만 명에 육박했다.[296] 돋보이는 선거 운동이 아닐 수 없었다. 독일에서 이제까지 그런 식으로 선거 운동을 한 후보는 없었다. 이번에는 나치 진영도 실망하지 않았다. 힌덴부르크가 53퍼센트의 득표율로 대통령에 재선되었다. 텔만은 겨우 10퍼센트로 곤두박질쳤지만 히틀러는 37퍼센트로 지지율을 끌어올렸다. 그저 낯 부끄럽지 않은 정도가 아니라 기대 이상의 성적을 낸 것이다. 1차 선거보다 무려 2백만 명이나 많은 1천3백만 명이 히틀러를 찍었다.[297] 나치가 선동을 통해 만들어낸 상품이라고 볼 수 있는 지도자 숭배는 한때는 소수 광신도의 전유물이었지만 이제는 독일 국민의 3분의 1에게 먹혀들었다.

개표가 진행되는 동안에 벌써 괴벨스는 다음 전투를 위한 준비에 들어갔다. 4월 24일 프로이센, 바이에른, 뷔르템베르크, 안할트에서 잇따라 주 선거가 있었고 함부르크 시에서도 선거가 있었다.[298] 이것은 독일 전체의 5분의 4에 해당하는 규모였다.[299] 숨 돌릴 겨를도 없이 곧바로 다시 선거 운동에 들어갔다. 4월 16일부터 24일까지 이어진 2차 '독일 비행'에서는 도시만 찾은 것이 아니라 지방도 구석구석 돌면서 모두 스물네 곳의 대규모 집회에서 연설을 했다.[300] 지방 소도시의 반응은 폭발적이었다. 지금까지는 그런 일이 없었다. 오버바이에른의 미스바흐라는 곳에서 현지 언론은 히틀러의 연설이 '유례가 없는 반향'을 불러일으켰다고 보도했다. 폭우가 퍼붓는 가운데 수천 명이 연설을 기다렸다.[301] 다른 지역에서는 날씨가 환상적이었다. 4월 23일 함부르크의 자동차 경주장에서 12만 명의 군중을 상대로 연설을 하던 날 "4월의 해는 마치 여름처럼 쨍쨍 빛났고 온 세상은 기대감에 부풀어올랐다."고 함부르크의 교사 루이제 졸미츠는 썼다. 걸어서 오는 사람, 기차에서 내리는 사람, 밀려드는 인파는 한도 끝도 없어 보였다. 영웅을 보기 위해서 얼마든지 기다릴 각오가 되어 있는 사람들이었다. 루이제 졸미츠도 두 시간 반을 기다려서 히틀러의 연설을 들었다. 경찰은 뒤로 물러났는데도 수많은 군중은 행사 진행 요원들의 지시에 잘 따라주었다. 참석자들은 이미 나치의 노선에 공감하는 사람이 대부분이었다. "'히틀러'라고 말하는 사람은 없었고 모두 '지도자'라고 불렀다."고 졸미츠는 썼다. "지도자가 말하는 것, 지도자가 원하는 것, 그것은 지당하고 온당해 보였다." 묘사는 계속되었다.

시간이 흐르면서 날은 더 화창해졌고 기대감도 고조되었다. …… 3시가
되었다. "지도자가 오셨다!" 사람들은 술렁거렸다. 연단 주변에서 히틀러식
경례로 손을 들어 인사를 하는 모습이 눈에 들어왔다. …… 히틀러는 수수한
검은 외투를 입고 기대에 찬 표정으로 군중을 내려다보았다. 나치를 상징하
는 하켄크로이츠가 그려진 깃발이 나부꼈다. 사람들은 잔뜩 고무되어서 만세
를 외쳤다. 마침내 히틀러가 입을 열었다. 연설 요지는 이런 집회들로부터 민
족이, 독일 민족이 나타나리라는 것이었다. 그는 '체제'를 질타했지만 ……
그래도 인신 공격은 자제했다. 그리고 모호한 약속과 구체적 약속을 동시에
했다. 연설을 너무 많이 한 탓인지 목소리가 쉬어 있었다. 연설이 끝나자 박
수갈채가 터져나왔다. 히틀러는 손을 들어 화답했다. 독일 국가가 경주장에
울려퍼졌다. 히틀러는 보좌관들이 입혀주는 외투를 입고 행사장을 떠났다.
고통의 나락에서 끌어올려줄 구원자, 구세주가 되어 달라고 간절한 눈빛으로
히틀러를 바라보는 사람이 너무나 많았다. 영주, 학자, 성직자, 농민, 노동자,
실업자를 구원하고 이들을 정파를 넘어서 민족의 품으로 끌어들일 사람은 바
로 히틀러라고 사람들은 믿었다.[302]

선거 결과는 히틀러가 대통령 선거 2차 투표에서 얻은 표와 엇비슷했
다. 유권자의 눈에는 히틀러가 나치당이었고 나치당이 히틀러였다. 독
일 영토의 3분의 2를 차지하는 프로이센 주에서 나치는 36.3퍼센트의
표를 얻어 1919년 이후로 줄곧 다수 의석을 차지해 온 사회민주당을 여
유 있게 물리치고 제1당으로 올라섰다. 1928년 선거에서 나치는 프로
이센 주의회에서 6석밖에 얻지 못했는데 지금은 162석이었다. 바이에
른에서는 32.5퍼센트를 얻어 집권 바이에른인민당에 겨우 0.1퍼센트밖
에 뒤지지 않았다. 뷔르템베르크에서는 1928년에 1.8퍼센트였던 득표
율이 지금은 26.4퍼센트로 껑충 뛰었다. 함부르크에서도 31.2퍼센트의
지지를 받았다. 그리고 안할트에서는 무려 40.9퍼센트를 얻어 나치 역
사상 처음으로 독일에서 주 총리를 배출할 수 있었다.[303]

"놀라운 승리가 아닐 수 없다." 괴벨스는 당연히 감격했지만 곧바로 이렇게 덧붙였다. "우리의 집권이 너무 늦어져서는 안 된다. 그럴 경우 선거에서 상승세를 이어가지 못하고 대패할 것이다."[304] 대중을 동원하는 것만으로는 부족하다는 사실을 괴벨스는 깨달았다. 3년 동안 엄청난 발전을 거둔 것은 사실이었지만 대중을 동원하는 것도 어느 정도 한계에 부딪친 듯한 조짐이 보였다. 앞길은 여전히 오리무중이었다. 그러나 또 다른 돌파구가 막 열리고 있었다.

"우리는 선거로 집권한다"

주 선거는 돌격대와 친위대가 제재를 받는 상태에서 치러야 했다. 브뤼닝 총리와 내무장관 겸 국방장관이었던 그뢰너는 주정부들의 압력을 받고 대통령에 재선된 지 사흘밖에 안 된 힌덴부르크를 설득하여 나치당의 '군대와 유사한 모든 조직'을 해산하게 만들었다.[305] 해산령이 떨어진 직접적 계기는 대통령 선거 1차 선거가 끝나고 얼마 뒤 프로이센 경찰이 나치당 사무실을 급습하여 찾아낸 문건이었다. 그 문건은 히틀러가 선거에서 이기면 돌격대는 무력으로 정권을 잡을 만반의 준비가 되어 있다는 내용을 담고 있었다.[306] 합법적 수단으로 정권을 잡을 것이라고 히틀러는 누누이 밝혔지만 나치당이, 그중에서도 특히 돌격대가 쿠데타를 획책한다는 의심을 정부 당국은 버리지 못했다. 작년 가을에 드러난 '복스하이머 문서'도 그런 의심을 더욱 부채질했다. 헤센 주의 복스하이머라는 맥주홀에서 적발된 그 문서에는 나치가 무력을 통해 정권을 찬탈한다는 구상이 적혀 있었다. 복스하이머 문서는 사실은 공산주의자들이 들고일어날 경우 그것을 박살내고 나치당이 주 정권을 잡아야 한다는 뜻으로 나치당 헤센 관구의 법률 담당관으로 있던 야심가 베르너 베스트가 혼자서 어설프게 궁리한 내용을 모아놓은 것이었다.[307] 그런 어처구니없는 문건은 금시초문이라고 히틀러가 곤혹스러워하면서 한 해명은 사실이었고 그뢰너도 히틀러가 불법 수단에 기대지 않겠다고 재차 강조하자 만족스러워했다.[308] 그러나 이미 40만 명에 육박하는 거대한 규모로 성장한 돌격대가 자꾸만 고삐에서 벗어나려는 뚜렷한 조짐이 보였다.[309] 히틀러가 승리하면 좌파가 들고 일어나리라는 소문이 무성했다.[310] 독일 전역의 돌격대에 비상 사태에 대비하라는 지시가 떨어졌다. 그렇지만 히틀러가 패하자 돌격대는 행동에 나서기는커녕 자기들끼리 풀이 잔뜩 죽어 있었다.[311] 괴벨스는 4월 2일에 다시 돌격대의 참을성 없음을 지적했다. 그는 돌격대가 인내심을 잃고 섣불리 일을 저지를 경우 나치의 희망이 단숨에 날아가버릴지 모른다고 우려했다.[312] 정부가 곧 돌격대의 활동을 금지할 것이라는 소식은 이틀 전에 나치 지도부의 귀에도 들어왔다.[313] 그래서 돌격대원들의 신분을 일반 당원으로 바꿈으로써 돌격대를 당 내부의 조직으로 규정하는 등 약간의 대비는 할 수 있었다.[314] 또 좌파에도 준군사조직이 있는데 그뢰너는 이것을 눈감아주었다면서 나치당은 역공을 폈고 히틀러는 그 점을 파고들었다.[315]

더 중요한 것은 돌격대 금지령이 결과적으로 그뢰너와 브뤼닝의 입지를 약화시키고 독일 정부를 우경화로 몰아가는 기폭제 역할을 했다는 점이었다. 국방부 안에서 정무국장을 맡으면서 정치권과 교섭하는 일종의 창구 역할을 맡았으며 그때까지 그뢰너의 신임을 받은 것으로 보였던 폰 슐라이허 장군이 거기서 주도적 역할을 맡았다. 슐라이허의 노림수는 제국군을 주축으로 삼고 나치당의 지원을 얻어 권위주의 정권을 세우자는 것이었다. 히틀러를 '길들여' 나치당의 '아까운 인재들'을 끌어들여서 대중의 지지를 받는 군사 독재 정권을 만들 참이었다.[316] 일단 배상금 문제가 해결되면 제국군 확대를 위한 교두보 역할을 돌격대가 해줄 수 있으리라 보았기 때문에 슐라이허는 돌격대 제재안에 반대했다. 4월 28일 슐라이허와 비밀리에 만난 히틀러는 제국군 지도부가 더는 브뤼닝을 지지하지 않는다는 사실을 알아차렸다.[317] 히틀러는 5월 7일 괴벨스의 말을 빌리자면 "슐라이허 장군과 결정적 회담"을 다시 한번 했고 이 자리에는 힌덴부르크 대통령의 측근도 참석했다. "브뤼닝은 며칠 못 가서 잘린다." 괴벨스는 그렇게 썼다. "대통령이 신임을 접을 것이다. 대통령이 주도하는 내각을 앉히자는 것이다. 의회는 해산되고 탄압법은 철폐될 것이다. 우리는 행동의 자유를 얻어 선전에 매진할 수 있을 것이다."[318] 히틀러가 새로운 우익 내각을 지지하는 조건으로 제시한 것은 돌격대 활동 보장과 총선 실시였다.[319] 총선을 다시 강조한 것으로 볼 때 대중의 지지를 바탕으로 집권하겠다는 히틀러의 생각이 달라지지 않았음을 알 수 있다.

브뤼닝은 음모자들이 생각했던 것보다는 오래 버텼지만 그의 축출은 시간 문제였다. 한편 나치는 그뢰너에게 물러나라고 공세를 펼쳤고 그 압력은 먹혀들었다. 그뢰너는 5월 10일 의회에서 연설을 하다가 한바탕 홍역을 치르더니 슐라이허한테 군부가 더는 지지하지 않는다는 통보를 받고 나서 5월 12일 사임했다.[320] 그것은 브뤼닝 몰락의 서곡으로 받아들여졌다. 히틀러는 "좋아서 어쩔 줄 몰랐다."[321] 다음날 괴벨스는 이렇게 썼다. "슐라이허 장군이 우리에게 보내는 신호다. 일이 착착 계획대로 진행된다."[322]

브뤼닝이 마지막으로 힌덴부르크의 눈밖에 난 것은 파산한 대농장을 해체하여 소규모 자영농들에게 분할하는 정책을 내놓으면서였다. 동독 지역의 대지주들은 힌덴부르크에게 압력을 넣었고 그 역시 대지주였던 힌덴부르크는 브뤼닝을 곱지 않게 보았다. 하지만 그 일은 브뤼닝의 몰락을 낳은 결정적 원인은 아니었다. 브뤼닝의 긴축 통화 정책은 전쟁 시기를 제외하고는 어떤 현대 공업 국가에서도 겪어보지 못한 급격한 경제 불황을 낳았는데, 그것이 실각의 결정적 이유였다. 전쟁 배상금 협상은 몇 주일만 있으면 로잔 회담에서 종식될 가능성이 높았다. 그렇게 되면 힌덴부르크와 슐라이허가 노리는 우경화에 힘이 실릴 수 있었다. 5월 29일 힌덴부르크는 브뤼닝의 사임을 거칠게 요구했다. 그리고 다음 날 전격적으로 사임서가 제출되었다.[323]

"체제가 허물어진다."고 괴벨스는 썼다. 히틀러는 그날 오후 대통령을 만났다. 회담은 순조롭게 끝났다. 히틀러는 그날 밤 괴벨스에게 이렇게 밝혔다. "돌격대 활동 금지령은 철회될 것이다. 제복 착용도 다시 허용될 것이다. 의회는 해산된다. 그 짐이 가장 중요하다. 파펜이 총리 물

망에 오르내린다. 그건 아무래도 좋다. 투표가 중요하다! 국민 속으로
파고들자. 참으로 행복하다."[324]

권력의 문턱

신임 총리 프란츠 폰 파펜은 가톨릭 진영에서 신망이 두터운 사람이
었다. 외교관 출신이며 가톨릭 중앙당에서도 오른쪽이었으니까 아주 보
수적인 인물이었다. 브뤼닝 실각 며칠 전 슐라이허는 파펜의 의사를 타
진했다. 슐라이허는 파펜이 무난히 총리직에 오를 수 있도록 힌덴부르
크와 함께 사전 정지 작업을 했을 뿐 아니라 파펜이 총리로 결정되기도
전에 벌써 장관 명단을 다 짜놓았고 몇몇 장관과는 파펜을 총리로 앉히
는 문제를 놓고 의견을 나누기도 했다.[325] 파펜의 '귀족 내각'은 정당에
기반을 두지 않았으므로 파펜도 굳이 의회 정치를 하는 것처럼 굴지 않
았다. 의회에서 다수 의석을 차지할 가능성은 전무했으므로 파펜은 대
통령 긴급령과 나치당의 묵인에 기댈 수밖에 없는 형편이었다. 취임하
고 겨우 일 주일 만에 파펜은 히틀러를 처음 만났다. "이상하게 별로 와
닿는 느낌이 없었다."고 파펜은 나중에 2차 세계대전이 끝나고 썼다.

왜 사람들을 그토록 휘어잡는지 납득이 갈 만한 기질을 전혀 알아차릴 수
가 없었다. 암청색 양복이 영락없는 프티부르주아 차림이었다. 안색은 안 좋
아 보였는데 짧은 콧수염과 독특한 헤어스타일이 어딘지 보헤미안 같았다.
깍듯하고 겸손한 인물이었다. 사람을 빨아들이는 눈빛 이야기를 많이들 하던
데 나는 별다른 느낌은 못 받았다. …… 자기 당의 목표가 무엇인지에 대해서
말하는데, 논리를 풀어 나가는 그 광기에 가까운 집요함이 놀라웠다. 나를 밀
어주는 이 남자와 추종 세력이 어떻게 마음먹느냐에 따라서 내 조국의 운명
이 왔다 갔다 하겠구나 싶었다. 앞길이 막막했다. 히틀러는 자기는 조역을 오
래 맡지는 않을 것이며 때가 되면 전권을 행사할 것이라는 뜻을 분명히 밝혔
다. "나는 귀하의 내각을 한시적 대안으로 보고 있으며 우리 당을 가장 막강

한 당으로 만들기 위해 계속 노력할 것입니다." 그렇게 말했다.[326]

닷새 전 힌덴부르크 대통령은 약속대로 의회를 해산하고 총선 날짜를 최대한 늦추어 1932년 7월 31일로 잡아놓았다. 히틀러가 이제 선거를 통해 정권을 잡는 것도 불가능한 꿈은 아니었다. 5월 말의 올덴부르크 주 선거와 6월 5일에 치러진 메클렌부르크-슈베린 주 선거에서 나치당은 각각 48.4퍼센트와 49.0퍼센트의 표를 얻었다.[327] 6월 19일 헤센에서 나치당은 지지율을 44퍼센트로 끌어올렸다.[328] 총선에서 압승을 거두는 것도 불가능해 보이지 않았다.

슐라이허가 히틀러와 한 또 하나의 약속은 친위대와 돌격대의 활동 금지령을 철회한다는 것이었는데 조금 늦어지긴 했지만 6월 16일에 그 약속도 지켜졌다.[329] 이미 그전부터 금지령은 잘 지켜지지 않았다.[330] 그때부터 여름 내내 독일은 전에 없었던 정치 폭력의 격랑에 휘말렸다. 바이마르 공화국까지만 하더라도 내전은 그저 가능성에 머물렀지만 이제는 현실화할지 모른다는 위기감이 감돌았다. 돌격대와 공산주의자들 사이의 무장 충돌과 시가전이 다반사로 일어났다. 나치가 폭력을 휘두르면 나치에게 점점 호감을 품었던 '점잖은' 부르주아가 등을 돌렸을 것이라고 생각할지 모르지만 그렇지가 않았다.[331] 나치 지지자들은 좌파야말로 나라를 흔드는 위협 세력이라고 보았기 때문에 민족의 이익을 위해 공산주의자와 싸우던 폭도들에게 눈살을 찌푸리는 유권자는 극히 드물었다.

섬뜩한 폭력이 난무했다. 돌격대의 활동이 다시 합법화되면서 6월 하순에만 정치적 충돌로 모두 17명이 죽었다. 7월에는 다시 86명이나 죽었다. 죽은 사람은 주로 나치당원 아니면 공산주의자였다. 중상을 입은 사람도 수백 명이나 되었다. 7월 10일 슐레지엔 지방의 올라우라는 곳에서는 단 한 번의 충돌로 4명이 죽고 34명이 다쳤다. 알토나를 피로 물들인 7월 17일에는 돌격대가 시가 행진을 하는 것을 보고 도발 행위라고 여긴 공산주의자들과 돌격대 사이에 총격전이 벌어져 17명이 죽고 64명이 다쳤다.[332]

파펜 정부는 그동안 미루어 두었던 안을 바로 실천에 옮겼다. 사회민주당의 오토 브라운이 내각 수반을 맡고 역시 사회민주당의 카를 제버링이 내무장관을 맡았던 프로이센 주정부에 철퇴를 가한 것이다. 7월 20일, 프로이센 정부의 대표들은 자신들이 해임되었으며, 파펜이 제국 통제관(Reichskommissar)으로서 직접 프로이센을 통치한다는 소식을 들었다. 이렇게 해서 독일에서 가장 덩치가 크고 가장 중요했던 주가, 사회민주주의의 보루였던 프로이센이 맥없이 무너졌다. 무력 항쟁을 해보았자 헛수고였을 것이다. 1920년 카프가 쿠데타를 일으켰을 때만 하더라도 파업으로 맞서 분쇄했지만 실업자가 6백만 명이나 되는 상황에서는 생각할 수 없는 방안이었다. 총파업을 일으킬 경우 군부가 나설지 모른다는 걱정도 있었다. 그렇지만 공화국의 주춧돌이었던 프로이센이 그 같은 노골적인 헌법 유린 행위에 의해 속수무책으로 당하는 것을 보면서 사회민주당 지지자들은 사기가 땅에 떨어졌다. 이제 히틀러는 프로이센에서도 겁날 것이 없었다. 프로이센을 한 방에 날린 파펜의 공세를 주도한 것은 나치당이 아니라 보수파였다. 그렇지만 그 방식은 히틀러가 정권을 잡을 때까지 6개월 동안 독일 여러 주에서 나치당이 주도권을 잡는 데 좋은 본보기가 되었다.[333]

한편 나치당은 어느새 넉 달 동안 네 번째로 치르는 선거를 코앞에 두고 있었다. 4월 중순 괴벨스는 자금 부족으로 홍보가 차질을 빚고 있다고 고충을 토로했다.[334] 그렇지만 그런 말이 무색하게 막상 선거가 닥치자 돈과 인력을 펑펑 썼다. 나치가 파펜 정권을 묵인한다는 사실은 일단 선거 운동에 돌입하자 조금도 문제될 것이 없었다. 나치의 목표는 아직도 잔존한 부르주아 정당들에게 가는 유권자의 표를 모으고 가톨릭 중앙당을 잠식하는 것이었다.[335] 시가 행진과 야외 행사가 곳곳에서 펼쳐졌다.[336] 이번에는 색다르게 영화도 상영하고 히틀러의 육성이 담긴 '독일 국민에게 드리는 호소'라는 연설도 5만 장이나 음반에 담아 배포했다.[337] 똑같이 반복되는 선거 운동에 수행원들도 지친 기색이 역력했다.[338] 3차 '독일 비행'에 나선 히틀러는 모두 53개 도시를 돌면서 마라톤 유세를 벌였다.[339] 보좌진도 헐떡거렸다. 히틀러는 도착하면 연설만 하고 바로 짐을 꾸려서 다음 행선지로 떠났다. 히틀러의 수행원들은 마치 권투선수가 라운드와 라운드 사이에 피로를 회복할 수 있도록 최선을 기울이는 코치들처럼 연설을 잘할 수 있도록 히틀러의 원기를 북돋아주어야 했다고 한프슈탱글은 회고했다.[340] 히틀러의 연설 주제는 똑같았다. 11월 혁명을 일으킨 범죄자들이 높은 자리를 꿰차고 앉아 민생을 파탄으로 몰아넣고 있으며 오직 나치당만이 제국 국민을 도탄에서 구할 수 있다는 것이었다.[341]

7월 31일 선거 결과가 나왔다. 나치는 또다시 약진했다. 지지율을 37.4퍼센트로 끌어올렸다. 나치당은 230석으로 제국 의회에서 최대 정당으로 가볍게 떠올랐다.[342] 사회민주당은 1930년보다 득표율이 떨어졌다. 공산당과 가톨릭 중앙당은 지지율이 약간 올라갔다. 중도 및 우익 계열의 부르주아 정당들은 더욱 추락했다.

그렇지만 나치의 승리는 절반의 승리였다. 1928년은 물론이고 1930년과 비교해도 의석이 대폭 늘어난 것은 사실이었다. 그러나 7월 선거와 비교하면 결과는 실망스럽다고까지 말할 수 있었다. 대통령 2차 투표나 4월의 주 선거에서 얻은 표에서 별로 나아진 것이 없었다. 괴벨스는 현실을 냉정하게 평가했다.

> 우리는 쥐꼬리만큼 이겼을 뿐이다. …… 결론 : 이제는 권력을 잡고 마르크스주의를 어떤 식으로든 끝장내야 한다. 이대로는 안 된다. 저항만 할 때는 지났다. 이제는 움직여야 한다! 히틀러도 같은 생각이다. 이제는 현실에 몸을 맡기고 결단을 내려야 한다. 이런 식으로는 절대 우위를 누릴 수가 없다.[343]

8월 2일 히틀러는 아직도 마음을 정하지 못했다. 테게른제 호숫가에서 선거 유세에서 쌓인 피로를 풀면서 괴벨스와 이런저런 대책을 놓고 이야기를 나누기도 했다. 가톨릭 중앙당과 연정을 하는 방안도 한때 검토했지만 곧 내버렸다. 아무런 결론도 내지 못했다. 기다리면서 사태를 지켜보기로 했다. 음악, 영화, 휴식, 그리고 〈트리스탄과 이졸데〉를 보러 뮌헨에 가면서 시간을 보냈다.[344] 그렇지만 히틀러는 이내 결심을

굳혔다. 베를린에서 슐라이허와 만나 요구 조건을 제시했다. 총리 자리
는 자기한테 주고 법무장관은 프리크, 항공장관은 괴링, 노동장관은 슈
트라서, 국민교육부 장관으로는 괴벨스를 앉혀 달라는 것이었다. 히틀
러는 "귀족 장관들이 알아서 물러날 것"이라고 장담했지만 힌덴부르크
'노인네'의 반응에 대해서는 낙관하지 못했다.[345]

8월 6일 베를린에서 약 80킬로미터 북쪽에 있는 퓌르스텐베르크에서
슐라이허 국방장관과 한 비밀 협상은 여러 시간을 끌었다. 협상장에서
돌아온 히틀러는 나치 지도부 앞에서 자신감을 보였다. "일 주일 안에
일이 터질 모양이다." 괴벨스는 직감했다.

> 대장은 제국 총리와 프로이센 주 총리를 겸임하고 슈트라서는 제국과 프
> 로이센 주 내무장관을 겸임하고, 괴벨스는 제국과 프로이센 주 교육장관을
> 겸임하고, 다레는 두 곳의 농업부장관을 맡고, 프리크는 제국총리 비서실장
> 을 맡고, 괴링은 항공장관을 맡는다. 법도 우리 몫이다. 바름볼트는 경제. 크
> 로지크는 재무. 샤흐트는 중앙은행. 내각 인선이다. 만일 의회가 수권법을 거
> 부한다면 보따리를 싸서 내보내야 한다. 힌덴부르크는 민족 내각에 목을 걸
> 었다. 우리는 죽기 전에는 두 번 다시 권력을 내놓지 않을 것이다 ……. 아직
> 도 믿을 수가 없다. 권력의 문턱에 와 있다는 사실을.[346]

슐라이허와의 담판으로 히틀러는 얻을 수 있는 것은 다 얻은 것처럼
보였다. 전권을 행사하는 것은 아니었다. 그렇지만 적어도 국내 문제를
이끌어 가는 데는 별다른 문제가 없었다. 슐라이허 입장에서는 히틀러
에게 총리직을 내놓은 것은 상당한 양보였다. 그러나 슐라이허는 자기
가 국방장관으로 있는 동안은 군부를 통해 히틀러를 견제할 수 있을 것
이고 히틀러의 대중적 기반을 바탕으로 권위주의 정부가 들어서면 자기
는 막후 실력자로 군림할 수 있을 것이라고 내다보았다.[347] 제국군이
휘말려 들어갈 수 있는 내전의 가능성도 크게 줄일 수 있었다. 국정을
책임지고 운영하다 보면 현실 앞에서 타협은 불가피하며 나치의 호전성
도 수그러들 것이라고 보았다. 그 뒤로 몇 달 동안 나치 '길들이기 전

동프로이센 노이데크에 있는 힌덴부르크 대통령의 사저에서 1932년에 이루어진 모임. (왼쪽부터) 프란츠 폰 파펜 총리, 오토 마이스너 비서실장(등만 보임), 빌헬름 폰 가일 내무장관, 힌덴부르크 대통령, 쿠르트 폰 슐라이허 국방장관.

략'의 변종이 수없이 많이 나왔지만 기본 논리는 바로 이것이었다.

훗날 슐라이허는 히틀러의 요구 조건을 동프로이센의 노이데크에 머무르고 있던 힌덴부르크 대통령에게 알렸다가 일언지하에 거절당했다고 주장했다. 힌덴부르크는 히틀러를 총리에 임명하지 않는 것이 "나의 '확고부동한' 뜻"이라고 딱 부러지게 말했다는 것이었다.[348] 힌덴부르크가 베를린으로 돌아온 지 얼마 안 되었던 8월 10일에 파펜도 나치당과 가톨릭 중앙당의 '갈색-흑색' 연립 정부안을 내비치면서 히틀러를 총리직에 앉히는 것이 어떻겠느냐고 운을 뗐다.[349] 그러자 힌덴부르크는 경멸하는 말투로 두고두고 사람들 입에 오르내리는 말을 이 자리에서 했다. '보헤미아 출신 상병'을 총리에 앉히는 건 좋은 일일 것 같다는 것이었다.[350]

앞날이 불투명한 상황에서 히틀러와 괴벨스는 '권력 장악 문제'를 놓고 숙의를 거듭했다. 괴벨스는 '독일 국민에게 민족 교육'을 시키는 '역사적 책무'를 맡을지 모른다는 기대감에 부풀어 있었다.[351] 나치 지지자들은 승리의 냄새를 맡았다. 당 전체가 집권을 고대하고 있었다. 베를린 돌격대 지도자 그라프 헬도르프는 자기 나름의 정권 탈취 계획을 구상했다. 돌격대원들은 앞으로 벌어질 사태에 대한 기대감에 일이 손에 안 잡혔다. 당원들은 '위대한 시간'에 대비하고 있었다. "일이 어그러지는 날엔 심각한 역풍이 있을 것"이라고 괴벨스는 썼다.[352]

파펜 내각은 히틀러에게 권력을 내주는 문제로 입장이 갈렸다. 크로지크 재무장관은 내전을 피하려면 도둑을 파수꾼으로 앉혀야 한다고 보았다. 내무장관 프라이허 폰 가일은 극구 반대하는 입장이었다. 헌법에 위배되기는 하지만 현 정부를 그대로 끌고 가는 것이 좋겠다는 견해를 밝혔다. 의회는 해산하되 총선 일자는 못 박지 말고 제한 선거를 실시할 필요가 있다는 것이었다. 노이라트 외무장관도 같은 생각이었다. 귀르트너 법무장관은 갈팡질팡했다. 새로 선거를 치르지 않고 현 내각을 이끌고 가는 것은 위헌이다. 어차피 나치당의 국가관이라는 것은 유대인과 공산주의에 대한 '복수심'에서 나온 것인 만큼 나치당을 정부에 끌어들이는 데 반대하지는 않지만 나치당은 총리 자리가 아니면 연정을 받아들이지 않을 테니 하나마나한 생각이라는 것이었다. 나머지 장관들의 중론은 현 내각을 지속하자는 것이었다. 파펜과 슐라이허는 아직은 이런저런 가능성을 열어놓자는 입장이었다.[353] 가일 내무장관은 바이마르 헌법을 버리고 정부가 의회에 얽매일 필요가 없는 권위주의 체제를 받아들여야 한다는 입장을 얄궂게도 8월 11일 제헌절에 공개적으로 밝혔지만 무장한 돌격대원들은 베를린의 정부 청사 주변에 여봐란듯이 자리를 잡고 만일의 사태에 대비하고 있었다. "사람들을 불안하게 만들어라." 괴벨스는 썼다. "그것이 우리 작전의 핵심이다."[354]

8월 11일 히틀러는 뮌헨에서 동쪽으로 약 130킬로미터쯤 떨어진, 오스트리아 국경에서 가까운 킴제 호숫가의(킴제 호수는 바이에른에서 가장 큰 호수다) 프리엔에서 당 지도부와 마지막으로 회의를 열었다. 자기를 총리에 앉히는 데 반대하는 목소리가 권력 중심부에서 점점 높아지고 있다는 사실을 그 즈음 히틀러도 눈치챘다. 가톨릭 중앙당과 연정을 하겠다고 위협하는 방안도 있기는 했지만 히틀러는 총리는 절대로 양보할 수 없다는 원칙을 밝혔다. 뮌헨으로 돌아와 휴식을 취한 히틀러는 다음 날 사람들 눈을 피해 베를린으로 갔다. 그날, 그러니까 8월 12일 룀은

1932년 8월 11일 제헌절 기념식에 참석한 프란츠 폰 파펜 총리(오른쪽)와 비서실장 오토 마이스너. 파펜 뒤에 빌헬름 프라이허 폰 가일 내무장관이 보인다. 가일은 바로 그날 바이마르의 자유주의 헌법을 명백히 권위주의적으로 수정하는 안을 내놓았다.

슐라이허, 파펜과 만나서 히틀러의 총리직 임명 가능성을 타진했지만 상황은 여전히 불투명했다. 히틀러는 그날 저녁 늦게 괴벨스의 집에 도착했다. 룀이 저쪽 사람들과 만났지만 아직도 오리무중이라고 괴벨스가 설명하자 히틀러는 이제는 전부 아니면 전무라고 못 박았다. 하지만 그것이 그렇게 간단한 문제였다면 히틀러도 방안을 왔다 갔다 하면서 대통령의 결정을 두고 고민에 빠지지는 않았을 것이다. 괴벨스의 생각은 분명했다. 총리가 되어 전권을 휘두르지 못할 바에는 아무런 자리도 맡지 않는 게 낫다는 입장이었다. 그 경우 "운동은 엄청난 타격을 받고 표도 우수수 떨어져나갈 것"이라면서 괴벨스는 "우리에게 남은 것은 시뻘겋게 달아오른 쇠몽둥이뿐"이라고 덧붙였다.[355]

다음날 아침 그러니까 8월 13일에 히틀러는 룀을 앞세우고 슐라이허와 만났고, 잠시 뒤에는 프리크와 함께 파펜 총리를 만났다. 두 사람은 히틀러를 총리에 못 앉히겠다는 힌덴부르크 대통령의 뜻을 전했다. "이 사람이 내가 두 달 전에 만났던 사람인가 싶게 완전히 달라져 있었다."고 파펜은 술회했다. "깍듯한 태도는 사라지고 선거에서 괄목할 만한

성과를 거두어 이것저것 요구가 많은 정치인으로 돌변해 있었다." 파펜
은 히틀러에게 부총리로 정부에 들어오는 것이 어떻겠느냐고 제안했다.
그러지 않고 야당만 너무 오래 하면 지금이야 나치당이 잘 나가지만 차
츰 지지자들도 시들해질 것이라고 말했다. 반면에 정부에 들어와서 협
조하고 '대통령도 히틀러라는 사람을 잘 알게 되면' 나중에 자기가 기꺼
이 총리 자리를 양보할 의사도 있다고 밝혔다고 파펜은 나중에 썼다. 히
틀러는 자기처럼 큰 운동을 이끄는 사람이 들러리를 맡는다는 것은 있
을 수 없는 일이라고 화를 내면서 부총리 자리를 줄 테니 다른 나치당
간부라도 추천해 달라는 요청마저 일언지하에 거절했다. 분위기가 격앙
되자 파펜은 막판에 최종 결정은 어디까지나 대통령이 내릴 것이며 대
통령에게는 토론이 긍정적인 결과를 낳지 못했다고 보고하겠다면서 자
리에서 일어섰다.[356]

　괴벨스의 집에 모인 히틀러와 측근들은 당연히 침울해졌다. 이제는
기다리는 수밖에 없었다. 오후 3시 제국총리 비서실장 플랑크로부터 전
화가 걸려왔을 때 히틀러는 이미 결정이 내려진 마당에 대통령을 만나
는 것이 무슨 의미가 있겠느냐고 물었다. 그러자 대통령이 만나서 이야
기하고 싶어한다는 답변이 돌아왔다. 아직은 가능성이 있을지도 몰랐
다.[357] 히틀러가 오후 4시 15분 면담 시간에 맞추어 대통령궁에 도착했
을 때 수백 명의 지지자들이 벌써 모여 있었다. 힌덴부르크는 시간을 지
켰지만 차가웠다. 힌덴부르크의 비서실장 오토 마이스너가 남긴 기록에
따르면 히틀러는 파펜 정부에 들어갈 마음이 있느냐는 질문을 받았다.
대통령은 들어오겠다면 환영한다고 밝혔다. 히틀러는 오전에 파펜 총리
를 만난 자리에서도 이야기했지만 현 정부에는 들어갈 마음이 없다고
했다. 운동의 중요성으로 보았을 때, 반드시 정부의 수반이 되어 본인을
위해서도 당을 위해서도 지도력을 최대한 발휘하지 않으면 안 된다고
못 박았다. 대통령은 단호하게 거절의 뜻을 밝혔다. 그러면서 단 하나의
정당에, 그것도 다른 견해를 지닌 사람들을 포용하지 못하는 정당에 정
부의 전권을 넘길 경우 자신은 하느님과 양심과 조국 앞에 책임을 질 수
없을 것이라고 말했다. 사회 불안도 우려되고 대외 관계에 미칠 파장도

걱정하지 않을 수 없다고 덧붙였다. 히틀러가 다른 해법은 일고의 가치도 없다고 말하자 대통령은 반대를 하더라도 신사적으로 해 달라, 정파를 불문하고 테러 행위는 엄단하겠다고 밝혔다. 정치 현실을 고려했다기보다는 측은한 마음이 앞선 힌덴부르크는 '왕년의 동지'로서 히틀러와 악수를 했다. 두 사람의 만남은 20분 만에 끝났다. 히틀러는 자제심을 잃지 않았다. 그러나 밖으로 나왔을 때는 폭발 일보 직전이었다. 이미 정해진 결론대로 대통령을 무너뜨리기 위해 사정없이 밀어붙일 것이라고 선언했다. 더욱 맹렬하게 저항해 정부를 극도로 어려운 처지로 몰아넣을 것이며 어떤 결과가 나오더라도 자기는 책임 못 진다고 했다.[358] 나치당의 기록에 따르면 면담을 마치고 나와 잠시 설전을 벌이다가 파펜 총리는 의회가 별거냐면서 나치당 대표단 앞에서 이렇게 거들먹거렸다고 한다. "진작에 정부에 들어왔더라면 여러분이 지금 원하는 것을 3주 안에 쟁취할 수 있었을 것입니다."[359]

"지도자가 부르주아 내각의 부총리로 들어간다는 것은 도저히 받아들일 수 없다." 괴벨스는 히틀러가 반 시간 만에 빈손으로 돌아오는 것을 보고 그렇게 적었다.[360] 그렇지만 괴벨스가 일기에서 미화해 설명해서 그렇지 사실 나치당 안에서는 실망이 컸다.[361]

히틀러는 자신이 정치적으로 패배했다는 것을 알았다. 9년 전 쿠데타를 일으킨 뒤로 맛보는 가장 심각한 타격이었다.[362] 대중 동원에는 누구보다도 자신이 있었고 대중만 사로잡으면 정권 장악은 떼놓은 당상이라는 신념으로 버텼는데 실상은 그렇지가 않았던 것이다. 히틀러는 나치당을 막다른 골목으로 몰아넣은 셈이었다. 돌파구를 연 것은 사실이었다. 나치당의 눈부신 약진은 분명히 인상적이었다. 선거에서도 좋은 결과를 얻었다. 그렇지만 바이마르 헌법은 대통령의 총리 임명권을 보장했고 힌덴부르크 대통령은 히틀러를 총리에 앉힐 마음이 조금도 없었다. 전부 아니면 전무라면서 밀어붙였지만 히틀러는 아무것도 얻지 못했다. 지치고 침울하고 실의에 빠졌으며 파벌로 갈린 당이 계속 강력한 야당으로 버틴다는 것은 사실 무리였다. 그렇지만 뾰족한 수가 없었다. 새로 선거를 한다고 해도 이미 얻은 표보다 더 많은 지지를 얻을 가능성은 희박했다.

1932년 8월 13일은 히틀러에게는 중대한 고비가 된 날이었다. 그렇게 중요한 날은 1933년 1월 30일 말고는 다시는 없었다. 대통령을 설득할 수 있는 높은 자리에 있는 사람들을 우군으로 삼지 않고서는 아무리 당이 커져도, 아무리 1300만 명이 넘는 유권자의 지지를 받아도, 절대로 권력을 거머쥘 수 없다는 것이 냉정한 현실이었다. 선거에서 이겼지만 권력을 잡지 못했고 선거에서 패배해 힘들었을 때 (그 뒤에 치러진 11월 총선에서) 권력을 넘겨받았다는 사실은 '의지의 승리'만으로는 잘 설명이 안 된다.

···10장

제국총리

"그 사람은 우리가 고용했다."
_프란츠 폰 파펜, 1933년 1월 말

"히틀러는 우리에게 포위당했다."
_알프레트 후겐베르크, 1933년 1월 말

"천만에. 어느 모로 보나 이 정부는 걱정 안 해도 된다."
_제바스티안 하프너, 1939년

1932년 가을 바이마르 공화국의 위기는 더욱 깊어졌다. 뾰족한 해결 책도 없어 보였다. 1932년이 저물어 가고 본격적으로 겨울이 시작되자 위기도 본격화되었다. 권력을 휘두르는 힘은 얼마 안 되는 사람들의 손에 들어갔다. 파펜, 슐라이허, 힌덴부르크 같은 사람들이었다. 대기업, 대지주, 군부는 그 뒤에 버티고 선 강력한 로비 집단이었다. 하지만 이 엘리트 집단은 '지배 계급'으로 똘똘 뭉친 것은 아니었다. 일사불란하게 움직이지도 않았다. 사실은 경제적으로도 이해관계가 갈렸고 선호하는 정책에서도 차이가 났다.[1] 그렇지만 이들은 모두 민주 정치의 '정당 체제'와 결별하고 싶어했으며 (사회민주당을 포함한) '마르크스주의'와 노동조합을 분쇄하고 어떤 식으로든 권위주의 체제로 돌아가고 싶어했다. 그 점을 제외하고는 위기가 닥친 상황에서 자기들끼리 합의해놓은 해법이 별로 없었다. 특히 파펜 내각과 그 지지자들 사이에서 그런 성향이 두드러졌지만 한때 엘리트 진영은 국민을 무한정 권력에서 배제할 수 있으리라는 환상에 젖었다. 단기적으로 보았을 때 물론 그것은 환상이 아니었다. 그 즈음 독일 국민은 정부 구성에 직접적으로는 아무런 힘을 쓰지 못했다. 의회를 거세하고 정당 없이 국정을 운영하려는 시도는 위기에 대처하기 위한 방편으로 브뤼닝 정부 때부터 이루어졌다. 그리고 파펜 정부에 들어와서는 그것은 국정의 핵심 원칙으로 자리 잡았다. 하지만 정치에 동원된 국민을 언제까지나 그런 식으로 소외시킬 수는 없었다. 그들은 엘리트가 만들어낸 것도 아니고 엘리트의 도구도 아니었나. 그리고 우익 성향의 국민은 거의 히틀러의 영향 아래 놓여 있었다.

나치와는 거리를 두고 싶으면서도 권위주의에서 해법을 찾았던 모든 우익 세력이 부딪친 딜레마는 히틀러에 기대지 않고 어떻게 해법을 찾느냐였다. 히틀러는 히틀러대로 일단 대중의 지지를 끌어내는 데는 성공했지만 권력을 거머쥔 사람들이 자기를 거부하는 상황에서 어떻게 권력을 쟁취할 것인가 하는 고민에 빠졌다. 이것이 1932년 가을 우익 진영이 봉착한 어려움이었다. 이런 교착 상태에서 벗어나려면 개인의 역할이 중요했다. 히틀러는 무시 못할 인물이었다. 어마어마한 규모의 대중 운동을 이끄는 지도자였기 때문이다. 자신이 원하는 것을 내놓지 않는 정치 세력에게 보복을 가하여 상당한 타격을 입힐 수 있을 만큼 히틀러는 입지를 굳혔다. 하지만 대중 운동만으로는 정권을 잡을 수가 없었다. 권력 상층부에서 도와주는 세력이 있어야 했다. 도움의 손길은 하마터면 히틀러의 운동이 균열되고 정치적 몰락이 시작되었을지도 모를 순간에 나타났다.

바이마르 공화국을 강타한 복합적 위기가 나날이 심화되고 다른 정치적 대안을 모색할 수 있는 여지가 갈수록 줄어드는 상황에서 나치를 제외한 민족 보수 우익 진영에서는 몇 사람이 정국을 주도할 수 있는 여지가 그만큼 넓어졌다. 히틀러가 결국 승리한 것은 그렇게 몇 사람이 정국을 주도하는 전략이 심각한 계산 착오였음을 입증했다. 하지만 그런 계산 착오는 어쩌다가 저지른 실수가 아니었다. 그것은 보수 우익 진영의 뿌리 깊은 선입견에서 비롯된 착오였다.[2] 힌덴부르크도 그렇고 힌덴부르크를 옆에서 보좌했던 사람들도 그렇고 우익적 해법을 찾는 데만 급급한 나머지 의회제에서 탈출구를 찾으려는 노력은 전혀 없었다. 그리고 힌덴부르크를 중심으로 하여 히틀러 '길들이기 전략'이 몇 번씩이나 다양한 갈래로 나왔지만 기존의 통치 계급이 풋내기쯤은 얼마든지 제어할 수 있다는 과도한 자신감과 함께 히틀러를 얕잡아보는 한계에서 벗어나지 못했다.

히틀러는 결국 권력을 거머쥐었지만 거기서 히틀러 자신의 노력은 부차적이었다. 줄기차게 정국을 불안으로 몰아가면서 대통령이 주도하는 내각에서 총리 자리를 내놓으라는 식으로 최대한 받아내려고 하면서 그런 요구가 받아들여지지 않으면 타협하지 않겠다는 강경책이었다. 그 방법은 결국 성공했다. 그렇지만 그것은 히틀러 자신이 주도했다기보다는 다른 사람들이 선택한 행동 덕분에 그렇게 된 것이었다.

포템파 사건

히틀러는 8월 13일에 벌어진 일을 '개인적 패배'로 받아들였다.[3] 정부가 전권을 달라는 히틀러의 요구를 힌덴부르크가 일축했다는 사실을 강조하면서 (슐라이허의 사주로) 일부러 불쾌하다는 식으로 성명을 내자 히틀러는 더 화가 났고 자존심도 상했다. 그렇지만 자기는 전권을 요구한 적이 없다고, 화가 치밀지만 정중하게 답변을 하는 수밖에 없었다.[4] 이때만 하더라도 히틀러는 주로 파펜을 괘씸하게 여겼다.[5] 독일에서 가장 큰 샴페인 제조업체의 외동딸과 결혼하여 한창 잘 나가고 있었으며 얼마 전에 나치당에 들어왔고 나중에 외무장관으로 발탁되는 요아힘 폰 리벤트로프는 당시 오버잘츠베르크에 머물고 있던 히틀러를 찾아갔는데, 가서 보니 히틀러는 "파펜을 비롯하여 내각 전체에 적개심을 품고 있었다."[6] 그러나 1933년 1월 히틀러가 총리에 오르면서 파펜은 용서를 받았지만 슐라이허는 1932년 8월과 1933년 1월 사이에 그가 맡았던 역할 때문에 내내 나치에게 미운 털이 박혔다.[7] "판단은 옳았다. 아돌프 히틀러에게 권력을 넘길 수는 없는 노릇이었다." 슐라이허는 힌덴부르크의 결정을 두고 이렇게 말한 것으로 알려졌다.[8] 슐라이허가 배후에서 꾸민 공작, 특히 그의 배신으로 인해 맛보아야 했던 8월의 수모를 히틀러는 결코 잊지 않았다. 슐라이허는 죽음으로 그 대가를 치러야 했다.[9]

평소처럼 히틀러는 실망과 우울을 노골적인 공격성으로 표출했다. 결정을 내리기 전까지는 망설였지만 일단 결정을 내리면 히틀러는 그것이 옳다고 철석같이 믿고 오로지 그쪽으로만 밀고 갔다. 좌절을 겪고 나서 8월 15일 당 간부들 앞에서 연실을 하기 위해 뮌헨으로 가면서 "어떻게

되나 두고 보자."고 히틀러는 중얼거렸다.[10] 또 다음날에는 재벌을 대
변하는 신문이며 히틀러의 언론담당관 오토 디트리히와도 가까웠던
〈라인베스트팔렌 차이퉁〉과 인터뷰를 하면서 자기한테 우호적인 여론
이 조성될 수 있는 기회를 최대한 활용했다. 히틀러에게 미운 털이 박힌
파펜 정부는 이제 히틀러의 공격을 감수해야 했다. 여름의 밀월은 끝났
다. 또다시 활동 금지령이 떨어질까 봐 걱정되기도 하고 격앙된 분위기
도 가라앉힐 겸 돌격대원들은 2주일 동안 휴가를 보냈다.[11] 미국 연합
통신사와의 회견에서 히틀러는 이렇게 자기 생각을 밝혔다.

문제는 내가 베를린으로 밀고 갈 것이냐가 아니라 누가 베를린에서 밀려
날 것이냐다. 우리 돌격대는 최상의 기율을 지닌 조직이라서 불법적으로 밀
어붙이지는 않는다. 난 이미 베를린을 차지했는데 새삼스럽게 베를린으로 밀
고 갈 이유가 무어란 말인가?[12]

며칠 사이에 일어난 사건으로 히틀러는 힌덴부르크에게 당한 수모를
잠시 접어 두어야 했다. 8월 10일 한 무리의 돌격대원이 슐레지엔의 포
템파라는 곳에서 공산주의에 동조하던 실업자 한 사람을 살해했다.[13]
희생자의 어머니를 비롯하여 가족들이 뻔히 보는 가운데 아주 잔인하게
살해했다. 그런 살인은 대개 개인적 원한과 정치적 갈등이 얽혀서 일어
나는데 이 경우도 그랬다. 끔찍한 살인 사건이기는 했지만 이미 치안이
무너질 대로 무너져서 1932년 여름에는 마치 내전을 방불케 하듯 그런
일이 다반사로 일어났기 때문에 처음에는 아무도 그 사건에 관심을 기
울이지 않았다. 그 무렵에는 하루에도 정치 폭력이 서른 건이 넘게 일어
났으므로 포템파 사건은 그냥 묻힐 수도 있었다. 그러나 파펜 정부가 테
러와의 전쟁을 선포하는 비상 포고령을 발동하면서 사전 모의된 정치적
살해 사건에는 사형을 언도할 것이며 특별재판소를 열어서 사건을 신속
하게 처리하겠다고 밝힌 지 불과 한 시간 반 만에 저질러진 사건이라는
데 심각함이 있었다. 삼엄한 분위기에서 벌어진 재판은 집중적으로 언
론에 보도되었고 결국 피고 다섯 명에게 사형이 선고되었다. 그런데 올

라우에서 7월에 돌격대원 둘을 죽인 제국군기단 단원들에게는 같은 날 상대적으로 가벼운 형을 내렸다. 이것은 사전 모의한 살인이 아니었고 파펜의 포고령이 떨어지기 전에 벌어진 사건이었다. 하지만 히틀러 지지자들에게는 그런 차이가 눈에 들어오지 않았다. 포템파의 살인자들은 순교자로 그려졌다. 현지 돌격대 지도자 하이네스는 사형이 집행될 경우 봉기를 일으키겠다고 위협했다. 하이네스가 선동을 하자 군중은 흥분하여 유대인 상점의 창문을 부수고 사회민주당 계열 신문사를 공격했다. 이렇게 격앙된 분위기에서 괴링은 사형수들을 치켜세우고 가족들에게 돈을 보냈다. 룀은 감옥으로 면회까지 갔다. 8월 22일 히틀러는 손수 전보를 보내 파문을 일으켰다. "동지들! 이 얼토당토않은 유죄 선고 앞에서 나는 여러분과 혼연일체라는 느낌을 받습니다. 여러분의 자유는 이 순간부터 우리의 명예가 걸린 문제입니다. 이런 일을 버젓이 자행한 정부를 상대로 벌이는 투쟁은 우리의 의무입니다!"[14] 독일에서 최대 의석을 가진 당의 당수가 유죄 선고를 받은 살인자들과 연대한다는 뜻을 공개적으로 밝힌 것이다.[15] 히틀러는 엄청난 물의를 고스란히 감수할 수밖에 없었다. 동요하는 돌격대원들을 반드시 붙들어 두어야 하는 중요한 시기에, 살인을 저지른 돌격대원들을 두둔하지 않았더라면, 특히 슐레지엔처럼 민감한 지역에서는 돌격대가 상당한 어려움에 직면했을 것이다.

다음날 히틀러는 파펜 내각을 비난하는 성명을 발표했다. 이런 어처구니없는 판결을 용인하는 정권이기에 연정에 참여하지 않은 것이라면서 자신의 판단을 정당화하는 좋은 기회로 활용했다. "민족의 명예와 자유를 위해서 싸울 마음이 있는 여러분은 내가 왜 부르주아 정권에 참여하지 않았는지 이해할 수 있을 것입니다. 이번 일을 지켜보면서 이 거국 내각에 대한 우리의 입장은 확실해졌습니다."[16]

파펜은 한발 물러서서 프로이센 제국통제관의 자격으로 사형에서 종신형으로 감형했다. 나중에 스스로 시인했지만 그것은 사법적 판단이 아니라 정치적 판단이었다.[17] 살인자들은 나치당이 집권한 뒤 1933년 3월에 사면을 받고 풀려난다.[18]

포템파 사건은 권력의 실세들이 히틀러를 끌어들이는 방안을 놓고 여전히 고심하던 상황에서 나치당이 법을 바라보는 시각을 극명하게 드러냈다. 사실은 히틀러도 8월 9일에 나온 파펜의 포고령을 환영한 바 있었다. 그것이 살인을 자행하는 공산주의자들을 겨냥한다고 보았기 때문이었다.[19] 그러나 국가사회주의 정권이 들어섰더라면 포고령의 성격이 달라졌을 것이라고 〈민족의 감시자〉는 분석했다. 나치당 정권 같았으면 공산당원과 사회민주당원을 남김 없이 바로 잡아들이고 우범 지역을 집중적으로 색출하고 선동가로 의심되는 사람들은 수용소에 집어넣으리라는 것이었다.[20] 포템파 살인자들에게 사형이 선고된 뒤 알프레트 로젠베르크는 같은 신문에 이번 판결은 "부르주아의 정의 감각에 따르면 폴란드 공산주의자 한 명의 목숨 값은 전선에서 군인으로 싸운 독일인 다섯 명의 목숨 값과 같다."는 것을 보여주었다고 썼다. 바로 이런 점 때문에 국가사회주의는 세상을 이념으로 보아야 한다. 그런 철학에서는 "하나의 영혼은 다른 하나의 영혼과 같지 않고 한 사람도 다른 한 사람과 같지 않다." 국가사회주의에는 "'그런 법'은 없다."고 로젠베르크는 못 박는다. 국가사회주의가 지향하는 것은 강한 독일인이며 국가사회주의가 신조로 삼는 것은 강한 독일인을 보호하는 것이다. 법도 사회 생활도 정치도 경제도 모두 이런 목표에 부합해야 한다.[21] 히틀러 정권이 이해하는 법치가 무엇이라는 것이 그렇게 적나라하게 드러났는데도 위기에서 벗어나는 길은 나치를 끌어들여 국정 책임을 맡기는 것이라고 생각하는 사람들은 별로 경각심을 높이지 않았다.

히틀러가 총리가 아니면 안 된다고 고집을 부려서 어려움에 봉착한 것은 나치당만이 아니었다. 정부도 골치 아프기는 마찬가지였다. 슐라이허는 힌덴부르크가 대통령으로 있는 동안은 히틀러를 총리에 앉히기 어렵겠다고 생각하고 미련을 거두었다.[22] 파펜은 히틀러를 총리로 영입하는 것을 극구 반대했고 힌덴부르크 대통령이 당연히 계속해서 거부 의사를 표명해야 한다고 믿었다. 어느 쪽이든 썩 끌리지는 않았지만 남은 방법은 둘뿐이었다. 첫째는 '흑색-갈색' 연정을 시도하는 것이었다. 다시 말해서 흑색 제복을 입는 가톨릭 중앙당과 갈색 제복을 입는 나치당이 손을 잡는다는 것이었다. 실제로 가톨릭 중앙당에서 8월 13일 회동 후에 그런 가능성을 타진하기도 했다. 그렇지만 현실화될 가능성은 전혀 없었다. 그레고어 슈트라서는 몸이 달았지만 히틀러의 도움 없이는 아무것도 할 수가 없었고 두 사람의 갈등은 슬슬 표면화되었다.[23] 가톨릭 중앙당은 나치당이 총리 자리를 양보해야 한다고 계속 주장했지만 히틀러에게 총리직은 이제 '명예의 문제'가 되었다.[24] 브뤼닝은 브뤼닝대로 히틀러가 나치당 몫으로 요구한 프로이센 주총리와 내무장관 자리에서 물러나지 못하겠다고 버텼다.[25] 11월 총선을 치르고 나서도 똑같은 생각이었지만 이때도 히틀러는 의회에서 다수 의석을 얻은 정당들에 기대어 굴러가는 정부를 이끌 생각은 없었다.[26] 힌덴부르크와 참모들에게도 의원내각제 체제로 다시 되돌아간다는 것은 상상만 해도 끔찍한 일이었다.[27]

두 번째 가능성은 나치당과 공산당이 '과반수의 반대파'로 군림하는 의회의 지지를 얻을 생각을 일찌감치 포기하고 '투쟁 내각'을 만들어 버티는 것이었다. 이것은 가일 내무장관이 내놓은 방안대로 의회를 해산하고 새로운 총선을 최대한 미루면서 선거권을 제한하고 무선거로 구성되는 상원을 포함한 양원제를 만들 수 있는 시간을 확보하자는 것이었다.[28] 결국 '정당 중심 체제'에 종지부를 찍자는 것이었다. 그렇게 완전히 뜯어고치려면 대통령이 밀어주어야 했고 좌파와 어쩌면 국가사회주의자들도 나서서 반대할지 모르니까 군부도 등에 업어야 했다. 파펜은 먼저 의회를 해산하고, 의회를 해산하면 60일 안에 총선을 실시한다는 헌법에 규정된 조항을 무시한다는 안을 힌덴부르크 대통령에게 보고했다. 슐라이허와 가일도 그 자리에 있었다. 대통령은 즉시 의회를 해산하라고 지시하고 국가 비상사태를 이유로 총선을 연기하는 데도 동의했다. 내로라하는 헌법학자들은 벌써 권위주의 국가를 수립하기 위한 법적 근거를 내놓고 있었다. 저명한 헌법학자로서 1933년에 제3제국에 입각한 카를 슈미트*도 그중 한 사람이었다.[29]

만약 후자를 선택할 마음이었다면 파펜은 8월 30일 첫 회기가 시작되자마자 의회를 해산했어야 했다. 9월 12일 두 번째 회기가 시작되었을 무렵에는 이미 때를 놓쳤다.[30] 파펜은 첫 회기가 시작되던 날 아예 나타나지도 않았다. 의원들은 의원 중에서 가장 나이가 많은 클라라 체트킨*이 자본주의를 공격하고 소비에트 독일을 옹호하는 개막 연설을 하고 나서 의장을 뽑았다. 나치당, 바이에른인민당, 가톨릭 중앙당이 지원한 괴링이 의장에 당선되었다.[31] 괴링은 자신이 의장에 뽑힌 데서도 알 수 있듯이 의회에는 다수가 원하는 방향이 있으므로 정부의 비상사태 선포는 받아들일 수 없다고 강조했다. 나치당과 가톨릭 중앙당도 9월 1일 두 당의 공조 논의가 시작되었음을 암시하는 공동 성명을 통해 비슷한 내용으로 정부를 압박했다.[32] 나치당의 입장에서 보자면 비상사태는 책략일 뿐이었다.[33] 하지만 나치 지도부는 의회 해산에도 대비했다. "저쪽에서 헌법을 무시하면 우리도 구태여 합법성을 존중할 필요가 없다. 우리도 납세 거부, 생산 시설 파괴, 봉기로 맞설 것이다." 괴벨스는 그렇게 썼다.[34] 9월 8일의 나치 지도자 회의에서 히틀러는 다시 선거를 치러야 할 것 같다면서 기왕 하는 선거라면 빠를수록 좋다고 밝혔다. 그레고어 슈트라서는 슐라이허가 이끄는 내각에 참여하자고 제안했지만 히틀러는 한마디로 거절했다. 히틀러는 슈트라서를 점점 불신했다. 그리고 의회 중심의 연정이 아니라 대통령이 주도하는 내각에서 히틀러 자신이 총리를 맡아야 한다는 원칙을 초지일관 고수했다.[35]

9월 12일 의회는 두 번째 회기에 들어갔다. 그것은 결국 마지막 회기

....

슈미트(Carl Schmitt, 1888~1985) 독일의 법학자, 정치학자. 1920년대부터 의회주의와 자유주의를 강하게 비판했으며 히틀러를 지지하여 1933년 5월 나치당에 입당하였다. 그는 법과 정치 질서는 주권적 권위자의 '결단'에 의해 정당화될 수 있다고 주장하였다. 그에 따르면, "지도자는 국민의 최고위 재판관이며 최고위 입법자"이고 법은 국가의 적을 고립시키고 배제하는 데 도움이 된다. 제3제국이 패망할 때까지 학계에서 확고한 지위를 지니고 있었고, 전후에 한때(1945~1947) 투옥되었다가 다시 학계로 복귀하였다.

체트킨(Clara Zetkin, 1857~1933) 사회주의적 여성 운동의 사상을 확립하고 실천한 독일의 여성 운동가, 사회주의자. 로자 룩셈부르크의 친구였던 그녀는 1915년 베른에서 제1차 국제여성협의회를 조직했다. 1916년 급진적인 스파르타쿠스 연맹의 공동 창설자가 되었으며, 1919년에는 독일공산당 중앙위원회 위원이 되었다.

가 되었다. 그날 올라온 유일한 안건은 경제 현실에 대한 정부의 진단과 구체적 처방이 담긴 시책이었다. 의회는 며칠에 걸쳐서 이 안건을 토의할 예정이었다. 그런데 공산당에서 의사 진행 수정안을 내놓았다.[36) 9월 4일과 5일 정부가 발표한 긴급령은 과세와 임금 교섭 체계를 크게 훼손하는 조치이므로 이를 무효로 하고 아울러 정부 불신임안을 표결에 붙이자는 것이었다. 그런 강수가 나오리라고는 아무도 예상하지 못했다. 단 한 명이라도 반대했다면 의사 진행 수정안은 기각되었을 것이다. 나치당은 독일국가인민당이 반대할 줄로 알았다. 그런데 뜻밖에 아무도 반대하지 않았다. 의회가 어수선해지자 프리크는 히틀러의 결심을 끌어내려고 30분 동안의 휴회를 얻어냈다. 기겁을 한 파펜은 부랴부랴 사람을 보내 힌덴부르크가 8월 30일에 서명한 의회 해산 문건을 가져오게 했다.

한편 가톨릭 중앙당은 공산당의 수정안을 거부하자고 나치당을 설득했다. 그러나 히틀러는 심복들과 잠시 회의를 하더니 정부를 쩔쩔매게 만들 수 있는 모처럼 맞은 기회를 날려버릴 수 없다고 방침을 정했다. 파펜이 보나마나 의회 해산령을 내릴 테니 한발 앞서 나치당 의원들은 공산당의 정부 불신임안을 지지해야 한다는 것이었다.[37) 회의가 속개되자 파펜이 의회 해산 문건이 담긴 빨간 상자를 들고 나타났다. 의원들이 술렁거리는 가운데 의회 의장 괴링이 바로 공산당 수정안 표결에 들어간다고 밝혔다. 파펜이 발언 요청을 했지만 괴링은 일부러 딴 곳을 쳐다보면서 묵살했다. 파펜의 비서실장 플랑크는 총리에게 발언권을 달라고 괴링에게 요청했다. 괴링은 투표가 시작되었다고 응수했다. 파펜은 다시 발언을 하려다 실패하자 의장석으로 걸어가서 괴링의 책상에다 해산령을 턱 놓았다. 그리고 야유를 받으면서 장관들과 함께 뚜벅뚜벅 걸어나갔다. 괴링은 문서를 천연덕스럽게 한쪽으로 밀어놓고 표결 결과를 발표했다. 기권 다섯에 무효표 하나, 찬성 512표에 반대 42표로 정부 불신임안이 통과되었다. 독일국가인민당과 독일인민당만 정부를 지지했다. 가톨릭 중앙당을 비롯하여 주요 정당은 모두 공산당을 밀었다. 정부의 완패였다. 의사당은 환호와 갈채로 떠나갈 듯했다.

괴링은 이어서 파펜이 던져놓고 간 해산령을 읽어 내려 갔지만 불신 임안이 이미 통과되었으므로 이것은 무효라고 선언했다. 엄격히 말해서 그것은 틀린 말이었다. 괴링도 나중에 파펜이 문서를 넘긴 순간 의회는 형식적으로는 해산된 것이라는 사실을 시인했다. 따라서 불신임안은 법 적 구속력이 없었다. 하지만 이 모든 것은 절차상의 문제일 뿐이었다. 결국 정부는 그대로 존재했다. 그렇지만 국민을 대표하는 의원들 가운 데 5분의 4 이상이 정부를 불신임했다는 현실은 달라지지 않았다. 파펜 은 대중의 지지를 거의 받지 못하는 총리로 낙인 찍히는 수모를 당했 다.[38] 히틀러는 기뻐서 어쩔 줄 몰랐다.[39] 나중에 권력을 잡았을 때 나 치가 굴러들어 온 기회를 특유의 냉소적 전략으로 어떻게 요리할 것인 지를 잘 보여준 사건이었다.[40]

그해 다섯 번째로 치르는 선거가 눈앞의 현실로 다가왔다. 파펜은 헌 법에 규정된 60일을 어겨도 좋으니 총선 일자를 가급적 늦게 잡으라는 대통령의 지시를 받아놓은 상태였다. 그렇지만 9월 12일 한바탕 곤욕을 치른 터라 내각은 이틀 뒤 아직은 모험을 할 때가 아니라는 결론을 내렸 다.[41] 총선은 11월 6일로 잡혔다. 나치 지도부는 쉽지 않다는 것을 잘 알았다. 부르주아 언론은 완전히 적대적으로 나왔다. 나치는 언론의 지 원을 기대하기 어려운 형편이었다.[42] 국민도 선거에 지쳤다. 당을 대변 하는 사람들조차 고충을 토로했다. 그동안 선거를 치르느라 돈을 펑펑 썼기 때문에 당 재정도 바닥난 상황이었다. 돈을 끌어모으기도 쉽지 않 았다. 괴벨스는 '재정 파탄'을 헤쳐 나가기가 쉽지 않을 것으로 내다보 고 선거 운동 본부를 뮌헨에서 베를린으로 옮겼다.[43]

의회에서 한바탕 난리를 치른 뒤 바로 베를린에서 뮌헨으로 가는 히 틀러의 표정은 한결 자신만만해 보였다.[44] 당에서는 불안감이 커지고 있었지만 그래도 히틀러는 10월 6일 뮌헨에 모인 운동원들에게 선거 운 동 지침을 내리면서 자신감을 불어넣었다. "확신을 갖고 싸워주기 바랍 니다. 전투가 시작됩니다. 4주 뒤에 우리는 승리자가 될 것입니다."[45]

그에 앞서 10월 2일 히틀러는 포츠담에서 히틀러유겐트가 주최한 '제국 청년 대회'에 참석했다. 처음에는 참석하기를 꺼렸지만 뤼데케에 따르면 선거를 코앞에 두고 이렇게 중요한 선전 기회를 놓쳐서야 되겠느냐는 시라흐의 설득이 효과를 냈다고 한다. 뤼데케는 히틀러의 북진 행렬을 수행한 참모진과 경호단의 일원이었다. 뤼데케는 몇 년 동안 미국에서 여러 직업을 전전하면서 작은 사업도 해보았는데 히틀러는 그에게 미국에 대해서 듣고 싶어했다. 어린 시절에 자기가 탐독한 서부 개척 소설에 뤼데케가 관심을 보이자 히틀러는 좋아했다. 그러면서 지금도 그런 책을 읽으면 가슴이 뛴다고 했다. 중간에 도로 공사 때문에 차가 서행을 했는데 붉은 깃발을 흔드는 공산주의자들을 가득 싣고 가는 트럭들을 추월할 때 경호원들은 잔뜩 긴장했다. 그렇지만 야유만 들었을 뿐 히틀러 일행은 별다른 봉변은 당하지 않았다. 포츠담에 거의 다 와서 길이 다시 막혔는데 이번에는 행사장으로 가는 히틀러유겐트 단원을 태운 차량들로 붐볐다.[46]

독일 전역에서 11만 명으로 추산되는 젊은이가 포츠담에 모였다. 예상보다 2배나 많은 규모였다. 심지어 오스트리아, 보헤미아, 단치히, 메멜에서도 왔다. 여러 날 걸려서 온 사람도 부지기수였다. 숙소를 구하지 못한 사람은 10월 초라 벌써 쌀쌀했지만 노숙을 하는 수밖에 없었다. 횃불이 환하게 켜진 경기장에 히틀러가 들어서자 사람들은 열광했다. "수만 명의 남학생과 여학생이 운동장에 질서정연하게 서 있었다. 히틀러가 단상에 우뚝 서자 우렁찬 함성이 밤하늘에 울려퍼졌다. 난생 처음 들어보는 기쁨의 환호성이었다. 히틀러가 한 손을 들자 군중은 쥐죽은 듯이 고요해졌다. 히틀러는 15분 동안 열변을 토했다. 폭포수처럼 뿜어나오는 달변, 예전의 그 모습이었다."[47] 뤼데케는 현장을 그렇게 묘사했다. 성대한 집회의 한복판에 있을 때면 히틀러는 스스로 분위기에 도취하고 감격에 몸을 떨었다. 잠이 모자랐지만 지쳐 보이지도 않았다. 히틀러유겐트 단원들이 행진을 벌이는 7시간 동안 내내 한 손을 뻗은 채 서 있으면서 젊은 지지자들에게 한없는 자애를 베푸는 지도자라는 인상을 심어주었다. 저녁에는 황제의 넷째 아들로서 나치당원이었던 아우구스트 빌헬름 공과 같이 식사를 하면서 깍듯하게 예우했다. 그리고 괴벨스의 집으로 갔다. 뮌헨으로 돌아가는 열차에 몸을 실으면서 '무대 행

에바 브라운. 1930년대 초반 하인리히 호프만의 스튜디오에서 찍은 사진. 완벽하게 감추어진 여자였던 에바 브라운의 존재는 전쟁이 끝난 뒤에야 국민들에게 알려졌다.

사'가 끝난 다음에야 비로소 피로에 지친 진짜 모습이 나타났다. 수행원은 호프만과 뤼데케에게 "역할을 마치시고 녹초가 되었으니 건드리지 마시라."고 했다.[48]

선거 운동은 히틀러에게 다시 생기를 불어넣었다. 그해 들어 벌써 다섯 번째로 선거 운동에 들어가면서 히틀러는 자신의 장기를 십분 발휘했다. 바로 연설이었다. 히틀러가 없으면 선거 운동이 굴러가지 못할 판이 되다 보니 히틀러는 살인적으로 빠듯한 일정에 맞추어 여기저기 불려다녀야 했다. 10월 11일부터 11월 5일까지 계속된 4차 '독일 비행'에서 히틀러는 연설을 무려 50번이나 했다. 어떨 때는 하루에 3번을 했고 한번은 4번까지 한 적이 있었다.[49] 11월 1일 에바 브라운이 권총으로 자살을 시도했다는 소식에 잠시 선거 운동을 중단했다.[50] 사랑하는 남자의 얼굴을 통 볼 수 없는 데다 정치에 미쳐서 자신의 존재 따위는 관심도 없는 것처럼 보이자 에바는 절망에 빠져 아버지의 총으로 자기 심장을 겨누고 스스로 쏜 것이다. 그러나 치명상을 입은 것은 아니어서 자기가 바로 의사에게 전화를 걸었다. 에바는 바로 병원으로 실려갔고 히틀러는 꽃을 한아름 들고 나타났다. 자살 미수가 의도된 각본일지 모른다고 의심하는 사람도 있었다.[51] 전해 여름 겔리 라우발의 죽음에 이어 또다시 곤욕을 치르는 게 아닌가 히틀러가 한때나마 걱정했는지는 몰라도 적어도 겉으로는 드러나지 않았다. 히틀러는 그 다음날 다시 유세장으로 떠났다.[52]

히틀러는 이제 파펜과 '반동 세력'에게 날을 세웠다. 광범위한 지지 세력을 거느린 히틀러의 나치당과 대중적 기반 없이 소수 반동 세력만으로 끌고 가는 파펜 정부는 대조적이었다.[53] "저쪽은 정부 수반이 소수의 반동 세력에 기대는 정권, 독일 국민한테 512표 대 42표로 박살이 난 정권, 이쪽은 지도자가 국민 속으로 들어가 부지런히 노력해서 국민의 신뢰를 얻어낸 세력", 나치는 이렇게 선전했다.[54] 히틀러는 그깟 장관 자리나 노리는 사람이 아니라는 점을 강조했다. "그는 당 지도자로 남기를 원했다." 저작료로 들어오는 수입이 있으므로 나라에서 한 푼도 돈을 받지 않는다고 역설했다. 파펜은 5백만 마르크가 넘는 집에 살면서도 꼬박꼬박 총리 봉급을 받는다고 히틀러는 꼬집었다. 자기는 총리가 되더라도 봉급을 받지 않을 것이라면서 "오직 국민을 위해 일하고 싶을 뿐"이라고 덧붙였다.[55] 히틀러는 자기가 '귀족 내각'에 들어가기를 거부한 것은 완전한 책임을 지고 싶었기 때문이라면서 뻔히 힘을 못 쓸 줄 알면서 들어갈 수는 없었다고 강조했다. "저들은 내 확고부동한 결심에 대해 잘못 생각하고 있습니다. 내가 선택한 길을 끝까지 갈 것입니다."[56]

나치 언론은 당연히 히틀러의 선거 운동을 승승장구의 길로 묘사했다. "지도자가 독일을 위한 새로운 투쟁에 나선다."고 〈민족의 감시자〉는 10월 13일 보도했다. 이틀 뒤에는 '바이에른 관구를 누빈 지도자의 승리의 행진'이라고 제목을 뽑았다. 10월 17일 〈코부르크 나치오날차이퉁〉은 '히틀러의 대장정'을 대문짝만 하게 보도했다. "전국 각지에서 히틀러의 아성인 코부르크로 모여든 군중은 독일 자유 운동의 현주소와 투쟁을 상징적으로 드러낸다." "한때는 공산주의가 득세하던 곳에서 사람들은 이제 히틀러를 지지한다."고 니더프랑켄의 슈바인푸르트에서 히틀러가 연설을 하고 나서 당 기관지는 선언했다.[57] "14년 전 전쟁터에서 실명 위기까지 갔던 참전 용사가 지금은 수백만의 지도자로. 히틀러, 파제발크를 발판으로 삼아 독일의 혼을 위한 투쟁에 돌입." 그 달 말에는 이런 기사 제목도 나왔다.[58] 그렇지만 나치당원이라고 해서 하나같이 당 기관지를 읽은 것은 아니었다. 부수를 훨씬 많이 찍는 부르주아 언론은 아주 적대적이었다. 〈민족의 감시자〉 같은 기관지에서 승리를 부르짖은 것도 따지고 보면 지지도가 갈수록 떨어지고 있다는 데서 오는 불안을 덮으려는 노력이었다. 변덕스러운 당원들은 사기가 떨어졌고 돌격대는 많은 지역에서 선거 운동에 적극적으로 나서지 않았다. 나치당은 표를 잃을 가능성이 컸다.[59] 당 기관지에서는 유세장에 모인 청중을 크게 부풀렸다. 농촌 지역에서는 참석 인원을 늘리려고 다른 지역에서 수천 명씩 동원하기도 했다. 이것은 민심 이반이 그만큼 심각하다는 것을 반증했다. 히틀러도 어쩌면 당 지지도가 크게 떨어질지 모른다는 사실을 인정하면서도 이번 선거는 '위대한 정신적 승리'로 기록될 것이라고 평소처럼 아무런 근거 없이 낙관했다.[60] 이제는 히틀러가 연설을 해도 유세장이 꽉 차지 않았다. 10월 13일 뉘른베르크에서 연설을 할 때는 강당이 절반밖에 차지 않았다.[61] 일부 지역에서는 히틀러의 연설이 통했을지 몰라도 전문가들은 히틀러가 아무리 유세를 다녀도 나치 지지도의 급락은 막지 못할 것이라는 예상을 내놓았다.[62] 괴벨스도 선거 전날 패배를 점쳤다.[63]

집계 결과 나치의 우려는 현실로 드러났다. 나치당이 집권하기 전에 마지막으로 치렀고 바이마르 공화국에서 마지막으로 치른 자유 총선거에서 나치당은 2백만 표를 잃었다. 투표율은 80.6퍼센트로 1928년 이후로 가장 낮았다. 나치 득표율은 7월의 37.4퍼센트에서 33.1퍼센트로 낮아졌다. 의석도 230석에서 196석으로 줄어들었다. 사회민주당과 가톨릭 중앙당도 지지율이 크게 떨어졌다. 승자는 공산당과 독일국가인민당이었다. 공산당은 16.9퍼센트로 사회민주당과의 격차를 3퍼센트로 좁혔고 독일국가인민당도 득표율이 8.9퍼센트로 껑충 뛰었다.[64] 나치당 지지자 가운데 상당수가 독일국가인민당으로 돌아섰다. 투표율이 낮은 것은 나치당에 불리했다. 전에 나치를 지지했던 사람들이 투표장에 나오지 않았다.[65] 나치당은 좌파와 가톨릭이라는 양대 세력을 잠식하기는커녕 오히려 표를 잃었다.[66] 중산층이 나치당에서 등을 돌리기 시작했다.

괴벨스는 비관론자들이 예상한 것보다는 괜찮은 성적이 나왔다면서 자위했다. 그렇지만 충격을 받은 것은 사실이었다.[67] 당의 각 지역별, 구역별 선전 담당자는 나름대로 패인을 분석해서 내놓았다. 자금 부족도 효과적인 선거 운동을 하지 못한 주요 원인으로 꼽혔다.[68] 그러나 더 본질적인 원인이 있었다. 그 하나는 히틀러가 8월에 내각에 들어가지 않았다는 것이었다. 이것이 당원들과 유권자들을 분열시킨 것으로 알려졌다. 히틀러가 정부에 들어갈 기회를 걷어차고 전과 다를 바 없이 권력의 문턱에도 못 가니까 다시는 히틀러를 찍지 않겠다고 말하는 사람들이 생겼다.[69] "지도자란 사람이 도대체 자기가 무엇을 원하는지, 무슨 정책을 추구하는지도 모르는 당"에는 이제 신물이 난다고 말하는 당원들까지 나왔다.[70] 8월에 히틀러가 가톨릭 중앙당과 타협하는 것을 보면서 배신감을 느낀 개신교도 지지자도 있었다.[71]

이런 이유 말고도 유세 기간에 파펜을 보수 반동으로 너무 몰아세우다 보니 자연히 나치당이 사회주의에 가깝게 보이는 바람에 중산층 표가 떨어져나간 이유도 있었다.[72] 나치당의 공격은 공산주의자들의 계급 투쟁 구호와 다를 바 없다고 생각하는 사람이 많았다. 색깔만 '적색'과 '갈색'으로 달랐지 결국은 똑같은 '볼셰비즘'의 변종이라는 인식은 선거 며칠 전 공산당이 주도한 베를린 운수 노동자들의 파업을 나치가 지지하면서 강해졌다.[73] 운수 노동자 파업은 선거에 임한 나치당의 고충을 여실히 드러냈다. 부르주아 보수층을 대변하는 독일국가인민당과 각을 세운 마당에 나치당은 더는 유권자를 기만할 수 없었다. 지금까지는 '잡탕' 지지자를 끌고 왔지만 이제는 죽이 되든 밥이 되든 선택을 해야 했다.[74] 괴벨스는 나치당은 베를린 노동자들을 지원할 수밖에 없는 입장이라고 밝혔다. 안 그러면 노동자계급의 지지 기반이 와르르 무너질 수 있었다. "참으로 곤혹스러운 처지에 놓여 있다."고 괴벨스는 썼다. "부르주아 진영에서는 우리가 파업에 동참하면 경악할 것이다. 하지만 거기에 연연하면 안 된다. 그쪽 지지는 나중에 언제든지 다시 얻을 수 있다. 하지만 한번 노동자의 지지를 잃으면 두 번 다시 못 얻는다."[75] 수시로 전화 통화를 하던 히틀러도 파업을 지지해야 한다는 괴벨스의 생각에 적극 찬동했다. 능동적이고 혁명적인 투쟁에 뛰어든 사람들이 별로 의미도 없는 그까짓 선거에서 몇만 표쯤 잃는다고 해서 대수인가, 괴벨스는 그렇게 썼다.[76]

1928년 이후로 나치당의 아성이었던 농촌 지역의 유권자들은 실제로 나치가 파업을 지지하자 투표장에 나오지 않았다.[77] 중산층은 또 달랐다. 그해 초 히틀러한테 푹 빠졌던 함부르크의 전직 교사 루이제 졸미츠는 배신감을 느끼고 독일국가인민당을 찍었다. 그녀가 보기에 베를린 운수 파업은 히틀러가 공산주의와 한패라는 증거였다. 그녀가 아는 사람은 히틀러를 두 번 찍었는데 이제는 안 찍겠다고 했다. 또 한 사람은 히틀러는 극좌라고 했다.[78] "무엇보다도 베를린 운수 파업을 지지하는 바람에, 거기에 덥석 뛰어드는 바람에, 마지막 순간에 표를 무더기로 잃었다." 선거 다음날 졸미츠 부인은 그렇게 평가했다. 히틀러는 민족의 이익을 사심 없이 대변하겠노라던 약속을 저버렸다고 생각했다. "결국 그 사람에게는 민족보다 권력이 중요했다. 우리한테 밝은 미래를 약속해놓고 왜 우리를 버렸단 말인가. 깨어나라 히틀러!"[79]

힌덴부르크 대 히틀러

11월 선거는 상황을 더욱 악화시켰을 뿐 정치적 교착 상태를 풀어내지 못했다. 정부를 지지하는 정당은 독일국가인민당과 독일인민당 달랑 둘뿐이었는데 둘을 모두 합해도 득표율이 10퍼센트를 겨우 넘었다. 나치당과 가톨릭 중앙당은 모두 지지율이 떨어졌으므로 지난 8월과는 달리 이제는 두 당이 연정을 해도 의회 안에서 다수파가 될 수 없었다.[80] 유일한 다수파는 예나 지금이나 정부를 부정하는 다수파였다. 히틀러는 득표율이 떨어졌다고 해서 주눅이 들지 않았다. 뮌헨 당 간부들을 모아 놓고 가열차게 투쟁을 해 나가자고 독려했다. "파펜을 몰아내야 한다. 타협은 있을 수 없다." 괴벨스는 히틀러의 발언을 이렇게 요약했다.[81) 파펜 총리는 정부와 공조하는 방안을 논의하자면서 정식으로 만남을 요청했지만 아직도 8월 13일에 당한 수모로 가슴에 앙금이 남았던 히틀러는 11월 16일 굳이 서면으로 간단히 거절했다. 파펜의 제안에는 사실 히틀러가 전에 요구한 것보다 조금이라도 나아간 내용이 담겨 있지 않았다.[82) 가톨릭 계열의 두 정당 가톨릭 중앙당과 바이에른인민당은 군소 정당들과 제휴하여 히틀러와 연정을 구성하려고 애썼지만 역시 먹혀 들지 않았다. 바이에른인민당 당수 프리츠 셰퍼는 연정만 이루어진다면 히틀러를 총리에 앉히고 자기는 그 밑에서 일할 용의가 있다고 파펜에게 밝혔다.[83) 사흘 뒤 셰퍼는 힌덴부르크 대통령에게 자기는 히틀러를 괜찮은 사람이라고 본다면서 문제는 주변에 있는 사람들인데 그 정도는 정부가 얼마든지 견제할 수 있는 것 아니냐고 말했다.[84) 히틀러에 대한 과소평가와 오해는 우익 민족주의 진영의 독불장군들에게만 국한된 현상이 아니었던 것이다. 가톨릭 진영도 그런 생각에 물들었다.

전부터 히틀러는 여러 정당의 공조로 의회에 의지하는 정부를 맡을 생각은 전혀 없었다. 11월 중순이 되자 정부의 지지 기반을 찾으려던 파펜의 노력은 실패로 돌아갔다. 11월 17일 파펜은 사임했다. 파펜의 퇴장을 아쉬워하는 사람은 드물었다. 이제 국정 위기를 돌파해야 하는 책임은 고스란히 힌덴부르크에게 돌아왔다. 내각은 근근이 국정을 끌고 나갔다.[85)

11월 19일 힌덴부르크는 히틀러를 비롯하여 여러 정당 지도자들과 차례로 만났다. 이날 히틀러를 총리에 앉혀 달라는 청원서가 대통령에게 전달되었다. 20명의 기업인이 서명한 청원서였다.[86) 이 청원서를 두고 히틀러를 지지하는 대기업들이 많았다는 증거로 여기기도 했지만 그것은 사실과 다르다. 청원서를 내자는 아이디어는 나치에 호감을 품은 기업인들과 히틀러 사이에서 심부름꾼으로 떠오르던 빌헬름 케플러의 머리에서 처음 나왔고 히틀러의 측근이었던 힘러가 이것을 받아들여 두 사람이 구체화한 것이었다. 케플러는 금융인 샤흐트와 손을 잡고 서명을 해줄 만한 기업인 30여 명의 명단을 작성했다. 하지만 그리 만만치가 않았다. '케플러 진영'에서는 샤흐트와 쾰른의 은행가 쿠르트 폰 슈뢰더를 필두로 8명이 서명했다. 기업인들의 반응은 매우 실망스러웠다. 저명한 기업인 중에서는 프리츠 티센이 유일하게 서명했지만 그는 진작부터 나치당을 지지한 사람으로 유명했다. 나치가 침투하는 데 성공한 대지주들의 모임인 제국지주연맹의 회장 대행도 서명했다. 나머지 서명자는 중간 규모의 기업인과 지주였다. 파울 로이슈, 프리츠 슈프링고룸, 알베르트 푀글러 같은 쟁쟁한 기업인도 나치당에 공감했지만 서명은 하지 않았다는 설도 있지만 낭설이었다. 대기업들은 여전히 파펜에게 희망을 걸었다. 그러나 청원서는 재계에도 다른 목소리가 있다는 것을 드러냈다. 특히 지주 단체의 지지는 눈여겨볼 필요가 있었다.[87]

청원서는 히틀러와 힌덴부르크의 담판에 아무런 영향을 끼치지 못했다. 대통령은 여전히 히틀러를 불신했다. 히틀러는 히틀러대로 힌덴부르크를 내심 경멸했다.[88] 그렇지만 대통령을 등에 업지 않고서는 권력을 잡을 수가 없었다.

히틀러와 만난 자리에서 힌덴부르크는 당신과 당신이 이끄는 당이 정부에 들어와주었으면 좋겠다는 지난 8월의 입장을 반복했다. 그러면서 다른 정당들과 절충해서 의회에 폭넓은 지지 기반이 있는 정부를 히틀러가 구성해주었으면 좋겠다는 뜻을 피력했다. 한번 해볼테면 해보라는 식이었다. 힌덴부르크는 독일국가인민당이 완강히 버티는 상황에서 그것이 성공하지 못하리라는 것을 너무나 잘 알았다.[89] 연정 구성이 실패로 돌아가면 히틀러가 고스란히 그 부담을 안으면서 입지가 약화되리라 내다본 것이다. 히틀러는 힌덴부르크의 속셈을 꿰뚫었다.

괴벨스의 표현에 따르면 '권력의 줄다리기'[90]를 하면서 히틀러는 어차피 정부를 구성하는 최종 결정권자는 대통령인데 대통령의 완전한 신임을 얻기 전에는 다른 정당들과 절충에 나설 뜻이 없다고 밝혔다. 그러면서 자기가 나설 경우 행정부에 법안 제정 권한을 위임하는 수권법을 의회에서 통과시킬 자신이 있다고 했다. 의회에서 그런 일을 해낼 수 있

는 사람은 자기밖에 없다는 것이었다. 수권법만 통과시키면 그 다음부터는 어려울 것이 없었다.[91]

히틀러는 이틀 뒤에 서면으로 자신의 '유일한 요구'는 전임자들에게 주었던 권위를 자기에게도 달라는 것이라고 힌덴부르크에게 밝혔다.[92] 힌덴부르크가 한사코 거부한 것이 바로 그것이었다. 히틀러를 대통령이 주도하는 내각의 수반으로 앉힐 수 없다는 생각에는 변함이 없었다. 그렇지만 히틀러가 이끄는 의회 다수파 중심의 내각을 구성하는 가능성은 열어 두었다. 그리고 그런 내각을 구성하기 위한 전제 조건으로 경제 정책을 공표할 것, 프로이센과 제국의 이원제로 회귀하지 말 것, 대통령의 권한을 보장하는 48조를 제한하지 말 것, 대통령이 임명하는 국방장관과 외무장관을 승인할 것을 내걸었다.[93] 히틀러는 답신을 통해 조건을 좀 더 상세히 확인하면서도 자기를 대통령 중심 내각의 총리로 앉혀 달라고 다시 한 번 압박했다.[94] 힌덴부르크의 비서실장 오토 마이스너는 대통령 중심 내각은 헌법 48조를 바탕으로 정파를 초월하여 운영되므로 "대통령이 각별히 신임하는" 사람이 이끌어야 하고 의회 다수파에 의지하는 의회 내각은 한두 정당의 목표를 추구하는 것이라면서 둘을 분명히 구분했다. 그렇기 때문에 "한 정당 지도자를, 더구나 운동의 배타성을 앞세우는 당의 지도자를 대통령 내각의 수반으로 앉힐 수는 없는 노릇"이라고 강조했다. 하지만 브뤼닝의 경우처럼 히틀러도 처음에는 의회 내각으로 출발했다가 대통령 내각으로 변신하는 것도 가능하지 않겠느냐고 덧붙였다. 그러면서도 지금 이 시점에 히틀러에게 줄 수 있는 것은 의회 내각뿐이라는 점을 분명히 했다.[95] 힌덴부르크가 선호하는 것은 가능하다면 파펜처럼 믿을 만한 사람이 이끄는 대통령 내각이었고 히틀러는 그 밑으로 들어오거나 아니면 적어도 방해를 하지 않는 것이었다. 8월에도 그랬지만 히틀러가 이끄는 대통령 내각은 받아들일 수 없다는 생각이었다. 히틀러는 즉시 마이스너에게 괴벨스가 '정치 전략의 걸작'이라고 격찬한 답장을 보냈다.[96] 히틀러는 먼저 프로이센의 제국통제관이 행사하는 권한과 관련하여 헌법재판소가 최근 내린 판결을 거론하면서 48조는 특별한 상황에서 한시적으로 쓰리고 있는 것이지 일상적인 통치 방식으로 존재하는 것이 아니라는 사실을 지적했다. 긴급 상황에서 의회 절차가 정부에 걸림돌로 작용할 경우 합헌적 방식은 수권법을 만들어 의회의 승인을 받은 뒤 한시적으로 행사하는 것이라고 히틀러는 강조했다. 의회에서 그런 승인을 얻어낼 수 있는 당은 나치당뿐이라는 것이었다. 그리고 대통령이 내세운 조건들도 헌법에 위배된다고 맞받았다. 그러면서 자기는 이런 조건으로 총리직을 받아들이겠다고 역제안을 했다. 총리가 되면 48시간 안에 정치 일정을 제시할 것이다. 대통령이 그것을 승인하면 곧이어 각료 명단을 올릴 것이다. 대통령의 심복인 슐라이허는 국방장관에 앉히고 노이라트는 외무장관에 앉힐 것이다. 끝으로, 이 점이 가장 중요한데, 대통령은 "이런 위급하고 어려운 시기일수록 과거 의회제 총리에게도 한 번도 거부된 적이 없었던 전권을" 주어야 한다.[97] 히틀러가 그 말을 한 것은 결국 의회 해산권을 얻어내서 또다시 총선을 치르고 다른 당들에 기댈 필요가 없을 만큼 압승을 거두어 수권법을 독자적으로 통과시키겠다는 계산이었다.[98] 이번에도 히틀러의 제안은 묵살당했다.

대통령도 11월 24일 보낸 답신에서 고집을 꺾지 않으면서 "귀하가 이끄는 대통령 내각은 필연적으로 일당 독재로 귀결될 것이며 그렇게 되면 독일 국민은 엄청난 갈등에 휘말려들 것"이라면서 지난 8월에 밝힌 입장을 사실상 되풀이했다. 히틀러의 요구를 받아들이는 것은 정파를 초월해야 할 대통령의 의무에도 위배되는 것이고 양심에 비추어도 떳떳하지 못하다는 것이었다.[99] 히틀러는 석 달도 못 되는 사이에 두 번이나 퇴짜를 맞았다. 이제는 끝난 것처럼 보였다. 히틀러는 히틀러대로 지금의 대통령 중심 내각을 돕는 일은 절대 하지 않겠다면서 이를 갈았다.[100] 11월 30일 힌덴부르크 대통령이 초대했지만 시간 낭비라면서 응하지 않았다.[101] 교착 상태가 이어졌다.

슐라이허는 파펜과 점점 거리를 두었다. 이제까지는 눈에 보이지 않는 막후 실세로 움직였지만 차츰 주역으로 나서려고 했다. 슐라이허는 마이스너가 히틀러에게 전한 편지도 같이 썼다. 그리고 힌덴부르크의 허락을 받고 11월 23일 히틀러와 만났다. 대통령은 질색을 했겠지만 슐라이허 자신이 내각을 이끌 경우 지지할 마음이 있는지 히틀러의 생각도 타진했다. 히틀러는 지지하지 않겠다고 버텼다.[102] 12월 1일 슐라이허는 자신의 오른팔인 오이겐 오트 중령을 바이마르로 보내 히틀러와 접촉했다. 표면적으로는 정부에 참여하라고 마지막으로 한 번 더 히틀러를 설득하는 모양새를 취했지만 사실은 정반대였다. 슐라이허는 히틀러가 어떻게 나오리라는 걸 뻔히 알면서도 히틀러는 이제 머리에서 완전히 지워버려야 한다는 것을 힌덴부르크는 물론이고 어쩌면 그레고어 슈트라서까지도 납득시키기 위해서 일부러 연극을 꾸민 것이었다. 나치당 안에서도 일부는 슈트라서를 지지하니까 잘만 하면 슈트라서를 정부로 끌어들일 수 있겠다는 생각도 했다.[103] 히틀러는 슐라이허를 실망시키지 않았다. 오트는 세 시간 동안 히틀러가 슐라이허 내각의 가능성을 비판하는 것을 꼼짝없이 듣고 있어야 했다. 슐라이허 내각에 들어간다는 것은 어림 반푼어치도 없는 소리였다. 군 지도부에도 뻔히 이야기가 들어가리라는 것을 알고서 히틀러는 제국군이 국내 정치에 말려드는 사태에 우려를 나타냈다.[104] 한편 슐라이허는 히틀러와 힌덴부르크가 서신을 주고받는 데 전혀 관여하지 않았던 슈트라서와도 계속 선을 댔다. 히틀러와의 담판이 결렬될 경우 슈트라서가 대타로 나설 수 있었기 때문이다.[105]

슐라이허는 파펜, 힌덴부르크와 함께 12월 1일 저녁 대책 회의를 열고 한 가지 안을 흘렸다. 슈트라서와 한두 명의 슈트라서 지지자에게 장관 자리를 내놓는다는 안이었다. 나치당 의원도 60명 정도는 끌어들일 수 있을 것 같았다. 슐라이허는 경제 개혁과 일자리 창출 정책을 내놓으면 노동조합, 사회민주당, 부르주아 정당들의 지지를 끌어낼 수 있다고 자신했다. 그렇게만 되면 파펜이 주장하는 것처럼 헌법을 뒤엎지 않고도 얼마든지 국정을 헤쳐 나갈 수 있다는 것이었다. 그렇지만 힌덴부르크는 파펜의 손을 들어주면서 파펜더러 내각을 다시 짜 달라고 요청했다. 힌덴부르크는 변함없이 파펜과 일하고 싶었던 것이다. 하지만 슐라이허는 파펜의 내각에 참여한 장관들에게 만약 정부가 달라지지 않고 비상사태를 선포하면서 헌법을 유린할 경우 내전이 벌어질 것이며 군이 감당하기에는 역부족일 것이라고 뒤에서 경고했다. 그 다음날, 그러니까 12월 2일 오전에 열린 내각 회의에서 또다시 그런 경고에 무게가 실렸다. 오트 중령은 군에서 자체적으로 실전을 전제로 한 모의 전쟁을 실시해본 결과 파업과 소요가 지속될 경우 제국군은 국경 수비와 치안 유지에 어려움을 겪는다는 결론이 나왔다고 보고했다. 군의 판단이 확실히 너무 비관주의로 흐른 것은 사실이었다. 그러나 내각과 대통령은 군의 경고를 무시할 수가 없었다. 힌덴부르크는 내전이 일어날지 모른다는 말에 기겁을 하고 하는 수 없이 총애하던 파펜을 보내고 슐라이허를 총리에 앉혔다.[106]

슈트라서의 패배

슐라이허의 제안이 그레고어 슈트라서를 각성시키면서 히틀러는 1925년 나치당을 재건한 이후로 가장 큰 위기를 맞았다. 1930년 그레고어의 동생 오토를 당에서 축출하고 이듬해 슈테네스의 반란을 제압했을 당시에는 당이 한창 잘 나가고 있었다. 히틀러의 권위가 워낙 막강했던지라 반란 세력을 가볍게 누를 수 있었다. 그레고어 슈트라서는 경우가 달랐다. 그는 별 볼 일 없는 사람이 아니었다. 나치당을 키운 공로가 히틀러 못지않게 큰 사람이었다. 당을 조직한 것은 사실상 슈트라서였다. 한때 부하로 데리고 있었던 괴링처럼 당 실세 중에는 슈트라서를 싫어하는 사람도 많았지만 대체로 신망이 높았다. 슈트라서를 히틀러의 오른팔이라고 믿는 사람이 많았다.[107] 슈트라서는 당 밖에서도 평판이 좋았다. 베스트셀러 《서구의 몰락》을 쓴 오스발트 슈펭글러는 히틀러를 경멸했다. 그가 보기에 히틀러는 "몽상가에다 머저리 …… 머릿속에 든 건 하나도 없고 뚜렷한 목표 의식도 없는, 한마디로 백치"였다. 그러나 슈펭글러는 슈트라서는 좋아했다. 슈트라서는 '현실 감각'이 있다고 보았다.[108] 그래서 1932년 12월 8일 슈트라서가 모든 당직에서 사임하자 난리가 났다. 그렇지 않아도 당 지지도가 날이 갈수록 떨어지면서 당원들이 흔들리고 있던 상황이었다. 12월 초 튀링겐 지방 선거에서 7월 총선의 지지율을 크게 밑도는 40퍼센트로 득표율이 뚝 떨어진 것이 단적인 위기의 조짐이었다.[109] 탈당자들이 늘어나고 있다는 내부 보고서도 나돌았다. 당보를 끊는 사람도 늘어났다. 돌격대 문제는 일부 지역에서는 통제가 불가능한 상황으로 치달았다. 1년 내내 선거를 치르다 보니 재정도 어려워져 막대한 빚더미에 올랐다.[110] 그렇지 않아도 자신감을 잃어 가던 당에 슈트라서 사임은 엄청난 충격이었다. 사태를 조기에 수습하지 못할 경우 당이 무너질 가능성도 배제할 수 없었다.

그레고어 슈트라서의 당직 사임은 그야말로 폭탄 선언이었지만 이 사태를 부른 갈등은 하루아침에 생긴 문제가 아니었다. 슈트라서는 1920년대만 하더라도 나치당 안에서 사회주의와 반자본주의를 부르짖는 급진파의 대변인으로 보였지만 1930년대 초반에 오면 사회 지도급 인사들로부터 나치당 안에서는 '온건파'에 속하는 인물로 받아들여졌다.[111] 당 조직을 개편하는 과정에서 슈트라서는 국가사회주의의 지지 기반을 넓히기 위해 실용 노선으로 기울었다. 중산층과 농민을 끌어안는 전략도 슈트라서의 머리에서 나왔고 영 안 반대 운동을 벌이면서 다른 우익 정당들과 연합 전선을 주도한 것도 슈트라서였다.[112] 1930년에는 사회주의를 주장하다가 나치당에서 밀려난 동생 오토와도 결별을 선언했다. 1932년이면 벌써 기업인들과 쌓아놓은 인맥도 만만치 않았고 그들로부터 재정 지원도 받았다.[113] 히틀러도 한때는 재계 일각에서 '온건파'로 평가받았지만 1932년 가을에는 보수파가 지배하는 우익 정부에서 고집스러운 걸림돌로 여겨졌다. 나치의 대중적 기반으로 보수 내각을 뒷받침해줄 수 있는 책임 있고 건설적인 정치인은 슈트라서라는 인식이 지배적이었다.[114] 실제로 이 무렵 슈트라서도 월간지 〈행동〉을 발행하던 언론인 한스 체러를 중심으로 만들어진 신보수주의 성향의 '행동' 서클 지식인들의 영향을 받아 광범위한 우익 연합 전선을 주창했다.[115] 강조점은 조금씩 달랐을지 모르지만 슈트라서와 히틀러는 이념에서는 별다른 차이가 없었다. 슈트라서도 철저한 인종주의자였고 폭력도 불사했다. 시회 정책도 히틀러만큼이니 모호했다. 경제 정책은 이것저것 절충한 것이라서 모순이 많았고 유토피아 지향적이었지만 히틀러의 거칠고 투박한 경제관과 일맥상통했다.[116] 외교 정책도 히틀러만큼이나 야심 만만했다. 권력욕도 무자비하고 집요했다. 그러나 전략에서는 조금 차이가 있었다. 8월 13일 이후로 히틀러의 비타협주의 탓으로 히틀러의 집권 가능성이 갈수록 요원해지자 이런 차이는 차츰 부각되었다. 지도자 신화를 맹신하지 않았던 슈트라서는 지금 명백히 분열될 조짐이 보이는 나치당은 히틀러 혼자서 만든 것이 아니라는 입장을 줄기차게 견지했다.[117] '전부 아니면 전무'라는 히틀러의 극단주의와는 달리 슈트라서는 나치당은 연정에 참여하여 온갖 가능성을 도모해야 하며 총리직을 못 따내더라도 필요하다면 내각에 들어가야 한다는 생각이었다.[118] 나치당 안에서도 레벤틀로프를 필두로 하여 슈트라서에게 히틀러의 강경 노선 때문에 당이 깨질지 모른다며 히틀러와 대립각을 세우라고 촉구하고 나섰다.[119]

행동 서클 사람들을 통해서 슈트라서는 1932년 여름 슐라이허 장군을 소개받았다. 슐라이허는 잘하면 슈트라서를 통해 노동조합의 지지를 끌어내서 거국 내각을 꾸릴 수 있겠다는 생각을 했다. 말이 좋아 거국 내각이지 실제로는 권위주의 내각이었다. 행동 서클이 바라는 정부도 똑같았다. 히틀러는 노동조합에 대한 혐오감을 영영 떨쳐내지 못했지만 슈트라서는 노동조합에 대놓고 유화적으로 나갔다. 극좌와 극우를 모두 배제하고 대연정에 관심이 있는 노동조합 지도자들과 슈트라서의 교분이 갈수록 깊어졌기 때문에 슐라이허 내각에 슈트라서를 끌어들이고 노동조합의 지지를 바탕으로 대대적인 일자리 창출 사업을 추진하는 것은 가볍게 웃어넘길 일이 아니었다.[120]

가을로 넘어오면서 히틀러와 슈트라서는 사이가 더 벌어졌다. 9월에 이미 히틀러는 슈트라서의 경제 정책에 찬물을 끼얹었다. 오토 바게너가 이끌던 정치경제 분과를 해산한 데 이어 비상경제계획도 더 추진하지 말라는 지시를 내렸다. 그 두 가지는 모두 슈트라서의 머리에서 나온 것이었다. 그런가 하면 10월에는 친 노동조합 정서가 강했던 국가사회주의 공장세포조직에서 슈트라서가 연설하는 것도 허락하지 않았다. 11

1931년 10월 18일 돌격대 행진을 지켜보는 그레고어 슈트라서와 괴벨스. 1920년대부터 슈트라서와 사이가 나빴던 괴벨스는 히틀러가 슈트라서를 불신하도록 만들려 애썼다.

월 선거가 끝나자 슈트라서는 이제 히틀러의 측근으로 받아들여지지 않았다.[121] 슈트라서는 히틀러에게 결정적으로 영향을 끼치는 사람들을 내심 경멸했다. 그가 보기에 괴링은 '흉악한 이기주의자'였고 괴벨스는 '철저하게 사악한' 인간이었고 룀은 그냥 욕심 많은 '돼지'였다. 눈앞이 캄캄하다고 슈트라서는 한스 프랑크에게 말했다.[122]

1920년대 중반에 있었던 당 내 갈등 이후로 내내 사이가 안 좋았던 괴벨스 같은 사람은 걸핏하면 '슈트라서 일파'를 몰아붙이고 히틀러가 슈트라서에게 악감정을 품게 만들었다. 8월 31일 괴벨스는 일기에다 이렇게 적었다. "〔히틀러가〕 당에서 슈트라서 일파의 소행을 공개적으로 거론한 것은 처음이다. 훤히 지켜보고 있었던 것이다. 아무 소리 안 한다고 몰랐던 게 아니었다."[123] 나흘 뒤에는 이렇게 덧붙였다. "지도자하고 장시간 대화했다. 슈트라서에 대한 불신이 극에 달했다."[124] 9월 초에 이미 히틀러는 슐라이허 내각을 지지해야 답보 상태에서 벗어날 수 있다는 슈트라서의 말을 일축했다. 히틀러가 총리직을 요구하면서 끝까지 고집을 부려서는 안 된다고 충고한 간부는 나치당에서는 슈트라서밖에 없었다.[125] 9월이 끝나 갈 무렵 괴벨스는 이렇게 적었다. "음험한 파괴 공작을 대놓고 진행하니 차라리 잘 됐다 싶다. 그래야 지도자가 혼을 낼 수 있지 않겠나."[126] 가을에는 하도 시국이 어수선해서 당 지도부의 갈등을 공개적으로 드러낼 수가 없는 상황이었다. 그러나 12월 첫 주가 시작되면서 무언가 단안을 내려야 했다.

12월 3일 베를린에서 열린 비밀 만남에서 슐라이허는 슈트라서에게 독일 부총리와 프로이센 주총리 자리를 제시했다.[127] 두 사람이 만났다는 소식은 영국 기자 세프턴 델머를 통해 한프슈탱글 귀에 들어간 것으로 보인다. 히틀러는 그 이야기를 듣고도 겉으로는 태연했다.[128] 나치당의 2인자에게 부총리직을 제의했고 자기도 그것을 거절하지 않았다는 사실은 이틀 뒤 히틀러와 당 간부들이 모인 자리에서 밝혀졌다. 이모임에서 히틀러와 슈트라서는 격론을 벌였다. 괴벨스에 따르면 슈트라서는 슐라이허 내각을 받아들이자고 청원했지만 소용없었다. 회의에 참석한 사람들도 타협은 있을 수 없다는 히틀러의 완강한 입장을 지지했다.[129]

이제 슈트라서에게 남은 길은 히틀러를 따르든가, 당에 남아서 히틀러에게 반기를 들든가, 아니면 당직에서 손을 떼고 정치 일선에서 물러나는 것이었다. 12월 8일 그는 마지막 길을 선택했다. 12월 5일 회의를 마치고 슈트라서는 당 내에서 히틀러를 상대로 반란을 일으켜도 승산이 희박하다는 사실을 깨달았던 모양이다. 슈트라서의 중요한 우군은 그나마 나치당 의원들 중에 있었다. 그렇지만 일사불란한 동원력이 있는 조직은 아니었다. 한발 물러나서 히틀러의 극단주의를 받아들이자니 자존심이 허락하지 않았고 또 원칙에도 어긋나는 일이었다. 결국 남은 길은 마지막 방법뿐이었다. 당에서 자기를 두둔하면서 나서는 친구들이 없는 것에 슈트라서는 아마 실망했을 것이다. 그는 베를린의 한 호텔에 틀어박혀서 당직에서 물러난다는 사퇴서를 썼다.[130]

12월 8일 오전 슈트라서는 지역감독관*, 다시 말해서 선임 관구장들을 의원실로 불렀다. 제국감독관* 로베르트 라이를 비롯하여 6명이 참석했다. 괴벨스는 당연히 불참했다. 그 자리에 감독관 자격으로 갔던 하

인리히 로제가 전후에 진술한 바에 따르면 슈트라서는 당직에서 물러난
다는 사퇴서를 히틀러에게 보냈다고 밝혔다. 슈트라서는 히틀러의 정책
을 비난하지는 않았지만 8월에 힌덴부르크와 만난 뒤로 권력을 어떻게
잡겠다 하는 뚜렷한 방침을 보여주지 못한 것을 아쉬워했다. 히틀러가
확실히 보여준 것은 기필코 독일 총리가 되겠다는 의지뿐이었다. 하지
만 의지가 있다고 해서 저항 세력을 이겨낼 수 있는 것은 아니다. 그동
안 당은 큰 부담을 져야 했고 자칫하면 붕괴될 위기에 몰렸다. 슈트라서
는 권력을 잡기 위해서는 합법적 수단이건 쿠데타를 포함한 비합법적
수단이건 구애받지 않는다고 했다. 하지만 히틀러가 독일 총리가 될 때
까지 하염없이 기다리다가 당이 무너지는 것은 차마 못 보겠다고 밝혔
다. 히틀러는 8월에 부총리 제의를 받아들여서 그것을 발판으로 권력의
심장부로 들어갔어야 했다고 슈트라서는 말했다. 개인적으로 남긴 기록
에 슈트라서는 히틀러의 최측근들만 참석하는 회의에도 들어가지 못하
는 현실에 분개하면서 자기는 괴링, 괴벨스, 룀 같은 사람의 들러리가
될 생각은 없다고 썼다. 이제는 막다른 길로 몰렸다는 생각에 당직을 사
퇴하고 재충전의 시간을 가질 생각이었다.[131]

　　슈트라서의 편지는 12월 8일 낮 히틀러에게 전달되었다.[132] 그것은
슈트라서의 입장을 은근히 정당화하는 내용이었고 자존심이 상처를 받
았다는 표현도 있었지만 히틀러와 근본적으로 어떤 점에서 생각이 달랐
는지에 대해서까지는 언급하지 않았다. 편지의 형식 자체에 패배 의식
이 짙게 깔려 있었다.[133] 슈트라서가 소집한 모임에 참석했던 관구장
베른하르트 루스트는 히틀러에게 편지가 도착할 것이라고 귀띔했다. 히
틀러는 슈트라서 모임에 갔던 관구장들을 즉시 불러들였다.[134] 관구장
들은 풀이 팍 죽어 있었고 히틀러는 격앙된 목소리로 슈트라서가 밝힌

....

지역감독관(Landesinspekteur)　지방에 있는 몇 개의 관구를 관장하면서 중앙당의 시
책이 지방에서 치질 없이 수행되는지를 감독하는 직책. 보통 비중 있는 관구장이 겸
임했다.

제국감독관(Reichsinspekteur)　나치당 의장 아래 최고위직. 1925년부터 1929년까지
존속했으며, 그 뒤 '전국지도자(Reichsleiter)'로 명칭이 바뀌었다.

사퇴의 변을 하나하나 반박했다. 파펜 내각에 참여하면 주도권이 적에게 넘어간다는 것이었다. 그럴 경우 파펜의 정책과 근본적으로 추구하는 방향이 다르므로 얼마 못 가서 사임할 수밖에 없다. 그러면 일반 국민은 히틀러를 나치당의 적들이 줄기차게 주장해 온 대로 집권 능력이 없는 무능한 정치인으로 받아들일 것이다. 자연히 유권자들도 등을 돌릴 것이고 운동은 좌초할 것이다. 비합법 노선은 더 위험하다. 1923년에 뼈저린 교훈을 얻었지만 그것은 '민족의 최정예 집단'을 경찰과 군대의 기관총 앞에 내모는 것밖에 안 된다. 슈트라서를 무시했다고 하는데, 일을 구체적으로 성사시키는 데 필요하다면 누구하고도 대화를 해 왔고 구체적 상황을 감안하여 업무를 분담하고 짬이 나는 사람에게 일을 맡겼을 뿐이다. 그러면서 히틀러는 도리어 슈트라서가 자기를 피한다고 맞받아쳤다.

히틀러의 연설은 장장 두 시간이나 이어졌다. 연설 말미에는 히틀러의 장기가 나왔다. 개인적으로 충성을 호소한 것이다. 로제의 증언에 따르면 히틀러는 "더 차분하고 더 인간미가 있었고 말투도 더 정겨웠다."

모인 사람들은 그 낯익은 동지 같은 말투에 완전히 설득당했다. 이제 히틀러는 친구였고 동지였다. 슈트라서는 상황이 엉망진창인 것처럼 떠들었지만 히틀러는 거기서 벗어날 수 있는 길을 보여주면서 모두를 감성적으로도 지적으로도 납득시켰다. 슈트라서의 연설을 듣고 나서 사람들이 번민과 회의에 빠져든 것은 사실이었지만 슈트라서가 워낙 암울한 전망을 보여주었기 때문에 슈트라서라는 인물 자체도 그늘에 묻혔다. …… 반면에 청중을 조금씩 설득하면서 사정없이 자기의 신념으로 빨아들이는 마력을 지녔던 히틀러는 조금 흔들리기는 했지만 그래도 이 힘겨운 운동을 의연히 이끌어 나가야 할 투사들에게 히틀러가 주역이고 슈트라서는 조역에 불과하다는 사실을 다시금 일깨워주었다. …… 운동의 핵심을 겨냥하여 지도부에서 일으킨 심각한 공격은 이것이 마지막이었고 히틀러는 거기서 보기 좋게 승리를 거두었다. …… 사람들과 악수를 나누면서 히틀러는 다시금 끈끈한 유대를 맺었다.[135]

그렇지만 회의가 끝나고 분위기가 썩 밝은 것만은 아니었다. 당이 분열될지 모른다는 현실적 우려는 가시지 않았다. 그렇게 되면 "나는 3분 안에 끝장을 볼 것"이라고 히틀러는 단언했다.[136] 그러나 비장한 각오는 잠시였고 '배신'으로 불거질 수 있는 사태에 어떻게 대처할 것인지 숙의에 들어갔다. 괴벨스는 다음날 새벽 2시에 히틀러에게 불려 나갔다. 룀과 힘러도 와 있었다. 슈트라서 때문에 아직도 혼란스러운지 히틀러는 내내 방 안을 뚜벅뚜벅 걸어다녔다. 회의는 동이 틀 때까지 이어졌다. 슈트라서의 당 내 기반은 바로 그가 세운 당 내 조직이니 그것을 해체하자는 결론을 내렸다.[137] 슈테네스가 문제를 일으켰을 때도 돌격대를 장악하면서 비슷한 수법을 썼지만 이번에도 히틀러가 공식적으로 정치 조직을 인수하고 로베르트 라이가 비서실장을 맡기로 했다.[138] 정치 중앙위원회를 신설하여 루돌프 헤스를 책임자로 앉히고 슈트라서가 만든 2석의 제국감독관 자리는 없애기로 했다.[139] 슈트라서 지지자들도 당직에서 대거 밀려났다.[140] 독일 전역에서 히틀러에게 충성을 다짐하는 선언이 잇따랐다. 슈트라서 지지파에서도 그런 선언이 나왔다.[141] 슈트라서는 나치 운동 최대의 배신자로 규정되었다. 히틀러는 다음날, 그러니까 12월 9일 관구장, 지역감독관, 의원들을 모아놓고 연설을 하면서 또다시 충성을 호소했다. 〈민족의 감시자〉에 따르면 회의에 참석한 사람은 충성의 표시로 너도나도 지도자와 악수를 나누고 싶어했다.[142] "슈트라서는 고립되었다. 이제 그는 죽은 자이다!" 괴벨스는 기염을 토했다.[143] 히틀러는 곧바로 전국 순회에 들어가 아흐레 동안 평당원, 하급 간부를 모아놓고 모두 일곱 번이나 연설을 했다.[144] 개인적으로 호소하는 전략은 주효했다. 슈트라서가 물러났지만 후폭풍은 없었다. 위기는 넘겼다.

전격 사퇴를 선언하고 나서 슈트라서는 이탈리아로 휴가를 떠났다. 슈트라서가 물러났다는 소식은 슐라이허에게는 날벼락이나 다를 바 없었다. 1933년 1월 초 풀이 죽은 슈트라서와 희망을 걸었던 기대주가 무너지는 것을 지켜보아야 했던 총리가 뒤늦게 만나서 이야기를 나누었지만 실속은 없었다.[145] 리페-네트몰트라는 아주 직은 주의 선거에서 당력을 총동원하여 따낸 승리로 어느 정도 분위기가 반전되자 히틀러는 1월 16일 바이마르에서 열린 관구장 회의에서 슈트라서에게 세 시간 동안 맹공을 퍼부었다.[146] "슈트라서의 주가는 땅에 떨어졌다. 한때 큰 물에서 노는가 싶더니 별 볼 일 없었던 원래 자리로 가라앉았다." 괴벨스는 일기에다 그렇게 적었다.[147] 슈트라서는 정치에서 완전히 손을 뗐고 두문불출했다. 그렇지만 당에서 쫓겨난 것은 아니었다. 1934년 초에는 나치당 명예당원 심사에 지원하여 당원번호 9번을 가진 원로 당원의 자격으로 명예당원으로 인정받았다.[148] 그렇지만 명예당원이 되었음에도 불구하고, 또 1934년 6월 18일에는 자기가 오랫동안 당을 위해서 일했고 당에 대한 충성심은 변함이 없다는 내용을 강조하는 내용의 편지를 루돌프 헤스에게 보냈음에도 불구하고, 슈트라서에게는 여전히 미운 털이 박혀 있었다.[149] 히틀러는 자신을 배신했다고 생각하는 사람은 용서하지 않았다. 한때 나치당의 2인자로 군림했던 그레고어 슈트라서는(훗날 '긴 칼의 밤'으로 불리는) 나치당 내부의 사회주의 동조 세력 숙청에 휘말려 1934년 6월 30일 살해당했다.

만약 슈트라서가 당을 쪼개는 데 성공하여 자기를 지지하는 세력을 이끌고 슐라이허 내각에 참여했더라면 히틀러가 권력을 잡는 일은 없었을 것이고 역사는 다른 방향으로 흘러갔을 것이다. 하지만 슈트라서는 당 내 반란을 시도할 생각이 없었다.[150] 물러날 때도 물의를 빚지 않고 조용히 개인 자격으로 물러났다. 덕분에 히틀러와 괴벨스는 어렵지 않게 슈트라서를 고립시켜 상황을 반전시킬 수 있었다. 또 슈트라서의 사임은 슐라이허의 정국 구상에 타격을 주어 총리의 입지를 불안하게 만들었고 히틀러가 총리에 오르는 것을 막았던 걸림돌을 제거하는 결과를 낳았다.[151]

슈트라서 사건은 1925년 이후로 가장 심각한 당내 위기였지만 히틀러가 당을 얼마나 확실히 장악했고 나치당이 얼마나 확실하게 '지도자당'이 되었는가를 적나라하게 보여주었다. 제3제국을 이끌어 가는 수권 정당을 눈앞에 둔 시점에서 이 사건이 당의 성격을 규정하는 의미는 슈트라서가 떠나고 나서 히틀러가 발표한 당 조직 지침에서도 드러났다.

"운동 전투력 강화를 위한 지시 하달의 내부 배경"에 대한 1932년 12월 15일의 각서는 히틀러가 생각한 당과 슈트라서가 생각한 당이 어떻게 달랐는지를 확실히 보여준다.[152]

정치 조직의 밑바탕은 충성이다. 인간 공동체가 만들어지려면 그 전제 조건이 바로 복종이라는 사실을 가장 고상한 감정으로 나타낸 것이 바로 충성심이다. 별의별 시책과 제도를 형식적으로 내놓아도 복종하려는 충성심이 없다면 아무런 의미가 없다. 정치 조직의 목적은 민족을 섬기려는 의지와 민족의 생존에 필요한 지식을 최대한 널리 퍼뜨리는 것이다. 그렇게 해서 궁극적으로는 그런 이상을 추구하기 위해 민족을 동원하는 것이다. 국가사회주의 이상을 승리로 이끄는 것이 우리 투쟁의 목표이며 우리의 당 조직은 이런 목표를 달성하는 수단이다.

히틀러가 생각한 당은 관료주의에 바탕을 둔 조직과는 거리가 멀었다는 것을 이 구름 위를 걷는 듯한 표현에서 알 수 있다. 실제로는 불가능하지만 가장 이상적인 것은 조직 없이 꾸려 나가는 것이라고 히틀러는 덧붙인다. 조직은 적으면 적을수록 좋다. "세계관을 퍼뜨리는 데 필요한 것은 공무원이 아니라 광신적인 사도이기 때문이다." 따라서 당의 "으뜸 가는 숭고한 사명"은 '이념'을 퍼뜨리는 것이다. 당이 언제나 "선전이라는 중차대한 임무"로 돌아가야 했던 것은 그 때문이다. 지도자는 뛰어난 행정 수완으로 위에서 내려오는 것이 아니라 투쟁을 대변하는 능력과 업적을 통해서 밑에서 나타나는 법이다. 기질과 역량에서 차이가 나기 때문에 같은 지도자들끼리도 일을 하다 보면 차이가 생길 수밖에 없다. 그것은 그러려니 해야 한다. 중요한 것은 "그렇다고 해서 결코 타협할 수 없는 당의 핵심 원칙을 훼손해서는 안 된다는 것이다." 당은 "아주 험난한 이념 투쟁"을 벌이고 있다. 그러므로 "당의 모든 조직은 어떤 식으로든 이념 선전을 도와야 한다."고 히틀러는 강조했다.[153]

히틀러에게 당 조직은 그 자체로는 아무런 의미가 없었다. 그것은 권력을 쟁취하는 수난으로서만, 신진 목적을 실천에 옮기는 주체로서만 의미가 있었다.[154] 선전과 동원은 당의 으뜸가는 목표였다. 슈트라서가 기본적으로 국가 행정을 모방한 관료 체제로 당 조직을 세워 나가려고 했다면 히틀러는 관료주의로 나아갈 수 있는 합리주의를 일부러 허물고 지도자가 구현하는 국가사회주의 '이념'을 뒷받침하는 선전에만 전념하는 도구로 당 조직을 만들려고 했다. '민중을 이끄는 것'과 '관리하는 것'의 내적 모순은 나중에 제3제국에서도 드러나게 되지만 히틀러가 생각한 당과 집권 방식에도 스며들어 있었다는 것을 히틀러의 각서에서 알 수 있다. 히틀러는 누구한테도 속박당하지 않는 사유화된 권력을 추구했고 그 권력은 관료 기구 없이는 이끌어 나갈 수 없었지만 히틀러는 관료 기구를 적대시했다. 당이 권력을 손에 넣기 전까지는 그런 모순이 불거지지 않았지만 일단 집권을 하면 그것은 혼란의 지름길이었다.

대공황의 심리

독일 국민의 대다수는 1932년 하반기를 물들인 고위 정치인들의 음모에 관여하지 않았고 또 그런 음모가 있었다는 사실도 몰랐다. 이제 그들은 자신들의 미래를 결정할 정치 드라마에 영향을 끼칠 만한 힘이 별로 없었다. 가을에서 겨울로 계절이 바뀌면 언제 끝날지 모르는 공황의 늪에 빠져든 지 햇수로 벌써 4년째였다.

통계는 인간의 고통을 온전히 드러내지 못한다. 산업 생산은 1929년 이후로 42퍼센트나 줄어들었다. 주가는 3분의 1 수준으로 떨어졌다. 가장 타격이 컸던 농업 부문은 대공황이 닥치기 전부터 이미 부진의 늪에 빠지더니 빚더미에 올라 농장을 팔아넘기는 농가가 2배로 늘었다. 수요, 가격, 수익이 모두 떨어져서 빚이 갈수록 늘어났다.[155] 무엇보다도 전례가 없는 대량 실업이 독일 경제에 암운을 드리웠다. 고용청에 따르면 1932년 말 직업이 없는 사람은 577만 2,984명이었다. 1933년 1월에는 실업자가 601만 3,612명으로 늘어났다. 임시직과 통계에 잡히지 않은 실업자를 감안하면 1932년 10월 총 실업자는 875만 4천 명으로 추산되었다.[156] 이 수치는 노동 인구의 절반 가까이가 완전 실업자 아니면 부분 실업자라는 뜻이었다.[157] 도시마다 무료 급식소가 생겨났고 실업자가 염가로 또는 무료로 목욕할 수 있는 시설, 겨울을 날 수 있는 합숙소도 만들어졌다.[158]

실업자는 정치적으로 급진적 성향을 띠기 마련이었고 자연히 공산당이 득을 보았다. 공산당은 젊은이와 남성 실업자 사이에서 지지도가 높았다. 1932년 말이면 32만 명에서 36만 명으로 추정되는 당원 가운데 상당수가 실업자였다.[159] 물론 나치 돌격대에 들어간 사람도 꽤 있었다.[160] 공산당도 그렇고 나치당도 그렇고 지지자를 수용할 수 있는 조직 틀과 정치적 실천 구조가 있었고 일자리가 없는 젊은이에게 더 나은 사회상을 제시했다.[161] 실업자 중에는 급진 성향으로 기운 사람도 있었지만 대다수는 정권은 바뀌어도 하나같이 실패했고 어려움을 야기한 근본 문제를 해결할 능력이 없다고 보고 그냥 무기력한 체념에 빠져 있었다. 히틀러가 총리로 임명되기 며칠 전 살을 에는 혹한 속에서 바덴의 에틀링겐이라는 소도시에서 돌격대의 행진이 있었지만 사람들은 전혀 관심을 보이지 않았다. 지금 부족한 것은 시위가 아니라고 사람들은 이 구동성으로 말했다. "문제는 먹을 것과 일자리가 없다는 것이다."[162]

일을 해야 하는데 일이 없는 젊은 세대는 사회민주당처럼 노동자계급을 위한 정당을 자처하는 당에도 별로 마음이 끌리지 않았다. 아무리 객관적으로 불가피한 상황이었다 하더라도 어차피 사회민주당도 브뤼닝을 총리에 앉혔고 힌덴부르크를 대통령으로 밀었던 정당이었다. 여러 해 뒤 이런 실업자 가운데 상당수는 그래도 히틀러는 일자리를 만들어주었다는 점에서 노동자를 대변한다고 말하면서 1933년까지 실업 문제를 변변히 해결하지 못한 좌파 정당들과 비교되는 것 아니냐고 반문한다. 이 주장은 너무 단순한 논리였지만 실제로 그렇게 생각하는 사람이 많았다.

대량 실업은 정당과 이념의 차원에서만이 아니라 의식의 차원에서도 노동자계급을 분열시키고 파편화시켰다.[163] 아직은 다행히 일자리가 있는 사람도 실업의 공포 때문에, 노동조합이 힘을 잃으면서 고용주의 횡포를 그대로 당해야 했기 때문에 자신감을 잃었다. 사회민주당에 호감을 품은 사람도 사회민주당이 노동자의 이익을 제대로 지켜주지 못하는 데 실망했다. 1933년 이후 실제로 나치당으로 돌아선 비율이 썩 높지는 않았더라도 한때 사회민주당을 지지했던 사람들이 상당히 흔들리고 위축되었던 것은 국가의 기둥 노릇을 해야 마땅한 사회민주당이 국가 위기에 영 시원치 않게 대응한다고 보았기 때문이었다.

농촌 지역의 분위기도 암울하기는 마찬가지였다.[164] 누가 정권을 잡아도 나아진다는 조짐이 조금도 안 보이자 점점 무관심해졌다. 히틀러가 정부에 들어갈 수 있었는데도 그것을 거부하고, 나치당의 약속도 실현 가능성이 희박해 보이자 1932년 가을부터는 나치당의 아성이었던 지역에서도 체념하는 사람이 늘어났다.[165] 나치당 지지도가 높았던 프랑켄 지역에서도 1933년 1월 벽두부터 이런 보고가 나왔다. "농촌 분위기는 차분한 편이지만 농산물 가격이 모두 줄곧 떨어지기만 하니까 이례적으로 심하게 침체되어 있다. 실망이 역력하다. 지금까지 히틀러에게 희망을 걸었던 사람들이 이제는 시들해졌거나 나아지리라는 희망을 버린 것이 아닌가 싶다." 이런 정서가 한 지역에 국한된 것이 아니라 전반적으로 퍼졌다고 보고는 적었다.[166]

우울한 심정은 쓰라린 울분과 정치적 급진주의를 낳았다. 1933년 1월 니더바이에른에서 나온 보고에 따르면 "정부만 공격했다 하면 농민들 얼굴에는 생기가 돌았다. 비판이 매서우면 매서울수록 더욱 기분 좋게 들리는 모양이었다."[167] 망하는 농가가 속출한 독일 동부 농업 지대를 대상으로 정부가 추진한 '동부 원조책'이 대지주의 지갑만 불룩하게 채워주고 엉뚱하게 낭비되었다는 말이 나돌자 농민들의 불만이 폭발했다.[168] 국민의 기대에 하나같이 부응하지 못한 바이마르 정부와 정당들에 대해서는 도시민만이 아니라 농민도 울분을 느꼈다. "이제는 의회 내각제에 대해서 아예 관심을 꺼버렸다. 다수 의석을 차지한 정당들의 행태에 넌더리가 났기 때문이다." 1932년 12월에 기록된 바이에른 지역 정서는 꼭 바이에른에만 국한된 이야기가 아니었다. 나치당도 비난의 화살을 받아야 했다. "당 지도자들이 결정을 내릴 때 민족과 조국을

1931년 2월, 베를린 근처에서 수프를 배급받는 빈민들. 1930년대 들어와 바이마르 공화국은 대공황의 여파로 대량 실업 사태와 주가 폭락 등을 겪으며 전반적인 경기 침체의 늪에 빠졌다. 사회 전반에 만연한 극심한 우울과 분노는 정치적 급진주의로 이어져 나치당이 세력을 확장하는 데 중요한 기반이 되었다.

생각하기보다는 당과 자신들을 앞세운다고 욕을 얻어먹는다. 특히 얼마 전에 책임을 회피하고 이것저것 약속을 해놓고 지키지 못한 나치당이 손가락질을 많이 받고 있다." 이제는 히틀러에게도 별로 기대를 걸지 않는다고 보고서는 기록했다. "국가사회주의자를 제외하고는 히틀러의 독재를 너 나 할 것 없이 부정적으로 바라본다." 그러면서 "경제적 곤란과 다른 정당들의 분열 덕분에 공산당만 잘 나간다."고 결론지었다.[169] 하지만 공산주의자에게 경계심을 품은 사람도 여전히 많았다. 만약 공산주의자가 아니면서 일시적으로라도 경제 상황을 호전시키는 역량을 보여주는 정치 지도자는 그 누가 되었건 압도적인 지지를 받을 수 있을 만큼 사람들은 지푸라기라도 붙잡고 싶은 절박한 심정이었다. 히틀러는 총리가 되고 나서 바로 이런 분위기의 덕을 톡톡히 보았다. 처음에는 반신반의했던 사람들도 일단 히틀러가 뭔가를 보여줄 때까지는 기회를 주어야 한다고 생각했다.[170]

　히틀러가 벌였던 운동에 걸었던 기대도 그렇고 나중에 히틀러를 지지하거나 반대하는 세기도 그렇고 사람들은 대공황의 경험에서 크게 영향을 받았다. 이 기간 동안 사회와 정부가 무너지자 바이마르 공화국에서 부글부글 끓어오르던 민주주의 체제에 대한 불만과 민족의 수모에 대한 분노가 한꺼번에 솟구쳤다. 그것은 한편으로는 위정자들에 대한 반감으로 표출했고 다른 한편으로는 사회의 조화와 단합을 저해하는 불순 세력을 몰아내야 한다는 갈망으로 분출했다. 물론 이 두 가지 욕망은 하나로 얽혀 있었다.[171]

이 분야 저 분야에서 불만이 쌓이다 보니 사회 전체가 적개심에 불탔다. 기업가는 수지 타산이 안 맞는다고 투덜거렸고 농부는 농산물이 제값을 못 받는다고 툴툴거렸고 교사와 공무원은 봉급이 낮다고 아우성이었고 노동자는 실직의 위협에 떨었고 실업자는 생계가 막막하다고 하소연했고 상이용사와 전쟁 과부는 연금 수령액이 줄어들어서 허덕거렸다. 한마디로 사방 어디를 보아도 "불만이 팽배하여 공산주의가 권력을 잡기에 더없이 유리한 상황"이었다.[172]

중산층의 불만이 컸다고는 하지만 처한 입장에 따라서 이해관계는 조금씩 달랐다. 상황은 여전히 암울했다. 히틀러의 핵심 지지층이 1932년 가을 이후로 다소 떨어져 나간 것은 사실이었지만 나라를 되살리고 경제 회생에 필요한 사회적 화합을 이끌어낼 수 있는 역량이 있는 정치 집단이 우익 진영에는 현실적으로 나치당 말고는 달리 없었다. 상인, 장인, 영세 사업자에게 나치당은 백화점, 소비자 단체, 우편 판매 회사, 대량 생산이 몰고 오는 경제적 위협에서 안전하게 지켜주는 구세주로 보였다. 권위주의 체제에 사람들은 오히려 솔깃했다. 옛날이 좋았다면서 자꾸만 1차 세계대전 이전의 과거로 돌아가고 싶어하는 것도 그렇고 사사건건 참견하는 국가의 침탈에서 서민을 지켜주는 존재를 갈망하는 것도 그렇고 다 권위주의적 통치에 기대고 싶은 마음에서 비롯된 환상이었다.[173] 공무원은 브뤼닝 정부의 급여 삭감에 분개하며 공무원이 대우받으면서 걱정 없이 살 수 있었던 옛 시절을 그리워했다. 교사와 법률가도 민주주의의 '간섭'이라는 족쇄에서 벗어나 다시 권위주의로 돌아가 자신의 지위를 끌어올리고 싶어했다. 법률가와 마찬가지로 전통적으로 우익 성향이 강했던 의사 집단도 예전만큼 대우를 못 받고 대공황을 겪으면서 의료 수가 체계가 확연히 왼쪽으로 기울면서 전보다 수입이 줄어들어 불만이 많았다.[174] 자연히 권위주의 체제가 들어서기를 학수고대하는 사람이 늘어났다.

젊은 사람들에게 대공황기는 물질적으로도 심리적으로도 타격이 컸다. 희망과 이상은 채 싹이 트기도 전에 짓밟히고 말았다. 1932년 말까지도 졸업생의 취업률은 4년 연속 내리막길을 걸었다. 운 좋게 취직을 한 젊은이도 형편없는 대접을 받았고 수습이 끝나면 해고되는 경우가 다반사였다. 청년 복지 시스템은 사실상 무너진 셈이었다. 자살률은 올라가고 청년 범죄율도 높아졌다. 유복한 환경에서 자란 젊은이도 마음에 드는 전문직을 구하기가 하늘의 별 따기였다. 나치당을 지지하는 대학생 비율이 평균을 웃돈 것은 중산층 젊은이들이 바이마르 공화국에서 느낀 소외감을 보여주는 하나의 지표이다. 젊은이들은 나치당과 공산당처럼 극우 정당과 극좌 정당으로 기울었다. 똑같은 바이마르 민주주의를 겪으면서 소외받은 방식은 판이하게 달랐지만 정치적 극단주의로 나아갔다는 점에서는 똑같았다. 자기들을 제대로 보살펴주지 못한 체제와 사회에 젊은 세대가 반기를 든 셈이었다. 호전적 정당들이 내민 달콤한 유토피아에 대한 기대감은 소외감으로 뻥 뚫린 마음을 채워주었다. 1932년 후반 무렵 독일 젊은이는 계급과 종교에 따라서 지지 정당이 갈려 있었다. 사회주의 청년 조직, 가톨릭 청년 조직, 포괄적인 부르주아 청년 조직에 비하면 히틀러유겐트는 여전히 애송이였다. 그러나 부르주아 청년 조직과 이념과 지향하는 가치에서 겹치는 점이 많았으므로 나치당이 1932년 가을의 침체에서 벗어나고 히틀러가 조만간 집권을 할 경우 발두어 폰 시라흐 같은 나치 청년 지도자가 크게 세력을 불릴 수 있는 여지는 충분했다.[175]

독일 사회에 느끼는 불만은 남녀가 따로 없었다. 바이마르 공화국에서도 여성은 취업 시장에서 내내 불이익을 받았는데 대공황이 닥치자 그런 차별은 더욱 두드러졌다. "아이 낳고 집안일 하고 교회에 다니는 것"이 여자가 할 일이라는 종래의 편견이 더욱 강해졌다. 직장에 나가면서 남편과 맞벌이를 하는 여자는 쓸데없이 '남자의 일자리'를 빼앗은 것으로 여겨져 따가운 눈총을 받았는데 이것은 사회가 그만큼 관용을 잃어 간다는 뜻이었다.[176] 집권하기 전에도 그렇고 집권한 다음에도 그렇고 나치 선전은 그런 각박한 인심을 십분 활용했다. 하지만 나치당만 반여성주의에 물든 것은 아니었다. 나치당에 '마초' 이미지가 강했던 것은 사실이지만 여성을 보는 시각은 이런저런 보수 정파나 나치당이나 크게 다를 것이 없었다. 대공황기에 여성 유권자의 정치적 선택은 반여성주의에 크게 영향을 받지 않았지만 거꾸로 여성의 권익을 부르짖는 운동에도 좀처럼 영향을 받지 않았다. 여성과 남성의 투표 성향은 비슷했고 후보를 고르는 이유도 엇비슷했다. 여권 신장을 곱지 않은 눈길로 보는 보수 정당과 기독교 정당에 표를 던진 여성이 굉장히 많았다. 그렇지만 극좌나 극우 같은 극단에 치우친 정당은 남성에 비하면 덜 선호했다. 여성 문제에서 가장 진보적인 입장을 보인 당은 공산당이었지만 막상 여성 유권자 사이에서 가장 맥을 못 춘 정당도 공산당이었다. 공산당도 나치당과 마찬가지로 여성 당원은 드물었다. 히틀러가 아무리 뭇 여성들의 마음을 사로잡았다고는 하지만 1932년 초의 대통령 선거에서 실제로 여자들이 선택한 후보는 박력 있는 히틀러가 아니라 노익장을 과시하는 원로 정치인 힌덴부르크였다. 그렇지만 11월 총선에서는 여성 유권자와 남성 유권자의 나치 지지율 격차가 무시해도 좋을 만큼 줄어들었다. 여자도 남자만큼이나 히틀러 독재 체제에 솔깃했다. 나치즘이 기대고 이용할 수 있는 정서는 남녀를 초월했다.

히틀러에게 실망한 것도 사실이고 1932년 가을부터 나치당 지지율이 떨어진 것도 사실이지만 일단 히틀러가 정권을 잡을 경우 집권당에 유리하게 작용할 수 있는 그런 정서는 분명히 살아 있었고 대공황의 고통을 겪으면서 지속되었다. 독일 국민의 3분의 2는 히틀러를 찍지 않았지만 나치당에 극도의 반감을 품은 사람은 생각보다 많지 않았으므로 대부분의 독일 국민은 앞으로 몇 달 뒤에는 갓 출범한 제3제국에서 호감을 품을 만한 점을 그럭저럭 찾아낼 수 있었다. 독일 국민의 5분의 4를 하나로 묶은 유일한 공통분모는 공산주의에 대한 혐오감과 두려움이었다. 히틀러는 정권을 잡은 다음부터 국가사회주의냐, 공산주의냐를 강

사회민주당과 유대인을 겨냥한 1932년 나치 선거 포스터. '마르크스주의는 자본주의의 수호자. 기호 1번 국가사회주의를 찍자.'라는 구호가 적혀 있다.

요하는 양자택일로 자꾸만 분위기를 몰아갔고 그런 선택을 강요받았을 때 대부분의 독일 중산층과 상류층은 물론이거니와 심지어는 노동자 중에서도 상당수가 나치를 선택했다. 공산주의자는 혁명가였다. 사유 재산을 몰수하여 계급 독재를 밀어붙이고 모스크바의 이익을 우선시했다. 국가사회주의자는 거칠고 밥맛은 좀 없었지만 그래도 독일의 이익을 대변했고 독일인의 가치관을 떠받들었으며 사유 재산을 몰수하겠다고 나서지도 않았다. 바로 그것이 특히 중산층을 사로잡은 정서였다.

정치 폭력이 난무하면서 두려움과 응어리가 쌓여 갔고 사회 분위기는 갈수록 극단주의로 기울었다. 대공황으로 갈등이 지속되니까 아주 평온했던 곳에서도 정치 폭력이 일상화되었다.[177] 사람들은 점점 폭력에 무뎌졌다. 사회 질서가 무너진 현실을 개탄하는 점잖은 사람들조차 '빨갱이'한테 가하는 정치 폭력은 눈감아주는 분위기였다. 역설이라면 역설이었지만 때려 부수는 데 누구보다도 앞장섰던 나치당이 대오를 맞추어 행진하는 돌격대의 이미지에 편승하여 국익을 위해 질서를 바로잡고 폭력을 종식할 수 있는 유일한 정당으로 자신을 미화했고 또 그런 선전이 먹혀들었다. 공개된 자리에서 버젓이 행사되는 폭력은 바이마르 공화국이 출범하면서 나타났다가 어느 정도 자리가 잡히니까 뜸해졌다가 대공황이 시작되면서 다시 기승을 부렸다. 그런 식의 노골적 폭력을 한번 받아들이고 나니 나치당이 정권을 잡고 나서 아무리 폭력을 휘둘러도 대수롭지 않게 받아들였다.[178]

대공황이 닥치면서 하도 힘들게들 살아서 쌓인 것도 많았다. 고생을 했으니 누구에게든 분풀이를 해야 했다. 속죄양이 필요했다. 만만한 것이 정적이었다. 정치 보복이 잇따랐다. 개인적 증오심과 정치적 적대감이 손을 잡는 경우가 많았다. 대도시에서는 익명성이라도 웬만큼 있었지만 작은 도시와 마을에서는 그런 것도 없었다. 숨으려야 숨을 곳이 없었다. 국가 공권력이 폭력을 억누르기는커녕 오히려 폭력을 부추기고 나서니까 이때다 싶어서 너도나도 피를 뿌리는 일에 앞장섰다. 적극적으로 폭력을 휘두르지 않은 사람들도 대공황기에 겪은 정치·사회적 갈등으로 개인적 원한이 쌓일 대로 쌓였고 이 원한은 1933년 이후로 실재하는, 또는 날조된 정치적 '위법 행위'에 대한 규탄으로 고스란히 되살아났다.

유대인은 속죄양으로 삼기에 만만한 표적이었다. 나치가 유대인을 악마로 몰아붙이는 바람에 유대인은 그악스러운 대자본의 앞잡이이면서 동시에 악랄하고 잔인한 볼셰비즘의 앞잡이로 낙인찍혔다. 대부분의 독일인은 이런 조잡한 이미지에 물들지 않았다. 또 개별 유대인과 유대인이 소유한 재산에 물리적으로 위해를 가하는 일에도 가담하지 않았고 또 그런 일을 달갑게 여기지 않았다. 하지만 나치에 동조하는 사람만이 유대인을 싫어한 것은 아니었다. 어떤 정당도, 압력 단체도, 노동조합도 소수 집단인 유대인을 지켜주려고 나서지 않았다. 유대교를 믿는 사람은 1933년을 기준으로 독일에 0.76퍼센트밖에 없었다. 세상이 각박할 때는 이렇게 얼마 안 되는 소수 집단이 기업, 예술, 전문직 분야를 지배하고 있다는 사실을 강조하면서 그들에 대한 시기심과 적개심을 부추기기가 너무 쉬웠다.[179] 나치의 하부 조직 중에서도 가장 극렬하게 반유대주의를 부르짖은 집단은 '중소자영업자투쟁동맹'이었다. 영세 상인이 주축을 이룬 이 단체는 유대인이 백화점을 장악했다고 주장하면서 대형 매장에 반대하는 운동을 벌였다. 앞서 살펴본 대로 대공황기만 하더라도 사람들은 반유대주의에 이끌려 나치당을 찍고 당원으로 가입한 것이 아니었다. 그렇지만 유대인은 어딘가 다르고 독일인답지 않으며 독일에 해악을 끼친다고 느끼는 반유대주의 정서가 스멀스멀 번지다 보니 유대인에 대한 적개심을 노골적으로 부추기는 히틀러의 운동을 열성적으로 지지하는 사람들에게 제동을 걸기가 쉽지 않았다. 1932년 말이면 벌써 당원이 141만 4,975명에 이를 정도로[180] 당세가 급성장하던 나치당의 핵심 정서가 반유대주의였으므로 나치당에 들어와서 악랄하고 잔인한 반유대주의에 물드는 사람도 갈수록 늘어났다. 돌격대원도 마찬가지였다. 돌격대원도 이미 40만 명으로 늘어나 있었다.[181] 돌격대에 혹해서 들어온 폭력배 가운데 상당수는 입단 전에는 노골적인 반유대주의에 물들지 않았다.[182] 그렇지만 일단 돌격대원이 되고 나면 이야기가 달라졌다. 돌격대원이 부르는 '투쟁가'에는 이런 가사도 있었다. "유대인의 피가 칼에서 솟구칠 때 좋은 시절이 다시 찾아오리니."[183]

독일에 살던 50만 명의 유대인들은 자유주의 성향이었으며 조국애가 있었고 같은 독일 국민과 떨어져 살기보다는 동화되기를 갈망했다. 기승을 부리는 반유대주의 앞에서 유대인들은 상반된 반응을 보였다. '독일유대교인중앙협회' 같은 유대인 주류 단체는 반유대주의를 심각한 위협으로 받아들이고 나치의 시민권 침해를 필사적으로 막아내려고 했다.[184] 그런가 하면 그렇게 심각하게 받아들이지 않는 유대인도 있었다. 거기에는 어느 정도 체념도 뒤섞여 있었다. 그러면서 고비만 넘기면 가라앉을 것이라고 내다보았다. 인종주의로 직접 공격을 당한 사람은 드물었다. 유대인은 인종주의 하면 독일이 아니라 러시아, 폴란드, 루마니아를 떠올렸다. 웬만한 차별은 받아들이고 사태가 악화일로로 치닫는 것을 피하면서 그럭저럭 견뎌 나갈 수 있다고 믿었다.[185] 여전히 독일에서 '편하다'고 느끼며 살 수 있었다.[186] 1932년 말까지도 유대인 작가 리온 포이히트방거는 작중 인물의 입을 통해 '지도자'가 언젠가는 점원

아니면 보험 판매원으로 나설지 모른다고 농담을 던질 수 있었다.[187]

3년 동안 대공황으로 고생을 하면서 독일 사회는 너그러움을 많이 잃어버렸다. 1930년대 초반에 다시 도입된 사형제는 독일 사회가 서서히 우경화로 기울면서 공화국의 기반이었던 인도주의 원칙이 슬슬 무너지고 있다는 조짐이었다. 몇 해 전만 하더라도 사형제는 영영 폐지된 것처럼 보였다. 나치는 질서 회복의 관건은 사형제 재도입이라고 주장했다.[188] 자유주의적 가치가 빠르게 무너지는 또 하나의 징후는 우생학과 '인종 위생' 분야에서 과격한 처방을 부르짖는 목소리가 커졌다는 것이었다. 공공 예산이 크게 삭감된 상황에서 정신질환자를 병원에 수용하는 데 들어가는 돈도 무시하지 못한다면서 유전성 질환을 앓는 사람은 자발적으로 2세를 못 갖는 수술을 받도록 유도하는 법을 만들어야 한다는 압력이 가중되었다. 의사, 정신의학자, 법률가, 공무원 중에서 국가 불임법 초안에 찬성하는 사람이 늘어났고 독일의사협회도 법안을 지지했다. 뷔르템베르크 의사회와 프로이센 의사회도 1932년 11월과 12월에 그런 법안을 지지한다는 성명을 잇따라 냈다.[189] 독일 유권자 3분의 1의 지지를 받은 나치당은 한술 더 떠서 유전성 질환을 앓는 사람은 강제로라도 불임 수술을 시켜야 한다고 주장했다. 1933년 나치당은 집권하자마자 기다렸다는 듯이 그것을 실천에 옮겼다. 하지만 히틀러가 총리로 올라서기 전에 이미 '전문가들'부터 그런 쪽으로 돌아서 있었다.

1932년 말 히틀러의 이미지는 여전히 독일 사회의 이념적 대립 구도를 반영하고 있었다.[190] 좌익 진영에서는 히틀러를 대자본의 하수인, 제국주의자들의 앞잡이로, 노동자계급을 적대시하는 세력이 내세운 정치 돌격대로 보았다. 사회민주당과 공산당은 그 점에서는 거의 차이가 없었다. 1933년 이후에도 좌익 지하 운동 단체는 이런 시각에서 벗어나지 못했다. 이렇게 히틀러를 과소평가하는 바람에 나치즘의 이념적 역동성을 제대로 파악하지 못했다. 집권하기 전에도 그랬지만 집권한 다음에도 나치즘이 뚫고 들어가는 데 아주 애를 먹었던 가톨릭 진영에서는 히틀러를 '신과는 담을 쌓은' 반기독교 운동의 수괴로 보았다. 개신교 진영에서는 히틀러에 대한 평가가 다양했다. 일각에서는 대중의 밑바닥에 자리 잡은 본능을 자극하는 신종 이교도 운동이 아닌가 하고 경계했다. 그런가 하면 교인이 나날이 줄어들고 종교적·윤리적 가치관이 눈에 띄게 흔들리는 세태에서 히틀러가 부르짖는 '민족의 부활'을 통해 종교와 윤리가 되살아날 수 있을지 모른다고 기대하는 사람도 있었다. 우익 민족 보수 진영은 영 안 반대 운동을 벌일 무렵만 하더라도 히틀러를 비교적 호의적으로 평가했지만 이제는 적개심을 품었다. 히틀러는 대체로 무책임한 고집불통으로, 정치인이 아니라 거칠고 상스러운 선동가로, 정치 화합의 장애물로, 사회주의에 물든 우려스러운 극단적 운동을 이끌어 가는 우두머리로 그려졌다.

이렇게 부정적인 여론도 많았지만 독일 인구의 3분의 1은 여름과 겨울에 다소 주춤하기는 했어도 여전히 히틀러가 독일의 유일한 희망이라고 보았다. 7월 선거에서 모두 1350만 명이 넘는 독일 국민이 히틀러를 찍었다. 그들은 지도자를 열렬히 숭배하거나 앞으로 숭배할 가능성이 높은 사람들이었다. 11월에는 다소 지지도가 떨어졌지만 여전히 막강한 기반이었고 그 구심점은 나치당의 비범한 지도자였다. 히틀러가 일단 집권을 하여 가시적인 성과를 어느 정도 보여주면 마르크스주의에 대한 강한 거부감, 정당 정치와 다당제 민주주의에 대한 반감, 권위주의적 지도자 밑에서 나라의 자존심을 되찾고 싶다는 욕망이라는 공통분모로 다양한 이념 세력이 결집하면서 히틀러의 지지 기반이 더욱 넓어질 가능성이 높았다. 관건은 히틀러가 분열주의적인 일개 당 지도자라는 이미지를 벗어던지고 당파를 초월한 민족의 지도자로서 우뚝 설 수 있느냐였다. 1933년 1월 독일 국민의 3분의 2는 아직도 그 점에서는 히틀러에게 의구심을 품었다.

총리 히틀러

1933년 1월에 벌어진 사건은 한 편의 정치 드라마라고 해도 과언이 아니었다. 독일 국민이 까맣게 모르는 가운데 펼쳐진 드라마였다.

슐라이허에게 총리 자리를 내주고 나서 2주일 뒤에 프란츠 폰 파펜은 베를린의 기업인들이 모인 자리에서 연설을 했다. 파펜은 12월 16일에 열린 이 만찬에서 자기가 재임 중에 해놓은 일을 자랑하고 슐라이허 정부를 비판하고 나치당도 정부에 끌어들여야 한다는 소신을 밝혔는데 이 날 연설을 들은 300명의 내빈 중에는 쾰른의 은행가 쿠르트 폰 슈뢰더도 있었다. 그보다 몇 주 전 힌덴부르크 대통령 앞으로 히틀러를 총리에 임명해 달라는 청원서에 서명을 한 사람이 바로 슈뢰더였다. 슈뢰더는 여러 달 전부터 나치당에 호감을 품었고 한때 중소기업을 운영했던 빌헬름 케플러가 히틀러를 돕기 위해 발족한 '케플러 서클'이라는 경제 자문단의 일원이기도 했다. 가시적 성과를 얻지는 못했지만 그러지 않아도 11월에 벌써 케플러는 슈뢰더에게 파펜이 힌덴부르크를 움직여 히틀러를 총리에 앉히는 안을 받아들일지도 모른다고 말했다. 파펜이 연설을 마치고 나서 슈뢰더는 시국 현안을 놓고 파펜과 잠시 환담을 나누었다. 두 사람은 초면이 아니었다. 슈뢰더는 히틀러도 알았으므로 나치 지도자와 전직 총리의 냉랭한 사이를 풀 수 있는 중재역으로서는 안성맞춤이었다. 이 자리에서 아마 슈뢰더가 제안한 것으로 추정되지만, 히틀러와 파펜의 만남이 이야기되었다. 12월이 저물기 얼마 전 슈뢰더는 파펜에게 전화를 걸어 이삼 일 뒤에 시간이 나느냐고 물었다. 파펜과 히틀러는 1933년 1월 4일 쾰른에 있는 슈뢰더의 집에서 만나기로 했다. 그날 파펜은 베를린으로 가는 길에 모친을 뵈러 뒤셀도르프에 들를 참이었고 히틀러도 저녁에 선거 유세를 지원하느라 근처에 올 예정이었으므로 쾰른에 있던 슈뢰더의 집에서 만나는 것이 두 사람 다 편했다. 케플러는 슈뢰더가 파펜과 담소를 나눈 직후 히틀러에게 슈뢰더의 집에서 파펜과 만날지 모른다고 미리 귀띔을 하기는 했다.[191]

2차 세계대전이 끝나고 나서 이때 일을 회고하면서 슈뢰더는 파펜과 히틀러가 손잡고 정부를 구성하는 방안의 가능성을 재계 인사들에게 타진했다고 말하면서 재계도 그쪽으로 기우는 인상을 받았다고 주장했다. 볼셰비즘에 대한 공포, 국가사회주의 세력이 권력을 잡으면 정치가 안정되어 경제 회복에 탄력이 붙으리라는 희망, 기업의 자율성을 해치는 규제들을 없애 달라고 요구할 수 있으리라는 기대가 복합적으로 작용한 결과였다. '강한 지도자'가 나타나야 정부를 장기적으로 안정되게 꾸려 나갈 수 있으리라는 계산도 있었다.[192] 그렇지만 슈뢰더가 의사를 타진한 범위는 '케플러 서클'을 벗어나지 않았다. 그러니까 이미 히틀러의 확실한 우군이었던 기업인들에게만 의견을 물어보았던 것이다. 대기업 총수들의 생각은 개별적인 접촉을 통해서도, '독일기업협회' 같은 경제인 단체를 통해서도 알아내지 못했다. 슈뢰더가 대기업의 대리인으로 나섰다는 설이 오랫동안 정설처럼 나돌았지만 근거가 희박하다. 슈뢰더는 재계의 유력 인사들을 잘 몰랐고 재계 유력 인사들은 슈뢰더가 파펜과 히틀러를 제휴시키려고 물밑 작업을 벌인다는 사실을 까맣게 몰랐다.[193] 재계는 슐라이허 정부를 보는 시각도 갈려 있었다. 유력 기업인들은 슐라이허를 골수 사회주의자로 보고 당초 '빨갱이 장군'을 우려했지만 알고 보니 그것은 기우로 드러났다. 국가사회주의 진영과는 사이가 원만치 않았다.[194] 재계 유력 인사들이 우군이라고 생각한 사람은 아직도 파펜이었다. 파펜이 총리로 복귀하고 히틀러가 장관직을 맡으면서 정부를 받쳐주는 것, 이것이 재계가 선호한 시나리오였다.[195] 슐라이허 내각을 불구대천의 원수로 여기면서 히틀러를 총리직에 앉혀야 한다고 제국지주연맹 같은 산하 단체를 통해서 열심히 로비를 벌인 것은 대지주들이지 '재계의 우두머리들'이 아니라는 사실이 1933년 1월이 지나는 동안 점차 드러났다.[196]

나중에 파펜은 자기는 히틀러를 슐라이허 정부에 참여시킬 생각이었다고 둘러댔다.[197] 파펜의 속셈은 새로운 정부를 구성하는 데 히틀러의 도움을 얻을 수 있을지 그 가능성을 타진하는 것이었다. 나중에는 마치 이타심에서 나선 것처럼 둘러댔지만 파펜은 슐라이허에게 밀려난 뒤로 심기가 편치 않았다. 히틀러는 힌덴부르크를 움직일 수 있는 사람은 파펜뿐이라는 사실을 잘 알았다.[198]

파펜은 낮 12시쯤 슈뢰더의 집에 도착했다. 원래는 몰래 만나려고 했는데 이야기가 새어 나갔다. 택시에서 내리는 파펜의 모습이 사진기에 잡혔다. 다음날 '행동' 서클의 일간지 〈테글리헤 룬트샤우〉에 대통령을 등에 업은 파펜이 히틀러 정부를 출범시키는 문제를 놓고 히틀러와 만났다는 기사가 나왔다. 파펜과 히틀러는 "거국적인 정치 연합 전선을 짜는 가능성" 말고는 아무것도 논의한 게 없다고 보도 내용을 극구 부인했다.[199] 파펜이 집 안으로 들어가니 어느새 뒷문으로 들어온 히틀러가 헤스, 힘러, 케플러와 함께 기다리고 있었다. 히틀러, 파펜, 슈뢰더는 옆방으로 자리를 옮겼고 다른 사람들은 기다렸다. 슈뢰더는 대화에 끼지는 않았다.[200] 히틀러는 먼저 공세적으로 나갔다. 지난해 8월 13일 파펜이 자기한테 안겨준 수모와 포템파 사건에 중형을 내린 것을 따지고 들었다. 히틀러가 진정을 되찾자 대화는 새로운 정부를 어떻게 구성할 것이냐로 모아졌다. 히틀러는 사회민주주의자, 공산주의자, 유대인을 '요직'에서 축출하고 '공적 생활에서 질서를 복구'한다는 조건을 수용한다면 파펜의 지지자들이 자신이 주도하는 정부에 관여하는 것이 좋겠다고 말한 것으로 보도되었다.[201] 그렇지만 히틀러는 적어도 얼마 동안은 총리 아래 자리도 받아들일 용의가 있다는 언질을 처음으로 주었다. 며칠 뒤 히틀러는 괴벨스에게 파펜이 필사적으로 슐라이허를 주저앉히려 하며 대통령에게 말발이 서는 사람이라고 말했다. "우리와 조정이 필요하다. 총리 아니면 국방부, 내무부 같은 핵심 부처다. 좀 더 얘기를 해봐야겠지만."[202] 아마 파펜은 힌덴부르크의 고집이 워낙 세서 히틀러가 총리를 맡기는 쉽지 않으리라는 현실을 다시 한 번 일깨워주었을 것이다. 누가 총리를 맡을지는 그날 만남에서 결론을 내지 못했을 가능성이 높다. 파펜은 일종의 쌍두 체제를 막연하게 논했고 히틀러 자신도 미처 마음의 준비가 안 되어 있었지만 장관직 인선도 나중으로 미루었다. 두 시간 남짓 지나서 대화를 일단락 짓고 점심을 먹었다. 그리고 미진했던 부분은 다시 한 번 베를린 같은 데서 만나 더 깊은 대화를 나누기로 합의했다. 파펜은 대화에 진척이 있다고 느꼈다. 며칠 뒤 기업인들에게 두 사람의 만남 내용을 설명하는 자리에서 파펜은 보수파가 지배하는 내각에서 히틀러가 '하위 파트너'의 역할을 맡을 준비가 되어 있는 듯한 인상을 주었다.[203] 1월 9일 슐라이허 총리와 만난 자리에서 파펜은 히틀러가 국방장관과 내무장관 정도면 만족하리라는 언질을 주었다. 히틀러

1933년 1월 15일 베를린 스포츠궁에서 연설하는 쿠르트 폰 슐라이허 총리. 슐라이허의 의회 해산 요구를 대통령이 거절하면서 1월 28일 내각이 총사퇴하자 히틀러 내각의 가능성이 커졌다.

와 만난 것은 슐라이허 내각을 무너뜨리려는 것이 아니라 히틀러를 슐라이허 내각에 끌어들이기 위해서라는 뜻을 밝히기 위해서였다. 같은 날 대통령을 따로 만난 자리에서 파펜은 히틀러가 한발 물러섰으며 우익 여러 정당들과 연정을 맺을 의향이 있어 보인다고 보고했다. 거기에는 파펜이 정부를 이끌어야 한다는 암묵적 전제가 깔려 있었다. 힌덴부르크 대통령은 히틀러와 계속 접촉을 하라고 지시했다.[204]

히틀러와 파펜은 얼마 안 가서 또 만났다. 이번에는 1월 10일 밤 베를린 교외의 고급 주택가에 있던 리벤트로프의 저택 거실에서 만남이 이루어졌다. 힌덴부르크가 히틀러의 총리 취임을 거부한다고 파펜이 말했기 때문에 이날은 아무런 소득 없이 끝났다. 히틀러는 화가 나서 리페 지방 선거가 끝날 때까지는 다시 회담에 응하지 않았다.[205]

주민 수가 17만 3천 명밖에 안 되는 리페-데트몰트 주처럼 작은 주에서 치러진 지방 선거에[206] 히틀러와 나치당은 평소 같으면 전력을 다하지 않았을 것이다. 하지만 11월 선거에서 부진했고 슈트라서 사건으로 타격을 입은 뒤라 나치당이 건재하다는 사실은 어떻든 보여줄 필요가 있었다. 당 재정은 열악했지만 리페 선거에서 좋은 결과를 얻기 위해 선거 운동에 돈을 쏟아 부었다.[207] 선거 운동의 마지막 날인 1월 15일 리페는 나치 선전으로 뒤덮였다. 나치의 거물급 인사들이 총동원되었다. 괴링, 괴벨스, 프리크, 황태자 아우구스트 빌헬름 공이 연사로 나섰다.[208] 히틀러도 열하루 동안 연설을 열일곱 번이나 했다.[209] 노력은 헛되지 않았다. 나치당은 11월 선거보다 6천 표를 더 얻었고 지지율도 34.7퍼센트에서 39.5퍼센트로 끌어올렸다. 나치당은 독일국가인민당에게 빼앗긴 표를 대부분 되찾았다. 독일국가인민당은 3천여 표를 잃었다. 공산당도 3천 표를 잃었지만 사회민주당은 4천 표를 더 얻었다. 따지고 보면 나치당의 성적은 대단한 것이 아니었다. 아직도 나치당은 7월 총선에서 얻었던 표보다 3천 표나 밑돌았다.[210] 물론 그런 사실은 애써 무시했다. 중요한 것은 당장 눈앞에 나타난 결과였다. 나치당은 다시 상승세를 타는 것처럼 보였다.[211]

하지만 히틀러의 입지가 강화된 것은 리페 선거에서 선전을 했기 때문이라기보다는 슐라이허가 갈수록 고립되었기 때문이었다. 그레고어 슈트라서와 나치 지도부의 지지를 끌어내는 데 걸었던 실낱같은 희망도 1월 중순이 되면 물거품이 되었고[212] 이제는 제국지주연맹까지 정부가 수입 농산물에 높은 관세를 매기지 않는 데 불만을 품고 노골적으로 정부에 선전 포고를 하고 나섰다. 독일국가인민당도 나치당도 제국지주연맹의 반정부 노선을 지지하자 슐라이허로서는 아무것도 할 수가 없었다. 그렇다고 대지주의 손을 들어주자니 기업과 노동조합, 소비자가 가만히 있을 리 없었다. 이런 사정이 있다 보니 후겐베르크가 만약 경제장관과 식량장관을 넘겨줄 경우 독일국가인민당이 협조하겠다고 제안했지만 슐라이허의 귀에는 들어오지 않았다. 결국 1월 21일 독일국가인민당도 총리에게 노골적으로 반기를 들었다. 동부 지역의 파산한 농장을 잘게 쪼개어 실업자에게 분배하여 자작농을 육성하려는 정부의 계획이 농촌을 '볼셰비즘'의 온상으로 만들려는 흉계라면서 들고일어난 지주들의 반발은 브뤼닝을 실각시켰을 당시와 똑같은 양상으로 펼쳐졌다. 슐라이허의 입지는 1월 중순에 터진 동부 원조 스캔들로 더욱 약해졌다. 지주 압력 단체는 정부가 이 사건을 조용히 잠재우지 않자 격분했다. 힌덴부르크 대통령과 가까운 지주 친구들이 이 사건에 연루되었기 때문에 슐라이허에게 쏠린 노여움은 대통령에게까지 번질 수 있었다. 파문이 채 가라앉기도 전에 이번에는 5년 전 독일 기업한테 받은 대통령의 부동산이 상속세를 피하기 위해 대통령 아들 명의로 되어 있는 사실이 드러나자 힌덴부르크 대통령은 슐라이허 때문에 망신을 당했다고 생각했다.[213]

리페 선거 결과가 나오고 이튿날 1월 16일의 내각 회의에서 슐라이허는 가을에 파펜이 고민했던 문제를 다시 꺼냈다. 의회를 해산하되 선거를 연기하는 방안이었다. 거기에는 위헌이라는 부담이 따랐다. 파펜 때와는 달리 이번에는 어떤 장관도 반대하지 않았다. 슐라이허는 시간이 흐르면 지지 기반을 넓힐 수 있을 것이라고 낙관했고 파펜이 하도 염려 말라고 하니까 히틀러가 이번에는 총리가 되려는 욕심을 버렸고 힌덴부르크가 분명히 거절하겠지만 국방장관에 앉는 것으로 만족하리라고 보았다.[214] 헌법을 어기는 슐라이허의 전략은 12월에 파펜이 제기했고 슐라이허가 반대했던 안과 사실상 차이가 없었다. 이번에도 대통령의 재가를 받아야 했다. 12월 초만 하더라도 슐라이허는 헌법을 어기고 비상사태를 선포할 경우 내전이 벌어질지 모르며 제국군이 치안을 유지하는 데는 한계가 있다고 힌덴부르크에게 경고했다. 그런데 12월에는 위험하다며 반대했던 일을 상황이 크게 달라지지 않았는데도 1월에는 걱정 말라며 찬성하면서 대통령을 설득해야 하는 난감한 처지로 몰렸다. 슐라이허는 자꾸만 입장이 어려워졌다.

리벤트로프가 다리를 놓아서 1월 18일 히틀러와 파펜이 또다시 만났다.[215] 룀과 힘러를 거느리고 나타난 히틀러는 선거 결과가 좋게 나온 데다가 슐라이허가 궁지에 몰린 것을 알았기에 예전보다 더 강경하게 나가면서 총리 자리를 요구했다. 파펜이 아무리 대통령하고 말이 통해도 그런 요구까지 관철시키지는 못한다고 불만을 털어놓자 히틀러는 더는 대화를 할 필요성을 못 느낀다고 했다. 그러자 리벤트로프가 힌덴부르크의 아들 오스카르를 한번 만나는 것이 어떻겠느냐고 제안했다. 결국 1월 22일 일요일 지녁 리벤트로프의 집에서 만나기로 했다. 오스카르 폰 힌덴부르크와 대통령 비서실장 오토 마이스너가 오기로 했다. 히틀러는 프리크와 함께 갔고 괴링은 나중에 합류했다.[216] 히틀러는 그날 몸이 안 좋았다. 괴벨스는 잠을 너무 적게 자고 음식을 너무 적게 먹기 때문이라고 진단했다.[217] 몸이 정상이 아니어서였는지 아니면 그날 저녁 오스카르 폰 힌덴부르크와 만날 생각을 하니 마음의 부담이 되어서 그랬는지 그날 베를린의 스포츠궁에서 하위 당직자들을 모아놓고 한 연설은 평소보다 수준이 떨어졌다.[218] 하지만 밤 10시에 리벤트로프의 집에 도착했을 때는 힌덴부르크의 아들에게 깊은 인상을 남기려고 각오를 단단히 한 사람 같았다. 그날 만남의 핵심은 히틀러와 힌덴부르크의 아들이 두 시간 동안 나눈 대화였다. 히틀러는 파펜하고도 이야기했다. 파펜은 대통령이 마음을 바꾸지는 않았지만 상황이 달라진 만큼 국가사회주의자들을 이 정부 아니면 다음 정부에라도 끌어들여야 한다고 생각하고 있다고 말했다. 히틀러는 물러서지 않았다. 총리직을 주어야만 나치당이 협력할 것이라는 점을 분명히 했다. 8월 13일 만남에서 대화가 결렬된 뒤 나온 공식 발표만 생각하면 아직도 히틀러는 부글부글 끓었다. 그때 자기는 혼자서 권력을 독차지할 마음도 없었고 정당의 대표자 자격으로 들어오지 않는 한 부르주아 정치인들도 얼마든지 입각시킬 생각이었다고 강조했다.[219] 자기한테 총리 자리를 주고 프리크를 내무장관에 앉히고 괴링에게도 자리 하나만 내주면 더는 바라는 것이 없다고 했다. 이것은 8월에 히틀러가 슐라이허에게 제시한 조건보다는 한결 완화된 내용이었고 상대방도 그렇게 받아들였다.[220] 파펜은 자기도 부총리에는 앉아야 한다고 했다.[221] 그런 조건으로 히틀러를 총리로 미는 데 동의한다고 했다. 비로소 돌파구가 열린 것이다. 그러면서 만일 히틀러의 신임을 못 받을 경우 자리에서 물러나겠다고 약속했다.[222] 오스카르 폰 힌덴부르크는 만남을 마치고 돌아오면서 마이스너에게 히틀러의 말에서 깊은 인상을 받았다고 말했다.[223] 그렇지만 히틀러는 대통령의 아들을 그리 좋게 보지 않았다. "저렇게 아둔한 사람도 여간해서는 보기 드물지." 히틀러는 괴벨스에게 그렇게 말했다.[224]

자기의 자리가 위태롭다는 것을 알아차린 슐라이허는 다음날 대통령에게 1월 31일 의회가 소집될 경우 정부 불신임안이 표결에 붙여질 가능성이 있다고 보고하면서 의회 해산령을 내리고 총선을 연기하는 것이 좋겠다고 건의했다. 힌덴부르크는 해산령에는 동의했지만 총선 실시 절차를 규정한 바이마르 헌법 25조는 어기지 말아야 한다고 했다.[225] 다섯 달 전에는 파펜한테 허락한 일을 지금 슐라이허한테는 거절한 것이다. 그렇지만 슐라이허 자신이 12월 초까지도 헌법을 지켜야 한다고 주장한 마당에 대통령이 지금 슐라이허의 건의대로 하지 않고 예전에 슐라이허가 조언한 대로 한다고 해서 뭐라고 할 수는 없었다.

힌덴부르크는 힌덴부르크대로 스스로 운신의 폭을 좁혀놓은 상태였다. 히틀러를 총리에 앉히지 못하겠다고 다시 고집을 부린 것이다.[226] 그렇다면 힌덴부르크가 총애하는 파펜을 중심으로 다시 내각을 꾸릴 수밖에 없는데, 그 경우 위기를 해결할 가능성이 희박했고 파펜 스스로도 그렇게 생각했다. 구구한 억측이 무성한 가운데, 후겐베르크의 지원을 받아 파펜이 '투쟁 내각'을 꾸려서 비상사태를 선포할 것이라는 설이 나돌았지만 성사될 확률이 아무리 높다 하더라도 그럴 바에는 차라리 히틀러 내각이 더 안정적이지 않겠느냐고 우려하는 목소리가 높았다.[227] 실제로 1월 28일 슐라이허의 의회 해산 요구가 대통령에게 퇴짜를 맞은 뒤 슐라이허 내각이 총사퇴하면서 우려하던 사태가 눈앞의 현실로 닥쳤다.[228] 몇 시간 뒤 대통령은 헌법의 틀 안에서 의회의 도움을 얻는 방안을 강구해보라고 파펜에게 지시했다.[229] 파펜의 술회에 따르면 히틀러 내각의 출범 가능성을 타진해보라는 지시도 받았다고 한다.[230] 파펜은 리벤트로프에게 당장 히틀러에게 연락을 취하라고 지시했다. 그때가 고비였다. 대통령과 이야기를 나눈 뒤 파펜은 히틀러에게 총리 자리가 돌아갈 가능성이 있다고 생각했다.[231]

파펜은 히틀러가 이끄는 정부를 기정사실로 받아들였다. 이제 파펜의 유일한 고민은 '믿을 만하고' '책임감 있는' 보수주의자들을 끌어들여서 히틀러를 단단히 견제하는 장치를 어떻게 만들 것인가 하는 것이었다. 1월 27일, 그러니까 슐라이허가 물러나기 하루 전, 히틀러는 합리적인 사고를 하지 못했다. 힌덴부르크 이야기는 꺼내지도 말리고 측근들에게 호통을 쳤다. 국가사회주의자 한 명을 새로 만들어지는 프로이센 주 내각의 내무장관에 앉혀 달라는 요청과 총선을 빨리 다시 치르자는 요청을 독일국가인민당 당수 후겐베르크가 거절하자 히틀러는 자리를 박차고 나왔다.[232] 히틀러는 화가 나고 실망한 나머지 어쩔 줄 몰라했다. 베를린을 떠나 뮌헨으로 당장 돌아가겠다는 것을 괴링과 리벤트로프가 간신히 눌러앉혔다. 히틀러는 파펜도 안 만나겠다고 버텼다. "히틀러가 그렇게 화를 내는 건 처음 보았다." 리벤트로프는 이렇게 술회했다.

그날 저녁 나 혼자 파펜을 만나러 가겠다고, 가서 자초지종을 설명하겠다고 했다. 저녁에 파펜을 만난 자리에서 결국 히틀러를 총리에 앉히는 수밖에 없다고 설득하면서 그렇게 되도록 힘써 달라고 했다. 파펜도 후겐베르크 건은 부수적인 문제이며 히틀러가 총리에 오르는 것은 자기도 반대하지 않는다고 했다. 파펜의 태도가 확 달라진 것이다. …… 내가 보기에는 파펜의 인식 변화가 전환점이었다.[233]

슐라이허가 물러난 다음 파펜은 후겐베르크, 히틀러와 차례로 만났다.[234] 후겐베르크는 히틀러 내각 말고는 대안이 없다는 데 동의하면서도 히틀러의 권력을 제어해야 한다고 강조했다. 그러면서 독일국가인민당이 협조할 테니 독일 경제장관과 프로이센 경제장관은 자기한테 달라고 했다. 히틀러는 지난 8월 이후 일관된 입장이었지만 의회의 다수 의석에 의지하는 정부는 맡을 생각이 없으며 파펜과 슐라이허처럼 자기도 대통령이 주도하는 내각을 이끌면서 거기에 상응하는 권리를 누려야 한다고 고집했다. 또 총리 자리와 프로이센 제국통제관 자리를 자기한테 주고 독일 내무장관과 프로이센 내무장관만 나치당 몫으로 주면 대통령이 총애하는 전직 각료들도 얼마든지 받아들일 용의가 있다고 거듭 밝혔다.[235] 프로이센에서도 요직을 차지하려는 것이 걸림돌로 작용했다. 리벤트로프와 괴링은 히틀러에게 조금만 양보하라고 설득했다. 결국 히틀러는 파펜의 표현을 빌리자면 '울며 겨자 먹기'로 파펜이 부총리의 자격으로 프로이센 제국통제관을 겸임하는 데 동의해주었다.[236]

한편 파펜은 힌덴부르크가 총애하는 보수 성향의 인물을 중심으로 전 직 각료들의 의사를 전화로 열심히 타진했다. 파펜과 후겐베르크의 '투쟁 내각'에는 들어갈 뜻이 없지만 파펜이 부총리를 맡는 히틀러 내각에는 참여할 뜻이 있다는 것이 한결같은 반응이었다. 1월 28일 밤 늦게 파펜이 이런 내용을 보고하자 힌덴부르크는 만족스러워했다. 히틀러가 요구 조건에서 한발 물러선 것도 다행스럽게 받아들였다. 대통령의 마음이 처음으로 히틀러 내각 쪽으로 돌아섰다.[237) 돌파구가 열린 것이다.

힌덴부르크와 파펜은 내각 인선에 착수했다. 대통령은 신임하는 노이라트가 외무장관으로 남게 되어 좋아했다. 슐라이허의 후임으로 국방장관에도 괜찮은 사람을 앉히고 싶어했다. 대통령은 동프로이센 육군 사령관을 역임했고 현재는 제네바에서 벌어지는 군축협상에 독일 대표단 기술 고문으로 있던 폰 블롬베르크 장군을 추천했다. 힌덴부르크는 블롬베르크라면 '정치와는 담을 쌓은 인물'이니 믿을 만하다고 생각했다. 다음날 아침 블롬베르크는 베를린으로 불려 갔다.[238)

파펜은 1월 29일 오전 내내 히틀러, 괴링과 함께 권력 배분을 둘러싸고 절충을 벌였다. 내각 인선의 골격에는 합의를 보았다. 총리 이외에 두 자리를 제외한 나머지 자리는 모두 나치당이 아닌 보수당 쪽 인사들이 차지한다. 노이라트(외무), 슈베린 폰 크로지크(재무), 엘츠-뤼베나흐(교통우편)는 슐라이허 내각에 몸담았던 사람들이었다. 법무장관은 당분간 공석으로 비워두기로 했다. 히틀러는 프리크를 내무장관에 앉혔다. 또 프로이센 제국통제관을 넘겨주는 대신 괴링이 프로이센 내무차관으로 파펜을 보좌한다는 절충안도 이끌어냈다.[239) 덕분에 나치당은 독일 영토의 3분의 2를 차지하는 프로이센의 막강한 경찰력을 사실상 장악할 수 있게 되었다. 전해 여름과 달라진 점은 아직 선전부에 괴벨스의 자리를 확보하지 못했다는 것이었다. 히틀러는 조금만 기다리면 잘 해결될 것이라고 괴벨스에게 약속했다. 히틀러가 총리에 취임하면 바로 총선에 들어가야 할 텐데 히틀러의 입장에서는 선거를 치르려면 누구보다도 괴벨스가 필요했다.[240)

파펜은 이날 후겐베르크를 비롯하여 철모단의 지도자 젤테, 뒤스터베르크와 만났다. 후겐베르크는 다시 선거를 치르자는 나치당의 제안에 난색을 보였다. 독일국가인민당으로서는 얻을 것이 없었기 때문이다. 그러나 오래 전부터 눈독을 들였던 경제장관이라는 요직을 주겠다는 말에 솔깃하여 일단은 협조하겠다고 응답했다.[241] 전해 11월 후겐베르크는 힌덴부르크에게 히틀러는 믿을 수 없는 인물이라고 말했다. "정치 문제를 다루는 방식을 보면 하나부터 열까지 정치 지도자 감이 못 된다."는 것이 당시 후겐베르크가 내린 평가였다. 히틀러에게 중책을 맡기는 데 깊은 의구심을 품는다고 후겐베르크는 덧붙였다.[242] 그런데 지금은 권력이 탐나서 그런 의구심을 잠시 접었다. 1월 말 철모단의 부단장 테오도어 뒤스터베르크가 히틀러같이 부정직한 사람을 총리에 앉히면 뒷감당을 어떻게 하려고 하느냐고 걱정을 하자 후겐베르크는 손사레를 치면서 염려 말라고 했다. 아무 일 없다, 힌덴부르크가 대통령으로서, 군 통수권자로서 건재하다, 파펜이 부총리 자리를 지키고, 나도 경제장관으로 농업 문제까지 관장한다, 젤테는 노동장관을 맡을 것이다. "히틀러는 우리한테 포위당했다."고 후겐베르크는 결론지었다. 뒤스터베르크는 언젠가 후겐베르크가 체포를 피하려고 속옷 바람으로 관저에서 야반도주하는 날이 올 것이라고 씁쓸하게 내뱉었다.[243]

파펜 주변의 보수 인사들도 히틀러 내각에 깊은 우려를 나타냈다. 파펜은 헌법의 틀을 고수하자면 달리 대안이 없다고 응수했다.[244] 히틀러의 손아귀에 들어가는 것이라고 누군가가 경고하자 파펜은 "그렇지 않다. 그 사람은 우리가 고용했다."고 맞받았다.[245]

마지막으로 해결해야 할 문제가 하나 남았다. 히틀러는 파펜과 만난 자리에서 새로 총선을 치른 다음 행정부에 법안 제정권을 위임하는 수권법을 통과시켜야 한다고 강조했다. 히틀러에게 수권법은 더없이 중요했다. 그래야 의회에 의지하거나 대통령의 긴급령에 의존하지 않고 국정을 꾸려 나갈 수 있기 때문이었다. 그러나 현재의 의회 구도에서는 수권법이 통과될 가능성이 전혀 없었다. 파펜은 리벤트로프를 통해 대통령은 다시 총선을 치를 생각이 없다는 회신을 보냈다. 히틀러는 이번을 끝으로 다시는 선거 이야기를 꺼내지 않겠다는 뜻을 대통령에게 전해

히틀러는 총리로 임명되기 직전에 야회복이 어울리는지 보려고 베를린 카이저호프 호텔에서 사진을 찍어보았다.

달라고 했다. 1월 29일 오후 파펜은 괴링과 리벤트로프에게 희소식을 전할 수 있었다. "말끔히 해결되었습니다." 괴링이 곧장 카이저호프 호텔의 히틀러에게 보고했다.[246] 히틀러는 다음날 오전 11시 대통령 앞에서 총리 취임 선서를 하게 되었다.[247]

그런데 그날 저녁 또 다른 암초가 튀어나왔다. 슐라이허의 대리인이었던 베르너 폰 알펜스레벤이 괴벨스의 집에 찾아와서 힌덴부르크가 결국 파펜 소수 내각을 관철할 것이라는 소문을 전한 것이다. 군부는 파펜 내각을 용인하지 않을 것이다, 오스카르 폰 힌덴부르크는 다음날로 체포될 것이다, 대통령도 군부의 기대를 저버렸기 때문에 이미 시골 저택에 격리했다, 이런 소문이었다. 옆방에 있던 히틀러와 괴링은 즉각 그 내용을 보고받았다. 괴링은 마이스너와 파펜에게 바로 그 소식을 알렸다. 괴벨스는 반신반의했지만 나치 지도부는 상황을 심각하게 받아들이고 베를린 지역의 돌격대에 비상령을 내렸다.[248] 대통령 측근들도 움직였다. 다음날 아침 오스카르 폰 힌덴부르크는 안할터반호프 역으로 달려가서 제네바에서 돌아오는 블롬베르크를 낚아챘다. 역시 기차역에서 기다리던 폰 하머슈타인 육군 총사령관의 부관이 블롬베르크를 육군 본부로 납치할까 봐 먼저 손을 쓴 것이다. 대통령 앞으로 불려 간 블롬베르크는 자초지종을 듣고 나서 국방장관 취임 선서를 했다. 사실은 이것도 엄격히 말하면 위헌이었다. 장관은 내각 수반이 임명 건의를 먼저 한 후에 선서를 하는 것이 순서였다. 힌덴부르크는 자꾸만 군부에 기대려던 슐라이허의 노선을 비판하고 군부가 정치에 개입하지 못하도록 철저히 단속하라고 블롬베르크에게 지시했다.[249]

1933년 1월 30일 월요일 오전 11시로 잡힌 대통령과의 면담을 15분 앞두고 신임 각료들은 대통령궁을 수리하는 동안 힌덴부르크가 거처하던 별관으로 가기 위해 정원을 지나고 있었지만 아직도 갈등은 이어졌다. 히틀러는 프로이센 제국통제관 자리를 얻지 못해 권한이 축소된 것이 아직도 불만이었다. 그리고 총선을 다시 실시해야 한다고 주장했지만 후겐베르크는 반대였다. 히틀러와 후겐베르크는 마이스너의 방에서 대통령을 기다리면서도 여전히 옥신각신했다. 취임 선서를 하기도 전에 내각이 무너질 가능성마저 있었다. 히틀러는 총선 결과가 어떻게 나오든 각료를 바꾸는 일은 없을 것이라고 약속했지만 후겐베르크는 못 미더워했다. 드디어 약속 시간이 되었지만 언쟁은 계속되었다. 마이스너는 대통령을 더 기다리게 하는 것은 결례라고 경고했다. 파펜이 나서서 독일 남자의 말이니 히틀러의 말을 믿어보자면서 후겐베르크를 달랬다. 파펜은 당장 가톨릭 중앙당과 바이에른인민당과 접촉하여 정부의 지지 기반을 넓히도록 노력하겠다는 약속까지 히틀러한테서 받아냈지만 소용없었다. 새 각료들이 대통령 집무실로 들어가기 직전에야 히틀러가 간절히 바라던 의회 해산령을 대통령에게 건의한다는 쪽으로 합의가 이루어졌다.[250]

결국 정오를 조금 넘겨서 히틀러 내각의 각료들이 대통령 집무실에 들어섰다. 힌덴부르크는 오래 기다린 데 화가 나서 민족주의 우익 진영이 마침내 하나로 뭉쳐서 기쁘다는 말로 간단히 환영 인사를 끝냈다.[251] 그리고 나서 파펜이 한 사람 한 사람 소개를 했다. 히틀러가 당파의 이익에 연연하지 않고 나라 전체의 이익을 위해 몸 바쳐 일하겠다고 엄숙히 선언하자 힌덴부르크는 고개를 끄덕였다. 또 히틀러가 앞으로 헌법을 준수하고 대통령의 권한을 존중할 것이며 선거가 끝나면 정상적인 의회 체제로 돌아갈 것이라고 예정에 없던 간단한 인사말을 하자 대통령은 다시 흡족해했다. 히틀러와 각료들은 대통령의 응답을 기다렸다. 대통령의 응답은 단 한 문장이었다. "여러분, 이제부터 하느님을 믿고 앞으로 나아갑시다."[252]

엘리트들의 오산

"히틀러가 총리다. 꿈같은 일이 벌어졌다." 괴벨스는 그렇게 적었다.[253] 정말이지 있을 수 없는 일이 일어났다. 1년 전까지만 하더라도 나치당의 광신도 몇 사람을 제외하고는 말도 안 된다고 생각한 일이 현실이 되었다. 달리 대안이 없었기 때문이기는 하지만 주변의 반대를 무릅쓰고 끝까지 고집을 꺾지 않은 보람이 있었던 것이다. 히틀러 혼자만의 힘으로는 할 수 없었던 일을 높은 자리에 있던 히틀러의 '친구들'이 알아서 해주었다. '빈의 무명인', '이름 없는 병사', 맥주홀 선동가, 주류 사회에는 얼씬도 못하고 오랫동안 정치판 언저리에서만 맴돌았던 정당의 우두머리, 복잡한 나라 살림은 한 번도 꾸려본 적이 없고 대중의 민족주의의 감정에 불을 지르는 선동 기술 말고는 변변히 내세울 만한 재주가 없었던 사람이 유럽에서도 앞서나가는 나라의 정부 수반이 된 것이다. 히틀러는 여러 해 전부터 속마음을 숨김없이 털어놓았다. 합법적으로 권력을 쟁취하겠다고 다짐하기는 했지만, 모가지를 날려버려야 할 사람이 한둘이 아니라고 히틀러는 진작에 밝혔다. 마르스크주의는 뿌리 뽑겠다고 공언했다. 유대인은 제거할 것이라고 공언했다. 베르사유 조약의 족쇄를 박차고 나와 군사력도 증강하여 독일의 '생존 공간'을 확보하기 위해 "칼로" 영토를 정복할 것이라고 공언했다. 히틀러의 말을 있는 그대로 받아들이면서 우려를 금치 못한 사람도 있기는 했다. 그러나 보수주의자, 자유주의자, 사회주의자, 공산주의자 할 것 없이 좌우를 막론하고 거의 모든 사람은 히틀러의 능력을 비웃었을 뿐 아니라 히틀러의 의도와 집요한 권력욕을 과소평가했다.[254] 좌파의 과소평가는 적어도 히틀러의 집권을 직접적으로 유발하지는 않았다. 사회주의자, 공산주의자, 노동조합은 방관자일 뿐이었고 1930년 이후로 대세를 좌우할 수 있는 그들의 영향력은 크게 줄어들었다. 상처받은 거인의 울분으로 가득 찬 민족국가의 통치권을 정치 깡패 집단의 위험한 지도자에게 고스란히 넘겨주는 것이 얼마나 무모한 짓인지는 삼척동자라도 알 만한 사실이었는데 그걸 깨닫지 못한 것은 보수 우익 진영이 민주주의를 허물고 사회주의를 깨뜨려 새로운 정치적 돌파구를 열어야 한다는 강박관념에 눈이 멀었기 때문이었다.

히틀러가 정권을 잡은 것은 결코 필연이 아니었다. 힌덴부르크가 파펜에게 허락한 대로 슐라이허의 의회 해산 요청을 흔쾌히 받아들이고 헌법에 규정된 60일을 넘는 기간 동안 의회 소집을 미루기만 했어도 히틀러가 총리에 오르는 일은 피할 수 있었을 것이다. 대공황으로 인한 경제 파탄도 한 고비를 넘겼고 조기에 정권 획득에 실패할 경우 나치당도 분열될 가능성이 높았으므로 설령 권위주의 정부가 들어섰다 하더라도 결과는 크게 달랐을 것이다. 1월 30일 11시 힌덴부르크의 집무실 앞에서 대통령을 기다리게 하면서 언쟁을 벌이는 동안에도 히틀러의 총리 취임을 막을 수 있는 가능성은 살아 있었다. 히틀러가 맨주먹으로 시작해서 끝내 정권을 차지한 것은 '의지의 승리'로서 나치 신화의 한 요소가 되었지만, 사실 히틀러가 총리 자리에 오른 것은 자신의 활약보다는 권력의 심장부에 있었던 사람들의 계산 착오에 기인했다고 보아야 옳다.

1933년 1월이 아니라 그전에라도 히틀러를 막을 수 있는 기회는 여러 번 있었다. 1923년 쿠데타를 일으켰을 때만 하더라도 중형을 선고할 수 있는 절호의 기회였는데 그만 놓쳐버리고 말았다. 그나마 몇 달도 못 가서 가석방으로 풀어주어 새롭게 출발할 수 있는 기회를 주었다. 그렇지만 이런 계산 착오도 그렇고 히틀러가 총리직에 오를 수 있는 가능성을 열었다가 나중에 현실화한 대공황기의 판단 착오도 그렇고 그저 우연히 일어난 일은 아니었다. 그것은 그저 묵인하는 정도였지 마음에 들지 않는 신생 민주 공화국에 어떻게 해서든 타격을 입히려고 결심한 (또는 그것을 지키려는 최소한의 노력도 하기를 거부한) 정치 집단이 주도한 계산 착오였다. 히틀러가 총리에 오를 수 있었던 것은 정권을 잡으려는 나치당의 노력이 주효했다기보다는 민주주의를 파괴하려는 세력이 그만큼 밀어주었기 때문이었다.

민주주의는 맥 한 번 못 추고 무너졌다. 1930년의 대연정이 무너진 것만 하더라도 그랬다. 저항을 해봐야 소용이 없었다고 말할 수도 있겠지만 1932년 7월 파펜이 프로이센을 상대로 일으킨 쿠데타가 이렇다 할 저항을 받지 않은 것도 비슷한 경우였다. 둘 다 민주주의의 기초가 얼마나 허약한가를 드러냈다. 권력을 쥔 집단은 민주주의 앞에서 양보를 하는 법을 몰랐고 이 무렵이면 민주주의를 주저앉히려고 기를 썼다. 대공황기에도 민주주의는 저절로 무너졌다기보다는 사익을 추구하는 엘리트 집단이 의도적으로 훼손했다. 독일의 엘리트 집단은 정치적 지향점에서는 아무리 반동적이었다 하더라도 산업혁명 이전의 시대에 뒤떨어진 낙오자가 아니라 권위주의 체제에 자기들 이해관계가 걸려 있었기 때문에 열심히 로비를 하는 현대인이었다.[255] 결국 히틀러의 권력 쟁취를 도운 일등 공신은 대기업보다는 대지주와 군부였다.[256] 그렇지만 히틀러가 성공하기 위해서는 민주주의의 기반을 허물어뜨릴 필요가 있었고 대기업은 비록 정치적으로는 근시안적이었고 자기 이익만을 추구했지만 민주주의를 무너뜨리는 데는 큰 기여를 했다.

독일 국민도 민주주의를 무너뜨리는 데 한몫 거들었다. 1차 세계대전 직후의 독일보다 민주주의가 성공적으로 뿌리내리기에 불리한 상황도 없었다. 1920년이 되면 벌써 유권자들이 민주주의 원칙에 가장 충실한 정당들로부터 등을 돌렸다. 초반의 시련을 딛고 민주주의가 간신히 살아남기는 했지만 유권자 대다수는 민주주의에 철저히 반기를 들었다. 대공황이 닥쳐 민주주의를 궤도에서 이탈시키지만 않았어도 민주주의가 자리를 잡고 뿌리를 단단히 내렸을 것이라고 누가 말했던가? 그러나 대공황이 독일 사회를 강타했을 때 벌써 민주주의의 기반은 부실하기 짝이 없었다. 그리고 대공황기에 독일 국민은 너도나도 민주주의를 내버렸다. 1932년이면 민주주의의 유일한 지지 기반은 허약해진(그리고 상당수의 당원은 벌써 시들해진) 사회민주당과 일부 가톨릭 중앙당 세력(가톨릭 중앙당은 이미 급격히 우경화되어 있었다), 한줌의 자유주의자들뿐이었다. 공화국은 죽었다. 그러나 어떤 형태의 권위주의 체제가 들어설지는 아직 미정이었다.

히틀러는 계급을 초월하여 독재자가 진보적 가치를 일부 받아들이면서 계급 갈등을 누그러뜨리는 '보나파르티즘'의 고전적 처방과도 거리가 있었다. 1932년 독일에서는 '계급 사이의 균형'을 찾아볼 수 없었다.[257] 노동자계급은 대공황으로 위축되고 꺾였으며 노동자 조직은 허약하고 무력했다. 하지만 지배 세력은 자신의 상승세를 극대화하여 노동조합의 힘을 완전히 분쇄하기에 충분한 대중적 지지를 얻지 못했다. 히틀러는 지배 세력이 그 일을 하라고 끌어들인 사람이었다. 히틀러가 어쩌면 그 이상의 일을 할지도 모른다는 생각, 예상을 보기 좋게 비웃듯 자기의 권력을 엄청나게 키워서 결국 지배 세력을 위협할지도 모른다는 생각을 그들은 전혀 하지 못했거나 했더라도 실현 가능성이 지극히 희박하다고 보았다. 히틀러를 총리로 끌어올린 음모가 실현될 수 있었던 것은 어디까지나 권력을 주무르는 사람들이 히틀러와 나치당을 과소평가했기 때문이었다.

독일 엘리트와 독일 국민의 행동을 규정하고 히틀러의 부상을 가능케 한 사고방식은 독일 정치 문화의 여러 가닥이 꼬여서 나온 결과였고 독일의 그런 정치 문화는 1차 세계대전이 터지기 20년 전부터 벌써 확연히 감지할 수 있었다.[258] 그런 흐름은 다른 나라에서도 볼 수 있는데 그 두드러진 예가 이탈리아다. 하지만 흐름이 같다고 해서 아주 비슷한 것은 아니고 하물며 똑같은 것은 더더욱 아니다. 나치즘으로 유입된 정치 문화 요소는 독일 특유의 것이 대부분이었다. 독일 민족은 남다르고 문화적으로 우월하다는 의식이 특히 지식인 사이에서 강했는데 정도가 훨씬 심하기는 했지만 히틀러의 국수주의는 바로 그런 토양에서 자랄 수 있었다.[259] 그렇다고 해서 독일이 '특수한 길'을 걸었기 때문에 히틀러 같은 인물이 필연적으로 나온 것은 아니다. 히틀러는 또 독일 특유의 문화와 이념이 장기적으로 쌓이면서 만들어낸 논리적 귀결도 아니었다.[260]

하지만 히틀러가 독일 역사에서 그저 '우연'히 나타난 것이라고 말할 수도 없다. 히틀러를 부각시킨 특별한 상황이 없었더라면 히틀러는 무명인으로 남았을 것이다. 히틀러가 다른 시대로 훌쩍 뛰어넘어 가는 것은 상상하기 어렵다. 히틀러의 개성, 히틀러의 말투는 그런 특별한 상황이 없었더라면 눈길을 끌지 못했을 것이다. 전쟁, 혁명, 민족적 수모, 볼셰비즘에 대한 공포는 워낙 광범위한 독일 국민을 뒤흔들었고 히틀러는 그런 상황을 발판으로 삼았다. 그는 상황을 기가 막히게 활용했다. 히틀러는 좌익 정당에도 흥미를 못 느끼고 그렇다고 해서 가톨릭 정당에도 끌리지 못하는 독일의 서민들이 느끼는 공포와 울분과 고정관념을 당대의 어느 정치인보다도 잘 대변했다. 더 나은 새로운 사회에서 살아갈 수 있다는 희망을 어느 정치인보다도 잘 심어주었다. 더구나 그 사회는 '진정한' 독일의 가치가 살아 있는, 독일 국민에게 더없이 편하게 다가오는 그런 사회였다. 히틀러에게 사람들이 빨려든 또 하나의 이유는 미래를 제시했을 뿐 아니라 과거를 규탄했기 때문이었다. 불신을 받는 정당 정치와 관료주의 행정에 기대어 굴러가는 국가 체제에 대한 신뢰가 곤두박질치면서 독일 국민의 3분의 1 이상은 민족의 부활을 약속하는 정치에 믿음과 희망을 걸었다. 용의주도하게 꾸며진 개인 숭배는 히틀러를 그런 희망의 화신으로 만들었다.[261]

아무리 미래가 밝게 그려졌다 하더라도, 1933년 1월 30일 저녁 히틀러의 총리 취임을 축하하면서 브란덴부르크 문으로 행진하던 돌격대원들처럼 열광의 도가니에 빠져들지 않은 사람들에게 미래는 백보를 양보하더라도 그저 불확실할 따름이었다. '암흑으로 뛰어들다', 한 가톨릭 계열의 신문은 히틀러의 총리 임명 소식을 보도하면서 그렇게 제목을 뽑았다.[262]

상당수의 유대인과 나치의 정석들은 신변의 위협을 느꼈다. 심지어 생명의 위협을 느끼기도 했다. 하루빨리 독일을 떠나야겠다고 생각하는 사람들도 나타났다. 패배한 좌파가 아니더라도 참극을 내다보는 사람들도 있었다. 그렇지만 처음의 불길한 예감을 떨쳐버리고 히틀러와 나치는 오래 가지 못할 것이라고 애써 생각하려는 사람들도 있었다. 당시 베를린에서 변호사로 일하다가 조국에 들어선 정권을 더 용납할 수가 없어 외국으로 떠나 나중에 언론인과 작가로서 필명을 날리는 제바스티안 하프너는 당시 가졌던 생각을 이렇게 요약했다. "천만에. 어느 모로 보나 이 정부는 걱정 안 해도 된다. 문제는 이 정부 다음에 벌어질 사태다. 사람들은 내전은 시간 문제라면서 두려움에 떨었다."[263] 다음날 신문을 보면 진지한 언론은 대체로 그런 각도로 보도했다.

사태가 전혀 다른 방향으로 흘러가리라고 내다본 사람은 거의 없었다.

독재자 탄생

"확실히 히틀러는 컸다. 전에는 그저 당 지도자일 뿐이었고
선동이 주특기인 광신도였지만 이제는 히틀러를 싫어하는 사람들도
놀랄 만큼 제대로 된 정치가로 바뀌어 가고 있다."
_작가 에리히 에버마이어가 1933년 3월 21일에 쓴 일기

"지난날 의회와 정당들이 60년 걸려도 해내지 못한 일을
지도자의 예지로 6개월 만에 해치우셨습니다."
_미하엘 폰 파울하버 추기경이 1933년 7월 24일 히틀러에게 보낸 서한

"아홉 달 동안에 우리 앞에 새롭게 들고 나오신 찬란한 지도력과
이상으로 안으로는 갈가리 찢겨 있었고 아무런 희망이 없었던
나라를 통일된 제국으로 바꾸어놓으셨다."
_프란츠 폰 파펜이 1933년 11월 14일 내각 회의에서 한 말

　히틀러가 총리라! 내각은 또 어떻고!!! 7월까지만 하더라도 감히 꿈도 못 꾸었던 일 아닌가. 히틀러에, 후겐베르크에, 젤테에, 파펜에!!! 내가 독일에 거는 희망에 빼놓을 수 없는 사람들이다. 국가사회주의당의 박력, 독일국가 인민당의 이성, 정치에 초연한 철모단, 그리고 절대로 잊혀져서는 안 될 파펜. 너무 환상적이라서 꿈만 같다. …… 힌덴부르크가 큰일을 해냈다![1]

　1933년 1월 30일 히틀러가 총리로 임명되었다는 극적인 소식을 듣고 함부르크의 교사 루이제 졸미츠는 이렇게 흥분을 감추지 못했다. 보수색 짙은 민족주의 성향의 중산층으로서 히틀러에게 호감을 느꼈던 사람 가운데 그런 사람이 많았지만 졸미츠도 히틀러가 당 내 급진 사회주의 세력의 입김으로 말미암아 중심을 잃었다고 보고 한때 마음이 흔들렸다. 그런데 이제 히틀러가 정권을 잡기만 한 것이 아니라 자신이 좋아하는 쟁쟁한 보수 우익 정치인들과 함께 ‘거국 집중’ 내각을 끌고 나가니 기쁘기 그지없었다. 그토록 염원하던 민족 부활의 길이 열린 것 같았다. 골수 나치 추종자가 아니면서도 히틀러에게 기대와 이상을 걸었던 사람들은 대체로 그렇게 생각했다.

　하지만 그렇지 않은 사람도 많았다. 공포, 불안, 경악, 강한 적개심, 얼마 못 가서 정권이 바뀔 것이라는 막연한 낙관, 공연한 반항심을 드러내는가 하면 무관심, 회의적 태도, 신임 총리와 나치당 출신 각료들이 별 수 있겠는가 하고 깔보기, 아니면 냉담으로 일관하기도 했다.

　정치 성향과 취향에 따라서 반응도 달랐다. "이 정부가 무엇을 할까?" 사회민주당 의원 율리우스 레버는 그렇게 자문했다. "그들의 목표는 안다. 그러나 다음에 그들이 어떻게 나갈지는 아무도 모른다. 위험하기 짝이 없다. 그러나 독일 노동자는 추호도 흔들림이 없다. 우리는 이자들이 두렵지 않다. 투쟁할 각오가 되어 있기 때문이다."[2] 그러나 히틀러가 정권을 잡은 바로 그날 밤 제국의원의 면책특권을 보기 좋게 무시당한 채 레버는 나치 깡패들에게 얻어맞고 끌려갔다. 노동 운동의 저력과 단결력에는 이렇게 높은 기대를 걸면서, 내각에 포진한 각료들도 한통속이지만 히틀러는 대자본을 가진 세력, 권력 실세의 앞잡이라면서 형편없이 잘못 보았다. 레버처럼 사회민주당 의원이었던 쿠르트 슈마허는 이렇게 평가했다.

말이 좋아 아돌프 히틀러 내각이지 사실은 알프레트 후겐베르크 내각이다. 아돌프 히틀러는 말만 하고 행동은 알프레트 후겐베르크가 한다. 이 정부의 인선으로 흑막이 까발려졌다. 진작부터 그러리라 짐작은 했지만 국가사회주의는 실은 우익 대자본 민족주의 정당이라는 사실을 만천하에 공표한 것이다. 사실은 국가자본주의였던 것이다![3]

1월 30일 공산당이 발표한 요란한 성명이 조금 더 정곡을 찔렀다. "파렴치한 노임 강탈과 갈색 제복을 입은 살인마 무리의 무분별한 테러가 노동자계급의 마지막 눈물겨운 권리마저 짓밟는다. 제국주의 전쟁으로 거침없이 질주하는 것. 이것이 바로 코앞에 닥친 현실이다."[4]

가톨릭 중앙당 지도부는 헌법을 고수한다는 확약을 받아내는 데 집중했다.[5] 가톨릭 상층부는 의구심을 지우지 못했다. 나치당의 반기독교 정서와 히틀러에 대해 여전히 불편함을 느꼈던 것이다.[6] 일반 신도들도 성직자들한테 영향을 받아서인지 두려움과 불안에 젖어 있었다. 반면 개신교도 사이에서는 한 목사가 나중에 술회한 바에 따르면 나라가 다시 일어서면 내면의 도덕도 다시 살아나리라는 낙관주의가 넘쳤다. "운명의 날개가 거대한 전환을 하려는 듯 우리 위에서 퍼덕거리는 것 같았다. 새로운 출발이 시작될 모양이었다."[7] 뷔르템베르크 주교 테오필 부

총리가 된 히틀러에게 열광하는 지지자들. 히틀러가 총리로 임명된 1933년 1월 30일은 나치 신화에서 '민족 봉기일'로 당장 미화되었는데, 그 역사적인 날은 바로 바이마르 공화국이 시효를 다한 날이었다.

름은 얼마 안 가서 새로운 집권 세력과 갈등하는데, 국가사회주의자들이 교회에 대해 적개심을 부추겼던 마르크스주의자들과 악착같이 싸웠고 이제는 희망찬 미래를 열어 가면서 민족 전체에 바람직한 영향을 끼치리라는 이유로 개신교에서는 히틀러의 총리 취임을 환영했다고 훗날 술회했다.[8] 개신교 진영에서 신학자로 이름을 날렸던 카를 바르트는 나중에 '독일 그리스도인'(친나치 성향의 개신교단)에 적대감을 보였다는 이유로 본 대학 총장직에서 해임되는데, 조금 다른 생각을 피력하면서 히틀러가 총리가 되었다고 해서 세상이 크게 달라진다는 주장은 근거가 없다고 보았다. "저는 이제부터 좋은 세상이 열린다는 조짐으로 보이지 않습니다." 1933년 2월 1일 어머니에게 보낸 편지에서 그렇게 썼다.[9]

서민들은 대공황기를 헤쳐 나오는 데 지쳐서 히틀러가 총리가 되었다는 소식에도 상당수는 심드렁한 반응을 보였다. 베를린 주재 영국 대사였던 호러스 럼볼드에 따르면 독일 어디에서나 사람들은 "뉴스를 무덤덤하게 받아들였다."[10] 시골에 살았고 나치 열성당원도 아니었고 나치라면 이를 가는 반대파도 아니었던 사람은 나와는 성관없는 일이라는

듯이 아무 일 없었던 것처럼 그냥 살아갔다. 정부가 또 한 번 바뀐다고 세상이 얼마나 좋아지겠느냐는 일종의 체념이었다. 슐라이허보다 단명하는 정부가 되리라고 점친 사람도 있었고 나치의 공허한 약속에 사람들이 실망하면서 히틀러의 인기도 곤두박질치리라고 내다본 사람도 있었다.[11] 그렇지만 히틀러가 일단 총리 자리에 올랐으니 전임자들이 조금도 해결하지 못한 대량 실업 문제를 과감히 해결하여 불신을 잠재우고 지지도를 끌어올릴 수 있을 것으로 예측한 사람들도 있었다. "히틀러 내각은 성공보다 더 큰 신뢰를 안겨주는 것은 없다는 사실을 똑똑히 알게 될 것"이라고 1933년 1월 31일 히틀러에 적대적이었던 한 기자는 지적했다. 만일 성공한다면 "새 내각에 고마워하지 않을 독일인은 없겠지만 그러자면 애 좀 써야 할 것"이라고 기자는 결론지었다.[12]

나치당으로서는 물론 1933년 1월 30일은 그야말로 꿈에도 그리던 날이었고 기어이 승리를 거둔 날이었고 찬란한 신세계를 여는 날이었다. 번영과 발전과 권력의 길로 나아가는 첫걸음이었다. 힌덴부르크 대통령으로부터 임명장을 받고 카이저호프 호텔로 돌아오는 히틀러에게 군중은 환호했다. "이제야 해냈습니다." 히틀러는 승강기에서 내리면서 감격에 겨워하는 사람들에게 외쳤다. 호텔 종업원들도 히틀러와 악수를 하고 싶어 안달이었다.[13] 저녁 7시부터 괴벨스는 부랴부랴 돌격대와 친위대를 모아서 횃불 행진을 벌였다. 베를린 도심지에서 벌어진 행진은 자정이 넘도록 이어졌다.[14] 괴벨스는 또 국영 라디오 시설을 이용하여 선동하는 논평을 내면서[15] 1백만 명이 참가했다고 주장했다. 나치 기관지는 50만 명으로 추산했고 영국 대사는 최대 5만 명으로 추정했다. 영국 대사관 소속 무관은 1만 5천 명 안팎으로 보았다.[16] 숫자야 어찌 되었건 참으로 인상 깊은 장면이었다. 들뜬 나치 지지자들은 좋아서 어쩔 줄 몰랐고 독일 국내외에서 히틀러의 집권을 우려하던 사람들은 마음이 편치 않았다.[17] 멜리타 마슈만이라는 열다섯 살 난 소녀는 분위기에 확 빠져들었다. 일사불란한 행진은 마술처럼 화려했고 '민족 공동체'와 하나가 되는 듯한 일체감을 안겨주었다. 그 뒤 얼마 안 가서 멜리타는 독일소녀동맹에 가입했다.[18] 멜리타 같은 청소년은 베를린 도심을 가로

지르는 횃불 행진을 보면서 새 시대가 열리는 희망의 새벽을 느꼈다.

힌덴부르크 대통령도 관저 창문으로 끝도 없이 이어지는 행진을 지켜보았다. 베를린 시민들은 나중에 횃불 행진이 힌덴부르크 마음에 들었던 것은 행진이 이어지는 동안 밤 늦도록 지켜보아도 좋다는 허락을 받았기 때문이라고 농담을 던졌다.[19] 행렬은 대통령 옆을 지나가면서 존경의 함성을 질렀다.[20] 그러나 조금 더 지나서 히틀러가 서 있던 창문 옆을 지나갈 때는 존경이 열광적인 환호성으로 바뀌었다.[21] 히틀러 바로 뒤편에 서 있던 파펜은 바로 그 순간 "빈사 상태에 있던 정권이 새로운 혁명 세력으로" 탈바꿈하는 장면을 목격했다.[22]

히틀러의 총리 취임은 나치 신화에서 '민족 봉기일'로 당장 미화되었다.[23] (프랑스 혁명을 일으킨 사람들이 그랬던 것처럼) 새로운 세상이 이제부터 열린다는 것을 나타내기 위해 심지어 달력을 바꿀 생각까지 했다고 나중에 히틀러는 주장했다.[24] 히틀러는 또 '권력 장악'이라는 말을 쓰면 쿠데타를 연상시킨다면서 합법적 경로를 거쳐서 정권을 잡았다는 사실을 강조하기 위해 '권력 인수'라는 말을 쓰기 시작했고 나치 대변인들도 그런 식으로 용어를 바꾸어 썼다.[25] 사실 히틀러가 권력을 장악한 것은 아니었고 대통령이 전임 총리들을 임명했던 것과 똑같은 방식으로 히틀러에게 권력을 넘겨주었다고 말하는 것이 옳다. 그렇지만 약속이나 한 듯이 여기저기서 열렬한 박수 갈채를 받으면서 히틀러와 나치당 간부들은 날아갈 듯이 기뻤고[26] 그것은 이번의 권력 이양이 여느 때와는 다르다는 것을 말해주었다. 이날 벌어진 일이 얼마나 의미심장한 것인가를 오해하거나 오판한 사람은 하루도 못 가서 뼈저리게 자신의 잘못을 깨달을 것이다. 1933년 1월 30일 이후로 독일은 예전의 독일이 아니었다.

그 역사적인 날은 종말이면서 출발이었다. 아무도 슬퍼해주는 사람은 없었지만 바이마르 공화국이 시효를 다한 날이었고 바이마르 공화국을 무너뜨린 총체적 국가 위기가 절정에 이른 날이었다. 그런가 하면 히틀러의 총리 취임은 전쟁과 대량 학살의 파국으로 치달으면서 독일이라는 민족국가를 망가뜨리는 과정의 시발점이기도 했다. 비인간적 행위를 억누르는 제동 장치를 하루아침에 훌훌 벗어던지고 아우슈비츠, 트레블린카, 소비부르, 마이다네크 같은 강제수용소로 대단원의 막을 내린 나치의 끔찍한 살육이 막 시동을 건 날이었다.

앞에서도 살펴보았지만 히틀러가 승리할 수 있었던 배경에는 1차 세계대전 이전까지 이어지는 독일 정치 문화의 중요한 줄기들이 있다. 그것은 폐쇄적 민족주의, 제국주의, 인종주의, 반마르크스주의, 전쟁 미화, 자유보다는 질서를 강조하는 전통, 강한 권위에 끌리는 마음이었고, 아울러 단기적으로는 바이마르 민주주의가 출범할 때부터 부딪쳤던 첩첩이 쌓인 위기들이었다.[27] 이런 연속성이 히틀러를 총리로 만드는 데 이바지한 것이 사실이고 또 히틀러가 성공을 거둔 요인이 한때나마 '옛 독일'에서 흘러나온 모든 실타래를 하나로 뭉칠 수 있었던 능력에 있었다면,[28] 그 다음 12년은 이렇게 연속성을 이루는 요소들이 갈수록 급진화하는 히틀러 정권에 의해서 남김없이 이용되고 비틀리고 왜곡된 후 결국 히틀러의 지배가 낳은 패배와 파괴의 소용돌이에 휘말려 산산이 부서진 세월이었다.

1933년 1월 30일 히틀러가 정권을 잡은 날부터 힌덴부르크 대통령이 죽고 '룀 사태'를 거치면서 한바탕 위기를 넘기고 권력의 기반이 단단히 다져진 1934년 8월 초까지 독일은 워낙 빨리 바뀌어서 당시 사람들도 정신을 못 차릴 지경이었고 지금 돌이켜보아도 깜짝 놀랄 정도다. 합법으로 위장한 조치, 테러, 조작, 그리고 자발적 동조가 뒤섞여서 그런 변화가 이루어졌다. 한 달도 못 가서 바이마르 헌법이 보장한 시민의 자유는 사라졌다. 두 달도 못 가서 웬만한 야당 정치인은 투옥당하거나 외국으로 몸을 피했고 의회가 제 구실을 못하면서 히틀러는 마음대로 법을 지배했다. 넉 달도 못 가서 한때는 막강했던 노동조합이 해체되었다. 여섯 달도 못 가서 야당이란 야당은 모조리 짓밟히거나 알아서 스스로 정리하여 나중에는 나치당밖에 남지 않았다. 1934년 1월에는 이미 전해 3월에 사실상 괴멸된 주 차원의 주권이 공식적으로 폐지되었다. 그리고 1934년 6월 30일에는 나치당 내부에서 점점 고개를 들던 히틀러 반대 세력을 무자비하게 소탕했다('긴 칼의 밤').

이 즈음이면 거의 모든 조직, 단체, 전문가 기구나 대의 기구, 모임, 협회가 새로 들어선 나치 정권과 너도나도 밀착하려 들었다. 다원주의와 민주주의의 '오염된' 찌꺼기들은 빠르게 밀려나고 '나치화'된 구조와 정서가 들어앉았다. 이 '일체화' 과정은 대부분 자발적으로 신속하게 진행되었다.

교회는 좀 달랐다. 분열된 개신교 교회를 '일체화'하려다 심각한 갈등만 낳았으므로 나중에는 포기했다. 가톨릭교회의 경우는 조직의 기본 틀을 바꾸려는 시도조차 하지 않았다. 교회, 특히 가톨릭교회와 정권이 이후로 여러 해 동안 계속 갈등하고 자주 충돌한 것은 교회의 여러 종파가 신도들에게 요구하는 충성의 대상이 나치와 달랐던 데 근본 원인이 있었다. 그래도 히틀러가 정권을 잡고 처음 몇 달이 지나는 동안 교회는 정치적으로 타협하지 않을 수 없었고, 어쩔 수 없이 수세에 몰려 안으로 움츠러들면서 방어하기에 급급했다.

군대도 '일체화'에 저항해 버텼다. 장교들은 대체로 보수적 민족주의자였지만 나치주의자는 아니었다. 군부의 뒷받침 없이 히틀러는 통치할 수 없었다. 장교 중에는 귀족 출신이 꽤 많았고 이들은 반동적이고 보수적인 성향을 보였지만 아무리 이들이 일개 상병 출신인 지도자를 우습게 보았다 하더라도 군대를 위해서라면 뭐든지 해주겠다고 히틀러가 약속하고 군대의 입지를 흔들 수 있는 세력을 나치당에서 제거하겠노라고 밝히자 히틀러는 지지를 얻어냈다. 육군 원수 출신의 전쟁 영웅 힌덴부르크 대통령이 1934년 8월 2일 타계했을 때 군부가 히틀러에게 충성을 바치겠다고 다짐한 것은 새로운 질서를 받아들인다는 상징적 선언이었다. 덕분에 히틀러의 독재자로서 지위가 확고부동해졌다.

그런 변신이 빠르게 이루어지고 군부를 비롯한 전통적 지배 집단이 새로운 정권을 흔쾌히 받아들인 것은 히틀러가 권력을 잡은 배경과 무관하지 않다. 히틀러를 총리에 앉힌 것은 '낡은 질서'를 대변하는 기존의 엘리트 집단이 그만큼 허약했기 때문이었다. 전통적인 권력 집단은 민주주의를 혐오한 나머지 그것을 허물고 깨부수는 데 앞장섰다. 하지만 그들은 반혁명을 추진할 역량이 없었다. 히틀러도 엘리트 집단을 등에 업고서야 권력을 차지할 수 있었지만 엘리트 집단도 자기네가 원하는 반혁명을 이루어내는 데 필요한 대중의 지지를 끌어내기 위해서는 히틀러가 필요했다. 히틀러는 그런 타협의 바탕 위에서 총리가 될 수 있었다. 히틀러와 보수 진영의 타협이 낳은 권력의 균형은 그러나 처음부터 히틀러 쪽으로 기울었다. 특히 군부는 재무장을 하려면 먼저 국론 분열을 피하고 평화를 확립해야 한다는 강박관념이 있었으므로 히틀러가 공권력을 마구잡이로 휘둘러도 협조하고 지지했다. 나중이야 어찌 되었건 어마어마한 규모의 대중 운동을 이끌어 가는 히틀러만이 거리를 확실히 장악하고 "마르크스주의를 타도"할 수 있었기 때문이다. 그런 토대에서 비로소 반혁명을 추진할 수 있었다. 하지만 바로 이렇게 히틀러에 기대면서 새 정권이 처음 몇 주에서 몇 달 동안 무자비하게 밀어붙였던 대부분의 정책을 열렬히 뒷받침하다 보니 그 뒤로도 계속해서 전통적인 엘리트들이 얼마나 허약한 권력 집단인지가 저절로 드러났다. 원래 엘리트 집단이 의도했던 반혁명은 나치가 유럽 전역으로 퍼뜨린 인종 혁명과 세계적 재앙, 학살극에 밀려나고 말았다.[29]

1933년과 1934년에 걸쳐 독일에서는 천지가 개벽할 만한 일이 벌어졌는데 참으로 희한한 것은 히틀러가 별로 힘 안 들이고도 권력의 기반을 넓히고 확실히 다질 수 있었다는 점이다. 히틀러가 독재자로 군림할 수 있었던 것은 자신의 노력만큼이나 다른 사람들의 도움도 컸다. 민족부활을 상징하는 인물답게 히틀러는 세력을 끌어모아 풀어놓는 구심점 역할을 했고 이제는 지도자의 뜻을 받들어 나가려고 앞다투어 모여든 사람들의 행동에 힘을 실어주고 기를 불어넣어주는 역할을 했다. 새 정권이 처음부터 표어로 삼은 구호는 '지도자의 뜻을 좇아 일한다'는 것이었다.

1933년 1월 30일 처음 정권을 잡았을 때만 하더라도 히틀러는 노골적으로 독재자 노릇을 할 만한 입장이 아니었다. 꼭 군부가 아니더라도 힌덴부르크가 살아 있는 한 혼자서 왕 노릇을 할 수는 없었다. 그러나 힌덴부르크가 죽고 1934년 여름부터 정부 수반에 이어 국가 수반의 지위에 오르면서 히틀러는 형식적 제약에서 벗어나 제한 없는 권력을 행사할 수 있었다. 히틀러를 중심으로 만들어진 개인 숭배는 이제 우상 숭배의 차원으로 발전했고 '국민의 총리'라고 선전에서 이름 붙인 대로 히틀러는 일개 정당 지도자를 뛰어넘어 민족의 지도자로 독일 국민에게 받아들여졌다. 신통한 결과를 내놓지 못한 의회제를 경멸하고 혐오하는 사람이 늘어나니까, 자기만이 나라를 구할 수 있다고 주장하면서 메시아를 방불케 하는 웅장한 행사를 벌이는 지도자에게 나라를 마음대로 다스릴 수 있는 독점적 권력을 넘겨주려는 사람도 자연히 늘어났다. 그러다 보니 종래의 통치 형식은 자꾸만 밀려나고 그 빈 자리를 개인화된 권력의 자의적 행사가 파고들었다. 그것은 재앙의 지름길이었다.

"민주주의를 도려내야 한다"

처음에는 통 그런 빛을 드러내지 않았다. 자기의 입지가 확실하지 않다는 것을 잘 알았기 때문에 '거국 집중' 내각에 동참한 세력을 소외시키지 않기 위해서 히틀러는 처음에는 조심스럽게 행동했다. 건의도 받아들였고 충고도 귀담아들었다. 특히 까다로운 재정 정책이나 경제 정책에서는 더 그랬다. 반대 의견도 덮어놓고 묵살하지 않았다. 그런데 4월과 5월로 접어들면서 조금씩 달라지기 시작했다.[30] 내각에 들어와서 처음 히틀러를 알게 된 슈베린 폰 크로지크 재무장관만 하더라도 처음 몇 주 동안은 히틀러에게 '점잖고 차분하게' 국정을 운영하는 사람이라는 인상을 받았다. 히틀러는 기억력이 좋아서 현안을 잘 숙지했고 '문제의 핵심을 파악'할 줄 알았다. 복잡한 문제를 간추릴 줄 알았고 건설적 착상이 뛰어났다.[31]

히틀러 내각은 1933년 1월 30일 오후 5시에 처음으로 모였다. 히틀러는 수많은 독일 국민이 이 내각의 출범을 반갑게 맞아주었다고 강조하면서 아무쪼록 국민을 실망시키지 말자고 부탁했다. 내각은 이어 시국을 논의했다. 히틀러는 이미 두 달의 휴회를 거쳐 1월 31일로 예정된 의회 소집을 연기하는 것은 가톨릭 중앙당의 도움 없이는 불가능하다고 말했다. 공산당을 몰아내면 의회에서 다수파로 올라설 수 있겠지만 그렇게 되면 총파업이라는 위험 부담을 안아야 하기 때문에 곤란하다고 덧붙였다. 히틀러는 제국군이 파업에 개입하는 사태는 어떻게든 피해야 한다고 강조했고 블롬베르크 국방장관은 그 말을 호의적으로 받아들였다. 가장 바람직한 것은 의회를 해산하고 새로 선거를 치러 다수 의석을 차지하는 것이었다. 후겐베르크는 히틀러와 마찬가지로 가톨릭 중앙당에 기대고 싶지 않았지만 선거를 치를 경우 나치당 좋은 일만 시켜준다는 사실을 잘 알았으므로 공산당을 몰아내고 수권법을 통과시키자고 혼자서 주장했다. 총파업이 일어날 리 없다는 것이었다. 후겐베르크는 선거 결과가 어떻게 나오든 내각은 그대로 끌고 갈 것이라는 입장을 히틀러가 분명히 밝히자 그제서야 마음을 놓았다. 파펜은 일단 수권법을 발의해놓고 의회에서 부결되면 그때 가서 다시 방침을 논의해보자는 쪽이었다. 다른 각료들은 가톨릭 중앙당이 도와줄 가능성이 없다고 보았기 때문에 총파업의 위험 부담이 따르는 공산당 불법화보다는 선거를 다시 치르는 것이 좋겠다는 반응을 보였다. 회의는 뚜렷한 결론을 못 내리고 다음을 기약하면서 끝났다.[32] 그러나 히틀러는 벌써 후겐베르크의 기선을 제압하고 바라던 지지를 얻어냈다. 의회를 가급적 빨리 해산하고 새로 총선을 치른다는 것이었다.

히틀러는 어떻게 해서든 가톨릭 중앙당에 기대지 않고 싶어했다. 다음날 오전 프레라트 루트비히 카스(당수), 루트비히 페를리티우스 박사(원내총무) 등 가톨릭 중앙당 대표단과 회담을 열었지만 예상대로 아무런 소득이 없었다.[33] 가톨릭 중앙당은 최대 두 달까지는 의회 소집을 연기하는 데 동의할 수 있지만 히틀러가 제시한 열두 달은 너무 길다며 난색을 표했다. 히틀러는 뻔히 거부당할 줄 알면서 일부러 무리한 조건을 제시한 것이었다.[34] 히틀러는 사실상 가톨릭 중앙당에게 아무것도 주는 것 없이 일방적으로 다 양보하라고 몰아붙인 셈이었다. 기껏 제시한 보상책이 있었다면 가톨릭 중앙당에 법무장관 자리를 내주는 방안을 검토하겠다는 것이었는데 그것은 후겐베르크가 극구 반대하는 안이었고 진실이 담겼다고 보기 어려운 제안이었다.[35] 히틀러가 성의 없이 회담에 임했다는 것은 상대가 제안을 받아들이지 않자 재빨리 회담을 결렬시켰다는 데서도 드러난다. 가톨릭 중앙당은 새 정부가 앞으로 어떤 방향으로 나아갈 것인지에 대해서 서면으로 질문을 해 왔지만 히틀러는 응답하지 않았다.[36] 바로 그날 내각에다 가톨릭 중앙당과의 후속 협상은 무의미하다는 입장을 밝혔다. 이제 선거는 불가피한 현실이 되었다. 하지만 히틀러가 가톨릭 중앙당과 교섭을 벌였다는 소식에 보수파들은 선거가 끝나면 히틀러가 자기네를 내각에서 밀어내고 파펜과 후겐베르크에 기대지 않고 가톨릭 중앙당과 손잡고 나아가려는 것인가 하고 신경을 곤두세웠다.[37] 그러니까 이번에도 나치당이 아니라 보수파가 더 과격하다는 인상을 주었다. 파펜이 의구심을 보이자 "이번 선거는 마지막 총선이며 다시는 의회제로 복귀하는 일이 없을 것"이라는 확답이 돌아왔다.[38]

그날 저녁 힌덴부르크는 나흘 전 슐라이허가 했을 때는 들어주지 않았던 요청을 히틀러에게는 들어주었다. 의회 해산령을 내린 것이다. 히틀러는 파펜과 마이스너의 지원 사격을 받으면서 국민에게 새 정부를 지지한다는 뜻을 분명히 나타낼 수 있는 기회를 주어야 한다고 주장하면서 결국 뜻을 관철했다. 지금도 의회에서 다수 의석을 확보하고는 있지만 새로 선거를 실시하면 더 많은 의석을 얻어서 수권법을 통과시킬 수 있고 그래야만 나라를 되살리는 데 필요한 정책을 마음껏 추진할 수 있다는 논리였다.[39] 의회 해산은 헌법 정신에 위배되었다. 정부를 세우기 위해서 치르는 것이 선거인데 이번 경우는 정부가 들어선 다음에 선거를 치르는 셈이니 본말이 전도된 것이나 마찬가지였다. 의회는 새 정부를 신임하는지 불신임하는지 의사를 나타낼 수 있는 기회조차 얻지 못했다. 의회가 내려야 할 결정을 가로채어 국민에게 맡긴 꼴이었다. 국민투표에 붙여서 압도적 지지를 이끌어내는 방식이 이때 벌써 시작된 것이다.[40]

히틀러는 처음부터 무리수를 두지 않고 먼저 선거를 치르고 그 다음에 수권법을 통과시킨다는 수순으로 나갔다.[41] 연정에 참여한 보수파들은 히틀러만큼이나 의회제를 혐오했고 마르크스주의 정당들을 타도

하고 싶어했으므로 자연히 히틀러에게 끌려갔다. 2월 1일 오전 히틀러는 각료들에게 대통령이 의회 해산령을 내렸다고 알렸다. 선거는 3월 5일로 잡혔다. 총리가 직접 선거 구호를 제시했다. '마르크스주의 타도'였다. 괴링은 공산주의자들의 테러 행위가 늘어나고 있으므로 전에 베를린에서 운수 노조가 파업을 일으켰을 때 파펜 행정부가 마련한 긴급령을 즉각 발효하여 언론 자유에 제약을 가하고 '예비 검속'을 실시할 필요가 있다고 강조했다.[42] 파펜의 긴급령 초안은 약간 수정되어 '독일 국민 보호를 위한 포고령'으로 2월 4일부터 발효되었다. 이 법은 선거 기간 동안 야당 집회와 반체제 언론에 제동을 거는 중요한 무기로 쓰였다.[43]

2월 1일 저녁에 두 번째로 열린 각료 회의에서 히틀러는 세 시간 뒤에 방송될 대국민 선언문을 읽어 나갔다.[44] 기독교와 가정의 중요성은 보수적 유권자를 겨냥하여 파펜의 제안으로 집어넣었다.[45] 그렇지만 연설 원고에서는 히틀러의 개성이 짙게 드러났다. 세 시간 뒤 각료들은 총리 집무실에서 죽 늘어섰고 군청색 양복을 입고 검은 바탕에 흰 줄이 있는 넥타이를 맨 히틀러는 그 앞에서 너무 긴장을 한 탓인지 진땀을 흘리면서 평소와는 달리 따분하고 단조로운 어조로 연설을 했다. 독일 국민 앞에서 처음으로 하는 라디오 연설이었다.[46] '국민 여러분께 제국 정부가 드리는 호소'라는 제목의 이 연설은 미사여구로 가득 찼지만 알맹이는 없었다. 정부 정책을 발표하는 연설이 아니라 총선을 겨냥한 선거 유세였다. "14년 전 범죄자들이 반역을 저지른 이후로 하느님은 우리나라에 대한 축복을 거두었습니다."는 말로 히틀러는 연설을 시작했다. 나라가 무너지자 "공산주의가 활개를 치면서 뿌리를 잃고 흔들리는 국민을 파고들면서 악영향을 끼쳤습니다." 가정은 물론이고 명예심과 충성심, 겨레와 조국, 문화와 경제에서 도덕과 신앙의 기초에 이르기까지 공산주의가 마수를 뻗치지 않은 곳이 없었다. "마르크스주의는 14년 동안 나라를 폐허로 만들었습니다. 볼셰비즘은 1년 안에 독일을 멸망시킬 것입니다." 힌덴부르크 대통령은 정부에 독일을 살려내라는 '특명'을 내렸다. 정부는 최악의 유산을 물려받았다. 이렇게 힘든 과업을 맡은 독일 정치인을 이제까지 본 기억이 없다. 기독교를 '모든 윤리의 바탕'으로 삼고 가정을 '나라와 겨레라는 몸통의 바탕을 이루는 씨앗'으로 삼을 때 국민은 다시 하나로 뭉칠 수 있을 것이다. 여기에 저항하는 '정신적·정치적·문화적 허무주의'를 가차없이 분쇄하지 않으면 독일은 공산주의적 무정부주의로 침몰한다. 그러고 나서 히틀러는 '독일 경제를 재편하는 대과업'을 수행하기 위해 '4개년 계획'을 1차와 2차에 걸쳐서 시행하겠다고 밝혔다. 파펜의 귀에는 소련식 경제 개발 계획으로 들렸다.[47] "4년 안에 독일 농민은 도탄에서 빠져나올 수 있을 것입니다. 4년 안에 실업 문제도 해결할 수 있을 것입니다." 재정 안정의 바탕 위에서 하겠다는 (그나마도 완전히 엉뚱한 내용을 짚은 것이지만) 말을 빼놓고는 어떻게 경제 문제를 해결하겠다는 것인지 구체적으로 내놓은 것이 없었다. 군대 비슷한 노무대를 창설하여 공공 사업에 노동력을 투입하는 방안과 농민 정착 지원책을 언급하기는 했지만 독창적인 이야기는 아니었다. 대외 정책에서도 히틀러는 자세한 구상을 밝히지 못했다. 정부는 '우리 국민의 생존권'을 지키고 '자유를 되찾는 것'을 '가장 중차대한 과업'으로 삼고 있다면서 히틀러는 계급 갈등을 극복하고 독일이 다시 일어설 수 있도록 서로 화합하면서 정부와 함께 나아가자고 정부를 대표하여 국민 여러분께 간곡히 말씀드린다고 했다. "마르크스주의를 신봉하는 세력이 지난 14년 동안 해놓은 게 무엇입니까. 엉망진창 아닙니까. 국민 여러분, 저희에게 4년만 시간을 주십시오. 그 다음에 평가하고 심판하십시오." 히틀러는 중요한 연설은 종교색이 짙은 표현으로 마무리지었는데 그날도 정부가 하는 일에 하느님의 축복이 있기를 바란다는 말로 연설을 끝냈다.[48] 이렇게 해서 선거전으로 돌입했다. 바이마르 공화국에서 일어난 모든 것과 갈라서려는 정부가 들어서서 이미 상당한 지지를 얻으면서 치르는 선거이니 과거의 선거들과는 양상이 다를 수밖에 없었다.

연설 말미에 가서 히틀러는 독일의 위대한 과거를 상징하고 무력을 책임진 군대를 사랑하지만 "군축이 실현되어 세상 앞에서 우리의 무기를 증강할 필요가 없다면" 정부도 참 기쁘겠다고 말하면서 처음으로 평화를 애호하는 사람처럼 보이려 애썼다.[49] 그렇지만 2월 3일 저녁 블롬베르크 국방장관의 초대를 받고 쿠르트 프라이허 폰 하머슈타인-에쿠오르트 육군 총사령관의 자택에 가서 거기 모인 군 간부들 앞에서 연설을 할 때는 논조가 완전히 달라졌다.[50]

히틀러가 긴 연설을 시작했을 때 분위기는 차가웠다. 군 장교들은 의구심을 품었다. 히틀러는 우선은 정치가 힘을 되찾아야 한다고 포문을 열었다. 모든 노력을 이런 목표에 쏟아 부어야 한다. 국내적으로는 지금의 상황을 송두리째 뒤집어엎고 반대 세력을 용납해서는 안 된다. "생각을 바꾸지 않고 버티는 세력은 박살내야 합니다. 마르크스주의는 발본색원해야 합니다." 투쟁만이 살 길이라는 점을 깨닫도록 젊은이를, 아니 국민 전체를 각성시켜야 한다. 모든 노력을 여기에 투여해야 한다. 온갖 수단을 동원해서 하루빨리 젊은이를 가르치고 투쟁심을 키워야 한다. 시국을 안정시키려면 지도자가 확실한 권위를 갖고 통치하면서 "민주주의라는 악성 종양을 도려내야 합니다." 히틀러는 대외 정책과 경제 정책에 대해서도 언급했다. 지금 제네바에서 독일에게 일방적으로 불리하게 되어 있는 베르사유 조약을 바로잡기 위한 군축 회담이 열리고 있지만, 국민에게 투쟁 의지를 심어주지 못한다면 헛수고라고 히틀러는 강조했다. 경제 정책과 관련하여 어차피 세계 시장도 한계가 있으므로 수출을 늘리는 것은 해결책이 될 수 없다고 했다. 농민의 생활 수준을 끌어올리고 수많은 실직자를 끌어안기 위해서는 천상 농민의 정착을 지원하는 정책적 뒷받침이 있어야 하는데, 그러자면 시간이 걸린다. 그리고 "독일 민족의 생존 공간이 너무 협소하기 때문에" 적절한 해법이라고 보기도 어렵다.

그 다음에 히틀러는 청중이 가장 궁금해하는 대목으로 넘어갔다. 군인들은 히틀러의 말에 솔깃하지 않을 수가 없었다. 독일이 정치적 힘을 되찾으려면 무엇보다도 군사력 증강이 선행되어야 한다. 다시 국민개병제로 돌아가야 한다. 하지만 그전에 위정자는 평화주의, 마르크스주의, 볼세비즘의 잔재가 장병들에게 스며들지 않도록 철저히 단속해야 한다. 군은 나라의 간성이므로 정치에 발을 담그면 안 되고 정파도 넘어서야

베르너 폰 블롬베르크 국방장관. 보수적인 장교들 가운데 히틀러에게 가장 충성스러운 인물이었다. 1933년 1월 새로 구성된 히틀러 정부의 국방장관에 임명되어 1938년 초까지 독일군 총사령관직과 겸임했다.

한다. 군은 국내에서 벌어지는 싸움에 개입해서는 안 되며 그런 것은 나치당 조직에 맡기는 것이 좋다. 군사력 강화를 위한 준비 작업에 지체 없이 당장 들어가야 한다. 히틀러는 지금이 가장 위험한 시기라면서 프랑스가 동맹국들과 손잡고 동쪽에서 먼저 쳐들어올 가능성도 있다고 경고했다. "일단 정치를 안정시킨 다음에는 무엇을 해야 할까요?" 히틀러는 자문했다. 아직 뭐라고 말하기는 이르다. 수출 확대에 주력하는 것도 하나의 방법일 수 있다고 슬쩍 흘렸다. 하지만 앞서 수출을 늘이는 것만으로는 독일의 문제를 해결할 수 없다고 말했기 때문에 청중은 그것을 진지한 제안으로 받아들이지 않았다. "더 나은 방법은 어쩌면 동쪽에서 생존 공간을 점령하여 가차없이 독일화하는 것인지도 모릅니다."고 히틀러는 덧붙였다.[51] 히틀러가 어떤 방안을 선호하는지 그 자리에 있던 장교들은 모를 수가 없었다.

히틀러는 장성들에게 전쟁 계획을 밝히지는 않았다. 그렇다고 해서 '생존 공간'을 확보하는 방안을 단계별로 구체적으로 제시한 것도 아니

었다. 크게 보아서 1920년대 중반부터 계속 해 온 생각을 다시 한 번 강조한 것이었다. 히틀러의 발언 내용을 살펴보면 생존 공간을 차지하기 위해서 동쪽으로 쳐들어간다는 생각이 분명히 들어가 있었다. 하지만 전에 히틀러가 했던 말이나 쓴 글에 정말로 그런 의도가 담겨 있다고 생각한 사람은 드물었다. 군인들은 팽창주의를 반대하지는 않았지만, 히틀러가 말하는 '생존 공간'은 그저 그런 팽창주의를 느슨하게 빗댄 표현이지 거기에 깊은 뜻이 담겨 있다고 생각한 장성은 드물었다.

히틀러가 장군들 앞에서 연설을 한 이유는 오직 하나, 군인들의 환심을 사서 군부의 지지를 얻으려는 데 있었다. 그 시도는 그런 대로 성공했다. 연설에 대한 군 지도부의 반응은 엇갈렸다. 훗날 루트비히 베크 장군은 연설 내용은 금세 잊어버렸다고 주장했다. 그 말이 사실이라면 히틀러가 한 말이 크게 마음에 와 닿지 않았다는 뜻이 된다. 반면에 베르너 폰 프리치, 프리드리히 프롬, 오이겐 오트 같은 사람들은 처음에는 히틀러가 하는 말을 듣고 걱정스러워했다. 에리히 프라이허 폰 뎀 부세-이펜부르크 남작은 히틀러가 한 시간 동안 말도 안 되는 소리를 하다가 막판에 가서야 군대 이야기를 했다고 생각했다. 빌헬름 리터 폰 레프 중장은 자고로 물건에 자신이 있는 사업가는 장사치처럼 고래고래 악을 쓰지 않는 법이라고 가시 돋친 논평을 했다. 하지만 히틀러의 연설 내용 자체에 반대하는 사람은 없었다. 그리고 참석자 가운데 상당수는 에리히 레더 제독이 나중에 말한 것처럼 히틀러의 연설을 '아주 만족스럽게' 받아들였다.[52] 그도 그럴 것이, 벼락출세를 한 촌뜨기가 시끄럽게 떠드는 소리가 아무리 역겹다 하더라도 군사력을 정상화하는 것이 독일의 지위를 되찾고 영토 팽창의 밑바탕이 된다는 히틀러의 구상은 베르사유 조약 '준수 정책'이 대세를 이루었던 1920년대 암흑기에도 벌써 군 상층부에서 세워놓은 목표와 맞아떨어졌기 때문이었다.[53] 군은 독일 정치에 휘말려들지 않아야 하며 정파를 넘어서야 한다는 발언, 군사력 확충이야말로 강국의 기초라는 발언은 장성들에게는 듣던 중 반가운 소리였고 바로 그날 블롬베르크 국방장관이 장교들과 육군 군관구 사령관들 앞에서 말한 것과 정확히 일치하는 내용이었다.[54] 군대는 1932년 말 하마터면 내전에 휘말려들 뻔했는데 히틀러는 절대로 그런 일이 일어나서는 안 된다고 보았다.[55] 군 지도부 입장에서 보더라도 재무장과 군사력 확충이 (베르사유 조약의 멍에에서 벗어나야 한다는 전제가 있었지만) 영토 확장을 통해 독일을 다시 열강의 지위로 끌어올리는 길이라는 것은 1920년대 내내 군부의 일관된 방침이었고 시간이 흐를수록 그 절박함을 더욱 강하게 느꼈다. 뿐만 아니라 장교 계급도 이제는 많이 바뀌어서 덜 '봉건적'이고 젊고 부르주아적이며 전문직처럼 '현대화'되었지만, 혁명이 일어나기 전까지 장교 계급이 누렸던 지위와 권위,[56] 그리고 마르크스주의와 민주주의에 위협받으며 부분적으로 훼손된 예전의 지위와 권위를 되찾아야 한다는 공감대도 퍼져 있었다. 아무리 장군들이 히틀러를 못 미더워하더라도 히틀러가 대중으로부터 막강한 지지를 받는다는 점을 감안할 때 그것은 실현 불가능한 목표가 아니었다. 히틀러와 군부의 목표가 똑같지야 않았지만 겹치는 부분이 많았던 것도 분명한 사실이었다. 1933년 '협약'은 이 '부분적 합치'에 바탕을 두고 있었다.[57]

정무실장을 지내면서 국방부의 실력자로 군림했던 발터 폰 라이헤나우 대령은 똑똑하고 '진보적' 성향을 지닌 야심가로서 오래 전부터 국가사회주의 이념에 공감했고, 특권 의식에 사로잡힌 명문가 출신 내지는 부르주아 가문 출신의 보수적 군인들을 경멸했는데, 히틀러의 제안에 군도 화답을 해야 한다고 굳게 믿었다. "새로운 국가로 뛰어들어 우리의 입지를 지켜내야 한다." 그는 이렇게 말한 것으로 알려졌다.[58] 아직 전모가 드러난 것은 아니었지만 제3제국의 출범과 동시에 분명히 제시된 목표를 가리키면서 군대가 "이렇게 국가와 한뜻"이 된 적이 없었다고 덧붙였다.[59] 라이헤나우도 프로이센에서 괴링이 경찰력을 동원하여 좌파를 한창 탄압하던 무렵에 육군 지휘관들 앞에서 군대가 정치에 개입해서는 안 되는 이유를 이렇게 분명하게 밝힌 적이 있었다.

지금은 혁명 상황이라는 사실을 깨달아야 한다. 나라의 썩은 살은 도려내야 하고 그것은 테러를 통해서만 가능하다. 당은 마르크스주의를 미구 밀어붙일 것이다. 군대의 임무는 그냥 쉬어 자세로 서 있는 것이다. 탄압받는 세력이 구해 달라고 해도 도와주면 안 된다.[60]

일부 참석자들은 라이헤나우의 말에 우려를 금치 못했다. 그러나 라이헤나우가 한 말의 진의는 받아들여졌고 먹혀들었다. 장교 중에서 항의한 사람은 단 한 명이었고 그는 그 일로 해임되었다.[61] 라이헤나우처럼 국가사회주의에 적극적으로 동조하는 사람은 드물었지만 군 상층부도, 비록 1923년에는 히틀러의 쿠데타 시도를 무력으로 진압했지만 히틀러가 총리로 임명된 지 며칠도 못 가서 독일에서 가장 막강한, 군대라는 조직의 통수권자로 히틀러를 받아들였다.

히틀러는 히틀러대로 군사비 지출을 우선적으로 배려해야 한다는 원칙을 각료들에게 분명히 밝혔다. 2월 8일 오버슐레지엔 지방에 댐을 건설하는 데 들어가는 예산을 논의하는 자리에서 히틀러는 "앞으로 5년 동안은 독일 민족의 국방력을 회복하는 데 전력해야 한다."고 강조했다. 정부 예산으로 추진하는 일자리 창출 사업도 이런 목적에 부합하는지 여부를 놓고 판단해야 한다. "언제 어디서나 이 점을 먼저 고려해야 한다."[62]

다음날 열린 고용창출위원회 회의에서는 원래 슐레지엔 정부에서 만들었던 고용 창출 긴급 사업 수정안에 따른 5억 제국마르크* 규모의 예산 집행을 논의했는데 이 자리에서 블롬베르크 국방장관은 재무장관이 배정한 5천만 제국마르크 규모의 재무장 관련 사업 예산을 받아들이겠다고 말했다. 신설된 제국항공병참부는 3년에 걸쳐 모두 1억 2700만 제국마르크의 예산을 배정받고 1933년도분으로 우선 4230만 제국마르크

....

제국마르크(Reichsmark) 살인적 인플레를 잡으려고 독일 정부가 1924년에 새로 도입한 화폐. 1914년 1차 세계대전이 터지면서 쓰였고 특히 독일이 전쟁 배상금을 갚으려고 마구 찍어낸 종이마르크(Papiermark)와의 교환 비율은 1제국마르크=1조 종이마르크였다. 갑작스러운 화폐 개혁으로 인한 혼란을 막으려고 과도기 통화로 금 대신 부동산이라는 담보를 보유한 채권은행이 발행한 렌텐마르크(Rentenmark)가 1923년에 발행되었다.

를 배정받았다. 히틀러는 가만히 두고 볼 수가 없었다. 바로 어제 재무장에 역점을 두어야 한다고 밝힌 만큼 긴급 사업도 그런 기준에 따라 예산을 배정해야 마땅하다고 지적했다. 회의록에 따르면 총리는 다음과 같이 주장했다.

독일의 재무장에는 수십억이 들어간다. 항공 분야에 책정된 1억 2700만 제국마르크는 최소한의 금액이다. 독일의 미래는 어디까지나 군사력을 재건하는 데 달려 있다. 재무장에 필요한 예산이 우선이고 나머지는 모두 그 다음이다. 올해의 재무장 속도에 박차를 가할 필요가 없다면 또 모를까 국방장관이 저렇게 쥐꼬리만 한 예산에 만족하는 것은 이해하기 어렵다. 어쨌든 앞으로 국방 예산과 다른 분야의 예산이 충돌할 때는 무조건 국방부 손을 들어주어야 한다. 긴급 사업 예산도 이런 원칙에 따라 집행되었어야 한다. 공공성이 있는 활동을 통해 실업을 극복하는 것이 가장 효과적인 지원책이다. 5억 제국마르크의 사업비는 이런 성격으로는 가장 규모가 큰 만큼 특히 국방력 강화에 투입해야 한다. 이런 사업은 재무장 노력을 위장하는 데도 안성맞춤이다. 논리적으로 독일이 동등한 군사적 권리를 누려야 한다고 인식하는 시점과 실제로 어느 수준까지 재무장이 궤도에 오르는 시점까지는 시간이 걸리기 마련이고 그동안이 가장 어렵고 위험한 시기이므로 앞으로 당분간은 이런 노력을 위장하는 데 역점을 두어야 한다. 독일이 웬만큼 재무장을 해서 다른 열강과, 가령 필요하다면 프랑스와 동맹을 맺을 정도가 되어야 비로소 재무장의 어려운 고비를 넘겼다고 말할 수 있을 것이다.[63]

히틀러가 총리가 되고 며칠 동안에 열린 이 회의들은 재무장 우선론을 확립하는 데 결정적 역할을 했다. 히틀러가 일을 처리하는 방식과 권력을 행사하는 방식도 이때 잘 드러났다. 블롬베르크 국방장관과 군 지도부도 신임 총리의 판이하게 다른 재무장 추진 방식에서 가급적 유리한 결론을 얻어내려고 노력했지만 군축 회담이 한창 열리던 상황이었던 만큼 현실적으로 재정 문제도 그렇고 제도적 문제도 그렇고 재무장을 실천에 옮기는 데는 제약이 많았으므로 처음에는 히틀러가 원하던 것처럼 신속하게 재무장이 이루어지지 못했다. 블롬베르크는 현실이 허락하는 범위 안에서 국방력을 강화하는 데 만족했지만 히틀러는 처음에는 아주 비현실적이리만큼 생각하는 차원이 크게 달랐다. 히틀러는 구체적 처방을 제시하지 않았다. 하지만 재무장을 절대적으로 우선시해야 한다고 하도 강하게 주장했고 여기에 반론을 제기하는 장관이 한 명도 나타나지 않자 그것이 새로운 행동 규준으로 자리 잡았다. 그 바람에 고용 창출 사업의 성격도 달라져서 재무장 수단으로 확 바뀌었다. 처음에는 재무장을 추진하는 데 현실적 제약이 따랐을지 모르지만 얼마 안 가서 국방력 재건과 군사력 확충 계획은 날개를 달았다. 4월 초부터는 정부 예산과는 별도로 군 자체가 주도하는 '2차 무기 증강 사업'이 시행되었다. 3월부터 햘마르 샤흐트가 한스 루터의 후임으로 독일 중앙은행 총재를 맡으면서 히틀러는 무력 증강 사업을 은밀하게 추진하면서 무한정 자금을 대줄 수 있는 든든한 우군을 만났다. 독일의 국방 예산은 연간 7억에서 8억 제국마르크 선이었지만 샤흐트는 유령 회사를 만들어 그 회사 이름으로 환어음을 찍어내는 방식으로 8년 동안 무려 350억 제국마르크의 국방비를 대주었다.[64]

이런 아낌없는 지원 덕분에 무력 증강 사업은 처음에는 지지부진했지만 1934년부터는 쑥쑥 성장했다. 하지만 나중에 샤흐트도 인정했지만 시간이 흐르면서 군사 부문의 지출과 소비 부문의 지출이 충돌할 수밖에 없었고 이것은 경제적 어려움을 낳았다.[65] 그리고 4개년 계획이 진행되던 1935년과 1936년 사이에 심각한 경기 침체로 처음 표면화되었다. 그런데도 여전히 군사 부문을 우선시하는 정책으로 일관했기 때문에 문제는 더욱 악화되었고 전쟁이 아니고서는 도저히 해결될 전망이 안 보였다. 경제에 끼칠 영향에 아랑곳하지 않고 재무장을 위해 무한정 자금을 끌어다 쓴다는 판단을 내렸으니 결국 국가 재정이 파탄 나는 것은 시간 문제였다. 그리고 그 결정은 바로 히틀러의 총리직을 가능하게 해준 정치적·이념적 배경에서 내려진 것이었다. 1933년 2월만 하더라도 아직 전쟁 계획은 없었지만 당시 채택된 재무장 정책은 결국 독일이 국제 경제로 다시 들어가든가 아니면 전쟁이라는 도박을 통한 정복과 지배가 아니고서는 해결될 수 없는 쪽으로 독일 경제를 몰아넣었다. 히틀러는 어느 쪽을 선택할 것인지를 노골적으로 드러냈다.

　자주 삐걱거리기도 했지만 제3제국을 지탱한 것은 히틀러와 군부의 상호 이익에 바탕을 둔 협약이었고 그 협약의 기초가 된 것은 재무장 우선 정책이었다. 히틀러는 1933년 2월에 정책의 기본 좌표를 설정한 것이다. 하지만 그것은 총리가 되면 이렇게 하겠다고 블롬베르크와 한 약속을 실천에 옮긴 것일 뿐이었다.[66] 새로운 정책이 가능했던 것은 히틀러가 독일에서 가장 막강한 힘을 가진 조직과 한몸이 되어 움직였기 때문이었다. 군 지도부는 그들대로 국민을 동원할 수 있고 군대의 위상을 되찾아줄 것으로 보이는 정치인을 얼굴 마담으로 삼아 운명을 같이했기 때문에 이익을 챙길 수 있었다. 하지만 그들은 5년도 못 가서 장교 집단이 전통적으로 누렸던 지위를 상실하고 전인미답의 영역으로 밀고 들어가는 정치 수완가를 섬기는 엘리트 집단으로 바뀌게 될 줄은 까맣게 모르고 있었다.[67]

대공황 탈출

　총리가 되고 처음 몇 주 동안 히틀러가 취한 조치는 대부대를 거느린 군 지도부뿐 아니라 경제 단체를 주무르는 재계 상층부까지도 새 정부의 지지 세력으로 끌어들이려는 데 목적이 있었다. 지주 세력은 설득 할 필요도 없었다. 지주들의 이해를 대변하는 조직 제국지주연맹은 엘베 강 동부의 대농장주들이 주축을 이루었는데 히틀러가 총리에 오르기 전부터 나치를 강력히 지지했다. 히틀러는 처음에는 민족주의 세력을 결집한 연정에 함께 참여한 후겐베르크에게 농업 정책을 일임했다. 2월에 잇따라 발표한 부채 농가의 재산을 채권자가 함부로 압류하지 못하게 막는 정책, 수입 관세를 올려 국내 농산물을 보호하는 정책, 농업 보조금을 지급하는 정책은 농업 단체를 실망시키지 않았다.[68] 후겐베르크가 경제장관으로 버티고 있으니 농업은 확실히 챙겨줄 것처럼 보였다.

　　지주 단체와 제조업 단체는 골치 아픈 농업 보호 정책을 놓고 1890년 대부터 신경전을 벌였다. 그런데 새 정부가 농업을 편파적으로 지원하는 것처럼 보이자 재계와는 자연히 냉랭해질 수밖에 없었다. 히틀러가 총리에 오르자 재계 인사들은 처음에는 미심쩍어하고 시큰둥해하고 불안해했는데 그런 꺼림칙한 느낌은 하루아침에 사라지지 않았다. 독일 굴지의 철강업체 크루프 제철 대표이자 독일기업협회 회장으로 있던 구스타프 크루프를 비롯하여 독일의 재계 인사들은 2월 20일 히틀러의 초대를 받아 총리의 경제 정책을 들으러 괴링의 집무실로 가면서도 마음이 편치 않았다.[69] 그때까지도 히틀러를 못마땅하게 여겼던 크루프는 재계의 입장을 대변하는 목소리를 내려고 단단히 별렀다. 물론 역대 총리들과 만난 자리에서도 그렇게 했으니까 새삼스러울 것은 없었다. 특히 수출 주도 성장 정책으로 나아가야 하며 농업 본위의 보호주의 정책은 부작용을 낳는다는 점을 강조할 작정이었다. 하지만 결국 크루프는 꿀 먹은 벙어리가 되고 말았다. 기업인들은 괴링을 기다린 데 이어 히틀러가 올 때까지 더 오랜 시간을 기다렸다. 히틀러는 특유의 독백을 늘어놓기 시작했다. 한 시간 반 동안 연설을 하면서 아주 포괄적인 내용 말고는 경제 문제는 통 거론하지 않았다. 그렇지만 사유재산과 기업의 독립성을 존중할 것이며, 급진적 경제 정책을 실시할 것이라는 소문은 전혀 근거 없는 낭설이라고 밝히면서 기업인들을 안심시켰다. 그 다음은 히틀러가 늘 말하는 내용이었다. 정치가 제대로 되어야 경제도 있다, 마르크스주의를 박멸해야 한다, 내부의 힘을 키우고 다시 뭉쳐야 한다, 그렇게 해서 바깥의 적에 맞설 수 있는 대비를 해야 한다는 내용이었다. 다가오는 선거는 투표소에서 공산주의를 박살낼 수 있는 마지막 기회이며 표로 응징하는 데 실패할 경우 무력도 불사할 것이라고 히틀러는 비장한 뜻을 밝혔다. 이것은 민족과 공산주의의 사활을 건 싸움이며 이 투쟁이 앞으로 100년 동안 독일의 운명을 결정할 것이라는 말로 히틀러는 연설을 끝냈다.[70] 크루프는 준비했던 말을 차마 꺼낼 수가 없었다. 그저 감사하다는 말만 몇 마디 지어내서 하고 강한 나라가 행복한 나라를 만든다는 원칙적인 말만 덧붙였다.[71] 그러고 나서 히틀러는 자리를 훌쩍 떴다.

괴링이 연설을 시작하면서 그날 모임의 숨은 목적이 드러났다. 괴링은 무모한 경제 실험은 없을 것이라고 경제인들을 다시 한 번 안심시켰다. 그리고 이번 선거를 끝으로 앞으로 100년 동안 선거는 없을 것이며, 선거 결과로 권력 판도가 달라지지는 않을 것이라고 전망했다. 하지만 이번 선거는 중요하다. 따라서 정치 투쟁의 일선에서 싸우지 않는 사람은 재정적으로라도 도움을 주어야 할 책임이 있다고 덧붙였다.[72] 그러고는 괴링도 자리를 떴다. 그러자 샤흐트가 헌금을 요청했다. 그 자리에서 기업인들은 모두 3백만 마르크의 기부금을 내겠다고 약속했고 3주 뒤에는 돈이 전달되었다.[73] 히틀러의 권력 기반을 다지는 데 대기업의 돈이 흘러들어 간 것이다. 그러나 그것은 자발적으로 낸 기부금이라기보다는 강탈에 가까운 것이었다.[74]

돈을 대기는 했지만 기업인들은 여전히 새 정부에 의혹의 눈길을 거두지 못했다. 3월 23일 히틀러가 연설을 통해서 수출 무역을 지원하고 통화 안정에 만전을 기하겠다고 하자 독일기업협회도 새 정부의 정책을 지지한다는 성명을 냈다. 그러나 독일 경제인들은 독일 전역을 휩쓰는 변화를 피부로 느끼지 않을 수 없었다. 4월 초 크루프는 나치에 굴복하여 나치에 밀착한 새로운 경제인 단체를 만들었다. 크루프는 또 유대인 종업원을 해고하고 유대인 기업가는 상공업 단체의 요직에서 배제한다는 원칙에도 합의했다. 5월에는 한때 막강했던 독일기업협회가 친나치 성향의 '독일기업동지회'로 스스로 간판을 바꾸어 달았다. 그렇지만 이런 압력과는 별개로 경기가 살아나고 수익성이 높아지고 (유대인 기업인만 빼놓고는) 사유재산이 보장되고 공산주의를 탄압하고 노동조합을 억눌러주니 짜증스러운 관료주의적 통제가 아무리 거추장스럽더라도 대기업은 점점 새 정부에 협조하는 쪽으로 완전히 돌아섰다.[75]

히틀러는 확실히 전임 총리들과는 스타일이 달랐다. 경제관도 아주 특이했다. 경제 원리에 대해서는 사실은 제대로 아는 것이 거의 없었다. 경제인들을 모아놓고 한 연설에서도 그렇게 말했지만 경제는 부차적이며 정치에 종속되어야 한다고 생각했다. 정치관과 마찬가지로 히틀러의 경제관도 투박한 사회진화론의 지배를 받았다. 앞으로 살아남으려면 나라와 나라의 싸움에서 지지 말아야 하므로 독일 경제는 그런 싸움을 준비하고 실행하는 것을 가장 중요한 목표로 삼아야 한다. 따라서 경쟁이라는 자유주의 개념은 뒤로 밀어내고 경제는 어디까지나 국익에 이바지해야 한다. 마찬가지로 나치 정책에서는 '사회주의적' 가치도 철저히 국익에 종속된다. 히틀러는 사회주의자가 아니었다. 사유재산, 기업의 독립성, 경쟁 체제를 인정하고 노조와 노동자가 고용주와 기업인의 경영권에 개입하는 것을 용인하지 않았지만 히틀러는 경제 발전의 방향을 결정하는 것은 국가이지 시장이 아니라고 보았다. 자본주의에는 손을 대지 않았다. 그러나 히틀러 밑에서 자본주의는 국가에 더부살이를 하는 것처럼 바뀌었다. 그런 경제 '체제'에 걸맞은 이름을 구태여 지어내는 것은 별로 의미가 없다. 그것은 '국가자본주의'라고 하기에도 좀 그렇고 자본주의와 사회주의를 넘어서는 '제3의 길'이라고 하기도 좀 그렇다. 해묵은 계급 특권이 사라지고 현대 과학기술의 수혜가 골고루 돌아가고 생활 수준이 높아지는 독일 사회의 융성을 히틀러가 바랐던 것은 확실하다. 하지만 히틀러는 기본적으로 계급보다는 인종의 관점에서, 경제 혁신보다는 정복의 관점에서 문제에 접근했다. 우세한 지위에 올라서기 위한 싸움에 모든 것을 바쳐야 한다. 새로운 독일 사회는 투쟁을 통해서만 나타날 수 있고 독일 민족은 다른 민족들을 정복하여 노예로 만들어야만 높은 생활 수준을 누릴 수 있다. 과학기술의 잠재력이 풍부한 20세기에 19세기의 제국주의 사고를 접목한 것이다.[76]

경제 이론의 기초조차 이해할 만한 역량이 없었으므로 히틀러를 경제 혁신가라고 부를 수는 없다.[77] 지도자 신화에서는 경제를 단숨에 회복시킨 주역으로 히틀러를 칭송하지만 경제를 살린 것은 히틀러가 아니었다. 히틀러는 노동부 공무원들이 열심히 짜놓은 고용 창출 계획에 처음에는 관심을 보이지 않았다. 샤흐트도 (처음에는) 반신반의했고 후겐베르크는 반대했고 젤테는 적극성을 보이지 않고 재계에서 반감을 보였으므로 히틀러는 고용 창출 사업을 나 몰라라 했다. 그러다가 5월 말이 되면서 재무부 차관으로 일하던 프리츠 라인하르트가 이 사업을 적극적으로 추진하기 시작했다. 그때까지도 망설이는 히틀러를 이 사업을 추진하더라도 인플레는 되살아나지 않는다고 안심시켜야만 했다. 경제부 고위 간부로서 1931년 브뤼닝 내각에서 독자적으로 대규모 실업 감축 사업을 추진하다가 뜻을 이루지 못했던 빌헬름 라우텐바흐는 지금 독일에서 제일 막강한 권력을 지닌 총리도 지금의 경제 상황에서는 결코 인플레를 끌어내지 못한다면서 히틀러를 설득했다.[78] 결국 히틀러는 5월 31일 총리실로 각료와 경제 전문가를 불러 모아놓고 의견을 들었다. 후겐베르크만 빼놓고 모든 사람이 라인하르트 안에 찬성했다. 다음날로 '실업 감소법'이 발표되었다. 처음에는 반신반의했던 샤흐트였지만 한 달도 못 가서 찬성론자로 돌변했다. (파펜 내각 때 라우텐바흐가 처음 아이디어를 내놓았고 얼마 안 가서 재무장에 필요한 자금을 충당하는 수단으로 각광을 받지만) 정부가 지급을 보증하는 환어음을 발행하여 샤흐트는 사업에 필요한 단기 자금을 끌어 모을 수 있었다.[79] 그 다음은 은행, 공무원, 입안자, 사업가가 알아서 했다.[80] 앞서 말한 대로 히틀러는 (파펜과 슐라이허 내각에서 이미 짜놓은 계획을 그저 확대 발전시켰을 뿐인) 고용 창출 사업을 어디까지나 재무장 정책의 일환으로 받아들였다. 그 다음으로는 정부의 정책 홍보에 이용할 수 있다는 점을 높이 샀다. 실제로 처음에는 공공 토목 사업으로 시작했다가 점차 군수 산업으로 확장되면서 독일이 불황에서 벗어나 예상보다 훨씬 빠른 속도로 실업자가 크게 줄어들기 시작하자 히틀러도 홍보의 덕을 톡톡히 보았다.[81]

하지만 히틀러는 간접적인 방식으로는 경제 회복에 상당한 기여를 했다. 정치 구조의 틀을 바꾸어서 기업 활동을 보장하고 나라가 되살아나고 있다는 이미지를 강력하게 심어준 것이다. 마르크스주의를 가차없이 공격하고 노사 관계의 틀을 주도적으로 바꾸고 고용 창출 사업을 뒷받침하고 처음부터 재무장 사업에 총력을 기울인 결과, 히틀러가 총리에 취임할 때부터 회복세로 돌아섰던 경기가 더욱 빠른 속도로 살아날 수 있는 풍토가 자리 잡았다. 히틀러는 적어도 자동차 생산 분야에서는 경기가 살아나는 데 직접 자극을 주었다.

히틀러가 (이미 살아나기 시작한) 경제를 주도적으로 살리는 것처럼 보이고 또 독일 국민들이 그렇게 상상한 것은 히틀러가 경제를 잘 알아서 가 아니라 선전 때문이었다. 2월 11일, 그러니까 경제인들을 모아놓고 연설을 하기 며칠 전에, 히틀러는 몸이 안 좋았던 힌덴부르크 대통령 대신 베를린의 카이저담에서 열린 국제자동차오토바이전시회 개막 연설을 하는 기회를 얻었다. 독일 총리가 연설을 한다는 것 자체가 이례적이어서 그것만으로도 화제를 낳았다. 행사장에 모인 자동차 회사 관계자들은 반색을 했다. 거기다가 히틀러가 자동차 산업은 앞으로 가장 중요한 산업이 될 것이라면서 자동차 산업이 발전할 수 있도록 점진적으로 면세 범위도 넓히고 도로 건설 사업도 적극적으로 추진할 것이라고 밝히자 더욱 좋아했다. 지금까지는 가설된 철로 길이의 총량으로 생활 수준을 쟀지만 앞으로는 도로의 총거리로 기준이 바뀔 것이라면서 도로 건설 사업은 독일 경제를 건설하는 중차대한 사업이라고 히틀러는 선언했다.[82] 나중에 나치는 이 연설이 '독일 자동차 산업의 전환점'이 되었다고 미화했다.[83] 히틀러가 '고속도로 건설의 주역'이라는 신화도 이때 덧붙여졌다.

하지만 히틀러는 자동차 산업의 앞날이 밝다고만 했을 뿐 구체적인 지원책을 내놓지는 않았다.[84] 면세안도 자동차 산업계에서 먼저 내놓은 것이었다.[85] 1933년 봄 실제로 세금 감면이 이루어지지만 그것은 자동차 산업만을 대상으로 한 것이 아니라 경기 부양을 위해 산업 전반에 도입한 정책이었다.[86] 도로를 어떻게 짓겠다는 복안도 히틀러의 머리에는 없었다. 뮌헨의 도로 전문가 프리츠 토트는 1932년 12월 '국가사회주의 건설 사업'의 일환으로 5~6천 킬로미터 규모의 자동차 도로를 건설하는 안을 짤막하게 만들어서 히틀러 앞으로 보냈는데 바로 이 안이 받아들여졌을 가능성이 높다.[87] 규모가 워낙 방대했으므로 민간 기업체에 의존할 수는 없었고 국가가 계획을 짜고 관리할 필요가 있었다. 토트가 추산한 필요 노동력은 모두 60만 명으로 전체 실업자의 10퍼센트에 해당하는 숫자였으니 실업자 감소에도 엄청난 기여를 하는 셈이었다. 하지만 이 아이디어 자체도 토트의 머리에서 처음 나온 것은 아니었다. 파시스트가 집권한 이탈리아에서도 이미 고속도로를 닦고 있었다.

히틀러가 전시에 생산된 수륙 양용 폴크스바겐을 살펴보고 있다. 1933년부터 저렴한 국민차 생산 계획을 발표한 히틀러는 누구나 900제국마르크 어치의 정부 발행 우표를 사면 국민차를 한 대씩 받을 수 있다고 약속했다. 이에 34만 명에 이르는 국민들이 그 계획에 참여했으나, 1939년까지 국민차는 200여 대만 생산되었을 뿐이었다. 더욱이 1939년 전쟁에 돌입하면서 자동차 생산 공장이 군수 공장으로 바뀌어 국민들이 투자한 돈은 모두 군수 산업에 들어가고 말았다.

토트는 이것을 더욱 발전시켜서 1920년대에 남북을 관통하는 881킬로미터 길이의 도로를 뚫자는 안을 '한제슈테테-프랑크푸르트-바젤 고속도로추진협회' 이름으로 내놓았다.[88] 히틀러는 여기에 솔깃했다. 계획 자체가 거창했고 실업자를 줄일 수 있었던 데다 선거전에도 이용할 수 있었기 때문이었다.

그렇지만 2월 11일 히틀러의 연설 내용을 과소평가해서는 안 된다. 히틀러의 연설은 자동차 산업에 긍정적 신호를 보냈다. 자동차 회사들은 신임 총리의 말에 감격했다. 제품도 자세히 알고 수치에도 훤하다는 것은 단순히 자동차 산업에 호감을 품은 정도가 아니라 오래 전부터 자동차에 관심이 많았다는 뜻이었고 말이 통한다는 뜻이었다.[89] 〈민족의 감시자〉는 히틀러의 연설에서 그럴 듯한 홍보거리를 재빨리 찾아냈다. 그리고 앞으로 누구나 자동차를 몰 수 있는 날이 온다는 전망을 펼쳤다. 사회 엘리트 계급이 모는 롤스로이스 같은 고급 자동차가 아니라 이제는 '국민차'가 나온다는 것이었다.[90] 1천 제국마르크 미만의 누구나 몰수 있는 '국민차'에 대해 히틀러는 자동차 시장보다는 선전 차원에서 주목했고 1933년 초부터 벌써 이것을 선전했다.[91]

히틀러가 연설을 하고 몇 주도 안 지나서 벌써 자동차 산업이 살아나는 조짐이 뚜렷이 보였다. 1933년 2/4분기의 자동차 생산량이 전년도 같은 분기보다 2배 이상으로 늘어났다.[92] 1933년 3월 31일부터 자동차 등록세를 없앤 것도 자동차 산업에 도움이 되었다. 자동차 산업이 슬슬 살아나니까 부품 산업도 살아났고 철강 산업도 살아났다.[93] 그것은 히틀러가 정책을 잘 짠 덕분도 아니었고 전적으로 히틀러가 연설을 잘했기 때문도 아니었다. 경기 순환의 자연스러운 흐름에 따라 불황이 끝나면 누가 뭐라고 해도 경기는 다시 좋아졌을 것이다.[94] 하지만 자동차 회사들은 히틀러가 연설을 하기 전까지는 미래를 어둡게 전망하고 있었다.

히틀러는 선전 효과만을 노리고 그런 말을 했을지 모르지만 아무튼 히틀러의 연설은 자동차 산업에 적절한 신호를 주었다. 자동차 회사들과 관련 업체들은 이 신호를 자기들에게 유리한 쪽으로 해석했고 그것은 정권에도 이득이 되었다. 시키지도 않았는데 고속도로추진협회 관계자는 벌써 3월에 마인-네카르 계곡을 잇는 고속도로 건설안을 히틀러 앞에 내놓았다. 히틀러는 신기원을 여는 원대한 구상이라며 반색을 하면서 꼭 구체화하도록 힘쓰겠다고 다짐했다.[95] 히틀러는 원대한 도로 건설 계획을 밝혔지만 교통부는 (독일 철도가 배후에 있었지만) 먼저 일반 도로망을 개선하는 것이 급선무이며 고속도로 사업은 실효성이 의심스럽다며 원칙적으로 사업 추진에 반대했다. 그래도 히틀러는 '고속도로 사업'을 밀어붙어야 한다고 고집했다. 결국 6월 말부터 프리츠 토트가 독일도로총감독의 자격으로 사업을 관장하게 되었다. 프리크 내무장관과 엘츠-뤼베나흐 교통장관이 항변했지만 히틀러는 묵살했다. 11월 말이 되면 토트는 더 광범위한 재량권을 누리면서 도로 건설 사업과 관련된 내용은 히틀러에게만 보고했고 샤흐트 독일 중앙은행 총재의 배려로 예산을 마음껏 썼다.[96]

자동차 산업과 고속도로 건설은 미국에서도 각광을 받고 있었고 독일이라는 나라가 이제는 두 발로 우뚝 설 수 있는 새로운 독일로 발돋움하는 상징으로 여겨져서 여론의 호응도 컸다. 히틀러는 이 분야에서 결정적으로 기여했다.[97]

의사당 방화 사건

히틀러가 2월 11일 자동차 산업 경영자들 앞에서 연설을 하던 무렵 선거 운동은 벌써 시작되었다. 그 전날 저녁에는 총리가 되고 나서 처음으로 스포츠궁에서 선거 유세를 했다. 거대한 강당이 꼭대기까지 청중으로 가득 메워졌다. 언론을 임의로 쓸 수 있어 히틀러가 하는 연설은 독일 전국으로 생방송되었다. 마르크스주의를 공격하는 커다란 깃발이 휘날리는 가운데 괴벨스는 라디오 청취자들에게 현장의 목소리를 생생하게 전달하면서 지금 최대 2천만 명의 독일 국민이 라디오를 듣고 있다고 주장했다. 괴벨스는 능란한 솜씨로 라디오 청취자들의 기대감을 한껏 끌어올렸다.

청취자 여러분, 지금부터 한번 상상해보십시오. 맨 아래는 커다란 공연장이고 양옆으로 복도가 나 있고 둥근 관람석이 빙 둘러싸고 또 그 위로 원형 관람석이 에워싼 이 어마어마한 건물이 모조리 사람으로 뒤덮여 있는 광경이 상상이 가십니까! 한 사람 한 사람은 알아볼 수가 없고, 그저 사람들이 내지르는 소리에, 함성에, 사람들, 사람들, 사람들의 덩어리입니다. "독일은 일어선다!" 사람들이 외치는 소리가 들리십니까, 우리의 운동을 이끌어 가는 아돌프 히틀러 총리를 향해 던지는 "만세!" 소리가 들리십니까. 지금 돌격대 지도자의 신호에 따라 군기와 국기를 든 기수들이 입장하고 있습니다. 저 밑에서 국기를 든 네 명의 기수가 움직이고 당기를 든 수백 명의 기수가 그 뒤를 따릅니다. …… 독일 국가가 울려 퍼지는 가운데 드넓은 강당은 국기의 물결입니다. 모두가 하나가 되어 독일 국가를 열창하고 있습니다. …… 참으로 감격적이고 위대한 장면이 아닐 수 없습니다. 사리에서 일어나 손을 들고 국가를 부릅니다. 인산인해입니다. 2층 관람석은 하켄크로이츠가 새겨진 나치 깃 발로 뒤덮였습니다. 기대감이 고조되고 분위기는 한껏 달아올랐습니다. …… 당장이라도 제국 총리께서 입장하실 것만 같은 분위기입니다. ……

바로 그때 히틀러가 나타났다. 만세의 함성이 거세게 울려 퍼지면서 장내가 떠나갈 듯한 환호성이 괴벨스의 방송에서 터져나왔다. "들으셨 습니까." 나치 선전장관은 기쁨에 겨워 외쳤다. "지도자가 도착하셨습 니다!"[98]

히틀러는 조용히, 마치 머뭇거리듯이 운을 뗐다. 14년 동안 바이마르 정당들이 독일을 망쳐 왔다. 처음부터 나라를 다시 일으켜 세워야 한다. 히틀러는 역대 바이마르 정부들과는 달리 국민에게 거짓말하지 않는 정 부, 국민에게 사기 치지 않는 정부가 되겠다고 약속했다. 국가 재건은 오직 국민에 의해서, 국민 스스로의 노력에 의해서, 외부의 어떤 도움도 없이 국민의 의지에 의해서만 이루어질 수 있다. 회생의 기초가 되는 것 은 계급 이론이 아니라 영구불변의 법칙, 곧 독일 민족의 생존을 위한 투쟁을 지상 과제로 삼는 원칙이 되어야 한다. 오직 힘만이 이 세상에 평화를 가져올 수 있다. 히틀러의 목소리에 힘이 들어갔다. 계급 분열을 조장하는 정당들은 분쇄해야 한다. "독일에서 마르크스주의와 그 떨거 지들을 쓸어버리는 임무를 단 한시도 망각하지 않을 것"이라고 히틀러 는 다짐했다. "마르스크주의가 이기느냐, 독일 민족이 이기느냐 둘 중 의 하나입니다. 독일은 승리할 것입니다." 민족 공동체를 되살려서 독 일 농민과 독일 노동자가 하나로 뭉치는 민족 단합이 미래 사회의 기초 가 된다. 인격의 가치, 개인의 창조력을 존중할 것이다. 의회 민주주의 체제는 아예 싹부터 잘라내야 한다. 공직자의 부패와 싸우면서 독일인 의 명예도 되찾아야 한다. 특히 젊은 사람들에게 독일이 지난날 쌓아올 린 위대한 전통에 대한 자부심을 불어넣어야 한다. 생활의 모든 영역에 서 민족혼을 일깨우고 민족 앞에 죄를 짓는 사람은 가차없이 응징하고 민족과 나라의 부활을 위해서 함께 싸우는 사람은 누구나 친구와 형제 로 받아들이는 자세로 살아가야 한다. 히틀러의 연설은 절정으로 치달았다. "국민 여러분, 저희에게 4년만 시간을 주십시오. 그 다음에 평가하고 심판하십시오. 국민 여러분, 4년만 시간을 주십시오. 아무 조건 없이 이 일을 맡았던 것처럼 그때 가서도 깨끗이 물러나겠다고 약속드립니다." 히틀러는 연설 마지막에 가서는 하느님에게 바치는 기도처럼 말투를 바꾸어서 분위기를 고조시켰다.

누가 뭐라고 해도 저는 이 나라 사람들을 믿습니다. 누가 뭐라고 해도 이 나라가 다시 일어설 것이라고 굳게 믿습니다. 이 민족은 도저히 사랑하지 않으려야 않을 수가 없습니다. 지금은 우리를 미워하는 사람들이 수두룩하지만 언젠가는 그분들도 우리 곁에 서서 그동안 갖은 시련을 겪으면서 어렵게 만들어낸 위대하고 명예롭고 강인하고 영화롭고 정의로운 새로운 독일 제국을 반갑게 맞이할 것이라고 바위처럼 단단히 믿습니다. 아멘.[99]

"환상적인 연설이다." 괴벨스의 표현이었다. "마르스크주의를 완전히 제압했다. 비장한 마무리도 좋았다. '아멘'. 가슴을 울리는 힘이 있다."[100] 아닌 게 아니라 수사학이 돋보이는 힘찬 연설이었다. 하지만 그 이상은 아니었다. 공산주의와 한판 붙겠다는 것 말고는 구체적으로 내놓은 정책이 없었다. 굳센 의지와 정신력과 단결로 나라를 다시 일으키겠다는 것, 그것이 전부였다. 유대인은 거론하지 않았다. 그렇지만 꼭 나치주의자가 아니더라도 애국심이 있는 독일 국민은 누구나 히틀러가 끌어내려던 정서에 이끌렸다. "무자비하다가 위협적이다가 힘을 과시하다가 다시 '하느님' 앞에서 겸손한 모습을 보였다가, 한마디로 청중을 파고드는 내용을 절묘하게 배합했다. 스포츠궁에 모인 청중은 광란의 도가니에 빠졌다." 라이프치히에 사는 중산층이며 나치에 동조하지 않았던 점잖은 교양인도 라디오를 들은 2천만 명의 청취자 가운데 한 사람으로서 그렇게 말하면서 "자기에게 떨어진 과업을 통해 쑥쑥 자란 인물"이라고 히틀러를 평가했다.[101] 나치는 아니었지만 민족주의에 동조했던 함부르크의 중산층 시민 루이제 졸미츠도 라디오 연설을 듣고 나서 히틀러가 규탄한 "14년의 쓰레기 같은 세월"에 대한 역겨움이 바로

“우리의 심정”이라고 느꼈다. “보통 연설가가 아니라 천재 지도자”라고
그녀는 히틀러를 평가했다.[102)]

　선거 운동이 시작되자 히틀러는 또다시 수많은 도시에서 대규모 청중
을 모아놓고 지칠 줄 모르고 유세를 다녔다. 나치는 국가 공권력을 앞세
워 반대 진영을 탄압하고 폭력을 행사했다. 특히 제일 덩치가 큰 프로이
센에서 공권력이 남용되었다. 그 주역은 프로이센 내무부를 장악한 헤
르만 괴링이었다. 이미 파펜이 1932년 7월 20일에 한 차례 숙청을 단행
했지만 괴링은 새로운 변화에 걸림돌이 될 만한 잔존 인물들을 프로이
센 경찰과 행정부 고위직에서 말끔히 쓸어냈다. 그리고 후임자들에게
선거 운동 기간 동안 자기가 경찰과 행정부에 바라는 것이 무엇인지를
분명하게 밝혔다. 2월 17일자 서면 훈령에서는 돌격대, 친위대, 철모단
같은 범민족 단체와 손잡고 “전국적 선전 활동을 총력 지원”하고 “국가
에 적대적인 조직들”의 행위를 “필요하다면 무기를 동원해서라도” 기필
코 저지하라고 경찰에 지시했다. 경찰이 무기를 사용할 경우 어떤 결과
가 벌어지더라도 자기가 다 막아주겠지만 “잘못된 포용심을 발휘하여”
본연의 의무를 다하지 못하는 공직자는 처벌을 면치 못할 것이라고 으
름장을 놓았다.[103)] 이런 분위기에서는 나치 산하의 조직들이 정적과 유
대인을 상대로 여봐란듯이 무차별 폭력을 저지를 수밖에 없었다. ‘좌익
급진분자’의 폭력이 늘어났다는 구실로 돌격대, 친위대, 철모단을 ‘보조
경찰’로 끌어들인 2월 22일부터는 그런 현상이 유난히 심해졌다. 공산
주의자는 특히 잔인하게 다루었다. 공산주의자라는 이유로 때리고 고문
하고 심각한 부상을 입히고 죽이기까지 해도 누구 하나 처벌받는 사람
이 없었다. 프로이센을 비롯하여 나치가 장악한 주에서는 공산주의자는
집회와 시위도 벌일 수 없었고 신문을 발행할 수도 없었다. 사회민주당
조직도 불법 단체로 규정하고 신문사들의 보도를 제한하니 언론은 제
구실을 못했다. 법정에서는 당국의 그런 조치가 위법이라고 판결했고
신문사들도 저항을 했지만 계란으로 바위 치기였다.[104)]

　공권력이 주도하는 폭력 사태가 빈발하자 히틀러는 온건파인 체했다.
히틀러의 연기력은 녹슬지 않았다. 당 내 급진파들이 자기 말을 안 듣고

있지만 알아듣게 타이를 것이니 기강이 바로잡힐 때까지 인내심을 갖고
기다려 달라고 각료들에게 요청했다. "히틀러의 진정성을 의심할 이유
가 없다는 것이 각료들의 중론이었다. 우리는 내각 경험이 히틀러에게
긍정적인 영향을 끼치리라고 믿었다." 훗날 파펜은 그렇게 술회했
다.[105] 가톨릭 중앙당이 '어처구니없는 상황'에 대해서 힌덴부르크와
파펜에게 항의하자 히틀러는 가톨릭 중앙당 집회를 어지럽힌 당 내 '도
발 세력'을 비난하는 성명을 내고 '엄격한 기강'을 세우라고 지시했다.
아직은 가톨릭 중앙당의 도움이 필요하다는 것을 히틀러는 너무나 잘
알았다. 마르크스주의를 공격하는 데 선거 운동의 초점을 맞추어야 한
다고 히틀러는 덧붙였다.[106] 하지만 가톨릭 중앙당이 공격을 받은 것은
사실 히틀러의 잘못이 컸다. 일 주일 전 라디오 연설에서 가톨릭 중앙당
이 이끄는 뷔르템베르크 주정부를 히틀러가 맹렬히 비난한 것이다. 이
름 모를 사람들이 통신선을 끊어버리는 바람에 히틀러의 라디오 방송은
중간에 끊기고 말았다.[107]

히틀러는 1933년 2월에 불거진 폭력에 굳이 개입할 필요가 없었다.
괴링에게 맡겨놓으면 되었고 다른 지역에서도 나치 간부들에게 일임하
면 충분했다. 이제는 국가의 비호를 받는 나치 깡패들이 동네나 직장에
서 오랫동안 지켜보아 온 적들에게 그동안 쌓인 울분을 마음대로 풀어
버릴 수 있도록 묵인한다는 신호만 보내면 되었지 굳이 적극적으로 나
설 필요도 없었다. 2월에 프로이센을 휩쓴 폭력 사태는 비인간적 행위
에 대한 국가의 제약이 갑자기 풀렸다는 최초의 신호탄이었다. 제3제국
의 역사적 성격을 규정할 때 보통 '문명 유린' 체제라는 말을 쓰는데 그
런 징후가 이때 처음으로 나타났다.

그러나 아무리 잔혹한 폭력 사태가 빈발해도 히틀러의 인기는 떨어지
지 않았다. 처음에는 반신반의하거나 비판적이었던 사람도 2월을 겪으
면서 차츰 히틀러를 '적임자'로 보았고 한번 기회를 주어야 한다고 생각
했다.[108] 경기가 약간 호전된 것도 유리하게 작용했다. 하지만 무엇보
다도 중요한 것은 독일 국민 가운데 상당수가 마르크스주의에 강한 반
감을 품고 있었다는 사실이었다. 사회주의와 공산주의를 오래 전부터

의사당 방화 사건의 범인인 마리누스 반 데르 뤼베가 법원에서 심리를 받고 있다. 이 사건을 공산주의자들의 소행으로 규정한 나치는 사건이 난 지 하루 만에 '국민과 국가를 수호하는' 긴급령을 통과시켜 독재로 가는 길을 열었다.

혐오해 온 세력은 이 둘을 묶어서 '마르크스주의'라고 불렀는데 나치는 선전을 통해 이런 혐오감을 편집증에 가까운 반마르크스주의로 끌어올렸다. 선거가 다가올수록 히스테리의 도가 심해졌다. 좌파를 전면적으로 공격하는 세력은 대중의 폭넓은 지지를 받는다고 굳게 믿었다. 가톨릭 신도가 많이 사는 지역에서는 마르크스주의자를 종교, 질서, 국가의 적이라고 보았기 때문에 프로이센의 강경책을 성원했고 히틀러에게도 박수를 보냈다. "히틀러는 프로이센을 시원하게 쓸어버리는 중이다. 국민에게 기생충처럼 달라붙은 떨거지들의 따귀를 갈기는 중이다. 바이에른에서도, 특히 뮌헨에서도 비슷하게 밀어붙여야 한다. …… 지금까지 해 온 대로만 하면 이번 총선에서 독일 국민의 압도적 지지를 얻을 수 있을 것이다."[109]

폭력과 협박은 3월 5일 선거일까지도 비슷한 양상으로 계속되었을 것이다. 나치 지도부가 특별한 비책을 머리에 담고 있었다는 증거는 없었다.[110] 그러나 2월 27일 마리누스 반 데르 뤼베가 의사당에 불을 질렀다.

　마리누스 반 데르 뤼베는 노동자 집안에서 자란 네덜란드 젊은이였는데, 네덜란드에서 공산당 청년 조직에 가입한 전력이 있었다. 그러나 1931년 공산당에서 뛰쳐나왔다. 베를린에는 1933년 2월 18일에 왔다. 나이는 스물넷이었고 똑똑했지만 혼자 지내기를 좋아해서 어떤 정치 조직에도 가담하지 않았다. 하지만 자본주의 체제에서 노동자계급이 당하는 수모와 불의에 몹시 분노하는 젊은이였다. 그래서 억압당하는 노동자계급을 일깨우기 위해서 '거국 집중 내각'에 과감히 맞서는 투쟁 행위를 혼자서 감행하기로 마음먹었다. 2월 25일 베를린 곳곳에서 건물에 불을 지르려다가 세 번이나 실패했다.[111] 이틀 뒤에는 성공을 거두었지만 그 결과는 기대와는 전혀 딴판이었다.[112]

　2월 27일 저녁 한프슈탱글은 원래 괴벨스의 집에서 히틀러와 저녁을 먹기로 약속이 잡혀 있었다. 그런데 심한 독감과 고열 때문에 괴링의 관저에 있던 방에서 일찍 눈을 붙였다. 당시 그는 의사당 부근에 있던 괴링의 관저에서 잠시 지내고 있었다. 초저녁이 지났을 때 하녀가 지르는 비명에 잠이 깼다. 침대에서 튀어나와 창밖을 보니 의사당이 활활 타고 있었다. 바로 괴벨스에게 전화를 걸어서 숨이 넘어가는 목소리로 히틀러를 바꿔 달라고 했다. 괴벨스는 무슨 일이냐고 묻고는 대신 말을 전해 주겠다고 했다. "의사당에 불이 났다고 전하세요." "지금 장난하는 겁니까?" 괴벨스는 그렇게 되물었다.[113] 괴벨스는 '정신 나간 보고'라고 생각하고 처음에는 히틀러에게 알리지 않을 생각이었다. 그런데 여기저기 알아보니 보고가 사실이었다. 그 길로 히틀러와 괴벨스는 의사당으로 쏜살같이 달려갔다. 괴링은 벌써 현장에 도착해 있었다. 파펜도 곧 합류했다. 나치 지도자들은 이 방화를 공산당 봉기의 신호탄이라고 굳게 믿었다. "방화와 테러로 치안을 어지럽히고 혼란을 틈타 권력을 탈취하려는 마지막 기도"라고 괴벨스는 규정했다.[114] 나치 지도자들 사이에서는 공산주의자들이 잠자코 있지는 않을 것이며 선거를 앞두고 어떤 식으로든 세력 과시를 할 것이라는 우려가 팽배했고 나치가 아닌 각료들도 비슷한 걱정을 하고 있었다. 2월 24일 경찰의 공산당 중앙당사 급습은 그런 불안감을 가중시켰다. 딱히 꼬투리를 잡을 만한 내용은 아니었지만 경찰은 국민에게 무장 봉기를 호소하는 전단을 비롯하여 불온 문서가 다수 발견되었다고 주장했다. 괴링은 기자회견까지 했다. 경찰이 적발한 문서는 독일이 볼셰비즘의 혼란에 휘말리기 직전에 있음을 보여준다고 괴링은 주장했다. 그러면서 공산주의자들이 정치 지도자를 암살하고 공공건물을 공격하고 공인의 아내와 가족 살해를 획책하고 있다고 덧붙였다. 증거는 내놓지 않았다.[115] 그런 유형, 무형의 우려는 공산당이 총파업을 일으킬지 모른다는 불안감의 연장선상에 놓인 두려움이었다. 1932년 12월 초 파펜이 실각한 이유도 군부가 공산주의자들의 총파업이 불러올 내전 가능성을 우려했기 때문이었다. 아울러 1918년 11월 히틀러가 좌파에게 느꼈던 배신감도 크게 작용했다. 1933년 2월 말의 반공 히스테리는 그런 두려움을 더욱 부각했다.[116] 의사당이 불탔다는 소식에 나치 지도부가 경악하고 즉시 공산주의자들에게 철퇴를 내린 것은 그만큼 두려움이 컸기 때문이었다.

   방화범은 금세 체포되었고 체제에 저항하기 위해 벌인 일이라고 범행 사실을 순순히 털어놓았다. 처음 심문을 한 경찰 수사진은 공범이 없는 단독 범행이라고 확신했다.[117] 불이 났다는 소식을 듣고 대뜸 의사당 안의 귀한 태피스트리가 무사한지부터 물었던 괴링은 현장에 도착하자마자 공산주의자들이 불을 질렀다고 덮어놓고 단정했다.[118] 괴링보다 한 시간 늦게 밤 10시 30분에 온 히틀러도 그런 주장을 금세 곧이들었다. 괴링은 틀림없는 공산주의자들의 소행이라고 히틀러에게 말했다. 방화범 한 명은 벌써 잡혔고 불이 나기 얼마 전에 공산당 의원 몇 명이 의사당 안에 있었다는 것이었다.[119] 공산당의 봉기가 시작된 것이라고 괴링은 주장했다.[120] 어물어물할 때가 아니었다. 히틀러는 파펜에게 말했다. "이것은 하늘이 내린 계시입니다, 부총리 각하! 만약 이번 방화가 내 짐작대로 공산주의자들의 소행이라면 우리는 이 악랄한 병균에 철퇴를 가해야 합니다!"[121] 나중에 프로이센 게슈타포 초대 사령탑에 오르는 루돌프 딜스는 방화범을 취조한 내용을 설명하려고 했지만 총리는 벌써 제정신이 아니었다. 딜스는 불은 '미치광이'가 저지른 것이라고 말

나치는 1933년 2월 27일 의사당 방화 사건을 빌미로 공산당을 공격했으며 다가오는 선거에도 이를 이용했다. 선거 포스터에 히틀러의 이름과 함께 과격한 구호가 눈에 띈다. '화염에 휩싸인 의사당. 공산당원이 방화. 공산당원을 불태워 죽여버리고 사회민주주의자를 타도하고 히틀러에게 투표하라.'

하려고 했다. 그러나 히틀러는 퉁명스럽게 말을 끊으면서 오래 전부터 꾸민 일이라고 버럭 소리를 질렀다. 공산당 의원들을 당장 교수형에 처해야 한다고 히틀러는 노발대발했다. 사회민주당과 제국군기단도 가차없이 잡아들여야 한다.[122] 히틀러가 하도 난리를 피우니까 그날 밤 괴링의 관저에서 괴벨스, 괴링, 프리크를 중심으로 급히 소집된 회의도 공산주의자들에게 반드시 보복을 해야 한다는 쪽으로 분위기가 흘렀다. 히틀러는 연기에 능했지만 그때는 본심이었다. 그렇지만 너무 격앙한 상태라서 분명한 지시를 내리지는 못했다.[123] 딜스에게 두서없이 이것저것 어수선한 명령을 내린 것은 괴링이었다. 괴링은 경찰에 비상령을 내리고 얼마든지 총격을 가해도 괜찮다고 공산당원과 사회민주당원을 있는 대로 잡아들이라고 지시했다. 딜스는 돌아가는 분위기가 정신병원이 따로 없다고 생각했다.[124]

히틀러는 그 길로 프로이센 내무부로 가서 밤 11시 15분에 긴급 회의를 소집하고 프로이센 치안 문제를 논의한 다음 괴벨스와 함께 나치의 당보인 〈민족의 감시자〉 베를린 지국으로 갔다. 공산당을 규탄하는 사설이 쓰여지고 다음날 나올 신문의 1면도 새롭게 꾸며졌다.[125]

프로이센 내무부에서 열린 회의에서 차관 루트비히 그라우에르트는 의사당 방화는 공산주의자의 소행이라고 단정하면서 방화와 테러 활동을 겨냥하여 프로이센 주 일원에 긴급령을 선포하자고 제안했다.[126] 다음날 빌헬름 프리크 독일 내무장관은 '국민과 국가를 수호하는' 포고령 초안을 들고 나왔다. 대상도 독일 전체로 확대했다. 블룸베르크 국방장관은 히틀러의 의중이 반영된 조치라고 보았다. 이제 중앙 정부는 (처음에는 독일 내무장관으로 되어 있었다) 지방 정부에 개입할 수 있는 권리를 손에 넣었다. 프리크가 전범으로 삼은 것은 전해 7월 파펜이 프로이센에 개입하면서 작성한 비상사태 초안과 12월에 오토 대령이 작성한 '모의 전쟁' 보고서였다.[127] 그러나 한 가지 중요한 차이가 있었다. 프리크의 안에 따르면 긴급조치를 실행하는 주체는 제국군이 아니라 독일 내무장관(나중에 독일 정부로 바뀌었다)이었다. 군부가 그런 권한을 가질 경우 히틀러의 권력은 제약을 받았을 것이다. 그렇게 되면 히틀러가 운명을 걸었던 선거도 위태로워졌을 것이다. 그런데 긴급령은 히틀러의 입지를 단번에 굳혀놓았다. 독재로 가는 길이 뻥 뚫렸다.[128]

'국민과 국가를 수호하는' 긴급령은 2월 28일 오전에 열린 내각 회의에서 마지막으로 다룬 안건이었다.[129] 이 포고령에 담긴 짤막한 문단 하나로 언론, 집회, 결사의 자유, 우편과 통신의 비밀을 누릴 수 있는 자유를 비롯하여 바이마르 헌법에서 보장받았던 개인의 권리들이 무기한 유예되었다. 또 다른 문단은 질서 회복을 위해 중앙 정부가 주정부에 개입할 수 있는 권리를 보장했다.[130] 총선이 끝나고 나서 나치는 독일의 주들을 모두 장악하기 위해 이 권리를 한껏 활용했다. 서둘러 만들어진 긴급령은 사실상 제3제국의 헌장 노릇을 했다.

내각 회의가 열렸을 무렵의 히틀러는 히스테리에 가까운 모습을 보였던 어제의 히틀러가 아니었다. 더 냉정하고 무자비한 모습으로 나타났다. 공산당과 "결판을 내는 데 유리한 심리적 여건"이 조성되었다, 더 기다리는 것은 무의미하다고 히틀러는 주장했다. 공산주의자와 싸울 때는 "법에 구애" 받아서는 안 된다.[131] 그래서는 승산이 없기 때문이다. 이미 괴링은 방화가 일어난 직후 공산당 의원과 간부를 무차별적으로 잡아들이고 있었다.[132] 공산당원이 주목표였지만 사회민주당원, 노동조합 간부, 카를 오시에츠키 같은 좌파 지식인도 감옥으로 급조된 돌격대와 친위대 지역 사무실 지하로 끌려가서 얻어맞고 고문당하고 심지어는 살해당했다.[133] 4월까지 이렇게 '예비 검속'으로 끌려 들어간 사람의 숫자는 프로이센에서만 2만 5천 명이나 되었다.[134]

폭력과 탄압은 여론의 폭넓은 지지를 받았다. 개인의 자유를 박탈하고 독재의 기틀을 세운 긴급령은 박수를 받았다. 바이에른 고지대의 벽촌에서 나오던 한 지방지는 이렇게 썼다.

'긴급령'이 마침내 독일이 앓고 있던 고질병, 여러 해 동안 독일의 피를 감염시키고 오염시킨 궤양, 독일의 철천지원수라고 할 수 있는 볼셰비즘의 심장부를 건드렸다. …… 혹독한 처벌이 예상되지만 감히 긴급령에 맞서지는 못할 것이다. …… 살인범, 방화범, 독극물은 엄단해야만 막을 수 있고 테러는 사형으로 다스려야 한다. 독일을 날강도들의 소굴로 만들려고 하는 미치광이들은 무력화시켜야 한다.

이 신문이 오래 전부터 나치에 우호적이었던 것은 사실이었지만 이것은 나치를 지지하는 사람들 사이에서만 찾아볼 수 있는 정서가 아니었다. 기독교에 기반을 둔 서구 문명 전체가 흔들리고 있다고 이 신문은 주장하면서 "바로 그렇기 때문에 우리는 이번 긴급령을 환영한다."고 결론지었다.[135] 괴링이 공산당 본부를 수색한 결과를 발표하는 자리에서 쓴 논조와 똑같았다.[136]

도시 지역의 분위기도 별반 다르지 않았다. 한때 교사로 일했던 함부르크 시민 루이제 졸미츠도 괴링의 논리를 그대로 받아들였다.

그들은 무장한 깡패를 마을로 침투시켜 사람을 죽이고 불을 질렀다. 대도시도 치안이 마비되고 대러기 들끓을 판이다. 독약에서 펄펄 끓는 물까지 가장 정교한 것에서 가장 원시적인 것까지 온갖 무기가 동원될 것이다. 옛날 이야기에나 나올 법한 이야기지만 독일인 같으면 아무리 제정신이 아니더라도 도저히 상상할 수 없고 정신이 멀쩡한 사람이라면 도저히 믿을 수가 없는 그런 끔찍한 고문과 악행이 소련에서는 실제로 벌어졌다.[137]

루이제 졸미츠는 친구들도 그렇고 이웃 사람들도 그랬지만 그런 논리에 넘어가서 결국 히틀러에게 표를 던졌다. "지금은 어떤 식으로든 그가 하는 일을 지지하는 것이 중요하다." 그때까지 나치당을 지지하지 않았던 지인이 한 말이었다.[138] "대다수 독일 국민의 사고와 정서를 지배한 것은 오직 히틀러뿐이었다. 그의 명성은 하늘을 찌를 듯했다. 히틀러는 넌더리나고 서글픈 독일이라는 세상의 구세주였다." 루이제 졸미츠는 그렇게 평가했다.[139]

3월 4일 히틀러는 쾨니히스베르크에서 라디오 연설을 통해서 유권자들에게 마지막으로 한 표를 달라고 격정을 담아 호소했다. 연설 말미에 가서는 동프로이센을 해방시킨 제국대통령과 서부 전선에서 평범한 군인으로서 조국 방위의 임무를 다했던 자신이 손을 잡았다고 비장한 어조로 말했다. 연설이 끝나자 쾨니히스베르크 교회에서 치는 종소리가 울려퍼졌고 1757년 프리드리히 대제가 오스트리아를 격파한 것을 기념하는 찬미가와 합창곡이 하나로 어우러졌다. 괴벨스는 흘러간 독일과 새로운 독일이 하나가 되는 감동의 순간을 하나도 놓치지 않았다. 독일 전역에서 〈민족이 눈뜬 날〉이라는 노래에 맞추어 횃불을 들고 행진을 하던 군중은 거리마다 설치된 확성기에서 흘러나오는 지도자의 연설을 생생히 들을 수 있었다.[140]

다음날 치른 선거에서 나치는 모두 43.9퍼센트의 득표율로 647석 중에서 288석을 차지했다. 민족주의 연정에 함께 참여한 군소 정당들은 모두 8.0퍼센트를 얻었다. 가혹한 탄압에도 불구하고 공산당은 놀랍게도 12.3퍼센트를 얻는 저력을 보였고 사회민주당은 18.3퍼센트의 지지를 얻었다. 아직도 좌파 진영은 3분의 1에 가까운 지지를 얻었다. 가톨릭 중앙당은 작년 11월에 치른 선거보다 약간 줄어든 11.2퍼센트의 득표율을 올렸다. 나머지 정당들은 예전과는 달리 거의 지지를 얻지 못했다.[141] 괴벨스는 '찬란한 승리'를 거두었다고 주장했지만[142] 그 정도는 아니었다. 그래도 분명히 약진은 약진이었다. 선거 막판에 터진 방화 사건이 호재로 작용한 것도 분명했다. 나치당만으로 과반수 의석을 얻는 것이 히틀러의 바람이었지만 민족주의 성향의 군소 정당들까지 보태어 겨우 과반수를 넘겼으므로 히틀러는 연정에 참여한 보수 세력에 여전히 기댈 수밖에 없었다. 선거 결과를 전해 듣고 히틀러는 힌덴부르크가 살아 있는 한 보수 세력을 몰아낼 수는 없을 것이라고 말한 것으로 알려졌다.[143] 하지만 좌파가 극심한 탄압을 받았다는 점을 감안하더라도 바이마르 선거 제도에서 한 정당이 43.9퍼센트를 얻는다는 것은 결코 쉬운 일이 아니었다. 나치당은 88.8퍼센트라는 기록적인 투표율에서도 크게 덕을 보았다.[144] 전에는 투표를 하지 않았던 사람들이 히틀러에게 몰표를 던졌다. 나치의 가장 확실한 지지 기반은 개신교 진영이었지만 그동안은 공략하는 데 애를 먹었던 가톨릭 표도 이번에는 꽤 많이 얻었다. 니더바이에른 지방만 하더라도 나치의 득표율은 1932년 11월 선거 때 18.5퍼센트였던 것이 39.2퍼센트로 올라갔다. 쾰른-아헨은 17.4퍼센트에서 30.1퍼센트로 높아졌다.[145] 좌파의 경우는 이야기가 달랐지만, 나치한테 표를 던지지 않은 유권자라고 해서 무조건 히틀러를 반대한 것은 아니었다는 사실도 중요하다. 다당제를 무너뜨리고 히틀러가 자신의 이미지를 정당 지도자에서 민족 지도자로 탈바꿈하는 데 성공할 경우 1933년 3월 선거에서 얻은 표보다 훨씬 광범위한 지지를 끌어낼 수 있는 가능성이 살아 있었다.

수권법과 의회의 죽음

3월 5일 선거는 아직 나치가 주정부를 장악하지 못한 지역에서도 권력을 차지하는 기폭제가 되었다. 히틀러는 직접 나설 필요가 없었다. 시기시 않아도 당 활동가들이 자발적으로 행동에 나섰고 그것은 제국 총

리의 권력 기반을 엄청나게 강화했다.[146]

　일이 전개되는 과정은 어디서나 비슷했다. 국가사회주의자를 치안 책임자로 앉히라고 주정부에 압력을 넣는다, 대도시에서 돌격대와 친위대가 행진을 벌이면서 세력을 과시한다, 상징적 의미로 관공서에 하켄크로이츠가 그려진 나치 깃발을 단다, 엄연히 선거를 통해 집권한 지방 정부는 맥없이 굴복한다, 치안 회복을 빌미로 중앙 정부에서 제국통제관을 내려보낸다. 함부르크에서는 선거 전부터 벌써 이런 과정이 척척 진행되었다. 브레멘, 뤼베크, 샤움부르크-리페, 헤센, 바덴, 뷔르템베르크, 작센에 이어 프로이센 다음으로 큰 바이에른 주에서도 똑같은 과정이 되풀이되었다. 3월 5일부터 9일까지 이 주들은 모두 중앙 정부 밑에 나란히 줄을 섰다. 특히 바이에른에서는 히틀러를 오랫동안 보좌해 온 측근들이 장관으로 임명되었다. 내무장관에 아돌프 바그너, 법무장관에 한스 프랑크, 교육장관에 한스 셈이 앉았다. 특히 의미심장한 것은 정무장관에 에른스트 룀, 뮌헨 경찰청장에 하인리히 힘러, 바이에른 정치경찰청장에 라인하르트 하이드리히가 임명된 사실이었다. 서른 살도 채 안 된 키가 훤칠한 금발의 청년인 하이드리히는 해군 장교 출신으로서 당시 당 보안국장을 맡고 있었는데 이때부터 출세 가도를 달려서 나중에는 친위대 안의 치안 총수 자리에 오른다. 파펜 내각이 한번 흔들어놓았고, 2월에 나치 출신이 각료로 들어가면서 그만큼 허약해진 프로이센을 교두보로 삼아서 나치는 조금씩 주정부들을 장악해 나갔다. 나치는 연정에 참여한 군소 정당의 눈치를 보지 않고 주정부를 거뜬히 손에 넣었다. 합법적인 것처럼 보였지만 중앙 정부가 주정부의 권리를 찬탈한 것은 명백히 헌법에 위배되는 행위였다. 나치는 치안을 회복해야 한다고 떠들었지만 정작 사회 불안을 조성한 것은 힘으로 윽박지르고 정치적 공갈을 일삼았던 나치 산하 단체들이었다. '국가를 위협하는 공산주의자들의 폭력 행위'로부터 나라를 수호한다는 명분을 내걸었지만 2월 28일의 긴급령은 허울뿐이었다. 나라의 질서를 뒤흔드는 폭력 행위를 자행한 세력은 오직 나치당원들뿐이었다.[147]

　선거가 끝나고 승리감에 도취하여 나치 폭력배들이 더욱 노골적으로 폭력을 휘두르자 지도층 인사들이 히틀러에게는 물론이고 힌덴부르크에게도 불평을 늘어놓았다.[148] 돌격대원과 친위대원이 섞인 나치 불량배들이 외교관 부인들에게 위협적인 언동을 하고 운전기사 한 명을 폭행하고 루마니아 대사가 탄 관용차에서 깃발을 찢어버리는 등 물의를 일으킨 것에 대해서 파펜이 지적을 하자 히틀러는 정색을 하면서 자기 부하들을 적극적으로 옹호했다. 그러면서 좀 고생을 시켰어야 하는 건데 부르주아를 너무 일찍 살려준 것이 탈이라고 말했다. 6주일만 볼셰비즘 치하에서 고생을 했어도 "공산 혁명과 우리의 봉기가 어떻게 다른지 알아차렸을 겁니다. 난 바이에른에서 그런 차이를 생생히 지켜본 사람이라서 죽어도 못 잊습니다. 그리고 선거 때 누누이 강조했지만 마르크스주의를 절멸하고 소탕하는 임무를 누가 뭐라고 해도 끝까지 완수할 겁니다." 히틀러는 그렇게 되받았다.[149] 하지만 폭력은 역효과를 낳았다. 3월 10일 히틀러는 외국인들을 괴롭힌 사건을 직접 언급하기는 했지만 그것을 공산주의자의 소행으로 돌리면서 오늘부터 범민족 정부는 독일 전역의 행정력을 장악한다고 선언하고 앞으로 범 '민족 봉기'는 상부에서 계획을 세우고 지시를 할 것이라고 밝혔다. 사람을 괴롭히고 차량 운행을 막고 영업을 방해하는 행위는 원칙적으로 모두 금지한다고 덧붙였다.[150] 이틀 뒤 라디오 방송에서도 다시 같은 내용을 되풀이했지만[151] 결과는 신통치 않았다.

2월에 프로이센을 강타한 폭력과 탄압은 어느새 독일 전역으로 번졌다. 농촌 지도자로 활동했던 게오르크 하임 박사는 후겐베르크 앞으로 보낸 편지에서 바이에른의 상황은 "공산주의자들의 폭정 아래 있을 때보다도" 심각하다고 썼다.[152] 힘러와 하이드리히의 비호 아래 바이에른에서는 인구 비례로 따졌을 때 프로이센보다 훨씬 많은 사람이 끌려갔다. 3월과 4월에 모두 1만 명가량의 공산당원과 사회민주당원이 체포되었다. 6월까지 '예비 검속' 대상자의 규모는 모두 2만 명으로 늘어났는데 대부분을 노동자가 차지했다.[153] 상당수는 동네 사람과 직장 동료의 밀고로 붙잡혀 들어갔다. 특히 1933년 3월 21일 정권과 지도자에 대해 악의적 험담이나 비판을 하는 자들을 단속하는 법이 통과되면서부터는 밀고가 폭증하여 경찰도 문제점을 지적할 정도였다.[154] 뮌헨에서 20킬로미터밖에 떨어지지 않은 도시 다하우 외곽 제분소가 있던 자리에 3월 22일 처음으로 강제수용소가 문을 열었다.

수용소의 존재는 결코 비밀이 아니었다. 힘러는 수용소가 문을 열기 이틀 전에 기자회견까지 해서 그 사실을 알렸다. 처음에는 200명으로 시작했다. 5천 명까지 수용할 수 있는 규모였다. 공산주의자를 가둘 예정이지만 필요하다면 사회민주당 계열의 마르크스주의 조직, 제국군기단 대원도 집어넣을 생각이라고 밝혔다. 신문에도 보도되었다.[155] 수용소를 만든 것은 공포 분위기를 퍼뜨리기 위한 것이었는데 그 의도는 적중했다. 그 안에서 벌어지는 것으로 알려졌거나 벌어지는 것으로 짐작되는 차마 입에 담기 어려운 끔찍한 일들은 다하우를 소름 끼치는 이름으로 만들었다. "자꾸 까불면 다하우로 보내버린다."는 말이 통용될 정도였다. 하지만 나치의 목표물이 된 정적이나 종족을 제외하면 강제수용소를 불편하게 받아들이는 사람은 별로 없었고 심지어 좋아하는 사람들도 있었다. 다하우의 중산층은 같은 도시에서 살아가던 시민들이 공산주의자로 지목되어 줄지어 끌려가는 모습을 보면서 저 사람들은 말썽꾼 아니면 혁명분자, 계급도 다르고 딴 세상에서 살아가는 사람들이려니 여겼다.[156]

힘러가 다하우 수용소를 세웠다고 발표한 다음날 새 정부는 또 다른 얼굴을 보여주었다. 테러 현장에서는 어느 정도 거리를 두려고 노력하면서 히틀러는 또 다른 웅장한 선전극의 주인공이 된다는 기대에 부풀어 있었다. 총리 즉위식을 과거 프로이센 제국의 수도 노릇을 했던 포츠담에서 올리고 그날을 '포츠담의 날'로 정하여 화려한 축제를 벌인다는 계획이었다. 국민계몽선전장관으로 새로 임명된 요제프 괴벨스의 아이디어였다. 좌파 세력과 잔인한 한판 승부를 벌이면서 드러낸 추잡한 잔인성을 감쪽같이 숨기고 국가사회주의는 화려하게 단장을 하고 프로이센 보수주의와 한몸이 되었음을 만방에 알렸다. 프랑스 대사는 이것을 '포츠담의 희극'이라고 부르면서 비웃었지만 독일 국민은 지난 몇 주 동안 벌어진 불유쾌한 사건들을 잊고 싶었던 탓인지 이 행사에 큰 관심을

1933년 3월 21일 '포츠담의 날'에 힌덴부르크 대통령에게 깍듯하게 고개를 숙이는 히틀러. 공손한 신하의 역할을 맡은 히틀러는 검은 예복 차림으로 겸손하게 노대통령에게 손을 내밀었다.

보였다. 군부와 새 정권의 관계도 돈독해졌다.[157]

새로운 정부의 출범을 알리는 기념식을 포츠담에서 열기로 한 결정은 3월 7일 힌덴부르크, 히틀러, 파펜, 프리크, 블롬베르크, 괴링이 참석한 회의에서 정해졌다. 행사의 골격도 이날 얼추 짜였다. 원래는 4월 3일부터 8일까지 치를 예정이었다.[158] 그러다가 새봄이 시작된다는 뜻도 있고 비스마르크가 제국을 수립하고 나서 처음 의회가 소집된 날이라고 해서 3월 21일로 날짜를 앞당겼다.[159] 의회 개막을 상징하는 축제를 위한 '대구상'은 괴벨스가 행사 닷새 전까지 꼼꼼하게 마무리 지었다.[160] '포츠담의 날'에는 지난 제국의 영광 위에서 새로운 제국을 시작한다는 뜻이 담겨 있었다. 새로운 독일과 프로이센의 전통을 접맥한다는 의미도 있었다. 기념식이 열리는 포츠담의 가르니송키르헤 교회는 18세기 초 프로이센을 통치한 호엔촐레른 왕들이 세운 교회였다. 그곳에서 왕실 근위대는 하느님과 왕 앞에서 충성을 맹세했다. '군인 왕'이었던 프리드리히 빌헬름 1세와 아들 프리드리히 대제도 교회 지하 묘지에 묻혀 있었다. 교회는 군국주의적인 프로이센 왕실과 국가 권력, 기독교의 단합을 상징했다.

1933년 3월 21일 프로이센 육군 원수 제복 차림의 힌덴부르크 대통령이 망명한 황제의 텅 빈 왕좌를 향해 지휘봉을 치켜들었다. 왕좌, 교회 제단, 프로이센의 영광이 담긴 군사 전통은 단합의 또 다른 상징이었다. 힌덴부르크는 과거와 현재를 잇는 고리였고 히틀러는 현재와 미래를 잇는 고리였다. 공손한 신하의 역할을 맡은 히틀러는 나치 제복이 아니라 검은 예복 차림으로 지엄한 노대통령 앞에서 허리를 깊이 숙이고 손을 내밀었다.[161] 히틀러의 연설 주제는 단합으로 나라를 다시 일으켜 세우자는 것이었다. 그런 단합에 참여할 수 없는 사람들에 대해서 히틀러는 딱 한마디 언급했다. 그들은 '무력하게' 만들어야 한다는 것이었다. 힌덴부르크는 "이 민족의 상승"을 지키는 수호자로 끌어올려졌다. "1월 30일 제국의 지휘봉을 이 젊은 독일에 맡겨준 분"이었다. 한 참석자는 나치를 지지하지는 않았지만 히틀러의 '온건'한 연설에 감동을 받고 이렇게 썼다.[162] "히틀러는 자랐다. 전에는 그저 당 지도자일 뿐이었고 광적인 선동가였지만 이제는 히틀러를 싫어하는 사람들도 놀랄 만큼 제대로 된 정치가로 바뀌어 가고 있다."[163] 기념식이 끝나 갈 무렵 교회 안에서는 찬가가 울려퍼지고 교회 밖에서는 스물한 발의 축포가 터지는 가운데 프로이센 역대 왕들의 묘에 꽃다발을 바쳐 프로이센의 전통과 국가사회주의 정부가 일심동체임을 상징적으로 나타냈다.[164] 그 다음에는 제국군을 주축으로 돌격대, 친위대, 철모단 같은 민족주의 단체가 힌덴부르크 대통령 앞에서 몇 시간에 걸쳐서 사열식을 거행했다. 히틀러는 퇴역 장성들보다 몇 줄 뒤에 각료들과 함께 겸손하게 서 있었다.[165]

이틀 뒤의 히틀러는 사뭇 다른 모습이었다. 다시 갈색 나치 제복 차림으로 제국 의회가 열리는 베를린의 크롤 오페라 극장으로 도도하게 들어서자 작년 11월부터 히틀러가 통과시키려고 벼르던 수권법을 발의하기 위해 줄지어 앉아 있던 제복 차림의 나치 의원들은 환호성을 보냈다. 나치의 정적들, 특히 사회민주당 의원들은 주눅이 들 만도 했다. 거대한 나치 깃발이 실내를 뒤덮었다. 무장한 돌격대, 친위대, 철모단 대원들이 출구란 출구는 모두 지키고 서 있었고 건물 밖도 에워싸고 있었다. 수권법이 통과되지 않을 경우 벌어질 사태에 대해서는 책임지지 못한다고 경고하는 듯했다. 81명의 공산당 의원석은 의원들이 달아나거나 체포되어서 자리가 텅 비어 있었으므로 이제 나치당 의석은 과반수가 넘었다. 그러나 수권법은 3분의 2가 넘는 의원이 찬성해야만 통과될 수 있었다.[166]

3월 7일에 이미 히틀러는 내각 회의에서, 검거된 공산당 의원들이 회의에 참석하지 못할 테니 수권법이 3분의 2가 넘는 지지를 받고 무난히 통과할 것으로 기대한다고 말했다. 보수파가 다수를 차지한 각료들 사이에서 히틀러는 한결 자신감이 넘쳐 보였다.[167] 그로부터 다시 일 주일 남짓 지나서는 각료들에게 "이렇다 할 타격 없이 민족 혁명이 이루어졌다."면서 정국 진단을 확실하게 내렸다. 그러면서 "경제 영역에서 판단을 내리려면 아직 시간이 걸리니까 순전히 정치적인 영역으로 국민의 관심을 끌어 모아야 한다."고 냉소적으로 덧붙였다. 그러고는 수권법으로 넘어갔다. 히틀러는 수권법이 3분의 2가 넘는 지지를 무난히 끌어낼 것으로 예상한다고 밝혔다. 프리크는 가톨릭 중앙당은 수권법에 기본적으로 반대하는 입장은 아니지만 먼저 총리와 만나기를 원한다고 보고했다. 또 나중에 헌법에서 벗어나도 크게 문제가 되지 않도록 법을 가급적이면 느슨하게 만드는 것이 좋겠다고 노골적으로 제언했다. 그러면서 달랑 세 줄로 된 초안을 제시했지만 그것만으로는 미흡해서 결국 나중에 완성된 초안은 그것보다는 꽤 길어졌다. 프리크는 공산당 의원을 재적 의원에서 뺄 경우 432표가 아니라 378표만 얻으면 충분하다고 설명했다. 그러자 괴링이 필요하다면 사회민주당 의원도 몇 명 더 몰아낼 수 있다고 옆에서 거들었다. 나치의 '합법적 혁명'은 그렇게 얄팍한 합법성으로 이루어진 것이다. 그러나 보수파 각료들은 아무도 반대하지 않았다. 앞으로 수권법 아래 만들어지는 법은 대통령이 굳이 관여할 필요 없게 하자는 마이스너의 제안에도 반대하지 않았다.[168] 3월 20일 즈음이면 히틀러는 만나서 대화를 해보니 가톨릭 중앙당은 수권법의 필요성에 공감하더라고 각료 회의에서 자신 있게 밝힐 수 있었다. 그 대신 수권법에 따라 이루어지는 조치들을 관장할 수 있는 소위원회를 만들자는 가톨릭 중앙당 안을 받아들이자고 했다. 그 경우 확실하게 가톨릭 중앙당의 지지를 얻어낼 수 있었다. "가톨릭 중앙당의 지원으로 수권법을 통과시키면 대외적으로도 체면이 설 것"이라고 히틀러는 강조했다. 어떻게 하면 선전에 이용할 수 있을지를 늘 고려한 것이다.[169] 이어서 프리크가 수권법 초안을 내놓았고 각의는 그것을 받아들였다. 내무장관은 필요한 의석을 확보하기 위해 헌법을 농락하는 제안을 내놓았다. 사전 통보 없이 나타나지 않은 의원은 참석한 것으로 간주한다는 것이었다.[170] 그렇게만 하면 정족수 문제는 걱정하지 않아도 된다. 회의에 불참하는 것은 항의의 뜻이 담긴 기권으로 받아들여야 마땅했지만 그런 논리는 인정되지 않았다. 이번에도 보수파는 잠자코 있었다.[171]

장애물은 제거되었다. 1933년 3월 23일 히틀러는 의회에서 연설을 했다. 두 시간 반에 걸친 연설에서 히틀러는 처음에는 자기가 물려받은 독일의 암울한 상황을 이야기하고 그러고 나서 앞으로 펼쳐 나갈 정책을 가장 포괄적인 용어에 담아 내놓았다. 전략적으로 교묘하게 다듬은 방안이었다. 교육계, 언론계, 문화계의 지원을 바탕으로 '대대적인 윤리 쇄신' 운동을 벌이겠다고 약속했다. 거국 정부는 개신교와 가톨릭이라는 기독교의 양대 종파를 "우리의 민족혼을 떠받치는 가장 중요한 두 기둥"으로 본다고 밝혔다. 기득권을 건드리지 않겠다는 소리였다. 다분히 가톨릭 중앙당 의원들을 의식한 발언이었다. 사법부는 사회 공익을 위해 "판결의 융통성"을 보여줄 필요가 있다는 언급은 사법부의 자유주의 원칙을 공격한 발언이었으므로 의원들의 호응이 따랐다. 기업도 자본의 이익만을 추구할 것이 아니라 국민을 섬길 줄 알아야 한다. 통화는 안정적으로 끌고 가겠다. 경제 정책은 농민과 중산층을 살리고 실업을 줄이는 데 역점을 두겠다. 그러기 위해서 먼저 고용 창출 프로그램을 가동하고 공공 사업에 노무대를 투입하겠다고 밝혔다. 군대에는 칭찬을 아끼지 않았다. 그렇지만 군축 회담이 획기적인 성과를 낳을 경우 정부는 군대 규모를 키울 생각은 없다고 덧붙였다. 독일은 다른 나라와 비슷한 자유와 권리를 요구할 뿐이기 때문이다. 연설 말미에 가서 히틀러는 상당히 의미 있어 보이는 양보를 했다. 의회의 존립을 위협하지는 않을 것이라고 공언했다. 대통령의 직위와 권한도 건드리지 않고 주정부도 없애지 않겠다고 다짐했다. 교회의 권리를 침해하지 않을 것이고 교회와 국가의 관계도 지금의 상태를 유지하겠다고 약속했다.[172]

하나같이 얼마 안 가서 깨질 약속들이었다. 그렇지만 당장은 그런 약속이 먹혀들었다. 가톨릭 중앙당이 히틀러와의 면담에서 요구한 대로 가톨릭교회의 지위를 보장하는 것처럼 보였다. 그렇지만 표결을 앞두고 열린 의원 총회에서 가톨릭 중앙당 의원들은 의견이 엇갈렸다. 수권법이 부결될 경우 내전이 벌어져서 무법천지가 될 것이라는 이야기가 나왔다. 히틀러의 은근한 협박 전술이 이번에도 효력을 보인 것이다. 카스 당수는 "조국이 위태로운 만큼 부결시켜서는 안 된다."고 주장했다. 결국 하인리히 브뤼닝(한때 총리를 역임), 요제프 에르징(당 내에서 알아주는 노동운동가) 같은 당 지도부를 비롯하여 나머지 가톨릭 중앙당 의원들도 몹시 께름칙하기는 했지만 나라에 대한 책임감에서 당 총재의 뜻을 따르기로 했다.[173]

잠시 휴회되었던 의회는 오후 6시가 넘어서 다시 열렸다. 사회민주당 당수 오토 벨스는 위협적인 분위기에서도 용기 있게 소신을 밝혔다. 연설 내내 목소리를 낮게 깔았지만 사회민주당은 끝까지 인도주의, 정의, 자유, 사회주의 원칙을 고수할 것이라면서 감동적으로 연설을 마무리했다.[174] 벨스가 연설하는 동안 히틀러는 무언가를 적었다. 나치당 의원들의 열화와 같은 박수갈채를 받으면서 연단으로 나간 히틀러는 무자비하게 반박에 나섰다. 한 문장이 끝날 때마다 환호성이 터져나왔다. 아까는 그런 대로 점잖게 연설을 하더니 지금은 본색을 드러냈다. 준법 정신만 중요한 것이 아니라 권력을 가졌다는 것이 훨씬 중요하다고 히틀러는 기염을 토했다. 사실은 지금의 법안을 의회에 굳이 내놓을 필요도 없었다. "마음만 먹었으면 얼마든지 우리가 손에 넣을 수 있었던 권리를 지금 이 시각 독일 의회에 승인해 달라고 호소하고 있는 것"이다. 다시는 적을 건드리기만 하고 내버려 두는 잘못을 범하지 않을 것이다. 확실히 바로잡아놓든가 아니면 박살을 낼 것이다. 의견은 달라도 독일에 대한 충성심만 있다면 그런 사람들과는 얼마든지 손잡을 수 있다. 그러나 사회민주당은 그런 세력이 아니라고 못 박았다. 착각하지 말라고 히틀러는 경고했다. 나는 인터내셔널의 지시를 인정하지 않는다. 사회민주당은 수권법을 왜 만들려고 하는지 그 의도조차 파악하지 못하고 있다. 사회민주당은 투표하지 않았으면 좋겠다. "독일은 자유로워지겠지만 당신들을 통해서는 아니다."라고 호통을 치면서 히틀러는 연설을 끝냈다.[175] 히틀러는 연설에서 그냥 말로만 약속을 했지 확실한 보장을 한 것은 하나도 없었는데 카스는 가톨릭 중앙당 대표로 연설을 하면서 법안을 지지하겠다는 뜻을 밝혔고 다른 정당 대표들도 잇따라 지지 의사를 표명했다. 표결이 시작되었다.[176] 사회민주당 반대표 94표에 찬성 441표로 독일 의회는 스스로 사망 선고를 내렸다.

'나라와 국민의 고통을 없애는 법', 곧 수권법은 다음날로 발효되었다.[177] 히틀러의 협박 전술이 적중한 것은 이번이 처음도 아니었고 마지막도 아니었다. 이제 권력은 국가사회주의자들 손으로 들어갔다. 나치당이 아닌 모든 정당이 사라지는 과정이 시작된 것이다. 가톨릭 중앙당의 역할은 특히 치욕스러운 것이었다. 테러와 탄압이 두려워서 히틀러의 합법성을 가장한 전략에 굴복한 것이다. 결국 히틀러가 거의 모든 헌법의 제약에서 벗어날 수 있도록 옆에서 도와준 꼴이었다. 이제 히틀러는 의회의 눈치도, 대통령의 눈치도 볼 필요가 없었다. 물론 아직 절대 권력을 거머쥔 것은 아니었다. 그러나 독재의 기반을 굳게 다지는 중요한 조치들이 잇따라 나왔다.

정당의 사멸

1933년 봄과 여름에 독일은 새로운 지도자를 중심으로 뭉쳤다. 나치가 장악한 단체와 조직을 '일체화'하는 작업은 독일에 있는 모든 사회 정치 집단의 활동에 구석구석 영향을 끼쳤다. 아래에서 올라오는 나치 행동대의 압력은 그런 '일체화' 작업에 박차를 가하는 데 중요한 역할을 했다. 그러나 너무나 많은 조직이 새로운 시대가 열리리라는 기대감에 부풀어 자진해서 동참하고 협조를 아끼지 않았다. 가을 즈음이면 나치 독재는 엄청나게 강화되었고 히틀러의 권력 기반도 아울러 강해졌다. 여기서 눈여겨봐야 할 것은 히틀러가 특별히 애를 쓰지도 않았는데 이런 결과가 나왔다는 점이다. 권력의 생리를 파악하는 본능과 선전에 써 먹는 실력은 여전히 발휘되었지만 히틀러가 아주 공을 들여서 밀고 나간 일은 별로 없었다.

한 가지 히틀러가 적극적으로 추진한 것은 '제국총리가 수립한 정책을' 주 차원에서 뒷받침하도록 '제국지사'라는 자리를 신설한 일이었다.[178] 처음에는 '주 대통령'이라고 부르면서 히틀러는 3월 29일 각료 회의에서 이 자리를 만들자고 고집했다.[179] 결국 4월 7일 '중앙과 지방의 일체화를 위한 2차 법'에서 이런 직위가 졸속으로 만들어지면서 개별 주들의 독립성이 크게 훼손되었다.[180] 일단 자리를 만들었으니 히틀러는 밑바닥을 중심으로 이루어지는 '당 혁명'이 위험한 수준으로 번지는 것을 막기 위해 신임하는 사람들을 빨리 지방으로 내려보내고 싶어했다. 그런 위험한 사태를 방치할 경우 결국에는 히틀러의 권력 기반까지 흔들릴 수 있었다. 돌격대와 친위대 본부가 있고 3월 선거 이후로 나치 급진파가 사실상 권력을 차지한 바이에른은 특히 아슬아슬한 지역이었다. 제국지사라는 직위도 사실은 나치 급진파가 베를린 중앙당에 반기를 들 가능성을 배제할 수 없었던 바이에른 지역을 의식하고 만든 자리였다. 한때 소비에트공화국을 무너뜨리는 데 앞장선 자유군단 출신의 영웅 리터 폰 에프가 4월 10일 바이에른 제국지사로 임명되었다. 나머지 주들은 프로이센을 제외하고는 시간을 두고 5월과 6월에 제국지사를 내려보냈다. 주로 연륜이 있고 관록이 있는 관구장을 보냈다. 히틀러에 대한 그들의 충성심도 대단했지만 그들에 대한 히틀러의 신임도 그 못지않게 컸다. 당 내 반란 세력이 들고일어나는 것을 중앙 정부를 위해

막아주리라고 안심하고 믿어도 좋은 사람들이었다.[181] 그렇지만 문제
는 주정부와 손발이 잘 맞지 않는다는 점이었다. 제국지사는 기존의 조
직에 옥상옥처럼 얹혀서 당과 정부 사이에서 엉거주춤 걸터앉아 있다
보니 차츰 그 역할이 불분명해졌다. 1934년 1월부터 주정부가 독립성
을 상실하면서 중앙 정부 대표를 지방 정부에 보낸다는 논리는 더욱 궁
색해졌다.[182] 그렇지만 한번 만들어진 자리는 쉽게 없어지지 않는 법이
다. 중요한 것은 심복에게 권력이 있다는 사실이었다. 국가가 임명한
'지사들'은 스스로 알아서 자기 입지를 확보해야 한다는 것이 히틀러의
기본 생각이었다.[183] 제국지사와 중앙 정부 장관 사이에 "정치적으로
각별히 중요한 문제"에서 알력이 있을 때는 히틀러가 나서서 단안을 내
렸다. "그런 최종 판단은 당연히 지도자가 내려야 한다는 것이 총리의
생각이었다."[184]

　프로이센 제국지사 자리는 히틀러가 겸임했다. 프로이센 제국통제관
으로 파펜이 계속 남아 있어야 할 이유가 없어진 것이다.[185] 히틀러는
비스마르크가 그렇게 했던 것처럼 프로이센 정부 수반과 중앙 정부 총
리를 하나로 합치는 방안을 생각했는지도 모를 일이었다. 만일 그랬다
면 히틀러는 괴링의 야심을 미처 고려하지 않은 셈이었다. 1932년 7월
파펜이 쿠데타를 일으킨 뒤로 프로이센에는 주총리가 없었다. 괴링은 3
월 5일 프로이센 주의회 선거가 끝나면 그 자리가 자기에게 올 것이라
고 기대했다. 그러나 히틀러는 괴링을 기용하지 않았다. 괴링은 기지를
발휘하여 주총리 선출을 4월 8일 새로 소집된 주의회의 의제에 올렸다.
바로 전날 프로이센 제국지사 자리에 오른 몸이었지만 히틀러는 주총리
를 기정사실화하려는 괴링의 의도를 외면할 수 없었다. 4월 11일 괴링
은 프로이센 주총리에 임명되었다(프로이센 내무장관직도 계속 맡았다). 4
월 25일에는 프로이센 제국지사의 권한도 넘겨받았다. 괴링은 독일에
서 가장 큰 주의 경찰 총수를 맡으면서 처음 권력의 기반을 쌓았다. '2
차 일체화법'은 간접적이지만 효율적으로 괴링의 권력을 더욱 강화했
다. 그러니 괴링이 사람들 앞에서 과도하리만큼 히틀러에게 충성을 다
짐하는 것도 놀랄 일은 아니었다. 괴링은 '가장 충성스러운 가신'으로

1933년 3월 켐니츠에서 돌격대가 공산주의자에게 폭력을 저지르고 있다. 나치당의 급진파는 나치가 집권하고 처음 몇 주 동안 좌파를 상대로 총공격을 가하였다.

히틀러를 섬겼다.[186] 이 일화는 지방을 '일체화'하는 작업 전체가 얼마나 벼락치기로 어수선하게 진행되었는지를 드러낸다. 하지만 괴링을 비롯하여 자신이 믿는 심복들을 주정부에 대거 심어 둔 덕분에 지방에서 히틀러의 권력 기반은 한층 튼튼해졌다.

1933년 봄과 여름에 히틀러는 엇비슷한 두 세력 사이에 서 있었다. 그 모순은 결국 나중에 폭력을 써서야 해결된다. 히틀러가 권력을 잡을 때까지 오랜 세월 눌릴 대로 눌린 힘은 3월 총선과 함께 폭발했다. 히틀러는 유대인을 비롯하여 나치가 추구하는 혁명에 걸림돌이 되는 세력에 공격을 퍼붓는 당 하부 급진파의 정서에 공감했을 뿐 아니라 기존의 정치판을 뒤엎고 나치의 편에 서기를 거부하는 사람들을 협박하기 위해서라도 이런 급진파가 필요했다. 하지만 제국지사라는 자리를 만든 데서도 드러나지만 히틀러는 한편으로는 급진파의 봉기가 통제 불능 상태로 빠져들 경우 자기 입지도 흔들린다는 것을 잘 알았다. 전통적으로 권력을 향유해 온 보수 민족주의 진영, 그중에서도 특히 국가사회주의를 탐탁지 않게 여기는 군부와 재계 인사들은 공산주의자와 사회주의자를 겨눈 폭력에는 반대하지 않겠지만 자신들의 기득권이 위협받는다고 느낄 때는 낯을 확 바꾸리라는 점을 히틀러는 고려할 수밖에 없었다. 따라서 히틀러로서는 자기가 결코 완전하게 통제할 수 없는 당 내 혁명 세력과 반드시 지원을 받아야만 하는 군부와 재계 사이에서 불편한 중간 노선을 걸어갈 수밖에 없었다. 나중에 돌격대와 정면으로 충돌한 것도 결국 이런 모순이 쌓였기 때문이었다. 그렇지만 제3제국에서 두고두고 나타나는 현상이 이때부터 벌써 분명히 모습을 드러냈다. 히틀러가 부추기거나 모른 척하는 가운데 당 내 급진파가 강한 요구를 하면 정부 관료들이 그것을 정책에 반영하고 경찰은 다시 그것을 집행하는 구조가 바로 그것이었다. '누적적 급진화' 과정은 나치 정부가 출범한 뒤 처음 몇 주 안에 벌써 나타났다.[187]

히틀러는 3월 10일에 국가 지도자의 지시에 저항하는 행위를 즉시 중단할 것과 '마르크스주의 절멸'이라는 임무를 한시도 잊지 말 것을 촉구하면서 원칙을 지키자는 성명을 발표했지만 그것은 마지못해 한 말이었다.[188] 당연히 그 말은 무시되었고 '개별 행동'을 금지하고 당원의 '과잉 행위'에 무거운 처벌을 내리려는 괴링과 프리크의 노력도 수포로 돌아갔다.[189]

나치가 집권하고 처음 몇 주 동안 좌파를 상대로 총공격을 가한 것을 제외하면 '개별 행동'은 나치 급진파가 유대인에게 화풀이를 한 것이 대부분이었다. 반유대주의는 처음부터 국가사회주의 운동의 '이념적 접착제'였고 사회의 근간을 위협하는 혁명 충동의 배출구이자 행동주의의 표적이었으므로 이것은 당연한 현상이었다. 유대인을 불구대천의 원수로 여기는 히틀러가 권력을 잡고 나자 유대인을 폭력에서 지켜주던 보호막이 단숨에 사라졌다. 누가 위에서 시킨 것도 아니고 입을 맞춘 것도 아닌데 나치 깡패들이 유대인 사업체를 공격하고 유대인을 구타하는 일이 다반사로 벌어졌다. 3월 12일자 〈프랑크푸르터 차이퉁〉에 따르면 브레슬라우에서 5명의 돌격대원이 대낮에 유대인 연극 연출가를 차 안에 밀어넣고 옷을 벗긴 다음 고무봉으로 패고 채찍으로 매질하는 사건이 일어났다. 그 연출가는 나중에 신경쇠약으로 고생했다.[190] 같은 도시에서 살던 한 유대인 목격자는 곤봉과 권총을 든 돌격대원들이 6명에서 8

명씩 패거리를 지어서 부유한 유대인 집으로 쳐들어가서 거액을 강탈했다고 증언했다. 심지어는 재판정에까지 몰려가서 유대인 변호사와 판사를 거리로 내몰고 뭇매를 가했다.[191] 더 심한 봉변을 당한 유대인도 있었다. 〈맨체스터 가디언〉지의 독일 통신원은 3월 16일자 신문에서 권총을 든 4명의 괴한이 사채업을 하던 유대인 사업가의 집으로 난입해서 주인을 침대에서 끌어내 차에 태운 다음 어디론가 떠났다고 보도했다. 2년 전 바이에른의 한 주의원을 상대로 명예훼손 소송을 걸어서 승소한 유대인이었다. 그 사업가는 나중에 총에 맞아 죽은 시체로 발견되었다.[192] 히틀러가 정권을 잡고 나서 처음 몇 주 동안 그런 끔찍한 일이 수두룩하게 벌어졌다.

이런 만행은 대부분의 경우가 반유대주의 의식이 강했고 백화점 같은 대형 유통업체(유대인 소유가 많았다)에 대한 반감도 그에 못지않게 심했던 '중소자영업자투쟁동맹'이 자행한 것이었다.[193] 반유대주의 폭력이 기승을 부리자 유대인 지식인과 재력가는 외국으로 피신했다. 특히 미국으로 많이 가서 독일을 비난하는 여론을 불러일으키려고 애썼고 독일 제품 불매운동을 벌이기도 했다. 3월 중순부터는 불매운동이 힘을 받아 유럽 여러 나라로 확산되었다. 독일의 '중소자영업자투쟁동맹'은 예상대로 강경하게 대응했다. 독일 전역에서 유대인 점포와 백화점을 상대로 '보복 불매운동'을 벌이자고 주장했다. 이런 요구는 당 내의 유력한 반유대주의자들에 의해서 받아들여졌는데 전면에 나선 인물이 유대인을 병적으로 혐오했던 프랑켄 관구장 율리우스 슈트라이허 같은 사람이었다. 그들은 유대인을 '인질'로 삼아 독일 제품의 불매운동을 중단시키도록 국제 사회에 압력을 넣어야 한다고 주장했다.[194]

히틀러는 본능적으로 당 내 급진파를 편애했다. 그러나 히틀러도 행동에 나서라는 압력을 받았다. '유대인 문제'에 대해서 워낙 여러 번 목소리를 높여 온 터라 집권까지 해놓고 급진파의 요구에 따르지 못할 경우 체면이 말이 아니게 생겼다. 3월 26일 외교 경로를 통해 '미국유대인회의'가 그 다음날을 전 세계적으로 독일 제품을 불매하는 운동을 벌이는 날로 지정할 계획이라는 소식이 들어오자 히틀러는 행동에 나섰다.[195] 평소에도 그랬지만 히틀러는 궁지에 몰려도 어중간하게 넘어가는 법이 없었다. 오버잘츠베르크로 괴벨스를 불러들였다. '호젓한 산 속에서' 지도자는 '외국 선동'의 사주자 혹은 수혜자라고 할 수 있는 독일 유대인을 손볼 필요가 있다는 결론을 내렸다고 괴벨스는 썼다. "독일에서도 유대인 사업체에 대해서 대대적인 불매운동을 벌여야 한다."[196] 불매운동은 13인의 당직자로 이루어진 위원회가 주도하기로 했고 그 위원장은 슈트라이허가 맡았다. 3월 28일 나치당은 총리에게 독려를 받은 성명을 발표하였다. 성명은 아무리 작은 마을에서도 유대인 사업체와 제품, 유대인 의사와 변호사를 보이콧하기 위한 실행위원회를 설치하라고 요구하면서[197] 불매운동은 기한을 정해놓지 말고 무기한으로 끌고 가야 한다고 주장했다. 선전 준비는 괴벨스의 몫으로 돌아왔다. '중소자영업자투쟁동맹'은 당을 강하게 압박했다.[198]

그렇지만 샤흐트와 노이라트 외무장관을 주축으로 한 온건파도 독일 경제와 국가 신인도에 치명적 결과를 초래할 수 있는 행위를 중단해야 한다면서 히틀러에게 압력을 넣기 시작했다. 히틀러는 처음에는 절대로 물러서지 않겠다고 버텼다. 힌덴부르크 대통령도 불매운동에 우려를 나타냈지만 히틀러는 "그는 불매운동에 동참해야 하며 이제 더는 역사를 떠받들 만한 위치에 있지 않다."고 응수했다.[199] 그러나 3월 31일 노이라트는 영국, 프랑스, 미국 정부가 독일 제품에 대한 불매운동이 자국에서 벌어지는 데 반대하는 입장을 밝혔다고 내각에 보고할 수 있었다. 그러면서 독일도 불매운동을 취소하는 것이 좋겠다는 희망을 피력했다.[200] 그러나 그냥 물러서라고 하는 것은 히틀러가 받아들이기에는 무리한 요구였다. 활동가들은 잔뜩 독이 올라 있었다. 불매운동을 중단할 경우 히틀러의 위신은 땅에 떨어질 판이었고 불매운동을 철회한다는 지시를 내려도 어차피 먹혀들 것 같지 않은 분위기였다.[201] 그렇지만 히틀러는 영국 정부와 미국 정부가 독일 제품 불매운동에 반대한다는 확실한 입장을 표명할 경우 독일도 불매운동을 4월 1일에서 4일로 연기할 용의가 있다고 밝혔다. 안 그러면 예정대로 4월 1일부터 4일까지 강행하겠다고 통보했다.[202] 외교 당국자들이 막후에서 부지런히 절충을 벌인 것이 주효하여 서방 여러 나라 정부는 독일 제품 불매운동에서 거리를 두기로 합의했고 유대인 로비 단체도 압력을 받고 거기에 동의했다. 히틀러의 요구 사항은 그런 대로 충족되었다. 그러나 히틀러는 생각이 변해서 불매운동을 하겠다고 다시 고집을 부렸다. 샤흐트가 간신히 설득을 하여 불매운동은 단 하루만 하기로 한발 물러섰지만 만일 독일 제품에 대한 '악선전'을 외국에서 중단하지 않을 경우 4월 5일 수요일부터 다시 불매운동을 재개하겠다는 단서를 달았다.[203] 그러나 그것은 그저 하는 말이었다. 불매운동이 시작된 4월 1일 오후에 벌써 슈트라이허는 수요일부터 또다시 시작되는 불매운동은 없을 것이라고 밝혔다.[204]

나치는 불매운동의 성과를 크게 선전했지만 부풀려진 것이었다.[205] 많은 유대인 가게들은 그날 문을 닫았다. 어떤 곳에서는 유대인 백화점 입구에서 돌격대원들이 유대인 가게에서 물건을 사는 것을 경고하는 팻말을 들고 서 있었지만 사람들은 별로 신경 쓰지 않았다. 다양한 반응이 쏟아졌다. 무슨 일이 생길까 하고 궁금해하는 사람들이 모여드는 바람에 어떤 곳은 꼭 휴가지 같은 분위기가 연출되기도 했다. 사람들은 삼삼오오 모여서 불매운동의 장단점을 논했다. 불매운동에 반대하면서 누가 뭐래도 단골 가게를 계속 이용할 것이라고 말하는 사람도 꽤 많았다. 무관심한 반응을 보이는 사람도 있었다. "하나부터 열까지 제정신으로 하는 짓이 아니지만 내 알 바 아니다." 그날 한 독일인의 입에서 나온 이런 말에 공감하는 사람이 제법 많았을 것이다.[206] 돌격대원들도 어떤 곳에서는 건성으로 불매운동에 임했다. 그런가 하면 불매운동을 빌미로 삼아 약탈과 폭력을 저지르는 사람들도 있었다.[207] 유대인은 그날 잊을 수 없는 최악의 수모를 당했다. 독일이 더는 내 집처럼 편한 곳이 아니라는 사실을 유대인은 똑똑히 알아차렸다. 관행으로 이어져 온 차별이 이제는 국가가 앞장서는 탄압으로 바뀐 것이다.[208]

불매운동에 대해서 외국 언론은 이구동성으로 성토하는 분위기였다. 독일의 경제 정책을 의심스러워하는 외국 은행을 달래기 위해 샤흐트 독일 중앙은행 총재는 진땀을 흘려야 했다.[209] 그러나 독일 안에서는 히틀러를 비롯한 당 지도부의 묵인 아래 당 활동가가 들고 나온 반유대주의 압력이 국가 관료들을 움직였고 이것은 차별책이 담긴 법안 제정으로 이어졌다. 유대인을 공직과 전문직에서 배제하는 것은 1933년 이전부터 나치 활동가들의 목표였다. 그런데 이제 그런 내용을 입법화할 수 있는 가능성이 열린 것이다. 반유대주의 차별 시책에 대한 건의는 곳곳에서 들어왔다. 시민권을 개혁하는 작업은 3월 말에 반유대주의 쪽으로 방향을 틀었다. 확실하지는 않지만 아마 히틀러가 개입했을 것이다. 4월 7일에 서둘러 만들어진 '공직 전문성 회복법'의 악랄한 '아리아 조항'에 따라 유대인과 반정부 인사가 공직에서 축출되었다. 힌덴부르크가 개입하여 전쟁에 참전한 유대인은 예외적으로 구제해주었다. 유대인의 법조계 진출을 막는 법, 유대인 의사의 공보험 환자 진료를 금지하는 법, 유대인 아동의 취학 숫자를 제한하는 법 등 4월에만 반유대주의 법이 세 가지나 통과되었다. 이 법들은 아래에서부터 올라오는 압력도 압력이었지만 이미 독일 여러 곳에서 암암리에 시행되던 차별책을 서둘러 입법화한 것이었다. 유대인의 법조계 진출을 막는 법만 하더라도 이미 프로이센과 바이에른에서 한스 케를, 한스 프랑크 두 법무장관이 시행하던 것을 법무부에서 독일 전체로 확대 적용하기 위해 도입했고 이것을 히틀러가 승인한 것이었다. 유대인 의사의 진료 규제법은 히틀러가 당장은 '의사 문제'를 법으로 규제할 필요성이 없다는 뜻을 밝힌 이후에 간접적으로 유대인 의사를 압박하기 위해 프란츠 젤테 노동장관이 밀어붙인 것이었다. 프리크 내무장관이 추진한 유대인 아동 취학 숫자 제한법도 이미 독일 여러 곳에서 시행되던 것이었지만 같은 주에서도 학교에 따라 자의적으로 적용되고 있다는 지적이 있어 전국적으로 통일하기 위해 만든 차별책이었다. 히틀러는 이념과는 상관없이 차별에서 이득을 볼 수 있는 당 활동가들이 이미 불법적으로 도입한 시책을 합법화한 법안을 재가하는 역할을 한 데 그쳤다. 히틀러는 전략적 이유에서 덜 급진적인 차별책을 받아들일 용의가 있었지만 당 내 급진파는 그런 유화책을 받아들이지 않을 때가 많았다.[210]

　의사당 방화 사건 이후 독일 정치에 일대 지각 변동이 일어나면서 유대인은 나치의 폭력, 차별, 협박에 노골적으로 시달렸다. 야당의 입지도

1934년 베를린에서 경찰에게 체포되는 유대인 노인(왼쪽). 유대인 의사를 거부하는 스티커(1933년 4월). '주의 : 유대인임. 출입 금지'라는 문구가 적혀 있다(오른쪽).

크게 약해졌다. 공산당은 정식으로 불법 단체로 규정된 것은 아니었지만 무자비한 탄압을 받았기 때문에 이제 남은 저항 세력은 사회민주당, 자유노조, 가톨릭 중앙당을 주축으로 한 가톨릭 정치 세력, 그리고 (아직도 내각에서 다수를 차지하던) 보수파였다. 5월과 6월에 걸쳐서 이들 진영이 모두 제거되었다. 위협이 확실히 먹혀든 것도 있었지만 저항 의지도 이제는 별로 남아 있지 않았다. 타협 의사가 항복으로 바뀌는 것은 순식간이었다.

이미 3월에 독일노동조합총연맹 테오도어 라이파르트는 대세에 따르기로 마음먹고 사회민주당과 거리를 두면서 새 정부에 협조하겠다고 선언했다.[211] 그 즈음 돌격대와 나치 공장세포조직 대원들이 노동조합 간부를 구타하는 사례가 빈발했고 노동조합 사무실도 약탈당했다. 하지만 조직을 보호해야 한다는 생각이 앞선 데다 모든 부문을 하나로 통합한 단일 노동조합이 생겨나리라는 기대감에서 독일노동조합총연맹은 아직은 미미하기 짝이 없었던 나치 공장세포조직과 손잡고 '마르크스주의자'를 노동조합 간부직에서 떨구어낼 용의가 있었다.[212] 노동조합을 파괴한다는 계획은 나치 공장세포조직 우두머리 라인홀트 무호프가 처음 세운 것을 나치 조직책이었던 로베르트 라이가 받아들였다. 히틀러는 처음에는 주저했지만 대대적인 홍보가 뒤따를 것이라고 하니까 그제야 솔깃했다.[213] '포츠담의 날' 기념식과 같은 맥락에서 괴벨스는 5월 1일 노동절을 기념하는 웅장한 행사를 준비했다. 전통적으로 좌파가 주도한 노동절 행사를 국가사회주의자들이 가로채서 아예 이름까지 '국가노동절'로 바꾸었다. 독일노동조합총연맹은 집회와 행진에 모두 참가했다. 상당수의 노동자는 자발적으로 참여한 것이 아니었지만 모두 천만 명이 넘는 인원이 거리로 쏟아져 나왔다. 히틀러는 베를린 비행장 부근의 넓은 들판에 운집한 50만 명의 군중 앞에서 계급 투쟁으로 인한 분열은 잊어버리고 민족 공동체로 뭉쳐서 하나가 되어야 한다고 역설했다.[214] 그때까지 국가사회주의와는 거리가 멀었던 사람들 중에서도 이 연설을 듣고 감동한 사람이 많았다.[215]

요란한 행사가 끝난 다음날 나치 돌격대와 공장세포조직 대원들이 사회민주당 계열의 노동조합 지부와 은행 지점으로 몰려가서 간부를 체포하고 사회민주당 자금을 강탈했다. 작전은 한 시간도 못 되어 끝났다. 전 세계에서 가장 큰 민주 노조 조직이 와해된 것이다. 며칠 뒤 노조원들은 5월 10일 로베르트 라이가 세운 독일노동전선에 통합되었다.[216] 가을이 되면 독일노동전선은 이미 노동조합과는 거리가 멀어졌고 그렇다고 나치 조직이라고 할 수도 없었다. 그저 체제의 이익을 위해 독일 노동력 활동을 조직하는 거대한 선전 도구로 전락했다. 작업장 내의 관계도 재편되었고 그것은 노동부 관료의 확실한 감독 아래로 들어갔다. 노동자들은 국가 공권력의 비호를 받으며 더 모질고 공격적으로 나오는 공장 경영진과 상대해야 했다.[217]

유럽에서 가장 규모가 큰 노동 운동을 이끌어 오면서 막강한 힘을 발휘했던 사회민주당도 끝났다. 바이마르 공화국 말기에 사회민주당은 법의 테두리 안에서 활동해 온 전통을 유지하면서 최악의 사태를 피하려고 불명예스럽게도 타협에 타협을 거듭했다. 그러다가 막상 최악의 사태가 닥쳤을 때는 힘을 쓸 수가 없었다. 대공황기의 고통과 사기 저하를 극복하기가 어려웠다. 3월 23일 오토 벨스는 의회에서 용기를 보여주었

1933년 5월 1일 '국가노동절'을 맞아 베를린 루스트가르텐 집회에 참석하러 가는 힌덴부르크와 히틀러. 다음날 노동조합 운동이 파괴되었다.

다. 그러나 너무 작은 용기였고 너무 늦게 나타난 용기였다. 지지도는 썰물처럼 빠져나갔다. 3월과 4월에 사회민주당의 준군사조직 제국군기단은 해산당했다. 지구당은 속속 문을 닫았다. 활동가는 체포되거나 외국으로 피신했다. 벌써 비합법 활동에 대비하는 당원도 있었다. 소수의 낙관론자들은 파시즘 광풍은 금세 잦아들 것이라고 내다보았다. 1880년대에도 비스마르크의 탄압이 극심했지만 사회민주당은 살아남지 않았나. 이번에도 살아남으리라는 것이었다. 대부분의 사회민주당원은 비관론으로 흘렀다. 진작에 지하로 들어갔어야 했다는 것이었다. 두려움도 컸지만 사회민주주의에 대한 환멸도 컸다. 당 지도부 가운데 상당수는 물론 안전을 생각하면 피치 못할 선택이었지만 외국 망명을 택했기 때문에 남은 사람들은 버림받은 듯한 느낌이 강하게 들었다. 사회민주당은 이제 사공을 잃은 배였다. 강요에 따른 결정이기는 했지만 유럽의 문제를 전쟁으로 해결하는 데 반대한다면서 유럽 열강의 군축을 요구한 5월 17일 히틀러의 '평화 연설'을 지지하는 문제를 놓고 당 지도부 안에서 충돌이 생겨[218] 결국 오토 벨스는 고위 간부 몇 사람과 함께 프라하로 떠났다. 프라하는 이미 망명 사회민주당원들의 거점으로 자리 잡고 있었다. 6월 18일 프라하에서 망명 사회민주당원들이 주간으로 펴낸 〈새로운 전진〉이 나오자 독일 정부는 이것을 꼬투리로 삼아서 나흘 뒤 사회민주당의 정치 활동을 금지했고 의회 대표성도 인정하지 않고 자산도 몰수했다.[219]

잔여 정당들도 잇따라 굴복했다. 마치 도미노 현상 같았다. 3월 총선에서 사회민주당과 제휴했던 국가당(독일민주당의 후신)은 6월 28일 간판을 내렸고 하루 뒤에는 독일인민당도 해산을 선언했다. 나치와 보수 연정에 동참했던 독일국가인민당은 5월에 당명을 독일민족전선으로 바꾸었는데 역시 6월 27일에 무릎을 꿇었다. 당원이 대거 나치당으로 넘어갔기 때문이었다. 일선 조직에서는 탄압과 위협이 자행되었다. 독일국가인민당 지지자가 많았던 철모단은 4월 말 히틀러를 대표로 받아들인 뒤 6월에는 돌격대로 편입되었다. 독일국가인민당 당수 후겐베르크는 내각에서 완전히 외톨이가 되었다. 같은 보수파 각료들도 그를 외면했다. 처음에는 각료들 가운데 상당수가 후겐베르크가 내각을 휘어잡을 것이라고 생각했을 테지만 후겐베르크는 6월 초 런던에서 열린 세계경제회의에서 물의를 빚어 독일 정부를 난처하게 만들더니 결국 6월 26일에 사임하고 말았다. 당시 후겐베르크는 히틀러, 내각, 노이라트 외무장관에게 한마디 상의도 하지 않고 세계경제회의 경제위원회 앞으로 자유무역을 거부하면서 독일에 식민지와 영토를 돌려 달라고 요구하는 서한을 보냈다. 후겐베르크의 사임은 독일국가인민당 몰락의 신호탄이었다.[220] 많은 사람들은 그가 독일의 '실질적' 지도자 노릇을 할 것이라고 믿었지만 그런 기대와는 거리가 멀었다. 내각에서 동료 보수파 각료들과 함께 히틀러를 포위하겠노라고 큰소리쳤지만 그러지도 못했던 후겐베르크는 사람들의 기억에서 빠르게 잊혀졌다. 아쉬워하는 사람도 별로 없었다. 독일국가인민당을 거느리고 의사당 방화로 조성된 공안 정국에 편승하더니 결국은 그 불길에 자기도 먹히고 말았다.

가톨릭 정당들은 좀 더 오래 버텼다. 하지만 파펜이 주도한 정교 협상에서 바티칸 교황청이 독일 안에서 성직자의 정치 활동을 금지하는 데 동의해주면서 가톨릭 정당들의 입지는 흔들렸다. 독일에서 가톨릭교회를 지키기 위해서 가톨릭 정치 세력을 희생시킨 꼴이었다. 그런 결정과는 무관하게 가톨릭 중앙당은 새로운 시대에 적응하고 싶어하는 당원들이 앞을 다투어 탈당하는 바람에 어차피 오늘내일하는 처지였다. 카스 당수도 4월에는 독일 땅을 떴다. 가톨릭 상층부는 정교 협상에서도 주도적인 역할을 맡았다. 거기다가 수권법 표결을 앞두고 교회의 기득권을 건드리지 않겠다던 히틀러의 약속을 곧이들은 나머지 3월 28일 새 정부를 지지하는 쪽으로 갑자기 당론을 바꾸었다.[221] 그때부터 가톨릭 주교들은 가톨릭 중앙당 지도자 노릇을 그만두고 정부와 교섭하면서 교회의 이익을 지키는 대변인 노릇을 주로 했다. 허약해진 가톨릭 정당들의 기반을 지키는 것보다는 교회 산하의 기구, 조직, 학교를 지키는 데 더 주력했다. 그 다음에는 위협과 압력에 맥없이 무너졌다. 6월 말 힘러가 이끄는 바이에른 정치경찰이 가톨릭 정당 하위 간부 2천 명을 잡아들이는 것을 보면서 사람들은 정신이 번쩍 들었다. 7월 4일 바이에른인민당은 마지막 미사를 서둘러 끝냈다. 하루 뒤에는 가톨릭 중앙당도 스스로 해체했다. 나치당 말고 마지막까지 남아 있던 유일한 정당이었다.[222] 그로부터 다시 일 주일 뒤에 '신당 창당 금지법'이 만들어지면서 나치당은 독일의 유일무이한 당으로 남았다.[223]

열광하는 지식인들

정치 한복판에서 벌어진 일은 밑바닥에서도 일어났다. 정치만이 아니라 사회 활동을 하는 온갖 조직에서 그런 일이 벌어졌다. 걸림돌이 되는 사람한테 내지르는 협박과 시류에 편승하려는 기회주의가 손을 잡고 유행처럼 번졌다. 헤아릴 수 없이 많은 소도시와 마을에서 나치가 행정권을 거머쥐었다.[224] 좌파 진영에 몸담았던 시장과 지방 의원들은 당연히 곧바로 색출되었다. 부르주아와 가톨릭 계열에 몸담았던 공직자들은 더 잘 버텼다. 현직 시장이 강제로 쫓겨나는 경우도 많았지만 한때 부르주아 정당이나 가톨릭 정당에서 당원으로 활동하면서 지역 사회에서 신망이 두터운 유지가 나치당원으로 옷을 갈아입고 자리를 지키는 경우도 그에 못지않게 많았다.[225] 교사와 공무원은 특히 너도나도 나치당원이 되겠다고 달려들었다. 투사로 잔뼈가 굵은 고참 당원들이 행진에만 한 눈이 팔린 족속들이라고 비아냥거릴 만큼 너무 많이 모여들자 당원이 너무 많아져서 5월 1일에는 입당 자격을 까다롭게 만드는 조치가 발표 되었다. 독일의 나치당원은 이제 250만 명을 헤아렸고 그중 160만 명은 히틀러가 총리에 오르고 나서 나치당에 가입한 사람들이었다.[226]

나치화를 가리키는 '일체화'는 도시와 마을의 온갖 사회 조직으로 파 고들었다. 지방에서 주민들이 서로 어울리기 위해 만든 이런저런 명목 의 동호회와 모임까지 구석구석 영향을 끼쳤다. "일체화 : 타이지엔오 르트 재향군인회는 1933년 8월 6일 일체화되었고 합창단은 1933년 8 월 7일 일체화되었다. 타이지엔오르트 사격회는 임원진의 80퍼센트가 당원이므로 일체화가 필요 없었다."고 오버프랑켄의 주민이 675명밖에 안 되는 오지 마을의 '활동 보고서'는 전했다.[227] 몇 달 전 하노버의 '작 은정원협회' 회원들은 "작은 정원을 아끼는 사람들도 나라를 중흥하려 는 정부의 시책에 발맞추어 진정한 민족 공동체로 거듭나야 한다."는 통보를 받았다.[228] 기업인 모임, 전문가 단체, 운동회, 성악회, 사격회, 애국 단체, 그밖의 온갖 활동 조직이 제3제국이 출범하고 몇 달도 안 가 서 국가사회주의의 통제를 받았다. 아니, 제 발로 기어 들어온 단체가 더 많았다.[229] "이제는 친목 생활이라는 것이 없다. 하다못해 볼링 클럽 까지도 빠짐없이 일체화되었다." 니더작센의 한 주민은 그렇게 기억을 더듬었다.[230]

좌익 정당과 관련이 있었던 모임이나 단체는 해체되거나 탄압받거나 강제로 편입되어서 사정이 좀 달랐지만 자진해서 새로운 상황에 '적응' 하려는 조직이 엄청나게 많았다. 기회주의가 참다운 이상주의와 뒤섞였 다.

문화계도 전반적으로 비슷한 추세였다. 괴벨스는 신문, 라디오, 영화, 연극, 음악, 미술, 문학을 비롯하여 온갖 형식의 문화 활동을 히틀러의 구상에 따라 확실히 재편하는 사업에 열정을 바쳤다.[231] 선전장관이 되어 처음으로 한 연설에서 괴벨스는 문화 활동 재편의 목적은 "사람들이 우리 쪽으로 넘어오도록 작업을 하는 것", "민족 혁명의 이상 아래 국민을 결집하는 것", "민족혼을 하나도 남김없이 동원하는 것"이라고 밝혔다.[232]

독일 문화계를 나치 노선에 맞게 재편하는 것은 참으로 방대한 작업이었다. 그러나 이 문화 '일체화' 사업에서 가장 인상적인 점은 지식인, 작가, 화가, 배우, 음악가, 평론가들이 앞으로 12년 동안 독일 문화에 족쇄를 채우면서 빈곤하게 만들 뿐 아니라 가장 뛰어난 동료 지식인, 작가, 화가, 음악가, 평론가를 사회에서 매장하고 추방하는 시책에 적극적으로 협조하고 나섰다는 점이었다.

환상을 품은 사람이 많았고 그 환상은 대개 얼마 안 가서 무참히 깨졌지만 그릇된 이상주의에 빠져든 사람도 적지 않았다. 그러나 이상주의가 출세지상주의와 뒤섞이는 경우가 많았다. 구스타프 그륀트겐스, 베르너 크라우스, 에밀 야닝스 같은 뛰어난 배우는 새 정부가 대우를 잘해주자 신이 나서 여기저기 불려다녔다.[233] 리하르트 슈트라우스 같은 세계적으로 알려진 작곡가와 빌헬름 푸르트벵글러 같은 이름난 지휘자도 당근에 넘어갔고 헤르베르트 폰 카라얀 같은 떠오르는 지휘자는 독일 음악의 업적을 알리는 데 공헌했다. 그러나 아르놀트 쇤베르크나 쿠르트 바일의 곡은 더는 연주되지 않았고 이들 작곡가는 원치 않는 망명의 길을 떠났다. 브루노 발터, 오토 클렘페러 같은 명지휘자도 수백 명의 음악가와 함께 망명을 선택했다. 망명을 떠난 음악가들은 주로 유대인이었다.[234] 작가 게르하르트 하우프트만은 1922년 60회 생일을 맞아 바이마르 공화국으로부터 명예상을 받은 사람이었지만 1933년 새 정부가 들어서자 나치의 비위를 맞추면서 추어올리고 공식 집회에서 나치식 거수 경례를 하고 〈호르스트 베셀의 노래〉를 함께 불렀다.[235] 주옥같은 에세이와 시를 쓴 독일 표현주의의 거두 고트프리트 벤은 국가사회주의를 신봉한다고 공공연하게 밝혔다. 높은 기대와 환상, 이상주의가 그렇게 만들었다. "아주 개인적으로 말하자면 새 정부에 호감을 품고 있다. 이 자리에 오기까지 길을 낸 것이 내 민족이기 때문이다. …… 내가 하는 생각, 내가 버는 돈, 내가 쓰는 말, 내 생활, 내가 알고 지내는 사람들, 내 두뇌 안에 들어 있는 모든 것은 일차적으로는 이 민족 덕분에 누리는 것이다." 벤은 다분히 감성적으로 그렇게 설명했다.[236] 1933년 4월에 한 라디오 연설에서는 바이마르 시절의 자유는 '뒤집어엎는 자유'였으며 '갈색 제복'의 질서정연한 행진에서 새로운 문화의 여명이 밝아오는 것을 본다고 말했다.[237] 벤은 나치의 '우생학', '인종 위생학' 같은 개념도 인상 깊게 받아들였지만 프로이센 예술원 회원으로 발탁된 사실도 뿌듯하게 여겼으며 거기서 이루어진 '일체화' 작업에도 적극적으로 가담했다. 사이가 불편해진 작가들은 아무리 동료라도 미련 없이 버렸다.[238]

이보다 덜 유명한 예술인들은 이들과 마찬가지로 '민족 중흥'이라는 주문에 걸려들거나 경력 관리 차원에서 비슷한 길을 걸었다. 1933년 봄에 제정된 '민족의 총리 아돌프 히틀러에게 바치는 독일 시인들의 충성 서약'은 '자기 일체화'의 욕망이 얼마나 뜨거웠는지를 단적으로 보여준다.[239]

대학 강단에 선 일급 지식인들이라고 해서 다른 것은 아니었다. 철학자 마르틴 하이데거도, 헌법학의 권위자 카를 슈미트도 새 정부 편에 섰다. 하이데거는 1933년 5월 27일 프라이부르크 대학 총장 취임 강연에서 부정적인 학문의 자유를 뒤로 하고 민족과 나라에 봉사하는 마음으로 "행진에 나서는" 독일 학생들에 대해서 말했다. "아돌프 히틀러와 국가사회주의 국가"를 지지하는 독일 교수들의 선언을 주도적으로 끌어낸 것도 하이데거였다. 국가사회주의는 단순히 정부를 바꾼 것이 아니라 "독일의 현실을 송두리째 뒤집었다."[240] 하이데거보다는 덜 유명한 학자들의 반응을 알아보는 것이 그 당시의 현실을 더 정확히 반영할 것이다. 그러나 기본 정서는 비슷했다. 독문학자 에른스트 베르트람은 5월 3일에 한 강연에서 "생명에 역행하는 이성, 파괴적인 계몽, 밖에서 들어온 정치적 독단주의, '1789년 프랑스 혁명 이념'의 온갖 형식, 모든 반게르만 경향과 외세의 팽창에 맞서는 봉기"에 대해서 말했다. 그런 경향에 맞서 '투쟁'하지 않을 경우 "백인의 세상은 끝나고 혼란이 시작되어 지구는 개미떼로 덮이게 될 것"이라고 경고했다.[241] 율리우스 페테르센 베를린 대학 교수는 다시 몇 달 뒤에 "내일이 오늘이 되었다."고, "세상이 망할 것 같았던 느낌은 각성으로 바뀌었다. 최후의 목표가 오늘의 비전 안으로 들어온다. …… 새로운 제국이 심어졌다. 그렇게 간절히 바랐던 지도자가 나타났다."고 선언했다.[242]

지식인들도 1933년 1월부터 나치당에 앞을 다투어 합류했다. 그렇지만 골수 나치가 된 사람은 드물었다. 그들 대부분은 빌헬름 시대에 형성된 '교양 부르주아'의 지적 전통에 깊이 물든 민족 보수 세력이었다. 1918년의 독일 소비에트 혁명과 외국에서 들어와 독일과는 맞지 않는 의회 민주주의에 대한 적개심이 워낙 강했기 때문에 그들은 1933년을 기점으로 새롭게 출발한다는 선언에 솔깃했고 자신들이 몸담은 분야의 지적 기반이 거세된다는 사실, 새로운 주인이 정치적으로 인종적으로 마음에 들어하지 않는 지식인은 탄압을 받는다는 사실을 외면하거나 망각했다. 토마스 만처럼 나치를 경멸했던 작가조차 처음에는 히틀러 정권에 대해서 모호한 태도를 보였고 1933년 4월에 제정된 반유대인법에도 은근히 동조하는 빛을 보였다. 토마스 만이 히틀러와 4월 1일의 유대인 업소 불매운동을 싫어한 것은 분명하다.[243] 하지만 4월 9일 일기에는 이렇게 속마음을 털어놓았다. "…… 그렇지만 독일에서 지금 굉장히 의미 있고 혁명적인 일이 벌어지는 건 아닐까? 유대인 …… 따지고 보면 재앙은 아니다. …… 유대인의 사법부 지배가 끝난 것이니까."[244]

위대한 지도자가 나타나기를 갈구하는 마음이 컸던 탓에 너무나 많은 지식인이 비판력을 상실하고 그렇게 소중하게 여기던 사상과 행동의 자유가 마구 짓밟혀도 분개하지 않았다. "이 지도자는 어디서 왔건 민족주의로 나갈 수밖에 없으므로 그의 방식은 옳다. 그것이 민족의 길이기 때문이다." 신보수주의 성향의 잡지 〈행동〉의 영향력 있는 논객은 1931년 10월 벌써 그렇게 썼다. "지금 일련의 사태를 자유주의는 한심한 굴종으로 몰아가려고 애쓰지만 우리에게는 그것이야말로 자유다. 그것은 질서이며 의미를 담고 있으며 자유주의가 답변하지 못하는 물음에 답을 주기 때문이다. 왜, 어떤 목적으로, 무슨 이유로?"[245]

많은 신보수주의 지식인들이 제3제국의 이론적 바탕을 제공해주었지만 얼마 안 가서 그들은 크게 실망했다. 알고 보니 히틀러는 자기들이 꿈에 그리던 그런 신비로운 지도자가 아니었던 것이다. 하지만 이 지식인들은 지도자 신화의 바탕을 만드는 데 도움을 주었고 이 신화는 다시 무수히 많은 가지를 치면서 여론을 만들어 나갔다. '1789년 프랑스 혁명 이념'을 비롯하여 자유주의 사상의 합리성과 상대주의를 거부하고 의식적으로 비합리주의에 빠져든다든지 개인에서 의미를 찾는 것이 아니라 '민족 공동체'에서 의미를 찾는다든지 '민족적 각성'을 통한 해방을 강조한다든지 하는 이 지식인들의 사고방식은 결국 나중에 그렇게 많은 독일의 엘리트 집단이 제3제국의 반지성주의와 원시적 포퓰리즘과 결탁하는 발판을 제공했다.[246]

1933년 4월에 만들어진 새로운 공직자법에 따라 쟁쟁한 학자들이 한꺼번에 해직되고 외국으로 쫓겨갔지만 대학 교수 탄압에 변변히 항의하는 사람도 찾아보기 힘들었다. 프로이센 예술원은 이미 신성한 회원으로 남아 있기를 원하는 사람은 정부에 충성 서약을 하라고 요구하면서 '숙청' 작업에 들어갔다. 토마스 만과 알프레트 되블린은 충성 서약을 거부했다.[247] 새로운 질서가 수용할 수 없는 작품을 쓴 학자와 작가 명단이 발표되었다. 알베르트 아인슈타인, 지그문트 프로이트, 베르톨트 브레히트, 알프레트 되블린, 에리히 레마르크, 카를 폰 오시에츠키, 쿠르트 투홀스키, 후고 폰 호프만스탈, 에리히 케스트너, 카를 추크마이어의 작품은 퇴폐적이고 물질주의에 젖어 '윤리의 퇴보'와 '문화 볼셰비즘'을 대변한다는 이유로 금서로 묶였다.

1933년의 '새로운 정신'에 독일 지식인들이 굴복한 상징적 사건은 5월 10일에 벌어졌다. 이날 정권이 받아들이지 않은 작가들의 책이 소각되었다.[248] "11월 혁명의 지적 토대를 지금부터 땅에 묻는다."고 괴벨스는 시인, 철학자, 소설가, 학자의 책 2만 권을 불태우는 거대한 화형장이 마련된 베를린 오퍼른플라츠 광장에서 선언했다.[249] 독일 정신에서 벗어나는 책을 불사르는 행사는 그 수치스러운 밤 독일의 모든 대학에서 벌어졌는데 이것은 괴벨스가 주도한 것이 아니었다. 독일학생협회

라는 단체가 경쟁 조직이었던 국가사회주의독일학생동맹을 누르려고
벌인 행사였다. 나치 산하의 학생 조직만 가담한 것도 아니었다. 민족주
의 우익 학생 단체도 참여했다. 관공서와 경찰도 불에 태울 책을 공공도
서관에서 추려내는 일에 도움을 주었다. 대학 교수들과 이사회는 항의
한번 제대로 하지 못했다. 대부분은 화형식에 참석했다.[250] 시인 하인
리히 하이네의 작품도 이때 같이 불살라졌는데, 일찍이 하이네는 이런
말을 남겼다. "책을 태우는 곳에서는 언젠가 사람도 태운다."[251]

대중의 영웅 숭배

1933년 봄과 여름에 걸쳐서 독일은 크게 달라졌지만 총리실에서 직
접 지시가 내려와서 그렇게 된 것은 아니었다. 히틀러는 개인적으로 거
의 관여하지 않았다. 그렇지만 가장 큰 수혜자는 히틀러였다. 이 몇 달
동안 신임 총리에 대해서 사람들이 쏟아낸 칭송은 유례가 없는 것이었
다. 이제는 당 내부뿐만 아니라 온 나라가 새로운 독일을 꿈꾸면서 지도
자 숭배 열기에 휩싸였다. 덕분에 히틀러의 권력 기반은 엄청나게 강화
되었다. 국내에서는 물론이고 외국에서도 점점 강고해졌다.

이미 1933년 봄부터 히틀러 개인 숭배가 싹트더니 여기저기서 튀어
나왔다. 대개는 아부가 늘어진 유치한 내용이었고 가끔은 경건한 척할
때도 있었지만 히틀러에게 바치는 시가 씌어졌다. 참나무와 보리수는
아직 기독교를 받아들이기 전 아득히 먼 옛날 독일 민족과 북유럽 민족
의 전설에서 각별한 뜻이 있는데 이런 나무가 '히틀러참나무'와 '히틀
러보리수'라는 이름으로 독일 각지에 마을마다 도시마다 심어졌다.[252]
크고 작은 도시에서는 새 총리에게 명예시민권을 앞다투어 주었다. 길
이름에도 마르크트플라츠 광장 이름에도 히틀러를 붙였다. 히틀러는 여
기에 반대하지는 않지만 아주 유서 깊은 거리나 광장인 경우에는 그렇
게 하지 말아 달라는 뜻을 밝혔다. 그래서 700년의 역사를 자랑하는 슈
트라우스베르크의 광장 이름을 바꾸는 것을 허락하지 않았다. 뉘른베르

크의 역사가 오래된 하우프트마르크트플라츠('중앙시장'이란 뜻) 광장은
'아돌프 히틀러-플라츠' 광장으로 개명을 허용했지만 그것은 역사적 지
명은 못 바꾸게 하는 쪽으로 방침을 바꾸기 전의 일이었다. 그래서 프랑
켄 지방의 독일민족자유운동 조직책이 하우프트마르크트의 이름을 바
꿀 수 있게 해 달라고 요청했지만 받아들이지 않았다. 동프로이센의 주
츠켄 같은 곳은 마을 전체에 히틀러 이름을 넣을 수 있게 해 달라고 요
구하여 허락을 받고 '히틀러마루(Hitershöhe)'로 바꾸었다. 오버슐레지
엔 지방에서는 '히틀러호수'도 생겨났다. 하지만 온천이 있는 고데스베
르크의 시장은 라인 강 부근의 우아한 휴양지를 '아돌프 히틀러 총리가
즐겨 찾는 곳'으로 광고하는 것은 허락받지 못했다. 식당이나 장미에 총
리 이름을 집어넣어서 재미를 보려던 약삭빠른 장사꾼들도 뜻을 이루지
못했다.[253] 그렇지만 그림, 조각, 부조, 엽서, 인형, 주머니칼, 배지, 색
단추, 아연판 등 히틀러를 상업적으로 이용할 수 있는 가능성은 구석구
석 다 이용해먹었다. 보다못해 괴벨스는 1933년 5월부터 히틀러의 이
미지를 영리 목적으로 만든 제품에 사용하는 것을 금지했다.[254]

이렇게 뜨거운 영웅 숭배는 독일에서는 일찍이 없던 일이었다. 독일
제국을 세운 비스마르크가 말년에 받은 대접도 여기에 훨씬 못 미쳤다.
1933년 4월 20일 히틀러의 마흔네 번째 생일은 '새로운 독일의 지도
자'를 기리는 축제에 온 나라가 빠져들었다.[255] 아무리 치밀하게 선전을
했다고는 하지만 의도적으로 연출한 것이라고 보기에는 대중의 호응이
너무 뜨거웠다. 거의 신앙에 가까운 수준이었다. 히틀러는 이제 당 지도
자가 아니라 국민 화합의 상징으로 떠올랐다.

새로운 신을 무조건 숭배하지는 않았던 구경꾼의 입장에서는 무한한
경외심에 군소리 없이 묵종하는 조짐이 사방에서 나타나는 것을 안 보
려야 안 볼 수가 없었다. 가장 진부한 묵종의 표현은 한 손을 들어 쭉 뻗
는 히틀러식 인사였는데 무서운 속도로 퍼져 나갔다. 나치당을 제외하
고 독일에서 모든 정당이 사라진 날 하루 전에는 공무원에게 이런 인사
가 강요되었다. 오른팔을 못 쓰는 사람은 왼팔이라도 올려야 했다.[256]
히틀러 만세와 함께 팔을 내뻗는 독일식 인사는 독일이 '지도자국가'로

지도자 숭배 열풍을 보여주는 그림엽서. 1933년 한스 폰 노덴이 만든 위쪽 엽서는 히틀러를 프리드리히 대제, 오토 폰 비스마르크, 파울 폰 힌덴부르크의 적통을 잇는 것으로 묘사했다. 엽서 하단에는 "왕은 정복했고 재상은 굳혔고 장군은 지켰고 병사는 구하고 하나로 만들었다."는 문구가 적혀 있다. 아래 엽서는 1934년에 나온 것인데 역시 지도자 숭배열을 보여준다. '지도자는 동물 애호가'라는 문구가 적혀 있다.

바꿔어 가고 있음을 한눈에 말해주었다.[257]

　여름이 되면 독일은 완연한 회복세로 접어들었다. 대공황과 절망의 세월이 끝나고 활기와 활력, 역동성이 곳곳에서 감지되었고 정부가 문제 해결을 위해 무엇인가 하고 있으며 나라의 자존심을 끌어올리려 노력하고 있으며 그것은 모두 히틀러 덕분이라는 인식이 확산되었다. "이 사람이 역사를 자기 손 안으로 가져오니까 일이 돌아간다. …… 드디어 뭔가 이루어지고 있다." 한 지방 신문은 그렇게 평가했다.[258] 오버잘츠베르크는 여름에 히틀러가 그곳을 거처로 삼으면서 '일종의 순례지'가 되었다. 총리 얼굴을 한 번이라도 보려는 숭배자들이 하도 몰려드는 바람에 힘러는 바이에른 정치경찰 총수의 자격으로 히틀러 별장 베르히테스가덴 주변을 특별 교통 통제 지역으로 지정하고 망원경으로 '총리의 일거수일투족'을 훔쳐보는 행위도 엄금했다.[259]

　이 놀라운 우상화의 주인공은 당시 어떻게 지냈을까? 그 무렵 선전부의 외신국장으로 있던 한프슈탱글은 최측근은 아니었지만 그래도 히틀러를 가까운 거리에서 자주 보았다. 나중에 한프슈탱글은 히틀러가 총리에 오르고 얼마 안 지나서부터 벌써 히틀러를 만나기가 쉽지 않았다고 말했다. 히틀러가 바이에른 시절부터 데리고 있던 '가신'들은 총리가 되고 나서도 계속 붙어 다녔다. 조수와 운전기사 노릇을 한 브뤼크너, 샤우프, 슈레크(슈레크는 1931년 겔리 라우발과 눈이 맞았다가 해고된 에밀 모리스의 후임으로 들어왔다)와 전속 사진가였던 하인리히 호프만은 어디를 가나 히틀러 옆에 버티고 있으면서 걸핏하면 대화에 끼어들어 분위기를 흐트러뜨렸고 히틀러 말에는 무조건 맞장구를 치면서 히틀러의 편견과 생각을 부추겼다. 노이라트 외무장관, 샤흐트 중앙은행 총재조차 히틀러를 모처럼 만나서 몇 마디 이야기를 나누는가 싶으면 '가신'이 꼭 참견을 했다. 한프슈탱글에 따르면 괴링이나 힘러 같은 사람만 언제든지 히틀러를 잠깐씩 만날 수 있었다. 괴벨스도 여기에 포함시켜야 할 것이다. 히틀러는 변덕이 심했고 규칙적인 생활과는 거리가 멀었기 때문에 만나기가 더 힘들었다. 전부터 그랬지만 히틀러는 잠자리에도 늦게 들었다. 보통은 전용 상영실에서 〈킹콩〉 같은 좋아하는 영화를 보면서 휴식을 취했다. 한스 하인리히 라머스 총리 비서실장의 보고가 있는 날이라든가 선전부에서 괴벨스의 오른팔 노릇을 했던 발터 풍크와 함께 언론을 점검하는 날은 예외였지만 어떤 때는 오전 내내 모습을 나타내지 않기도 했다. 하루의 하이라이트는 점심이었다. 총리실 전속 요리사는 뮌헨의 '갈색집' 시절부터 함께했는데 식사 시간을 맞추는 데 애를 먹었다. 정해진 점심 시간은 1시였지만 히틀러는 두 시간 뒤에야 나타나기 일쑤였던 것이다. 언론을 담당했던 오토 디트리히는 미리 카이저호프에서 점심을 먹고 만일의 경우에 대비하여 1시 반에는 나타나서 자리를 지켰다. 히틀러가 점심을 함께 먹는 사람은 매일 얼굴이 바뀌었지만 거의 신임하는 당료들이었다. 히틀러와 점심을 먹은 보수파 각료는 드물었다. 히틀러 앞에서 히틀러의 말을 반박하는 사람은 찾아보기 힘들었다. 어떤 주제가 튀어나와도 히틀러는 장광설을 한바탕 펼쳤다. 주로 옛날에 자기가 정적을 공격한 이야기, 어떻게 싸워서 이겼는가 하는 이야기였다.

그런 상황에서는 매일 얼굴을 맞대는 아첨꾼들이 총리에게 들어가는 정보를 선별하면서 인의 장막을 쳤을 테니 히틀러는 바깥 세상이 어떻게 돌아가는지 제대로 알기가 어려웠을 것이다. 히틀러의 현실 감각은 이런 과정을 거치면서 왜곡되었다. 생각이 근본적으로 다른 사람들과의 만남이라고 해야 사전 각본이 짜여진 명사, 외교관, 외국 언론인과의 만남이 대부분이었다. 독일 국민은 지도자만 우러러보는 얼굴 없는 사람들 무리였고 히틀러는 이제는 어쩌다 하는 군중 집회 연설과 라디오 연설을 통해서만 그들과 직접 관계를 맺었다. 하지만 국민에게 받은 환호는 히틀러에게 마약처럼 스며들었다. 히틀러의 자신감은 벌써 솟구치고 있었다. 가끔씩 비스마르크를 얕보는 말을 던지기도 했는데 그것은 독일 제국을 세운 비스마르크를 한 수 아래로 보고 있었다는 뜻이었다.[260] 자기는 절대로 틀릴 수 없다는 무오류의 확신이 벌써 움트고 있었다.[261]

1933년 독일 사회가 히틀러에게 퍼부은 찬사가 얼마나 진심에서 우러나온 것인지 또는 날조되었거나 시류에 편승하여 튀어나온 것인지를 판가름하기란 불가능하다. 아무튼 결과는 대동소이했다. 히틀러 총리가 신처럼 떠받들어지면서 모든 각료와 당 지도자는 그늘에 묻혔다. 히틀러가 찬성하는 것으로 알려진 정책에 의문을 던지는 사람은 눈을 씻고 봐도 찾기 어려웠고 하물며 반대하는 사람은 더더욱 있을 수 없었다. 이미 4월에 괴벨스는 내각에서 지도자의 권위가 확립되었다고 언급했다.[262] 히틀러의 권위가 서니까 이런저런 제약과 장벽이 사라지면서 그 전까지는 감히 꿈도 꿀 수 없었던 급진적인 정책이 실현될 수 있는 길이 열렸다. 위에서 직접 지시가 떨어지지 않아도, 히틀러가 추구하는 목표에 부합될 것으로 여겨지던 정책이 하나둘 도입되어 성공적으로 시행되었다.

그 하나가 1933년 7월 14일 '유전병으로 고생하는 후손을 방지하기 위한 법'이라는 이름을 달고 내각에서 통과된 '불임법'이었다.[263] 앞에서 본 대로 히틀러가 집권하기 오래 전부터 이미 독일 의학계는 '우생학'의 영향을 강하게 받았다. 그렇지만 1932년 7월 프로이센 정부에 제출된 불임법 초안 시안도 그런 내용이었지만 정부에서 검토한 정책은 유전병이 있는 사람의 자발적 동의 아래 불임 수술을 권고한다는 수준을 넘어서지 못했다. 그런데 히틀러가 총리에 오르고 몇 달도 안 가서 프로이센 정부에서 의료 문제 특별위원으로 새로 임명된 골수 나치주의자 레오나르도 콘티 박사가 그때까지 의료계에서 비주류로 있던 아르투어 귀트 박사를 의료 정책을 총괄하는 고위직에 앉혔다. 1923년부터 이미 나치 지구당 지도자로 일했으며 이듬해에는 '아프고 열등한 사람들의 불임'에 대한 '인종 정책 지침'을 작성하여 히틀러 앞으로 보내기까지 한 귀트는 인구와 인종 문제 전문가들로 채워진 위원회를 만들었다.[264] 귀트는 위원회와 함께 1년 전 프로이센 보건국에서 작성한 내용에다 (만성 알코올 중독을 포함하여) 육체적으로든 정신적으로든 유전성 질환을 앓는 사람은 강제로 불임 시술을 한다는 규정을 덧붙여 크게 수정한 불임법 초안을 7월 초에 벌써 내놓았다. 환자의 가족은 물론이거니와 사회 전체가 혜택을 본다고 선전한 이 법을 준비하는 데 히틀러는 직접 관여하지 않았다. 그러나 사람들은 이 법이 히틀러의 생각과 부합하리라는 사실을 알고 법을 만들었다. 내각에서는 유일하게 파펜이 가톨릭 정서를 고려해야 한다며 제동을 걸었지만 히틀러는 아랑곳하지 않았다. 당사자가 동의할 때만 불임 수술을 시키자고 파펜이 건의했지만 히틀러는 들은 척도 안 했다. "민족성을 받드는 데 이바지하는 조치는 모두 정당하다."면서 히틀러는 퉁명스럽게 되받았다. 히틀러는 정부 시책은 대상 규모가 크지도 않을 뿐더러 건강한 아이가 수백만 명씩 태어나도 모자랄 판에 유전 질환을 앓는 사람들이 자식을 쑥쑥 낳는 현실에 비춰볼 때 도덕적으로 나무랄 데 없는 정책이라고 괴이한 논리를 내걸었다.[265]

나치의 입장에서 보았을 때는 온건한 인종 공학 정책의 초기 단계였을지 모르지만 불임법은 엄청난 결과를 가져왔다. 제3제국이 무너지기 전까지 모두 40만 명이 강제 불임 수술을 받았다.[266]

파펜은 불임법이 통과되면 가톨릭교회 때문에 골치 아픈 일이 생길 것처럼 내각에서 말했지만 그런 일이 생길 리 없다는 것은 누구보다도 그 자신이 더 잘 알았다. 불과 일 주일 전에 독일 정부를 대표해서 교황청과 맺은 정교 협약에 서명을 한 사람이 파펜이었고 이것을 타결하려고 누구보다도 애쓴 사람이 파펜이었다.[267] 정교 협약은 7월 20일 로마에서 성대한 의식과 함께 조인되었다.[268] 가톨릭 성직자에 대한 위해는 끊이지 않았고 교회와 산하 단체에 대한 나치 급진파의 폭력 행위도 이어졌지만 교황청은 새 정부와 잘 지내려고 노력했다. 협약이 타결되고 나서도 가혹 행위는 중단되지 않았지만 교황청은 개의치 않고 9월 10일 협약을 비준했다.[269] 히틀러는 총리가 되고 나서부터 정교 협약을 맺는 데 열성을 보였다. 독일에서 가톨릭교회의 정치력을 무력화하기 위해서였다. 앞에서 본 대로 이것은 7월 초 가톨릭 중앙당과 바이에른인민당이 해체되면서 현실화되었다. 파펜이 한 말이지만 히틀러는 교회와 유대를 돈독히 하는 데 반대하는 당 내 급진파들을 일축하면서 "종교 문제에서는 화합하는 분위기"를 조성할 필요가 있다고 강조했다.[270] 또 정교 협약의 독일 측 교섭 조건을 정하는 데 직접 관여했으며 각료들과 함께 조약 초안을 점검했다.[271] 불임법을 통과시킨 각료 회의가 열린 날 히틀러는 정교 협약의 의미를 강조했다. 조약의 세부 내용을 떠나서

이 협약을 반드시 성사시켜야 한다는 사실을 잊지 말아야 한다고 역설했다. 그것은 "독일에게 기회를 주었"고 "코앞으로 닥친 국제 유대인 세력과의 싸움에서 각별한 의미를 지니는 신뢰의 공간을 창출"했다. 내용에 하자가 있으면 나중에 국제 정세가 호전되었을 때 고치면 된다. "주교들도 국법을 따라야 한다는 사실을 교회가 받아들일 것이리라"고는 얼마 전까지는 상상도 할 수 없었다. "그러나 실제로 그런 일이 벌어졌고 그것은 교회가 현 정부를 무조건 인정한다는 뜻이다."[272]

히틀러는 완승을 거둔 셈이었다. 독일의 주교들은 수권법이 통과된 직후 정부에 대한 태도를 하루아침에 바꾼 데 이어 나치당의 반가톨릭 활동에 대한 의심은 있었지만 1933년 6월 대부분의 교구에서 큰 소리로 낭독된 주교 교서에서 긍정적인 태도에 더욱 힘을 싣더니 이제는 아예 히틀러에게 대놓고 감사와 축복을 쏟아 부었다.[273] 바이에른의 가톨릭 지도자였으며 오랫동안 뮌헨의 국가사회주의자들이 눈엣가시로 여겼던 파울하버 추기경은 친필 서한에서 "지난날 의회와 정당들이 60년 걸려도 해내지 못한 일을 지도자의 예지로 6개월 만에 해내셨습니다." 하고 치하하면서 편지를 이렇게 끝맺었다. "하느님께서 이 민족을 위해 제국 총리를 지켜주시기를 기원하나이다."[274]

의외로 개신교 진영은 처음에는 히틀러를 잘 다루지 못했다. 히틀러는 조직도 개인이나 사회 집단을 대할 때처럼 언제나 힘과 힘의 구도로 평가했다. 그래서 국제적으로도 일사불란하게 움직이는 통일된 조직력을 갖추었고 독일 국민의 3분의 1에게 영향력을 행사하는 힘을 갖춘 가톨릭교회는 존중했지만 독일의 개신교 교회는 우습게 보았다. 독일 국민의 3분의 2가 개신교도라지만 개신교는 28개의 지역 교회로 쪼개져 있었고 강조하는 교리도 제각각 달랐다. 1918년 혁명과 함께 교회를 강타한 혼란으로 시작된 신학적·이념적 균열은 1933년 무렵에는 더욱 벌어져 있었다.

히틀러가 제국교회라는 개신교 통일 조직을 만드는 데 힘을 실어준 것은 종교와 정치가 뒤섞인 지뢰밭으로 발을 들여놓는다는 것이 얼마나 위험한지를 미처 몰랐기 때문이었다. 그런 문제에서는 늘 그랬지만 히

1934년 뉘른베르크 전당대회에서 제국감독 루트비히 뮐러가 히틀러와 인사를 나누고 있다.

틀러는 무엇이 자기에게 유리한지에 따라서 움직였다. 처음에는 메클렌부르크-슈베린 지역에서 나치 급진파가 현지 공권력을 동원하여 교회를 장악하려고 나서는 바람에 어쩔 수 없이 끼어들 수밖에 없었던 측면도 있었고,[275] 교회 자체가 분열되어 있었기 때문에 교회가 하나의 구심점 아래 통일되려면 천상 히틀러처럼 권위 있는 사람이 뒤에서 버텨주어야 한다는 쇄신을 바라는 여망이 워낙 강했던 측면도 있었다. 히틀러는 어디까지나 통제와 활용이라는 관점에서 국가 교회에 관심을 두었다. 누가 조언을 했는지는 몰라도 히틀러는 교회를 총괄할 제국감독으로 해군에서 군목을 지냈고 동프로이센에서 '게르만 크리스천'이라는 조직을 이끌었지만 자아가 아주 강했고 히틀러와 나치당의 열렬한 추종자라는 점 말고는 내세울 만한 자격이 없었던 50세의 루트비히 뮐러를 낙점했다. 히틀러는 뮐러에게 말썽 없이 신속히 교회를 하나로 만들어서 나치 정신에 따라주었으면 좋겠다는 말을 했다.

그러나 뮐러는 최악의 선택이었다. 5월 26일 개신교 교회 지도자들이 모여 벌인 제국감독 선거에서 뮐러는 친나치 교단이었던 '게르만 크리스천'의 지지만 얻었을 뿐 나머지 모두 교단으로부터 퇴짜를 맞았다. 베스트팔렌 베텔 지역의 복지원장이었고 교회의 독립성을 신봉하던 프리드리히 폰 보델슈빙이 52표 대 18표로 히틀러를 등에 업은 뮐러를 눌렀다.[276] 히틀러는 보델슈빙을 만나주지도 않고 투표 결과에 강한 불쾌감을 보였다. 격론이 벌어진 끝에 '옛 프로이센 교회연합'의 지도자들이 물러나자 프로이센 정부가 나서서 마구잡이로 교회 관계자들을 몰아냈고 그 바람에 보델슈빙이 제국감독으로 선출되고도 자리에서 물러나자 힌덴부르크가 직접 개입했다. 히틀러도 책임자 문책을 요구했으며 교회는 빈 자리를 채우기 위해 다시 선거를 하겠다고 밝혔다. '제대로 된' 사람들이 뽑혀야만 개신교 혁신이 이루어질 수 있다는 공감대가 형성되었다. 나치는 '게르만 크리스천'을 지지했다. 히틀러도 대놓고 뮐러를 지원하면서 선거를 하루 앞두고 교회 안에서 국가의 새로운 정책에 호응하는 세력을 지지한다고 라디오 방송을 통해서 밝혔다.[277]

'게르만 크리스천'은 7월 23일 낙승을 거두었다. 하지만 그것은 상처뿐인 승리였다. 벌써 9월이면 베를린에서도 부촌으로 알려진 달렘에서 활동하는 마르틴 니묄러 목사가 기존의 성경과 혁신 고백 운동에 충실하자는 취지로 세운 '목회자긴급연맹'에 2천 명이나 되는 목사가 호응했다.[278] 이 조직을 발판으로 나중에 '고백교회'가 만들어진다. 일부 목사들은 이 고백교회를 중심으로 단순히 정부의 교회 정책에 반대하는 차원을 넘어서 반체제 운동을 벌였다.

9월 27일 결국 루트비히 뮐러가 제국감독으로 선출되었다. 하지만 그즈음이면 뮐러의 버팀목이었던 '게르만 크리스천'에 대한 나치의 지지는 시들해졌다. 히틀러는 비생산적으로 보이는 활동에 치중하는 '게르만 크리스천'과 거리를 두려 했고 교회 내부의 갈등에도 개입하지 않으려 했다. 11월 중순 베를린 스포츠궁에서 열린 '게르만 크리스천' 집회에는 2만 명이 모였는데 구약과 '바울로 랍비'의 교리를 공격하고 좀 더 '영웅적인' 예수상을 그려야 한다는 설교가 물의를 일으키자 히틀러는 교회 문제에는 발을 들여놓지 말아야겠다고 굳게 마음먹었다. '일체화' 실험은 실패로 돌아갔다. 이제는 아예 접어야 할 때였다. 히틀러가 개신교에 얼마나 많은 관심이 있었는지는 모르지만 순식간에 그것을 잃어버렸다.[279] 그 뒤에도 몇 번인가 교회 문제에 어쩔 수 없이 개입하기는 하지만 교회 내부의 갈등은 히틀러에게 짜증만 불러일으켰다.

95.1퍼센트의 찬성

1933년 가을이 되면 개신교 내부의 반목은 어차피 히틀러의 눈에는 들어오지도 않았다. 그보다 훨씬 중요한 것은 독일의 국제적 위상이었다. 10월 14일 히틀러는 독일이 제네바 군축 회담을 중단하고 국제연맹에서도 탈퇴한다고 전격 선언했다. 국제 관계의 기초가 하루아침에 바뀌었다. 슈트레제만 시대의 외교 정책은 이제 끝났다. 유럽의 '외교 혁명'이 시작된 것이다.[280]

히틀러는 제3제국이 수립되고 나서 처음 몇 달 동안 외교 정책에서 제한된 역할밖에 맡지 못했다. 1914년 이전의 국경선으로 돌아가고 예전의 식민지를 돌려받고 새로운 식민지를 확보하는 야심만만한 새로운 수정 노선은 전문 외교관들이 입안하여 벌써 1933년 3월이면 내각에 보고되었다.[281] 4월 말 제네바 군축 회담에 독일 대표로 참석한 루돌프 나돌니는 사석에서 60만 병력 양성론을 흘렸다. 영국과 프랑스가 자기네 병력은 쥐꼬리만큼만 줄이고 독일은 30만 명으로 묶어놓는 데 합의하거나 자기들도 대폭 군축을 하되 독일은 아예 재무장도 못하게 할 경우 독일은 회담장에서 뛰쳐나갈 것이고 어쩌면 국제연맹에서도 탈퇴할지 모른다고 나돌니는 밝혔다.[282] 그런가 하면 매파로 돌아선 블롬베르크 국방장관은 당장 군축 회담 중단을 선언하고 일방적으로 재무장을 추진해야 한다고 성화였다. 이때만 하더라도 히틀러는 훨씬 신중한 노선이었다. 2월 5일 군인들 앞에서도 밝힌 적이 있지만 독일의 국방력이 이렇게 취약한 상태에서 외세가 개입할 가능성을 정말로 두려워했기 때문이었다.[283]

제네바 회담은 벽에 부딪쳤다. 영국, 프랑스, 이탈리아는 베르사유 조약에 규정된 조건을 디소 누그러뜨린 양보안을 다양하게 내놓았지만 독일보다 확실한 군사적 우위를 유지하는 정책은 일관되게 고수했다. 노이라트와 블롬베르크의 강경 노선보다 히틀러가 전략적으로 더 온건한 노선으로 나가려고 했던 것은 사실이었지만 그런 양보안을 독일이 받아들일 가능성은 전무했다. 군대는 빨리 대등한 무력을 갖춰야 한다며 성화였지만 히틀러는 영리한 전략가답게 기다릴 각오가 되어 있었다.[284] 그 시점에서 히틀러가 유일하게 희망을 건 것은 영국과 프랑스의 의견 대립을 독일에 유리하게 활용하는 것이었는데 결국 히틀러의 희망대로 일이 풀려 갔다. 영국과 프랑스는 똑같이 독일의 재무장 가능성을 우려하고 독일 정부의 호전적 태도와 나치가 오스트리아에서 벌이는 폭력 사태를 염려했지만 생각이 다른 점도 많았다. 그 말은 히틀러가 두려워한 군사 개입이 실제로 벌어질 가능성이 낮다는 것이었다.[285] 영국은 독일에 더 많은 양보를 할 의사가 있었다. 조금 더 양보를 하면 독일의 재무장을 지연시킬 수 있다는 계산이었다. 그렇지만 영국은 독일의 국제연맹 탈퇴를 우려하면서도 프랑스의 강경 노선에 질질 끌려다녔다.[286]

그러나 총대를 멘 것은 영국이었다. 영국은 4월 28일 독일 군대 규모를 20만 명으로 묶고 준군사조직은 모두 없애는 안을 제시했고 프랑스도 여기에 호응했다. 블롬베르크와 노이라트는 발끈했다. 히틀러는 서쪽에서는 영국과 프랑스를 의식하고 동쪽에서는 폴란드를 의식하여 일단 자제했다.[287] 그리고 내각에서는 군축 문제는 회담장에서 해결될 성격의 문제가 아니라고 하면서 발상의 전환이 필요하다고 말했다. 당장은 정상적인 방법으로는 재무장을 할 길이 없었다. 군축 문제에 관해서 독일 국민이 하나로 똘똘 뭉쳐 있다는 사실을 '온 세계'에 알릴 필요가 있었다. 노이라트 외무장관은 총리가 의회에서 연설을 하면 만장일치의 박수가 쏟아질 것이고 외국에서는 그것을 정부 정책으로 해석할 것이라고 묘안을 냈고 히틀러도 그 제안을 받아들였다. 그렇지만 재무장은 아주 조심스럽게 접근해야 한다고 다시금 강조했다. 회의 막바지에 노이라트와 블롬베르크는 독일이 군축 회담을 거부해야 한다고 주장했지만[288] 히틀러는 무시했다. 신중한 접근을 중시하다 보니 히틀러는 연설에 들어가야 할 내용을 논의하면서 한때는 정적이었던 하인리히 브뤼닝의 고언을 귀담아들었다. 브뤼닝은 프랑스와 폴란드가 손잡고 개입하고 미국과 영국이 그것을 묵인하는 사태가 우려된다고 지적했다.[289] 약속만 하고 지키지 않을 때가 허다했지만 히틀러는 의사당 방화 사건 이후 제약이 많아졌는데 그것을 푸는 방법을 나중에 논의하자고 약속했고 브뤼닝은 히틀러가 입각을 제안하자[290] 자기도 가톨릭 중앙당 동료들과 심지어 사회민주당 의원들한테도 정부의 선언을 지지하도록 설득하겠다고 말했다.[291]

브뤼닝의 설득은 효과가 컸다. "슈트레제만도 그보다 더 온건한 평화안을 내놓지는 못했을 것"이라고 10년이 넘게 히틀러와 사이가 안 좋았던 사회민주당 의원 빌헬름 회그너는 나중에 말하면서 총리의 결정에 찬성표를 던졌다.[292] 아닌 게 아니라 5월 17일 의회 연설에서 히틀러는 자기 나라만이 아니라 유럽 전체의 평화와 안녕을 걱정하는 정치인의 논조로 말했다. "우리는 다른 민족들의 자주권도 존중한다."면서 "평화롭고 화목하게 그들과 공존하기를 충심으로 소망한다."고 했다. '독일화 발상'은 있을 수 없는 일이라면서 폴란드를 의식한 발언도 했다.[293] 군축 문제에서 독일을 동등하게 대접해 달라는 히틀러의 요구는 독일 국민은 물론이거니와 다른 나라 국민들에게도 너무나 당연한 요청으로 들렸다. 히틀러는 또 군사력에서 압도적인 우위를 확보한 프랑스가 허약한 독일의 재무장을 한사코 방해하는 현실을 강조했다. 다른 나라들이 공격 무기를 폐기한다면 독일도 그럴 용의가 있다고 히틀러는 선언했다. 하지만 군축을 일방적으로 강요당할 경우 독일은 회담을 중단할 것이라고 밝혔다. "끝없이 수모를 당한 입장에서 우리가 국제연맹에 남아 있기는 어려울 것"이라고 으름장도 놓았다.[294] 그야말로 여우 같은 언변이었다. 아무리 정치적 의도가 담겨 있다손 치더라도 애국심이 있는 의원이라면 이런 정서에 반대표를 던지기는 어려웠다. 외국에서도 히틀러를 합리적인 지도자로 보았고 영국과 프랑스 같은 서방 민주주의 국가의 지도자들은 수세에 몰렸다. 어디서나 히틀러는 인기와 명분을 얻었다.

교착 상태에 빠진 제네바 회담은 6월까지 연기되었다가 다시 10월로 미루어졌다. 이 기간 동안 독일은 국제연맹에서 탈퇴한다는 구체적 계획이 없었다. 블롬베르크는 독일이 군축 회담을 걷어치우고 하루빨리 중무장에 들어가야 한다는 소신을 꺾지 않았다. 블롬베르크의 오른팔이었던 카를-하인리히 폰 슈튈프나겔 대령은 9월 초 프랑스 무관에게 조만간 독일이 군축 회담장을 떠날 것이라고 말했다. 그러나 9월 말에 가서도 히틀러도 노이라트 외무장관도 당장 회담을 그만둔다는 생각은 하지 않았다.[295] 10월 4일까지도 히틀러는 후속 회담을 고려하는 것처럼 보였다.[296] 그런데 바로 그날 영국이 동등한 대접은커녕 프랑스의 입장에 동조하여 독일의 재무장을 용납하지 않겠다면서 더욱 강경한 입장으로 돌아섰다. 블롬베르크는 오후에 히틀러를 면담했다. 노이라트도 9월 말 히틀러에게 제네바 회담에서는 더 기대할 것이 없다고 보고했다고 나중에 밝혔다.[297] 외무부의 베른하르트 빌헬름 폰 뷜로프 차관이 히틀러를 접견했을 때는 군축 회담장에서 철수하고 국제연맹에서도 탈퇴한다는 결정이 내려진 뒤였다. 뷜로프는 세부 내용을 마무리짓는 임무를 맡았다.[298] 히틀러는 독일이 부당한 취급을 받는 상황에서 국제연맹을 뛰쳐나갈 때가 되었다고 판단했다. 특히 국내 여론의 압도적 지지를 받는 상황에서는 너무나 놓치기 아까운 선전 기회였다. 일단 결정이 내려진 이상 서유럽 열강의 양보안이나 타협안을 이끌어낼 수 있는 섣부른 조치는 취할 필요가 없었다. 결정 내용을 완전히 통보받은 사람은 노이라트와 블롬베르크 두 장관을 포함하여 모두 7명뿐이었다.[299]

내각이 마침내 통보받은 것은 10월 13일이었다. 국민투표에 부칠 만한 선전 가치가 있다고 말할 때는 늘 확신에 차서 말했지만 이날도 히틀러는 각료들에게 의회를 해산하고 새로 선거를 실시하면 독일의 입지가 강화될 것이라고 단언했다. 국민투표를 통해 정부의 평화 정책을 독일 국민이 전폭적으로 지지하는 것을 보여주면 독일이 공격적으로 나온다고 섣불리 비난할 수 없을 것이요, 이런 과정을 통해서 완전히 새로운 방식으로 전 세계의 관심을 끌 수 있으리라는 계산이었다. 아무도 반대하지 않았다.[300]

다음날 독일은 제네바 군축 회담에서 철수한다고 공식적으로 통보했다.[301] 그 파장은 컸다. 이제 군축 회담은 의미를 잃었다. 국제연맹도 그해 초 일본이 나간 데 이어 독일까지 빠져 나가자 휘청거렸다. 영국과 프랑스가 미적거리니까 폴란드는 독일과 외교 협상을 다각도로 벌였다. 결국 두 나라는 1934년 1월 26일 10년 시한의 불가침 조약을 맺었다. 반폴란드 정서가 강했던 독일 외무부 관리들의 반대를 무릅쓰고 히틀러가 밀어붙인 이 조약으로 프랑스는 동유럽에 쌓아올린 동맹 체계에 금이 갔고 독일은 포위망에서 벗어났다.[302] 이 모든 것이 직접적으로든 간접적으로든 히틀러가 국제연맹에서 독일이 탈퇴한다는 결정을 내린 다음에 벌어진 일이었다. 시기도 그렇고 선전 전략도 그렇고 과연 히틀러다운 노련한 결정이었다. 하지만 앞에서 본 대로 그것은 독일이 가장 큰 이득을 볼 수 있는 시기가 왔다고 히틀러가 마음을 굳히기 한참 전부터 노이라트와 (특히) 블롬베르크가 줄기차게 부르짖은 내용이었다. 총리가 되고 나서 히틀러는 유럽의 불안한 외교 현실 때문에 별로 효과를 못 본 것이 사실이었다. 사회민주당의 전략과 유럽 안보의 기초는 베르사유 조약을 충실히 이행하는 '준수 정책'에 있었는데 전 세계를 강타한 경제 위기로 이것이 흔들렸다. 독일의 국제연맹 탈퇴는 축대를 떠받치던 벽돌이 처음으로 빠져나간 셈이었다. 나머지 벽돌들도 곧 우르르 허물어진다.

10월 14일 저녁 독일 국민의 전폭적 성원을 확신하면서 빈틈없이 준비한 라디오 연설에서 히틀러는 의회를 해산한다고 선언했다.[303] 11월 12일로 예정된 다음 선거는 해산된 정당들의 찌끄러기 없이 순수하게 국가사회주의자로만 이루어진 의회를 만들 수 있는 기회였다. 선거에 나온 당은 나치당 하나밖에 없었지만 그래도 히틀러는 또다시 비행기를 타고 독일 전역으로 유세를 다녔다.[304] 한번은 비행기 나침반이 말을 안 듣자 히틀러가 전에 한 번 연설을 한 적이 있는 비스마르라는 도시의 큰 건물을 알아보았고 그곳을 지표로 삼아서 조종사는 무사히 비행기를 착륙시킬 수 있었다. 연료는 바닥이 나 있었다.[305] 이제 선거 홍보는 하나부터 열까지 히틀러에게 개인적으로 충성을 바치는 모습을 강조하는 데 초점을 맞추었다. 나치의 기관지가 아닌 신문에서도 히틀러는 그냥 '지도자'로 통했다.[306] 국민투표 용지에 적힌 질문에도 히틀러 이름은 나오지 않았다. "당신은 독일 남성과 독일 여성으로서 제국 정부의 정책을 승인하며 이 정책이 당신의 생각과 당신의 의사를 표현한 것이라고 선언하고 또 그 정책을 엄숙히 지지할 용의가 있습니까?"[307] '제국 정부'와 '히틀러'는 동의어가 된 지 오래였다.

선거 개입은 1936년과 1938년 국민투표 때보다는 아직 세련미가 떨어졌지만 분명히 있었다. 이런저런 속임수가 많았다. 투표장에서도 비밀 투표 원칙이 잘 지켜지지 않았다.[308] 찬성표를 던지라는 압력도 분명히 있었다.[309] 그렇지만 국민투표에서 95.1퍼센트, '의회 선거'에서 92.1퍼센트라는 공식 지지율은 히틀러의 엄연한 승리였다.[310] 자유로운 분위기가 보장되지 않았고 부정의 흔적이 있었다는 점을 감안하더라도 국내에서도 국외에서도 독일 국민이 히틀러를 압도적으로 지지한다는 증거로 투표 결과를 받아들였다. 국가의 존망이 걸린 상황에서는, 나치당을 악착같이 반대했던 사람들까지도 국제연맹 탈퇴 결정을 압도적으로 지지했다. 이제 히틀러는 진정한 칭송을 받았다. 정당 지도자를 훌쩍 뛰어넘는 민족 지도자로서의 위상이 전과는 비교할 수 없을 만큼 높아졌다.

국민투표가 끝나고 나서 처음 열린 내각 회의에서 파펜 부총리의 입에서 나온 아첨의 말은 히틀러가 총리가 된 지 몇 달 만에 조직을 완전히 장악했다는 것을 확인해주었다. 파펜은 "지금껏 한 나라가 지도자에게 줄 수 있는 가장 압도적이고 독보적인 지지"에 대해서 말하는가 하면 "아홉 달 동안에 우리 앞에 새롭게 들고 나오신 찬란한 지도력과 이상으로 안으로는 갈가리 찢겨 있었고 아무런 희망이 없었던 나라를 통일된 제국으로 바꾸어놓으셨다."고 극찬했다. 그러고는 히틀러를 국민을 사로잡은 독일의 '무명 용사'에 빗댔다. "정치인 한 사람에게 그렇게 뜨거운 신뢰를 보낸 나라는 없을 것입니다. 결국 독일 국민은 시대 변화의 의미를 간파하고 지도자가 이끄는 길을 따라가겠다는 의지를 분명히 밝힌 것입니다." 각료들은 의자에서 일어나 총리에게 경의를 표했다.

히틀러는 압도적인 지지를 얻었으니 앞으로는 일을 좀 더 수월하게 할 수 있을 것이라고 응답했다.[311]

그러나 히틀러는 독일을 아직 완전히 정복한 것이 아니었다. 국민투표 결과로 다들 들떠 있었지만 고질적인 문제가 체제 자체를 위협하고 있었다. 바로 돌격대 문제였다.

··· 12장

절대 권력

"가장 죄질이 나쁜 반역자를 총살하라고 지시한 것도 저였고
우리 내부를 좀먹는 종양과 외세의 독을 맨살이 드러날 때까지
도려내라고 지시한 것도 저였습니다."
_히틀러가 1934년 7월 13일 의회에서 한 연설

"총리는 룀이 돌격대를 제국군으로 끌어들이려고 하자
처음에 싹을 잘라버려서 약속을 지켰다.
진정한 무인임을 보여주었기에 우리는 그를 사랑한다."
_발터 폰 라이헤나우가 1934년 8월 28일 군에 하달한 정치 지침

1933년 말까지도 독재 권력은 아직 완성되지 않았다. 그렇게 일사천리로 일이 척척 진행되리라고 내다본 사람이 거의 없었을 만큼 정치권에 엄청난 태풍이 몰아쳐 히틀러의 입지가 엄청나게 강화되었지만 두 가지 걸림돌 때문에 히틀러는 마음대로 권력을 행사할 수 없었다. 둘은 서로 맞물려 있었다.

다루기 어려운 히틀러의 당 군사조직 돌격대는 목표를 이루었으므로 진작에 사라졌어야 할 조직이었다. 돌격대의 목표는 정권 쟁취였다. 하나부터 열까지 권력을 잡는다는 한 가지 목표에 초점을 맞추어 돌아간 조직이었다. 정권을 잡으면 어떻게 될 것인지, 새로운 정권에서 돌격대는 어떤 목표와 기능을 부여받을 것인지, 일반 돌격대원들이 어떤 혜택을 누리게 될 것인지, 이런 것들은 하나같이 불분명했다. 그런데 막상 정권을 잡고 나서 몇 달이 흐르자 돌격대의 '깡패 정치'[1]가 치안을 어지럽히는 요인이 되었다. 거기다가 돌격대를 이끌어 가는 에른스트 룀이 군사적 야심이 워낙 만만치 않은 인물이다 보니 돌격대는 어느새 시국을 불안하게 만드는 변수가 되었다. 무엇보다 제국군과 사이가 안 좋았다. 하지만 돌격대를 없애거나 무력화하는 것은 결코 간단한 일이 아니었다. 돌격대는 거대한 조직이었다. 당보다도 훨씬 규모가 컸다. 돌격대에는 또 운동 초기부터 가장 열성적으로 싸운 (말 뜻 그대로) '노전사들'이 많았다. 히틀러가 총리가 되고 나서 나치 혁명이 빠르게 진행될 수 있었던 것도 폭력으로 기선을 제압했기 때문인데 바로 그 중심에 돌격대가 있었다. 앞에서 본 대로 룀의 야심은 히틀러와 똑같지 않았다. 당 정치 지휘부의 통제를 받지 않으려고 하는 거대한 준군사조직은 1920 년대 이후로 긴장을 낳았고 때로는 반란을 일으켰다. 그러나 아무리 위기가 불거졌어도 히틀러는 돌격대의 충성을 이끌어내는 데는 매번 성공했다. 돌격대 지도부를 건드릴 경우 돌격대가 계속 충성을 바치리라는 보장이 없었다. 돌격대 지도부를 누르는 것은 쉬운 일도 아니었고 섣불리 저지를 일도 아니었다. 이러지도 저러지도 못하는 골치 아픈 돌격대 문제를 앞에 놓고 히틀러는 몇 달이 지나도록 계속 쌓여만 가는 긴장을 풀어보려는 시도를 거의 하지 않았다. 더는 선택할 여지가 없을 때 비로소 움직이는 것이 히틀러의 버릇이었지만 일단 칼을 빼면 무자비하게 휘둘렀다.

돌격대 문제는 히틀러의 권력을 위협하는 또 다른 문제와 긴밀하게 얽혀 있었다. 힌덴부르크 대통령은 오늘내일하는 고령의 노인이었다. 머지않아 후계자 문제가 불거질 가능성이 높았다. '지나간' 독일, '지나간' 프로이센을 상징하는 힌덴부르크는 아직도 새 정부에 대해서 어정쩡한 태도를 보이는 세력들이 우두머리로 떠받드는 인물이었다. 그런 세력 중에서도 가장 중요한 것이 군부였다. 힌덴부르크는 국가 수반으로서 군 통수권자이기도 했다. 군 지휘부는 돌격대가 자꾸만 군사력을 과시하면서 자극하자 아주 예민해졌다. 히틀러가 돌격대 문제를 해결하지 못할 경우 군부는 힌덴부르크가 죽은 다음 다른 사람을 영입한 후 왕정으로 복귀하여 사실상 군사 독재에 나설 가능성도 있었다. 꼭 고위 장성이 아니더라도 보수 민족주의 진영도 전부터 민주주의가 아니라 권위주의 국가 형태를 선호하기는 했지만 히틀러 정권에 오싹 질려서 사태가 그런 쪽으로 흐르는 것을 반길 가능성이 있었다. 그런 분위기를 타고 파펜 부총리가 나치 혁명을 무디게 만들 수 있는 대안으로 서서히 떠올랐다. 파펜은 여전히 힌덴부르크의 총애를 받고 있었으므로 숫자가 얼마 안 된다고 해서 그런 수구 세력의 정치적 잠재력을 무시할 수는 없었다. 그런가 하면 재계에서도 나날이 심각해지는 경제 문제를 차츰 우려하고 있었다. 히틀러의 권력을 흔들고 정권 자체를 무너뜨릴 수 있는 위기가 정말로 닥칠 수도 있었다.

히틀러는 막판에 몰리기 전에는 움직이지 않았다. 1934년 여름 히틀러가 돌격대 문제와 맞서도록 결정적으로 압력을 넣은 것은 군부였고 옆에서 부추긴 것은 괴링과 힘러, 하이드리히였다. '긴 칼의 밤'을 시발로 다섯 주 동안 돌격대 지도부는 분쇄되었고 몇 명은 목숨을 잃었다. 거기에다 힌덴부르크가 죽은 다음에 (힌덴부르크가 살아 있었을 때 내각에서 통과된 법에 따라서) 곧바로 권력을 넘겨받을 수 있었기 때문에 히틀러는 절대 권력을 바로 굳힐 수 있었다.

돌격대의 '2차 혁명'

에른스트 룀의 돌격대는 1933년 초반에 일어난 나치 혁명의 선봉에서 싸웠다. 위에서 지시를 받아서 그렇게 폭력을 휘두른 것은 아니었다. 돌격대는 결전의 날이 올 때까지 기다리라는 말만 듣고 몸이 근질거려서 어쩔 줄 모르는 조직이었다. 억누르는 데도 한계가 있었다. 정적을 상대로 증오로 가득 찬 보복극이 판을 쳤고 유대인은 이틀이 멀다 하고 잔인한 공격을 당했다. 이 어수선한 몇 달 동안 모두 10만 명으로 추정되는 사람이 돌격대가 급조한 감옥과 수용소로 붙잡혀 들어갔다. 베를린 일대에만 이런 시설이 수백 군데나 생겼다. 짐승만도 못한 취급을 당하면서 고문을 받은 사람이 부지기수였다. 나치는 합법적인 무혈 혁명이라고 주장했지만 적어도 500명에서 600명은 목숨을 잃었고 그 만행의 주범은 돌격대였다.[2] 게슈타포 초대 사령탑을 맡은 루돌프 딜스는 훗날 돌격대가 베를린에서 운영한 감옥의 실태를 이렇게 술회했다. "'조사'는 구타로 시작해서 구타로 끝났다. 수십 명의 대원들이 일정한 시간 간격을 두고 수감자들을 쇠막대기, 고무봉, 채찍으로 두들겨 팼다. 조각난 이빨과 부러진 뼈가 그 고문의 실상을 전한다. 우리가 들어가면 상처가 곪아터진 산송장들이 썩은 짚단처럼 널브러져 있었다."[3]

한때는 동지였지만 이제는 눈엣가시가 된 에리히 루덴도르프는 1933년 가을 힌덴부르크 대통령 앞으로 편지를 슬하게 보내어 "당신이 다스

리는 독일 제국에서 벌어지는 폭력 행위와 무법 사태"를 성토하면서
"도저히 믿을 수 없는 일들이 무섭게 번져 가고 있으며" 힌덴부르크의
재위 말년은 "독일 역사에서 가장 암울한 시기"라고 비난을 퍼부었다.
편지는 히틀러에게 전달되었다.[4] 히틀러는 자제를 당부했지만 돌격대
는 아랑곳하지 않았다. 룀의 지시도 먹혀들지 않는 판이었다.[5] 물론 전
략적인 의도에서 건성으로 내린 지시였다. 정작 뒤에서는 히틀러가 당
지도부나 귀르트너 법무장관의 요청에 따라 상당수가 돌격대원들에 의
해 저질러진 수감자 학대와 고문 사건의 판결을 잇따라 무효화했다.[6]

공산주의자, 사회주의자, 유대인이 공격을 받는 한 여론이 악화될 위
험성은 없었고 문제가 생겨도 '민족 봉기'의 도가 '지나쳤다'고 둘러대
면 그만이었다. 하지만 여름으로 접어들면서 그런 일이 너무 잦아지자
안하무인이고 시건방진 돌격대원들이 공공장소에서 저지르는 폭력을
우려하는 목소리가 나치당 안에서도 나왔다. 재계와 지방 관공서에서도
돌격대원들의 무분별한 난동으로 치안이 말이 아니라는 불만이 쏟아져
들어왔다. 독일에 거주하는 외국인들이 봉변을 당하는 사례가 늘어나자
외무부에서도 항의가 들어왔다. 돌격대는 완전히 통제 불가능한 상태로
빠져들기 일보 직전이었다. 대책이 필요했다.[7] 개신교 교단에서 일어난
소동으로 직접 곤욕을 치르기도 한 힌덴부르크 대통령은 히틀러에게 치
안을 바로잡아 달라고 요구했다.[8]

1933년 6월 룀이 〈월간 국가사회주의자〉라는 잡지에 앞으로 돌격대
는 '독일 혁명'을 무너뜨리고 길들이려고 하는 보수 세력, 반동 세력, 기
회주의 세력의 온갖 책동을 분쇄하면서 혁명을 계속 실천해 나갈 것이
라는 취지의 글을 싣자 히틀러는 더 입장이 곤란해졌다. "돌격대와 친
위대는 싸울 줄도 모르는 사람들에 의해서 독일 혁명이 잠재워지고 어
설프게 내버려지는 사태를 좌시하지 않을 것이다." 룀은 일갈했다. "그
들이 좋아하든 좋아하지 않든 우리는 계속 싸울 것이다. 그들이 기어이
귀를 연다면 함께 싸울 것이요, 귀를 닫는다면 우리만의 힘으로 싸울 것
이다! 필요하다면, 그들과도 싸울 것이다!"[9]

룀은 독일의 새로운 지배자들에게 이제 혁명은 겨우 시작되었을 뿐이

돌격대 문제가 점점 심각해지던 1933년 여름 돌격대 사열을 받는 히틀러와 에른스트 룀. "우리는 계속 싸울 것이다. 필요하다면, 그들과도 싸울 것이다." 룀은 이제 혁명은 겨우 시작될 뿐이라면서 2차 혁명을 지속하겠다고 주장해 히틀러를 위기에 빠뜨렸다.

라는 점, 그리고 자기가 이끄는 대원이 450만이나 되는 엄청난 조직이 주도적인 역할을 맡아야 한다는 점을 똑똑히 밝혔다.[10]

당의 준군사조직이냐 아니면 치안을 바로잡으라고 압력을 넣는 군부냐 하는 선택의 기로에 처음으로 내몰린 히틀러는 7월 6일 총리 관저에서 제국지사 회의를 소집했다. "혁명은 영구적 조건이 아니다. 혁명을 지속성 있는 상황으로 만들어야 한다. 넘쳐흐르는 혁명의 강물을 잘 이끌어서 전진의 안전한 틀 안으로 집어넣어야 한다." 히틀러는 그렇게 강조했다.[11] 프리크, 괴링, 괴벨스 등 그 자리에 참석한 나치 지도자들은 그 다음 몇 주 동안 벌어지는 사건들을 통해서 그 말의 의미를 알아차렸다.[12] 엄청난 변화가 일어나고 있었다.

그러나 룀의 야심도 만만치 않았다. 경찰, 군대, 공무원 조직을 기반으로 삼아 '돌격대 국가'를 만드는 것이 룀의 목표였다. 하지만 1933년 말까지 가시화된 것은 거의 없었다. 돌격대는 프로이센에서 경찰처럼 군림했지만 괴링은 벌써 여름이면 그런 역할을 박탈했다. 10월부터는 강제수용소 관리도 못하게 되었다.[13] 제국군과는 별개로 민병대를 대대적으로 육성할 계획이라는 룀의 발언에 군부는 촉각을 곤두세웠다. 감독 기능은 없었고 자문 기능만 있었지만 지방 정부마다 돌격대 '특별 위원'이 배치되어 있었는데 이들이 말썽을 피웠다. 특히 바이에른과 프로이센에서는 위세가 대단했다. 권력을 가진 사람들이 돌격대를 못마땅하게 여길 만한 이유는 충분했고 그런 사람들은 갈수록 숫자가 늘어났다. 1933년 12월 룀은 정무장관으로 내각에 들어갔다. 요직을 맡아 권력을 누리지 못한 데 대한 배려 차원의 영입이었다. 그렇지만 자신이 내각에 들어간 것을 장차 '돌격대 장관'이 되기 위한 첫걸음으로 볼 수 있다는 듯이 말하는가 하면 기회가 닿으면 국방장관도 맡을 생각이 있다고 공공연하게 발언하자 군부 장성들은 심기가 영 편치 않았다.[14] 그래서 돌격대와의 협조를 줄이고 돌격대가 군사 문제에 영향을 끼치는 것을 배제하는 시책이 바로 마련되었다.[15]

그것은 룀이라는 야심가 한 사람 때문에 생긴 문제가 아니었다. 갈색 제복의 돌격대원 중에는 국가사회주의 정권이 들어서면 신천지가 펼쳐질 줄 알고 잔뜩 기대했다가 크게 실망한 사람이 많았다. 모든 잘못은 적들에게 있다고 실컷 욕을 퍼부었는데 당연히 따라올 줄로만 알았던 감투, 금전적 보상, 권력은 요원하기만 했다. 돌격대 중에서도 높은 자리에 앉은 사람들은 이제 나라에서 재정 지원을 받아 떵떵거리고 살았다.[16] 상류층처럼 살아갔다. 뮌헨의 프린츠레겐텐플라츠 광장에 있는 룀의 저택만 하더라도 퐁텐블로 궁전에서 썼다는 마호가니 의자가 있는가 하면 16세기에 피렌체에서 만들어진 벽거울도 있었다.[17] 문제는 이런 보상이 밑바닥까지 흘러가지 않았다는 것이었다. 돌격대 일반 대원들의 실업률은 나라 전체의 실업률보다 높았다. 돌격대원은 일은 안 하고 게으름만 피운다고 소문이 안 좋게 나니까 국가사회주의 정권이 들어섰는데도 고용주들이 돌격대 출신을 채용하기를 꺼렸다.[18] 돌격대 안의 노병들은 자리와 물질적 보상이 돌아오지 않는 것이 부르주아 정부와 당 내 기회주의 세력의 농간 때문이라며 울분을 터뜨렸다. 그러다 보니, 사회를 변화시킬 뚜렷한 정책과 연결되지는 못했지만 '2차 혁명'을 일으켜야 한다는 주장이 일반 대원들 사이에서 높은 호응을 얻었다.

'민족 봉기'로 얻지 못한 것을 후속 혁명으로 달성해야 한다고 1934년 초반까지도 계속해서 목소리를 높이면서 에른스트 룀은 돌격대원들 사이에서 인기가 올라갔다. 룀은 공식적으로는 히틀러에게 고분고분했다. 그렇지만 사석에서는 히틀러가 군부만 옹호하고 블롬베르크와 라이헤나우에게 너무 기댄다면서 심하게 비판했다. 돌격대 안에서 자신에 대한 개인 숭배 움직임이 일어나는 것도 룀은 모른 척했다.[19] 1933년 승리를 기념하는 나치당 전당대회에서 룀은 히틀러 다음으로 지명도가 높은 지도자였고 히틀러의 오른팔처럼 보였다.[20] 돌격대 기관지인 〈돌격대 사나이〉 지면에서는 룀의 개인 숭배 분위기에 밀려 히틀러 이름을 찾아보기 힘들 정도였다.[21]

공식적으로는 히틀러도 룀을 예우했다.[22] 히틀러는 1934년 처음 몇 달 동안 룀의 돌격대와 군부 사이에서 흔들렸다. 룀은 히틀러의 말을 잘 안 들었지만 그렇다고 해서 내쫓을 수도 없었다. 자칫하면 체면을 잃으면서 여론의 지탄을 받고 정치적으로도 손해를 볼 수 있었으므로 함부로 행동하기에는 위험 부담이 컸다. 그렇지만 권력의 현실을 생각하면 결국 군부의 편에 설 수밖에 없었다.[23] 2월 말에 가서야 비로소 그런 쪽으로 가닥이 잡혔다. 그전까지는 군부를 달래려고 어지간히 애를 쓴 것은 사실이었지만 군사 문제에 돌격대가 개입하는 것을 한 번도 노골적으로 꾸짖지 않았다.[24] 그렇지만 2월 말 이후로도 히틀러는 정치적 선택에 따른 과감한 조치를 취하지는 못했다.[25] 자연히 봄을 거쳐 초여름까지 위기가 이어졌다.

1934년 2월 2일 한 관구장과 만난 자리에서 히틀러는 이름만 안 밝혔지 돌격대를 다시 비판했다. '머저리들'이나 혁명이 아직 끝나지 않았다고 생각한다면서 '혁명'을 '영구적 혼란 상태'로만 이해하는 자들이 당 안에 있다고 지적했다.[26]

그 전날 룀은 블롬베르크에게 군대와 돌격대의 관계를 규정한 각서를 보냈다. 각서는 전해지지 않지만 룀은 거기서 국방은 돌격대에게 양보하고 군대는 훈련병을 돌격대에 제공하는 역할만 맡아 달라고 요구한 것으로 보인다.[27] 블롬베르크는 그런 내용을 2월 2일 베를린 지역 사령관들을 모아놓고 연설을 하는 자리에서 소개했지만 너무나 무례한 내용이라서 아마 블롬베르크가 의도적으로 왜곡하거나 과장했을 가능성이 높다. 아니나 다를까, 군인들은 경악했다.[28] 이제 총리가 단안을 내려야 한다고 블롬베르크는 말했다.[29] 군대는 히틀러에게 압력을 넣었다. 블롬베르크는 돌격대에 맞서는 자신의 정책을 당이 지지하도록 만들기 위해 당 지도부에서 요구하지도 않았는데 나치 휘장을 군대에 도입했고 장교 자격에 관한 '아리아 조항'도 받아들여 70명에 가까운 장교를 퇴역시켰다.[30] 룀도 히틀러의 지지를 끌어내려고 애썼다. 하지만 힌덴부르크가 뒤에서 지원하는 군대와 나치 군사조직 중에서 히틀러는 어느 한쪽을 선택할 수밖에 없었다.

2월 27일 군 지휘부는 '돌격대와의 협조에 관한 지침'을 내놓았다. 다음날 히틀러가 연설한 내용도 이 지침의 틀에서 벗어나지 않은 것으로 보아 사전에 히틀러의 재가를 거친 것으로 보인다.[31] 2월 28일 국방부에서 열린 회의에는 제국군, 돌격대, 친위대 지도부가 참석했는데 이 자리에서 히틀러는 돌격대를 군사조직으로 키운다는 룀의 구상을 노골적으로 거부했다. 돌격대는 군사 문제가 아니라 정치 문제에만 관여해야 한다고 못 박으면서[32] 히틀러는 앞으로 정국이 흘러갈 방향에 대해서도 생각을 털어놓았다. 나치당이 실업 문제를 해결했지만 늘어나는 인구를 위해 '생존 공간'을 확보하지 못할 경우 앞으로 8년 안에 경제가 파탄날 것이라고 히틀러는 말한 것으로 알려졌다. 과연 히틀러다운 어법이었다. 실업률이 뚝 떨어진 것은 사실이었지만 실업 문제가 완전히 해결된 것은 결코 아니었다. 심각한 경제적 어려움도 벌써 여기저기서 발생하고 있었다. 히틀러는 평소처럼 흑백의 이원론으로 현실을 그려 나갔다. 나의 진단대로 '생존 공간'을 확보할 것이냐, 아니면 앉아서 경제 파탄을 기다릴 것이냐. 그러면서 군사 전략도 소개했다. "서쪽으로 강하게 한 방 먹이고 나서 동쪽으로 진격할 필요가 있다."는 것이었다. 그러나 룀이 제안하는 민병대로는 최소한의 자위도 못 할 것이라고 지적했다. 히틀러는 제국군 안에 잘 훈련되고 현대식 무기로 무장한 '국민군'을 육성해서 5년 안에 적의 어떤 공격도 막아낼 수 있는 방어군으로 키우고 8년 안에 공격군으로 키우겠다는 복안을 꺼냈다. "국내 정치에서는 약속을 지켜야 하지만 국제 정치에서는 약속을 어겨도 된다."고 히틀러는 주장했다. 그러면서 자신의 지시에 따르라고 돌격대에 요구했다. 제국군이 완전히 전열을 갖출 때까지는 블롬베르크의 제안대로 국경 수비와 비군사 훈련 임무는 돌격대에게 맡기는 것이 좋겠다고 덧붙였다. 그러나 "나라의 무기는 제국군 손에만 들어가야 한다."고 못 박았다.[33]

룀과 블롬베르크가 '합의문'에 서명하고 악수하는 것을 보고 히틀러는 자리를 떴다. 샴페인이 터졌다. 그러나 분위기는 결코 화기애애하지 않았다.[34] 군인들이 떠나고 나서 룀이 이렇게 뇌까리는 것을 누군가 엿들었다. "저 한심한 상병이 떠든 소리는 우리한테는 적용되지 않는다. 지조도 없는 그런 인간은 휴가나 가라고 해라. 히틀러가 함께하지 않겠다면 히틀러 없이라도 우리는 밀고 나갈 것이다." 반역자의 입에서나 나올 법한 이 말을 받아적은 사람은 돌격대 상급집단지도자였던 빅토르 루체였다. 루체는 히틀러에게 이 사실을 보고했다. "여건이 무르익을 때까지 기다려야지." 히틀러의 입에서 나온 말은 이게 다였다.[35] 그러나 충직한 부하를 잊지는 않았다. 6월 30일 문제의 사건이 터지고 돌격대 참모장 자리가 비자 히틀러는 루체를 발탁했다.

위기일발

1934년 초부터 히틀러는 이제는 자꾸만 기어오르려고 하는 에른스트 룀에게 스스로 주제 파악을 하게 만드는 수밖에 없다고 생각한 듯하다. 그러나 룀을 어떻게 요리할지는 아직 불분명했다. 히틀러는 문제 해결을 미루었다. 그냥 일이 벌어지기를 기다렸다.[36] 군 상층부도 때가 오기만 기다리고 있었다. 판이 커질 때까지 기다렸다가 나중에 정면 승부를 걸 작정이었다.[37] 군부와 돌격대의 관계는 갈수록 삐걱거렸다. 히틀러는 돌격대 활동을 감시하라는 지시를 내린 것으로 보인다. 게슈타포 수장 루돌프 딜스는 1934년 1월경 히틀러의 지시를 받고 괴링과 함께 돌격대가 저지른 행패에 관한 자료를 모은 적이 있다고 훗날 밝혔다.[38] 2월 말부터는 제국군 지휘부도 자체 첩보망을 동원해 돌격대 활동을 조사하여 히틀러에게 보고했다.[39] 힘러와 하이드리히가 4월에 프로이센 게슈타포를 넘겨받으면서부터는 돌격대에 관한 자료가 한층 두툼해졌다. 룀이 접촉하는 외국인도 감시했고 총리를 역임한 슐라이허처럼 현 정부에 호감을 품지 않은 사람들과 만나는 것도 주시했다.[40]

권력을 쥔 사람 중에는 룀의 적이 워낙 많았다. 그들은 결국 한데 뭉쳐서 돌격대와 싸운다. 괴링은 1933년 2월 돌격대를 준경찰조직으로 만든 것부터 시작해서 프로이센에 돌격대의 기반을 쌓는 일에 누구보다도 애쓴 사람이었지만 이제는 그 기반을 없애는 데 앞장섰다. 그래서 4월 20일에는 프로이센 게슈타포의 지휘권을 하인리히 힘러에게 넘겼다. 중앙의 통제를 받는 경찰국가를 만드는 막중한 책임을 힘러가 떠맡은 것이다. 힘러도 그렇게 생각했지만 힘러의 직속 부하이며 더 차갑고 음흉한 인물이었던 라인하르트 하이드리히는 제3제국에서 권력과 감시의 핵을 이루는 그런 조직을 건설하려면 엘리트 친위대가 그 상위 조직인 돌격대와 결별하여 룀의 권력 기반을 무너뜨리는 수밖에 없다고 판단했다. 당에서도 1933년 4월 (당내 문제를 전담하는) '지도자 대리인'이라는 거창한 직함을 맡게 된 루돌프 헤스와 점점 막후 실세로 떠오르던 마르틴 보어만은 룀 일파가 당 정치 조직을 경멸한다는 것, 그리고 돌격대가 당을 대체하거나 유명무실하게 만들 위험성이 있다는 것을 누구보다도 잘 알고 있었다.[41] 군부도 민병대를 만들어 제국군 위에 두려는 룀의 복안에 질색할 수밖에 없었다. 군사 훈련을 강화하고 요란한 가두

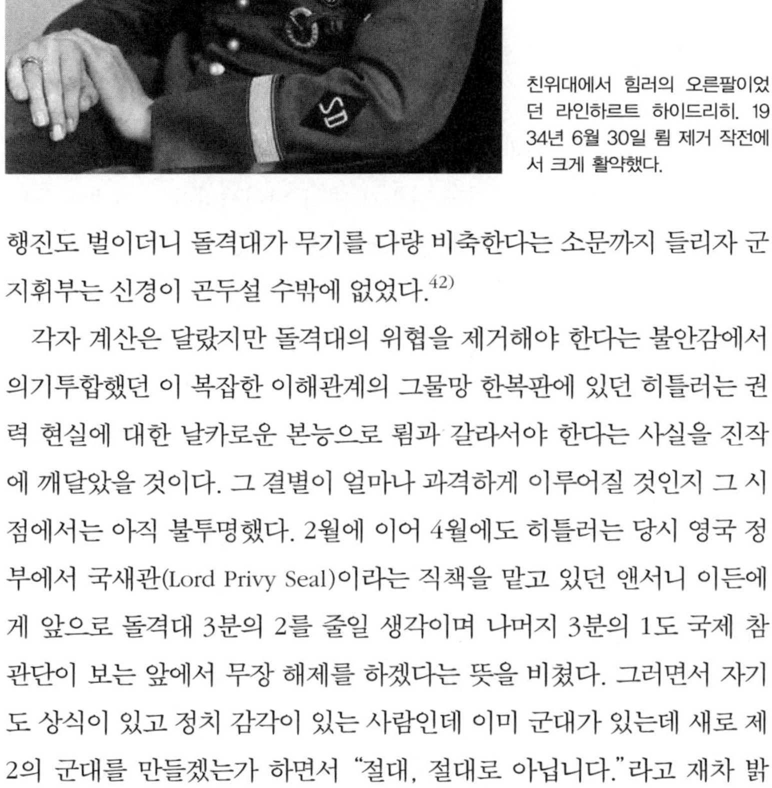

친위대에서 힘러의 오른팔이었던 라인하르트 하이드리히. 1934년 6월 30일 룀 제거 작전에서 크게 활약했다.

행진도 벌이더니 돌격대가 무기를 다량 비축한다는 소문까지 들리자 군 지휘부는 신경이 곤두설 수밖에 없었다.[42]

각자 계산은 달랐지만 돌격대의 위협을 제거해야 한다는 불안감에서 의기투합했던 이 복잡한 이해관계의 그물망 한복판에 있던 히틀러는 권력 현실에 대한 날카로운 본능으로 룀과 갈라서야 한다는 사실을 진작에 깨달았을 것이다. 그 결별이 얼마나 과격하게 이루어질 것인지 그 시점에서는 아직 불투명했다. 2월에 이어 4월에도 히틀러는 당시 영국 정부에서 국새관(Lord Privy Seal)이라는 직책을 맡고 있던 앤서니 이든에게 앞으로 돌격대 3분의 2를 줄일 생각이며 나머지 3분의 1도 국제 참관단이 보는 앞에서 무장 해제를 하겠다는 뜻을 비쳤다. 그러면서 자기도 상식이 있고 정치 감각이 있는 사람인데 이미 군대가 있는데 새로 제2의 군대를 만들겠는가 하면서 "절대, 절대로 아닙니다."라고 재차 밝혔다.[43] 영국과 프랑스는 히틀러의 발언을 통해서 독일이 군축 회담에 참여할 뜻이 있다고 보았고 돌격대에 대한 복안도 엿볼 수 있었다. 그렇지만 이 단계에서는 아직 룀을 치치할 생각도 없었고 한밤에 학살극을

벌인다는 계획도 서 있지 않았다. 그것은 마지막 순간에 가서 순간적으로 저지른 일이었다.[44]

1934년 봄에서 여름으로 넘어가면서 히틀러 정권을 덮친 위기는 돌격대 문제만이 아니었다. 만성적인 원자재 부족, 수출 감소, 수입 폭증, 썰물처럼 줄어드는 외환 보유고 등 독일 경제는 위태로운 지경이었다. 외국 언론들은 히틀러가 조만간 밀려날 것으로 점쳤다.[45] 1934년 3월 22일 고위 공무원과 당 간부를 모아놓고 가진 회의에서 히틀러는 "파국을 막아야 한다"고 역설했다. 그러고는 당과 돌격대원들이 경제에 자꾸 간섭한다고 비판했다. 백화점 불매 운동을 계속할 경우 은행이 휘청거릴 수 있고 그렇게 되면 경제 회복에 대한 희망도 물거품이 된다는 암울한 진단은 경제 자문을 해주는 전문가들이 히틀러에게 거듭 보낸 경고이기도 했다.[46]

평범한 국민의 시각에서 보자면 독일을 숨가쁘게 몰아붙였던 격동의 1933년을 보낼 때만 하더라도 나라가 다시 일어서리라는 기대에 들떴지만 물질적으로 나아진 것이 없자 실망이 커졌고 불만과 비판이 팽배했다. 5월부터 괴벨스는 '우는 소리하는 자들'과의 투쟁을 촉구하는 캠페인을 전국적으로 벌였지만 호응이 전혀 없었다. 독일 어디를 가도 사람들 사기가 땅에 떨어져 있다는 소리만 들렸다. 제국농업동지회는 1933년 9월 발터 다레 농업부장관이 독일 농업을 총체적으로 감독하기 위해서 만든 거대한 조직이었는데 복잡한 관료주의적 통제로 말미암아 사람들로부터 원성을 샀다. 농민들은 '큰손'들만 살찌우는 썩어빠진 제도라면서 울화통을 터뜨렸다. 노동자들은 공갈과 협박에도 불구하고 신설된 '신뢰위원회' 구성을 위해 4월에 치러진 선거에서 속마음을 드러냈다. 노동위원회의 후신인 신뢰위원회는 대기업 사용자와 노동자 공동의 이익을 도모하기 위해서 1934년 1월에 만든 기관이었다. 노동자들은 신뢰위원회를 사용자의 이익을 주로 대변하는 사이비 단체로 여겼다. 선거 결과가 너무 당혹스럽게 나오는 바람에 정부는 결과를 발표하지도 않았다. 자영업에 종사하는 중산층은 경제가 좋아진다는 전망이 안 보이고 자금 운용과 대출에 제약이 많고 원자재가 부족하고 경기를 일으키지 못한다면서 정부를 원망했다.[47] 아직도 일자리가 없는 수백만 실업자에게 제3제국의 현실은 정부가 선전하는 내용과는 너무나 달랐다. 히틀러는 여전히 인기가 높았다. 그렇지만 당 간부들이 썩었고 오만하다는 비판은 많이들 했다. 특히 고압적이고 건방지고 불쾌감을 자아내는 돌격대원들의 행동은 나치 정권에서 살아가면서 가장 참기 어려운 모습이었다. 나치 동조자들조차 그런 행동은 공산주의자, 사회주의자, 유대인, 기타 밉살스러운 소수자 집단에게 할 때나 용납될 수 있는 짓이라고 생각했다.

물론 사람들 사이에 불만이 팽배했다고는 해도 그것은 기반이 단단한 정치적 저항과는 성격이 달랐다. 망명을 택한 사회민주당 지도부도 인정했지만 불만이라고 해야 "순전히 먹고 살기가 힘드니까 내뱉는" 푸념 이상은 아니었다. 대부분의 중산층과 농민은 그래도 볼셰비즘보다는 나치즘이 낫다고 생각했다. 히틀러가 볼셰비즘의 대안은 나치즘뿐이라고 수없이 선전한 것에 설득당한 것이다. "히틀러가 무너지면 볼셰비즘이 나타나고 일대 혼란이 올까 봐 불안해하는 마음이 다수 국민 사이에, 특히 중산층과 농민 사이에 널리 퍼져 있는 것이 이 정권의 소극적 지지기반"이라고 망명한 사회민주당 전문가들은 분석했다.[48] 나치가 정권을 잡고 나서 정권의 '취약점'이 금세 드러났지만 사람들이 눈감아준 데는 그런 심리가 작용했다. 나치도 안 좋지만 볼셰비즘은 더 안 좋았을 것이라는 고정관념이었다. 공산주의자, 사회주의자, 유대인은 그렇게 당할 만한 짓을 했다는 인식도 널리 퍼져 있었다. 거기다가, 이것은 힌덴부르크 대통령의 생각이기도 하지만, 때로는 너무 심하다 싶은 순간도 있었지만 정치적 격변의 시기에는 그 정도의 혼란은 불가피하고 그마저도 얼마 안 가서 잦아들 것이라는 기대가 있었다. 수하들이 무슨 일을 하건 간에 히틀러는 독일로 보아서는 최선의 선택이라고 많은 사람들이 생각했다. 히틀러를 따르는 수많은 지지자들의 이상과 뜨거운 열정은 여전했지만 벌써 1934년 봄이 되면 국가사회주의는 별로 관심을 못 끌었다. 그러나 돌격대의 행패는 국가사회주의에서 사람들이 등을 돌린 원인 가운데 극히 일부분이었다. 그리고 국가사회주의의 인기가 떨어졌다고 해서 히틀러 정권이 당장 흔들린 것도 아니었다.

더 걱정스러웠던 점은 히틀러를 도와서 판도라의 상자를 같이 열었던 민족주의 보수 엘리트 진영의 실망이 점점 커지고 있었다는 사실이었다. 정권이 위기를 맞았으니 이 참에 아예 지겨운 당 독재를 끝내고 권위주의 체제를 만들어 당 없이 우리 손으로 나라를 끌어가자고 주장하는 사람도 있었다. 히틀러 '길들이기'는 1933년에 무참히 실패로 돌아갔지만 룀의 추태와 '제2의 혁명'이 일어날 것이라는 낭설을 잘만 이용하면 이번에는 승산이 있다는 것이었다. "이 친구가 정권을 잡은 데는 우리 책임도 있으니 이번에는 반드시 제거해야 한다."[49] 보수 우익 논객이었으며 파펜의 연설 원고를 써주던 에드가르 융은 히틀러에 대해서 그렇게 말했다. 파펜의 공보비서 헤르베르트 폰 보제도 부총리가 관장하는 공보처를 통해서 정부에 비판적인 것으로 알려진 장성들과 접촉했다. 보제는 돌격대 사태를 이용하여 히틀러를 약화시킬 수 있다고 보았다. 힌덴부르크의 건강이 좋지 않았기 때문에 후임자로 누구를 세울 것인지도 미리 계획을 짜 두어야 했다. 보수파는 처음에는 호엔촐레른 가문의 왕손을 섭정으로 내세운다든지 하는 방식으로 왕정으로 복고하면 좋겠다는 생각이었다. 그렇게 되면 히틀러는 절대 권력을 잡을 수 있는 길이 막힌다. 이런 전략의 실현 가능성은 접어 두고라도 이 무렵이면 국가사회주의 체제 자체를 의문시하는 보수파 인사들이 많았다.[50]

4월로 접어들어 힌덴부르크가 위독한 것으로 알려졌다.[51] 히틀러와 블롬베르크는 임종이 멀지 않았다는 이야기를 진작에 들었다.[52] 6월 초 힌덴부르크 대통령은 동프로이센 노이데크에 있는 고향 집에 틀어박혔다. 보수파의 가장 중요한 버팀목이 되어줄 사람이 무대에서 멀어진 것이다. 후계자 문제를 빨리 처리하는 것이 시급했다. 그런데다 영국, 프랑스 같은 나라와 군축 협상을 재개하는 데 가장 큰 걸림돌이었던 돌격대에 대해 히틀러가 군사 훈련을 중단하라는 지시를 내렸고 며칠 뒤 룀과 마지막으로 몇 차례 만나서는 돌격대원들에게 한 달 동안의 휴가를 주었다.[53]

히틀러가 돌격대라는 뇌관을 제거하고 힌덴부르크까지 멀리 가버리니 보수파는 더욱 난감해졌다. 하지만 보제는 모처럼 맞은 기회를 날려 버릴 수는 없다고 생각했다. 보제는 작년 12월부터 융이 새 정부의 '변질'을 공격하는 파펜의 연설 원고 초안을 시간 나는 대로 쓰고 있다는 사실을 알았다. 마침 파펜은 6월 17일 마르부르크 대학에서 강연을 하게 되었다. 융이 준비해서 8일 전에 완성한 원고가 채택되었다. 파펜의 비서는 원고의 논조를 걱정했지만 파펜은 마르부르크로 떠나면서 원고를 넘겨받았기 때문에 미처 원고를 고칠 틈이 없었다.[54] 파펜은 '제2의 혁명' 가능성을 경고하고 독일 혁명이라는 허울에 가려진 "이기심, 보신주의, 허위, 야만주의, 오만"을 거세게 질타했다. "빗나간 개인 숭배" 풍조까지도 비판했다. "위인은 행동이 만드는 것이지 선전으로 만들어지는 것이 아니"었다. "혁명으로 날을 지새우면서 살아남을 수 있는 나라는 없다. 자꾸 들쑤시기만 하면 어느 세월에 탄탄한 기초가 쌓이겠는가. 언제 끝이 날지 모르는 이 난장판 속에서 과연 독일이 살아갈 수 있겠는가."[55] 불을 뿜는 연설이 끝나자 우레와 같은 박수갈채가 터져나왔다. 괴벨스가 신속하게 단속했지만 벌써 일부 연설 내용이 권위지로 통하던 〈프랑크푸르터 차이퉁〉에 실렸다. 나치가 언론을 압박했다고는 하지만 아직 완전히 무릎을 꿇지 않은 신문도 있었다. 연설문을 더 찍어서 독일 안에서도 돌리고 외국 언론사에도 보냈다.[56] 소문은 삽시간에 퍼졌다. 제3제국에서 정권의 심장부를 통렬하게 비판하는 발언이 그런 고위 당국자의 입에서 나온 것은 그때가 마지막이었고 그 뒤로는 두 번 다시 없었다. 하지만 파펜과 지지자들이 히틀러를 '길들이기' 위해 군대가 즉각 행동에 나서고 대통령도 밀어주기를 바랐다면 실망할 수밖에 없었다.[57] 마르부르크 연설은 오히려 그 달 말의 무자비한 행동을 부채질한 마지막 방아쇠 노릇을 했을 뿐이었다.

　수구 세력은 날이 갈수록 히틀러의 눈 밖에 났다. 파펜이 연설을 한 바로 그날 6월 17일 튀링겐 관구의 지구당 집회에서 히틀러는 누구라고 지목하지는 않았지만 파펜 일파의 소행에 단단히 화가 났다는 것을 명백히 드러냈다. 히틀러는 그들을 "소인배"라고 욕했고 파펜은 "버러지"에 빗댔다. 그러고는 이렇게 협박했다. "만약 그 사람들이 지금의 비판에서 그치지 않고 아무리 작더라도 한 번만 더 서약을 깨뜨릴 경우 이번에는 1918년의 심약하고 썩어빠진 부르주아가 아니라 민족 전체와 대결을 벌일 각오를 해야만 할 것입니다. 감히 조금이라도 허튼 수작을 벌이는 날에는 국민이 주먹을 꽉 쥐고 요절을 낼 것입니다."[58] 6월 30일 보수파 요인들을 살해한 배경에는 그런 살벌한 분위기가 깔려 있었다. 실제로 파펜이 연설한 직후에는 돌격대와 맞붙기보다는 수구 세력에 공세를 가할 가능성이 더 높아 보였다.[59]

연설문을 공표하지 못하게 하자 파펜은 히틀러를 찾아가서 괴벨스가 저렇게 나오면 자기는 그만둘 수밖에 없다고 했다. 당장 취소하지 않을 경우 대통령한테 알릴 생각이라고 파펜이 말하니까 히틀러는 연설에서 말한 정책을 자기도 따를 것이라고 밝혔다. 당 간부들 앞에서 독설을 퍼붓던 것과는 180도 달라진 모습이었다. 노련한 처신이었다. 히틀러는 괴벨스가 잘못된 조치를 내렸다고 인정하면서 금지령을 철회하도록 지시하겠다고 약속했다. 또 돌격대가 상부 지시에 따르지 않는 것을 비판하면서 조치를 취하겠다고 덧붙였다. 그렇지만 같이 대통령을 면담하면서 정국 전반을 논의하기 전까지는 사임하지 말아 달라고 파펜에게 부탁했다.[60] 파펜은 한발 물러섰고 결국 기회를 놓쳤다.

히틀러는 발빠르게 움직였다. 6월 21일 힌덴부르크와 단 둘이 만나 며칠 전 베네치아에서 무솔리니와 만났던 내용을 공식적으로 논의했다.[61] 전쟁 때 프랑스와 벨기에에서 지냈던 것을 제외하면 히틀러는 외국 땅을 처음 밟아보았는데 이 자리에서는 오스트리아 문제를 중요하게 거론할 수 있었다. 그러나 히틀러가 와병 중인 힌덴부르크를 만나러 먼 길을 마다하지 않고 간 것은 무솔리니 때문도 아니었고 오스트리아 때문도 아니었다.

힌덴부르크가 살던 노이데크 성으로 들어가다가 히틀러는 파펜의 연설이 있고 나서 대통령의 불호령이 떨어져 먼저 대통령을 면담하고 돌아가던 블롬베르크와 계단에서 맞닥뜨렸다. 블롬베르크는 나라가 어지러워지지 않도록 특단의 대책을 빨리 강구해야 한다고 퉁명스럽게 히틀러에게 말했다. 정부가 현재의 갈등 국면을 수습하지 못할 경우 대통령은 계엄령을 선포하고 군부에 통치권을 넘길 작정이라는 것이었다.[62] 훗날 마이스너의 회고에 따르면 대통령은 히틀러를 만난 자리에서 "말 썽만 피우는 혁명분자들을 바로잡으라"고 지시했다.[63] 히틀러는 더는 얼렁뚱땅 넘어갈 수 없다는 사실을 깨달았다. 무언가 보여주어야 했다. 대통령의 지지를 유지하려면 군부를 달래는 수밖에 없었다. 그러자면 하루빨리 돌격대를 무력화시켜야 했다.

돌격대원들이 휴가에서 돌아오는 8월 1일 이전까지는 대응책이 나와 야 했다. 어쩌면 히틀러가 힌덴부르크와 독대를 하고 나흘 뒤 헤스가 라 디오에 나와서 "반란으로 혁명을 하겠다는 일념으로 배신을 자행하는 무리는 천벌을 받을 것"이라고 심상치 않은 협박을 했을 때 이미 돌격 대를 소탕하기로 결정을 내렸는지도 모른다.[64]

히틀러가 당시 어떤 생각을 했는지는 불분명하다. 룀을 해임하거나 체포하는 방안에 대해서도 언급한 듯하다.[65] 그러나 그때쯤 복마전 같 은 친위대 조직 안에서도 하이드리히의 지휘로 국내 사찰 업무를 맡아 온 보안국이 돌격대가 머지않아 들고일어날 것이라는 가짜 정보를 열심 히 꾸며내고 있었다. 힘러와 하이드리히는 친위대와 보안국 간부들을 6 월 25일 베를린으로 불러서 돌격대가 봉기했을 때 어떻게 대응할 것인 지에 대해서 일장 훈시를 했다.[66] 그러나 돌격대가 제멋대로 군 것은 사실이었지만 그런 식의 반란은 결코 생각한 적이 없었다. 돌격대 지도 부는 변함없이 히틀러에게 충성했다. 그런데 이제는 룀이 정권을 탈취 하려고 한다는 설을 돌격대를 안 좋게 보는 사람은 누구나 기정사실로 받아들였다. 5월과 6월에 걸쳐서 제국군은 돌격대 지도부의 속셈을 갈 수록 의심하면서 (아직은 덩치가 작아서 주로 치안만 맡았지 군에 아무런 위 협이 되지 않았던) 친위대에 무기와 차량을 제공했다. 돌격대 봉기는 여 름이나 가을에 일어날 가능성이 높은 것으로 여겨졌다. 블롬베르크와 라이헤나우는 물론이거니와 프리치, 베크 같은 사람까지 포함하여 제국 군 지도부 전체가 여차하면 룀을 덮칠 기세였다.[67] 돌격대를 쳐야 한다 는 공감대가 널리 퍼졌다. 6월 26일 룀이 국방부 공격을 앞두고 돌격대 에 무장령을 지시했다는 소리가 들리면서 경보음은 더욱 요란하게 울렸다. 이 지시는 사실은 (주체가 누구인지는 몰라도) 십중팔구 날조된 정보였지만 희한하게도 방첩단장 콘라트 파치크 대위의 사무실까지 흘러들어갔다. 다음날 블롬베르크와 라이헤나우가 히틀러에게 문제의 증거를 제시한 자리에는 루체도 같이 있었다. 히틀러는 벌써 이틀 전 블롬베르크에게 룀이 뮌헨에 있으니까 회의 명목으로 뮌헨에서 멀지 않은 비스제 온천으로 돌격대 지도자들을 불러서 몽땅 체포할 생각이라고 밝혔다. 이 결정은 6월 27일 블롬베르크와 라이헤나우가 연 회의에서 재확인되었다.[68] 같은 날 친위대 상급집단지도자이며 히틀러의 자택 경호를 맡았던 제프 디트리히는 "지도자의 은밀하고 중차대한 지시"를 수행하는 데 필요한 무기를 지원하겠다는 약속을 제국군으로부터 받았다.[69]

긴 칼의 밤

행동은 히틀러가 괴링, 루체와 함께 관구장인 테르보펜의 결혼식에 참석하러 에센에 간 6월 28일 저녁 마침내 결행하기로 최종 결정되었다.[70] 결혼식장에서 히틀러는 파펜이 6월 30일 대통령의 아들을 통해서 대통령과의 면담 약속을 잡아놓았다는 첩보를 힘러한테서 들었다. 면담을 주선한 것은 헤르베르트 폰 보제, 프리츠 귄터 폰 치르슈키, 그리고 파펜의 개인비서였던 뵈겐도르프였다. 에드가르 융이 게슈타포에 체포되었다는 소식을 듣고 힌덴부르크 대통령을 의지해 룀과 돌격대만이 아니라 히틀러에게도 제동을 걸기 위해 마지막으로 던진 승부수였다.[71] 히틀러는 피로연 자리에서 바로 나왔다. 술도 못 하고 담배도 안 피고 자기가 주인공 노릇을 하면서 군림해야만 만족을 하는 성격이었으므로 그런 잔치판은 체질에 맞지 않았다(또 히틀러가 자리에 있으면 하객들에게는 영광이었겠지만 그만큼 부담스러운 것도 사실이었다). 히틀러는 숙소로 돌아갔다. 루체의 회상에 따르면 거기서 지체 없이 선수를 치기로 결심했다.[72]

룀의 보좌관은 6월 30일 오전 느지막이 비스제 온천으로 돌격대 지휘관들을 모두 소집하라는 연락을 전화로 받았다.[73] 한편 군에는 비상대기령이 떨어졌다. 괴링은 만약의 사태에 대비하여 베를린으로 날아가 돌격대는 물론이고 파펜 세력까지 모두 공격할 준비를 했다.[74] 6월 29일 오전 히틀러는 평소와 다른 기색을 전혀 보이지 않고 베스트팔렌에서 제국노무대 숙소를 시찰했다. 그리고 오후에는 고데스베르크 온천으로 가서 괴벨스, 그리고 베를린에서 날아온 제프 디트리히와 합류했다. 괴벨스는 히틀러의 대응이 늦어지니까 조바심이 났다.[75] 고데스베르크로 날아가면서 괴벨스는 드디어 파펜과 그 친구들을 처단하는 날이 왔구나 싶었다. 온천에 도착해서야 룀의 돌격대를 치는 것이 우선이라는 사실을 깨달았다. 히틀러는 상황이 얼마나 심각한지를 괴벨스에게 설명했다. 그러면서 룀이 프랑수아-퐁세 프랑스 대사, 슐라이허, 슈트라서와 음모를 꾸민 증거가 있다고 확신에 찬 어조로 말했다. 그래서 다음날로 '룀과 반역의 무리'를 해치울 작정이라는 것이었다. 유혈 사태는 불가피했다. 함부로 도전했다간 목이 성치 않을 것이라는 사실을 똑똑히 보여줄 필요가 있었다. 준비 단계에서는 일을 철저히 비밀에 부쳐야 한다고 히틀러는 당부했다.[76]

돌격대가 술렁거린다는 이야기는 히틀러의 귀에도 들어갔다. 히틀러는 시시각각 기분이 가라앉았다. 전화가 울렸다. 반란 세력이 베를린을 공격할 준비를 끝냈다는 첩보였다.[77] 사실 쿠데타 기도 같은 것은 없었다. 그렇지만 독일 각지의 돌격대 대원들은 돌격대가 조만간 공격을 받든가 아니면 룀이 잘릴 것이라는 소문을 듣고 격앙된 상태였다. 제프 디트리히에게는 당장 뮌헨으로 떠나라는 지시가 떨어졌다. 자정이 지나서 그는 아돌프 히틀러 친위연대 2개 중대를 인솔하여 다음날 오전 11시까지 비스제 온천으로 오라는 명령을 받았다.[78] 새벽 2시경 히틀러는 브뤼크너, 샤우프, 슈레크 등 부관과 괴벨스, 루체, 디트리히를 거느리고 뮌헨으로 떠났다.[79] 동녘이 밝아올 즈음 뮌헨에 도착했다. 아돌프 바그너 관구장과 두 명의 제국군 장교가 히틀러에게 뮌헨 돌격대가 지도자를 욕하면서 무장 가두 시위를 벌이려 했다고 보고했다. 가볍게 보아 넘길 수 없는 사태이기는 했지만, 욕설까지는 안 했을지 몰라도 이미 그날 꼭두새벽부터 3천 명이나 되는 무장 돌격대원은 "지도자도 등 돌리고 제국군도 등 돌렸다. 돌격대는 갈 곳이 없다." 하고 외치면서 뮌헨 시가지를 누비고 다녔다. 히틀러는 그날 아침 일찍 뮌헨에 도착해서야 시위가 있었다는 사실을 알았다. 룀에게 배신당했다고 생각하고 화가 머리 끝까지 치솟은 히틀러는 다음날 아침까지 기다리지 않고 바로 행동에 들어가기로 결심했다. 그날은 "내 생애 최악의 날"이라고 히틀러가 말한 것으로 나중에 알려졌다.[80)]

히틀러는 수행원을 거느리고 바이에른 내무부로 달려갔다. 뮌헨 돌격대 지도자인 슈나이트후버와 슈미트 소환령이 떨어졌다. 기다리는 동안에도 히틀러는 분을 삭이지 못하고 거의 히스테리에 가까운 증세를 보였다. 의사당 방화 사건이 벌어진 날 밤처럼 제정신이 아니었다. 두 사람이 나타나자 히틀러는 다짜고짜 두 사람 어깨에서 계급장부터 잡아떼더니 "이놈들을 잡아서 총살시켜." 하고 소리쳤다. 두 사람은 영문도 모르는 채 벌벌 떨면서 슈타델하임 감옥으로 끌려갔다.[81)]

히틀러는 오기로 되어 있던 디트리히의 친위대원들도 기다리지 않고 이번에는 비스제 온천으로 가자고 했다. 아침 6시 반에 테게른제 호수에 자리 잡은 호텔 밖에 3대의 차량이 도착했다. 호텔에서는 간밤에 늦게까지 술을 마신 룀을 비롯한 돌격대 지도자들이 잠을 자고 있었다. 히틀러는 수행원과 경찰을 앞세우고 룀의 숙소로 들이닥쳐서 권총을 들이대고는 네놈은 배신자이므로 (기겁을 한 룀은 나는 배신자가 아니라고 극구 부인했다) 체포한다고 소리쳤다. 브레슬라우 돌격대 지도자였던 에드문트 하이네스는 옆방에서 청년과 한 침대에 있다가 발각되었다. 나중에 괴벨스는 이 사건을 줄기차게 이용하면서 돌격대의 명예에 흠집을 냈다. 룀의 보좌관들도 줄줄이 잡아들였다. 이들은 호텔 지하실에 갇혀 있다가 부랴부랴 대절한 버스에 실려서 뮌헨의 슈타델하임 감옥으로 끌려갔다. 위험한 순간도 한 번 있었다. 이들이 아직 지하실에 있는 동안 히틀러와 회의를 하러 돌격대 간부들을 가득 태우고 트럭 한 대가 뮌헨에서 온 것이다. 히틀러는 그들 앞으로 나가서 돌격대는 오늘부터 자기가 지휘하게 되었으니 일단 뮌헨으로 돌아가라고 명령했다. 간부들은 군소

리 없이 시키는 대로 했다.[82]

 그러고 나서 히틀러는 보좌진과 함께 뮌헨 당사로 돌아왔다. 점심께는 의원 강당에 모인 당 간부와 돌격대 간부 앞에서 연설을 했다. 살벌한 분위기였다. 히틀러는 제정신이 아니었다. 분노가 치밀어 어쩔 줄 모르는 상태였다. 히틀러가 말문을 여는데 입에서 침이 질질 흐르더라고 한 참석자는 나중에 전했다. 히틀러는 "사상 최악의 반역"이 일어났다고 선언하면서 룀이 자기를 체포하여 죽여서 독일을 적국에 넘기는 조건으로 프랑스에서 1200만 마르크의 뇌물을 받았다고 주장했다. 그러면서 돌격대 참모장 룀과 공모자들을 본보기로 처단하겠다고 밝혔다. 모두 총살형에 처한다는 것이었다.[83] 나치 지도자들도 돌격대 반역자들을 소탕하자면서 한마디씩 거들었다. 헤스는 룀은 자기가 죽이게 해 달라고 나섰다.[84]

 집무실로 돌아온 히틀러는 슈타델하임에 갇혀 있는 돌격대원 중에서 6명은 당장 총살하라면서 교도소 당국이 올린 명단에서 이름을 하나씩 지워나갔다.[85] 그들은 약식 재판 한번 못 받고 디트리히의 부하들 손에 총살당했다. "지도자께서 사형 언도를 내리셨다! 히틀러 만세!"[86]

 히틀러가 당장 처형하라고 명령한 6명의 이름에 룀은 들어가지 않았다. 한 목격자는 나치 운동 초창기에 많은 공을 세웠기 때문에 룀을 뺐다고 히틀러가 말하더라고 나중에 증언했다.[87] 알프레트 로젠베르크도 일기에다 비슷한 내용을 적었다. "히틀러는 룀을 죽이고 싶어하지 않았다." 히틀러는 나치 출판물을 도맡아 찍어냈던 막스 아만에게도 "룀은 전에 나와 같이 재판을 받은 사람"이라고 말한 적이 있었다. (아만은 "그런 돼지새끼는 보내버려야 한다"는 입장이었다. 그래서 자기가 룀을 쏘겠다고 헤스에게 말했더니 헤스는 그건 자기 소관이라고 받아쳤다. 설사 자신이 나중에 그 일로 총살당한다 하더라도.)[88]

 히틀러가 룀을 죽이라는 명령을 차마 못 내린 것은 자신의 오른팔 노릇을 한 사람을 반역죄로 죽이는 것은 결국 자기 얼굴에 먹칠을 하는 셈이라고 생각했기 때문이었을 가능성이 높다. 그래서 처음에는 자꾸 망설었다. 그런데 베를린에서는 그런 망설임 따위는 없었다. 비스제에서 돌아오자마자 괴벨스는 괴링에게 전화를 넣어서 '벌새'라는 암호명으로 작전 개시를 알렸다. 그때부터 암살단들이 활동에 들어갔다.[89] 대부분은 즉흥적으로 이루어졌다. 괴링은 이 김에 아예 '불평분자들'까지 손보기로 범위를 넓혔다고 나중에 기자회견에서 밝혔다.[90] 괴링이 염두에 두었던 불평분자는 파펜 진영의 수구 세력과 전직 총리 슐라이허 같은 사람이었다. 친위대원들은 파펜 부총리실로 들이닥쳤고 파펜의 공보 비서 헤르베르트 폰 보제는 한 게슈타포 요원이 쏜 총에 맞고 죽었다. 6월 25일부터 예비 검속으로 붙잡혀 있던 에드가르 융도 살해당하여 7월 1일 한 개천에서 시체로 발견되었다. 파펜의 보좌관은 줄줄이 잡혀 들어갔다. 파펜 부총리까지 죽일 경우 외교 문제로 비화할 수 있었기에 파펜은 그냥 가택연금 상태에 두었다. 돌격대 지휘부와는 전혀 관계 없는 사람들까지 잇따라 죽어 나갔다. 한때 프로이센 내무부에서 경찰 총수를 지냈으며 '가톨릭행동'이라는 단체의 우두머리로 있던 에리히 클라우제너도 하이드리히의 지시로 친위대 암살단에 의해 잔인하게 살해당했다. 복수극이 펼쳐졌다. 그레고어 슈트라서는 게슈타포 본부로 끌려가서 감방에서 총을 맞고 죽었다. 슐라이허 장군 내외도 자택에서 총살당했다. 슐라이허의 오른팔이었던 브레도브 소장도 희생당했다. 뮌헨에서도 히틀러의 앙숙이었던 리터 폰 카르가 친위대원들에게 끌려갔고 나중에 다카우 부근에서 칼에 난자당한 채 시체로 발견되었다. 음악 평론가였던 빌헬름 에두아르트 슈미트는 한때 오토 슈트라서에게 동조했던 루트비히 슈미트 박사로 오인받아 친위대원들에게 살해당했다. 뮌헨 일원에서는 대부분 현지 요원들에 의해 모두 22명이 희생되었는데, 초창기에 히틀러를 지지했고 《나의 투쟁》 편집을 돕기도 했던 파터 베른하르트 슈템플도 그중 한 사람이었다. 살해 동기는 불분명하다. 이 경우도 오인 살해였을지 모른다. 하이네스가 이끄는 돌격대의 테러 정치가 판을 쳤던 슐레지엔에서도 중앙의 지시 없이 대부분 복수극 차원에서 살해가 이루어졌다.[91] 한번 피를 보면 더 피에 굶주리기 마련이었다. 작전은 점점 통제 불능 상태로 빠져들었다.

히틀러는 6월 30일 밤 10시쯤 수염도 못 깎고 야위고 지친 얼굴로 베를린으로 돌아와 괴링과 힘러를 만났다.[92] 괴링은 작전을 끝내자고 건의했다.[93] 전쟁이 끝나고 뉘른베르크 감옥에 갇혀 있을 때 파펜에게 괴링이 개인적으로 털어놓은 바에 따르면 히틀러는 아직 처단해야 할 사람들이 많다면서 선뜻 동의하지 않았다고 한다.[94] 그렇지만 룀은 아직 살아 있었다. 히틀러는 다음날 오전이 지나도록 룀을 어떻게 처리해야 할지 마음을 정하지 못했다. 전쟁 뒤에 나온 증언으로는 형식적으로라도 재판에 회부하자는 이야기도 나왔지만 룀과 프랑수아-퐁세 프랑스 대사의 관계에서 불리한 내용이 밝혀질지도 모른다는 우려 때문에 히틀러가 동의하지 않았다고 하는데[95] 확실한 증거는 없다. 자꾸만 미적거린 이유가 어디에 있었건 아무튼 히틀러는 빨리 룀을 처단하라는 압력을 힘러와 괴링한테서 받은 것으로 보인다. 7월 1일 일요일 이른 오후 총리 관저에서 각료들이 부부 동반으로 참석한 가든 파티에서 히틀러는 마침내 동의했다. 그렇지만 처형보다는 룀이 스스로 목숨을 끊게 만들라고 히틀러는 신신당부했다. 다하우 강제수용소장으로 있던 테오도어 아이케가 슈타델하임 교도소로 가서 룀에게 천인공노할 죄상을 납득시켜 자결하게 만드는 임무를 맡았다. 그래도 자결하지 않으면 죽이라는 지시를 받았다. 아이케는 다른 친위대원 두 명을 데리고 슈타델하임으로 떠났다. 룀에게 권총이 건네졌다. 그리고 룀 쿠데타의 진상을 자세히 보도한 〈민족의 감시자〉 최신호도 넘겨주었다. 그렇게 하면 남은 길은 자살밖에 없다는 사실을 깨달을지 모른다고 기대한 것이다. 하지만 10분이 지나도 총소리는 들리지 않았고 권총도 감방 입구에 놓인 작은 탁자에 놓아 둔 그대로 있었다. (룀이 마지막 몇 분을 신문을 읽는 데 썼는지는 기록에 남아 있지 않다.) 권총은 감방에서 치웠다. 아이케와 친위대원 한 명이 각자 권총을 들고 감방으로 들어가서 룀에게 일어나서 웃통을 벗으라고 신호를 보냈다. 룀이 뭐라고 말을 하려고 했지만 이미 늦었다고 하면서 조준을 하여 쏘아 죽였다.[96] 히틀러의 공식 발표문은 간단했다. "전직 돌격대 참모장 룀은 반역 행위의 대가를 스스로 치르도록 기회를 주었지만 거부하여 총살당했다."[97]

7월 2일 히틀러는 '소탕 작전'을 공식적으로 종료한다고 선언했다.[98]

같은 날 괴링은 이번 일과 관련된 자료를 모두 소각하라고 경찰에 지시했다.[99] 그러나 살아남은 자료를 모아 분석했더니 이름이 밝혀진 희생자는 모두 85명이었는데 그중 돌격대원은 50명뿐이었다.[100] 사망자가 150명에서 200명에 이른다는 설도 있다.[101]

돌격대가 아직 충격과 혼돈에서 헤어나지 못하는 동안 룀의 후임으로 온 히틀러의 심복 빅토르 루체는 숙청 작업을 마무리 지었다. 1년도 못 가서 돌격대 규모는 40퍼센트 이상 줄어들었다. 수많은 중간 간부들이 윤리위에 회부되어 내쫓겼다. 룀이 자기 권력의 기반으로 돌격대 안에 만들었던 조직들도 하나둘 해체되었다. 돌격대는 군의 체력 훈련과 운동 연습을 담당하는 조직으로 축소되었다.[102] 다른 욕심을 냈던 사람들은 히틀러의 무자비한 숙청을 보면서 알아서 꼬리를 내렸다.

불법으로 수호하는 법

독일 바깥에서는 이 살육극에 경악을 금치 못했다. 특히 국가의 지도자라는 사람들이 조직폭력배 같은 방법을 쓴 데 충격을 받았다.[103] 독일 안에서는 분위기가 딴판이었다. 히틀러에게 고마워하는 분위기가 나타났다. 7월 1일에 벌써 블롬베르크 국방장관은 장병들에게 보내는 성명에서 "반역자와 폭도"를 섬멸하면서 지도자가 보여준 "무인다운 결단력과 귀감이 될 만한 용기"를 치하했다. 군은 앞으로 "충성과 헌신"으로 감사의 마음을 표현할 것이라고 덧붙였다.[104] 다음날 대통령은 히틀러 앞으로 "독일 국민을 벼랑에서 구출"한 "단호한 개입"과 "용감한 직접 관여"에 깊은 고마움을 전한다면서 전보를 보냈다.[105] 나중에 같이 뉘른베르크 감옥에 수감되었을 때 파펜은 괴링에게 대통령이 자기 이름으로 나간 축하 전보를 정말로 읽어보았느냐고 물었다. 괴링은 힌덴부르크의 비서실장인 오토 마이스너가 한번은 자기더러 농반 진반으로 "글귀가 마음에 드시느냐."고 묻더라고 대답했다.[106]

히틀러는 7월 3일 아침 각료 회의에서 룀의 '음모'를 소상히 설명했

다. 비합법적이지 않았느냐는 지적이 나올 것으로 예상하고 선상 반란
을 진압해야 하는 선장에 빗대면서 당장 폭동을 막아내야 하는 절체절
명의 상황에서 정식으로 재판을 거치는 것은 불가능했다고 밝히면서 앞
으로도 재판을 할 생각은 없다고 덧붙였다. 나치당사의 의원 강당에서
했던 말과 거의 똑같은 독설을 퍼부으면서 히틀러는 자기는 단순히 반
란을 진압한 것이 아니라 반역자들에게 본보기를 보여주어 앞으로 또다
시 체제를 뒤엎으려고 했다가는 목이 성치 않으리라는 사실을 똑똑히
깨닫게 했다고 주장했다. 이 일은 앞으로 좋은 교훈이 될 것이며 덕분에
정부의 권위도 확실히 세워졌다는 것이었다. 책임 소재가 확실하지 않
은 경우도 있고 발포 명령을 자기가 모두 내린 것도 아니지만 나라를 구
한 충격의 책임은 모두 자기가 지겠다고 밝혔다. 그리고 국가비상보안
법을 통과시켜 달라면서 내각에 법률 초안을 제출했다. 그 법은 달랑 이
런 구절로 되어 있었다. "6월 30일과 7월 1일, 2일에 중대 반역 행위와
국가 반란 행위를 진압하기 위해 취해진 긴급 조치는 국가 안보를 위한
합법적 조치다." 법무장관이었던 보수파 프란츠 귀르트너는 이 법은 새
법이 아니라 기존의 법을 재확인한 것이라고 거들었다. (내각 회의록에는
나오지 않았지만 공식 담화문에서 귀르트너는 히틀러의 조치는 합법적일 뿐 아
니라 "책임 있는 위정자의 임무"로 보아야 한다고 덧붙였다.)[107] 블롬베르크
국방장관도 단호하고 용기 있는 행동으로 독일 국민을 내전으로부터 지
켜준 총리에게 내각을 대표하여 감사의 뜻을 전하면서 총리가 보여준
공인 의식과 군인 정신을 공직자는 물론 국민 모두가 본받아 다시 한 번
분발하고 충성하고 헌신하겠다는 다짐으로 이 난국을 헤쳐 나가자고 했
다. 이렇게 국방부 수장이 옆에서 띄워주고 사법부 수장도 폭력 행위는
적법한 것이었다고 탄원하면서 국익을 위해 히틀러가 살인할 수 있는
권리를 인정해주는 법은 만장일치로 통과되었다. 히틀러, 프리크, 귀르
트너도 그 법에 서명했다.[108]

　히틀러는 각료들 앞에서 밝힌 내용을 바탕으로 삼아서 7월 13일 의회
에서 다시 긴 연설을 했다. 왜 거의 2주가 지나서야 의회에서 입장을 밝
혔는지 그 이유는 확실하지 않다. 심신이 모두 지친 것도 한 가지의 이

유였을지 모른다. 7월 4일과 5일 이틀 동안 열린 관구장 회의에서 평소 같았으면 히틀러가 연설을 했을 텐데 이 자리에도 히틀러는 나타나지 않았다.[109] 힌덴부르크의 저택에 가서 하룻밤 묵으면서 대통령에게 보고를 하고 돌아온 7월 4일 이후로 히틀러는 이틀 뒤 터키로 부임하는 독일 대사를 접견한 일 말고는 한 번도 공식석상에 나타나지 않았다.[110] 외국 여론이 안 좋아질까 봐 걱정되었는지 같은 날, 그러니까 7월 6일에 히틀러는 과거에 폴란드와 핀란드에서 미국 대사를 지냈고 지금은 미국의 작은 사립대학 총장으로 있던 앨프리드 피어슨과 〈뉴욕 헤럴드〉지에 실릴 인터뷰를 했다. 피어슨을 소개한 사람은 샤흐트였다. 샤흐트는 외국 여론 특히 외국 경제인들의 불안감을 가라앉히기 위해 인터뷰를 주선했을 것이다.[111] 이밖에도 히틀러가 그렇게 오랫동안 두문불출한 것은 사태가 좀 진정되기를 기대해보자는 것,[112] 게슈타포의 수사과정에서 '음모'를 뒷받침하는 후속 사실이 드러날 때까지 기다려보자는 것, 굉장히 중요한 연설을 앞두고 연설 문안을 충분히 다듬을 수 있는 시간을 벌어보자는 것 등 여러 가지 이유가 복합적으로 작용했을 것이다.[113]

7월 13일 히틀러의 의회 연설은 그가 지금까지 한 연설 중에서 가장 뛰어난 연설은 아니었을지 몰라도 아주 돋보이고 호소력 있는 연설인 것만은 확실했다. 팽팽한 긴장이 감돌았다. 살해당한 의원만 13명이었고 살아남은 의원 중에도 한때 돌격대에서 함께 싸웠던 동료나 친구가 희생당한 사람이 적지 않았다. 무장한 친위대원을 의사당 요소요소와 연단 좌우에 배치할 만큼 히틀러는 당원이 대부분인 의원들 앞에서도 조심했다.[114] 히틀러는 날조된 반란의 진상과 거기서 슐라이허 장군, 브레도브 소장, 그레고어 슈트라서 같은 사람이 맡은 역할을 장황하게 설명하고 나서 그날 연설의 결정적 대목으로 나아갔다. 독일 정부의 수반으로서 대량 학살이라고도 볼 수 있는 이번 일의 책임을 자기가 모두 지겠다고 공언한 것이다. 그러나 히틀러는 곧 방어에서 공세로 돌아섰다.

1934년 7월 13일 의회에서 '룀 숙청'은 정당했다고 연설하는 히틀러. 재판도 없이 즉결 총살한 행위, 법치보다 폭력으로 응징한 히틀러에게 의원들은 환호성으로 응답했다.

강철처럼 항구불변한 법만이 폭동을 깨뜨릴 수 있습니다. 법정에서 심판했어야 한다고 이 사람을 나무란다면 이런 말씀밖에는 드릴 수가 없습니다. 그때 나는 독일 민족의 운명을 책임진 사람으로서 독일 민족의 최고 재판관이나 다를 바 없었다고 …… 그래서 가장 죄질이 나쁜 반역자를 총살하라고 지시한 것도 저였고 우리 내부를 좀먹는 종양과 외세의 독을 맨살이 드러날 때까지 도려내라고 지시한 것도 저였습니다."[115]

환호성으로 의사당이 흔들렸다.[116] 나치 의원들만 박수를 친 것이 아니라 독일 국민 대다수가 국가 이성의 이름으로 법치보다 폭력으로 응징한 히틀러에게 갈채를 보냈다. 나치가 말하던 '민족의 건강한 정서'와 딱 맞아떨어졌다.

국민은 막후에서 벌어진 모략과 음모, 정쟁에 대해서는 까맣게 몰랐다. 골칫거리를 없애서 잘 되었다고 생각하는 사람이 대부분이었다. 돌격대가 좌파에 철퇴를 가한 것까지는 좋았지만, 돌격대의 오만하고 거들먹거리는 거동, 노골적인 폭력 행사, 이틀이 멀다 하고 벌이는 소란, 무법천지는 중산층뿐 아니라 사람들의 질서 감각에 심각한 모욕으로 다가왔다. 대부분의 독일 국민은 재판을 건너뛰고 바로 총질을 한 데 경악하기보다는 쿠데타 음모가 있었다는 당국의 발표를 곧이곧대로 믿으면서 지도자가 신속하고 단호하게 행동에 나선 것을 칭송했다. "지도자가 아시는 날에는", 제3제국 초기에 벌써 사람들은 입버릇처럼 그런 말을 뇌까렸다. 이것은 사회의 부정적 현실은 히틀러 탓이 아니라 히틀러가 아직 몰라서 손을 안 댔기 때문이라는 논리였으니까, 결국 히틀러에게 면죄부를 주는 논리인 셈이었다. 이번 사건의 경우는 지도자가 사태를 진작에 파악한 덕에 국익을 위해 바로 단호한 조치에 나설 수 있었던 것이라고 사람들은 생각했다. 프라하의 독일 사회민주당 망명 조직은 전횡을 일삼던 돌격대에 대한 혐오감 말고도 제3제국이 출범하면서부터 준법 의식을 야금야금 좀먹어 온 폭력성에 사람들이 적응했다는 사실이야말로 "즉결 처분에 크게 공감하는" 사회 분위기를 일군 주역이라고 날카롭게 논평했다.[117]

6월 30일 '긴 칼의 밤'이 지나고 며칠도 안 되어 벌써 "지도자의 정력, 두뇌, 용기에 아낌없이 박수를 보내는 여론"이 상부로 속속 보고되었다.[118] 국가사회주의에 호감을 품지 않았던 사람들 사이에서도 이제 지도자는 우뚝 솟아올랐다. "지도자는 단순히 존경을 받는 차원을 넘어 …… 신격화되고 있다."고 1933년까지 공산당이 득세했던 바이에른 북서부의 한 소도시에서 올라온 보고서는 전했다.[119] 독일 어디를 가더라도 분위기는 비슷했다.[120] 히틀러의 개입이 있었기 때문에 "고약한 억압이 끝나고 해방이 왔다."는 것이었다.[121] 여론이 이렇다 보니 7월 13일 히틀러의 연설은 모든 사람의 심금을 울릴 수밖에 없었다. 민심의 호응은 대단했다.

돌격대 수뇌부의 권력 남용에서 힘없는 서민을 지켜준 히틀러의 행동은 엄청난 찬사를 받았다. 돌격대 지도자들의 타락과 부패를 질타한 히틀러의 연설은 사람들에게 더욱 강렬한 인상을 심어주었다.[122] 히틀러는 새로 돌격대 사령탑에 오른 빅토르 루체에게 12대 원칙을 밝히면서 동성애, 향락, 폭음, 사치 풍조를 돌격대에서 뿌리 뽑으라고 지시했다. 고급차를 몰고 흥청망청 파티를 벌이면서 돈을 물 쓰듯 하는 것은 문제가 있다고 지적했다.[123] 룀, 하이네스 등 돌격대 수뇌부에 동성애자가 있다는 것을 히틀러와 나치 지도부는 여러 해 전부터 알고 있었지만 괴벨스는 마치 충격적인 사실인 것처럼 선전 공세를 폈다. 망명 사회민주당 조직은 "이번 작전의 정치적 배경에 국민들의 관심이 쏠리지 않도록 분위기를 호도하고 히틀러를 정풍 운동의 주역으로 부각했다는 점"에서 나치의 선전이 제대로 먹혀들었다고 지적했다.[124] 히틀러는 무엇보다도 치안 회복의 주인공으로 받아들여졌다. 정부 수반의 살인 지시로 치안이 회복되었다는 사실에 사람들은 별로 구애받지 않았다. 아니, 정당한 행위라고 보는 사람이 대부분을 차지했다. 히틀러가 당 차원으로 숙청 작업을 확대할 것이라는 기대감도 퍼져 나갔다. 이것은 히틀러 자신의 인기는 쑥쑥 올라가고 있었지만 정작 독일 전역의 도시와 마을에서 활보하는 권력에 굶주린 '작은 히틀러들', 곧 당 간부들의 이미지는 바닥으로 떨어지고 있었다는 사실을 뜻했다.[125]

히틀러의 지시로 국가가 저지른 살인 행위를 비판하는 목소리는 어디에서도 나오지 않았다. '가톨릭행동'이라는 조직을 이끌었던 에리히 클라우제너가 희생당했는데도 가톨릭 진영과 개신교 진영 모두 입을 다물었다.[126] 장성도 두 명 살해당했다. 처음에는 진상 조사를 해야 한다고 생각한 장교도 있었지만 대부분은 돌격대가 무너지니까 쾌재를 부르면서 샴페인 잔을 부딪치기에 바빴다. 블롬베르크는 군인들이 슐라이허의 장례식에 참석하는 것도 금지했다. 하머슈타인-에쿠오르트 장군이 유일하게 명령을 어기고 참석했지만[127] 그 정도는 무시해도 좋았다. 하머슈타인은 나치를 혐오하는 것으로 알려져 이미 2월에 사령관직에서 물러난 사람이었다. 그는 이제는 비중 있는 인물이 아니었다. 법을 함부로 짓밟은 것에 대해서 법학자들이 문제 제기를 했는가 하면 그것도 아니었다. 저명한 헌법학자 카를 슈미트는 7월 13일 히틀러가 한 연설과 관련하여 글을 발표했는데 제목이 '법을 수호하는 지도자'였다.[128]

돌격대가 박살나면서 정권을 불안하게 만들고 히틀러의 입지를 직접 위협했던 단 하나의 조직이 제거되었다. 그때부터 종이호랑이가 된 돌격대는 기껏해야 유대인 같은 만만한 사냥감이 나타났을 때 달려들어서 해코지를 하는 (1938년 11월의 포그롬pogrom, 일명 '수정의 밤' 사건처럼) 나치의 일개 행동대로 전락했다. 군대도 돌격대를 무력화하면 여러모로 이득이 많아서 옆에서 거들었기에 망정이지 안 그랬으면 히틀러의 작전은 수포로 돌아갔을 것이다. 이제 돌격대는 군대에 위협이 되지 않았고 재무장 계획에도 걸림돌이 되지 않았다. 군 수뇌부는 경쟁자가 사라져서 좋았고 히틀러가 군의 위상을 살려주어서 좋았다. "총리는 룀이 돌격대를 제국군으로 끌어들이려고 하니까 초장에 싹을 잘라버려서 약속을 지켰다." 라이헤나우는 몇 주 뒤에 그렇게 썼다. "진정한 군인임을 보여주었기에 우리는 그를 사랑한다."[129] 그러나 군이 승리를 거두었다고는 하지만 그것은 속 빈 강정이었다. 돌격대를 분쇄하는 데 공범 노릇을 한 셈이었으므로 히틀러에게 더욱 발이 묶일 수밖에 없었다. 그렇지만 군과 가까워진 히틀러는 힌덴부르크가 죽고 나서 권력을 안정적으로 다질 수 있었다. 6월 30일 사태 이후로 장군들은 히틀러가 자기네 사람이라고 생각했을지 모르지만 현실은 사뭇 달랐다. 룀 사태는 군대가 히틀러의 주인이 아니라 도구가 되는 분기점이 되었다는 것을 그 후의 역사는 보여주었다.

또 다른 수혜자는 친위대였다. "친위대가 특히 6월 30일에 보여준 혁혁한 공로"를 높이 평가하여 히틀러는 앞으로 친위대를 돌격대의 지휘 계통을 밟지 않고 자기가 직접 지휘하겠다고 밝혔다.[130] 덩치만 크고 위세나 떨 줄 알았지 영 미덥지가 못했던 돌격대보다는 덩치는 작았지만 이미 경찰 조직을 지도부가 확실히 장악했고 한결같은 충성심을 보였던 엘리트 근위 조직이었던 친위대를 히틀러는 더 키워주었다. 히틀러 정권의 무기고에서 이념적으로 가장 강력한 무기가 만들어진 것이다.

돌격대 지도부를 궤멸한 데서 정권에 반대하는 사람들은 죽음을 각오해야 할 것이라는 히틀러의 의지가 분명히 드러났다. 혹시라도 나중에 반정부 운동을 벌이려던 사람들도 이제 히틀러는 권력을 유지하기 위해서는 결코 물러서지 않으리라는 사실, 그에게 반대하는 세력은 서슴지 않고 잔인하게 해치울 것이라는 사실을 똑똑히 깨달을 수밖에 없었다. 그렇지만 외국에서는 공권력이 휘두른 노골적인 폭력 행위에는 치를 떨었지만 외교 정책에서 히틀러가 어떻게 나올지를 놓고는 그 사건으로 교훈을 얻지 못했다. 대부분은, 비록 잔인하기는 하지만 돌격대 숙청은 어디까지나 내부 문제라고 보았다. 미국의 알 카포네라는 마피아가 밸런타인데이에 저지른 학살극이 그저 정치판에서 일어난 정도려니 생각했다. 그리고 여전히 외교 무대에서는 히틀러를 책임 있는 정치인으로 다룰 수 있다고 믿었다. 그러나 1934년 6월 30일에 무자비한 학살극을 자행한 사람과 외교 정책을 이끌어 간 사람이 똑같은 히틀러라는 사실을 그 뒤의 역사는 보여주었다.

돌푸스 암살

한때 총리를 지냈던 슐라이허 장군을 죽인 국가 지도자라면 외국에서

도 거리낌 없이 폭력에 관여하리라는 예감은 히틀러가 바이로이트 축제
에 가 있는 동안 7월 25일 오스트리아 친위대원들이 일으켰다가 불발탄
으로 끝난 쿠데타에서 엥겔베르트 돌푸스 오스트리아 총리가 암살당하
면서 처음 들어맞았다.

여러 달 전부터 히틀러는 독일 제국 의회의 의원이면서 자신이 오스
트리아 나치당 대표로 선임한 테오 하비히트를 원격 조정하면서 돌푸스
정부에 압력을 넣었다. 돌푸스가 이끄는 오스트리아는 파시즘 성향을
어느 정도 띤 일당 독재 체제였다. 사회주의자와 자유주의자를 포함하
여 모든 정당 활동은 금지되었다. 오스트리아 나치당도 1933년 6월부
터 손발이 묶였다. 불법 단체로 규정당한 나치당이 1934년 봄부터 폭력
을 휘두르자 정부는 강하게 나왔고 그럴수록 저항도 거칠어졌다. 6월
14일과 15일에 베네치아에서 히틀러가 무솔리니를 만나자 독일이 자기
들을 내팽개쳤다는 오스트리아 나치들의 심증은 더욱 강해졌다. 무솔리
니는 돌푸스를 지지한다고 분명히 밝혔다. 히틀러는 선거가 필요하다고
여겼고 오스트리아 정부가 국가사회주의당을 인정해야 한다고 생각했
다. 하지만 이탈리아의 체면을 보아서 당분간은 사태를 관망할 생각이
었다. 그래서 오스트리아의 주권을 존중한다는 입장을 밝혔다. 그러나
오스트리아의 나치당원들은 심기가 편치 않았고 베를린 정부가 자신들
의 입장을 고려하지 않는다고 생각했다. 폭탄과 수류탄을 동원한 테러
공격은 더욱 거세졌다. 상황이 굉장히 유동적이라는 보고가 히틀러 귀
에도 들어갔다. 지하로 들어간 친위대 지도부와 당 간부들이 주도하는
쿠데타 설이 나돌았다.[131]

히틀러가 쿠데타 계획을 짜는 데 어떤 역할을 했고 또 그 내용을 어느
정도나 상세히 알고 있었는지는 확실하지 않다.[132] 쿠데타를 주도한 것
은 명백히 현지 나치당원들이었다. 히틀러도 그 사실을 알았고 또 쿠데
타를 허락한 것으로 보인다. 문제는 오스트리아 나치당에서 잘못된 정
보를 히틀러에게 올렸다는 데 있었다. 전해 가을 히틀러는 쿠데타 건의
에 퇴짜를 놓은 바 있었다. 더구나 무솔리니와 회담을 한 직후에 그런
무모한 시도를 섣불리 승인할 리가 없었다. 히틀러의 소망을 역이용할

필요가 있었다. 하비히트는 오스트리아 군 장교들이 쿠데타를 모의하고 있다는 잘못된 정보를 올리면서 돌푸스 정부를 무너뜨리는 일에 국가사회주의자들이 가담하면 안 되는지를 물었다. 히틀러는 가담하라고 지시했다.[133] 하비히트 쪽에서 일부러 거짓말을 한 것인지 아니면 히틀러가 잘못 이해한 것인지는 불분명하다. 그렇지만 히틀러가 잘못된 정보를 바탕으로 무슨 일이 벌어지는지를 짐작했다는 것은 당시 뮌헨에서 제7군관구 사령관으로 있었던 아담 장군이 전쟁 뒤에 진술한 내용으로 보아 알 수 있다. 7월 25일 오전 회의에서 히틀러는 아담에게 오늘 오스트리아 연방군이 정부를 무너뜨릴 것이라고 말했다. 아담이 미심쩍어하자 히틀러는 육군이 먼저 나설 것이고 그 다음에는 외국으로 망명한 나치당원들이 돌아올 것이라고 덧붙였다. 그러면서 오스트리아 나치당원들에게 무기를 보낼 준비를 하라고 지시했다. 히틀러는 아담에게 쿠데타 상황이 파악되는 대로 알려주겠다고 약속했고 얼마 뒤 전화를 걸어서 상황이 순조롭게 진행되고 있으며 돌푸스는 부상을 입었다고 전했다.[134] 그러나 오스트리아 군대는 쿠데타를 일으키지 않았다. 나치 급진파들이 쿠데타 기도를 한 것이 전부였다. 나치의 쿠데타 시도는 나치당원들의 전폭적 지지도 받지 못했을 뿐더러 금세 진압되었다.[135] 살해당한 돌푸스 후임으로 쿠르트 슈슈니크가 총리직을 맡으면서 오스트리아의 권위주의 정권은 독일과 이탈리아 두 야수 사이에서 줄타기를 하면서 일단은 명줄을 이어 나갔다.

히틀러는 국제 사회에 엄청난 당혹감을 안겨주었다. 특히 이탈리아와의 관계는 몹시 악화되었다.[136] 한때는 이탈리아가 오스트리아로 밀고 들어갈지 모른다는 위기감마저 감돌았다.[137] 히틀러는 파펜 앞에서 일을 엉망으로 만든 한심한 오스트리아 나치당을 욕하면서 흥분을 감추지 못했다.[138] 독일 정부는 쿠데타 연루설을 극구 부인했지만 그런 해명이 얼마나 받아들여졌는지는 미지수였다.[139] 하비히트는 결국 쫓겨났다. 뮌헨의 오스트리아 나치당 본부도 간판을 내렸다. 오스트리아를 자극하지 않는 새로운 정책이 마련되었다.[140] 그러나 틀어진 쿠데타라도 한 가지 좋은 결과는 가져왔다. 괴링의 표현을 빌리자면 "뷤 사건 이후로 우리한테 내내 걸림돌이었던" 파펜의 처리법을 알아낸 것이다.[141] 히틀러는 파펜을 오스트리아 주재 독일 대사로 임명해 빈으로 보냈다.[142]

지도자국가 확립

한편 노이데크에서는 힌덴부르크가 죽어 가고 있었다. 몇 주째 상태가 악화일로로 치달았다. 빈으로 부임하는 파펜의 임명장에 서명을 한 것을 마지막으로 더는 공무를 수행하지 못했다. 7월 말이면 대통령이 위독하다는 사실을 독일 국민들도 알게 되었다.[143] 8월 1일 히틀러는 노이데크로 날아갔다. 힌덴부르크는 히틀러를 황제로 착각하고 '폐하'라고 불렀다.[144] 그날 저녁 히틀러는 각료들에게 의사가 앞으로 힌덴부르크가 24시간밖에 더 못 살 것이라고 통보했다고 알렸다.[145] 힌덴부르크는 다음날 죽었다.

절대 권력을 장악할 수 있는 절호의 기회를 맞이하여 히틀러는 이미 용의주도하게 준비를 해놓았다. 수권법에는 제국대통령의 권한은 건드릴 수 없다고 명시되어 있었다. 그러나 8월 1일 힌덴부르크가 아직 살아 있는 동안 히틀러는 힌덴부르크가 서거하면 대통령의 직무는 총리의 직무와 통합된다고 규정한 법에 모든 각료가 서명하게 만들었다.[146] 나중에 덧붙인 이유인즉슨 '제국대통령'이라는 직책에 고인의 '위대함'이 너무나 짙게 배어 있어 둘을 떼어내기 어렵다는 것이었다. 이제 히틀러는 언제 어느 자리에서나 '지도자 겸 제국총리(Führer und Reichskanzler)'로 불리고 싶다고 했다. 그러면서 8월 19일로 예정된 자유 선거에서 국민의 뜻을 묻고 싶다고 했다.[147]

'독일제국 국가수반법'에 서명한 사람 중에는 블롬베르크 국방장관도 있었다. 이 법에 따르면 힌덴부르크가 서거할 경우 히틀러는 자동적으로 군 통수권을 지니게 된다. 따라서 군이 총리를 거치지 않고 군 통수권자인 대통령을 바로 상대할 수 있는 길이 막혀버렸다. 그러나 제국군 수뇌부는 걱정하지 않았다.[148] 블롬베르크와 라이헤나우는 어차피 각오한 바였다. 그들은 히틀러와 군을 밀착시킬 수 있겠다 싶은 기회는 어떻게든 놓치지 않으려 했다. 그러나 그들의 운명을 건 선택은 의도했던 것과는 다른 결과를 낳았다. 나중에 블롬베르크는 자기가 라이헤나우와 함께 힌덴부르크의 시신이 아직 식지도 않은 8월 2일 독일 전역의 군부대에서 전 장병에게 지도자 개인에게 무조건 충성을 바치겠다고 다짐하는 선서를 하라고 부랴부랴 지시한 것은 히틀러의 요청을 받아서도 아니었고 히틀러와 사전에 협의한 것도 아니라고 밝혔다.[149] 그렇지만 블롬베르크는 힌덴부르크가 죽기 직전 아마도 8월 1일에 히틀러와 선서 문제를 논의했을 가능성이 높다(히틀러는 나중에 공개적으로 고마움을 표했다).[150] 그렇게 온 부대에서 약속이나 한 듯이 발빠르게 충성을 맹세한 것은 사전 조율이 없고서는 불가능하다고 보아야 한다.[151] 그렇지만 블롬베르크가 밝힌 대로 그것은 제국군 지도부가 자청한 일이었지 히틀러가 시킨 것이 아니었다. 라이헤나우는 두 보좌관에게 초안을 잡아보라고 시켰다가 나중에는 자기 생각을 받아서 적게 했다. 국방장관이라는 자리는 이미 대통령 개인이 아니라 헌법에 충성을 바쳐야 하는 자리였으므로 블롬베르크에게는 충성의 대상을 바꿀 수 있는 법적 권리가 없었지만 그런 사실은 간단히 무시되었다.[152]

베르너 폰 프리치 육군 총사령관 같은 보수주의자는 그 선서는 일찍이 제정 시대에 볼 수 있었던 군인과 황제의 주군 관계를 재확인하는 것이라고 보았다. 그러나 블롬베르크와 라이헤나우는 그보다는 현대적인 맥락에서, 정치 권력의 차원에서 생각했다. 개인적으로 충성을 보이면 히틀러와 좀 더 특별한 관계를 맺을 수 있을 것이고 그렇게 되면 히틀러도 나치당에서 멀어지고 군부가 제3제국의 권력 중추로서 입지를 굳힐 수 있으리라고 계산한 것이다. "우리는 나치당 지도자로서가 아니라 독일 민족의 지도자로서 히틀러에게 국기 앞에서 충성을 다짐한 것이었다." 블롬베르크는 나중에 그렇게 말했다.[153] 장군들의 반응은 엇갈렸다. 어떤 사람은 내켜하지 않았다. "내 인생 최악의 날이었다."[154] 루트비히 베크 장군은 그렇게 말한 것으로 알려졌다. "뜻 깊은 서약이다. 아무쪼록 양쪽 모두 국익을 위해 똑같은 충성을 바쳐주기를 바라마지 않는다." 구데리안 장군은 그렇게 썼다.[155] 하지만 대다수는 별다른 생각 없이 충성을 다짐했다.[156] 서약의 의미는 국가에 바치는 충성과 히틀러에게 바치는 충성의 구분이 없어진다는 뜻이었다. 따라서 저항이 더 어려워졌다. 나중에 히틀러에 맞서는 운동에 가담하기를 꺼리는 사람들에게는 이 선서가 좋은 핑계거리가 되었다. 제국군 수뇌부의 어설픈 야심이 빚어낸 충성 서약은 히틀러를 군대에 기대게 만들기는커녕 도리어 군대가 꼼짝없이 히틀러에게 발목이 잡히도록 만들었다.[157]

"오늘로 히틀러는 독일의 전부가 되었다." 8월 4일자 신문 머리기사 제목은 그렇게 나갔다.[158] 1차 세계대전에서 힌덴부르크가 대승을 거두었던 동프로이센의 타넨베르크 전쟁기념관에서 엄수된 대통령 장례식에서 히틀러에 필적하는 유일한 권력을 누렸던 힌덴부르크는 히틀러의 표현을 빌리자면 '거룩한 전사의 무덤'으로 들어갔다.[159] 힌덴부르크는 고향 노이데크에 묻히고 싶어했지만 선전 기회를 노린 히틀러가 전쟁기념관에 안치해야 한다고 고집한 것이다.[160] 8월 초에 히틀러가 일으킨 조용한 쿠데타는 8월 19일에 관례로 치러진 국민투표에서 승인을 받았다. 공식 집계에 따르면 투표자의 89.9퍼센트가 히틀러에게 국가 수반, 정부 수반, 당 지도자, 군 통수권자로서 무제한에 가까운 권리를 헌법으로 보장하는 데 찬성했다.[161] 이 결과는 나치 지도부에게는 실망스러운 것이었고[162] 별의별 압력과 부정을 총동원했다는 점을 감안하면 기대했던 것에 못 미치는 성적이었지만, 그래도 히틀러가 독일 국민의 압도적 지지를 받고 있다는, 그것도 열화와 같은 지지를 받고 있다는 사실을 드러내기에는 모자람이 없었다.

룀 사건에서 힌덴부르크의 죽음으로 이어지는 몇 주 동안 히틀러는 자신의 권력 기반을 흔들 수 있는 모든 위협 요인을 남김없이 제거했다. 1934년 봄과 초여름까지만 하더라도 그렇게 쉽게 히틀러가 반대 세력을 제압하리라고는 상상도 할 수 없었다. 이제 히틀러는 제도적으로는 무적이었다. 거기다가 군대도 충성을 다짐했고 국민의 지지도 높았다. 권력을 송두리째 장악한 것이다. 마침내 지도자국가가 확립되었다. 독일은 독재 권력을 만들어주고는 거기에 손발이 묶여버렸다.

1934년 9월 나치당의 뉘른베르크 전당대회를 촬영하는 레니 리펜슈탈 감독. 이 다큐멘터리 〈의지의 승리〉는 독일 방방곡곡에서 상영되어 히틀러를 미화하는 데 혁혁한 공을 세웠다.

여름의 위기를 넘기고 9월이 되면 히틀러는 다시 본래 활동 영역으로 돌아와 뉘른베르크 전당대회에서 엄청난 군중을 모아놓고 연설을 했다.[163] 전년도 전당대회와 비교했을 때 의도적으로 지도자 숭배 분위기를 띄우려는 의도가 역력했다. 히틀러는 이제 나치당보다 더 높은 존재로 올라섰다. 당원들은 히틀러에게 경의를 바치러 모여들었다. 재능과 매력을 겸비한 레니 리펜슈탈 감독이 이 전당대회를 가지고 만든 영화는 독일 방방곡곡의 영화관에서 상영되어 히틀러를 미화하는 데 혁혁한 공을 세웠다. 히틀러가 지은 영화 제목은 〈의지의 승리〉였다. 그러나 실제로 히틀러가 승리한 것은 의지 덕분이라고 말하기 어려웠다. 히틀러

가 승리한 것은 그해 여름에 권력 다툼을 벌이던 사람들이 독일을 히틀
러의 손에 맡겨야 자기들에게 돌아오는 이익이 많다고 생각한 데 원인
이 있었다.

··· 13장

지도자 숭배

"지도자의 정신을 받들면서 지도자의 뜻을 좇아
일하는 것은 한 사람 한 사람 모두의 임무다."
_베르너 빌리켄스, 1934년 2월 21일

"지도자께서 겉으로는 대외 정책을 고려해서
유대인에 대한 개별 행동을 금지한다고 말씀하시지만
실은 한 사람 한 사람이 이를 악물고 아주 독하게
앞으로도 유대인을 알아서 응징해주기를 바라신다."
_헤센 지역에서 떠돌던 소문, 1936년 3월

"나는 하늘이 나를 위해 깔아놓은 길을 잠결에
걸어가는 사람처럼 확신에 차 있다."
_히틀러, 1936년 3월 14일

얼마 안 가서 뻔히 결행하려고 마음먹은 일도 상부의 지시로 하달하는 것을 지도자께서 얼마나 꺼려하시는지 옆에서 지켜본 사람은 안다. 그런가 하면 새롭게 태어난 독일에서 사람들은 지금까지 지도자를 위해서 하는 일이라면 너 나 할 것 없이 제몫을 충실히 해냈다.

프로이센 농업부장관 베르너 빌리켄스는 1934년 2월 21일 베를린에서 열린 각 주정부의 농업부장관들이 모인 회의에서 이런 요지로 연설을 했다. 빌리켄스는 이렇게 말을 이어갔다.

너무나 자주, 그리고 많은 곳에서, 벌써 여러 해 전부터 사람들은 명령과 지시가 내려오기만을 기다렸던 것 같다. 그리고 애석하지만 앞으로도 그럴 가능성이 높지 않을까 싶다. 그렇지만 지도자의 정신을 받들면서 지도자의 뜻을 좇아 일하는 것은 한 사람 한 사람 모두의 임무다. 오류를 범하는 사람은 머지않아 그것을 깨달을 것이다. 그러나 지도자의 노선을 따라 지도자가 추구하는 목표대로 정확히 움직이는 사람은 지금까지도 그랬고 앞으로도 그렇고 언젠가는 그런 노력이 합법적으로 인정받는 값진 보상을 하루아침에 얻을 수 있을 것이다.[1]

이 발언은 평상시에 하던 연설에서 나왔지만 제3제국이 어떻게 움직였는지를 알려주는 중요한 단서가 된다. 힌덴부르크가 죽은 1934년 8월 초부터 블롬베르크-프리치 위기가 터진 1938년 1월 말과 2월 초까지 지도자국가의 틀이 잡혔다. 이 기간은 그 시대를 살았던 많은 사람들에게 좋은 시절로 기억되는 제3제국의 '정상기(正常期)'였다(물론 벌써 하루가 다르게 불어나던 나치 희생자들에게는 해당되지 않는 이야기였다).[2] 하지만 이 기간은 나치 체제의 특징이었던 '누적적 급진화'[3]에 가속도가 붙기 시작한 때이기도 하다. 이 시기에 나타난 한 가지 특징은 히틀러의 개인 통치가 행정 기구를 왜곡하고 저마다 '지도자의 뜻'에 기대며 기능이 겹치는 고만고만한 기관들이 옥상옥처럼 들어서면서 정부 기능이 파편화되었다는 것이다. 그와 동시에 히틀러의 세계관 한복판에 버티고 있던 인종주의 목표와 팽창주의 목표가 이 시기에 점점 선명하게 부각되었지만 히틀러가 먼저 앞장서서 이끌었기 때문에 그런 움직임이 일어난 것만은 아니었다. 특히 이 시기에는 히틀러의 위엄과 권위가 하늘을 찔렀다. 1934년 여름 이후로는 아무도 제도적으로 히틀러에게 도전을 할 수가 없었다. 1938년 초 독일에서 가장 지위가 높은 두 장성의 사생활에 얽힌 추문으로 독일의 군 지도자들이 그나마 군에 얼마간 남아 있던 권위와 독립성을 깨끗이 포기하고 히틀러에게 완전히 굴복하면서 히틀러의 입지는 확고부동해졌다.[4]

이 세 가지 경향, 다시 말해서 집단 통치 기능의 약화, 선명한 이념적 목표의 부각, 지도자의 절대 권력은 긴밀하게 맞물려 있었다. 특히 외교 정책 부문에서는 히틀러의 개인적 행동이 이런 쪽으로 방향을 트는 데 중요한 역할을 한 것이 사실이다. 그러나 결정적 변수는 누가 뭐래도 베르너 빌리켄스가 연설에서 무심결에 지적한 사항이었다. 히틀러의 개인화된 통치 방식은 밑에서부터 열렬한 호응을 받았고 히틀러가 설정한 목표와 크게 벗어나지 않는 한 히틀러도 이런 호응을 뒷받침해주었다. 이렇게 되자 정부 부처들은 정부 부처들대로, 그 안에서 일하는 개인들은 개인들대로, 체제의 모든 수준에서 뜨거운 경쟁이 벌어졌다. 다원주의의 적자생존 원리가 적용되는 제3제국이라는 정글에서 권력을 잡고 승진을 하려면 위에서 지시가 떨어지기만을 기다릴 것이 아니라 '지도자의 의중'을 미리 헤아려서 히틀러가 추구하고 소망하는 것을 이루기 위해 부지런히 움직이는 것이 상책이었다. 당 간부와 논객, 친위대의

'권력 테크노크라트'는 오직 지도자의 뜻을 따른다는 일념으로 움직였다. 정치를 빙자하여 사적인 감정이나 원한을 풀려고 이웃을 게슈타포에 밀고하는 일반 시민, 경쟁자를 없애주는 반유대인 법안에 쾌재를 부르는 사업가를 비롯하여 다른 사람들에게 피해를 입히면서 체제에 조금씩 협조하면서 살아가던 수많은 사람들은 동기야 어찌 되었건 알게 모르게 지도자의 뜻을 좇아 살아가고 있었다. 결과적으로 그들은 걷잡을 수 없는 급진화로 치닫는 데 일조한 셈이었다. 그런 배경에서 지도자가 토로했던 사명은 정책 목표로 조금씩 구체화되어 갔다.

지도자의 뜻을 따르려고 일을 벌이고 압력을 넣고 법안을 만들었는데 하나같이 히틀러가 추구한 목표와 맞아떨어졌다. 독재자가 일일이 지시하지 않았는데도 판이 그렇게 돌아갔다. 이렇게 날이 갈수록 정책이 급진화되니까 히틀러가 지상 과제로 삼았던 이념적 목표들이 구체적 정책으로 하나둘 가시화되었다. 히틀러의 개인 통치가 뿌리를 내리면서 정부의 공식 기구가 와해되었고 이념이 급진화되었다. 공식 기구가 와해되고 이념이 급진화되니까 거꾸로 히틀러의 개인 지배도 모든 제도적 구속에서 벗어나 자유를 구가하면서 절대 권력으로 치달았다.

그렇지 않아도 기세등등했던 히틀러의 자신감은 사상누각처럼 허술하기 짝이 없는 유럽의 국가 체제 안에서 다른 나라들이 소심한 행태를 보이는 가운데 대담한 행보로 국제 무대에서 '승리'를 거둘 때마다 하늘을 모르고 치솟으면서 이미 거대해진 그의 자아를 더욱 키웠고, 과대망상을 더 부추겼으며, 그럴수록 군부와 외무부의 신중론자들을 멸시하게 되었다. 국제 무대에서 한 번씩 성과를 올릴 때마다 히틀러의 인기가 높아지자 반대파는 입지가 흔들릴 수밖에 없었고 히틀러에게 의구심을 품고 있던 소수의 정치 엘리트도 군소리 없이 히틀러의 우월한 지위를 받아들일 수밖에 없었다. 지도자 숭배가 극점으로 치달으면서 히틀러 자신도 지도자 숭배의 신화를 맹신하게 되었다. 라인 지역의 탈환으로 이어진 긴박한 외교전은 이 과정에서 결정적 분수령이 되었다. 라인 위기를 잘 매듭지은 것은 히틀러가 그때까지 거둔 가장 빛나는 승리였다. 이제 히틀러는 과거 어느 때보다도 스스로의 '신화'를 굳게 믿고 있었다.

히틀러를 가까운 거리에서 지켜보았던 사람들은 훗날 히틀러가 힌덴
부르크가 죽은 뒤로 달라졌다고 진술했다. 언론담당관이었던 오토 디트
리히에 따르면 1935년과 1936년은 "바야흐로 새로운 행동을 결행할 수
있는 절대 권력자"의 반열에 오른 히틀러로서는 "독일 국민을 위한 개
혁가와 사회운동가에서 국제 정치계의 도박꾼과 무법자"로 변신하는
과정에서 가장 "뜻깊은 해"였다.

이 시기에는 히틀러의 행동거지도 눈에 띄게 달라졌다. 오라고 미리 부른
사람이 아니면 정치 문제를 논의하겠다고 찾아오는 사람을 점점 꺼려했다.
측근들과도 심리적으로 거리를 두는 요령을 터득했다. 정권을 잡기 전까지만
하더라도 다른 생각을 얼마든지 꺼내놓을 수 있었는데 이제는 사람들이 우러
러보는 국가 수반이 되었으므로 불필요한 정치 토론에 휘말려들지 않으려고
했다. …… 히틀러는 자기 생각에 이견을 내거나 자기 생각의 무오류성을 의
심하는 사람을 싫어하기 시작했다. …… 말하고만 싶어했지 들으려고 하지
않았다. 모루가 아니라 망치가 되고 싶어했다.[5]

1934년 8월을 전후하여 권력을 공고히 다지는 작업이 끝난 뒤로 히
틀러가 국내 정치에서 조금씩 발을 뺀 것은 디트리히도 지적하듯이 단
순히 성격과 선택의 문제만은 아니었다. 그것은 히틀러의 지위와 직결
되어 있었다. 지도자의 체통을 지켜야 한다는 생각이 앞서다 보니 공연
히 인기 없는 정책에 얽혀들었다가 정치적으로 망신을 당하거나 곤혹스
러운 처지에 놓이는 것을 어떻게 해서든 피하려고 들었다. 히틀러는 국
론 통일의 상징적 존재였다. 정권의 구심점 노릇을 하는 지도자였으므
로 그것은 당연했다. 그래서 소소한 국내 정치의 내분에 휘말리는 것처
럼 보여서는 곤란했다. 그 점을 접어 두고라도 히틀러가 차츰 초연한 입
장에 설 수 있었던 것은 국내 정치를 선동과 세뇌로 변질시키는 작업이
그만큼 실속 있게 진행되었다는 것을 반증했다. 정치라는 것은 이런저

런 경우의 수를 놓고 선택하고 토론하는 것이 핵심인데 이런 활동이 공공의 장에서 사라져버렸다(물론 막후에서는 여전히 치열한 논쟁과 갈등이 이어지고 있었지만). 일체화된 독일 안에서 이루어지는 정치는 1920년대 초반 이후로 유일무이한 목표로 삼았던 가치, 다시 말해서 외세와의 불가피한 한판 승부에 대비하여 '대중을 국민화'하는 활동으로 수렴되었다. 강한 결속력으로 뭉친 난공불락의 '민족 공동체'를 세운다는 목표가 워낙 포괄적이다 보니 그 영향이 사회 구석구석 미치지 않는 곳이 없었다. 그것은 결국 체제의 모든 분야에서 정책을 주도적으로 이끌어 가라는 아주 강력한 감정적 선동에 다름 아니었고 그런 선동은 빈부귀천을 떠나 모든 독일인에게 영향을 끼쳤다. 히틀러보다 더 행정 능력이 뛰어나고 일을 요령 있게 할 줄 아는 국가 수반이라 하더라도 그런 사태를 미리 훤히 내다보았을 리는 만무하고 하물며 그런 정책을 하나하나 지시했을 리도 없다. 히틀러는 민족의 부활, 유대인 '제거', 인종 '개선', 독일의 국력 회복과 발언권 강화 같은 포괄적 '행동 방침'[6]을 제시하기는 했지만 그가 지도자로서 실제로 해낸 것은 줄기차게 정책을 쏟아낼 수 있는 열정을 사회의 온갖 영역에 불어넣은 것이 무엇보다도 컸다. 빌리켄스도 지적했지만 개개인이 지도자의 뜻을 좇아 척척 움직이는 모습을 보여주었을 때 히틀러도 가장 높이 올라갔고 히틀러가 성공할 확률도 그만큼 높아졌다. 그러나 히틀러는 시비에 휘말려드는 것을 피해야 하는 입장이었으므로 사람들의 그런 열렬한 활동은 '일체화'한 것이 아니었고 또 '일체화'될 수 있는 성격도 아니었다. 그러다보니 지도자의 뜻을 따른다는 원칙에는 동의하면서도 갈등이 끊이지 않았다. 히틀러가 개입한다고 해도 그런 갈등은 결코 풀어낼 수가 없었으므로 히틀러는 끼어들기가 더 어려웠다. 그래서 히틀러는 체제를 떠받치는 데 없어서는 안 되는 주춧돌 역할을 하면서 동시에 정부의 공식 기구로부터 거리를 두려고 했다. 자연히 정부 질서와 행정 질서가 아주 어수선해졌다.

히틀러의 개인적 기질, 관료적 틀과는 거리가 먼 업무 스타일, 강자의 편에 서고 싶어하는 다원주의적 성향, 지도자로서의 지위 때문에 유지해야 했던 초연함 같은 것이 뭉뚱그려져서 아주 특이한 현상을 빚어냈

다. 굉장히 현대화된 선진국인데 중앙에서 조율하는 구심점이 없었고
국가 수반이 통치 기구에 깊이 발을 들여놓지 않는 이상한 나라가 생겨
났다. 베니토 무솔리니와 프란시스코 프랑코(1939년 이후 스페인을 지배
한 권력자)가 아무리 독재자로 군림했어도 그들은 비록 자문기구 역할에
그쳤을지언정 내각을 통해서 국무를 처리했다. 이오시프 스탈린은 정치
국원을 이따금 총살시키긴 했어도 정치국을 유지했다. 세 사람은 모두
정부의 중앙 통치 기구를 확실히 지배하고 통제하려고 했다. 그러나 독
일에서는 히틀러가 워낙 싫어했기 때문에 각료 회의가 유명무실해졌다.
1935년에는 각료 회의가 겨우 12번밖에 열리지 않았고 1937년에 이르
면 그 숫자는 6번으로 줄어들었다. 그리고 1938년 2월 5일 이후로는 각
료 회의가 아예 열리지 않았다. 전시에 히틀러는 장관들이 이따금 모여
서 맥주를 마시는 것도 허락하지 않았다.[7] 정책의 우선 순위를 논의하
는 각료 회의가 열리지 않다 보니 이 부처 저 부처에서 따로따로 쏟아져
나오는 법안들에 대해서 부처들 사이에 조그만 합의라도 이루어내려면
법안 하나하나에 대해서 회람을 여러 번 돌리는 번거롭고 거추장스러운
과정을 거쳐야만 했다. 히틀러는 법안의 내용을 간추린 보고서가 올라
오면 그제서야 (대개는 읽는 둥 마는 둥 하고) 법안에 서명을 하여 통과시
켰다. 총리 비서실장을 맡고 있었으며 장관들과 히틀러를 이어주는 유
일한 창구였던 한스 하인리히 라머스는 자연히 히틀러에게 올라가는 법
안과 장관들의 업무에 대해서 상당한 영향력을 발휘했다. 히틀러가 더
중요한 국무에 몰두하느라 정신이 없다고 라머스가 판단할 경우 몇 달
동안 준비한 법안의 처리는 잊혀지거나 뒤로 밀리기 일쑤였다. 무기한
늦추어지는 경우도 왕왕 있었다. 그런가 하면 어떨 때는 히틀러가 어딘
가에서 들은 편향된 정보를 가지고 법안 내용에서 사소한 꼬투리를 잡
기도 했다. 히틀러 개인에 치우친 통치 방식은 표준화된 기준과 명확하
게 정의된 절차에 기대야 하는 관료주의와 자꾸만 충돌했고 결국은 물
과 기름처럼 겉돌았다. 자연히 통치는 주먹구구로 흘렀다. 여기다가 히
틀러의 몸에 밴 비밀주의, 여러 사람보다는 일 대 일로 만나는 것을 선
호하는 버릇(그래야 상대방을 휘어잡을 수 있으니까), 정부는 물론이고 당

'산정의 히틀러'. 1935년 하인리히 호프만이 펴낸 사진집 표지. 그림 같은 배경에서 찍은 88장의 지도자 사진이 실려 있다.

에서도 몇 사람만 총애하는 정실주의까지 보태져서 통치와 행정의 공식 틀은 더욱 흔들렸다.

히틀러에게 다가서는 기회를 먼저 잡기 위해 정권 안에서는 암투가 끊이지 않았다. 어떤 이유로든 히틀러의 눈 밖에 난 장관은 히틀러에게 말 한 번 붙여볼 기회도 갖기 어려웠다. 발터 다레 농업부장관만 하더라도 1930년대 말에 심각한 농업 문제를 논의하기 위해 꼬박 2년 동안 히틀러를 면담할 기회를 잡으려고 애썼지만 헛수고만 했다. 히틀러의 측근들은 괴벨스나 건축 계획이라면 사족을 못 쓰는 히틀러의 집념을 교묘히 이용하여 나치 정권에서 고속 출세를 한 야심만만한 젊은 건축가 알베르트 슈페어 같은 히틀러의 '총신'들이 히틀러와 만나는 것은 막을 수 없었지만 나머지 사람들에게 히틀러를 만날 수 있는 기회를 주느냐 안 주느냐에는 뒤에서 엄청난 입김을 불어넣었다.[8]

1차 세계대전 때는 히틀러의 직속 상관이었으며 1930년대 중반 히틀러의 측근 가운데 한 명이었던 프리츠 비데만은 나중에 히틀러의 개인 통치 스타일이 얼마나 두서없고 제멋대로인지를 드러내는 일화를 소개했다. 1935년까지만 하더라도 히틀러는 아직 그런 대로 규칙적으로 생활했다. 아침은 10시쯤에 먹었고 점심은 1시 아니면 2시경에 라머스, 마이스너, 선전부의 풍크, 그리고 긴급 안건을 들고 온 장관이나 유력 인사와 같이 먹었다. 오후에는 군사 전문가나 외교 전문가를 접견했지만 히틀러는 건축 설계안을 놓고 슈페어와 이야기하는 것을 가장 좋아했다. 하지만 이런 짜임새 있는 일과는 차츰 허물어졌다. 히틀러는 린츠와 빈에서 청년 시절을 보내면서 백수처럼 살았고 가깝게는 1920년대 초반까지도 당수의 몸으로 한량처럼 느긋하게 지낸다고 고트프리트 페더한테서 책망을 듣기도 했지만 또다시 그런 생활로 돌아갔다. 비데만에 따르면 "나중에는 점심 때나 나타나서 언론담당관 오토 디트리히 박사가 간추려 올린 언론 보도문을 스윽 훑어보고 식당으로 갔다. 국가 원수였으므로 히틀러만이 내릴 수 있는 결정이 있었는데 사정이 이렇다 보니 라머스와 마이스너는 히틀러의 결정을 얻어내기가 더욱 힘들었다." 히틀러가 오버잘츠베르크에서 지낼 때는 더더욱 골치가 아팠다. "거기서는 오후 2시가 되어서야 방에서 나왔다. 그러고는 바로 점심을 들었다. 오후는 주로 산책을 하면서 보냈다. 저녁에는 식사를 끝내자마자 바로 영화를 보았다."[9]

산책로는 늘 내리막길이었다. 차가 밑에서 기다리다가 히틀러와 동행자를 싣고 다시 위로 올라갔다. 히틀러는 몸 놀리기를 워낙 싫어했을 뿐 아니라 운동 신경이 없어서 섣불리 운동을 하다가 망신을 당할지 모른다는 불안감이 컸다. 히틀러가 오후에 산책을 나가면 한 번이라도 지도자의 얼굴을 보려고 몰려드는 구경꾼이 하도 많아서 주변을 모두 차단했다. 대신 방문객들을 위한 '사열 행진'의 전통이 자리 잡았다. 독일 전국 각지에서 히틀러를 너무나 사모한 나머지 가파른 산골짜기까지 먼 길을 마다하지 않고 모여든, 남녀노소를 초월한 최대 2천 명의 방문객들은 몇 시간씩 끈기 있게 기다렸다가 히틀러의 수행원으로부터 신호가 떨어지면 말없이 대오를 이루어 히틀러 앞으로 지나갔다. 비데만이 보기에 그 숭배의 열기에는 종교를 방불케 하는 엄숙한 분위기가 배어 있었다.[10]

바이에른 어린이들과 함께 있는 히틀러. 뒤(오른쪽)에 바이에른 전통 의상을 입은 사람은 히틀러유 겐트 지도자 발두어 폰 시라흐다. 이 사진에 보이는 것처럼 히틀러는 곧잘 '자상한 아버지'의 이미지로 나타났는데, 이것은 곧 '독일 민족의 아버지'라는 이미지로 연결되었다.

히틀러는 거의 하루도 거르지 않고 영화를 보는 편이었다. 보좌진은 꼬박꼬박 새 영화를 대령하느라 진땀을 흘렸다. 어느 정도 수준이 되는 작품을 매일 한 편씩 확보한다는 것도 그리 만만한 일은 아니었다. 히틀러는 심각한 다큐멘터리보다는 가벼운 오락물을 즐기는 편이었으며 비데만에 따르면 다른 나라의 문화에 대해서 강한 선입견을 얻은 것도 주로 그런 영화를 통해서였다.[11]

총리 주변에 모이는 사람은 거의가 남자였다. 분위기는 남자들끼리 어울리는 사교 클럽과 장교 식당의 성격을 반반씩 섞은 것이었고 갱단의 밀실 모임 같은 느낌도 살짝 들었다. 히틀러의 별장이 있는 오버잘츠베르크는 보통 '산'이라고 불렀는데 에바 브라운이나 히틀러의 측근들과 함께 온 아내나 애인이 있으면 그래도 분위기가 한결 밝아졌다. 여자들이 있는 자리에서 정치 이야기는 엄금이었다. 히틀러는 손님을, 특히 여자를 깍듯이 모셨다. 격식을 따지고 어딘지 어색하고 뻣뻣하기도 했지만 그런 모습조차 매력으로 다가왔다. 비서, 보좌관, 수행원을 대한

때도 경우에 어긋나는 법이 없었고 세심했기 때문에 아랫사람들도 대부분 히틀러를 따르고 좋아했다.[12] 생일이나 크리스마스 때 가까운 사람들에게 줄 생일 선물을 챙기는 것을 보면 그렇게 통이 크면서도 사려가 깊고 자상할 수가 없었다. 그렇지만 총리 관저에서든 별장에서든 히틀러와 함께 지내는 것은 이만저만 숨 막히고 답답한 일이 아니었다. 히틀러가 있으면 이것저것 따지지 않고 정말로 마음 편하게 지내기가 어려웠다. 히틀러는 어디서나 주인공 노릇을 하려 들었다. 대화를 하면서도 반박은 용납하지 않았다. 손님들은 같이 식사를 하면서도 혹시나 실언을 하여 지도자의 심기를 건드리지 않을까 머뭇거리고 가슴을 졸이기 일쑤였다. 히틀러의 보좌관들은 밤이 이슥해지면 손님 가운데 누군가가 무심결에 1차 세계대전이나 해군 같은 히틀러가 자다가도 벌떡 일어날 주제를 꺼낼까 봐 노심초사했다. 한번 발동이 걸렸다 하면 먼동이 터 올 때까지 혼자서 줄곧 이야기를 늘어놓을 사람이었기 때문이었다.[13]

밑에서부터 쉴 새 없이 올라오는 중요한 정책 사안을 히틀러가 워낙 엉성하게 적당히 처리하다 보니 행정도 갈피를 잡을 수가 없었다. "히틀러는 서류 읽기를 싫어했다."고 비데만은 술회한다. "아주 중요한 사안에 대해서는 직접 서류를 들고 올라가서 단안을 받아냈지만 히틀러는 관련 서류에 대해서 질문 한 번 던지지 않았다. 그냥 내버려 두면 일이 저절로 굴러간다고 보는 것 같았다."[14]

히틀러는 문서 작성이라면 질색이었지만 딱 하나 예외가 있었다. 연설문을 쓸 때는 이야기가 달라졌다. 히틀러는 직접 원고를 썼는데 한번 썼다 하면 며칠을 밤 늦게까지 방에 틀어박혀서 몰두했다. 세 명의 비서는 히틀러가 불러주는 내용을 바로 타자기로 쳤고 히틀러는 그 내용을 다시 꼼꼼히 손보았다.[15] 사람들에게 보이는 이미지는 절대적으로 중요했다. 히틀러는 여전히 누구보다 뛰어난 선전가였다.

히틀러가 지도자로서 국정을 이끌어 가는 방식이 훨씬 더 성실하고 훨씬 덜 괴팍하고 덜 엉성했다 하더라도 아마 그렇게 개인화된 지배에만 의존해서는 현대 국가의 엄청나게 다양하고 복잡한 문제를 감당하기에는 역부족을 느꼈을 것이다. 사정이 그렇다 보니 자연히 행정이 부실

절반쯤 완성된 뮌헨의 '독일미술관'을 시찰하는 히틀러와 레온하르트 갈 교수, 건축가 알베르트 슈페어. 1935년경.

해지고 부패가 뿌리를 내리기 좋았다. 히틀러는 경제 관념이 부족했고 또 그쪽에 관심도 없었다. 그러면서도 나랏돈은 흥청망청 썼다. '노전사'들을 높은 자리에 앉히는가 하면 위풍당당한 건물을 짓는 데 거액의 돈을 쏟아 부었다. 건축가와 건설회사는 덕분에 떼돈을 벌었다. 마음에 드는 건물이나 전시관을 짓는 데는 돈을 아끼지 않았다.[16] 정권의 지도급 인사들은 거액의 연봉 말고도 세금 공제 혜택을 받았고 선물이다 기부금이다 뇌물이다 여기저기서 챙기는 돈으로 대궐 같은 집에서 고급 의복, 예술품, 사치품을 원없이 누리면서 살 수 있었다. 출세를 상징하는 고급 리무진은 기본이었다. 식품화학을 전공한 박사학위 소지자이며 라인란트 관구장을 역임했고 희대의 바람둥이이자 '나라 술꾼'이라는 별명으로 소문난 노동전선의 수장 로베르트 라이가 그런 특혜를 누리면서 산 대표적인 인물이었지만 라이는 빙산의 일각에 불과했다. 뇌물을 밝히는 라이의 사치스러운 생활은 허리가 휘도록 일하면서 쥐꼬리만 한 월급으로 살아가는 노동자계급의 공분을 샀다. 그러나 독일의 서민들은 라이가 독일노동은행에서 빼낸 돈으로 히틀러의 경호 책임자였던 제프 디트리히한테서 당초 구매 가격의 2배를 주고 베를린 저택을 사들였다든가 (디트리히는 베를린의 호화 저택에 금세 싫증이 나서 뮌헨에 새로 집을 구입할 작정이었다) 이 은행이 히틀러의 측근이었던 프리츠 비데만에게 거액의 뇌물을 바쳤다는 사실은 까맣게 몰랐다.[17] 위아래를 가릴 것 없이 부패가 정권 안에 만연해 있었다.[18] 히틀러는 권력과 지위를 재물로 과시하고 싶어하는 아랫사람들의 욕심을 흔쾌히 채워주었다. 제3제국이 충성을 바치는 개인에게 봉토로 화답하는 현대판 봉건제로 변질되는 상황에서 부패의 규모가 커질수록 충성심도 커진다는 것을 히틀러는 잘 알았다.[19] 히틀러 자신은 이제《나의 투쟁》판매에서 들어오는 인세로 백만장자가 되었다. 먹고 입는 데는 공공연히 찬사를 받아 온 소박한 생활을 유지하며 여전히 돈을 아꼈지만 다른 데서는 돈을 펑펑 썼다. 베를린 관저와 뮌헨 사저 같은 큼지막한 아파트 말고도 처음에는 수수했던 오버잘츠베르크의 별장 바셴펠트 하우스도 이제는 거금을 들여서 외국에서 국빈이 와도 묵을 수 있게 웅장한 성채처럼 꾸몄다.[20] 히틀러는 한 곳에 붙박여 있으면 좀이 쑤셔서 견디지 못하는 성미라서 규모가 적지 않은 수행원을 거느리고 늘 분주하게 돌아다녔다. 그래서 11량의 객차가 딸리고 침대칸도 있는 특별열차, 리무진 승용차 여러 대, 비행기 3대가 언제나 대기하고 있었다.[21]

나랏돈을 마치 굴러 들어온 공돈처럼 마구잡이로 써대는 부패한 당 간부들보다 더 심각했던 것은 정치 제도 자체가 썩었다는 사실이었다. 정책을 결정할 수 있는 공식 절차가 차츰 무너지면서 히틀러를 면담할 수 있는 당 중진들은 히틀러와 식사를 같이 하거나 차를 마시면서 자기의 뜻을 슬며시 이루거나 자기가 벌이는 일을 승인한다는 발언을 히틀러의 입에서 교묘하게 끌어냈다.[22]

하위 지도자들이 올리는 건의에 대해 히틀러가 충동적으로 구두 승낙을 반복하다 보니 곤혹스러운 처지에 빠지기 일쑤였다. 1934년 10월 로베르트 라이는 나치의 관변 노조였던 독일노동전선의 권한을 강화하고 고용주와 관할 감독 기관이었던 노동관리단의 권한을 축소하는 대통령령에 히틀러의 서명을 받아냈는데 이것이 말썽을 빚었다. 라이가 노동부나 경제부와 제대로 상의를 하지 않은 것이 문제였다. 라이와 개인적으로 불편한 관계였던 헤스도 강하게 반대하고 나섰다. 라이는 독일노동전선을 이끌었을 뿐 아니라 히틀러로부터 나치당 조직 담당으로 임명되었기 때문에 당에서 '지도자 대리인'이었던 루돌프 헤스와 알력이 심했다. 경제통이었던 샤흐트와 재계 지도부까지 적으로 만들 수는 없었던 히틀러는 결국 압력에 굴복했다. 그렇지만 히틀러의 위신을 생각해서 대통령령을 철회하지는 않았고 라이가 발버둥친 보람도 없이 결국 사문화되었다.[23]

몇 달 뒤인 1935년 초에는 정반대의 일이 벌어졌다. 히틀러가 노동부 장관의 건의를 받아들였다가 당이 반발하는 바람에 흐지부지되고 만 것이다. 젤테 노동장관은 지역적으로 차등화된 건설 노동자의 임금 구조를 없애고 독일 전체를 하나로 묶은 통일 임금안을 도입하는 안을 마련해서 히틀러의 승인을 얻어냈다. 그러자 지역 관구장들이 일부 지역에서는 노동자들의 임금이 내려가서 사기 저하가 우려된다면서 반발했다. 특히 함부르크 관구장을 맡고 있던 카우프만의 반발이 거셌다.[24] 히틀러는 뒤로 물러섰다. 이번에도 히틀러의 체면을 고려하여 처음에 내린 결정을 공식적으로 뒤집지는 않았다. 그 대신 히틀러는 임금 수정안을 도입하기 전에 시한에 얽매이지 말고 꼼꼼히 보완 대책을 마련하라고 지시했다. 그 말은 곧 없던 일로 하라는 지시나 마찬가지였다.[25]

위의 두 가지 사례에서 강력한 기득권을 지닌 집단의 이익을 건드리는 정책은 결국 쓰레기통에 처박혔다. 라이와 젤테는 자신들이 결국 지도자의 뜻을 좇지 못했다는 뼈저린 사실을 깨달았다. 그러나 1930년대 중반과 말엽에는 히틀러가 이렇다 할 국내 정책을 내놓은 적이 드물었고 정책을 총괄하는 중앙 기구가 무너진 상황이라서 대중을 국민화하고 '민족 공동체'에 속하지 않는 것으로 여겨진 집단을 배제한다는 목표에서 크게 벗어나지 않는 정책을 추진하는 사람은 자기 뜻을 관철할 수 있는 여지가 얼마든지 있었다. 압력은 크게 두 쪽에서 왔다. 하나는 당, 또 하나는 친위대였다. 당 쪽은 중앙당과 지방당에서 모두 압력이 들어왔고 친위대는 이제는 경찰과 통합되어서 다분히 이념 지향적이며 막강한 공권력을 휘두르는 치안기구로 커져 있었다. 히틀러가 공언한 대로 독일을 다시 일으키고 독일 민족의 순수한 혈통을 지킨다는 원대한 목표를 내걸면서 이들은 정권 장악과 함께 쏟아진 뜨거운 열기를 이어가려고 노력했다.

나치당이 1933년 정권을 잡자 이때다 싶어서 셀 수 없이 많은 기회주의자들이 꾸역꾸역 몰려들면서 당원 숫자가 삽시간에 불어났다. 그러나 당은 어디까지나 선전 활동과 사회 통제에 주력하는 느슨한 조직체로 여전히 남아 있었다. 히틀러도 그레고어 슈트라서가 일군 당 조직을 허물어뜨리면서 1932년 12월에 이미 자신이 표방하는 국가사회주의 이념으로 국민을 동원하는 것이 당 본연의 사명이라는 것을 분명히 밝힌 바 있었다.[26] 총리가 되고 나서 히틀러는 당이라는 공식 조직에는 거의 관심을 기울이지 않았다. 히틀러는 4월에 나약하고 추진력이 모자랐지만 충성심만큼은 알아주었던 루돌프 헤스를 지도자 대리인으로 임명해 당을 맡겼다. 앞서 말한 대로 당 조직은 로베르트 라이가 총괄했으므로 처음부터 헤스의 권위가 제대로 설 리가 없었다.[27] 그렇다고 해서 헤스가 관구장들을 제대로 다룰 수 있었는가 하면 그것도 아니었다. 대부분의 관구장이 지역에서 쌓은 권력은 히틀러와 오래 전부터 맺은 *끈끈한 교분*이 밑바탕이 된 것이었다. 당 상층부를 중심으로 돌아가는 지휘 체계가 제대로 선 것도 아니었고 당 정책을 세우는 집단 결정 체계가 확고해진 것도 아니었다. 나치당을 이끌어 가는 '제국지도부'는 어디까지나 개인들의 모임이었지 소련 공산당의 정치국 같은 것과는 거리가 멀었다. 관구장 회의는 히틀러가 소집해야만 열렸다. 회의가 열려도 정책을 심의하는 것이 아니라 지도자가 일방적으로 풀어놓는 연설만 들었다. 당원로회의라는 것도 한 번도 열린 적이 없었다.[28] 자연히 당은 일사불란한 체계도 없었고 행정부에 압력을 가하는 일관된 정책도 없었다. 지도자 한 사람이 대변했고 비록 막연하게 정의되었을지언정 강력한 감정적 호소력을 지닌 목표들이 지도자 숭배와 맞물려 돌아가는 '지도자당'이라는 본질적 성격은 변함이 없었다. 그렇지만 1934년 헤스가 장관들이 내놓은 법안에 거부권을 행사할 수 있는 권한을 얻은 데 이어 이듬해에는 고위 관료의 임명에 거부권을 휘두를 수 있는 권한을 지니게 되면서 비로소 정부다운 정부가 등장할 조짐이 보인 것은 사실이었다.[29] 아무리 엉성할지언정 제동을 걸 수 있게 되니까, 특히 이념적으로 당이 중요하다고 판단한 문제에서는 당의 영향력이 높아졌다. 그중에서도 가장 중요한 것은 인종 정책과 교회 투쟁이었다.[30] 두 영역에서 모두 당은 적극적으로 움직이는 활동가를 확보할 수 있었고 이런 활동가들이 기승을 부리자 정부는 법을 집행해야 한다는 압력을 받았다. 실제로 나치당 지도부는 관구장들이 다른 의도로 들쑤시는 바람에 일어났건 아니면 급진파들이 자발적으로 움직였건 밑에서부터 올라오는 압력에 어쩔 수 없이 대응해야 하는 상황으로 몰린 적이 한두 번이 아니었다. 이런 식으로 지도자가 추구하는 목표에 부합하는 사안들은 날이 갈수록 급진적인 방향으로 치달았다.

1930년대 중반이 되면 히틀러는 당이 어떻게 돌아가는지 거의 관심을 두지 않았다. 이제는 뮌헨이나 뉘른베르크 같은 곳에서 중요한 대표자 회의가 열릴 때 얼굴을 보인다든가 11월과 2월에 정기적으로 노전사 앞에서 연설을 한다든가 하는 경우로 당에 관여하는 일이 지극히 제한되었다고 오토 디트리히는 회고했다.[31] 당과 정부로 이원화된 통치 구조의 문제는 끝내 해결하지 못했다. 아니, 애당초 해결할 수 없는 문제였다. 히틀러 자신이 역할이 겹쳐서 책임 소재가 명확하지 않은 구조를 선호했다. 자기의 권력을 제한할 수 있는 조직이 만들어지는 데 늘 예민하게 반응했던 히틀러였기에 좀 더 합리적이고 책임감 있게 굴러가는 국가 구조를 만들어내려는 프리크의 '국가 개혁' 시도를 사사건건 무산시켰다.[32]

권력이 걸린 문제에서는 늘 그런 모습을 보였지만 히틀러는 정부를 순전히 기회주의적으로 이용할 수 있는 대상으로 여겼다. 《나의 투쟁》에서도 노골적으로 밝혔지만 히틀러에게 정부라는 것은 어디까지나 "몸과 마음이 비슷한 존재들로 이루어진 공동체를 뒷받침하고 이끌고" "문화의 주역으로서 좀 더 고매한 인간의 아름다움과 덕성을 만들어내는 민족의 기본 자질을 살려 나가는" 목표를 이루기 위한 수단이었다.[33] 히틀러는 효과를 만들어내는 데만 골몰했지 구조와 형태는 관심 밖이었다. 관료주의에 짓눌려 정부 부처가 제 구실을 못하는 바람에 어떤 정책이 공전할 경우 되도록 관료주의와는 거리가 먼 조직을 새로 만들어서라도 정책 실행을 맡겨야 한다는 것이 히틀러의 고집스러운 생각이었다. 새로 만들어진 기구는 보통 히틀러가 직접 관장했는데 당에 속한 것도 아니고 그렇다고 해서 정부에 속한 것도 아니고 당과 정부에 양다리를 걸쳤다. 국책 건설 사업을 도맡은 토트 조직, 히틀러유겐트, 그리고 1936년에 출범한 4개년 계획단이 모두 그런 식으로 만들어졌다. 당연히 그 과정에서 관료 조직들의 업무가 겹치면서 관할 영역을 둘러싸고 끝없는 마찰이 빚어지기 일쑤였다. 그래도 히틀러는 아랑곳하지 않았다. 하지만 그렇지 않아도 아귀가 잘 안 맞은 채로 돌아가는 행정은 더더욱 혼선이 빚어질 수밖에 없었고 그럴수록 지도자로서 히틀러의 위상은 더욱 두드러졌다.

가장 중요하고 이념적으로 급진적인 히틀러의 직속 기구는 1936년 중반께 완전히 모습을 드러낸 친위대-경찰 연합 기구였다. 룀을 제거하기 전부터 힘러는 벌써 경찰 조직을 야금야금 접수하여 바이에른에서 자신의 권력 기반을 다지는 작업에 들어가더니 1934년 4월에는 게슈타포 수장에 임명되었다. 라인하르트 하이드리히도 프로이센국가비밀경찰국(게슈타파) 국장으로 임명되었다. 힘러는 친위대를 앞세워 6월 말까지 돌격대의 조직 기반을 무너뜨리고 유리한 고지를 차지하더니 결국 괴링으로부터 바이에른 치안 총책을 넘겨받았다. 프리크 내무장관과 귀르트너 법무장관은 '예비 검속'을 무분별하게 남발하고 강제수용소를 장악하면서 경찰이 자꾸만 독자적으로 나아가려는 것을 막으려 했지만 실패하고 말았다. 경찰력을 행사하는 데 법적 제약이 따를 경우 힘러는 언제든지 히틀러에게 도움을 요청할 수 있었다. 1935년 귀르트너가 강제수용소에서 죽어 나가는 사람이 너무 많다면서 '예비 검속'을 할 때 변호사를 입회시켜야 한다고 주장했을 때 힘러는 히틀러에게 달려가서 변호사 입회는 허용하지 않으며 수용소가 성실하게 운영되고 있는 만큼 특별한 조치는 불필요하다는 히틀러의 결정을 이끌어냈다.[34] 프리크는 예비 검속 남용을 막아보려고 했지만 헛수고였다.[35] 힘러는 제3제국을 통틀어서 강제수용소의 수용 인원이 3,500명으로 가장 적었고 그 일차적 기능을 상실한 것처럼 보였던 1935년 여름에 히틀러를 설득하여 외려 강제수용소 시설을 늘려 나갔다. 그리고 1935년 10월에는 국가 내부의 적을 소탕하는 데 게슈타포가 결정적 역할을 해야 한다는 히틀러의 발언을 끌어내는 데 성공했다.[36]

힘러가 1936년 2월 프로이센 게슈타포법을 제정하면서 양보를 한 것은 어디까지나 제스처에 불과했다. 이 법에는 게슈타포가 내무장관의 지시에 따라야 한다는 조항이 있지만 또 다른 조항에는 게슈타포가 게슈타파에 대해 궁극적으로 책임은 진다는 것을 강조하는 문구가 적혀 있었다.[37] 결국 갈등이 빚어졌을 때 누가 주도권을 잡을지는 뻔했다. 그 다음부터는 일사천리로 일이 진행되었다. 6월 17일 히틀러는 통합국가 경찰 조직을 만들고 힘러에게 지휘봉을 맡겼다.[38] 이렇게 해서 가장 강력한 탄압 기관이 나치의 가장 강력한 이념 선전 조직과 한몸이 되었다. 힘러가 새로 맡은 독일경찰청장은 프리크 내무장관 아래 있었지만 서류상으로만 그랬다. 친위대의 수장으로서 힘러는 개인적으로 히틀러 바로 다음 가는 서열 제2위의 권력을 누렸다. 일 주일 뒤 '보안경찰'*이 만들어지면서 형사 조직과 정치 사찰 조직이 하나로 결합하는 것을 기점으로 제3제국의 이념적 거점과 '지도자의 의지'를 집행하는 기구가 마침내 모습을 드러냈다.

지도자의 세계관을 실현하는 데 일차적 목적을 둔 기구가 발족한 것이다. 경찰과 친위대 통합 조직의 가장 큰 임무는 "도처에서 활개를 치는 볼셰비즘이라는 파괴 세력"에 맞서는 "인류 역사의 위대한 투쟁"에서 "민족을 안에서 지키는 것"이라고 힘러는 생각했다.[39] 하이드리히를

보안경찰(Sicherheitspolizei)　형사 범죄를 전담하던 형사경찰(Kriminalpolizei, 일명 크리포)과 정치 사찰을 전담하던 당 산하의 공안 조직 게슈타포(국가비밀경찰)를 통합하여 만든 조직으로 일명 시포라고도 한다. 보안경찰 말고도 정복을 입은 정규경찰(Ordnungspolizei, 일명 오르포)이 있었는데 힘러는 통합된 독일경찰청장으로서 보안경찰과 정규경찰을 지휘하게 되었다. 1939년에는 다시 친위대 보안국과 보안경찰이 국가보안본부로 통합된다.

보좌했던 베르너 베스트도 경찰은 민족의 '정치적 건강'을 위협하고 파괴하는 질병과 병균을 샅샅이 뿌리 뽑는 '투쟁단'이라고 믿었다.[40] 그런 전제가 깔려 있었기 때문에 히틀러가 가만히 있어도 경찰은 '국가의 적'이나 '민족에 해악을 끼치는' 세력으로 규정된 탄압 대상을 알아서 넓혀 나갔다. 명단은 얼마든지 늘릴 수 있었다. 출세를 노리는 경찰과 친위대 이데올로그는 독일 민족의 공적인 유대인, 이념과 정치에서 철천지원수였던 공산주의자와 사회주의자, 유대인과 결탁하여 세계를 지배하려고 국제적으로 인맥을 철저히 쌓아 간다는 의심을 받았던 프리메이슨 단원 말고 새로운 내부의 '적'을 찾는 데 힘을 합쳤다. 여기에 걸려든 것이 집시, 동성애자, 거지, 불평분자, 백수, 전과자처럼 힘도 없고 사람들이 곱지 않게 보았던 사회의 주변 집단이었다.[41] '제도적 공간'을 발본색원하겠다는 의욕이 어찌나 강했는지 여호와의 증인이라든가 기독교의 기성 종파 중에서 정치 의식이 강했던 교인들처럼 나치 국가가 내거는 요구에 온몸을 바칠 준비가 안 되어 있던 사람들만 탄압을 한 것이 아니라 모르몬교도나 안식일재림파처럼 그래도 국가사회주의를 받아들이려고 꽤나 애를 쓴 소규모 기독교 종파까지도 못 살게 굴었다.[42]

공권력이 날이 갈수록 과격해지면서 뚜렷한 이념적 목표에 따라 자발적이고 효율적으로 거침없이 탄압을 했다. 히틀러가 일일이 지시를 하고 명령을 내릴 필요가 없었다. 친위대와 경찰에는 탄압의 고삐를 더욱 조이지 못해서 안달이 난 사람과 부서로 넘쳐났다. 한직에서 시온주의에 관한 첩보를 수집하던 아돌프 아이히만(보직은 한직이었지만 소속 부처는 친위대 산하의 베를린 보안국 유대인 분실로 조만간 핵심 부서로 떠오른다)이 유대인을 말살하는 '최종 해법'의 관리자로 급부상한 것만 보더라도 생각이 있고 기회를 놓치지 않겠다는 각오만 있으면 얼마든지 권력을 거머쥐고 키울 수 있으며 적어도 히틀러가 집착하는 이념적 목표와 직결된 영역에서는 거침없이 자기 뜻을 관철할 수 있었다는 것을 알 수 있다.

1930년대 중반만 하더라도 이런 과정은 막 시작된 단계였다. 하지만 국가사회주의 이념의 핵심이라고 본 사안에 대해서는 호락호락 넘어가서는 안 된다는 당 내 압력이 만만치 않았던 데다가 불순 세력을 탄압하는 경찰의 역량이 나날이 커지자, 이탈리아에서도 무솔리니가 그랬고 스페인에서도 프랑코가 그랬던 것처럼 한번 권력이 뿌리를 내리자 이념은 더욱 기승을 부렸다. 다양한 직급과 다양한 부처에서 이념을 받아들이는 데 너도나도 앞장을 서면서 지도자로 응집된 국가사회주의 이념은 유토피아에 가까운 공상에서 실현 가능한 정책 목표로 차츰 바뀌었다.

노련한 외교가

그것은 독일의 대외 관계에서도 구체적으로 드러났다. 히틀러는 유럽에서 '외교 혁명'을 일으키는 쾌거를 이루어냈다면서 뿌듯해했다.[43] 1935년 3월 징병제를 다시 도입하더니 1년 뒤에 라인란트 지방을 다시 점령했다. 이로써 1차 세계대전 이후에 명맥을 유지해 온 외교 질서가 무너지고 유럽의 질서는 하루아침에 뒤집혔다. 서유럽 열강들은 허약해지고 분열되었으며, 독일의 군사력 강화에 제동을 걸 수 있는 힘이 눈에 띄게 약해졌다. 국내에서 히틀러의 인기는 하늘 높은 줄 모르고 치솟았다. 신중하게 나아가기보다 과감한 행보를 보이면서 잇따라 승리를 쟁취하니까 그동안 자제와 신중한 행보를 중시했던 군부와 외무부의 참모들도 히틀러를 무시할 수가 없었다. 오토 디트리히에 따르면 자신은 결코 틀리는 법이 없다는 히틀러의 자기 확신도 더욱 단단해졌다. 히틀러가 이런 중요한 사건들에서 가장 크게 기여한 점이 있다면 그것은 그의 승부사 기질, 특유의 엄포, 상대의 약점을 귀신처럼 읽어내는 후각이었다. 히틀러는 중요한 결정을 혼자서 내렸고 시기도 스스로 정했다. 그러나 나머지는 모두 다른 사람들에게 맡겼다. 구체적 해석에서는 조금씩 차이가 있었을지 몰라도 독일의 재무장과 베르사유 조약 수정이라는 굵직한 목표에 대해서는 강조점의 차이가 있었을 뿐 군부와 외무부에서 정책을 만들어내는 권력 실세들 누구나 공감했다.

1933년 10월 독일이 국제연맹에서 탈퇴하면서 한바탕 소란이 벌어진 것을 제외하면 히틀러는 총리가 되고 나서 처음 2년 동안은 주로 국내 정치에 신경을 썼다. 외교적으로 고립되어 있었고 국방력이 약하여 동쪽 국경선과 서쪽 국경선이 모두 취약했으므로 처음에는 외교 무대에서 조심스럽게 걸을 수밖에 없었다. 독일은 언제라도 폴란드나 프랑스가 무력 침공을 감행할지 모른다고 보고 경계를 늦추지 않았다. 뷜로프 외무부 차관은 1933년 3월 13일에 남긴 기록에서 독일의 '위험한 약점'으로 말미암아 "우리가 다시 강해질 때까지 가급적 외교 분쟁을 피하는" 정책을 밀고 나갈 수밖에 없다고 강조했다.[44] 몰래 재무장을 하기 위해서라도 겉으로는 유화적으로 나가야 했다. 전후 처리 과정에서 부당한 대접을 받았다고 독일이 줄기차게 주장해서 프랑스와 영국도 눈에 띄게 사이가 벌어졌다. 베르사유 조약이 가혹했는지 여부를 놓고 두 나라의 입장이 달랐을 뿐 아니라 외교 정책의 득실을 놓고도 두 나라는 각자 주판알을 다르게 튕기고 있었다(영국은 유럽의 차원을 넘어서 세계 전략 차원에서 접근했다). 또 독일이 재부상하는 것이 얼마나 위험한지를 놓고도, 독일의 재무장을 막는 방법과 독일의 조약 재개정 요구를 대하는 입장에서도 영국과 프랑스는 차이가 있었다.[45] 한편 독일은 독일대로 국제연맹 탈퇴로 고립 외교 노선이 일단락된 상황에서는 동유럽에서 쌍무 조약을 맺을 수 있는 기회가 생기면 어떻게 해서든 그 기회를 움켜쥐어야만 했다.[46]

그 첫번째 기회가 폴란드와 맺은 불가침 조약이다. 독일이 국제연맹에서 뛰쳐나가면서 독일도 폴란드도 양국의 관계 개선에 전보다 신경을 더 쓰게 되었다. 조약 체결로 독일은 동유럽에서 프랑스의 영향력을 줄일 수 있었다(더불어 프랑스와 폴란드가 손을 잡고 독일을 칠 수 있는 가능성을 제거했다). 폴란드도 국제연맹을 통해 보장받았던 안보가 독일의 국제연맹 탈퇴로 흔들리던 차에 일시적으로나마 안전을 보장받을 수 있었다.[47]

처음 운을 뗀 것은 폴란드였다. 뷜로프 차관은 3월에 독일의 외교 정책을 평가하면서 폴란드인을 이해하는 것은 "가능하지도 않고 바람직하지도 않다."고 했는데 그것은 전통적으로 독일 외교관들이 폴란드에 대해서 품어 온 적개심의 연장선상에서 나온 발언이었다.[48] 그러나 유제프 피우수트스키가 이끄는 폴란드 정부는 관계 개선을 도모하자는 쪽으로 다음달에 독일의 속내를 슬쩍 떠보았다. 독일 외무부 관리들의 생각이야 어찌 되었건 동부 국경선에서 긴장을 누그러뜨리는 것은 독일에게도 득이 된다고 히틀러는 판단했다. 1933년 여름 내내 두 나라가 부지런히 외교 활동을 벌인 덕분에 독일계 주민이 압도적으로 많이 살았고 그 무렵에는 국가사회주의자들이 장악하고 있던 자유시 단치히와 폴란드의 관계가 호전되었다.[49] 1차 세계대전이 끝나고 평화 회담이 체결된 이후로 단치히는 독일과 폴란드 사이에서 갈등의 씨앗이었다. 단치히는 연합국이 독일한테 빼앗아서 폴란드에게 넘겨준 땅에 에워싸여 있었다. 신생 국가 폴란드가 바다로 뚫린 항구를 강렬하게 요구했지만 단치히는 독일계 주민이 압도적으로 많이 살던 도시였다. 그렇다고 해서 영토 보전과 민족 자결이라는 베르사유 조약의 원칙을 팽개칠 수도 없었다. 결국 타협안으로 나온 것이 단치히를 자유시로 만들어 자치권을 주고 국제연맹 밑에 두는 방안이었다. 폴란드는 바다로 트인 길을 얻었지만 폴란드의 항구는 아니었다. 독일은 단치히를 폴란드에 넘겨준 것은 아니었지만 그렇다고 해서 단치히가 독일의 영토인 것도 아니었다. 모두가 불만이었다. 특히 단치히 시민들의 불만이 컸다. 언제까지 그런 식으로 끌고 갈 수는 없었다. 독일 정부와 폴란드 정부 모두 긴장 완화의 필요성을 느꼈기 때문에 비록 단치히 시민들이 히틀러 정부를 열렬히 지지하긴 했어도 자유시와 폴란드 정부의 관계도 좋아졌다.[50] 독일과 폴란드의 해묵은 무역 전쟁을 해결하기 위한 조치도 취해졌다.[51] 히틀러는 두 나라가 힘들게 절충점을 찾고 있던 무역 협정을 불가침 조약으로 발전시키는 쪽으로 밀어붙였다. 조약이라는 것은 하나의 방편이라는 것이 히틀러의 생각이었다. 쓸모가 있을 때까지만 지키면 그만이었다.

히틀러는 폴란드와 교섭을 하면서 선심을 쓸 생각이 있었다. 조약 체결은 더 미룰 일이 아니었다. 처음에는 헛다리를 짚었지만 노이라트와 독일 외무부는 곧 달라진 분위기를 파악하고 제자리를 찾았다. "위에서 명령이라도 떨어졌는지 우리를 대하는 태도가 영 달라졌다. 만나는 독일 관리마다 새로운 폴란드 독일 관계를 이야기한다." 베를린으로 회담을 하러 온 폴란드 장관 유제프 리프스키는 1933년 12월 3일 그렇게 말했다.[52] 극비리에 회담을 벌여 온 두 나라가 1934년 1월 26일 10년 기한의 불가침 협정을 체결하자 유럽은 망연자실했다.[53] 독일의 외교 정책이 이렇게 확 달라진 데는 틀림없이 히틀러의 입김이 작용했다. "1920년부터 1933년까지 장관 자리에 앉았던 그 어느 누구도 그렇게까지 밀고 나가지는 못했을 것"이라고 당시 스위스 베른 주재 대사였던 에른스트 폰 바이츠제커는 말했다.[54]

폴란드와 화해를 했으니 이제는 소련과 새로운 관계를 모색할 차례였다. 독일과 소련은 이념적으로 대립했고 바이마르 공화국 말기에는 특히 사이가 안 좋았지만 그래도 1922년과 1926년 라팔로와 베를린에서 각각 맺은 조약의 테두리를 벗어나지 않으면서 그런 대로 현상 유지를 했고 나치 정부도 처음에는 그런 기조를 유지했다. 소련은 히틀러 정권을 경계했지만 독일 대사 헤르베르트 폰 디르크센은 소련의 우려를 불식시켰다. 디르크센도 한때는 두 나라 관계에 우려를 금치 못했지만 "국가사회주의자들은 일단 국정을 책임지면 전혀 달라지며 지금까지 공언했던 것과는 다른 정책을 추구한다."면서 "나치당만이 아니라 모든 당이 그렇게 해왔다."는 뷜로프 차관의 해명을 듣고 나서 걱정을 덜 수 있었다.[55] 하지만 여름으로 접어들면서 비록 나치 운동의 시끄러운 요구와는 합치되었지만 독일과 소련 외교관들의 희망과는 달리 두 나라의 외교 관계는 악화일로를 걸었다. 1933년 가을 히틀러는 양국 관계의 복원 가능성을 일축했다.[56] 해가 바뀌어도, 지난해 가을 디르크센의 후임으로 소련 주재 독일 대사로 부임한 루돌프 나돌니가 열심히 뛰고 소련도 관계 개선에 어느 정도 적극성을 보였지만 관계는 호전되지 않았다. 히틀러 자신이 관계 개선을 막았고 결국 나돌니는 물러났다.[57] 그러자 소련은 자연히 프랑스와 가까워졌고 나치는 독일이 사방의 적들에게 둘러싸였다는 공포심을 독일 국민에게 심어주었는데, 그런 선동은 잘 먹혀들었다.

1935년 초만 하더라도 소련은 독일 외교 정책에서 중요한 변수가 아니었다. 독일로서는 서유럽 열강과의 관계가 급선무였다. 서유럽 국가들의 약점을 비집고 들어가서 내분을 일으키고 그 나라 국민들로부터 호감을 끌어내자는 것이 히틀러의 복안이었다. 그렇지만 외교 정책을 밀어붙이고 군사력을 확충하는 것도 중요하지만 그전에 1934년 후반부터 꼬이기 시작한 군부와 나치당의 내부 갈등을 먼저 짚고 넘어갈 필요가 있었다. 갈등의 빌미가 된 것은 히틀러가 친위대를 앞세워 룀의 돌격대를 치면서 앞으로 친위대가 무장할 수 있는 길을 터주겠다고 한 약속이었다(실제로 훗날 무장친위대가 만들어진다). 그 약속은 독일에서 무기를 보유할 수 있는 조직은 군대뿐이라던 히틀러의 공언을 뒤집는 발언이었다.[58] 당시 돌격대와 나치당 조직으로 밀고 들어가는 한편 군 지도부를 노골적으로 공격하던 친위대의 횡포는 1934년에 극에 이르렀고 결과적으로 군부는 히틀러와 나치당을 믿을 수가 없었다. 돌격대 지도자들을 살해하고 나서 당 내부에서 더 근본적인 숙청이 이루어지리라고 기대했다가 크게 실망한 지역당 간부들이 여기저기서 성토를 하고 특히 교회가 여론을 흔들면서 국정이 불안해졌다. 군부 지도자들은 나치당이 권력을 '독식'하려고 해서 자기들의 입지가 흔들린다고 느꼈다.[59] 나치당원들은 나치당원들대로 반동 세력이 휘두르는 기득권을 곱지 않는 눈길로 바라보았다.

히틀러는 더는 뒤로 물러설 수가 없었다. 개입하지 않고는 버틸 수가 없었다. 딱 하루밖에 여유를 안 주고 베를린 국립오페라극장에서 1935년 1월 3일 전격적으로 '독일 지도자' 회의를 소집했다. 루돌프 헤스가 사회를 맡았다. 당의 전국지도자(Reichsleiter)와 관구장들이 모두 모였고 군 고위 장성들도 참석했다. 히틀러는 국가사회주의 지도부에 대한 신뢰감을 군부에 다시 심어주기 위해 한 시간 반 동안 연설을 했다. 국방력을 강하게 다져서 독일을 다시 강대국으로 만들려면 뭐니뭐니해도 온 국민이 일심동체가 되어야 한다고 역설했다. 히틀러는 또 국가사회주의 국가를 버티는 두 기둥은 국방군과 당이라고 강조했다. 그러면서 자기는 국방군 편이라며 군부를 달랬다. 군부 지도자들이 나를 비판하고 거부한다고 당에서 누군가 떠들어도 나는 곧이듣지 않고 그런 보고서가 올라오면 그냥 찢어버린다, "국방군에 대한 나의 믿음은 누구도 흔들 수 없기 때문"이라고 히틀러는 힘주어 말했다. 히틀러는 모두가 한마음 한뜻으로 밀어주어야만 그때 비로소 나도 독일을 재건할 수 있을 것이라면서 읍소했다. 1932년의 슈트라서 위기 때도 그랬지만 이번에도 역시 모두가 일치단결하여 밀어주지 않으면 자살을 하겠다고 히틀러가 엄포를 놓았을 때 장내는 숙연해졌다. 연극처럼 주도면밀하게 구상된 연설은 먹혀들었다. 연설이 끝나자 장내가 떠나갈 듯 열렬한 박수가 터져나왔다. 군부 지도자들은 군대를 변함없이 아낀다는 히틀러의 말에 감동을 받았다. 당, 정부, 국방군을 한몸에 아우른 괴링이 히틀러에게 감사의 박수를 보내자는 말로 마무리지으면서 회의는 끝났다.[60] 이번에도 히틀러는 권력 카르텔을 이루는 다양한 집단들의 상충되는 이해를 특유의 '사명감'으로 봉합하면서 자신이 절대로 없어서는 안 될 통합의 구심점이라는 사실을 또다시 만천하에 과시했다.[61]

그런가 하면 1935년 1월 13일 주민투표를 거쳐 다시 독일의 품 안으로 들어온 자를란트도 히틀러 입장에서는 굴러 들어온 복이었다. 베르사유 조약에 따라 자를란트는 독일에서 떨어져 나와 15년 동안 국제연맹의 관리 아래 놓였으며 그동안 프랑스는 자를란트의 자원을 이용할수 있는 권리를 누렸다. 15년이 지나면 50만 명에 육박하는 자를란트주민들은 독일로 다시 들어갈 것인지 프랑스로 귀속할 것인지 아니면지금 그대로 갈 것인지를 결정해야 했다. 독일어 사용 인구가 다수를 차지하는 자를란트 주민들은 1919년의 부당한 취급에 대한 분노를 아직도 삭이지 못했으므로 독일로 다시 들어갈 가능성이 높았다. 독일 정부도 자를란트 주민의 여론을 그런 쪽으로 끌어가려고 열심히 바람을 잡았다. 투표일이 다가오자 괴벨스는 자를란트 주민에게 대대적인 선전공세를 폈고 독일 국내에서도 이 문제를 집중적으로 부각했다.[62] 독일정부는 자를란트가 다시 독일의 품 안으로 들어오는 결정을 내릴 것이라고 낙관할 수 있었다. 그러나 프랑스 대사 앙드레 프랑수아-퐁세의관측에 따르자면 만약 프랑스가 자를란트를 점령하거나 주민투표를 연기하는 방법으로 독일의 기대에 찬물을 끼얹었다 하더라도 히틀러는 아마 놀라지 않았을 것이다.[63] 자를란트는 또 가톨릭 신자가 많았고 노동자가 많이 사는 지역이었다. 가톨릭 신자와 노동자는 독일 안에서도 나치에 대해서 가장 미온적인 반응을 보인 두 집단이었다.[64]

나치가 독일에서 정권을 잡은 뒤로 좌파를 극심하게 탄압하고 비록 산발적이기는 했지만 가톨릭 신자도 거세게 몰아세우니까 그에 따른 반작용으로 반히틀러 진영은 자를란트의 반히틀러 여론이 만만치 않을 것이라는 기대감을 품었다.[65] 그러나 가톨릭 세력은 독일로 다시 들어가는 길을 선택했다. 자를란트의 많은 가톨릭 신자들은 볼셰비즘의 위협을 막아낼 수 있는 지도자로 히틀러를 점찍은 지 오래였다.[66] 좌파의 지지 기반도 주민투표가 치러지기 한참 전에 허물어졌다. 열심히 홍보는 했지만 날이 갈수록 당원 숫자가 줄어만 가던 사회민주당과 공산당의 주장은 통 먹혀들지 않았다. 나치는 자를란트가 독일의 품으로 들어가지 않을 경우 심각한 실업 문제가 해결되지 않고 프랑스에게 경제적으로 착취당하고 정치적으로도 제 목소리를 내지 못할 것이라는 논리를 퍼뜨려 상당한 호응을 얻었다.[67] 늘 그랬던 것처럼 공갈 작전도 한몫 거들었다. 노동자든 가톨릭 신자든 중산층이든 상류층이든 대부분의 사람들에게 사실 독일로 들어가는 것 말고는 뾰족한 대안이 없었다. 미래는 히틀러의 독일에 있었다. 민족 감정과 실리가 맞물리면서 돌아갔다.

집계 결과 자를란트 주민의 90퍼센트에 육박하는 숫자가 스스로 독재자를 선택했다.[68] 지금까지는 공산당과 사회민주당을 찍었던 유권자 중에서 적어도 3분의 2 이상이 독일 귀속안에 찬성표를 던졌다.[69] 히틀러가 정말로 독일 국민의 지지를 받고 있는지에 대해서 사람들이 품었던 일말의 의심은 이제 싹 사라졌다.

히틀러는 승리를 통해 최대한 많은 것을 얻어냈다. 그러면서도 겉으로는 평화 공세를 펼쳤다. 투표 결과가 나온 뒤 자를란트 주민들 앞에서 히틀러는 "여러분이 조국의 품으로 완전히 돌아온 이상" 독일 제국은 "앞으로는 프랑스와 영토 문제로 부딪치는 일이 없을 것"이라고 말했다.[70] 나흘 뒤 영국 일간지 〈데일리 메일〉의 기자 워드 프라이스와 가진 회견에서는 "독일이 제 손으로 평화를 깨뜨리는 일은 없을 것"이라고 단언했다.[71] 자를란트가 독일 제국으로 정식 귀속된 1935년 3월 1일 히틀러는 자르브뤼켄에서 연설을 하면서 이 자리에서 "온 나라에, 아니 온 유럽에 경사스러운 이날"을 함께 축하할 수 있으니 "이렇게 좋을 수가 없다."고 감개무량해했다. 그러면서 자를란트 문제가 원만히 해결되었으니까 "독일과 프랑스의 관계도 확실하게 개선되었다. 우리가 평화를 원하듯이 우리와 이웃한 프랑스 국민도 평화를 원하고 우리와 함께 평화를 추구할 용의가 있다고 믿어야 한다."고 밝혔다.[72]

히틀러의 본심은 그렇지 않았다. 자를란트 승리는 히틀러에게 힘을 실어주었고 히틀러는 유리한 기회를 놓치지 않았다. 서유럽 외교관들은 히틀러의 다음 수순을 기다렸다. 그것은 얼마 가지 않아 나타났다.

자를란트 귀속에 혹시라도 악영향을 끼칠까 봐 히틀러도 그렇게 지시했고 외무부 관리들도 말조심을 했고 그동안 독일은 극도로 신중하게 재무장을 추진했다. 그런데 자를란트가 손에 들어왔으니 군 지도부는 재무장에 박차를 가해야 한다고 요구할 가능성이 높았고 정치권도 비슷한 생각이었다. 자를란트는 재무장 문제와도 간접적으로 얽혀 있었다. 독일이 후속 협상을 거부한 이후로 제네바 군축 회담은 1934년 11월에 연기가 결정된 상태였다. 자를란트 투표가 끝나면 그 결과를 바탕으로 다시 한 번 중지를 모아서 재무장에 상한선을 두는 국제적 합의를 도출하자는 구상이었다. 히틀러는 쌍무 협상에만 관심이 있었지 다자 협약에는 관심이 없었다.[73] 아무튼 베크 장군은 3월 6일 재무장과 군축 협상과 관련하여 군 지도부의 정서를 대변하는 기록을 남겼다.

'우리의 확실한 생존 공간'을 보장하는 방안에 관한 내용이었는데 쓰임새는 조금씩 달랐지만 '생존 공간'이라는 용어가 당시 얼마나 널리 퍼졌는가를 여기서도 알 수 있다. 베크는 소련의 침공 가능성은 희박하게 본 반면 프랑스, 체코슬로바키아, 폴란드, 벨기에가 독일로 쳐들어올 가능성이 있다고 보았다. 베크는 중유럽에서 제한전이 벌어지고 영국은 중립을 지키는 시나리오를 상정했다. 독일은 최악의 경우에 대비하여 방어력을 쌓아야 한다고 베크는 주장했다. 그러려면 일체의 제약에서 벗어나 완전히 동등한 조건으로 재무장을 추진해야 한다고 강조했다. 서부 국경선도 예외가 될 수는 없었다. 적어도 라인란트 지역의 비무장 화만은 종식시켜야 마땅하다는 것이 베크의 생각이었다. 베크 보고서에 도 나오지만 독일군 지도부는 1933년 12월 이후로 평화시 독일군 병력 을 21개 사단 규모로 운영한다는 계획을 유지했다.[74] 그런데 이제 베크 는 이것을 23개 사단으로 늘려야 하며, 전쟁에 대비하여 1939년까지는, 1914년 1차 세계대전 당시의 병력에 육박하는 63개 사단으로 하루빨리 늘려야 한다고 보았다. 며칠 뒤 프리치 육군 총사령관 앞으로 올린 보고 서에서도 베크는 앞으로 3, 4년은 23개 사단으로 버틴다 하더라도 그 다음에는 비전시 병력을 36개 사단으로 늘려야 한다고 강조했다. 독일 이 선제 공격을 당할지 모른다는 불안감이 더 컸던 프리치는 23개 사단 을 어느 세월에 63개 사단으로 늘리느냐면서 어서 36개 사단 편제로 옮 겨 가야 한다고 주장했다. 그러나 프리치도 너무 서둘러 병력을 늘리다 가는 외교 마찰이 빚어지고 군사적으로 위험에 처할 가능성이 있다고 보았고 블롬베르크 국방장관도 같은 생각이었다.[75]

그러니까 군 지도부는 병력을 늘려 가는 속도에는 이견이 있었을지 몰라도 비전시 병력을 36개 사단 편제로 운영해야 할 필요성이 있다는 궁극적 목표에는 누구나 동의했다. 그리고 독일은 1935년 3월 히틀러 의 단안으로 36사단 체제로 전환한다. 징병제도 1933년 12월 베크가 작성한 보고서에서 이미 언급했다. 1934년 10월 1일부터 도입하려던 편제 개편에서도 징병제는 핵심 요소였다.[76] 시기가 늦추어지긴 했지 만 군 지도부는 1935년 여름까지는 징병제로 전환해야 한다고 인식하 고 있었다. 외교 상황을 감안하여 시기를 앞당기느냐 늦추느냐의 문제 였을 뿐 징병제를 실시한다는 원칙은 이미 세워졌다.[77]

1935년 초부터 상황이 다시 꼬였다. 영국과 프랑스는 2월 3일 공동 성명을 발표하여 독일의 일방적 재무장을 비난하고 전반적 무기 감축과 항공 공습을 막기 위한 국제 방어 협약을 제안했다.[78] 독일은 한동안 뜸을 들였다가 2월 15일 오해를 풀기 위해 영국 정부와 회담을 하자고 제안하면서[79] 영국 외무장관 존 사이먼 경과 국새관 앤서니 이든 경을

3월 7일 베를린으로 초청했다.[80] 그런데 방문을 사흘 앞두고 영국 정부가 독일의 재무장과 독일 안에서 고조되는 호전주의로 유럽 정세가 나날이 불안해지는 만큼 군사비 지출을 늘일 계획이라는 내용의 백서를 발표하자 독일 여론이 들끓었다.[81] 히틀러는 3월 초 자르브뤼켄으로 갔다가 비를 맞아 독감에 걸렸다는 핑계로 영국 외교 사절의 방문 일자를 늦추면서 외교적 압력을 넣었다.[82] 로젠베르크는 독감으로 "목이 처음 쉰 그날" 외교 사절 면담을 연기한 뒤 히틀러가 아주 흡족해하는 것을 보았다. "또다시 시간을 벌었다."고 히틀러는 강조하면서 "주인 노릇을 하려는 영국은 앞으로는 우리와 동등한 입장에서 협상하는 법을 배워야 할 것"이라고 못 박았다. "독일은 한발 한발 나아가면서 과거의 입지를 되찾을 것"이며 "앞으로 1년 뒤면 어느 누구도 감히 우리를 공격하지 못할 것이다! 앞으로 몇 년이 중요하다. 1936년에 가서 재무장을 시작하는 것은 너무 늦다."고 역설했다.[83]

영국 대표단이 왔어야 하는 날로부터 사흘이 지난 3월 10일 괴링은 독일에 공군력이 있다고 선언했다. 명백한 베르사유 조약 위반이었다.[84] 괴링은 선전 효과를 노리고 외교관들 앞에서 당시 독일이 보유한 항공기 숫자를 거의 갑절로 부풀려 말했다.[85] 그에 조금 앞서 프랑스는 1921년 벨기에와 맺은 군사 조약을 연장했다.[86] 또 프랑스 의회는 3월 15일에 병역 복무 기간을 1년에서 2년으로 늘리는 법안을 통과시켰다.[87] 앙숙이었던 프랑스가 움직이자 히틀러도 재빨리 대응에 나섰다. 프랑스의 조치는 좋은 구실이 되었다.[88] 적이 취한 행보에서 정치적 이득과 여론의 호응을 모두 얻는 데 신경을 쓰면서 히틀러는 어차피 프랑스가 아니었더라도 조만간 시행했을 정책을 추진하기 시작했다.

3월 13일 국방군 소속으로 히틀러의 군 참모였던 호스바흐 중령은 다음날 아침 히틀러가 머무르는 뮌헨의 한 호텔로 출두하라는 명령을 받았다. 호텔에 가보니 히틀러는 아직도 자고 있었다. 정오가 거의 다 되어서야 중령은 지도자가 가까운 시일 안에 징병제를 재도입하기로 결심했다는 통보를 받았다. 독일이 베르사유 조약의 군사적 족쇄에서 벗어나 다시 제 목소리를 찾았다는 것을 온 세상에 공표하는 조치가 아닐 수

1935년 3월 16일 히틀러는 징병제 도입을 선언했다. 1935년 11월 7일 뮌헨 맥주홀 쿠데타 기념일을 맞아 뮌헨 오데온스플라츠 광장의 펠트헤른할레에서 열린 신병 선서식.

없었다.[89] 히틀러는 왜 징병제를 다시 도입해야 하는지에 대해서 두 시간 동안 열변을 토했다. 히틀러가 유리한 대외 상황으로 내세운 것은 다른 유럽 국가들이 저마다 군사력을 증강하는 상황이었다. 특히 프랑스가 취한 조치가 히틀러의 결심을 낳는 데 결정적 역할을 했다. 열변을 끝내고 히틀러는 어느 정도가 적정 병력 규모라고 생각하는지 호스바흐에게 물었다. 놀랍게도 히틀러는 프리치나 베크에게 이 중요한 문제에 대해서 직접 의견을 물은 적이 없었다. 그저 호스바흐가 군 지도부의 생각을 잘 알려니 하고 불쑥 물은 것이다. 호스바흐는 블롬베르크 전쟁부 장관과 프리치 육군 총사령관의 재가를 얻어야겠지만 36개 사단이 적절하다고 대답했다. 그것은 히틀러가 미래의 목표로 염두에 두었던 비전시 병력 규모와 맞아떨어졌다.[90] 36개 사단이면 55만 병력으로 베르사유 조약 타결 직후 독일이 보유했던 병력의 다섯 배 반이었고 겨우 9일 전 베크가 작성한 보고서에서 구상한 병력보다 3분의 1이 더 많았다. 히틀러는 주저하지 않고 호스바흐의 수치를 받아들였다. 군 지도부

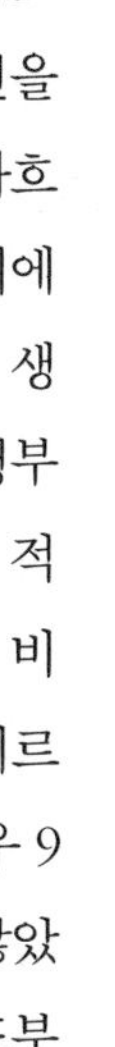

가 점진적으로 달성할 수 있다고 보았던 목표가 당장 이룩해야 할 목표로 탈바꿈한 것이다.

덩치가 크면 클수록 선전 효과도 극대화할 수 있다는 것이 히틀러의 지론이었다. 충격 효과를 극대화하고 소문이 새어나가 심각한 부작용이 빚어지지 않게 하려면 비밀주의를 엄수해야 한다는 것도 히틀러의 또 다른 지론이었다. 히틀러는 군 고위 장성이나 유관 부처 장관의 의견도 묻지 않고서 혼자서 결정을 내렸다.[91] 중요한 외교 정책을 이런 식으로 결정한 것은 이때가 처음이었고 군부 지도자들이 히틀러에게 대놓고 반대한 것도 이때가 처음이었다.[92] 호스바흐가 하도 사정을 하니까 3월 14일에 가서야 히틀러는 이틀 뒤에 자기가 밝힐 구상을 블롬베르크와 프리치를 비롯하여 몇몇 장관에게만 통보했다. 그나마도 처음에는 비밀이 새어나갈지 모른다면서 자기 생각을 밝히지 않으려고 했다.[93] 전쟁 부장관과 군 고위 장성들은 대외 상황이 살얼음판을 걷는 것처럼 불안한 상황에서 히틀러가 그런 행보를 취하겠다고 하자 경악을 금치 못했다. 군사력을 확충하고 병력을 늘리는 데 반대한 것은 아니었지만 시기라든가 일을 처리하는 방식이 불필요한 위험을 자초한다는 점에서 무책임하다고 본 것이다.[94] 반면 외무부는 군사 개입의 우려가 높지 않다고 보았으므로 사태를 더 낙관적으로 내다보았다.[95] 중요한 것은 영국의 반응이었는데 각종 경로를 통해 들어온 정보를 종합하면 영국은 독일의 재무장을 조금씩 받아들이는 쪽으로 기울었다.[96] 따라서 군 지도부는 움츠러들었지만 같은 내각 안에서도 일반 각료들은 히틀러의 결정을 환영했다.[97]

다른 부처 장관들이 비교적 차분한 반응을 보이자 처음에는 신경질적이었던 블롬베르크 전쟁부장관도 많이 수그러들었다. 대외 정책에 미칠 파문도 걱정해야 했지만 징병제가 군에 가져올 이득과 기회도 생각하지 않을 수 없었다. 중대 발표가 나올 이튿날이면 블롬베르크는 이미 마음을 정리했다.[98] 발표를 앞두고 마지막으로 점심을 먹으면서 연 각료 회의에서 블롬베르크는 지도자의 용단을 치켜세우고 지도자를 위해 만세를 외치자고 다른 장관들에게 먼저 제안하고는 앞으로도 충성을 바치겠다고 다짐했다.[99] 프리치도 비슷한 쪽으로 마음을 정리했다. 재무장을 너무 앞당겼을 때 생겨나는 기술적 문제에 대해서만 이의를 제기했을 뿐 이제는 원칙적으로 재무장에 동의했다.[100] 그러나 히틀러는 프리치가 반대한 사실을 오래도록 기억했다.

3월 16일 토요일 오후 느지막이 히틀러는 노이라트 외무장관을 거느리고 외국 대사들을 모아놓고 차후 구상을 밝혔다.[101] 히틀러에 따르면 이탈리아 대사 비토리오 체루티(그해 여름 히틀러의 요청으로 교체된다)는 화가 나서 얼굴이 시뻘개졌고 프랑스 대사 앙드레 프랑수아-퐁세는 그 자리에서 불만을 제기했으며 영국 대사 에릭 피프스 경은 공군과 해군의 상호 적정 병력 규모에 관해 독일이 영국에 제안한 안이 아직도 유효한지만 확인했다.[102] 폭탄 선언은 그 다음에 나왔다. 히틀러는 국방군을 36개 사단으로 꾸려 갈 것이며 징병제를 도입할 것이라고 밝혔다. 그러면서 대등한 자격으로 군축을 논의하자는 독일의 제안을 일축하고 다른 나라들이 먼저 재무장에 돌입한 이상 독일도 팔짱만 끼고 있을 수는 없지 않겠느냐면서 독일 정부가 "힘을 가지려는 것은 독일 제국과, 나아가서는 유럽이 평화를 지켜 나갈 수 있도록 하기 위함"이지 다른 뜻은 없다고 덧붙였다.[103]

이 신문 저 신문에서 호외를 찍어서 "베르사유 체제를 청산하는 최초의 용단"을 치하하고 패전의 수치에서 벗어나 독일을 다시 군사 강국으로 되돌리는 조치에 박수를 보냈다. 군중은 감격에 겨워하면서 총리 관저 앞으로 모여들어 히틀러 만세를 외쳤다.[104] "베르사유 조약에는 개의치 않고 오늘 징병제를 선포한 것은 히틀러의 국내 입지를 크게 강화할 것"이라고 베를린에서 현장을 지켜본 미국 기자 윌리엄 샤이러는 논평했다. "나치라면 질색을 하는 사람도 이번 조치는 쌍수를 들어 환영하기 때문이다. 독일 국민 대다수는 그동안 울분만 삭이다가 히틀러가 베르사유를 납작코로 만들어서 후련해한다."[105]

다음날은 '용사 추모일'로 개칭된 국경일이었다. 이날 베를린 국립오페라극장에서 군복과 깃발이 장내를 뒤덮고 흑색과 은색의 웅장한 철십자 무늬가 그려진 거대한 휘장이 무대에 드리워지고 베토벤의 '장송곡'

(그 유명한 〈영웅 교향곡〉 2악장)이 장중하게 울려퍼지는 가운데 블롬베르크 장군이 연설을 했다. "1차 세계대전에서 졌다고 해서 독일이 죽지는 않았다는 사실을 이제 세상은 똑똑히 알았습니다. 독일은 마땅히 누려야 할 국제적 지위를 되찾을 것입니다. 지킬 수 없는 조약에 두 번 다시 굴복하지 않을 것이며 다시는 그런 조약에 서명하지 않겠노라고 우리는 조국 앞에 맹세합니다." 히틀러는 귀빈석에서 흡족한 표정으로 지켜보았다.[106] 화려한 열병식이 이어졌다. 독일 육군의 전통이 중심을 되찾은 것이다.[107] 히틀러 오른쪽에는 1차 세계대전 때 루마니아에서 독일군을 지휘했으며 옛 독일군을 상징하는 존재였던 아우구스트 폰 마켄젠 육군 원수가 서 있었고 왼쪽에는 새로운 독일군을 대표하는 블롬베르크가 서 있었다.[108]

독일 국민은 아직 히틀러의 행보를 완전히 받아들일 마음의 준비가 안 되어 있었다. 많은 독일인이 처음에는 놀랐고 외국의 반응을 우려하면서 전쟁이 일어날지 모른다는 걱정까지 했다.[109] 그러나 대부분의 독일 국민은 얼마 안 가서 프랑스와 영국이 별다른 대응을 못하리라는 사실을 깨닫고 나서는 감격에 겨워했다. 프랑스가 군축을 하려는 태도를 전혀 보이지 않으니 독일도 재무장을 해야 한다는 것이 독일 국민의 정서였다. 히틀러는 주가가 치솟았다. 사람들은 히틀러의 배짱과 대담성을 높이 샀다. 프랑스에 자기 분수를 지키도록 똑똑히 알려주고 지난 14년 동안 아무도 해내지 못한 일을 해냈다.[110] "3월 17일의 열기는 엄청나다." 바이에른의 저항 단체는 프라하의 독일 사회민주당 망명 조직 앞으로 그렇게 독일 소식을 전했다.

뮌헨이 발칵 뒤집어졌다. 마지못해서 억지로 부르는 노래도 있지만 그런 것과는 차원이 달랐다. 1914년으로 다시 돌아간 기분이었다. 아니, 3월 17일에 히틀러가 받은 환호는 그때보다 훨씬 뜨거웠다. …… 히틀러의 정치력과 일관된 의지에 사람들이 믿음을 품으니까 히틀러의 입지는 더욱 공고해졌다. 히틀러를 좋아하는 사람이 너무 많다.[111]

다른 나라 정부도 히틀러의 행보에 충격을 받기는 마찬가지였다. 프랑스와 체코 외교관들은 바빠졌다. 두 나라 모두 지지부진했던 소련과의 협상을 서둘렀다. 이탈리아에서도 무솔리니가 한때 무력 시위로 독일을 자극하며 프랑스와 밀착하는 눈치를 보이면서 1915년과 비슷한 상황을 연출했다.[112] 그러나 열쇠를 쥔 쪽은 영국이었다. 워낙 관리해야 할 영토가 많았던 영국은 만주 지역에서 일본을 막아야 했고 볼셰비즘의 위협도 저지해야 할 입장이었으므로 독일을 더 옹호하는 쪽으로 기울었다. 프랑스의 외교를 정면으로 거스르는 영국 정부의 이런 노선은 히틀러에게 큰 도움이 되었다. 영국 정부는 프랑스의 자문도 구하지 않고 3월 18일 독일의 일방적 조치에 대해서 그저 형식적으로 항의를 했지만 그러면서도 사이먼 일행과 히틀러의 접견 약속이 아직도 유효한지를 타진하여 독일 외교관들을 깜짝 놀라게 만들었다.[113] 프랑수아-퐁세 프랑스 대사는 영국이 면담 약속을 취소하고 자국 대사를 소환하고 독일에 맞서는 공동 방위체를 만들기를 원했지만[114] 영국은 독자 노선을 걸었다. 영국보다 표현이 거칠기는 했지만 프랑스와 이탈리아의 유명무실한 저항을 보면서 독일은 고립에서 벗어날 수 있는 가능성을 읽었다.[115]

"우리가 헤쳐 나갈 거라고 믿는다." 군 지휘관들이 군사 개입의 가능성이 크다고 보고 당황해서 너도나도 실전을 가정한 도상 작전에 골몰한 동안 히틀러는 로젠베르크에게 말했다.[116] 국내외 반응을 고려하건대 결국 움츠리기보다는 과감하게 치고 나가는 편이 승리의 지름길이라고 히틀러는 보았다. 히틀러의 판단력이 또다시 진가를 발휘하는 순간이었다.

3월 25일 사이먼과 이든이 뒤늦게 총리 관저로 찾아왔을 때 히틀러는 자신만만하고 확신에 찬 모습이었다. 이날 히틀러를 처음 만나서 통역을 맡은 파울 슈미트의 눈에는 회담 초반의 화기애애한 분위기가 인상적으로 다가왔다. 라디오에서 듣기로는 '사나운 싸움닭'이었는데 가만 보니 협상을 풀어 나가는 지략과 솜씨가 보통이 아니었다.[117] 앤서니 이든도 1934년 2월 처음 만났을 때와는 히틀러가 많이 달라졌다고 느껐다. "확실히 일 년 전보다 권위가 풍겨 나왔고 눈치를 덜 본다"는 인상을 받았다. "열두 달 동안 독재 권력을 휘두르고 독일의 군사력이 그것을 뒷받침해주니까 힘을 얻은 것 같았다." 히틀러는 "확고부동한 목표 의식을 지닌 사람답게 망설임 없이 청산유수로" 대화를 주도했다.[118] 히틀러가 협상 과정을 완전히 장악했다. 오전 회담만 네 시간을 끌었는데 그동안 히틀러는 볼셰비즘의 위협에 대해서 일방적으로 혼자 연설했고 슈미트가 20분에 한 번꼴로 통역을 하면 사이먼과 이든이 간간이 질문을 던지는 정도였다. 독일을 '동부 협약'으로 끌어들일 심산이었던 이든이 리투아니아를 또 다른 후보국으로 거론하자 그제서야 히틀러는 갑자기 핏대를 올리면서 눈동자에 힘이 들어가고 언성이 높아지고 주먹을 꽉 움켜쥐었다. "갑자기 사람이 달라졌다." 슈미트는 그렇게 회상했다. "소수라고 해서 자국 내 독일인을 짓밟는 나라와 맺는 조약에는 무슨 일이 있어도 참여하지 않을 것"이라고 일갈했다. 리투아니아에서 반역 혐의로 재판을 받던 128명의 독일인을 염두에 둔 발언이었다.[119] 그러더니 언제 그랬느냐는 듯 다시 목소리가 낮아졌다. 히틀러는 다시 노련한 협상가로 돌아와서 독일을 다자 조약으로 끌어들이려는 모든 시도를 여지없이 박살냈다. 독일의 재무장 수준에 대해 맺은 협정을 그렇게 일방적으로 무시하는 법이 어디 있느냐고 사이먼이 따졌을 때 히틀러는 영국의 웰링턴 장군이 워털루 전투에서 나폴레옹 군대와 싸우면서 프로이센의 블뤼허 장군이 지원군을 거느리고 나타났을 때 프랑스 외교관들에게 프로이센의 군사력이 조약에 위배되는 것은 아닌지 과연 물어봤겠느냐고 반문했다. 이든은 이 비유가 썩 괜찮은 논리라고 보았다. 히틀러의 유머 감각이 보기 드물게 발휘된 순간이었다.[120]

소련의 팽창주의 의도를 공격하면서 히틀러는 독일의 군사력을 이웃 나라들과 같은 반열로 끌어올리는 데 주력했다. 그래서 사이먼에게도 독일이 영국, 프랑스와 똑같은 공군력을 보유해야 한다고 주장했다. 현재 독일의 공군력이 어느 정도인가라는 질문을 받고 히틀러는 잠시 머뭇거리다가 "우리는 벌써 영국과 균형을 맞추었다."고 답변했다.[121] 사이먼과 이든은 그럴 리 없다고 생각했지만 잠자코 있었다. 히틀러가 독일도 영국의 35퍼센트 수준에 해당하는 해군력은 보유해야 한다고 주장했을 때도 영국 대표단이 가만히 있자 히틀러는 이것을 영국이 반대하지 않는다는 뜻으로 받아들였다. 히틀러가 독일의 요구를 거듭 주장하고 영국 대표단이 이것을 참을성 있게 듣는 모습을 지켜보면서 슈미트는 독일 외무부가 그동안 판단 착오를 한 것이 아닌가 생각했다. 확실히 히틀러는 기존의 협상 전략에 기대지 않고 특유의 기정사실화 수법을 통해서 더 많은 것을 챙길 수 있었던 것이다. 슈미트는 군축 회담에서 통역관으로 일하던 시절을 회고하면서 이렇게 말했다. "히틀러는 너무나 당연하다는 듯이 요구 조건을 내걸었지만 2년 전만 하더라도 제네바 군축 회담장에서 독일 대표단이 그렇게 나갔다가는 아마 뼈도 못 추렸을 것이다."[122]

영국도 독일도 서로 좋은 인상을 주려고 애썼다. 슈미트에 따르면 히틀러는 접견이 끝나고 총리 관저에서 벌어진 연회에서 영국 대표단을 환대했다. 그에 앞서 히틀러가 외국 대사관 중에서는 처음으로 영국 대사관을 찾아갔을 때는 영국 대사 에릭 피프스 경의 자식들이 히틀러에게 팔을 쭉 내밀고 '독일식 인사'를 했다.[123] 표면적으로는 화기애애했지만 속마음은 달랐다.[124] 히틀러가 겉으로는 우호적으로 나오면서도 영국의 제안을 사실상 모두 거절하는 것을 보면서 영국 대표단은 분위기가 가라앉았다. "결과가 안 좋다. …… 말투도 자세도 일 년 전과는 너무 다르다." 이든은 1934년 2월 히틀러와 처음 만났을 때를 비교하면서 일기에다 그렇게 썼다.[125] 이든은 히틀러에게서 협상가로서 추진력도 있고 수완도 좋지만 종잡을 수 없고 솔직하지 않은 인물이라는 인상을 받았다.[126] 그러나 영국 정부는 물렁하게 나갔다. 평화를 지켜야 한다면서 프랑스와의 연대를 깨면서까지 협상을 하고 양보를 할 뜻이 있는 것처럼 유화적으로 나갔다. 반면 독일은 실속은 실속대로 챙기면서 조금도 물러서거나 양보하지 않는 자세로 일관했다. 영국을 꼬여내는 독일의 전략이 먹혀드는 것처럼 보였다. 베르사유 체제가 무너지는 것이 눈에 보였다. 히틀러에게 필요한 것은 단호한 태도를 고수하는 것뿐이었다. 영국이 독일을 받아들이는 것은 시간 문제였다. 유화의 씨앗이 뿌려진 것이다.

영국은 국제 연대를 견지할 것이라고 말은 했지만 1935년 4월 11일 영국, 프랑스, 이탈리아 지도자들이 독일의 서부 국경선을 규정한 1925년의 로카르노 조약을 재확인하고 오스트리아 독립을 지지하기 위해 이탈리아 스트레사에서 회담을 열고 공표한 스트레사 전선은 이제 휴지 조각이 되었다.[127] 히틀러는 스트레사에 아랑곳하지 않았다. "스트레사가 흔들린다. 이제 됐다." 괴벨스는 히틀러와 대화를 나누고 나서 4월 15일 일기에다 적었다.[128] 그러나 이틀 뒤에는 다시 바짝 긴장했다. 제네바에서 열린 국제연맹 회의에서 독일의 징병제 도입과 소련과 상호 원조 조약을 체결하려는 프랑스의 노력(조약은 결국 5월 16일에 체결되었다)을 비난하는 결의안이 발표되는 것을 보면서 괴벨스는 군사 충돌 가능성을 과소평가해서는 안 된다고 생각했다. 그러면서 결국 힘밖에는 믿을 것이 없다고 덧붙였다. 결국 군사력을 꾸준히 증강하여 당당히 나가는 수밖에 없었다. "올해 여름만 잘 넘기게 해주소서, 주여."[129] 괴벨스는 그렇게 썼다.

독일의 고립을 가져 온 스트레사 전선, 국제연맹의 독일 비난 성명, 프랑스가 소련과 맺은 조약, 이것들을 모두 깨버려야 했다. 1933년 5월 17일에 이어 1935년 5월 21일에 나온 히틀러의 두 번째 '평화 연설'은 그런 배경에서 나왔다. "평화와 평온 말고 내가 달리 무엇을 바라겠습니까?" 히틀러는 능청을 떨었다. "평화는 독일에 필요한 것이고 또 독일이 원하는 것입니다."[130] 오스트리아 문제로 이탈리아와 사이가 틀어진 것은 아쉬운 대목이지만 "독일은 오스트리아를 병합하거나 통합할 마음이 추호도 없"다고 히틀러는 밝혔다.[131] 무솔리니가 스트레사 전선을 통해서 독일에게 오스트리아 문제에서 손을 떼라고 압력을 넣은 데 대한 히틀러의 화답인 셈이었다.[132] 프랑스에 대해서는 자제는 했지만 한결 공격적으로 나갔다. 프랑스가 소련과 맺은 조약을 비난하면서 독일은 다른 조약국들이 약속을 준수해야만 로카르노 조약을 준수할 것이라고 강조하고 독일이 언제까지 라인란트 지역을 비무장지대로 방치하지는 않으리라는 점을 강력히 시사했다. 히틀러의 그날 연설은 다분히 영국을 의식한 연설이었다.[133] 독일이 군축 문제에서 다른 나라들과 똑같은 대접을 받아야 한다는 입장을 거듭 밝히면서도 합리적이고 온건하다는 인상을 주려고 애썼다. 군사력 증강으로 위협을 가한다는 인상은 절대로 주지 않으려고 했다. 이미 사이먼과 이든한테도 밝혔지만 자기는 공군은 균형 전력을 유지하고 해군은 영국 함대 규모의 35퍼센트만 보유하려는 것이라고 밝혔다. 나중에는 식민지를 요구할 것이라는 언론의 보도도 일축했다. 그러면서 독일은 영국과 해군력을 놓고 겨룰 생각도 없고 또 그럴 능력도 없다고 강조했다. "독일 제국은 생존이 얼마나 중요한지를 잘 알기 때문에 영국이 제국 유지를 위해서는 해상권을 장악해야 하는 사정을 이해하지만 마찬가지로 우리도 유럽 대륙에서 독일의 생존과 자유를 지키기 위해서는 무슨 일이든 할 각오가 되어 있다."[134] 이렇게 히틀러는 영국과 동맹을 맺을 수 있는 틀을 넌지시 제시했다.

영국과 독일이 해군력 규모에 관한 상호 협정을 맺자는 안을 1933년 초반에 처음 꺼내든 것은 영국 해군이었다.[135] 이런 방안은 독일의 보수 민족주의 정치인과 해군 장교 사이에서도 호응을 얻었는데 히틀러가 1933년 12월에 다시 꺼내들었다.[136] 이듬해 히틀러는 하루 빨리 함대를 증강해야 한다는 레더 해군 제독의 압력에 무릎을 꿇었다. 해군의 역할에 대한 레더의 견해는 빌헬름 황제 때 티르피츠 제독 시절에 세워진 전통으로 거슬러 올라간다. 그 핵심은 프랑스 해군력과 균형을 맞춘다는 것이었다. 그러나 영국과 독일의 해군력을 일정 비율로 유지하는 것은 잠정적으로만 끌고 나갈 생각이었다. 앞으로 어느 시점에 가서는 영국과도 한판 붙을 수 있도록 전투 함대를 크게 늘려야 한다는 것이 레더 제독의 구상이었다.[137] 프랑스 수준의 해군력을 유지하자면 영국과는 1 대 3 정도의 균형을 유지할 필요가 있었다(정확하게는 35퍼센트였다). 레더의 참모 중에서도 기왕이면 50퍼센트까지는 늘려야 한다고 주장하는 사람도 있었지만 현실 감각이 있었던 히틀러는 50퍼센트는 과욕이라고 보았다. 영국 외무부와 독일 외무부는 모두 해군력을 일정 비율로 묶는 양국 합의를 달가워하지 않았다. 그러나 영국 해군 제독은 일본 해군력보다 영국 해군력이 약해지지만 않는다면 35퍼센트는 괜찮은 수준이라고 보았다. 영국 해군은 당시에 독일보다 일본에게 더 위협을 느끼는 상황이었다. 영국 내각은 해군의 판단에 따랐다. 4월 중순만 하더라도 국제연맹은 베르사유 조약을 깼다면서 독일을 맹렬하게 비난했지만 영국은 3월에 사이먼을 베를린으로 보내 처음 공론화한 뒤 히틀러가 5월 21일 평화 연설을 한 다음 본격적으로 독일의 의중을 떠보았다.[138]

6월 4일로 날짜가 잡힌 양국 회담에서 독일 대표단을 이끌고 영국을 방문한 사람은 요아힘 폰 리벤트로프였다. 리벤트로프는 외국어에 능통했지만 허세가 심하고 오만하며 거들먹거리기 좋아했는데 원래는 샴페인을 팔다가 1932년에야 나치당에 들어온 사람이었다. 하지만 늦게 배운 도둑질이 무섭다고 요란을 떨면서 히틀러에게 얼마나 열과 성을 바치는지 통역을 하면서 가까운 거리에서 리벤트로프를 볼 기회가 많았던 슈미트의 눈에는 리벤트로프가 꼭 주인 꽁무니만 졸졸 쫓아다니는 강아지처럼 보였다.[139] 리벤트로프는 이미 1934년에 '군축문제국가위원'으로 새로 임명되어 히틀러의 특명을 받고 로마, 파리, 런던을 돌면서 관계 개선을 도모했지만 당시에는 이렇다 할 성과를 얻지 못했다.[140] 실적이 별로 없었는데도 히틀러는 직업 외교관들을 워낙 불신했기에 리벤트로프를 계속 밀었다. 1935년 6월 1일에는 리벤트로프에게 '특무특명전권대사'라는 거창한 직함을 주었다.[141] 리벤트로프가 런던에서 빛을 볼 날이 다가오고 있었다.

회담은 런던 한복판의 으리으리한 외무부 건물에서 열렸다.[142] 리벤트로프는 새로운 외교술을 선보였다. 존 사이먼 경의 환영사가 끝나자마자 다짜고짜 35퍼센트라는 독일의 조건을 받아들여야만 안정적이고 지속적인 합의에 이를 것이며 안 그러면 회담을 계속할 이유가 전혀 없다면서 최후 통첩을 했다. 리벤트로프는 이 비율은 "그저 독일측에서 제시한 요구 정도가 아니라 독일 총리가 내린 최종 결정"이라고 쐐기를 박았다. 사이먼은 "독일 대표단의 요구는 회담 초반이 아니라 회담 막판에나 어울릴 법한 내용"이라면서 차갑게 쏘아붙였다. 그러고는 다른 회의가 있다면서 일어섰다.[143] 리벤트로프가 공세를 퍼붓고 나서 분위기가 얼마나 냉랭했던지 슈미트는 결국 이대로 베를린으로 빈손으로 돌아가는구나 싶었다.[144] 그런데도 리벤트로프는 다음날 아침부터 영국 정부가 "총리의 100 대 35라는 최종 결정을 공식적으로 분명히 인정하겠는지" 여부를 밝히라고 다그쳤다. 그러지 않으면 다음에 언제 이런 협상이 재개될지 기약할 수 없을 것이라고 으름장을 놓았다.[145] 그런데 통역을 맡은 슈미트도 놀란 것이 리벤트로프가 그렇게 무례하게 굴었고 영국 외무장관이 분노를 터뜨렸는데도 존 사이먼 경은 6월 6일 저녁 해군 지휘관 회의를 열어서 영국 정부는 히틀러의 제안을 받아들일 용의가 있다고 독일 대표단에게 통보한 것이다. 영국 대표단은 하루 전인 5일 아침 각료들과 비공식 모임을 갖고 "우리가 이번 기회를 붙잡지 않아서 히틀러가 제안을 거두어들이고 35퍼센트를 상회하는 수준으로 독일 해군력을 증강할 경우 후회할지도 모른다."는 입장을 밝혔다.[146]

공갈 작전은 또다시 먹혀들었다. 슈미트는 나치의 외교 전술을 또다시 새롭게 보지 않을 수 없었다. 그렇게 빨리 체면 몰수하고 무릎을 꿇은 것으로 보아 영국도 어지간히 독일하고 합의를 보고 싶었던 모양이라고 슈미트는 속으로 결론지었다.[147] 영국·독일 해군 협약은 결국 6월 18일에 조인되었다. 이제 독일은 영국 해군의 35퍼센트에 해당하는 전함을 만들 수 있었으며 영국에 버금가는 수준의 잠수함 전력을 유지할 수 있었다. 리벤트로프는 풍운아가 되었다. 굵직한 외교적 승리를 챙긴 히틀러는 날아갈 듯한 기분이었다.[148] 독일 국민 앞에 히틀러는 불가능한 것을 이루어내는 사람으로 다가왔다. 전 세계가 놀라워했다. 조약을 어겼다며 독일을 비난하는 데 동참했던 영국이 스트레사 전선을 주저앉히더니 이제는 동맹국들을 궁지에 버려두고 히틀러를 거들어서 베르사유 조약을 갈기갈기 찢어 누더기로 만든 것이다.[149] 하지만 그 대가로 평화 체제가 정착할 수 있는 가능성은 벌써부터 물 건너간 것처럼 보였다.

그로부터 석 달도 채 못 가서 유럽 외교는 수렁으로 더욱 깊이 빠져들었다. 이탈리아를 세계 열강으로 끌어올리면서 국가의 위신을 높이고 독재자의 야망을 이루겠다는 제국주의적 야심으로 10월 3일 무솔리니가 에티오피아를 침공했다. 그것은 어린애 장난이 아니었다. 무솔리니가 '역사상 전무후무한 식민지 전쟁'이라고 부른 그 전쟁에서 몇 달 동안 광활한 동아프리카 지역에서 도시와 마을이 무차별로 퍼부어지는 폭탄에 파괴되었고 독가스 공격도 이루어졌다.[150] 국제연맹은 한목소리로 침공을 비난하면서 경제 제재에 들어갔지만 말이 제재였지 정작 중요한 원유는 빼어놓는 등 실효성이 없었기 때문에 국제연맹이 얼마나 무력한 조직인가를 또다시 적나라하게 드러냈다.[151] 영국과 프랑스는 이번에도 손발이 안 맞았다. 프랑스는 이미 1월에 피에르 라발 외무장관을 통해 무솔리니에게 에티오피아로 쳐들어가도 된다고 언질을 주었다.[152] 그렇게 해야 무솔리니를 히틀러한테서 떼어놓을 수 있다고 판단한 것이다. 영국의 계산은 또 달랐다. 이탈리아가 에티오피아를 침공하고 일 주일 뒤 영국 주재 독일 대사 레오폴트 폰 회슈가 라머스에게 설명한 바에 따르면 "영국이 지금 중시하는 것은 제국주의적 목표가 아니라 '집단 안보'"라는 것이었다. 무솔리니가 에티오피아에서 모험극을 벌이면 독일도 어떤 형태로든 모험극을 벌이리라는 것이 영국의 판단이었다. 그런 관점에서는 어떻게 해서든 유럽을 예측 가능한 궤도로 끌고 가는 것이 급선무였다.[153]

무솔리니의 도발로 국제연맹은 또 한 번 위기를 맞이했다. 스트레사에서 한 약속은 공수표가 되었다. 유럽은 흔들렸고 히틀러는 큰 먹잇감을 노렸다.

뉘른베르크법

1935년 봄과 여름에 걸쳐서 외교 전선이 히틀러의 뜻대로 돌아가는 동안 1933년의 마지막 몇 달 동안 그런 대로 잠잠한 편이었던 반유대주의 폭력의 새로운 물결이 5월부터 9월까지 독일을 휩쓸면서 히틀러가 이념적으로 가장 집착했던 유대인 문제를 더욱 급진적인 방향으로 몰아갔다. 9월 전당대회에서 독일인과 유대인의 결혼을 금지하고 비독일 혈통을 가진 독일 국민의 시민권을 박탈하는 내용을 담은 악명 높은 '뉘른베르크법'이 졸속으로 입안되어 선포되기까지 몇 달 동안 히틀러는 외교 문제에 전념하느라 국내 문제에는 통 신경을 쓰지 못했다. "유대인 문제도 오랫동안 손을 댈 수가 없었다." 히틀러는 나중에 그렇게 말했다. 그가 적극적으로 나서지 않은 것은 나서기 싫어서 그랬던 것이 아니라 어디까지나 전략적 판단이었다. "긁어 부스럼을 만들 이유가 없었다. 서두르다간 일을 그르치기 십상이었다."[154] 사실 히틀러가 먼저 나설 필요는 없었다. 당 내 급진파들을 슬쩍 밀어주는 것으로 충분했다. 아니, (너무 지나쳐서 역효과가 나기 전까지는) 급진파의 행동을 방해하지 않는 것만으로도 충분했다. 그러다가 어느 시점에 가서 이들이 일으킨 분란을 구실로 삼아서 차별 법안을 도입하는 수순이었다. 유대인을 '제거'하는 것이 히틀러의 목표와 합치했고 히틀러도 두말 않고 찬성하리라는 것을 알았기 때문에 유대인 탄압에 더욱 탄력이 붙었다.

나치가 집권하고 나서 처음 몇 달 동안에는 유대인을 상대로 한 폭행이 빈발했지만 1934년에 들어와서는 무엇보다도 대외 관계와 경제난을 의식하여 약간 수그러들었다. 그러나 잠시 고개를 숙였다뿐이지 뿌리 뽑힌 것은 절대로 아니었다. 지독한 차별은 조금도 수그러들지 않았고 협박도 여전히 기승을 부렸다. 슈트라이허의 안마당이었던 프랑켄 같은 곳에서는 유대인이 경제적으로 여전히 차별을 받았고 험악한 분위기 속에서 끔찍한 일도 곧잘 벌어졌다. 1934년 봄만 하더라도 돌격대가 1천 명이 넘는 폭도를 들쑤셔서 35명의 유대인에게 악랄한 위해를 가했다. 유대인 두 사람은 너무 겁에 질린 나머지 자살을 했다.[155] 그런 끔찍한 폭력 사태는 이제는 프랑켄에서도 보기 드물었다. 그렇지만 탄압의 강도가 전체적으로 줄어들었다는 것도 어디까지나 상대적이었고 일시적인 현상이었다. 그래도 독일을 떠나는 유대인의 숫자는 눈에 띄게 줄어들었고 최악의 고비는 넘겼다고 보고 다시 독일로 돌아오는 유대인마저 있었다.[156]

1935년 초 주민투표를 통해 자를란트가 독일로 귀속되자 이제는 거침 없이 반유대주의를 밀어붙일 수가 있었다. 말과 글을 통해서 폭력의 불씨를 지피는 신동이 이루어지면서 히틀러유겐트, 돌격대, 친위대, 그

사람들이 지켜보는 가운데 나치에게 끌려가는 유대인 남자(1935년). 1935년 자를란트가 독일에 귀속된 후 반유대주의는 이제 거침없이 독일 전역에서 펼쳐졌다.

리고 중소 기업인을 규합하기 위해 만들어진 '국가사회주의수공업상공업자연합' 같은 당 산하 조직이 알아서 행동에 들어갔다. 당 고위 간부 중에서도 가장 무지막지한 반유대주의로 정평이 났던 프랑켄 관구장 율리우스 슈트라이허가 선봉장을 맡았다. 베를린 관구장 요제프 괴벨스, 쿠어마르크 관구장 빌헬름 쿠베, 헤세 관구장 야코프 슈프렝거, 쾰른-아헨 관구장 요제프 그로헤 같은 고위 간부도 반유대주의를 전파하는 데 앞장섰다.[157] 특히 새로 창간된 당 기관지 〈유대인 바로 알기〉와 괴벨스의 〈공격〉(이 두 잡지 모두 〈돌격〉을 많이 흉내냈다)은 유대인에 대한 증오심을 부채질하면서 하루빨리 당이 약속한 정책을 실행에 옮겨야 한다면서 압력을 넣었다.[158] 나치 당국과도 번번이 충돌을 빚으면서 포르노를 방불케 하는 선정적 기사로 줄기차게 독극물을 뿜어대던 슈트라이허의 일간지 〈돌격〉은 인종을 헐뜯는 내용에 초점을 맞추어 오물을 뿌려대는 데는 타의 추종을 불허했다. 이 신문은 대도시와 중소도시의 길거리와 광장은 물론 심지어 오지의 산간 마을까지 눈에 확 띄는 가판통에 넣어 배포되었다. 신문을 광고하는 포스터는 안 보려야 안 볼 수가 없었다. 지역 당 조직의 전폭적 지원을 받은 덕분에 〈돌격〉은 1935년에

만 판매 부수가 4배로 늘어났다.[159]

당 상층부의 분위기는 조금 달라졌다. 1934년 3월 헤스는 불매 운동을 하려면 히틀러의 재가가 필요하다면서 '국가사회주의수공업상공업자연합'의 반유대주의 활동을 금지했다.[160] 하지만 1935년 4월 말 비데만은 보어만에게 일각에서 퍼뜨린 소문과는 달리 히틀러는 도로변, 마을 입구, 공공장소 안에 '유대인은 출입을 삼가해주시오' 같은 글귀(심지어 더 위협적인 내용이 적힌)가 적힌 팻말을 내거는 데 반대하지 않는다고 말했다.[161] 팻말은 삽시간에 퍼져 나갔다. 현장에서 뛰는 활동가들은 사방에서 들려오는 선전 구호와 당 고위 간부들의 연설을 이제부터는 알아서 유대인을 공격해도 된다는 소리로 받아들였다.

그런데 당 지도자들은 사실은 나치당 하부에서 뛰는 급진파 당원들의 압력에 부응하여 움직였을 뿐이었다. 룀 사태 이후로 돌격대 내부에서는 불만이 좀처럼 수그러들지 않았는데 유대인을 상대로 폭력을 휘두르는 데 앞장선 것도 이 불만분자들이었다. 이들은 나치당이 정권을 잡으면 자기들 세상이 오는 줄로만 알았다가 기대가 어긋나면서 배신감에 떨면서 사기가 말이 아니었는데 돌격대원 중에서도 특히 젊은 급진파에게는 새로운 적이 필요했다.[162] 돌격대 내부 보고서에서도 지적한 사실이지만 이 급진파들은 이념적으로 적수였던 유대인, 가톨릭 신자, 자본가와 싸우고 싶어서 몸이 달았다. 일단 자를란트 주의 주민투표가 끝난만큼 이제 돌격대가 보기에 보수파에 의해 궤도에서 이탈한 진정한 나치 혁명이 다시 동력을 얻을 것이라는 기대감이 있었다.[163]

막강한 경제력을 지닌 자본가들 앞에서 돌격대와 당 급진파의 허무주의가 짙게 깔린 극단적 성향은 어차피 승산이 없었고 또 그만큼 견제를 많이 받았다. 이념적으로 나치에 반대하는 독일 내 잔존 세력 중에서 가장 영향력이 컸던 가톨릭교회를 상대로 해서도 지구전은 벌일 수 있을지 모르지만 가톨릭교회가 워낙 막강한 기득권을 가진 조직이었기에 반작용이 너무나 컸고 또 교회와 자꾸만 부딪치면 인심을 잃기 십상이었다. 그렇지만 유대인은 어차피 가장 큰 적수였던 데다가 위에서도 말리기는커녕 오히려 공격을 부추기는 상황이었다. 1935년 봄에 작성된 한 게슈타포 보고서에 따르면 일선에서 뛰는 당원들 특히 돌격대원들 사이에서는 "유대인 문제는 우리가 밑에서부터 치고 올라가면서 건드려야하며 정부는 그 뒤를 따라오면 된다"는 정서가 지배적이었다.[164]

폭력과 소요의 효용 가치는 라인란트 지방의 쾰른-아헨 관구장 그로헤가 작성한 보고서에서도 여실히 드러난다. 그로헤는 1935년 3월과 4월에 유대인을 제재하고 공격하는 것이 "서민들의 다소 침체된 분위기를 끌어올리는 데" 도움이 된다고 생각했다.[165] 유대인 문제라면 자다가도 벌떡 일어나는 그로헤는 유대인을 다시 공격하기 시작하니까 당에 활력이 감돌고 서민층도 생기를 되찾게 되었다고 자화자찬했다.[166] 새로운 반유대주의의 물결은 나치 운동의 목표와 혁명적 열정을 잃고 방황하는 활동가들에게 일종의 분출구 역할을 했고 그 피해는 혐오의 대상이라는 이유로 아무런 보호도 받지 못하고 잔인한 탄압을 받았던 소수 민족 집단에게 고스란히 돌아갔다.

나치의 강령은 버젓이 살아 있었지만 급진파들이 보기에는 1935년 초가 되도록 독일 사회에서 유대인을 제거한다는 목표는 제대로 이루어진 것이 없었다. 광신적 반유대주의자 사이에서는 당의 요구가 정부의 관료주의에 막혀 변질되면서 유대인의 영향력을 없애는 법안으로 이어지지 못하고 있다는 인식이 지배적이었다. 그래서 유대인에 대한 폭력이 기승을 부리는 것과 동시에 당의 강령을 조금이나마 실천에 옮기기 위해서라도 유대인의 활동을 제한하는 법을 하루빨리 도입해야 한다는 목소리가 높았다. 관료들은 관료들대로 게슈타포로부터 1935년 2월에 선포된 유대인이 나치를 상징하는 하켄크로이츠가 그려진 깃발을 드는 것을 금지하는 등의 차별 조치를 소급해서 합법적으로 인정해 달라는 압력을 받았다.[167]

무덤덤한 대중을 폭력적인 반유대주의 운동으로 끌어들이려던 당의 선전 공세는 역풍을 맞았다. 열혈 나치당원을 제외하면 반유대주의의 호응도가 낮았다는 것이 게슈타포는 물론이고 망명 사회민주당 조직의 보고서에서 공통적으로 내린 결론이었다. 자를란트를 돌려받고 징병제를 부활시켰을 때는 온 나라가 떠들썩했지만 흥분은 오래 가지 않았다.

대부분의 서민은 다시 암울한 일상의 현실로 돌아가야 했다. 생활고에 시달리는 사람이 워낙 많았던 데다가 개신교와 가톨릭교를 가릴 것 없이 교회에 다니는 사람들은 나치가 교회를 괴롭히는 데 불만이 많았다. 여기다가 지역당 간부들에 대한 적개심도 크다 보니 여론이 좋을 리 없었다.[168] 반유대주의의 물결은 불만분자들에게 생기를 불러일으킨 것이 아니라 그렇지 않아도 안 좋은 나치당의 이미지를 더욱 실추시켰다. 애당초 당원이 아니었던 사람 중에는 반유대주의 운동에 적극적으로 뛰어드는 사람이 별로 없었다. 유대인이 운영하는 상점과 가게에서 물건을 사지 말자는 호소에 사람들은 냉랭한 반응을 보였다. 불매 운동과 함께 나치 깡패들이 사람들이 보는 앞에서 유대인을 때리고 유대인 재산을 약탈하자 사방에서 비난이 쏟아졌다.[169] 그러나 인도주의를 근거로 한 비난은 드물었다. 경제적 이해관계가 큰 역할을 했다. 폭력의 불길이 나중에는 교회로도 번지리라는 우려도 한몫했다. 목표는 옳지만 방법이 잘못됐다는 지적이 대부분이었다. 유대인 차별법 자체를 조목조목 꼬집는 비판은 드물었다. 사람들이 무엇보다도 걱정한 것은 약탈, 폭력, 추태, 무법천지였다.[170]

자연히 여름이 되면서 폭력은 역풍을 맞았고 당국은 치안 회복 조치를 내릴 필요성을 느꼈다. 5월 중순 뮌헨 시내 한복판에서 반유대인 시위가 폭력으로 점철되어 끝난 뒤 여론이 심상치 않게 돌아가자 뮌헨-오버바이에른 관구장이자 바이에른 내무장관이었던 아돌프 바그너는 라디오에 나와서 사태에 책임이 있는 '테러 세력'을 비난했다.[171] 베를린에서도 제일 번화가로 꼽히는 쿠르퓌르스텐담에서 1935년 7월 15일 유대인 상점들이 약탈을 당하고 나치 폭력배들이 유대인을 구타하는 사건이 발생하자 괴벨스와 베를린 지구당은 마그누스 폰 레베초프 베를린 경찰청장을 경질했다. 사실은 그전에 유대인들이 베를린의 컴컴한 영화관 안에서 반유대주의 영화 상영에 항의하는 사건도 일어났다. 괴벨스는 발트해의 휴양지에서 며칠 동안 쉬다가 온 히틀러를 설득하여 레베초프를 해임하라는 지시를 받아냈다. 후임에는 작센의 귀족 가문 출신이며 한때 베를린 돌격대 지부장을 맡았고 당시 포츠담 경찰청장으로 있던 볼프 하인리히 그라프 폰 헬도르프를 앉혔다. 헬도르프는 사생활이 복잡하고 돈 관계도 불분명하여 구설수에 자주 오르던 인물이었지만 이런 허물을 한꺼번에 만회할 수 있는 장점이 있었다. '베를린을 다시 깨끗이 청소'하는 데 도움이 될 열렬한 반유대주의자였던 것이다.[172) 헬도르프의 지시로 베를린 번화가의 유대인 상점들은 문을 닫아야 했다. 일 주일 뒤에는 치안을 어지럽히는 일체의 '개별 행동'을 금지했다.[173) 노상 테러는 그런 대로 뜻을 이룬 셈이었다. 덕분에 차별은 더욱 진전되었다. 위에서도 무언가 대응책이 나와야 할 시점이었다.

여름 내내 침묵만 지켰던 히틀러였지만 이제는 태도를 정하지 않을 수 없었다. 벌써 5월 3일에 샤흐트는 비합법적 수단으로 유대인과 싸우는 데서 경제적 타격이 우려된다고 경고했다.[174) 당시만 하더라도 히틀러는 좀 더 기다리면 만사가 잘 해결될 것이라고 말하는 정도로 넘어갔다. 그러나 이제 상황의 심각성을 깨달은 히틀러는 8월 8일 일체의 '개별 행동'을 막으라는 지시를 내렸고 헤스는 다음날 당 간부들에게 히틀러의 명령을 통보했다.[175) 8월 20일 프리크 내무장관은 계속 폭력을 행사하는 자는 지도자의 지시대로 엄단하겠다고 경고했다.[176) 히틀러도 원하고 당의 핵심 강령이라고 믿었던 내용을 실천에 옮기려던 당원들을 국가 공권력이 나서서 억누르는 상황에 이른 것이다. 유대인에게 폭력을 휘두르는 활동가들을 뜯어말리기 위해 나서야 하는 사태가 빈발하자 경찰도 이대로는 곤란하다고 보았다.[177) 히틀러는 한발 물러서 있었지만 그래도 급진파와 보수파 사이에서 엉거주춤한 자세였다. 나치의 원칙이 훼손당했다고 보고 실망한 급진파에게 심정적으로 더 끌린 것은 사실이었지만[178) 보수파 눈치도 안 볼 수가 없었다. 보수파는 샤흐트를 중심으로 빨리 입법이 이루어져야 반유대주의 활동을 억누를 수 있다고 보았다. 그래서 특히 '인종 오염'을 막는 단호한 차별 조치가 이루어져야 한다는 요구가 당에서 쏟아져나왔다. '뉘른베르크법'은 이런 상반된 진영의 요구를 무마해야 할 필요성에서 나왔다.

무자비한 유대인 규제법을 도입해야 한다는 목소리가 1935년 봄과 여름에 부쩍 높아졌다. 프리크 내무장관은 4월에 시민권에 대한 새로운 규제법을 도입할 계획이라고 밝혔지만 나치가 집권한 지 2년이 넘었는데도 아직 나치 강령의 핵심 조항이 실현되지 않았다고 보았던 사람들을 만족시키는 조치는 아무것도 취해지지 않았다.[179] 6월에 들어가자 당 산하 조직들은 유대인의 시민권을 박탈해야 하며 아리아인에게 부동산을 임대하거나 아리아인을 하인으로 고용하거나 변호사나 의사로서 아리아인 손님과 상대하거나 '인종 오염'에 관여하는 유대인에게 사형 선고를 내리라고 아우성이었다.[180]

유대인과 아리아인의 결혼과 성관계를 금지하는 문제는 이 무렵 급진파들이 들고 나온 가장 중요한 문제였다. 민족 혈통은 완전한 물리적 격리를 통해서만 지킬 수 있다고 그들은 주장했다. 슈트라이허는 유대인과 아리아인이 단 한 번만 성관계를 맺어도 거기서 태어난 아이는 순수한 아리아인의 피를 가진 아이라고 볼 수 없다고 여겼다.[181] 〈돌격〉 같은 적개심으로 똘똘 뭉친 신문과 그 아류 신문들은 걸핏하면 유대인을 야수로 몰아붙이면서 유대인 야수들에게 '독일'의 처녀들이 '오염'되는 것을 반유대주의 핵심 쟁점으로 부각했다.

프리크는 벌써 1930년에 제국 의회에서 '독일 민족 보호를 위한' 법 초안을 제출하여 유대인을 비롯한 '유색인'과의 성관계를 엄벌하겠다는 방침을 밝힌 바 있었다. 1933년 이후로는 국가사회주의를 신봉하는 법률가들도 이런 생각에 동조했지만 귀르트너 법무장관은 1934년 6월까지만 하더라도 '인종 보호'를 표방한 법안의 효용성에 의구심을 나타냈다.[182] 그렇지만 사법 당국에서는 전략을 둘러싼 논의만 무성했지 원칙을 놓고 벌어진 논쟁은 찾아볼 수 없었다.

법안 제정을 요구하는 목소리가 1935년에 다시 높아진 데는 또 다른 이유가 있었다. 나치즘을 신봉하는 의사들까지 가세한 것이다. 그 선봉에 선 사람이 제국의사지도자 게르하르트 바그너였다. 의사들은 뉘른베르크에서 1934년 12월 모임을 갖고 프리크에게 전보를 보내 독일 여성과 유대인이 성적으로 접촉하려고 할 경우 '중벌'에 처해 달라고 요구했다. 그래야 독일 민족의 순수성을 지키고 "유대인이 독일인의 혈통을 더럽게 물들이는 것"을 막을 수 있었다.[183] 1935년 5월 슈트라이허는 앞으로 유대인과 독일인의 결혼이 금지될 것이라고 말했다. 8월 초에는 괴벨스도 똑같은 예언을 했다. 그러는 동안에도 벌써 행동에 뛰어든 사람들도 있었다. 돌격대원들은 아내와 남편 중에서 한 사람이 유대인인 신혼부부의 집 앞에서 시위를 벌였다.[184] 법에 금지 조항이 없었는데도 일부 등기소 직원들은 인종 간 결혼을 인정하지 못한다면서 거부했다.[185] 그러나 법으로 금지된 것은 아니었으므로 그대로 식을 치르는 사람들도 있었다. 유대인과 결혼을 하려는 사람을 게슈타포에 제보하는 사람도 나타났다. 게슈타포는 게슈타포대로 법무부에 혼란이 계속되니 입법을 서두르라고 압력을 가했다. 1935년 5월 21일에는 국방군 소속 장병이 '비아리아 혈통을 가진 사람'과 결혼하는 것을 금지하는 새로운 방위법이 만들어지면서 유대인 규제에 더욱 힘이 실렸다. 7월이 되면 프리크 방위도 당의 압력에 굴복하여 인종 간 결혼을 금지하는 법안을 마련하기로 결심했다. 이미 초안은 가닥이 잡혀 있었다. 법안 처리가 지연된 것은 유대인의 피가 일부 섞인 혼혈을 어떻게 처리할 것인지가 정리되지 않았기 때문이었다.[186]

8월 초에 프리크는 유대인 문제는 "법적 수단으로 차근차근 확실하게 해결될 것"이라고 밝혔다.[187] 8월 18일에는 샤흐트가 쾨니히스베르크에서 당 강령에 부합하는 반유대인 법안을 '준비 중'이며 정부는 이 문제를 처리하는 데 역점을 두고 있다는 취지로 연설을 했다. 반유대주의 폭력을 꼬집는 대목은 공식적으로 발간된 연설문에서 삭제되었지만 샤흐트의 연설은 독일 국내외에서 널리 읽혔다.[188]

샤흐트는 8월 20일에도 유대인 문제를 논의하기 위해 경제부에서 당정 회의를 소집했다. 고위 당정 인사들이 대거 참석한 가운데 두 시간 가까이 계속된 회의에서 프리크는 당 강령에 맞추어 현재 내무부에서 법안을 준비하고 있다고 설명했다. 헤스를 대신하여 참석한 아돌프 바그너는 여론이 법안 제정을 요구하지만 '과격 행위'는 인정할 수 없다는 입장을 밝혔다(뮌헨에서 폭력을 사주한 장본인이 바그너였다).[189] 그렇지만 정부는 국민의 반유대인 정서를 감안하여 '점진적이고 합법적인 수단'으로 유대인을 경제 활동에서 배제하는 방안을 추진해야 한다고 덧붙였다. 바그너는 소요를 가라앉히기 위해서라도 유대인의 정부 발주 공사 참여를 금지한다든지 유대인의 창업을 막는다든지 하는 입법 조치가 불가피하다고 말했다. 샤흐트도 원칙적으로는 그런 조치에 동의한다고 밝혔다.[190] 귀르트너는 마치 정부가 정치적 파장을 고려하여 속마음은 그렇지 않은데 무법 행위를 방치하는 것으로 오해하는 사람들이 많은데 이런 잘못된 인식을 바로잡아야 한다고 주장했다. 요하네스 포피츠 프로이센 재무장관은 정부가 어떤 영역이 되었든 아무튼 유대인을 다루는 데 일정한 원칙을 세우고 그 원칙을 고수하는 것이 중요하다고 강조했다. 샤흐트는 당이 폭력 수단에 기댈 경우 경제 회복과 재무장 전략에 큰 차질이 빚어진다면서 당 강령을 지키는 것도 중요하지만 합법적 테두리 안에서 움직여야 한다고 결론지었다. 유대 혼혈인 문제를 둘러싸고 또다시 입법이 지연되는 것을 막기 위해 바그너의 제안대로 그런 입법은 '완전 유대인'에게만 적용하는 것이 좋겠다는 입장을 밝혔다. 회의는 '바람직한 조치'에 대해 당정이 협조하여 정부에 건의를 하자는 데 합의하고 끝났다.[191]

외무부 차관에게 올라간 보고서는 회의 분위기를 이렇게 전했다.

유대인과 관련하여 당이 택한 강령은 토론 과정에서 크게 문제가 되지 않았지만 그 실천 방법은 비판을 받았다. 무책임한 조직이나 개인이 온갖 분야에서 저지르는 고삐 풀린 반유대주의 폭력 행위는 합법적 수단으로 막아야 한다. 동시에 특히 경제 분야 같은 특정 영역에서 유대인의 활동을 법으로 막아야 하지만 운신의 자유는 허용해야 한다.

유대인 정책의 총체적이고 일관된 청사진은 이번 토론에서 나오지 않았다. 여러 부처를 책임진 장관들의 입에서 이구동성으로 나온 논리는 유대인 문제가 부처 업무를 집행하는 데 걸림돌이 된다는 것이었다. …… 주로 이런저런 업무에 어떻게 차질이 빚어지는지를 부각했다. 반면 당 쪽에서는 국민 정서와 당이 표방하는 이념을 고려할 필요가 있다면서 유대인에게 취한 과격한 행동을 정당화했다……[192]

과격한 행동을 성토하기는 했지만 샤흐트는 유대인 배제라는 원칙에는 이의를 제기하지 않았고 또 그럴 만한 힘도 없었다. 외무부 보고서에 따르면 "샤흐트 장관은 딱 부러지게 결론을 내리지는 않았다. 당의 유대인 정책을 확 바꾸어 달라고 주문한 것도 아니었고 〈돌격〉 같은 기관지에 제동을 걸어야 한다면서 구체적 방법론을 문제 삼은 것도 아니었다. 오히려 유대인 정책을 100퍼센트 실천에 옮겨야 한다는 입장을 밝혔다."[193] 샤흐트가 주관한 회의는 당과 정부, 급진파와 실용파, 극단주의자와 보수주의자의 차이를 뚜렷이 드러냈다. 그렇지만 방법론의 차이였지 목표에 대해서는 이견이 없었다. 하지만 이 문제를 언제까지 질질 끌고 갈 수는 없었다. 가까운 시일 안에 어떤 식으로든 매듭을 지어야 했다.

회의록은 히틀러에게도 보고되었다. 히틀러는 9월 9일 샤흐트와 이 문제를 논의했다.[194] 그날은 히틀러가 해마다 수많은 열성 당원이 모인 가운데 열리던, 괴벨스가 '우리 당의 대미사'라고 부르던, 전당대회에 참석하러 뉘른베르크로 떠나기 하루 전이었다.[195] 나치당 전당대회를 11일 앞두고 런던에서 나오던 주간지 〈유대 신문〉은 "독일 시민권을 규제하고 인종 간 결혼을 금지하며 '혈통 모독'을 중벌로 다스리는" 법안이 추진되고 있으며 새로운 시민권 자격법이 9월 10일 뉘른베르크 전당대회에서 공식 반포될 것이라고 보도했다.[196] 이것은 확실한 내부 소식통에서 얻은 정보가 아니라 어디까지나 합리적 추론에 바탕을 둔 보도였다. 샤흐트가 소집한 회의는 8월 중순에 열렸고 그 회의에서 중점적으로 다룬 내용은 경제 관련 법안이었기 때문에 유대인 규제법에 대해서 말만 많았지 구체적으로 정해진 세부 내용은 하나도 없었다. 그리고 〈유대 신문〉의 보도는 그로부터 열흘 뒤에 나온 것이었다. 뉘른베르크 전당대회를 위해 법안을 부리나케 마련했다 하더라도 당연히 이것저것 손보아야 할 내용이 많았을 것이다. 어디까지나 선견지명에 따른 것이었지만 〈유대 신문〉은 나치 지도부에서 염두에 두고 있던 입법 내용을 상당수 맞추었고 유대인 규제법이 전당대회에서 발표될 것이라고 예상했다. 그 예상은 보기 좋게 들어맞았다. 그러나 히틀러는 뉘른베르크로

떠나면서도 전당대회장에서 반유대인 시민권 자격법이나 혈통법을 선
포할 생각은 없었다. 선전 효과를 따지다 보니 갑자기 마음이 바뀐 것이
다. 독일인과 유대인의 성관계를 법으로 막아야 한다고 가장 목청 높여
서 부르짖었던 의사 게르하르트 바그너가 전당대회에 참석하여 로비를
한 것도 주효했다. 바그너는 1933년부터 아리아인과 유대인의 결혼을
금지해야 한다고 주장한 사람이었다.[197)

　9월 12일 전당대회 개막 이틀째를 맞아 바그너는 연설을 하면서 곧
'독일 혈통 보호법'이 발효되어 독일 민족의 '잡종화'를 막을 것이라고
선언했다. 일 년 뒤 바그너는 그 당시를 회상하면서 자기는 히틀러가 며
칠 뒤 실제로 뉘른베르크법을 선포할 줄 알고 그런 말을 한 것은 아니었
다고 밝혔다. 혈통법을 언제 발표할 작정이라고 히틀러가 바그너에게
구체적으로 언질을 주지는 않았을 것이다. 그렇지만 바그너가 그런 법
이 곧 공표될 것이라고 단언한 것으로 미루어보아 머지않은 장래에 그
런 조치가 취해지리라는 말을 히틀러한테 들었다고 보아야 한다.[198) 아
무튼 다음날, 그러니까 9월 13일 저녁 내무부에서 유대인 문제 관련 법
안을 마련하던 베른하르트 뢰제너 박사는 뉘른베르크로 전격 호출당했
다. 동료 프란츠 알브레히트 메디쿠스와 함께 다음날 아침 도착하여 내
무부 차관으로 있던 한스 푼트너와 빌헬름 슈투카르트로부터 히틀러가
어제 아리아인과 비아리아인의 결혼 문제를 규제하는 법안을 마련하라
고 지시했다는 이야기를 들었다. 그 길로 바로 초안 작성에 들어갔
다.[199) 오래 전부터 사람들이 고대했던 법을 하필이면 그때 거기서 발
표한 것은 무엇보다도 바그너가 몇 시간 동안 히틀러를 설득한 것이 효
과를 보았고 또 나치 지도자들도 옆에서 박자를 맞춰주었기 때문이었을
것이다. 법안을 작성하는 사람들은 문서로 지시를 받지 않았기 때문에
어느 것이 의사들 견해이고 어느 것이 히틀러의 주문인지 확실히 알 수
가 없었다. 히틀러와 법안 작성 담당자들 사이에서 연락책 노릇을 한 것
은 바그너였다.[200) 그러나 아무리 바그너가 설득을 잘 했다 하더라도
만약 정치 상황으로 보나 선전 효과로 보나 때가 무르익었다고 히틀러
가 판단하지 않았다면 법안은 마련되지 않았을 것이다.

히틀러 입장에서는 기회가 아주 좋았다. 징병제를 재도입하고 새롭게 정비한 국방군을 처음으로 선보이는 전당대회를 더 빛내기 위해 1543년에 뉘른베르크에서 마지막으로 열렸던 제국 의회를 마침 이곳에서 다시 열려던 차였다. 하켄크로이츠가 그려진 깃발을 독일의 정식 국기로 채택하는 법안 공포를 기념하기 위해 여는 의회였다. 그때까지 독일의 국기는 제국 시절부터 써 오던 흑백적의 수평선이 그려진 깃발이었는데 이것을 교체하는 것은 보수파와 군부를 생각하면 상당히 민감한 문제였다.[201] 독일 주재 외교관들도 전부 뉘른베르크로 불러들였다. 히틀러는 국제연맹 회원국인 이탈리아가 같은 회원국인 에티오피아를 침공하면서 국제연맹이 내분 위기를 맞이한 만큼 독일의 요구를 관철할 수 있는 좋은 기회가 왔다고 판단했다. 그런데 노이라트의 만류로 그런 계획은 접기로 했다.[202] 그렇다면 이제 대신 뭔가 내세울 것이 필요했다. 의회를 소집해놓고 국기법만 통과시키는 것은 좀 초라해 보였기 때문이었다.[203] 마침 당에서도 요구가 빗발치던 차에 독일인과 유대인의 결혼을 금지하는 법을 만들자는 바그너의 제안에 히틀러는 솔깃할 수밖에 없었다.

분위기는 무르익을 대로 무르익었다. 여름내 유대인에게 가해진 협박과 폭력도 사실은 여론몰이를 하기 위해서였다. 유대인 문제를 어떤 식으로든 해결해야 한다는 여론이 높아지던 상황에서 벽이란 벽, 탑이란 탑, 집이란 집은 모두 하켄크로이츠가 그려진 깃발로 뒤덮인 뉘른베르크에서 '자유를 위한 제국 전당대회'에 참석하기 위해 기대에 부풀어 달려온 수많은 열성 당원이 모인 가운데 그런 법을 공표하는 것은 참으로 환상적이었다. 지난해, 지지난해와 마찬가지로 고색창연한 뉘른베르크의 좁은 거리는 당원, 히틀러유겐트 단원, 돌격대원, 검은 제복을 입은 엘리트 친위대원으로 북새통을 이루었다. 1년 전부터 착공에 들어간 시남동쪽의 체펠린펠트 종합경기장은 경기장, 의사당, 열병장이 들어서고 모두 30만 명을 수용할 수 있었는데 하켄크로이츠 깃발로 뒤덮였고 밤에는 횃불로 밝혀졌다. 나치 미학의 정점을 보여주는 장면이 연출되었다.[204]

전당대회는 평소처럼 아돌프 바그너가 대독한 히틀러의 개막 선언으로 후끈 달아올랐다. 히틀러는 "민족 내부의 적에 맞서는 싸움"에서 "나라를 맡은 관료들이 제구실을 못한다 하더라도 결코 지는 일은 없을 것"이라고 기염을 토했다. 나라가 못하는 것은 당을 통해서 처리할 수 있기 때문이다. 내부의 적으로 히틀러가 가장 먼저 지목한 것은 '유대 마르크스주의 세력'이었다.[205] 그해 여름 모스크바에서 열린 코민테른 회의에서 국가사회주의를 성토한 것에 보복하듯 나치당 전당대회는 대회 기간 내내 '유대 마르크스주의 세력'을 격렬하게 공격했다.[206]

수많은 사람의 운명을 좌우할 악명 높은 법은 극도의 혼란 속에서 마련되었다. 뢰제너와 메디쿠스는 9월 14일 토요일 뉘른베르크에 도착했는데 의회는 다음날 저녁 8시로 의사 일정이 잡혀 있었다.[207] 그렇지 않아도 피곤한 공무원들이 법안을 기초하기에는 턱없이 부족한 시간이었다. 내무부와 법무부에서 그동안 반유대법을 준비했다고는 하지만 아직은 어설픈 단계에 머물러 있었다. 유대인의 개념 정의조차 합의를 보지 못한 상태였다. 당에서는 혼혈도 규제 대상에 집어넣어야 한다고 우겼다. 그러나 혼혈 문제는 복잡하기 이를 데 없었다. 작업은 번갯불에 콩 볶아 먹듯이 할 수밖에 없었다. 뢰제너는 법안에는 관심도 없는 프리크를 만나러 몇 번이나 인파를 뚫고 거리를 헤매야 했다. 바그너가 옆에서 부추기자 히틀러는 프리크가 처음에 가져온 초안들을 너무 온건하다면서 퇴짜를 놓았다.[208] 자정 무렵 히틀러를 만나고 돌아온 프리크는 처벌의 정도를 달리하여 네 종류의 혈통법 초안을 만들고 아울러 시민권 자격법도 완성하라는 히틀러의 지시를 하달했다.[209] 공무원들은 반 시간 만에 혈통이 독일인이거나 독일인의 피가 섞인 사람에게만 독일 제국 시민권을 부여한다는 내용의 '시민권 자격법'을 가장 단순한 용어로 작성하여 완성했다.[210] 이 법은 알맹이가 별로 없었지만 그 뒤 수많은 후속 법령의 기본 틀이 되었고 이렇게 만들어진 법령들 때문에 독일 유대인들은 자기 나라에서 죄수가 되고 말았다. 새벽 2시 반에 프리크는 히틀러의 재가가 떨어졌다는 소식을 가져왔다.[211] 실무자들은 히틀러가 네 종류의 혈통법 초안 중에 어떤 것을 선택했는지 의회가 열린 그날 저녁에야 알았다. 노이라트 아니면 필시 귀르트너의 조언에 따라서 히틀러는 가장 온건한 초안을 골랐다. 하지만 '완전 유대인'이라는 구절은 직접 줄을 좍 그어 지워서 혼란스럽게 만들더니 독일통신사 앞으로 보낼 보도자료에서는 다시 그 구절을 살리라고 지시하여 혼란을 가중시켰다.[212] 유대인과 독일인은 결혼도 할 수 없고 혼외 정사도 할 수 없으며 법을 위반하면 엄벌에 처한다는 내용이었다. 유대인은 또 마흔다섯 살 미만의 독일 여자를 가정부로 고용할 수 없었다.[213]

9월 15일 히틀러가 국기법, 시민권 자격법, 혈통법 세 가지 법안을 통과시켜 달라는 취지로 한 연설은 히틀러답지 않게 아주 짧았지만, 총리가 되고 나서 대규모 집회에서 유대인 문제를 처음으로 중점적으로 거론한 연설이었다. 독일 정세가 시끄럽고 외국에서도 독일 두드리기가 다시 살아난 것은 외국의 유대인 때문이라고 히틀러는 강조했다. 모스크바에서 열린 코민테른 대회에서 볼셰비키가 난리를 피운 것도, 뉴욕에서 일어난 독일 국기 모독 사건(부두 노동자들이 독일 증기선 브레멘호에 내걸린 하켄크로이츠 깃발을 찢어서 국제 문제로 비화되었다) 배후에도 모두 유대인이 있다고 공격했다.[214] 국제 정세가 불안해지니까 독일 안의 유대인들이 조직적으로 도발에 나섰다는 것이었다. "격분한 국민의 방어 공세"가 걷잡을 수 없이 터져나오지 않게 하려면 "문제를 법으로 규제하는 것이 유일한 길"이라는 것이었다. 결국 독일 정부는 "독일 민족이 유대인과 감내할 수 있는 관계를 유지할 수 있는 토대를 만드는 세속적 해법으로 문제를 근본적으로 해결하자는 발상"을 받아들였다는 것이 히틀러의 주장이었다. 1919년에 처음으로 쓴 정치 논설에서 정부 정책의 최종 목표는 '유대인의 완전한 제거'여야 한다고 밝혔고[215] 유대인에 대한 신랄한 증오를 무기로 삼아 정치인으로 성장한 사람의 입에서 나온 발언치고는 다분히 외부 사람들을 의식한 기만적 발언이었다.[216] 히틀러는 또다시 위협론을 들먹였다. 희망이 이루어지지 않고 국제 분쟁이 계속되는 이상 상황을 곱씹어볼 필요가 있다는 논리였다. 히틀러는 혈통법의 당위성을 부르짖으면서 공포 분위기를 조성했다. 혈통법은 "문제를 법으로 규제하려는 시도이며 만약 이 시도가 실패로 돌아갈 경

유대인과 아리아인의 결혼과 성관계를 금지하는 법을 어겼다는 이유로 돌격대원들에게 체포당한 독일 시민들. 여자 목에 걸린 플래카드에는 "나는 탕녀입니다. 유대인과 잠자리를 같이 했습니다."라고 씌어 있고, 남자 쪽은 "나는 유대인인데 독일 여성을 내 방 안으로 끌어들였습니다."라고 적혀 있다.

우에는 법을 통해서 국가사회주의당의 최종 해법으로 넘어가야 할 것"이다.[217]

유대인 문제에 관한 히틀러의 속마음이 여기서 조금은 드러났지만 히틀러가 왜 압력에 굴복하여 반유대인법을 그렇게 서둘러 받아들였고 거기서 노린 선전 효과가 무엇이었는지는 그날 저녁에 한 발언에서 드러난다. 괴링이 의회의장 자격으로 법안을 상정하고[218] 만장일치로 의원들이 이것을 통과시키자 히틀러는 다시 연단으로 나왔다. 그리고 "나라가 법치주의에서 벗어나지 않게 해 달라고, 이 법이 독일 민족 전체의 전무후무한 원칙으로 자리 잡게 해 달라"고 호소했다.[219] 그 다음 당 간부들을 모아놓고 그날 네 번째로 연설을 하는 자리에서는 이 법의 중요성을 다시금 강조하면서 "유대인을 상대로 벌이는 개별 행동"은 무조건 못하게 해 달라고 요청했다.[220] 유대인을 상대로 한 폭력 행위는 여름 내내 기승을 부리면서 많은 지역에서 여론의 지탄을 받았고, 당 내 보수 인사들도 경제에 악영향을 끼친다고 우려했다. 뉘른베르크법은 여론이

더 악화되는 것을 막기 위해서 본심과는 다르게 내놓은 타협책이라고
볼 수 있었다. 당 내 급진파들은 당연히 불만이 컸다.[221] 하지만 당 내
에서 특히 '인종 오염'을 우려하면서 입법을 요구했던 사람들의 불만은
어느 정도 달래주었다. 소요와 노골적 폭력에 제동을 걸면서도 이 법은
차별을 새로운 지평으로 올려놓은 것이 사실이었다. 유대인을 화끈하게
몰아붙이지 못하게 되었다며 실망하던 활동가들도 "지도자께서 겉으로
는 대외 정책을 고려해서 유대인에 대한 개별 행동을 금지한다고 말씀
하시지만 실은 한 사람 한 사람이 이를 악 물고 아주 독하게 앞으로도
유대인을 알아서 응징해주기를 바라신다."는 말에서 위안을 찾았다.[222]

　1935년에 유대인 문제는 다음과 같은 단계를 밟으면서 조금씩 급진
화되었다. 먼저 밑에서 압력을 넣고 위에서 묵인을 한다. 그럼 밑에서
폭력이 더욱 가열되고 위에서는 차별 입법으로 급진파에 제동을 걸고
무마한다. 이런 과정을 거치면서 유대인의 탄압 수위가 몇 단계씩 올라
갔다.

　뉘른베르크법은 그해 여름을 뜨겁게 달구었던 유대인 공격을 잠재우
는 역할을 했다.[223] 평범한 독일 국민 대부분은 당 내 극렬 활동가들과
는 달리 폭력을 탐탁지 않게 여겼지만 유대인을 독일 사회에서 배제하
고 궁극적으로는 몰아낸다는 반유대주의 정책의 지향점에 대해서는 반
대하지 않았다. 그래서 법률로 독일인과 유대인을 갈라놓는 것은 꼴사
나운 폭력 없이도 차별을 지속시키는 항구적 기초가 될 수 있다는 뜻에
서 대체로 새로운 법을 지지했다.[224] 히틀러는 유대인 문제를 법으로
해결하는 데 승부수를 걸었고 다행히 지지율은 거의 영향을 받지 않았
다.[225]

　유대인을 정의하는 골치 아픈 숙제는 여전히 남아 있었다. 혈통법의
적용 대상을 순수 유대인으로 제한한다는 조건을 히틀러가 삭제했기 때
문에 내무부 공무원들은 당 관계자들과 함께 유대인의 피가 부분적으로
섞인 사람들을 어떻게 다루어야 할 것인지를 놓고 몇 주일 동안 골치가
아팠다.[226] 결국 히틀러의 뜻으로 여겨지는 유대인의 범위를 나름대로
짐작해서 시민권 자격법의 후속 법령을 작성했다.[227] 히틀러는 어떨 때

는 사소한 구석까지 시시콜콜 지적을 하면서 끼어들었지만 그것은 매우 드문 일이었으므로 헤스와 내무부의 힘 겨루기로 인해 작업은 순조롭게 진행되지 않았다. 내무부는 조부모 중에서 두 명 이상이 '비아리아인'일 경우에만 유대인으로 규정한다는 방침을 세웠지만 당에서는 의사였던 바그너의 입김으로 조부모 네 사람 중에서 한 명만 유대인이어도 그 후손을 유대인으로 보아야 한다는 입장이었다. 회의를 수없이 했지만 결론을 못 내렸다. 일부 부서에서는 명확한 개념 정의가 없는 상태에서 주먹구구식으로 저마다 다른 기준으로 인종 간 결혼에 제재를 가했다.[228] 하루빨리 매듭을 지어야 할 문제였다. 히틀러는 딱히 어느 쪽 편도 들지 않았다. 9월 24일 뮌헨에서 열리는 관구장 회의에서 히틀러가 최종 결론을 내려줄 것이라 기대하고 실무자들도 초청을 받고 그 자리에 갔다. 그렇지만 히틀러는 시민권 자격법으로 구체화될 제재 조치로 독일 민족의 혈통을 순수하게 지켜 나가야 한다는 말만 던지고는 '중대한 외교 정책 진단'으로 넘어갔다.[229] 유대인의 정의는 어차피 당과 내무부가 알아서 풀어야 할 문제라고 괴벨스는 결론지었다.[230] 핵심 문제는 아직도 그대로 남았다. "유대인 문제는 아직 미정"이라고 괴벨스는 10월 1일 일기에 적었다. "계속 토론은 하는데 지도자가 아직도 흔들린다."[231]

11월 초 아직도 유대인 정의 문제가 해결될 가능성이 안 보이는 상황에서 샤흐트와 중앙은행 이사들까지 정국의 불확실성이 경제와 환율에 악영향을 끼친다면서 빨리 단안을 내려 달라고 히틀러에게 압력을 넣었다. 히틀러는 중앙은행이 요구하는 대로 억지로 등을 떠밀려서 유대인의 생존권을 보장하는 법을 만들 생각이 없었다. 최종 결정을 내리기 위해 11월 5일로 예정된 당정 회의에서 당 관계자들과 내무부, 경제부, 외무부 장관들이 공개적으로 맞붙을 경우 당의 패색이 짙어지자 히틀러는 회의를 전격 취소했다.[232] 히틀러는 타협을 모색했다. "이제는 지도자도 마음을 굳힌 모양이다." 괴벨스는 11월 7일 그렇게 썼다. "어떤 식으로든 절충점을 찾아야지 전부 마음에 들 수는 없다."[233] 일 주일 뒤에 나온 시민권 자격법 1차 후속 법령에서 마침내 불확실성이 해소되었다. 바그너는 대부분 뜻을 관철했다. 하지만 유대인의 정의 문제에서는 내무부의 주장이 어느 정도 받아들여졌다. 조부모 세 명이 유대인일 경우 유대인으로 본다는 원칙이 확정되었다. 조부모 가운데 둘은 유대인이고 둘은 아리아인인 반쪽 유대인은 유대교 신앙이 있고 (뉘른베르크법이 반포되고 나서) 유대인과 결혼한 사람만 유대인으로 여기기로 했다. 유대인 배우자와 결혼해서 낳은 아기도 유대인이었고 유대인과 아리아인 사이에서 태어난 사생아도 유대인이었다.[234] 괴벨스는 "타협책이기는 하지만 최선의 타협책"이라고 평가했다. 그렇지만 썩 마음에 든 것은 아니었다. "4분의 1 유대인도 유대인으로 보는 것은 물 건너갔고 반쪽 유대인도 아주 예외적인 경우에만 유대인으로 본다. 어쩌겠나, 그래야 충돌이 안 생기는데. 기자들 앞에서 아무렇지도 않은 척 점심을 먹자니 죽을 맛이었다. 괜히 평지풍파를 일으킬 필요는 없으니까."[235] 비록 마음에 안 드는 구석이 있더라도 괴벨스가 참은 데는 그럴 만한 이유가 있었다. 유대인 정의 문제는 내무부도 지적했지만 따지고 들어가면 갈수록 모순투성이였던 것이다. 혈액형 같은 것을 가지고 생물학적으로 민족을 정의하기가 애당초 불가능하다면 누가 정말 유대인인지는 신앙으로라도 가려내지 않을 수 없었다. 그러다 보니 부모는 둘 다 아리아인인데 자식이 유대교로 개종했을 경우 그 사람을 유대인으로 보아야 한다는 웃지 못할 경우까지 나올 수 있었다.[236] 그만큼 원래부터 말이 안 되는 소리였다.

겨울에는 가르미슈-파르텐키르헨에서 동계올림픽이 열리고 이듬해 여름에는 베를린 하계올림픽이 예정된 상황에서 대외 정책을 조심스럽게 추진할 수밖에 없었으므로 히틀러 정부는 1935년 여름 같은 폭력 사태가 재연되는 것은 어떻게든 막아야 한다고 생각했다. 차별은 꾸준히 이루어졌지만 그 다음 2년 동안 유대인 문제는 정치권에서 수면 아래로 가라앉았다. 스위스의 유력 나치 지도자였던 빌헬름 구스틀로프가 1936년 2월 한 유대인 청년 손에 암살당했을 때도 이 사건은 보복극으로 비화하지 않았다.[237] 프리크는 헤스와 손을 잡고 개별 행동을 엄격히 금지했다.[238] 히틀러도 구스틀로프 장례식에서 본심을 억누르고 그저 유대인을 막연히 비판하는 선에서 그쳤다.[239] 독일은 잠잠했다. 나치 지도자가 암살당했는데도 폭력 사태가 발생하지 않은 것은 1935년 반유대주의 폭력이 빈발했던 것과 마찬가지로 나치가 마음만 먹으면 언제든지 당 내 급진파들을 통제할 수 있다는 증거였다. 1935년에는 폭력을 일으키는 것이 유리해서 그것을 부추긴 것이고 1936년에는 불리해서 억눌렀다는 차이였다.

전술 차원에서 다소 물러났을 수는 있지만 유대인을 괴멸한다는 것은 1919년 이후로 변함없이 히틀러의 가장 중요한 정치적 목표였다. 1937년 4월 말 지구당 지도자들이 모인 자리에서 히틀러는 유대인에 대해서 발언한 다음 곧바로 이렇게 덧붙였다.

> 나는 덮어놓고 상대방과 싸우자고 몰아세우지는 않는다. 싸우고 싶으니 '한판 붙자' 이렇게 말하지 않는다. '요절을 내주마!' 이렇게 말하는 것이 내 방식이다. 그 즈음이면 내 수에 말려든 상대는 구석으로 몰려 주먹 한 방 제대로 못 뻗는 처지가 된다. 그때 심장에 칼을 푹 박아넣는다.[240]

1935년 여름에도 그랬지만 히틀러는 유대인 문제를 앞장서서 말하고 다닐 필요가 없었다.[241] 중앙에서 조율하지 않아도 이제 사회 요소 요소에서 유대인 문제를 알아서들 처리했다. 중앙당과 지구당에서는 새로운 규제를 요구하는 목소리가 끊이지 않았고 공무원들은 시민권 자격법에 규정된 조항들을 날이 갈수록 엄격하게 적용했다. 뉘른베르크법 규정에 따라서 유대인을 고소하는 재판도 빈발했고, 경찰은 유대인 색출과 추방을 더 신속하게 집행할 수 있는 방안을 모색했다. 그리고 일반 국민도 직접 관여하거나 부추기지는 않았다 치더라도 유대인 차별을 암묵적으로 받아들이는 편이었다. 반유대주의는 이제 사회 구석구석으로 스며들었다. "나치는 국민과 유대인의 골을 깊이 파놓았다." 프라하로 망명한 사회민주당 보고서는 1936년 1월 그렇게 정국을 진단했다. "유대인은 다른 인종이라는 인식이 이제는 지배적이다."[242]

당과 지도자의 분리

1935년 뉘른베르크 전당대회에서 히틀러는 17번의 연설을 했는데 그중 한 번은 자신에게 쏟아지는 높은 지지와 당에 대한 부정적 여론의 괴리를 줄여보려고 시도했다. "요즘 특히 부르주아들 사이에서 '지도자는 괜찮은데 당은 좀 아니다!' 이런 소리가 자주 들리는데 이 자리에서 그 문제를 짚고 넘어가볼까요. 내 답은 이렇습니다. '무슨 소리요! 지도자가 당이고 당이 지도자인데.'"[243] 1920년대 중반 이후로 지도자와 당은 신화적으로 부풀려지면서 좋은 점수를 받았다. 덕분에 당은 기대 이상의 결속력과 장악력을 확보할 수 있었다. 그리고 히틀러는 당의 성배를 수호하는 유일한 인물로서 최고 권력의 기반을 더욱 튼튼히 다질 수 있었다. 그러나 일단 히틀러가 권력을 잡고 난 뒤 히틀러의 이미지와 당의 이미지는 점점 분리되어 나갔다.

1935년 말 무렵이면 히틀러는 선전 기관의 열띤 지원에 힘입어 당리당략을 초월한 민족 지도자로서 입지를 굳혔다. 히틀러는 체제의 성공과 업적을 상징했다. 3년도 안 되어서 히틀러는 천재성으로 경제를 살리고 살인적 실업률을 떨어뜨리고 (자기 밑에 있던 돌격대 지도자들을 쏘아 죽이면서까지) 법질서를 다시 확립했다고 선전에서 주장했고 또 국민 대다수도 그렇게 믿었다. 히틀러 혼자서 베르사유의 족쇄를 부수고 군의 자부심을 되찾고 독일을 국제 무대의 강국으로 복귀시키고 늘 머리를 써서 불필요한 갈등을 피하면서 독일에 평화를 가져온 것처럼 보였다. 히틀러의 업적 가운데 딱히 나치가 이루어냈다고 할 만한 것이 없었다. 애국심이 있는 독일인이라면 히틀러를 우러러볼 만했다. 국가사회주의를 탐탁지 않게 여기는 사람들 사이에서도 히틀러의 인기는 치솟았다.

당으로 넘어오면 이야기가 달라졌다. 히틀러는 국가 통합의 상징으로 보였지만 당 간부들은 부패하고 오만하고 타산적으로 보였고 민족 공동체를 상징하기보다는 불화의 씨앗을 뿌리는 분열주의자로 보였다. 일상생활에서 바로잡히지 않은 문제점이 있으면 사람들은 당을 탓했다. 제3제국이 들어서면 금세 잘살 줄 알고 기대에 부풀었다가 실망을 한 사람들이 많았는데 현실이 기대에 못 미치는 것도 당에 문제가 있어서라고 생각했다.

무엇보다도 교회를 공격하면서 당은 점수를 크게 잃었다. '유대인 문제'에서도 그랬지만 이때도 일선 당원들과 지역당 간부들이 공격의 선봉에 섰다. 정권을 잡기까지 교회 쪽과 치열하게 싸웠던 앙금이 정권을 잡고 나서도 가시지 않았던 것이다.

바이에른과 뷔르템베르크 지역 개신교 교회들의 독립성을 해치는 나치의 공격은 단적인 예였다. 사람들 사이에서 신망이 두터웠으며 독립 교회를 새로 만들어진 제국교회로 끌어들여 통제하려는 시도에 앞장서서 반대했던 한스 마이저 감독과 테오필 부름 감독을 루트비히 뮐러 제국감독이 1934년 가을에 자리에서 몰아내자 국가사회주의의 가장 열렬한 지지자들 사이에서도 반대 여론이 들끓었다.[244] 나치의 아성이었던 프랑켄 지역의 신앙심이 두터운 농민들은 당을 규탄했다.[245] 그러나 히틀러에게까지 불똥이 튀지는 않았다. 사람들은 히틀러에게 여전히 충성했다. 10월 말 히틀러가 개입하여 마이저와 부름을 도로 불러들이자 사람들은 아랫사람들이 보필을 잘 못하는 바람에 모르고 있던 히틀러가 진상을 알고는 잘못을 바로잡았다고 믿었다. 그런데 사실 히틀러가 개입한 것은 여론에 굴복해서였다. 민심 이반을 수습하기 위해서는 그 수밖에 없었다. 마이저와 부름한테 한없이 부드럽게 나갔던 히틀러의 본심은 몇 달 뒤에 드러났다. 히틀러는 그들을 "민족 배신자, 조국의 적, 독일 파괴자"로 몰아세웠다.[246]

가톨릭 신자들도 개신교만큼 시달리지는 않았어도 교회 제도와 관행을 놓고 나치당과 오래 신경전을 벌이다 보니 가톨릭 신자가 많은 지역에서는 나치당이 인심을 많이 잃었다. 역시 히틀러에게까지 비난의 화살이 날아가지는 않았다. 하지만 히틀러가 전혀 상처를 입지 않았다고 말할 수는 없다.[247] 하지만 지역 당 간부들을 비판하는 것이 가톨릭 신자들로서는 부담이 없었고 또 안전했다. 교회 지도자들에게 가장 사악한 반기독교의 원흉으로 찍힌 '악마'는 알프레트 로젠베르크였다.[248] 대외 정책의 중요한 문제가 아직 해결되지 않은 상황에서 교회와 불화가 깊어지면서 정국이 불안해지자 히틀러는 1935년 여름 괴벨스에게 "얼마 동안만이라도 교회와 잘 지내고 싶다."고 말했다.[249] 지도자는 "가톨릭 문제를 아주 심각하게 본다."고 괴벨스는 썼다.[250] 하지만 유대인 문제가 그랬던 것처럼 이번에도 일선 당원들과 활동가들은 쉽게 통제가 안 됐다. 가톨릭 신자가 많은 지역에서는 교회 투쟁이 더 강화되었다. 그 바람에 1935년 겨울에서 이듬해 초에 걸쳐서 이 지역에서 나치의 인기는 바닥을 기었다.[251]

일부 지역에서만 교회를 공격했다가 그 역풍으로 지지율이 뚝 떨어진 것이 아니라 1935년 겨울과 그 이듬해 초까지 나치 정권의 지지율은 하락을 거듭했다. 히틀러 개인의 지지도는 그럭저럭 유지되었다. 그러나 차츰 지도자까지 비판하는 경향이 나타났다. 1차 세계대전에서 패한 1918년 11월 이후의 혼란을 일소하고 다시는 봉기가 일어나지 않는 나라를 만들겠다는 약속으로 들어선 정권과 지도자의 입장에서는 정국이 혼란으로 빠져드는 것을 방치할 수 없었다.[252]

히틀러는 독일의 정치 상황이 안 좋게 돌아가고 살림살이가 나아지지 않아서 여론이 갈수록 악화되고 있다는 사실을 잘 알았다. "지도자의 정국 진단이 있었다. 여론이 안 좋아진다." 괴벨스는 8월 중순 일기에 그렇게 적었다.[253] 1935년 9월 4일 히틀러에게 올라간 물가와 임금 관련 보고서에 따르면 독일 노동자의 절반 가까이가 일 주일에 18제국마르크도 못 벌었다. 그나마 세금을 내고 나면 수입은 더 줄었다. 최저생계비에도 훨씬 못 미치는 수준이었다. 통계에 따르면 학령기 자녀가 셋 있는 5인 가족 도시 근로자가 평균적으로 벌어들이는 25제국마르크로 일 주일을 버텨야 했다. 입에 풀칠하기도 어려운 형편이었다. 임금은 1932년 수준에 묶여 있었다. 그렇게 생활이 고달팠던 바이마르 공화국 때도 공황이 터지기 전해였던 1928년까지는 실질소득이 이보다 훨씬 높았다. 반대로 식료품비는 1933년 이후로 공식적으로만 8퍼센트 올랐다. 생활비는 전체적으로 5.4퍼센트 올랐다. 그러나 피부로 느끼는 물가는 이보다 훨씬 높이 뛰었다. 일부 식품은 33퍼센트, 50퍼센트, 심지어는 150퍼센트까지 뛰었다.[254] 늦여름으로 접어들면서 "식량 위기다,

공급 위기다." 하는 말이 공공연히 나돌았다.

현금 보유액이 줄어들고 만성적인 외환 부족에 시달리자 샤흐트는 1934년부터 독재자처럼 경제를 한 손에 틀어쥐었다. 그해 9월부터 '신 계획'을 실행하면서 수입 품목별로 할당을 하여 외환을 엄격하게 관리하고 남유럽, 동유럽 국가들과 쌍무 조약을 맺어 수출을 늘리는 데 주력했다. 일단 외상으로 원자재를 들여온 다음 완제품을 만들어 갚아 나가는 방식이었다.[255] 그러나 재무장에 역점을 두었기 때문에 문제는 해결되지 않았다. 마르크화를 평가절하하는 것도 거부하고 무기 증강과 고가 수입품에 많은 돈을 쓰니 그럴 수밖에 없었다. 나중에는 무기 산업을 확충하는 데 필요한 원료마저 돈이 없어서 수입할 수가 없었고 소비자 물가를 억제하는 데 필요한 외국 농산물도 들여올 수가 없었다. 1934년에 흉년이 닥친 데다가 발터 다레가 이끄는 제국농업동지회의 관리 부실, 비효율, 관료주의 폐해가 겹치면서 경제는 구조적으로 더욱 어려워졌다. 1934년 11월부터 다레가 들고 나온 '생산 투쟁'은 수입을 줄이는 데는 다소 도움이 되었지만 기본적으로 관료들의 그릇된 개입으로 일을 그르치고 말았다. 그 바람에 사료가 크게 부족해서 사육 가축 숫자가 뚝 떨어졌고 식량이 모자라는 악순환이 빚어졌다. 1935년 가을이 되자 군 기름도 달걀도 모두 동이 났다.[256] 그런데도 외화는 산업 설비, 특히 무기를 만드는 데 필요한 자재를 들여오는 데만 썼다.

가게에서는 식품을 구경하기 힘들어졌다. 대도시에서는 식품을 사려고 줄을 서는 것이 고달픈 일상사가 되었다. 굳기름, 버터, 달걀, 고기는 점점 귀해지고 값도 뛰었다. 민족 공동체를 세우는 데 성원을 보냈던 농민들도 이익을 높이려고 생산물을 시장에 내놓지 않았다. 대도시부터 생활 수준이 뚝 떨어졌다. 정권이 가장 불신하고 의심했던 공장 노동자들이 가장 큰 타격을 받았다.

베를린 경찰은 식용 기름과 육류 부족, 식품 가격 앙등, 다시 치솟는 실업률로 민심이 흉흉하다고 1935년 가을 보고서에 적었다. 먹을 것을 사려고 줄을 서면서 사람들은 분노에 떨었다. 경찰이 버터 판매를 지켜서서 감시해야 할 지경이었다. 식량을 쌓아 두고 내놓지 않는 사람들에 대한 분노가 들끓었다. 그러나 가장 많이 욕을 얻어먹은 것은 물가를 통 잡지 못하는 정부였다.[257] 그나마 베를린은 수도라고 해서 특별 대접을 받았지만 다른 대도시는 상황이 더욱 어려웠다.[258] 1936년 1월로 접어들면서 상황은 더욱 나빠졌다. 베를린에서도 정부와 당에 악감정을 품은 시민의 비율이 충격적일 만큼 높다는 말이 나돌았다. 비판은 이제 걷잡을 수 없는 수준으로 번졌다. 수입은 줄어드는데 거꾸로 식품 가격은 껑충껑충 뛰었다. 민심이 흉흉해진 것은 식품비 폭등에 주원인이 있었다. 냉동육의 경우 가격이 70퍼센트나 뛰었다. 정부의 공식 발표와 피부로 느끼는 현실은 달랐다. 그나마 시장에 가도 물건이 없으니 불만은 쌓여만 갔다. 공산주의에 동조하는 목소리가 점점 높아졌다.[259] 3월이 되자 여론은 극히 우려할 만한 수준으로 악화되었다. 너도나도 불만을 쏟아냈다. 히틀러식 인사는 눈에 띄게 줄어들었다. 다시 한 번 1934년 6월 30일의 '긴 칼의 밤' 같은 일이 일어나서 군부에서 들고일어나 싹 쓸어버리고 힘 있는 지도자가 나라를 깨끗하게 다스려야 한다고 말하는 사람이 늘어났다. 식량 부족은 굶주리는 서민과 사치를 일삼는 썩은 당 간부의 처지가 하늘과 땅 차이라는 것을 여실히 보여주었다. 히틀러는 그런 상황을 방치했다는 비난을 들어야 했다. "지도자 개인에 대한 여론의 신뢰도 위기를 맞았다."고 베를린 경찰은 보고했다.[260]

"국민 여론은 나쁘지 않고 좋다. 내가 더 잘 안다. 그런 보고서 때문에 여론이 안 좋아진다. 앞으로는 그런 거 올리지 말라." 보좌관 프리츠 비데만이 여론이 심상치 않으니 대책을 강구해야 한다고 하자 히틀러는 격노했다.[261] 하지만 그렇게 화를 냈다는 것 자체가 물자 부족으로 정권의 지지율이 떨어졌다는 사실을 히틀러가 훤히 알고 있음을 암시한다. 히틀러는 상황의 심각성을 잘 알고 있었다.

1934년 9월에 벌써 저소득층에서 지방성 식품 가격이 치솟는 데 불만이 크다는 사실을 알았다. 히틀러는 다레를 불러서 실제로 그런지 물었다. 다레는 우유와 기름의 가격 추이를 보고했다.[262] 그 뒤로 여러 차례 고위 당직자들의 대책 회의가 잇따라 열렸고 히틀러도 한 번 참석했다.[263] 두 달 뒤 히틀러는 라이프치히 시장 카를 괴르델러를 물가통제

위원으로 임명했다. 그리고 1934년 11월 5일 각료들 앞에서 이렇게 말했다. "앞으로 물가 인상을 용납하지 않을 것이라고 노동자들 앞에서 밝혔는데 물가를 잡지 못하면 약속을 어겼다고 봉급생활자들한테 욕을 들을 것이다. 그렇게 되면 국민들이 들고일어설지도 모른다. 그러니 물가는 반드시 잡아야 한다."[264]

그러나 직함만 그럴 듯했지 괴르델러에게는 물가를 잡을 수 있는 실권이 없었다. 1935년 7월 프리크는 독일 전국 각지에서 올라오는 암울한 보고서를 총리실로 보냈다. 그러면서 물가 상승이 노동자계급을 얼마나 압박하는지 심각한 실태를 총리가 알아 달라고 촉구했다.[265] 8월 27일 베를린에서 회의를 연 노동관리단도 상황을 비슷하게 진단했다.[266] 히틀러는 이번에도 물가 수준과 소득에 관한 통계 자료를 요구했다. 9월 4일 보고서에는 생활 수준과 실질임금이 떨어지고 일부 생필품 가격이 가파르게 올라간다고 적혀 있었다.[267] 이것은 '겉으로는 멀쩡한 제3제국'의 암울한 현실이었다.[268]

히틀러는 식량 부족과 재무장 계획의 함수 관계에 대한 설명도 들었다. 외환 보유고 부족이 심각한 수준이긴 하지만 일단은 싸구려라도 마가린 같은 식용 기름을 적어도 하루에 30만 제국마르크어치는 들여와야 일단 발등의 불이라도 끌 수 있었다. 사실은 이것도 제국농업동지회가 요구하는 수준에는 턱없이 못 미쳤다. "외환을 식용 기름 수입에 끌어다 쓰면 원자재 수입이 줄어들고 그렇게 되면 실업률도 올라갈 수밖에 없지만 그런 부작용을 감수하고라도 일단 생필품 공급에 역점을 두어야 한다."[269] 재무장은 당분간 2순위로 밀려야 했다. 그런데도 샤흐트는 히틀러도 참석한 가운데 관구장들 앞에서 군사비로 쓸 수 있는 돈은 50억 제국마르크뿐이며 그나마도 삭감을 해야지 "안 그랬다간 공멸한다."고 경고했다.[270]

물가통제위원 괴르델러는 재무장을 잠시 미루어 두는 미봉책만으로는 문제가 근본적으로 해결되지 않는다고 보았다. 1935년 10월 독일의 경제 상황을 가차없이 분석하여 히틀러에게 올린 보고서에서 괴르델러는 "아무리 재무장이 중요하다 해도 국민에게 식용 기름을 충분히 공급하는 정책이 시급하다."고 강조했다. 괴르델러는 시장 경제로 돌아가서 수출에 역점을 두고 모든 경제 문제의 근원인 재무장 속도를 조금 늦추어야 한다고 보았다. 안 그랬다간 전근대 사회의 경제로 후퇴하여 독일 국민의 생활 수준이 크게 떨어질 것이라고 경고했다. 이런 추세라면 1936년 1월 무렵이면 그저 굶어죽지 않는 것만도 다행스럽게 여기는 그런 수준으로 떨어지리라는 것이었다.[271] 히틀러는 그런 경고를 못마땅하게 여겼다.[272] 하지만 괴르델러가 보기에 사태를 이대로 방치했다간 나중에 국민 저항에 직면할 가능성이 높았다.[273] 그래서 우선 물가통제위원이라는 자리도 유명무실하므로 없애는 것이 좋겠다고 건의했다. 1935년 11월과 1936년 2월 두 번에 걸쳐 그런 제안을 했지만 히틀러는 보나마나 체면을 의식해서 '추후 통지가 있을 때까지'는 물가통제위원을 없애지 않는다는 방침을 고수했다.[274]

그러면서도 히틀러는 10월에 샤흐트에게는 빠듯한 외환 보유액 중에서 1240만 제국마르크를 뚝 떼어 마가린 원료를 사는 데 쓰라고 당부했다.[275] 또 그동안 샤흐트가 전권을 행사해 온 경제 분야에서도 외환 사용처를 놓고 힘 겨루기를 하던 샤흐트와 다레를 중재하는 역할을 괴링에게 맡겼다.[276] 괴링은 샤흐트와 재계 일부 인사들을 한 방 먹이면서 다레의 손을 들어주었다. 그렇지만 히틀러 입장에서는 식량 배급제라는 최악의 상황으로 몰리면서 국민의 지탄을 받지 않으려면 불가피한 조치였다. 그러면서 언론에다가는 히틀러가 "식량 배급 카드를 도입하지 않을 것이며 경제부에 충분한 식량을 수입하도록 자금을 지원하라는 지시를 내렸다."는 소문을 퍼뜨렸다. 재무장도 영향을 받았다. 전쟁부도 책정된 예산 배정을 이듬해 봄까지 미루어 당장 필요한 식량을 수입할 수 있게끔 도와야 했다.[277] 좋지 않은 여론은 히틀러 정권이 가장 역점을 두었던 정책에까지도 영향을 끼쳤다. 그만큼 정국이 뒤숭숭했다.[278]

국내 문제가 심각해지는 상황에서도 국제연맹을 혼란에 빠뜨린 에티오피아 사태는 외교 정책에서 또 한 방을 터뜨릴 수 있는 건수를 제공했다. 히틀러는 독일이 국제적 고립에서 벗어나 스트레사 전선의 공동 대오를 더욱 흐트러뜨리고 베르사유 체제를 바로잡을 수 있는 호기가 찾

아왔다고 생각했다. 답답한 국내 상황에 돌파구를 연다는 데서도 대외
정책에서 한 방을 터뜨리는 것은 각별한 의미가 있었다. 이미 8월에 히
틀러는 에티오피아에서 전쟁이 일어날 것으로 내다보았다. 괴벨스 앞에
서 앞으로 펼쳐질 국제 정세를 이렇게 점쳤다. "영국하고는 끝까지 같
이 가고 폴란드하고도 좋게 지내야 한다. …… 그러면서 동쪽으로 진출
해야 한다. 발트 지역은 당연히 우리 땅이니까. …… 앞으로 이탈리아-
에티오피아-영국의 분쟁이 있을 것이고 일본-소련도 충돌할 것이다."
앞으로 몇 년 안에 "위대한 역사적 순간이 온다. 그때에 대비해야 한
다." 괴벨스는 "탁월한 관점이다. 우리는 모두 감동을 받았다."고 썼
다.[279] 두 달도 못 가서 실제로 이탈리아가 에티오피아로 쳐들어가자
히틀러는 장관들 앞에서 "모든 것이 예상보다 3년 먼저 일어났다."고
말했다고 괴벨스는 일기에 적었다. 그렇지만 이것은 독일에게는 더없이
좋은 기회라고 히틀러는 강조했다. "재무장을 하면서 만반의 준비를 갖
춰야 한다. 유럽은 다시 요동친다. 영리하게 굴면 우리가 승자가 될 것
이다."[280]

　그러나 식량 위기로 재무장은 심각한 벽에 부딪쳤다. 1936년 봄 히틀
러는 또다시 개입하여 샤흐트가 크게 반발하는데도 불구하고 마가린 원
료를 수입하도록 다레에게 6천만 제국마르크를 주라는 지시를 내렸
다.[281] 재무장 우선론자들은 다급해졌다. 샤흐트는 12월 블롬베르크 전
쟁부장관에게 무기 제작에 필요한 원자재를 들여올 수 없는 실정이라고
이해를 구했다. 1936년 초에는 재무장에 들어가는 원료 수급이 위태로
운 수준으로 낮아졌다. 한두 달분의 비축량밖에 없었다. 샤흐트는 재무
장 속도를 늦추자고 제안했다.[282]

　히틀러가 총리에 취임하고 햇수로 4년째에 접어들었지만 경제가 받
쳐주지 못하자 재무장 계획은 위기를 맞이했다. 다급히 전개되는 국제
정세로 보자면 미친 듯이 재무장을 해도 모자랄 판이었는데 식량 위기
와 그에 따른 사회 불안으로 제동이 걸렸다. 다른 지표를 보더라도 실망
스럽기는 마찬가지였다. 실업률이 다시 치솟으리라던 불길한 예언은 갈
수록 현실이 되었다. 1936년 독일 노동부는 실업자는 여전히 250만 명

에 이르며 앞으로도 숫자가 줄어들 가능성은 희박하다는 암울한 전망을
내놓았다.[283] 괴르델러와 샤흐트의 주장대로 재무장 속도를 늦출 경우
실업률은 더 올라갈 수밖에 없었다. 물자가 부족한 상황에서 겨울이 닥
치자 지하로 들어갔던 공산당의 지지율이 다시 올라가는 조짐이 보였고
반대로 나치당원들의 사기는 바닥을 기었다.[284] 나치 지도부는 식량 부
족, 물가 폭등, 사회 갈등이 이대로 지속될 경우 국내외 정책이 모두 흔
들릴 것이라는 위기감에 휩싸였다. 2년 뒤 히틀러는 외환 보유고가 바
닥이 난 상태에서 또다시 식량 위기를 맞이한다면 정권은 내리막길로
치달을 것이라고 말했다. 그것을 막기 위해서라도 '생존 공간'을 확보할
필요가 있다는 것이 히틀러의 논리였다.[285]

1936년 초 히틀러가 일대 도박을 감행한 것도 국내외 정세를 모두 고
려해서 내린 일종의 타개책이었다. 히틀러는 비무장지대로 설정되었던
라인란트를 재점령하여 베르사유 조약과 로카르노 조약을 한꺼번에 파
기했다.

그것은 노이라트 외무장관의 생각이기도 했다. 2월 18일 노이라트는
이탈리아 주재 독일 대사로 있던 울리히 폰 하셀을 (며칠도 못 가서 두 번
째로) 베를린으로 급히 소환하여 라인란트 문제를 논의했다. 노이라트
는 히틀러에게 무엇보다도 중요한 고려 사항은 '국내 정세'라고 판단했
다. 히틀러는 "체제를 떠받치는 기운이 시들해지는 상황에서 대중의 가
슴에 다시 불을 지를 만한 새로운 국가적 구호를 찾고 있다."는 것이었
다. 국민투표도 한 가지 방법이 될 수 있었다.[286] 그런데 그날 저녁 하
셀을 부른 자리에서 '국내와 국외에서 모두' 먹혀들 만한 일을 벌이고
싶다면서 국내 문제가 중요한 변수임을 노골적으로 밝혔다.[287] 몇 주일
뒤 하셀은 국내 정세를 히틀러가 중시하고 있으며 3월 8일 '용사 추모
일'로 거사일을 잡은 것도 선전 효과를 극대화하기 위해서라는 느낌을
받았다.[288]

히틀러는 극적인 민족적 승리를 거둔다면 체제 안정에 큰 도움이 되
고 선전으로도 크게 이용할 수 있다는 사실을 잘 알았다. 겨울에 겪었던
식량 위기와 갈수록 벌어졌던 교회와의 관계에서 받은 타격을 만회할

수 있는 절호의 기회였다. 침체된 사기는 하루아침에 되살릴 수 있었고 국내외에서 나치 정권의 입지가 강화되며 히틀러의 인기도 더욱 올라갈 수 있었다. 경제 상황이 특히 안 좋다는 보고가 잇따라 올라왔고 당과 가톨릭교회의 충돌로 안 그래도 안 좋았던 정권에 대한 호감도가 더욱 형편없이 떨어졌던 라인란트 지역에서는 독일의 일방적인 비무장 철회 선언으로 지지도를 단숨에 반전시킬 수 있는 기회였다.[289] 좀 더 기다 렸으면 외교 경로를 통해서도 1, 2년이면 라인란트를 되찾을 수 있었을 텐데 위험 부담을 안고서 마치 쿠데타를 감행하듯 강수를 둔 것은 그래 야만 더 극적으로 보이고 선전 효과도 커진다고 히틀러가 보았기 때문 이다. 노이라트가 예상한 것처럼 히틀러는 3월 29일 국민투표를 실시하 여 점령을 기정사실화했다. 대중은 다시 열광했고 당원들은 기운을 되 찾았으며 활동가들은 다시 부지런히 움직였다.[290]

다른 때도 그랬지만 이번에도 히틀러는 국내 정세와 국제 정세를 모 두 고려하여 결정을 내렸다. 에티오피아 사태로 빚어진 국제 상황을 활 용할 수 있겠다는 판단이 섰기 때문에 그만큼 국내 불안을 타개하는 데 도 효과적으로 이용할 수가 있었다.

라인란트 재점령

1919년에 맺은 평화 조약에 따라 독일은 라인 강 서안에는 요새를 지 을 수 없었고 군대를 둘 수도 없었으며 그 안에서는 어떤 군사 작전도 펼칠 수 없었다. 라인 강 동안 50킬로미터 이내에서도 똑같은 규제를 받았다. 라인란트의 비무장 지위는 1925년 로카르노 협약에서도 재확 인되었고 독일은 협약에 서명했다. 독일이 일방적으로 그 지위를 깨는 것은 전후에 맺은 조약을 어기고 국제적 합의를 저버리는 행위였다. 서 유럽 안보의 기초를 무너뜨리는 행위였다. 하지만 독일 민족주의 진영 의 시각에서 라인란트의 현실은 도저히 받아들일 수가 없었다.

히틀러가 아니더라도 누가 되었건 독일의 민족주의자가 정권을 잡았다면 어차피 라인란트의 재무장을 추진했을 것이다. 군부는 1933년 12월에 세운 재무장 계획과 서부 전선 방어를 위해서는 라인란트가 꼭 필요하다고 생각했다.[291] 외무부는 라인란트가 어느 시점에 가면 협상을 통해 비무장 지위에서 벗어날 수 있을 것이라고 믿었다. 로카르노 조약과 베르사유 조약에 발목이 묶여서 조심하다 보니까 그랬지 안 그랬더라면 징병제를 도입했을 때 라인란트도 자연스럽게 접수할 수 있었을 것이다.[292] 히틀러는 벌써 1934년부터 비무장지대를 없애야 한다고 비공개석상에서 말했다. 1935년에는 공개석상에서 또다시 그런 말을 했다. 그 해가 저물어 갈 무렵이면 프랑스도 얼마 안 가서 라인란트가 다시 재무장에 들어가리라는 것을 기정사실로 받아들이고 있었다. 히틀러는 12월 13일 영국 대사를 접견한 자리에서 비무장지대를 없애는 것이 좋겠다고 하면서 3월에 징병제를 도입할 때처럼 그런 조치를 취하지 못한 데 유감을 나타냈다. 아울러 군사 전문가들하고는 라인란트를 재점령하는 데 따르는 문제를 논의했다.[293] 분위기도 슬슬 무르익었다. 가만히 있어도 한두 해 지나면 라인란트를 자연스럽게 다시 손에 넣을 수 있을지도 모르지만 기회를 포착하고 언제 어떤 식으로 거사를 벌일지를 결정한 것은 순전히 히틀러였다. 다른 때처럼 이번에도 히틀러의 개성이 유감없이 발휘되었다.

기회는 무솔리니가 제공했다. 앞서 살펴본 대로 무솔리니는 같은 회원국이었던 에티오피아를 이유 없이 쳐들어갔기 때문에 국제연맹의 비난과 함께 경제 제재를 받았고 그렇지 않아도 흔들렸던 스트레사 전선은 완전히 허물어졌다. 이탈리아는 전세가 불리해지고 경제 제재 효과로 고통이 가중되자 프랑스와 영국에 등을 돌리고 독일에 접근했다. 이탈리아와 독일 사이를 불편하게 만든 것은 오스트리아 문제였다. 1934년 중반 돌푸스 오스트리아 총리가 암살되자 두 나라 관계는 꽁꽁 얼어붙었다. 그런데 분위기가 달라졌다. 무솔리니는 1936년 1월 자기는 오스트리아가 독일의 위성국이 되어도 개의치 않는다는 입장을 밝혔다.[294] 공조의 '축'으로 나아가는 길은 금세 뚫렸다. 같은 달 말에는 프랑스와 영국이 지중해 일원에서 이탈리아를 겨냥한 합동 군사 작전을 벌인다는 말이 나도는 것만으로도 이미 로카르노 조약에 위배되는 것이며 자꾸 그런 식으로 나가면 로카르노 체제는 깨질 수밖에 없다고 대놓고 말했다. 히틀러는 말귀를 알아들었다. 무솔리니는 이어 하셀 이탈리아 주재 독일 대사를 접견하면서 이탈리아는 스트레사 전선은 끝났다고 여긴다는 입장을 전하고 제재가 가중될 경우 이탈리아는 국제연맹을 탈퇴하여 로카르노 조약에 종지부를 찍을 것이라고 밝혔다. 무솔리니는 또 현재 프랑스 하원에 계류 중이고 독일이 로카르노 조약 위반으로 받아들이는 프랑스·소련 상호 원조 조약이 비준될 경우 독일이 응분의 조치를 취하더라도 이탈리아는 영국과 프랑스를 지지하지 않을 것이라고 덧붙였다.[295] 메시지는 분명했다. 이탈리아는 가만히 있을 테니 독일은 안심하고 라인란트로 들어가라는 소리였다.

에티오피아 위기는 영국과 프랑스 사이도 갈라놓아 두 나라는 더욱 서먹해졌다. 새뮤얼 호어 영국 외무장관과 피에르 라발 프랑스 외무장관이 에티오피아 영토의 3분의 2를 이탈리아에게 떼어주기로 한 호어-라발 합의안이 1935년 12월 새어나가 비판 여론이 일면서 두 나라 사이는 더욱 삐걱거렸다.[296] 프랑스 정부는 독일의 라인란트 재점령이 불가피하다는 사실을 깨달았다. 대부분의 관측통은 그 시기를 올림픽이 끝나는 1936년 가을로 예상했다. 그렇지만 외교 협상으로도 결국은 뜻을 이룰 수 있을 텐데 히틀러가 라인란트로 무리하게 밀고 들어오리라고 내다본 프랑스 외교관은 드물었다. 독일이 합의를 위반할 경우 프랑스 혼자서라도 군사적으로 독일을 응징하는 데 프랑스 각료들은 반대했다. 프랑스군 지도부는 독일의 군사력을 과대평가한 나머지 군사적 응징에 반대하면서 어디까지나 정치적 대응에 머물러야 한다는 점을 분명히 했다.[297] 프랑스는 라인란트를 놓고 독일과 한판 붙을 마음이 없었다. 히틀러와 독일 외무부는 이 점을 간파했다.[298] 여러 경로로 가능성을 타진한 결과 히틀러는 영국도 라인란트 문제에 섣불리 개입하지 않으리라고 확신했다. 영국은 국내 정치 문제도 복잡하고 에티오피아 사태에 발목이 잡혀 있었다. 또 라인란트의 비무장 지위를 유지하는 것이 영국의 국익에 꼭 필요하다고 보는 입장이 아니었을 뿐더러 평소 독일의 요구를 어느 정도 이해하는 입장이었기 때문에 군사적으로 당분간은 큰 위협이 안 된다고 판단했다.[299] 따라서 라인란트를 전격적으로 다시 차지하는 작전은 성공할 가능성이 높았다. 영국과 프랑스의 군사 보복 가능성이 매우 낮았기 때문이다. 물론 그것은 유럽 열강들의 동향에 대한 독일의 분석이 옳다는 전제에서만 일리가 있었다. 확실한 것은 없었다. 히틀러는 지체 없이 결행하려고 했지만 너무 위험하다면서 반대하는 참모도 있었다. 하지만 1933년 국제연맹을 탈퇴할 때도, 1935년 징병제를 다시 도입할 때도 히틀러의 대담한 조치는 결국 옳았기 때문에 히틀러의 말에는 무게가 실렸다. 라인란트 문제에 대한 히틀러의 입장은 더욱 단호했다. 군사 전문가와 외교 전문가가 아무리 신중하라고 해도 들을 기세가 아니었다.[300]

히틀러가 머지않아 라인란트로 군대를 보낼 것이라는 소문은 베를린에서 벌써 1936년 2월부터 나돌았다.[301] 그 시점에서는 아무것도 결정된 것이 없었다. 히틀러는 1936년 2월 6일 개막된 동계올림픽 참관을 위해 지방에 머물면서 이 문제를 숙고했다.[302] 외무부 쪽에서는 특히 반대가 심했다. 2월 내내 히틀러는 노이라트, 블롬베르크, 프리치, 리벤트로프, 괴링, 하셀과 함께 장단점을 다각도로 검토했다. 외무부 안에서도, 군부 안에서도 웬만한 사람은 결단이 임박했음을 알았다. 프리치와 베크는 반대했고 블롬베르크는 이번에도 히틀러 편이었다. 노이라트 외무장관도 썩 내켜하지 않았다. 작전을 서두르기에는 위험 부담이 너무 크다는 것이었다. 독일이 군사 보복을 당하지는 않는다 하더라도 국제적으로 더욱 고립되는 것은 피할 수가 없었다. 하셀도 비무장지대에서 탈피할 수 있는 길이 얼마든지 있기 때문에 서두를 필요가 없다고 말했다. 노이라트도 하셀도 적어도 프랑스 상원에서 프랑스와 소련의 협약이 통과될 때까지는 기다리는 게 좋겠다는 의견이었다. 괜히 로카르노 조약을 깨뜨렸다가 적에게 꼬투리 잡히기 딱 좋다는 것이었다. 히틀러는 상원까지 기다릴 것 없이 하원 비준이 끝나는 대로 밀고 가자는 쪽이었다.[303] 아무리 직업 외교관이 신중한 결정을 당부해도 히틀러는 리벤트로프 같은 아첨꾼의 노골적인 아부에만 귀를 열었다.[304]

히틀러는 하셀에게 라인란트 재점령은 군사적으로 반드시 필요한 조치라고 말했다. 원래 히틀러는 1937년이 적기라고 생각했다. 그러나 프랑스와 소련이 조약을 맺으면서 국제 정세가 독일에게 유리하게 돌아가는 상황이었고 (영국과 프랑스 안에서는 반소 감정이 워낙 심했다) 다른 열강들 특히 소련의 군사력이 일취월장하여 군사 균형이 무너질 가능성이 높았으므로 빨리 행동에 나서야 할 만한 명분은 얼마든지 내세울 수 있었다. 군사 보복을 당할 가능성은 없다고 히틀러는 생각했다. 기껏해야 경제 제재 정도만 각오하면 충분했다.[305] 2월 19일 토론에서 하셀은 에티오피아 전황이 이탈리아 쪽으로 기울고 원유 제재가 풀린 만큼 이탈리아가 독일을 지지할 가능성이 줄어들었다고 보고했다. 히틀러는 행동을 늦출수록 불리해진다고 맞받았다. "이번에도 공격이 최선의 전략"이라고 주장했고 리벤트로프는 옆에서 열심히 맞장구를 쳤다. 프랑스와 소련의 조약을 빌미로 삼으면서 라인 강 양안의 비무장 상태를 연장하고 3국 항공 협약, 프랑스와의 불가침 조약 같은 선심성 제안을 하면 여론이 독일에 우호적으로 나오리라는 것이었다. 그런 제안이 받아들여질 가능성은 희박했다. 그러나 하셀은 히틀러가 50퍼센트 이상 마음을 굳혔다는 느낌을 받았다. 미심쩍었던 프리치도 그달 중순을 넘기면서부터는 히틀러가 결심을 했구나 하고 생각했다. 노이라트도 이 무렵이면 비록 떨떠름하기는 했지만 대세에 따를 수밖에 없겠다는 쪽으로 돌아섰다.[306]

그러나 히틀러는 여전히 흔들렸다. 히틀러는 외교관과 군 지도부를 설득하지 못했다. 리벤트로프야 원래 아부에 능했으니 찬성을 했다 하더라도 블롬베르크도 지지는 하면서도 불안한 빛이 역력했다. 이 두 사람 말고는 하나같이 과감한 행보보다는 신중한 행보를 권했다. 2월 말까지도 그런 상황이 이어졌다. 히틀러가 아무리 속전속결로 뜻을 굳혔다 하더라도 정확한 시기는 아직 미정이었다. 2월 27일 점심을 먹는 자리에서 라인란트 재무장 문제가 화제에 올랐다. 괴링과 괴벨스도 동석한 자리였다. "아직은 시기상조"라는 것이 괴벨스의 결론이었다.[307] 히틀러는 다음날까지도 마음을 못 정했다. 괴벨스는 "프랑스-소련 조약이 일단락지어졌을 때" 다시 말해서 프랑스 상원에서 비준을 받을 때까지는 기다리자고 건의했다.[308] 그날 오후 괴벨스는 히틀러를 수행하여 뮌헨으로 가면서 기차 안에서 라인란트 문제를 논의했다. "지도자는 아직도 망설인다."라고 괴벨스는 썼다. 괴벨스는 상원 비준 이후로 시기를 늦추자고 계속 주장했다. 히틀러는 다음날 이야기를 좀 더 해보자고 했다.[309] 2월 29일 점심 때까지도 히틀러는 마음을 정하지 못했다.

그러다가 다음날인 3월 1일, 뮌헨이 봄 같은 날씨에 푹 젖어 있을 때 괴벨스가 느긋하게 기다리던 호텔에 나타났다. 그리고 결정을 통보했다. "또 한 번 고비를 맞았지만 이번에야말로 행동에 나서야 한다." 괴벨스는 그렇게 썼다. "운은 용감한 자를 따르는 법! 호랑이 굴에 들어가야 호랑이를 잡는 법."[310]

다음날인 3월 2일 괴벨스는 오전 11시 총리 관저에서 열린 회의에 들어갔다. 괴링, 블롬베르크, 프리치, 레더 같은 군 수뇌부도 와 있었다. 물론 리벤트로프도 있었다. 히틀러는 결단을 내렸다고 하면서 의회를 3월 7일 토요일에 소집한다고 밝혔다. 그 자리에서 라인란트 재무장을 선언할 생각이라는 것이었다. 아울러 독일의 국제연맹 복귀, 방공 조약 체결, 프랑스와의 불가침 조약 체결을 제안할 생각이라고 덧붙였다. 그렇게 하면 독일이 고립되는 위험성을 줄일 수 있고 독일의 주권을 확실히 되찾을 수 있다는 것이었다. 의회는 해산하고 새로운 외교 정책을 내걸고 다시 총선을 실시할 작정이라고 히틀러는 밝혔다. 프리치는 금요일 밤에 군대를 보내는 임무를 맡았다. "모두 전광석화처럼 해치워야 한다."는 것이 히틀러의 주문이었다. 군대라는 인상을 주지 않기 위해 돌격대나 노동전선이 훈련을 벌이는 것처럼 꾸미기로 했다. 군 장성들은 떨떠름한 표정이었다.[311] 각료들은 다음날 오후에야 개별적으로 통보를 받았고 프리크와 헤스는 저녁에야 연락을 받았다. 그 무렵이면 이미 의회 소집을 알리는 공문이 다 발송되었지만 의심을 살까 봐 그냥 같이 맥주를 마시는 친목 행사인 것처럼 꾸몄다.[312] 수요일이면 이미 히틀러는 의회 연설 준비에 매달렸고 괴벨스도 선거 준비에 돌입했다. 목요일까지도 외무부에서는 우려의 목소리가 흘러나왔다. 히틀러는 금요일 저녁 원고 작성을 마쳤다. 향후 정책을 알리기 위해 처음으로 각료들을 한자리에 모았다. 괴벨스는 다음날 정오 의회가 열린다고 알렸다.[313] 유일한 안건은 정부가 발표할 성명이었다.[314] 총선 계획도 그 자리에서 확정지었다. 정보 유출을 막기 위해 선전부에서 일하는 사람들은 밤새 건물 밖으로 나가는 것을 허용하지 않았다. "의표를 찔러야 성공한다."고 괴벨스는 썼다. 그는 이튿날 아침 이렇게 덧붙였다. "베를린은 바짝 긴장하고 있다."[315]

히틀러는 우레와 같은 박수갈채를 받으며 자리에서 일어섰다. 1933년 의사당 방화 사건 이후 제국 의회 장소가 된 크롤 오페라 극장은 이날 꼭대기까지 사람으로 빽빽이 들어찼다. 기자도 수백 명이나 왔다. 외교관도 대거 참석했지만 프랑스 대사와 영국 대사는 반갑지 않은 일이 일어나리라는 낌새를 알아차리고 아예 오지 않았다. 단상에 앉은 각료 중에는 잔뜩 긴장을 해서인지 유독 블롬베르크의 얼굴이 하얗게 질려 있었다. 괴링은 히틀러 뒤편에 앉아서 표정은 읽을 수 없었지만 들뜬 기색이 역력했다. 괴벨스는 히틀러가 연설을 하는 동안 원고를 읽었다. 나치 제복을 입은 의원들은 아무것도 모르는 얼굴이었다.[316]

연설은 크롤 오페라 극장에 모인 사람만이 아니라 수많은 라디오 청취자까지 겨냥했다. 한참 동안 베르사유 체제를 공격하고 독일의 평등과 안보를 요구하고 평화를 역설하고 나서 볼셰비즘을 공격하자 환호성이 터졌다. 히틀러는 여세를 몰아 프랑스와 소련의 협약은 로카르노 조약 위반이라고 공격하면서 그날 아침 노이라트가 로카르노 조약 서명국 대사들에게 보낸 서한을 읽어 내려가더니 이 조약은 이미 유명무실해졌다고 선언했다. 그리고 잠시 숨을 가다듬더니 말을 이어나갔다. "따라서 독일은 폐기된 조약에 더는 속박당하지 않을 것입니다. …… 국경선을 지키고 국방력을 수호하려는 민족의 근본적 권리에 따라 독일 정부는 오늘자로 라인란트 비무장지대에 대한 제약 없는 주권을 온전히 되찾았음을 선언합니다."[317] 600명의 의원이 운집한 대회장에서 미국 기자 윌리엄 샤이러가 지켜본 바로는 이 말이 끝나기 무섭게 "목이 두껍

고 머리는 짧게 치고 배가 불룩 튀어나오고 갈색 제복에 군화를 입은 땅
딸막한 사람들이 오뚝이처럼 튀어 일어서더니 오른팔을 쭉 내뻗으면서
나치식으로 '만세'를 외쳤다."[318] 흥분의 물결이 가라앉자 히틀러는 유
럽 '평화안'을 내놓았다. 벨기에, 프랑스와 불가침 조약을 맺는다, 두 나
라와의 국경선 일대를 비무장지대로 만든다, 방공 협약을 맺는다, 폴란
드와 맺었던 것과 비슷한 불가침 조약을 동유럽 방면 나라들과 맺는다,
독일은 국제연맹으로 복귀한다는 제안이었다.[319] 히틀러가 너무 많은
걸 양보한다고 보는 사람도 있었다.[320] 그렇지만 그것은 기우였다. 히
틀러도 모를 리가 없었지만 히틀러의 제안이 받아들여질 가능성은 눈곱
만큼도 없었다. 히틀러의 연설은 절정으로 치달았다. "독일 의원 여러
분! 제국의 서쪽 땅으로 독일 군대가 앞으로 평화의 수비대 역할을 하
기 위해 진주하고 있는 이 역사적 시간에 우리는 한 마음으로 두 가지
다짐을 합니다." 고막이 찢어질 듯한 함성이 터지는 바람에 히틀러의
연설은 잠시 끊겼다. "사람들은 벌떡 일어서서 소리 지르고 울부짖었
다." 윌리엄 샤이러는 그렇게 적었다. "이층 관람석에 있던 청중도 흥분
하기는 마찬가지였다. 외교관 몇 사람과 50명쯤 되는 기자들만 점잖게
있었다. 손은 쭉 뻗었고 얼굴은 황홀경에 차 있었으며 벌린 입으로 마구
소리를 질러댔다. 이글거리는 눈은 새로운 구세주를 뚫어지게 응시하고
있었다. 메시아의 연기는 가히 압권이었다."[321] 히틀러는 장내가 조용
해지기를 기다렸다. 그러고는 두 가지 다짐을 했다. 민족의 명예가 걸려
있을 때는 절대로 무력에 굴복하지 않겠다는 다짐, 유럽에 있는 독일의
이웃 나라들을 좀 더 이해하려고 노력하겠다는 다짐. 그리고 독일은 유
럽 안에서는 영토를 확보하려는 야심이 없다는 한 해 전의 약속을 되풀
이했다.[322] 그러나 독일 밖에서는 히틀러의 말이 신뢰를 잃어 갔다.[323]

　　오후 1시, 히틀러의 연설이 거의 끝나 갈 무렵 독일 군대는 쾰른의 호
엔촐레른 다리에 이르렀다.[324] 괴벨스가 직접 선정한 기자들이 비행기
2대로 공수되어 이미 역사적 순간을 보도하러 와 있었다.[325] 그날 아침
쾰른에는 벌써 소문이 좍 퍼졌다. 수많은 인파가 라인 강 강둑을 채우고
다리 부근의 거리를 가득 메우고 있었다. 군인들은 뜨거운 환영을 받았

1936년 3월 7일 쾰른의 호엔촐레른 다리를 건너 비무장 라인란트 지역으로 들어가는 독일군. 라인란트 점령은 과감한 행보로 히틀러가 거둔 최대의 성과였다. 이 일을 계기로 히틀러의 자기 확신은 종교적인 차원으로 올라섰다.

다. 여자들은 길에다 꽃을 뿌렸다. 가톨릭 신부들도 군인들을 축복했다. 슐테 추기경은 '우리 군대를 다시 보내준' 히틀러에게 고마움을 나타냈다.[326] 교회와 벌이던 싸움은 잠시 잊혔다.

비무장지대에 투입된 병력은 주경찰 병력까지 더해도 3만 명이 채 안 됐다. 비무장지대 안으로 깊숙이 들어갈 인원은 3천 명에 불과했다. 나머지는 대부분 라인 강 동안에 진을 쳤다. 프랑스 군대와 충돌이 빚어질 경우 선발 부대는 한 시간 안에 퇴각할 작정이었다.[327] 하지만 그런 일은 벌어지지 않았다. 앞서 본 대로 프랑스군 수뇌부는 애시당초 싸울 마음이 없었다. 프랑스 첩보부는 돌격대, 친위대, 나치 활동가를 모두 군인으로 착각한 나머지 라인란트에 모인 독일군 병력이 모두 29만 5천 명이라는 터무니없는 결론을 내렸다.[328] 사실 1개 사단 병력만으로도 프랑스군은 독일군을 얼마든지 무찌를 수 있었을 것이다. "그때 프랑스가 라인란트로 밀고 들어왔더라면 우리는 꼬리를 내리고 다시 물러났을 것이다. 우리의 군사력으로는 방어다운 방어를 하기에도 역부족이었다." 히틀러는 나중에 몇 번이나 이런 말을 했다고 한다. 독일군이 라인란트로 들어가고 나서 48시간이 히틀러 자신 말로는 그때까지 살아오면서 가장 피가 마르는 순간이었다.[329] 히틀러는 언제나 극적 효과를 노리면서 말했다. 한스 프랑크는 히틀러가 "만일 프랑스가 정색을 하고 나왔더라면 나는 일생일대의 정치적 패배를 맛보았을 것"이라고 말한 것으로 기억한다.[330] 그러나 히틀러가 정확히 꿰뚫어본 대로 프랑스도 영국도 싸울 마음이 없었다. 3월 7일 초저녁이 되자 거사는 완전한 성공으로 결판났다. "지도자에게 쏟아지는 외국 논평은 찬양 일색이다." 괴벨스는 썼다.

> 프랑스는 국제연맹을 끌어들이려고 한다. 바로 그거다. 가만히 있겠단 소리다. 핵심은 그거다. …… 전 세계의 반응은 예상한 대로다. 지도자는 대만족이다. …… 진주는 계획대로 이루어졌다. …… 지도자는 함박웃음이다. 영국은 심드렁하고 프랑스는 혼자서 움직이지 않는다. 이탈리아는 진이 빠졌고 미국은 관심이 없다. 우리 땅의 주권을 되찾은 것이다.[331]

따지고 보면 위험 부담이 별로 큰 일도 아니었다. 서유럽 민주 국가들은 개입하는 데 필요한 의지도 단결력도 없었다. 반면 히틀러는 값진 승리를 챙겼다. 히틀러는 기존의 외교 원칙에서 완전히 벗어난 패권 외교에 아직 제대로 적응하지 못한 열강들을 보기 좋게 압도했다. 그런가 하면 군부와 외무부 안의 보수파도 끽 소리 못하게 만들었다. 1935년 3월에도 그랬지만 군 수뇌부와 외교 전문가들의 심약한 신중론이 얼마나 현실과 동떨어졌는지가 드러났다. 라인란트는 과감한 행보로 히틀러가 거둔 최대의 성과였다. 사실 군부도 외무부도 반대한 것은 아니었다. 라인란트의 재무장은 누구나 바라던 바였다. 다만 시기와 방법에서 우려를 표명한 정도였다. 히틀러가 보기에는 결국 배짱이 있고 없고의 문제였다. 군부와 외무부의 전문가를 히틀러는 더욱 경멸하게 되었다. 과대망상은 더욱 증세가 심해졌다.

며칠 뒤 레오폴트 폰 회슈 영국 주재 독일 대사가 전쟁이 곧 터질지 모른다는 급보를 보내오자 블롬베르크는 기겁을 했지만 히틀러는 끄떡도 안 했다.[332] 그때쯤이면 히틀러는 그런 경고 따위에는 아랑곳하지 않았다. 3월 19일 국제연맹의 비난 결의안도 대수롭지 않게 받아넘겼다.[333] 로카르노는 휴지 조각이 되었고 베르사유는 누더기가 되었다. 고비는 넘긴 지 오래였다. "이렇게 매끄럽게 일이 처리되다니 정말이지 믿기지가 않아!" 히틀러는 그 달 말 승리감에 도취하여 쾰른을 방문하고 베를린으로 특별열차를 타고 돌아오는 길에 밤하늘에 벌겋게 달아오른 루르 공업지대의 제철소 용광로들을 바라보면서 옆에 앉아 있던 한스 프랑크에게 그렇게 말했다.[334]

메시아적 확신

라인란트를 재점령했다는 소식에 독일 국민은 1933년에 국제연맹을 탈퇴했을 때나 1935년 징병제 재도입을 선언했을 때를 훨씬 뛰어넘는 폭발적 반응을 보였다. 히틀러가 평지풍파를 일으키는 바람에 전쟁이 터질지 모른다던 우려는 금세 수그러들었다.[335] 열광적 분위기에 휩쓸리지 않고서는 견디기 어려울 정도였다. 나치 지지자들만 환호한 것이 아니었다. 저항 세력은 기가 팍 꺾였다.[336] 영국과 프랑스에 맞서고 베르사유 체제를 공격하고 독일의 영토 주권을 되찾고 평화를 약속하는 히틀러에 대한 새로운 숭배 열풍이 번지는 현상을 사회민주당 관계자들은 착잡한 심정으로 기록했다.[337] 민족주의 성향의 보수주의자로서 함부르크에 사는 중산층 가정주부였던 루이제 졸미츠는 장교를 지냈지만 유대인의 피가 섞였다는 이유로 남편과 딸이 뉘른베르크법에 따라 독일 시민권을 얻지 못하자 나치당에 실망했지만 또다시 히틀러에 푹 빠졌다.

> 지금 벌어지는 사건을 보면서 완전히 압도당했다. …… 우리 군인들이 행진하는 모습을 보니까 마음이 뿌듯하고 그 연설 솜씨 하며 뿜어나오는 힘 하며 히틀러가 참 대단한 인물이라는 생각이 든다. 몇 년 전 암울함에 젖어 있을 때만 하더라도 그런 일은 감히 엄두도 못 냈을 거다. 그런데 지도자는 가능성을 기정사실로 만들면서 세상에 맞섰다. 한 사람 한 사람 숨죽이고 핑핑 돌아가는 세상을 본다. 히틀러는 어디로 가는가, 종착점은 어디인가, 연설의 정점은 어디인가, 또 얼마나 대담한 승부수를 던져서 우리를 놀라게 할 것인가? 그러면서 조금도 두려워하지 않고 두둑한 배짱으로 행동을 하나씩 실천에 옮긴다. 보기만 해도 기운이 난다. …… 지도자의 마력은 바로 그런 데서 나오지 않나 싶다. …… 운도 어김없이 따라주고.[338]

라인란트 재점령에 이어 3월 29일로 날짜가 잡힌 총선을 위한 선거 운동은 히틀러의 승리를 널리 알리는 홍보 활동에 다름 아니었다. 독일 어디를 가도 군중은 감격에 겨워하면서 히틀러를 뜨겁게 맞이했다. 괴벨스도 파상적인 선전 공세를 퍼부었다. 벽촌이든 오지든 가리지 않고 활동가를 보내서 히틀러의 치적을 알렸다. "독재자는 자기가 원하는 정책으로 군중을 엮어들였다."고 사회민주당 보고서는 분석했다.[339] 국민투표 결과 히틀러가 내놓은 대의원 명단은 98.9퍼센트라는 압도적인 찬성표를 얻었다. 독일 국민의 절대 다수는 히틀러 밑에서 똘똘 뭉쳐서 히틀러의 국내외 정책을 압도적으로 지지했다.[340] 그렇게 높은 지지율이 나온 것은 투표 절차상의 하자도 있었고 협박도 어느 정도는 작용했겠지만 기본적으로 사람들이 히틀러를 압도적으로 지지했다는 뜻이었다. 라인란트 점령으로 히틀러의 인기가 하늘을 찌를 듯했다는 소리는 결코 허풍이 아니었다.[341] 가을부터 겨울까지 이어졌던 이런저런 문제와 걱정, 불평, 불만은 일단은 싹 사라졌다.

라인란트 승리는 히틀러에게 뚜렷한 흔적을 남겼다. 디트리히, 비데만 같은 사람들이 히틀러가 많이 달라졌다고 느낀 것은 이 무렵부터였다. 전에도 그랬지만 히틀러는 더욱 자기 확신에 찬 사람이 되었다. 이때부터 종교적 어휘가 연설에 들어가기 시작했다. 몇 달 뒤 뉘른베르크에서 열린 명예 전당대회에서는 당 간부들 앞에서 연설을 하면서 다분히 신약성서의 메시아를 연상시키는 발언을 쏟아냈다.

우리가 이 시간에 이렇게 함께 모인 것이 기적이 아니고 또 무엇이겠습니까! 한 사람의 목소리가 여러분의 가슴을 쳤고 여러분은 잠에서 깨어나 그 목소리를 따라갔습니다. …… 이 자리에 모인 우리는 그 신비로운 만남이 아직도 꿈만 같습니다. 여러분 모두가 저를 볼 수 있는 것도 아니고 저도 여러분을 모두 보지는 못합니다. 하지만 저는 여러분을 느끼고 여러분도 저를 느낍니다! 작은 우리를 크게 만든 것은 민족에 대한 믿음입니다. …… 여러분은 살기 위해서 하루하루 싸우다가, 조국과 민족을 위해서 싸우다가 이곳에 와서 일심동체가 되었습니다. 이제 우리는 하나입니다. 우리는 그 사람과 함께 있고 그 사람도 우리와 함께 있습니다. 우리가 독일입니다![342]

이틀 뒤 히틀러는 여전히 메시아의 감흥에 젖어 자신과 독일 민족을 묶는 신비로운 운명을 보았다. "하고많은 사람 중에 …… 여러분이 저를 찾아냈다는 것이야말로 이 시대의 기적입니다! 그리고 제가 여러분을 찾아냈다는 것, 그것이야말로 독일의 행운입니다!"[343]

추종자들은 당신은 보통 사람이 아니라는 생각을 1920년대 초반부터 히틀러의 머리 속에 심어놓았다. 히틀러는 그렇게 만들어진 이미지를 기꺼이 받아들였다. 그렇지 않아도 과대망상이 심했는데 거기에 불을 지핀 격이었다. 그때부터 특히 1933년 이후로 내치도 그렇고 외교 정책이 눈부신 성공을 거두자 지도자의 인기가 하늘을 찔렀고 그런 증세는 더욱 심해졌다. 히틀러는 끝 모를 숭배를 그대로 받아들였다. 지도자를 누구보다도 숭배한 사람은 히틀러 자신이었다. 재앙을 불러일으키는 오만은 그렇게 해서 굳어졌다. 그리고 1936년부터 벌어지는 일은 오만에 대한 복수였다.

독일은 히틀러에게 점령당했다. 그뿐 아니었다. 독일은 팽창을 원했다. 세계 평화는 조만간 위협받을 수밖에 없었다. 모든 것이 내가 예견한 대로 굴러간다고 히틀러는 생각했다. 히틀러는 스스로를 신의 섭리가 운명 지은 사람으로 여기게 되었다. "나는 신이 나를 위해 깔아놓은 길을 잠결에 걸어가는 사람처럼 확신에 차 있다."고 3월 14일 뮌헨 집회에서 히틀러는 기염을 토했다.[344] 체제 안에서 크고 작은 권력을 행사하던 모든 집단이 이제 죄다 히틀러 밑으로 기어 들어왔다. 히틀러의 권위는 아무도 흔들 수 없었다. 인기가 하늘을 찔렀다. 신이 깔아놓은 길이 나락으로 이어지는 길이라는 사실을 깨달을 만한 통찰력이 있었던 사람은 그 무렵에는 많지 않았다.

AdR   *Akten der Reichskanzlei*(독일 제국총리실 보유 문서집)

ADGB   Allgemeiner Deutscher Gewerkschaftsbund(독일노동조합총연맹)

AG   Arbeitsgemeinschaft(노동공동체)

AO   Auslandsorganisation(나치당 국외조직국)

BAK   Bundesarchiv Koblenz(독일 연방기록보존소)

Bayern   *Bayern in der NS-Zeit*, Martin Broszat 등 엮음, 전6권, München, 1977-1983

BDC   Berlin Document Center(베를린 자료원)

BDM   Bund Deutscher Mädel(독일소녀동맹)

BHStA   Bayerisches Hauptstaatsarchiv(바이에른 주립기록보존소)

BVP   Bayerische Volkspartei(바이에른인민당)

DAF   Deutsche Arbeitsfront(독일노동전선)

DAP   Deutsche Arbeiterpartei(독일노동자당)

DBFP   *Documents on British Foreign Policy*(영국 외교정책 문서), *1919-1939, 2nd Series, 1930-1937*, London, 1950-1957

DBS   *Deutschland-Berichte der Sozialdemokratischen Partei Deutschlands*(독일사회민주당의 독일 보고서), *1934-1940*, 전 7권, Frankfurt am Main, 1980.

DDP   Deutsche Demokratische Partei(독일민주당)

DGFP   *Documents on German Foreign Policy*(독일 외교정책 문서), *1918-1945, Series C(1933-1937). The Third Reich: First Reich: First Phase*, London, 1957-1966

DNF   Deutschnationale Front(독일민족전선)

DNVP   Deutschnationale Volkspartei(독일국가인민당)

Domarus   Max Domarus 엮음, *Hitler. Reden und Proklamationen 1932-1945*(히틀러의 연설과 성명), 전 2권, 전 4부, Wiesbaden, 1973.

DRZW   *Das Deutsche Reich und der Zweite Weltkrieg*, 지금까지 모두 6권 간행, Militägeschichtliches Forschungsamt 엮음, Stuttgart, 1979-.

DSP   Deutschsozialistische Partei(독일사회주의당)

DVFB   Deutschvölkische Freiheitsbewegung(독일민족자유운동)

DVFP   Deutschvölkische Freiheitspartei(독일민족자유당)

DVP   Deutsche Volkspartei(독일인민당)

Gestapo   Geheime Staatspolizei(국가비밀경찰, 게슈타포)

GS   Gendarmerie-Station(경찰서)

GVG   Großdeutsche Volksgemeinschaft(대독일민족공동체)

HA   NSDAP-Hauptarchiv(나치당 기록보존소, 마이크로필름 수집: *NSDAP-Hauptarchiv. Guide to the Hoover Institution Microfilm Collection*, Grete Heinz, Agnes F. Peterson 정리, Stanford, 1964를 보라)

Hitler-Prozeß   *Der Hitler-Prozeß 1924. Wortlaut der Hauptverhandlung vor dem Volksgericht*

München I(1924년의 히틀러 재판. 뮌헨 I 재판소 본심 판결문), *Teil 1*, Lothar Gruchmann, Reinhard Weber 엮음, Otto Gritschneder 지원. München, 1997.

HJ	Hitlerjugend(히틀러유겐트)
HMB	Halbmonatsbericht(격주 보고서)
IfZ	Institut für Zeitgeschichte, München(현대사연구소, 뮌헨)
IML/ZPA	*Institut für Marxismus-Leninismus, Zentrales Parteiarchiv*(마르크스-레닌주의연구소, 중앙당 기록보존소, 동베를린, 동독)
IMT	*Trial of the Major War Criminals before the International Military Tribunal*, 전42권, Nürnberg, 1947-1999.
JK	*Eberhard Jäckel*, Axel Kuhn 엮음, *Hitler. Sämtliche Aufzeichnungen 1905-1924*, Stuttgart, 1980.
JMH	Journal of Modern History
KPD	Kommunistische Partei Deutschlands(독일공산당)
LB	Lagebericht(상황 보고)
MB	Monatsbericht(월례 보고)
MF/OF	Mittelfranken/Oberfranken(미텔프랑켄과 오버프랑켄, 바이에른의 행정구)
MK	Adolf Hitler, *Mein Kampf*(나의 투쟁), 876-880쇄, München, 1943.
MK Watt	Adolf Hitler, *Mein Kampf*, London, 1969, Ralph Manheim 옮김, D. C. Watt 해설, 보급판, London, 1973.
Monologe	*Adolf Hitler: Monologe im Führerhauptquartier 1941-1944. Die Aufzeichnungen Heinrich Heims*, Werner Jochmann 엮음, Hamburg, 1980.
NA	National Archives, Washington(국립기록보존소, 워싱턴)
Nbg	Nürnberg(뉘른베르크)
NCA	*Nazi Conspiracy and Aggression*, Office of the United States Chief of Counsel for Prosecution of Axis Criminality, 전 9권에 부록 2권, Washington D.C., 1946-1948.
NB/OP	Niederbayern/Oberpfalz(니더바이에른과 오버팔츠, 바이에른의 행정구)
NSBO	Nationalsozialistische Betriebszellenorganisation(국가사회주의 공장세포조직)
NSDAP	Nationalsozialistische Deutsche Arbeiterpartei(국가사회주의독일노동자당: 나치당)
NSDStB	Nationalsozialistischer Deutscher Studentenbund(국가사회주의독일학생동맹)
NSFB	Nationalsozialistische Freiheitsbewegung(국가사회주의자유운동)
NSFP	Nationalsozialistische Freiheitspartei(국가사회주의자유당)
NS-Hago	Nationalsozialistische Handwerks-, Handels-und Gewerbeorganisation(국가사회주의수공업자상공업자연합)
OB	Oberbayern(오버바이에른)
Pd Mü	Polizeidirektion München(뮌헨 경찰청)
PRO	Public Record Office(공공기록보존소)
RGBL	*Reichsgesetzblatt*(제국관보)

RGO	Revolutionäre Gewerkschafts-Opposition(혁명적 노동조합반대파, 바이마르공화국의 공산주의 노동조합)
RP	Regierungspräsident(주지사)
RSA	*Hitler. Reden, Schriften, Anordnungen: Februar 1925 bis Januar 1933*(히틀러 연설 · 논설 · 명령집: 1925년 2월부터 1933년 1월까지), Institut für Zeitgeschichte, 전 5권 12부, München/London/New York/Paris, 1992-1998.
S	Schwaben(슈바벤)
SA	Sturmabteilung(돌격대)
SD	Sicherheitsdienst(보안국)
Sopade	Sozialdemokratische Partei Deutschlands(국외 추방당한 독일사회민주당은 프라하를 근거지로 삼았고(1933-1338), 그후 파리(1938-1940), 1940년 이후에는 런던에 머물렀다.)
SS	Schutzstaffel(친위대)
SPD	Sozialdemokratische Partei Deutschlands(독일사회민주당)
StA	Staatsarchiv(국가기록보존소)
StdF	Stellvertreter des Führers(지도자 대리인)
TBJG	*Die Tagebücher von Joseph Goebbels. Sämtliche Fragmente, Teil I, Aufzeichnungen 1924-1941*(요제프 괴벨스 일기), 전 4권, Elke Fröhlich 엮음, München 등, 1987.
***Tb* Reuth**	*Joseph Goebbels. Tagebücher 1924-1945*(요제프 괴벨스 일기), 전 5권, Ralf Georg Reuth 엮음, München/Zürich, 1992.
UF	Unterfranken(운터프랑켄)
VB	*Völkischer Beobachter*(민족의 감시자)
VfZ	*Vierteljahrshefte für Zeitgeschichte*(계간 현대사)
VVM	Vaterländische Vereine Münchens(뮌헨애국협회)
VVVB	Vereinigte Vaterländische Verbände Bayerns(바이에른통일애국연합)

프롤로그

1) 탁월한 분석이 돋보이는 에릭 홉스봄의 역사서 제목이기도 하다. Eric Hobsbawm, *Age of Extremes. The Short Twentieth Century, 1914-1991*, London, 1994.

2) 1930년 히틀러가 탄 자동차가 대형 화물차에 부딪쳤을 때 히틀러가 죽었다면 역사가 어떻게 달라졌을까 하고 현실을 뒤집은 가상의 역사를 그리려는 시도가 있었다. Henry A. Turner, *Geißel des Jahrhunderts. Hitler and seine Hinterlassenschaft*, Berlin, 1989. 이 사고의 전말을 소개한 책도 있다. Otto Wagener, *Hitler aus nächster Nähe. Aufzeichnungen eines Vertrauen 1929-1932*, Henry A. Turner 엮음, 2판, Kiel, 1987, 155-6.

3) Karl Marx, *The Eighteenth Brumaire of Louis Bonaparte*, Moscow, 1954, 10.

4) 최근 들어 제3제국의 역사를 포괄적으로 분석한 책이 잇따라 나와 그동안 쏟아져 나온 정밀한 연구를 종합하고 해석하는 데 괄목할 만한 진전이 이루어졌다. 여기 그 책들을 소개한다. Hans-Ulrich Thamer, *Verführung und Gewalt. Deutschland 1933-1945*, Berlin, 1986. Norbert Frei, *National Socialist Rule in Germany : the Führer State 1933-1945*, Oxford/Cambridge Mass., 1993(독일어 원전 *Der Führerstaat. Nationalsozialistische Herrschaft 1933 bis 1945*, München, 1987에 살을 붙인 영어판). Jost Dülffer, *Deutsche Geschichte 1933-1945. Fühereglaube und Vernichtungskrieg*, Stuttgart/Berlin/Köln, 1992(영어판 *Nazi Germany 1933-1945 : Faith and Annihilation*, London, 1996). Karlheinz Weißmann, *Der Weg in den Abgrund 1933-1945*, Berlin, 1995. Klaus P. Fischer, *Nazi Germany : a New History*, London, 1995. 특히 쓸모가 많은 종합 해석서로는 Ludolf Herbst, *Das nationalsozialistische Deutschland 1933-1945*, Frankfurt am Main, 1996.

5) 다음과 같은 발언은 지금도 여러모로 많은 것을 생각하게 한다. Wolfgang Sauer, 'National Socialism : Totalitarianism or Fascism?', *American Historical Review*, 73(1967-8), 404-24. 그중에서도 408쪽에는 이런 내용이 있다. "나치즘 안에서 역사가는 그 역사가의 좌표야 어찌 되었든 거부하지 않고는 배길 수 없는 현상과 맞닥뜨린다. 이 말에 수긍하지 않는 견해 중에서 솔직히 말해서 한 번쯤 곱씹어보고 싶은 내용은 하나도 없다. …… 이런 식의 근본적인 거부야말로 근본적인 이해의 결여라고도 말할 수 있지 않을까?"

6) 바로 이것이 Hermann Graml, 'Probleme einer Hitler-Biographie. Kritische Bemerkungen zu Joachim C. Fest', *VfZ*, 22(1974), 76-92에서 Joachim C. Fest, *Hitler. Eine Biographie*, Frankfurt am Main/Berlin/Wien, 1973을 통렬하게 비판한 서평의 핵심이다. Graml은 히틀러라는 개인의 생애를 히틀러가 독일 사회에 끼친 영향의 분석 안에 통합하려는 히틀러 전기의 집필에서 생겨나는 문제는 '해결이 불가능하다'고 본다(78, 84). Michael Kater, 'Hitler in a Social Context', *Central European History*, 14(1981), 243-72, 특히 243-6에서도 히틀러의 권력을 사회적 맥락에서 고찰하는 사려

깊고 흥미로운 접근법을 통해서 히틀러 전기 일반을 가차없이 비판한다. Karl Dietrich Bracher, Manfred Funke, Hans-Adolf Jacobsen 엮음, *Nationalsozialistische Diktatur 1933-1945. Eine Bilanz*, Bonn, 1983, 687-705에 재수록된 Gregor Schöllgen, ʻDas Problem einer Hitler-Biographie. Überlegungen anhand neuerer Darstellungen des Falles Hitlerʼ, *Neue politische Literatur*, 23(1978), 421-34의 평가는 이보다는 덜 비관적이다.

7) Gerhard Schreiber, *Hitler. Interpretationen 1923-1983. Ergebnisse, Methoden und Probleme der Forschung*, Darmstadt, 1984, 13.

8) Guido Knopp, *Hitler. Eine Bilanz*, Berlin, 1995, 9.

9) Schreiber, *Hitler. Interpretationen 1923-1983*은 중요한 문헌을 망라했다. 히틀러 전기 작가들이 내놓은 해석을 비판적으로 신중하게 평가한 최근의 연구서로는 John Lukacs, *The Hitler of History*, New York, 1997이 있다. 또 Ron Rosenbaum, ʻExplaining Hitlerʼ, *New Yorker*, 1 May 1995, 50-70도 보라. 접근법을 더 심도 있게 파악하고 싶은 사람에게 권하는 책은 Klaus Hildebrand, *Das Dritte Reich*, München/Wien, 1979, 132-46과 Ian Kershaw, *The Nazi Dictatorship. Problems and Perspectives of Interpretation*, 3판, London, 1993, 4-6장이다. ʻ히틀러 변수ʼ의 문제를 역사적으로 논의하고 분석한 초기의 시도로는 다음과 같은 것이 있다. Klaus Hildebrand, ʻDer "Fall" Hitlerʼ, *Neue politische Literatur*, 14(1969), 375-86. Klaus Hildebrand, ʻHitlers Ort in der Geschichte des Preußlisch-Deutschen Nationalstaatesʼ, *Historische Zeitschrift*, 217(1973), 584-631. Wolf-Rüdiger Hartmann, ʻAdolf Hitler : Möglichkeiten seiner Deutungʼ, *Archiv für Sozialgeschichte*, 15(1975), 521-35. Eberhard Jäckel, ʻRückblick auf die sogennante Hitler-Welleʼ, *Geschichte in Wissenschaft und Unterricht*, 28(1977), 695-710. Andreas Hillgruber, ʻTendenzen, Ergebnisse und Perspektiven der gegenwärtigen Hitler-Forschungʼ, *Historische Zeitschrift*, 226(1978), 600-621. Wolfgang Michalka, ʻWege der Hitler-Forschungʼ, *Quaderni di storia*, 8(1978), 157-90 및 10(1979), 125-51. John P. Fox, ʻAdolf Hitler : the Continuing Debateʼ, *International Affaires*(1979), 252-64. William Carr, ʻHistorians and the Hitler Phenomenonʼ, *German Life and Letters*, 34(1981), 260-72.

10) Alan Bullock, *Hitler : a Study in Tyranny*, 개정판, Harmondsworth, 1962, 804. Bullock은 나중에 초기의 견해를 완전히 바꾸었다(Rosenbaum, 67 참조). 히틀러 이념의 핵심은 Alan Bullock, *Hitler and Stalin. Parallel Lives*, London, 1991에 나오는 분석 안에 고스란히 들어갔다.

11) 가령 Walter Laqueur 엮음, *Fascism. A Reader's Guide*, Harmondsworth, 1979, 193-212(특히 201)에 나오는 Karl Dietrich Bracher, ʻThe Role of Hitler : Perspectives of Interpretationʼ의 논평을 보자. "결국 중요한 것은 유대인을 계획적으로 죽인 히틀러의 인종 차별적 반유대주의가 낳은 끔찍한 결과에서도 알 수 있듯이 뭐니 뭐니 해도 히틀러의 세계관이었다." 외교 정책 분야에서 히틀러 이념의 실용주의적 추진력은 Klaus Hildebrand, *Deutsche Außenpolitik 1933-1945. Kalkül oder Dogma?*, 4판, Stuttgart/Berlin/Köln, 1980, 188-9. 히틀러 사상의 내적 정합성은 다음 책에서 처음으로 총체적으로 다루어졌다. Eberhard Jäckel, *Hitlers Weltanschauung. Entwurf einer Herrschaft*, Tübingen, 1969, 증보 4판, Stuttgart, 1991.

12) 인용은 H. R. Trevor-Roper, *The Last Days of Hitler*, 3판, London, 1962, 46.

13) 이런 동독 역사학계의 기본 노선을 가장 잘 짚은 것은 Dietrich Eichholtz와 Kurt Gossweiler가 엮은 *Faschismusforschung. Positionen, Probleme, Polemik*, Berlin(East), 1980, 125-55에 실린 Wolfgang Ruge, 'Monopolbourgeoisie, faschistischer Massenbasis und NS-Programmatik'이다. Ruge는 《나의 투쟁》은 '재계의 큰손들(Wirtschaftskapitäne) 앞으로 보낸 자기 소개서(Empfehlungsschreiben)의 역할'을 했다고 보면서(141) 히틀러는 대기업 '최고 독점 자본가들(Monopolherren)'의 '돋보이는 하수인'(Staragenten)이었다고 말한다(144). 이런 해석을 더욱 밀고 나간 것이 Wolfgang Ruge, *Das Ende von Weimar. Monopolkapital und Hitler*, Berlin(East), 1983인데 여기서 히틀러는 대기업 '후원자들(Hintermänner)'의 '고분고분한 똘마니'(willfährige Kreatur)로 불린다(334, 336). 이런 전제가 공식 국가 이념에 깔려 있다 보니 동독에서는 히틀러 전기가 나올 수가 없었다. 동독 체제에서 유일하게 나치당 통사를 책으로 낸 두 역사가(Kurt Pätzold와 Manfred Weißbecker, *Geschichte des NSDAP*, Köln, 1981인데 원래는 *Hakenkreuz und Totenkopf. Die Partei des Verbrechens*, Berlin(East), 1981으로 나왔다)는 동독 같았으면 상상도 못했을 이 독일 독재자의 삶에 초점을 맞춘 연구서를 나중에 책으로 내면서 "그 파시스트 지도자는 꼭두각시가 아니었다"고 강조했다(Kurt Pätzold와 Manfred Weißbecker, Adolf Hitler. Eine politische Biographie, Leipzig, 1995).

14) 1035쪽에 이르는 John Toland, *Adolf Hitler*, London, 1976은 이런 말로 시작한다(p. xiv). "내 책은 아무런 주제가 없다." Helmut Heiber, *Adolf Hitler. Eine Biographie*, Berlin, 1960은 훨씬 짧지만 히틀러의 일생을 '요람에서 무덤까지' 묘사한 책인데 뚜렷한 해석의 틀은 없어 보인다.

15) Joshua Rubenstein, *Hitler*, London, 1984, 87과 Wulf Schwarzwäller, *The Unknown Hitler*, Bethesda, Maryland, 1989, 9. Guido Knopp's description(*Hitler, Eine Bilanz*, 13)도 히틀러를 '병든 돼지(kranker Schweinehund)'라고 부르면서 비슷한 방향으로 흐르지만 그래도 히틀러를 다각도로 이해하려는 시도 안에서 나온 말이다.

16) 이 말은 각각 Norman Rich, *Hitler's War Aims*, 전2권, London, 1973-4, i.II와 Hans Mommsen, *Beamtentum im Dritten Reich*, Stuttgart, 1966, 98 주26에 나온다. Manfred Funke, *Starker oder schwacher Diktator? Hitlers Herrschaft und die Deutschen : Ein Essay*, Düsseldorf, 1989는 이렇게 상충되는 해석을 정리한다. Wolfgang Wippermann 엮음, *Kontroversen um Hitler*, Frankfurt am Main, 1986과 Kershaw, *Nazi Dictatorship*, 4장도 참조할 것.

17) Eberhard Jäckel은 수많은 저작에서 히틀러의 지배는 '독재 정치(monocracy)'이며 '유일 통치(Alleinherrschaft)'라는 입장에서 한 번도 벗어나지 않았다. 가령 그가 쓴 *Hitler in History*, Hanover/London, 1984, 28-30와 *Hitler's Herrschaft*, (1986) 2판, Stuttgart, 1988, 59-65와 역시 그런 입장이 강하게 암시된 *Das deutsche Jahrhundert. Eine historische Bilanz*, Stuttgart, 1996, 164을 보라. 히틀러의 '독재 정치'를 희석시키는 해석에 단호히 맞서는 입장은 Gerhard Hirschfeld와 Lothar kettenacker 엮음, *Der "Führerstaat" : Mythos und Realität. Studien zur Struktur und Politik des Dritten Reiches*, Stuttgart, 1981, 73-97에 실린 Klaus Hildebrand, 'Monokratie oder Polykratie? Hitlers Herrschaft und das Dritte Reich'에 나와 있다.

18) 무엇보다도 Hans Mommsen의 수많은 연구에서, 그리고 정도는 덜하지만 Martin Broszat의 연구에서 볼 수 있는 해석 방향. 특히 Hirschfeld와 Kettenacker, 43-72에 실

린 Hans Mommsen, 'Hitlers Stellung im nationalsozialistischen Herrschaftssystem'
과 그가 쓴 짤막한 글 *Adolf Hitler als 'Führer' der Nation*, Deutsches Institut für
Fernstudien, Tübingen, 1984, 그리고 Martin Broszat, *Der Staat Hitlers*, München,
1969와 'Soziale Motivation und Führer-Bindung des Nationalsozialismus', *VfZ*,
18(1970), 392-409를 보라.

19) '*Historikerstreit'. Die Dokumentation der Kontroverse um die Einzigartigkeit der
nationalsozialistischen Judenvernichtung*, München, 1987, 13-35, 39-47에 실린 Ernst
Nolte의 에세이 'Zwischen Geschichtslegende und Revisionismus?'와
'Vergangenheit, die nicht vergehen will'을 보고 그가 쓴 *Der europäische Bürgerkrieg
1917-1945. Nationalsozialismus und Bolschewismus*, Berlin, 1987, 501-2, 504, 506, 517을
보라.

20) Rainer Zitelmann, *Adolf Hitler. Eine politische Biographie*, Götingen/Zurich, 1989, 9. 그
리고 이렇게 일반화해서 말할 수 있는 근거가 되는 히틀러의 다년간의 발언을 총정리한
것 은 Rainer Zitelmann, *Hitler. Selbstverständnis eines Revolutionärs*,
Hamburg/Leamington Spa/New York, 1987이다. 또 Reinhard Bollmus, 'Ein
rationaler Diktator? Zu einer neuen Hitler-Biographie', *Die Zeit*, 1989년 9월 22일,
45-6도 참조할 것.

21) 히틀러가 의도한 것은 독일의 현대화였다는 주장은 Werner Süß 엮음, *Übergänge.
Zeitgeschichte zwischen Utopie und Machbarkeit*, Berlin, 1990, 195-223에 실린 Rainer
Zitelmann의 에세이 'Nationalsozialismus und Moderne. Eine Zwischenbilan"와
Michael Prinz와 Rainer Zitelmann 엮음, *Nationalsozialismus und Modernisierung*,
Darmstadt, 1991, 1-20에 실린 Rainer Zitelmann의 에세이 'Die totalitäre Seite der
Moderne'에 있다.

22) Fest, *Hitler*, (보급판, 1976), 25.

23) '사람이 역사를 만든다'라는 명제로 집약되지만 개인의 역할은 (루터, 프리드리히 대제,
비스마르크 같은) 역사적 인물을 이상화하고 영웅으로 그리면서 위대한 인간의 사상, 의
도, 동기를 강조하는 데서 역사 이해의 기본 틀을 찾는 경향이 있었던 독일 '역사주의' 전
통의 핵심 요소였다. 설령 '위대성'이 관습적인 도덕률을 짓밟는다 하더라도 거기에는 뭐
라고 꼬집어 말하기는 어려워도 기품 같은 것이 있다고 보았다. 영국인이면서 독일을 좋
아했고 프리드리히 대제의 전기를 썼으며 괴벨스와 히틀러한테서 존경도 받은 토머스 칼
라일은 이렇게 썼다. "아무리 불완전하다 하더라도 우리는 위인을 보면 어김없이 무언가
를 얻는다. 위인은 빛을 내뿜는 생명의 샘과도 같아서 그 옆에 가기만 해도 좋은 기분이
들고 즐거워진다. …… 위인은 남다른 통찰력을 타고났고 남자다우며 거룩한 기상이 넘
친다."(Fritz Stern 엮음, *The Varieties of History. From Voltaire to the Present*, Macmillan 2
판, London, 1970, 101에 실린 Thomas Calyle의 'Lecture One' 'On Heroes, Hero-
Worship, and the Heroic in History'에서 인용.) 제3제국의 마지막 몇 주 동안 나치의
선전장관 괴벨스는 칼라일의 프리드리히 대제 전기를 읽었고 그중 몇 대목을 히틀러에게
들려주었는데 히틀러가 칼라일의 책을 훤히 알고 있더라고 술회했다(*TBJG*, II.15,
384(1945년 2월 28일)).

24) Fest(*Hitler*, 19-20)는 도덕적 의혹보다는 '미학적' 의혹을 강조한다. "그는 '위대한' 사람
이었다고 말할 수 있을까?" 하고 자기가 던진 질문에 대한 Fest의 답변은 모호하다. 그렇
지만 다른 자리에서는 덜 모호하다. "아돌프 히틀러의 성격과 인생 역정을 따질 때는 앞

으로도 오랫동안 도덕적 분노를 느끼지 않을 수 없을 것이다. 그럼에도 불구하고 히틀러에게는 역사적 위대성이 있었다."(Joachim Fest, 'On Remembering *Adolf Hitler*', *Encounter*, 41(1973년 10월), 19-34(특히 19)) Fest의 전기는 독일에서 전기라는 장르의 인기가 땅에 떨어지고 1960년대부터 시작된 '구조사'와 '역사사회과학'에 밀려나던 시기에 씌어졌다. 그래서 그가 쓴 히틀러 전기의 서론은 그 당시에 팽배했던 회의주의에 맞서 전기를 옹호하려는 의도가 적어도 조금은 작용한 것처럼 보인다. '구조사'가 떠오르면서 전기가 맞닥뜨린 어려움에 대해서는 Michael Bosch 엮음, *Persönlichkeit und Struktur in der Geschichte*, Düsseldorf, 1977, 10-24, 25-39에 각각 실린 Imanuel Geiß, 'Die Rolle der Persönlichkeit in der Geschichte : Zwischen Überbewerten und Verdrängen'와 Dieter Riesenberger, 'Biographie als historiographisches Problem'을 보라. '위대한' 인물까지는 아니더라도 전기를 '사회'사와 '정신'사의 일부로 복귀시키려는 시도에 대해서는 다음 책을 보라. Andreas Gestrich, Peter Knoch, Helga Merkel, *Biographie - sozialgeschichtlich*, Göttingen, 1988.

25) Fest, 'On Remembering *Adolf Hitler*', 19에서 Fest는 자기가 보는 히틀러의 '위대성'은 "히틀러 시대에 일어난 일은 아무리 세세히 따지고 들어가도 어느 모로 보나 히틀러가 없었더라면 상상도 할 수 없었던 일"이라는 사실에서 찾을 수 있다고 설명한다.

26) 처칠은 1939년 10월 1일 방송에서 소련이 취할 행동의 불확실성에 대해서 말하면서 소련의 실정을 그렇게 빗댔다(Winston S. Churchill, *The Second World War*, 1권 : *The Gathering Storm*, London, 1948, 403). 그 말의 출전을 알려준 Gitta Sereny에게 감사한다.

27) Fest, *Hitler*, 697-741은 '몰인간을 일별'하는 데 한 장을 바친다(Blick auf eine Unperson).

28) Dmitri Volkogonov, *Stalin : Triumph and Tragedy*, London, 1991, xxvi에서 인용. 이것은 Plutarch의 *Moralia*, Loeb 판본, 4권, London/Cambridge, Mass., 1936, 443f에 나오는 알렉산드로스 대왕의 무용(武勇)과 덕망을 옹호하는 대목을 대강 번역한 것이다. 출전을 찾아준 Richard Winton에게 감사한다.

29) Sebastian Haffner, *Germany : Jekyll and Hyde*, London, 1940, 16에 나오는 대단히 날카로운 초기 연구의 통찰. 이 연구에 대한 평가는 다음을 보라. Hans Mommsen, 'Ein schlecht getarnter Bandit. Sebastian Haffners historische Ein schätzung *Adolf Hitlers*', *Frankfurter Allgemeine Zeitung*, 1997년 11월 7일.

30) Max Weber, *Wirtschaft und Gesellschaft*, 개정 5판, Tübingen, 1972, 140ff을 보라. Hans-Ulrich Wehler, '30 January 1933 - Ein halbes Jahrhundert danach', *Aus Parlament und Zeitgeschichte*, 29 January 1983, 43-54(특히 50)은 Max Weber가 말하는 '카리스마적 통치'라는 개념을 히틀러라는 역사적 문제에 접근하는 방법론들의 심각한 인식 격차를 극복할 수 있는 해석 모델로 쓰자고 명쾌히 제안한다. Schreiber, *Hitler. Interpretationen*, 330도 보라.

31) Franz Neumann, *Behemoth : the Structure and Practice of National Socialism*, London, 1942, 75를 보라.

32) Haffner, *Germany : Jekyll and Hyde*, 24. Sebastian Haffner의 후기 저서 *Anmerkungen zu Hitler*, München, 1978은 각각 다른 주제로 쓴 7편의 훌륭한 에세이를 모아놓은 책인데 지금도 나치 독재자에 대한 가장 인상 깊은 연구서로 남아 있다.

33) 이것은 Alan Bullock이 천명한 목표(13)와 대비된다. 그는 히틀러에 대한 초기의 문제작

서두에서 이렇게 밝혔다. "내가 다루려는 주제는 독재 체제가 아니라 독재자다. 한 사람의 개인적 권력이다."

34) 이 용어와 그 함의에 대해서는 Ian Kershaw, Moshe Lewin 엮음, *Stalinism and Nazism : Dictatorships in Comparison*, Cambridge, 1997, 75-87에 실린 Hans Mommsen, 'Cumulative Radicalisation and Progressive Self-Destruction as Structural Determinations of the Nazi Dictatorship'을 보라.

35) Jeremy Noakes, Geoffrey Pridham 엮음, *Nazism 1919-1945. A Documentary Reader*, 2권, Exeter, 1984, 207에 (영어 번역으로는) 처음 실린 이 문서에 대한 언급은 13장의 주 1을 보라.

36) 고전적 전기와 사회사(또는 구조사) 사이에 방법론상의 긴장이 있다는 것을 부인할 수는 없지만 탐구의 초점을 권력으로 잡을 경우에는 이 두 가지가 양립하기 어렵다는 주장은 근거가 희박하지 않나 싶다. 특히 '결국 권력은 사회 연구의 핵심 개념이다'라는 저명한 사회사학자의 견해를 받아들인다면 더더욱 그렇다(Tony Judt, 'A Clown in Regal Purple : Social History and the Historians', *History Workshop Journal*, 7(1979), 66-94, 특히 72).

37) Gerhard Schreiber는 히틀러를 보는 다양한 해석을 역사 연구 방법론의 차원에서 훌륭하게 정리한 책을 다원적 방법을 통해서 독재자와 '국가사회주의 시대의 묘사'에 뿌리를 둔 히틀러 체제(그는 '카리스마적 통치'라는 개념에서 유용한 분석틀을 얻을 수 있다고 본다)를 이해해 달라는 호소로 마무리 짓는다(Schreiber, *Hitler. Interpretationen*, 329-35). 이밖에 Wolfgang Michalka 엮음, *Die Deutsche Frage in der Weltpolitik*, Stuttgart, 1986, 137-64(특히 162)에 실린 Gerhard Schreiber, 'Hitler und seine Zeit—Bilanzen, Thesen, Dokumente'도 보라. "아직도 아쉬운 것은 다양한 방법론이 가능하다는 것을 고정관념에 구애받지 않고 인정하고 또 필요할 때는 이런저런 방법론을 써먹되 국가사회주의 체제의 본질적 요소를 빠짐없이 아우르면서 히틀러와 그의 시대를 해석하는 길이다."

38) 이 구절에 대해서는 Mommsen, 'Hitlers Stellung', 70을 참조할 것.

39) Jürgen Kocka는 이렇게 말한다(Bosch 엮음, *Persönlichkeit und Struktur*, 152-69, 특히 165에 실린 'Struktur und Persönlichkeit als methodologisches Problem der Geschichtswissen- schaft'). "국가사회주의에 대한 모든 쓸모 있는 설명은 그저 구조적 조건으로 환원될 수만은 없는 히틀러라는 인물을 반드시 다루어야 한다."

1장 반항아

1) August Kubizek, *Adolf Hitler. Mein Jugendfreund*, Graz(1953), 5판, 1989, 50.

2) Hans-Jürgen Eitner, '*Der Führer*'. *Hitlers Persönlichkeit und Charakter*, München/Wien, 1981, 12.

3) Franz Jetzinger, *Hitlers Jugend*, Wien, 1956, 16-18.

4) Bradley F. Smith, *Adolf Hitler. His Family, Childhood, and Youth*, Stanford, 1967, 19. Thomas Orr, 'Das war Hitler', *Revue*, 37호, München(1952년 9월 13일)은 전거는 밝히지 않고 마리아 안나(기사에서는 안나 마리아라고 잘못 적었다)가 친척들이 십시일반으로 모아준 암소 열다섯 마리 값어치에 해당하는 300굴덴을 갖고 시집을 갔으며 히틀러

가 결혼하기로 마음먹은 이유도 아마 그것 때문이었을 것이라고 추정한다. Thomas Orr
는 나치당 중앙기록보존소에 근무했던 직원의 가명이다(Werner Maser, *Adolf Hitler.
Legende, Mythos, Wirklichkeit*, 보급 3판, München, 1973, 541).

5) Smith, 19 주7; Jetzinger, 19.

6) 그가 처음 취업 기회를 잡은 것은 농촌 지역의 하급 관리를 더 많이 채용하려던 정책의
덕을 본 것으로 보인다(Orr, *Revue*, 37호, 5).

7) Smith, 23; Jetzinger, 21, 44-6.

8) Smith, 20; Maser, *Hitler*, 43-4.

9) Smith, 30-31; Jetzinger, 21-2; Kubizek, 59.

10) Anton Joachimsthaler, *Korrektur einer Biographie*, München, 1989, 12-13.

11) Jetzinger, 16, 22.

12) Jetzinger, 22; Smith, 30.

13) Jetzinger, 22; Rudolf Koppensteiner 엮음, *Die Ahnentafel des Führers*, Leipzig, 1937,
39.

14) Maser, *Hitler*, 47; Jetzinger, 19-20.

15) 친자 확인 절차의 엉성한 점에 대해서는 Jetzinger, 22-5와 Smith, 29를 참조할 것.
Joachimsthaler, 12-13도 참조할 것.

16) Maser, *Hitler*, 47; Jetzinger, 19-20.

17) Maser, *Hitler*, 34-5를 참조할 것. Konrad Heiden, *Der Führer*, London(1944), 1967년
판, 38-9는 그 점을 벌써 지적한 바 있다. Orr, *Revue*, 37호, 4는 네포무크가 생부라는 소
문이 마을에 퍼져 있었다고 밝힌다.

18) *Adolf Hitler, Mein Kampf*, München, 1943년 판, 2; '*eines armen, kleinen Häuslers*'.

19) Koppensteiner, 39-44을 참조할 것. '히틀러'라는 이름은 체코에서 유래했다는
Jetzinger의 주장(10-12)은 근거가 박약한 것으로 드러났다. '소농'을 뜻하는 '휘틀러'는
오스트리아에서는 보기 드문 이름이 아니었다. Anton Adalbert Klein, 'Hitlers dunkler
Punkt in Graz?', *Historisches Jahrbuch der Stadt Graz*, 3(1970), 27-9와 Orr, *Revue*, 37호,
6과 Brigitte Hamann, *Hitlers Wien. Lehrjahre eines Diktators*, München, 1996, 64을 참
조할 것. 이 이름은 몇십 년 동안 여러 가지 형태로 섞여서 쓰였는데 왜 Maser, *Hitler*, 31
에서 네포무크가 (본인도 두 이름을 섞어서 썼으면서) 개명을 하는 자리에서 '히틀러'보
다는 '히틀러'가 자기 이름 '휘틀러'에 더 가깝다는 말을 했다는 대담한 주장을 하는지 잘
납득이 안 간다.

20) Koppensteiner, 46.

21) Joachimsthaler, 12-13.

22) Kubizek, 50.

23) Maser, *Hitler*, 12-15. 언론의 선정적 보도를 예로 들면 가령 영국의 〈데일리 미러〉는
1933년 10월 14일자에서 부쿠레슈티의 한 공동 묘지에 있는 '히틀러 할아버지의 유대식
무덤'이 발견되었다고 보도했다(IfZ, MA-731(=NSDAP, 중앙자료실, 릴 1)). 히틀러의
이른바 유대인 조상에 대한 언론의 관심은 1932년 여름 *Neue Zürcher Zeitung*지가 히틀러
가 인정한 공식 족보에서 18세기에 '잘로몬'이라는 이름을 들추어내면서 한껏 달아올랐
다. 그런데 '잘로몬'이라는 이름은 빈의 족보학자 Karl Friedrich von Frank 박사가 자신
의 실수라면서 서둘러 바로잡았다. 하지만 이미 엎질러진 물이었다. Hamann, 68-71을
보라.

24) Hans Frank, *Im Angesicht des Galgens*, München/Gräfelfing, 1953, 330-31.

25) 이 이야기가 퍼져 나간 데는 무엇보다도 Frank의 회상(Frank, 28-32)을 덮어놓고 받아들인 Jetzinger의 책임이 컸다. 그는 '유대인'처럼 생긴 히틀러 아버지의 사진을 '증거'로 내놓았지만 그것은 명백히 알로이스 히틀러가 아니라 다른 사람의 사진이다. Jetzinger의 책 16쪽 맞은편에 실린 사진과 Smith의 책 24쪽 다음에 나오는 도판 5를 보라. Jetzinger의 책에 대한 초기의 비판적 논평, 특히 오스트리아 학자 Nikolaus Preradovic 박사의 연구를 토대로 히틀러의 할아버지가 유대인이었다는 주장을 반박한 글은 'Hitler. Kein Ariernachweis', *Der Spiegel*, 1957년 6월 12일, 54-9, 특히 57-8.

26) Klein, 10, 20-25.

27) Smith, 158-9.

28) Patrick Hitler, 'Mon oncle Adolf', *Paris soir*(1939년 8월 5일), 4-5. 이 기사는 태반이 쓸모없는 비방에 지나지 않는다. Maser, *Hitler*, 18을 보라.

29) Robert G. L. Waite, *The Psychopathic God : Adolf Hitler*, New York, 1977, 129 주; Maser, *Hitler*, 15와 주.

30) Smith, 158. Frank의 설을 역시 일축하는 Brigitte Hamann은 Frank가 그런 설을 유포한 것은 유대인이라면 오래 전부터 이를 갈아 온 사람답게 이른바 '유대계 히틀러'를 만들어낸 주범으로 유대인을 몰아세우기 위해서였는지도 모른다고 추정한다(Hamann, 73-7, 이 내용은 77).

31) 히틀러가 반유대주의에 병적이리만큼 집착한 이유를 밝히는 데는 히틀러에게 정말로 유대인 할아버지가 있었는지를 묻기보다는 히틀러가 자기도 일부는 유대인이라고 믿었는지를 묻는 것이 더 도움이 된다고 보는 시각도 있다(Waite, 126-31). 유대인에게 히틀러가 품었던 증오심의 기원과 유래는 나중에 알아볼 것이다. 하지만 1920년대에 정적들이 그런 소문을 퍼뜨리기 전에 이미 자기 몸에 유대인의 피가 흐른다는 생각을 히틀러가 했다고 믿을 만한 증거는 없고 1920년대면 히틀러의 반유대주의는 벌써 굳어진 지 오래였으므로 그런 추정은 신빙성이 떨어진다. 자기 몸에 유대인의 피가 흐를까 봐 걱정했다 하더라도 어차피 그것은 벌써 히틀러가 반유대주의자였다는 사실을 뜻할 뿐이다. Rudolph Binion은 *Journal of Psychohistory*, 5(1977), 297에서 Waite의 책을 논평한다.

32) 전쟁이 끝나고 한참 뒤에 Maser가 슈피탈에 남은 아돌프의 친척들한테서 들었다는 증언에 따르면 1917년 군대에서 휴가를 받은 아돌프가 슈피탈을 찾았을 때 네포무크가 아돌프의 친할아버지라는 소리가 나돌았다고 한다(Maser, *Hitler*, 35). 하지만 이것은 일고의 가치도 없는 증언이다. 히틀러는 1917년에 슈피탈에 간 적이 없다. Joachimsthaler, 171과 Rudolph Binion, 'Foam on the Hitler Wave', *JMH*, 46(1974), 522-8, 특히 523을 보라.

33) Maser, *Hitler*, 35.

34) Smith, 39; Jetzinger, 39, 54.

35) Smith, 28, 35; Jetzinger, 50.

36) Rudolf Olden, *Hitler the Pawn*, London, 1936, 16.

37) Jetzinger, 48; Smith, 28; Orr, *Revue*, 37호, 5.

38) Jetzinger, 49; Smith, 28, 47; Orr, *Revue*, 37호, 5. Orr에 따르면 안나(Orr는 그녀를 안나 글라슬-회러라고 부른다)는 브라우나우에서 알로이스의 가까운 이웃이었던 회러라는 공무원이 입양한 딸이었다.

39) Jetzinger, 51; Smith, 29, 32-3; Orr, *Revue*, 37호, 6.

40) Smith, 32-3; Jetzinger, 52-3; Orr, *Revue*, 37호, 6, 38호, 2.

41) Jetzinger, 44; Smith, 35-7.

42) Jetzinger, 56-7; Smith, 40-41.

43) Maser, *Hitler*, 9.

44) HA 릴 1의 출생 증명서 사본; IfZ, MA-731; Koppensteiner, 18.

45) *MK*, 1.

46) *MK*, 2; Smith, 53.

47) Waite, 145의 지적. Smith, 51과 주5도 보라.

48) Smith, 46-9.

49) 이어지는 내용은 Smith, 43-8과 Jetzinger, 58-63에 근거한다. 히틀러의 아버지에 대한 Jetzinger의 정보는 알로이스의 동료였던 에마누엘 루거트와의 면담에서 나왔다. 이 내용은 Orr, *Revue*, 39호, 14에도 나온다. 히틀러 집안에서 요리사로 일했던 로잘리아 회를(결혼 전 성은 시히틀)은 훗날 나치당 기록보존소에 알로이스는 '선량했지만 엄격한 사람'이었다고 말했다. 1880년대 초반에 관세청에서 같이 근무한 동료 한 사람의 평가는 인색하다. 알로이스는 "우리한테 몰인정했다. 사무실에서는 아주 엄격하고 빈틈없고 시건 방지기까지 했다. 다가서기 아주 어려운 사람이었다." 두 사람의 증언은 모두 HA, 릴 1(IfZ, MA-731)에 있다.

50) Smith, 51.

51) Smith, 45-8.

52) Smith, 43.

53) Kubizek, 46.

54) Eduard Bloch, 'My Patient, Hitler', *Collier's*(1941년 3월 15일), 35.

55) 심리적 여파에 대한 고찰은 Alice Miller, *Am Anfang war Erziehung*, Frankfurt am Main, 1983, 213-15.

56) Smith, 41-3; Jetzinger, 62, 71-2; Kubizek, 38-45; Bloch, 36.

57) Bloch, 36.

58) *MK*, 16; 그리고 Albert Zoller, *Hitler privat. Erlebnisbericht seiner Geheimsekretärin*, Düsseldorf, 1949, 46.

59) Waite, 141.

60) NA, NND/881077, 1946년 6월 5일 베르히테스가덴에서 파울라 볼프 부인(곧 파울라 히틀러)과 한 면담(영어로만 기록되어 있다). 전쟁이 끝나고 나서 히틀러의 배다른 누이 앙겔라 하미치(결혼 전 성은 라우발)도 아버지가 히틀러를 상습적으로 때렸다고 말했다. (Christa Schroeder, *Er war mein Chef. Aus dem Nachlaß der Sekretärin von Adolf Hitler*, München/Wien, 1985, 336 주 139에서 인용.)

61) Schroeder, 63. 히틀러는 1932년 괴벨스에게 자기 아버지는 '집안의 폭군(Haustyrann)'이었던 반면 어머니는 '선과 사랑의 샘'이었다고 말했다(*TBJG*, I.2, 219(1932년 8월 9일)). '아버지의 광기'에 대한 히틀러의 발언이 적혀 있는 *TBJG*, I.2, 727(1936년 11월 15일)도 보라.

62) *MK*, 32-3. 이 대목에 대한 Helm Stierlin, *Adolf Hitler. Familienperspektiven*, Frankfurt am Main, 1976, 24-5의 논평과 Miller, 190-91도 보라. 한스 프랑크에 따르면 히틀러는 어릴 때 술 취한 아버지를 한밤중에 술집에서 데려올 때 부끄러웠다고 말했다고 한다 (Frank, 331-2). 하지만 알로이스 히틀러와 파사우에서 한동안 같이 근무했던 에마누엘

루거트는 히틀러 부친은 하루에 많아야 작은 잔으로 맥주 넉 잔을 마셨고 자기가 알기로
는 취한 모습을 한 번도 보인 적이 없었으며 저녁 식사 시간에 맞추어 귀가했다고 밝혔다
(Jetzinger, 61). 같은 증언자는 또 알로이스는 가끔 진한 맥주를 작은 잔으로 여섯 잔 마
실 때도 있었지만 한 번도 흐트러진 모습을 보여주지 않았다고 회상했다(Orr, *Revue*, 39
호, 35). 모르긴 몰라도 히틀러가 술에 거부감을 느꼈던 것은 아버지의 음주 행동을 좋지
않게 보았기 때문이 아닌가 싶다.

63) 심리학자와 '심리역사학자'는 아돌프가 아버지의 관계만이 아니라 양친 모두와의 관계에
서 극단적으로 혼란스러웠다고 지적한다. 아돌프와 어머니의 애증 관계를 분석한 연구자
들은 다음과 같다. Waite, 특히 138-48, Miller, 212-28, Eitner, 특히 21-7, Stierlin, 특
히 2장(가족 치료에서 아이는 엄마가 못다 이룬 꿈의 '대행자'라는 생각에 극단적으로 집
착할 수 있다는 발상을 가져온다. 이 경우에는 독일을 구하는 것이 곧 어머니를 구원하는
길이라는 생각이다.), Walter C. Langer, *The Mind of Adolf Hitler*, London, 1973, 특히
150-52, Rudolph Binion, *Hitler among the Germans*, New York, 1976(히틀러가 유대인
을 죽이려고 한 것은 어머니가 유대인 의사에게 치료를 받다가 죽은 데 대한 잠재의식 차
원의 반발이라고 풀이한다.), Rudolph Binion, 'Hitler's Concept of 'Lebensraum' :
the Psychological Basis', *History of Childhood Quarterly*, 1(1973), 187-215('조국'에
'먹이터'를 제공해야 한다는 사명감을 히틀러가 느낀 것은 독일을 통해서 어머니를 구하
고 어머니의 원수를 갚아야 할 필요성을 느꼈기 때문이라고 풀이하면서 뒤이어 자신의
가설을 논증한다. 216-58), Erich Fromm, *Anatomie der menschlichen Destruktivät*,
Stuttgart, 1974, 특히 337-8, Erik H. Erikson, 'The Legend of Hitler's Youth', Robert
Paul Wolff 엮음, *Political Man and Social Man*, New York, 1966, 370-96, 특히 381-3.
히틀러에게 심리학적으로 접근하는 연구는 다음과 같다. William Carr, *Hitler : a Study
in Personality and Politics*, London, 1978, 특히 149-55, Wolfgang Michalka, 'Hitler im
Spiegel der Psycho-History', *Francia*, 8(1980), 595-611, Schreiber, Hitler, 316-27,
그리고 가장 광범위한 연구로는 Thomas Kornbichler, *Adolf-Hitler-Psychogramme*,
Frankfurt am Main, 1994. 만년의 히틀러라는 인간을 과학적으로 온전히 평가하는 데
따르는 어려움에 관해서는 Desmond Henry, Dick Geary, 'Adolph Hitler : a re-
assessment of his personality status', *Irish Journal of Psychological Medicine*, 10(1993),
148-51.

64) 인용은 Waite 1992년 판 서문. 특히 3장을 보라. Waite의 책을 가장 신랄하게 비판한 글
은 같은 심리역사학자인 Rudolph Binion, 'psycho-historian', *Journal of Psychohistory*,
5(1977), 295-300. Biniond이 서평에서 언급한 대목도 보라. 'Foam on the Hitler
Wave', *JMH*, 46(1974), 522-8, 특히 525. "직접적 증거가 있는가의 여부로 보았을 때
젊은 히틀러한테서는 적나라한 증오를 찾아볼 수 없었다."

65) Smith, 8의 지적이다.

66) Smith, 55.

67) Max Domarus, *Hitler. Reden und Proklamationen 1932-1945*, Wiesbaden, 1973,
1935(1942년 11월 8일).

68) Smith, 56.

69) Smith, 58.

70) *MK*, 3.

71) *MK*, 3-4; Smith, 61; Jetzinger, /3.

72) Smith, 62.

73) 가령 *Tb* Reuth, iii.1254(1938년 8월 19일)를 보라. 여기서 히틀러는 레온딩과 람바흐에서 보낸 행복했던 소년 시절을 말한다.

74) Hermann Giesler, *Ein anderer Hitler*, Leoni am Starnberger See, 1977, 96, 99, 215-16, 479-80; Zoller, 57; Evan Burr Bukey, *Hitler's Hometown*, Bloomington/Indianapolis, 1986, 특히 196-201; Hamann, 11-15을 보라. 히틀러는 전쟁 중에 린츠를 '독일의 부다페스트'로 만들겠다고 말했고 웅장한 건축 사업에 1억 2천만 마르크를 쏟아 부을 작정이었다. 괴벨스가 말한 대로 '뭔가 일을 벌일 수 있을 만한 돈'이었다. 가령 *TBJG*, II.5, 367(1942년 8월 20일), 597(1942년 9월 29일), II.8, 265(1943년 5월 10일); *Monologe*, 284(1942년 2월 19-20일), 405(1943년 6월 25일)을 보라.

75) *MK*, 3.

76) Jetzinger, 92.

77) Jetzinger, 92.

78) *MK*, 4. 1912년 빈의 독신자 합숙소에서 지낼 때도 히틀러는 2권으로 된 이 책을 '보물단지처럼 아꼈다.'(Hamann, 562)

79) *MK*, 173; Hugo Rabitsch, *Aus Adolf Hitlers Jugendzeit*, Müchen, 1938, 12-13; Smith, 66.

80) Smith, 66-8; Waite, 11-12, 60. 1912년 빈에서 카를 마이가 강연을 했을 때 주제가 평화주의였음에도 연설을 듣고 나서 감격을 금치 못했던 히틀러의 모습에 대해서는 Hamann, 544-8을 보라.

81) Walter Görlitz, *Adolf Hitler*, Göttingen, 1960, 23.

82) *MK*, 6.

83) Smith, 64; Maser, *Hitler*, 62. 믿기 어려워 보이지만 1950년대에 레온딩의 연로한 주민들은 에드문트의 부모가 아이의 장례식에 참석하지 않았다고 주장했다. Orr, *Revue*, 40호, 36; Waite, 169-70을 보라.

84) Smith, 68-9를 보라.

85) *MK*, 5.

86) Kubizek, 57.

87) Jetzinger, 105-6; Smith, 76, 79.

88) Jetzinger, 105-6. 휘머와 히틀러의 이어지는 관계에 대해서는 Smith, 79 주34를 보라. 히틀러를 마지막으로 만난 휘머에 대해서는 Rabitsch, 57-65를 보라. 히틀러의 학창 시절은 Zoller, 47을 보라. 훗날 히틀러는 카를 마이를 읽으면서부터 학교 성적이 떨어졌다고 주장했다(*Monologe*, 281(1942년 2월 17일)).

89) Jetzinger, 107, 109-11; Rabitsch, 72.

90) Kubizek, 61; *Monologe*, 185-8(1942년 1월 8-9일); Henry Picker, *Tischespräche im Hauptquartier*, Stuttgart, 1963, 273(1942년 4월 12일); Smith, 79; Eitner, 30-31; Maser, Hitler, 68-70; Zoller, 47-9.

91) *MK*, 12-13; 린츠의 독일 민족주의는 Jetzinger, 110, 113; Bukey, 7ff도 보라. Jeztinger, 99, 110, 113와 마찬가지로 Hamann, 23-7은 학교에서 배운 독일 민족주의 정치 의식을 묘사한다.

92) *MK*, 5-8.

93) Picker, 324(1942년 5월 10일).

94) *MK*, 6(영역, *MK* Watt, 8).

95) *MK*, 7.

96) 공무원이 되라는 아버지와 갈등이 있었다는 히틀러의 말은 신빙성이 없다는 Jetzinger, 98-9을 반박하는 내용과 이 내용은 Smith, 70-73을 보라.

97) *MK*, 10. Hamann, 23을 보라.

98) *MK*, 8-14 ; Smith, 81-5 ; Olden, 21 ; Hamann, 22-3.

99) *MK*, 15.

100) Jetzinger, 72-3. 또 Olden, 21도 보라. 사망 원인은 폐출혈이었다. 전해 8월에도 출혈이 있었다(Jetzinger, 72).

101) Jetzinger, 122-9 ; Smith, 91,97.

102) 아돌프가 장례식에서 흐느꼈다는 쿠비체크의 언급(54)은 떠도는 소문에 불과한 것이지 신뢰할 만한 것이 아니다.

103) Kubizek, 46, 61-2.

104) Jetzinger, 102 ; Smith, 92.

105) *TBJG*, I.3, 447(1938년 6월 3일). 나중에 스타이어 시절을 회상하면서 그는 너무 가톨릭 사제의 입김이 강했고 린츠 학교와 비교해서 민족 의식이 약해서 마음에 들지 않았다고 주장했다(*Monologe*, 188(1942년 1월 8-9일)).

106) Smith, 95-6.

107) *MK*, 8.

108) Heiden, *Der Führer*, 46은 1905년 9월 16일에 발급된 성적표에 기록된 1904~1905학년 도의 두 학기 성적(기하학 재시험 성적을 포함해서)을 나열하고 Smith, 96은 그 결과를 요약한다. Maser, *Hitler*, 70은 2월 11일에 나온 첫 학기 성적의 결과만을 소개하는데 히 틀러는 프랑스어에서 '미흡'하다는 평가를 받았다(Heiden의 목록에는 이 내용이 없다). Orr, *Revue*, 42호, 3에 나오고 Jetzinger, 203에도 나오는 1905년 9월 16일의 성적표 내 용은 Heiden이 첫 학기 성적으로 소개하고 Maser가 2월 11일에 나온 성적표 결과로 소 개하는 내용(프랑스어 성적은 빼놓고)과 일치한다. Waite, 156도 보라.

109) 나중에 히틀러는 스타이어 시절의 성적표 하나를 학기가 끝난 것을 자축하면서 친구들과 밤에 놀다가 잘못해서 화장지로 썼다고 털어놓았다.(*Monologe*, 189-90(1942년 1월 8-9 일)) ; 성적표에다 토했다는 설에 대해서는 Zoller, 49를 보라.) Maser, *Hitler*, 70은 이 성 적표가 1905년 2월에 나온 것으로 추정하지만 Smith, 99는 1905년 여름에 나왔다고 본 다. 그때 밖에서 자던 자기를 우유 배달부 아주머니가 흔들어 깨웠다고 히틀러는 주장했 다. 이 말이 사실이라면 2월은 아닌 것 같다. 그런데 히틀러는 9월에 재시험을 치른 다음 에야 졸업장을 받았으니까 여름에는 자축 모임이 있었을 것 같지 않다. Zoller의 설명은 적어도 한 가지 점에서는 부정확하다. 아돌프가 성적표를 아버지한테 보여주어야 했다고 하는데 히틀러의 아버지는 그때 벌써 이 세상 사람이 아니었다. 여기서 히틀러가 하는 말 에 조금이라도 신빙성이 있는지는 적이 의심스러울 수밖에 없다.

110) Smith, 95-9 ; Jetzinger, 99-103.

111) Smith, 98.

112) Jetzinger, 148-51는 강력한 증거를 내놓지는 않지만 와병설을 전면 부정한다. Smith, 97-8은 1905년 가을까지는 몰라도 여름에는 조금 아팠다는 증거를 제시하면서 당시 히 틀러의 얼굴이 파리하고 병색이 돌았다는 사실을 받아들이지만 그것이 과연 학교를 그만

둘 만큼 심했는지에 대해서는 당연히 의구심을 나타낸다.

113) *MK*, 16; Smith, 97-8. 이 무렵에 찍은 히틀러의 사진을 보면 폐결핵에 걸린 사람처럼 홀쭉하고 몸이 부실해 보인다. Smith, 도판 13을 보라.

114) *MK*, 16-17; Jetzinger, 130을 보라.

115) 파울라 히틀러의 증언, NA, NND-881077, 3; IfZ, MA-731(=HA, 릴 1), 'Notizen für Kartei', 1938년 12월 8일.

116) Kubizek, 63; IfZ, MA-731(=HA, 릴 1), '*Adolf Hitler* in Urfahr'(히틀러 일가와 한 집에서 산 적이 있었던 우체국장의 미망인이 1938-1939년에 한 증언).

117) *MK*, 16.

118) Hamann, 80. 1938년이 저물어 갈 무렵 쿠비체크는 젊은 시절의 히틀러를 알리는 회상록을 쓰려는 의도를 품고 있었던 한 나치당 중앙기록보존소 요원의 방문을 이미 받았다. '지도자의 헤량할 길 없을 만큼 위대한 청년 시절'을 이끌어내는 그 회상록은 '중앙기록보존소의 가장 중요한 자료의 하나'가 될 것으로 예상되었다(IfZ, MA-731(=HA, 릴 1), 'Notizen für Kartei', 1938년 12월 8일, 및 쿠비체크 방문 보고서).

119) Jetzinger, 117-22, 133-81을 보라; Smith, 101 주30. Jetzinger는 쿠비체크에게 개인적으로 악감을 품고 있었으므로 비록 간접적으로 접하기는 했지만 그가 소개하는 젊은 히틀러의 또 다른 모습에서는 쿠비체크를 의도적으로 깎아내리려고 애썼다. Hamann, 83-6을 보라.

120) Hamann, 77-86을 보라.

121) Kubizek, 17; Jetzinger, 140-41.

122) *MK*, 15; 파울라 히틀러의 증언, NA, NND-881077, 3-4.

123) Kubizek, 22.

124) Kubizek, 18-25.

125) Kubizek, 22-3.

126) Kubizek, 17, 19, 112.

127) Kubizek, 75-86.

128) Smith, 103. 아돌프는 바그너의 초기 오페라 〈리엔치〉(이탈리아 통일 운동을 벌이다가 나중에 가서는 자기가 이끌었던 민중에 의해 끌어내려지는 14세기 로마의 한 민중 지도자 이야기를 미화한 작품) 공연을 보고 어찌나 감격을 했던지 한밤중에 린츠 외곽에 있던 프라인베르크 산으로 쿠비체크를 끌고 한참을 올라가서 황홀경에 젖어서 그날 본 공연의 의미에 대해서 설교를 했다. 그렇지만 쿠비체크의 회상(111-18)은 훗날의 히틀러를 생각나게 만드는 예언가적 면모를 드러내는 데 급급하다 보니 허풍이 심하다. 그날 밤의 별난 산행이 쿠비체크에게 두고두고 깊은 인상을 남긴 것은 분명하다. 1939년 바이로이트에서 만났을 때 쿠비체크는 히틀러에게 그때 이야기를 했다. 그러자 히틀러는 즉석에서 그 말을 받아서는 자기한테 예언가적 기질이 그때 벌써 있었다는 식의 이야기를 안주인 비니프레트 바그너한테 하면서 '바로 그 순간에 시작된 겁니다.'라고 말을 맺었다(Kubizek, 118). 쿠비체크는 여기서 더욱 깊은 인상을 받아서 자기 머릿속에서 떠오르는 대로 신파극 같은 얼토당토않은 주장까지 끼워넣어서 더 뻥튀기한 회상록을 전쟁이 끝나고 나서 펴냈다. 이런 사정이 있었음에도 프라인베르크에서 얻었다는 '영감'을 후대 저술가들은 진지하게 받아들였다. 가령 Joachim Köhler, *Wagners Hitler. Der Prophet und sein Vollstrecker*, München, 1996, 2장, 특히 34-5를 보라.

129) Köhler, *Wagners Hitler*는 히틀러가 바그너의 영감을 완성하고 바그너의 철학을 실천에

옮기는 것을 필생의 사명으로 삼았다는 무리한 주장으로 이것을 새로운 차원으로 올려놓는다.

130) Kubizek, 83.

131) Kubizek, 18-19.

132) Kubizek, 97-110.

133) Kubizek, 64-74; Jetzinger, 142-8; Hamann, 41-2.

134) Kubizek, 106-9; Jetzinger, 166-8.

135) 히틀러의 말로는 여행은 2주일 동안 했다(*MK*, 18). Kubizek, 121-4는 4주일 정도였을 것으로 짐작하고 Smith, 104도 같은 생각이다. Jetzinger, 151-5는 히틀러의 기억이 정확할 것이라고 결론을 내렸다. 기간은 히틀러가 쿠비체크한테 보낸 엽서에 찍힌 소인(어떤 것은 흐릿하다)과 날짜(안 적힌 것도 있다)로 판단할 수밖에 없다. Hamann, 42-4를 보라. 히틀러가 얼마나 오래 여행을 했는가 하는 데 역사적으로 큰 의미가 있는 것은 아니다.

136) Kubizek, 129; Hamann, 43-4.

137) Kubizek, 129.

138) Kubizek, 127-30. 주로 반대한 사람은 배다른 누나 앙겔라의 남편 레오 라우발이었다. 그는 아돌프도 이제는 좀 실속 있는 일을 배울 나이가 되었다고 클라라를 설득하려고 애썼다. 아돌프는 쿠비체크 앞에서 "이 꼰대가 나를 생각한답시고 우리 집안을 망쳐놓고 있다"면서 분통을 터뜨렸다(Kubizek, 128). 아돌프는 싸움에서 이겼다. 한 이웃이 나중에 증언한 바에 따르면 아돌프는 화가가 되겠다고 굳세게 밀어붙여서 결국 어머니도 아들의 고집을 꺾지 못하고 빈으로 보내게 되었다(IfZ, MA-731(HA, 릴 1), '*Adolf Hitler* in Urfahr').

139) Gerhart Marckhgott, ''Von der Hohlheit des gemächlichen Lebens'. Neues Material über die Familie Hitler in Linz', *Jahrbuch des Oberösterreichischen Musealvereins*, 138/I(1993), 275-6. 집안 가계부에는 요한나 이모 이름으로 적힌 항목이 두 개 있는데 날짜는 적히지 않았지만 내부 증거로 볼 때 아돌프가 린츠를 떠날 무렵이 아닌가 싶다. Brigitte Hamann(196)은 1908년 8월 설을 제시하면서 여름 휴가로 발트피어텔에 있는 가족 별장에 가 있는 동안 아돌프가 부탁해서 이모가 돈을 꾸어주었다고 주장한다. 그런데 요한나 이모가 왜 우어파어에 있던 가족 가계부에다 그걸 적어놓았는지는 확실하지 않다. Marckhgott의 짐작대로 실제로 돈을 빌린 것은 클라라 히틀러가 아직 살아 있었고 아돌프는 빈 미술아카데미에 입학 시험을 보러 가기 전이라 한참 돈이 아쉬웠던 1907년이었을 가능성이 더 높아 보인다. Marckhgott가 지적하듯이 레오 라우발은 요한나 푈츨이 모은 돈의 5분의 1에 해당하는 거액을 빌려주었으니 돈벌이는 안 하고 미술 공부를 한답시며 빈둥거리게 내버려둘 참이냐고 노발대발했을 것이다. 그렇지만 일단 아돌프의 수중에 돈이 들어온 이상 어머니는 빈으로 가겠다는 아들을 막기가 더 어려웠을 것이다.

140) Binion, *Hitler among the Germans*, 138-43; Binion, 'Hitler's Concept of Lebensraum', 196-200; Bloch, 36; Jetzinger, 170-72; Smith, 105; Hamann, 46-8.

141) Hamann, 46-7.

142) Bloch, 36.

143) Bloch, 39.

144) Hamann, 47.

145) *MK*, 19.

146) Hamann, 51-2. Maser, *Hitler*, 75-7, 114는 시험 과정을 바로잡는다. Hamann, 51은 (출처를 밝히지 않고) 112명이 지원했다고 썼지만 Maser(75, 77, 114)는 미술아카데미에서 제공한 정보를 거론하면서 113명이 지원했다고 밝힌다.

147) Maser, *Hitler*, 77. 히틀러와 함께 낙방한 사람 중에는 나중에 미술아카데미 학장이 되는 사람도 있었다. Hamann, 52를 보라.

148) *MK*, 18-19(영역 *MK* Watt, 18).

149) *MK*, 19(영역 *MK* Watt, 18-19); 그리고 Smith, 108-10을 보라. Orr, *Revue*, 43호, 40-41(Maser, *Hitler*, 78과 L. Sydney Jones, *Hitlers Weg begann im Wien*, Frankfurt am Main/Berlin, 1990, 64과 함께)에는 히틀러가 미술아카데미에서 떨어지고 나서 건축학교에 지원했다고 나오지만 그런 주장을 뒷받침하는 증거는 제시되지 않는다. 히틀러도 모를 리가 만무했겠지만 아주 기초적인 조사만 했더라도 히틀러가 입학에 필요한 최소한의 자격도 갖추지 못했다는 사실이 드러났을 것이다.

150) Kubizek, 133. 히틀러의 반유대주의가 미술아카데미의 유대인 시험관들 때문에 낙방한 데서 비롯되었다는 설은 크게 잘못되었다. Waite, 190도 Jones, 317도 시험관 중에서 4명의 유대인이 있었다고 말하지만 사실은 히틀러를 떨어뜨리는 데 관여한 시험관 중에는 유대인이 한 명도 없었다(Hamann, 53).

151) Hamann, 53; Binion, *Hitler among the Germans*, 139; IfZ, MA-731(=MA, 릴 1), 'Adolf Hitler in Urfahr.'

152) NA, NND-881077, 3; Bloch, 39. 또 Kubizek, 138-41도 보라. 히틀러가 어머니가 죽고 나서야 린츠로 돌아왔다는 Jetzinger, 176-81의 설명은 Kubizek의 신뢰도를 떨어뜨리려는 의도와 무관하지 않다. 하지만 파울라 히틀러도, 블로흐 박사도 어머니가 죽어가고 있을 때 히틀러가 병상을 지켰다고 따로따로 확인해주었으므로 부정확한 사실도 많지만 쿠비체크의 설명은 신빙성이 있는 것으로 밝혀졌다. Smith, 110과 주54도 Jetzinger의 설을 따른다. Waite, 180-83과 Hamann, 84-5도 보라.

153) Jetzinger, 179; Hamann, 54. 두 증인에 따르면 히틀러는 어머니의 임종을 지켜보면서 그 모습을 스케치로 담았다(Bloch, 39; IfZ, MA-731(=HA, 릴 1), 'Adolf Hitler im Urfahr').

154) Bloch, 39. 블로흐 박사는 아돌프가 그 뒤에도 계속 고마움을 나타냈다고 전한다. 히틀러는 블로흐 박사에게 엽서도 많이 보냈고 자기가 그린 그림을 선물로 보내기도 했다(Bloch, 2부, *Colliers*, 1941년 3월 22일, 69-70; Hamann, 56). 독일이 오스트리아를 합병하고 나서 블로흐 박사는 히틀러에게 탄원서를 올려 비교적 너그러운 처분을 받았다. 그래도 생계가 끊겨 어쩔 수 없이 미국으로 이민을 갔고 뉴욕에서 어렵게 살다가 1945년에 죽었다(Bloch, 2부, 72-3; Hamann, 56-7).

155) *MK*, 16(영역 *MK* Watt, 17).

156) Jetzinger, 181.

157) *MK*, 16-17(영역 *MK* Watt, 17).

158) *MK*, 19-20(영역 *MK* Watt, 19).

159) Jetzinger, 180; Hamann, 55; Marckhgott, 272.

160) Hamann, 58, 85.

161) 가령 Maser, *Hitler*, 81. 또 Hamann, 58을 보라.

162) Jetzinger, 180-82, 185-9; Smith, 111-12.

163) NA, NND-881077, 4; Jetzinger, 182, 186-7.

164) Jetzinger, 187.

165) Marckhgott, 271.

166) Kubizek, 146-55; Jetzinger, 189-92; Smith, 114-15.

167) IfZ, MA-731(=HA, 릴 1), '*Adolf Hitler* in Urfahr'.

2장 낙오자

1) 위의 인용은 *MK*, 20-21(영역 *MK* Watt, 20-21).

2) *MK*, 2-3장, 18-137.

3) *MK*, 137.

4) 가장 뛰어난 설명은 Brigitte Hamann, *Hitlers Wien. Lehrjahre eines Diktators*, München, 1996.

5) 이런 보고들의 신뢰성에 대해서는 Hamann, 77-83, 264-75를 참조할 것.

6) Josef Greiner, *Das Ende des Hitler-Mythos*, Zürich/Leipzig/Wien, 1947. Jetzinger, 225, 294; Waite, 427-32; Hamann, 275-80은 제대로 문제점을 짚었고 Smith, 165-6 도 정도는 덜하지만 문제점을 지적한다.

7) Carl E. Schorske, *Fin-de-Siècle Vienna. Politics and Culture*, New York, 1979, xviii, 3.

8) William A. Jenks, *Vienna and the Young Hitler*, New York, 1960, 219.

9) Schorske, 6, 12, 15, 19, 22.

10) Schorske, 129.

11) Hamann, 2-5장, 9-10은 히틀러가 겪은 빈의 사회 · 정치적 짜임새를 훌륭하게 묘사한 다.

12) Jenks, 38-9.

13) Jenks, 39.

14) Jenks, 118.

15) Jenks, 119-21.

16) Peter Pulzer, *The Rise of Political Antisemitism in Germany and Austria*, 개정판, London, 1988, 특히 14-15장; Hamann, 470-71을 보라.

17) Schorske, pp. 146-80; Hamann, 486-8.

18) Jenks, 118.

19) *MK*, 135(영역 *MK* Watt, 113).

20) Hamann, 128-9; Joachimsthaler, 39-40.

21) Jenks, 53.

22) Jenks, 107.

23) Schorske, 130-31.

24) Hamann, 177-9.

25) Jenks, 54-5, 101.

26) *MK*, 80-101.

27) Jenks, 73-8.

28) Schorske, 129.

29) 쇠네러에 대해서는 Hamann, 337-64(특히 362)와 Andrew G. Whiteside, *The*

Socialism of Fools. Georg von Schönerer and Austrian Pan-Germanism, Berkeley/Los Angeles, 1975를 보라.

30) Jenks, 106.

31) Schorske, 128.

32) Jenks, 91-6, 103-10.

33) *MK*, 106-30 ; Jenks, 110.

34) *MK*, 106-10, 130-34. 30년도 지나서 그 시절을 회상하면서 히틀러는 여전히 뤼거를 칭송하기에 바빴다(*Monologe*, 152-3, 1941년 12월 17일). 뤼거에 관해서는 특히 Hamann, 393-435와 John W. Boyer, *Political Radicalism in Late Imperial Vienna. Origins of the Christian Social Movement*, 1848-1897, Chicago, 1981, 특히 4장을 보라.

35) *MK*, 108, 130.

36) Schorske, 139 ; Jenks, 88.

37) 인용은 Hamann, 417 ; Schorske, 145.

38) Schorske, 145.

39) Jenks, 50.

40) Schorske, 140.

41) Hamann, 411.

42) Hamann, 413.

43) Hamann, 412.

44) Hamann, 412, 490.

45) *MK*, 132-3 ; Hamann, 431-2.

46) *MK*, 133-4.

47) *MK*, 108, 130.

48) Jenks, 168, 175.

49) Jenks, 158.

50) Jenks, 181-2.

51) Jenks, 178-9.

52) Jenks, 181.

53) Jenks, 168-9.

54) Jenks, 158.

55) Jenks, 179-80

56) Jenks, 180.

57) 인용은 *MK*, 43-4(영역 *MK* Watt, 38-9) ; 그리고 Hamann, 254-7을 보라.

58) Marckhgott, 271.

59) Jetzinger, 206.

60) NA, NND-881077, 4, 파울라 히틀러의 증언(1946).

61) Marckhgott, 271.

62) NA, NND-881077, 4 ; Jetzinger, 230-32는 아돌프가 1911년 요한나 이모한테서 상당한 유산을 물려받았을 것으로 추정한다. 하지만 그녀는 늦어도 1908년(아마도 1907년 말경)에는 924크로네를 아돌프에게 빌려주었다. 이것은 요한나 이모가 저축한 돈의 5분의 1에 해당하는 금액으로 아돌프가 받을 상속분이 아니었나 싶다(Marckhgott, 275-6 ; Hamann, 196, 250). 히틀러의 생활에서 1911년에 적잖은 유산을 상속받은 듯한 징후는

보이지 않는다.

63) Kubizek, 128, 148.

64) NA, NND-881077, 4.

65) Kubizek, 148-9.

66) 1907년 9월 말이나 10월 초에 방을 잡아놓았다는 내용은 Smith, 108에 나오는데 그는 빈으로 돌아간 날짜를 1908년 2월 14일에서 17일 사이로 본다. 쿠비체크에게 보낸 엽서의 날짜가 2월 18일로 되어 있고 히틀러는 14일까지는 우어파어에 남아 있었다 (Jetzinger, 187-8). Hamann(49)은 마리아 차크레이스는 Kubizek(157)가 내비치는 것과는 달리 폴란드인이 아니라 체코인이었다고 지적한다. 슈툼퍼가세의 주소도 29번지였는데 31번지라고 한 것은 Kubizek의 잘못(132, 156)이라고 바로잡는다.

67) Kubizek, 152.

68) Kubizek, 153-4(영역, August Kubizek, *Young Hitler*, London, 1973, 99).

69) Kubizek, 157-8.

70) Kubizek, 150에 따르면 아돌프는 예전과 별로 다르지 않게 살아갔다.

71) Kubizek, 159.

72) Kubizek, 159. 161.

73) Kubizek, 159-60.

74) Kubizek, 160.

75) Kubizek, 161-7; 인용 167(영역, *Young Hitler*, 113).

76) Kubizek, 167(영역, *Young Hitler*, 114).

77) Jetzinger, 187-8.

78) Kubizek, 163.

79) Kubizek, 165(영역, *Young Hitler*, 111에는 '속이는'이라는 단어가 빠져 있다).

80) Kubizek, 182(영역, *Young Hitler*, 129).

81) Kubizek, 163(영역, *Young Hitler*, 109).

82) IfZ, F19/19(편지들). Jones, 33-7; Smith, 113; Joachimsthaler, 35; Maser, *Hitler*, 81-4; Hamann, 59-62를 참조할 것.

83) *Monologe*, 200. 일설에 따르면 히틀러는 롤러를 만나려고 여러 번 시도하다가 결국 포기하고 소개장을 찢어버렸다고 한다(John Toland, *Adolf Hitler*, London, 1977, 31, 929. 하지만 이것은 몇십 년이나 지나서 1971년에 한 인터뷰에서 나온 발언이다. Jones, 51도 참조할 것).

84) Maser, *Hitler*, 84-5; Jones, 33, 121(그렇지만 311 주65에서는 증거가 약하다고 인정한다). Joachimsthaler, 35도 참조할 것.

85) 쿠비체크는 회상록에서 워낙 이야기를 지어내는 버릇이 있었지만(Jetzinger, 117-21, 135ff를 참조할 것) 히틀러의 '계획'에 관한 묘사는 워낙 특이한 내용이라서 쿠비체크가 꾸미거나 지어낸 것이라고 보기 어렵고 히틀러의 기질과도 맞아떨어진다. Hamann, 80-82를 참조할 것. 히틀러 자신도 전쟁 때 한 술회에서 열다섯 살 때 희곡을 쓰려고 했다고 말했다(*Monologe*, 187, 1942년 1월 8-9일). 영역 *Hitler's Table Talk*, 1941-1944, London, 1953, 191에는 관련 문장이 빠졌다.

86) Kubizek, 164-5.

87) Kubizek, 184-5.

88) Kubizek, 200-208, 인용, 208(영역, *Young Hitler*, 153).

89) Kubizek, 179(거창한 계획); 172, 176-8(빈의 주택 문제); 178-9(새로운 대중 음료); 209-18(순회 교향악단); 174, 197(린츠 복원).

90) Kubizek, 176-8. Jones, 62-3, 68-9는 히틀러가 주택 문제에 관심을 가졌던 이유는 소외 층에게 인간적으로 연민을 느껴서라기보다는 자기 자신이 형편없는 방에서 살았기 때문 이라고 보긴 하지만 쿠비체크의 설명을 받아들인다.

91) Kubizek, 211.

92) Jones, 52-8, 63-7. 히틀러는 나중에 뮌헨의 클림트로 일컬어질 수 있는 프란츠 폰 슈투 크의 고혹적 그림을 사들였다. 히틀러가 가장 좋아한 화가의 한 사람이었다(Jones, 57; Waite, 66-9).

93) 클림트와 코코슈카의 작품에 빈이 보인 거센 저항에 대해서는 Schorske, 5장, 7장을 보 라.

94) Kubizek, 186-7.

95) Kubizek, 173-4.

96) Kubizek, 173.

97) Kubizek, 188.

98) Kubizek, 153.

99) Kubizek, 188. 히틀러는 1908년 1월 7일 8크로네 40이라는 적지 않은 돈을 내고 린츠 박물관협회에 가입하여 린츠 시립 미술관과 도서관을 자유롭게 이용했다. 탈퇴는 1909 년 3월 4일에 했다(Hamann, 57, 197).

100) Kubizek, 188, 191.

101) Kubizek, 189-90.

102) Jetzinger, 216.

103) Kubizek, 190; Jetzinger, 217. 나중에 히틀러는 칸트, 쇼펜하우어, 니체의 상대적 장점 에 대해서 논평할 정도가 되었지만 그렇다고 해서 이들의 작품을 히틀러가 꼭 읽었다는 것은 아니다(*TBJG*, II.7, 181, 1943년 1월 21일). 실제로 히틀러는 빈의 독신자 합숙소에 서 쇼펜하우어를 '논'하다가 밑천이 드러나면서 쇼펜하우어의 작품은 '조금' 읽어보았을 뿐이라고 시인했고 '뭘 좀 알고서 떠들라'는 핀잔을 들었다(Reinhold Hanisch, 'I Was Hitler's Buddy : III', *New Republic*, 1939년 4월 19일, 297). 한스 프랑크에 따르면 히틀 러는 1차 세계대전 때 쇼펜하우어를 읽었고 1924년 란츠베르크에 수감되었을 때 니체를 읽었다고 말했다(Frank, 46).

104) *MK*, 43, 56, 58에서 히틀러는 사회민주당 계열의 〈노동자 신문〉, 자유당 계열의 〈신자유 신문〉과 〈빈 신문〉, 기독교사회당 계열의 〈도이치 폴크스블라트〉를 구체적으로 거론한다. 처음 읽은 신문은 히틀러가 살았던 슈툼퍼가세에서 몇 집 떨어진 건물에서 간행되던 쇠 네러 운동의 기관지 〈범독일 신문〉인 듯하다. 이 신문 말고 주로 카페에서 다른 신문들과 정기 간행물, 정치 팸플릿도 읽었다(*MK*, 42-3, 65).

105) *MK*, 35-6. Maser, *Hitler*, 179-82는 히틀러가 이 당시에 읽은 책에 대한 기록은 신빙성 이 떨어진다는 점을 받아들이면서도 순전히 공상에 불과한 그라이너의 책에서는 그 내용 을 자세히 인용한다. Binion은 히틀러가 폭넓은 독서를 했다는 Maser의 견해를 'Foam on the Hitler Wave', *JMH*, 46(1974), 522-4에서 신랄하게 꼬집는다. Jones, 312 주12 는 히틀러가 황실 도서관을 이용했다는 주장을 의심한다.

106) NA, NND-881077, 4. 린츠를 떠나기 전까지 젊은 히틀러가 책벌레였다는 사실을 이웃과 친척의 증언에서 짐작할 수 있다. 물론 이것은 1938년에 수집된 증언이라는 점을 감안하

는 것이 좋다(HA, 릴 1(IfZ, MA-731), '우어파어의 아돌프 히틀러'와 요한 슈미트의 회고 기록).

107) *MK*, 36-8(영역, *MK* Watt, 33-4).

108) Maser, *Hitler*, 110; *Monologe*, 198; Jenks, 14; Zoller, 58.

109) Kubizek, 198.

110) Kubizek(198)는 '구스타프 말러가 이끄는 빈 황실오페라단의 완벽한 바그너 악극 해석'에 대해서 썼고 히틀러가 오페라단에서 '당시 지휘자로 있던' 말러를 흠모했다(192)고 말한다. 말러가 초창기에 빈에 두 번 머무르는 동안 히틀러가 말러의 지휘를 직접 보았는지는 확실하지 않지만 히틀러와 쿠비체크가 말러를 함께 보았을 리는 없다. 말러가 뉴욕 메트로폴리탄 오페라단으로 옮겨가기 전에 마지막으로 한 공연은 1907년 10월 15일이었는데 쿠비체크는 그로부터 다섯 달 뒤에야 빈에 온다(Jones, 40, 48; Maser, *Hitler*, 264; Hamann, 44, 94-5).

111) Kubizek, 196. 히틀러의 누이 파울라는 린츠에 있을 때만도 히틀러가 〈신들의 황혼〉을 13번이나 본 것으로 안다고 주장했다(NA, NND-881077, 4). 히틀러도 빈에서 사는 동안 (바그너의 가장 뛰어난 작품이라고 생각한) 〈트리스탄과 이졸데〉를 '30~40번'은 보았다고 했다(*Monologe*, 224, 294(1942년 1월 24-5일, 1942년 2월 22-3일).

112) Kubizek, 195.

113) Schorske, 163.

114) Jenks, 202; 그리고 Hamann, 89-95를 참조할 것.

115) Kubizek, 195(영역, *Young Hitler*, 140).

116) *Monologe*, 234(1942년 1월 25-6일; 영역, *Table Talk*, 251).

117) Joachim Fest, *Hitler. Eine Biographie*, Frankfurt am Main/Berlin/Vienna, 1976년 판, 75는 바로 이 점을 지적한다.

118) Heiden, *Der Führer*, 52-3.

119) 바그너의 악극에 나오는 영웅 의식에 젖어 있던 히틀러를 자세히 묘사한 내용은 Köhler, 특히 13장과 Waite, 99-113을 보라.

120) Carr, 155; Waite, 184-6.

121) 바그너가 없었더라면 제3제국에서 정치가 드라마와 성대한 행사로 축소되는 것은 상상하기 힘들었을 것이라는 지적은 일리가 있다(Fest, 74-7). 하지만 Köhler가 *Wagners Hitler*에서 주장하듯이 제3제국을 바그너의 이상을 히틀러가 구현하려던 결과물이라고 보는 것은 턱없는 단순화이며 곡해다.

122) Kubizek, 162, 238.

123) Kubizek, 163.

124) Kubizek, 162.

125) Kubizek, 193.

126) Kubizek, 230.

127) Hanisch, 297.

128) Hamann, 523-4.

129) Hanisch, 297-8.

130) Hamann, 519-21을 보라.

131) Hanisch, 297.

132) 인용은 Waite, 51('*Eine Frau muß ein niedliches, molliges, Tschapperl sein : weich, süß und*

dumm').

133) *MK*, 44(영역, *MK* Watt, 39).

134) Kubizek, 231.

135) Maser, *Hitler*, 527-9.

136) Heiden, *Der Führer*, 63-4는 그 점을 강조한다.

137) 히틀러에게 고환이 하나밖에 없었다는 증거는 소련 쪽의 부검 정보에만 기댄 것이다(Lev Bezymenski, *The Death of Adolf Hitler*, London, 1968, 46, 49). 이것은 서로 다른 시기에 히틀러의 몸을 검진한 의사들의 정밀 신체 검사 기록에 정면으로 어긋난다. 그들은 히틀러의 성기는 지극히 정상이었다고 단언했다. Hugh Trevor-Roper는 〈선데이 타임스〉 1968년 9월 29일자에 기고한 비판적 논평에서 Bezymenski의 보고를 전반적으로 믿기 어려운 이유를 조리 정연하게 들었다. Maser, *Hitler*, 527-9는 히틀러의 주치의들이 남긴 검진 기록을 간추린 다음 소련에서 부검을 한 것은 히틀러의 시신이 아니었을 가능성을 제기한다. Waite, 150-162는 신빙성이 부족한 외고환설을 받아들이고 이것을 바탕으로 히틀러의 이상 성격을 정교하게 설명한다. Binion, *Journal of Psychohistory*, 5(1977), 296-7은 Waite 주장의 허점을 제대로 짚으면서 증언의 비중이나 성격을 감안할 때 성기 이상을 전혀 언급하지 않은 히틀러가 살아 있을 때 받은 검진 기록이 타당성이 높다고 결론짓는다.

138) Greiner, 54-67; Fest, 63은 Greiner의 설을 되풀이하면서 이것을 히틀러가 반유대주의에 물든 타당성 있는 이유로 여긴다. Greiner의 책이 가치 있는 증거와는 전혀 거리가 먼 이유에 대해서는 Waite, 427-32를 보라.

139) Schorske, 1장, 5장을 보라.

140) Jenks, 123-5; Jones, 72-9; Hamann, 519-522.

141) Jones, 73; Kubizek, 158-9.

142) Kubizek, 237.

143) Kubizek, 228-9.

144) Kubizek, 237.

145) Kubizek, 237.

146) Kubizek, 239. 히틀러가 유대인 창녀한테서 매독에 감염되었다는 훗날의 소문은 아무 근거가 없다. 1940년에 한 의료 검진에서는 매독에 걸린 사실이 없는 것으로 나왔다. (Maser, *Hitler*, 308, 377, 528을 보라).

147) Kubizek, 235-6.

148) *MK*, 63. 당시 빈에 있던 어마어마한 수의 매춘부에 대한 믿을 만한 수치는 나온 것이 없다. 유대인이 매춘을 주도했다는 것이 반유대주의 진영의 단골 무기였다. 늘 그렇듯이 이 주장은 엄청난 왜곡이었다. 하지만 그런 비난을 불식하기 위해 유대인 사회는 일부 동유럽 출신의 유대인들이 관여하던, 동유럽의 가난에 찌든 유대인 처녀를 빈의 매음굴로 끌어들이는 범법 행위를 근절하려는 노력을 지지했고 그런 활동을 널리 알렸다.(Hamann, 477-9, 521-2.)

149) 히틀러가 청소년 시절에 린츠에서 사창가를 기웃거린 것은(*Monologe*, 190) 그 또래의 사춘기 소년이라면 얼마든지 가질 법한 호기심에서였다.

150) Kubizek, 233-5, 237; Waite, 241을 보라.

151) Kubizek, 170-71에는 히틀러가 '육체에 관한 것에는 무엇이든 거의 병적이리만큼 예민' 했고 '사람들과 살이 닿는 것을 싫어했다'고 적혀 있다.

152) 관련 자료는 1장 주63을 보라.

153) 상당수는 미국 CIA의 전신인 OSS(전략사무국)가 전시에 편찬한 NA, *The Hitler Source Book*, 그리고 이것을 대폭 받아들인 Walter C. Langer, *The Mind of Adolf Hitler*, Pan Books판, London, 1974, 특히 134, 165ff에서 나왔다. David Lewis, *The Secret Life of Adolf Hitler*, London, 1977은 똑같은 자료에 크게 기대며 새로 덧붙이는 내용이 거의 없다. Waite(237-43)는 히틀러에게 변태적 기질이 있었다고 추정하면서도 '단편적 증거'는 그런 결론을 뒷받침하기에는 '그 자체만으로는 불충분하다'는 사실을 받아들인다(239). 주로 Langer와 Waite에 기대어 Jones, 91-4, 308은 같은 변태 성향을 묘사한다(그렇지만 히틀러의 빈 생활을 조명하는 데는 아무런 보탬이 안 된다). 한때 히틀러의 동료였다가 나중에 불구대천의 원수가 된 오토 슈트라서한테서도 몇 가지 일화를 가져왔다.

154) *MK*, 20.

155) *MK*, 17(영역, *MK* Watt, 17).

156) Hamann, 58, 85; Maser, *Hitler*, 81; Smith, 108; Jetzinger, 172, 180-83. 당시 히틀러의 경제 사정을 평가한 또 다른 시도는 Smith, 112와 NA, *The Hitler Source Book*, 925-6에 실린 윌리엄 패트릭과 히틀러의 인터뷰를 거론한 Toland, 29와 Jones, 300-301 주35를 보라. 1921년 히틀러는 빈에 갔을 때 수중에 달랑 80크로네밖에 없었다고 주장했다(Joachimsthaler, 92에 재인용된 IfZ, MA-731(=HA, 릴 1) 안의 1921년 11월 29일자 편지).

157) Kubizek, 156(영역, *Young Hitler*, 101).

158) Kubizek, 158.

159) 방과 생활 환경에 대한 자세한 묘사는 Kubizek, 157, 160, 162, 170, 223, 247, 258.

160) Kubizek, 161.

161) Kubizek, 157, 161-2, 178, 273(식생활과 음주 습관에 대해서).

162) Kubizek, 178. 일설에 따르면 히틀러는 독신자 합숙소에서 아주 가끔씩 담배를 피웠다(HA, 릴 1, 파일 17(IfZ, MA-731)에 있는 Honisch의 증언으로 Joachimsthaler, 58에 수록). 히틀러는 빈에서 궁상맞게 사는 동안 하루에 24개비에서 40개비의 담배를 피우다가 먹을 것을 살 돈도 없는데 참으로 어리석은 짓이라는 걸 깨달았다고 한참 뒤에 주장했다. 이 말은 진짜라기보다는 도덕적 설교처럼 들린다(*Monologe*, 317, 1942년 3월 11-12일).

163) Kubizek, 192.

164) Kubizek, 193.

165) Smith(119)는 히틀러가 한 달에 80-90크로네 안팎을 쓴 것으로 추정했다. 그러니까 저금이 한 달에 60크로네 정도씩 줄어들었다는 뜻이다. 그렇지만 어떻게 그런 수치가 나왔는지는 설명하지 않는다.

166) *Monologe*, 294(1942년 2월 22-3일).

167) Kubizek, 192-3.

168) Smith, 123.

169) Kubizek, 253-5.

170) Kubizek, 272-8.

171) Kubizek, 256-61.

172) Smith, 121. 친척 두 명이 1938년 NSDAP-중앙기록보존소에다 1907년 발트피어텔에서 히틀러를 마지막으로 보았다고 말했다(Binion, 'Foam', 523). 하지만 쿠비체크의 엽서

를 보면 히틀러는 1908년 8월에 그곳에 간 것처럼 보인다(Kubizek, 260-61 ; Jetzinger, 204-6).

173) Kubizek, 261-2.

174) Jetzinger, 218 ; Smith, 122.

175) Heiden, 49.

176) Smith, 122. 낙방의 부끄러움은 오래 갔다. 1912년 독신자 합숙소에서 같이 지냈던 한 동료의 술회에 따르면 히틀러는 미술아카데미에서 몇 학기를 끝냈지만 학생 정치 조직에 가담한 데다가 학업을 계속할 만한 경제적 여유가 없어서 학교를 그만두었다고 했다(익명인, '내 친구 히틀러', 10. 자세한 내용은 아래 주253을 보라). 이 말이 사실이라면 히틀러는 이때부터 거짓말을 한 셈이 된다.

177) Smith, 8-9를 보라.

178) Kubizek, 246. 쿠비체크가 히틀러와 함께 목격한 노동자 시위에 대해서는 Jetzinger, 210-11을 보고, 쿠비체크가 당시 히틀러의 정치적 견해를 술회한 것에 대한 비판은 Jetzinger, 210-14를 보라. 히틀러가 합스부르크 체제를 싫어했고 1908년의 보스니아 합병에 반대한 것을 쿠비체크가 '반전주의'로 착각한 것인지도 모른다.

179) 《나의 투쟁》(*MK*, 80-100)에서 한참 장광설을 늘어놓다가 히틀러는 끝에 가서(100) 자기가 2년 동안 의회를 참관했다고 주장했다.

180) Kubizek, 249.

181) *MK*, 135(영역, *MK* Watt, 113).

182) *MK*, 14를 보라.

183) *MK*, 3장.

184) *MK*, 59. 1921년 11월 29일 익명의 '박사 선생' 앞으로 쓴 편지(Joachimsthaler, 92에 재인용된 IfZ, MA-731(=HA, 릴 1))에서 히틀러는 자기는 빈에 온 지 '1년도 채 못 되어서 반유대주의자가 되었다'고 썼다. 그렇지만 이 편지에는 날짜가 부정확한 곳이 한두 군데가 아니다. Waite, 187과 Marlis Steinert, *Hitler*, München, 1994, 50처럼 날짜를 곧이곧대로 받아들이면 곤란하다. Smith, 148가 주로 쿠비체크와 붙어 다녔던 1908년에 히틀러가 '회심'했다는 설을 미심쩍게 여기는 것도 무리는 아니다.

185) Kubizek, 251.

186) 그는 1908년 11월 18일부터 1909년 8월 22일까지 그곳에서 살았다.

187) 1940년 6월 11일 당 기록보존소가 수집한 마리 펠링거(결혼 전 성은 링케)와 마리아 볼라브(결혼 전 성은 쿠바타)가 빈 시절의 히틀러에 대해서 회고한 내용의 일부로 마리 펠링거가 증언한 것(IfZ, MA-731(=HA, 릴 1)). 여기에는 볼라브 부인이 1912년부터 1919년까지 운영했고 마리 펠링거가 일을 거들었던 '쿠바타 커피점'을 히틀러가 자주 찾았다는 내용이 나온다. 그 카페는 펠버슈트라세 부근에 있었지만 볼라브 부인이 가게를 인수했을 무렵 히틀러는 그 동네를 떠난 지 오래였다. 그녀는 히틀러를 '돌퍼를'이라고 불렀는데, 베티인지 페피인지 하는 히틀러의 여자 친구가 카페에 와서 히틀러가 독일로 떠난다고 말한 적이 있고 히틀러도 볼라브 부인에게 다시는 오스트리아로 돌아오지 못할 것이라며 정중히 하직 인사를 했다고 주장했다. 북쪽의 브리기테나우에서 3년째 살던 히틀러가 빈 남쪽에 있는 작은 카페를 1913년에 자주 드나들었다는 것은 가능성이 아주 희박하다. 아무래도 전부 꾸며낸 이야기 같다. Jones, 133, 283, 344 주92는 이것을 사실로 받아들인다(하지만 히틀러의 여자 친구는 남자로 바꾸어놓는다). Joachimsthaler, 20, 161를 보라.

188) 가령 Smith, 148도 그렇고 Jones, 135-8과 Fest, *Hitler*, 59-65도 그런 뜻을 비친다. 이
시기의 문제는 Wilfried Daim, *Der Mann, der Hitler die Ideen gab*, Wien/Köln/Graz,
1985의 핵심 논거가 된다.

189) 이 잡지는 발행 부수가 10만 부라고 스스로 밝혔는데 학생들 사이에서 많이 알려진 잡지
였나 보다. 그렇지만 란츠의 주장대로 그렇게 구독자가 많았는지는 의심스럽다(Daim,
47, 127을 보라).

190) Daim, 48; 그리고 Hamann, 308-19를 보라.

191) Hamann, 293-308, 특히 293, 299, 303-5.

192) Hamann, 300-303.

193) Hamann, 309.

194) Daim, 48-207은 란츠와 그의 희한한 생각을 자세히 묘사한다. Nicholas Goodrick-
Clarke, *The Occult Roots of Nazism*, Wellingborough, 1985, 90-105도 보라.

195) Daim, 25.

196) Daim이 쓴 책의 제목.

197) 가령 Fest, 59-60; Steinert, 56, 109; Hamann, 317을 보라.

198) *MK*, 59-60(영역, *MK* Watt, 52).

199) Daim, 190-207은 란츠의 정신 나간 이념의 핵심을 설명해놓았다. 〈오스타라〉 25호(1908
년 7월)에는 '아리아주의와 그 적들'이라는 에세이 안에 '유대인 문제 해법'에 대한 글이
있는데 특히(7) '모든 유대인이 아리아주의에 무조건 적대적이지는 않다'는 점과 그렇기
때문에 '모든 유대인을 한통속으로 묶어서는 안 된다'는 점까지도 인정한다. 26호의 '인
종 지식 입문'에는 딱히 '유대인 문제'를 짚은 곳은 전혀 없고 두개골 유형을 어떻게 평가
하는지를 주로 소개한다. 〈오스타라〉의 이 두 과월호를 나에게 제공한 제럴드 플레밍에게
감사한다.

200) Daim, 25-6, 269-70 주8.

201) Rudolph Binion은 자신의 논문 'Hitler's Concept of Lebensraum', *History of
Childhood Quarterly*, 1(1973), 251을 발표한 뒤 열린 심포지엄에서 이 점을 지적했다. 무
명의 주술사였던 란츠는 '히틀러에게 사상을 심어준 사람'으로 자기의 이름을 역사에 남
기려고 혈안이 된 인물이었다. 그런데 젊은 히틀러를 그렇게 똑똑히 기억한다는 사람이
폭동이 있고 나서 히틀러와 함께 란츠베르크를 찾았고 그 사람한테도 자기의 사상이 영
향을 끼쳤다고 주장하는 한 언론인의 이름을 기억하지 못한다는 것은 아무래도 좀 그렇
다(Daim, 270 주8). 란츠는 레닌도 만난 적이 있다고 주장했다. 레닌이 자기의 사상을
연구했고 자기가 제대로 공부했다고 그것을 인정해주었다는 것이다(Daim, 110-11). 란
츠는 아무래도 역사적으로 중요한 인물들에게 영향력을 미쳤다고 내세우고 싶어서 안달
이 난 사람 같다.

202) Daim, 36-7, 274-5 주39.

203) 제3제국 때 란츠의 저작이 판금당한 적이 없다는 내용은 Daim, 40, 275 주42와
Hamann, 318을 보라.

204) George Mosse, *The Crisis of German Ideology*, London, 1966, 295가 그 점을 지적한다.

205) Binion, 'Hitler's Concept of Lebensraum', symposium, 251.

206) Hamann, 318-19를 보라.

207) 인용은 Hamann, 318.

208) 주소 기록 : IfZ, MA-731(HA, 릴 1); Smith, 126; Hamann, 206.

209) Smith, 127; Hamann, 206. 히틀러가 다시 경찰 기록에 등장하는 것은 석 달 뒤의 일이다. 이 기간 동안 히틀러의 행적을 직접 말해주는 자료는 없다.

210) Eberhard Jäckel, Axel Kuhn 엮음, *Hitler. Sämtliche Aufzeichnungen 1905-1924*, Stuttgart, 1980(=*JK*), 55(1914년 린츠 지방법원 판사 앞으로 보낸 편지). 히틀러는 자신이 아무런 수입이 없는 알거지 신세라고 주장했다. 하지만 사실은 1911년까지 고아 연금을 꼬박꼬박 받았다(Jetzinger, 220).

211) 나중에 히틀러는 이 무렵 우유와 마른 빵만으로 버텼고 '몇 달 동안' 따뜻한 음식을 못 먹어 보았다고 말했다(*Monologe*, 317(1942년 3월 11-12일)).

212) Heiden, *Der Führer*, 50; Jetzinger, 219; Smith, 127.

213) Hanisch, 239.

214) Heiden, *Der Führer*, 50; Smith, 127 주33; Joachimsthaler, 48-9는 이 무렵 히틀러는 가재도구가 달린 방을 빌릴 만한 돈이 없었다는 사실도 지적한다; Hamann, 206-8은 오스트리아 합병이 있고 나서 나치가 히틀러가 빈에서 지내는 동안 살았다는 이 집의 주소를 공표한 것은 히틀러의 행적을 꼬치꼬치 파고들려는 시도에 일부러 찬물을 끼얹으려는 의도가 다분히 있었기 때문이었을 것이라고 본다.

215) 히틀러의 행색에 대해서는 Joachimsthaler, 49, 51(하니슈의 증언). 그런 합숙소의 여건과 당시 빈 밑바닥 사람들의 생활에 대해서는 Heiden, *Der Führer*, 60; Jenks, 31-9; Jones, 157-61; Hamann, 222-5를 보라. 개인 위생에는 언제나 철저했고 감염을 두려워했던 히틀러의 입장에서는 그런 불결함은 차마 받아들이기 어려웠을 것이다. 나중에 히틀러가 병적으로 깔끔함에 집착한 것도 그래서였는지 모른다. 《나의 투쟁》에서 히틀러는 이렇게 쓴다. '지금도 나는 그 지저분한 굴과 하숙집, 낡은 아파트, 더러운 쓰레기 더미, 역겨운 오물 같은 걸 생각하면 소름이 끼친다.'(*MK*, 28(영역, *MK* Watt, 26-7))

216) *MK*, 22를 보라.

217) Reinhold Hanisch, 'Meine Begegnung mit Hitler!', HA, 릴 3, 파일 64(Joachimsthaler, 49-50에 재수록된 1933년의 두 쪽 분량 술회); Reinhold Hanisch, 'I Was Hitler's Buddy', 전3부, *New Republic*, 1939년 4월 5일, 12일, 19일, 239-42, 270-72, 297-300. *New republic*에만 나온 영어로 된 더 긴 글은 하니슈가 죽고 나서 2년 뒤에 나왔다. 이어지는 내용은 분량은 달라도 상당히 일치하는 곳이 많은 이런 기록들에 바탕을 둔 것이다. (하니슈가 발설자로 된 내용과 그의 설명이 기록된 배경에 대해서는 Smith, 161ff와 Hamann, 265-71을 보라. Joachimsthaler, 268 주115는 하니슈의 약력을 자세히 소개한다. 초기에 나온 Heiden의 전기는 하니슈의 발언에 크게 기댔다. Heiden, *Der Führer*, 51ff을 보라.

218) Joachimsthaler, 268. 히틀러는 하니슈를 마이들링의 노숙자 숙소에서 만났고 그때 이후로 그를 프리츠 발터로만 알고 있었다고 1910년 경찰에 밝혔다(Jetzinger, 224).

219) 경찰 기록이 제시하는 의문점에도 불구하고 히틀러를 어떻게 만났는지에 대한 하니슈의 주장이 받아들여진 데 대해서는 Smith, 129 주39를 보라.

220) HA, 릴 3, 파일 64(Joachimsthaler, 49에 수록); Hanisch, 240; Heiden, *Der Führer*, 51. 하니슈는 1909년 12월 21일 다시 하인 일자리를 얻었다(Joachimsthaler, 268 주115).

221) Hanisch, 240; Heiden, *Der Führer*, 51; 그리고 Smith, 130-31과 주41을 보라.

222) Kubizek, 183-5를 보라.

223) 하니슈에 따르면 히틀러는 한때 도랑을 파는 인부로 일해볼까 하는 생각도 해보았지만

한번 그런 일을 하면 '헤어나오기가 어렵다'는 말을 듣고 마음을 돌렸다(Hanisch, 240).

224) Joachimsthaler, 70.

225) *MK*, 40-42. 1921년에 히틀러는 자기가 열여덟 살도 되기 전에 공사장에서 인부로 일했다고 주장했다. 열여덟 살이면 히틀러가 빈으로 오기도 전이었다.

226) Hanisch, 240.

227) Hamann, 208-11을 보라. Heiden, *Der Führer*, 60은 그런 신화가 나치당을 처음 세운 지도자 Anton Drexler의 자서전 *Mein politisches Erwachen*에서 '일부만 고쳐서 ……베낀' 것일지도 모른다는 의혹마저 제기했지만 근거는 없어 보인다. 드렉슬러의 책에는 비슷한 내용이 없다.

228) Smith, 131-2; Jetzinger, 223; Hamann, 227. 히틀러가 누이한테 편지를 써서 돈을 받아 썼다는 하니슈의 증언(HA, 3/64; *New Republic*, 1939년 4월 5일, 240)은 사실과 다를 가능성이 높다.

229) Hanisch(HA, 3/64; *New Republic*, 1939년 4월 5일, 240)는 히틀러가 1909년 크리스마스 때 외투를 샀다고 말했다. 그런데 NSDAP-중앙기록보존소 진술에서는 '이제부터는' 멜데만슈트라세의 독신자 합숙소에서 살았다고 다르게 말했다. 나중에 *New Republic*에 실린 글에서는 히틀러가 그 뒤에 멜데만슈트라세로 거처를 옮겼다고 바르게 진술한다(그곳에서 히틀러는 1910년 2월 9일까지 살았다)(Hamann, 227).

230) Hanisch, 242; Heiden, *Hitler*, 15; Heiden, *Der Führer*, 61; Smith, 136.

231) Hanisch, 241. 하니슈는 1910년 2월 11일 주거지로 선호되던 헤르츠슈트라세의 한 주소를 거주지로 등록했다. 그리고 멜데만슈트라세의 독신자 합숙소로 들어갔다고 주장했다(240). 당시 그가 거기에 살았다는 기록은 남아 있지 않지만 그곳을 자주 드나들었던 것은 확실하며 1912년 11월부터 1913년 3월까지는 프리드리히 발터라는 가명으로 거기서 실제로 눌러 살았다(Joachimsthaler, 268 주115; Hamann, 542).

232) Hanisch, HA, 3/64와 *New Republic*, 1939년 4월 5일, 241; Joachimsthaler, 50-55에 일부는 부정확하게 실린 Karl Honisch, 'Wie ich im Jahre 1913 *Adolf Hitler* kennen lernte', HA, 릴 1, 파일 17; 이 마지막 기록은 1913년 당시의 상황을 그렸지만 1910년에도 사정은 대동소이했을 것이다. Smith, 132-3; Jenks, 26-8; Hamann, 229-34도 보라.

233) Hanisch, 272.

234) Hanisch, 241, 271-2. Joachimsthaler, 67-9, 270, 주161; Smith, 137-8; Hamann, 499-500을 보라.

235) Hanisch, HA, 3/64와 *New Republic*, 1939년 4월 5일, 240-41; Honisch, HA, 1/17; Smith, 135-6. Joachimsthaler, 58-76은 히틀러의 그림과 하니슈 등이 그것을 그대로 베낀 그림을 다룬다(58-61). Hamann, 234-7도 보라.

236) Hanisch, HA, 3/64와 *New Republic*, 1939년 4월 5일, 241-2. Smith, 137-40을 보라.

237) Hanisch, 297. 그리고 Smith, 139를 보라.

238) Hanisch, HA, 3/64. 카를 헤르만 볼프에 대해서는 Hamann, 375-93을 보라. 하니슈의 설명(과 *New Republic*, 1939년 4월 5일, 242)에 따르면 이 무렵 히틀러는 군중이 선동가한테 휘둘리는 베른하르트 켈러만의 소설을 각색한 〈터널〉이라는 무성 영화를 인상 깊게 보았다. 훨씬 나중에 히틀러도 이 영화를 호의적으로 언급한 것으로 알려졌지만(Albert Speer, *Spandau. The Secret Diaries*, Fontana판, London, 1977, 328을 보라) 히틀러가 빈에 있는 동안 이 영화를 보았을 리는 없다. 영화는 1915년에야 완성되었다(Hamann, 238, 605 주20).

239) Hanisch, 241-2.

240) HA, 3/64; *New Republic*, 1939년 4월 12일, 271; Smith, 136-7.

241) Hanisch, 241, 271-2, 297-8. 또 Smith, 137, 139를 보라.

242) HA, 3/64; *New Republic*, 1939년 4월 5일, 241; 1939년 4월 19일, 298-9; Smith, 140.

243) Hanisch, 299.

244) Hanisch, 241.

245) Joachimsthaler, 69; Smith, 138을 보라. 발트피어텔까지 갔을지 모른다는 추측(그야말로 추측에 그치긴 하지만)은 Hamann, 245가 한다.

246) Smith, 137. 하니슈와 그라이너(39-42)가 특히 일치한다. 그래서 그라이너가 틀린 곳도 많고 꾸며낸 곳도 많지만 정말로 독신자 합숙소에서 히틀러를 알았고 하니슈가 회고한 내용을 모르고 글을 썼다는 증거로 이 일화를 든다. (Smith, 165-6을 보라.) 그라이너는 곧잘 공상으로 빠져들기 일쑤였지만, 그밖에도 옷차림이 형편없었다든지 쇠네러 운동을 지지했다든지 사회민주주의에 험담을 퍼부었다가 물의를 불러일으켰다든지 독신자 합숙소에서 히틀러가 어떻게 살았는지를 보여주는 두 사람의 일치된 진술은 그런 증언이 사실에 바탕을 두었음을 보여주는 것인지도 모른다. 그렇지만 가장 설득력이 높은 해석은 그라이너가 하니슈를 알게 되었거나 아니면 적어도 1930년대에 빈에서 하니슈가 떠들고 다니던 이야기를 듣고 나서 자기 목적에 맞게 기회주의적으로 윤색했으리라는 것이다.

247) Hanisch, 298-9; 하니슈가 히틀러의 그림을 나중에 베껴 그린 데 대해서는 Joachimsthaler, 59-61; Smith, 140; Heiden, 61-3; Hamann, 265-71.

248) HA, 17/1(Joachimsthaler, 54, 58에 수록)에 있는 Honisch의 증언.

249) 1909년 하니슈가 앞으로 무슨 일을 할 작정이냐고 묻자 히틀러는 자기는 그런 건 모른다고 실토했다(Hanisch, 240).

250) Honisch, 17/1(Joachimsthaler, 55).

251) Christa Schroeder, *Er war mein Chef*, 134를 보라.

252) HA, 17/1(Joachimsthaler, 55, 57-8); Smith, 141-2; 익명의 영국인(Hamann, 541).

253) 익명, 'Muj Prítel Hitler'('내 친구 히틀러'), *Moravsky ilustrovany zpravodaj*, 40(1935), 10-11(체코어). 번역을 해준 닐 버멜에게 감사한다.

254) Hanisch, 242, 272.

255) Smith, 141.

256) Jetzinger, 230-32; Smith, 143.

257) Jetzinger, 231.

258) Jetzinger, 226-7; Smith, 143.

259) Marckhgott, 273, 275-6; Hamann, 250-51.

260) Hamann, 251.

261) Smith, 9.

262) Smith, 140-41; Honisch, HA, 17/1(Joachimsthaler, 54-5). 히틀러는 1944년 전속 사진사 하인리히 호프만과 이야기를 나누는 자리에서 건축 스케치에 대해서는 자부심을 보였지만 자기 그림은 대수롭지 않게 여겼다. 그렇게 비싼 값으로 매겨진 그림을 돈 주고 사는 것은 '미친' 짓이라고 말했다. 1910년경 빈에서 자기는 그림 하나에 1940년대 화폐 기준으로 12마르크 이상은 받은 적이 없다고 덧붙였다. 그러면서 돈을 벌어야 먹고 살고 '공부를 할 수 있으니까' 그림을 그렸다고 했다. 자기는 화가가 되려는 생각은 없었다고 마음에도 없는 말을 했다(1907-1908년에만 하더라도 히틀러는 화가가 되겠다는 야심에

부풀어 있었다)(Schroeder, 134).

263) Honisch, HA, 17/1(Joachimsthaler, 54).

264) *MK*, 35(영역, *MK* Watt, 32). 그리고 Honisch, HA, 17/1(Joachimsthaler, 54)를 보라.

265) 이상의 내용은 HA, 17/1(Joachimsthaler, 54-7)에 실린 Honisch의 증언.

266) 교회에 대한 히틀러의 태도와 쇠네러의 실책에 대한 시인은 *MK*, 117-21을 보라. 보헤미아에서 나타난 국가사회주의 운동이 히틀러에게 별반 영향을 미치지 않는 데 대해서는 Smith, 146-7을 보라.

267) *MK*, 40-42.

268) Greiner, 43-4

269) 1869년 빈에서 어려운 환경에서 태어난 프란츠 슈타인은 열렬한 쇠네러 숭배자로서 북부 보헤미아의 공장 지대에서 일하는 독일계 노동자들을 독일 민족사회주의로 규합하기 위해 열심히 선동했다. 반체코 감정에 대해서는 Hamann, 354-75, 특히 367과 9장을 보라. 노동자들의 점증하던 반체코 민족 의식은 Andrew Whiteside, *Austrian National Socialism before 1918*, The Hague, 1962, 4장에서 다룬다.

270) Heiden, *Der Führer*, 53을 보라.

271) *MK*, 30(영역, *MK* Watt, 28).

272) *MK*, 22(영역, *MK* Watt, 21).

273) *MK*, 40(영역, *MK* Watt, 36).

274) Kubizek, 30(줄을 반듯이 세우기 위해 바지를 침대 밑에 깐 것); 156(쿠비체크를 만날 때의 차림새); 170(옷과 속옷을 깔끔하게 입으려고 늘 애쓰던 것)을 보라.

275) Heiden, *Der Führer*, 60을 보라. Alan Bullock, *Hitler. A Study in Tyranny*, Harmondsworth, 1962년판, 36도 비슷한 지적을 한다.

276) *MK*, 22(영역, *MK* Watt, 21-2).

277) *MK*, 24(영역, *MK* Watt, 23).

278) *MK*, 43.

279) *MK*, 46(영역, *MK* Watt, 41).

280) Joachimsthaler, 45와 '히틀러가 빈에서 이미 1920년과 1921년의 정치적 주장을 펼쳤다는 것은 신빙성이 없다'는 그의 지적도 보라.

281) *MK*, 55-9(영역, *MK* Watt, 48-51). 1921년 11월 29일 익명의 '박사님께' 보낸 편지에서 히틀러는 자기의 '회심'에 대해서 썼다. '코스모폴리탄에 가까운 가정 환경에서 자란 저는 고된 현실이라는 학교를 통해서 1년도 못 되어 반유대주의자가 되었습니다'(Joachimsthaler, 92에 재수록된 IfZ, MA-731(HA, 릴 1)).

282) *MK*, 59(영역, *MK* Watt, 52).

283) *MK*, 60(영역, *MK* Watt, 52).

284) *MK*, 61.

285) *MK*, 64(영역, *MK* Watt, 56).

286) *MK*, 65-6. 히틀러는 4명의 유대인 노동운동 지도자를 거론하는데 그들은 빅토르 아들러, 프리드리히 아우스테를리츠, 빌헬름 엘렌보겐, 안톤 다비트다. 앞의 세 사람은 빈의 반유대주의자들이 한통속으로 묶어서 자주 공격을 했고 마지막 사람은 1911년의 인플레이션에 항의하는 노동자 시위에서 주도적 역할을 했다(Hamann, 258-9).

287) *MK*, 66(영역, *MK* Watt, 57).

288) *MK*, 69.

289) Kubizek, 94.

290) Kubizek, 62(학교 식당에서 유대인 학생들에게 혐오감을 드러냈던 일); 249-50(유대인 언론인).

291) Kubizek, 250-51. 쿠비체크의 이야기는 아마 《나의 투쟁》(59)에서 히틀러가 한 진술에 바탕을 두었을 것이다. 이에 대한 비판은 Jetzinger, 214를 보라.

292) Hamann, 83.

293) Hamann, 82-3을 보라.

294) Hamann, 22.

295) Hamann, 28-9. 히틀러(*MK*, 55)는 자기는 린츠에서 반유대주의자가 아니었다고 주장했다. Friedrich Heer, *Der Glaube des Adolf Hitler*, München/Eßlingen, 1968, 25, 72와 Friedrich Heer, *Gottes erste Liebe*, München/Eßlingen, 1967, 355는 린츠에서 히틀러가 다니던 학교에 반유대주의가 팽배했고 주민들 사이에서도 학교 안에서도 쇠네러의 반유대주의 정책을 지지하는 분위기였다는 점을 강조한다. 하지만 Bukey, 8-9는 린츠에서 반유대주의가 아무리 지독했다 하더라도 반체코 정서에 비하면 훨씬 미미했다고 지적한다.

296) Albert Speer, *Erinnerungen*, Frankfurt am Main/Berlin, 1969, 112; Hamann, 29-30. 히틀러는 괴벨스한테도 자기가 처음 반유대주의자가 된 곳은 빈이라고 말했다(*Tb* Reuth, iii, 1334(1939년 10월 17일)).

297) 쇠네러의 반유대주의 인종론에 대해서는 Hamann, 344-7을 보라.

298) IfZ, MA-731(HA, 릴 1), 1938년 12월 8일의 'Notizen für Kartei'는 블로흐가 두 장의 엽서를 받았다고 언급한다. 한 장은 근사한 그림이 그려진 연하장(1908년으로 추정)이었는데 '진심으로 감사드린다'('herzlichem Dank')는 문구가 들어가 있다. 게슈타포는 1938년 3월 이 엽서들을 압수했다. Bloch, 69-70은 그 엽서를 본인의 입으로 설명한다. Binion, *Hitler among the Germans*, 19를 보라.

299) *MK*, 59.

300) Daim, 25-6, 270.

301) *MK*, 59-60.

302) Hanisch, 271.

303) Hamann, 242.

304) Hanisch, 271-2, 299. Hamann, 242, 246-7, 498을 보라.

305) Smith, 149.

306) Anonymous(익명인), 'My Friend Hitler', 11.

307) Hanisch, 272.

308) Greiner, 75-82. Greiner(79)는 히틀러가 린츠에서 반유대주의에 물든 상태에서 빈으로 왔다고 주장했다.

309) Binion, *Hitler among the Germans*, 2, 19; Binion, 'Hitler's Concept of Lebensraum', 201-2.

310) Binion, 'Hitler's Concept of Lebensraum', 189와 Binion, *Hitler among the Germans*, 2를 보라. Joachimsthaler, 44는 1919년 6월까지도 히틀러한테서 유대인을 딱히 미워하는 징후를 찾아내지 못한다.

311) 그의 변함없는 정치 철학이 서른 살의 나이로 정치에 뛰어들기 전에 굳었다는 것을 암시하는 내용은 *MK*, 71을 보라.

312) Jones, 129. 빈의 살벌한 반유대주의 분위기에 대해서는 Hamann, 472-82를 보라.

313) Pulzer, 202.

314) Jenks, 127-33.

315) 나중에 히틀러는 젊었을 때 빈에서 Theodor Fritsch의 *Handbuch der Judenfrage*를 '열심히 공부했다'고 주장했다(*Hitler. Reden, Schriften, Anordnungen. Februar 1925, bis Januar 1933*, München 등, 1992-(=RSA), IV/1, 133).

316) Carr, 123; Waite, 188.

317) Langer, 187. 그리고 Carr, 121-2를 보라.

318) Fest, *Hitler*, 65를 보라.

319) Hanisch, 272. 히틀러는 《나의 투쟁》(61)에서 '카프탄 옷을 입은 사람들의 냄새'에 대해서 언급했다.

320) 전쟁이 끝나고 나서 히틀러의 누이 파울라는 "빈에서 젊었을 때 하도 고생을 하면서 지내다 보니까 반유대주의로 기울었을 수도 있다. 오빠는 빈에서 몹시 굶주렸고 그림으로 성공을 거두지 못한 것이 미술 시장이 유대인 손에 들어가 있기 때문이라고만 생각했다."고 했다. 하지만 이것은 어디까지나 그녀가 넘겨짚은 것이다. 히틀러가 누이동생한테 그렇게 말했다는 증거는 없다(NA, NND-881077).

321) Hanisch, 272.

322) Hanisch, 271-2.

323) Hamann, 246.

324) Smith, 149-50.

325) Honisch의 증언, HA, 17/1(Joachimsthaler, 54).

326) Anonymous, 'My Friend Hitler', 10.

327) Langer, 185-6은 히틀러가 (앞서 본 대로 오래 전부터 독일을 그렇게 예찬했고 뮌헨으로 가고 싶다고 여러 번 말했으면서도) 빈을 그렇게 오래도록 떠나지 못한 이유에 대한 설명이 부족하다고 했다. 답은 유산을 받기 위해 기다려야 했다는 것이다.

328) Hamann, 85, 568.

329) Jetzinger, 254.

330) Joachimsthaler, 25.

331) Smith, 150-51.

332) Jetzinger, 250.

333) Joachimsthaler, 15, 257-8. 그는 히틀러가 동반한 여행자가 지금까지 안 알려진 호이슬러라는 사실을 밝혔다. 호이슬러에 대해서는 특히 Hamann, 566-8을 보라.

334) *MK*, 137.

3장 전선의 연락병

1) Ralph Dahrendorf, *Society and Democracy in Germany*, London, 1968, 4장의 제목.

2) 독일의 근대가 '특수한 길(Sonderweg)'이었다는 명제를 고전적으로 제시한 책은 Hans-Ulrich Wehler, *Das Deutsche Kaiserreich 1871-1918*, Göttingen, 1973이었다. 히틀러가 부상한 것은 가치관과 사회 구조에서 전통과 근대가 충돌했기 때문이라는 해석은 Ernst Nolte 엮음, *Theorien über den Faschismus*, 6판, Königstein/Ts., 1984, 182-204의 Ernst

Bloch, 'Der Faschismus der Erscheinungsform als Ungleichzeitigkeit'에서 개진한다.

3) 그런 가능성은 Manfred Rauh, *Die Parlamentarisierung des deutschen Reiches*, Düsseldorf, 1977, 특히 13-14, 363-5에 아주 확실히 나와 있다. Thomas Nipperdey, *Deutsche Geschichte 1866-1918*, 2권, München, 1992, 755-7, 890-93은 독일 제국이 다르게 나아갈 수도 있었다는 점을 강조한다. '특수한 길'이라는 해석을 가장 확실하게 거부하는 것은 '1871년부터 1914년까지 독일 제국의 역사는 평균적이고 정상적인 유럽의 역사'라는 Nipperdey의 발언(891)이다.

4) 이런 논리는 Hans-Ulrich Wehler, *Deutsche Gesellschaftsgeschichte 1849-1914*, München, 1995, 특히 460-86, 1279-95에서 가장 강하게 제시되었고 Simone Lässig와 Karl Heinrich Pohl 엮음, *Sachsen im Kaiserreich*, Dresden, 1997, 301-8의 Hans-Ulrich Wehler, 'Wirtschaftliche Entwicklung, sozialer Wandel, politische Stagnation : Das Deutsche Kaiserreich am Vorabend des Ersten Weltkrieg'에서 짧지만 날카롭게 다시 개진되었다.

5) 제정 독일에 대해 Nipperdey가 두 권으로 쓴 방대한 연구서는 이런 발언으로 마무리된다. "역사의 기본 빛깔은 흑백이 아니며 역사의 기본 무늬는 체스판처럼 선명하지 않다. 역사의 기본 빛깔은 무한히 달라지는 회색이다."(Nipperdey, 2권, 905).

6) '한 미치광이의 의지'가 어떻게 독일을 2차 세계대전으로 몰아넣었는가를 생각하면 '정말이지 참을 수가 없다'는 Gerhard Ritter의 발언은 그 점을 암시한다(Gerhard Ritter, *Das deutsche Problem. Grundfragen deutschen Staatslebens gestern und heute*, München, 1962, 198). 독일사에 갑작스럽고 날카로운 단절을 가져온 존재로 히틀러를 그리는 '운전 사고'의 비유는 Jürgen Steinle, 'Hitler als "Betriebsunfall in der Geschichte"', *Geschichte in Wissenschaft und Unterricht*, 45(1994), 288-302에서 분석된다. Eberhard Jäckel은 히틀러는 정말로 사회에서 터진 핵사고에 버금가는 인물이었다고 주장한다(Jäckel, *Das deutsche Jahrhundert*, 4장, 153-82와 Gilbert Krebs, Gerard Schneilin, *Weimar ou de la Démocratie en Allemagne*, Paris, 1994, 345-58의 'L'arrivée d'Hitler au pouvoir : un Tschernobyl de l'histoire'). 나도 *The Nazi Dictatorship. Problems and Perspectives of Interpretation*, 215-6에서 같은 비유를 썼지만 핵사고는 개인의 실수와 판단 착오만이 아니라 구조와 체계의 원인 없이는 일어나지 않는다는 점을 강조했고 Jäckel도 그 점을 간과하지 않았다.

7) Geoff Eley, *Reshaping the German Right*, New Haven/London, 1980, 10장을 보라.

8) George Mosse의 책 *The Nationalisation of the Masses*, New York, 1975 제목.

9) Nipperdey, 2권, 265. 민족주의 성향의 학자에 대해서는 Thomas Nipperdey, *Deutsche Geschichte 1866-1918*, 1권, München, 1990, 599-600도 보라.

10) 인용은 Pulzer, 242.

11) K. H. Bohrer 엮음, *Mythos and Moderne*, Frankfurt am Main, 1983, 261-89의 Lothar Kettenacker, 'Der Mythos vom Reich'를 보라.

12) Mosse, *Nationalisation*, 62-3과 도판 9; Nipperdey, 1권 739, 2권 599.

13) *MK*, 180. 기념상에 대해서는 Nipperdey, 1권 738-41, 2권 261을 보라.

14) Mosse, 36-7; Nipperdey, 2권, 599.

15) John C. G. Röhl, Nicolaus Sombart 엮음, *Kaiser Wilhelm II. New Interpretations*, Cambridge, 1982, 269-85(특히 276)의 Elisabeth Fehrenbach, 'Images of

Kaiserdom : German attitudes to Kaiser Wilhelm II'.

16) Nipperdey, 2권, 289; Léon Poliakov, *The History of Anti-Semitism*, 4권, Oxford, 1985, 23-4, 31, 83 이하.

17) Fritz Stern, *The Politics of Cultural Despair*, Berkeley, 1961; George Mosse, *The Crisis of German Ideology*, I-II부; 특히 폴 드 라가르드의 영향에 대해서는 Nipperdey, 1권, 825-6을 보라.

18) Nipperdey, 2권, 256.

19) Pulzer, 231.

20) Pulzer, 236(아우구스트 율리우스 랑벤의 말에서 인용).

21) Nipperdey, 2권, 290을 보라.

22) Nipperdey, 2권, 299, 305; Mosse, *Crisis*, 특히 93-7, 112. 휴스턴 스튜어트 체임벌린은 잉글랜드에서 태어났지만 열렬한 친독일 인사로 독일 시민권을 얻었고 리하르트 바그너의 딸과 결혼했으며 바이로이트에 있던 바그너의 모임에서 인종주의 이론을 발전시켰다. 그는 역사는 인종 투쟁이며 독일인은 선, 유대인은 악을 대변한다고 보았다. 1927년 세상을 뜨기 직전에 자기를 찾아온 히틀러를 입에 침이 마르도록 칭찬했다. 테오도어 프리츠는 초창기의 가장 신랄한 반유대주의 저술가로 이름을 날렸고 도시화와 산업화에 대한 격렬한 저항을 인종주의와 연결한 자신의 생각을 퍼뜨리기 위해서 '해머단'이라는 급진 인종주의 단체를 결성했다. 1933년 79세를 일기로 많은 나치당원의 애도를 받으며 죽었다.

23) R. J. Bullen, H. Pogge von Strandmann, A. B. Polonsky 엮음, *Ideas into Politics*, London/Sydney, 1984, 79-80의 Jeremy Noakes, 'Nazism and Eugenics : the Background to the Nazi Sterilisation Law of 14 July 1933'.

24) 절찬리에 읽힌 소설 Hans Grimm, *Volk ohne Raum*, München, 1926의 제목.

25) 팽창론의 양면적 전개에 대해서는 Woodruff D. Smith, *The Ideological Origins of Nazi Imperialism*, New York/Oxford, 1986을 보라.

26) Nipperdey, 2권, 601.

27) Eley, *Reshaping*, 218-23. Eley(230-31)는 사회민주주의에 맞섰던 제국동맹이 1904년부터 1914년까지 사회민주당을 공격하는 팸플릿과 전단을 5천만 부나 찍어냈다고 지적한다.

28) Nipperdey, 2권, 601; Roger Chickering, *We Men Who Feel Most German. A Cultural Study of the Pan-German League*, 1886-1914, London, 1984, 191.

29) Nipperdey, 2권, 602-9; Chickering, 특히 4, 6장; Eley, *Reshaping*, 337-43.

30) Nipperdey, 2권, 607-8.

31) Daniel Frymann(Heinrich Claß), *Wenn ich der Kaiser wär!*, 5판, Leipzig, 1914, 227.

32) Axel Schildt, 'Radikale Antworten von rechts auf die Kulturkrise der Jahrhundertwende', *Jahrbuch für Antisemitismusforschung*, 4(1995), 63-87.

33) Geoff Eley의 에세이집 *From Unification to Nazism*, London, 1986, 231-53에 실린 'The German Right, 1860-1945 : How it Changed'와 Martin Blinkhorn 엮음, *Fascists and Conservatives. The Radical Right and the Establishment in Twentieth-Century Europe*, London, 1990, 50-70에 실린 비슷한 방향으로 쓰어진 그의 후속 논문 'Conservatives and radical nationalists in Germany : the production of fascist potentials, 1912-1928'을 보라.

34) 빌헬름 2세는 1859년 1월 27일 포츠담에서 태어났고 1888년 프로이센 국왕과 독일 황제
　　에 올랐다. 어린 시절의 더딘 성숙, 극심한 정서 불안, 고압적이고 욱하는 기질, 못 말리
　　는 거만함, 사소한 반대에도 발끈하는 성미, 자기 능력에 대한 턱없는 과장, 히틀러에 못
　　지않은 병적 증오심은 독일을 30년 동안 다스린 사람이 성격 장애자였다는 것을 보여주
　　는 부인 못할 증거들이었다. 그는 1941년 6월 4일 망명지였던 네덜란드 도른에서 타계한
　　다. John C. G. Röhl의 *Kaiser, Hof und Staat*, München, 1987, 17-34에 나오는 'Kaiser
　　Wilhelm II. Eine Charakterskizze'와 그의 주저 *Wilhelm II. Die Jugend des Kaisers 1859-
　　1888*, München, 1993을 보라. 뒤의 책에서는 출산 충격과 왼팔 무력화가 '마지막 독일
　　황제의 인격 형성을 어지럽힌'(38) 요인들로 강력하게 제시된다.

35) *MK*, 138과 (139) "나는 진정한 내면의 만족에서 오는 행복을 이루었다."(영역, *MK*
　　Watt, 116-17).

36) *MK*, 138.

37) *MK*, 135-6(영역, *MK* Watt, 113).

38) *MK*, 179(영역, *MK* Watt, 150). *Reichshandbuch der deutschen Gesellschaft*, 1권, Berlin,
　　연대 불명(1931?), 771의 히틀러 항목에는 "1912년 그는 더 크고 가능성이 큰 곳에서 정
　　치 활동을 펼치기 위해서 뮌헨으로 옮겼다."라고 나오지만 이것은 연대도 동기도 모두 틀
　　렸다. 이 문장은 Fest, 1권, 91에도 인용되었다.

39) *MK*, 139(영역, *MK* Watt, 117).

40) 인용은 Max Spindler, *Handbuch der bayerischen Geschichte*, 4권, 2부, München, 1975,
　　1195. 로비스 코린트(1858-1925)는 동프로이센 출신이지만 지난날의 예술 양식과 결별
　　하려는 생각으로 뮌헨의 진보적 예술가들이 결성한 뮌헨 분리파의 일원으로 활동했고 젊
　　은 시절에는 유겐트슈틸이라는 새로운 미술 운동을 주도했다. Spindler, 4권, 1196을 보
　　라. 또 *Deutsche Biographische Enzyklopädie*, 2권, München 등, 1995, 373도 참조하라. 세
　　기 전환기 뮌헨의 화단과 문단 분위기는 David Clay Large, *Where Ghosts Walked.
　　München's Road to the Third Reich*, New York, 1997, 서론과 1장에 자세히 그려져 있다.

41) *MK*, 139. 히틀러는 바이에른 사투리가 자기한테는 친근하게 다가왔다고 주장했지만 이
　　것은 어린 시절 니더바이에른의 파사우라는 곳에 잠시 살았던 것을 미화한 것으로 여겨
　　진다(*MK*, 135, 138). 파사우에 대한 기억은 많이 남지 않았을 것이다. 거기서 2년 반 남
　　짓만 살고 여섯 살 생일을 전후하여 그곳을 떠났기 때문이다(Jeztinger, 58, 64, 66;
　　Smith, 53, 55).

42) *MK*, 139.

43) *Monologe*, 201(1942년 1월 15-16일).

44) Heinz A. Heinz, *Germany's Hitler*, London(1934), 2판, 1938, 49. 히틀러가 정권을 잡
　　은 직후 영국 독자에게 히틀러라는 인물을 소개하기 위해서 씌어진 이 책은《나의 투쟁》
　　에서 이 내용을 따온 것으로 보인다(1912년에 뮌헨으로 갔다고 한 것도 똑같다). 그렇지
　　만 히틀러가 뮌헨 건축물의 웅장함에 탄복했다는 사실을 의심해야 할 이유는 없다.

45) *Monologe*, 400(1943년 6월 13일).

46) 뮌헨의 웅대한 재건축 계획에 대해서는 *München - 'Hauptstadt der Bewegung'*, Münchner
　　Stadtmuseum 엮음, München, 1993, 294-309의 Hans-Peter Rasp, 'Bauten und
　　Bauplanung für die "Hauptstadt der Bewegung"'을 보라.

47) *MK*, 136.

48) Heinz, 56. 집주인 포프 부인이 1930년대에 부풀려서 말한 증언(히틀러가 온 해도《나의

투쟁》에 나온 대로 부정확하게 1912년이라고 말했다). 히틀러는 뮌헨 경찰서에 제출한 거주지 신고서에 자기는 화가라고 썼다(Joachimsthaler, 17, 32).

49) *JK*, 54; Werner Maser, *Hitlers Briefe und Notizen*, Düsseldorf, 1988, 40; Jetzinger, 262.

50) IfZ, MA-731(=HA, 릴 1), Joachimsthaler, 91-2에 재수록.

51) *Der Hitler-Prozeß 1924. Wortlaut der Hauptverhandlung vor dem Volksgericht München I*, 1 부, Lothar Gruchmann, Reinhard Weber 엮음, Otto Gritschneder 도움, München, 1997, 19; *JK*, 1062. Joachimsthaler, 31은 *Der Hitler-Prozeß vor dem Volksgericht in München, München*, 1924에 바탕을 두고 있지만 군데군데 원문과는 다른 곳이 있다.

52) *Monologe*, 115(1941년 10월 29일). *Hitler's Table Talk*, 97-8에 실린 번역은 불완전하고 엉성한 부분이 많다.

53) Heinz, 49-50.

54) Orr, *Revue*, 46호(1952), 3; Joachimsthaler, 16, 81; Hamann, 570-74. 히틀러와는 달리 호이슬러는 전쟁이 터지자 빈으로 돌아갔다(Joachimsthaler, 81). 이상하게도 1938년 5월 1일 나치당에 다시 들어가면서 쓴 당원 가입서에 호이슬러는 전에 히틀러와 알았다는 이야기를 한마디도 쓰지 않았다(BDC, Parteikorrespondenz, Rudolf Häusler, geb. 5 December 1893, Personal-Fragebogen, 1938년 5월 1일).

55) Heinz, 50.

56) Joachimsthaler, 84-9.

57) 1944년 3월 12일 오버잘츠베르크에서 점심을 먹으면서 주고받은 대화 내용, HA, 릴 2, 파일 3, Schroeder, 134(2장, 주262를 보라)에 재수록.

58) *JK*, 54; Schroeder, 134(HA 릴 2, 파일 3에서).

59) Heinz, 51.

60) Heinz, 50-52(포프 부인의 말).

61) *MK*, 139.

62) *MK*, 169-70.

63) Heinz, 51. Franz Georg Kaltwasser, 'Hitler als Benutzer der Königlichen Hof- und Staatsbibliothek in München 1913/14', *Bibliotheksforum Bayern*, 27(1999), 46-9.

64) Heiden, *Der Führer*, 65는 비록 출처는 안 밝혔지만 호프브로이하우스를 비롯하여 맥주홀에 온 사람들에게 장광설을 늘어놓는 히틀러의 모습을 전한다.

65) *MK*, 171(영역, *MK* Watt, 142).

66) *MK*, 139-42.

67) Jetzinger, 254-7; Joachimsthaler, 25-6.

68) Jetzinger, 259-62.

69) Jetzinger, 262-4(그리고 272-3에 일부 재수록); Maser, *Hitlers Briefe*, 40-42; *JK*, 53-5. 히틀러의 편지에 대한 Jetzinger의 비판(265-72)은 너무 현학적이다.

70) Jetzinger, 258-65.

71) Joachimsthaler, 27-31.

72) Jetzinger, 284-92.

73) *MK*, 173(영역, *MK* Watt, 145).

74) *MK*, 173-4, 177(영역, *MK* Watt, 145-6, 148).

75) David Lloyd George, *War Memoirs*, 1권, London, 1933, 52.

76) J. P. Stern, *Hitler : the Führer and the People*, London, 1975, 12.

77) Fritz Wiedemann, *Der Mann, der Feldherr werden wollte*, Velbert/Kettwig, 1964, 29.

78) Joachimsthaler, 159-60.

79) *MK*, 179(영역, *MK* Watt, 150).

80) *Monologe*, 79(1941년 10월 13일).

81) *Monologe*, 46(1941년 7월 24-5일).

82) Heinrich Hoffmann, *Hitler Was My Friend*, London, 1955, 34.

83) Ernst Toller, *I Was a German*, London, 1934, 54.

84) Wolfgang J. Mommsen, *Der autoritäre Nationalstaat*, Frankfurt, 1990, 407. 전쟁 열기의 다양한 분위기와 갖가지 동기에 대한 균형 잡힌 설명은 Richard Bessel, *Germany after the First World War*, Oxford, 1993, 2-4를 보라.

85) 인용은 Adrian Lyttelton 엮음, *Italian Fascisms from Pareto to Gentile*, London, 1973, 211.

86) Mommsen, *Der autoritäre Nationalstaat*, 407.

87) Werner Abelshauser, Anselm Faust, Dietmar Petzina 엮음, *Deutsche Sozialgeschichte 1914-1945. Ein historisches Lesebuch*, München, 1985, 215, 인용한 곳은 *Soziale Praxis*, 23(1913-14), Sp. 1241-4.

88) 한 독일 병사는 1915년 10월 7일 아버지에게 이런 편지를 보냈다. "사람들이 말하는 '애국심'이라는 거 전 없습니다. 그보다는 우리 독일 민족의 어려운 처지가 가엾고 안쓰러운 거지요. 독일 민족의 약점과 허물을 이해하고 도우려는 거지요. 그래서 내 민족한테서 도망가고 싶지 않은 겁니다. 머리도 그렇고 가슴도 그렇고요. 내 민족을 위한 올바른 투사가 되기 위해서 저를 고뇌와 참상의 한복판에 두려는 겁니다." (Philipp Witkop 엮음, *Kriegsbriefe gefallener Studenten*, München, 1928, 22).

89) *MK*, 177(영역, *MK* Watt, 148).

90) Joachimsthaler, 101. 인용된 내용은 호프만 회고록의 영역본인 Heinrich Hoffmann, *Hitler Was My Friend*, London, 1955에는 나오지 않지만 히틀러가 둥근 테두리로 둘러싸인 사진은 실려 있다. 이 사진은 1차 세계대전 발발 20주년을 맞아 여기저기에 많이 실렸다(Daily Telegraph, 1934년 8월 3일자를 보라). 유명한 둥근 테두리가 없는 히틀러 사진은 Rudolf Herz, *Hoffmann und Hitler. Fotografie als Medium des Führer-Mythos*, München, 1994, 29에 나온다. 1943년이 되면 호프만의 연수입은 3백만 마르크가 넘었고 저택은 6백만 마르크를 호가했다(Herz, 37-8).

91) *MK*, 179.

92) Joachimsthaler, 102, 104.

93) Joachimsthaler, 107은 히틀러가 바이에른 군대에 받아들여진 것을 '제2보병연대에서 근무하던 한 병장의 부주의와 무관심' 탓으로 돌린다.

94) Joachimsthaler, 103-8.

95) Joachimsthaler, 107. 1921년 11월 29일 히틀러가 익명의 '박사님'한테 보낸 편지(IfZ, MA-731(=HA, 릴 1), Joachimsthaler, 93에 재수록)를 보라.

96) Joachimsthaler, 106-7, 109-14, 116. 히틀러는 바이에른 제6예비사단(모두 1만 7천 명의 장병으로 이루어진) 예하 제12보병여단 산하의 제16예비보병연대(리스트 연대) 제1대대 제1중대에 배치되었다. 리스트 연대는 오버바이에른과 니더바이에른 출신으로 이루어져 있었다. 연대 병력을 무장시키고 군복을 지급하는 데 어려움을 겪다 보니 뿔이 달

린 철모는 1914년 11월에야 지급되었고 강철로 만든 제대로 된 철모는 솜 전투 직전인
1916년에야 지급되었다.

97) *JK*, 59.

98) *JK*, 59(요제프 포프에게 쓴 편지는 울름에서 안트베르펜으로 보내졌다가 배달되었다);
Joachimsthaler, 117.

99) *JK*, 60, 68.

100) Joachimsthaler, 120-21, 124.

101) *Monologe*, 71(1941년 9월 25-6일).

102) Joachimsthaler, 159-60.

103) Wiedemann, 26.

104) Joachimsthaler, 159-60.

105) Joachimsthaler, 126-7, 135, 277 주339; Heinz, 65.

106) *MK*, 181-2; Joachimsthaler, 129.

107) 인용된 사례는 Joachimsthaler, 125, 128, 152-3, 155-6.

108) 작전 지시를 내리는 연대 사령부는 프로멜에 있었는데 거기서 전선까지의 거리는 약 3킬
로미터였다. 행정 지원을 맡은 연대 참모진은 걸어서 한 시간 거리에 있던 푸른에서 지냈
다. 히틀러와 동료 연락병들은 교대로 사흘은 프로멜에서 근무하고 사흘은 푸른에서 쉬
었다. (그곳에서 히틀러가 보낸 시간에 대해서는 Joachimsthaler, 123, 126-7, 135-40을
보라.) 히틀러는 1944년 자기가 1차 세계대전 내내 쇼펜하우어의 작품 다섯 권을 늘 갖고
다녔다고 주장했다(*Monologe*, 411(1944년 5월 19일). 한스 프랑크도 히틀러가 똑같은 말
을 한 것으로 기억했다(Frank, 46).

109) Wiedemann, 24-5.

110) Balthasar Brandmayer, *Meldegänger Hitler 1914-1918*, 2판, München/Kolbermoor,
1933, 51-2. 브란트마이어는 히틀러와 '너, 나' 하고 말을 틀 수 있었던 몇 안 되는 사람
의 하나였다. 그렇지만 그는 1939년 바이에른에 있던 그의 고향 브루크뮐에서 한 가톨릭
유치원이 문을 닫은 데 대해서 불만을 터뜨림으로써 '국민들 속에 불만을 퍼뜨리고' 당의
문제에 개입하는 것을 그만두라는 경고를 나치당 지도자 사무국에서 받았다. 그보다 2년
전에는 제국저술협회 뮌헨 지부가 브란트마이어의 책 제목에서 히틀러에 관한 언급을 없
앨 수 있는 허락을 얻어내려고 시도했다(BDC, Balthasar Brandmayer의 개인 파일, 나
치당 지도자 사무국의 1939년 10월 18일자 편지와 제국저술협회 뮌헨-오버바이에른 지
부의 1937년 11월 12일자 편지).

111) *JK*, 68; Joachimsthaler, 130-31. 한참 뒤에 영국 언론인 Ward Price는 히틀러가 참호를
당장 떠나라는 사령관의 명령만큼이나 우렁찬 내면의 목소리에 따라 움직였다고 말한 내
용을 기록했다. 이야기를 윤색하는 히틀러 특유의 버릇이 거기서도 나타났다.

112) *JK*, 60.

113) *JK*, 68.

114) *JK*, 61.

115) Wiedemann, 25-6; Brandmayer, 61, 68; Joachimsthaler, 140-44, 155-6. 전쟁 중에
히틀러를 알았으며 나중에 히틀러를 별로 좋지 않게 묘사한 회상록을 발표한 한스 멘트
와 코르비니안 루츠는 1933년 이후 다카우 수용소에 보내졌다. Joachimsthaler, 113,
143, 152-4, 271 주430을 보라. 루츠는 히틀러한테 손을 썼지만 히틀러가 그 친구는 '저
질'이라면서 옛날 전우를 위해서 끼어들기를 거부한 다음 교직에서 해임되었다(BDC, 개

인 파일, Korbinian Rutz, Hans-Heinrich Lammers가 바이에른 지사에게 보낸 1934년 3월 17일자 서한).

116) Brandmayer, 105. 히틀러가 군대에 있는 동안 Jean-Marie Loret라는 아들을 두었다는 설에 대해서는 Werner Maser, *'Adolf Hitler* : Vater eines Sohnes', *Zeitgeschichte*, 5(1977-8), 173-202를 보라. 그럴 가능성이 지극히 낮다는 점은 Joachimsthaler, 162-4 가 강조한다. 히틀러의 아들이었다고 주장하는 장-마리 로레는 (René Mathot와 함께) *Ton pères' appelait Hitler*, Paris, 1981이라는 자서전까지 펴냈다. 이 책에는 그의 어머니 가 히틀러와 사귀었다고 털어놓았다는 내용(107-16)과 '히틀러의 아들'을 추적하던 독일 역사가 Werner Maser와 만났던 이야기(127-49)가 담겨 있다. 1980년에 로레가 베를린 의 여러 박물관과 주고받은 편지를 보면 그가 어머니가 히틀러의 그림으로 간직하고 있 었다는 여러 장의 스케치가 진품이라는 것을 인정받기 위해 애썼다는 것을 알 수 있다 (IfZ, ZS 3133, Jean-Marie Loret).

117) Joachimsthaler, 144-6, 167. 나중에 제3제국에서 꽤 중요한 자리에 오르는 막스 아만과 프리츠 비데만은 물론 그보다 더 잘 나갔다. 1943년 아만의 부동산은 1천만 마르크를 호 가했고 그 정도 급은 아니었지만 비데만은 히틀러의 부관으로서 6인승 메르세데스 승용 차를 지급받았다. 그리고 제3제국 기간 중에 각종 '융자'와 선물 명목으로 수만 마르크의 특혜를 받았다(Joachimsthaler, 150).

118) Brandmayer, 72, 105 ; Joachimsthaler, 133, 156-8.

119) Joachimsthaler, 128, 129, 161.

120) Brandmayer, 52-6.

121) Brandmayer, 43-4.

122) Brandmayer, 102.

123) *Monologe*, 219(1942년 1월 22-3일).

124) 히틀러는 1943년 가을 알베르트 슈페어에게 자기는 얼마 안 가서 브라운 양과 개만 친구 로 삼을 것 같다고 말했다(Speer, 315). 그 무렵 괴벨스는 일기에다 이렇게 적었다. '지 도자는 블론디라는 개한테서 커다란 행복을 맛본다. 진정한 반려가 되었다. …… 지도자 에게 언제나 옆에 붙어 있는 생명체가 적어도 하나쯤 있다는 것은 좋은 일이다.'(*TBJG*, 11.9, 477(1943년 9월 10일)).

125) *Monologe*, 219.

126) 하인리히 루가우어의 증언, HA, 릴 2, 폴더 47; 발췌문은 Joachimsthaler, 134.

127) Brandmayer, 66-8.

128) *JK*, 69; Maser, *Hitlers Briefe*, 100-101.

129) 그렇지만 Heinz, 66을 보면 히틀러의 동료였던 이그나츠 베스텐키르히너의 상반된 진술 도 나온다. "히틀러는 늘 정치 이야기를 입에 달고 다녔다."

130) *MK*, 182(영역, *MK* Watt, 152), 192.

131) Joachimsthaler, 159. 히틀러와 가장 가깝게 지냈을 에른스트 슈미트는 나중에 이런 말 도 했다. "그 당시만 하더라도 히틀러는 나에게 이렇다 할 정치적 영향력을 행사하려고 하지 않았다."(Heinz, 98)

132) Toland, 66.

133) Brandmayer, 115. 베스텐키르히너는 1930년대에 이렇게 회고했다. '히틀러는 두 가지 사실에 분노했던 것 같다. 하나는 국내 언론들이 전쟁에 대해서 이야기한 내용에 분개했 고 또 하나는 정부를, 특히 황제를 비난하던 마르크스주의자와 유대인의 행태에 분개했

다.'(Heinz, 66) 2차 세계대전이 끝난 후 한 인터뷰에서 베스텐키르히너는 입장을 뒤집어
서 히틀러가 유대인에게 '악담'을 퍼부은 적이 없다고 말했다(Toland, 66).

134) Brandmayer, 91-2.

135) *MK*, 209-12.

136) Joachimsthaler, 135.

137) *MK*, 209 ; Joachimsthaler, 164.

138) 히틀러는 10월 7일에 부상당한 것으로 밝혔지만(*MK*, 209) 실제로 사고가 일어난 것은
이틀 전으로 보인다(Joachimsthaler, 164-6, 286 주487 ; Branmayer, 81, 89 ;
Wiedemann, 28-9).

139) *MK*, 209-12. (인용문은 211, 영역, *MK* Watt, 175). Joachimsthaler, 166도 보라. 독일
에서는 가장 심한 지역 감정이었던 바이에른 지방의 반프로이센 정서에 대해서는 Karl-
Ludwig Ay, *Die Entstehung einer Revolution. Die Volksstimmung in Bayern während des
Ersten Weltkrieges*, Berlin, 1968, 134-448을 보라.

140) Nipperdey, i.412 ; Werner Mosse 엮음, *Deutsches Judentum in Krieg und Revolution
1916-1923*, Tübingen, 1971, 425-7에 실린 Werner Jochmann, 'Die Ausbreitung des
Antisemitismus' ; Toland, 933 ; Wiedemann, 33.

141) Joachimsthaler, 174 ; Binion, *Hitler among the Germans*, 2 ; Toland, 66.

142) 주133을 보라.

143) 유대인을 사회의 암적 존재로 보는 시각이 바이에른에서 퍼져나간 것에 대해서는 Ay,
32-3을 보라. 개전 초부터 반유대주의가 뮌헨 문화에 이미 얼마나 깊이 뿌리 내리고 있었
는지에 대해서는 *Theory and Society*, 16(1987), 527-63에 실린 Robert Eben Sackett,
'Images of the Jew : Popular Joketelling in Munich on the Eve of World War I'와
같은 저자의 *Popular Entertainment, Class, and Politics in Munich, 1900-1923*, Cambridge,
Mass., 1982를 보라. 또 Large, *Where Ghosts Walked*, 1장도 보라. 전쟁 후반기에 반유대
인 정서가 얼마나 팽배했는지에 대해서는 특히 Mosse, *Deutsches Judentum in Krieg und
Revolution*, 27-65 ; 409-510에 실린 Saul Friedländer, 'Die politischen
Veränderungen der Kriegszeit und ihre Auswirkungen auf die Judenfrage'와
Werner Jochmann, 'Die Ausbreitung des Antisemitismus'를 보라.

144) *JK*, 78, 80 ; *MK*, 212.

145) Joachimsthaler, 169.

146) *MK*, 219-20 ; Joachimsthaler, 170.

147) Joachimsthaler, 170-71 ; *Monologe*, 100(1941년 10월 21-22일).

148) *JK*, 82. Joachimsthaler, 170-71은 베를린으로 오기 전에 히틀러가 슈피탈의 친척을 방
문하거나 드레스덴에 들렀던 것처럼 말하는데 이것이 어느새 정설로 받아들여졌다.

149) Joachimsthaler, 172.

150) Wiedemann, 25-6. 비록 뜻을 이루지는 못했지만 비데만은 막스 아만과 힘을 합쳐서 그
전에 히틀러를 포상 후보자로 올렸다고 지적한다. 구트만은 병사들 사이에서 별로 인기
가 없었고 히틀러도 싫어했는데 히틀러가 싫어한 이유가 구트만이 오로지 유대인이기 때
문이었는지는 불분명하다. Brandmayer, 55 ; *Monologe*, 132(1941년 11월 10-11일) ;
Toland, 932-3 ; Joachimsthaler, 173-4.

151) 병사 수는 들쭉날쭉하다. 1933년 베를린 신문들은 히틀러가 장교 한 명과 사병 20명을
사로잡았다고 보도했다(〈데일리 텔레그래프〉, 1933년 8월 4일). Heinz, 80-81에 나오는

베스텐키르히너의 진술로는 히틀러는 1918년 6월 4일 12명의 프랑스 군인을 잡았다. 하지만 이것 때문에 철십자 훈장을 받았다고 밝히지는 않는다. Toland, 69에는 (전거를 밝히지 않고) 6월에 4명의 포로를 지휘관에게 넘겨 칭찬을 받았다는 내용이 나온다.

152) 슈바바흐 군수였던 오이겐 탄하우저가 1961년 8월 4일 〈뉘른베르크 소식〉에 보낸 편지에 따르면 그는 오래 전부터 잘 알았고 사이가 돈독했던 구트만한테서 직접 그 이야기를 들었다고 한다(IfZ, ZS 1751, Eugen Tanhauser). Joachimsthaler, 175-6는 바로 이 편지 내용과 히틀러의 동료였던 요한 라프가 2차 세계대전이 끝나고 나서 남긴 말, 또 프라이허 폰 고딘 연대 부사령관이 1918년 7월 31일 포상과 관련하여 한 발언(HA, 릴 2, 파일 47)을 토대로 논지를 편다.

153) Joachimsthaler, 176. Maser, *Hitler*, 142와 Toland, 71의 언급과는 달리 히틀러는 친척들이 사는 슈피탈에 가지 않았다.

154) *MK*, 220; Joachimsthaler, 176-7.

155) 히틀러와 함께 가스 공격을 받아 눈이 먼 요한 라프와 하인리히 루가우어의 증언은 나치당 기록보존소(HA, 릴 2, 폴더 47)에 남아 있는데 Joachimsthaler, 177-8이 이것을 인용했다. 히틀러는 1921년에 쓴 편지(Joachimsthaler, 93을 보라)에서 '처음에는 완전히 눈이 멀었다'고 썼다. 1924년 히틀러 공판 기록인 *Hitler-Prozeß*, i.19를 보면 히틀러는 뮌헨 재판정에서도 같은 말을 했다. (히틀러가 한동안 '거의 눈이 멀었다'는 Joachimsthaler, 177의 표현은 그래서 부정확하다.) 《나의 투쟁》에서 히틀러는 처음에는 완전히 안 보이지는 않았지만 '눈이 따가워서' 비틀거리다가 몇 시간 뒤에는 통증이 더욱 심해지면서 '사방이 어두컴컴해졌다'고 술회한다(*MK*, 220-21(영역, *MK* Watt, 183)).

156) Nipperdey, ii.861-2.

157) *Adolf Hitler, Mein Kampf. Bd.I, Eine Abrechnung*, München, 1925, 213(영역, *MK* Watt, 183). 한 권으로 된 보급판 《나의 투쟁》에서는 '통탄을 금할 수 없는 사건'을 그냥 '혁명'이라고 바꾸었다(*MK*, 221; Hermann Hammer, 'Die deutschen Ausgaben von Hitlers "Mein Kampf", *VfZ*, 4(1956), 161-78, 특히 173).

158) Nipperdey, ii.865-6.

159) Bessel, 46-7.

160) Bessel, 5-6, 10.

161) Toller, 100-101, 95. "우리에게 남은 길은 오직 하나, 무조건 뒤집어엎어야 한다!"

162) Bessel, 257.

163) Bessel, 258.

164) Nipperdey, ii.855.

165) Bessel, 33.

166) Ay, 101-2.

167) Nipperdey, i.412.

168) Poliakov, iv.148-9.

169) Nipperdey, ii.413.

170) 인용은 Poliakov, iv.151.

171) Poliakov, iv.150, 152.

172) Poliakov, 인용은 iv.153.

173) *MK*, 218-19.

174) 전쟁의 마지막 2년 동안 뮌헨 병사들의 심정 상태에 대해서는 Ay, 106-9를 보라.

175) *MK*, 213-14, 218-19.

176) Brandmayer, 92.

177) *MK*, 213-14, 218-19.

178) *MK*, 219.

179) *MK*, 219-20.

180) Brandmayer, 67.

181) *MK*, 222.

182) *MK*, 222-3.

183) *MK*, 223-5(영역, *MK* Watt, 185-7).

184) Binion, *Hitler among the Germans*, 136-8에 요약되었다.

185) *JK*, 1064.

186) 인용은 Binion, *Hitler among the Germans*, 137.

187) Binion, *Hitler among the Germans*, 특히 3-14; Toland, 71, 934.

188) Binion, *Hitler among the Germans*, 14-35.

189) Ernst Günter Schenk, Patient Hitler. *Eine medizinische Biographie*, Düsseldorf, 1989, 298-9, 306-7. 그는 파제발크에서 환자 기록을 본 것으로 짐작되는 마르틴 드레세 박사가 히틀러는 심하게 '눈이 화끈거린 것'이라고 말한 것을 인용한다. 이것은 히틀러가 《나의 투쟁》에서 말한 증세와도 일치한다. 셴크는 의학 지식을 바탕으로 비니온의 해석, 특히 블로흐 박사와 그 치료 방법에 대한 비니온의 평가를 비판적으로 본다.

190) Guido Knopp 엮음, *Hitler heute. Gespräche über ein deutsches Trauma*, Aschaffenburg, 1979, 20-48(특히 25-6)에 실린 Albrecht Tyrell, 'Wie er der 'Führer' wurde'를 보라.

191) Axel Kuhn, *Hitlers außenpolitisches Programm*, Stuttgart, 1971, 특히 5장.

192) *MK*, 225; *JK*, 1064; *Hitler-Prozeß*, i.20.

193) Ernst Deuerlein, *Hitler. Eine politische Biographie*, München, 1969, 40.

194) Richard J. Evans, Dick Geary 엮음, *The German Unemployed*, London/Sydney, 1987, 23-43에 실린 Richard Bessel, 'Unemployment and Demobilisation in Germany after the First World War'는 소집 해제가 얼마나 빠르고 성공적으로 이루어졌는가를 강조한다.

195) Joachimsthaler, 187, 203.

196) Joachimsthaler, 255.

4장 정치의 발견

1) Ernst Deuerlein, 'Hitlers Eintritt in die Politik und die Reichswehr', *VfZ*, 7(1959), 177-227, 특히 200.

2) 이 이야기를 뒷받침하는 증거는 없다. Heinz, 92에 나오는 에른스트 슈미트의 설명은 히틀러가 *MK*, 226에서 한 말을 재탕한 데 불과하다. '중앙위원회'라는 조직은 4월 13일에 해체되었으니까 그 무렵에는 이미 자취를 감추었다. 이 조직을 대신하여 만들어진 공산당 집행위원회는 4월 말이면 극심한 혼란을 겪고 있었다. (Werner Maser, *Die Frühgeschichte der NSDAP. Hitlers Weg bis 1924*, Frankfurt am Main/Bonn, 1965, 131-2(인용 정보는 에른스트 니키슈가 제공); Joachimsthaler, 212.) 에른스트 슈미트에 따

르면 (Maser, *Frühgeschichte*, 132; Maser, *Hitler*, 159; Werner Maser, *Adolf Hitler. Das Ende der Führer-Legende*, Düsseldorf/Wien, 1980, 263주) 히틀러는 자유군단에 잠시 붙들렸다가 신원 확인을 거쳐 풀려났다. (Heinz, 95-6; Joachimsthaler, 218; Heiden, *Hitler*, 54도 보라.) 만일 이 이야기가 맞다면 히틀러는 처음에는 '붉은군대' 지지자로 여겨졌다는 뜻이 된다. 《나의 투쟁》에서는 이 일화를 '붉은군대' 병사들이 체포하려는 것을 자기가 물리쳤다는 이야기로 바꾸었다.

3) *MK*, 226-7(영역, *MK* Watt, 188-9).

4) Eberhard Kolb, *Die Weimarer Republik*, 3판, München, 1993, 4.

5) Enrst Toller, *I Was a German*, 133.

6) Wolfgang J. Mommsen, 'Die deutsche Revolution 1918-1920', *Geschichte und Gesellschaft*, 4(1978), 362-91. 평의회의 목적을 다른 측면에서 강조한 글은 Reinhard Rürup, 'Demokratische Revolution und "dritter Weg", Geschichte und Gesellschaft, 9(1983), 278-301. 평의회를 다룬 가장 중요한 저작으로는 Eberhard Kolb, *Die Arbeiterräte in der deutschen Innenpolitik 1918-1919*, Düsseldorf, 1962와 Reinhard Rürup, *Probleme der Revolution in Deutschland 1918/19*, Wiesbaden, 1968.

7) Anthony Nicholls, 'The Bavarian Background to National Socialism', Anthony Nicholls, Erich Matthias 엮음, *German Democracy and the Triumph of Hitler*, London, 1971, 105-6.

8) 집회에 참가한 사람은 대부분 다수파 사회민주주의자였는데 그들은 지도자 에르하르트 아우어의 연설이 끝나자 시내로 몰려갔다. 수가 훨씬 적었던 독립파는 계속 남아서 아이스너의 연설을 듣고 나서 뮌헨 방위대에 속한 군인들의 지지를 얻기 위해 병영으로 향했다(Joachimsthaler, 180).

9) Abelshauser, Faust, Petzina 엮음, *Deutsche Sozialgeschichte 1914-1945*, 247.

10) *Monologe*, 64(1941년 9월 21일).

11) 히틀러도 그 점을 알고 있었지만 한참 시간이 흐르기 전까지는 1918년 혁명이 일어났을 때 사회민주주의 진영과 그보다 더 급진적인 세력에 차이가 있었다는 사실을 인정하는 것은 히틀러에게 부담스러웠다(*Monologe*, 248(1942년 2월 1일)).

12) 아이스너 암살 소식이 전해지기 무섭게 급진 좌파 노동자들이 바이에른 주의회로 몰려가서 두 명의 의원을 죽이고 아이스너의 정적이었던 바이에른 내무장관 에르하르트 아우어에게 총상을 입혔다(Wilhelm Hoegner, *Die verratene Republik*, München, 1979, 87; Spindler, i.425-6). 상황이 악화되자 바이에른 정부와 주의회는 밤베르크로 피신했다. 뮌헨을 장악한 급진 세력은 4월 1일 소비에트공화국 출범을 선언했다.

13) Toller, 151.

14) Spindler, i.429; Gerhard Schmolze 엮음, *Revolution und Räterepublik in München 1918/19 in Augenzeugenberichten*, Düsseldorf, 1969, 263-71; Allan Mitchell, *Revolution in Bavaria 1918-1919. The Eisner Regime and the Soviet Republic*, Princeton, 1965, 299-311.

15) Heinrich August Winkler, *Weimar 1918-1933. Die Geschichte der ersten deutschen Demokratie*, München, 1993, 80. 또 Joachimsthaler, 299 주675; Schmolze, 298 이하; Mitchell, 317-19도 보라.

16) 근거 자료는 Spindler, i.430-34; Schmolze, 349-98; Mitchell, 329-31; Joachimsthaler, 219-20; Toller, 191 이하; Ernst Deuerlein 엮음, *Der Aufstieg der*

NSDAP in Augenzeugenberichten, München, 1974, 54-5. 사망자와 부상자 숫자는 조금씩 다르다.

17) Josef Karl 엮음, *Die Schreckensherrschaft in München und Spartakus im bayrischen Oberland 1919. Tagebuchblätter und Ereignisse aus der Zeit der ‘bayrischen Räterepublik’ und der Münchener Kommune im Frühjahr 1919*, München, 연대 불명(1919?).

18) Josef Karl이 쓴 책의 제목.

19) *Münchner Neueste Nachrichten*, 1919년 5월 3일.

20) Hoegner, 87.

21) 바이에른의 이른바 ‘공안 조직’에 대해서는 Hoegner, 109 이하를 보라.

22) Joachimsthaler, 14, 184.

23) Joachimsthaler, 187, 189-90에는 상부 지시로 트라운슈타인에 전속 배치된 것으로 나와 있지만 연대에서 트라운슈타인에 갈 자원병을 모집했을 가능성을 배제하지는 않는다.

24) Heinz, 89.

25) 인용은 Joachimsthaler, 192.

26) Heinz, 90; Joachimsthaler, 193.

27) *MK*, 226; Joachimsthaler, 193-4.

28) Bessel, *Germany after the First World War*, 2-7장과 Bessel, ‘Unemployment and Demobilisation’을 보라.

29) Joachimsthaler, 224.

30) Joachimsthaler, 198-9.

31) Heinz, 90.

32) Joachimsthaler, 195.

33) BHStA, Abt.IV, 2.I.R., Batl. Anordnungen, Bl.1504. 히틀러가 참석한 회의는 ‘바이에른과 독일의 사회주의화’와 ‘위원회의 존속’을 논의하기 위해 마련된 자리였다(1503쪽). 히틀러가 대대 대의원으로 참석했다는 사실은 Joachimsthaler, 200-204, 211에 나온다. 1918년 12월에 이루어진 대의원 결성에 관한 내용은 188을 보라. 히틀러의 이름은 연대 기록에는 Hittler, Hüttler, Hietler로 다르게 나오는데 해당 기간의 제2전역 중대 ‘전체 명단’을 보면 철자는 달라도 이것이 모두 같은 사람을 가리키는 것임을 알 수 있다 (Joachimsthaler, 213, 217, 223, 296 주641).

34) BHStA, Abt.IV, 2.I.R., Batl. Anordnungen, Bl.1505, 1516; Joachimsthaler, 212-13, 217.

35) 인용은 Joachimsthaler, 201-2, 204.

36) 1930년 10월 20일자 〈베를린 신문〉과 1932년 3월 12일자 〈서독일 노동자신문〉에 보도된 내용은 Joachimsthaler, 205-6에서 언급된다.

37) Toller, 256. 히틀러는 혁명 기간 동안 침묵을 지켰다고 한다. 당시 톨러는 히틀러라는 이름을 듣지 못했다고 밝혔다.

38) Heine, *Hitler*, 54; Joachimsthaler, 203. Deuerlein, *Hitler*, 41에 따르면 나중에 〈뮌헨 포스트〉는 히틀러가 1918-1919년 겨울 사회민주당에 들어갈까 생각했다고 보도했다는데 그런 주장을 뒷받침하는 자료나 증거는 제시하지 않는다. 히틀러의 기회주의적 처신과 전쟁 전에 빈과 뮌헨에서 어떤 정당이나 조직에도 가입하기를 꺼려했다는 사실로 말미암아 혁명 기간에 히틀러가 다수파 사회민주당에 가입하려고 했다는 소문은 신빙성을 얻지 못했다.

39) *JK*, 448.

40) Joachimsthaler, 189.

41) Walter Görlitz, Herbert A. Quint, *Adolf Hitler. Eine Biographie*, Stuttgart, 1952, 120 ; Robert Wistrich, *Wer war wer im Dritten Reich*, München, 1983, 66. 에서가 몸담았던 신문은 〈알고이어 민족 감시자〉였다.

42) Albrecht Tyrell, *Vom 'Trommler' zum 'Führer'*, München, 1975, 23.

43) Brandmyaer, 114-15.

44) Joachimsthaler, 184-5, 200-6은 그런 뜻을 암시하는 듯하다. 하지만 다른 곳에서 요아힘스탈러는 잠재되었던 증오심이 1918-1919년에 일련의 사건을 겪으면서 분출되었을 것이라는 좀 더 개연성이 높은 설명을 내놓는다. 179-80, 200, 234, 240을 보라.

45) Rainer Zitelmann, *Hitler. Selbstverständnis eines Revolutionärs*, Hamburg/Leamington Spa/New York, 1987, 22-6.

46) Heiden, *Hitler*, 35의 내용은 Heiden, *Der Führer*, 75에서도 반복된다.

47) Joachimsthaler, 188, 197-8, 215 ; Maser, *Hitler*, 159 ; Maser, *Ende der Führer-Legende*, 263 주(1950년대 초반 오토 슈트라서와 헤르만 에서한테 들은 소리를 인용하면서) ; Eitner, 66.

48) Joachimsthaler, 189 ; Deuerlein, *Hitler*, 41(전거는 없다).

49) Heiden, *Hitler*, 54.

50) Heinz, 92.

51) BHStA, Abt.IV, 2.I.R., Batl. Anordnungen, Bl.1516 ; Joachimsthaler, 213, 217.

52) Joachimsthaler, 201, 214, 221.

53) Maser, *Hitler*, 159.

54) BHStA, Abt.IV, 2.I.R., Batl. Anordnungen, Bl.1535 ; Regt. Anordnungen, Stadtkommandatur München, 'Auflösung der Garnison', 1919년 5월 7일, Zusätze des Regiments zur Stadtkommandaturverfügung, 1919년 5월 9일 ; Joachimsthaler, 221, 223.

55) Joachimsthaler, 224.

56) Deuerlein, 'Hitlers Eintritt', 178.

57) Deuerlein, *Aufstieg*, 83에 나오는 슈펭글러의 뮌헨 중심가 묘사를 보라.

58) Deuerlein, 'Hitlers Eintritt', 178 ; Joachimsthaler, 224-8.

59) 교육을 총괄한 카를 그라프 폰 보트머가 1919년 7월 25일에 작성한 약식 보고서에 따르면 처음 세 번의 강좌에 모두 500명이 넘는 장교와 사병이 참여했다(BHStA, Abt.IV, Bd. 307). 이 보고서는 해당 강좌의 수강 인원수 등 일부 누락된 내용도 있지만 Joachimsthaler, 235-40에 수록되었다.

60) Helmuth Auerbach, 'Hitlers politische Lehrjahre und die Münchener Gesellschaft 1919-1923', *VfZ*, 25(1977), 1-45, 특히 18.

61) Deuerlein, 'Hitlers Eintritt', 179 ; Joachimsthaler, 228, 304 주744 ; Ernst Röhm, *Die Geschichte eines Hochverräters*, 2판, München, 1930, 99-101.

62) Karl Mayr(익명), 'I Was Hitler's Boss', *Current History*, 1권 3호(1941년 11월), 193.

63) Deuerlein, 'Hitlers Eintritt', 179-80, 182와 주19, 191-2 ; Joachimsthaler, 230-34, 242 ; *MK*, 228-9, 232-5 ; 그리고 Albrecht Tyrell, 'Gottfried Feder and the NSDAP', Peter Stachura 엮음, *The Shaping of the Nazi State*, London, 1978, 49-87, 특히 54-5를

보라.

64) Karl Alexander von Müller, *Mars und Venus. Erinnerungen 1914-1919*, Stuttgart, 1954, 338-9.

65) *MK*, 235; Joachimsthaler, 229-30, 250.

66) Deuerlein, 'Hitlers Eintritt', 179, 182-3, 194, 196; Joachimsthaler, 241. '교육' 임무를 수행하는 데 도움이 되도록 교관들에게 반볼셰비즘 책자를 지급했다.

67) Deuerlein, 'Hitlers Eintritt', 197-200; Joachimsthaler, 247; *JK*, 87-8. 자본주의 강의도 했다.

68) *MK*, 235(영역, *MK* Watt, 196). 히틀러는 독일노동자당을 대변하는 연사로 나서서 상당한 호응을 얻었을 때도 자기한테 '연설할 수 있는 능력이 있다'는 사실을 깨달았다고 비슷한 어투로 이야기했다.

69) Deuerlein, 'Hitlers Eintritt', 200. 이런 반응은 BHStA, Abt.IV, R W GrKdo 4, Nr 309에 수록되어 있다.

70) 1920년 초반 군대 안의 반유대주의 정서에 대해서는 Joachimsthaler, 248을 보라. 일반 정서를 알려주는 발언 내용은 BHStA, Abt.IV, R W GrKdo 4, Bd.204, 'Judenhetze'에 실려 있다.

71) Deuerlein, 'Hitlers Eintritt', 199; Joachimsthaler, 247; *JK*, 88.

72) Deuerlein, 'Hitlers Eintritt', 184-5, 201-2; Joachimsthaler, 243-7. 마이어는 히틀러를 '친애하는 히틀러 선생'이라고 불렀다. 대위가 상병을 부르는 호칭으로는 아주 예외적이었다.

73) *JK*, 88-90; Deuerlein, 'Hitlers Eintritt', 185, 202-5; Joachimsthaler, 243-9. 본인이 서명한 히틀러의 편지는 타자 사본이 남아 있다(BHStA, Abt.IV, R W GrKdo 4, Nr 314). 원본이 직접 손으로 쓴 것인지 구술인지는 불확실하다. 마이어는 '이익 문제'에 대한 히틀러의 해석에 몇 가지 토를 단 것을 빼놓고는 히틀러의 회신 내용을 승인했다.

74) Tyrell, *Trommler*, 25-6.

75) Deuerlein, 'Hitlers Eintritt', 186, 205.

76) Deuerlein, 'Hitlers Eintritt', 187. 대의원은 암호 번호로 보고서를 썼다. 히틀러가 쓴 보고서는 알려진 것이 없지만 히틀러의 연설을 비롯하여 초창기 독일노동자당 모임에 관한 수많은 보고서는 파일로 남아 있다(BHStA, Abt.IV, R W GrKdo 4, Nr 287). 독일노동자당/국가사회주의독일노동자당에 대한 보고서는 Deuerlein, 'Hitlers Eintritt', 205-27과 *JK*, 129-298에 실려 있다.

77) Tyrell, *Trommler*, 195 주77. 티렐도 지적하지만 나중에는 혼자서 가지 않고 군인 몇 사람과 같이 갔다. 히틀러도 《나의 투쟁》 236-7에서 그렇게 밝힌다. 1919년 9월 12일 모임의 참석자 명단을 보면 39명인데 히틀러는 20명에서 25명 내외로 추산한다.

78) *MK*, 237-8. Tyrell, *Trommler*, 195 주77은 초기 참석자 명단을 바탕으로 이 첫 모임의 성격을 논한다. 이 명단에 따르면 바우만은 9월 12일에는 참석하지 않았다. 하지만 날짜는 나중에 덧붙여진 것이라 틀릴 수도 있다. 명단은 BDC와 BAK, 26/80에 있는 DAP/NSDAP, 1919-1926 초기 기록이 담긴 파일의 일부다.

79) 인용은 Georg Franz-Willing, *Die Hitlerbewegung. Der Ursprung 1919-1922*, Hamburg/Berlin, 1962, 66-7. 독일노동자당 초기 당원의 한 사람이었던 미하엘 로터가 드렉슬러에 대해서 한 말이다. Tyrell, *Trommler*, 196 주99도 보라. 로터가 그보다 전에, 그러니까 1935년에 한 진술은 나치당 중앙기록보존소로 보내졌는데 내용은 대동소이하

지만 표현은 약간 다르다(IfZ, Fa 88/Fasz.78, 'Vortrag des Gründungsmitglied der D.A.P. und I. SchriftFührer des politischen Arbeiterzirkels Michael Lotter am 19. Oktober 1935 vor der 'Sterneckergruppe' im Leiberzimmer des "Sterneckers"(또한 HA, 3/78), Fol.6). 여기서 로터는 드렉슬러가 "우리는 그런 사람들을 활용할 수 있으니까" 히틀러에게 다시 와 달라고 요청했다고 말한다. 드렉슬러는 이어서 "이제 오스트리아 친구까지 생겼군. 보통 솜씨가 아니네."('Jetzt haben wir einen Österreicher, der hat eine solche Goschen') 이렇게 덧붙였다고 한다(Lotter, Fol.6; Joachimsthaler, 251-2에 부분 재수록). 드렉슬러는 히틀러 앞으로 썼다가 보내지 않은 편지에서 '적어도 80명은 모인' 집회에서 히틀러가 토론에 끼어드는 일이 벌어진 다음 히틀러에게 자기가 쓴 《나의 정치적 각성》이라는 책자를 건네주지 않았느냐고, "그런 사람을 활용할 필요가 있으니 우리 당에 들어오라"고 강권하지 않았느냐고(dringendst bat, sich doch unserer Partei anzuschließen, denn solche Leute könnten wir notwendig gebrauchen) 그 시절을 돌이켰다(BHStA, Abt.V, P3071, Slg. Personen, Anton Drexler, Abschrift, Drexler to Hilter, 'Ende Januar 1940', 1-2). 히틀러의 설명에는 드렉슬러가 다시 와서 당에 꼭 들어와 달라고 신신당부했다는 내용이 없다(MK, 238).

80) 로터는 히틀러가 당에 들어온 날짜를 1919년 9월 16일로 기억한다(IfZ, Fa 88/Fasz.78, Lotter Vertrag, 1935년 10월 19일, Fol.6). 드렉슬러는 히틀러에게 8일 안으로, 그러니까 9월 20일까지 돌아오라고 말했다고 주장했다. 히틀러의 말로는 처음 당 집회에 갔을 때와 위원회 모임에 갔을 때 사이에 한 주 반 정도 간격이 있었고 다시 며칠이 지나서야 최종적으로 당에 들어가기로 마음을 굳혔다고 한다(MK, 239-44; Joachimsthaler, 251-2).

81) MK, 240. 막스 아만은 전후에 열린 나치즘 극복을 위한 재판에서 1920년 히틀러를 만났을 때 히틀러는 볼셰비즘에 경도된 노동자들을 끌어오기 위해 '사회혁명당'이라는 이름으로 자기가 직접 당을 만드는 것을 심각하게 고려했다고 증언했다(Joachimsthaler, 230-31, 252-3). 1920년 봄이면 히틀러가 독일노동자당(이제는 국가사회주의독일노동자당으로 개칭된) 강령을 발표한 다음인데 다시 신당을 만들려고 했다는 것은 말이 안 된다. 모르긴 몰라도 아만은 워낙 오래 전의 일이라서 히틀러가 한 말(《나의 투쟁》에서 아마 가져왔을 것이다)을 인용하면서 시기적으로 착각을 하지 않았나 싶다. 히틀러는 1919년 여름, 그러니까 뮌헨 교육이 끝난 다음 그런 생각을 한 적이 있다고 썼는데 아마 시기적으로 이 말이 맞을 것이다(MK, 227).

82) MK, 241(영역, MK Watt, 201).

83) MK, 243(영역, MK Watt, 202-3).

84) MK, 244. Maser, Hitler, 173, 553 주225를 보라. 히틀러가 당 운영위원회에 합류한 시점은 정확히 모른다(Tyrell, Trommler, 198 주118).

85) BHStA, Abt.V, P3071, Slg. Personen, Anton Drexler, Abschrift, Drexler to Hitler, 'Ende Januar 1940', 2는 Deuerlein 엮음, Aufstieg, 97-8에 일부 수록되었다. 나치당 중앙기록보존소 앞으로 1941년 10월 17일자로 보낸 편지에서 독일노동자당 초대 서기장을 역임한 미하엘 로터는 '이미지'를 고려하여 당원 번호를 501번부터 순서대로 매겼다고 지적했다. 그러면서 당원 번호 7번은 존재하지 않는다고 확인했다. 또 7번은 히틀러가 '정치 노동자 동우회' 회원으로 부여받은 번호가 아닌가 싶다며 7번이라는 번호를 누가 주었는지는 잘 모르겠다고 밝혔다(IfZ, Fa 88/Fasz.78, Fol.11-12(그리고 HA 3/78); Joachimsthaler, 252). 1941년에 쓴 회상록에서 루돌프 쉬슬러는 히틀러가 1919년 9월

노동위원회의 일곱 번째 위원임이 명시된 작은 신분증을 받은 적이 있다고 술회했지만, 이것과 독일노동자당의 제555번 당원증은 다른 것이라고 밝혔다(IfZ, MA-747, 1941년 11월 20일 나치당 중앙기록보존소 앞으로 보낸 편지). 쉬슬러는 1919년 상반기에 히틀러와 같은 연대에서 근무했고 신생 독일노동자당의 초대 '사업부장'을 지냈던 사람이다 (Tyrell, *Trommler*, 28, 33; Joachimsthaler, 301 주705).

86) Mayr, 195. 1919년 10월 3일 당 집회를 보고한 뒤 히틀러가 10월 19일 독일노동자당에 가입하겠다고 요청한 내용이 담긴 *JK*, 90-91에 나오는 문서 62와 64는 에버하르트 예켈 교수가 고맙게 알려준 정보에 따르면 위조된 것으로 보아야 한다.

87) Joachimsthaler, 255.

88) Joachimsthaler, 14.

5장 맥주홀 선동가

1) *MK*, 388.

2) Tyrell, *Trommler*, 274 주151.

3) Hoffmann, 46.

4) 이런 전략 틀은 *MK*, 364-88에서 폭넓게 다룬다. 다음도 보라. Tyrell, *Trommler*, 171; Tyrell, 'Wie er der 'Führer' wurde', 27-30.

5) 회신 내용은 *JK*, 88-90.

6) 이 점을 전혀 다른 각도에서 보는 시각은 Klaus Hildebrand, Hans Mommsen, 'Nationalsozialismus oder Hitlerismus?', Bosch 엮음, *Persönlichkeit und Struktur in der Geschichte*, 55-71.

7) Stern, *Hitler*, 12.

8) Tyrell, *Trommler*, 19-20.

9) Whiteside, 특히 5장. Karl Dietrich Bracher, *The German Dictatorship*, Harmondsworth, 1973, 74-80도 보라.

10) *Hitler-Prozeß*, 19; *JK*, 1062; Tyrell, *Trommler*, 187-8 주29.

11) RSA, II, 49, Dok.24 및 주2; Bracher, 80. 그 배경은 Bruce F. Pauley, *Hitler and the Forgotten Nazis. A History of Austrian National Socialism*, London/Basingstoke, 1981, 3 장.

12) 특히 Mosse, *Crisis of German Ideology*, 1부와 George L. Mosse, *Germans and Jews*, London, 1971, 머리말을 보라.

13) Kurt Sontheimer, *Antidemokratisches Denken in der Weimarer Republik*, 3판, München, 1992, 특히 2장과 Mosse, *Crisis of German Ideology* 16장을 보라.

14) Sontheimer, 271-2.

15) 바이마르 연정 세력은 1919년 제헌 의회 선거에서는 78퍼센트(423석 중 331석)를 차지했지만 이듬해 총선에서는 겨우 44.6퍼센트(459석 중 205석)밖에 얻지 못했다(Kolb, *Die Weimarer Republik*, 41).

16) *MK*, 특히 415-24. 그리고 Martin Broszat, *Der Nationalsozialismus. Weltanschauung, Programm und Wirklichkeit*, Stuttgart, 1960, 29.

17) Broszat, *Nationalsozialismus*, 23.

18) Tyrell, *Trommler*, 191 주53. Large, *Where Ghosts Walked*, 4장은 히틀러가 정치 무대에
발을 내딛었을 무렵의 뮌헨 분위기를 잘 전달한다.

19) Helmuth Auerbach, 'Natioanlsozialismus vor Hitler', Wolfgang Benz, Hans
Buchheim, Hans Mommsen 엮음, *Der Nationalsozailismus. Studien zur Ideologie und
Herrschaft*, Frankfurt am Main, 1993, 13-28, 특히 26; Jeremy Noakes, *The Nazi Party
in Lower Saxony, 1921-1933*, Oxford, 1971, 9. 독일민족수호방어연합에 대한 포괄적 연
구는 Uwe Lohalm의 *Völkischer Rodikalismus. Die Geschichte des Deutschvölkischen Schutz-
und Trutz-Bundes, 1919-1923*, Hamburg, 1970을 보라.

20) Noakes, *Nazi Party*, 9-10.

21) Lohalm, 89-90; Noakes, *Nazi Party*, 11.

22) Tyrell, *Trommler*, 20, 186 주21; Lohalm, 283-302.

23) 이어지는 내용은 Tyrell, *Trommler*, 72-89와 Noakes, *Nazi Party*, 12-13을 보라.

24) Auerbach, 'Hitlers politische Lehrjahre', 6-8. 레만을 중점적으로 다룬 연구서는 Gary
D. Stark, *Entrepreneurs of Ideology. Neoconservative Publishers in Germany, 1890-1933*,
Chapel Hill, 1981.

25) 다음을 보라. Rudolf von Sebottendorff, *Bevor Hitler kam*, 2판, München, 1934(협회
의 유력 인사가 전하는 이야기); 학문적 분석은 Reginald H. Phelps, '"Before Hitler
Came" : Thule Society and Germanen Orden', *Journal of Modern History*, 35(1963),
245-61; Goodrick-Clarke, 135-52; Tyrell, *Trommler*, 22와 188-9 주38; Auerbach,
'Hitlers politische Lehrjahre', 8-9; Noakes, *Nazi Party*, 13. 툴레협회는 고대 그리스인
이 가장 북쪽에 있는 땅을 일컫던 이름에서 따왔다. 북유럽인을 예찬하는 사람들 사이에
서 이 이름은 각별한 뜻을 지닌다.

26) 노동자 동우회(히틀러가 1919년 11월 16일 처음 참석한 모임)와 독일노동자당의 노동자
위원회를 명확히 구분하기는 어렵다. 하러가 주도했고 하러의 체취가 짙게 배어 있던 노
동자 동우회는 비밀 결사의 핵이라는 성격이 강했고 기본적으로 작은 토론 모임으로 남
았던 것 같다(Reginald H. Phelps, 'Hitler and the Deutsche Arbeiterpartei', Henry
A. Turner 엮음, *Nazism and the Third Reich*, New York, 1972, 5-19, 특히 11). 위원회
는 공식적으로 당 업무 전반을 책임졌지만 실제로 두 조직은 인원과 안건에서 모두 겹치
는 경우가 많았다(Tyrell, *Trommler*, 24-5, 190 주48).

27) BHStA, Abt.V, Slg. Personen, Anton Drexler, 'Lebenslauf von Anton Drexler,
12.3.1935', 3(Deuerlein, *Aufstieg*, 59에 부분 수록); 드렉슬러가 처음 제안한 것은 '독일
사회주의노동자당'이었지만 하러가 '사회주의'라는 말에 반대하여 이것을 뺐다(IfZ, Fa
88/Fasz.78, Fol.4(Lotter Vortrag, 1935년 10월 19일)). 하러는 독일노동자당 창당 모임
에 참석하지 않았다. '당'을 만드는 것이 썩 내키지 않았는지도 모른다. 제보텐도르프에
따르면 1919년 1월 18일 하러는 툴레협회 사무실에서 발족한 독일노동자동맹의 제1위원
장으로, 드렉슬러는 제2위원장으로 지명되었다(Sebottendorff, 81; Tyrell, *Trommler*,
189 주42).

28) BHStA, Abt.V, Slg. Personen, Anton Drexler, 'Lebenlauf von Anton Drexler,
12.3.1935', 3; Deuerlein, *Aufstieg*, 56-9; IfZ, Fa 88/Fasz. 78, Fol.4(Lotter Vortrag,
1935년 10월 19일); Phelps, 'Hitler', 8-9; Tyrell, *Trommler*, 22; 드렉슬러 말로는 참석
자는 약 30명이었다(Deuerlein, *Aufstieg*, 59에는 50명으로 나와 있다). 로터(Fol.4)가
1935년 강연에서 밝힌 숫자는 예전에 적어놓은 기록을 바탕으로 했을 테니까 더 정확하

다고 볼 수 있다. '24명이 왔는데 대부분 철도 노동자였다.' 6년 뒤인 1941년 10월 17일 나치당 중앙기록보존소에 보낸 편지(Fol.10)에서 로터는 참석 인원은 20명에서 30명 사이라고 밝혔다.

29) Phelps, 'Hitler', 10에는 9월 12일 집회 참석자가 42명으로 나온다. Tyrell, *Trommler*, 195 주77에 따르면 39명이 서명을 했고 4명의 위원도 끝에 이름을 걸어놓았다. 실제 참석자 명단(BDC, DAP/NSDAP 파일)을 보면 38명이 서명을 했고(이름과 주소를 두 칸에 적은 사람이 한 명 있었다) 그 다음에 똑같은 필체로 (하러를 포함하여) 세 명의 이름이 추가되었다. 지명도가 높은 당원은 참석은 했지만 본인이 서명하지는 않은 듯하다.

30) *MK*, 388-9, 659-64, 669.

31) *MK*, 390-93; *JK*, 91. 이때까지도 히틀러는 제복 차림으로 연설했다. 히틀러가 처음에 깊은 인상을 준 것은 전선에서 싸우다가 돌아온 평범한 군인을 대변하면서 전쟁터에서 병사들이 얼마나 배신감에 치를 떨었는지를 꾸미지 않은 목소리로 전달했던 데 있었다. 독일 땅에서 히틀러가 처음 연설하는 것을 들은 울리히 그라프는 나중에 경호대장으로 집회 현장의 경비를 맡았다. 이 경호대가 1921년에 돌격대로 바뀌었다. 그라프는 패전과 혁명, 특히 뮌헨에 들어섰던 소련식의 소비에트공화국 등 그 전해에 일어났던 사건들에 몹시 분개하고 있었다. 다소 미화되기는 했지만 나중에 그라프가 한 말에 따르면 그가 히틀러에게 끌린 이유는 말이나 행동거지에서 '믿을 만한 군인이요 동지'라는 느낌이 들어서였다고 한다(IfZ, ZS F14, Ulrich Graf, 'Wie ich den Führer kennen lernte', 2).

32) *MK*, 400-406.

33) *MK*, 406(영역, *MK* Watt, 336).

34) Phelps, 'Hitler', 7-8.

35) *MK*, 658-61.

36) Tyrell, *Trommler*, 10-11에 나온다.

37) Tyrell, *Trommler*, 29-30은 Franz-Willing, *Hitlerbewegung*, 68, 73과 Maser, *Frühgeschichte*, 170을 비판한다; Fest, *Hitler*, 175.

38) BHStA, Abt. V, Slg. Personen, Anton Drexler, 드렉슬러가 히틀러 앞으로 쓴 (보내지 않은) 편지의 타자본, 'Ende Januar 1940', 7(Deuerlein, *Aufstieg*, 105에 수록).

39) Tyrell, *Trommler*, 30-31; Phelps, 'Hitler', 12; Maser, *Frühgeschichte*, 169.

40) *MK*, 390-91.

41) Reginald H. Phelps, 'Hitler als Parteiredner im Jahre 1920', *VfZ*, II(1963), 274-330, 특히 276.

42) Auerbach, 'Hitlers politische Lehrjahre', 10; Phelps, 'Hitler', 13.

43) *JK*, 101.

44) *MK*, 405; BHStA, Abt. V, Slg. Personen, Anton Drexler, 드렉슬러가 히틀러 앞으로 쓴 (보내지 않은) 편지의 타자본, 'Ende Januar 1940', 7(Deuerlein, *Aufstieg*, 105에 수록); Phelps, 'Hitler', 13(딩펠더가 후방에서 지금까지 다섯 차례 연설을 했다는 언급만 나온다).

45) Phelps, 'Hitler', 12-13.

46) Tyrell, *Trommler*, 76-83. 1919년 5월 31일 〈뮌헨 감시자〉에 실린 12개 조항의 민족 운동 강령과 겹치는 대목도 있는데, 이 강령은 독일사회주의당의 목표를 천명한 것으로 보인다(Auerbach, 'Hitlers politische Lehrjahre', 9-10과 주34).

47) Deuerlein, *Aufstieg*, 108-12에 수록.

48) Tyrell, *Trommler*, 84-5.

49) Phelps, 'Hitler', 13.

50) *JK*, 447, 1921년 7월 29일.

51) BHStA, Abt. V, Slg. Personen, Anton Drexler, 드렉슬러가 히틀러 앞으로 쓴 (보내지 않은) 편지의 타자본, 'Ende Januar 1940', 1, 7(영역, Phelps, 'Hitler', 13).

52) Phelps, 'Hitler als Parteiredner', 292-6에 실린 경찰 보고서에 따르면 2천여 명이 참석 했다. 딩펠더는 나중에 나치당 기록보존소에 그중 400명은 '빨갱이'였다고 말했다.

53) Phelps, 'Hitler als Parteiredner', 293-4.

54) Phelps, 'Hitler als Parteiredner', 294-6.

55) *MK*, 405(영역, *MK* Watt, 336).

56) Phelps, 'Hitler', 15.

57) *VB*, Nr 17, 1920년 2월 28일, 3, 'Aus der Bewegung'(영역, Phelps, 'Hitler', 14).

58) 새 당명은 3월 초부터 쓰인 것으로 보이는데, 놀랍게도 당 공식 기록에는 당명이 바뀌었 다는 사실이 나오지 않는다. 아마도 그것은 오스트리아와 체코슬로바키아의 국가사회주 의당과 긴밀한 관계를 맺으려는 의도에서 그러지 않았나 싶다(Phelps, 'Hitler', 13과 주 37). 경찰 보고서는 1920년 4월 6일 집회(히틀러는 이날은 연설하지 않았다)가 끝난 다 음에 당명 뒤에 처음으로 '국가사회주의'를 집어넣었다.

59) *MK*, 544(영역, *MK* Watt, 442).

60) *MK*, 538-51.

61) *MK*, 551-7. 히틀러는 당 휘장도 디자인했고 2년 뒤에는 돌격대 깃발도 디자인했다. 깃 발 디자인은 재력을 바탕으로 초기에 후원을 하다가 1921년에 당을 떠난 치과 의사 프리 드리히 크론이 내놓은 안을 바탕으로 작업했다. 히틀러는 《나의 투쟁》에서 크론의 이름 을 밝히지 않고 간접적으로만 언급하고 넘어간다.

62) *MK*, 543.

63) *MK*, 549-51; Heinrich Bennecke, *Hitler und die SA*, München, 1962, 26-7도 보라. '육체단련대'라는 이름은 1921년 10월 5일에 마지막으로 쓰였고 그 뒤로는 '돌격대'로 바 뀌었다(Tyrell, *Trommler*, 137, 266 주25).

64) 그 집회는 그전까지의 독일노동자당 집회와 형식 면에서 다를 것이 없었지만 초대장 발 송과 함께 일간지에다 처음으로 집회를 알리는 광고를 한 덕분에 100명이 넘게 왔다. *MK*, 390에 따르면 히틀러는 참석자가 111명이었다고 한다. 참석자 명단을 보면 131명 으로 되어 있다(Tyrell, *Trommler*, 27-8, 196-7, 주100-101).

65) *MK*, 390(영역, *MK* Watt, 323).

66) Oskar Maria Graf, *Gelächter von außen. Aus meinem Leben 1918-1933*, München, 1966, 114-15.

67) Frank, 38-42.

68) Tyrell, *Trommler*, 33; Phelps, 'Hitler als Parteiredner', 284에 나온 수치는 약간 다르 다.

69) *MK*, 561.

70) Phelps, 'Hitler als Parteiredner', 279-80; Tyrell, *Trommler*, 33.

71) *JK*, 126, 205-13, 271-6에 그 예가 나온다. 히틀러의 경호원이었던 울리히 그라프는 연 설이 시작되기 전에 메모를 제자리에 놓아 두는 임무를 맡았다. 그라프는 히틀러가 메모 를 잘 안 보고 주로 즉흥적으로 연설했다고 주장했다(IfZ, ZS F14, 4). 1934년 8월에 나

온 그라프의 진술은 총통의 비범한 능력을 강조하려는 의도가 다분히 있었을 것이다. 메모와 나중에 신문에 보도된 연설 내용을 비교하면 히틀러는 그라프가 주장한 것보다는 메모에 많이 기댔음을 알 수 있다. 나중에 독일 총리가 되어서는 전 세계 외교관과 언론이 히틀러의 입에서 나오는 말 한마디 한마디에 촉각을 곤두세웠으니까 연설 전에 완벽하게 원고를 작성해서 꼼꼼하게 내용을 손보아야 했다.

72) 집회는 보통 두 시간 반에서 세 시간 45분이 걸렸다(Phelps, 'Hitler als Parteiredner', 275). 히틀러는 《나의 투쟁》에서 1921년 2월 3일 크로네 서커스장에서 처음 한 연설은 두 시간 반이 걸렸다고 썼다(*MK*, 561).

73) *MK*, 565.

74) '11월의 범죄자'라는 표현은 히틀러가 처음 썼다. 늦어도 1922년 9월에는 그런 말을 썼는데 청중은 3분 동안 박수갈채를 보냈다(*JK*, 692). 히틀러가 이 표현을 꼬박꼬박 썼던 것은 그해 12월부터다.

75) Phelps, 'Hitler als Parteiredner', 283-4.

76) *JK*, 126-7.

77) Phelps, 'Hitler als Parteiredner', 286.

78) 가령 *JK*, 179, 204, 281-2, 302, 312.

79) Carr, *Hitler*, 5.

80) 쿠데타를 일으키기 전까지 히틀러가 한 연설을 모아놓은 *JK* 자료에는 '생존 공간'이라는 말이 안 나온다. '생존 공간'이라는 표현의 발전 과정에 대해서는 Karl Lange, 'Der Terminus "Lebensraum" in Hitlers Mein Kampf', *VfZ*, 13(1965), 426-37을 보라.

81) *JK*, 213.

82) Phelps, 'Hitler als Parteiredner', 278, 288; *JK*, 126-7.

83) 다른 자리에서는 '민족을 생각하는 지도자형', '힘과 권위를 지닌 정부' 같은 일반적인 표현을 쓰면서 개인 지도자보다는 집단 지도부에 더 무게를 두기도 했다. Tyrell, *Trommler*, 60; Phelps, 'Hitler als Parteiredner', 299, 319, 321.

84) *JK*, 126-7(1920년 4월 27일), 140(1920년 6월 초), 163(1920년 7월 21일).

85) Phelps, 'Hitler als Parteiredner', 288. 히틀러의 자료에 대해서는 Reginald H. Phelps, 'Hitlers "Grundlegende" Rede über den Antisemitismus', *VfZ*, 16(1968), 390-420, 특히 395-9.

86) Phelps, 'Hitler als Parteiredner', 284.

87) *JK*, 200.

88) *JK*, 119-20.

89) *JK*, 119, 128, 184.

90) *JK*, 348.

91) *JK*, 115, 148, 215, 296.

92) *JK*, 201.

93) *JK*, 119.

94) 1920년 6월 말에 히틀러가 한 연설을 적대적으로 본 논평자는 히틀러가 "유대인 살해를 잇따라 요구했다."고 전했다(*Der Kampf*, 1920년 6월 28일[*JK*, 152]). 그렇지만 노골적으로 죽이라는 요구는 다른 연설에서는 찾아볼 수 없다. 이것은 히틀러가 그런 말을 한 것이 아니라 기자가 그렇게 받아들인 것이라고 보아야 할 것 같다.

95) Alexander Bein, 'Der moderne Antisemitismus und seine Bedeutung für die

Judenfrage', *VfZ*, 6(1958), 340-60, 특히 359. 또한 Alexander Bein, 'Der jüdische Parasit'. Bemerkungen zur Semantik der Judenfrage', *VfZ*, 13(1965), 121-49도 보라.

96) *JK*, 176-7.

97) Phelps, 'Hitler als Parteiredner', 286; *JK*, 201도 보라.

98) 1920년 8월 13일의 반유대주의에 관한 연설 구성과 청중의 반응은 Phelps, 'Hitlers "grundlegende" Rede', 393-5를 보라.

99) Phelps, 'Hitlers "grundlegende" Rede', 395. Phelps도 지적하지만(391) 히틀러의 초기 연설 치고는 보기 드물게 전문이 완전히 남은 것은 주제를 잡아서 한 연설이었기 때문이었을 것이다.

100) Deuerlein, 'Hitlers Eintritt', 215; *JK*, 231 주7. 히틀러는 1920년 7월 3일에 쓴 편지에서 노동자들의 호응을 얻는 데 어려움이 많다고 털어놓았다.

101) *MK*, 722(영역, *MK* Watt, 620).

102) *JK*, 337(1921년 3월 6일 연설); Phelps, 'Hitlers "grundlegende" Rede', 394, 398.

103) 히틀러가 유대인을 증오한 것은 러시아 내전 기간에 벌어진 끔찍한 이야기를 통해서 볼셰비즘 테러의 야만성에 두려움을 느꼈기 때문이라는 설을 에른스트 놀테가 제시했고 이것을 계기로 1980년대 말에 '역사가 논쟁'이 벌어졌다. 자세한 내용은 Ernst Nolte, 'Zwischen Geschichtslegende und Revisionismus'와 'Vergangenheit, die nicht vergehen will', *Historikerstreit*. *Die Dokumentation der Kontroverse um die Einzigartigkeit der nationalsozialistischen Judenvernichtung*, 13-47과 놀테의 책 *Der europäische Bürgerkrieg 1917-1945*를 보라.

104) *JK*, 88-90.

105) *JK*, 126-7(1920년 4월 27일), 140(1920년 6월 초), 163(1920년 7월 21일).

106) *JK*, 231.

107) Phelps, 'Hitlers "grundlegende" Rede', 398.

108) Nolte, *Bürgerkrieg*, 115, 564 주24는 가령 *VB*에 러시아 내전 중에 공산당 비상위원회가 굶주린 쥐들에게 죄수들의 얼굴을 들이밀어 자백을 강요했다는 기사가 실렸다고 강조한다.

109) 1920년 가을 독립사회민주당 안의 급진 좌파 세력이 떨어져 나와 공산당에 합류하면서 독일공산당 당원이 대거 늘어난 탓도 있었지만 '유대인 볼셰비즘'에 관심이 쏠린 것은 어제 오늘의 일이 아니었다. 유대인 금융 자본에 대한 공격도 수그러들 기세가 아니었다. 조금 억지스러워 보이긴 했지만 국제 금융 자본과 소련 안의 국제주의를 부르짖는 세력이 손을 잡고 독일의 국가 이익을 좀먹는다는 논리가 만들어졌다. (*JK*, 337을 보라.)

110) Phelps, 'Hitlers "Grundlegend" Rede', 398과 주33. 히틀러가 그 내용을 액면 그대로 받아들인 것에 대해서는 *MK*, 337을 보라.

111) Mayr, 195-6.

112) Phelps, 'Hitler', 11; *JK*, 106-11.

113) Dirk Stegmann, 'Zwischen Repression und Manipulation : Konservative Machteliten und Arbeiter- und Angestelltenbewegung 1910-1918. Ein Beitrag zur Vorgeschichte der DAP/NSDAP', *Archiv für Sozialgeschichte*, 12(1972), 351-432, 특히 413. 마이어는 카프를 두 번 직접 만난 적이 있었다. 한번은 에카르트와 함께, 한번은 뤼트비츠 장군과 폰 올더스하우젠 장군의 대리인 자격으로 혼자 만났다. 에른스트 룀에 따

르면 마이어는 "바이에른에서 카프가 거사를 꾸미는 데 결정적 뒷받침을 해주었다." (Röhm, *Die Geschichte eines Hochverräters*, 100-101).

114) Stegmann, 413-14. Tyrell이 정확하게 지적하지만(*Trommler*, 296) 이것은 히틀러를 활용하려는 노력이 있었음을 입증한다. 물론 그렇다고 해서 히틀러가 남들이 하라는 대로 움직인 허수아비였다는 뜻은 아니다.

115) Röhm, 100-101, 107.

116) Tyrell, *Trommler*, 27-8, 61, 197 주104; Auerbach, 'Hitlers politische Lehrjahre', 16, 18.

117) 에카르트에 대해서는 Margarete Plewnia, *Auf dem Weg zu Hitler. Der völkische Publizist Dietrich Eckart*, Bremen, 1970과 Tyrell, *Trommler*, 190-191 주49, 194 주70을 보라. 에카르트가 죽고 나서 나온 *Der Bolschewismus von Moses bis Lenin. Zwiegespräch zwischen Adolf Hitler und mir*, München, 1924는 히틀러와 나눈 대화를 바탕으로 썼다는 주장인 Ernst Nolte, 'Eine frühe Quelle zu Hitlers Antisemitismus', *Historische Zeitschrift*, 192(1961), 584-606과 Ernst Nolte, *Three Faces of Fascism*, Mentor 엮음, New York, 1969, 417-21에서 나왔지만 이것이 잘못된 주장이라는 Tyrell의 지적은 설득력이 있다. 에카르트가 히틀러를 재정적으로 어떻게 도왔는지는 Franz-Willing, *Hitlerbewegung*, 180ff와 Plewnia, 66-71에 나온다.

118) Tyrell, *Trommler*, 23.

119) 1923년 무렵이면 에카르트는 신임을 잃었고 3월에는 〈민족의 감시자〉 편집인 자리에서도 밀려나 크게 상처를 받았다. 그 뒤로는 히틀러를 거의 만나지 못했고 쿠데타에도 가담하지 않았다. 병이 점점 심해지더니 결국 그해 말에 세상을 떠났다. 《나의 투쟁》을 에카르트에게 바친 것은 히틀러가 처음에 에카르트에게 얼마나 큰 신세를 졌는지를 너무나 잘 아는 수많은 사람들을 의식한 데서 나온 의례적 행동이었다(Tyrell, *Trommler*, 194 주70).

120) Franz-Willing, *Hitlerbewegung*, 179-80, 190.

121) Tyrell, *Trommler*, 110, 177. Tyrell(*Trommler*, 110)도 지적하지만 그란델은 아우크스부르크에서 자기가 세운 방위동맹 회원들을 1920년 8월 나치당에 들어온 뒤로 대거 끌고 오기도 했다.

122) BHStA, Abt.V, Slg. Personen, Anton Drexler, 드렉슬러가 1940년 1월 말 히틀러 앞으로 쓴 편지의 사본, 3(Deuerlein, *Aufstieg*, 128-9에 일부 재수록). (Tyrell, *Trommler*, 175-7도 보라.)

123) *JK*, 277-8.

124) Tyrell, *Trommler*, 38, 42, 206 주189.

125) Deuerlein, *Aufstieg*, 136.

126) 귀스타브 르 봉의 군중 연구서는 1895년 프랑스에서 처음 나왔는데 이듬해 영어판이 'The Crowd'라는 제목으로 나왔고 독일어판도 1908년 'Psychologie der Massen'이라는 제목으로 나왔다. 히틀러가 독일노동자당에 들어가기 며칠 전 1919년 9월 뮌헨의 신경전문의 J. R. 로스바흐 박사가 '군중 의식. 집단 운동의 유행에 대한 심리학적 성찰'이라는 제목으로 한 강연에 관한 장문의 기사가 〈민족의 감시자〉에 실렸다. 로스바흐는 르 봉의 책에서 인용문을 많이 따왔고 자기의 연구 결과를 간결한 언어로 담아냈다. 군중 심리를 묘사하는 로스바흐의 언어와 히틀러의 언어는 놀랄 만큼 비슷하다. 히틀러는 로스바흐의 책을 읽고 나서 르 봉의 책도 읽었을 가능성이 있다. 분명한 것은 로스바흐의 영향을 받았다는

것이다. (Tyrell, *Trommler*, 54-6.)

127) Tyrell, *Trommler*, 42-64.

128) 4월 배상위원회는 배상금을 1320억 금마르크로 재평가했다(Kolb, *Weimarer Republik*, 44). 히틀러가 《나의 투쟁》에서 '천억 금마르크가 넘는 말도 안 되는 액수'(*MK*, 558)라고 한 것은 바로 이 나중 평가액을 염두에 두고 한 말이 아닌가 싶다.

129) 크로네 서커스장 관리실장이 나치 당원이라서 대여료를 많이 깎아주었다고 한다 (Toland, 109. 그러나 증거 자료는 없다).

130) *MK*, 558-62; *JK*, 311-12. 히틀러의 설명으로는 그 다음 두 주일 동안 크로네 서커스장에서 두 번 더 성황리에 집회를 열었다고 한다. 나치당이 그곳에서 대규모 집회를 점점 자주 연 것은 사실이었지만 다음 집회는 1921년 3월 6일에 열렸고 그 다음 집회는 3월 15일에 열렸다. 하지만 이 두 번의 집회는 히틀러가 언급한 집회 다음에 열렸다(*JK*, 335ff., 353ff.). 히틀러는 2차 세계대전 중에 당의 '좋았던 시절'을 회상하면서 크로네 서커스장에서 초창기에 열었던 집회 이야기, 그때 자기가 얼마나 떨었는가 하는 이야기를 자주 했다. 하이드리히의 국장을 치르면서 괴벨스에게 히틀러가 한 말도 참조하라(*TBJG*, II, 4, 492(1942년 6월 10일)).

131) *JK*, 312; Deuerlein, *Aufstieg*, 129-30.

132) *MK*, 562.

133) *JK*, 279-538.

134) Ernst Hanfstaengl, *15 Jahre mit Hitler. Zwischen Weißem und Braunem Haus*, 2판, München/Zürich, 1980, 52-3.

135) Tyrell, *Trommler*, 40-41.

136) Hoffmann, 50.

137) Auerbach, 'Hitlers politische Lehrjahre', 20-21.

138) Hanfstaengl, *15 Jahre*, 49.

139) Hanfstaengl, *15 Jahre*, 49-52.

140) Hanfstaengl, *15 Jahre*, 52.

141) Deuerlein, *Hitler*, 53.

142) Deuerlein, *Aufstieg*, 132-4.

143) Tyrell, *Trommler*, 208 주215, 인용은 *VB*, 1920년 9월 9일.

144) Tyrell, *Trommler*, 40(1921년 2월 뮌헨에 온 두 명의 독일사회주의당 관계자 입에서 나온 말); Deuerlein, *Aufstieg*, 139(1921년 7월 히틀러의 당 내 적들이 익명으로 돌린 '아돌프 히틀러—배신자'라는 책자에 담긴 내용).

145) *JK*, 529-30. 1921년 7월 자기는 글로 먹고 산다고 말했지만 1921년 〈민족의 감시자〉에 글을 기고하고 받은 원고료에 대해서는 언급하지 않았다(*JK*, 448).

146) Tyrell, *Trommler*, 216 주209, 인용은 *Münchener Post*, 1921년 12월 5일; Heiden, *Hitler*, 97.

147) Heiden, *Hitler*, 100에는 이름이 '카롤라Carola'로 잘못 나와 있다. 바른 이름을 알려준 Martha Schad와 Anton Joachimsthaler에게 감사한다.

148) Auerbach, 'Hitlers politische Lehrjahre', 22; Tyrell, *Trommler*, 267 주54.

149) Heiden, Hitler, 116에 따르면 히틀러는 베를린을 오래 비워두고 베히슈타인에서 웅변 교습을 받았다고 한다. 여기서 말투까지 고쳤는지는 잘 모르지만 히틀러가 이곳에 간 데는 더 중요한 목적이 있었다. 만족스러운 결과를 얻지는 못했지만 범게르만 진영에서 발

행하던 〈도이치 차이퉁〉의 편집인 막스 마우렌브레허의 소개로 알게 된 수많은 범게르만
진영 인사들을 만나고 다니면서 당보 발행에 필요한 자금을 조달하는 것이 주목적이었다
(Tyrell, *Trommler*, 117-18).

150) Tyrell, *Trommler*, 96.

151) Tyrell, *Trommler*, 103-4.

152) *JK*, 436(1921년 7월 14일 히틀러의 사퇴 서한).

153) Tyrell, *Trommler*, 99-100, 105.

154) Tyrell, *Trommler*, 101-3.

155) Tyrell, *Trommler*, 106-9, 122에 나오는 내용이다.

156) *JK*, 437; Tyrell, *Trommler*, 118-19.

157) Tyrell, *Trommler*, 110-16, 119-20.

158) *JK*, 437-8; Franz-Willing, *Hitlerbewegung*, 110.

159) Tyrell, *Trommler*, 120-22.

160) *JK*, 438.

161) *JK*, 277. 히틀러가 1921년 2월 16일에 사임했다는 문서 198(*JK*, 320)은 위조로 보아야
한다.

162) Tyrell, *Trommler*, 123.

163) *JK*, 438.

164) Tyrell, *Trommler*, 126-8, 130. 히틀러가 1921년 7월 26일 당 위원회에 보낸 최후통첩은
JK, 445(문서 266)에 실렸는데 이것은 위조다.

165) *JK*, 446.

166) Deuerlein, *Aufstieg*, 138-41; *JK*, 446-7; Tyrell, *Trommler*, 128-30.

167) *JK*, 439-44; Tyrell, *Trommler*, 129와 264 주506.

168) 새 당헌의 내용은 Tyrell, 130-50을 보라.

169) *VB*, 1921년 8월 11일, 3.

170) *VB*, 1921년 8월 4일, 3.

6장 북 치는 사람

1) Rudolf Pechel, *Deutscher Widerstand*, Erlenbach/Zürich, 1947, 280.

2) 인용은 Auerbach, 'Hitlers politische Lehrjahre', 29; Tyrell, *Trommler*, 117.

3) Bernd Weisbrod, 'Gewalt in der Politik. Zur politischen Kultur in Deutschland
zwischen den beiden Weltkriegen', *Geschichte in Wissenschaft und Unterricht*,
43(1992), 392-404, 특히 392-5. 이밖에도 George L. Mosse, *Fallen Soldiers*, New
York/Oxford, 1990, 8장; Robert G. L. Waite, *Vanguard of Nazism. The Free Corps
Movement in Postwar Germany 1918-1923*, Cambridge, Mass., 1952.

4) Weisbrod, 393; Peter Longerich, *Die braunen Bataillone. Geschichte der SA*, München,
1989, 12. 시민방위군에 대해 좀 더 자세한 내용은 다음을 보라. Hans Fenske,
Konservativismus und Rechtsradikalismus in Bayern nach 1918, Bad
Homburg/Berlin/Zürich, 1969, 5장, 76-112; *Karl Schwend, Bayern zwischen Monarchie
und Diktatur*, München, 1954, 159-70; 특히 David Clay Large, *The Politics of Law and*

Order : A History of the Bavarian Einwohnerwehr, 1918-1921, Philadelphia, 1980.

5) Fenske, 148-59; Hoegner, *Die verratene Republik*, 131; 집정관 조직에 대해서는 Longerich, *Die braunen Bataillone*, 14. 암살당한 정치인 수는 Ralf Dreier, Wolfgang Sellert 엮음, *Recht und Justiz im 'Dritten Reich'*, Frankfurt am Main, 1989, 328에서 가져왔다. 살해범들은 좌익 정당원들이 저지른 훨씬 적은 수의 암살(모두 22건)과 비교했을 때 법정에서 대체로 가벼운 형을 선고받았다.

6) Deuerlein, *Aufstieg*, 143-4.

7) Deuerlein, *Aufstieg*, 142; Fenske, 89-108.

8) Georg Franz-Willing, *Ursprung der Hitlerbewegung, 1919-1922*, 2판, Preußisch Oldendorf, 1974, 62-3과 주15a.

9) Longerich, *Die braunen Bataillone*, 12-14, 23-4; Hoegner, 129-33; Harold J. Gordon, *Hitler and the Beer Hall Putsch*, Princeton, 1972, 88-92; Spindler, i.462-4; Fenske, 143-72; Large, *Where Ghosts Walked*, 142-6.

10) Auerbach, 'Hitlers politische Lehrjahre', 35.

11) Longerich, *Die braunen Bataillone*, 22. Bennecke, 26에 따르면 1920년 2월 24일 호프브로이하우스 집회부터 경비를 섰다고 한다. 그런가 하면 Franz-Willing, *Ursprung*, 206은 1919년 10월 에버를브로이 집회 때 경비를 처음 세웠다는 설을 내놓는다. 그렇지만 초창기에는 경비라고 해야 정치적 반대파들이 혹시라도 물리적 공격을 가할 가능성에 대비하여 체구가 좋은 지지자들을 현장에 투입한 정도였다.

12) Longerich, *Die braunen Bataillone*, 23; Tyrell, *Trommler*, 137.

13) Tyrell, *Trommler*, 266 주25; Longerich, *Die braunen Bataillone*, 25-6.

14) Franz-Willing, *Ursprung*, 205; Auerbach, 'Hitlers politische Lehrjahre', 35 주158; Longerich, *Die braunen Bataillone*, 23, 25.

15) Klaus Theweleit, *Männerphantasien*, Rowohlt판, 전2권, Reinbek bei Hamburg, 1980.

16) Tyrell, *Trommler*, 28, 197 주104.

17) Röhm, *Die Geschichte eines Hochverräters*, 특히 2부 13-20장, 75-145; Longerich, *Die braunen Bataillone*, 15-22. 이밖에도 Ron Smelser, Rainer Zitelmann 엮음, *Die braune Elite*, Darmstadt, 1989, 212-22의 Conan Fischer, 'Ernst Julius Röhm—Stabschef der SA und Außensteiter'와 Joachim C. Fest, *The Face of the Third Reich*, Pelican판, Harmondsworth, 1972, 207-25의 성격 분석을 보라.

18) Heiden, *Hitler*, 124.

19) 이상은 Longerich, *Die braunen Bataillone*, 24-6과 Bennecke, 28-30에 나온 내용이다. 히틀러가 1921년 8월 3일 당 산하에 준군사조직을 만들겠다고 선언한 내용은 Deuerlein, *Aufstieg*, 144에 나온다.

20) 에르하르트와의 공조는 클린츠가 1923년 5월 11일 돌격대를 그만두고 해군으로 돌아가면서 막을 내렸다(Bennecke, 28-9).

21) Heiden, *Hitler*, 121-2.

22) Auerbach, 'Hitlers politische Lehrjahre', 35 주158.

23) Longerich, *Die braunen Bataillone*, 26-8.

24) Spindler, i.464; Franz-Willing, *Ursprung*, 244.

25) Dietmar Petzina, Werner Abelshauser와 Anselm Fausr 엮음, *Sozialgeschichtliches Arbeitsbuch, Band III. Materialen zur Statisik des Deutschen Reiches 1914-1945*, München,

1978, 83.

26) Deuerlein, *Aufstieg*, 150-51, 154; Heiden, *Hitler*, 125.

27) Heiden, *Hitler*, 125.

28) Deuerlein, *Aufstieg*, 150-51, 154; Heiden, *Hitler*, 125.

29) Deuerlein, *Aufstieg*, 147-9.

30) Deuerlein, *Aufstieg*, 147. 사회민주당 연사로 나선 에르하르트 아우어는 하마터면 목숨을 잃을 뻔했다. 사회민주당은 나치의 소행으로 받아들였다(Maser, *Frühgeschichte*, 301; 히틀러의 발언은 *MK*, 562-3을 보라).

31) Deuerlein, *Aufstieg*, 147.

32) *MK*, 563-7. 또 Heinz, 117-20은 난투극을 미화한 나치 추종자의 목격담을 전한다. 집회를 앞두고 히틀러가 돌격대에게 한 말과 '누가 살인자인가?'라는 연설 내용에 관한 보고는 *JK*, 513에 실려 있다.

33) Hanfstaengel, *15 Jahre*, 59. 또 Kurt G. W. Ludecke(=Lüdecke), *I Knew Hitler. The Story of a Nazi Who Escaped The Blood Purge*, London, 1938, 123.

34) Spindler, i.466-8.

35) Franz-Willing, *Ursprung*, 247-9(인용문, 248). 1922년 9월에는 시계공인 뮌헨의 한 당원이 만하임 증권거래소에 수제 수류탄을 투척하는 사건이 일어났고 이 바람에 국가사회주의자 한 명이 체포되었다.

36) Deuerlein, *Aufstieg*, 153-4.

37) *JK*, 578-80.

38) *JK*, 625. 에서와 에카르트는 히틀러가 쫓겨날 경우 당이 보복 작전에 나설 수도 있다면서 은근히 협박을 했다(Bennecke, 45).

39) *JK*, 679와 주1.

40) Bennecke, 42; Auerbach, 'Hitlers politische Lehrjahre', 36. 그해 말이면 돌격대 대원은 약 1천 명으로 늘어났고 그중 4분의 3은 뮌헨 거주자였다(Bennecke, 45).

41) *JK*, 687.

42) Ernst Deuerlein, *Der Hitler-Putsch. Bayerische Dokumente zum 8./9. November 1923*, Stuttgart, 1962, 42-4; Deuerlein, *Aufstieg*, 155-6; Auerbach, 'Hitlers politische Lehrjahre', 36과 주160; Maser, *Frühgeschichte*, 353-4; Fenske, 182-4. Deuerlein, *Putsch*, 43에는 시위가 카롤리넨플라츠 광장에서 벌어졌다고 나오고 Fenske, 184에는 쾨니히스플라츠 광장에서 일어났다고 나온다. 두 광장이 거의 인접해 있으므로 시위대가 양쪽으로 흩어졌을 가능성이 다분히 있다.

43) Lüdecke, 59-61(여기는 날짜가 잘못 적혀 있는데 Toland, 118도 이것을 따라서 1922년 9월 20일로 날짜를 잘못 적었다). 1925년 히틀러는 피팅거를 명예훼손으로 고소했는데 법정에서 피팅거도 1922년에 자기를 명예훼손으로 걸었다가 이듬해에 패소한 적이 있다고 주장했다(RSA, I, 10-14, 특히 11).

44) Wolfgang Benz 엮음, *Politik in Bayern. Berichte des württembergischen Gesandten Carl Moser von Filseck*, Stuttgart, 1971, 108; Deuerlein, *Putsch*, 44; Deuerlein, *Aufstieg*, 156.

45) 히틀러의 설명은 *MK*, 614-18에 나온다. 모스크바 특별보존문서 1355-1-38에는 코부르크 사태에 대해 1922년 10월 22일 오버프랑켄 주정부와 10월 27일 바이에른 내무부 앞으로 각각 올라간 코부르크 행정 당국의 보고서가 들어 있다(인용은 바이에른 내무부로

올라간 보고서 5쪽에서). Franz-Willing, *Ursprung*, 249 ; Lüdecke, 85-92도 보라.

46) 이유는 독일노동동맹 뉘른베르크 지부가 디켈에게 빚을 지고 거의 파산 상태에서 디켈과 갈라졌기 때문이었다. 나치당은 슈트라이허에게 빚을 갚으라고 7만 마르크를 선뜻 내주고 〈독일 인민의 의지〉 인수금까지 내주었다(Robin Lenman, 'Julius Streicher and the Origins of the NSDAP in Nuremberg', Nicholls, Matthias, 129-59, 특히 135).

47) *Monologe*, 158, 293, 430-31 주175-6.

48) Lenman, 129 ; Maser, *Frühgeschichte*, 355-6.

49) Auerbach, 'Hitlers politische Lehrjahre', 36과 주162 ; Tyrell, *Trommler*, 33. 초기 당원의 출신 성분에 대해서는 Michael Kater, 'Zur Soziographie der frühen NSDAP', *VfZ*, 19(1971), 124-59.

50) *MK*, 375. 히틀러는 오랜 세월이 흐른 뒤에도 자기를 낮추어 가며 뉘른베르크를 장악하는 데 열성을 바친 슈트라이허의 공로를 사석에서도 아낌없이 칭찬했다. "율리우스 슈트라이허가 나타나지 않았더라면 지금의 뉘른베르크 국가사회주의는 없었을 것"이라고 히틀러는 주장했다(*Monologe*, 158(1941년 12월 28-9일)).

51) Lenman, 144-6, 149, 159.

52) Francis L. Carsten, *The Rise of Fascism*, London, 1967, 64-5.

53) Maser, *Frühgeschichte*, 356과 주570은 에서의 육성 증언을 거론한다. *VB*, 1922년 11월 8일, 2면에는 이런 내용이 나온다. "우리에게도 이탈리아의 무솔리니가 있다. 바로 아돌프 히틀러다."

54) Günter Scholdt, *Autoren über Hitler. Deutschsprachige Schriftsteller 1919-1945 und ihr Bild vom 'Führer'*, Bonn, 1993, 34.

55) Scholdt, 35.

56) 인용은 Sontheimer, 217. Stapel이라는 인물에 대해서는 Wolfgang Benz, Hermann Graml 엮음, *Biographisches Lexikon zur Weimarer Republik*, München, 1988, 325-6을 보라.

57) Sontheimer, 214-22, 인용은 218.

58) Tyrell, *Trommler*, 274 주151.

59) Tyrell, *Trommler*, 161-2.

60) Tyrell, *Trommler*, 62.

61) Tyrell, *Trommler*, 274 주152.

62) *JK*, 729.

63) Cornelia Berning, *Vom 'Abstammungsnachweis' zum 'Zuchtwart'. Vokabular des Nationalsozialismus*, Berlin, 1964, 82.

64) Maser, *Frühgeschichte*, 382 ; Georg Franz-Willing, *Krisenjahr der Hitler-bewegung 1923*, Preußisch Oldendorf, 1975, 73-4, 127-9와 128 주23. 히틀러를 독일의 구원자로 보는 편지가 1923년에 독일 전역에서 쏟아져 들어왔다. 히틀러는 신비감을 자아내기 위해 자기 사진을 못 싣게 했지만 그런 방침을 거두어들이자(Hoffman, 41-9) 히틀러 사진이 시중에서 팔렸고 그것은 개인 숭배 열풍을 높이는 데 기여했다. 괴링이라는 인물에 대해서는 Fest, *The Face of the Third Reich*, 113-29와 Ron Smelser, Rainer Zitelmann 엮음, *Die braune Elite*, Darmstadt, 1989, 69-83을 보라. 괴링은 한때 에르하르트 여단에 몸담았던 요한 클린츠 중위의 뒤를 이어 1923년 2월 돌격대를 떠맡았다. 괴링은 최고 무공훈장을 받은 전쟁 영웅이었으므로 돌격대를 이끌어가기에는 적역이었다(Bennecke, 54).

뤼데케에 따르면 히틀러는 이런 말을 했다고 한다. "세상에, 최고 무공훈장을 받은 역전의 용사라! 홍보용으로는 안성맞춤이다! 게다가 주머니도 두둑해서 돈 걱정은 안 해도된다."(Lüdecke, 129).

65) Franz-Willing, *Krisenjahr*, 74는 피팅거의 경멸을 언급한다. Heiden, *Der Führer*, 102도 지적하지만 좌파는 히틀러를 '흔해 빠진 선동꾼' 이상으로 보지 않았다.

66) Hanfstaengel, *15 Jahre*, 109.

67) Oron James Hale, 'Gottfried Feder calls Hitler to Order : An Unpublished Letter on Nazi Party Affairs', *JMH*, 30(1958), 358-62.

68) *JK*, 723-4(1922년 11월 8일).

69) *JK*, 729(1922년 11월 14일).

70) Tyrell, *Trommler*, 60-62.

71) *JK*, 837(1923년 2월 26일).

72) *JK*, 916(1923년 2월 26일).

73) *JK*, 933(1923년 6월 1일).

74) *JK*, 916(1923년 5월 4일). 히틀러는 루르 지역에서 프랑스에게 수동적 저항 정책으로 일관한 쿠노 총리의 굴복과 준수 정책이 빚어낸 참극을 비판하면서 그렇게 말했다.

75) *JK*, 923-4.

76) *JK*, 946(1923년 7월 6일). 군대를 이끄는 지휘관처럼 승리가 아니면 패배일 수밖에 없는 냉정한 현실에서 정당들에게 책임을 돌릴 수 없는 지도자의 책임감을 강조하는 973(1923년 8월 14일)도 보라. 히틀러는 9월 12일 연설에서는 영웅성, 성품, 지도력이라는 주제로 돌아갔지만 이때만 하더라도 지도자 집단에 대해서 말했다(*JK*, 1012-13).

77) *JK*, 984(1923년 8월 21일).

78) 한프슈탱글의 기억이 정확하다면 히틀러는 자신은 강력한 보수 진영의 이익에 복무하는 도구가 될 수 있을 것이라는 맥락에서 "나는 '북 치는 사람'의 역할을 할 생각은 없다."고 밝혔다(Hanfstaengl, 47-8).

79) *JK*, 1027, 인용은 'A Visit to Hittler', *Daily Mail*, 1923년 10월 3일 기사.

80) 히틀러는 로소프 장군 앞에서 자신을 무솔리니에 빗댄 것으로 보인다(Georg Franz-Willing, *Putsch und Verbotszeit der Hitlerbewegung, November 1923-Februar 1925*, Preußlisch Oldebdorf, 1977, 56.

81) *JK*, 1034(1923년 10월 14일)

82) *JK*, 1043(1923년 10월 23일).

83) *JK*, 1034(1923년 10월 14일). 재판정에서 히틀러는 카르는 "영웅도 아니고 영웅에 가까운 인물도 아니"라는 말을 되풀이했다(*JK*, 1212).

84) *JK*, 1032; Deuerlein, *Putsch*, 220.

85) Tyrell, *Trommler*, 162.

86) Tyrell, *Trommler*, 163.

87) *JK*, 1268.

88) Tyrell, *Trommler*, 158-65.

89) *JK*, 939(*Regensburger Neueste Nachrichten*, 1923년 6월 26일).

90) Lüdecke, 17, 20. 히틀러는 뤼데커의 말과는 달리 8월 11일에 연설을 한 것이 아니라 8월 16일에 했다. 뤼데케 회상록은 군데군데 빠진 대목도 많고 과장도 많은 게 사실이지만 Roland V. Layton, 'Kurt Ludecke[=Lüdecke] and I Knew Hitler : an Evaluation',

Central European History, 12(1979), 372-86은 그 신뢰성을 인정한다.

91) Lüdecke, 22-3.

92) Lüdecke, 69-70, 83-4. 자기가 손을 써서 루덴도르프와 푀너의 지지를 끌어냈다는 뤼데케의 주장은 자신의 비중을 높이려고 부풀린 것이다. 1921년 5월 헤스가 처음 히틀러와 루덴도르프 사이에 다리를 놓았다(Auerbach, 'Hitlers politische Lehrjahre', 30). 푀너는 프리크와 교분이 깊었기 때문에 굳이 뤼데케가 아니더라도 얼마든지 히틀러를 만날 수 있었으며 뮌헨 경찰청장으로 재직하면서 진작부터 나치당에 호감을 품었던 사람이었다.

93) Lüdecke, 71-4, 126-7.

94) Lüdecke, 108, 그리고 103도 보라; Maser, *Frühgeschichte*, 402-3. 1925년 히틀러는 뤼데케가 나치 운동에 7천에서 8천 마르크를 기부했다고 주장했지만 그것은 뤼데케의 재정적 기여도를 실제보다 낮게 잡은 것이다(*RSA*, I, 12).

95) Lüdecke, 101-6, 111-22; Franz-Willing, *Ursprung*, 286-7과 주73.

96) Lüdecke, 156.

97) 한프슈탱글의 말로는 히틀러가 트루먼 스미스 미국 대사관 무관보를 만나던 날 아침 킨들켈러 맥주홀에서 보았다(Hanfstaengl, *15 Jahre*, 32-3, 35, 39). 그러나 히틀러가 트루먼 스미스와 이야기를 나눈 것은 11월 20일 오후였고 11월 22일에는 살바토르켈러 맥주홀에서 공개 연설을 했다(*JK*, 733-40). Hanfstaengl(35, 39)은 또 그것은 발러슈테트 사건으로 히틀러가 감옥에 있다 나와서 처음 한 연설이라고 말했지만 그것도 착각이다. 히틀러는 6월 24일부터 7월 27일까지 형을 살고 나와서 7월 28일에 문제의 연설을 했다(*JK*, 656-71; Deuerlein, *Aufstieg*, 154).

98) Hanfstaengl, *15 Jahre*, 41, 84-7.

99) 히틀러의 옷차림은 Hanfstaengl, *15 Jahre*, 35, 44에 나온다.

100) Hanfstaengl, *15 Jahre*, 71-4.

101) Ernst 'Putzi' Hanfstaengl, 'I was Hitler's Closest Friend', *Cosmopolitan*, 1943년 3월, 45.

102) Hanfstaengl, *15 Jahre*, 41.

103) Hanfstaengl, *15 Jahre*, 45.

104) Hanfstaengl, *15 Jahre*, 43-4.

105) Hanfstaengl, *15 Jahre*, 61.

106) Hanfstaengl, *15 Jahre*, 37, 61.

107) Hanfstaengl, *15 Jahre*, 55.

108) Lüdecke, 97.

109) Hanfstaengl, *15 Jahre*, 47ff.

110) Lüdecke, 97; Auerbach, 'Hitlers politische Lehrjahre', 33-4.

111) Baldur von Schirach, *Ich glaubte an Hitler*, Hamburg, 1967, 66-7.

112) Hanfstaengl, *15 Jahre*, 48.

113) Karl-Alexander von Müller, *Im Wandel einer Welt, Erinnerungen 1919-1932*, München, 1966, 129를 보라.

114) Gerhard Roßbach, *Mein Weg durch die Zeit. Erinnerunged und Bekenntnisse*, Weilburg/Lahn, 1950, 215. 로스바흐가 본 히틀러는 "머리에 든 것이라고는 예술밖에 없고 지각을 밥 먹듯이 하며 몸에 안 맞는 넥타이를 매고 다니는 보기 딱한 민간인"이었

지만 "무언가 흔들어놓는 뛰어난 연설 솜씨"가 있었다(IfZ, ZS 128, Gerhard Roßbach).

115) Hanfstaengl, *15 Jahre*, 48-9; Franz-Willing, *Ursprung*, 289-90; Auerbach, 'Hitlers politische Lehrjahre', 33-4와 주150.

116) Friedelind Wagner, *The Royal Family of Bayreuth*, London, 1948, 8-9; NA, *Hitler Source Book*, 933에 실린 프리데린트 바그너와의 인터뷰. 그에 앞서 1923년 9월 말 히틀러는 바그너의 사위이며 이제는 인종주의 논객으로 노익장을 과시하던 휴스턴 스튜어트 체임벌린을 만났는데 나중에 체임벌린은 히틀러에게 편지를 써서 한없이 추어올렸다. 히틀러를 "영혼의 조건을 일거에 바꾸어놓은" 사람으로 "독일이 난세에 히틀러라는 인물을 들고 나온 것은" 독일 민족이 아직 팔팔하다는 증거라고 주장했다. (IfZ, MA-743(=HA, 52/1210), 체임벌린이 1923년 10월 7일 히틀러에게 보낸 편지. Auerback, 34와 주151도 보라.) 히틀러는 전쟁 중에도 바그너 집안, 그중에서도 특히 위니프리드에 대해서 보기 민망할 정도로 칭찬을 늘어놓았다. 히틀러가 처음 바이로이트 축제에 갔을 때, 연로하여 시력을 잃은 리하르트 바그너의 미망인 코지마는 아직 살아 있었지만 히틀러는 노부인은 한 번도 본 적이 없다고 덧붙였다(*TBJG*, II/4, 408(1942년 5월 30일)).

117) 자금 조달과 후원자에 대해서는 Maser, *Frühgeschichte*, 396-412와 Franz-Willing, *Ursprung*, 266-99와 Henry Ashby Turner, *German Big Business and the Rise of Hitler*, New York/Oxford, 1985, 59-60을 보라. Turner는 이 무렵 나치의 수입원에 대해서 가장 믿을 만한 추정액을 내놓는다. Franz-Willing, 266-8, 280, 299와 Turner, 59-60은 평회원들이 낸 회비가 큰 몫을 차지했다고 강조한다. 나치당이 집권을 할 때까지 계속 당비에 크게 의존한 사실에 대해서는 Henry A. Turner, Horst Matzerath, 'Die Selbstfinanzierung der NSDAP 1930-32', *Geschichte und Gesellschaft*, 3(1977), 59-92.

118) Richard Bessel, 'The Rise of the NSDAP and the Myth of Nazi Propagamda', *Wiener Library Bulletin*, 33(1980), 20-29, 특히 26-7.

119) Hanfstengl, *15 Jahre*, 70, 76.

120) Lüdecke, 78-9.

121) Hanfstaengl, *15 Jahre*, 65.

122) Hanfstaengl, *15 Jahre*, 60. 한프슈탱글에 따르면 이런 체제는 1923년 8월 29일부터 시작되었다. 1921년 하반기까지 심각한 자금난을 겪던 〈민족의 감시자〉는 베히슈타인 같은 사람이 두세 번 도움을 주는 등 나치 후원자들의 재정적 도움으로 1922년 2월 8일부터 일간지로 나올 수 있었다. (Hanfstaengl, *15 Jahre*, 60; Oron J. Hale, *The Captive Press in the Third Reich*, Princeton, 1964, 29-30; Franz-Willing, *Ursprung*, 277-8, 289).

123) Franz-Willing, *Ursprung*, 197에 신상 정보가 나온다.

124) Franz-Willing, *Ursprung*, 266과 주214, 281-8; Maser, *Frühgeschichte*, 397-412.

125) Turner, 50-55; Franz-Willing, *Ursprung*, 288. Turner, 54는 대필 작가가 쓴 티센의 회상록에 나오는 아리송한 대목을 빼놓고는 여러 정황으로 보아 기부금은 루덴도르프에게 준 것이며 히틀러가 받은 돈은 다른 정치 단체들이 받은 돈과 엇비슷했을 것이라고 지적한다.

126) Franz-Willing, *Ursprung*, 291.

127) Deuerlein, *Putsch*, 63.

128) Deuerlein, *Putsch*, 62.

129) Franz-Willing, *Ursprung*, 296-7. 에밀 간서에 대해서는 Turner, 49, 51-2, 374-5 주4를 보라.

130) Franz-Willing, *Ursprung*, 297.

131) Auerbach, 'Hitlers politische Lehrjahre', 31-2; Franz-Willing, *Ursprung*, 281.

132) *JK*, 725-6.

133) Lüdecke, 110.

134) Auerbach, 'Hitlers politische Lehrjahre', 36 주162; Maser, *Frühgeschichte*, 376; Michael Kater, *The Nazi Party. A Social Profile of Members and Leaders, 1919-1945*, Oxford, 1983, 19-31, 243; Kater, 'Soziographie', 39.

135) Hanfstaengl, *15 Jahre*, 85.

136) Franz-Willing, *Ursprung*, 357-8.

137) Winkler, *Weimar*, 194; Franz-Willing, *Krisenjahr*, 102.

138) Winkler, *Weimar*, 189; Hans Mommsen, *Die verspielte Freiheit. Der Weg der Republik von Weimar in den Untergang*, Frankfurt am Main/Berlin, 1989, 143. 1923년 5월 26일 사보타주를 벌인 알베르트 슐라게터라는 사람이 처형을 당하자 독일 전역에서 항의 시위가 벌어졌고 나치는 희생자를 순교자로 만들어 운동에 이용했다. Franz-Willing, *Krisenjahr*, 102, 139-41을 보라. 히틀러는 처음에는 관심을 보이지 않았다. 당시 에카르트, 드렉슬러와 함께 휴가를 보내고 있었고 그것 말고도 고민거리가 많았다 (Hanfstaengl, *15 Jahre*, 108). 한프슈탱글이 (자신의 말이긴 하지만) 선전 가치가 무궁무진하다니까 그제서야 히틀러는 관심을 보였다. 히틀러의 고민거리 중에는 얌전히 지내겠다는 약속을 어겨서 막 고발을 당했는데 재판에서 질 경우 다시 감옥에 들어가 남은 형기를 채워야 할지도 모른다는 걱정도 포함되었을 것이다.

139) Deuerlein, *Aufstieg*, 163-4.

140) *MK*, 768. 루르 점령에 대한 히틀러의 해석은 *MK*, 767-80.

141) 처음 이 말을 쓴 것은 1922년 9월 18일이라고 *JK*, 692에 나온다. Maser, *Frühgeschichte*, 368주11도 보라.

142) *JK*, 783.

143) *JK*, 781-6.

144) Maser, *Frühgeschichte*, 368-9.

145) Deuerlein, *Aufstieg*, 164.

146) *JK*, 802-5.

147) *JK*, 805-26; Franz-Willing, *Ursprung*, 362-4; Maser, *Frühgeschichte*, 375.

148) Röhm, 2판, 150-51. 또 Franz-Willing, *Ursprung*, 361-2; Maser, *Frühgeschichte*, 375-6; Hans Mommsen, 'Adolf Hitler und der 9. November 1923', Johannes Willms 엮음, *Der 9. November. Fünf Essays zur deutschen Geschichte*, München, 1994, 33-48, 특히 40.

149) Wolfgang Horn, *Der Marsch zur Machtergreifung. Die NSDAP bis 1933*, Königstein/Ts./Düsseldorf, 1980, 102.

150) *JK*, 811.

151) 아래의 주191을 보라.

152) Müller, *Wandel*, 144-8.

153) Maser, *Frühgeschichte*, 374, 376-7; Bennecke, 69.

154) Röhm, 2판, 158-60; Maser, *Frühgeschichte*, 376-8; Franz-Willing, *Krisenjahr*, 36-76. 룀이 1월 말 피팅거가 이끄는 바이에른제국동맹과 결별한 것은 한때 바이에른 통일애국연합으로 뭉쳤던 세력이 바이에른 성분과 민족주의 성분으로 쪼개졌다는 것을 뜻했다

(Röhm, 2판, 152-3; Franz-Willing, *Krisenjahr*, 37-9).

155) Auerbach, 'Hitlers politische Lehrjahre', 38; Franz-Willing, *Krisenjahr*, 42. 지도자 게 오르크 에셔리히에서 이름을 딴 조직인 에셔리히단은 바이에른 일원의 시민방위군이 주 축을 이룬 느슨한 연대였다.

156) *JK*, 1109-11; Bennecke, 66-70; Franz-Willing, *Krisenjahr*, 55, 59-61; *Hitler-Prozeß*, LI. 당시 중령이었고 제7방어구 사령부에서 참모로 로소프를 보좌했던 테오도어 엔드레 스는 쿠데타 시절을 회상하면서 바이에른 제국군과 나치의 관계는 각별했으며 군인 중에 히틀러를 지지하는 사람이 유난히 많았다고 강조했다. 장교들은 일부러 시간을 내어 가 면서 민족주의 성향의 준군사조직을 훈련하는 데 공을 들였다(BHStA, Abt.IV, HS-925, Theodor Endres, 'Aufzeichnungen über den Hitlerputsch 1923', 10).

157) Franz-Willing, *Krisenjahr*, 43. 1923년 3월 23일 뮌헨 부근에서 이루어진 합동 군사 훈련 에서 3천 명 규모로 이루어진 준군사병력의 일부분으로 1300명의 돌격대원이 참여했다 (Röhm, 2판, 170; Bennecke, 57-8). 룀이 제국군 장교들에게 이 훈련의 지휘를 맡겼다 는 사실이 사회민주당 계열의 ⟨뮌헨 포스트⟩에 의해 밝혀지자 제국군 장병은 민족 단체에 가입하지 못한다는 조치가 내려졌다. 룀도 뮌헨의 제국깃발 지도자 자리에서 물러나야 했다(Röhm, 2판, 177; Franz-Willing, *Krisenjahr*, 75-6.

158) Franz-Willing, *Krisenjahr*, 43, 65.

159) Franz-Willing, *Krisenjahr*, 59.

160) 히틀러가 작성한 기록을 룀은 노동공동체의 정관으로 받아들였는데 날짜는 1923년 4월 19일로 적혀 있다(Röhm, 2판, 175-7).

161) *JK*, 1136; Franz-Willing, *Krisenjahr*, 43; Feuchtwanger, 124.

162) Röhm, 2판, 164-6.

163) Auerbach, 'Hitlers politische Lehrjahre', 30.

164) *JK*, 1111; Franz-Willing, *Krisenjahr*, 53-4; Maser, *Frühgeschichte*, 383.

165) *JK*, 1136; Franz-Willing, *Krisenjahr*, 55. 제크트와 로소프의 갈등은 가을까지 이어졌다. 4월 7일 베를린에서 회동한 자리에서 제크트는 로소프에게 정당과 준군사조직과 거리를 두어 달라고 요구했다. 그러자 로소프는 바이에른에서 무기의 51퍼센트를 장악한 민족 단체 없이는 일을 해나갈 수 없다고 공박했다(Franz-Willing, *Krisenjahr*, 68).

166) *JK*, 1111.

167) *JK*, 1110.

168) Deuerling, *Putsch*, 56.

169) 인용은 Franz-Willing, *Krisenjahr*, 76.

170) Gordon, 194, 196.

171) Deuerling, *Putsch*, 56-7; Benz, *Politik in Bayern*, 125; Franz-Willing, *Krisenjahr*, 81.

172) Gordon, 196-7; Franz-Willing, *Krisenjahr*, 80.

173) Maser, *Frühgeschichte*, 393.

174) Gordon, 196-200; Deuerling, *Putsch*, 56-60; Franz-Willing, *Krisenjahr*, 79-83; BHStA, Abt.IV, HS-925, Endres Aufzeichnungen, 19-23. 이날 시위에 관한 경찰 보고 서는 Deuerlein, *Aufstieg*, 170-73과 Maser, *Frühgeschichte*, 394를 보라.

175) *JK*, 918.

176) 인용은 Deuerlein, *Putsch*, 61. 뮌헨에서 미국 공사 대행으로 근무하던 로버트 머피도 비 슷한 생각이었다. 그는 사람들이 "아무런 소득도 없고 건설적인 결과도 못 내는 히틀러의

자극적인 선동에 염증이 났다."고 보고했다(인용은 Toland, 142).

177) 인용은 Gordon, 194. "적은 오른쪽에 있다."는 유명한 말은 1922년 발터 폰 라테나우가 살해되고 나서 의회에서 요제프 비르트 총리가 했다(Peter D. Stachura, *Political Leaders in Weimar Germany*, Hemel Hempstead, 1993, 187).

178) 다른 주들은 나치가 주도하는 쿠데타 움직임을 아예 봉쇄하기 위해 적극적으로 나섰다. 프로이센을 비롯하여 여러 주에서는 1922년 라테나우가 암살되면서 극우 세력의 위협에 대처하기 위해 만들어진 공화국 수호법을 뒤흔드는 선동 활동을 노골적으로 벌인다는 이유로 나치 활동을 금지했다(Duerelein, *Aufstieg*, 158, 166-70). 카르는 1924년 5월 30일 바이에른 정부가 마음만 먹었다면 노동절 행사 현장에서 당국의 규제를 무시한 히틀러의 행동을 꼬투리로 잡아서 바이에른에서도 나치당에 철퇴를 가할 수 있었을 것이고 그날 행동 계획이 틀어지면서 기가 죽은 추종자들도 이렇다 할 대응을 하지 못했을 것이라고 1924년 5월 30일에 아쉬움을 털어놓았다. 그러나 카르의 이런 말은 그가 1년 전 나치당에 보였던 태도와는 사뭇 다른 것이었다(Deuerlein, *Aufstieg*, 173).

179) Maser, *Frühgeschichte*, 394-5를 보라.

180) Lothar Gruchmann, 'Hitlers Denkschrift an die bayerische Justiz vom 16. Mai 1923', *VfZ*, 39(1991), 305-28; Maser, *Frühgeschichte*, 394; Franz-Willing, *Krisenjahr*, 86-9; *Hitler-Prozeß*, LIV. 끝까지 기소를 했다면 1922년 1월 근신한다는 조건으로 집행이 유예되었으니까 적어도 두 달은 철창 신세를 져야 했을 것이다. 감옥에 들어갔으면 늦여름이나 가을까지는 꼼짝도 못했을 것이고 투쟁동맹에서도 주도적 역할을 맡지 못했을 것이다. 그런 상황에서는 쿠데타가 일어날 가능성도 크게 줄어들었을 것이다. 히틀러가 아무리 협박을 했어도 생각만 있었다면 귀르트너는 이 사건을 밀어붙여 크게 부각할 수 있었겠지만 귀르트너는 그렇게 하지 않았다. 그렇게 되면 바이에른 주정부 각료들이 증인으로 나서서 결코 이로울 것이 없는 대질 심문을 받아야 했기 때문이다. 그러나 협박보다 더 중요한 것은 바이에른의 실세들이 중앙 정부에 왜 곱지 않은 시각을 보였는가 하는 정치적 동기였다(Grunchmann, 'Hitlers Denkschrift', 306-13).

181) Franz-Willing, *Krisenjahr*, 159.

182) *JK*, 918-66; Milan Hauner, *Hitler. A Chronology of his Life and Time*, London, 1983, 40.

183) Franz-Willing, *Krisenjahr*, 110.

184) Deuerlein, *Aufstieg*, 177-9; Maser, *Frühgeschichte*, 414-16.

185) Maser, *Frühgeschichte*, 412-14.

186) Maser, *Frühgeschichte*, 421.

187) Bennecke, 78에 따르면 1923년 8월 말부터 11월 6일까지 돌격대원은 400명이 늘어나 1,560명이 되었다.

188) Hanfstaengl, *15 Jahre*, 108. 이밖에 Auerbach, 'Hitlers politische Lehrjahre', 38-9와 Toland, 142-3도 보라.

189) Franz-Willing, *Krisenjahr*, 117.

190) Deuerlein, *Aufstieg*, 181-3.

191) Deuerlein, *Aufstieg*, 182. 오른팔을 번쩍 드는 나치식 인사법이 사진에 나온 것은 이때가 처음이다. 이 인사법은 1927년 뉘른베르크에서 열린 전당대회에서 일률적으로 채택되었다(Gerhard Paul, *Aufstand der Bilder. Die NS-Propaganda vur 1933*, 2판, Bonn, 1992, 175-6; *RSA*, III.3, 382-3 주3)

192) Franz-Willing, *Krisenjahr*, 118; Maser, *Frühgeschichte*, 421.

193) Auerbach, 'Hitlers politische Lehrjahre', 39; Franz-Willing, *Krisenjahr*, 119-21; Maser, *Frühgeschichte*, 424.

194) Bennecke, 79; Longerich, *Die braunen Bataillone*, 39.

195) Longerich, *Die braunen Bataillone*, 39. 히틀러가 주도권을 잡자 제국깃발에서는 나중에 알력이 생겼다. 지도자 노릇을 하던 하이스가 반기를 든 것이다.

196) Mommsen, 'Adolf Hitler und der 9. November 1923', 42.

197) Deuerlein, *Putsch*, 202-4 주69.

198) 1923년 10월 23일 투쟁동맹 지도자 회의에서 히틀러가 한 발언에 대한 보도는 Deuerlein, *Aufstieg*, 188을 보라. 1924년 3월 4일 재판정에서 한 증인이 그 내용을 이렇게 간추렸다. "투쟁동맹 혼자서 무력을 동원하는 것은 말도 안 되고 있을 수 없는 일이다. 바이에른 군과 주 경찰과 보조를 함께 맞추면서 봉기를 일으켜야 한다."

199) Deuerlein, *Aufstieg*, 176; Winkler, *Weimar*, 207; Franz-Willing, *Krisenjahr*, 158.

200) Winkler, *Weimar*, 225-6. 당시의 함부르크 분위기는 봉기를 일으킨 세력의 시각에서 사태를 관찰한 Larissa Reissner, *Hamburg at the Barricades*, London, 1977에 생생히 드러나 있다.

201) Kolb, *Weimarer Republik*, 51-2; Winkler, *Weimar*, 213-16, 224-8; Mommsen, *Verspielte Freiheit*, 160-64; Peter Longerich, *Deutschland 1918-1933*, Hanover, 1995, 140-43. 이 무렵이면 극우 세력도 어설프나마 처음으로 쿠데타 시도를 한 차례 했다. 브루노 에른스트 부흐루커 소령의 지휘로 몰래 훈련을 받았던 '검은 제국군'이라는 자원병 중심의 군사조직이 10월 1일 베를린 부근의 퀴스트린과 슈판다우 두 요새를 점령하는 것을 신호탄으로 총봉기를 일으키려고 했다. 그러나 정규 제국군이 재빨리 개입하는 바람에 쿠데타는 흐지부지되었다(Franz-Willing, *Krisenjahr*, 117, 300, 307-10).

202) Winkler, 224-5; Kolb, *Weimarer Republik*, 51-2.

203) Deuerlein, *Putsch*, 70-1. 크닐링은 또 속으로는 혐오하고 불신하는 카르를 앞세워 욕먹기 딱 좋은 정책을 밀어붙이자는 꿍꿍이도 있었다.

204) Deuerlein, *Putsch*, 72-3; Gordon, 220.

205) *JK*, 1017(카르에 저항); Deuerlein, *Putsch*, 74. 금지령에도 불구하고 투쟁동맹 회의가 한 번 열렸고 거기서 히틀러는 연설까지 했다(*JK*, 1017-18).

206) Maser, *Frühgeschichte*, 417, 422-3, 425-6. 9월 29일부터 11월 8일 봉기 때까지 히틀러는 연설에서 카르를 많이 비판했다(*JK*, 1019-50).

207) Deuerlein, *Putsch*, 71-2, 164-5(인용은 165).

208) Gordon, 242.

209) Gordon, 241.

210) Deuerlein, *Putsch*, 162.

211) Deuerlein, *Putsch*, 164(1923년 9월 8일).

212) 10월 중순께 오스트리아 좌익 언론에 히틀러, 루덴도르프, 카르가 개입하는 쿠데타가 일어날 것이라는 설이 무성했는데 그 내용은 Deuerlein, *Aufstieg*, 185-6을 보라.

213) 인용은 Gordon, 243.

214) 인용은 Gordon, 244.

215) 인용은 Gordon, 255.

216) 인용은 Otto Gritschneder, *Bewährungsfrist für den Terroristen Adolf H. Der Hitler-Putsch und die bayerische Justiz*, München, 1990, 42. Hanfstaengl, *15 Jahre*, 167도 이것과 일맥

상통하는 정서를 전한다.

217) Gordon, 246-9, 251-3, 256-7. 또 Franz-Willing, *Putsch*, 57도 보라.

218) Deuerlein, *Putsch*, 258; *Hitler-Prozeß*, LXI와 주23. 그러나 Gordon, 253은 보고의 신빙성에 단서를 단다.

219) Gordon, 253-5.

220) Gordon, 255.

221) Deuerlein, *Aufstieg*, 189-90.

222) Franz-Willing, *Putsch*, 57-9는 카르와 투쟁동맹은 거사를 일으키기로 합의했고 카르는 당시 모임에 나왔던 루프레히트 공을 바이에른 왕으로 추대할 속셈이었다고 추정한다. 하지만 바이에른이 다시 왕정으로 돌아간다고 해서 하나도 득이 될 리 없는데 민족주의를 추구하는 투쟁동맹이 왜 굳이 거기에 동조했을지 납득하기가 어렵다. 거사에 대비하라는 지시가 민족주의 성향의 돌격대와 오버란트동맹에 떨어진 것은 사실이지만 왕정 복위를 추구하는 '청백' 준군사조직에는 그런 명령이 내려가지 않았다.

223) Hanfstaengl, *15 Jahre*, 126-7; Gordon, 259.

224) Deuerlein, *Aufstieg*, 190-1; Franz-Willing, *Putsch*, 59-60; Gordon, 248.

225) Deuerlein, *Aufstieg*, 191-2; Gordon, 255-6.

226) Franz-Willing, *Krisenjahr*, 386-7; Deuerlein, *Putsch*, 99. 11월 초 뮌헨에는 쿠데타가 임박했다는 설이 파다했다. 11월 9일에 왕정 복위가 선포될 것이라는 설이 있었는가 하면 에르하르트 대위가 이끄는 조직이 11월 15일 베를린에서 봉기할 것이라는 설도 있었다. 11월 15일은 실제로 로소프가 바이에른 제국군을 거느리고 베를린에서 행진을 벌이려고 마음먹은 날이었다(Hans Hubert Hofmann, *Der Hitlerputsch. Krisenjahre deutscher Geschichte 1920-1924*, München, 1961, 135, 141).

227) Franz-Willing, *Putsch*, 63-4, 68. 카르, 자이서, 로소프는 그날 만났는데 의견 충돌이 심했다(Franz-Willing, *Putsch*, 68).

228) Gordon, 259.

229) Gordon, 259-60; Franz-Willing, *Putsch*, 66.

230) Gordon, 260. 뮌헨 일원에서 2,600명에 이르는 경찰 병력과 군 병력을 상대하려면 4천 명의 쿠데타 병력을 동원해야 하는 것으로 추산되었다.

231) Hofmann, 146; Franz-Willing, *Putsch*, 66(1958년의 육성 증언). Gordon, 259 주63은 11월 10일 아니면 11일에 또 다른 작전이 있었던 것처럼 말하지만 자세한 내용은 밝히지 않는다. Deuerlein, *Putsch*, 99; Deuerlein, *Aufstieg*, 192는 11월 8일 거사설에 대해서만 언급한다.

232) Franz-Willing, *Putsch*, 64, 67-9는 왕정 복고 선언을 두려워했다고 본다. 반면 Hofmann, 147은 그보다는 카르가 독자적으로 베를린에 반기를 드는 것을 두려워했을 것으로 추정한다. 로소프의 발언에 대해서는 Deuerlein, *Putsch*, 99, 258을 보라.

233) Deuerlein, *Putsch*, 99; Hofmann, 147. 한프슈탱글에 따르면 히틀러는 나중에 카르의 책동이 있었기 때문에 어쩔 수 없이 '사태를 다시 장악하려고' 바로 행동에 나서게 되었으며 어차피 지지자들의 기대를 저버리지 않기 위해서라도 움직이지 않을 수 없는 상황이었다고 털어놓았다(Hanfstaengl, *15 Jahre*, 167-9).

234) *VB*, 1937년 11월 10일, 2면 : '…… Unsere gegnerische Seite beabsichtigte, um den 12. November herum eine Revolution, und zwar eine bajuvarische, auszurufen …… Da setzte ich den Entschluß, vier Tage zuvor loszuschlagen ……' Franz-

Willing, *Putsch*, 64주166에는 표현이 약간 다르게 나온다.

235) 그라프의 증언, IfZ, ZS-282/52, 60.

236) Hanfstaengl, *15 Jahre*, 129.

237) Franz-Willing, *Putsch*, 71, 73-4.

238) Franz-Willing, *Putsch*, 71은 에서도 몰랐던 것으로 보지만 Maser, *Frühgeschichte*, 443-4
는 아침나절이면 에서도 들었던 것으로 추정한다.

239) Franz-Willing, *Putsch*, 72-3.

240) Deuerlein, *Aufstieg*, 192-3; Müller, *Wandel*, 160-66; Gordon, 287-8; Franz-Willing,
Putsch, 78-9.

241) *JK*, 1052. 경찰 보고서에 히틀러가 총을 쏘았다고 나온다. 히틀러 재판정에서
(Deuerlein, *Aufstieg*, 193) 뮐러는 두 발을 쏘았는데 한 발은 히틀러 경호원이 쏘았고 또
한 발은 몇 분 뒤에 히틀러가 쏘았다고 증언했다. 이것은 아무래도 뮐러의 착각 같다. 히
틀러가 쏜 첫 발 말고 또 한 발의 총성을 들었다고 증언하는 사람은 뮐러 말고 없다.

242) *JK*, 1052. Hanfstaengl, *15 Jahre*, 133도 히틀러가 안에 처음 들어가서 이런 말을 했다고
전한다. 뮐러(Deuerlein, *Aufstieg*, 194)는 히틀러가 나왔다가 다시 들어갈 때 이런 말을
했다고 증언한다.

243) *JK*, 1052.

244) Hanfstaengl, *15 Jahre*, 134; Deuerlein, *Aufstieg*, 193-4.

245) *JK*, 1053.

246) *JK*, 1054-5. 경찰 보고서에는 루덴도르프가 총리로 거명되었다고 나오지만 히틀러가 그
런 말을 했을 가능성은 희박하다.

247) *JK*, 1054-5; Müller, *Wandel*, 162-3.

248) Müller, Wandel, 162. 뮐러가 재판정에서 한 증언은 Deuerlein, *Aufstieg*, 194.

249) Gordon, 288-9.

250) Deuerlein, *Aufstieg*, 195-6; Gordon, 288-9.

251) Gordon, 290-94.

252) Gordon, 289-90.

253) Deuerlein, *Aufstieg*, 196-7.

254) *JK*, 1056-7.

255) Maser, *Frühgeschichte*, 454. 이 선언을 〈뮌헨 뉴스〉는 11월 9일 아침 '국민 지휘부 발족'
이라는 제목을 달아서 대문짝만 하게 보도했다(*MNN*, 1923년 11월 9일. 재수록은
Hellmut Schöner 엮음, *Hitler-Putsch im Spiegel der Presse*, München, 1974, 34-7).

256) *JK*, 1058(문서 600); 그러나 문서 599의 신빙성은 지극히 의심스럽다. 히틀러의 임명장
은 11월 8일로 날짜가 박혀 있다. 뉘른베르크 법정에서 슈트라이허는 자정이 지나서야
임명장을 받았다면서 마치 히틀러가 그때쯤 자포자기 상태에 빠졌던 것처럼 증언했다
(Maser, *Frühgeschichte*, 453). 그러나 날짜가 11월 8일로 되어 있었다는 것은 그때까지도
히틀러는 쿠데타가 성공할 줄로 믿고 있었음을 뜻한다.

257) Gordon, 316-20; Toland, 164.

258) Frank, 60; Gordon, 324-7.

259) Gordon, 327.

260) 그라프의 증언, IfZ, ZS-282/52, 63.

261) Gritschneder, *Bewährungsfrist*, 41.

262) Frank, 61.

263) Gritschneder, *Bewährungsfrist*, 21-2.

264) Maser, *Frühgeschichte*, 454; Franz-Willing, *Putsch*, 109. 11월 8일과 9일 사이의 어느 시점엔가 밀사가 루프레히트 공을 찾아간 것으로 보이는데 정확히 언제인지는 불확실하다 (Gordon, 445-6).

265) Frank, 60; Gordon, 330-32.

266) Gordon, 351-2. Hanfstaengl, *15 Jahre*, 141과 Frank, 60에 따르면 눈이 와서 땅이 질퍽거렸다고 한다.

267) Gordon, 333; Hanfstaengl, *15 Jahre*, 141. 한 사람 앞에 20억 마르크씩 돌아갔다 (Frank, 61).

268) Maser, *Frühgeschichte*, 457. 루덴도르프 부인에 따르면 행진을 제안한 것은 장군이었다 (Margarethe Ludendorff, *My Married Life with Ludendorff*, London, 연대미상, 1930년경, 251; Franz-Willing, *Putsch*, 110).

269) *JK*, 1117(1924년 2월 28일); Deuerlein, *Aufstieg*, 214.

270) Gordon, 350-52. 루덴도르프 부인은 행진 목적이 공화국을 무너뜨리고 왕정을 복고하는 데 대중이 얼마나 호응하는지를 알아보는 데 있는 듯한 느낌을 받았다(Margarethe Ludendorff, 251). 엔드레스 중령은 루덴도르프라는 거물을 내세워서 제국군의 호응을 끌어내려는 데 목적이 있었다고 생각했다(BHStA, Abt.IV, HS-925, Endres Aufzeichnungen, 51).

271) Deuerlein, *Aufstieg*, 199.

272) Gordon, 357-8; Deuerlein, *Aufstieg*, 197-8. 당시 현장에 있었던 엔드레스 중령의 증언에 따르면 뮌헨 시민들은 대부분 무덤덤한 반응을 보였다고 한다(BHStA, Abt.IV, HS-925, Endres Aufzeichnungen, 52).

273) Frank, 61.

274) Frank, 61-2.

275) Deuerlein, *Aufstieg*, 197; Frank, 61-2.

276) Deuerlein, *Aufstieg*, 198-9; Gordon, 360-65; Deuerlein, *Putsch*, 331; Maser, *Frühgeschichte*, 459-60(경찰이 먼저 발포했을 가능성을 제기).

277) Deuerlein, *Aufstieg*, 200; Franz-Willing, *Putsch*, 116 주182; Gordon, 364. 방어구사령부에서도 두 명이 더 죽어서 쿠데타 동원병은 모두 16명이 사망했다. 이들을 제3제국은 나치 운동의 영웅으로 추어올렸다. 죽은 경찰들은 훨씬 나중에 가서야 뮌헨의 오데온스플라츠 광장 펠트헤른할레 기념관에 안치되었다.

278) Hanfstaengl, *15 Jahre*, 147; Gordon, 353과 주124, 364와 주152; BHStA, Abt.IV, HS-925, Endres Aufzeichnungen, 56(엔드레스는 쿠데타 과정에서 히틀러가 한 행동을 모두 비판했지만 총성이 울렸을 때 히틀러는 반사적으로 바닥으로 몸을 날렸다고 확신했고 그것은 '지극히 당연한' 행동이었다고 말했다).

279) 히틀러가 처음에 찾아간 란츠베르크의 의사는 팔 윗부분의 뼈 하나가 부러졌다고 진단했지만 그것은 오진이었다(Schenck, 299-300).

280) Gordon, 467.

281) Hanfstaengl, *15 Jahre*, 144-5; Maser, *Frühgeschichte*, 460; Gordon, 469-71. 루덴도르프의 부인은 처음에는 남편도 죽었다는 소식을 들었다(Margarethe Ludendorff, 251-2).

282) Hanfstaengl, *15 Jahre*, 146-9; Toland, 174-6은 헬레네 한프슈탱글의 공개되지 않은 기

록을 전거로 든다.

283) Hanfstaengl, *15 Jahre*, 149.

284) Hanfstaengl, *15 Jahre*, 147.

285) Gordon, 465. 한프슈탱글에 따르면 그의 아내가 "다 끝장내겠다"는 히틀러의 손을 탁 쳐서 권총을 떨어뜨렸다고 한다(Hanfstaengl, *Cosmopolitan*, 45).

286) Gritschneder, Bewährungsfrist, 33-4는 히틀러를 검거했다는 오버바이에른 주총리의 보고를 인용한다. Gordon, 465-6.

287) Deuerlein, *Aufstieg*, 201; Hanfstaengl, *15 Jahre*, 146; Gordon, 413-15, 442-3.

288) Deuerlein, *Aufstieg*, 202.

289) Deuerlein, *Aufstieg*, 202의 인용은 *Die Welt von gestern*, Stockholm, 1942, 441에서.

290) Auerbach, 'Hitlers politische Lehrjahre', 42. 바이에른 주의회에서 23석을 얻었다 (Deuerlein, *Aufstieg*, 231).

291) Dietrich Thränhardt, *Wahlen und politische Strukture in Bayern 1848-1953*, Düsseldorf, 1973, 173; Meinrad Hagmann, *Der Weg ins Verhängnis*, München, 1946, 14*-20*.

292) Deuerlein, *Aufstieg*, 427.

293) Gordon, 495-503.

294) Gordon, 486-95. 자이서는 나중에 복직은 되었지만 다시 중용되지는 않았다.

295) Tyrell, *Trommler*, 166; Mommsen, 'Adolf Hitler und der 9. November 1923', 47.

296) Gritschneder, Bewährungsfrist, 란츠베르크 감옥에서 심리 상담가로 일했던 알로이스 마리아 오트가 1988년 98세 나이에 한 이야기.

297) Röhm, 2판, 272; Deuerlein, *Aufstieg*, 203; Hanfstaengl, *15 Jahre*, 154; Heiden, *Hitler*, 175; Tyrell, *Trommler*, 277 주178; *Hitler-Prozeß*, XXX-XXXI; Gordon, 477. 오트도 여러 시간 설득을 해서 히틀러를 진정시킨 적이 있으며 단식 투쟁을 하겠다는 것도 뜯어말렸다고 주장했다(Gritschneder, *Bewährungsfrist*, 35).

298) Gritschneder, *Bewährungsfrist*, 37-42.

299) Gritschneder, *Bewährungsfrist*, 43.

300) Deuerlein, *Aufstieg*, 203; Gordon, 455, 476. Gritschneder, *Bewährungsfrist*, 49-52는 법률적 배경을 명쾌히 밝혔다. 1922년 7월 21일에 제정된 공화국 수호법 제13조에 따르면 라이프치히에 있는 제국 법정의 하위 기관인 주 법정은 반역죄를 다룰 자격이 있었다. 그런데 바이에른 정부는 사법적 권위를 양도하기를 거부하고 바이에른에서 벌어진 반역 행위를 다루는 민족 법정을 사흘 뒤 세운다고 발표했다. 1919년에 통과된 제국 헌법은 개별 주법보다 더 상위에 있었다. 그런데도 바이에른 정부는 예비 심리를 하기 위해 쿠데타 직후 히틀러, 괴링, 루덴도르프를 바로 잡아들이라는 법원의 지시에 따르지 않았다. 바이에른 정부를 현실적으로 제압할 수 있는 유일한 길은 무력뿐이었지만 중앙 정부는 그렇게 하기를 꺼렸다. 중앙 정부와 바이에른 주정부의 복잡하고 민감한 관계와 귀르트너 바이에른 법무장관의 압력을 받고 중앙 정부가 뮌헨에서 재판이 열리도록 한발 물러선 전후 사정은 Bernd Steger, 'Der Hitlerprozeß und Bayerns Verhältnis zum Reich 1923/24', *VfZ*, 25(1977), 441-66, 특히 442-9, 455.

301) Gordon, 476.

302) Hanfstaengl, *15 Jahre*; Heiden, *Hitler*, 176-7.

303) Deuerlein, *Aufstieg*, 203-4.

304) Deuerlein, *Aufstieg*, 215; Gordon, 480.

305) Deuerlein, *Aufstieg*, 205-6.

306) Deuerlein, *Aufstieg*, 215-16, 217-20.

307) Deuerlein, *Aufstieg*, 225.

308) *Monologe*, 260(1942년 2월 3-4일), 453 주168.

309) Deuerlein, *Aufstieg*, 227.

310) Deuerlein, *Aufstieg*, 227-8.

311) Gritschneder, *Bewährungsfrist*, 22, 48-54; *Hitler-Prozeß*, 특히 XXX-XXXVII.

312) Gritschneder, *Bewährungsfrist*, 58-60.

313) Laurence Rees, *The Nazis. A Warning from History*, London, 1997, 30. 이 앞선 재판에 서 나이트하르트 판사는 더 관대한 판결을 내렸다. 실형이 아니라 벌금형을 선고한 것이 다.

314) Deuerlein, *Aufstieg*, 234-6; Tyrell, *Trommler*, 277 주180; Heiden, *Hitler*, 184-5; Hanfstaengl, *15 Jahre*, 156-7; Gritschneder, *Bewährungsfrist*, 98. 란츠베르크 감옥의 한 가로운 생활상은 Werner Jochmann 엮음, *Nationalsozialsmus und Revolution*, Frankfurt am Main, 1963, 91-2.

315) Deuerlein, *Aufstieg*, 232.

316) *MK*, 603-8, 619-20; Longerich, *Die braunen Bataillone*, 47.

317) Tyrell, 'Wie er der "Führer" wurde', 34-5.

318) *JK*, 1188.

319) *JK*, 1210.

320) *JK*, 1212. "독일 군대를 고분고분하게 만들고 평화시에 우리에게 필요한 것을 안겨줄 수 있는 역량을 갖춘 이는 단 한 사람밖에 없어 보인다."

321) Deuerlein, *Aufstieg*, 188(1923년 10월 23일).

322) *JK*, 1056-7.

7장 카리스마

1) Georg Schott, *Das Volksbuch vom Hitler*, München, 1924, 18, 229.

2) *MK*, 362.

3) Horn, *Marsch*, 174-5.

4) Horn, *Marsch*, 172와 주56; Franz-Willing, *Putsch*, 193; David Jablonsky, *The Nazi Party in Dissolution. Hitler and the Verbotzeit 1923-25*, London, 1989, 43과 189 주99.

5) 그의 신상에 대해서는 Fest, *Face of the Third Reich*, 247-64와 Smelser/Zitelmann, 223-35.

6) Alfred Rosenberg, *Letzte Aufzeichnungen. Ideale und Idole der nationalsozialistischen Revolution*, Göttingen, 1948, 107.

7) Bullock, *Hitler*, 122.

8) Horn, *Marsch*, 172.

9) Jablonsky, 44.

10) Horn, *Marsch*, 173-5.

11) Jablonsky, 50.

12) Jablonsky, 46-7 ; Albrecht Tyrell, *Führer befiel …… Selbstzeugnisse aus der 'Kampfzeit' der NSDAP*, Düsseldorf, 1969, 68, 72-3 ; Franz-Willing, *Putsch*, 197.

13) Tyrell, *Führer*, 73.

14) Roland V. Layton, '*The Völkischer Beobachter, 1920-1933 : The Nazi Party Newspaper in the Weimar Era*', *Central European History*, 4(1970), 353-82, 특히 359.

15) Tyrell, *Führer*, 68.

16) Jablonsky, 192 주1.

17) Tyrell, *Führer*, 81-2.

18) Jablonsky, 10, 22, 179 주16, 181-2 주67.

19) Jablonsky, 58-63, 175.

20) 모스크바 특별보존문서, 1355/I/2, Fol.75, Privatkanzlei *Adolf Hitler*, 루돌프 헤스가 쿠르트 귄터에게, 1925년 7월 29일.

21) Tyrell, *Führer*, 76 ; Franz-Willing, *Putsch*, 231.

22) Lüdecke, 218 ; Jablonsky, 85.

23) 모스크바 특별보존문서, 1355/I/2, Fol.286. 루돌프 헤스가 빌헬름 지버스에게, 1925년 5월 11일.

24) Tyrell, *Führer*, 76.

25) Erich Matthias, Rudolf Morsey 엮음, *Das Ende der Parteien 1933*, Königstein, Ts/Düsseldorf, 1969, 782 ; Hagmann, 15*-16*. 나치의 아성이었던 프랑켄에서 민족블록은 더 높은 지지를 얻었다. 오버프랑켄에서는 24.5퍼센트, 미텔프랑켄에서는 24.7퍼센트였다(Hagmann, 18*).

26) Jablonsky, 85.

27) Jochmann 엮음, *Nationalsozialismus und Revolution*, 77, 114.

28) Jablonsky, 87-8.

29) Franz-Willing, *Putsch*, 252 ; Jablonsky, 89.

30) Tyrell, *Führer*, 77-8. 인용은 *Der Pommersche Beobachter*, 1924년 6월 11일 ; Franz-Willing, *Putsch*, 253.

31) Franz-Willing, *Putsch*, 256-7 ; Noakes, *Nazi Party*, 45.

32) Jablonsky, 93.

33) Jochmann, 77-8 ; Deuerlein, *Aufstieg*, 234 ; Jablonsky, 94-5. 히틀러가 6월 23일 알베르트 슈티어에게 보낸 편지는 Tyrell, *Führer*, 78.

34) Jochmann, 91 ; Jablonsky, 95.

35) Deuerlein, *Aufstieg*, 235-6 ; Jablonsky, 96. 루덴도르프에게 6월 초 물러나겠다는 뜻을 밝혔지만 공식 발표는 미루어 달라고 요청했다.

36) Jablonsky, 96.

37) Tyrell, *Führer*, 77-8.

38) Jochmann, 90. 히틀러는 문제의 기사가 신문에 나온 다음날 6월 12일 그레페도 참석한 회의에서 루덴도르프에게 결정을 알린 것으로 보인다(Jablonsky, 96과 203 주19).

39) 그런 해석은 Lüdecke, 222.

40) Lüdecke, 222-4(인용은 224).

41) Jablonsky, 90-91, 99-101.

42) Tyrell, *Führer*, 79. 날짜는 8월이 아니라 7월 15일에서 17일까지로 언론에 잘못 나갔다.

43) Tyrell, *Führer*, 80; Jablonsky, 101-2.

44) Jochmann, 96-7.

45) Franz-Willing, *Putsch*, 261-5; Jablonsky, 103-7.

46) Jochmann, 120-21.

47) Jochmann, 122-4; Jablonsky, 111; Franz-Willing, *Putsch*, 266. 포브케에 따르면 히틀러는 책에 몰두했고 기대도 아주 컸다. 출옥 예정일은 10월 중순이었다. 왜 그렇게 낙관했는지는 몰라도 히틀러는 10월 1일에 나갈 것으로 철석같이 믿었다고 한다(Jochmann, 124).

48) Jochmann, 125-7.

49) Jablonsky, 118-23, 210주189. 인용은 *Völkischer Kurier*, Nr 165, 1924년 8월 19일.

50) Jochmann, 130-37; Jablonsky, 124-5.

51) Jablonsky, 125-8.

52) Jochmann, 154, 165; Tyrell, *Trommler*, 167; Jablonsky, 135-9.

53) Tyrell, *Führer*, 86-7.

54) Jablonsky, 142-5.

55) Tyrell, *Führer*, 76; Deuerlein, *Aufstieg*, 241, 427; Hanfstaengl, *15 Jahre*, 163; Franz-Willing, *Putsch*, 276.

56) Deuerlein, *Aufstieg*, 241; Hanfstaengl, *15 Jahre*, 163; Jablonsky, 150.

57) Gritschneder, *Bewährungsfrist*, 97-8.

58) Deuerlein, *Aufstieg*, 238-9.

59) 9월 16일 뮌헨 경찰서는 뮌헨 돌격대 지도자를 역임한 빌헬름 브뤼크너와 한때 제국깃발을 이끌었던 카를 오스발트의 집에서 대량의 불온 문서와 대원 명부를 찾아냈다(Jablonsky, 132).

60) Gritschneder, *Bewährungsfrist*, 101-2.

61) Gritschneder, *Bewährungsfrist*, 103-10.

62) 판결이 내려진 다음날 9월 26일 보고에서 라이볼트 교도소장은 편지를 밖으로 몰래 내보낸 것은 심각한 위반 행위라는 점을 시인했지만 크리벨과 베버의 탓으로 돌렸지 히틀러를 비난하지는 않았다(Gritschneder, *Bewährungsfrist*, 109-10).

63) Jablonsky, 132-3.

64) Gritschneder, *Bewährungsfrist*, 114-16.

65) Gritschneder, *Bewährungsfrist*, 116-18.

66) 히틀러, 크리벨, 베버는 9월 26일 발표한 성명에서 룀이 추진하는 전선단에 관여하지 않을 것이며 룀의 활동을 지지하지 않는다는 뜻을 분명히 밝혔다. 히틀러는 자신은 정치 지도자 자리에서 물러났으며 룀이 어떻게 생각하건 룀이 이끄는 조직에는 관여하지 않을 것이라고 말했다(Gritschneder, *Bewährungsfrist*, 110-12; Jablonsky, 133. Hanfstaengl, *15 Jahre*, 160-61).

67) Jablonsky, 150.

68) Deuerlein, *Aufstieg*, 239-40.

69) Jetzinger, 276-7; Donald Cameron Watt, 'Die bayerischen Bemühungen um Ausweisung Hitlers 1924', *VfZ*, 6(1958), 270-80, 특히 272; Jablonsky, 91과 202주190; Deuerlein, *Aufstieg*, 239. 애초 바이에른 경찰이 1924년 3월 히틀러 추방 가능성을 타진했던 것은 히틀러가 재판 과정에서 루덴도르프와 함께 무죄로 풀려날 가능성을 우려

했기 때문이었다. 크닐링 바이에른 경찰청장은 실제로 그 점을 노골적으로 걱정했다.

70) Gritschneder, *Bewährungsfrist*, 101. 뮌헨 경찰의 방침도 이런 보고서 내용에 영향을 끼쳤을 것이다.

71) Watt, 'Die bayerischen Bemühungen', 273.

72) Jetzinger, 277.

73) Deuerlein, *Aufstieg*, 240. 히틀러는 전쟁에서 독일 군인으로 싸웠으므로 더는 오스트리아인이 아니라는 논리였다(Watt, 'Die bayerischen Bemühungen', 274).

74) Watt, 'Die bayerischen Bemühungen', 276-7; Jetzinger, 278.

75) 바이에른 법무장관 귀르트너가 오스트리아의 거부 방침에 영향을 받아 히틀러 추방 방침을 철회하는 데 결정적인 역할을 했다는 해석이 있지만(Bullock, 127; Toland, 203) Watt의 자료 분석에 따르면 꼭 그렇게만 볼 수도 없다. Watt, 'Die bayerischen Bemühungen', 270-71, 279를 보라.

76) Deuerlein, *Aufstieg*, 250-52; Jetzinger, 272, 279.

77) Jetzinger, 280.

78) Gritschneder, *Bewährungsfrist*, 119-30(인용은 130). 라이볼트는 이미 11월 13일에 제출한 보고서에서 히틀러가 아주 모범적으로 수감 생활을 하고 있다고 보고했다.

79) Jablonsky, 150.

80) Gritschneder, *Bewährungsfrist*, 130.

81) *Monologe*, 259-60. 뮐러에 대해서는 *Monologe*, 146과 Heiden, *Hitler*, 199-200.

82) Gritschneder, *Bewährungsfrist*, 130.

83) *Monologe*, 259-60; Hoffmann, 60-61; Franz-Willing, *Putsch*, 278-9, 인용은 *Der Nationalsozialist* 1924년 12월 25일호와 *Völkischer Kurier* 1924년 12월 23일호.

84) *Monologe*, 261.

85) Frank, 46-7.

86) 란츠베르크 감옥의 일상 생활에 대해서는 Jochmann, 91-2.

87) *MK*, 36.

88) Frank, 47.

89) Frank, 45.

90) Eitner, 75. Eitner(75-82)는 란츠베르크에서 보낸 시간이 히틀러의 인생에서 중대한 분기점이 되었다고 보고 싶어한다. 자신은 더는 독일의 '세례자 요한'이 아니라 메시아라는 확신을 얻게 되었다는 것이다.

91) 히틀러가 자랑하는 특유의 '귀신 같은 육감'을 모르는 바는 아니지만 전에는 그저 감만 잡았던 것을 생각에 생각을 거듭해서 제대로 파악할 수 있었던 것은 이때부터였다고 히틀러는 나중에 밝혔다(*Monologe*, 262).

92) *Monologe*, 262.

93) Otto Strasser, *Hitler und ich*, Buenos Aires, 연대 미상(1941?), 56.

94) Franz-Willing, *Putsch*, 251; Jochmann, 92. 포브케는 한 시간 동안 "대장과 함께, 아니, 대장한테서 강의를 들었다."고 썼다. 나중에 친위대에 들어가는 한 간수가 1933년에 쓴 회상록에 따르면 히틀러는 토요일 저녁마다 집필하는 원고를 큰 소리로 낭독했다(Otto Lurker, *Hitler hinter Festungsmauern*, Berlin, 1933, 56). Werner Maser, *Hitlers Mein Kampf*, München/Esslingen, 1966, 20-21과 Hammer, 'Die deutschen Ausgaben', 161-78, 특히 162도 보라.

95) Heiden, *Der Führer*, 226은 그런 식의 암시를 한다. 그럴 듯하기는 하지만 이런 추정을
뒷받침하는 증거는 없다. 히틀러가 정적과 앙숙에게 본때를 보이려고 1922년부터 '청산'
(《나의 투쟁》의 원제)이라는 제목으로 책을 썼다는 설도 Heiden, 226에서 나온 것 같다.

96) Hanfstaengl, *15 Jahre*, 172.

97) Heiden, *Hitler*, 206; Heiden, *Der Führer*, 226.

98) Franz-Willing, *Putsch*, 251.

99) Heiden, *Der Führer*, 226에서 강력하게 암시된다(뒷받침하는 증거는 없지만).

100) Otto Strasser, *Hitler und ich*, 59; Frank, 45; Heiden, *Hitler*, 188-90; Hans Kallenbach,
Mit Adolf Hitler auf Festung Landsberg, München, 1933, 56. 이밖에 Hammer, 'Die
deutschen Ausgaben', 161-2; Lurker, 56; Maser, *Frühgeschichte*, 304와 주325; Maser,
Adolf Hitler, 192도 보라. 전후에 일제 헤스는 자기 남편이 받아적은 것이 아니라 히틀러
가 직접 구식 타자기를 가지고 두 손가락으로 쳐 넣었고 2권은 출옥하고 나서 비서에게
구술했다고 주장했다(Maser, *Mein Kampf*, 20-21). 그렇지만 히틀러가 글쓰기를 싫어했
고 란츠베르크에 남아도는 손이 얼마든지 있었다는 점을 감안할 때 정말로 그랬을 가능
성은 희박하다.

101) Otto Strasser, *Hitler und ich*, Constance, 1948, 78.

102) Heiden, *Hitler*, 206; Hanfstaengl, *15 Jahre*, 172-3.

103) Hammer, 'Die deutschen Ausgaben', 163; Görlitz-Quint, 236-43. 전후에 일제 헤스
는 히틀러의 원고를 어디까지나 문체의 차원에서 다듬은 사람은 남편과 자기 두 사람뿐
이라고 주장했지만 그다지 설득력 있는 증언은 아니다(Maser, *Mein Kampf*, 22-4).

104) Hanfstaengl, *15 Jahre*, 173-4.

105) Frank, 45-6. 프랑크에 따르면 히틀러는 자기가 나중에 총리가 될 줄 알았더라면 그 책은
'쓰지 않았을 것'이라고 말했다고 한다.

106) Heiden, *Hitler*, 206; Maser, *Mein Kampf*, 24; Oron James Hale, 'Adolf Hitler :
Taxpayer', *American Historical Review*, 60(1955), 830-42, 특히 837.

107) Hammer, 'Die deutschen Ausgaben', 163; Maser, *Mein Kampf*, 26-7, 29; [저자 미상],
'The Story of Mein Kampf', *Wiener Library Bulletin*, 6(1952), no.5-6, 31-2, 특히 31.

108) Otto Strasser, *Hitler und ich*, 60-61에 따르면 1927년 뉘른베르크 전당대회가 열리는 동
안 당 고위 간부들은 사실은 그 책을 읽지 않았다고 사석에서 털어놓았다. Karl Lange,
Hitlers unbeachtete Maximen : 'Mein Kampf' und die Öffentlichkeit, Stuttgart, 1968도 보
라. 크리스티안 베버처럼 창당 초기부터 히틀러를 잘 알던 사람들은 《나의 투쟁》에 담긴
내용을 비웃곤 했다(Hanfstaengl, *15 Jahre*, 188).

109) 히틀러의 과세 총소득은 대부분 《나의 투쟁》에서 들어오는 인세였는데, 1925년 1만
9,843제국마르크에서 1927년 1만 1,494제국마르크로 떨어졌다가 1929년 1만 5,448제국
마르크를 기록한 데 이어 이듬해 4만 8,472제국마르크로 확 늘더니 1933년에는 무려 123
만 2,335제국마르크로 치솟았다. 히틀러는 1933년분 세금을 체납했지만 세무 당국은 처
음에는 납부 독촉장 우송을 미뤘고 나중에 히틀러가 세금 면제 대상이 되고 나서는 아무
런 조치를 하지 않았다. 따라서 히틀러는 제3제국 기간 동안 막대한 인세 수입에 대해서
세금을 한 푼도 내지 않았다(Hale, 'Adolf Hitler : Taxpayer', 839-41).

110) 그것을 날카롭게 분석한 것은 Eberhard Jäckel, *Hitlers Weltanschauung. Entwurf einer
Herrschaft*, Tübingen, 1969; 개정 증보4판, Stuttgart, 1991.

111) *MK*, 317-58.

112) *MK*, 372(영역은 *MK* Watt, 308)

113) *MK*, 358.

114) *MK*, 742-3, 750-52. '생존 공간'이라는 개념이 1894년 범게르만동맹에서 선포한 강령에서 처음 사용된 이후로 어떻게 발전해 나갔는지는 Lange, 'Der Terminus "Lebensraum"', 426-37, 특히 428ff.

115) Martin Broszat, 'Soziale Motivation', 392-409, 특히 403.

116) 당시의 주류에 맞서서 1953년에 이 점을 지적한 것이 Hugh Trevor-Roper, 'The Mind of *Adolf Hitler*'라는 글로 그가 쓴 *Hitler's Table Talk, 1941-1944*, London, 1953, vii-xxxv의 서문으로 들어가 있다. 트레버-로퍼는 'Hitlers Kriegsziele', *VfZ*, 8(1960), 121-33에서 이런 논지에 더 살을 붙였다. 그러나 히틀러의 생각이 내적으로 수미일관하다는 사실을 제대로 짚은 책은 Jäckel이 1969년에 쓴 *Hitlers Weltanschauung*이다.

117) Frank, 45. 그러나 《나의 투쟁》은 1939년까지 판을 거듭하면서 대부분은 사소한 문체 수정이지만 2천5백 군데 가까이 고쳐졌다(Hammer, 164; Maser, *Hitler*, 188).

118) Jäckel, *Hitlers Weltanschauung*, 152-8.

119) 범게르만동맹과 나치 사이에서 독일민족수호방어연합이 극단적 반유대주의 이념을 이어 나가는 데 어떻게 징검다리 역할을 했는가에 대해서는 Lohalm, *Völkischer Radikalismus*가 잘 분석해놓았다.

120) *JK*, 176-7.

121) *MK*, 372(영역은 *MK* Watt, 307).

122) *MK*, 772(영역은 *MK* Watt, 620).

123) 나치의 반유대 정책을 분석한 중요한 저서 Karl A. Schleunes, *The Twisted Road to Auschwitz. Nazi Policy toward German Jews 1933-1939*, Urbana/Chicago/London, 1970의 제목에도 '꼬불꼬불한 길'이라는 표현이 나온다.

124) *JK*, 646.

125) *JK*, 703-4.

126) *JK*, 1210.

127) *JK*, 1226.

128) *JK*, 1242와 주2-3.

129) Wolfgang Horn, 'Ein unbekannter Aufsatz Hitlers aus dem Frühjahr 1924', *VfZ*, 16(1968), 287, 288. 히틀러의 외교 노선이 1920년대 초반 범게르만동맹의 틀에서 벗어나지 않았다는 점에 대해서는 Günter Schubert, *Anfänge nationalsozialistischer Außenpolitik*, Köln, 1963, 특히 1-2장; Jäckel, *Hitlers Weltanschauung*, 31-8; 특히 Kuhn, *Hitlers außenpolitisches Programm*, 31-59, 특히 56.

130) Jäckel, *Hitlers Weltanschauung*, 33-4.

131) Horn, 'Ein unbekannter Aufsatz Hitlers', 283, 291; Jäckel, *Hitlers Weltanschauung*, 35-6; Geoffrey Stoakes, *Hitler and the Quest for World Dominion*, Leamington Spa, 1987, 137.

133) Horn, 'Ein unbekannter Aufsatz Hitlers', 284-91; Jäckel, *Hitlers Weltanschauung*, 122-35.

134) *JK*, 96; Jäckel, *Hitlers Weltanschauung*, 39.

135) *JK*, 427. 이밖에 Binion, *Hitler among the Germans*, 59도 보라. 이 연설은 루덴도르프를 처음으로 만나고 온 직후에 했는데 루덴도르프한테 영향을 받았을 가능성이 높다

(Auerbach, 'Hitlers politische Lehrjahre', 30주127). 브레스트-리토프스크 조약에 따라 러시아는 방대한 영토를 독일에 내주고 전쟁에서 발을 뺐다.

136) *JK*, 505; Stoakes, 96.

137) Stoakes, 120–21.

138) Stoakes, 118–20.

139) 루덴도르프와 그의 견해가 히틀러에게 영향을 끼쳤을 가능성에 대해서는 Stoakes, 135.

140) *JK*, 773(영역은 Stoakes, 137).

141) Horn, 'Ein unbekannter Aufsatz Hitlers'; 원문은 *JK*, 1216–27.

142) Heiden, *Hitler*, 188.

143) Woodruff Smith, 110–11, 164.

144) Woodruff Smith, 특히 6장.

145) Woodruff Smith, 224–30. 과장이 심한 내용이었는데도 이 소설은 1926년부터 1933년까지 26만 5천 부나 팔려 나갔다(Lange, 'Der Terminus "Lebensraum"', 433).

146) Woodruff Smith, 223, 240; Lange, 'Der Terminus "Lebensraum"', 430–33. 히틀러의 대외 정책이 바뀌는 데 '생존 공간'이 맡은 역할에 대해서는 Kuhn, 3부 5장, 104–21, 특히 115–17.

147) Horn, 'Ein unbekannter Aufsatz Hitlers', 293과 주67.

148) 뉘른베르크 재판정에서 하우스호퍼가 히틀러는 자기 책을 이해하지 못했다고 부인한 사실에 대해서는 Lange, 'Der Terminus "Lebensraum"', 432(그렇지만 그 말을 믿는 사람은 별로 없었다).

149) Jäckel, *Hitlers Weltanschauung*, 37은 교도소에서 지내는 동안 히틀러의 사고가 발전하는 데 직접적으로 영향을 준 것이 무엇인지를 명확히 밝히기는 불가능하다고 지적한다. Maser, *Hitler*, 187은 《나의 투쟁》에 나오는 내용을 바탕으로 히틀러는 하우스호퍼, 라첼의 이론을 당연히 알았을 것이고 영어는 몰랐어도 영국인 해퍼드 매킨더도 잘 알았을 것으로 본다. 하우스호퍼는 헤스를 면회하러 란츠베르크에 온 적도 있었다. 나중에 하우스호퍼는 혼자가 아니라 여럿이 히틀러를 만난 적이 있다고 시인했다(Toland, 199). 히틀러가 작성한 방문객 명단에는 하우스호퍼의 이름이 안 보인다(Horn, 'Ein unbekannter Aufsatz Hitlers', 293과 주68).

150) Jäckel, *Hitlers Weltanschauung*, 37; Kuhn, 104–21.

151) Jäckel, *Hitlers Weltanschauung*, 38–41.

152) *MK*, 741–3(영역은 약간 수정되어서 *MK* Watt, 597–8). 《나의 투쟁》 초판에는 '거대한 제국'이 아니라 '페르시아 제국'으로 나온다(Hammer, 175; Jäckel, *Hitlers Weltanschauung*, 45 주32).

153) *Hitlers Zweites Buch. Ein Dokument aus dem Jahr 1928*, Gerhard L. Weinberg 엮음, Stuttgart, 1961; 'Außenpolitische Standortsbestimmung nach der Reichstagswahl Juni-Juli 1928'이라는 제목으로 재간행된 내용은 *RSA*, IIA에 있다.

154) *Monologe*, 262.

155) *JK*, 1210; Tyrell, *Führer*, 64; Hanfstaengl, *15 Jahre*, 155.

156) Tyrell, *Trommler*, 166–7.

157) Eitner, 75–84.

158) Tyrell, *Trommler*, 167.

159) *MK*, 229–32.

160) *MK*, 650-51(영역은 *MK* Watt, 528).

161) *MK*, 70.

162) 히틀러를 '인종 원리로 치장된 지배욕'에 사로잡힌 체계에서 '원칙이라곤 찾아볼 수 없는 기회주의자'로 살아간 인물이라고 평가한 Bullock의 진단(*Hitler*, 804)에 다분히 영향을 준 것은 Hermann Rauschning, *Die Revolution des Nihilismus. Kulisse und Wirklichkeit im Dritten Reich*, Zürich/New York, 1938, 특히 1부.

163) Tyrell, *Führer*, 85.

164) Jochmann, 134(포브케가 하제에게 1924년 8월 21일에 보낸 편지).

165) Tyrell, *Trommler*, 174.

166) Broszat, *Der Nationasozialismus*, 21-2 : "국가사회주의 이데올로기가 잡다한 이념의 잡탕이고 곤죽이라는 지적은 타당하다."

167) 위의 책, 주162를 보라.

8장 지도자 원칙

1) BAK, R43 I/2696, Fol.528. 또 Thomas Childers 엮음, *The Formation of the Nazi Constituency, 1919-1933*, London/Sydney, 1986, 232를 보라.

2) Jürgen Falter, Thomas Lindenberger, Siegfried Schumann 엮음, *Wahlen und Abstimmungen in der Weimarer Republik. Materialien zum Wahlverhalten*, München, 1986, 45.

3) Detlev J. K. Peukert, *Die Weimarer Republik, Krisenjahre der Klassischen Moderne*, Frankfurt am Main, 1987, 125, 132ff., 141-2, 176; Petzina, Abelshauser, Faust 엮음, Sozialgeschichtliches Arbeitsbuch, Band III, 61, 98, 114-15, 125, 137. 복지 국가의 골격을 대폭 개선하는 내용을 다루는 것으로는 Ludwig Preller, *Sozialpolitik in der Weimarer Republik*, Düsseldorf(1949), 1978을 보라.

4) Peter Gay, *Weimar Culture*, London, 1969.

5) Peukert, *Die Weimarer Republik*, 175-6.

6) 바이마르 공화국에서 유행한 재즈에 대해서는 Michael Kater, *Different Drummers. Jazz in the Culture of Nazi Germany*, New York/Oxford, 1992, 3-28을 보라.

7) BHStA, MA 102, 137, RPvOB, HMB, 1928년 2월 18일, 1쪽.

8) Tyrell, *Führer*, 382.

9) Tyrell, *Führer*, 352. 당에서 집계한 수치에는 탈당한 사람이 포함되지 않았으므로 실제보다 많이 부풀려졌다.

10) Dietrich Orlow, *The History of the Nazi Party, 1, 1919-1933*, Newton Abbot, 1971, 76도 1926년 당시의 나치당에 대해서 이 점을 지적한다.

11) Tyrell, *Trommler*, 171.

12) Hanfstaengl, *15 Jahre*, 163; Lüdecke, 252.

13) 한프슈탱글은 감옥으로 면회를 가서 운동으로 불어난 살을 빼라고 권했다. 히틀러는 "아무리 운동 시합이라 하더라도 명색이 지도자라는 사람이 자기를 따르는 사람들에게 질 수는 없는 노릇"이라면서 거절했다(Hanfstaengl, *15 Jahre*, 157).

14) Hanfstaengl, *15 Jahre*, 164. 히틀러가; 나중에 철저한 채식주의자로 돌아선 데 대해서

본인과 주변 사람들이 덧붙인 다양한 설명에 대해서는 Schenck, 27-42.

15) Hanfstaengl, *15 Jahre*, 166-7.

16) *Monologe*, 260-61, 453, 주170. 크리스마스 때 히틀러는 한프슈탱글에게 "우리 루디, 우리 헤서를"이 아직도 감옥에 있다면서 툴툴거렸다(Hanfstaengl, *15 Jahre*, 165).

17) *Monologe*, 261에서 히틀러는 헬트를 만났을 때 그가 예우를 잘 해주었기 때문에 나중에 자기는 헬트에게 아무 짓도 하지 않았다고 했다. Karl Schwend, *Bayern zwischen Monarchie und Diktatur*, München, 1954, 298; Hanfstaengl, *15 Jahre*, 169; Lüdecke, 255; Margarethe Ludendorff, 271-4.

18) Jochmann, *Nationalsozialismus und Revolution*, 193-4.

19) Schwend, 298. 또 Jablonsky, 155와 218-19 주166-7을 보라.

20) Hanfstaengl, *15 Jahre*, 170. 바이에른의 비상사태가 풀리니까 활동 금지령도 자연히 해제되었다(Deuerlein, *Aufstieg*, 245).

21) Tyrell, *Führer*, 89-93. 훗날 포메른 관구장(1927-1931)을 지내는 발터 폰 코르스반트-쿤초프의 편지. 또 〈뮌헨 포스트〉 1925년 2월 4일에 보도된 내용에 기반을 둔 Deuerlein, *Aufstieg*, 242-3과 Jablonsky, 156도 보라. 프로이센 회의가 끝나고 나서 레펜틀로프가 히틀러를 공개적으로 비판한 것은 Horn, *Marsch*, 213을 보라.

22) Tyrell, *Führer*, 92.

23) Horn, *Marsch*, 216과 주23.

24) Horn, *Marsch*, 212 주6.

25) Jochmann, *Nationalsozialismus und Revolution*, 193-4. 히틀러와 루덴도르프의 관계를 논한 1925년 7월의 사신에서 루돌프 헤스는 이렇게 썼다. "히틀러 씨는 루덴도르프 각하가 국가사회주의 운동을 이끄는 지도자라고 밝힌 적이 없습니다. 히틀러 씨는 재판이 끝나자마자 각하께 좀스러운 정치적 알력에서 손을 떼어 달라고 거듭 요청했습니다. 루덴도르프 각하께 당신의 이름을 민족을 위해 지켜야지 작은 정파를 위해 탕진해서는 안 됩니다."(모스크바 특별보존문서, 1355-I-2, Fol.75, 헤스가 쿠르트 귄터에게 1925년 7월 29일에 보낸 편지).

26) Tyrell, *Führer*, 93-4.

27) Horn, *Marsch*, 213과 주13, 214와 주14; Jablonsky, 158; Deuerlein, *Aufstieg*, 245. 독일국가인민당은 독일민족자유운동(Deutschvölkische Freiheitsbewegung)으로 재빨리 당명을 바꾸었다.

28) Tyrell, *Führer*, 104.

29) Tyrell, *Führer*, 71.

30) 히틀러는 '민족'이라는 말은 흐리멍덩하다며 거부했다. -RSA, I, 3. 히틀러가 해명했는데도 나치 지지자들 중 일부는 여전히 종교에 대한 나치의 입장이 불분명하다고 생각했다. 루돌프 헤스는 1925년 5월 22일 켐니츠에서 일제 하르프 양이 보내온 편지에 히틀러를 대신하여 이렇게 답장을 보냈다. "히틀러 씨는 그 어떤 기독교 종파도 거부하지 않습니다. 다만 기독교를 정치적 목적에 악용하면서 기독교인이라고 우기는 정당을 거부할 따름입니다."(모스크바 특별보존문서, 1355/I/2, Fol.127).

31) *RSA*, I, 1-6.

32) Lüdecke, 248.

33) *RSA*, I, 9.

34) Longerich, *Die braunen Bataillone*, 51-2; Horn, *Marsch*, 226-7. 히틀러는 1년이 넘게 기

다렸다가 1926년 가을 돌격대 조직 혁신의 책무를 프란츠 페퍼에게 맡겼다.

35) *RSA*, I, 7-9.

36) Lüdecke, 256.

37) Heiden, *Hitler*, 198.

38) Jablonsky, 168은 경찰의 집회 보고를 전거로 삼았다.

39) 로젠베르크는 자기가 모임에 가지 않은 이유는 감옥에 수감되어 있을 때 히틀러가 에서, 슈트라이허 일파를 밀어준 데 대해 섭섭한 감정이 남아 있었기 때문이라는 점을 회상록에서 분명히 밝혔다. 히틀러는 해묵은 갈등을 접고 서로를 용서하는 모습을 공개적으로 보여주고 싶었을 텐데 자기는 그런 연극에 끼고 싶지 않았다는 것이었다(Rosenberg, *Letzte Aufzeichnungen*, 114, 319-20).

40) Lüdecke, 257.

41) Lüdecke, 275.

42) Jablonsky, 168, 220 주9. 3월에 뮌헨에서 민족블록을 해체하기 위해 열린 회의에서 드렉슬러는 에서와는 도저히 같이 일을 할 수가 없다고 말한 것으로 알려졌다. 히틀러하고는 아무 갈등이 없지만 에서가 버티고 있는 한 같이 갈 수 없다는 것이었다(BHStA, Slg.Personen, Anton Drexler, Miesbacher Anzeiger, 1925년 5월 19일).

43) Lüdecke, 255.

44) *RSA*, I, 14-28.

45) 전날 발표한 '옛 동지들에게 드리는 글'에서 히틀러는 앞으로 1년 안에 "당이 다시 운동으로 살아났는지 아니면 운동이 당으로 질식했는지" 똑똑히 보여주겠다고 약속했다. 결과가 어떻게 나오든 그 책임을 감수하겠다고 했다(*RSA*, I, 6).

46) BHStA, MA 101235/I, Pd. Mü., Nachrichtenblatt, 1925년 3월 2일, 16쪽.

47) BHStA, MA 101235/I, Pd. Mü., Nachrichtenblatt, 1925년 3월 2일, 16쪽; *RSA*, I, 28 주9; Lüdecke, 258.

48) *RSA*, I, 446, 448.

49) *RSA*, I, 5, 28 주9; Horn, *Marsch*, 216-17과 주25-6.

50) Lüdecke, 253에 따르면 히틀러는 루덴도르프 예우 문제가 나오자 군인들은 도대체 정치를 모른다면서 분통을 터뜨렸다.

51) Horst Möller, *Weimar*, München, 1985, 54.

52) Ludwig Volk, *Der bayerische Episkopat und der Nationalsozialismus 1930-1934*, Mainz, 1965, 5, 7.

53) *RSA*, I, 36.

54) Hanfstaengl, *15 Jahre*, 179-80; Horn, *Marsch*, 217.

55) *RSA*, I, 38 주2.

56) Lüdecke, 255.

57) Margarethe Ludendorff, 277-8.

58) Winkler, *Weimar*, 279; Horn, *Marsch*, 218은 야레스는 그래도 루덴도르프의 체면을 살려주기 위한 선택이었다고 말하지만 그것은 확실히 이유라기보다는 변명에 가깝다.

59) 율리우스 슈트라이허는 선거를 이틀 앞두고 3월 27일에 연설을 하면서 이번 선거의 의미는 독일에 히틀러 같은 지도자가 필요하다는 사실을 보여주는 데 있다고 주장했다(Horn, *Marsch*, 217주28).

60) Falter 등, *Wahlen*, 76. 결국 한때 잠깐 그러고 말긴 했지만 바이마르 공화국에서 급진주

의가 된서리를 맞으면서 공산당도 참패를 했다.

61) Hanfstaengl, *15 Jahre*, 180.

62) 타넨베르크동맹은 1933년에 활동을 금지당한다. 그러나 대외 이미지를 고려하여 루덴도르프 부부의 출판 활동은 막지 않았다. 히틀러와 루덴도르프는 1937년에 공식적으로 화해를 했고 그해 12월 루덴도르프의 장례식은 국장으로 치러졌다. 부부가 발족한 '독일 신 알기'라는 민족 종교 운동도 공식 단체로 인정받기까지 했다(Benz, Graml 엮음, *Biographisches Lexikon zur Weimarer Republik*, 212-13; Wistrich, *Wer war wer im Dritten Reich*, 180).

63) 독일민족자유운동은 1933년까지 지속되었지만 의미 있는 정치 세력으로 살아나지는 못했다(Horn, *Marsch*, 218과 주32).

64) Horn, *Marsch*, 215-16; Joseph Nyomarkay, *Charisma and Factionalism in the Nazi Party*, Minneapolis, 1967, 72-3. 3월 8일 민족블록은 바이에른에서 해체되었고 대부분의 회원은 나치당으로 돌아갔다. 나흘 뒤에는 대독일민족공동체도 히틀러와 나치당 지지를 선언하면서 자진 해산했다.

65) Tyrell, *Führer*, 107-8; Deuerlein, *Aufstieg*, 246-7; Horn, *Marsch*, 222와 주43. 히틀러는 활동 금지령이 떨어진 기간 동안에는 1926년 2월의 함부르크 민족회 모임 같은 비공식 행사 아니면 비공개 당원 회의에서만 연설을 할 수 있었다(바이에른에서는 그런 데서 말하는 것조차 한동안은 허용되지 않았다).

66) Deuerlein, *Aufstieg*, 247; Reinhard Kühnl, 'Zur Programmatik der Nationalsozialistischen Linken. Das Strasser-Programm von 1925/26', *VfZ*, 14(1966), 317-33, 특히 318.

67) Albert Krebs, *Tendenzen und Gestalten der NSDAP*, Stuttgart, 1959, 183, 185. 슈트라서가 나치당에서 차지하는 비중은 Peter D. Stachura, *Gregor Strasser and the Rise of Nazism*, London, 1983과 Udo Kissenkoetter, *Gregor Strasser und die NSDAP*, Stuttgart, 1978에서 철저히 규명했다. Kissenkoetter는 Ronald Smelser, Rainer Zitelmann 엮음, *Die braune Elite*, Darmstadt, 1989, 273-85에서 간단한 전기를 제공한다.

68) Nyomarkay, 72-3. 반면 독일 남부는 쿠데타 전에는 222개였던 지구당(바이에른의 경우 37개)이 1925년 말에는 140개로 줄었다.

69) Tyrell, *Führer*, 97-9.

70) Jochmann, *Nationalsozialismus und Revolution*, 207; Tyrell, *Führer*, 113; Nyomarkay, 71-89; Jeremy Noakes, 'Conflict and Development in the NSDAP 1924-1927', *Journal of Contemporary History*, I(1966), 3-36.

71) Noakes, *Nazi Party*, 65.

72) Jochmann, *Nationalsozialismus und Revolution*, 207.

73) Jochmann, *Nationalsozialismus und Revolution*, 210-11; Noakes, *Nazi Party*, 84-5.

74) Krebs, 187. 괴벨스의 '국가'가 붙은 급진 '사회주의'를 Ulrich Höver, *Joseph Goebbels-ein nationaler Sozialist*, Bonn/Berlin, 1992는 유독 강조한다.

75) *TBJG*, I. i, 99(1925년 3월 27일). 1990년대에 괴벨스의 알찬 전기가 세 권 나왔다. Ralf Georg Reuth, *Goebbels*, München, 1990과 David Irving, *Geobbels. Mastermind of the Third Reich*, London, 1996과 Höver(1933년까지만을 자세히 다룬다)다. 좀 더 짧은 신상 기록은 Smelser-Zitelmann, *Die braune Elite*, 52-68과 Fest, *Face of the Third Reich*, 130-51에 나온다.

76) Peter Hüttenberger, *Die Gauleiter. Studie zum Wandel des Machtgefüges in der NSDAP*, Stuttgart, 1969, 33, 223; Shelley Baranowski, *The Sanctity of Rural Life. Nobility, Protestantism, and Nazism in Weimar Prussia*, New York/Oxford, 1995, 136.

77) *TBJG*, I. i, 127(1925년 9월 11일).

78) 적어도 공개적인 자리에서는 히틀러는 이런 생각과 거리를 두려고 하지 않았다. 헤스는 나치당에 우호적인 사람이 보내온 편지에 히틀러를 대신하여 1925년 6월 4일에 보낸 회신에서 운동에 노동조합을 끌어들이지 못한 것에 대해 사과하면서 그 이유를 자금난 때문이라고 해명했다(모스크바 특별보존문서, 1355-I-2, Fol.22, 헤스가 콜푸르트도르프 마을의 알프레트 바르크에게 보낸 편지).

79) Noakes, *Nazi Party*, 85-6.

80) Krebs, 119.

81) Krebs, 187.

82) 이 문단과 다음 문단의 전거는 Jochmann, *Nationalsozialismus und Revolution*, 201-11. 또 Noakes, *Nazi Party*, 71도 보라.

83) *TBJG*, I. i, 126(1925년 9월 11일). 포브케가 본 슈트라서는 Jochmann, *Nationalsozialismus und Revolution*, 208.

84) 목표를 모두 달성한 것은 아니었지만 괴벨스는 "따지고 보면 우리가 바라던 바대로 되었다"면서 만족스러워했다(*TBJG*, I. i, 126(1925년 9월 11일)).

85) 괴팅겐 진영은 실무협의체를 나치당 안에서 자신들의 생각을 대변하고 선거 참여를 막고에서 도당을 당에서 축출하는 데 이용할 수 있다고 생각했다(Jochmann, *Nationalsozialismus und Revolution*, 211).

86) Jochmann, *Nationalsozialismus und Revolution*, 212-3. 〈국가사회주의 통신〉은 1925년 10월 1일 첫선을 보였다. 규약도 1925년 11월 22일 하노버에서 열린 실무협의체 2차 회의에서 승인되었다.

87) Tyrell, *Führer*, 116-17; Nyomarkay, 80-81; Kühnl, 321ff. 그레고어 슈트라서는 괴벨스에게 에서, 슈트라이허 문제를 다루는 데 사적인 부분은 배제해 달라고 요청했다. 북부 관구에서는 두 사람을 모두 연사로 초빙했다.

88) Tyrell, *Führer*, 115-16; Nyomarkay, 80-81; Noakes, *Nazi Party*, 74.

89) Tyrell, *Führer*, 119; Noakes, 'Conflict', 23ff; Orlow, i.67-8.

90) Noakes, *Nazi Party*, 74-5.

91) Jochmann, *Nationalsozialismus und Revolution*, 223.

92) Jochmann, *Nationalsozialismus und Revolution*, 220; *TBJG*, I. i, 157(1926년 1월 21일); Noakes, *Nazi Party*, 76; Tyrell, 'Gottfried Feder and the NSDAP', 48-87, 특히 69; Horn, *Marsch*, 237.

93) Jochmann, *Nationalsozialismus und Revolution*, 222. 히틀러를 대놓고 비판했을 수도 있다. 그러나 사건이 일어나고 나서 워낙 오래 뒤에 한 말이라서 오토 슈트라서와 프란츠 페퍼 폰 잘로몬의 증언은 신뢰하기 어렵다(Noakes, *Nazi Party*, 76-8).

94) Horn, *Marsch*, 237-8; Gerhard Schildt, 'Dis Arbeitsgemeinschaft Nord-West. Untersuchungen zur Geschichte der NSDAP 1925/6', 박사 학위 논문, Freiburg, 1964, 148ff. 히틀러는 1925년 당을 재창당한 데 이어 바로 제국을 관구로 나누었다. 1920년대 말까지 통합과 개칭을 수없이 거친 뒤에야 겨우 당의 지방 조직으로서 안정을 되찾았다. (Hüttenberger, *Gauleiter*, 221-4; Wolfgang Benz, Hermann Graml,

Hermann Weiß 엮음, *Enzyklopädie des Nationalsozialismus*, Stuttgart, 1997, 478-9.) 이 지역에 히틀러가 박아놓은 사람들은 히틀러가 지방을 장악하는 데 중요한 발판이 되었다.

95) Jochmann, *Nationalsozialismus und Revolution*, 221. 국민투표안은 다수의 지지를 얻지 못해 부결되었다(*RSA*, I, 296 주4, 451 주26).

96) Jochmann, *Nationalsozialismus und Revolution*, 220; Tyrell, 'Feder', 69-70과 85 주105; *RSA*, I, 294 주1.

97) Orlow, i.68-9; Nyomarkay, 83-4와 주45.

98) Tyrell, 'Feder', 70.

99) *TBJG*, I. i, 161(1926년 2월 15일). 괴벨스는 이어(161-2) 네 시간의 연설 뒤 반 시간을 토론했다고 했다. 경찰 보고에 따르면 연설은 다섯 시간이었다(*RSA*, I, 294 주1).

100) *RSA*, I, 294-6에 실린 *VB*의 보도. 또 HStA, MA 101235/II, Pd. Mü., LB, 1926년 3월 8일, 16쪽을 보라.

101) *TBJG*, I.i, 161.

102) 실무협의체의 일원이기는 했지만 포브케가 실무협의체 1차 회의를 마치고 쓴 보고서에서 '별 볼 일 없는 지성'의 소유자로 평가했던 레이는 '히틀러라는 인물의 무조건적 지지자'라는 점에서 돋보였다(Jochmann, *Nationalsozialismus und Revolution*, 209).

103) *TBJG*, I. i, 161-2. 괴벨스는 밤베르크 회의가 끝난 뒤 이렇게 말했다고 한다. "아돌프 히틀러는 1923년 사회주의를 배신했다."(Tyrell, *Führer*, 128).

104) Jochmann, *Nationalsozialismus und Revolution*, 225; Kühnl, 323.

105) Horn, *Marsch*, 243과 주119; Noakes, *Nazi Party*, 83.

106) Orlow, i.72. 그래도 의구심은 품었을 것이다. 4월에 괴벨스는 뮌헨에 왔을 때 실무협의체와 루르 관구에 관여했다고 카우프만과 함께 히틀러에게 따끔하게 비판받았다(*TBJG*, I. i, 172(1926년 4월 13일)).

107) Stachura, *Strasser*, 50.

108) Horn, *Marsch*, 243; Longerich, *Die braunen Bataillone*, 53.

109) Horn, *Marsch*, 242 주117; Orlow, i.72; Nyomarskay, 88. 괴벨스는 변심을 했다는 비판에 대해 공개적으로 해명을 해야 했다(*TBJG*, I.i,204(1926년 8월 25일)).

110) *TBJG*, I.i, 134-5(1925년 10월 14일).

111) *TBJG*, I.i, 141(1925년 11월 6일), 143(1925년 11월 23일).

112) Nyomarskay, 87.

113) *TBJG*, I.i, 167(1926년 3월 21일) : "적어도 율리우스는 정직하다."고 괴벨스는 썼다. 슈트라서는 신중하라고 충고했다(Noakes, *Nazi Party*, 82).

114) *TBJG*, I.i, 169(1926년 3월 29일).

115) *TBJG*, I.i, 171(1926년 4월 13일).

116) Tyrell, Führer, 129; *TBJG*, I.i, 171-2(1926년 4월 13일). 괴벨스는 연설 내용은 일기에 다 적지 않았다. 페퍼가 전에는 자기와 괴벨스의 사회주의에 대한 견해가 너무 앞질러 나간 게 아닌가 싶었는데 괴벨스의 연설을 듣고 사회주의를 표방하고 싶은 생각이 들더라고 카우프만에게 말한 것으로 미루어볼 때 괴벨스는 뮌헨의 청중에게 다가서기 위해 예전의 생각을 크게 바꾸면서 발언 수위를 많이 낮춘 것으로 짐작된다.

117) *TBJG*, I.i, 172-3(1926년 4월 13일).

118) *TBJG*, I.i, 175(1926년 4월 19일).

119) Horn, *Marsch*, 247. Martin Broszat, 'Die Anfänge der Berliner NSDAP, 1926/27',
    VfZ, 8(1960), 88ff; Hüttenberger, *Gauleiter*, 39ff.

120) *TBJG*, I.i, 244(1928년 7월 13일).

121) Hanfstaengl, *15 Jahre*, 190.

122) Tyrell, *Führer*, 103.

123) *RSA*, I, 430.

124) *RSA*, I, 431.

125) *RSA*, I, 437.

126) *RSA*, I, 430.

127) *RSA*, I, 461-5; Tyrell, *Führer*, 104, 136-41, 216; Horn, *Marsch*, 278-9; Orlow, i.72-3.

128) *RSA*, I, 461; Noakes, *Nazi Party*, 83 주1.

129) *RSA*, II/1, 6-12.

130) *RSA*, II/1, 15 주1. 행진에 참가한 사람들이 폭력과 약탈을 일삼자 바이마르 시청은 여기
    에 항의했고 튀링겐 주의회에서도 격론이 벌어졌다. 덕분에 나치당 선전은 많이 되었다
    (*RSA*, II/1, 17 주3).

131) 친위대는 1934년까지는 돌격대 아래 있었다. 1926년 바이마르 전당대회 당시만 하더라
    도 친위대는 대원이 겨우 200명 남짓이었다. (Heinz Höhne, *The Order of the Death's
    Head*, London, 1969, 17-23.)

132) *RSA*, II/1, 16과 주5.

133) Orlow, i.76; *RSA*, II/1, 17-25의 연설 원고. 딘터는 연줄을 이용해 국립극장을 전당대회
    장으로 잡았다(Tyrell, *Führer*, 149).

134) *TBJG*, I.i, 191(1926년 7월 6일).

135) Orlow, i.76. 이 무렵 당원은 3만 5,000명으로 추정되었다. 많은 지역에서 당원은 좀처럼
    늘어나지 않았다(Orlow, i.111).

136) Orlow, i.75.

137) Lüdecke, 250-52.

138) Tyrell, *Führer*, 196.

139) Krebs, 126-7에 1927년 10월 초 함부르크에서 히틀러가 한 연설 기록이 있다.

140) Tyrell, *Führer*, 128.

141) Hanfstaengl, *15 Jahre*, 183; Krebs, 123-5.

142) 이어지는 내용은 주로 Krebs, 126-35에서 가져왔다.

143) Krebs, 133.

144) Krebs, 132.

145) Krebs, 135.

146) Müller, *Wandel*, 301.

147) Krebs, 128-9.

148) Tyrell, *Führer*, 212, 발터 부흐의 1928년 10월 1일자 편지. 손으로 쓴 이 편지는 실제로
    는 보내지 않았을 가능성이 높다.

149) Hanfstaengl, *15 Jahre*, 183. '카페에서 쏟아내는 독설'은 히틀러가 추종자들을 거느리고
    뮌헨의 카페를 돌아다니면서 장광설을 퍼붓는 동안 한프슈탱글이 자주 경험했을 것이다.

150) Hanfstaengl, *15 Jahre*, 183-4. 비슷한 일화 때문에 헤르만 에서와 부인의 사이가 안 좋아
    진 것으로 보인다. 한프슈탱글에 따르면 히틀러가 베를린의 후원자 가운데 한 명이며 나

중에 통신장관에 오르는 빌헬름 오네조르게의 딸에게 자기는 결혼을 할 수 없는 몸이지만 너 없이는 못 살겠다고 뜨거운 고백을 하는 바람에 한동안 그 집에서 냉대를 받았다고 한다. 이 이야기의 신빙성은 썩 높아 보이지는 않는다. 마찬가지로, 히틀러가 바그너의 아들 지크프리트 바그너의 아내 위니프리드와 같이 있는 것을 좋아하기는 했지만 두 사람이 도를 넘어선 관계를 맺었다고 (가령 Heiden, *Hitler*, 349는 그랬을 가능성을 시사한다) 믿을 만한 근거는 없다.

151) Deuerlein, *Hitler*, 86에는 작가 한스 카로사의 히틀러 인상기가 나온다.

152) Müller, *Wandel*, 301.

153) Hanfstaengl, *15 Jahre*, 157.

154) Krebs, 126.

155) Lüdecke, 252; Hanfstaengl, *15 Jahre*, 163.

156) Krebs, 129; 뮌헨 경찰은 1925년 3월 히틀러가 검은 메르세데스 승용차를 두 번째 자가용으로 사들였다고 기록했다(BHStA, MA 101235/1, PD Mü., Nachrichtenblatt, 1925년 3월 2일, 17쪽). 차값은 2만 제국마르크로 1925년에 히틀러가 신고한 소득보다 많았다. 히틀러는 은행 융자로 차량을 구입했다고 세무서에 밝혔다(Hale, 'Adolf Hitler : Taxpayer', 831, 837).

157) 히틀러가 바이에른 전통 복장을 좋아했다는 내용은 *Monologe*, 282-3.

158) Heiden, *Hitler*, 184.

159) Hanfstaengl, *15 Jahre*, 185.

160) Müller, *Wandel*, 301.

161) Krebs, 127-9, 132, 134.

162) Hanfstaengl, *15 Jahre*, 176.

163) 히틀러는 7월 18일부터 7월 말까지 베르히테스가덴에 있었다(*TBJG*, I.i, 194-8).

164) *Monologe*, 202-5. 《나의 투쟁》 1권은 원래 출간이 3월로 예정되어 있어서 출판사에서 2월까지 최종 원고를 넘겨 달라고 했지만 (모스크바 특별보존문서, 1355-1-2, Fol.223) 사정이 여의치 않아서 결국 1925년 7월 18일에 책으로 나왔다. 따라서 히틀러가 구술을 한 것은 2권이지 Toland, 211이 주장하는 것처럼 1권은 아니었다는 소리가 된다. 2권은 이듬해 여름에 완성되었다. 이것은 루돌프 헤스가 1925년 8월 11일에 보낸 편지에서도 확인된다. 헤스는 히틀러가 "4주 동안 베르히테스가덴에 틀어박혀서 하권을 준비 중"이라고 썼다(모스크바 특별보존문서, 1355-1-2, Fol.101). 하권은 1926년 12월 11일에 나왔다(Maser, *Mein Kampf*, 272, 274).

165) *Monologe*, 206-7. 편집자 Werner Jochmann, 439 주60은 세를 얻은 것은 1925년이었다고 증거 자료 없이 말하는데 이것은 히틀러가 책에서 밝힌 날짜와 다르다. Heiden, *Hitler*, 205도 1925년으로 본다. Toland, 229도 같은 생각이다. 그러나 히틀러는 1928년으로 기억한다. 세부 사실을 잘 기억하는 히틀러가 자기에게 그렇게 중요한 문제를 부정확하게 기억했다고 믿기는 어렵다. 문제의 기업가는 함부르크 부근 북스테후데 출신의 코메르친라트 빈터였다. 그는 1916년 (히틀러는 1917년이라고 주장하지만. *Monologe*, 202) 이 집을 지었다(Josef Weiß, *Obersalzberg. The History of a Mountain*, Berchtesgaden(연대 미상, 1955), 59, 67). 이 집은 숙박업소 '펜션 모리츠'의 새 이름인 '플라터호프'에서 가까웠다. 한프슈탱글은 베히슈타인 내외의 재정 지원으로 이 집을 살 수 있었을 것으로 본다. 그러나 증거는 없다(Hanfstaengl, *15 Jahre*, 186).

166) Heiden, *Hitler*, 205; 'Seven Years on the Magic Mountain'. 뮌헨 관구장 기슬러는 오

버잘츠베르크를 '거룩한 산'이라고 불렀다(Weiß, 65).

167) 베르크호프를 둘러싼 배경과 그것이 히틀러 통치 행위에서 띠는 상징성은 Ernst Hanisch, *Der Obersalzberg : das Kehlsteinhaus und Adolf Hitler*, Berchtesgaden, 1995.

168) Heiden, *Hitler*, 207-8.

169) *Monologe*, 206; *TBJG*, I.i, 195-7(1926년 7월 23-4일).

170) *TBJG*, I.i, 194-7(1926년 7월 18-26일).

171) 이것은 히틀러가 베르히테스가덴에서 1926년 10월 9일과 13일에 열었던 두 번의 회의 가운데 하나인 것으로 보인다(*RSA*, II/1, 71). 미미의 모친은 9월 11일에 죽었다. 히틀러와 미미는 9월 말 아니면 10월 초에 만났을 것이다.

172) Günter Peis, 'Hitlers unbekanntes Geliebte', *Der Stern*, 1959년 7월 13일; Maser, *Hitler*, 312-13, 320-21; Ronald Hayman, *Hitler and Geli*, London, 1997, 93-6; Nerin E. Gun, *Eva Braun-Hitler. Leben und Schicksal*, Velbert/Kettwig, 1968, 62-4.

173) Knopp, 135, 143-4. 히틀러 편지의 출처는 나와 있지 않다.

174) *RSA*, I, 297 주1-2(연설문, 297-330). 아직 금지령이 풀린 것은 아니었지만 비공개 모임이었으므로 히틀러는 연설을 할 수 있었다.

175) Falter 등, *Wahlen*, 70; Edgar Feuchtwanger, *From Weimar to Hilter. Germany, 1918-1933*, 2판, London, 1995, 191.

176) *RSA*, I, 318.

177) *RSA*, I, 323.

178) *RSA*, I, 324.

179) *RSA*, I, 325.

180) *RSA*, I, 315.

181) *RSA*, I, 320.

182) *RSA*, I, 330.

183) 더 많은 예는 다음과 같다. *RSA*, I, 362('마르크스주의-민주주의 동조자가 안에서 밀어주는 국제 유대인 금융자본과 주식 거래'); *RSA*, I, 457('유대인이 챙긴 이익'); *RSA*, II/1, 62('독일의 부활은 마르크스주의를 소탕해야만 가능'하며 마르크스주의는 '인종 문제를 해결하지 않으면' 소탕할 수 없다); *RSA*, II/1, 105-6('우리 민족을 국제 주식 거래 시장에 갖다 바치고 유대인 국제 자본이 우리 조국을 마음대로 지배하도록 허용하는' 정책에 맞서 싸우고 '언론과 신문으로 파고든 유대인 세력'과 싸워야 한다); *RSA*, II/1, 119('국제적인 세계 유대인이 독일에서 상전으로 군림한다').

184) *RSA*, II/2, 567, 742, 848, 858.

185) *RSA*, II/1, 158. 또 *RSA*, I, 20도 보라.

186) 그는 '생존 공간'이라는 말을 1928년 3월 30일에만 사용한 것으로 보인다(*RSA*, II/2, 761).

187) *RSA*, I, 240-41.

188) *RSA*, I, 295.

189) *RSA*, II/1, 17-25, 특히 19-21.

190) *MK*, 726-58.

191) *RSA*, II/2, 552.

192) *RSA*, I, 137.

193) *RSA*, I, 25.

194) *RSA*, I, 100.

195) *RSA*, I, 102, II/1, 408.

196) *RSA*, I, 37, 472.

197) *RSA*, I, 426.

198) *TBJG*, I.i, 172(1926년 4월 13일), 196(1926년 7월 23일).

199) 히틀러에게 그런대로 수미일관한 사회 혁명 구상이 있었고 독일 사회를 현대화한다는 의식도 있었다는 점을 Rainer Zitelmann은 일관되게 지적했는데 특히 다음 연구서들이 주목할 만하다. *Hitler. Selbstverständnis eines Revolutionärs*, Hamburg/Leamington Spa/New York, 1987; *Adolf Hitler*, Göttingen/Zürich, 1989; 'Die totalitäre Seite der Moderne', Michael Prinz, Rainer Zitelmann 엮음, *Nationasozialismus und Modernisierung*, Darmstadt, 1991, 1-20, 특히 12f.

200) *RSA*, I, 62.

201) *RSA*, II/2, 674.

202) Weinberg 엮음, *Hitlers Zweites Buch*. 히틀러가 책을 구술한 것은 1928년 6월 중순 이후부터 7월 첫째 주까지로 추정된다(*RSA*, IIA, XIX). 개정판은 'Außenpolitische Standortsbestimmung nach der Reichstagswahl'(총선 이후의 외교적 입지)라는 다소 장황하기는 해도 내용을 잘 간추린 제목을 달고 있는데, 게르하르트 바인베르크가 쓴 머리말은 이 글이 씌어진 배경, 상황, 내용을 전문가의 눈으로 설명한다. 이밖에 *Hitlers Zweites Buch*, 7, 20; *RSA*, III/1, xi도 보라. 내용 분석은 Martin Broszat, 'Betrachtungen zu "Hitlers Zweites Buch"', *VfZ*, 9(1961), 417-29.

203) *Hitlers Zweites Buch*, 21-6; *RSA*, IIA, 1-3.

204) *Hitlers Zweites Buch*, 21-2; *RSA*, I, 269-93; *MK*, 684-725(문체만 약간 다듬었음).

205) *Hitlers Zweites Buch*, 23; *RSA*, IIA, XVI. 1928년 초 남부 티롤에서 종교 수업을 이탈리아어로 한다고 하니까 난리가 났다.

206) *Hitlers Zweites Buch*, 36. 《나의 투쟁》은 1928년에는 3,015권밖에 안 팔렸다. 초판이 나온 이래 가장 부진한 판매 실적이었다(*RSA*, IIA, XXI).

207) *RSA*, IIA, XXI-XXII.

208) *RSA*, IIA, 182-7.

209) *RSA*, IIA, XXIII. 반면에 톨런드는 히틀러가 '눈을 떠서' '유대인의 위협과 독일의 생존 공간 확보라는 두 가지 확고부동한 신념이 사실은 밀접하게 연관된 문제임을 마침내 깨달았다'는 점을 드러낸다는 점에서 두 번째 책에 굉장히 깊은 의미를 부여한다(Toland, 230-32).

210) 이런 사실은 1969년 Jäckel의 연구서 *Hitlers Weltanschauung*이 나오면서 비로소 뒤늦게나마 제대로 인정을 받았다. 히틀러의 전기를 가장 먼저 쓴 사람 가운데 하나인 Alan Bullock은 *Hitler. A Study in Tyranny*의 초판에서 자기가 히틀러의 사상을 과소평가하는 과오를 저질렀다고 나중에 시인했다(Ron Rosenbaum, 'Explaining Hitler', 50-70, 특히 70). Bullock은 후기 저작 *Hitler and Stalin. Parallel Lives*, London, 1991에서는 히틀러의 이념을 비중 있게 다루었다.

211) Tyrell, *Führer*, 107-8; Deuerlein, *Aufstieg*, 267-8. 활동 금지령은 1926년 5월 22일 덩치가 작은 올덴부르크 주에서 처음으로 풀렸다.

212) *RSA*, II/1, 165-79; Deuerlein, *Aufstieg*, 268-9.

213) Deuerlein, *Aufstieg*, 269-75.

214) *RSA*, II/1, 179-81.

215) Heiden, *Hitler*, 221.

216) *RSA*, II/1, 221 주2.

217) *RSA*, II/1, 235, 주2.

218) BHStA, MA 102 137, RPvOB, HMB, 1927년 3월 21일, 3쪽.

219) BHStA, MA 102 235/II, Pd. Mü., LB, 1928년 1월 19일, 11쪽.

220) BHStA, MA 101 238/II, Pd. Nbg.-Fürth, LB, 1927년 11월 22일, 1, 4쪽.

221) Tyrell, Führer, 108(프로이센, 1928년 9월 29일; 안할트, 1928년 11월).

222) Tyrell, Führer, 129-30, 163-4. 이 인사법은 루돌프 헤스의 말로는 벌써 1921년부터 간간이 나타났지만 이탈리아 파시즘에서 영향을 받았을 가능성을 헤스도 굳이 부인하지 않는다. '하일', 곧 '만세'는 19세기 말에서 20세기로 넘어오는 전환기에 오스트리아와 독일의 청년 조직만이 아니라 쇠네러가 이끄는 범게르만동맹에서도 널리 쓰이던 구호였다. (Hamann, 347, 349; Klaus Vondung, *Magie und Manipulation. Ideologischer Kult und politische Religion des Nationalsozialismus*, Göttingen, 1971, 17; 또 '하일 히틀러' 인사법과 나치당 내부의 점증하는 지도자 숭배열에 대해서는 Hanfstaengl, *15 Jahre*, 181-2를 보라.)

223) Tyrell, *Führer*, 163-4.

224) Theodore Abel, *Why Hitler came into Power*, Cambridge, Mass, (1938), 1986, 73을 보라. 독일계 미국인이 '독일 민족이 고통을 겪는 이유'라는 제목으로 1921년에 주최한 백일장에서 상을 탄 에세이에서 헤스는 독재자가 나와야 한다고 주장하면서 강한 지도력을 예찬했다.

225) Tyrell, *Führer*, 171.

226) Tyrell, *Führer*, 169.

227) Tyrell, *Führer*, 173.

228) Joseph Goebbels, *Die zweite Revolution. Briefe an Zeitgenossen*, Zwickau, 연대 미상 (1926), 5(영역은 Ernest K. Bramsted, *Goebbels and National Socialist propaganda 1925-1945*, Michigan, 1965, 199).

229) Abel, 70.

230) Abel, 152–3.

231) Peter Merkl, *Political Violence under the Swastika*, Princeton, 1975, 106.

232) Tyrell, *Führer*, 167; 딩클라게에 대해서는 Hüttenberger, *Gauleiter*, 19.

233) Tyrell, *Führer*, 186-8; Russel Lemmons, *Goebbels and Der Angriff*, Lexington, 1994, 23–4.

234) *RSA*, II/1, 309–11(1927년 5월 18일), 320–22(1927년 5월 25일); Orlow, i.106; Longerich, *Die braunen Bataillone*, 64.

235) Tyrell, *Führer*, 147-8.

236) Tyrell, *Führer*, 388과 삽화 5.

237) Tyrell, *Führer*, 145; Orlow, i.96-7과 주86.

238) Albercht Tyrell, *III. Reichsparteitag der NSDAP, 19-21. August 1927*, Filmedition G122 des Instituts für den wissenschftlichen Film, Ser.4 No.4/G122, Göttingen, 1976, 특히 20-1, 23-5, 42-5. 참석 인원은 예상보다 적었다.

239) Tyrell, *Führer*, 149, 202-3. 딘터가 쓴 *Die Sünden wider die Zeit*(시대에 역행하는 죄악)은

1917년 발간된 이래 수십만 권이 팔리면서 민족주의-인종주의 진영에서 베스트셀러로 떠올랐다. 딘터는 히틀러와 주고받은 편지를 *Geistchristentum*(영혼의 기독교)이라는 그의 잡지에 실었다.

240) Tyrell, *Führer*, 149, 208-10; Orlow, i.135-6, 143. 히틀러는 단호하면서도 유화적인 어조로 딘터에게 7월에 편지를 보내 대화를 나누자고 청했다. 9월에는 당 지도자대회에 참석해 달라는 전보를 받았지만 딘터는 나타나지 않았다.

241) Tyrell, *Führer*, 210-11.

242) Tyrell, *Führer*, 203-5.

243) Tyrell, *Führer*, 225-6.

244) Tyrell, *Führer*, 170(헤스가 헤벨에게 1927년에 보낸 편지); Krebs, 127(함부르크 연설, 1927년 10월).

245) Tyrell, *Führer*, 225. 300명밖에 안 되는 연설원들이 1928년에 모두 2만 번의 연설을 했으니까, 히틀러의 연설이 물론 영향력은 엄청났지만 횟수는 상당히 적었음을 알 수 있다(Tyrell, *Führer*, 224). 연설을 적게 한 것은 건강 악화에 대한 우려와도 무관하지 않았을 것이다. 1929년에 히틀러가 심한 위경련을 경험했다는 내용에 대해서는 David Irving, *The Secret Diaries of Hitler's Doctor*, 보급판, London, 1990, 31-1을 보라.

246) 나치당의 자금난에 대해서는 Tyrell, *Führer*, 225와 219-20. 또 Orlow, i.109-10도 보라.

247) Turner, *German Big Business*, 83-99; Orlow, i.110 주137.

248) Orlow, i.109.

249) 특유의 과장법으로 히틀러는 9년 뒤 괴벨스에게 당의 재정난이 너무 암담해서 죽어버리고 싶을 만큼 괴로웠다고 말했다. 그때 키르도르프가 기부금을 쾌척했다(*TBJG*, I.2, 727(1936년 11월 15일)). Turner, *German Big Buisness*, 91은 그런 거액을 냈을 리 만무하다고 보지만 그는 전후에 아우구스트 하인리히스바우어와 알베르트 슈페어가 쓴 회상록만 언급하지 괴벨스 일기는 거론하지 않는다. 엘자 브루크만이 중간에서 다리 역할을 했다는 내용은 Deuerlein, *Aufstieg*, 285-6에 나온다. 키르도르프는 기업인들에게 개인적으로 브로슈어를 돌릴 테니 히틀러에게 정견을 적어 달라고 부탁했다(*Adolf Hitler, Der Weg zum Wiederaufstieg*, München, 1927년 8월; *RSA*, II/2, 501-9에 재수록). 전에 독일국가인민당 당원이었던 키르도르프는 나치당에 가입한 지 1년도 안 지나서 1928년 사회주의 색채가 짙다면서 탈당을 했지만 1929년 전당대회에서 명예고문으로 추대되었고 1934년에는 나치당에 재가입했다.

250) 당이 보유한 당원증 발급 기록에 따르면 당원 수는 1926년 12월 현재 5만 명으로 쿠데타 이전보다 낮았다. 그것이 1927년 11월에는 7만 명으로, 1928년 선거 전야에는 8만 명으로, 1928년 10월에는 10만 명으로 늘어났다(Tyrell, *Führer*, 352). 이 수는 당을 떠난 사람들, 집단으로 당원증을 발급받았지만 실제로는 가입하지 않은 사람들은 고려하지 않았다. 따라서 실제 당원 숫자는 훨씬 적었다. 지방으로 내려가면 당원 수는 더 정체되어 있었다(Orlow, i.110-11). 1927년 말까지 발급된 당원증에 대한 좀 더 자세한 수치는 Deuerlein, *Aufstieg*, 291을 보라(모두 7만 2,590장으로 그해에 2만 3,067장이 늘어났다).

251) Tyrell, *Führer*, 196.

252) Tyrell, *Führer*, 222.

253) Orlow, i.58-9. 필리프 불러는 1925년 당이 재창당되었을 때 사업부장을 맡은 뒤 나치당에서 출세 가도를 달리더니 나중에는 지도자 사무국장에 올랐고 '안락사 계획'을 이끌었

다. 펜으로 그린 초상화는 Wistrich, 29.

254) Stachura, *Strasser*, 62-5, 67ff; Tyrell, *Führer*, 224.

255) Deuerlein, *Aufstieg*, 287.

256) Peter Stachura, 'Der kritische Wendepunkt? Die NSDAP und die Reichstagswahlen vom 20. Mai 1928', *VfZ*, 26(1978), 66-99, 특히 79-80.

257) Tyrell, *Führer*, 188.

258) Tyrell, *Führer*, 150.

259) Bradley F. Smith, *Heinrich Himmler 1900-1926. Sein Weg in den deutschen Faschismus*, München, 1979; Peter Padfield, *Himmler. ReichsFührer-SS*, London, 1990; 히틀러의 성격 묘사는 Fest, *Face of the Third Reich*, 171-90; Smelser-Zitelmann, *Die braune Elite*, 115-33.

260) Tyrell, *Führer*, 224.

261) Deuerlein, *Aufstieg*, 292; Tyrell, *Führer*, 193.

262) Orlow, i.151은 실패한 도시 전략을 버리고 새로운 선동 전략으로 농촌 민족주의 전략이 나왔다고 말한다. (i.138도 보라.) Stachura, 'Wendepunkt?', 93(관련 문헌에 관한 논의는 66 주2)도 선거 결과가 안 좋게 나오는 바람에 전략이 확 달라졌다고 말한다.

263) *Frankfurter Zeitung*, 1928년 1월 26일 기사를 Philipp W. Fabry, *Mutmaßungen über Hitler. Urteil von Zeitgenossen*, Düsseldorf, 1979, 28에서 인용.

264) 민족 운동에 사망 선고를 내린 *Weltbühne* 1925년 3월 17일 호의 논평은 Deuerlein, *Aufstieg*, 249-50에서 인용.

265) 가령 BHStA, MA 102 137, RPvOB, HMB, 1928년 5월 19일, 1쪽을 보라. "당 지도부가 선거 운동을 해도 다들 관심이 없다." 나치 선거 운동은 크고 작은 도시에 국한되어 있었다(Geoffrey Pridham, *Hitler's Rise to Power. The Nazi Movement in Bavaria, 1923-1933*, London, 1973, 80). 총선에서 바이에른 주의 투표율이 75.6퍼센트로 제일 낮았다(Falter 등, *Wahlen*, 71).

266) '20, 30개가 넘는 군소 정당'의 난립에 대한 히틀러의 비판과 사회의 모든 부문에서 갈등이 심화되었음을 드러내는 경제적 이익 집단의 정치화에 대해서는 *RSA*, III/2, 202를 보라.

267) Falter 등, *Wahlen*, 44.

268) 민족블록이 1928년에 독자 후보를 냈지만 겨우 0.9퍼센트의 득표율(26만 6,430표)로 단 한 석도 얻지 못하자 나치당은 쾌재를 불렀다.

269) Stachura, 'Wendepunkt?', 85-7. 나중에 당은 "농촌 지역의 선거 결과는 에너지와 자금과 시간을 조금만 더 투자해도 대도시보다 더 좋은 결과를 얻을 수 있다는 사실을 증명했다."고 인정했다.

270) Noakes, *Nazi Party*, 121-3.

271) Falter 등, *Wahlen*, 71. 동부 지역에서 나치당에 대한 한심한 지지도는 Stachura, 'Wendepunkt?', 85-6. 독일국가인민당의 지지율 하락은 Baranowski, *Sanctity*, 127-8.

272) 면책 특권을 누리게 되어 괴벨스가 좋아했다는 내용은 *TBJG*, I.1, 226(1928년 5월 22일). Hanfstaengl, *15 Jahre*, 192는 괴링이 의원이 되고 나서 열차 1등석을 공짜로 타는 등 물질적 특혜가 많아서 뿌듯해하더라고 회고한다. 한프슈탱글에 따르면 괴링은 자기를 후보로 공천하지 않으면 갈라서겠다는 최후 통첩을 했고 결국 히틀러가 양보했다고 한다.

273) 인용은 Stachura, 'Wendepunkt?', 81, 원문은 *Der Angriff*, 1928년 5월 30일.

274) Orlow, i.132.

275) Deuerlein, *Aufstieg*, 293; Stachura, 'Wendepunkt?', 91.

276) Orlow, i.137-8; *RSA*, III/1, 22, 35.

277) *RSA*, III/1, 56-62. Orlow, i.139-41. 히틀러는 전당대회에 열의를 보이지 않았고 거의 경멸에 가까울 만큼 무관심으로 일관했는데 회의에 참석한 사람들은 이제나저제나 히틀러의 결정이 떨어지기만을 기다렸으므로 회의는 하나 마나 한 것이었다는 내용은 Krebs, 131-2.

278) Stachura, 'Wendepunkt?', 95.

279) *RSA*, II/2, 847.

280) *RSA*, III/1, XI; 이밖에 *RSA*, IIA, XIV, XIX.

281) Tyrell, *Führer*, 289.

282) *RSA*, III/1, 3.

283) Wilhelm Hoegner, *Der schwierige Außenseiter. Erinnerungen eines Abgeordneten, Emigranten und Ministerpräsidenten*, München, 1959, 48; Stachura, 'Wendepunkt?', 90.

284) (*RSA*, III/1, 236 주2). 히틀러는 7월 13일 베를린에서 5천 명의 청중 앞에서 연설을 한 적이 있지만 그것은 비공개 당원 모임이었다(*RSA*, III/1, 11-22; *TBJG*, I.1, 245(1928년 7월 14일).

285) *RSA*, III/1, 236-40; *TBJG*, I. 1, 291(1928년 11월 17일). 괴벨스에 따르면 경찰이 출입을 봉쇄한 가운데 안에 1만 6천 명이 들어가 있었다. *VB* 추산으로는(*RSA*, III, 236 주2) 1만 8천 명이었다.

286) *RSA*, III/1, 238-9.

287) *RSA*, III/1, 239.

288) Sefton Delmer, *Trail Sinister*, London, 1961, 101-2.

289) Bernd Weisbrod, *Schwerindustrie in der Weimarer Republik*, Wuppertal, 1978, 415-56.

290) Deuerlein, *Aufstieg*, 297-8; Kolb, *Die Weimarer Republik*, 90. 1929년의 평균 실업자 수는 2백만 명에 조금 못 미쳤는데 그것은 1년 전보다 50만 명이 늘어난 숫자였다. 임시직도 크게 늘어났다(Petzina 등, 119, 122).

291) Joseph P. Schumpeter, *Aufsätze zur Soziologie*, Tübingen, 1953, 225.

292) Deuerlein, *Aufstieg*, 296.

293) Winkler, *Weimar*, 10장; Peukert, *Die Weimarer Republik*, 7장.

294) 1926년 취업 가능 연령대의 10퍼센트, 노동조합 가입자의 18퍼센트가 실업자였다 (Petzina 등, 119). 특히 노동자계급 젊은이들 사이에 팽배한 소외감에 대해서는 Peter D. Stachura, *The Weimar Republic and the Younger Proletariat*, London, 1989. 실업이 젊은이들에게 끼친 심각한 영향은 Dick Geary, 'Jugend, Arbeitslosigkeit und politischer Radikalismus am Ende der Weimarer Republik', *Gewerkschaftliche Monatshefte*, 4/5(1983), 304-9.

295) Larry Eugene Jones, 'The Dying Middle : Weimar Germany and the Fragmentation of Bourgeois Politics', *Central European History*, 5(1969), 23-54; 같은 저자의 *German Liberalism and the Dissolution of the Weimar Party System, 1918-1933*, Chapel Hill, 1988.

296) Heinrich Angus Winkler, 'Extremismus der Mitte? Sozialgeschichtliche Aspekte der

nationalsozialistischen Machtergreifung', *VfZ*, 20(1972), 175-91. Harold James, 'Economic Reasons for the Collapse of the Weimar Republic', Ian Kershaw 엮음, *Weimar. Why did German Democracy Fail?*, London, 1990, 30-57, 특히 47은 1928년 총선에서 전체 표의 4분의 1이 득표율 5퍼센트에도 못 미치는 군소 정당들에게 갔음을 지적한다.

297) James, 'Economic Reasons', 32-45. 바이마르 공화국의 구조적인 경제적 취약성을 극명하게 보여주는 책은 Knut Borchardt, *Wachstum, Krisen, Handlungsspielräume der Wirtschaftspolitik*, Göttingen, 1982.

298) Deuerlein, *Aufstieg*, 297.

299) *RSA*, III, 245-53.

300) Baldur von Schirach, 17-25, 58-61, 68; Fest, *The Face of the Third Reich*, 332-54; Michael Wortmann이 그린 펜화가 Smelser-Zitelmann, *Die braune Elite*, 246-57에 실려 있다. 나치가 학생회 선거에서 이긴 자세한 내용은 Tyrell, *Führer*, 380-81.

301) Deuerlein, *Aufstieg*, 299-301; 히틀러 자신의 설명은 *VB* 기사에 실렸는데 이 내용은 *RSA*, III/2, 105-14에 나와 있다. Orlow, i.154에 따르면 그것은 "히틀러가 그때까지 쓴 것 중에서 몇 안 되는 감동적인 내용"이었다. 그러나 생생하고 구체적이고 알찬 묘사는 히틀러의 문체가 아니기 때문에 편집자가 상당히 윤문했을 가능성이 높다.

302) '위기를 앞둔 위기'라는 표현에 대해서는 Dietmar Petzina, 'Was there a Crisis before the Crisis? The State of the German Economy in the 1920s', Jürgen Baron von Kruedener 엮음, *Economic Crisis and Political Collapse. The Weimar Republic 1924-1933*, New York/Oxford/München, 1990, 1-19.

303) *RSA*, III/2, 202-13, 233-6, 238-9, 260-62.

304) *RSA*, III/2, 210.

305) *RSA*, III/2, 238.

306) Orlow, i.161-2; Stachura, *Strasser*, 69. 힘러가 주도했다는 것을 뒷받침하는 증거는 쿠베라는 관구장이 힘러에게 1928년 6월 23일과 11월 4일에 보낸 두 통의 편지에 나와 있다. BDC, Parteikanzlei, 서한, Heinrich Himmler.

307) Ellsworth Faris, 'Takeoff Point for the National Socialist Party : The Landtag Election in Baden, 1929', *Central European History*, 8(1975), 140-71, 특히 168. 나치가 사회 구석구석 파고들었다는 사실을 강조하는 문헌은 Rudy Koshar, *Social Life, Local Politics, and Nazism : Marburg, 1880-1935*, Chapel Hill, 1986과 슈바르츠발트 지역의 가톨릭 공동체를 분석한 Oded Heilbronner, 'The Failure that Succeeded : Nazi Party Activity in a Catholic Region in Germany, 1929-1932', *Journal of Contemporary History*, 27(1992), 531-49와 'Der verlassene Stammtisch. Vom Verfall der bürgerlichen Infrastruktur und dem Aufstieg der NSDAP am Beispiel der Region Schwarzwald', *Geschichte und Gesellschaft*, 19(1993), 178-201.

308) Orlow, i.162.

309) Faris, 168.

310) Falter 등, *Wahlen*, 108.

311) Falter 등, *Wahlen*, 98; Deuerlein, *Aufstieg*, 302.

312) *RSA*, III/2, 275-7, 277 주3; Faris, 144-6.

313) Falter 등, *Wahlen*, 90; Faris, 144-6.

314) *RSA*, III/2, 291 주10.

315) Winkler, *Weimar*, 346ff.

316) *RSA*, III/2, 290 주1 ; Winkler, *Weimar*, 354. 히틀러는 당 내 지도자들의 의견을 묻지 않고 합류 결정을 내렸다(Orlow, i.173).

317) *RSA*, III/2, 292 주1.

318) Orlow, i.173. 괴벨스는 오토 슈트라서 일파가 히틀러에 반기를 들려는 음모를 1929년 8월 초에 눈치챘다고 주장했다. 그것은 괴벨스가 그만큼 반대파의 동향을 파악하는 데 병적으로 집착했다는 것을 말해주지만, 히틀러가 수구 세력에 유화적으로 나가는 것에 대해서 오토 슈트라서를 중심으로 민족 혁명 세력의 불만이 차츰 커진 것은 사실이었다 (*TBJG*, I.1, 405(1929년 8월 3일) ; *Tb* Reuth, i.393-4, 주 54).

319) Winkler, *Weimar*, 354-6. 20퍼센트 이상이 찬성한 곳은 35개 선거구 중에서 9곳이었다.

320) 〈민족의 감시자〉의 판매 부수는 아직 1만 8,400부였다(당원은 15만 명)(Tyrell, *Führer*, 223).

321) Albrecht Tyrell, *IV. Reichsparteitag der NSDAP, Nürnberg 1929*, Filmedition G140 des Instituts für den wissenschaftlichen Film, Ser.4, Nr.5/G140, Göttingen, 1978, 6-7 ; Orlow, i.173 ; *RSA*, III/2, 313-55, 357-61.

322) Otto Wagener, *Hitler aus nächster Nähe. Aufzeichnungen eines Vertrauten 1929-1932*, Henry A. Turner 엮음, 2판, Kiel, 1987, 16-17(전당대회 분위기와 바게너가 받은 깊은 인상은 7-21). 또 *TBJG*, I.1, 403-6(1929년 8월 1-6일)도 보라.

323) Tyrell, *Reichsparteitag* 1929, 6, 14.

324) Orlow, i.167, 169.

9장 권력 의지

1) Abel, 126-7.

2) Abel, 126.

3) 나치 당원의 계급적 구성에 관한 자료는 많지만 그중에서 특히 도움이 되는 것은 Kater, *Nazi Party*와 Detlef Mühlberger, *Hitler's Followers. Studies in the Sociology of the Nazi Movement*, London, 1991(1장에 자세한 문헌 목록이 실려 있다).

4) Abel, 119.

5) Juan J. Linz, 'Political Space and Fascism as a Late-Comer : Conditions Conducive to the Success of Failure of Fascism as a Mass Movement in Inter-War Europe', Stein Ugelvik Larsen, Bernt Hagtvet, Jan Petter Myklebust 엮음, *Who Were the Fascists?*, Bergen/Oslo/ Tromsø, 1980, 153-89.

6) Orlow, i.175와 주166.

7) 많은 문헌이 있지만 특히 Harold James, *The German Slump. Politics and Economics, 1924-1936*, Oxford, 1986과 Dieter Petzina, 'Germany and the Great Depression', *Journal of Contemporary History*, 4(1969), 59-74를 보라. Petzina 등, 84는 경제 위기와 사회 빈곤에 대한 생생한 통계 지표를 제공한다. 이밖에 Peukert, *Die Weimarer Republik*, 245-6도 보라. Wilhelm Treuer 엮음, *Deutschland in der Weltwirtschaftkrise in Augenzeugenberichten*, 2판, Düsseldorf, 1967, 특히 245-53은 경제적 참상을 당시의 시

각에서 조명한다.

8) Deuerlein, *Aufstieg*, 305-6.

9) *RSA*, III/3, 63.

10) Tyrell, *Führer*, 383; Falter 등, *Wahlen*, 90, 97, 107, 111; Martin Broszat, *Die Machtgreifung. Der Aufstieg der NSDAP und die Zerstörung der Weimarer Republik*, München, 1984, 103.

11) *RSA*, III/3, 59-60; Fritz Dickmann, 'Die Regierungsbildung in Thüringen als Modell der Machtergreifung', *VfZ*, 14(1966), 454-64, 특히 461.

12) Dickmann, 460-64.

13) *RSA*, III/3, 60.

14) *RSA*, III/3, 61-2. 귄터는 1930년 예나 대학 사회인류학과 학과장으로 임명되었다.

15) Broszat, *Die Machtgreifung*, 108. Donald R. Tracy, 'The Development of the National Socialist Party in Thuringia 1924-1930', *Central European History*, 8(1975), 23-50. 특히 42-4는 프리크의 재직 기간을 다룬다.

16) Tyrell, *Führer*, 352; *RSA*, III/3, 62 주22. 실제 당원 수는 당이 공식적으로 밝힌 수보다 10-15퍼센트 낮은 것으로 추산된다. 8장, 주250을 보라.

17) 이어지는 내용은 William Sheridan Allen, *The Nazi Seizure of Power*, 개정판, New York, 1984, 특히 28-34.

18) Allen, 32.

19) Allen, 33.

20) Allen, 84. 이런 주장을 뒷받침하는 연구는 Donald L. Niewyk, *The Jews in Weimar Germany*, Louisiana/Manchester, 1980, 3장, 특히 79-91과 Sarah Gordon, *Hitler, Germans, and the 'Jewish Question'*, Princeton, 1984, 2장, 특히 89-90.

21) Tyrell, *Führer*, 08.

22) Allen, 32-3과 8장 주307에서 밝힌 Koshar와 Heilbronner의 연구서도 보라.

23) Rudolf Heberle, *From Democracy to Nazism. A Regional Case Study on Political Parties in Germany*, Baton Rouge, 1945, 109-11.

24) Bessel, 'The Rise of the NSDAP', 20-29, 특히 26-7.

25) *RSA*, III/3, 63.

26) Tyrell, *Führer*, 327.

27) Wagener, 126-7.

28) Tyrell, 310, 327-8(Hierl Denkschrift, 1929년 10월 22일).

29) Wagener, 127은 그레고어 슈트라서의 발언을 전한다.

30) Winkler, *Weimar*, 366-71.

31) Broszat, *Die Machtgreifung*, 109-10; Winkler, *Weimar*, 367, 371.

32) Winkler, *Weimar*, 368-71.

33) Winkler, *Weimar*, 363.

34) *Quellen zur Geschichte des Parlamentarismus und der politischen Parteien*, Karl Dietrich Bracher 등, Bd.4/1, *Politik und Wirtschaft in der Krise 1930-1932. Quellen zur Ära Brünung*, Teil I, Bonn, 1980, 15-18, Doc. 7, 특히 15(Aufzeichnung von Graf Westarp über eine Unterredung mit Reichspräsident v. Hindenburg, 1930년 1월 15일); Broszat, Die Machtgreifung, 110-11.

35) Kolb, Die *Weimarer* Republik, 127-8; Winkler, *Weimar*, 378-81; Broszat, *Die Machtgreifung*, 111.

36) Mommsen, *Die verspielte Freiheit*, 320.

37) Tyrell, *Führer*, 383. 선거는 1930년 6월 22일에 치러졌다. 작센 주의회에서 나치는 96석 중에서 14석을 얻었다.

38) *TBJG*, I.1, 577-82(1930년 7월 18-29일).

39) Nyomarskay, 98 주67; Tyrell, *Führer*, 312. 그레고어 슈트라서는 나치당 조직책을 맡아 경황이 없었으므로 출판사는 사실상 오토 슈트라서가 꾸려 나갔다.

40) Tyrell, *Führer*, 312-13; Nyomarskay, 96-8.

41) *TBJG*, I.1, 492-3(1930년 1월 30-31일), 496-503(1930년 2월 6-22일). 또 Lemmons, 44-7과 Reuth, 163-5도 보라.

42) *TBJG*, I.1, 492(1930년 1월 31일).

43) 정부가 위기를 맞은 상황에서 봄에 치러야 할 선거를 의식해서 그랬을 것이라는 설명에 대해서는 Reuth, 164-5와 *Tb* Reuth, ii.451 주14를 보라.

44) 베셀의 죽음에 대해서는 Thomas Oertel, *Untersuchung einer Legende*, Köln, 1988, 특히 83-105를 보라. 3월 1일에 열린 호르스트 베셀의 장례식에 히틀러가 참석하지 못하겠다고 하니까 괴벨스가 나타낸 불만에 대해서는 *TBJG*, I.1, 507(1930년 3월 1-2일)과 Reuth, 161을 보라. 괴벨스가 사정했는데도 히틀러가 참석하지 않은 것은 긴장 고조와 폭력 사태를 우려한 괴링이 만류했기 때문이었다(Hanfstaengl, *15 Jahre*, 204). 경찰이 삼엄한 차단선을 쳤지만 실제로 공산당원과 나치당원이 충돌하는 바람에 중상자가 속출했다(Oertel, 101-3; *TBJG*, I.1, 5-7-8(1930년 3월 1-2일)). 〈호르스트 베셀의 노래〉의 음악성을 괴벨스는 개인적으로 대수롭지 않게 여겼지만 괴벨스의 입김으로 이 노래는 나치의 당가가 되었고 특히 1933년 이후로는 대규모 행사에서 독일 국가인 〈독일이여 우뚝 솟아라〉 다음으로 자주 불렸다. 호르스트 베셀은 곡조에 어울리는 가사만 제공한 셈이었고 멜로디는 독일 군대의 오래된 군가에서 가져왔다(Oertel, 106-13).

45) *TBJG*, I.1, 507(1930년 3월 2일), 515(1930년 3월 16일).

46) *TBJG*, I.1, 515(1930년 3월 16일).

47) *TBJG*, I.1, 524(1930년 4월 5일).

48) *TBJG*, I.1, 528(1930년 4월 13일).

49) *TBJG*, I.1, 538(1930년 4월 28일); *RSA*, III/3, 168-9; Tyrell, *Führer*, 331-2.

50) *TBJG*, I.1, 538(1930년 4월 28일).

51) Strasser, *Hitler und ich*, 101.

52) Strasser, *Hitler und ich*, 105-6. 이 제안을 요약한 것은 Patrick Moreau, *Nationalsozialismus von links*, Stuttgart, 1984, 30-35를 보라.

53) Strasser, *Hitler und ich*, 106.

54) Strasser, *Hitler und ich*, 104-7. 처음에는 히틀러와 만난 직후 반박하는 내용의 팸플릿으로 슈트라서가 직접 냈다. Otto Strasser, *Ministersessel oder Revolution?*, Berlin, 1930이라는 이 팸플릿은 오토가 그 당시에 적어 둔 기록을 바탕으로 삼았고 또 나치도 반박하지 않았기 때문에 기록으로서 믿을 만하다. 이 팸플릿에는 오토가 5월에 히틀러와 만났을 때 주고받은 이야기가 담겨 있고 나중에 이 내용을 바탕으로 *Hitler und ich*가 쓰어졌다. 사회주의에 대한 히틀러의 발언은 4월 27일 뮌헨에서 당 간부들 앞에서 한 연설 내용과 비슷했다(*RSA*, III/3, 168 주4). 히틀러는 오토 슈트라서와 만났을 때 외교 정책을 놓고

도 심각한 의견 충돌을 보였는데 히틀러는 영국과도 동맹을 맺을 수 있다는 입장이었다 (Strasser, *Hitler und ich*, 108-9; Nyomarsky, 99). 회동 결과를 일방적으로 전달한다면 서 동생을 비판한 그레고어 슈트라서의 발언은 1930년 7월 22일 그레고어가 주데텐 지 도자 루돌프 융에게 보낸 편지에 나와 있다(Tyrell, *Führer*, 332-3).

55) Strasser, *Hitler und ich*, 104. 당 강령이 워낙 뿔뿔이 흩어져 있다 보니 지리멸렬해지지 않으려면 지도자에게 무조건 복종하는 수밖에 없었다. 발두어 폰 시라흐가 이 당시의 분 위기를 잘 지적했듯이 "모든 국가사회주의자가 저마다 다른 국가사회주의관을 지니고 있 었다."(B. v. Schirach, 87).

56) Strasser, *Hitler und ich*, 107.

57) Strasser, *Hitler und ich*, 112-14.

58) *TBJG*, I.1, 550(1930년 5월 22일).

59) Tyrell, *Führer*, 333.

60) *TBJG*, I.1, 561(1930년 6월 14일).

61) *TBJG*, I.1, 568(1930년 6월 30일). 오토 슈트라서가 공표한 내용은 그가 쓴 *Ministersessel oder Revolution?*에 있었다.

62) *TBJG*, I.1, 564(1930년 6월 23일).

63) *TBJG*, I.1, 565-6(1930년 6월 26일).

64) *TBJG*, I.1, 567(1930년 6월 29일). 괴벨스는 베를린 관구장 회의에 히틀러를 불러놓고 그 앞에서 반대파와 한판 붙을 생각이었다.

65) *RSA*, III/3, 250 주15.

66) *TBJG*, I.1, 568(1930년 6월 30일).

67) *RSA*, III/3, 249-50; *TBJG*, I.1, 568(1930년 7월 1일); *Tb* Reuth, ii.493 주54.

68) *RSA*, III/3, 264 주4; Moreau, 41, 그리고 출당 경위는 35-40.

69) *TBJG*, I.1, 569(1930년 7월 1일).

70) *TBJG*, I.1, 570(1930년 7월 3일).

71) *TBJG*, I.1, 572(1930년 7월 6일).

72) 현실화되지는 못했지만 그레고어 슈트라서를 작센 주 내무장관과 노동장관으로 앉혀야 한다는 건의는 *TBJG*, I.1, 576(1930년 7월 16일).

73) *TBJG*, I.1, 582(1930년 7월 29일). *RSA*, III/3, 207-9, 209 주17. 브리너슈트라세에 있 던 바를로프 궁전을 나치당은 1930년 5월 26일에 구입했다. 셸링슈트라세에 있던 당사 는 당세가 나날이 커져서 너무 비좁았다. 새 당사는 얼마 뒤부터 '갈색 집'으로 불렸다. 구입 자금을 마련하기 위해 당원 1인당 2마르크씩 특별 당비를 걷었다. (*RSA*, III/3, 207-9, 209 주17).

74) *TBJG*, I.1, 581(1930년 7월 28일).

75) *RSA*, III/3, 249 주4.

76) Orlow, i.210-11; Tyrell, *Führer*, 312; Nyomarsky, 102.

77) *RSA*, III/3, 264; *TBJG*, I.1, 566(1930년 6월 26일).

78) Tyrell, *Führer*, 332-3. *TBJG*, I.1, 571(1930년 7월 5일) : "그레고어는 동생한테 단단히 화가 났다."

79) Benz/Graml, *Biographisches Lexikon*, 333은 그 뒤 오토 슈트라서의 정치 행적을 간단히 소개한다.

80) Thomas Childers, *The Nazi Voter. The social Foundations of Fascism in Germany, 1919-*

1933, Chapel Hill/London, 1983, 138-9, 317 주72, 인용 *VB* 1930년 7월 20-21일;
Orlow, i.183.

81) 1차 세계대전 전 동아프리카 식민지에 주둔하던 독일군의 카키색 상의와 바지를 본으로
삼은 갈색 제복을 돌격대원은 1921년부터 입고 다녔다. 나치당의 공식 제복으로 채택된
것은 1926년인데 이때부터 '갈색옷'은 특히 나치 반대 세력이 나치당을 가리키는 이름으
로 즐겨 불렀다(Benz, Graml, Weiß, *Enzyklopädie des Nationalsozialismus*, 403).

82) Wilfried Boehnke, *Die NSDAP im Ruhrgebiet, 1920-1933*, Bad Godesberg, 1974, 147,
인용 *Dortmunder General-Anzeiger*, 1930년 5월 5일.

83) Rainer Hambrecht, *Der Aufstieg der NSDAP in Mittel und Oberfranken(1925-1933)*,
Nuremberg, 1976, 201.

84) Hambrecht, 186-7.

85) Childers, *Nazi Voter*, 139; *RSA*, III/3, 114 주9, 322; Gerhard Paul, *Aufstand der Bilder.
Die NS-Propaganda vor 1933*, Bonn, 1990, 125.

86) Orlow, i.183; *RSA*, III/3, VIII-X. 이어지는 연설문 분석은 1930년 8월 3일부터 9월 13
일까지 히틀러가 한 스무 번의 연설을 바탕으로 한 것인데 *RSA*, III/3, 295-418에 실려
있다.

87) *RSA*, III/3, 408 주2. 참석 인원을 집계한 경찰 보고서에 따르면 히틀러는 처음에 피곤해
보였고 청중도 적어도 초반에는 따분한 빛을 보였다. 괴벨스의 기록은 사뭇 다르다. "베
를린에서는 정말로 큰 집회였다."(*TBJG*, I.1, 601(1930년 9월 11일)). 히틀러는 지쳐서
그날 저녁에 잡혀 있던 또 한 번의 연설은 취소해야 했다.

88) *RSA*, III/3, 413 주1.

89) Thomas Childers, 'The Middle Classes and National Socialism', David Blackbourn,
Richard Evans 엮음, *The German Bourgeoisie*, London/New York, 1993, 328-40;
Thomas Childers, 'The Social Language of Politics in Germany. The Sociology of
Political Discourse in the Weimar Republic', *American Historical Review*, 95(1990),
331-58.

90) *RSA*, III/3, 368, 391.

91) *RSA*, III/3, 317.

92) *RSA*, III/3, 411.

93) *RSA*, III/3, 355, 특히 337.

94) *RSA*, III/3, 410.

95) Deuerlein, *Aufstieg*, 314. 카를 폰 오시에츠키는 바이마르 공화국 말기에도 제국군을 공
격했다가 투옥된 적이 있었다. 1933년 2월 말 나치에 체포당하여 3년 반 이상 강제수용
소에 갇혀 있었다. 국제 사회의 구명 운동으로 1936년 말 아직 게슈타포에 붙들려 있던
몸으로 노벨 평화상을 받았다. 오시에츠키는 옥중에서 몸이 망가져서 1938년 5월 결핵으
로 죽었다. (Benz/Graml, *Biographisches Lexikon*, 244; Elke Suhr, *Carl von Ossietzky.
Eine Biografie*, Köln, 1988).

96) Martin Broszat, 'Zur Struktur der NS-Massenbewegung', *VfZ*, 31(1983), 52-76, 특
히 66-7; Michael H. Kater, 'Generationskonflikt als Entwicklungsfaktor in der NS-
Bewegung vor 1933', Geschichte und Gesellschft, 11(1985), 217-43; Jürgen
Reulecke, "Hat die Jugendbewegung den Nationalsozialismus vorbereitet?" Zum
Umgang mit einer falschen Frage', Wolfgang R. Krabbe 엮음, *Politische Jugend in der*

Weimarer Republik, Bochum, 1993, 222-43; Ulrich Herbert, "'Generation der Sachlichkeit'. Die völkische Studentenbewegung der frühen zwanziger Jahre in Deutschland', Frank Bajohr, Werner Johe, Uwe Lohalm 엮음, *Zivilisation und Barbarei*, Hamburg, 1991, 115-44.

97) Karl Epting, *Generation der Mitte*, Bonn, 1953, 169. 나치 이념에서 '민족 공동체'를 강조한 내용은 Bernd Stöver, *Volksgemeihschaft im Dritten Reich*, Düsseldorf, 1993, 2장.

98) Merkl, 12.

99) Merkl, 32-3, 453, 522-3.

100) 나치당의 고참병과 돌격대원 사이에 이념 의식이 부족하다는 점을 지적한 연구는 Christoph Schmidt, 'Zu den Motiven "alter Kämpfer" in der NSDAP', Detlev Peukert, Jürgen Reulecke 엮음, *Die Reihen fast geschlossen*, Wuppertal, 1981, 21-43, 특히 32-4와 Conan Fischer, *Stormtroopers. A Social, Economic, and Ideological Analysis 1925-1935*, London, 1983, 6장.

101) Noakes, *Nazi Party*, 162-82; Orlow, i.193; Tyrell, Führer, 310.

102) Zdenek Zofka, *Die Ausbreitung des Nationalsozialismus auf dem Lande*, München, 1979, 89-90, 96, 105-16, 154, 341-50; Baranowski, *Sanctity*, 150ff. 그렇지만 William Brustein, The Logic of Evil. *The Social Origins of the Nazi Party 1925-1933*, New Haven/London, 1996처럼 나치를 지지하는 요인으로 경제적 합리성을 지나치게 강조하다 보면 잘못된 관점으로 흐르기 쉽다.

103) Falter 등, *Wahlen*, 41,44.

104) Falter 등, *Wahlen*, 108.

105) *TBJG*, I.1, 522(1930년 4월 1일).

106) *TBJG*, I.1, 600(1930년 9월 9일).

107) *Monologe*, 170. 8월 20일의 연설에서는 50석, 100석이라는 소리도 했지만 선거 결과가 어떻게 나올지는 아무도 모르고 중요한 것은 선거가 끝나는 대로 투쟁을 이어가는 것이라는 점을 강조하기 위해서 한 말이었다(*RSA*, III/3, 359). 한프슈탱글에 따르면 히틀러는 내심 30석에서 40석을 예상했다(Hanfstaengl, *15 Jahre*, 207).

108) *TBJG*, I.1, 603(1930년 9월 15-16일).

109) *TBJG*, I.1, 603(1930년 9월 16일); *Monologe*, 170.

110) Falter 등, *Wahlen*, 44; Broszat, *Machtergreifung*, 112-13.

111) Jürgen W. Falter, *Hitlers Wähler*, München, 1991, 111, 365, 그리고 5장의 나치 지지 유권자들에 대한 자세한 분석을 보라.

112) Falter 등, *Wahlen*, 44; Falter, *Hitlers Wähler*, 81-101, 365. 또 Jürgen W. Falter, 'The National Socialist Mobilisation of New Voters', Childers, *Formation*, 202-31.

113) Falter 등, *Wahlen*, 71-2.

114) Falter 등, *Wahlen*, 287.

115) Falter 등, *Wahlen*, 143-6.

116) Winkler, *Weimar*, 389; Jürgen W. Falter, 'Unemployment and the Radicalisation of the German Electorate 1928-1933; An Aggregate Data Analysis with Special Emphasis on the Rise of National Socialism', Peter D. Stachura 엮음, *Unemployment and the Great Depression in Weimar Germany*, London, 1986, 187-208.

117) Falter, *Hitlers Wähler*, 287-9; Childers, *Nazi Voter*, 특히 268에서 나치당은 "독일 특유

의 정치 구조가 낳은 현상으로 온갖 반란표를 다 끌어모으는 잡동사니 정당"이라는 평가
를 내린다.

118) 특히 Mühlberger와 같은 장 주3에서 언급한 Kater의 연구를 보라.

119) Mühlberger, 206-7.

120) Broszat, 'Struktur', 61.

121) Hambrecht, 307-8.

122) 8장 주307과 위의 주102에서 언급한 Koshar, Heilbronner, Zofka의 연구를 보라.

123) Deuerlein, *Aufstieg*, 318.

124) Scholdt, 488.

125) Weigand von Miltenberg(=Herbert Blank), *Adolf Hitler—Wilhelm III*, Berlin, 1931,
7; Fabry, 30; Schreiber, *Hitler. Interprertationen*, 44 주64.

126) Miltenberg(=Blank), 7.

127) Deuerlein, *Aufstieg*, 323; Heinrich August Winkler, *Der Weg in die Katastrophe. Arbeiter
und Arbeiterbewegung in der Weimarer Republik 1930 bis 1933*, Berlin/Bonn, 1987, ch.2,
pt.3, 207ff; Gerhard Schulz, *Von Brüning zu Hitler. Der Wandel des politischen Systems in
Deutschland 1930-1933*, Berlin/New York, 1992, 202-7.

128) 인용 Winkler, *Der Weg in die Katastrophe*, 209.

129) Scholdt, 480-81.

130) Scholdt, 494.

131) Winkler, *Weimar*, 391; *TBJG*, I.1, 620(1930년 10월 19일).

132) Deuerlein, *Aufstieg*, 325; Fabry, 39-40.

133) *RSA*, III/3, 452/68, 454 주1; *RSA*, IV/1, 3-9.

134) *RSA*, III/3, 452 주4; Deuerlein, *Aufstieg*, 322-3. 기사는 1930년 9월 24일 〈데일리 메
일〉에 나왔고 독일에서도 다음날 *VB*에 실렸다.

135) *RSA*, III/3, 452 주2. 인용 *Daily Mail*, 1930년 9월 27일.

136) *RSA*, III/3, 177(1930년 5월 2일), 320(1930년 8월 10일), 338(1930년 8월 15일),
359(1930년 8월 20일).

137) 연설문은 *RSA*, III/3, 434-51; Peter Bucher, *Der Reichswehrprozeß. Der Hochverrat der
Ulmer Reichswehroffiziere 1929-1930*, Boppard am Rhein, 1967, 237-80; Deuerlein,
Aufstieg, 328-36; Frank, 83-6. 피고들의 신상 내역은 *RSA*, III/3, 450 주86.

138) *RSA*, III/3, 439.

139) *RSA*, III/3, 441

140) *RSA*, III/3, 441.

141) *RSA*, III/3, 442.

142) *RSA*, III/3, 445. 히틀러는 국가는 목적을 이루기 위한 수단이라는 점을 분명히 했다
(Bucher, 275).

143) Bucher, 296-8.

144) Richard Scheringer, *Der große Los. Unter Soldaten, Bauern und Rebellen*, Hamburg,
1959, 236. 셰링거는 나중에 공산주의자가 된다.

145) *TBJG*, I.1, 608(1930년 9월 26일).

146) Hanfstaengl, *15 Jahre*, 213-16. 사실 대공황기에는 카이저호프의 일류 양복점도 양복값
이 뚝 떨어졌다. 남아 있는 영수증을 보면 1931년 히틀러 일행이 사흘 동안 호텔에 투숙

하면서 낸 돈이 식대와 봉사료를 포함해서 650.86제국마르크였으니까 저렴한 가격이었다(Turner, *German Big Business*, 155).

147) Frank, 86.

148) 괴벨스는 라이프치히 재판으로 나치당이 엄청나게 점수를 얻었다고 생각했다(*TBJG*, I.1, 609(1930년 9월 27일)). Reuth, 176도 보라.

149) Deuerlein, *Aufstieg*, 340-42; Heinrich Brüning, *Memoiren 1918-1934*, dtv판, 전2권, München, 1972, i.200ff; Winkler, *Weimar*, 394.

150) 위의 내용은 Brüning, i.203-7(인용은 207). 또 Krebs, 140; Deuerlein, *Aufstieg*, 342; Winkler, *Weimar*, 393도 보라.

151) Brüning, i.207.

152) Krebs, 141.

153) *TBJG*, I.1, 614(1930년 10월 6일).

154) *RSA*, III/3, 430.

155) Friedrich Franz von Unruh, *Der National-Sozialismus*, Frankfurt am Main, 1931, 17. 또 Broszat, *Der Nationalsozialismus*, 43-4도 보라.

156) Bessel, 'Myth', 27.

157) Broszat, 'Struktur', 68-70.

158) 나치 당원 수가 들쭉날쭉한 것에 대해서는 Hans Mommsen, 'National Socialism : Continuity and Change', Walter Laqueur 엮음, *Fascism : A Reader's Guide*, Harmondsworth, 1979, 151-92, 특히 163과 Hans Mommsen, 'Die NSDAP als faschistische Partei', Richard Saage 엮음, *Das Scheitern diktatiorischer Legitimationsmuster und die Zukunftsfähigkeit der Demokratie*, Berlin, 1995, 257-71, 특히 265를 보라.

159) Deuerlein, *Aufstieg*, 319. 인용은 *Frankfurter Zeitung*, 1930년 9월 15일.

160) Hanfstaengl, *15 Jahre*, 218.

161) Wagener, 24.

162) Wagener, 59, 73, 83-4.

163) Wagener, 128.

164) Tyrell, *Führer*, 348.

165) Wagener, 128. 셰링거는 1930년 히틀러와 만났을 때를 이렇게 회상했다. "이야기를 들으면서 나는 이 남자는 구호처럼 단순한 자신의 말을 정말로 믿고 있구나 하는 느낌을 강하게 받았다. 그는 허공에 붕 떠서 생각했다. 그것은 말이 아니라 설교였다. …… 선동가로서의 능력은 타고났을지 몰라도 명료한 정치적 분석 능력은 없었다."(Scheringer, 242).

166) Wagener, 59.

167) Wagener, 84.

168) Wagener, 96.

169) Wagener, 98. 바게너에 따르면 복층식 아파트로 모두 10개의 방이 있었다. Hanfstaengl, *15 Jahre*, 231은 '방이 9개 있는 아파트'라고 했다. Schroeder, 153도 바게너처럼 복층 아파트였다고 전한다. Lüdecke, 454에 따르면 그 '화려한 현대식 아파트'는 '큼직하고 멋진 방이 8개 내지 9개'나 되었다.

170) Wagener, 98.

171) Hanfstaengl, *15 Jahre*, 223; *TBJG*, I.1, 578(1930년 7월 20일); Hoffmann, 49-50.

172) Hanfstaengl, *15 Jahre*, 182; Hoffmann, 70.

173) Wagener, 127.

174) 뮌헨에서 당 간부들을 모아놓고 한 히틀러의 연설을 들으면서 알베르트 크렙스는 자기는 무조건 옳다는 그의 확신에서 강한 인상을 받았다고 한다(Krebs, 138-40). 크렙스에 따르면 이 연설은 1930년 6월 말에 했다고 하는데, 아무래도 착각 같다. 히틀러는 1930년 6월에는 뮌헨에서 한 번도 연설을 하지 않았다. 더욱이 크렙스는 연설을 듣기 전에 막 새 단장을 한 '갈색집'에 갔다고 하는데, 이 바를로프 궁전을 당사로 쓰기 위해 정식으로 구입한 것이 1930년 5월 26일이었다. 그리고 대대적으로 내부 수리를 해서 1931년 1월 1일에야 정식으로 입주했다(*RSA*, III/3, 209 주17; IV/1, 206-18).

175) Wagener, 127-8.

176) Wagener, 119-20.

177) Wagener, 128.

178) Frank, 93.

179) Frank, 91-2. Wagener, 107에 따르면 히틀러 방에서는 금연이었다. 그런데 날짜가 1930년 초여름인 것으로 보아 아직 갈색집으로 이사 가기 전 셸링슈트라세에 있던 구 당사의 집무실을 가리키는 것으로 보인다.

180) Hanfstaengl, *15 Jahre*, 223.

181) Frank, 93-4.

182) Wagener, 72.

183) Wagener, 111-12.

184) Tyrell, *Führer*, 311은 다른 사람들 눈에 안 그렇게 비쳐서 그렇지 이제는 히틀러의 자기 확신이 줄어들었다고 지적하지만 그것은 하나의 가능성이지 증명하기 어려운 주장이다.

185) Wagener, 43, 48, 56, 96-7, 111-12에는 그런 진술이 거듭 나온다.

186) 바게너에 따르면 히틀러는 겔리 라우발이 죽은 다음에야 고기를 끊었다고 한다 (Wagener, 362). 반면 한프슈탱글은 교도소에서 지내는 동안 체중이 늘어서 고기와 술을 조금씩 줄인 것을 계기로 나중에는 완전히 채식주의자가 되었다고 설명한다 (Hanfstaengl, *15 Jahre*, 164). 조카의 죽음으로 충격을 받아 히틀러가 채식주의자로 완전히 돌아섰다고 말할 수도 있겠지만, 크렙스가 전하는 건강상의 이유가 이런 설명과 더 잘 부합한다.

187) Krebs, 136-7.

188) Wagener, 72, 127. 바게너와 슈트라서도 비슷한 말을 했다.

189) Wagener, 301.

190) Deuerlein, *Aufstieg*, 346; Longerich, *Die braunen Bataillone*, 108-9.

191) Longerich, *Die braunen Bataillone*, 106.

192) Longerich, *Die braunen Bataillone*, 102-4.

193) *TBJG*, I.1, 596-7(1930년 9월 1일).

194) Longerich, *Die braunen Bataillone*, 104; *RSA*, III/3, 377-81.

195) Tyrell, *Führer*, 338; Longerich, *Die braunen Bataillone*, 106.

196) Tyrell, *Führer*, 314; Wagener, 60-62. 히틀러는 개인적으로 담배를 혐오했지만 나치당은 담배회사를 통해서 열심히 자금을 확충했다.

197) Longerich, *Die braunen Bataillone*, 107.

198) *RSA*, IV/1, 183; Longerich, *Die braunen Bataillone*, 108-10.

199) Longerich, *Die braunen Bataillone*, 110-11.

200) *RSA*, IV/1, 200.

201) *RSA*, IV/1, 229-30. 합법적 경로로 정권을 잡는 것의 구체적 의미를 이번에는 괴벨스가 2월 5일 의회에서 연설을 통해 밝혔다. "헌법에 따르면 우리는 방법의 적법성에 묶이는 것이지 목표의 적법성에 묶이는 것이 아니다. 우리는 적법한 방법으로 권력을 잡으려고 한다. 하지만 권력을 잡았을 때 그 권력으로 무엇을 할 것인가는 우리가 알아서 할 일이다." (Deuerlein, *Aufstieg*, 347). 제3제국 하면 지금은 나치의 집권기와 같은 뜻으로 쓰이지만 원래는 12세기의 신비주의자인 요아힘 폰 피오레가 성부의 시대, 성자의 시대에 이어 앞으로 성령의 시대가 도래할 것이라는 예언을 하면서 쓴 말이다. 이 말이 사람들에게 널리 퍼진 것은 1923년 아르투어 묄러 판 덴 브루크라는 보수 논객이 신성로마제국과 비스마르크가 수립한 독일제국에 이어 한심한 바이마르 민주주의를 쓸어버릴 제3제국이 나타나야 한다고 책에서 주장하면서부터였다. 히틀러는 1933년 제3제국은 앞으로 천년을 갈 것이라고 주장했다. 하지만 벌써 1939년이 되면 이런 말을 더 쓰지 말라는 지시가 언론에 내려진다(Benz, Graml, Weiß, *Enzyklopädie des Nationalsozialismus*, 435).

202) 실제로 이 포고령으로 붙잡혀 들어간 사람 중에는 공산주의자가 3분의 2 가까이 되었다 (Winkler, *Weimar*, 401). 히틀러의 반응은 *RSA*, IV/1, 236-8. 돌격대에 족쇄를 채우려는 시도는 이미 그 전해에 있었다(Longerich, *Die braunen Bataillone*, 100).

203) *TBJG*, I.2, 41(1931년 3월 31일).

204) *RSA*, IV/1, 236-8.

205) *TBJG*, I.2, 42(1931년 3월 31일).

206) *TBJG*, I.2, 42-3(1931년 4월 2일); *Tb* Reuth, ii.575 주25, 인용은 *Deutsche Allgemeine Zeitung*, 1931년 4월 2일; *RSA*, IV/1, 248 주2; Longerich, *Die braunen Bataillone*, 111.

207) *RSA*, IV/1, 246-8.

208) Longerich, *Die braunen Bataillone*, 111.

209) *RSA*, IV/1, 248-59.

210) *RSA*, IV/1, 251.

211) *RSA*, IV/1, 256.

212) *RSA*, IV/1, 258.

213) Longerich, *Die braunen Bataillone*, 111.

214) *RSA*, IV/1, 260.

215) *TBJG*, I.2, 44(1931년 4월 4일).

216) *RSA*, IV/1, 263-4; *TBJG*, I.2, 44(1931년 4월 4일).

217) Longerich, *Die braunen Bataillone*, 111.

218) 돌격대를 정치 깡패에 빗댄 것은 Richard Bessel, *Political Violence and the Rise of Nazism. The Storm Troopers in Eastern Germany 1925-1934*, New Haven/London, 1984, 152.

219) Longerich, *Die braunen Bataillone*, 97-8; Broszat, 'Struktur', 61. 동부 지역의 사회 구성에 대해서는 Bessel, *Political Violence*, 33-45.

220) Hanfstaengl, *15 Jahre*, 243; Wagener, 98.

221) Hanfstaengl, *15 Jahre*, 183-4; Toland, 204, 236.

222) Heiden, *Hitler*, 347-9.

223) Hoffmann, 147-8.

224) Hoffmann, 161. 두 사람의 첫 만남에 대해서는 Gun, *Eva Braun-Hitler*, 46. Gun(55)은
1932년의 처음 몇 달이 지나고부터 두 사람은 육체 관계를 맺었는데 히틀러는 에바만큼
상대에게 푹 빠지지 않았다고 본다. 프리츠 비데만에 따르면 히틀러는 다분히 계산된 발
언이었겠지만 홀아비 생활도 좋을 때가 있다는 말을 가끔씩 하면서 "사랑으로 치자면 나
도 뮌헨에 애인이 있다."고 밝혔다(Gun, 57). 에바 브라운에 관해서는 Henriette von
Schirach, *Der Preis der Herrlichkeit. Erlebte Zeitgeschichte*, München/Berlin, 1975, 23-5.
225) 히틀러 집에서 가정부로 일했던 아니 빈터한테 들었다면서 나중에 히틀러 비서를 지내는
크리스타 슈뢰더는 히틀러는 겔리와 육체 관계를 맺지 않았다고 밝혔다(Schroeder,
153). 하지만 슈뢰더의 주장도 다른 사람들과 마찬가지로 어디까지나 추측일 뿐이다.
226) Heiden, *Führer*, 304.
227) Strasser, *Hitler und ich*, 74-5는 히틀러가 조카에게 변태적인 성행위를 했다는 듯한 뉘앙
스를 강하게 풍긴다. 1943년 5월 13일 미국 정보기관에 한 진술에서는 좀 더 노골적으로
그런 뜻을 비쳤다(NA, *Hitler Source Book*, 918-19). 이밖에 Toland, 252, Hayman, 145,
Lewis, *The Secret Life of Adolf Hitler*, 10, 136도 보라. 이 진술(132-46)은 신빙성이 의심
스러운 증거와 억측을 바탕으로 히틀러가 성도착 행위를 했으며 친위대는 겔리가 유대인
학생의 아이를 갖자 사회적 물의가 일어날까 봐 겔리를 죽였다고 결론지었다.
228) Heiden, *Hitler*, 352; Heiden, *Der Führer*, 304-6; Hanfstaengl, *15 Jahre*, 234-5;
Hayman, 154.
229) Hoffmann, 148-9; B. v. Schirach, 106; Henriette von Schirach, 205. 히틀러는 1930
년 7월 괴벨스와 함께 그녀를 데리고 수난극을 보러 가기도 했다. *TBJG*, I.1, 578(1930
년 7월 20일).
230) Hanfstaengl, *15 Jahre*, 236.
231) Hoffmann, 151-2.
232) Hanfstaengl, *15 Jahre*, 232-3.
233) Hoffmann, 150; B. v. Schirach, 107.
234) Hanfstaengl, *15 Jahre*, 233. Hayman, 139-48은 이 말은 곧 히틀러가 조카에게 변태 행
위를 했다는 뜻이라고 해석한다.
235) Hanfstaengl, *15 Jahre*, 233; Hoffmann, 151. 히틀러의 이복동생 알로이스의 첫 부인 브
리지트 히틀러는 알로이스가 재혼을 해서 얻은 아들 윌리엄 패트릭에게 그런 이야기를
했다고 한다(*The Memoirs of Bridget Hitler*, London, 1979, 70-77). 이 회상록에는 히틀
러가 1912년 리버풀에서 지냈다는 황당한 이야기도 나오는데, 믿기 어려운 내용이 많다.
Lewis, 45도 1975년 친위대 장교를 지낸 사람의 입을 통해서 들었다면서 겔리가 유대인
학생의 아이를 임신한 사실을 알게 되어 낙태를 하러 빈으로 가려고 했었다고 전한다. 친
위대가 겔리를 죽여야 할 이유가 있었다는 것이다. 한스 프랑크에 따르면 겔리와 사귄 사
람은 학생이 아니라 젊은 장교였다(Frank, 97).
236) Schroeder, 154, 296 주34, 364-6 주280-82.
237) *RSA*, IV/2, 109 주1; Hanfstaengl, *15 Jahre*, 239, 242.
238) 〈뮌헨 포스트〉 1931년 9월 22일 기사(*RSA*, IV/2, 109 주1).
239) Hayman, 164, 166.
240) *RSA*, IV/2, 109-10.
241) Hanfstaengl, *15 Jahre*, 238; Hoffmann, 152; B. v. Schirach, 108.
242) Hoffmann, 152-3은 당시 상황을 극적으로 묘사한다. Hanfstaengl, *15 Jahre*, 238도 보

라. 겔리와 히틀러의 관계, 겔리의 자살은 다소 부정확한 내용도 포함되어 있지만 Gun,
17-28을 보라. Hayman, 160-201은 상충되는 증거를 면밀히 검토하면서 조카의 사망에
히틀러가 깊숙이 개입했을 가능성을 강력히 시사한다. 속도 위반 내용은 174에 나온다.

243) Frank, 97; Hanfstaengl, *15 Jahre*, 239.

244) Hanfstaengl, *15 Jahre*, 239. Heiden, *Der Führer*, 307-8은 겔리의 어머니 앙겔라 라우발
이 한 말이라면서 히틀러는 아무런 잘못이 없고 그가 겔리와 결혼을 하려고 했는데 힘러
가 일을 꾸몄을 것이라고 추정한다.

245) Toland, 255가 그 점을 지적한다. 의사는 사망 원인은 자살이라고 결론지었고 사망 시간
은 1931년 9월 18일 밤으로 추정된다고 밝혔다.

246) Hanfstaengl, *15 Jahre*, 239, 241; Wagener, 358-9; Hayman, 162-3.

247) 이상 내용의 근거는 Frank, 97-8; Hoffman, 156-9(내용이 굉장히 윤색되었음);
Hanfstaengl, *15 Jahre*, 240; *RSA*, IV/2, 110 주5.

248) 연설 전문은 *RSA*, IV/2, 111-15. 히틀러가 함부르크에서 받은 대접은 Frank, 98.

249) *RSA*, IV/2, 111 주1. 히틀러는 나치 고위 간부가 연설한 두 번의 모임에 몸이 아프다면서
나오지 않았다.

250) Hanfstaengl, *15 Jahre*, 242-3; Hoffmann, 159; Wagener, 358; H. v. Schirach, 205.
전쟁이 끝나고 나서 한참 뒤에 히틀러의 누이 파울라는 히틀러가 미미 라이터와 결혼했
더라면 모든 것이 달라졌을 것이라고 말했다(Peis, 'Die unbekannte Geliebte').

251) Hoffmann, 155-6; Hanfstaengl, *15 Jahre*, 243-4. 한프슈탱글은 히틀러가 다분히 정치
적 효과를 노리고 이렇게 슬퍼하는 척했지만 정작 효과는 별로 없었다고 말했다.

252) Falter 등, *Wahlen*, 94. Tyrell, *Führer*, 383에 따르면 25.9퍼센트였다.

253) Falter 등, *Wahlen*, 100; Deuerlein, *Aufstieg*, 352.

254) Falter 등, *Wahlen*, 95.

255) Deuerlein, *Aufstieg*, 357; *RSA*, IV/2, 123-32.

256) Deuerlein, *Aufstieg*, 352-8; *RSA*, IV/2, 159-64; Turner, *German Big Business*, 189.

257) Turner, *German Big Business*, 167-71.

258) Turner, *German Big Business*, 144.

259) Turner, *German Big Business*, 144-5.

260) Hjalmar Schacht, *My First Seventy-Six Years*, London, 1955, 279.

261) Schacht, 279-80.

262) Turner, *German Big Business*, 145.

263) 쿠노는 루르에서 영향력 있는 기업인 파울 로이슈 같은 지지자들로부터 정계로 돌아와서
대통령 후보로 나서라고 종용을 받았다. 그중에서도 퇴역한 해군 장성 마그누스 레베초
프 같은 사람이 가장 적극적이었는데 레베초프는 나치당의 지지를 얻을 수 있을까 싶어
서 베를린에서 히틀러와 쿠노의 회동을 주선하기도 했다(Turner, *German Big Business*,
129).

264) Turner, *German Big Business*, 129-30.

265) Turner, *German Big Business*, 130-32.

266) Turner, *German Big Business*, 146, 150; Wagener, 368-74.

267) Turner, *German Big Business*, 142, 187.

268) Turner, *German Big Business*, 128, 181-2.

269) Turner, *German Big Business*, 191-203.

270) Otto Dietrich, *Mit Hitler an die Macht. Persönliche Erlebnisse mit meinem Führer*, 7판, München, 1934, 45-6; Turner, *German Big Business*, 171-2.

271) Henry Ashby Turner, 'Big Business and the Rise of Hitler', Turner, *Nazism and Third Reich*, 93-7(원래는 *American Historical Review*, 75(1969), 56-70에 발표).

272) Turner, *German Big Business*, 204-19. 쟁쟁한 기업인들이 눈에 많이 띄지 않았다. Dietrich, *Mit Hitler*, 46-9는 히틀러가 처음에는 냉랭했던 청중의 마음을 사로잡았다고 전한다. 전후에 나온 회상록에서 디트리히는 1933년까지만 하더라도 대기업이 나치당에 낸 기부금은 약소했다고 밝혔다(Otto Dietrich, *Zwölf Jahre mit Hitler*, Köln(연대 미상, 1955?), 185-6).

273) Turner, *German Big Business*, 208-10, 213-14; 연설 전문, *RSA*, IV/3, 74-110; Domarus, 68-90.

274) Turner, *German Big Business*, 217-19.

275) 인물 묘사는 Henry Ashby Turner, *Hitler's Thirty Days to Power : January 1933*, London, 1996, 39-41.

276) Turner, 'Big Business and the Rise of Hitler', 94, 97.

277) Turner, *German Big Business*, 111-24; Henry Ashby Turner, Horst Matzerath, 'Die Selbstfinanzierung der NSDAP 1930-1932', 59-92.

278) Wagener, 221-2.

279) Turner, *German Big Business*, 148-52, 157; Wagener, 226-9.

280) Wagener, 227; Turner, *German Big Business*, 152.

281) Turner, *German Big Business*, 47-60.

282) Turner, *German Big Business*, 153-6. 히틀러의 수입은 1930년에 3배로 늘어나 4만 8,472 제국마르크가 되었다. 1932년에는 다시 6만 4,639제국마르크로 늘어났다(Hale, 'Adolf Hitler : Taxpayer', 837). 이 무렵 히틀러의 소득에 대해서는 Hanfstaengl, *15 Jahre*, 216 과 B. v. Schirach, 112-13도 보라.

283) Franz von Papen, *Memoirs*, London, 1952, 142-3; Otto Meissner, *Staatssekretär unter Ebert-Hindenburg-Hitler*, Hamburg, 1950, 216.

284) *TBJG*, I.2, 106(1932년 1월 7일); Deuerlein, *Aufstieg*, 370-72; Papen, 146.

285) Deuerlein, *Aufstieg*, 372; Walter Hubatsch, *Hindenburg und der Staat*, Göttingen, 1966, 309-10.

286) 나치는 이 공방을 아담한 책자로 펴냈다. *Hitlers Auseinandersetzung mit Brüning. Kampfschrift Broschürenreihe der Reichsproopagandaleitung der NSDAP*, Heft 5, München, 1932, 73-94. 히틀러가 1932년 1월 15일 브뤼닝에게 보낸 공개 서한은 *RSA*, IV/3, 34-44 에 실려 있다.

287) Meissner, 216-17.

288) *TBJG*, I.2, 120-21(1932년 2월 3일). 또 Fest, *Hitler*, 439-40을 보라.

289) *TBJG*, I.2, 130-31(1932년 2월 22일), 134(1932년 2월 27일).

290) Rudolf Morsey, 'Hitler als Braunschweigischer Regierungsrat', *VfZ*, 8(1960), 419-48; Deuerlein, *Aufstieg*, 373-6.

291) Papen, 147.

292) *RSA*, IV/3, 138-44(인용 144); *TBJG*, I.2, 134(1932년 2월 27일).

293) Domarus, 96.

294) *TBJG*, I.2, 140-41(1932년 3월 13일).

295) Deuerlein, *Aufstieg*, 381; Falter 등, *Wahlen*, 46.

296) *RSA*, IV/1, 16-43; Domarus, 101-3.

297) Falter 등, *Wahlen*, 46.

298) *TBJG*, I.2, 152-3(1932년 4월 8-11일).

299) 작센, 바덴, 헤센, 튀링겐은 덩치가 큰 주들로 인구가 도합 천만 명을 조금 넘었는데 그날
은 투표를 진행하지 않았다. 4월 24일에 주의회 선거를 하지 않은 규모가 작은 주들에 사
는 주민은 2백만 명이었다. 그래서 그날 투표를 하러 간 유권자는 5천만 명에 가까웠다.
수치는 Falter 등, *Wahlen*, 90-113.

300) *RSA*, IV/1, 59-97; Deuerlein, *Aufstieg*, 385-6; Domarus, 106-7.

301) *Miesbacher Anzeiger*, 1932년 4월 19일.

302) Jochmann, *Nationalsozialismus und Revolution*, 404-5; Deuerlein, *Aufstieg*, 386-7; *RSA*,
IV/1, 97, Doc.61 주1-2(이 연설은 92-6, Doc.60).

303) Falter 등, *Wahlen*, 89, 91, 94, 101; Deuerlein, *Aufstieg*, 387-8.

304) *TBJG*, I.2, 160(1932년 4월 23일).

305) Domarus, 105; Longerich, *Die braunen Bataillone*, 154.

306) Karl Dietrich Bracher, *Die Auflösung der Weimarer Republik. Eine Studie zum Problem des
Machtverfalls in einer Demokratie*, Stuttgart/Düsseldorf, 1955, 481 주2; Longerich, *Die
braunen Bataillone*, 153-4,

307) Ulrich Herbert, *Best. Biographische Studien über Radikalismus, Weltanschauung und
Vernunft 1903-1989*, Bonn, 1996, 111-19.

308) Deuerlein, *Aufstieg*, 363.

309) 1932년 초반의 당원 수 증가는 Longerich, *Die braunen Bataillone*, 159.

310) *TBJG*, I.2, 139(1932년 3월 11일).

311) Longerich, *Die braunen Bataillone*, 153.

312) *TBJG*, I.2, 150(1932년 4월 2일).

313) *TBJG*, I.2, 154(1932년 4월 11일). 괴벨스는 3월 17일 일기에 프로이센의 제베링 내무장
관이 베를린에서 일제히 가택 수색을 벌인 데 이어 돌격대에 활동 금지령을 내릴 속셈이
라고 적었다(*TBJG*, I.2, 144).

314) Longerich, *Die braunen Bataillone*, 154.

315) *RSA*, V/1, 54-6; Domarus, 105-6. 힌덴부르크는 좌파에도 철퇴를 가할 작정이었다.

316) Kolb, *Die Weimarer Republik*, 136-7.

317) *TBJG*, I.2, 162(1932년 4월 28일); Winkler, *Weimar*, 461-2. 슐라이허는 이미 룀과 베
를린 돌격대 지도자 그라프 헬도르프와 따로 만나서 이야기를 나누었다. Thilo
Vogelsang, *Reichswehr, Staat und NSDAP*, Stuttgart, 1962, 188-9도 보라.

318) *TBJG*, I.2, 165(1932년 5월 8일).

319) Papen, 153; Winkler, *Weimar*, 462-3.

320) *TBJG*, I.2, 166-7(1932년 5월 10-11일); Schulz, *Von Brüning zu Hitler*, 821.

321) *TBJG*, I.2, 168(1932년 5월 12일); Winkler, *Weimar*, 465.

322) *TBJG*, I.2, 169(1932년 5월 13일).

323) Brüning, *Memoiren*, ii.632-8; Winkler, *Weimar*, 470-72.

324) Joseph Goebbels, *Vom Kaiserhof zur Reichskanzlei. Eine historische Darstellung in*

Tagebuchblättern(Vom 1. Januar 1932 bis zum 1. Mai 1933), 21판, München, 1937, 103-4(1932년 5월 30일); *TBJG*, I.2, 177.

325) Papen, 150-56.

326) Papen, 162.

327) Falter 등, *Wahlen*, 98, 100.

328) Falter 등, *Wahlen*, 95.

329) Papen, 163; Winkler, *Weimar*, 404.

330) Goebbels, *Kaiserhof*, 111(1932년 6월 14일); *TBJG*, I.2, 185.

331) 형편이 좋은 중산층이 나치당을 열렬히 지지했다는 증거를 1932년 7월 휴양지나 여객선에서 투표를 한 유권자들의 성향 분석에서 찾아낸 것은 Richard F. Hamilton, *Who Voted for Hitler?*, Princeton, 1982, 220-28.

332) Deuerlein, *Aufstieg*, 392-3; Winkler, *Weimar*, 490-93. 알토나 폭력 사태의 배경에 대해서는 Anthony McElligott, '"······ und so kam es zu einer schweren Schlägerei". Straßenschlachten in Altona und Hamburg am Ende der Weimarer Republik', Maike Bruns 등 엮음, '*Hier war doch alles nicht so schlimm'. Wie die Nazis in Hamburg den Alltag eroberten*, Hamburg, 1984, 58-85.

333) Winkler, *Weimar*, 495-503; Broszat, *Machtergreifung*, 148-50.

334) *TBJG*, I.2, 155(1932년 4월 15일).

335) Childers, *Nazi Voter*, 203.

336) 야외 행사를 중심으로 나치가 니더작센 지방의 노르트하임 시에서 유독 집회를 많이 한 내용은 Allen, 322.

337) *RSA*, V/1, 216-19; Domarus, 115; Z.A.B. Zeman, *Nazi Propaganda*, 2판, London/New York, 1973, 31.

338) Hamilton, 326.

339) *RSA*, V/1, 210-94; Deuerlein, *Aufstieg*, 394; Domarus, 114-20.

340) Hanfstaengl, *15 Jahre*, 267.

341) *RSA*, V/1, 216-19; Domarus, 115-17(Adolf-Hitler-Schallplatte : 'Appell an die Nation').

342) Falter 등, *Wahlen*, 44. 84.1퍼센트의 투표율은 바이마르 공화국에서 치러진 역대 총선에서는 가장 높았다.

343) *TBJG*, I.2, 211(1932년 8월 1일). 공식적으로 출간된 내용은 좀 더 희망적인 전망을 담고 있다(Goebbels, *Kaiserhof*, 135-6(1932년 7월 31일)). 공개되지 않은 다음날 일기에서 괴벨스는 권력을 잡을 때가 왔음을 강조했다. 남은 길은 '거센 저항'뿐이었다. 파펜 정권을 더는 용인할 수 없었다.

344) *TBJG*, I.2, 214(1932년 8월 3일).

345) *TBJG*, I.2, 215(1932년 8월 5일).

346) *TBJG*, I.2, 217(1932년 8월 7일).

347) Winkler, *Weimar*, 509.

348) Thilo Vogelsang, 'Zur Politik Schleichers gegenüber der NSDAP 1932', *VfZ*, 6(1958), 86-118, 특히 89.

349) Hubatsch, *Hindenburg*, 335-8, Nr.87(Meissner가 1932년 8월 11일에 적어놓은 회의록).

350) Winkler, *Weimar*, 509.

351) *TBJG*, I.2, 218(1932년 8월 9일).

352) Goebbels, *Kaiserhof*, 140(1932년 8월 8일); *TBJG*, I.2, 218.

353) Vogelsang, 'Zur Politik Schleichers', 93-8; Winkler, *Weimar*, 509-10.

354) *TBJG*, I.2, 221(1932년 8월 11일). 가일의 연설에 대해서는 Eberhard Kolb, Wolfram Pyta, 'Die Staatsnotstandsplanung unter Papen und Schleicher', Heinrich August Winkler 엮음, *Die deutsche Staatskrise 1930-1933*, München, 1992, 155-81, 특히 160.

355) Goebbels, *Kaiserhof*, 142-4(1932년 8월 11-12일); *TBJG*, I.2, 222-3; Papen, 195.

356) Papen, 195-7; Goebbels, *Kaiserhof*, 144(1932년 8월 13일); *TBJG*, I.2, 224.

357) Goebbels, *Kaiserhof*, 144-5(1932년 8월 13일); *TBJG*, I.2, 224.

358) Hubatsch, 338-9, Nr.88; Deuerlein, *Aufstieg*, 397-8; Papen, 197. 히틀러는 마이스너의 공식 발표에 반발하여 회동을 마치고 나서 바로 프리크, 룀과 함께 작성한 성명서를 몇 시간 뒤에 냈다. 성명서에서 히틀러는 자신이 총리 자리에 앉을 경우 장관을 모두 나치 사람으로 채울 것이라는 이야기는 사실이 아니라고 밝혔다. 또 이미 힌덴부르크 대통령이 결정을 다 내려놓고 사람을 부른 것에 대해서 유감을 나타냈다. 그러나 파펜은 공식 발표에는 하나도 틀린 대목이 없다고 버텼다(IfZ, Fa 296, Bl.165-71).

359) IfZ, Fa 296, Bl.169, 'Besprechung in der Reichskanzlei am 13.8.32'. 룀, 프리크, 히틀러가 이 기록에 서명을 했다.

360) Goebbels, *Kaiserhof*, 145(1932년 8월 13일); *TBJG*, I.2, 225.

361) Lüdecke, 351-2.

362) Winkler, *Weimar*, 511-12.

10장 제국총리

1) 바이마르 공화국 말기 지배층의 전략과 목표에 생긴 갈등에 대해서는 Heinrich August Winkler 엮음, *Die deutsche Staatskrise 1930-1933*, München, 1992, 205-62에 나오는 Henry Ashby Turner, Jürgen John, Wolfgang Zollitsch의 논문(과 그 다음에 이어지는 논의)을 보라.

2) 이 점을 지적한 논문이 James, 'Economic Reasons for the Collapse of the Weimar Republic', Kershaw 엮음, *Weimar : Why did German Democracy Fail?*, 30-57, 특히 55를 보라. Gerald D. Feldmann, 'Der 30 Januar. 1933 und die politische Kultur von Weimar', Winkler, *Staatskrise*, 263-76도 날카로운 분석이 돋보인다. Eberhard Jäckel은 히틀러가 권력을 잡은 것은 '사고'라고 대담하게 주장하지만 보수 민족주의 진영과 왕당파를 지지하는 엘리트의 행동에 대한 그의 분석(*Das deutsche Jahrhundert*, 126-58)을 보면 그것은 적어도 일어날 수밖에 없었던 사고였음을 알 수 있다.

3) 빌헬름 케플러가 1932년 12월 26일 쿠르트 폰 슈뢰더에게 보낸 편지. 인용은 Vogelsang, 'Zur Politik Schleichers', 86.

4) Winkler, *Weimar*, 511; Schulz, *Von Brüning zu Hitler*, 964; Domarus, 123-4.

5) Vogelsang, 'Zur Politik Schleichers', 86-7.

6) Joachim von Ribbentrop, *The Ribbentrop Memoirs*, London, 1954, 21. 리벤트로프는 이때 처음 히틀러를 만났다. 히틀러는 다른 정당들과 협력할 용의가 있으며 총리는 자기

가 맡아야 한다고 고집했다. 리벤트로프는 깊은 인상을 받고 히틀러만이 공산주의의 위협으로부터 독일을 지킬 사람이라고 확신하고 바로 나치당에 가입했다.

7) Vogelsang, 'Zur Politik Schleichers', 87-8.

8) Vogelsang, 'Zur Politik Schleichers', 99-100 주29; Werner Freiherr von Rheinbaben, *Viermal Deutschland. Aus dem Erleben eines Seemanns, Diplomaten, Politikers 1895-1954*, Berlin, 1954, 303-4.

9) Domarus, 123.

10) Hanfstaengl, *15 Jahre*, 279. 그렇지만 히틀러가 한 말을 한프슈탱글이 정확히 전달했는지는 의심스러운 구석이 있다. 미군 정보기관 앞에서 진술하면서 그는 히틀러에 대해서 이런 식으로 말했다. "어디 보자. 그보다는 이렇게 표현하는 게 좋겠네요."(NA, *Hitler Source Book*, 911).

11) *RSA*, V/1, 304-9; Domarus, 125-9.

12) *RSA*, V/1, 316.

13) 이어지는 내용의 전거는 Paul Kluke, 'Der Fall Potempa', *VfZ*, 5(1957), 279-97과 Richard Bessel, 'The Potempa Murder', *Central European History*, 10(1977), 241-54.

14) *RSA*, V/1, 317; Domarus, 130(전보가 언론에 공개되었을 때는 8월 23일로 명기되었다).

15) 괴벨스는 여론이 좋지 않게 돌아간다는 사실을 인정했다(*TBJG*, I.2, 230(1932년 8월 25일)).

16) *RSA*, V/1, 318-20(인용은 319); Domarus, 130; Kluke, 284-5.

17) Papen, 200. 그러나 힌덴부르크는 8월 30일 파펜, 가일, 슐라이허와 만난 자리에서 자기는 정치적 고려는 안중에도 없고 오로지 법에 따를 뿐이라는 입장을 밝혔다. 그러면서 포고령이 발효된 지 한 시간 반 만에 범행이 저질러졌으니까 아마 모르고 그런 짓을 했을 가능성이 높지 않겠느냐면서 은근슬쩍 물러섰다. 대통령의 이런 모호한 발언을 파펜은 가벼운 처벌을 내리라는 뜻으로 받아들였다(Winkler, *Weimar*, 514).

18) Kluke, 286.

19) Kluke, 281.

20) Kluke, 281-2, 인용은 *VB*(1932년 8월 11일).

21) Kluke, 285, 인용은 *VB*(1932년 8월 26일).

22) Vogelsang, 'Zur Politik Schleichers', 89, 110.

23) Brüning, ii.658. 또 Goebbels, *Kaiserhof*, 154-5, *TBJG*, I.2, 235-6(1932년 8월 31일, 1932년 9월 2일)을 보면 히틀러는 슈트라서 일파의 음모와 저항을 처음으로 지적한다.

24) Goebbels, *Kaiserhof*, 160, *TBJG*, II.2, 239(1932년 9월 9일).

25) Brüning, ii.657-9.

26) Winkler, *Weimar*, 519-20; Papen, 215-16.

27) Vogelsang, 'Zur Politik Schleichers', 101.

28) Eberhard Kolb, Wolfram Pyta, 'Die Staatsnotstandsplanung unter den Regierungen Papen und Schleicher', Winkler, *Staatskrise*, 155-81, 특히 161.

29) Winkler, *Weimar*, 518-19; Kolb, Pyta, 165-6. 헌법을 개정해야 한다는 요구가 무성한 것에 대해서는 Hans Mommsen, 'Regierung ohne Parteien. Konservative Pläne zum Verfassungsumbau am Ende der Weimarer Republik', Winkler, *Staatskrise*, 1-18, 특히 3-4.

30) Kolb, Pyta, 166.

31) Deuerlein, *Aufstieg*, 401; Papen, 207; Winkler, *Weimar*, 521; Mommsen, *Die verspielte Freiheit*, 474. 괴링이 보수 민족주의 진영의 지도자들과 교분이 깊었던 것은 히틀러에게 중요했고 괴링도 그 덕분에 나치당에서 고속 승진을 할 수 있었다. 괴링은 1928년에는 의회까지 진출했다.

32) Winkler, *Weimar*, 521.

33) Goebbels, *Kaiserhof*, 159-60(1932년 9월 8일, 1932년 9월 10일), *TBJG*, I.2, 239-240.

34) Goebbels, *Kaiserhof*, 152(1932년 8월 28일), 153(1932년 8월 30일), *TBJG*, I.2, 233-4.

35) Goebbels, *Kaiserhof*, 159(1932년 9월 8일), *TBJG*, I.2, 239(1932년 9월 9일). 괴링은 9월 9일에도 다시 히틀러가 총리가 되어야 한다는 원칙을 강조했다. "슈트라서만 반대한다."(Goebbels, *Kaiserhof*, 160, *TBJG*, I.2, 239(1932년 9월 9일)).

36) Papen, 208.

37) Goebbels, *Kaiserhof*, 162(1932년 9월 12일), *TBJG*, I.2, 241; Papen, 208.

38) 위 내용의 전거는 *Akten der Reichskanzlei. Das Kabinett von Papen*, Karl-Heinz Minuth 엮음, Boppard am Rhein, 1989, ii.543-5; Papen, 208-9; Goebbels, *Kaiserhof*, 162-3(1932년 9월 12일), *TBJG*, I.2, 241-2; Lüdecke, 433-4; Winkler, *Weimar*, 522-4; Schulz, *Von Brüning zu Hitler*, 993-4; Bracher, *Auflösung*, 627-9; Mommsen, *Die verspielte Freiheit*, 475-6.

39) Goebbels, *Kaiserhof*, 163(1932년 9월 12일), *TBJG*, I.2, 242.

40) Mommsen, *Die verspielte Freiheit*, 476.

41) Kolb, Pyta, 166; Winkler, *Weimar*, 528.

42) 정부는 언론을 통제하면서 정치적 내용을 잘 다루지 못하게 했다. 나치는 1932년 여름이 되어서야 라디오 전파를 탈 수 있었다.

43) Goebbels, *Kaiserhof*, 165(1932년 9월 16일), 167(1932년 9월 20일), *TBJG*, I.2, 243-4, 246-7. 전국 지구당에서 재정난으로 어려움을 겪는 내용은 Childers, 'Limits', *The Formation of the Nazi Constituency, 1919-1933*, 236-8.

44) Lüdecke, 438.

45) Domarus, 137. Goebbels, *Kaiserhof*, 176(1932년 10월 4일); *TBJG*, I.2, 254-5(1932년 10월 5일). 히틀러가 사람들에게 자신감을 보였던 내용은 Goebbels, *Kaiserhof*, 174(1932년 10월 2일), *TBJG*, I.2, 252를 보라. 또 히틀러가 승리를 확신했다는 내용은 Goebbels, *Kaiserhof*, 187(1932년 10월 28일), *TBJG*, I.2, 265를 보라.

46) Lüdecke, 461-2, 469, 475-6.

47) Lüdecke, 476.

48) Lüdecke, 479. 위 설명의 전거는 Lüdecke, 475-9와 Goebbels, *Kaiserhof*, 174(1932년 10월 2일), *TBJG*, I.2, 252.

49) Deuerlein, *Aufstieg*, 402-3에는 49차례의 연설을 했다고 나오는데 11월 5일 레겐스부르크 연설은 빠져 있다. Domarus, 138-42에는 47번으로 나오는데 레겐스부르크는 들어갔지만 구머스바흐, 베츠도르프-발멘로트, 림부르크 연설은 빠졌다. Hauner, 85는 47번으로 나오는데 슈바인푸르트, 뷔르츠부르크, 베츠도르프-발멘로트가 빠졌다.

50) Maser, *Hitler*, 317과 주.

51) Gun, *Eva Braun-Hitler*, 55-7. Hoffman, 161-2에는 이 일이 1932년 여름에 일어났다고 나와 있다. 히틀러를 알았던 여자들의 자살 소동에 대해서는 Maser, *Hitler*, 313.

52) Domarus, 141.

53) *VB*, 1932년 10월 14일, IfZ, MA-731, HA 릴 1 폴더 13.

54) *VB*, 1932년 10월 14일, IfZ, MA-731, HA 릴 1 폴더 13.

55) IfZ, MA-731, NSDAP-HA, 릴 1 폴더 13, Pd Hof, 1932년 10월 15일.

56) Domarus, 138.

57) 인용은 IfZ, MA-1220, HA, 릴 1A 폴더 13.

58) IfZ, MA-731, HA 릴 1 폴더 13.

59) Childers, 'Limits', 236, 246-51.

60) Goebbels, *Kaiserhof*, 191(1932년 11월 2일), *TBJG*, I.2, 268. 괴벨스도 참석한 집회에서 환대를 받으니까 히틀러처럼 턱없는 낙관론에 빠져들었는지도 모른다. 10월 31일 슈테틴에서 연설을 하고 나서 괴벨스는 일기에 이렇게 적었다. "어디를 가도 분위기가 좋다. 여기저기서 약진을 했다." 그렇지만 그 다음의 문장은 마음 한구석의 우려를 드러낸다. "분위기가 이대로만 흐른다면 11월 6일이 썩 나쁘지만은 않을 것 같다." 하지만 그 다음날에는 벌써 패배를 예감하고 스스로를 다잡는다. "몇백만 표를 잃는다 하더라도 선방하는 셈이다." Goebbels, *Kaiserhof*, 190(1932년 10월 31일, 1932년 11월 1일), *TBJG*, I.2, 267).

61) IfZ, MA-731, HA 릴 1 폴더 13, Pd Nbg, 1932년 10월 14일.

62) BHStA, MA 102144, RPvNB/OP, 1932년 10월 19일.

63) Goebbels, *Kaiserhof*, 195(1932년 11월 5일), *TBJG*, I.2, 271. 10월 초에 벌써 슈트라서는 40석은 잃을 것이라고 내다보았다(Stachura, *Strasser*, 104).

64) Falter 등, *Wahlen*, 41, 44.

65) Falter, *Hitlers Wähler*, 109.

66) Falter, 'National Socialist Mobilisation', 219.

67) Goebbels, *Kaiserhof*, 196(1932년 11월 6일), *TBJG*, I.2, 272.

68) Goebbels, *Kaiserhof*, 192(1932년 11월 2일), *TBJG*, I.2, 269에서 괴벨스는 선거 운동 자금이 부족한 것을 '고질병'이라고 표현했다. 선거 전날 겨우 1만 마르크를 긁어모아서 마지막 선전에 쏟아 부었다고 썼다(Goebbels, *Kaiserhof*, 195(1932년 11월 5일), *TBJG*, I.2, 271). 독일국가인민당은 자금 사정이 더 좋았기 때문에 당연히 선전량에서는 한 수 위였다(Childers, 'Limits', 238).

69) Childers, 'Limits', 243-4; Goebbels, *Kaiserhof*, 196(1932년 11월 6일), *TBJG*, I.2, 272.

70) BHStA, MA 102151, RPvUF, 1932년 9월 21일.

71) Goebbels, *Kaiserhof*, 196(1932년 11월 6일), *TBJG*, I.2, 272.

72) Childers, 'Limits', 238-42.

73) 공산당 산하의 혁명적 노동조합-반대파가 주도한 이 파업은 베를린 운송 노동자들에게 강요된 임금 삭감에 항의하여 이루어졌다. 임금 삭감의 규모는 원안보다는 많이 줄어들었지만 그래도 공산당은 파업을 밀어붙였다. 사회민주당 계열의 노동조합들은 파업에 반대했지만 국가사회주의 공장세포조직은 파업을 지지했다. 11월 3일에 시작한 파업은 나흘 뒤에 노동자들이 스스로 풀었다. 파업으로 지하철이 완전히 섰고 기차와 버스도 시위대가 막아서는 바람에 발이 묶였다. 시위대와 경찰이 충돌하면서 경찰이 발포를 하여 3명이 죽고 8명이 다치는 등 극심한 혼란이 빚어졌다. Winkler, *Weimar*, 533-5를 보라. 괴벨스는 '혁명적' 상황이 도래했다면서 흥분을 가누지 못했다(Goebbels, *Kaiserhof*,

194(1932년 11월 4일), *TBJG*, I.2, 270)). 11월 선거에서 공산당에게 표를 던진 사람이 늘어난 것은 아마 이 파업 때문이었을 것이고 공산당이 국가사회주의 정권도 얼마든지 상대할 수 있다고 과신한 것도 이런 결과에 고무되었기 때문이었을 것이다. (Christian Striefler, *Kampf um die Macht. Kommunisten und Nationalsozialisten am Ende der Weimarer Republik*, Berlin, 1993, 177-86).

74) Childers, 'Limits', 238.

75) Goebbels, *Kaiserhof*, 192(1932년 11월 2일), *TBJG*, I.2, 268-9.

76) Goebbels, *Kaiserhof*, 194(1932년 11월 4일), *TBJG*, I.2, 270.

77) Childers, 'Limits', 240.

78) Jochmann, *Nationalsozialismus und Revolution*, 416(1932년 11월 3일, 6일).

79) Jochmann, *Nationalsozialismus und Revolution*, 417(1932년 11월 7일, 9일).

80) Winkler, *Weimar*, 536-7.

81) *TBJG*, I.2, 274(1932년 11월 9일).

82) IMT, vol.35, 223-30, Docs.633-D, 634-D ; Domarus, 144-8 ; *AdR, Kabinett von Papen*, ii.952-60 ; Goebbels, *Kaiserhof*, 199(1932년 11월 9일), *TBJG*, I.2, 276 ; Papen, 212-13 ; Bracher, *Auflösung*, 659-60, 주31 ; Winkler, *Weimar*, 543.

83) *AdR, Kabinett von Papen*, ii.951-2(파펜과 셰퍼의 1932년 11월 16일 회동). 또 Winkler, *Weimar*, 541, 543도 보라.

84) Hubatsch, *Hindenburg*, 353.

85) Papen, 214 ; Winkler, *Weimar*, 543.

86) Eberhard Czichon, *Wer verhalf Hitler zur Macht? Zum Anteil der deutschen Industrie an der Zerstörung der Weimarer Republik*, Köln(1967), 3판, 1972, 69-71.

87) Turner, *German Big Business*, 303-4 ; Winkler, *Weimar*, 540-41.

88) Lüdecke, 413.

89) Hubatsch, 350-52 ; Goebbels, *Kaiserhof*, 206(1932년 11월 20일), *TBJG*, I.2, 282.

90) Goebbels, *Kaiserhof*, 207(1932년 11월 20일), *TBJG*, I.2, 282.

91) Hubatsch, 350-52 ; Domarus, 149 ; Goebbels, *Kaiserhof*, 207-8(1932년 11월 20일, 1932년 11월 21일), *TBJG*, I.2, 282-3.

92) Domarus, 150(1932년 11월 21일).

93) Hubatsch, 353-6 ; Domarus, 151 ; 1932년 11월 21일 힌덴부르크와 히틀러의 2차 회동 뒤에 나온 성명.

94) Hubatsch, 354-5 ; Domarus, 152(1932년 11월 21일) ; Goebbels, *Kaiserhof*, 208(1932년 11월 21일), *TBJG*, I.2, 283.

95) Hubatsch, 356-7 ; Domarus, 153-4(1932년 11월 22일) ; Goebbels, *Kaiserhof*, 208(1932년 11월 23일), *TBJG*, I.2, 283.

96) Goebbels, *Kaiserhof*, 209(1932년 11월 23일), *TBJG*, I.2, 284.

97) Hubatsch, 358-61 ; Domarus, 154-7(1932년 11월 23일).

98) Domarus, 157 주274.

99) Hubatsch, 361-2 ; Domarus, 158(1932년 11월 24일).

100) 이 문제에 관해서 히틀러가 마지막으로 쓴 편지는 Domarus, 159 ; Goebbels, *Kaiserhof*, 209-10(1932년 11월 24일), *TBJG*, I.2, 284.

101) Hubatsch, 365-6.

102) Vogelsang, 'Zur Politik Schleichers', 104-5; Goebbels, *Kaiserhof*, 209(1932년 11월 23일), *TBJG*, I.2, 284.

103) Stachura, *Strasser*, 107.

104) *TBJG*, I.2, 288(1932년 12월 2일); Domarus, 161. 튀링겐 지방 선거 때문에 바이마르에 가 있던 히틀러는 슐라이허를 만나러 베를린으로 가기를 거절했다.

105) Vogelsang, 'Zur Politik Schleichers', 105, 주44.

106) Papen, 216-23; Vogelsang, 'Zur Politik Schleichers', 105-7, 110-11, 주65; Winkler, *Weimar*, 547-50, 553-5; Kolb, Pyta, 170-77. 사회민주당의 지지를 얻어낼 수 있을 것이라는 슐라이허의 기대는 망상이었을지 모르지만 사회민주당이 파펜이나 히틀러보다는 슐라이허가 그나마 낫다고 생각한 것은 사실이었다. 그렇지만 슐라이허는 군부와 관계가 원만했다. 또 노동조합도 슐라이허에게 우호적이었다.

107) Peter D. Stachura, '"Der Fall Strasser": Strasser, Hitler, and National Socialism, 1930-1932', Stachura, *Shaping*, 88-130, 특히 88.

108) Hanfstaengl, *15 Jahre*, 281. 슈펭글러의 인용문은 우익 지식인들이 히틀러를 깔본 것이 얼마나 위험한 일이었는지를 다시 한 번 드러낸다. 서구 문명의 몰락에 관한 책으로 유명해진 슈펭글러는 민주주의에 반대한 문화 비관론자였다. 나치의 저속함에 대한 혐오를 슈펭글러는 1936년 죽을 때까지 버리지 않았다.

109) Goebbels, *Kaiserhof*, 217-18(1932년 12월 6일), *TBJG*, I.2, 294.

110) Stachura, 'Der Fall Strasser', 103, 108.

111) Turner, *German Big Business*, 311-12.

112) Stachura, 'Der Fall Strasser', 90-91.

113) Stachura, 'Der Fall Strasser', 94-95; Turner, *German Big Business*, 148-9.

114) Turner, *German Big Business*, 311-12.

115) Krebs, 191-2; Stachura, 'Der Fall Strasser', 96-7. 30대 초반의 정치 평론가였던 한스 체러는 뜻을 같이하는 동료들과 *Die Tat* 곧 〈행동〉이라는 잡지를 1929년에 창간하여 바이마르 공화국의 위기에 담긴 깊은 의미를 파헤치고 있었다. 체러는 바이마르 공화국의 붕괴는 곧 자본주의의 붕괴를 뜻하며 그 이후로는 국가사회주의 시대가 열릴 것이라고 보았다. 그 점에서는 그레고어 슈트라서와 생각이 비슷했다. 행동 서클은 1932년 여름 슐라이허 장군과 돈독한 관계를 맺었다. (Kurt Sontheimer, 'Der Tatkries', *VfZ*, 7(1959), 229-60; Benz-Graml, *Biographisches Lexikon*, 375-6; Winkler, *Weimar*, 525, 551; Mommsen, 'Regierung ohne Parteien. Konservative Pläne zum Verfassungsumbau am Ende der Weimarer Republik', Winkler, *Staatskrise*, 5-9, 15-17; Sontheimer, *Antidemokratisches Denken*, 205-6, 268-9).

116) 경제관에 대한 미국 언론인 니커보커의 날카로운 추궁에 슈트라서가 쩔쩔맨 내용은 Hanfstaengl, *15 Jahre*, 281-2.

117) Tyrell, *Führer*, 316.

118) 브뤼닝과 사이가 좋아서 그랬을 테지만 1932년 8월 말과 9월에 슈트라서는 나치당이 가톨릭 중앙당과 손을 잡아야 한다고 역설했다(Stachura, 'Der Fall Strasser', 101). 1932년 3월 23일에 이미 슈트라서는 그라프 레벤틀로프에게 편지를 보내 (동네방네 소문을 낼 필요는 없을지 몰라도) 당이 연정을 받아들일 준비를 해야 한다고 썼다. 그리고 그전에, 그러니까 1931년 9월 12일 브란덴부르크 관구장으로 있던 슐랑게에게 보낸 편지에서는 '우익 내각'을 통해서만 권력을 잡을 수 있다고 주장했다(Tyrell, *Führer*, 316, 343-5).

119) Stachura, *Strasser*, 103.

120) Stachura, 'Der Fall Strasser', 97–100.

121) Wagener, 477–80; Stachura, *Strasser*, 103–4.

122) Frank, 108.

123) Goebbels, *Kaiserhof*, 154(1932년 8월 31일), *TBJG*, I.2, 235.

124) Goebbels, *Kaiserhof*, 156(1932년 9월 3일), *TBJG*, I.2, 236.

125) Goebbels, *Kaiserhof*, 159–60(1932년 9월 8일, 9일), *TBJG*, I.2, 238–9.

126) Goebbels, *Kaiserhof*, 169–70(1932년 9월 25일), *TBJG*, I.2, 248.

127) Stachura, *Strasser*, 108.

128) Hanfstaengl, *15 Jahre*, 282.

129) Goebbels, *Kaiserhof*, 216(1932년 12월 5일), *TBJG*, I.2, 292–3; Stachura, *Strasser*, 108.

130) Stachura, *Strasser*, 108–12; Stachura, 'Der Fall Strasser', 108–9.

131) Hinrich Lohse, 'Der Fall Strasser', 미출간 타자 원고, 1960년경, Forschungsstelle für die Geschichte des Nationalsozialismus, Hamburg, 20–22절.

132) Goebbels, *Kaiserhof*, 218(1932년 12월 8일), *TBJG*, I.2, 295.

133) Stachura, 'Der Fall Strasser', 113–15에 나오는 편지 내용.

134) Lohse, 23절.

135) Lohse, 23–8절. Goebbels, *Kaiserhof*, 219(1932년 12월 8일), *TBJG*, I.2, 295.

136) *TBJG*, I.2, 295(미출간 원고, 1932년 12월 9일); 출간된 내용(Goebbels, *Kaiserhof*, 220(1932년 12월 8일), *TBJG*, I.2, 296–7)에는 '총으로'라는 표현이 들어가 있다.

137) Goebbels, *Kaiserhof*, 220(1932년 12월 8일), *TBJG*, I.2, 297–8.

138) Domarus, 166.

139) Lohse, 30절; Orlow, i.293–6.

140) Stachura, 'Der Fall Strasser', 112.

141) Lohse, 30–33절; Domarus, 165; Stachura, 'Der Fall Strasser', 112; Orlow, i.293.

142) Domarus, 165; *TBJG*, I.2, 299(1932년 12월 10일, 미출간).

143) *TBJG*, I.2, 299(1932년 12월 10일, 미출간).

144) Domarus, 166–7; Orlow, i.293; Goebbels, *Kaiserhof*, 226(1932년 12월 16일), *TBJG*, I.2, 309; Lohse, 31절.

145) Stachura, *Strasser*, 116, 118–19.

146) Lohse, 33절; *TBJG*, I.2, 340(1933년 1월 17일); Domarus, 180.

147) Goebbels, *Kaiserhof*, 243(1933년 1월 16일), *TBJG*, I.2, 340–41. 출간되지 않은 일기에는 좀 더 무미건조하게 씌어졌다. "이제는 오라는 데가 없으니 …… 볼장 다 본 것이다. 그래도 싸다."(*TBJG*, I.2, 340–41).

148) BDC, Gregor Strasser, Parteikorrespondenz, Antragsschein zum Erwerb des Ehrenzeichens der alten parteimitglieder der NSDAP, 1934년 1월 29일; Besitzurkunde, 1934년 2월 1일.

149) BDC, OPG-Akte Albert Pietzsch, 그레고어 슈트라서가 루돌프 헤스에게 1934년 6월 18일에 보낸 편지.

150) Stachura, 'Der Fall Strasser', 110.

151) Stachura, 'Der Fall Strasser', 113.

152) BAK, NS 22/110, 'Denkschrift über die inneren Gründe für die Verfügungen zur

Herstellung einer erhöhten Schlagkraft der Bewegung'; Orlow, i.294-6. *TBJG*, II.7, 177(1943년 1월 23일)). 각서가 만들어지고 나서 나온 당 기구 개편을 위한 지시는 12월 9일에 결정된 조직 변화를 실천했다(Orlow, i.293과 주234, 294와 주239). 괴벨스는 전황이 위기로 치닫던 1943년 1월 각서 한 부를 히틀러에게 보여주고 나서 일기에다 이 각서는 '논증의 고전이 될 만한' 내용이라서 지금도 나무랄 데가 없다고 썼다(*TBJG*, II.7, 177(1943년 1월 23일)).

153) BAK, NS 22/110.

154) Orlow, i.296.

155) Abelshauser, Faust, Petzina 엮음, *Deutsche Sozialgeschichte 1914-1945*, 327-8; Petzina 등, *Sozialgeschichtliches Arbeitsbuch III*, 61, 70, 84.

156) Deuerlein, *Aufstieg*, 411.

157) Abelshauser, *Deutsche Sozialgeschichte*, 328.

158) Allen, 136-7; Abelshauser, *Deutsche Sozialgeschichte*, 343-4.

159) Siegfried Bahne, 'Die Kommunistische Partei Deutschlands', Erich Matthias, Rudolf Morsey 엮음, *Das Ende der Parteien 1933*, Königstein/Ts., 1979, 655-739, 특히 662. 실업자들의 급진화 양상에 대해서는 Anthony McElligott, 'Mobilising the Unemployed : The KPD and the Unemployed Workers' Movement in Hamburg-Altona during the Weimar Republic', Evans, Geary 엮음, *The German Unemployed*, 228-60; Eva Rosenhaft, *Beating the Fascists? The German Communists and Political Violence*, 1929-1933, London, 1983.

160) Fischer, *Stormtroopers*, 특히 45-8과 8장.

161) Detlev Peukert, 'The Lost Generation : Youth Unemployment at the End of the Weimar Republic', Evans, Geary 엮음, *The German Unemployed*, 172-93, 특히 188-9; Peter D. Stachura, 'The Social and Welfare Implications of Youth Unemployment in Weimar Germany', Stachura, *Unemployment*, 121-47, 특히 140.

162) Cornelia Rauh-Kühne, *Katholisches Milieu und Kleinstadtgesellschaft. Ettlingen 1918-1939*, Sigmaringen, 1991, 270.

163) 이 점을 지적한 것이 Dick Geary, 'Unemployment and Working-Class Solidarity : the German Experience 1929-1933', Evans, Geary 엮음, *The German Unemployed*, 261-80. 이밖에 같은 책(194-227)에 실린 Eva Rosenhaft, 'The Unemployed in the Neighbourhood : Social Dislocation and Political Mobilisation in Germany, 1929-1933'도 보라.

164) 다음과 같은 예가 많다. BHStA, MA 102151, RPvUF, 1933년 1월 5일; MA 102138, RPvOB, 1932년 12월 5일.

165) BHStA, MA 102154, RPvMF, 1932년 10월 19일.

166) BHStA, MA 102154, RPvOF/MF, 1933년 1월 5일(안스바흐 지구당의 보고서를 인용).

167) BHStA, MA 106672, RPvNB/OP, 1933년 1월 19일.

168) BHStA, MA 106672, RPvNB/OP, 1933년 2월 3일.

169) BHStA, MA 102144, RPvNB/OP, 1932년 12월 6일.

170) BHStA, MA 106672, RPvNB/OP, 1933년 2월 3일, 1933년 2월 20일.

171) 이념적 성향, 불만의 정도, 이런저런 고정관념은 Merkl, 450-527.

172) BHStA, MA 102155/3, RPvNB/OP, 1932년 12월 16일(에버만슈타트 지구당 보고서를

인용).

173) Heinrich August Winkler, 'German Society, Hitler, and the Illusion of Restoration 1930-1933', *Journal of Contemporary History*, 11(1976), 10-11; Heinrich August Winkler, *Mittelstand, Demokratie und Nationalsozialismus*, Köln, 1972, 166-79.

174) Michael H. Kater, 'Physicians in Crisis at the End of the Weimar Republic', Stachura, *Unemployment*, 49-77을 보라. 바이마르 체제가 제3제국의 의료 활동에 끼친 영향과 독일 의사들이 국가사회주의에 솔깃한 이유에 대해서는 Michael H. Kater, *Doctors under Hitler*, Chapel Hill/London, 1989, 특히 12-15.

175) 근거는 Peukert, 'The Lost Generation'; Elizabeth Harvey, 'Youth Unemployment and the State : Public Policies towards Unemployed Youth in Hamburg during the World Economic Crisis', Evans, Geary 엮음, *The German Unemployed*, 142-71; Stachura, 'The Social and Welfare Implications of Youth Unemployment in Weimar Germany'; Elizabeth Harvey, *Youth and the Welfare State in Weimar Germany*, Oxford, 1993; Abelshauser, *Sozialgeschichtliches Arbeitsbuch*, 332-4; Stachura, *The Weimar Republic and the Younger Proletariat*; Peter D. Stachura, *The German Youth Movement 1900-1945. An Interpretative and Documentary History*, London, 1981; Peter Loewenberg, 'The Psychohistorical Origins of the Nazi Youth Cohort', *American Historical Review*, 76(1971), 1457-1502; Peter D. Stachura, *Nazi Youth in the Weimar Republic*, Santa Barbara/Oxford, 1975; Kater, 'Generationskonflikt als Entwicklungsfaktor in der NS-Bewegung vor 1933', 217-43.

176) Karin Hausen, 'Unemployment Also Hits Women : the New and the Old Woman on the Dark Side of the Golden Twenties in Germany', Stachura, *Unemployment*, 78-120, 특히 112; Helgard Kramer, 'Frankfurt's Working Women : Scapegoats of Winner of the Great Depression?', Evans, Geary 엮음, *The German unemployed*, 108-41, 특히 134; Renate Bridenthal, 'Beyond Kinder, Küche, Kirche : Weimar Women at Work', *Central European History*, 6(1973), 148-66; Tim Mason, 'Women in Germany, 1925-1940 : Family, Welfare, and Work', *History Workshop Journal*, 1(1976), 74-113; Richard J. Evans, 'German Women and the Triumph of Hitler', *Journal of Modern History*, 48(1976), 1-53; Helen L. Boak, 'Women in Weimar Germany : the "Frauenfrage" and the Female Vote', Richard Bessel, E. J. Feuchtwanger 엮음, *Social Change and Political Development in the Weimar Republic*, London, 1981, 155-73, 특히 165-8.

177) Allen, 146.

178) Allen, 147.

179) 독일에 살던 유대인의 인구 동향과 사회적 신분에 대한 통계는 Werner Mosse 엮음, *Entscheidungsjahr. Zur Judenfrage in der Endphase der Weimarer Republik*, Tübingen, 1965, 87-131(전체 인구에서 유대인이 차지하는 비율은 94). 또 Helmut Genschel, *Die Verdrängung der Juden aus der Wirtschaft im Dritten Reich*, Göttingen, 1966, 20-28.

180) Deuerlein, *Aufstieg*, 411. Tyrell, Führer, 352도 보라. 이에 따르면 1933년 1월 30일 현재 당원은 143만 5,530명이다. 당원 번호는 죽 이어서 붙였고 중간에 탈당한 사람은 감안하지 않았으므로 실제 당원 수는 이것보다는 많이 적었다.

181) Fischer, *Stormtrooper*, 6.

182) Fischer, *Stormtrooper*, 6장에 따르면 돌격대원을 모집하는 데 이념은 중요한 변수가 아니
   었다.

183) Niewyk, 82 주2.

184) Arnold Paucker, *Der jüdische Abwehrkampf gegen Antisemitismus und Nationalsozialismus
   in den letzten Jahren der Weimarer Republik*, Hamburg, 1968 ; Niewyk, 86ff.

185) Niewyk, 82-6.

186) Peter Gay, 'In Deutschland zu Hause …… Die Juden der Weimarer Zeit', Arnold
   Paucker 엮음, *Die Juden im Nationalsozialistischen Deutschland 1933-1943*, Tübingen,
   1986, 31-43.

187) Lion Feuchtwanger, *Die Geschwister Oppermann*, Fischer판, Frankfurt, 1983, 116. 이
   소설은 히틀러가 집권하기 몇 달 전 유대인 중산층이 불안을 느끼면서도 한편으로는 얼
   마나 사태를 안이하게 받아들였는지를 생생히 그린다. 가령 15-16, 69, 119-32를 보라.

188) Richard J. Evans, 'Die Todesstrafe in der Weimarer Republik', Bajohr 등,
   Zivilisation und Barbarei, 156-61 ; Richard J. Evans, *Rituals of Retribution : Capital
   Punishment in Germany*, 1600-1987, Oxford, 1996, 13장. 특히 604-10.

189) Noakes, 'Nazism and Eugenics', 84-5.

190) 당시 사람들이 히틀러에 대해서 품던 다양한 인상을 훌륭하게 분석한 것은 Schreiber, 1
   부.

191) Turner, *German Big Business*, 314-5, 460 주2 ; Papen, 225-6. 슈뢰더의 집에서 이루어진
   파펜과 히틀러의 회동에 대해서는 Turner, *Hitler's Thirty Days to Power*, 42-52.

192) *Geschichte der deutschen Arbeiterbewegung*, Institut für Marxismus-Leninismus beim
   Zentralkomitee der SED 엮음, East Berlin, 1966, iv.604-7.

193) Turner, *German Big Business*, 315-17.

194) Turner, *German Big Business*, 311-12.

195) Turner, *German Big Business*, 321-2.

196) Winkler, *Weimar*, 570-72 ; Turner, *German Big Business*, 324.

197) Papen, 227-8.

198) Winkler, *Weimar*, 568.

199) Domarus, 175 ; Papen, 227 ; Winkler, *Weimar*, 569 ; Goebbels, *Kaiserhof*, 235(1933년
   1월 5일), *TBJG*, I.2, 328(1933년 1월 6일, 미출간).

200) *Geschichte der deutschen Arbeiterbewegung*, iv.604-7 ; Deuerlein, *Aufstieg*, 411-14, 특히
   412.

201) Deuerlein, *Aufstieg*, 412.

202) *TBJG*, I.2, 332(1933년 1월 10일, 미출간).

203) Papen, 228 ; Deuerlein, *Aufstieg*, 412-13 ; Winkler, *Weimar*, 568.

204) Meissner, *Staatsekretär*, 261-2 ; Turner, *Hitler's Thirty Days to Power*, 50-51.

205) Ribbentrop, 22 주1.

206) Falter 등, *Wahlen*, 96.

207) 리페 선거 운동 자금을 대기업에서 댔다는 소문이 그 당시에 꾸준히 나돌았지만 그것은
   사실과 다르다. 선거 운동 자금은 당 스스로 조달했다. 히틀러 같은 유명 연사가 나선 집
   회에서는 평소보다 입장료를 비싸게 받았다. 그렇게 걷은 돈은 바로 선거 운동에 쏟아 부
   었다. 채권자들의 빚 독촉에 몰린 적도 여러 번 있었고 대관료가 없어서 집회를 못할 뻔

한 적도 있었다. Turner, *German Big Business*, 318, 463 주25.

208) Winkler, *Weimar*, 573. 선거에 대한 총체적 분석은 Jutta Ciolek-Kümper, *Wahlkampf in Lippe*, München, 1976. 리페에서 이루어진 나치의 선전 활동은 Paul, *Aufstand der Bilder*, 109-10.

209) 1933년 1월 4일부터 14일까지. Domarus, 175-80; Ciolek-Kümper, 318-64. 히틀러가 연설을 한 곳에서는 나치의 지지율이 평균을 웃돌았다(Ciolek-Kümper, 264).

210) Falter 등, *Wahlen*, 96; Deuerlein, *Aufstieg*, 415; Winkler, *Weimar*, 574. 그렇게 선전 공세를 퍼부었지만 리페 선거는 다수당 체제에서 나치가 지지 기반을 넓히는 데 한계가 있음을 보여주었다. 최근의 실증적 분석도 선전이 효과를 낸 것은 이미 이념적으로 사람들이 그쪽으로 기울어 있었기 때문이었다는 견해가 맞다는 사실을 입증한다. (Dieter Ohr, *Nationalsozialistische Propaganda und Weimarer Wahlen. Empirische Analysen zur Wirkung von NSDAP-Versammlungen*, Opladen, 1997.)

211) 괴벨스의 일기 1933년 1월 16일자를 보라. "당은 다시 상승세를 타고 있다. 애쓴 보람이 있었다." (*TBJG*, I.2, 339).

212) 슐라이허는 1월 16일 내각 회의가 열릴 때까지도 슈트라서의 지지를 얻어낼 수 있으리라는 희망을 완전히 접지 않았고 슈트라서의 지지자들도 그런 기대를 완전히 포기하지는 않았다. 이런 노력과 함께 슈트라서가 힌덴부르크 대통령을 만났다는 소식을 접하면서 히틀러 진영에서는 불신이 확산되었다(Turner, *Hitler's Thirty Days to Power*, 60-61).

213) Papen, 234; Winkler, *Weimar*, 571-2, 578-80, 606-7; Turner, *German Big Business*, 324.

214) Winkler, *Weimar*, 574-5.

215) Ribbentrop, 22-3. 히틀러와 협의를 하고 리벤트로프는 그 전날인가 전전날인가 만남을 주선하려고 했지만 두 사람의 일정 때문에 성사되지 못했다. 파펜은 회고록에서 1월 4일부터 22일까지 히틀러를 만난 적이 없다고 주장했다(Papen, 236). 리벤트로프 부인이 남긴 기록을 보면 그동안 두 번의 만남이 있었다(Ribbentrop, 22-3).

216) Ribbentrop, 23; Papen, 235.

217) *TBJG*, I.2, 346(1932년 1월 22일, 미출간). 괴벨스는 이틀 뒤, 그러니까 1월 24일에야 만남 소식을 들은 것으로 보인다(*TBJG*, I.2, 349(1933년 1월 25일, 미출간).

218) Domarus, 181-2; *TBJG*, I.2, 348(1932년 1월 23일, 미출간). 괴벨스는 히틀러의 심기가 편치 않았던 것은 살해당한 돌격대 지도자 베셀의 추모제에서 베셀의 어머니가 언짢게 굴었기 때문이라고 설명했다(*TBJG*, I.2, 347-8).

219) Papen, 235.

220) Hans Otto Meissner, Harry Wilde, *Die Machtertreifung*, Stuttgart, 1958, 148ff., 특히 162-3; Domarus, 183(여기에는 똑같은 조건이라고 나오지만 그렇지 않다. 게다가 전에는 괴링 문제도 정리되지 않았었다). 또 Winkler, *Weimar*, 580도 보라.

221) *TBJG*, I.2, 349(1933년 1월 25일, 미간).

222) Ribbentrop, 23.

223) Winkler, *Weimar*, 580. Otto Meissner, *Staatssekretär*, 263은 리벤트로프의 집에서 이루어진 만남을 짤막하게 전하면서 이런 대화 내용은 거론하지 않는다. 히틀러가 워낙 양보를 많이 하고 비장한 각오로 나오니까 총리 자리를 안 줄 수가 없겠더라고 오스카르 폰 힌덴부르크가 씁쓸하게 인정했다는 한스 오토 마이스너와 해리 와일드의 진술은 원래 오토 마이스너의 입에서 나온 말이다(Meissner-Wilde, 163, 291 주37).

224) *TBJG*, I.2, 349(1933년 1월 25일, 미간).

225) Papen, 236; Winkler, *Weimar*, 581. 왜 그랬는지 이유는 명쾌히 알 수 없지만 슐라이허는 바이마르 헌법의 허점을 잘만 이용하면 설령 신임 투표에서 진다 하더라도 야당들이 총리직과 내각 구성에 합의하지 못하면 정국 관리를 명분으로 무한정 버틸 수 있을 것이라는 국방부 참모의 조언이 있었음에도 법률 전문가들과의 협의를 거쳐 그 내용을 힌덴부르크 대통령에게 보고하지 않았다(Turner, *Hitler's Thirty Days to Power*, 118-21, 124-5).

226) Ribbentrop, 23.

227) Winkler, *Weimar*, 581-3, 587-9.

228) Akten der Reichskanzlei. *Das Kabinett von Schleicher*, Anton Golecki 엮음, Boppard am Rhein, 1986, 306-11, Nr.71-2; Papen, 237-8; Winkler, *Weimar*, 584-6.

229) *Schulthess' Europäischer Geschichtskalender 1933*, Bd. 74, München, 1934, 28-30; *AdR, Kabinett von Schleicher*, 316-19, Nr.77. 또 Winkler, *Weimar*, 586을 보라.

230) Papen, 239. 그밖에 *AdR, Kabinett von Schleicher*, 318도 보라.

231) Ribbentrop, 25.

232) Winkler, *Weimar*, 584.

233) Ribbentrop, 24-5.

234) Papen, 239; *Winkler, Weimar*, 589. 3차 회동에서 바이에른국민당 대표 프리츠 셰퍼는 자기 당과 가톨릭 중앙당의 입장을 대변하여 말했겠지만 히틀러가 이끄는 의회 정부를 지지할 용의가 있다고 밝혔다. 그러나 의회에 기대지 않겠다는 히틀러의 생각은 단호했다.

235) Papen, 239.

236) Ribbentrop, 25; Papen, 241. 히틀러는 대통령이 그를 프로이센 제국통제관으로 임명하지 않을 것이라는 이야기를 1월 29일 들었다.

237) *AdR, Kabinett von Schleicher*, 318; Papen, 240; Winkler, *Weimar*, 589.

238) Papen, 240; Winkler, *Weimar*, 590.

239) Papen, 241; Deuerlein, *Aufstieg*, 417; Winkler, *Weimar*, 590-91.

240) *TBJG*, I.2, 355(1933년 1월 30일, 미출간); 357(1933년 1월 31일, 미출간).

241) Papen, 241.

242) Hubatsch, 347(1932년 11월 18일).

243) Theodore Duesterberg, *Der Stahlhelm und Hitler*, Wolfenbüttel/Hanover, 1949, 38-9. 보수적인 퇴역 군인들이 결성한 철모단이라는 단체의 지지를 받을 수 있을지는 아직 미지수였다. 젤테는 설득돼서 넘어왔는데 뒤스터베르크는 전에 순수 독일인 혈통이 아니라고 나치당한테 공격을 받아서 아직도 앙금이 남아 있었다. 뒤스터베르크는 히틀러가 당이 전에 그런 공격을 한 것을 유감스럽게 생각한다면서 그것은 자기가 시킨 일이 아니라고 눈물까지 글썽이며 해명하자 1월 30일 오전에 가서야 지지 의사를 밝혔다(Duesterberg, 40; Winkler, *Weimar*, 592). 후겐베르크가 자신의 오류를 깨닫는 데는 오랜 시간이 걸리지 않았다. 히틀러가 총리에 임명된 다음날 후겐베르크는 "어제 나는 인생 최대의 실수를 저질렀다. 세계사에서 전무후무한 선동꾼과 같은 편에 선 것이다."라는 말을 한 것으로 알려졌다(Gerhard Ritter, *Carl Goerdeler und die deutsche Widerstandsbewegung*, Stuttgart, 1956, 64. 이밖에 Larry Eugene Jones, "The Greatest Stupidity of My Life". Alfred Hugenberg and the Formation of the Hitler Cabinet, January 1933', *Journal of Contemporary History*, 27(1992), 63-87).

244) Papen, 242.

245) Lutz Graf Schwerin von Krosigk, *Es geschah in Deutschland*, Tübingen/Stuttgart, 1951, 147. 완고한 보수주의자로 나치를 철저히 혐오했던 에발트 폰 클라이스트-슈멘친은 나중에 그런 반대의 대가를 톡톡히 치르면서 죽음을 맞이하는데, 파펜은 이 사람에게 두 달만 지나면 히틀러를 꼼짝 못하게 만들 수 있다고 큰소리쳤다. 클라이스트-슈멘친은 그런 가정을 통렬히 공박했다(Bodo Scheurig, *Ewald von Kleist-Schmenzin. Ein Konservativer gegen Hitler*, Frankfurt am Main, 1994, 121).

246) *TBJG*, I.2, 355(1933년 1월 30일, 미출간).

247) Ribbentrop, 26; Winkler, *Weimar*, 590-91.

248) *TBJG*, I.2, 355-6(1933년 1월 30일, 미출간). 히틀러는 1942년 5월 21일 베를린으로 가는 특별 열차에서 정권을 잡기까지의 일을 회상하면서도 알펜스레벤이 한 말을 똑똑히 기억했다(Picker, 364).

249) Papen, 242-3; Duesterberg, 39; Winkler, *Weimar*, 591-2.

250) Papen, 243-4; Duesterberg, 40-41; Meissner, *Staatssekretär*, 269-70; Winkler, *Weimar*, 592.

251) *AdR, Kabinett von Schleicher*, 322-3; Meissner, *Staatssekretär*, 270. 놀랍게도 재무장관 슈베린 폰 크로지크는 이때 히틀러를 처음 보았다. 총리실에 도착하기 30분 전까지도 그는 히틀러가 아니라 파펜이 총리에 취임하는 것으로 알고 있었다(*AdR, Kabinett von Schleicher*, 321-3. Krosigk, *Es geschah im Deutschland*, 193; Turner, *Hitler's Thirty Days to Power*, 156-7).

252) Meissner, *Staatssekretär*, 270; Papen, 244; Hans Otto Meissner, 30. *Januar 1933. Hitlers Machtergreifung*, München, 1979, 275-6(388 주31에 있는 힌덴부르크의 답변은 오토 마이스너의 구두 설명에 바탕을 둔 것); Winkler, *Weimar*, 593.

253) *TBJG*, I.2, 357(1933년 1월 31일, 미출간).

254) 지식인들이 국가사회주의를 얼마나 과소평가했는지는 토마스 만이 1933년 1월 12일 프로이센 교육장관 아돌프 그리메에게 보낸 편지에서 여실히 드러난다. "활발하고 민주적인 독일은 현재의 정국이 일시적인 현상에 불과하며 온갖 어려움에도 불구하고 미래는 결국 민주 독일의 편이라고 믿어도 좋다고 저는 확신합니다. 치솟는 민족주의 감정은 이미 사그라진 불길이 뒤늦게 마지막으로 한번 반짝 하고 마는 것이므로 죽어가는 불길을 새로운 생명의 광휘로 착각해서는 안 됩니다."(Deuerlein, *Aufstieg*, 414)

255) 독일의 지주 엘리트에 대해서는 Wolfgang Zollitsch, 'Adel und adlige Machteliten in der Endphase der *Weimar*er Republik. Standespolitik und agrarische Interessen', Winkler, *Staatskrise*, 239-56; Horst Gies, 'NSDAP und landwirtschaftliche Organisationen in der Endphase der Weimarer Republik', *VfZ*, 15(1967), 341-76; Dieter Gessner, *Agrarverbände in der Weimarer Republik*, Düsseldorf, 1976; Gustavo Corni, Horst Gies, *Brot, Butter, Kanonen : Die Ernährungswirtschft in Deutschland unter der Diktatur Hitlers*, Berlin, 1997, 1부. 군부 엘리트에 대한 가장 짜임새 있는 연구는 Michael Geyer의 *Aufrüstung oder Sicherheit. Die Reichswehr in der Krise der Machtpolitik 1924-1936*, Wiesbaden, 1980과 그의 좀 더 일반적인 연구서 *Deutsche Rüstungspolitik 1860-1980*, Frankfurt am Main, 1984, 188-39, 그리고 'Etudes in Political History : Reichswehr, NSDAP, and the Seizure of Power', Peter D. Stachura 엮음, *The Nazi Machtergreifung*, London, 1983, 101-23과 'Professionals and Junkers : German

Rearmament and Politics in the Weimar Republic', Bessel, Feuchtwanger, 77-133.

256) 1933년 1월 말 대기업의 입장에 대해서는 Turner, *German Big Business*, 318-28과 Reinhard Neebe, *Großindustrie, Staat und NSDAP 1930-1933*, Göttingen, 1981.

257) 카를 마르크스와 프리드리히 엥겔스가 말한 보나파르티즘 모델로 히틀러의 집권을 설명하려고 시도한 것은 Eberhard Jäckel, 'Wie kam Hitler an die Macht?', Karl Dietrich Erdmann, Hagen Schulze 엮음, *Weimar. Selbstpreisgabe einer Demokratie*, Düsseldorf, 1980, 305-21.

258) Friedrich Meinecke, *Die deutsche Katastrophe*, 3판, Wiesbaden, 1947, 특히 11-12, 39-40은 이 점을 지적한다.

259) 이런 의식의 가닥을 철저히 파헤친 것은 Mosse, *Crisis*, 특히 1부.

260) 이 분야의 영향력 있는 연구서로는 David Blackbourn, Geoff Eley, *The Peculiarities of German History*, Oxford, 1984가 있다. 독일의 특수성에 대한 논의는 *Deutscher Sonderweg— Mythos oder Realität, Kolloquien des Instituts für Zeitgeschichte*, München/Wien, 1982. 결코 필연적이었다고 말할 수는 없지만 국가사회주의와 히틀러의 독재를 가능케 한 독일 역사의 복잡다단한 연속성을 정밀하게 분석한 것은 Thomas Nipperdey, '1933 und Kontinuität der deutschen Geschichte', *Historische Zeitschrift*, 227(1978), 86-111.

261) Lothar Kettenacker, 'Sozialpsychologische Aspekte der Führer-Herrschaft', Gerhard Hirschfeld, Lothar Kettenacker 엮음, *Der 'Führerstaat' : Mythos und Realität. Studien zur Struktur und Politik des Dritten Reiches*, Stuttgart, 1981, 98-132.

262) *Regensburger Anzeiger*, 1933년 1월 31일.

263) Sebastian Haffner, *Geschichte eines Deutschen. Die Erinnerungen 1914-1933*, Stuttgart-München, 2000, 104-6.

11장 독재자 탄생

1) Jochmann, *Nationalsozialismus und Revolution*, 421.

2) Julius Leber, *Ein Mann geht seinen Weg*, Berlin, 1952, 90.

3) Josef Becker, Ruth Becker 엮음, *Hitlers Machtergreifung. Dokumente vom Machtantritt Hitlers 30. Januar 1933 bis zur Besiegelung des Einparteienstaates 14. Juli 1933*, 2판, München, 1992, 45. 인용은 *Schwäbische Volkszeitung*, 1933년 2월 7일.

4) Becker, *Hitlers Machtergreifung*, 32.

5) Becker, *Hitlers Machtergreifung*, 34-5.

6) John Conway, *The Nazi Persecution of the Churches 1933-1945*, London, 1968, 9.

7) H. Rößler, 'Erinnerungen an den Kirchenkampf in Coburg', *Jahrbuch der Coburger Landesstiftung*(1975), 155-6.

8) Theophil Wurm, *Erinnerungen aus meinem Leben*, Stuttgart, 1953, 84.

9) Klaus Scholder, *Die Kirchen und das Dritte Reich*, Frankfurt am Main/Berlin/Wien, 1977, i.279-80.

10) *DBFP*, 2nd series, iv.401.

11) StA München, GS Ebersberg, 1933년 2월 11일. BHStA, MA 106672, RPvNB/OP,

1933년 2월 3일도 보라.

12) *Münchner Neueste Nachrichten*, 1933년 1월 31일. 기자는 군주제 부활론자였자였던 에르바인 프라이허 폰 아레틴이었다. 그는 몇 주 뒤 '보호감호' 처분을 받았다.

13) Hanfstaengl, *15 Jahre*, 288 ; *TBJG*, I.2, 357(1933년 1월 31일, 미출간).

14) 그렇게 짧은 시간 동안 일을 해내는 괴벨스의 추진력에 히틀러가 경탄을 금치 못한 내용은 Hoffmann, 69.

15) *TBJG*, I.2, 358(1933년 1월 31일). 영국 대사의 보고서 내용은 다음과 같다. "행진이 벌어지는 동안 괴링 의회의장은 마이크를 잡고 특유의 과장된 연설을 하고 나서 지지자들에게 마이크를 넘겼다. 베를린의 라디오 청취자들은 그날 밤 좋아하던 프로그램도 못 듣고 국가사회주의 운동의 승리를 기뻐하는 횃불 행진 실황을 꼼짝없이 듣고 있어야 했다." (*DBFP*, 2nd series, iv.402).

16) *TBJG*, I.2, 358(1933년 1월 31일) ; *DBFP*, 2nd series, iv.402.

17) Melita Maschmann, *Fazit. Mein Weg in der Hitler-Jugend*, 보급판 5판, München, 1983, 7-9 ; André François-Poncet, *Souvenirs d'une ambassade à Berlin*, 1931년 9월~1938년 10월, Paris, 1946, 70 ; Frank, 111 ; Harry Graf Kessler, *Tagebücher 1918-1937*, Frankfurt am Main, 1961, 704.

18) Maschmann, 8, 17-19.

19) Hans-Jochen Gamm, *Der Flüsterwitz im Dritten Reich*, München, 1963, 8. 호러스 럼볼드 경은 대통령이 평소 7시면 집무실을 떠났는데 이날은 자정이 넘도록 창가에 서서 환호하는 군중을 지켜보았다고 전했다(*DBFP*, 2nd series, iv.401). (사실은 사진을 보아도 알 수 있지만 대통령은 서 있던 것이 아니라 앉아 있었다. 관련 사진은 Hans Otto Meissner, *30. Januar 1933. Hitlers Machtergreifung*, München, 1979, 178, 179.)

20) Papen, 264.

21) Papen, 264 ; *TBJG*, I.2, 358(1933년 1월 31일) ; Frank, 111.

22) Papen, 264.

23) Norbert Frei, '"Machtergreifung". Anmerkungen zu einem historischen Begriff', *VfZ*, 31(1983), 136-45, 특히 139, 142.

24) *Monologe*, 155 ; Frei, '"Machtergreifung"', 136.

25) Frei, '"Machtergreifung"', 특히 141-2. Frei의 연구에 따르면 '권력 장악'이라는 표현은 제3제국 당시에 널리 쓰이던 말이 아니라 1950년대에 나치 시대를 연구하던 학자들이 사용한 용어로 보인다.

26) Papen, 264.

27) Nipperdey, '1933 und Kontinuität der deutschen Geschichte', 특히 94-101. Nipperdey(93)가 지적하듯이 독일 역사에는 민주주의라든가 자유주의 이념처럼 이런 연속성에 반기를 드는 중요한 흐름이 오래 전부터 있었던 것이 사실이지만 1933년 하루 아침에 박살이 나고 말았다.

28) Nipperdey, '1933 und Kontinuität der deutschen Geschichte', 100-101.

29) Richard Bessel, '1933 : A Failed Counter-Revolution', E. E. Riche 엮음, *Revolution and Counter Revolution*, Oxford, 1991, 109-227, 특히 120-121 ; Martin Broszat 등 엮음, *Deutschlands Weg in die Diktatur*, Berlin, 1983, 95(리하르트 뢰벤탈의 발언). 이밖에도 Horst Möller, 'Die nationalsozialistische Machtergreifung. Konterrevolution oder Revolution?', *VfZ*, 31(1983), 25-51 ; Jeremy Noakes, 'Nazism and

Revolution', Noel O'Sullivan 엮음, *Revolutionary Theory and Political Reality*, London, 1983, 73-100. 히틀러의 혁명관에 대해서는 Zitelmann, *Hitler. Selbstverständnis eines Revolutionärs*, 44-86.

30) *Akten der Reichskanzlei. Die Regierung Hitler. Teil I* : 1933/34, Karl-Heinz Minuth 엮음, 전 2권, Boppard am Rhein, 1983, i.XVII.

31) Lutz Schwerin von Krosigk, *Staatsbankrott*, Göttingen, 1974, 185; Krosigk, *Es geschah*, 199. 이밖에 Papen, 260과 John L. Heinemann, *Hitler's First Foreign Minister*, Berkeley, 1979, 65도 보라.

32) *AdR, Reg. Hitler*, 1-4.

33) Rudolf Morsey, 'Die deutsche Zentrumspartei', Matthias, Morsey, *Ende der parteien*, 281-453, 특히 340-43; Rudolf Morsey, 'Hitlers Verhandlungen mit der Zentrumsführung am 31. Januar 1933', *VfZ*, 9(1961). 이밖에 Karl Dietrich Bracher, Gerhard Schulz, Wolfgang Sauer, *Die nationalsozialistische Machtergreifung*(1960), 보급판, Frankfurt am Main/Berlin/Wien, 전 3권, 1974, i.85.

34) Bracher 등, *Machtergreifung*, i.89.

35) Brüning, *Memoiren*, ii.684; *AdR, Reg. Hitler*, 2. 프란츠 귀르트너는 2월 2일에 가서야 법무장관으로 추인을 받았다. 그러나 대통령의 재가는 이미 1월 29일에 떨어졌다. 날짜가 지체된 것은 히틀러가 법무장관직을 가톨릭 중앙당과의 협상 카드로 쓰려고 머리를 썼기 때문이었다(Lothar Gruchmann, *Justiz im Dritten Reich 1933-1940. Anpassung und Unterwerfung in der Ära Gürtner*, 2판, München, 1990, 9-10, 64).

36) *AdR, Reg. Hitler*, 5-7, 주6; Becker, *Hitlers Machtergreifung*, 34-5.

37) Bracher 등, *Machtergreifung*, i.85.

38) *AdR, Reg. Hitler*, 6. 보수파인 후겐베르크는 프로이센의 '이른바 브라운 독립 정부'를 하루빨리 무너뜨려야 한다고 압력을 넣었다. 마이스너가 여기에 화답하여 '브라운의 독립 정부는 조만간 사라져야 할 운명이므로' 필요하다면 48조를 동원해서라도 프로이센 주의회를 해산하자는 안을 내놓았다(*AdR, Reg. Hitler*, 7-8, 주10). (대법원도 1932년 7월 20일에 단행된 프로이센 정부의 해체를 추인하는 판결을 1932년 10월 25일에 내렸다. 그러나 법원은 프로이센 정부는 프로이센주를 대표하여 중앙 정부 및 다른 주들과 교섭할 수 있는 권리를 여전히 보유한다고 덧붙였다.)

39) Meissner, *Staatssekretär*, 225; Bracher 등, *Machtergreifung*, i.86; Meissner, Wilde, *Machtergreifung*, 197-8.

40) Bracher 등, *Machtergreifung*, i.86.

41) 경제 재건과 관련하여 히틀러가 처음 취한 조치는 농장의 강제 매각을 유보하는 것이었다. 적어도 국민의 일부라도 만족시켜야 할 필요성에서 나온 조치였다(*AdR, Reg. Hitler*, 7-8, 11).

42) *AdR, Reg. Hitler*, 9, 주3.

43) *AdR, Reg. Hitler*, 29와 주7, 30, 34, 34-5와 주7.

44) *AdR, Reg. Hitler*, 15.

45) Papen, 265.

46) Heinz Höhne, *Die Zeit der Illusionen. Hitler und die Anfänge des 3. Reiches 1933 bis 1936*, Düsseldorf/Wien/New York, 1991, 13-14. 이밖에 Schacht, 300도 보라. "독일 국민을 상대로 처음 라디오 연설을 하는 방에 나도 몇 사람의 보좌관들과 함께 들어가 있었다.

······ 새로 떠맡은 책임에서 느끼는 부담감이 적지 않다는 것을 표정에서 느낄 수 있었다. 선동을 일삼던 야당 지도자의 자리에서 국정을 책임진 자리로 올라섰다는 것이 얼마나 큰 변화인지를 그 순간 히틀러는 똑똑히 보여주었다."

47) Papen, 265.

48) Domarus, 191-4.

49) Domarus, 193.

50) Thilo Vogelsang, 'Neue Dokumente zur Geschichte der Reichswehr 1930-1933', *VfZ*, 2(1954), 434, 주127; Bracher 등, *Machtergreifung*, i.88; Höhne, *Zeit der Illusionen*, 55. 그날 블롬베르크는 한발 앞서 국방부에서 고위 장성들과 회합을 가졌다. 포겔장은 하머슈타인이 히틀러를 집으로 초대한 것은 이 회합에서 히틀러를 장성들에게 소개하자는 이야기가 나왔기 때문이었을 것으로 추정한다. 이것은 1월 31일 오전 히틀러가 베를린의 여러 군부대를 전격적으로 방문하면서 1918년과 비슷한 분위기가 조성되는 것에 깜짝 놀란 군부가 나름대로 대응한 것이라는 John W. Wheeler-Bennett, *The Nemesis of Power. The German Army in Politics*, London, 1953, 291의 분석과 연장선에 있다. 그런가 하면 하머슈타인의 집에서 모인 것은 노이라트의 60회 생일을 축하하기 위해서였다고 볼프강 자우어는 Bracher 등, *Machtergreifung*, iii.55, 387 주107에서 주장한다. 두 가지 이유는 서로 모순되는 것이 아니며 나름대로 모두 일리가 있다고 볼 수 있다.

51) Vogelsang, 'Neue Dokumente', 434-5(리프만 장군의 메모). 당시 모임에 참석한 멜렌틴 소령의 메모에 따르면 히틀러는 시장이냐 식민지냐라는 두 가지 선택지 중에서 후자를 선호했다(Höhne, *Zeit der Illusionen*, 55). 그렇지만 멜렌틴은 히틀러가 말한 '생존 공간'을 '식민지'로 잘못 받아들였을 가능성도 있다.

52) Bracher 등, *Machtergreifung*, iii.75-6, 393 주183-91; Höhne, *Zeit der Illusionen*, 56.

53) 1926년 3월 6일에 작성한 한 비망록에서 군무국 오토 슈튈프나겔 국장은 베르사유 조약으로 상실한 독일의 영토를 되찾고 (프랑스를 밀어내고) 독일을 유럽의 열강으로 다시 끌어올리고 앵글로색슨 진영에 맞서 세계 패권을 놓고 각축을 벌이려면 기본적으로 팽창주의로 나가야 하며 그러기 위해서는 군사력을 증강해야 한다고 역설했다(Klaus-Jürgen Müller, 'Deutsche Militär-Elite in der Vorgeschichte des Zweiten Weltkrieges', Martin Broszat, Klaus Schwabe 엮음, *Deutsche Eliten und der Weg in den Zweiten Weltkrieg*, München, 1989, 226-90, 특히 246-7).

54) Vogelsang, 'Neue Dokumente', 432-4; Klaus-Jürgen Müller, *Armee und Drittes Reich 1933-1939. Darstellung und Dokumentation*, Paderborn, 1987, 158-9. 감정에 많이 좌우되는 편이었던 블롬베르크는 히틀러에게 완전히 넘어갔다(Klaus-Jürgen Müller, *Das Heer und Hitler. Armee und nationalsozialistisches Regime 1933-1940*, (1969) 2판, Stuttgart, 1988, 51).

55) Geyer, 'Reichswehr, NSDAP, and the Seizure of Power', 118.

56) Geyer, 'Reichswehr, NSDAP, and the Seizure of Power', 111; Geyer, 'Professionals and Junkers', 특히 86-7, 116-23.

57) Klaus-Jürgen Müller, *Armee, Politik und Gesellschaft in Deuschland 1933-1945*, Paderborn, 1979, 11-33; Wilhelm Deist, *The Wehrmacht and German Rearmament*, London, 1981, 1장; Geyer, 'Reichswehr, NSDAP, and the Seizure of Power', 101-23.

58) Müller, *Heer*, 53. 라이헤나우 대령은 1932년 봄 히틀러를 처음 만나 한참 이야기를 나누

었다. 대령은 히틀러와 나치 운동이야말로 자기가 추구하던 혁명적 쇄신과 맞아떨어진다
고 느꼈을 것이다. 히틀러는 히틀러대로 라이헤나우가 자신의 정공법을 본능적으로 지지
한다는 사실을 알아차렸다. 라이헤나우의 호의를 의식한 히틀러는 (또 폴란드를 침공할
경우 동프로이센을 어떻게 방어할 것인지 설명해 달라는 요청을 받고) 1932년 12월 당초
편지를 쓰지 않으려던 생각을 고쳐먹고 '철저한 쇄신의 과정'이 필요하며 마르크스주의
를 '완전히 소탕'해야 하며 '이 새로운 이념 아래 국민 모두가 의식, 도덕, 기풍에서 전반
적으로 재무장하는 것'을 국방의 기본 틀로 삼을 필요가 있다는 장문의 편지를 써서 보냈
다. (Thilo Vogelsang, 'Hitlers Brief an Reichenau vom 4. Dezember 1932', *VfZ*,
7(1959), 429–37, 특히 437.)

59) *DRZW*, i.404; Deist, *Wehrmacht*, 26.

60) Vogelsang, 'Hitlers Brief an Reichenau', 433; Bracher 등, *Machtergreifung*, iii.68. 군
이 정치에 개입해서는 안 된다는 데 관한 블롬베르크의 생각은 Müller, *Heer*, 160;
Müller, *Heer*, 61ff을 보라.

61) Bracher 등, *Machtergreifung*, iii.68. 장교는 오트 중령이었다.

62) *AdR, Reg. Hitler*, 50–51.

63) *AdR, Reg. Hitler*, 62–3; *DRZW*, i.234.

64) *DRZW*, i.234–5, 404–5; Geyer, *Rüstungspolitik*, 140; Höhne, *Zeit der Illusionen*, 58.

65) *IMT*, xxxvi.586, Doc. 611–EC.

66) Deist, Wehrmacht, 24–6; Müller, *Heer*; Bracher 등, *Machtergreifung*, iii.41ff; *DRZW*,
i.403; Peter Hüttenberger, 'Nationalsozialistische Polykratie', *Geschichte und
Gesellschaft*, 2(1976), 417–42, 특히 423–5.

67) Müller, *Armee, Politik und Gesellschaft*, 44–5.

68) Dietmar Petzina, *Die deutsche Wirtschaft in der Zwischenkriegszeit*, Wiesbaden, 1977,
114–15; Dieter Petzina, 'Hauptprobleme der deutschen Wirtschaft 1932–1933',
VfZ, 15(1967), 18–55, 특히 41–3, 53–5; Gustavo Corni, *Hitler and the Peasants*, New
York/Oxford/München, 1990, 41ff; Turner, *German Big Business*, 328.

69) 이 모임에 대해서는 Turner, *German Big Business*, 328.

70) *IMT*, xxxv.42–7, Doc. 203–D.

71) *IMT*, xxv.48, Doc. 204–D.

72) *IMT*, xxxv.47–8, Doc. 203–D.

73) Turner, *German Big Business*, 330–31. 2월 3일 내각회의에서 프리크는 100만 제국마르
크 규모로 정부의 선거 홍보비를 지원하는 문제를 꺼냈다. 재무장관 크로지크는 반대했
고 히틀러도 같은 생각이었다. 그러나 2월 21일에 다시 열린 내각회의에서 홍보물을 국
영 우체국을 통해 보내는 방안이 채택되었다(*AdR, Reg. Hitler*, 30–31, 102).

74) Turner, *German Big Business*, 332.

75) Turner, *German Big Business*, 333–9.

76) Turner, *German Big Business*, 71–83; Henry Ashby Turner, 'Hitlers Einstellung zu
Wirtschaft und Gesellschaft vor 1933', *Geschichte und Gesellschaft*, 2(1976), 89–117;
Avraham Barkai, 'Sozialdarwinismus und Antiliberalismus in Hitler
Wirtschaftskonzept, *Geschichte und Gesellschaft*, 3(1977), 406–17 ; James, *The German
Slump*, 345–54. 이밖에 히틀러의 사회관과 경제관에 대해서는 Avraham Barkai, *Das
Wirtschaftssystem des Nationalsozialismus*, Fischer판, Frankfurt am Main, 1988, 1장과

Zitelmann, *Hitler. Selbstverständnis eines Revolutionärs*, 4장을 보라.

77) James, *The German Slump*, 344.

78) Höhne, *Zeit der Illusionen*, 109-13, 특히 113.

79) Schacht, 317-19; Höhne, *Zeit der Illusionen*, 131-2; Richard J. Overy, *War and Economy in the Third Reich*, Oxford, 1994, 56. 1924년 통화 안정을 위한 법이 도입된 이후 정부의 지폐 발행은 엄격한 제한을 받았다. 샤호트 밑에서 대폭 늘어난 환어음은 그런 제한에서 벗어나기 위한 편법이었다.

80) Richard J. Overy, *The Nazi Economic Recovery*, 2판, Cambridge, 1996, 37.

81) Barkai, *Das Wirtschaftsytem des Nationalsozialismus*, 151; James, *The German Slump*, 344; Overy, *War and Economy*, 60

82) Domarus, 208-9; Höhne, *Zeit der Illusionen*, 59.

83) Heidrun Edelmann, *Vom Luxusgut zum Gebrauchsgegenstand. Die Geschichte der Verbreitung von Personenkraftwagen in Deutschland*, Frankfurt am Main, 1989, 173.

84) *AdR, Reg. Hitler*, xliii; Edelmann, 173.

85) Edelmann, 189 주141; Höhne, *Zeit der Illusionen*, 62-3.

86) Hansjoachim Henning, 'Kraftfahrzeugindustrie und Autobahn in der Wirtschaftspolitik des Nationalsozialismus 1933 bis 1936', *Vierteljahrsschrift für Sozial-und Wirtschaftsgeschichte*, 65(1978), 217-42, 특히 228.

87) *AdR, Reg. Hitler*, xliii. 도로 건설에서 토트가 기여한 바는 Franz W. Seidler, *Fritz Todt. Baumeister des Dritten Reiches*, München/Berlin, 1986, 3부, 특히 97ff.

88) Kurt Kaftan, *Der Kampf um die Autobahnen*, Berlin, 1955, 81-3; Höhne, *Zeit der Illusionen*, 60, 62-3.

89) Höhne, *Zeit der Illusionen*, 59, 62. 히틀러가 차에 보였던 개인적 관심과 메르세데스를 이끌던 야코프 베를린과의 교분에 관해서는 Overy, *War and Economy*, 72 주17.

90) Höhne, *Zeit der Illusionen*, 60. 원문은 *VB*, 1933년 2월 12-13일.

91) Hans Mommsen, *Das Volkswagenwerk und seine Arbeiter im Dritten Reich*, Düsseldorf, 1996, 56-60.

92) Henning, 226 주37.

93) Henning, 221-7.

94) Overy, *War and Economy*, 70-71.

95) *AdR, Reg. Hitler*, xliii.

96) *AdR, Reg. Hitler*, xliii-v. 사실은 고속도로보다 일반 도로에 들어간 돈이 훨씬 많았다 (Overy, *War and Economy*, 60, 85).

97) Edelmann, 174-5. 고속도로는 처음에는 실업률을 떨어뜨린 중요한 요인이 아니었다 (Höhne, *Zeit der Illusionen*, 129-31).

98) Helmut Heiber 엮음, *Goebbels-Reden, Bd.1 : 1932-1939*, Düsseldorf, 1971, 67-70(Heiber는 현장음을 괄호 안에 집어넣어서 살렸다). Becker, *Hitlers Machtergreifung*, 57-60, 특히 58-9에 재수록.

99) Domarus, 204-8.

100) *TBJG*, I.2, 371(1933년 2월 11일).

101) Erich Ebermayer, *Denn heute gehört uns Deutschland*, Hamburg/Wien, 1959, 21.

102) Jochmann, *Nationalsozialismus und Revolution*, 424-5.

103) Becker, *Hitlers Machtergreifung*, 74-5; Martin Broszat, *Der Staat Hitlers. Grundlegung und Entwicklung seiner innern Verfassung*, München, 1969, 93.

104) Broszat, *Der Staat Hitlers*, 90-95.

105) Papen, 260.

106) Domarus, 213; Broszat, *Der Staat Hitlers*, 95.

107) Domarus, 210-11; Broszat, *Der Staat Hitlers*, 98.

108) BHStA, MA 106672, RPvNB/OP, 1933년 2월 20일.

109) Staatsarchiv München, LRA 76887, GS Anzing, 1933년 2월 24일.

110) Broszat, *Der Staat Hitlers*, 99.

111) Hans Mommsen, 'Van der Lubbes Weg in den Reichstag — der Ablauf der Ereignisse', Uwe Backes 등, *Reichstagsbrand. Aufklärung einer historischen Legende*, München/Zürich, 1986, 33-57, 특히 33-42.

112) 누가 의사당에 불을 질렀는가를 놓고 열띤 논란이 벌어졌다. 공산주의자의 음모라는 나치 시각은 당시에도 벌써 상당한 비판을 받아서 1933년 가을 라이프치히 최고재판소에 쟁쟁한 공산당 지도자들을 붙잡아놓고 요란하게 재판까지 벌였지만 유죄 판결을 끌어내는 데 실패하고 말았다. 이 사건으로 가장 이득을 볼 수 있는 나치가 의사당 방화의 배후라는 설은 사건 직후부터 외교가와 외국 언론, 독일의 진보 진영에서 파다했다(François-Poncet, 94-5). Willi Münzenberg, *The Brown Book of the Hitler Terror and the Burning of the Reichstag*, Paris, 1933처럼 공산주의 진영이 역선전 차원에서 퍼뜨린 나치 사주설이 오랫동안 먹혀들었다. 그러다가 1960년대에 들어와서 Fritz Tobias가 광범위한 자료 수집과 평가를 통해 밝혀낸 사실(*Der Reichstagsbrand. Legende und Wirklichkeit*, Rastatt/Baden, 1962)이 Hans Mommsen('Der Reichstagsbrand und seine politischen Folgen', *VfZ*, 12(1964), 351-413) 같은 학자의 분석을 통해 뒷받침을 받으면서 마리누스 반 데르 뤼베가 단독으로 저질렀다는 것이 이제는 정설로 자리 잡았다. 그러나 Klaus P. Fischer, *Nazi Germany : A New History*, London, 1995, 272처럼 아직도 나치 음모설을 주장하는 사람도 있다. 사실은 나치가 범행을 저질렀다는 룩셈부르크 위원회의 역공(Walther Hofer 등 엮음, *Der Reichstagsbrand. Eine wissenschaftliche Dokumentation*, 전2권, Berlin, 1972를 보라)에 대부분의 전문가들은 수긍하지 않는다. 누가 불을 질렀느냐보다 중요한 것은 그 당시나 지금이나 의사당 방화의 후유증이다. 그렇지만 주범이 누구인가 하는 것은 나치가 전체주의 체제를 끌어들이기 위해 주도면밀한 계획을 세우고 움직였는지 아니면 자기들도 예상하지 못했던 사건들에 즉흥적으로 대응한 것이었는지를 판단하는 문제와 관련이 깊기 때문에 역시 중요하다. (이 논쟁의 전모는 Backes 등, *Reichstagsbrand*를 보라. 최근에 이 논쟁이 다시 불붙었는데 새로 입수된 자료를 면밀히 분석한 결과 역시 반 데르 뤼베의 단독 범행으로 결론이 났다. Klaus Wiegrefe, 'Flammendes Fanal', *Der Spiegel*, 15(2001), 38-58은 Jürgen Schmädeke, Alexander Bahar, Wilfried Kugel, 'Der Reichstagsbrand in neuem licht', *Historische Zeitschrift*, 269(1999), 603-51이 다시금 제기한 나치 음모설을 공박한 Tobias를 설득력 있게 변호한다.)

113) Hanfstaengl, *15 Jahre*, 291-5.

114) Goebbels, *Kaiserhof*, 269-70(1933년 2월 27일), *TBJG*, I.2, 383.

115) Heiden, *Führer*, 434-7; Bracher 등, *Machtergreifung*, i.123-4.

116) Mommsen, 'Van der Lubbes Weg', 44-7.

117) Mommsen, 'Van der Lubbes Weg', 40-41.

118) Mommsen, 'Der Reichstagsbrand', 382-3.

119) Mommsen, 'Van der Lubbes Weg', 47-8; Mommsen, 'Der Reichstagsbrand', 384. 히틀러는 그러나 처음에는 이것이 공산주의자의 소행이라는 확신을 강하게 갖지는 못했던 것으로 보인다(Sefton Delmer, *Trail Sinister*, London, 1961, 187-9).

120) Rudolf Diels, *Lucifer ante Portas*, Stuttgart, 1950, 194; Mommsen, 'Der Reichstagsbrand', 116.

121) Delmer, *Trail*, 189; Mommsen, 'Der Reichstagsbrand', 384.

122) Diels, 194-5; Mommsen, 'Der Reichstagsbrand', 362, 385, 주143. 전보문에는 사회민주당 간부를 모두 잡아들이라는 괴링의 지시가 빠져 있다.

123) 공식 기록에는 이렇게 나와 있지만(Goebbels, *Kaiserhof,* 270) *TBJG,* I.2, 383(1933년 2월 27일)은 전혀 다른 인상을 풍긴다.

124) Diels, 195; Mommsen, 'Der Reichstagsbrand', 362, 386.

125) *TBJG,* I.2, 383(Goebbels, *Kaiserhof,* 279); Mommsen, 'Der Reichstagsbrand', 390.

126) Mommsen, 'Der Reichstagsbrand', 389-90.

127) Mommsen, 'Van der Lubbes Weg', 51; *AdR, Reg. Hitler,* 130, 주12. 프리크는 1932년 7월 20일 파펜이 선포한 '베를린 광역시와 브란덴부르크 지방의 치안 질서 회복'을 위한 포고령을 기초로 삼았다고 분명히 밝혔다.

128) Mommsen, 'Van der Lubbes Weg', 51-3.

129) *AdR, Reg. Hitler,* 130-31.

130) *RGBI,* 1933. I. Nr.17,83.

131) *AdR, Reg. Hitler,* 128.

132) Kessler, *Tagebücher,* 710.

133) Hans-Norbert Burkert, Klaus Matußek, Wolfgang Wippermann, '*Machtergreifung*' *Berlin 1933*, Berlin, 1982, 65.

134) Hans Buchheim 등, *Anatomie des SS-Staates,* 전2권, Olten/Freiburg im Breisgau, 1965, ii.20.

135) *Miesbacher Anzeiger*, 1933년 3월 2일.

136) *VB*, 1933년 3월 2일; Bracher 등, *Machtergreifung,* i.124-5, 515 주17.

137) Jochmann, *Nationalsozialismus und Revolution,* 427-8.

138) Jochmann, *Nationalsozialismus und Revolution,* 427.

139) Jochmann, *Nationalsozialismus und Revolution,* 426.

140) Domarus, 216-17; Goebbels, *Kaiserhof,* 273-4(1933년 3월 4일), *TBJG,* I.2, 386.

141) Falter 등, *Wahlen,* 44. (Bracher 등, *Machtergreifung,* i.143-90의 분석을 보라.)

142) Goebbels, *Kaiserhof,* 275(1933년 3월 5일), *TBJG,* I.2, 387.

143) Martin H. Sommerfeld, *Ich war dabei. Die Verschwörung der Dämonen 1933-1939. Ein Augenzeugenbericht*, Darmstadt, 1949, 32.

144) Falter 등, *Wahlen,* 44; Falter, *Hitlers Wähler,* 111-12.

145) Falter 등, *Wahlen,* 74-5; Falter, *Hitlers Wähler,* 186-8. 가톨릭 인구가 많은 바이에른 농촌 지역에서 나치는 두 곱에서 세 곱의 표를 얻은 것이 보통이었다(Hagmann, 12-27과 Thränhardt, 181-3).

146) Broszat, *Der Staat Hitlers,* 133-4. 그러나 히틀러는 팔짱만 끼고 있지는 않았다. 히틀러

는 '일체화' 작업을 바이에른 지역으로 확대한다는 결정을 3월 8일 참석한 회의에서 내렸
다. 나흘 뒤 히틀러는 뮌헨으로 날아가서 당 지도자들과 함께 '급박한 바이에른 문제들'
을 논의했다(Goebbels, *Kaiserhof*, 277(1933년 3월 8일), *TBJG*, I.2, 389, 391).

147) Broszat, *Der Staat Hitlers*, 130-40 ; Bracher 등, *Machtergreifung*, i.190-202.

148) *AdR, Reg. Hitler*, 188-92.

149) *AdR, Reg. Hitler*, 204-8, 특히 207.

150) Domarus, 219.

151) Domarus, 221.

152) *AdR, Reg. Hitler*, 190

153) Martin Broszat, Elke Fröhlich, Falk Wiesemann 엮음, *Bayern in der NS-Zeit*, 1권,
München, 1977, 209 주30, 240-41.

154) BHStA, MA 106682, RPvS, 1933년 4월 6일 ; MA 106680, RPvUF, 1933년 4월 20일. 경
찰이 고발에 크게 기댄다는 사실은 니더프랑켄 지역에서 입수한 자료에서도 드러난다.
Robert Gellately, 'The Gestapo and German Society : Political Denunciation in the
Gestapo Case Files', *Journal of Modern History*, 60(1988), 654-94와 *The Gestapo and
German Society. Enforcing Racial Policy 1933-1945*, Oxford, 1990, 5장을 보라.

155) Becker, *Hitlers Machtergreifung*, 149-50.

156) Tony Barta, 'Living in Dachau, 1900-1950', 미출간 논문, 14.

157) François-Poncet, 103-7 ; Ebermayer, 45-7 ; Bracher 등, *Machtergreifung*, i.212 ;
Höhne, *Zeit der Illusionen*, 74 ; Hans-Ulrich Thamer, *Verführung und Gewalt.
Deutschland 1933-1945*, Berlin, 1986, 270-72 ; Klaus-Jürgen Müller, 'Der Tag von
Potsdam und das Verhältnis der preußisch-deutschen Militär-Elite zum
Nationalsozialismus', Bernhard Kröner 엮음, *Potsdam—Stadt, Armee, Residenz*,
Frankfurt am Main/Berlin, 1993, 435-49, 특히 435, 439, 448.

158) *AdR, Reg. Hitler*, 157-8.

159) Müller, 'Der Tag von Potsdam', 435.

160) Goebbels, *Kaiserhof*, 283-4(1933년 3월 16-19일), *TBJG*, I.2, 393-5. 그날 벌어진 사건
에 대한 괴벨스 자신의 기록은 *TBJG*, I.2, 395-6(Goebbels, *Kaiserhof*, 285-6, 1933년 3
월 22일).

161) Müller, 'Der Tag von Potsdam', 435-8. 또 Werner Freitag, 'Nationale Mythen und
kirchliches Heil : Der "Tag von Potsdam", *Westfälische Forschungen*, 41(1991), 379-
430은 이 행사가 얼마나 의례를 중시하는가를 조리 있게 설명하면서 종교적 주제와 프로
이센-독일 국가의 미화라는 연결 고리가 개신교 교회에서 차지하는 상징적 의미를 강조
한다(특히 427-30).

162) Domarus, 227-8.

163) Ebermyaer, 46.

164) Müller, 'Der Tag von Potsdam', 4348.

165) Domarus, 228.

166) Bracher 등, *Machtergreifung*, i.213-15.

167) AdR, Reg. *Hitler*, 160.

168) AdR, Reg. *Hitler*, 213-14, 216.

169) AdR, Reg. *Hitler*, 239.

170) AdR, Reg. *Hitler*, 239-40.

171) Bracher 등, *Machtergreifung*, i.221-4. 수권법의 기원에 대해서는 Hans Schneider, 'Das
Ermächtigungsgesetz vom 24. März 1933. Bericht über das Zustandekommen und
die Anwendung des Gesetzes', *VfZ*, 1(1953), 197-221.

172) Domarus, 229-37; Rudolf Morsey 엮음, *Das 'Ermächtigungsgesetz' vom 24. März 1933*,
Düsseldorf, 1992, 55-62; Bracher 등, *Machtergreifung*, i.229-33.

173) Josef Becker, 'Zentrum und Ermächtigungsgesetz', *VfZ*, 9(1961), 208-10; Morsey,
'Ermächtigungsgesetz', 63, 69-71.

174) Domarus, 239-41; Morsey, 'Ermächtigungsgesetz', 64-6.

175) Domarus, 242-6; Morsey, 'Ermächtigungsgesetz', 66-9. 히틀러의 답변이 한 비판자
에게 준 충격에 대해서는 Ebermayer, 48을 보라. 그는 히틀러가 "불쌍한 벨스를 발기발
기 찢어놓았다."고 썼다.

176) Becker, *Hitlers Machtergreifung*, 176-7; Domarus, 246-7; Morsey,
'Ermächtigungsgesetz', 69-75; Bracher 등, *Machtergreifung*, i.234-5.

177) *RGBI*, 1933, Teil 1, Nr.25, S.141. 유효 기간은 4년이었지만 1937년 아무런 논의 없이
시효가 연장되었고 1939년에도 똑같은 조처가 이루어지더니 급기야 1943년 5월 10일에
는 지도자의 직권으로 무기한 연장되었다(Broszat, *Der Staat Hitlers*, 117과 주).

178) *RGBI*, 1933, Teil 1, Nr.33, S.173; Broszat, *Der Staat Hitlers*, 143.

179) *AdR, Reg. Hitler*, 273.

180) *RGBI*, 1933, Teil 1, Nr.33, S.173; Broszat, *Der Staat Hitlers*, 143.

181) Broszat, *Der Staat Hitlers*, 144-50.

182) Peter Diehl-Thiele, *Partei und Staat im Dritten Reich. Untersuchungen zum Verhältnis von
NSDAP und allgemeiner innerer Staatsverwaltung*, München, 1969, 61-9.

183) Broszat, *Der Staat Hitlers*, 150.

184) Broszat, *Der Staat Hitlers*, 153.

185) Broszat, *Der Staat Hitlers*, 145.

186) Alfred Kube, *Pour le mérite und Hakenkreuz. Hermann Göring im Dritten Reich*,
München, 1986, 31-3; Höhne, *Zeit der Illusionen*, 96-7.

187) 이 용어에 대해서는 Hans Mommsen, 'Kumulative Radikalisierung und
Selbstzerstörung des Regimes', *Meyers Enzyklopädisches Lexikon, Bd.16*, Mannheim,
1976, 785-90.

188) Domarus, 219; Broszat, *Der Staat Hitlers*, 249.

189) Höhne, *Zeit der Illusionen*, 84-5. 개별 행동에 대해서는 *Die Lage der Juden in Deutschland
1933. Das Schwarzbuch — Tatsachen und Dokumente*, Comité des Délégations Juives 엮
음, Paris, 1934, 재간은 Frankfurt am Main/Berlin/Wien, 1983, 93ff.

190) *Die Lage der Juden*, 495-6.

191) Walter Tausk, *Breslauer Tagebuch 1933-1940*, Ost-Berlin, 1975, 32-7.

192) *Die Lage der Juden*, 496.

193) Höhne, *Zeit der Illusionen*, 76-9.

194) Hans Mommsen, 'Die Realisierung des Utopischen : Die "Endlösung der
Judenfrage" im 'Dritten Reich", *Geschichte und Gesellschaft*, 9(1983), 381-420, 특히
390. 또 Genschel, 46-7과 Höhne, *Zeit der Illusionen*, 86-7도 보라.

195) Höhne, *Zeit der Illusionen*, 87.

196) Goebbels, *Kaiserhof*, 288(1933년 3월 26일), *TBJG*, I.2, 398.

197) *AdR, Reg. Hitler*, 271, 주3; Domarus, 248-51.

198) Höhne, *Zeit der Illusionen*, 87-8.

199) Jürgen Hagemann, *Die Presselenkung im Dritten Reich*, Bonn, 1970, 139 주2; Uwe Dietrich Adam, *Judenpolitik im Dritten Reich*, Düsseldorf, 1972, 63 주196.

200) *AdR, Reg. Hitler*, 277.

201) Höhne, *Zeit der Illusionen*, 91.

202) AdR, Reg. *Hitler*, 277.

203) Goebbels, *Kaiserhof*, 290(1933년 3월 31일), *TBJG*, I.2, 400; Höhne, *Zeit der Illusionen*, 91-2.

204) Schleunes, *The Twisted Road to Auschwitz*, 1970, 87.

205) Goebbels, *Kaiserhof*, 291-2(1933년 4월 1-2일), 400-401; *TBJG*, I.2, Höhne, *Zeit der Illusionen*, 92-3; *Die Lage der Juden*, 292-314; *DBFP*, V. No.22, 24-5, No.30, 38-44의 1933년 4월 5일 룸볼트 보고서.

206) Tausk, 52; Schleunes, 88-9.

207) Tausk, 58; Allen, 219; Höhne, *Zeit der Illusionen*, 92-3.

208) Allen, 220-21. 그러나 Gay, 'In Deutschland zu Hause', 32-3이 지적하듯이 많은 유대인이 반유대주의의 소용돌이가 머지않아 가라앉을 것이라는 착각을 품고 있었다. 그들은 자신들에게 해코지하는 독일인은 일부에 지나지 않으며 독일인과 유대인이 공유하는 독일 문화의 강력한 지적 전통으로 반유대주의를 결국 이겨낼 수 있으리라고 믿었다.

209) Schleunes, 88.

210) Adam, 61과 주190, 63-71; Schleunes, 101-3. 1933년 4월 7일에 발표된 공직법의 '아리아 조항' 배경에 대해서는 Hans Mommsen, *Beamtentum im Dritten Reich*, Stuttgart, 1966, 48-53을 보라.

211) Erich Matthias, 'Die Sozialdemokratische Partei Deutschlands', Matthias, Morsey, *Das Ende der Parteien*, 101-278, 특히 177-8.

212) Matthias, 178-80.

213) Höhne, *Zeit der Illusionen*, 101-2, 105-7; Thamer, 284-6; Bracher 등, *Machtergreifung*, i.254-9.

214) Domarus, 259-64.

215) Höhne, *Zeit der Illusionen*, 105.

216) 노동전선 결성에 대해서는 Ronald Smelser, *Robert Ley : Hitler's Labor Front Leader*, Oxford/New York/Hamburg, 1988, 5장.

217) Timothy W. Mason, *Arbeiterklasse und Volksgemeinschaft. Dokumente und Materialien zur deutschen Arbeiterpolitik 1936-1939*, Opladen, 1975, 78-81. 1933년에서 1934년으로 넘어갈 무렵이면 공장세포조직은 사실상 영향력을 모두 잃었고 1934년 중반에는 완전히 사라진다.

218) Domarus, 270-79.

219) Broszat, *Der Staat Hitlers*, 119-20; Thamer, 286-7.

220) Broszat, *Der Staat Hitlers*, 121-3; Höhne, *Zeit der Illusionen*, 114-15.

221) Hans Müller, *Katholische Kirche und Nationalsozialismus*, München, 1965, 88-9.

222) Broszat, *Der Staat Hitlers*, 123-6; Thamer, 289-90.

223) *RGBl*, 1933, Teil 1, Nr.81, S.479; Broszat, *Der Staat Hitlers*, 126.

224) 시 차원에서 지방 자치단체 상층부의 교체는 더욱 충격적이었다. 인구 2만 명이 넘는 중소도시의 시장은 1933년 말까지 5분의 3이 갈렸다. 도시 규모가 커질수록 시장이 바뀔 확률도 높아졌다. 1933년 말까지 28개 대도시 중에서 시장이 바뀌지 않은 곳은 겨우 네 곳이었다(Horst Matzerath, *Nationalsozialismus und kommunale Selbstverwaltung*, Stuttgart, 1970, 79-80). Jeremy Noakes, 'Oberbürgermeister and Gauleiter. City Government between Party and State'와 Horst Matzerath, 'Oberbürgermeister im Dritten Reich'도 보라. 둘 다 Hirschgeld, Kettenacker, Der 'Führerstaat', 194-227, 228-54에 실려 있다.

225) Zofka, 238-86에 실제 사례가 있다.

226) Martin Broszat, Norbert Frei 엮음, *Das Dritte Reich im überblick. Chronik, Ereignisse, Zusammenhänge*, München, 1989, 195, 212; Kater, *Nazi Party*, 262(표 1).

227) Broszat 등, *Bayern in der NS-Zeit*, i.494.

228) Thamer, 299.

229) 가령 Allen, 222-32; Koshar, 253ff.

230) Allen, 222.

231) Thamer, 305. 히틀러는 교육, 극장, 영화, 문학, 언론, 라디오에 이르기까지 '공공 기구의 기풍을 일대 쇄신하겠다'고 약속했다(Domarus, 232(1933년 3월 23일)).

232) Paul Meier-Benneckenstein, *Dokumente der deutschen Politik, Bd.1*, 2판, Berlin, 1937, 263-4; Heiber, *Goebbels-Reden*, i.90.

233) Thamer, 301.

234) 관련 문헌은 많지만 그중에서도 돋보이는 것은 Michael H. Kater, *The Twisted Muse. Musicians and their Music in the Third Reich*, New York/Oxford, 1997.

235) J. M. Ritchie, *German Literature under National Socialism*, London/Canberra, 1983, 9-10. 나치 정부는 그러나 하우프트만의 국가사회주의에 대한 신념이 얄팍하다는 것을 알았기 때문에 냉랭하게 대했다.

236) Thamer, 300-301.

237) Hans Mommsen, 'Der Mythos des nationalen Aufbruchs und die Haltung der deutschen Intellektuellen und funktionalen Eliten', *1933 in Gesellschaft und Wissenschaft*, Pressestelle der Universität Hamburg 엮음, Hamburg, 1983, 127-41, 특히 132.

238) Ritchie, 48-9.

239) Thamer, 301.

240) Mommsen, 'Mythos', 132.

241) Mommsen, 'Mythos', 129, 132.

242) Mommsen, 'Mythos', 131.

243) Thomas Mann, *Diaries, 1918-1939*, 보급판, London, 1984, 141-51(1933년 4월 1-13일).

244) Mann, *Diaries*, 150(1933년 4월 9일). Thamer, 302도 보라.

245) Mommsen, 'Mythos', 134.

246) Mommsen, 'Mythos', 132-5.

247) Thamer, 303.

248) Gerhard Sauder, *Die Bücherverbrennung*, München/Wien, 1983.

249) Sauder, 181.

250) Mommsen, 'Mythos', 128; Thamer, 304.

251) Thamer, 305.

252) Ian Kershaw, *The 'Hitler Myth'. Image and Reality in the Third Reich*, Oxford(1987), 보급판, 1989, 53, 55.

253) Beatrice, Helmut Heiber 엮음, *Die Rückseite des Hakenkreuzes. Absonderliches aus den Akten des Dritten Reiches*, München, 1993, 119-20과 주1, 181-3.

254) Rolf Steinberg, *Nazi-Kitsch*, Darmstadt, 1975.

255) Kershaw, *The 'Hitler Myth'*, 57-9.

256) BAK, R43II/1263, Fols.93, 164.

257) Broszat, Der Staat Hitlers, 126-7.

258) Kershaw, *The 'Hitler Myth'*, 61. 인용은 *Schwäbisches Volksblatt*, 1933년 9월 9일.

259) BHStA MA-106670, RPvOB, 1933년 8월 19일; Heiber, *Rückseite*, 9.

260) Hanfstaengl, *15 Jahre*, 309-17.

261) Papen, 261.

262) *TBJG*, I.2, 410(1933년 4월 23일, 미출간).

263) *RGBI*, 1933, Teil i, Nr.86, 529-31.

264) 귀트에 대해서는 Wistrich, *Wer war wer*, 106과 Gisela Bock, *Zwangssterlisation im Nationalsozialismus. Studien zur Rassenpolitik und Frauenpolitik*, Opladen, 1986, 25를 보라.

265) *AdR, Reg. Hitler*, 664-5; Noakes, 'Nazism and Eugenics', 84-7.

266) Bock, 8, 238.

267) Guenter Lewy, *The Catholic Church and Nazi Germany*, London, 1964, 77. 3장은 정교협약의 배경을 다루고 카스가 맡았던 중요한 역할도 소개한다. 또 Conway, 24-8도 보라.

268) Conway, 41.

269) Lewy, 88-9.

270) Papen, 281; Lewy, 77-8.

271) Lewy, 72-7.

272) *AdR, Reg. Hitler*, 683; Lewy, 78. 히틀러 자신도 교황청이 기독교 계열의 노동조합과 정당을 선뜻 포기할 용의가 있으리라고는 생각하지 않았다.

273) Lewy, 4장, 특히 99, 103-4. 주교 교서는 Müller, *Katholische Kirche*, 163-73에 실려 있다.

274) Alfons Kupper 엮음, *Staatliche Akten über die Reichskonkordatsverhandlungen 1933*, Mainz, 1969, 293-4, Nr.117.

275) Conway, 33.

276) Kurt Meier, *Kreuz und Hakenkreuz. Die evangelische Kirche im Dritten Reich*, München, 1992, 42.

277) Bracher 등, *Machtergreifung*, i.452; Domarus, 290-91.

278) Conway, 49.

279) Conway, 34-55.

280) 이 말은 Gerhard L. Weinberg의 역저 *The Foreign Policy of Hitler's Germany. Diplomatic Revolution in Europe 1933-36*, Chicago/London, 1970의 1권 부제목이다.

281) Günter Wollstein, 'Eine Denkschrift des Staatssekretärs Bernhard von Bülow vom März 1933', *Militärgeschichtliche Mitteilungen*, 1(1973), 77-94; *AdR, Reg. Hitler*, i.313-18; Bernd-Jürgen Wendt, *Großdeutschland. Außenpolitik und Kriegsvorbereitung des Hitler-Regimes*, München, 1987, 72-9; Höhne, *Zeit der Illusionen*, 149. 뷜로프의 기록은 제3제국이 출범할 무렵 독일 외무부가 어떤 생각을 하고 있었는지를 확실히 보여준다. 한마디로 처음에는 외부와의 충돌을 피하고 조심스럽게 접근할 필요가 있으며 안으로는 재건의 기반을 다지고 밖으로는 양자 동맹을 하나하나 맺어서 훗날 조약 개정과 팽창의 발판으로 삼아야 한다는 것이었다. 빌헬름 시대에 개발된 팽창주의 외교 노선과 상당히 비슷한 이 정책은 러시아와 폴란드처럼 히틀러와 입장이 크게 다른 경우에도 독일 외무부와 히틀러가 의기투합할 수 있는 영역이 얼마나 넓은가를 확실히 드러냈다. 독일 외무부의 구성과 그것이 히틀러 밑에서 어떻게 바뀌었는지 광범위한 자료 수집으로 치밀하게 분석한 연구서로는 Hans-Adolf Jacobsen, *Nationalsozialistische Außenpolitik 1933-1938*, Frankfurt am Main, 1968.

282) Weinberg, i.161. 히틀러는 총리가 되고 나서 바로 나돌니에게 자기는 외교 정책은 하나도 모르며 독일을 국가사회주의 체제로 만들려면 4년은 걸릴 테니 그 다음에야 외교에 신경을 쓸 수 있을 것이라고 말했다. 또 독일 외무부는 타성으로 굴러가고 있으며 지도자의 의중을 헤아려야 한다고 덧붙였다.

283) Höhne, *Zeit der Illusionen*, 150, 152, 158.

284) Höhne, *Zeit der Illusionen*, 154-5, 161.

285) Weinberg, i.164. Gerhard Meinck, *Hitler und die deutsche Aufrüstung*, Wiesbaden, 1959, 22-6, 35-51.

286) Höhne, *Zeit der Illusionen*, 158, 166-8.

287) Höhne, *Zeit der Illusionen*, 158-9.

288) *AdR, Reg. Hitler*, 447-8.

289) Brüning, ii.706-7.

290) Morsey, 'Die Deutsche Zentrumspartei', 388.

291) Brüning, ii.707.

292) Wilhelm Hoegner, *Flucht vor Hitler*, München, 1977, 203.

293) Domarus, 273.

294) Domarus, 278. 연설 원문은 270-79.

295) Höhne, *Zeit der Illusionen*, 161, 168, 169-70. 괴벨스는 9월 말 제네바에 갔을 때 속으로는 이를 갈았지만 겉으로는 평화를 애호하는 점잖은 외교관처럼 굴었다(Paul Schmidt, *Statist auf diplomatischer Bühne 1923-1945, Erlebnisse des Chefdolmetschers im Auswärtigen Amt mit den Staatsmännern Europas*, Bonn, 1953, 283-6; *TBJG*, I.2, 465-6(1933년 9월 25일, 27일)). 그러면서도 협상이 교착 상태에 빠진 것을 빌미로 회담을 중단하는 방안을 선호했던 것으로 보인다(Weinberg, i.165와 주28).

296) Weinberg, i.165와 주29.

297) NCA, Supplement B, 1504; Bracher 등, *Machtergreifung*, i.338.

298) Höhne, *Zeit der Illusionen*, 171; Weinberg, i.165(강조점은 다르다); Papen, 297-8.

299) Höhne, *Zeit der Illusionen*, 172. 노이라트는 탈퇴를 적극 지지했지만 사실은 결정이 이루어지고 나서야 통보를 받았다. 10월 4일 뷜로프를 통해서 히틀러와 블롬베르크가 국제연맹을 탈퇴할 것이라고 전해 들었다(Günter Wollstein, *Von Weimarer Revisionismus zu Hitler*, Bonn/Bad Godesberg, 1973, 201과 주39-40).

300) *AdR, Reg. Hitler*, ii.903-7, 특히 904-5.

301) Weinberg, i.166. 공식적인 탈퇴 통보는 10월 19일에야 이루어졌다(*DGFP*, C, II, 2 주 2).

302) Höhne, *Zeit der Illusionen*, 173, 178-9; Jost Dülffer, 'Zum "decision-making process" in der deutschen Außenpolitik 1933-1939', Manfred Funke 엮음, *Hitler, Deutschland und die Mächte. Materialien zur Außenpolitik des Dritten Reichs*, 186-204, 특히 188-90.

303) Domarus, 308-14.

304) Domarus, 323-30.

305) Hans Bauer, *Ich flog Mächtige der Erde*, Kempten (Allgäu), 1956, 108-10; Domarus, 325와 주293.

306) Kershaw, *The 'Hitler Myth'*, 62.

307) Domarus, 331.

308) BAK, R18/5350, Fols. 95-104, 107-22는 이런저런 불법 행위에 대한 조사 내용을 담고 있다. 이밖에 *AdR, Reg. Hitler*, ii.939 주1과 Bracher 등, *Machtergreifung*, i.480-85를 보라.

309) 다하우 강제수용소 수감자들이 99.5퍼센트로 압도적인 찬성표를 던졌다는 사실이 단적으로 그 점을 드러낸다(*Münchner Neueste Nachrichten*, 1933년 11월 13일). 이런 분위기에서 반대 의사를 밝힌 사람들의 의지는 참으로 남다른 것이었다. 국민투표보다는 총선에서 반대표를 찍은 사람들이 더 많았는데 함부르크와 베를린에서는 총선에서 나치를 안 찍은 유권자가 21퍼센트를 넘었고 쾰른-아헨에서는 15퍼센트를 넘었다. 1933년까지는 나치의 약진에도 계층이나 종교로 인해 상대적으로 나치가 뚫고 들어가지 못했던 지역이 있었던 것이다(Bracher 등, *Machtergreifung*, i.486-97).

310) *AdR, Reg. Hitler*, ii.939 주1.

311) *AdR, Reg. Hitler*, ii.939-41.

12장 절대 권력

1) 이 말을 처음 쓴 것은 Richard Bessel, *Political Violence*, 152.

2) Longerich, *Die braunen Bataillone*, 165-76.

3) Diels, 254ff.

4) 모스크바 특별보존문서, 1235-VI-2, Fol.2-28, 특히 19-21.

5) Longerich, *Die braunnen Bataillone*, 166, 198.

6) 모스크바 특별문서 1413-I-6에 있는 힌덴부르크의 비서실장 마이스너 자료에는 1933년과 1935년 사이에 그런 사례를 담은 문서 분량이 460쪽에 이른다.

7) Longerich, *Die braunnen Bataillone*, 177-9.

8) Heinz Höhne, *Mordsache Röhm. Hitlers Durchbruch zur Alleinherrschft 1933-1934*,

Reinbeck bei Hamburg, 1934, 46에 따르면 힌덴부르크는 1933년 6월 29일 히틀러에게 그렇게 말했다. 개신교 교회에서 일어난 불상사를 언급하면서 나온 말이었지 돌격대를 특정해서 지칭한 것은 아니었다. 그러나 힌덴부르크는 히틀러가 '어디까지나 순수한 뜻으로 오직 정의를 추구하는 마음으로' 임하는데 '딱하게도 아랫사람들이 산통을 깨는 것'이니 시간이 흐르면 해결될 것이라면서 돌격대의 '과잉' 행동을 낙관적으로 바라보았다(모스크바 특별보존문서, 1235-V1-2, Fol.271 힌덴부르크와 후겐베르크가 1933년 5월 17일에 나눈 대화 기록).

9) *Nationasozialistische Monatshefte*, 4(1933), 251-4, 인용 문단은 253-4.

10) Longerich, *Die braunnen Bataillone*, 184. 이 숫자는 돌격대에 편입된 준군사조직들 때문에 부풀려졌다. 이 가운데 가장 중요한 것은 철모단이라는 조직이었다. 당원은 돌격대 대원 가운데 3분의 1에 불과했다.

11) Domarus, 286.

12) Longerich, *Die braunnen Bataillone*, 182-3; Höhne, *Mordsache Röhm*, 46-9.

13) Shlomo Aronson, *Reinhard Heydrich und die Frühgeschichte von Gestapo und SD*, Stuttgart, 1971, 71, 92.

14) Longerich, *Die braunnen Bataillone*, 184-7.

15) Höhne, *Zeit der Illusionen*, 143-8.

16) Longerich, *Die braunnen Bataillone*, 185, 188.

17) Höhne, *Mordsache Röhm*, 127-8.

18) Longerich, *Die braunnen Bataillone*, 188-90. 나치가 급성장하여 권력을 잡은 시기부터 1933년과 1934년까지 돌격대 대원 중에는 실업자가 상당히 많았다(Fischer, *Stormtroopers*, 45-8).

19) Longerich, *Die braunnen Bataillone*, 200-205; Hermann Mau, 'Die "Zweite Revolution" — der 30. Juni 1934', *VfZ*, 1(1953), 119-37, 특히 124-7; Otto Gritschneder, '*Der Führer hat Sie zum Tode verurteilt ……*'. *Hitlers 'Röhm-Putsch'-Mode vor Gericht, München*, 1993, 30은 프로이센 총리실 비서실장이었던 파울 쾨르너의 1953년 증언을 인용한다; Höhne, *Mordsache Röhm*, 218-19.

20) Martin Loiperdinger, David Culbert, 'Leni Riefenstahl, the SA, and the Nazi Party Rally Films, Nuremberg 1933-1934 : "Sieg des Glaubens" and "Triumph des Willens", *Historical Journal of Film, Radio, and Television*, 8(1988), 3-38, 특히 12-13.

21) Longerich, *Die braunnen Bataillone*, 201.

22) 나치당을 위해 헌신적으로 활동한 룀에게 히틀러가 1933년 12월 31일 고마움을 나타낸 내용은 Domarus, 338. 나치 지도자들에게 그런 편지를 12통 보냈는데 룀에게만 격의 없는 호칭을 사용했다(Domarus, 338-42).

23) Immo v. Fallois, *Kalkül und Illusion. Der Machtkampf zwischen Reichswehr und SA während der Röhm-Krise 1934*, Berlin, 1994, 101. 국민개병제를 바탕으로 국방군을 운영한다는 원칙은 이미 세워진 상태였다. 히틀러는 1934년 1월 30일 연설에서 당과 군이 국가의 두 기둥이라면서 치하했다(Domarus, 355-6; Müller, *Heer*, 95).

24) Fallois, 105-6, 117.

25) Fallois, 123과 주560.

26) Hans-Adolf Jacobsen, Werner Jochmann 엮음, *Ausgewählte Dokumente zur Geschichte des Nationalsozialismus*, 전3권, Bielefeld, 1961, 쪽수 없음, 1권, C, 1934년 2월 2일. 헤

스는 또 그즈음 〈민족의 감시자〉와 〈월간 국가사회주의자〉에 기고한 글에서도 돌격대 지
도부에게 확실한 경고를 보냈다(Longerich, *Die braunnen Bataillone*, 203).

27) Höhne, *Mordsache Röhm*, 200.

28) Höhne, *Zeit der Illusionen*, 181.

29) Fallois, 105, 117.

30) Bracher 등, *Machtergreifung*, iii.336; Fallois, 106-8.

31) Fallois, 117-18.

32) Höhne, *Zeit der Illusionen*, 183.

33) Fallois, 118-19. 인용은 Nachlaß Weichs, BA/MA, Freiburg, N19/12, S.12.

34) Bracher 등, *Machtergreifung*, iii.337; Höhne, *Mordsache Röhm*, 205; Toland, 330(바이
히의 증언을 바탕으로).

35) Höhne, *Mordsache Röhm*, 206.

36) 그러나 Fallois, 123, 131과 주602는 히틀러가 때가 되기를 기다렸다고 주장한다.
Zitelmann, *Selbstverständnis eines Revolutionärs*, 77은 히틀러가 머뭇거린 것은 돌격대와
제국군 사이에서 아직 마음을 굳히지 못했기 때문이라고 해석한다. 결국 히틀러는 어느
한쪽으로 인정사정없이 밀어붙였기 때문에 첫 번째 해석이 더 개연성이 높다.

37) Fallois, 125-6.

38) Diels, 379-82.

39) Fallois, 125, 131.

40) Longerich, *Die braunnen Bataillone*, 205, 209; Bracher 등, *Machtergreifung*, iii.343.

41) Höhne, *Mordsache Röhm*, 218, 223-4.

42) Höhne, *Mordsache Röhm*, 210; Longerich, *Die braunnen Bataillone*, 205; Fallois, 124.
룀 사태 이후 돌격대 무장 해제 과정에서 나온 무기는 소총 17만 7,000정, 기관총 651개,
경기관총 1,250개였다.

43) Anthony Eden, *The Eden Memoirs. Facing the Dictators*, London, 1962, 65.

44) Höhne, *Mordsache Röhm*, 221-2; Longerich, *Die braunnen Bataillone*, 213-14.

45) Kurt Gossweiler, *Die Röhm-Affäre. Hintergründe, Zusammenhänger, Auswirkungen*, Köln,
1983, 76. 가령 영국 일간지 〈이브닝 스탠더드〉는 1934년 6월 11일 기사에서 히틀러가
심각한 위기를 맞이했고 히틀러가 무너질 경우 군이 개입할 것으로 내다보았다.

46) *AdR, Reg. Hitler*, 1197-1200; Norbert Frei, *Der Führerstaat. Nationalsozialistische
Herrschaft 1933 bis 1945*, München, 1987, 13.

47) Frei, *Führerstaat*, 14-15; Ian Kershaw, *Popular Opinion and Political Dissent in the Third
Reich. Bavaria, 1933-1945*, Oxford, 1983, 46-7, 76, 120-21; Timothy W. Mason,
Sozialpolitik im Dritten Reich. Arbeiterklasse und Volksgemeinschaft, Opladen, 1977, 192;
Longerich, *Die braunnen Bataillone*, 207.

48) *DBS*, i. 172(1934년 6월 26일).

49) Höhne, *Mordsache Röhm*, 232. 융이 1933년 후반부터 히틀러에게 뿌리 깊은 반감을 품
고 있었다는 것은 융과 한때 가깝게 지냈고 잘 통했던 인사가 쓴 회고록 Edumund
Forschbach, *Edgar J. Jung. Ein konservativer Revolutionär, 30. Juni 1934*, Pfullingen,
1984에서 특히 강조된다. Fallois, 114 주522는 그러나 융은 체제를 개혁하고 싶었던 것
이지 갈아 치우려던 것은 아니라고 본다. 파펜의 마르부르크 연설이 있고 나서 히틀러의
지시로 융이 체포된 이후에도 (Hans-Günther Seraphim 엮음, *Das politische Tagebuch*

Alfred Rosenberg 1934/35 und 1939/40, München, 1964, 42-3) 파펜을 위해 보제와 치르슈키가 힌덴부르크에게 보고하려고 짜낸 계획서에 따르면 여전히 길들이기 작업의 일환으로 히틀러와 괴링을 프리츠, 파펜, 브뤼닝, 괴르델러가 포함된 위원회에 참여시킨다는 구상이 들어가 있었다(Karl Martin Graß, *Edgar Jung, Papenkreis und Röhmkrise 1933-1934*, Diss., Heidelberg, 1966, 264-6).

50) Höhne, *Mordsache Röhm*, 233-4; Longerich, *Die braunnen Bataillone*, 208. 게슈타포는 보수파 인사들의 활동 내용을 소상히 파악하고 있었다. 블롬베르크와 라이헤나우는 히틀러를 돌격대와 떨어뜨리는 것이 군에게 유리하다는 사실을 잘 알았다(Frei, *Führerstaat*, 23-5). 히틀러 정권이 군 재무장을 적극 추진하던 현실에서 히틀러 정권의 대안은 생각하기 힘든 실정이었다는 비관적 평가는 Fallois, 112-16.

51) 하인리히 브뤼닝은 2차 세계대전이 끝나고 한 편지에서 1934년 4월에 힌덴부르크가 잘해야 8월까지 살 것이라는 이야기를 들었고 3주 뒤에는 히틀러가 힌덴부르크가 서거하면 국가 수반 자리를 꿰차려고 만반의 준비를 하고 있다는 소식을 접했다고 밝혔다. 브뤼닝은 또 슐라이허, 슈트라서, 파펜이 들어간 '제거자 명단'에 관한 정보도 입수했다. 실제로 슐라이허와 슈트라서는 나중에 살해당했다(Heinrich Brüning, *Briefe und Gespräche 1934-1945*, Claire Nix 엮음, Stuttgart, 1974, 26-7). 힌덴부르크의 주치의가 쓴 회고록 Ferdinand Sauerbruch, *Das war mein Leben*, Bad Wörishofen, 1951, 511은 1934년 봄 힌덴부르크가 앓아누웠다고만 간단하게 적었다. Meissner, *Staatssekretär*, 375는 봄에 대통령은 방광에 탈이 났다고 되어 있다. 또 Andreas Dorpalen, *Hindenburg and the Weimar Republic*, Princeton, 1964, 478도 보라.

52) Wheeler-Bennett, Nemesis, 311-13은 출처는 밝히지 않고 히틀러와 블롬베르크가 대통령이 오늘내일한다는 통보를 받고 2주일쯤 지나서 4월 27일 힌덴부르크의 용태를 알리는 발표가 있었다고 언급한다.

53) Höhne, *Mordsache Röhm*, 228-9; Höhne, *Zeit der Illusionen*, 207-8; Longerich, *Die braunnen Bataillone*, 120.

54) Graß, 227과 주570; Forschbach, 115-16.

55) Jacobsen, Jochmann, *Ausgewählte Dokumente zur Geschichte des Nationalsozialismus*, 쪽수 없음, 1권, CJ, 1934년 6월 17일; Papen, 309.

56) Papen, 310-11.

57) 브뤼닝은 베를린에 있던 영국 대사 호러스 럼볼드 경에게 보낸 편지에서 제국군과 대통령과 후속 대책을 미리 논의하지 않고 연설을 한 것이 '일대 실책'이었다고 썼다. 그러면서 믿을 만한 소식통으로부터 듣기로는 파펜이 마르부르크에서 겨우 두 시간 전에야 연설 원고를 보았다고 덧붙였다. (이 점에 대해서는 Forschbach, 115-16을 보라.) 2차 세계대전이 끝나고 나서 브뤼닝은 4월인가 5월에 에드가르 융이 넘겨준 원고를 읽어보고 나서 절대로 파펜의 손에 그 원고를 넘겨서는 안 된다고 충고했다고 회고했다(Brüning, *Briefe und Gespräche*, 25, 27).

58) Domarus, 390-91.

59) Fallois, 132.

60) Papen, 310-11.

61) Höhne, *Mordsache Röhm*, 237.

62) Wheeler-Bennett, *Nemesis*, 319-20.

63) Meissner, *Staatssekretär*, 363.

64) Longerich, *Die braunnen Bataillone*, 211.

65) Höhne, *Mordsache Röhm*, 239; Höhne, *Zeit der Illusionen*, 211.

66) Longerich, *Die braunnen Bataillone*, 215.

67) Fallois, 126-30, 135-6, 138-9; Müller, *Heer*, 113-18.

68) Graß, 260-61; Höhne, *Mordsache Röhm*, 239-42.

69) Höhne, *Mordsache Röhm*, 242.

70) Domarus, 394, 399.

71) Graß, 264-8; Höhne, *Mordsache Röhm*, 247-51, 256.

72) Höhne, *Mordsache Röhm*, 256.

73) Graß, 263과 주728; Höhne, *Mordsache Röhm*, 257.

74) Graß, 269; Longerich, *Die braunnen Bataillone*, 216; Höhne, *Mordsache Röhm*, 256-7.

75) *TBJG*, I.2, 472-3(1934년 6월 29일). 히틀러가 노무대 숙소를 시찰한 내용은 Hartmut Heyck, 'The Reich Labour Service in Peace and War : A Survey of the *Reichsarbeitsdienst* and its Predecessors', 미출간 석사 논문, Carleton University, Ontario, 1997, 69.

76) *Tb* Reuth, ii.843(1934년 7월 1일). 또 Reuth, *Goebbels*, 314도 보라.

77) *Tb* Reuth, ii.843(1934년 7월 1일).

78) Höhne, *Mordsache Röhm*, 265.

79) Domarus, 394-5; Longerich, *Die braunnen Bataillone*, 216.

80) Domarus, 399; Höhne, *Mordsache Röhm*, 260-66.

81) Höhne, *Mordsache Röhm*, 266-7; Gritschneder, 'Der Führer', 18.

82) Höhne, *Mordsache Röhm*, 267-8; Höhne, *Zeit der Illusionen*, 214; Domarus, 396, 399-400; Library of Congress : Adolf Hitler Collection, C-89, 9376-88A-B, Erich Kempka interview, 1971년 10월 15일. 룀은 체포된 간부 중에서 유일하게 승용차를 타고 갔다. 나머지는 버스에 실려 갔다.

83) Höhne, *Mordsache Röhm*, 271. 이 회의에 대한 나치당의 공식 보고서는 IfZ, Fa 108, SA/OSAF, 1928-45, Bl.39.

84) Höhne, Mordsache Röhm, 273.

85) Domarus, 397; Gritschneder, 'Der Führer', 21-8. 어느 정도 마음의 평정을 되찾은 뒤 히틀러는 잇따라 성명문과 함께 루체를 돌격대 새 사령탑으로 앉힌다는 임명장도 받아적게 했다.

86) Gritschneder, 'Der Führer', 24, 26.

87) Höhne, *Mordsache Röhm*, 274.

88) Seraphim, *Das politische Tagebuch Alfred Rosenbergs*, 46(1934년 7월 7일).

89) Domarus, 396; Höhne, *Mordsache Röhm*, 270-71.

90) Longerich, *Die braunnen Bataillone*, 218.

91) Papen, 315-18; Hans Bernd Gisevius, *Bis zum bittern Ende*, 전2권, Zürich, 1946, i.225-81; Gritschneder, 'Der Führer', 36-44, 135(에드가르 웅 관련); Longerich, *Die braunnen Bataillone*, 219; Höhne, *Mordsache Röhm*, 271, 281-2, 284-9. 클라우제너(그리고 슐라이허, 브레도브, 보제)의 이름이 에드가르 웅이 구체적 거사 계획 없이 개인적으로 작성한 입각 후보자 명단에 올라가 있었다(Höhne, *Mordsache Röhm*, 251-2).

92) Hans Bernd Gisevius, *Adolf Hitler. Versuch einer Deutung*, München, 1963, 291; Frei,

Führerstaat, 32.

93) Gritschneder, '*Der Führer*', 30.

94) Papen, 320.

95) Gritschneder, '*Der Führer*', 32. 쾨르너의 1953년 진술에서.

96) Gritschneder, '*Der Führer*', 32-6.

97) Domarus, 404.

98) Domarus, 405.

99) Gisevius, *Bis zum bittern Ende*, i.270.

100) Höhne, *Mordsache Röhm*, 296, 319-21 ; Longerich, *Die braunnen Bataillone*, 219.

101) Bracher 등, *Machtergreifung*, iii.359. Mau, "Die 'Zweite Revolution'", 134는 희생자의 수를 공식적으로 발표된 77명의 수보다 적게는 2배에서 많게는 3배로 잡는다. 괴링이 내린 지시로만 최대 1,124명을 잡아들인 것으로 나중에 공식 발표되었다(Domarus. 409).

102) Longerich, *Die braunnen Bataillone*, 220-24.

103) 외국 언론의 반응은 *AdR, Reg. Hitler*, 1376 주3. 괴벨스가 1934년 7월 10일 라디오를 통해 한 발언은 이튿날 〈민족의 감시자〉에 실렸다.

104) Domarus, 405.

105) Domarus, 405.

106) Papen, 320.

107) Domarus, 406. 귀르트너가 살인 행위를 뒤늦게 적법하다고 변호한 것은 제3제국의 법조인들이 불법적이고 자의적인 폭력 행사 앞에서 그런 행사를 합법적이라고 선언함으로써 법치의 원리를 지킬 수 있을 것이라고 상상하면서 선택한 가망 없는 전략이었다. 법을 입안할 당시 귀르트너의 심경에 대해서는 Gruchmann, *Justiz*, 448-55, 룀 사태 이후 자행된 살인극에 대한 법조계의 반응에 대해서는 433-84를 보라.

108) *AdR, Reg. Hitler*, ii.1354-8. 라머스의 전후 증언에 따르면 (라머스와 귀르트너를 포함하여) 여러 각료가 그런 행동이 합법적이라고 선언하기보다는 사면령을 내리는 것이 좋겠다는 의견을 냈지만 히틀러는 법을 통과시켜야 한다고 우겼고 결국 내각은 그대로 따랐다. 라머스는 따지고 보면 큰 차이는 없었다고 덧붙였다(Gritschneder, '*Der Führer*', 47-9).

109) Dietrich Orlow, *The History of the Nazi Party, vol.2, 1933-1945*, Newton Abbot, 1973, 114-15.

110) Domarus, 406.

111) *AdR, Reg. Hitler*, 1375-7. 피어슨이 독일 정부가 앞으로 왼쪽으로 갈 것인지 오른쪽으로 갈 것인지 질문을 던지고 히틀러가 예상대로 지금까지 걸어온 길을 그대로 갈 것이라고 대답한 것은 또다시 분란이 일어날 경우 경제에 악영향을 미칠 것이라는 우려를 불식하기 위한 어설픈 시도였을 것이다.

112) Papen, 321.

113) Domarus, 407은 연설을 준비하는 데 꽤 시간이 걸렸을 것이라고 지적한다. 당초 의도는 국민에게 해명을 하는 것이 아니라 파문이 가라앉을 때까지 입을 다물고 있는 것이었다는 설명은 근거가 박약하다. 히틀러 같은 타고난 선동가에게는 어울리지 않는 모습이다. 아직 내면적으로 확신이 안 섰기 때문이라는 설명도 번지수를 잘못 짚은 것으로 보인다 (Fest, *Hitler*, ii.643-4). 응징이 합법적이었다는 뒤에 나온 해명을 보면 그 내용은 히틀러가 그전부터 대중이나 당 간부 앞에서 일관되게 주장했던 노선은 물론이거니와 사건이

일어난 직후에 각료들 앞에서 말한 내용과 일치한다. 히틀러가 괴벨스 가족과 함께 발트해의 하일리겐담으로 휴가를 보내러 갔다가 다시 베르히테스가덴에서 푹 쉬었다는 설도 있지만 이것 역시 근거가 박약하다(Höhne, *Mordsache Röhm*, 298-9; Orlow, ii.114; Frei, *Führerstaat*, 33). 이런 설명은 Hanfstaengl, *15 Jahre*, 341ff 내용을 근거로 삼는 것처럼 보이는데, 한프슈탱글의 설명에 따르더라도 그가 하일리겐담으로 괴벨스와 히틀러를 찾아간 것은 미국을 방문하고 돌아오다가 배가 영국-프랑스 해협을 통과할 때 히틀러의 연설을 들은 다음이었다는 사실이 분명히 드러난다. 히틀러가 7월 6일에 잡아놓은 약속을 보더라도 7월 7일에서 13일까지만 비워놓았다. 그러니까 그동안 히틀러는 발트해에서 휴가를 즐긴 것이 아니라 연설문 작성에 몰입했을 것이다.

114) Domarus, 410; Gritschneder, ‘*Der Führer*’, 52.

115) Domarus, 421.

116) Gritschneder, ‘*Der Führer*’, 54.

117) *DBS*, i.250(1934년 7월 21일).

118) BHStA, MA 106670, RPvOB, 1934년 7월 9일.

119) BHStA, MA 106675, Arbeitsamt Marktredwitz, 1934년 7월 9일.

120) BAK, R43II/1263, Fols. 238-328의 프로이센 지방 보고서를 보라.

121) BHStA, MA 106691, RPvNB/OP의 LB, 1934년 8월 8일.

122) BAK, R43II/1263, Fols. 238-328; *DBS*, i.198-201(1934년 7월 21일).

123) Domarus, 401-2. 돌격대 간부의 5분의 1 가까이가 장기적 숙청 과정으로 자리에서 밀려났다 (Mathilde Jamin, ‘Zur Rolle der SA im nationalsozialistischen Herrschaftssystem’, Hirschfeld, Kettenacker, *Der ‘Führerstaat*’, 329-60, 특히 345).

124) *DBS*, i.249(1934년 7월 21일).

125) BAK, R43II/1263, Fols.235-7, 괴링이 헤스에게 보낸 1934년 8월 31일자 편지. 이 편지의 사본 한 통이 히틀러에게 들어갔다.

126) Gritschneder, ‘*Der Führer*’, 71-2; Lewy, 169-70.

127) Höhne, *Mordsache Röhm*, 303-5; Müller, *Heer*, 125-33. 하머슈타인은 친구의 장례식에 참석하려고 묘지에 갔지만 밤 사이에 슐라이허 부부의 시신이 다른 곳으로 옮겨졌다.

128) Gritschneder, ‘*Der Führer*’, 72-3.

129) Fallois, 9.

130) Mau, ‘Die ”Zweite Revolution”’, 137.

131) Weinberg, i.87-101, 특히 99-101; Höhne, *Zeit der Illusionen*, 223-4; Bruce F. Pauley, *Hitler and the forgotten Nazis*, 7-8장.

132) Domarus, 426은 히틀러의 지시가 없었으면 하비히트는 단독으로 거사를 벌일 인물이 아니었다고 단정짓는다. Weinberg, i.104는 ‘쿠데타가 일어나는 것을 히틀러도 알았거나 아니면 적어도 암묵적으로 용인했다고 보는 것이 합당하다’고 지적한다. Pauley, 133-7은 이런 설명과는 아주 다른 각도에서 접근하면서 히틀러의 책임은 오스트리아에 확실한 노선을 밝히지 않아서 정책이 표류하고 현지의 급진파들이 힘을 쓰게 방치한 데 있다고 결론 짓는다. Hermann Graml, *Europa zwischen den Kriegen*, München, 1969, 298은 히틀러의 수동적 자세를 오스트리아 나치 지도부가 오해한 것과 룀 사태 이후로 국내 정세가 불투명해진 상황이 맞물리면서 쿠데타 시도가 일어났다고 분석한다. Reinhard Spitzy, *So haben wir das Reich verspielt. Bekenntnisse eines Illegalen*, München(1986), 4판, 1994, 61-6은 내부자 시각에서 오스트리아 쿠데타 계획을 설명하지만 히틀러가 알았는

지, 승인을 했는지의 여부에 대해서는 새로운 정보를 주지 않는다.

133) Pauley, 134; Jens Petersen, *Hitler-Mussolini : Die Entstehung der Achse Berlin-Rom, 1933-1936*, Tübingen, 1973, 338; Höhne, *Zeit der Illusionen*, 224. 그러나 Weinberg, i.104 주89는 이런 설명의 배경이 된 뉘른베르크에서 괴링이 한 증언(*IMT*, ix.294-5)은 신빙성이 의심스럽다고 지적한다.

134) Anton Hoch, Hermann Weiß, 'Die Erinnerungen des Generalobersten Wilhelm Adam', Wolfgang Benz 엮음, *Miscellanea. Festschrift für Helmut Krausnick*, Stuttgart, 1980, 32-62, 특히 47-8, 60 주40.

135) Höhne, *Zeit der Illusionen*, 223.

136) Weinberg, i.105.

137) Hanfstaengl, *15 Jahre*, 353-4.

138) Papen, 339.

139) Hanfstaengl, *15 Jahre*, 352; Pauley, 134-6.

140) Domarus, 427; Weinberg, i.106.

141) Hanfstaengl, *15 Jahre*, 354. 노련한 외교관이며 가톨릭 신자였고 살해당한 돌푸스와 친분이 있었던 파펜은 히틀러가 보기에 독일의 의도에 대한 오스트리아 정부의 의구심을 풀어주고 냉각된 양국 관계를 복원할 수 있는 적임자였다. 파펜의 회고에 따르면 그도 히틀러의 제의를 받아들이는 대신 조건을 달았다고 한다(Papen, 340-41; Pauley, 135).

142) Papen, 337ff; Domarus, 428; Weinberg, i.106.

143) Domarus, 429. 대통령의 죽음이 임박했다는 이야기를 히틀러가 정확히 언제 들었는지는 불확실하다. 한프슈탱글은 히틀러가 마이스너한테서 대통령이 위독하다는 소식을 듣고 나서 바로 파펜을 빈으로 보내기로 결정하고 자신은 힌덴부르크를 보러 동프로이센으로 날아갔다지만 시기적으로 약간 부풀려진 면이 있다. 히틀러가 파펜에게 한시적으로 빈 주재 독일 대사로 활동하면서 특수 임무를 맡아 달라고 요청한 편지에는 날짜가 7월 26일로 박혀 있다. 독일 국민이 힌덴부르크 대통령의 위독한 상태를 알게 된 것은 7월 31일이었다. 히틀러는 아마 그보다 조금 먼저 알았을 것이다. 히틀러가 힌덴부르크의 자택으로 찾아간 것은 8월 1일이었다(Hanfstaengl, *15 Jahre*, 354; Domarus, 429).

144) Sauerbruch, 520. 자우어브루흐는 만년의 힌덴부르크를 돌본 주치의였다. 히틀러가 마지막으로 힌덴부르크를 찾아간 내용은 Papen, 334를 보라. Sauerbruch, 519도 그렇고 이것을 전거로 삼은 것으로 보이는 Meissner, *Staatssekretär*, 337도 그렇고 히틀러가 7월 31일에 찾아왔다고 적혀 있다. 〈민족의 감시자〉 1934년 8월 1일 기사에 따르면 히틀러는 이날 오전 노이데크로 갔다가 몇 시간 뒤에 돌아온 것으로 되어 있다. 히틀러는 그날 밤 9시 반 내각 회의를 소집했다(*AdR, Reg. Hitler*, ii.1384). 한프슈탱글은 히틀러와 수행원들이 노이데크에서 하룻밤을 자고 — 근처에 있던 한 성에서 자라고 하니까 나폴레옹이 잤던 방이라는 사실을 알고는 거부했다고 한다. — 다음날 바이로이트로 갔다가 그곳에서 힌덴부르크가 운명했다는 소식을 듣고 바로 노이데크로 돌아왔다고 하지만 근거가 박약하다(Hanfstaengl, *15 Jahre*, 355).

145) *AdR, Reg. Hitler*, ii.1384. 힌덴부르크는 8월 2일 오전 9시에 사망했다.

146) *AdR, Reg. Hitler*, ii.1484; Domarus, 429; Gritschneder, 'Der Führer', 75-6; Müller, *Heer*, 133.

147) *AdR, Reg. Hitler*, ii.1387; Domarus, 431.

148) Müller, *Heer*, 134; Fallois, 161.

149) Müller, *Heer*, 135.

150) Domarus, 444. 고마움을 표시한 날은 8월 20일, 그러니까 국민투표가 있은 다음 날이었다. 히틀러는 '8월 3일 법'에 감사한다고 말했지만 문제의 법은 8월 1일 국가 수반에 관한 내각 회의에서 결정되었으니까 힌덴부르크가 죽은 다음이 아니라 죽기 전에 통과된 것이라고 보아야 한다.

151) Müller, *Heer*, 134; Papen, 335-6.

152) Müller, *Heer*, 134; Gritschneder, *'Der Führer'*, 76.

153) Müller, *Heer*, 135.

154) Müller, *Heer*, 136.

155) Müller, *Heer*, 137.

156) Müller, *Heer*, 138.

157) Müller, *Heer*, 139와 주313-14.

158) *München Neueste Nachrichten*, 1934년 8월 4일.

159) Domarus, 438.

160) *AdR, Reg. Hitler*, ii.1385-6, 1388-9와 주8; Meissner, *Staatssekretär*, 377-8.

161) *Statistische Jahrbuch für das Deutsche Reich, 1935*, Berlin, 1935, 537. 노동자 거주 구역과 가톨릭 인구가 많은 지역에서는 투표율이 낮았다. 유권자의 3분의 1 가까이가 투표를 하지 않았다.

162) *TBJG*, I.2, 475(1934년 8월 22일).

163) Domarus, 447-54.

164) Loiperdinger, Culbert, 17-18; David Welch, *Propaganda and the German Cinema, 1933-1945*, Oxford, 1983, 147-59. Leni Riefenstahl, *A Memoir*, New York, 1993, 156-166에 나오는 주장은 Loiperdinger, Culbert, 15-17의 지적처럼 신중하게 받아들여야 한다.

13장 지도자 숭배

1) Niedersächsisches Staatsarchiv, Oldenburg, Best. 131 Nr.303, Fol. 131v.

2) Ulrich Herbert, '"Die guten und die schlechten Zeiten". Überlegungen zur diachronen Analyse lebensgeschichtlicher Interviews', Lutz Niethammer 엮음, *'Die Jahre weiß man nicht, wo man sie heute hinsetzen soll'. Faschismuserfahrungen im Ruhrgebiet*, Berlin/Bonn, 1983, 67-96, 특히 82, 88-93.

3) 이 용어의 의미에 대해서는 Mommsen, 'Kumulative Radikalisierung'과 Hans Mommsen, 'Cumulative Radicalisation and Progressive Self-Destruction as Structural Determinants of the Nazi Dictatorship', Ian Kershaw, Moshe Lewin 엮음, *Stalinism and Nazism*, 75-87.

4) Müller, *Armee, Politik und Gesellschaft*, 39-47.

5) Dietrich, *Zwölf Jahre*, 44-5.

6) Broszat, 'Soziale Motivation und Führer-Bindung', 403.

7) Lothar Gruchmann, 'Die "Reichsregierung" im Führerstaat. Stellung und Funktion des Kabinetts im nationalsozialistischen Herrschaftssystem', Günther Doeker,

Winfried Steffani 엮음, *Klassenjustiz und Pluralismus*, Hamburg, 1973, 192, 202.

8) Wiedemann, 69, 71.

9) Wiedemann, 68-9.

10) Wiedemann, 80-82.

11) Wiedemann, 78. 1936년 베르크호프가 완공되고 영사 시설도 완비되자 보통 하루 저녁에 두 편씩 영화를 틀었다(BBC Archives, 베르크호프 관리인이었던 헤르만 되링과 1997년에 인터뷰한 내용, 롤 243, 31).

12) Wiedemann, 79, 90-91. 특히 만년에 이런 모습을 보였다는 사실은 Schroeder, 60, 81, 84와 1971년 게르다 다나노프스키, 트라우들 융게와 한 인터뷰(Library of Congress, Washington DC, *Adolf Hitler* Collection, C-63, 64, 9376 63-64와 C-86, 9376 85)에서 확인할 수 있다. 히틀러의 공군 부관 아내인 마리아 폰 벨로프의 말과 만년 생활에 대해서는 Gitta Sereny, *Albert Speer: his Battle with the Truth*, London, 1995, 113-14를 보라.

13) Wiedemann, 76, 78, 93; Picker, 34에 있는 Percy Ernst Schramm의 해설; Spitzy, 126-7, 130(더 나중 시기).

14) Wiedemann, 69.

15) Wiedemann, 85; Schroeder, 53, 78-82.

16) 웅장한 예술 양식의 후원자가 되고 싶었던 히틀러의 야심에 대해서는 Friedelind Wagner, 93, 124-5를 보라.

17) Wiedemann, 194ff.; Smelser, 166.

18) 지구당과 지역당 차원에서 이루어진 함부르크의 부패상에 대해서는 Frank Bajohr, 'Gauleiter in Hamburg. Zur person und Tätigkeit Karl Kaufmanns', *VfZ*, 43 (1995), 269-95, 여기서는 277-80을 보라.

19) Robert Koehl, 'Feudal Aspects of National Socialism', *American Political Science Review*, 54 (1960), 921-33.

20) Hanisch, 13ff; Geiß, 65-95.

21) Wiedemann, 72, 74-6, 94-6.

22) Wiedemann, 69-70.

23) 대통령령 원문은 Walther Hofer (ed.), *Der Nationalsozialismus. Dokumente 1933-1945*, Frankfurt am Main, 1957, 87.

24) 함부르크 노동자들의 임금 수준을 유지하려던 카우프만의 노력에 대해서는 Bajohr, 286.

25) BAK, R43II/541, Fols. 36-95; BAK, R43II/552, Fols. 25-50; Mason, Sozialpolitik, 158-9.

26) BAK, NS22/110, Denkschrift, 15 December 1932; Mommsen, 'Die NSDAP als faschistische Partei', 267-8.

27) Orlow, ii.67-70; Peter Longerich, *Hitlers Stellvertreter. Führung der Partei und Kontrolle des Staatsapparates durch den Stab Heß und die Partei-Kanzlei Bormann*, Munich/London/New York/Paris, 1992, 16 (지도자 대리인실 운영에 대해서는 I-IV부를 보라).

28) 헤스가 이끌던 당의 즉흥적이고 투명하지 않은 구조에 대해서는 Orlow, ii.74-5와 Mommsen, 'Die NSDAP als faschistische Partei', 262-3과 Longerich, Hitlers Stellvertreter, 24를 보라.

29) Longerich, *Hitlers Stellvertreter*, 18-20과 II부. Longerich(257)도 지적하듯이 정부의 입장에서 보았을 때 공무원 임명에 지도자 대리인실의 재가를 받는 것은 법적 구속력이 있

는 것은 아니었지만 준수되었다.

30) Longerich, *Hitlers Stellvertreter*, 8장, 2,4절 210ff, 234ff.

31) Dietrich, Zwölf jahre, 45.

32) Diehl-Thiele, 69-73.

33) *MK*, 433-4.

34) *Anatomie*, ii.46. '예비 검속'에서 변호사의 대표성을 둘러싼 게슈타포와 법무부의 갈등은 1934년 10월로 거슬러 올라간다. 나중에, 그러니까 1935년 4월 게슈타포 지부에 보낸 공문에서 힘러는 정부와 경찰의 권리가 침해받을 수 있는 상황에서는 변호사의 대표성이 금지된다고 밝혔다. 가을에 히틀러가 개입한 다음에도 귀르트너는 변호사의 권리를 지키려는 시도를 포기하지 않았다. 하지만 힘러는 시간만 질질 끌었고 귀르트너 법무장관도 얼마나 많은 양보를 할 용의가 있었는지는 몰라도 이렇다 할 돌파구를 열지 못했다. 히틀러의 권위를 등에 업고 게슈타포는 권력의 횡포를 견제하려는 모든 시도를 막아버렸다. (Gruchmann, *Justiz*, 564-73.) 그렇지만 귀르트너도 정략에 맞서 법의 원칙을 지켜낼 만큼 강단이 있는 사람이 아니었다. 1934년 1월 베를린의 '돌격대 사무실'에서 6명의 공산주의자를 고문했다는 혐의를 받은 돌격대원과 관련하여 귀르트너는 1935년 10월 8일 히틀러에게 이런 편지를 써서 "심한 학대는 분명히 새디즘을 방불케 하지만" 자신은 공고 기각을 건의할 용의가 있다고 밝혔다. (모스크바 특별보존문서, 1413-I-6, Fol.36.)

35) *Anatomie*, ii.39-40.

36) Johannes Tuchel, *Konzentrationslager*, Boppard am Rhein, 1991, 314-15. "국민 내부의 적과 맞서는 투쟁"은 1935년 9월 11일 전당대회에서 히틀러가 써먹은 구호였다 (Tuchel, 314). 또 Robert Gellately, 'Allwissend und allgegenwärtig? Entstehung, Funktion und Wandel des Gestapo-Mythos', Gergard Paul, Klaus-Michael Mallmann 엮음, *Die Gestapo:Mythos und Realität*, Darmstadt, 1995, 47-70, 특히 54-5.

37) *Anatomie*, i.50-54.

38) *RGBl*, 1936, Teil I, 487-8.

39) *Anatomie*, i.118.

40) *Anatomie*, ii.50-51. 또 Herbert, *Best*, 163-8도 보라.

41) 게슈타포의 활동 영역 확대에 대해서는 Herbert, *Best*, 168-80을 보라. 일례로 룀 사태가 불거지기 전까지는 크게 주목을 끌지 않았던 동성애자한테까지 처벌을 확대했다. 1934년 10월 베를린의 신설된 게슈타포 지부에서는 동성애자로 살아가는 사람의 명단을 작성했다(Günter Grau 엮음, *Homosexualität in der NS-Zeit. Dokumente einer Diskriminierung und Verfolgung*, Frankfurt am Main, 1993, 74). 게슈타포 각 지부도 여기에 호응하여 처벌을 강화했는데 1936년부터는 '동성애낙태투쟁국민본부'라는 조직의 조율까지 받았다 (Burkhard Jellonnek, 'Staatspolizeiliche Fahndungs-und Ermittlungsmethoden gegen Homosexuelle', Paul, Mallmann, *Die Gestapo*, 343-56, 특히 348-9, 353. 또 Burkhard Jellonnek의 연구서 *Homosexuelle unter dem Hakenkreuz. Die Verfolgung von Homosexuellen im Dritten Reich*, Paderborn, 1990)도 보라.

42) Christine Elizabeth King, *The Nazi State and the New Religions: Five Case Studies in Non-Conformity*, New York/Toronto, 1982.

43) 1933년부터 1939년까지 독일의 외교 정책을 분석한 Weinberg의 두 권짜리 연구서 중 첫 권의 부제이기도 하다.

44) *AdR, Reg. Hitler*. i.313-18, 특히 318. Wollstein, 'Eine Denkschrift des Staatssekretärs

Bernhard von Bülow vom März 1933', 87, 93과 Wendt, 75, 79도 보라.

45) Weinberg, i.46, 166-70.

46) Wendt, 85; Weinberg, i.171.

47) Weinberg, i.60-61, 69-73.

48) 인용문은 Wendt, 78.

49) Herbert S. Levine, *Hitler's Free City. A History of the Nazi Party in Danzig, 1925-1939*, Chicago/London, 1973, 56-7.

50) Levine, 9-17, 61-7.

51) Weinberg, i.63-8, 71.

52) Józef Lipski, *Diplomat in Berlin, 1933-1939*, New York/London, 1968, 105.

53) Weinberg, i.73.

54) Leonidas E. Hill 엮음, *Die Weizsäcker-Papiere 1933-1950*, Frankfurt an Main/Berlin/Vienna, 1974, 78.

55) Bayerische Staatsbibliothek, ANA-463, Sammlung Deuerlein, E200263-9, 1933년 1월 31일 디르크센이 뷜로프에게 보낸 서한과 1933년 2월 6일 뷜로프가 디르크센에게 보낸 서한; E496961, 1933년 2월 28일 디르크센이 노이라트에게 보낸 전보.

56) Weinberg, i.81.

57) Weinberg, i.180-83.

58) Müller, *Heer*, 147ff.

59) Müller, *Heer*, 155-7.

60) Domarus, 468과 주8; Orlow, ii.138-9; Müller, *Heer*, 158-61.

61) 이 용어에 대해서는 Hüttenberger, 'Nationalsozialistische Polykratie', 423ff., 432ff.

62) Patrik von zur Mühlen, '*Schlagt Hitler an der Saar! Abstimmungskampf, Emigration und Widerstand im Saargebiet, 1933-1945*, Bonn, 1979, 230에 따르면 홍보전을 벌이면서 모두 1,500회의 크고 작은 집회가 열렸고 8만 장이 넘는 벽보를 붙였다. 주민 투표를 앞두고 몇 달 동안 염가 라디오(국민수신기)를 뿌려대 각종 프로그램을 통해 자를란트가 독일의 일부임을 널리 알렸다(Zeman, 51-4).

63) François-Poncet, 221-2; Weinberg, i.173-4, 203.

64) Gerhard Paul and Klaus-Michael Mahlmann, *Milieus und Widerstand. Eine Verhaltensgeschichte der Gesellschaft im Nationalsozialismus*, Bonn, 1995, 60-77, 203-23, 352-71을 보라. 또 Gerhard Paul, '*Deutsche Mutter-heim zu Dir! Warum es mißlang, Hitler an der Saar zu schlagen. Der Saarkampf 1933 bis 1935*, Cologne, 1984도 보라.

65) Höhne, *Zeit der Illusionen*, 284.

66) Paul, Mahlmann, *Milieus*, 66, 73-7.

67) Höhne, *Zeit der Illusionen*, 283.

68) *Schultheß Europäischer Geschichtskalender*, Bd. 76권 (1936), München, 1936, 14(90.76 퍼센트).

69) Paul, Mahlmann, *Milieus*, 222.

70) Domarus, 472.

71) Domarus, 476. 워드 프라이스는 그 말을 굳게 믿고 회견 후 〈민족의 감시자〉에 "히틀러는 평화를 사랑한다."고 썼다(Domarus, 474 주19). 1937년까지도 프라이스는 히틀러가 진심으로 "평화를 갈망"한다고 생각했다(G. Ward Price, *I Know these Dictators*, 143).

72) Domarus, 485.

73) *DRZW*, i.415와 주62, 416.

74) Klaus-Jürgen Müller, *General Ludwig Beck. Studien und Dokumente zur politisch-militärischen Vorstellungswelt und Tätigkeit des Generalstabschefs des deutschen Heeres 1933-1938*, Boppard am Rhein, 339-42; Hans-Jürgen Rautenberg, 'Drei Dokumente zur Planung eines 300.000-Mann-Friedensheeres aus dem Dezember 1933', *Militärgeschichtliche Mitteilungen*, 22 (1977), 103-39.

75) *DRZW*, i.403-10, 416; Müller, *Beck*, 192-4, 341; Müller, *Heer*, 208.

76) Müller, *Beck*, 189, 339-44.

77) Müller, *Beck*, 190.

78) François-Poncet, 224-5; Höhne, *Zeit der Illusionen*, 294-5; Domarus, 481; Müller, *Beck*, 195; Weinberg, i.205.

79) Domarus, 482.

80) Höhne, *Zeit der Illusionen*, 295.

81) Schmidt, 295-6; François-Poncet, 225; Höhne, *Zeit der Illusionen*, 297.

82) Domarus, 489.

83) Seraphim, *Das politische Tagebuch Rosenbergs*, 74-5. 독일의 새로운 군사력을 공표하는 시기를 놓고 히틀러가 부딪친 어려움에 대해서는 Höhne, *Zeit der Illusionen*, 295-6.

84) Domarus, 489; Müller, *Beck*, 195; François-Poncet, 226; Höhne, *Zeit der Illusionen*, 298. 공군력에 대한 비밀령은 사이먼과 이든의 방문이 발표되기 전이었던 2월 26일 내각에서 합의하여 3월 1일부터 발효될 예정이었다(Weinberg, i.205).

85) Höhne, *Zeit der Illusionen*, 298. 괴링은 영국 공군 무관에게 독일이 보유한 비행기가 1,500대라고 밝혔지만 사실은 800대였다. 영국은 1936년 10월 현재 독일 공군이 1,300대의 비행기를 보유한 줄로 알았다.

86) Schmidt, 296.

87) Müller, *Beck*, 195; Höhne, *Zeit der Illusionen*, 287-8.

88) François-Poncet, 229.

89) Friedrich Hoßbach, *Zwischen Wehrmacht und Hitler 1934-1938*, Wolffenbüttel/Hanover, 1949, 94-5.

90) Hoßbach, 95.

91) Müller, *Heer*, 208. 장성들의 놀라움에 대해서는 Esmonde M.Robertson, *Hitler's Pre-War Policy and Military Plans, 1933-1939*, London, 1963, 56도 보라.

92) Müller, *Heer*, 209.

93) Hoßbach, 95-6.

94) Müller, *Heer*, 208-10; Müller, *Beck*, 196; Höhne, *Zeit der Illusionen*, 287-9, 298-9.

95) Müller, *Heer*, 208. 외무부는 히틀러가 행동을 통해서 이룬 일은 협상으로도 얼마든지 이룰 수 있었다는 정서가 지배적이었다(Schmidt, 296). 프리치도 불가피하기는 했지만 징병제는 "덜 요란스럽게" 공표할 수도 있었다고 보았다(Müller, *Heer*, 209).

96) Höhne, *Zeit der Illusionen*, 303-4. 영국 공군부에서 로젠베르크에 관해 입수한 정보에 대해서는 Seraphim, *Das politische Tagebuch Rosenbergs*, 75.

97) Hoßbach, 96.

98) Hoßbach, 96; Müller, *Heer*, 209.

99) Domarus, 491; Höhne, *Zeit der Illusionen*, 299.

100) Hoßbach, 96; Müller, *Heer*, 209; Höhne, *Zeit der Illusionen*, 299; *Hitler, Monologe*, 343 (1942년 8월 16일).

101) François-Poncet, 228-9.

102) Seraphim, *Das Politische Tagebuch Rosenbergs*, 77. DGFP, C, III, 1005-6, No.532, 1015, No.538. 공식 기록에 따르면 프랑스 대사는 항의했고 이탈리아 대사는 언급을 피했으며 영국 대사는 2월 3일 영국-프랑스 성명에서 제기한 문제는 계속 논의되는 것이냐고 물었다.

103) Domarus, 491-5, 특히 494.

104) François-Poncet, 230; William shirer, *Berlin Diary*, 1934-1941, (1941) Sphere Book 엮음, London, 1970, 32.

105) Shirer, 33.

106) Shirer, 33-4.

107) Domarus, 491-5; Höhne, *Zeit der Illusionen*, 299.

108) François-Poncet, 230.

109) *DBS*, ii.275-82.

110) *DBS*, ii.277-9.

111) *DBS*, ii.279.

112) Jens Petersen, *Hitler-Mussolini*, 397-400.

113) Schmidt, 296; Höhne, *Zeit der Illusionen*, 304; Weinberg, i.206.

114) François-Poncet, 231.

115) Schmidt, 297.

116) Seraphim, *Das politische Tagebuch Rosenbergs*, 77; Höhne, *Zeit der Illusionen*, 302.

117) 이어지는 내용은 Schmidt's account, 298-308을 전거로 삼았다.

118) Eden, *Facing the Dictators*, 133 (1934년 2월 20일 히틀러를 처음 만나 이든이 받은 인상은 61). 1935년에 윈스턴 처칠이 쓴 'Hitler and his Choice, 1935', *Great Contemporaries*, London, 1941, 223-31, 특히 230도 읽어보라. "히틀러를 공무나 모임으로 만난 사람은 대단히 유능하고 냉정하고 업무에 밝은 간부라는 느낌을 받는다. 미소로 경계심을 녹이고 붙임성 있게 굴면서 묘하게 사람을 잡아당기는 매력에 끌리지 않는 사람은 드물었다."

119) Schmidt, 301-2(여기는 128명이 아니라 126명으로 나온다).

120) Eden, *Facing the Dictators*, 135.

121) Schmidt, 306.

122) Schmidt, 307. 공식 대화 내용은 *DGFP*, C, III, 1043-80, No.555.

123) Schmidt, 306-8.

124) Friedelind Wagner, 128-9는 사이먼과 이든을 환영하는 만찬에 초대를 받고 간 어머니 비니프레트 바그너를 통해서 히틀러가 외교에서 성공을 거둔 데 고무된 나머지 "아이처럼 무릎을 치고 박수를 치더라"는 이야기를 전한다. 하지만 동맹을 맺자는 제안에 영국이 히틀러가 당초 예상했던 것보다 강하게 저항한다는 것을 히틀러가 처음으로 깨달은 것도 이 무렵이었다는 분석도 있다. Josef Henke, *England in Hitler's politischem Kalkül 1935-1939*, Boppard am Rhein, 1973, 38-9를 보라. 영국 대표단과의 대화에서 히틀러가 식민지 반환 문제를 꺼낸 것은 히틀러의 주장이 그만큼 강해졌음을 드러낸다. 히틀러는 영

국과 우호를 다져 나가자고 '설득'하려는 뜻으로 그런 문제를 꺼냈지만 그것은 히틀러의
착각이었다(Klaus Hildebrand, *Vom Reich zum Weltreich. Hitler, NSDAP und koloniale
Frage 1919-1945*, München, 1969, 447ff.; Klaus Hildebrand, *The Foreign Policy of the
Third Reich*, London, 1973, 36-7; Klaus Hildebrand, *Das vergangene Reich. Deutsche
Außenpoli-tik von Bismarck bis Hitler 1871-1945*, Stuttgart, 1995, 598).

125) Eden, *Facing the Dictators*, 136.

126) Eden, *Facing the Dictators*, 133-4, 139.

127) Weinberg, i.207; A. J. P. Taylor, *The Origins of the Second World War*, (1961) 개정판,
Harmondsworth, 1964, 116-17.

128) *TBJG*, I.2, 485(1935년 4월 15일).

129) *TBJG*, I.2, 486(1935년 4월 17일).

130) Domarus, 506.

131) Domarus, 511.

132) 1934년 7월 돌푸스 사건 이후로 오스트리아 정세가 계속 불안해지자 무솔리니는 독일이
오스트리아에서 또다시 정변을 일으킬까 봐 촉각을 곤두세웠다. 무솔리니는 에티오피아
에 눈독을 들이고 있었는데 국외 원정에 반대하는 국내 여론이 만만치 않다는 것을 잘 알
고 있었기 때문이었다. 노이라트는 스트레사에서 채택된 무솔리니의 친서방 반독 정책을
우려했는데 그것이야말로 무솔리니가 노린 효과였다(William E. Dodd and Martha
Dodd 엮음, *Ambassador Dodd's Diary, 1933-1938*, London, 1941, 236-45). 또 Robert
Mallett, *The Italian Navy and Fascist Expansionism*, 1935-1940, London, 1998, 28-9도
보라.

133) Domarus, 505-14. 독일 국민의 반응에 대해서는 Kershaw, *The 'Hitler Myth'*, 125-6. 〈
타임스〉는 '합리적이고 거침없고 광범위한' 연설이었다고 평했다(Toland, 372).

134) Domarus, 512-13.

135) Jost Dülffer, *Weimar, Hitler und die Marine. Reichspolitik und Flottenbau 1920-1939*,
Düsseldorf, 1973, 256-7.

136) Dülffer, *Weimar, Hitler und die Marine*, 266-7.

137) *DRZW*, i.455-8.

138) Dülffer, *Weimar, Hitler und die Marine*, 280, 291, 301과 319-20; Höhne, *Zeit der
Illusionen*, 308-9; Weinberg, i.212.

139) Schmidt, 317. 런던에서 독일 대사로 지내는 동안 리벤트로프가 드러낸 성격과 기질에
대한 신랄한 묘사는 Spitzy, 92-122를 보라. 히틀러하고는 강조점이 달랐지만 결국은 독
자적 기반이 없었던 리벤트로프의 외교 정책관이 만들어지는 과정은 Wolfgang
Michalka, *Ribbentrop und die deutsche Weltpolitik 1933-1940. Außenpolitische Konzeptionen
und Entscheidungsprozesse im Dritten Reich*, München, 1980이 잘 분석했다.

140) Michael Bloch, *Ribbentrop*, 보급판, London, 1994, 54-8. 영국에서 '뜻을 같이하는 우
익'과 좋은 관계를 발전시키려고 리벤트로프가 줄기차게 쏟아 부은 정성과 거기서 비롯된
상호 오해에 대해서는 G. T. Waddington, '"An idyllic and unruffled atmosphere of
complete Anglo-German misunderstanding": Aspects of the Operations of the
Dienststelle Ribbentrop in Great Britain, 1934-1939', *History*, 82 (1997), 44-72가 자
세히 밝혔다.

141) Bloch, *Ribbentrop*, 69; Domarus, 515; *DGFP*, C, IV. 253, 주2.

142) 회담 내용과 그 결과에 대해서는 특히 Dülffer, *Weimar, Hitler und die Marine*, 325-54를 보라.

143) *DGFP*, C, IV, 257.

144) Schmidt, 318.

145) *DGFP*, C, IV, 250.

146) *DGFP*, C, IV, 277-8; Bloch, *Ribbentrop*, 73.

147) Schmidt, 319.

148) Ribbentrop, 41. 그렇지만 베를린의 영국 소식통은 1936년 초 무렵이면 히틀러가 해군 협약을 맺었는데도 기대했던 것과는 달리 영국과 가까워지지 않으니까 성급하게 조약을 맺은 것을 후회한다는 말이 흘러나왔다(Geoffrey T. Waddington, 'Hitler, Ribbentrop, die NSDAP und der Niedergang des Britischen Empire 1935-1938', *VfZ*, 40(1992), 273-306, 특히 277).

149) 존 사이먼 경은 다른 나라들한테는 영국 정부가 독일 총리의 제안을 수용하기로 "결정했다"고 통보하는 것으로 족하다고 독일 대표단에게 말했다(*DGFP*, C, IV, 280).

150) Denis Mack Smith, *Mussolini*, London, 1983, 228-35, 인용은 232.

151) 에티오피아 위기와 그 여파에 대해서는 Taylor, 118-29를 보라. 이탈리아의 공격에 영국이 미온적으로 대응하는 것을 보면서 히틀러는 영국이 힘이 떨어졌고 유럽에서 히틀러의 영토 야심에 저항하려는 의지가 약하다는 생각을 더욱 굳혔다. 그러면서 라인란트로 진주하더라도 영국이 개입할 확률은 희박하다고 확신했다(Henke, 40-47).

152) Donald Cameron Watt, 'The Secret Laval-Mussolini Agreement of 1935 on Ethiopia', Esmonde M. Robertson 엮음, *The Origins of the Second World War*, London, 1971, 225-42.

153) 모스크바 특별보존문서, 1235-VI-2, Reichskanzlei, Lammers, Vermerk, 1935년 10월 16일.

154) *Monologe*, 108(1941년 10월 25일).

155) Kershaw, *Popular Opinion and Political Dissent*, 236-7.

156) Schleunes, 116.

157) Kurt Pätzold, *Faschismus, Rassenwahn, Judenverfolgung. Eine Studie zur Politischen Strategie und Taktik des faschistischen deutschen Imperialismus 1933-1935*, Berlin (East), 1975, 194-5; Ian Kershaw, 'The persecution of the Jews and German Popular Opinion in the Third Reich', *Yearbook of the Leo Baeck Institute*, 26(1981), 261-89, 특히 264-5; David Bankier, *The Germans and the Final Solution: Public Opinion under Nazism*, Oxford/Cambridge, Mass., 1992, 35; Saul Friedländer, *Nazi Germany and the Jews. The Years of Persecution, 1933-1939*, London, 1997, 137ff.

158) Adam, 114-15, 119-20; Bankier, *The Germans and the Final Solution*, 35.

159) 'How Popular was Streicher?', (필자 미상), *Wiener Library Bulletin*, 5/6(1957), 48; Bankier, *The Germans and the Final Solution*, 35.

160) David Bankier, 'Hitler and the Policy-Making Process on the Jewish Question', *Holocaust and Genocide Studies*, 3(1988), 1-20, 특히 9.

161) *Akten der Partei-Kanzlei*, 전4권, Institut für Zeitgeschichte (Helmut Heiber[1-2권], Peter Longerich[3-4권]) 엮음, München, 1983-1992, Teil I, Regesten, 1권, 98, No.10807, Microfiche, 12405038, 비데만이 보어만에게, 1935년 4월 30일: "올림픽 때

문에 이런 팻말에 대한 우려가 있다고 지도자께 말씀드렸더니, 이런 팻말에 반대하지 않는다는 지도자의 결정에는 아무런 변화가 없음을 알 수 있었습니다." 또 Bankier, 'Hitler and the Policy-Making Process on the Jewish Question', 9도 보라.

162) Bankier, *The Germans and the Final Solution*, 28-35.

163) Bankier, *The Germans and the Final Solution*, 33.

164) Otto Dov Kulka, 'Die Nürnberger Rassengesetze und die deutsche Bevölkerung im Lichte geheimer NS-Lage und Stimmungsberichte', *VfZ*, 32(1984), 582-624, 특히 609.

165) Marlis Steinert, *Hitlers Krieg und die Deutschen. Stimmung und Haltung der deutschen Bevölkerung im Zweiten Weltkrieg*, Düsseldorf, 1970, 57; Bankier, *The Germans and the Final Solution*, 38.

166) Bankier, *The Germans and the Final Solution*, 38.

167) Adam, 118(다른 예도 나온다). 1935년 3월 6일 바이에른 정치경찰이 바이에른에서 관철한 후속 금지 조치에 대해서는 Hans Mommsen, 'Der nationalsozialistische Polizeistaat und die Judenverfolgung vor 1938', *VfZ*, 10(1962), 73, 84, Dok. Nr.11을 보라.

168) Bankier, *The Germans and the Final Solution*, 38-41; Kershaw, *Popular Opinion and Political Dissent*, 50, 127-30, 205-6; Kershaw, *The 'Hitler Myth'*, 101-2.

169) Bankier, *The Germans and the Final Solution*, 70-6; Kershaw, 'The Persecution of the Jews', 265-72.

170) Bankier, *The Germans and the Final Solution*, 74-5; Kershaw, 'The Persecution of the Jews', 268-70.

171) *Bayern*, i.430, 442-7; *Bayern* ii.293-4; Kershaw, *Popular Opinion and Political Dissent*, 234 주28; Pätzold, *Faschismus, Rassenwahn, Judenverfolgung*, 216-21.

172) *TBJG*, I.2, 493-4(1935년 7월 15일); Adam, 120; Ted Harrison, '"Alter Kämpfer" im Widerstand', *VfZ*, 45(1997), 385-423, 특히 400-401; Reuth, *Goebbels*, 330-31; Irving, *Mastermind*, 206-7. 봄과 여름에 다른 지역으로도 번져 나간 불매 운동에 대해서는 Helmut Genschel, *Die Verdrängung der Juden*, 109-10을 보라.

173) Adam, 120.

174) Schacht, 347; Adam, 123; Genschel, 111. 헤스가 5월 1일 "개별 유대인을 상대로 한 테러 행위"를 피하라고 당에 헛된 지시를 내린 것은 십중팔구 경찰과의 갈등도 피하고 경제 문제도 고려해서였다. 6월에도 당의 기강을 잡으라는 지시가 내려갔지만 역시 효력이 없었다(Longerich, *Hitlers Stellvertreter*, 212).

175) Longerich, *Hitlers Stellvertreter*, 212.

176) Adam, 121. Bankier, *The Germans and the Final Solution*, 37도 보라.

177) Lothar Gruchmann, ' "Blutschutzgesetz" und Justiz. Zu Entstehung und Auswirkung des Nürnberger Gesetzes vom 15. September 1935', *VfZ*, 3 (1983), 418-42, 특히 430; Mommsen 'Polizeistaat', 70-71.

178) Bankier, *The Germans and the Final Solution*, 36-7.

179) Adam, 115, 119.

180) Adam, 120.

181) 'Das Reichsministerium des Innern und die Judengesetzgebung. Aufzeichnungen

von Dr. Bernhard Lösener', *VfZ*, 9(1961), 262-311, 특히 277-8.

182) Gruchmann, '"Blutschutzgesetz" und Justiz', 418-23.

183) Gruchmann, '"Blutschutzgesetz" und Justiz', 425.

184) Bankier, *The Germans and the Final Solution*, 44.

185) 프리크도 7월 26일 그런 결혼을 무기한 연기하도록 등기소에 지시했다(Adam, 122). 뷔르템베르크에서도 8월에 무기한 연기령이 떨어졌다(Bankier, *The Germans and the Final Solution*, 44).

186) Gruchmann, '"Blutschutzgesetz" und Justiz', 426-30; Adam, 122; Jeremy Noakes, 'The Development of Nazi Policy towards the German-Jewish "Mischlinge" 1933-1945', *Yearbook of the Leo Baeck Institute*, 34(1989), 291-354, 특히 307-8.

187) Adam, 122.

188) Kurt Pätzold 엮음, *Verfolgung, Vertreibung, Vernichtung. Dokumente des faschistischen Antisemitismus 1933 bis 1942*, Leipzig, 1983, 103; Adam, 123; Schacht, 349-52; Bankier, *The Germans and the Final Solution*, 44-5; *IMT*, xii, 638(여기서 샤흐트는 히틀러한테 요구한 대로 유대인을 법으로 보호하는 법이 만들어지는 줄로 알았다고 주장했다).

189) *Bayern*, i.430.

190) *DGFP*, C, IV, 569.

191) Kulka, 'Die Nürnberger Rassengesetze', 615-18; Adam, 123-4; Longerich, *Hitlers Stellvertreter*, 212-13. Schacht, 356에 따르면 회의장을 가득 메운 가운데 회의는 두 시간 가까이 이루어졌으며 프리크는 샤흐트가 너무 비판의 날을 세웠다고 볼멘소리를 했다.

192) *DGFP*, C, IV, 570.

193) *DGFP*, C, IV, 570. 실제로 히틀러는 뉘른베르크 전당대회에서 〈돌격〉의 잘못을 들어 슈트라이허를 점잖게 나무랐다. 괴벨스는 슈트라이허가 귀담아듣긴 했지만 그래봐야 달라지지는 않을 것이라고 생각했다(*TBJG*, I.2, 513(1935년 9월 11일)).

194) Kulka, 'Die Nürnberger Rassengesetze', 618-19와 주126; Adam, 124.

195) *TBJG*, I.2, 515(1935년 9월 17일).

196) Kulka, 'Die Nürnberger Rassengesetze', 620 주128, 인용은 *Jewish Chronicle*, 1935년 8월 30일자. Bankier, *The Germans and the Final Solution*, 44도 보라.

197) Schleunes, 119.

198) Adam, 126 n.66.

199) IfZ, MA-1569/42, 프레임 1081, 뉘른베르크 전범 재판 당시 베른하르트 뢰제너 박사의 조사 기록: 'Das Reichsministerium des Innern und die Judengesetzgebung', 273; Adam, 126-7. 이 말은 그때까지는 법안 준비가 거의 이루어지지 않았음을 뜻한다.

200) IfZ, MA-1569/42, 프레임 1081-2, 뢰제너의 증언: 'Das Reichsministerium des Innern und die Judengesetzgebung', 274.

201) Max Domarus, *Der Reichstag und die Macht*, Würzburg, 1968, 101-2; Bankier, *The Germans and the Final Solution*, 45.

202) Mommsen, 'Realisierung', 387과 주20.

203) IfZ, MA-1569/42, 프레임 1081, 뢰제너의 증언: 'Das Reichsministerium des Innern und die Judengesetzgebung', 273; Domarus, *Der Reichstag und die Macht*, 102 주21.

204) Peter Reichel, *Der schöne Schein des Dritten Reiches. Faszination und Gewalt des Faschismus*,

Frankfurt am Main, 1993, 116-38, 특히 126-31.

205) Domarus, 525.

206) Bankier, *The Germans and the Final Solution*, 45.

207) Domarus, 534.

208) IfZ, MA-1569/42, 프레임 1081-2, 뢰제너의 증언: 'Das Reichsministerium des Innern und die Judengesetzgebung', 274: Schleunes, 124; Adam, 127.

209) IfZ, MA-1569/42, 프레임 1082, 뢰제너의 증언: 'Das Reichsministerium des Innern und die Judengesetzgebung', 275.

210) 법안 원문은 Pätzold, *Verfolgung*, 114.

211) Adam, 128.

212) Gruchmann, '"Blutschutzgesetz" und Justiz', 431-2; Adam, 128과 주74.

213) 법안 원문은 Pätzold, *Verfolgung*, 113-14.

214) 사건은 7월 26일 발생했다. 6명의 관련 부두 노동자는 8월 12일과 14일에 가벼운 형을 언도받았지만 이중 5명은 9월 7일 풀려났다. 루이스 브로드스키 판사는 나치즘을 공격하면서 브레멘호를 '해적선'으로 불렀다. 독일 언론은 대서특필했고 독미 관계는 얼어붙었다. "브레멘호를 둘러싸고 소란을 피우고 하켄크로이츠 깃발을 끌어내린 폭도들이 미국에서 받은 처벌에 온 독일이 분개했다."고 루이제 졸미츠는 1935년 9월 7일 일기에 썼다 (Forschungsstelle für die Geschichte des Nationalsozialismus, Hamburg, Louise Solmitz, Tagebuch, I권, 1932-1937, Fol. 248). 히틀러도 펄펄 뛰면서 충동적으로 갈고리 십자를 독일의 새 국기로 삼기로 결심했다(Bankier, *The Germans and the Final Solution*, 45; Domarus, 534와 주201).

215) *JK*, 89-90.

216) 미국 연합통신과의 회견에서 히틀러는 "독일에서 유대인 법안을 만드는 주된 이유는 볼셰비즘과 싸워야 하기 때문"이라는 논리를 되풀이했다. 문제의 법은 유대인을 보호하자는 것이며 독일 안에서 반유대인 소동이 가라앉는 것은 바로 법이 성공을 거두었다는 증거라고 히틀러는 주장했다. 아울러 독일 정부의 의도는 "합법적 수단으로 국민의 자구 행위를 막자"는 것이라면서 그것은 국민의 자구 행위가 "위험한 폭발로 이어질 가능성이 있기 때문"이라고 덧붙였다(Domarus, 557-8).

217) Domarus, 536-7.

218) Domarus, 537-8. 유대인 문제에서 강경파였던 괴벨스는 괴링의 연설이 '참으로 듣기 거북했다.' 우연인지 일부러 그랬는지 연설 방송은 끊겼다(*TBJG*, I.2, 515(1935년 9월 17일)).

219) Domarus, 538.

220) Domarus, 538-9; Gruchmann, '"Blutschutzgesetz" und Justiz', 432. *TBJG*, I.2, 515(1935년 9월 17일)에서 괴벨스는 요일을 '일요일'이 아니라 '토요일'로 잘못 적었다. 히틀러는 9월 17일에 열린 관구장 회의에서 모든 극단 행위를 금지한다고 거듭 밝혔지만 괴벨스는 그 효과를 반신반의했다(*TBJG*, I.2, 516(1935년 9월 19일)).

221) 히틀러도 어정쩡한 모습을 보였고 법의 족쇄에 갇히지 않으려고 작심을 했다는 것은 프리크더러 '유대인 법'에 대한 해설을 절대로 공표하지 말라고 당부한 데서도 알 수 있다 (*TBJG*, I.2, 517(1935년 9월 21일)).

222) ZStA, Potsdam, RMdI, 27079/71, Fol. 52, 카셀 RP의 LB, 1936년 3월 4일.

223) 전당대회 몇 주 전부터 폭력은 이미 잦아들었다(Adam, 124).

224) Kulka, 'Die Nürnberger Rassengesetze,' 622-3; Bankier, *The Germans and the Final Solution*, 76-80.

225) Kershaw, *The 'Hitler Myth'*, 237.

226) Gruchmann, '"Blutschutzgesetz" und Justiz', 433-4; Adam, 134; 'Das Reichsministerium des Innern und die Judengesetzgebung', 279-82; IfZ, MA-1569/42, 프레임 1082-3, 뢰제너의 증언. 혼혈 문제에 대해서는 특히 Noakes, 'The Development of Nazi Policy towards the German-Jewish "Mischlinge" 1933-1945', 306-15를 보라.

227) Bankier, 'Hitler and Policy-Making Process on the Jewish Question', 14.

228) Adam, 132-5.

229) *TBJG*, II.2, 518 (1935년 9월 25일). 뢰제너('Das Reichsministerium des Innern und die Judengesetzgebung', 281)는 9월 29일 뮌헨 시청에서 열린 당 지도자 회의에 불려 갔다고 말한다. 이것은 뢰제너의 착각으로 보인다. 괴벨스의 일기에는 분명히 날짜가 9월 24일로 나오기 때문이다.

230) 'Das Reichsministerium des Innern und die Judengesetzgebung', 281. 언론사 대표들에게 전달된 기밀 정보에 따르면 히틀러는 회의에서 정부 관리들의 입장을 옹호하는 쪽으로 기울었다(Mommsen, 'Realisierung', 387-8, 주20).

231) *TBJG*, I.2, 520(1935년 10월 1일).

232) Adam, 139-40.

233) *TBJG*, I.2, 537(1935년 11월 7일).

234) Adam, 140-41; Schleunes, 129; Friedländer, *Nazi Germany and the Jews*, 148-51과 (인종 정의가 다양한 개별 사례에 어떻게 적용되었는지에 대해서는) 155-62; 특히 Noakes, 'The Development of Nazi Policy towards the German-Jewish "Mischlinge" 1933-1945', 310-15와 Jeremy Noakes, 'Wohin gehören die "Juden-mischlinge"? Die Entstehung der ersten Durchführungsverordnungen zu den Nürnberger Gesetzen', Ursula Büttner 엮음, *Das Unrechtsregime. Verfolgung, Exil, Belasteter Neubeginn*, Hamburg, 1986, 69-90. 이 정의에 따라 유대인으로 치지 않고 한 명이나 두 명의 '비(非)아리아' 조부모를 가진 사람은 '혼혈'로 보았다. 실제로는 '혼혈 1등급'('비(非)아리아' 조부모가 두 명인 사람)은 '혈통법'에서는 '완전 유대인'과 가까웠다(Adam, 143-4).

235) *TBJG*, I.2, 540(1935년 11월 15일).

236) Adam, 142-3과 142 주130.

237) 구스틀로프가 암살당하기 전까지 스위스의 나치당 국외 조직국은 재외민족집단 지도자를 한 명 두었고 여러 도시에 지부도 두었다. 하지만 구스틀로프가 암살당하자 스위스 정부는 재외민족집단 지도자 충원을 허용하지 않았으므로 어쩔 수 없이 베른에 있던 독일 대사관이 재외민족집단 지도자의 책무를 떠맡았다(Benz, Graml and Weiß, *Enzyklopädie*, 724).

238) *Bayern*, ii.297.

239) Domarus, 573-5.

240) Hildegard von Kotze, Helmut Krausnick 엮음, *'Es spricht der Führer'. 7 exemplarische Hitler-Reden*, Gütersloh, 1966, 148.

241) 1936년과 1937년에 히틀러가 개입한 몇 가지 사례에 대해서는 Bankier, 'Hitler and the

Policy-Making Process on the Jewish Question', 15.

242) *DBS*, iii.27.

243) *Der Parteitag der Freiheit vom 10.-16. September 1935. Offizieller Bericht über den Verlauf des Reichsparteitages mit sämtlichen Kongreßreden*, Münich, 1935, 287. 그런가 하면 *Parteitag der Freiheit. Reden des Führers und ausgewählte Kongreßreden am Reichsparteitag der NSDAP, 1935, München, 1935*, 134-5에도 연설 내용이 있다.

244) E. C. Helmreich, 'The Arrest and Freeing of the Protestant Bishops of Württemberg and Bavaria, September-October 1934', *Central European History*, 2(1969), 159-69; Paul Sauer, *Württemberg in der Zeit des Nationalsozialismus*, Ulm, 1975, 185-9; Kershaw, *Popular Opinion and Political Dissent*, 164-79.

245) Kershaw, *Popular Opinion and Political Dissent*, 170, 172, 178.

246) Conway, 76-7.

247) Kershaw, *The 'Hitler Myth'*, 119.

248) Kershaw, *Popular Opinion and Political Dissent*, 205ff.

249) *TBJG*, I.2, 504(1935년 8월 19일). 아울러 505(1935년 8월 21일)도 보라: "로젠베르크, 힘러, 다레는 허튼 집착에서 벗어나야 한다."

250) *TBJG*, I.2, 511(1935년 9월 6일).

251) '교회 투쟁'이 바이에른 가톨릭 신자의 태도에 끼친 영향에 대해서는 Kershaw, *Popular Opinion and Political Dissent*, 5장.

252) 히틀러와 나치 지도부의 '1918년 증세'에 대해서는 Mason, *Sozial-politik*, 1장.

253) *TBJG*, I.2, 504(1935년 8월 19일).

254) BAK, R43II/318, Fols. 205-13, 28, 61-2 (또한 Fols. 195-203, 214-15); R43II/318a, Fols. 45-53. 아울러 Mason, *Arbeiterklasse*, 72와 주102도 보라.

255) *DRZW*, i.254-9. 독일이 발칸 국가들을 경제적으로 잘 이용했다는 주장에 대한 반박은 Alan S. Milward, 'The Reichsmark Bloc and the International Economy', Hirschfeld and Kettenacker, 377-413에 나온다. 또 같은 책에서 Bernd-Jürgen Wendt, 'Südosteuropa in der nationalsozialistischen Großraumwirtschaft', 414-28도 이 문제를 논의한다.

256) John E. Farquharson, *The Plough and the Swastika. The NSDAP and Agriculture, 1928-1945*, London, 1976, 166-8.

257) BAK, R58/535, Fols. 91-6, Stapo Berlin, 1935년 10월.

258) *TBJG*, I.2, 522(1935년 10월 5일); BAK, R43II/863, Fols. 69-83; R43II/318a, Fol. 15.

259) BAK, R58/567, Fols. 84-93, Stapo Berlin, 1936년 1월. 경찰 보고서는 1935년에서 1936년으로 넘어가는 겨울에 불법 공산당 활동이 되살아났다는 점을 자주 지적하지만 사회 불안의 태반이 공산주의자의 조직적 책동으로 일어났다고 보기는 어렵다. 오히려 지하 저항 조직이 사회 불만을 쉽게 이용할 수 있었다(Detlev J. K. Peukert, *Die KPD im Widerstand. Verfolgung und Untergrundarbeit an Rhein und Ruhr 1933 bis 1945*, Wuppertal, 1980, 204-50). 공산당 활동이 살아나니까 아니나 다를까 게슈타포의 탄압이 가중되었다. 얼마나 탄압이 혹독했던지 체제를 상대로 대중 궐기를 일으킬 수 있는 가능성은 이제 눈곱만큼도 없으며 대중 궐기는 불필요한 희생자만 낳을 뿐이라는 사실을 독일공산당도 인정할 정도였다. 1936년 봄 무렵이면 나치의 가혹한 탄압으로 독일공산당 저항 조직은 규모가 확 줄어들었고 지하 활동가들끼리 연락을 하기도 쉽지 않을 정도였

다(Allan Merson, *Communist Resistance in Nazi Germany*, London, 1985, 186-7).

260) IML/ZPA, St.3/44/I, Fols. 103-7, Stapo Berlin, 1936년 3월 6일. 또 *DBS*, ii.1013, 1251-5 (1935년 10월 16일, 1935년 11월 12일)도 보라. 1935년과 1936년 사이에 파업이 늘어났고 불법 저항 조직이 부활했다는 보고도 많이 나돌았다. 파업은 예외 없이 규모가 작았고 몇 시간밖에 끌지 않았다. 그런 군소 파업의 자세한 내용은 IML/ZPA, St.3/463의 381-folio 파일, 'Streikbewegung'에 있다.

261) Wiedemann, 90.

262) BAK, R54II/193, Fol. 157, 라머스가 다레에게, 1934년 9월 30일. 프로이센의 여러 지역에서 쏟아진 불평을 괴링이 총리실에 전달한 내용이 파일에 있다.

263) BAK, R43II/193, Fols. 122-245.

264) BAK, R43II/315a, Fol. 31.

265) BAK, R43II/318, Fol. 2. 보고서는 Fols. 1-29에 들어 있다.

266) BAK, R43II/318, Fols. 62-4.

267) BAK, R43II/318, Fol. 31, 205-13; R43II/318a, Fols. 45-53.

268) 나치 이미지와 선전에 동원된 무대 관리와 강압의 미학을 연구한 Reichel의 책 제목도 *Der schöne Schein des Dritten Reiches*, 곧 '제3제국의 아름다운 그늘'이라는 뜻이다.

269) BAK, R43II/318, Fols. 219-22 히틀러의 주목을 끈 라머스를 위한 메모; (또한 Fols. 205-13과 R43II/318a, Fols. 45-53).

270) *TBJG*, I.2, 516(1935년 9월 19일).

271) BAK, R43II/318a, Fols. 11-31. 또 Ritter, 79도 보라. Alfred Sohn-Rethel의 훗날 술회에 따르면 괴르델러의 메모는 당시 재계의 입장을 잘 알고 있었으므로 경제계 일부에서 굉장한 지지를 얻었고 일각에서는 거사론까지도 제기할 만큼 뜨거운 논의를 불러일으켰다(Alfred Sohn-Rethel, *Ökonomie und Klassenstruktur des deutschen Faschismus*, Frankfurt am Main, 1975, 177).

272) 몇 달 뒤 4개년 계획안이 도입될 무렵 괴르델러가 비슷한 생각을 제시했지만 1936년 9월 초 괴링은 "전혀 쓸모가 없다"면서 일축했다(Dieter Petzina, *Autarkiepolitik im Dritten Reich. Der nationalsozialistische Vierjahresplan*, Stuttgart, 1968, 47; Ritter, 80).

273) Ritter, 80. 괴르델러는 정권 초반의 몇 년 동안 조금씩 체제를 비판하는 쪽으로 흘렀는데 괴르델러의 행동을 좀더 비판적으로 날카롭게 분석한 글은 Michael Krüger-Charlé, 'Carl Goerderlers Versuchs der Durchsetzung einer alternativen Politik 1933 bis 1937', Jürgen Schmädeke, Peter Steinbach 엮음, *Der Widerstand gegen den Nationalsozialismus. Die deutsche Gesellschaft und der Widerstand gegen Hitler*, München, 1986, 383-404.

274) BAK, R43II/318a, Fols. 35, 66.

275) Petzina, *Autarkiepolitik*, 32-3; Farquharson, 168.

276) Petzina, *Autarkiepolitik*, 32-3.

277) BAK, ZSg. 101/28, Fol. 331, 'Informationsbericht Nr.55', 1935년 11월 7일.

278) 괴벨스는 일기에서도 자주 그런 걱정을 했다: *TBJG*, I.2, 501(1935년 8월 11일); 503-4(1935년 8월 19일); 505(1935년 8월 21일); 506-7(1935년 8월 25일); 507(1935년 8월 27일); 522(1935년 10월 5일).

279) *TBJG*, I.2, 504(1935년 8월 19일).

280) *TBJG*, I.2, 529(1935년 10월 19일).

281) Petzina, *Autarkiepolitik*, 33-4.

282) Petzina, *Autarkiepolitik*, 35.

283) BAK, R43II/533, Fols. 91-6.

284) 앞서 살펴본 대로 게슈타포가 독일공산당 세포 조직으로 침투하여 야만적 탄압을 일삼다 보니 공산당 지하 활동은 살아나는가 싶으면 어느새 짓밟혔다. 도시의 노동자 거주 구역에서 공산당의 구두 선전에 대한 호응이 있다가도 금세 수그러든 것은 사람들이 먹고사는 데 불만이 없어서가 아니라 어지간히 이념이 투철하지 않으면 공산당 활동에 따르는 개인적 희생을 감당할 수가 없었기 때문이었다. 서부 독일에서 1936년 이후로 훨씬 불리해진 상황에서 독일공산당이 어떻게 대응했는지는 Peukert, *Die KPD im Widerstand*, 252ff를 보라. 그런가 하면 Orlow, ii.170-75는 1936년 초 나치당원들의 사기 저하를 강조한다.

285) *IMT*, xxv, 402-13 (특히 409), Doc. 386-PS.

286) Esmonde Robertson, 'Zur Wiederbesetzung des Rheinlandes 1936', *VfZ*, 10(1962), 178-205, 특히 203. 국내 정세가 중요했다는 견해를 뒷받침하는 민심 이반의 증거에 대해서는 Bankier, *The Germans and the Final Solution*, 50-55를 보라.

287) Robertson, 'Zur Wiederbesetzung des Rheinlandes 1936', 204.

288) Robertson, 'Zur Wiederbesetzung des Rheinlandes 1936', 204-5; Manfred Funke, '7. März 1936. Fallstudie zum außenpolitischen Führungsstil Hitlers', Wolfgang Michalka 엮음, *Nationalsozialistische Außenpolitik*, Darmstadt, 1978, 277-324, 특히 279.

289) 비무장 지역의 어려운 경제 사정과 가톨릭교회의 단단한 지역 기반에 대한 언급은 BAK, R58/570, Fols. 104-8, 쾰른 게슈타포에 올라온 보고, 1936년 2월 6일; BAK, NS22/vol.583, 쾰른-아헨 관구장 그로헤가 1935년 6월 8일, 7월 6일, 12월 10일에 올린 보고를 보라. 또 *TBJG*, I.2, 374 (1936년 2월 19일)도 보라.

290) 1936년 4월로 잡혔던 노동위원회 선거가 막판에 취소된 것도 아마 투표 결과가 국민투표 결과에 미치지 못할 것으로 내다보았기 때문이었을 것이다(Mason, *Sozialpolitik*, 206). (석간 신문에서 선거가 연기되었다는 소식을 접한) 젤테 노동장관은 얼마 전에 총선거가 있었는데 또다시 많은 국민이 투표소로 나오는 번거로움을 피할 수 있도록 선거를 연기하려는 것이 지도자의 뜻이라는 설명을 들었다(BAK, R43II/547b, Fols. 2, 19).

291) *DRZW*, i.424.

292) Robertson, 'Zur Wiederbesetzung des Rheinlandes 1936', 195; *DGFP*, C, IV, 1166.

293) Weinberg, i.240-42; James T. Emmerson, *The Rhineland Crisis, 7 March 1936. A Study in Multilateral Diplomacy*, London, 1977, 63.

294) Petersen, 466-71.

295) Robertson, 'Zur Wiederbesetzung des Rheinlandes 1936', 196-9; Funke, '7. März 1936', 298-9; Petersen, 468.

296) Höhne, *Zeit der Illusionen*, 320; Emmerson, 46; Taylor, 126-7.

297) Emmerson, 39-41, 47-8, 51-2; Weinberg, i.243.

298) Emmerson, 77; Funke, '7. März 1936', 287-9.

299) Emmerson, 57, 80; Funke, '7. März 1936', 283-6; Weinberg, i.244-5; *DRZW*, i.604.

300) Dülffer, 'Zum "decision-making process"', 194-7.

301) Marquess of Londonderry(Charles S.H. Vane-Tempest-Stewart), *Ourselves and Germany*, London, 1938, 114.

302) Hoßbach, 97.

303) 1935년 5월 2일에 서명된 프랑스-소련 협약은 2월 11일 프랑스 하원에 제출되어 2월 27 일 최종 표결에 붙여졌다. 3월 3일에는 상원에 비준안이 올라갔다(*DGFP*, C, IV, 1142 주4, 1145 주).

304) Robertson, 'Zur Wiederbesetzung des Rheinlandes 1936', 192, 194-6, 203-4; Funke, '7. März 1936' 279-82; Höhne, *Zeit der Illusionen*, 323-4; *DGFP*, C, IV, 1164- 6. 파리의 독일 대리 공사 디르크 포르스터도 일방적 행동 반대론을 폈다가 히틀러한테 핀잔을 들었다(Emmerson, 83-4와 285 주106).

305) Robertson, 'Zur Wiederbesetzung des Rheinlandes 1936', 192. 히틀러는 재무장을 당초 1937년으로 잡았다가 상황이 유리하게 돌아가는 바람에 1년 앞당겼다고 나중에 밝 히는데 이에 대해서는 Wolfgang Michalka 엮음, *Das Dritte Reich. Dokumente zur Innen- und Außenpolitik*, 전2권, München, 1985, i.267-8(Hitlers Geheimrede vor den Truppenkommandeurern, 1939년 2월 10일).

306) Robertson, 'Zur Wiederbesetzung des Rheinlandes 1936', 194-6, 203-4; *DGFP*, C, IV, 1165.

307) *TBJG*, I.2, 575(1936년 2월 29일).

308) *TBJG*, I.2, 576(1936년 2월 29일).

309) *TBJG*, I.2, 576(1936년 2월 29일).

310) *TBJG*, I.2, 577(1936년 3월 2일).

311) *TBJG*, I.2, 578(1936년 3월 4일). 군부의 불안에 대해서는 NCA, v.1102, Doc. 3308- PS, 파울 슈미트의 증언과 Hoßbach, 97과 Emmerson, 98을 보라.

312) *TBJG*, I.2, 579(1936년 3월 4일), 580(1936년 3월 6일). 괴벨스는 의회가 3월 13일에 다 시 소집될 것이라는 낭설을 퍼뜨렸다.

313) *TBJG*, I.2, 579-81(1936년 3월 6-8일).

314) Domarus, 582.

315) *TBJG*, I.2, 581(1936년 3월 8일); Hoffmann, 83; Shirer, 46-7. 영국과 프랑스의 각료 들이 주말을 맞아 뿔뿔이 흩어진 토요일에 거사를 벌여서 기습 효과를 극대화했다 (Emmerson, 100). 또 Shirer, 51도 보라.

316) Shirer, 48; *TBJG*, I.2, 581(1936년 3월 8일). 연설문 내용은 Domarus, 583-97을 보라. 또 의회 분위기에 대해서는 Shirer, 48-50과 Dodd, 325를 보라.

317) Domarus, 594.

318) Shirer, 49.

319) Domarus, 595.

320) Robertson, 'Zur Wiederbesetzung des Rheinlandes 1936', 195, 205; Emmerson, 95.

321) Shirer, 49-50.

322) Domarus, 596.

323) Eden, *Facing the Dictators*, 343-5; Robertson, 'Zur Wiederbesetzung des Rheinlandes 1936', 205.

324) Emmerson, 102.

325) *TBJG*, I.2, 581(1936년 3월 8일); Höhne, *Zeit der Illusionen*, 325.

326) Shirer, 51, 54; Höhne, *Zeit der Illusionen*, 326. 뮌스터의 갈렌 주교와 슈파이어의 제바

스티안 주교도 누가 부탁한 것도 아닌데 재무장을 크게 환영했다(Lewy, 202).

327) Höhne, *Zeit der Illusionen*, 325, Emmerson, 97-8. Hoßbach, 97. D. C. Watt, 'German Plans for the Reoccupation of the Rhineland. A Note', *Journal of Contemporary History*, 1(1966), 193-9에 따르면 독일군은 물러서지 말고 맞서라는 지시를 받았다. 하지만 라인 강을 실제로 건넌 부대는 뢰르-라인-슈바르츠발트 방어선으로 물러나라는 지시를 받았음을 인정한다(199). 하지만 적군이 독일 국경선을 침범했을 때는 무력으로 맞선다는 방침이었다. Max Braubach, *Der Einmarsch deutscher Truppen in die entmilitarisierte Zone am Rhein im März 1936*, Köln/ Opladen, 1956, 19도 보라.

328) Emmerson, 106.

329) Schmidt, 327 ; Hoffmann, 84.

330) Frank, 211. 이것이 당시 베를린에 있던 서유럽 기자들의 공통된 생각이었다(Shirer, 51-2).

331) *TBJG*, I.2, 581-2(1936년 3월 8일).

332) Emmerson, 162 ; Höhne, *Zeit der Illusionen*, 329-30 ; *TBJG*, I.2, 585-6(1936년 3월 15일) ; Hoßbach, 98.

333) Höhne, *Zeit der Illusionen*, 330.

334) Frank, 211-12. 히틀러의 쾰른 연설 발췌문은 Domarus, 614-16.

335) *DBS*, iii.300ff. ; 460ff.

336) *DBS*, III.460.

337) *DBS*, iii.303, 310, 468.

338) Forschungsstelle für die Geschichte des Nationalsozialismus, Hamburg, Louis Solmitz, Tagebuch, Bd.I, Fols. 282-3(1936년 3월 7일).

339) Archiv der sozialen Demokratie (Friedrich-Ebert-Stiftung), Bonn, ES/M33, 한스 딜이 오토 벨스에게, 1936년 4월 20일.

340) *Statistisches Jahrbuch für das Deutsche Reich*, ed. Statistisches Reichsamt, Berlin, 1936, 565. *TBJG*, I.2, 594(1936년 3월 31일).

341) 선거 부정에 대해서는 Shirer, 55와 Theodor Eschenburg, 'Streiflichter zur Geschichte der Wahlen im Dritten Reich', *VfZ*, 3(1955), 311-16을 보라.

342) Domarus, 641(영역본, Stern, *Hitler: the Führer and the People*, 90).

343) *Der Parteitag der Ehre vom 8. bis 14. September 1936*, München, 1936, 246-7 ; Domarus, 643.

344) Domarus, 606.

1889~1917년

1889년 4월 20일 오스트리아 브라우나우에서 세무 공무원이었던 알로이스 히틀러와
　　　클라라 사이에서 넷째 아이로 출생.
1895년 린츠로 이사하여 그곳 초등학교에 입학.
1900년 린츠의 실업학교에 입학.
1903년 1월 3일 아버지 알로이스 히틀러 사망.
1904년 린츠에서 다니던 실업학교에서 연이어 낙제하다 스타이어의 실업학교로 옮김.
1905년 9월 건강을 이유로 스타이어 실업학교를 그만둠.
1905년 가을 린츠 오페라 극장에서 젊은 날 '유일한' 친구였던 아우구스트 쿠비체크를
　　　처음 만남. 히틀러는 쿠비체크와 미술, 음악, 건축 등 예술에 대한 열정을 함께
　　　나눔.
1907년 9월 빈 미술아카데미에 진학하기 위해 빈으로 떠남. 입학시험에서 낙방하지만
　　　곧 건축가가 되기로 마음먹음.
1907년 12월 21일 어머니 클라라가 유방암으로 사망.
1908년 2월 빈으로 완전히 거처를 옮긴 히틀러는 이후 5년간 빈에서 생활하면서 위대
　　　한 예술가를 꿈꾸며 무위도식함. 이 시절 반유대주의 신봉자였던 쇠네러와 빈
　　　시장 카를 뤼거의 영향을 크게 받음.
1909년 12월 노숙 생활을 하다 마이들링에 있던 노숙자 합숙소에서 만난 라인홀트 하
　　　니슈와 동업하며 2년간 빈의 관광지를 그린 그림을 팔아 생활함.
1910년 12월 요한나 이모가 보내준 돈으로 하니슈와 함께 빈 북쪽의 시설이 좀 더 나은
　　　독신자 합숙소로 옮겨 감.
1913년 5월 아버지가 남긴 유산을 받아 독일 뮌헨으로 떠남.
1914년 1~2월 3년 동안 군 징집을 회피한 이유로 린츠 병무청에 소환됨. 잘츠부르크 지
　　　방법원에 출두한 히틀러는 몸이 약하다는 이유로 병역을 면제받음.
1914년 8월 1차 세계대전 발발. 히틀러는 바이에른 육군에 자원 입대해 제16예비보병
　　　연대('리스트 연대')에 배속됨.
1914년 12월 연락병으로 복무하던 중 이등 무공훈장에 해당하는 철십자 훈장을 받음.
1916년 10월 프랑스에서 벌어진 솜 전투에서 왼쪽 다리를 다쳐 12월까지 베를린의 적
　　　십자병원에 입원함.

1918~1919년

1918년 8월 4일 연락병으로서 중대 임무를 수행한 일로 철십자 일등 무공훈장을 받음.

1918년 10월 3일 독일이 연합군에 휴전을 요청함.

1918년 10월 13~14일 베르비크 남부 고원 지대에서 겨자탄을 맞고 쓰러져 포메른 파제
발크 육군병원으로 호송됨. 일시적인 시력 상실로 입원한 상태에서 독일의 패
전과 혁명 발발 소식을 들음.

1918년 10월 29일 킬 군항에서 수병들이 일으킨 반란이 곧 베를린까지 번지며 독일 전
역에서 혁명이 일어남.

1918년 11월 9일 독일 황제 빌헬름 2세 퇴위. 사회민주당 당수 프리드리히 에베르트가
새 총리에 오르면서 공화국이 선포됨.

1918년 11월 11일 독일이 휴전 협정에 조인하면서 1차 세계대전 종결.

1918년 11월 21일 뮌헨으로 돌아온 히틀러는 제2보병연대로 배치받아 트라운슈타인 포
로수용소 감시병으로 차출됨.

1918년 12월 독일 연립정부에 참여했던 독립사회민주당이 이탈함. 같은 달 독립사회민
주당 내 소수파였던 스파르타쿠스단이 독일공산당을 창당함.

1919년 1월 5일 안톤 드렉슬러가 국가사회주의독일노동자당(나치당)의 전신인 독일노
동자당 창당.

1919년 1월 중순 스파르타쿠스단이 베를린에서 봉기를 일으켰으나, 우익 의용군인 자유
군단을 투입한 공화국 정부에 의해 진압당함. 스파르타쿠스단을 이끌던 카를
리프크네히트와 로자 룩셈부르크가 살해당함(1월 15일).

1919년 1월 19일 제헌의회 선거 실시.

1919년 2월 11일 바이마르에서 소집된 제헌의회에서 에베르트를 대통령으로 한 사회민
주당 중심의 바이마르 공화국이 출범.

1919년 4월 초 독립사회민주당과 무정부주의자들이 주축이 되어 바이에른 '평의회공화
국' 출범 선언.

1919년 4월 14일 병영 전체에서 시행한 대의원 선거에서 히틀러가 대대를 대표하는 부
대의원으로 선출됨.

1919년 4월 말~5월 초 킬 봉기에 가담했던 루돌프 에글호퍼를 중심으로 2만 명의 노동
자와 군인이 구성한 '붉은군대'가 '붉은군대의 독재'를 선언하고 뮌헨에서 '실
질' 소비에트공화국을 세움. 공산주의가 전권을 장악하고 극우 단체 툴레협회
회원을 포함한 포로들을 살해함. 이에 극우 세력이 뮌헨에 진입하여 잔인한 보
복극을 자행하고, 소비에트공화국이 2주도 안 되어 무너짐.

1919년 6월 초 바이에른 제국군 내 카를 마이어 대위가 주관한 '반볼셰비즘 강좌'를 수
강한 히틀러는 타고난 웅변술을 인정받아 두 달 뒤 강사로 발탁되어 부대원들

에게 민족 의식과 반볼셰비즘 의식을 불어넣는 선전원 활동을 시작함.

1919년 6월 28일 1차 세계대전의 전후 처리를 결정한 베르사유 조약 체결.

1919년 8월 11일 강력한 대통령제와 연방제를 토대로 한 바이마르 헌법 반포.

1919년 9월 12일 뮌헨의 정당과 단체를 사찰하는 임무를 수행하러 독일노동자당 집회
에 참여한 히틀러는 집회 후 벌어진 토론에서 당 의장 드렉슬러의 눈에 띄어 입
당을 권유받음.

1919년 9월 중순 히틀러, 독일노동자당에 입당.

1920~1922년

1920년 2월 24일 뮌헨 호프브로이하우스 맥주홀에서 열린 첫 번째 대중 집회에서 히틀
러는 독일노동자당 강령을 발표하고 처음으로 대중 연설을 하면서 정치 무대에
성공적으로 데뷔함.

1920년 3월 13일 베를린에서 볼프강 카프가 우익 쿠데타를 일으키지만 사흘 만에 실패
로 끝남.

1920년 12월 17일 〈민족의 감시자〉를 독일노동자당이 인수함.

1921년 3월 말 히틀러, 국가사회주의독일노동자당과 독일사회주의당의 통합을 합의한
'차이츠 합의'에 반대함.

1921년 7월 11일 합당 논의에 반대하던 히틀러가 탈당을 선언함. 2주 후 당 지도부가 합
당 논의를 중지하고 히틀러에게 전권을 부여하는 의장직을 제안하자 바로 복당
함.

1921년 10월 당내 경호 조직인 '육체단련대' 명칭을 '돌격대'로 바꿈. '육체단련대'는 준
군사조직의 성격과 히틀러의 당내 친위대라는 이중적 성격을 띠고 출범하여 처
음부터 갈등의 씨앗을 품고 있었다.

1922년 1월 바이에른동맹의 오토 발러슈테트가 연사로 나선 집회장에 난입한 '발러슈
테트 사건'으로 고소당한 히틀러, 난동죄로 3개월 형을 선고받음.

1922년 4월 독일과 소련이 외교 관계를 다시 정상화하는 '라팔로 조약'을 체결함.

1922년 6월 24일~7월 27일 히틀러, 2개월 감형을 받아 뮌헨 슈타델하임 형무소에서 한
달간 복역함.

1922년 10월 14~15일 '독일의 날' 행사에서 800명의 돌격대를 앞세우고 코부르크로 행
진. 행진을 방해하던 사회주의 진영 노동자와 노동조합원들이 충돌해 난투극이
벌어짐.

1922년 10월 28일 이탈리아 파시스트당 지도자 무솔리니가 검은 셔츠단을 이끌고 군사
쿠데타를 감행('로마 진군')하여 권력을 쟁취함.

1923~1925년

1923년 1월 11일 독일이 전후 목재 배상을 하지 않았다는 이유로 프랑스와 벨기에가 루르 지방을 점령함. 바이마르 공화국은 '소극적 저항'으로 맞섬. 이 사건으로 계급과 정파를 초월해 사회민주주의자부터 독일민족주의자까지 망라하는 '거국통일전선'이 구성됨.

1923년 2월 초 돌격대를 이끌던 에른스트 룀이 돌격대, 오버란트동맹, 제국깃발, 비킹동맹, 니더바이에른투쟁연대를 주축으로 '애국투쟁연대노동공동체'를 결성함.

1923년 9월 1~2일 '독일의 날' 행사에서 나치당, 오버란트동맹, 제국깃발이 함께 '독일투쟁동맹'을 결성함. 3주 뒤 히틀러는 독일투쟁동맹의 '정치 지도자'로 임명됨.

1923년 11월 8일 뮌헨 맥주홀 쿠데타. 쿠데타는 실패로 끝나고 주역들은 대부분 오스트리아로 피신. 나치당 활동이 금지되고 히틀러는 사흘 뒤 체포됨.

1923년 11월 중순 물가 폭등. 경제 파탄. 1차 세계대전 전까지도 1달러에 4.2마르크였던 환율이 4조 2천억 마르크로 크게 오름.

1924년 1월 1일 체포되기 직전 히틀러가 나치당 대표로 앉힌 〈민족의 감시자〉 편집장 알프레트 로젠베르크가 나치당의 후신으로 '대독일민족공동체'를 세움.

1924년 2월 26일~3월 27일 쿠데타 주모자들과 함께 재판정에 선 히틀러는 재판을 자신을 알리는 선전 기회로 삼았다. 반역죄로 5년 형과 금화 200마르크 벌금을 선고받고 란츠베르크 감옥에 수감됨.

1924년 8월 1차 세계대전 후 독일의 전쟁 배상금 지불에 관한 계획으로 '도스 안(Dawes Plan)'이 채택되어 독일의 배상금 부담액이 크게 줄어듦.

1924년 8월 15~17일 바이마르 전당대회에서 나치당과 독일민족자유당이 연합체 '국가사회주의자유운동' 결성을 선포함.

1924년 10월 6일 바이에른 대법원은 히틀러가 불법 준군사조직에 가담한 확실한 증거가 없다며 사면령을 내림. 한편 바이에른 정부는 몇 달 전부터 히틀러를 오스트리아로 추방하는 방안을 추진하였으나 오스트리아 측으로부터 거부당함.

1924년 12월 7일 총선에서 국가사회주의자유운동은 3퍼센트 득표율에 그침.

1924년 12월 20일 히틀러, 3년 11개월을 감형받아 9개월 만에 석방됨.

1925년 2월 12일 민족 운동 진영의 분열로 국가사회주의자유운동 지도부가 해체됨.

1925년 2월 27일 나치당 재창당을 선언하며 열린 집회에서 히틀러는 분열이 아닌 통합을 강조하며 자신에 대한 무조건적 지지를 요구하여 뜻을 관철함.

1925년 2월 28일 바이마르 공화국 초대 대통령 에베르트 사망.

1925년 3월 9일 히틀러에게 공공 집회에서 연설할 수 없는 연설 금지령이 내려짐.

1925년 4월 25일 히틀러, 오스트리아 시민권을 포기함. 7년 뒤인 1932년에 독일 국적 취득.

1925년 4월 26일 바이마르 공화국 2대 대통령 선거에서 우익 보수 진영 카를 야레스 후
　　　　보를 제치고 무소속으로 출마한 전쟁 영웅 힌덴부르크가 당선. 민족 우익 진영
　　　　에서는 히틀러의 정적 루덴도르프가 출마했지만 1.1퍼센트 지지로 참패함.
1925년 7월 18일 히틀러 자서전 《나의 투쟁(Mein Kampf)》 1권 출간.
1925년 10월 26일 슈트레제만 총리가 이끈 독일이 서유럽의 평화를 상호 보장한 '로카
　　　　르노 조약'에 동참하여 베르사유 조약에서 규정한 서부 국경선을 받아들임.

1926~1929년

1926년 1월 24일 나치당 산하의 북부와 서부 관구가 주축인 '실무협의체'가 당 강령 초
　　　　안을 논의함. '조합국가' 강령 제안에 히틀러가 반대하면서 실무협의체와 마찰
　　　　이 일어남.
1926년 2월 14일 히틀러는 밤베르크 지구당에 당 지도자들을 불러 모아 개정 강령 초안
　　　　을 모두 회수하도록 하여 요구를 관철함.
1926년 9월 독일, 국제연맹 가입.
1926년 12월 11일 민족 운동의 본질, 이념, 선전, 조직, 외교 정책에 이르는 광범위한 주
　　　　제를 다룬 《나의 투쟁》 2권 출간.
1927년 1월 말 작센 주에서 히틀러의 연설 금지령을 해제. 3월 초에는 바이에른 정부를
　　　　비롯한 많은 주에서도 금지령을 해제하지만 프로이센과 안할트 주에서는 1928
　　　　년 가을에 이르러서야 해제됨.
1928년 5월 20일 좌파 정당이 승리한 총선에서 나치당은 2.6퍼센트 득표율로 참패함.
　　　　슈트라서, 괴벨스, 괴링 등 12명의 나치당원 의회 진출.
1929년 6월 7일 전후 배상 문제의 해결책으로 발표된 '영 안(Young Plan)'으로 독일의
　　　　배상액이 '도스 안'보다 17퍼센트 줄어든 액수로 확정됨.
1929년 10월 24일 미국 뉴욕 월가에서 세계 최대의 주식 시장이 붕괴함. 세계 대공황
　　　　시작.

1930~1932년

1930년 나치당원이 20만 명을 넘어섬.
1930년 3월 27일 사회민주당 헤르만 뮐러 총리가 물러나고 3일 뒤 가톨릭 중앙당 하인
　　　　리히 브뤼닝이 총리에 오름. 독일 연정을 이끌어 온 독일국가인민당이 급격히
　　　　우경화하고 사회민주당은 점점 비타협적으로 나가면서 연립정부가 교착 상태

에 빠짐.

1930년 7월 4일 국가사회주의를 둘러싼 이념 차이로 오토 슈트라서를 포함한 25명의 나치당 내 사회주의자들이 탈당.

1930년 7월 18일 의회에서 긴축 정책 법안이 부결되자 브뤼닝 총리의 요청에 따라 힌덴부르크 대통령이 의회를 해산함.

1930년 8월 30일 돌격대의 대우와 히틀러의 정치 노선에 불만을 품은 베를린 관구 돌격대 지도자 슈테네스의 주도로 돌격대원들이 당사를 점거하며 반란을 일으킴('슈테네스 반란'). 사태를 마무리 지으면서 에른스트 룀을 돌격대 참모장으로 임명함.

1930년 9월 14일 제국의회 선거에서 국민을 새롭게 단결시키겠다고 선전한 나치당이 18.3퍼센트 득표율로 107석을 얻어 제2당으로 부상함.

1931년 5월 올덴부르크 지방 선거에서 37.2퍼센트 득표율을 보인 나치당이 처음으로 주의회에서 제1당을 차지함.

1931년 9월 19일 히틀러의 조카이자 연인이었던 겔리 라우발이 권총 자살함.

1931년 11월 중순 헤센 주의회 선거에서 37.1퍼센트 득표율로 공산당과 사회민주당을 합친 것보다 높은 지지율을 얻음.

1932년 2월 22일 히틀러, 대통령 선거 출마를 선언함.

1932년 3월 13일 대통령 선거에서 히틀러는 힌덴부르크와 결선 투표를 벌였으나 37퍼센트의 표를 얻어 결국 53퍼센트 지지율을 얻은 힌덴부르크가 대통령에 재당선됨.

1932년 3월 15일 나치당의 군대와 유사한 모든 조직은 해산하라는 '돌격대 금지령'이 내려져 나치당 돌격대가 활동을 잠시 중단함.

1932년 4월 24일 프로이센 주의회 선거에서 나치당이 36.3퍼센트의 표를 얻으며 사회민주당을 제치고 제1당으로 올라섬.

1932년 5월 30일 힌덴부르크 대통령이 브뤼닝 총리를 해임하고 가톨릭 진영 프란츠 폰 파펜을 신임 총리직에 앉히고 '귀족 내각'을 구성.

1932년 6월 16일 '돌격대 금지령'이 철회되면서 7월까지 나치당원과 공산주의자의 폭력 사태로 1백여 명이 사망하고 수백 명이 부상당함.

1932년 7월 31일 총선에서 나치당 지지율이 37.4퍼센트로 상승해 230석을 얻어 의회 제1당이 됨.

1932년 8월 10일 파펜 총리가 힌덴부르크 대통령에게 나치당과 가톨릭 중앙당의 연립 정부안을 내비치면서 히틀러를 총리직에 앉히자고 제안하지만 단호히 거절당함.

1932년 8월 13일 히틀러와 힌덴부르크의 면담. 하루 전 부총리직을 제안한 파펜과 마찬가지로 힌덴부르크도 히틀러에게 부총리직을 제안했으나 히틀러가 역시 거절.

1932년 9월 12일 제국의회 해산. 의회에서 공산당이 제출한 정부 불신임안이 가결될 만큼의 찬성표를 얻었으나 지난 8월 30일에 대통령이 서명한 의회 해산 문건을 파펜 총리가 내놓으면서 불신임안은 법적 구속력을 잃고 의회는 자동 해산됨.

1932년 11월 17일 정부의 지지 기반 획득에 실패한 파펜 총리가 사임.

1932년 12월 2일 당시 국방부 정무실장을 맡고 있던 슐라이허 장군이 내각 총리로 임명됨. 슐라이허는 나치당 내 반자본주의 세력의 지도자인 그레고어 슈트라서를 비밀리에 만나 부총리와 프로이센 총리 자리를 제시함.

1932년 12월 8일 권력 장악 방법을 놓고 그레고어 슈트라서가 히틀러에게 반기를 드나 나치당 내에서 큰 지지를 얻지 못하여 당직에서 사퇴함.

1933년

1933년 1월 22일 파펜과 일종의 쌍두 체제를 논의하던 히틀러는 직접 대통령의 아들 오스카르 폰 힌덴부르크를 만나 총리직을 요구함.

1933년 1월 28일 정치적으로 고립돼 가던 슐라이허가 총리직을 사퇴함.

1933년 1월 30일 히틀러, 총리직에 오름. 이튿날 히틀러의 제안을 받아들여 대통령이 의회를 해산함.

1933년 2월 히틀러와 군부는 '재무장 우선론'에 합의해 재무장 정책을 수립함.

1933년 2월 27일 '의사당 방화 사건'. 공산당 가입 전력이 있던 마리누스 반 데르 뤼베라는 네덜란드 청년이 독일 의사당에 불을 지름. 이 사건을 구실로 공산주의자들과 사회민주당 의원들, 제국군기단원들을 체포하기 시작함.

1933년 2월 28일 '국민과 국가를 수호하는 긴급령'이 내각에서 통과되어 언론, 집회, 결사의 자유를 비롯한 권리들을 무기한 유예하고 중앙 정부가 주정부에 개입할 수 있는 권리를 확보함.

1933년 3월 5일 총선에서 나치당이 43.9퍼센트의 득표율로 647석 중에서 288석을 차지함.

1933년 3월 중순 중소자영업자투쟁동맹이 주도해 반유대주의 폭력을 휘두르며 유대인 사업체에 '보복 불매 운동'을 벌임.

1933년 3월 21일 새 정부 출범을 알리는 '포츠담의 날' 기념식에서 히틀러는 단합으로 나라를 다시 일으켜 세울 것을 강조함.

1933년 3월 23일 행정부에 법률을 제정할 권한을 부여하는 수권법(일명 '나라와 국민의 고통을 없애는 법')이 의회에서 통과됨.

1933년 4월 7일 '공직 전문성 회복법'의 아리아 조항에 따라 유대인과 반정부 인사가 공직에서 축출되기 시작함.

1933년 4월 28일 제네바 군축 회담에서 영국과 프랑스가 독일군 규모를 20만 명으로 제한하고 준군사조직을 없애자는 안에 합의함.

1933년 5월 1일 좌파가 주도해 온 노동절 행사를 국가사회주의자들이 '국가노동절'로 이름을 바꿔 거행함. 이튿날 나치 돌격대와 공장세포조직 대원들이 노동조합 간부를 체포하고 사회민주당 자금을 강탈하는 일이 벌어짐.

1933년 5월 10일 나치 산하의 독일학생협회가 베를린의 광장에서 금서로 묶인 시인, 철학자, 소설가, 학자의 책 2만 권을 불사르는 화형식을 거행함.

1933년 6월 22일 프라하로 망명한 사회민주당의 정치 활동을 금지하고 의회 대표성과 자산을 모두 압류함.

1933년 6월 말~7월 초 잔여 정당이던 국가당, 독일인민당, 독일국가인민당, 가톨릭 중앙당이 잇따라 해산함. 7월 4일 '신당 창당 금지법'이 만들어져 나치당만 남게 됨.

1933년 7월 14일 불임법('유전병으로 고생하는 후손을 막기 위한 법')이 내각에서 통과됨.

1933년 8월 대부분의 사회 조직에서 '일체화(나치화)' 작업이 전개됨.

1933년 10월 14일 히틀러는 제네바 군축 회담 중단과 국제연맹 탈퇴를 선언하고 제국 의회를 해산함.

1933년 11월 선거를 통해 제국의회가 완전히 나치당 의원들로만 이루어지게 됨. 선거 결과는 '정부 지지' 국민투표 95.1퍼센트 찬성, 의회 선거 92.1퍼센트.

1934~1936년

1934년 1월 26일 독일-폴란드 불가침 조약 협정.

1934년 6월 30일 '긴 칼의 밤'. 나흘 전 돌격대 참모장 룀이 국방부를 공격하기 위해 무장령을 내렸다는 날조된 정보를 구실로 삼아 룀을 포함한 돌격대 지휘관들과 파펜 진영의 수구 세력과 전직 총리 슐라이허, 그레고어 슈트라서, 리터 폰 카르 등 '불평분자들'을 당내 사회주의 동조 세력으로 몰아 모두 150~200명 가량을 숙청함. 이후 돌격대는 군의 체력 훈련과 운동 연습을 담당하는 조직으로 축소됨.

1934년 7월 25일 오스트리아 총리 엥겔베르트 돌푸스가 현지 나치 친위대가 시도한 쿠데타에서 암살당함. 히틀러는 이 쿠데타를 암묵적으로 승인하였음.

1934년 8월 2일 힌덴부르크 대통령 사망으로 히틀러가 국가 수반 자리에 오름.

1934년 8월 19일 국민투표에서 투표자의 89.9퍼센트가 히틀러에게 전권을 부여하는 것을 헌법으로 보장하는 데 찬성함.

1935년 1월 13일 15년간 국제연맹의 관리를 받았던 자를란트 주에서 향후 귀속국을 결정하는 주민투표가 실시되어 주민 90퍼센트가 독일 귀속안에 찬성표를 던짐. 두 달 뒤 독일로 정식 귀속됨.

1935년 3월 16일 독일군 병력 증강과 징병제 도입 선포.

1935년 5월 16일 소련과 프랑스가 상호 원조 조약을 체결함.

1935년 6월 18일 영국·독일 해군 협약 체결. 이 협약으로 독일 해군은 영국에 버금가는 수준의 잠수함 전력을 유지할 수 있게 되었다.

1935년 9월 인종 차별법인 '뉘른베르크법' 선포. 독일인과 유대인의 결혼을 금지하고('혈통법') 유대인에게서 시민권을 박탈하는('시민권 자격법') 이 법은 11월부터 발효되었다.

1935년 10월 3일 이탈리아가 에티오피아를 침공하면서 국제연맹이 내분 위기를 맞음.

1936년 3월 7일 라인란트 점령. 히틀러는 라인란트 재무장을 선언하고 이를 확인받기 위해 3주 후 실시한 국민투표에서 98.9퍼센트의 지지를 얻었다.

1936년 6월 17일 통합 국가 경찰 조직을 신설하고 친위대장 하인리히 힘러를 수장 자리에 앉힘.

인명

ㄱ

가일, 프라이허 폰(Gayl, Freiherr von) 533, 536, 537, 549, 925, 926
간서, 에밀(Gansser, Emil) 295, 879
게오르게, 슈테판(George, Stefan) 145
겜리히, 아돌프(Gemlich, Adolf) 206, 219, 243, 245
골츠, 폰 데어(Golz, von der) 454
괴르델러, 카를(Goerdeler, Carl) 798~800, 802, 955, 973
괴링, 헤르만(Göring, Hermann) 284, 285, 312, 316~318, 320, 325, 444, 474, 475, 506, 507, 516, 517, 519, 533, 547, 550~552, 564, 567, 569, 590, 592, 594, 595, 597, 618, 623, 628, 629, 638, 640~643, 645, 651, 653, 658~660, 678, 697, 699, 700, 704, 712, 713, 716~718, 727, 750, 758, 762, 789, 800, 806~809, 876, 887, 907, 912, 927, 935, 939, 945, 955, 957~959, 964, 970, 973, 981
괴벨스, 요제프(Goebbels, Joseph) 8, 399, 401, 402, 404, 406~409, 411, 418, 426, 436, 443, 444, 449, 471~476, 483, 489, 492, 502, 505~507, 521, 524, 525, 527~529, 532~539, 552, 553, 556~561, 567~569, 571, 572, 588, 590, 592, 595, 597, 599, 610, 635~637, 641, 643, 646, 647, 650, 651, 662, 666, 670, 671, 674, 676, 678~680, 699, 706, 709, 710, 713, 714, 716, 723, 741, 758, 770, 776, 779, 782, 784, 791, 792, 796, 801, 807~810, 812, 814, 823, 828, 830, 848, 856, 872, 898~900, 906~908, 910, 912~914, 917, 919, 920, 923, 924, 926, 928, 929, 932, 935, 939, 946, 951, 957, 958, 969~971, 973, 975, 981
괴테, 요한 볼프강 폰(Goethe, Johann Wolfgang von) 92
굄뵈슈, 귤라(Gömbös, Gyula) 289

구트만, 후고(Gutmann, Hugo) 166, 857, 858
귀르트너, 프란츠(Gürtner, Franz) 306, 389, 390, 536, 698, 719, 750, 781, 783, 788, 882, 887, 891, 940, 957, 962
귀트, 아르투어(Gütt, Arthur) 680, 950
그라믈, 헤르만(Graml, Hermann) 10
그라우에르트, 루트비히(Grauert, Ludwig) 644
그라이너, 요제프(Greiner, Josef) 76, 105, 115, 123, 838, 846
그라프, 울리히(Graf, Ulrich) 253, 317, 322, 431, 867~869
그란텔, 고트프리트(Grandel, Gottfried) 249, 871
그레페, 알브레히트(Graefe, Albrecht) 344~347, 350, 352, 353, 436, 899
그로스, 게오르게(Grosz, George) 384
그로헤, 요제프(Grohé, Josef) 776, 778, 974
그륀트겐스, 구스타프(Gründgens, Gustav) 671
그릴(Grill) 105
그림, 한스 에밀 빌헬름(Grimm, Hans Emil Wilhelm) 372, 373
글라슬, 안나(Glassl, Anna) 47
기슬러, 헤르만(Giesler, Hermann) 55, 902
기어리, 딕(Geary, Dick) 13

ㄴ·ㄷ

나돌니, 루돌프(Nadolny, Rudolf) 685, 756, 951
나우만, 프리드리히(Naumann, Friedrich) 220
나이트하르트, 게오르크(Neithardt, Georg) 331, 332, 888
나폴레옹 보나파르트(Napoléon Bonaparte) 28, 29, 215, 283, 287, 768, 959
노르츠, 에두아르트(Nortz, Eduard) 299
노스케, 구스타프(Noske, Gustav) 267
노이라트, 콘스탄틴 폰(Neurath, Konstantin

체임벌린, 휴스턴 스튜어트(Chamberlain, Houston Stewart) 141, 221, 243, 291, 361, 851, 879
체트킨, 클라라(Zetkin, Clara) 550
추크마이어, 카를(Zuckmayer, Carl) 674
츠바이크, 슈테판(Zweig, Stefan) 326
치글러, 한스 제베루스(Ziegler, Hans Severus) 450
치르슈키, 프리츠 귄터 폰(Tschirschky, Fritz Günther von) 712, 955

ㅋ

카, 윌리엄(Carr, William) 13
카라얀, 헤르베르트 폰(Karajan, Herbert von) 671
카르, 구스타프 리터 폰(Kahr, Gustav Ritter von) 254, 267, 268, 272, 273, 275, 276, 287, 299, 312~318, 320, 321, 322, 325, 327~330, 716, 877, 882, 883, 884
카스, 프레라트 루트비히(Kaas, Prälat Ludwig) 616, 655, 656, 669, 950
카스트로, 피델(Castro, Fidel) 29
카우프만, 카를(Kaufmann, Karl) 407, 408, 747, 900, 961
카포네, 알(Capone, Al) 725
카프, 볼프강(Kapp, Wolfgang) 194, 202, 246, 249, 253, 254, 267, 294, 302, 407, 532, 870, 871, 979
칸딘스키, 바실리(Kandinskii, Vasilii) 145, 146, 384
케네디, 존 F.(Kennedy, John F.) 20, 30
케스트너, 에리히(Kästner, Erich) 674
케플러, 빌헬름(Keppler, Wilhelm) 559, 560, 586, 587, 588, 925
켈러바우어, 발터(Kellerbauer, Walther) 279
켐니츠, 마틸데 폰(Kemnitz, Mathilde von) 398
코르스반트-쿤초프, 발터 폰(Corswant-Cuntzow, Walther von) 391, 896
코린트, 로비스(Corinth, Lovis) 145, 852
콘티, 레오나르도(Conti, Leonardo) 680
쾨르너, 오스카르(Körner, Oskar) 249
쾨르너, 파울(Körner, Paul) 953, 957
쿠노, 빌헬름(Cuno, Wilhelm) 302, 310, 517, 877, 921
쿠베, 빌헬름(Kube, Wilhelm) 436, 776
쿠비체크, 아우구스트(Kubizek, August) 64,

65, 66, 71, 76, 87~92, 94~103, 113, 116, 120, 121, 122, 832, 833, 837, 838, 839, 841, 842, 847, 848, 977
크노덴, 군너 한스(Knoden, Gunner Hans) 205
크닐링, 오이겐 폰(Knilling, Eugen von) 305, 306, 312, 883, 891
크라우스, 베르너(Krauß, Werner) 671
크렙스, 알베르트(Krebs, Albert) 414, 492, 499, 918
크로지크, 슈베린 폰(Crosigk, Schwerin von) 534, 536, 595, 615, 937, 942
크리벨, 헤르만(Kriebel, Hermann) 300, 309, 314~317, 323, 331, 332, 333, 356, 357, 359, 890
클라스, 하인리히(Claß, Heinrich) 143, 172, 372, 453
클라우제너, 에리히(Klausener, Erich) 724, 956
클라이스트, 하인리히 폰(Kleist, Heinrich von) 172
클레, 파울(Klee, Paul) 145, 384
클렘페러, 오토(Klemperer, Otto) 671
클린츠, 요한(Klintzsch, Johann) 253, 272, 874, 876
클림트, 구스타프(Klimt, Gustav) 77, 91, 98, 838
키르도르프, 에밀(Kirdorf, Emil) 454, 517, 906

ㅌ · ㅍ

테너, 프리드리히(Tenner, Friedrich) 356
텔만, 에른스트(Thälmann, Ernst) 398, 484, 523, 524, 525
토트, 프리츠(Todt, Fritz) 632, 633, 634, 750, 943
톨러, 에른스트(Toller, Ernst) 168, 192, 197, 486, 487, 861
투홀스키, 쿠르트(Tucholsky, Kurt) 674
트라이치케, 하인리히 폰(Treitschke, Heinrich von) 136, 137, 361
트레비라누스 (장관)(Treviranus) 490
트로츠키, 레온(Trotskii, Leon) 149
트뢸치, 에른스트(Troeltsch, Ernst) 268
티르피츠, 알프레트 폰(Tirpitz, Alfred von) 771
티센, 프리츠(Thyssen, Fritz) 295, 453, 516,

518, 519, 560, 879
파울하버, 미하엘 폰(Faulhaber, Michael von) 396, 682
파치크, 콘라트(Patzig, Conrad) 712
파펜, 프란츠 폰(Papen, Franz von) 519, 520, 529, 530, 532, 535~538, 543~552, 555, 557, 559~564, 570, 586~589, 591~598, 601, 607, 611, 616~619, 631, 638, 639, 641, 642, 644, 648, 649, 651, 658, 668, 680, 681, 690, 696, 708, 709, 710, 712, 713, 716, 717, 718, 727, 728, 924, 925, 926, 929, 930, 934, 935, 937, 945, 954, 959, 982, 983, 984
팔렌, 테오도어(Vahlen, Theodor) 402
퍼거슨, 니얼(Ferguson, Niall) 12
페더, 고트프리트(Feder, Gottfried) 198, 203, 206, 207, 208, 225, 234, 245, 248, 250, 253, 257, 284, 395, 405, 406, 436, 444
페르디난트, 프란츠(Ferdinand, Franz) 152, 154
페를리티우스, 루트비히(Perlitius, Ludwig) 616
페스트, 요하임(Fest, Joachim) 5, 8
페테르센, 율리우스(Petersen, Julius) 673
페퍼 폰 잘로몬, 프란츠(Pfeffer von Salomon, Franz) 407, 408, 435, 493, 494, 495, 496, 498, 500, 502, 503, 897, 899, 900
포르드텐, 테오도어 폰 데어(Pfordten, Theodor von der) 316
포브케, 헤르만(Fobke, Hermann) 348, 349, 350, 352, 353, 378, 890, 891, 895, 899, 900
포이히트방거, 리온(Feuchtwanger, Lion) 583
포프, 요제프(Popp, Joseph) 147, 148, 151, 157, 158, 852, 853, 855
포피츠, 요하네스(Popitz, Johannes) 783
폴크, 아달베르트(Volck, Adalbert) 347, 350, 352, 402
푀글러, 알베르트(Vögler, Albert) 560
푀너, 에른스트(Pöhner, Ernst) 289, 318, 320, 321, 325, 331, 332, 389, 878
푀치, 레오나르트(Pötsch, Leonard) 58
푈츨, 요한 밥티스트(Pölzl, Johann Baptist, 히틀러의 외조부) 47
푈츨, 요한나(Pölzl, Johanna, 히틀러의 외조모) 47
푈츨, 요한나(Pölzl, Johanna, 히틀러의 이모) 47, 50, 63, 68, 70, 71, 99, 108, 109, 112, 113, 114
푈츨, 테레지아(Hitler, Theresia) 47
푸르트벵글러, 빌헬름(Furtwöngler, Wilhelm) 671
푸치니, 자코모(Puccini, Giacomo) 93, 94
푼트너, 한스(Pfundtner, Hans) 785
풍크, 발터(Funk, Walther) 519, 520, 679, 742
풍크, 빌헬름(Funk, Wilhelm) 388
프라이, 노르베르트(Frei, Norbert) 11
프라이스, G. 워드(Price, G. Ward) 759, 963, 964
프랑수아-퐁세, 앙드레(François-Poncet, André) 713, 717, 758, 765, 767
프랑켄라이터, 레오폴트(Frankenreiter, Leopold) 46
프랑코, 프란시스코(Franco, Francisco) 741, 753
프랑크, 로렌츠(Frank, Lorenz) 205
프랑크, 한스(Frank, Hans) 45, 46, 225, 238, 239, 324, 361, 364, 488, 490, 512, 567, 648, 664, 812, 813, 828, 838, 855, 892, 920
프로이트, 지그문트(Freud, Sigmund) 77, 674
프롬, 프리드리히(Fromm, Friedrich) 622
프뢸리히, 엘케(Fröhlich, Elke) 11
프리드리히 1세(Friedrich I) 138, 417
프리드리히 2세(프리드리히 대제)(Friedrich II) 147, 252, 286, 287, 377, 425, 497, 646, 652, 677, 823
프리치, 테오도어(Fritsch, Theodor) 141, 221, 243
프리치, 베르너 폰(Fritsch, Werner von) 622, 711, 729, 735, 761, 763, 764, 765, 806, 807, 808
프리크, 빌헬름(Frick, Wilhelm) 533
플레밍, 제럴드(Fleming, Gerald) 11, 843
플루타르코스(Ploutarchos) 30
피어슨, 앨프리드(Pearson, Alfred) 720, 957
피우수트스키, 유제프(Piłsudski, Józef) 755
피팅거, 오토(Pittinger, Otto) 269, 276, 300, 875, 877, 880
피프스, 에릭(Phipps, Eric) 765, 769

ㅎ

하니슈, 라인홀트(Hanisch, Reinhold) 76, 96, 97, 107~112, 114, 122, 123, 126, 127, 218, 844, 845, 846, 977

Patrick) 45, 46, 841, 920
히틀러, 이다(Hitler, Ida) 48
히틀러(푈츨), 클라라(Hitler(Pölzl), Klara)
47, 48, 49, 50, 51, 52, 54, 62, 63, 68, 69,
833, 977
힌데미트, 파울(Hindemith, Paul) 384
힌덴부르크, 오스카르 폰(Hindenburg, Oskar
von) 591, 592, 597, 935, 983
힌덴부르크, 파울 폰(Hindenburg, Paul von)
236, 398, 469, 470, 514, 517, 518, 520~
525, 527~531, 534, 535, 538, 539, 543~
546, 548, 549, 551, 559, 560~564, 569,
575, 580, 586, 587, 588, 589, 591, 593, 595,
596~600, 607, 610, 611, 613, 614, 618,
619, 632, 639, 647, 649, 651, 652, 664, 684,
696, 697, 698, 702, 708, 710, 711, 712, 718,
720, 724, 728, 729, 730, 735, 738, 923, 925,
926, 929, 935, 936, 937, 952, 953, 955, 959,
960, 981, 982, 982, 983, 984
힐퍼딩, 루돌프(Hilferding, Rudolf) 486
힘러, 하인리히(Himmler, Heinrich) 31, 319,
440, 441, 445, 452, 559, 571, 588, 591, 648,
649, 650, 669, 678, 697, 704, 711, 712, 717,
750, 751, 909, 921, 962, 972, 985

용어

'11월의 범죄자' 196, 201, 298, 307, 320,
329, 421, 479, 488, 869
1848년 혁명 133
《19세기의 토대》 141
1차 세계대전 27, 106, 123, 124, 128, 131,
133, 135~137, 141, 143, 144, 146, 150,
153, 159, 169, 177, 198, 199, 220, 221,
223, 225, 243, 267, 278, 280, 281, 282,
284, 285, 289, 294, 297, 280, 310, 326,
367, 370, 371, 384, 397, 434, 450, 469,
481, 578, 601, 602, 612, 624, 730, 741,
744, 753, 755, 761, 766, 796, 838, 854,
855, 914, 977~980
2차 세계대전 25, 27, 45, 92, 104, 113, 121,
147, 153, 161, 176, 328, 373, 419, 434,
511, 530, 586, 850, 857, 858, 872, 955
4개년 계획 619, 626, 973

ㄱ · ㄴ

가르미슈-파르텐키르헨 792
가톨릭 중앙당(Zentrumspartei) 466, 468,
470, 478, 484, 530, 532~536, 548~551,
556~559, 598, 602, 608, 615, 616, 617,
639, 641, 646, 653~657, 665, 669, 681,
687, 930, 936, 940, 981, 982, 984
가톨릭행동(Catholic Action) 716, 724
'갈색집' 475, 497, 679, 913, 918
개인 숭배 281, 283, 284, 387, 400, 402,
415, 434, 603, 615, 675, 701, 709, 876
'게르만 크리스천' 683, 684
게르만회 225
게슈타파(Gestapa) 750, 751
게슈타포(Gestapo) 46, 152, 642, 697, 704,
712, 716, 720, 737, 750, 751, 778, 782,
817, 848, 914, 955, 962, 972, 974
고데스베르크 676, 713
고전주의 91
〈공격(Der Angriff)〉 434, 444, 472, 504,
505, 776
관세동맹 404
괴팅겐 345, 348, 378, 401, 899
국가 볼셰비즘 401
'국가노동절' 666, 667, 984
국가당(Staatspartei) 668, 984
국가사회주의(National Socialism) 135, 149,
187, 219, 220, 223, 224, 235, 257, 267,
350, 354, 355, 368, 375, 378, 379, 381,
386, 396, 400, 401, 404, 406, 409, 410,
421, 429, 430, 432, 436, 438, 443, 464,
472, 479, 480, 481, 487, 489, 506, 548,
565, 566, 573, 574, 580, 581, 586, 587,
608, 624, 632, 650, 652, 659, 660, 666,
670, 671, 672, 700, 701, 707, 723, 748,
752, 753, 757, 781, 787, 794, 795, 825,
847, 868, 876, 895, 896, 929, 930, 933,
937~939, 949, 952, 982
국가사회주의 공장세포조직 (National-
sozialistische Betriebszellenorganisation)

517, 566, 665, 666, 928, 948, 984
국가사회주의독일(나치)학생동맹
(Nationalsozia Listische Deutscher
Studentenbund) 449, 450, 675, 818
국가사회주의수공업상공업자연합(NS-Hago)
776, 777
국가사회주의자유당(Nationalsozialistische
Freiheitspartei) 347, 350, 818
국가사회주의자유운동(Nationalsozialistische
Freiheitsbewegung) 352, 353, 354, 390,
391, 392, 399, 400, 402, 818, 980
〈국가사회주의통신(Nationalsozilistische
Briefe)〉 404, 899
국가사회협회 220
국제연맹 383, 685~690, 753, 754, 755,
758, 770, 772, 774, 786, 800, 804, 805,
806, 808, 810, 812, 813, 952, 981, 984,
985
국제주의 85, 115, 118, 141, 154, 162, 177,
298, 367, 425, 446, 447, 460, 479, 870
군사주의 133, 141
권위주의 31, 133, 135, 234, 460, 468, 469,
471, 514, 519, 528, 534, 536, 543, 544,
549, 566, 578, 579, 585, 600, 601, 602,
727
금마르크(Goldmark) 297
기독교사회당 83, 84, 125, 838
'긴 칼의 밤' 254, 401, 572, 612, 697, 712~
718, 723, 798, 984
《나의 정치적 각성》 208, 864
《나의 투쟁(Mein Kampf)》 44, 49, 50, 52,
53, 59, 61, 63, 64, 67, 69, 70, 71, 73, 75,
76, 92, 98, 99, 102, 104, 108, 115~124,
131, 149, 150, 152, 158, 163, 173, 175,
178, 181, 183, 206, 209, 223, 227, 230,
231, 237, 240, 244, 265, 274, 278, 337,
340, 341, 361~367, 369, 371, 372, 374,
377, 407, 417, 418, 419, 420, 424, 428,
450, 520, 716, 746, 749, 818, 822, 842,
844, 848, 849, 852, 858, 860, 863, 864,
868, 869, 871, 872, 892, 893, 894, 902,
904, 981
《내가 만일 황제라면》 143
〈노동자 신문(Arbeiterzeitung)〉 117, 838
노동자 평의회(Betriebsräte) 185
노르트하임 465, 466, 924
노이데크 533, 535, 708, 728, 730, 959

'누적적 급진화'(cumulative radicalisation)
660, 736
뉘른베르크 45, 163, 166, 225, 238, 259,
277, 278, 279, 287, 308, 309, 323, 343,
361, 392, 408, 414, 430, 431, 436, 437,
454, 511, 556, 675, 683, 717, 731, 749,
781, 784, 785, 786, 787, 794, 815, 818,
876, 882, 885, 892, 894, 959, 969
뉘른베르크법(Nüremberg Laws) 774, 780,
785, 789, 790, 792, 793, 814, 985
〈뉴욕 헤럴드(New York Herald)〉 720
니더바이에른투쟁연대(Kampfverband
Niederbayern) 300, 982
니더외스터라이히 39
니더작센 10, 13, 440, 465, 670, 924
니더프랑켄 555, 946
〈니벨룽겐의 노래(Das Nibelungenlied)〉 230

ㄷ

다하우 수용소 650, 717, 952
단치히(Danzig) 553, 755
대공황(1929년) 385, 438, 453, 461, 463,
465, 574, 577~584, 600, 601, 602, 609,
627, 666, 678, 916, 981
대독일민족공동체(Großdeutsche Volks-
gemenschaft) 344, 353, 354, 392, 395,
400, 817, 898, 980
〈대장장이 빌란트(Wieland der Schmied)〉 90
'대중의 국민화'(nationalization of the
masses) 251, 738, 739, 747
〈데일리 메일(Daily Mail)〉 287, 487, 759
도스 안(Dawes Plan) 326, 383, 453, 479,
980, 981
〈도이치 차이퉁(Deutsche Zeitung)〉 266, 873
〈도이치 폴크스블라트(Deutsches
Volksblatt)〉 118, 125, 838
도이치 하우스(Deutsches Haus) 418
독립사회민주당(Unabhängige Sozial-
demokratische Partei Deutschlands) 171,
187, 188, 196, 870, 978
독일 그리스도인(Deutsche Christen) 609
독일 낭만주의 433, 481
독일 민족주의 59, 61, 102, 121, 136, 140,
141, 149, 471, 803, 830
독일 인민대표 평의회(Council of People's
Representatives) 187
〈독일 인민의 의지(Deutscher Volkswille)〉

로마 진군 280, 283, 289, 979
〈로엔그린〉 66, 94, 95
로카르노 조약 383, 427, 770, 802~806,
809, 813, 981
뢰벤브로이켈러(맥주홀)(Löwenbräukeller)
273, 300, 321
루르 점령 296~298, 303, 370, 407, 880
〈리골레토〉 94
〈리엔치〉 95, 832
리페-데트몰트 571, 589, 590, 591, 934, 935
린츠 11, 54, 55, 57~59, 61~68, 71, 72,
75, 82, 86, 87, 89, 90, 91, 93, 94, 96, 100
~103, 118~122, 128, 147, 148, 150, 151,
397, 509, 511, 742, 830~834, 838~840,
844, 848, 977
마르크스주의 75, 79, 83, 85, 108, 117, 120,
137, 148, 149, 176, 177, 220, 234, 243,
245, 368, 394, 398, 421, 423~426, 442,
447, 460, 461, 466, 474, 482, 534, 543,
581, 585, 614, 617~620, 623, 628, 631,
635, 636, 639, 640, 649, 660, 787, 903,
942
〈맨체스터 가디언(Manchester Guardian)〉
661
'목회자긴급연맹' 684
〈뮌헨 감시자(Münchener Beobachter)〉 226,
227, 249, 867
〈뮌헨 뉴스(Münchener Neueste Nachrichten)〉
193, 371, 885
뮌헨 봉기('맥주홀 쿠데타') 58, 265, 303,
311, 411, 464, 763, 980
〈뮌헨 아우크스부르크 신문(Münchener
Augsburger Abendzeitung)〉 226
〈뮌헨 포스트(Münchener Post)〉 197, 255,
332, 511, 861, 881, 896, 920
뮌헨 애국연합(Vaterländische Vereine
Münchens) 269, 819
미국유대인회의 661
〈미스바허 안차이거(Miesbacher Anzeiger)〉
364
민족블록(Völkisch Block) 326, 327, 346,
347, 354, 395, 443, 889, 897, 898, 907
〈민족의 감시자(Völkischer Beobachter)〉
226, 236, 249, 250, 252, 255, 256, 259,
262, 284, 294, 295, 311, 317, 341~343,
364, 390, 392, 424, 430, 437, 463, 504,
506, 520, 524, 548, 555, 556, 571, 644,

717, 871, 872, 879, 910, 954, 957, 959,
963, 979, 980
〈민족이 눈뜬 날〉 646

ㅂ

바데니 개혁 80
바우하우스(Bauhaus) 384
바이로이트 65, 67, 94, 95, 293, 323, 400,
726, 832, 851, 879, 959
바이마르 공화국(Weimar Republic) 187,
222, 223, 252, 310, 383, 385, 396, 397,
434, 442, 448, 460, 462
바이에른 분리주의 193, 208, 249, 268, 390
바이에른농민동맹(Bayerischer Bauernbund)
483
바이에른인민당(Bayerische Volkspartei)
305, 327, 398, 444, 445, 484, 526, 550,
559
바이에른제국동맹(Bund Bayern und Reich)
269, 880
바이에른통일애국연합(Vereinigte
Vaterländische Verbände Bayerns) 275,
289, 308, 309, 314, 315, 327, 454, 819,
880
반가톨릭 82, 115, 682
반마르크스주의 140, 141, 177, 220, 221,
238, 245, 422~424, 437, 464, 465, 470,
612
반볼셰비즘 201, 202, 204, 210, 245, 369,
863, 978, 979
반사회주의 82, 108, 267, 268, 307, 465
반유대주의 8, 61, 81~84, 98, 103~106,
110, 118~127, 140, 141, 143, 164, 169,
171, 172, 176, 177, 198, 199, 205, 206,
220, 221, 224, 225, 233, 243, 245, 248,
252, 268, 269, 278, 279, 305, 307, 362,
368, 369, 375, 400, 421, 424, 437, 440,
444, 461, 466, 481, 582, 583, 660, 661,
663, 664, 737, 774~783, 790, 793, 821,
827, 834, 840, 848, 849, 851, 857, 863,
870, 893, 948, 977, 983
반자본주의 207, 220~222, 226, 244, 368,
437, 442, 472, 517, 518, 565, 983
밤베르크 189, 201, 405, 407~410, 424,
431, 860, 900, 981
〈방황하는 네덜란드인〉 67
범게르만동맹(pan-German League) 143,

이희재

1961년 서울에서 태어났다. 서울대 심리학과를 졸업하고 성균관대 독문학과 대학원에서 공부했다. 현재 런던대학 SOAS(아시아아프리카대학)에서 영한 번역을 가르치고 있다. 지은 책으로《번역의 탄생》,《번역전쟁》이 있으며 옮긴 책으로《혁명 극장》,《反자본 발전사전》,《새벽에서 황혼까지》,《산티아고 가는 길》,《진보의 착각》,《리오리엔트》,《세상에서 가장 재미있는 세계사》,《예고된 붕괴》,《번역사 산책》,《몰입의 즐거움》,《소유의 종말》등이 있다.

히틀러 I — 의지 1889~1936

2010년   1월 10일 초판 1쇄 발행
2023년 12월 22일 초판 6쇄 발행

- 지은이 ———————— 이언 커쇼
- 옮긴이 ———————— 이희재
- 펴낸이 ——————— 한예원
- 편집 ——————— 이승희, 윤슬기, 양경아, 김지희, 유가람
- 펴낸곳　교양인
　　　　　우 04015 서울 마포구 망원로6길 57 3층
　　　　　전화 : 02)2266-2776 팩스 : 02)2266-2771
　　　　　e-mail : gyoyangin@naver.com

ⓒ 교양인, 2010
ISBN 978-89-91799-46-2　(세트)
ISBN 978-89-91799-47-9　93300